U0922350

主编：山西省房地产业协会

山西省房地产年鉴

THE ALMANAC OF SHANXI REAL ESTATE

2014

中国国际新闻出版社

山西省房地产年鉴 2014

编　　者：山西省房地产业协会
责任编辑：关生唐

出　　版：中国际新闻出版社
（北京市朝阳区裕民路12号元辰鑫大厦E1座）
网　　址：http://www.gjxwcb.cn
电　　话：010-51455165
发　　行：中国国际新闻出版社发行部
印　　刷：郑州飞凰印务有限公司
开　　本：210×285　1/16
印　　次：2015年3月第一版　2015年3月第一次印刷
版　　次：2015年3月
书　　号：ESBN978-988-99847-5-5
定　　价：480.00元

前　言

2013年是山西省房地产业持续健康发展的一年。一年来，全省坚定不移地贯彻国家房地产市场调控政策，着力推进保障性住房建设，实现了房地产开发投资和商品住房施工面积平稳增长，商品住房销售面积和销售价格基本稳定，保障性住房建设和完成投资实现历史最好水平。全省房地产业呈现出平稳健康发展态势，在扩大内需、促进消费、拉动投资、改善居民居住条件方面发挥了重要的作用。

为了客观如实地实录我省房地产业发展情况，更好地为政府决策服务、为行业发展服务、为会员单位服务，并为社会各界全面提供我省房地产市场信息，山西省房地产业协会在编纂2011年、2012年和2013年《山西省房地产年鉴》的基础上，总结经验，编纂了《山西省房地产年鉴2014》。

《山西省房地产年鉴2014》共分特刊、工作报告、重要言论、分析研究报告、产业发展报告、市场运行监测报告、政策法规、统计资料和附录9大部分，并收录了山西省房地产业协会第三次会员代表大会的文件和会员名录，比较全面地反映了我省2013年房地产业发展和房地产市场运行情况，为行业及相关机构人士提供一个了解和把握山西省房地产市场发展脉搏的重要参考工具。

《山西省房地产年鉴2014》在编纂过程中得到省住房和城乡建设厅、省统计局的指导和支持。省住房和城乡建设厅、省统计局的有关处室，中房信息集团太原机构和各市住房保障和城乡建设局（委）、房产管理局、房地产业协会（房地产开发协会）等为年鉴提供了大量的文稿资料，我们谨表示衷心感谢。

《年鉴》内容涉及面广，专业性强，一些数据由于来源不同也不尽一致，诸多问题还在探索之中。更由于我们经验不足，水平有限，《年鉴》难免存在一定的局限和不足，恳请读者在使用之中给予谅解和批评指正，以便在今后的编纂工作中加以改进。

二〇一四年十一月

赵岗飞　贾　滨　孟兆国　胡孟卿　马红山　梁晋武　尹代伟
王继峰　郭尚文　张　恺　赵牛江　任永平　吴文斌　刘　瑜
马有根　马　鑫　陈美善　李述华　李道渝　郭永钢　刘仁旺
王永生　张文德　孟向阳　梁燕绒　安　立

鸣谢单位

大同市房产管理局
长治市住房保障和城乡建设管理局
朔州市住房保障和城乡建设管理局
运城市住房保障和城乡建设管理局
太原市房地产业协会
大同市房地产业和物业管理协会
长治市房地产业协会
朔州市房地产业协会
运城市房地产业协会
临汾市房地产业协会
阳泉市住房保障和城乡建设管理局
晋城市住房保障和城乡建设管理局
晋中市住房保障和城乡建设管理局
吕梁市住房保障和城乡建设管理局
太原市房地产开发协会
阳泉市房地产业协会
晋城市房地产业协会
晋中市房地产业协会
忻州市房地产业协会

阳泉市大都会房地产开发有限公司

山西省城乡规划设计研究院

山西省城乡规划设计研究院成立于1981年，是隶属于省住房和城乡建设厅的全额事业单位，是具有国家城市规划编制甲级，建筑工程设计甲级，风景园林工程设计专项甲级，市政公用行业给水、排水和道路工程设计甲级和工程咨询甲级的综合性设计单位，2005年通过了GB/TI9001—2000国际质量体系认证，2011年经省编办批准，加挂“山西省城镇化与城乡规划监测中心”牌子。

院长：孟兆国

山西省规划院承担的主要职责任务为：开展城乡规划编制、研究和实施评估工作；开展建筑工程设计、市政工程设计、风景园林规划设计以及相关专业的技术咨询和研究开发工作；承担全省城镇化发展和重点城乡规划实施的动态监测及年度发展报告的编制工作；承担全省城乡规划、风景园林规划编制成果的技术审查和备案工作；协助编制全省城镇化发展战略和制定城乡规划技术标准；管理全省城乡规划信息系统；协助政府完成相关公益性和培训类任务。

近年来，山西省规划院分别获得人力资源社会保障部和住房城乡建设部颁发的“全国建设系统先进集体”，住房城乡建设部、省委省政府、省住房城乡建设厅授予的“抗震救灾先进单位”称号，多次被省直工委和省住房城乡建设厅党组授予“先进基层党组织”和“党风廉政建设先进集体”，连续八年被评为“省直文明和谐单位”，先后获省直工委和省劳动竞赛委员会颁发的“五一劳动奖状”和“模范单位”，被省勘察设计协会评为“山西省十佳设计院”，获得中国城市规划学会颁发的中国城市规划年会优秀组织奖、中国城市规划协会颁发的全国优秀城乡规划设计奖评选活动最佳组织；在创先争优活动中，山西省规划院分获省直工委颁发的“创先争优”活动党风廉政建设先进集体和省住房城乡建设厅颁发的“创先争优”活动先进基层党组织。在集体荣誉取得丰收的同时，山西省规划院也涌现出了一批先进事迹和个人，先后共计60余人获得各类省级以上奖项。

30多年来，山西省规划院圆满完成了山西

中规协和领导班子合影

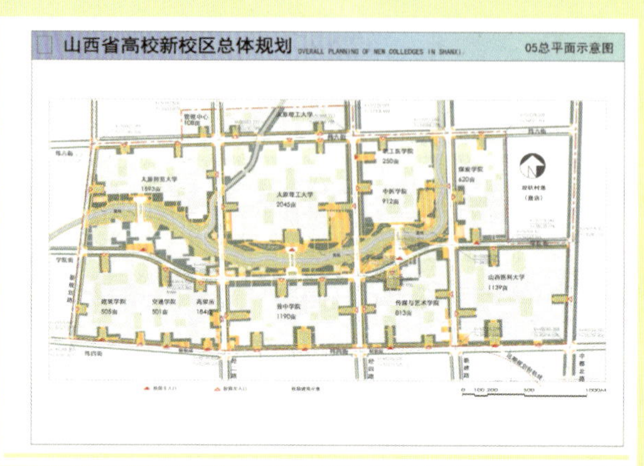

山西省高校新校区总体规划

省域内主要的城乡规划编制和设计研究任务，同时，工作足迹遍及海南、山东、内蒙古、河北、陕西、新疆、重庆、湖北等省区，完成各类规划、工程设计项目4000余项，为山西乃至全国的城市规划、建设和经济社会发展作出了突出的贡献。在完成的项目中，共获国家、省、地级优秀规划、设计奖项300余项，其中省部级以上奖项100余项。特别是一批重点、大型、特大型综合性项目得到了国家、省部级领导和知名专家的一致好评。

五台山风景名胜区旅游服务基地游客接待中心鸟瞰图

2015年全院工作的总体思路和要求是：**以服务全省城镇化发展和城乡建设为己任，着力推进“3322”战略攻坚，着力促进转型升级，着力搭建发展平台，在实现专业化、特色化国内强院目标上迈出扎实的步伐**。

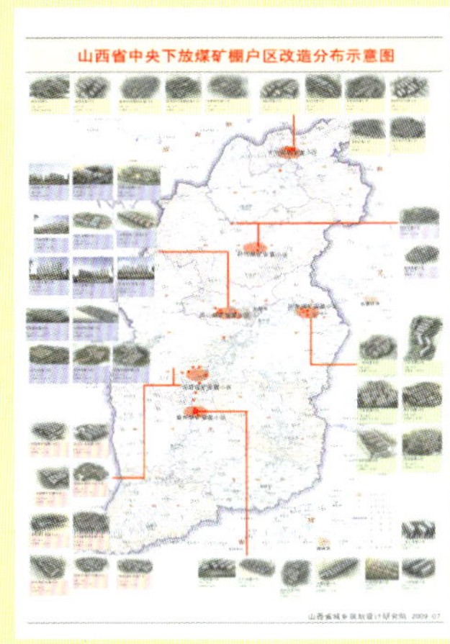

山西省中央下放煤矿棚户区改造分布示意图

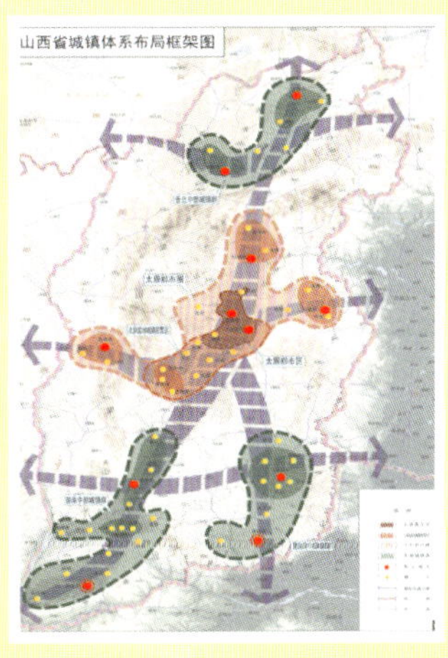

山西省城镇体系布局框架图

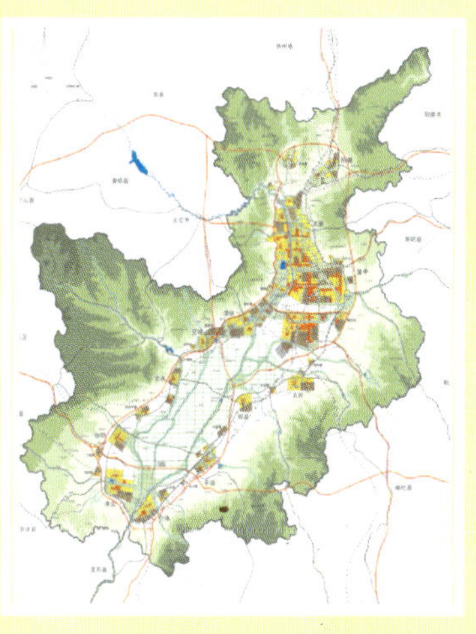

太原都市圈密集区规划

山西省建筑设计研究院

THE INSTITUTE OF SHANXI ARCHITECTURAL DESIGN AND RESEARCH

拼搏 创新 超越 共享

我院成立于1953年，是山西省成立最早、规模最大并第一批同时获得国际ISO9001:2008、ISO14001:2004和OHSAS18001：2007 三个体系认证的综合性甲级建筑设计研究院。业务范围包括建筑设计、工程勘察、工程咨询、城市规划、工程监理、工程代建市政工程等。现有职工652人，其中中级以上职称专业技术人员 430 余人，有建筑、结构、规划、设备岩土、工程造价等各类注册人员 180 余人，享受国务院特殊津贴专家9人，山西省优秀专家8人，具有一批较高学术造诣、省内外知名的专业技术带头人。

建院60年来，秉持“精致建筑、精彩生活”的设计理念和“想你所做，与你同创；做你所思，与你共享”的经营理念，立足山西，面向全国，高质量完成了大批城市公共建筑、工业建筑和居住建筑，设计项目涵盖卫生、教育、文化、体育、商业、金融、航空、邮政、电力、宾馆、办公、住宅、工业等各个领域工程遍及全国20多个省、自治区、直辖市及世界10多个国家和地区，获国家及部、省级优秀设计奖150余项，为国家经济建设和山西城乡建设的发展做出了突出贡献，受到社会广泛赞誉。

近五年来，紧紧抓住山西转型跨越发展的大好机遇，提出了创建“具有山西特色国内一流强院”的奋斗目标和“十二五”再造一个“新省院”的战略思路，锐意进取，勇于挑战。完成了一批社会影响大，特色鲜明的优秀作品,如太原武宿国际机场新航站楼（北京奥运备用机场）及旧航站楼改扩建、山西博物馆（全国建筑设计行业建国60周年“建筑设计大奖”）、汾河美化北延工程（部优）、山西省人大常委会办公楼、丽华苑住宅小区（省优）、重庆市公共租赁房——民心佳园（全国人居经典方案竞赛规划金奖）以及山西大剧院、山西奥体中心训练基地（山西省十大建筑）鄂尔多斯博物馆、山西煤炭物流港等国家及省重点工程项目，取得了经济效益和社会效益双丰收，为我省重点工程建设和城镇化建设做出了重大贡献。

积极履行社会责任，踊跃投身社会公益事业。全力参与了“5.12汶川特大地震”重建（编制完成山西省支援四川抗震灾区过渡安置房设计标准图集）以及对口援助茂县灾后重建（完成六所小学、一所全日制高中、两所医院的设计任务），被国家建设部授予“全国抗震救灾先进单位”、被省委省政府授予“山西省援助茂县灾后重建先进单位”，积极参与对口援助新疆阜康市甘河子镇工矿棚户区改造及五家渠市军户农场文化活动中心等设计任务，积极参与“山西省新农村建设住宅方案竞赛”、“山西省保障性住房设计方案竞赛”等公益活动，并取得了优异成绩。积极开展文明和谐建设，连续16年获“省直文明单位标兵”连续14年获“山西省级文明和谐单位”称号。

山西博物院

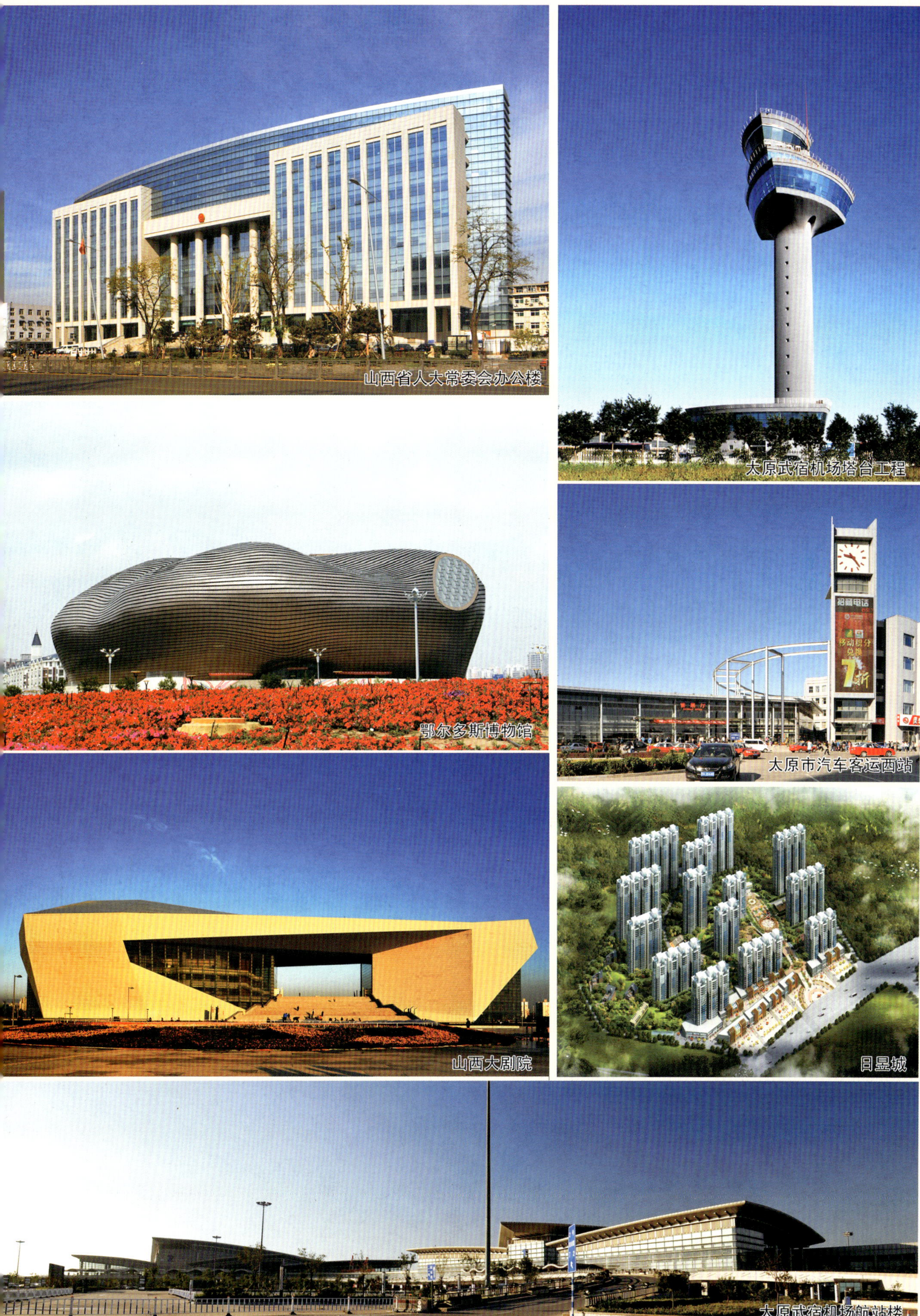

山西省人大常委会办公楼

太原武宿机场塔台工程

鄂尔多斯博物馆

太原市汽车客运西站

山西大剧院

日昱城

太原武宿机场航站楼

■ 晋中市龙湖房地产开发有限公司办公楼

和谐 诚信 务实 卓越

晋中市龙湖房地产开发有限公司始建于2006年1月，注册资金5100万元，在职员工五百余名，现具有房地产开发二级资质。下设有“晋中市龙湖建筑装饰工程有限公司”、“晋中市龙湖鄉廷装饰工程有限公司”、“晋中市龙湖建筑安装工程有限公司”、“晋中市龙湖园林景观工程有限公司”、“晋中市龙湖物业管理有限公司”、“晋中市龙湖贸易有限公司”、“晋中市龙湖紫云轩文化艺术有限公司”、“晋中市龙湖体检医院有限公司”、“山西龙湖紫云轩国际酒店有限公司”等九个具有专业化、规范化的分公司。公司秉承“诚实诚信做人，脚踏实地做事”的服务宗旨，坚持“和谐、诚信、务实、卓越”的企业精神，艰苦创业，获得了长足的进步。

2006年公司开发了“翰唐公寓小区”，位置优越，风格新颖，质量上乘，受到业主的一致好评。2008年公司开发了“龙湖·国际”这一晋中首家中高档住宅小区，特别是集餐饮、休闲、娱乐、会务等于一体的“龙湖·帝一港——风情商业街”，让业主尽享“龙湖·国际”小区的优质生活。2010年9月1日，龙湖公司为了弘扬祖国的传统文化，建立了晋中市第一家民办“晋中市紫云轩艺术研究院”。2014年5月25日，公司开发的“龙湖·金谷”一期项目开盘热销。

2009年龙湖公司荣获了“全国诚信单位”称号。2012年11月“龙湖·国际”住宅小区通过了国家住宅2A级认证，并荣膺中国房地产业协会和住房与建设部颁发的国家级大奖——“广厦奖”。董事长张辉世2013年4月荣获晋中市诚信企业家称号，2013年6月被聘为山西省人民检察院“人民监督员”，2013年8月任命为晋中市扶贫开发协会副会长。继往开来，晋中市龙湖公司将继续内强素质，外树形象，竭力适应市场，努力提高企业核心竞争力，为建成一流的集团公司而努力奋斗。

紫云轩夜景效果图

龍湖 紫云轩

LONGHU ZIYUNXUAN

“山西龙湖紫云轩”，是龙湖公司精心打造的一座集餐饮、商住、医疗体检、会展、收藏、拍卖等为一体的现代化、多功能、高科技综合艺术交流平台。总建筑面积80650平米，投资8亿元人民币。

整个建筑拥有养生餐饮、SPA水疗、体检健身、商务会议、艺术展览、品牌商业等国际标准服务配套设施，满足住户生活购物、商务办公需求。龙湖紫云轩建成以后，必将成为晋中市的新地标，也注定是晋中建筑史上的辉煌一页。

前广场效果图

龙湖螂廷是与龙湖紫云轩文化艺术会展中心为一体的艺术公寓。公寓27层，高100米，采用新古典主义欧陆风格，建筑线条明朗，轮廓清晰，顶部锥塔设计，外型自由，气质出类拔萃。建筑构造别具一格，融入了西方建筑的洒脱舒展，又传承了东方建筑的沉静内敛，再现民国时期十里洋场的浓郁色彩。按照地形起伏、植林高矮、颜色变化，通过对花草树的组合，实现立体绿化，打造螂廷绿化景观的四级递进层次，形成节奏分明动静相宜的园林景致。

各种现代化配套设施齐全，是集文化旅游、艺术欣赏、艺术品交易、国内外艺术交流为一体的综合性文化艺术产业平台。独一无二的空中廊庭，双层挑空的大景致空间，承载着居者卓尔不群的气质修为。

龙湖螂廷，以管家式的物业服务标准，以可以昭示的体贴和关怀，为住户度身定制国际化的顶级服务标准提供“无微不至”的舒适感受。

公寓室内效果图

公寓室内效果图

龍湖 螂廷

LONGHU LANGTING

公寓室内效果图

公寓室内效果图

VIP. 0354-3126777

公司地址：山西省晋中市龙湖大街中段

山西潞安房地产开发有限公司

厚德·博学·创新·卓越

山西潞安房地产开发有限公司2001年成立，主要从事房地产项目开发、策划、咨询、中介、销售、物业管理等工作，注册资本3000万元，山西省建设厅批准的贰级房地产开发资质企业。

通过十余年年的市场开发，已形成了一支高素质的管理团队。公司下设工程部、财务部、技术中心、综合办公室、企划部、经营部、党群部7个主要业务部室。现有职工72人，全部具有大专以上学历。其中具有高级职称的管理人员5人，中级职称的管理人员25人。

公司自成立以来，始终坚持“厚德、博学、创新、卓越”的企业理念，坚持“经济效益、社会效益、环境效益”并重的原则，以长治为基地，逐步向周边及其他城市扩展，自成立以来累计开发规模超过100万平方米，总投资超过60亿元，土地储备规模超过200万平方米，拥有较高的市场知名度和品牌影响力，是山西省最具实力的房地产开发企业之一。

2005年公司成功地开发了十万平方米的文教社区—潞安·颐丰苑。，该小区先后获得“中国建设精品楼盘”、“山西省建筑业新技术应用示范工程”、长治市“模范住宅”、“园林式庭院”等多项荣誉，为长治市旧城改造、魅力城市创建、园林城市建设作出了应有贡献。公司也先后荣获“中国知名房地产企业”、“中国企业最佳开拓力团队”等称号。2007年公司在长治西一环路开发建设潞安·颐龙湾项目，占地400余亩，建筑面积62万平米，包含高层、小高层、多层等建筑类型。公司本着建良心房、做永久人的建房宗旨，高起点、高标准建设精品工程，在长治市率先采用以预制高强混凝土管桩技术、现浇混凝土空心无梁楼盖技术为代表的新型施工技术，以大模板施工为代表的新型施工工艺，以太阳能利用的热水系统、路灯照明、供电、屋顶亮化以及园林绿化保养中的雨水收集系统等为代表的新能源利用技术，在住宅建设中再次引领了本地区行业发展的技术水平。小区内配套较为完善，有多功能会所、幼儿园、大型地下停车场、游泳馆、网球场、高尔夫练习场、国际标准乒乓球室等公建服务设施。小区西、东、北部分别规划有黑龙潭公园、十字街公园、滨河游园三个大型公园，小区内部有融休闲、健身、观赏为一体的多个主题公园景观，绿化率达到45.5%，被誉为长治市最适宜人居住的大型花园住宅小区。项目开工以来，作为长治市规模大、景观好、手续齐全、质量无忧的样板工程，多次接待省、市领导，政府部门及金融行业的参观调研。

2010年以来，公司开始向长治周边地区辐射开发，先后在潞城市、屯留县等周边县市开发多个潞安·颐龙湾项目楼盘。目前，潞安房地产在长治已是家喻户晓，潞安·颐龙湾高端产品的形象更是深入人心。

放眼未来，公司将秉承“建良心房，做永久人”的宗旨，通过收购、兼并、控股等形式，整合优势资源，走强强联合发展道路，使“潞安房地产”成为二三线城市具有低碳经济、文化内涵、社会责任等产业特色新型房地产著名品牌！

潞城潞安.颐龙湾鸟瞰图

长治潞安.颐龙湾项目

长治潞安.颐龙湾精装修样板间一

长治潞安.颐龙湾精装修样板间二

太原市嘉登房地产有限公司

TAI YUANSHI JIADENG FANG DI CHAN YOU XIAN GONG SI

公司成立于一九九六年九月，是经省建设厅批准的具有叁级资质的房地产开发企业，主要经营城乡房地产开发、建材装璜材料的批零等业务。

公司于2000年2月以出让方式取得位于并州南路27号土地一处。嘉兴花园办公写字楼十三层做为办公经营场所。

公司规划建设的嘉兴花园小区，其占地面积7484平方米，地处并州南路中段，交通方便，环境优雅。小区的第一期工程2#、3#商品住宅楼，均为砖混结构，户型结构合理，设施配套齐全，建筑面积9505平方米。在2003年，2#、3#住宅楼全部出售并且房产手续均已办理完毕。为了将小区建设成为多功能的新型区域，我公司又开发新建了嘉兴花园综合写字楼一栋，建筑面积8363平方米，2003年8月底全部交付使用，小区内配套设施有自行车停车棚、锅炉房、自备深水井、配电室等，煤气管网也已接通，已并且全部交付使用，取得了良好的经济效益。

2005年2月公司以出让方式取得了位于长治路西巷七号8265.48平方米的土地使用权，该项目地处太原最具活力及发展潜力的新兴区域，住宅、商业、办公、高新科技发展蓬勃，增值潜力较大。东与三十五中学仅一墙之隔，南、北均为大型高级住宅小区，无论从交通还是周边社区人口均具备成为优质社区的条件。一期开发建设的嘉苑住宅小区有A、B座28层高层住宅楼，建筑面积52585.4平方米，分别由6个单元组成。车库内共有150余车位，并配备专人管理，24小时在岗，地下车库出入口临街，方便住户的出行。

公司在2009年以出让方式取得了太原市小店区长治路89号编号为并政地国用（2009）第00144号、第00145号的地块的土地使用权，面积为：13162m2；同年取得了编号为并规许字（2009）第0100号《建设用地规划许可证》；开发建设了嘉苑小区1#、2#高层住宅楼、4#回迁楼和5#商住楼。2010年取得了编号为并规建证新字（2010）第0149号、第0150号、第0151号《建设工程规划许可证》，同年取得了编号为140103201011190301的《建筑工程施工许可证》；并于2011年11月取得了《商品房预售许可证》，现已竣工并交付业主使用，获得了社会各界的一致好评。

公司宗旨：进一步适应新形势下改革开放的市场潮流，改善人民群众的居住环境，提高生活质量，从而由点及面地推进市场经济的发展。

嘉兴商务楼效果图 · 嘉苑小区效果图

嘉苑小区鸟瞰图

山西省勘察设计研究院

山西省勘察设计研究院成立于1956年，是建设部首批认证的专业化综合甲级勘察设计研究单位，国家级先进工程勘察单位，中国工程勘察设计协会岩土工程勘察分会常务理事单位，山西省测绘学会常务理事单位，山西省“重合同守信用”单位，山西省文明和谐单位。

省勘院现下设24个生产单位，9个职能管理部门。现有职工1200多人，在职人员503人。

省勘院是集岩土工程、水文地质工程、地质灾害治理、测绘与工程测量、城镇规划、工程设计与环境工程、施工专业总承包、工程监理、工程咨询为一体的综合性勘察设计单位。拥有工程勘察综合甲级、地质勘查甲级、水利凿井甲级、测绘甲级、建筑业企业地基与基础工程贰级、地质灾害治理工程勘查甲级、地质灾害治理工程设计甲级、工程设计证书乙级(市政公用行业给水排水)、工程监理企业甲级、工程检测试验（人工地基专项）、城市规划设计丙级、地质灾害危险性评估单位资质乙级、地质灾害治理工程施工单位资质乙级等30余个资质。

省勘院始终遵循“规范经营、确保产品质量、增进顾客满意、实现持续发展”的质量方针，在加强内部质量管理的同时，于2008年取得了质量、环境与职业健康安全三体系认证证书，为进一步提高产品质量、规范内部管理奠定了基础。

在近56年的工程勘察生产实践中，省勘院积累了丰富的经验，创造出了良好业绩，先后完成了包括省博物馆、省委大楼、汾河治理等国家和省重点工程的勘察任务6600余项，共有124项工程获“国家银奖”、“国家铜奖”、“汾水杯”、“太行杯”等优秀工程奖项，430余项工程获得国家、省部级勘察设计奖和科研进步奖项，取得了良好的品牌效益和社会效益。

近年来，省勘院加大对设备投资力度，建立了科学投资理念，壮大了设备的实力。三年来，全院经济总量以年均50%以上递增，主要指标连年实现了翻番。

省勘院始终遵循“励精图治、艰苦创新”的企业精神，强化企业文化建设，经济建设和精神文明建设均取得了丰硕的成果：2001年取得ISO9001质量体系认证证书；2002年被授予“全国行业文明单位标兵”称号；2006年被中国勘察设计协会授予“全国优秀勘察设计院”称号；2007年被授予“省级文明和谐单位”称号，同年获得“山西省诚信先进单位”、“全国首批诚信先进单位”称号；2008年先后荣获“山西省诚信单位”、“全国行业诚信单位”以及“全省行业十强单位”荣誉称号；2009年5月被省住房和城乡建设厅授予了“党风廉政建设先进集体”荣誉称号，7月被省统计局授予“山西省地质勘查技术服务龙头单位”荣誉称号，并通过了中国勘察设计协会对首批全国工程勘察诚信单位的复评工作，9月被省勘察设计协会授予“山西省十佳勘察院”荣誉称号；2009年取得质量、安全、环境三体系认证证书；2010年被山西省工商行政管理局授予山西省守合同重信用企业，连续两年被山西省建设监理协会授予“山西省工程监理先进企业”荣誉称号；2012年被山西省建筑业工会联合会授予“山西省建筑业模范职工小家”，于4月份被山西省总工会劳动竞赛委员会授予“五一劳动奖章”；2013年荣获“山西省建设工程质量管理优秀企业”、“全国先进勘察设计企业”和“2012年度山西省工程监理先进企业”，并荣获住建部颁发的“全国勘察与岩土行业诚信单位”。

山西新能源研发中心勘察项目

我院勘察的黄河水源项目

山西省第三建筑工程公司

董事长：刘仁旺

公司创建于1952年，属于山西建筑工程（集团）总公司的核心骨干成员之一。

经过60多年的改革创新和转型跨越发展，公司已是具有房屋建筑工程总承包一级资质、房地产开发等18项资质的综合性国有建筑施工企业。公司的房地产开发从一九九八年以来从小到大、从无到有创建了丰厚的房地产开发业绩，公司现有员工2900多人，其中有各类专业技术和管理人员1800多人。公司注册资本金5435万元，拥有大中型机械设备1200台（套），年综合经营承包能力在50亿元以上。

公司坚持“稳固太行、覆盖山西、走向全国、开拓海外”的市场经营战略，弘扬“诚与信为本、优与效至上”的企业精神，践行“建德、建友、建业”的核心价值观和“建精品工程、筑员工福祉”的企业使命，以“发展企业、服务社会、富裕职工、和谐文明”为目标，落实质量/环境/职业健康安全管理方针，形成了以长治为中心、不断延伸市场半径，项目遍布省内各市及内蒙、山东、河南、海南、新疆、宁夏、北京、天津、吉林、黑龙江等省市，形成了以房屋建筑工程总承包及房地产开发为主、涉及公路桥梁、商品混凝土生产销售等领域的多元化经营格局，承建过煤炭、电力、冶金、矿山、机械、化工、

东区住宅楼

以人为本 诚信经营

优质建设 以质为根

建德 · 建友 · 建业

现场视察

奠基仪式

市政、水利、道桥、航空、教育、卫生、住宅小区等一大批国家、省、市重点工程项目和工业与民用工程项目。

公司于2003年通过了质量/环境/职业健康安全管理体系“三标一体”认证，坚持诚信经营、依法经营，建立了用户回访服务体系，制定实施工程回访制度和服务规范，追求服务“0”距离、质量“0”缺陷、用户“0”投诉，取得了良好效果。多年来，工程质量合格率始终保持100%、优良率达到80%以上，无工程质量事故发生，赢得了广泛的社会信誉和良好的社会形象，提升了“山西三建”品牌形象。

公司以严格的管理、良好的质量、优质的服务，赢得了广泛的社会信誉，获得了“全国优秀施工企业”、“全国用户满意施工企业”、“全国质量无投诉企业”、“全国工程建设质量管理优秀企业”、“中国信誉卓著质量卓越企业”、“中国企业诚信经营示范单位”、“中国绿色建筑优秀企业”等国家级荣誉，连续多年获得了“山西省优秀建筑企业”、“山西省用户满意建筑施工企业”、“省管国有企业文明单位标兵”、“长治市文明单位”等荣誉称号。并连续多年保持山西省“重合同、守信用”单位荣誉。

公司始终发扬“诚与信为本、优与效至上”的企业精神，坚持“精心施工力求完美、追求卓越塑造精品”的质量方针，实施“立足山西、拓展全国、走向世界”的经营战略，秉承“创新、领先、诚信、双赢”的经营理念，愿以一流的质量、一流的服务、一流的管理与社会各界朋友真诚合作，为客户实现最大的价值，为社会奉献精品工程。

盛集团

追求卓越

守信·精细管理

宏图永盛集团成立于2001年12月，经国家工商行政管理总局批准设立，注册资金10000万元，是一家集房地产开发、建筑施工、物业管理、特种设备安装、生态农业开发、装饰装潢、铝塑门窗制作安装等为一体的综合型企业。公司具备房地产开发一级、建筑施工一级、物业管理二级资质。有一支由200多名中高级专业管理人员组成的管理团队。公司始终坚持"科学创新、诚实守信、精细管理"的经营理念和"厚德载物，追求卓越"的企业精神，在长治乃至山西省的房地产开发、建筑施工、物业管理业内享有较高的信誉，赢得了社会各界和广大客户的好评。

公司近年开发的：永盛苑小区、永盛·锦鑫苑、黎都嘉园、潞康花园、永盛名邸、永盛·紫金苑、永盛·紫金大厦、东山国际、潞城金源新天地购物游憩广场、潞城市生态文化新区水岸春城、漳泽湖科技生态农业园、桃园城中村改造成为全市项目开发的经典之作。

公司近年来施工建设的：离石体校综合楼，省民政厅福彩大厦（高层），柳林园丁小区（高层），漳村矿调度楼，长治一中公寓楼（高层），长治市人民医院门诊楼等获得了省优、市优工程。

公司始终坚持以质量求生存，以管理求效益，以诚信求发展的方针，曾先后被评为"长治市十佳房地产企业、"山西省首届百家信用示范企业"、长治市"守合同、重信用"企业、山西省"守合同、重信用"企业、其中永盛苑小区被授予"优质楼盘称心房"、"长治市房地产业十大名盘"、"山西省太行杯土木工程大奖"、"中国绿色健康明星楼盘"等多项荣誉称号。建筑施工连续多年被授予全国优秀施工企业、全国用户满意企业、中国建筑业质量优秀企业、省农行AAA级信用企业，并有多项工程荣获省优工程、省安全文明工地荣誉证书。

集团所属安信物业服务公司，秉承"一切为了业主，为了业主一切"的服务宗旨，严管理、强服务，在涉及写字楼、住宅、商业、多高层商住楼等范围服务中，树形象、练内功，受到社会各界和业主的好评，获得了"山西省爱国卫生先进单位"、"长治市十佳物业服务企业"、"山西平安示范小区"、"山西物业管理示范住宅小区"、"中国金牌物业管理企业"等荣誉称号。

励精图治，永远和客户心连心的宏图人，将立足上党、面向全省、全力以赴、一如既往、永不懈怠。以专业的开发、专业的施工、专业的管理、高效而多元化的服务，为长治的城镇化建设，为山西的转型跨越发展继续谱写新的篇章。

山西杰盛集团

张文德 中共党员
山西杰盛集团董事长兼党支部书记
长治河南商会常务副会长、长治市人大代表
长治市房地产业协会副会长

山西杰盛集团是一家集房地产开发、建筑施工、物业管理、晋道（三合泉）酒业、旅游开发的的多元化集团企业。山西杰盛集团组建于2011年8月，位于中国“十大魅力城市”——长治。

山西杰盛房地产开发集团有限公司成立于2001年10月22日，法定代表人张文德，注册资金10410万元，房地产开发一级资质，连续多年被评为“市、省、国家级”守合同重信用企业，长治市“十大名企”之一。

长治市杰盛建筑工程有限公司成立于2000年2月，注册资金10100万元，企业法代表人张玉德，为房屋建筑工程施工总承包二级，建筑装饰装修工程专业承包三级，起重设备安装工程专业承包三级，钢结构工程专业承包三级，环保工程专业承包三级。连续多年被评为“市、省、国家级”守合同重信用企业。有大中型施工设备300余台（套），年施工产值上亿元。

企业理念：

企业文化是发展的精髓、诚信是企业品牌的核心、质量是企业品牌的本质、创新是企业发展的源泉。

洛河壹号位于永年县洺河路（永峰线）北侧、107国道西。为高层建筑商住小区，由北京中翰国际建筑设计有限公司设计，建筑面积约10万平方米。

永年县地处河北省南部，太行山东麓，南距邯郸市20公里，北距省会石家庄150公里，距首都北京420公里，系晋冀鲁豫四省交汇处。107国道、京广铁路、京深高速公路纵穿南北，309国道、邯临省道横贯东西。

“东城世家”位于长治市郊区老顶山国家森林公园、炎帝神农氏下、东客运站旁。用地面积约37144.83m²（55.72亩），地上12栋住宅楼，总建筑面积70650m²。

老顶山国家森林公园建立于1992年，以炎帝神农

洛河壹号

东城世家

强化管理·塑造精品
真诚服务·追求卓越

氏为公园建设的灵魂，修建了九龙宫、新顶滴古寺，新建了炎帝像、百草堂、自控滑道、溜索场、卡丁赛车场、滑雪场等景点。老顶山森林公园正以雄、奇、险、幽、美，吃、住、游、购、娱于一体的完美的形象展现在世人面前。山体多为下古生界寒武系、奥陶系石灰岩，海拔最高1378米。公园由五顶9脊18沟40余座山峰组成，天然岩洞30余处。森林面积3万亩，森林覆盖率达74%。自然景观空灵奇秀，主要有雄狮卧岗、鉴天石、石丛缀菊、石海微澜、五指擎天、危崖耸空等10余处。是一个假日休闲、娱乐健身的好去处。

壶关县位于山西东南部，地理位置在东经113度10`——113度40`，北纬35度51`——36度13`之间。东与河南省林、辉二市相连，西与长治市为邻，北与平顺县隔界，南与陵川县接壤。因古治北有老顶山，南有双龙山、两山夹峙，中间空断，山形似壶，且以壶口为关，而得名壶关。

壶关“宜盛苑”A区二期商住小区距市约有13公里，建筑面积约10万平方米，层高分别为22层，16层等高层建筑。

长治市假日欢乐大世界旅游开发有限公司拟定选址于长治市长安连接线壶关段火车站附近建设欢乐大世界项目，总用地面积约1000亩。进行总体规划，分二期建设。第一期拟定总投资估算为3.5亿元。一期用地约500亩。

本项目建设内容包括建设接待服务区、儿童游乐园区、成人综合游乐园区。项目建成后，将形成一个供市民体育健身、文化交流、休闲娱乐的公共活动场所。该项目以一些大型游乐设施为主，拟建成晋中南地区首屈一指的游乐天地，拟定建设主要项目为过山车，摩天轮，海盗船，山洞飞车，弹簧床，激流勇进，云霄飞车，章鱼转，旋转木马，碰碰车，鬼屋，火箭升空，旅游观光车，空中单轨列车、快乐杯、小汽车、恐龙岛、小摩托车、DJ疯狂之旅、惊涛骇浪、松林休闲区、风暴骑士(新)；一次性观赏项目：空中摇滚、动感影院、4D影院(新)等。

壶关宜盛苑A区二期

壶关宜盛苑A区二期

华晟理念

——集团宗旨:
科学发展、争先创优、服务民生、奉献社会
——集团精神:
爱岗敬业、追求卓越、永不言败
——管理理念:
以人为本、尊重员工的创造性、积极性
——集团价值观:
持续为社会、为企业创造更大价值

华晟管理

——“三大理念”:
做到以快取胜，遵循"责”“信”“理"把握好“知与行”统一
——“六有管理”:
人人有职责、事事有程序、做事有标准、有过程有痕迹、绩效有考核、改进有保障。

华晟业务

——以房地产开发为主，涉及物业管理装饰、装演，集中供热，商贸广告，居家养老等诸多领域。

华晟奉献

——“慈心善举、扶贫救助”;“心中有他人就会产生爱心;“心中有社会，就会产生责任"。
——自2000年，累计向社会各类公益事业捐款200万余元。

华晟20年 感谢有你

晋中华晟房地产有限公司

JIN ZHONG HUA CHENG FANG DI CHAN

1994-2014 华晟二十年

感谢有你

司成立

产有限公司在山西股权交易中心成功挂牌上市

中华晟社区居家养老服务中心成立

晋中华晟广告文化传媒有限公司成立

11 晋中华晟热力公司成立，对老城区156万平方米住宅、商业等实施冬季集中供热

2008 晋中华晟商贸有限公司成立，开展多元化经营服务

2007 晋中市华晟物业有限公司成立，管理建设面积122万平方米

2004 晋中华晟房地产有限公司成立，参与市城区大规模旧城改造，至今建设住宅楼300栋，150万平方米

2001 榆次安居住宅合作社成立，并开始建设山西省首个安居住宅小区——新集街小区

1994

华晟文化

——奉行儒家之道秉承晋商精神

华晟品牌

——华晨地产、华晨物业、华晨商贸
华晨热力、华晨传媒、华晨养老

华晟愿景

——成为一个以房地产开发、居住产业为龙头，以物业、热力、商贸、文化广告传播为一体的多元发展、实力较强、充满活力的现代化集团企业，力争为建设生态山西、美丽山西和晋中城乡生态率先发展作出贡献。

华晟业绩

—— 2001年至2005年，公司先后实施了城市道路、商业网点、商品住宅、保障性住房等市政基础设施改造与开发建设工程。建设项目主要有:花园路、新集西街、北大街榆太路、锦南路、迎新路顺城街西段等十条道路拓宽改造建设工程；榆次老城、榆次文化艺术中心、市民广场等五个区域的街景改造工程；开发建设16个住宅小区、300栋、150万m2住宅楼，建设临街商业用房2. 82万m2,累计完成投资4. 6亿元。2012年至今，公司投资9亿元实施的晋中市城区顺城街道路拓宽街景改造市政重点工程进入尾声，22. 3万m2商住开发工程竣工交付使用。

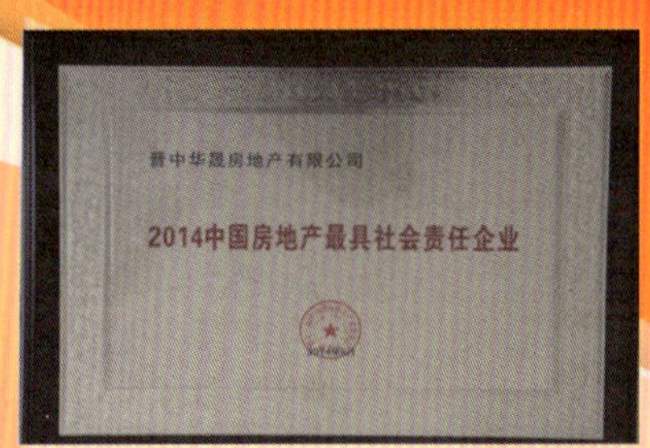

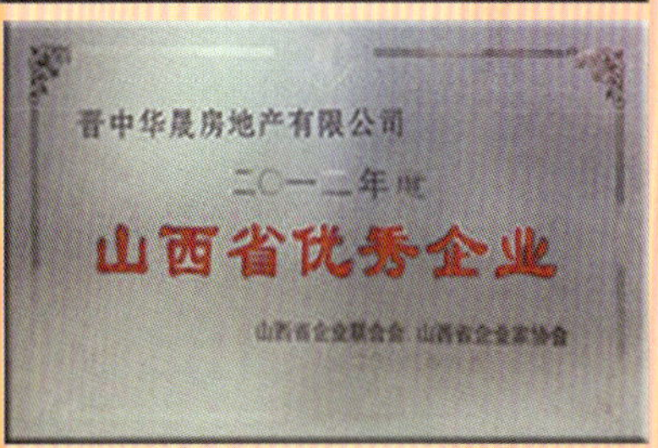

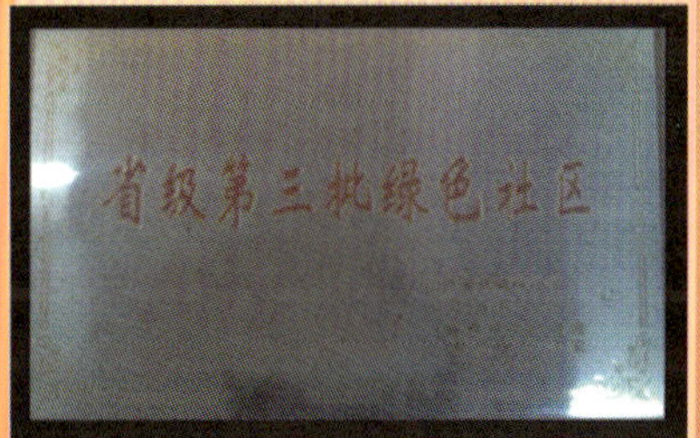

山西万景源房地产开发有限责任公司

Shan xi wan jing yuan fang di chan kai fa you xian ze ren gong si

董事长：梁晋武（右）　总经理：张茂生（左）

春和景明，生机盎然。万景源人几年辛勤耕种、用爱灌溉，这个春天，终于迎来了“收获”的季节。公司两个在建项目——万景苑住宅小区一期工程六月全面交工，万景苑住宅小区二期工程和美泰金座项目将于2014年底全部完工。两个新开项目—万景嘉苑和赵北峰两个项目117万平方米正在设计建设中，将于2014年底开工，一个储备项目正在积极洽谈过程中。截止2014年6月，公司已累计开发总建筑面积达32万平方米，累计总投资约20亿元

山西万景源房地产开发有限责任公司(简称万景源公司）系晋能集团全资企业，成立于2005年11月，目前拥有员工80余人，具有房地产开发贰级资质，通过了ISO9001/ISO14001 质量、环境国际标准管理体系认证。万景源公司在“和谐、诚信、创新、发展”核心价值观引领下，以踏石留印、抓铁有痕的精神、通过不懈的努力与高效的管理模式，不断的提升产品质量和创新理念，力求自然美景与现代时尚的完美融合，给生活在城市的业主提供了一片属于自己的静美栖息地。

万景源公司始终坚持以目标导向、计划管理、日清日结、督导激励、质量为先、效益至上的工作理念；解放思想，创新管理，树立责任感；全面贯彻“生命财产重于泰山 安全责任在行于举”安全理念；积极探寻走品牌化管理路线。万景苑小区设计方案荣获全国人居经典建筑规划设计最高奖——综合大奖，美泰金座项目荣获太原市2013年“十优绿色工地”，2014年五月份“十佳建筑工地”，公司先后荣获中国房地产协会“中国房地产诚信企业”、“山西省第四届信用示范企业”、“山西省属企业文明单位”、集团公司“先进基层党组织”等荣誉称号。

2014年是万景源公司转型发展之年，建立以项目建设为中心，全面落实项目经理负责制，公司本部各部门作为服务保障项目建设工作的运行体系，努力实现“12345”的经营目标，创建晋能集团万景源地产品牌。

万景嘉苑入口透视图

赵北峰项目临街图

太原恒大华府3号楼经典平墅全省首发 俯瞰一城繁华

历经6年，恒大地产集团精工打造的高端豪宅太原恒大华府，如今风华峥嵘，多次荣获太原住宅月度销冠、季度销冠、半年销冠、年度前三名等佳绩，倾动龙城。其山水交融，大宅传世。绝品地段、稀缺的自然与人文资源、不逊于皇家园林的四季美景，是大量有置业和升级需求购房者无法抗拒的“诱惑”，同时，在细节上的打磨和精耕细作造就的顶级豪宅品质，更使其成为龙城高端住宅市场的巅峰之作，也将开启中国豪宅新的时代。据悉，太原恒大华府3号楼毛坯现房全省首发，其“打造自由私享空间”的理念自然引起业界高度关注，这将再次为太原恒大华府添加一抹华光异彩。

龙脉腹地 三晋首席传世大宅

龙城自古有就是晋王御府的尊贵之地。上风上水的小店区，素有龙脉福地之称。太原恒大华府傲居交通道路网的黄金旺角，坐拥龙城浦东的醇熟配套，毗邻太原市十大建筑群，著名高校等环伺周边，山水交融，文脉鼎盛，堪为罕见的宜居之所，真正铸就代言世界豪宅风向的人文宅邸。

曾经的龙城，因帝王将相辈出而被历史铭刻和后世景仰，唯有帝王将相的甄选眼界和不凡胸襟，才堪得这片山水世界。如今，在这稀贵之地，太原恒大华府将极致的考究理念再次浇筑奢华门庭，营造“自由空间”，献给大宅新的主人。

浓荫华盖 最年幼树已静等30年

除了雄浑伟岸的建筑风骨，太原恒大华府更注重细节上的完美打造，讲究“天、地、人”的相辅相生，这在园林布置上可见一斑。

凭窗远眺，社区内树影婆娑、泉水淙淙、鸟语花香，打造了一种“明月松间照，清泉石上流”的山林意境，与远处汾河水景一脉传承。为了营造浓荫掩盖层层官邸的意境，太原恒大华府于全国甄选数千株名贵成树，全冠移植，创就“庭院深深深几许”的大院印象。

据了解，这些名木即使最年轻的树也已逾30年，大量一级大乔达到50岁以上，更有名贵乔木，树龄年逾七十甚至百年。为了保证成年大树的成活率，太原恒大华府斥巨资自建苗圃，园区内全部覆土3-6米精心养护种植，12-15米高冠的大树与建筑高度和谐相生，使每一层的业主都享受到宜人的园林景观。

私人定制配套 盛享高端圈层生活

作为一处传世大宅，契合顶尖圈层要求的生活配套自然是必不可少。

毋庸置疑，上流名仕需要最精致，最便利的生活礼遇来匹配其身份。依循这一理念，太原恒大华府在深入解读前沿国际生活规划的同时，凭借臻于完美的丰富配套，为财富人群构筑了繁华都市之中的极致人生。

由太原恒大华府打造的省内最大全能运动中心，以近2万㎡宏大规模与高端设施带来仅少数人奢享的巅峰荣耀。配备奥运标准的恒温游泳馆、网球馆及星级餐厅，体察层峰人士高雅生活细节，打造高尚社交圈；以无与伦比的豪华配套及周到服务，定制名门望族傲世尊崇。

作为龙城独树一帜的豪宅产品项目，太原恒大华府涉及餐饮、商务、运动健身、文化休闲、生活服务等方方面面。为了满足财富人群的品质生活所需，太原恒大华府斥巨资打造龙城独树一帜的定制级五星级会所，让当代三晋巨子畅享顶级尊贵服务。此外，会所内特增小酒楼和超市，与三五好友推杯换盏、生日派对等尊贵礼遇，带给业主舒适的一体化生活。在城市宁静生活的一端，享受层峰人生的从容。

太原恒大华府还携手国际知名物业"金钥匙"物管，借助其服务全球顶级人物的豪宅物管经验，优化其领先的技术与管理模式，提供超越既往全方位菜单式定制化服务，给予业主一种恰如其分贴切的贴心礼遇。

凭借卓越的产品品质与有口皆碑的良好声誉，太原恒大华府稳坐"中国顶级豪宅标杆"的宝座。恒大华府的逆市畅销是对项目品质的最好认可。太原恒大华府用其品质实力，开创人生崭新领域，俯瞰一城繁华。

陆延集团 · 六建集团倾情打造

如意 · 竹苑

山西人在海南的家

资料中图片及文字仅作说明使用，不构成双方买卖合同内容，一切以政府最终审批文件为准，其最终解释权归开发商

0351-2797777/2777000

ShanXi Ren Zai Hai Nan De Jia Da Hon Ben Zhun Xian Fang

☆ 微信 添加朋友 搜号码 【ruyizhuyuan】
☆ 微信 扫一扫 此二维码 可领取礼品一份

开发商：陆延集团 · 海南陆安置业发展有限公司/建筑商：山西六建集团有限公司/销售地址：千峰南路81号（昌陆集团）

目　录

特刊

中共中央总书记习近平在中共中央政治局第十次集体学习时

关于加快推进住房保障体系和供应体系建设的讲话 ……………………………………（3）

中共中央关于全面深化改革若干重大问题的决定

（2013年11月12日中国共产党第十八届中央委员会第三次全体会议通过）……………（4）

中国共产党第十八届中央委员会第三次全体会议公报

（2013年11月12日中国共产党第十八届中央委员会第三次全体会议通过）…………（14）

国务院关于城镇化建设工作情况的报告

——在第十二届全国人民代表大会常务委员会第三次会议上的报告……………………（17）

工作报告

改革创新 争先进位 奋力谱写住房城乡建设事业发展新篇章

——在全省住房城乡建设暨党风廉政精神文明建设工作会议上的报告 ……李栋梁（23）

重要言论

简论我国健康城镇化的几类底线……………………………………………………仇保兴（31）

当前房地产市场运行情况和十八届三中全会后的市场走势

——在地方协会会长、秘书长工作会议上的发言………………………………朱中一（36）

分析研究报告

2013年全国房地产开发和销售情况……………………………………………国家统计局（41）

山西省房地产业持续健康发展研究报告

……………………………………………山西省住房和城乡建设厅房地产市场监管处(44)

2013年全省住房公积金缴存使用情况……………山西省住房和城乡建设厅公积金监管处(49)

转型跨越发展中山西房地产业健康发展

——2011-2013年山西房地产市场运行情况分析……………………山西省统计局(56)

山西房地产市场在调整中稳定前行

——2013年房地产市场运行情况分析 ……………………………山西省统计局(59)

2013年房地产法律法规政策综述………………………山西省房地产业协会法律事务部(64)

大同市房地产市场发展的脉络与趋势……………………大同市房地产与物业管理协会(68)

山西省养老地产分析研究报告……………………………………山西省养老地产研究课题组(70)

产业发展报告

2013年太原市房地产业发展报告……………………………………………太原市房地产业协会(89)

2013年大同市房地产业发展报告………………………………大同市房地产与物业管理协会(95)

2013年朔州市房地产业发展报告……………………………………………朔州市房地产业协会(98)

2013年吕梁市房地产业发展报告………………………………吕梁市住房和城乡建设局(100)

2013年晋中市房地产业发展报告…………………………………………晋中市房地产业协会(102)

2013年忻州市房地产业发展报告…………………………………………忻州市房地产业协会(107)

2013年阳泉市房地产业发展报告…………………………………… 阳泉市房地产业协会(109)

2013年临汾市房地产业发展报告…………………………………………临汾市房地产业协会(112)

2013年运城市房地产业发展报告…………………………………………运城市房地产业协会(114)

2013年长治市房地产业发展报告…………………………………………长治市房地产业协会(116)

2013年晋城市房地产业发展报告…………………………………………晋城市房地产业协会(119)

市场运行监测报告

2013年太原市房地产市场运行监测报告………………………… 市场运行监测课题组(125)

2013年大同市房地产市场运行监测报告……………………… 市场运行监测课题组（131）

2013年长治市房地产市场运行监测报告……………………… 市场运行监测课题组（135）

2013年临汾市房地产市场运行监测报告……………………… 市场运行监测课题组（155）

2013年运城市房地产市场运行监测报告……………………… 市场运行监测课题组（159）

2013年金融机构贷款投向统计报告……………………………………………………（164）

2013年城镇保障性安居工程跟踪审计结果…………………………………………（166）

2013年第一季度全国主要城市地价监测报告………………………………………（167）

2013年第二季度全国主要城市地价监测报告………………………………………（171）

2013年第三季度全国主要城市地价监测报告………………………………………（176）

2013年第四季度全国主要城市地价监测报告………………………………………（182）

2013中国国土资源公报…………………………………………………………………（187）

政策法规

中共中央办公厅　国务院办公厅

关于党政机关停止新建楼堂馆所和清理办公用房的通知 ……………………………（191）

国务院批转发展改革委等部门关于深化收入分配制度改革若干意见的通知 ……………（193）

国务院关于加快棚户区改造工作的意见 ………………………………………………（199）

国务院关于加快发展养老服务业的若干意见 …………………………………………（202）

国务院关于加强城市基础设施建设的意见 ……………………………………………（206）

国务院办公厅

关于转发发展改革委住房城乡建设部绿色建筑行动方案的通知 ………………………（209）

国务院办公厅

关于继续做好房地产市场调控工作的通知 ……………………………………………（213）

住房和城乡建设部令

关于修改《房地产估价机构管理办法》的决定 ……………………………………………（215）

住房和城乡建设部

关于做好2013年城镇保障性安居工程工作的通知 ……………………………………（221）

住房和城乡建设部 国家发展改革委 财政部

关于做好2013年农村危房改造工作的通知……………………………………………（223）

住房和城乡建设部 工商总局

关于集中开展房地产中介市场专项治理的通知………………………………………（226）

住房和城乡建设部

关于印发《农村危房改造最低建设要求（试行）》的通知……………………………（228）

住房和城乡建设部

关于进一步加强国有土地上房屋与补偿信息公开工作的通知 ………………………（231）

住房和城乡建设部

关于深入开展全国工程质量专项治理工作的通知……………………………………（232）

住房和城乡建设部

关于进一步规范房地产估价机构管理工作的通知……………………………………（235）

住房和城乡建设部

关于加强住房保障廉政风险防控工作的指导意见……………………………………（236）

住房和城乡建设部 财政部 国家发展改革委

关于公共租赁住房和廉租住房并轨运行的通知………………………………………（239）

住房和城乡建设部

关于保障性住房实施绿色建筑行动的通知……………………………………………（240）

住房和城乡建设部

关于加强房地产市场监管廉政风险防控工作的指导意见……………………………（241）

住房和城乡建设部

关于发布《绿色保障性住房技术导则》的通知……………………………………………（243）
住房和城乡建设部办公厅
关于贯彻实施《住房保障档案管理办法》的意见…………………………………………（256）

国家发展改革委办公厅
关于企业债券融资支持棚户区改造有关问题的通知………………………………………（258）

国土资源部办公厅
关于发布《国有建设用地使用权出让地价评估技术规范（试行）》的通知……………（259）
国土资源部办公厅
关于严格管理防止违法违规征地的紧急通知………………………………………………（263）
国土资源部办公厅
关于建立土地利用动态巡查制度加强建设用地供后开发利用全程监管的通知 ……（265）
国土资源部办公厅
关于下放部分建设项目用地预审权限的通知………………………………………………（267）
国土资源部办公厅　住房城乡建设部办公厅
关于坚决遏制违法建设、销售“小产权房”的紧急通知…………………………………（268）

财政部　国家税务总局
关于房改房用地未办理土地使用权过户期间城镇土地使用税政策的通知 …………（269）
财政部　国家税务总局
关于企业参与政府统一组织的棚户区改造有关企业所得税政策问题的通知 ………（270）
财政部　国家税务总局
关于棚户区改造有关税收政策的通知………………………………………………………（271）

财政部　国家税务总局

关于企业和自收自支事业单位向职工出租的单位自有住房房产税和营业税政策的通知
…………………………………………………………………………………………（272）

山西省人民代表大会常务委员会

关于修改《山西省人民防空工程建设条例》的决定………………………………（273）

山西省人民政府办公厅

关于转发省发展改革委省住房城乡建设厅山西省开展绿色建筑行动实施意见的通知
…………………………………………………………………………………………（276）

山西省住房和城乡建设厅

关于进一步加强商品房预售市场监管的通知…………………………………………（279）

山西省住房和城乡建设厅

关于加强房屋租赁管理的通知 ………………………………………………………（281）

山西省住房和城乡建设厅

关于建立房地产业月分析调度制度的通知……………………………………………（282）

山西省住房和城乡建设厅　山西省工商行政管理局

转发住房城乡建设部 工商总局关于集中开展房地产中介市场专项治理的通知 ……（285）

山西省住房和城乡建设厅

关于发布山西省工程建设地方标准《写字楼物业服务标准》的通知………………（286）

山西省住房和城乡建设厅

关于进一步排查化解国有土地上房屋征收与补偿矛盾纠纷的通知………………（296）

山西省住房和城乡建设厅

关于开展2013年城乡规划专项检查暨城乡规划督察工作的通知…………………（297）

山西省住房和城乡建设厅

关于支持购房人选择住房公积金贷款有关事宜的通知……………………………(299)

山西省住房和城乡建设厅

关于转发《大同市人民政府办公厅关于印发 < 大同市物业管理四级职责分工意见 > 的通知》的通知 ……………………………………………………………………(300)

山西省住房和城乡建设厅

转发《住房城乡建设部关于进一步加强国有土地上房屋征收与补偿信息公开工作的通知》……………………………………………………………………(303)

山西省住房和城乡建设厅

关于公布2013年度全省物业管理示范住宅小区(大厦)的通知…………………(304)

山西省住房和城乡建设厅

关于征求《山西省住房保障条例(征求意见稿)》意见的公告…………………(306)

统计资料

2009-2013年全国房地产主要行业指标数据……………………………………(317)

2013年全国房地产主要行业指标月度数据 ……………………………………(318)

2013年全国房地产主要行业指标月度累积数据…………………………………(319)

2009-2013年全国各地区房地产开发投资数据 ……………………………………(320)

2009-2013年全国各地区住宅开发投资数据………………………………………(321)

2009-2013年全国各地区房地产开发企业到位资金数据…………………………(322)

2009-2013全国各地区房地产开发企业国内贷款数据……………………………(323)

2009-2013全国各地区房地产开发企业利用外资数据 ……………………………(324)

2009-2013全国各地区房地产开发企业自筹资金数据……………………………(325)

2009-2013全国各地区房地产开发企业其他资金数据……………………………(326)

2009-2013 全国各地区土地购置面积 ……(327)
2009-2013 全国各地区房屋施工面积 ……(328)
2009-2013 全国各地区房屋新开工面积 ……(329)
2009-2013 全国各地区房屋竣工面积 ……(330)
2009-2013 全国各地区住宅施工面积 ……(331)
2009-2013 全国各地区住宅新开工面积 ……(332)
2009-2013 全国各地区住宅竣工面积 ……(333)
2009-2013 全国各地区办公楼施工面积 ……(334)
2009-2013 全国各地区办公楼新开工面积 ……(335)
2009-2013 全国各地区办公楼竣工面积 ……(336)
2009-2013 全国各地区商业营业用房施工面积 ……(337)
2009-2013 全国各地区商业营业用房新开工面积 ……(338)
2009-2013 全国各地区商业营业用房竣工面积 ……(339)
2009-2013 全国各地区商品房销售面积 ……(340)
2009-2013 全国各地区商品房销售金额 ……(341)
2009-2013 全国各地区住宅销售面积 ……(342)
2009-2013 全国各地区住宅销售金额 ……(343)
2009-2013 全国各地区办公楼销售面积 ……(344)
2009-2013 全国各地区办公楼销售金额 ……(345)
2009-2013 全国各地区商业营业用房销售面积 ……(346)
2009-2013 全国各地区商业营业用房销售金额 ……(347)
2013 年全国各地区月度累计房地产开发投资数据 ……(348)
2013 年全国各地区月度累计住宅开发投资数据 ……(349)
2013 年全国各地区月度累计房地产开发企业到位资金数据 ……(350)

2013 年全国各地区月度累计房地产开发企业国内贷款数据 ……………………………(351)
2013 年全国各地区月度累计房地产开发企业利用外资数据 ……………………………(352)
2013 年全国各地区月度累计房地产开发企业自筹资金数据 ……………………………(353)
2013 年全国各地区月度累计房地产开发企业其他资金数据 ……………………………(354)
2013 年全国各地区月度累计土地购置面积 ……………………………………………(355)
2013 年全国各地区月度累计施工面积……………………………………………………(356)
2013 年全国各地区月度累计新开工面积 …………………………………………………(357)
2013 年全国各地区月度累计竣工面积……………………………………………………(358)
2013 年全国各地区月度累计住宅施工面积………………………………………………(359)
2013 年全国各地区月度累计住宅新开工面积……………………………………………(360)
2013 年全国各地区月度累计住宅竣工面积………………………………………………(361)
2013 年全国各地区月度累计办公楼施工面积……………………………………………(362)
2013 年全国各地区月度累计办公楼新开工面积…………………………………………(363)
2013 年全国各地区月度累计办公楼竣工面积……………………………………………(364)
2013 年全国各地区月度累计商业营业用房施工面积 ……………………………………(365)
2013 年全国各地区月度累计商业营业用房新开工面积 …………………………………(366)
2013 年全国各地区月度累计商业营业用房竣工面积 ……………………………………(367)
2013 年全国各地区月度累计商品房销售面积……………………………………………(368)
2013 年全国各地区月度累计商品房销售金额……………………………………………(369)
2013 年全国各地区月度累计住宅销售面积………………………………………………(370)
2013 年全国各地区月度累计住宅销售金额………………………………………………(371)
2013 年全国各地区月度累计办公楼销售面积……………………………………………(372)
2013 年全国各地区月度累计办公楼销售金额……………………………………………(373)
2013 年全国各地区月度累计商业营业用房销售面积 ……………………………………(374)

2013 年全国各地区月度累计商业营业用房销售金额 ……………………………………………………（375）
2013 年全国住房用地供应计划……………………………………………………………………………（376）
2013 年全省房地产开发企业固定资产投资主要指标 ……………………………………………………（378）
1990–2013 年全省房地产开发企业完成投资……………………………………………………………（379）
2013 年全省房地产开发施工、销售和待售情况…………………………………………………………（380）
2013 年全省房地产开发企业投资完成情况………………………………………………………………（381）
2013 年全省房地产开发企业资金来源情况………………………………………………………………（383）
2013 年全省开发企业土地购置、开发和待售情况………………………………………………………（385）
2013 年全省房地产开发企业施工和销售情况……………………………………………………………（387）
2013 年全省房地产开发企业施工和销售情况（续表）…………………………………………………（389）
2013 年全省房地产开发企业财务状况……………………………………………………………………（391）
2013 年全省房地产开发企业房屋竣工面积………………………………………………………………（393）
2013 年全省房地产开发企业房屋竣工价值………………………………………………………………（395）
2013 年全省房地产开发企业商品房销售面积……………………………………………………………（397）
2013 年全省房地产开发企业商品房销售额………………………………………………………………（399）
2013 年全省国有建设用地供应计划汇总表 ………………………………………………………………（401）
2013 全省各市房地产开发投资情况………………………………………………………………………（402）
2013 年全省各市房地产开发施工、竣工面积及价值………………………………………………………（403）
2013 年全省各市房地产开发房屋销售面积………………………………………………………………（404）
2013 年全省各市房地产开发房屋销售额…………………………………………………………………（405）
2013 年全省各市住房用地供应计划汇总表………………………………………………………………（406）

山西省房地产业协会

山西省房地产业协会章程 …………………………………………………………………………………（409）

山西省房地产业协会会员会籍管理办法 ……………………………………………………（412）

山西省房地产业协会财务管理办法 …………………………………………………………（413）

山西省房地产业协会公文处理办法 …………………………………………………………（415）

山西省房地产业协会印章管理规定 …………………………………………………………（417）

山西省房地产业协会物业管理工作部工作条例 ………………………………………………（418）

山西省房地产业协会物业管理工作部成员名单 ………………………………………………（420）

山西省房地产业协会房地产交易与产权工作部工作条例 ……………………………………（421）

山西省房地产业协会房地产交易与产权工作部成员名单 ……………………………………（423）

山西省房地产业协会第三届理事会常务理事名单 ……………………………………………（424）

山西省房地产业协会第三届理事会理事会名单 ………………………………………………（426）

山西省房地产业协会会员单位名录 …………………………………………………………（432）

附录

2013 年度房地产业先进单位和个人名录…………………………………………………（447）

“广厦奖”山西地区获奖项目……………………………………………………………（448）

山西省国家康居示范工程项目介绍 …………………………………………………………（449）

特刊

Special Issue

中共中央总书记习近平
在中共中央政治局第十次集体学习时
关于加快推进住房保障体系和供应体系建设的讲话

2013年10月29日

住房问题既是民生问题也是发展问题，关系千家万户切身利益，关系人民安居乐业，关系经济社会发展全局，关系社会和谐稳定。党和国家历来高度重视群众住房问题。经过长期努力，我国住房发展取得巨大成就。同时，我们也要看到，解决群众住房问题是一项长期任务，还存在着住房困难家庭的基本需求尚未根本解决、保障性住房总体不足、住房资源配置不合理不平衡等问题。人民群众对实现住有所居充满期待，我们必须下更大决心、花更大气力解决好住房发展中存在的各种问题。

加快推进住房保障和供应体系建设，要处理好政府提供公共服务和市场化的关系、住房发展的经济功能和社会功能的关系、需要和可能的关系、住房保障和防止福利陷阱的关系。只有坚持市场化改革方向，才能充分激发市场活力，满足多层次住房需求。同时，总有一部分群众由于劳动技能不适应、就业不充分、收入水平低等原因而面临住房困难，政府必须“补好位”，为困难群众提供基本住房保障。

从我国国情看，总的方向是构建以政府为主提供基本保障、以市场为主满足多层次需求的住房供应体系。要总结我国住房改革发展经验，借鉴其他国家解决住房问题的有益做法，深入研究住房建设的规律性问题，加强顶层设计，加快建立统一、规范、成熟、稳定的住房供应体系。要千方百计增加住房供应，同时要把调节人民群众住房需求放在重要位置，建立健全经济、适用、环保、节约资源、安全的住房标准体系，倡导符合国情的住房消费模式。“十二五”规划提出，建设城镇保障性住房和棚户区改造住房3600万套(户)，到2015年全国保障性住房覆盖面达到20%左右，这是政府对人民作出的承诺，要全力完成。要重点发展公共租赁住房，加快建设廉租住房，加快实施各类棚户区改造。在推进这项工作的过程中，要注意尽力而为和量力而行相结合，努力满足基本住房需求。住房是群众安身立命之所，质量安全至关重要。要优化保障性住房规划布局、设施配套和户型设计，抓好工程质量。

要完善住房支持政策，注重发挥政策的扶持、导向、带动作用，调动各方面积极性和主动性。要完善土地政策，坚持民生优先，科学编制土地供应计划，增加住房用地供应总量，优先安排保障性住房用地。要完善财政政策，适当加大财政性资金对保障性住房建设投入力度。要综合运用政策措施，吸引企业和其他机构参与公共租赁住房建设和运营。要积极探索建立非营利机构参与保障性住房建设和运营管理的体制机制，形成各方面共同参与的局面。

保障性住房建设是一件利国利民的大好事，但要把这件好事办好、真正使需要帮助的住房困难群众受益，就必须加强管理，在准入、使用、退出等方面建立规范机制，实现公共资源公平善用。要坚持公平分配，使该保障的群众真正受益。要对非法占有保障性住房行为进行有效治理，同时要从制度上堵塞漏洞、加以防范。对非法占有保障性住房的，要依法依规惩处。

中共中央关于全面深化改革若干重大问题的决定

（2013年11月12日中国共产党第十八届中央委员会第三次全体会议通过）

为贯彻落实党的十八大关于全面深化改革的战略部署，十八届中央委员会第三次全体会议研究了全面深化改革的若干重大问题，作出如下决定。

一、全面深化改革的重大意义和指导思想

（1）改革开放是党在新的时代条件下带领全国各族人民进行的新的伟大革命，是当代中国最鲜明的特色。党的十一届三中全会召开三十五年来，我们党以巨大的政治勇气，锐意推进经济体制、政治体制、文化体制、社会体制、生态文明体制和党的建设制度改革，不断扩大开放，决心之大、变革之深、影响之广前所未有，成就举世瞩目。

改革开放最主要的成果是开创和发展了中国特色社会主义，为社会主义现代化建设提供了强大动力和有力保障。事实证明，改革开放是决定当代中国命运的关键抉择，是党和人民事业大踏步赶上时代的重要法宝。

实践发展永无止境，解放思想永无止境，改革开放永无止境。面对新形势新任务，全面建成小康社会，进而建成富强民主文明和谐的社会主义现代化国家、实现中华民族伟大复兴的中国梦，必须在新的历史起点上全面深化改革，不断增强中国特色社会主义道路自信、理论自信、制度自信。

（2）全面深化改革，必须高举中国特色社会主义伟大旗帜，以马克思列宁主义、毛泽东思想、邓小平理论、“三个代表”重要思想、科学发展观为指导，坚定信心，凝聚共识，统筹谋划，协同推进，坚持社会主义市场经济改革方向，以促进社会公平正义、增进人民福祉为出发点和落脚点，进一步解放思想、解放和发展社会生产力、解放和增强社会活力，坚决破除各方面体制机制弊端，努力开拓中国特色社会主义事业更加广阔的前景。

全面深化改革的总目标是完善和发展中国特色社会主义制度，推进国家治理体系和治理能力现代化。必须更加注重改革的系统性、整体性、协同性，加快发展社会主义市场经济、民主政治、先进文化、和谐社会、生态文明，让一切劳动、知识、技术、管理、资本的活力竞相迸发，让一切创造社会财富的源泉充分涌流，让发展成果更多更公平惠及全体人民。

紧紧围绕使市场在资源配置中起决定性作用深化经济体制改革，坚持和完善基本经济制度，加快完善现代市场体系、宏观调控体系、开放型经济体系，加快转变经济发展方式，加快建设创新型国家，推动经济更有效率、更加公平、更可持续发展。

紧紧围绕坚持党的领导、人民当家作主、依法治国有机统一深化政治体制改革，加快推进社会主义民主政治制度化、规范化、程序化，建设社会主义法治国家，发展更加广泛、更加充分、更加健全的人民民主。

紧紧围绕建设社会主义核心价值体系、社会主义文化强国深化文化体制改革，加快完善文化管理体制和文化生产经营机制，建立健全现代公共文化服务体系、现代文化市场体系，推动社会主义文化大发展大繁荣。

紧紧围绕更好保障和改善民生、促进社会公平正义深化社会体制改革，改革收入分配制度，促进共同富裕，推进社会领域制度创新，推进基本公共服务均等化，加快形成科学有效的社会治理体制，确保社会既充满活力又和谐有序。

紧紧围绕建设美丽中国深化生态文明体制改革，加快建立生态文明制度，健全国土空间开发、资源节约利用、生态环境保护的体制机制，推动形成人与自然和谐发展现代化建设新格局。

紧紧围绕提高科学执政、民主执政、依法执政水平深化党的建设制度改革，加强民主集中制建设，完善党的领导体制和执政方式，保持党的先进性和纯洁性，为改革开放和社会主义现代化建设提供坚强政治保证。

（3）全面深化改革，必须立足于我国长期处于社会主义初级阶段这个最大实际，坚持发展仍是解决我国所有问题的关键这个重大战略判断，以经济建设为中心，发挥经济体制改革牵引作用，推动生产关系同生产力、上层建筑同经济基础相适应，推动经济社会持续健康发展。

经济体制改革是全面深化改革的重点，核心问题是处理好政府和市场的关系，使市场在资源配置中起决定性作用和更好发挥政府作用。市场决定资源配置是市场经济的一般规律，健全社会主义市场经济体制必须遵循这条规律，着力解决市场体系不完善、政府干预过多和监管不到位问题。

必须积极稳妥从广度和深度上推进市场化改革，大幅度减少政府对资源的直接配置，推动资源配置依据市场规则、市场价格、市场竞争实现效益最大化和效率最优化。政府的职责和作用主要是保持宏观经济稳定，加强和优化公共服务，保障公平竞争，加强市场监管，维护市场秩序，推动可持续发展，促进共同富裕，弥补市场失灵。

（4）改革开放的成功实践为全面深化改革提供了重要经验，必须长期坚持。最重要的是，坚持党的领导，贯彻党的基本路线，不走封闭僵化的老路，不走改旗易帜的邪路，坚定走中国特色社会主义道路，始终确保改革正确方向；坚持解放思想、实事求是、与时俱进、求真务实，

一切从实际出发，总结国内成功做法，借鉴国外有益经验，勇于推进理论和实践创新；坚持以人为本，尊重人民主体地位，发挥群众首创精神，紧紧依靠人民推动改革，促进人的全面发展；坚持正确处理改革发展稳定关系，胆子要大、步子要稳，加强顶层设计和摸着石头过河相结合，整体推进和重点突破相促进，提高改革决策科学性，广泛凝聚共识，形成改革合力。

当前，我国发展进入新阶段，改革进入攻坚期和深水区。必须以强烈的历史使命感，最大限度集中全党全社会智慧，最大限度调动一切积极因素，敢于啃硬骨头，敢于涉险滩，以更大决心冲破思想观念的束缚、突破利益固化的藩篱，推动中国特色社会主义制度自我完善和发展。

到二〇二〇年，在重要领域和关键环节改革上取得决定性成果，完成本决定提出的改革任务，形成系统完备、科学规范、运行有效的制度体系，使各方面制度更加成熟更加定型。

二、坚持和完善基本经济制度

公有制为主体、多种所有制经济共同发展的基本经济制度，是中国特色社会主义制度的重要支柱，也是社会主义市场经济体制的根基。公有制经济和非公有制经济都是社会主义市场经济的重要组成部分，都是我国经济社会发展的重要基础。必须毫不动摇巩固和发展公有制经济，坚持公有制主体地位，发挥国有经济主导作用，不断增强国有经济活力、控制力、影响力。必须毫不动摇鼓励、支持、引导非公有制经济发展，激发非公有制经济活力和创造力。

（5）完善产权保护制度。产权是所有制的核心。健全归属清晰、权责明确、保护严格、流转顺畅的现代产权制度。公有制经济财产权不可侵犯，非公有制经济财产权同样不可侵犯。

国家保护各种所有制经济产权和合法利益，保证各种所有制经济依法平等使用生产要素、公开公平公正参与市场竞争、同等受到法律保护，依法监管各种所有制经济。

（6）积极发展混合所有制经济。国有资本、集体资本、非公有资本等交叉持股、相互融合的混合所有制经济，是基本经济制度的重要实现形式，有利于国有资本放大功能、保值增值、提高竞争力，有利于各种所有制资本取长补短、相互促进、共同发展。允许更多国有经济和其他所有制经济发展成为混合所有制经济。国有资本投资项目允许非国有资本参股。允许混合所有制经济实行企业员工持股，形成资本所有者和劳动者利益共同体。

完善国有资产管理体制，以管资本为主加强国有资产监管，改革国有资本授权经营体制，组建若干国有资本运营公司，支持有条件的国有企业改组为国有资本投资公司。国有资本投资运营要服务于国家战略目标，更多投向关系国家安全、国民经济命脉的重要行业和关键领域，重点提供公共服务、发展重要前瞻性战略性产业、保护生态环境、支持科技进步、保障国家安全。

划转部分国有资本充实社会保障基金。完善国有资本经营预算制度，提高国有资本收益上缴公共财政比例，二〇二〇年提到百分之三十，更多用于保障和改善民生。

（7）推动国有企业完善现代企业制度。国有企业属于全民所有，是推进国家现代化、保障人民共同利益的重要力量。国有企业总体上已经同市场经济相融合，必须适应市场化、国际化新形势，以规范经营决策、资产保值增值、公平参与竞争、提高企业效率、增强企业活力、承担社会责任为重点，进一步深化国有企业改革。

准确界定不同国有企业功能。国有资本加大对公益性企业的投入，在提供公共服务方面作出更大贡献。国有资本继续控股经营的自然垄断行业，实行以政企分开、政资分开、特许经营、政府监管为主要内容的改革，根据不同行业特点实行网运分开、放开竞争性业务，推进公共资源配置市场化。进一步破除各种形式的行政垄断。

健全协调运转、有效制衡的公司法人治理结构。建立职业经理人制度，更好发挥企业家作用。深化企业内部管理人员能上能下、员工能进能出、收入能增能减的制度改革。建立长效激励约束机制，强化国有企业经营投资责任追究。探索推进国有企业财务预算等重大信息公开。

国有企业要合理增加市场化选聘比例，合理确定并严格规范国有企业管理人员薪酬水平、职务待遇、职务消费、业务消费。

（8）支持非公有制经济健康发展。非公有制经济在支撑增长、促进创新、扩大就业、增加税收等方面具有重要作用。坚持权利平等、机会平等、规则平等，废除对非公有制经济各种形式的不合理规定，消除各种隐性壁垒，制定非公有制企业进入特许经营领域具体办法。

鼓励非公有制企业参与国有企业改革，鼓励发展非公有资本控股的混合所有制企业，鼓励有条件的私营企业建立现代企业制度。

三、加快完善现代市场体系

建设统一开放、竞争有序的市场体系，是使市场在资源配置中起决定性作用的基础。必须加快形成企业自主经营、公平竞争，消费者自由选择、自主消费，商品和要素自由流动、平等交换的现代市场体系，着力清除市场壁垒，提高资源配置效率和公平性。

（9）建立公平开放透明的市场规则。实行统一的市场准入制度，在制定负面清单基础上，各类市场主体可依法平等进入清单之外领域。探索对外商投资实行准入前国民待遇加负面清单的管理模式。推进工商注册制度便利化，削减资质认定项目，由先证后照改为先照后证，把注册资本实缴登记制逐步改为认缴登记制。推进国内贸易流通体制改革，建设法治化营商环境。

改革市场监管体系，实行统一的市场监管，清理和废除妨碍全国统一市场和公平竞争的各种规定和做法，严禁和惩处各类违法实行优惠政策行为，反对地方保护，反对垄断和不正当竞争。建立健全社会征信体系，褒扬诚信，惩戒失信。健全优胜劣汰市场化退出机制，完善企业破产制度。

（10）**完善主要由市场决定价格的机制。**凡是能由市场形成价格的都交给市场，政府不进行不当干预。推进水、石油、天然气、电力、交通、电信等领域价格改革，放开竞争性环节价格。政府定价范围主要限定在重要公用事业、公益性服务、网络型自然垄断环节，提高透明度，接受社会监督。完善农产品价格形成机制，注重发挥市场形成价格作用。

（11）**建立城乡统一的建设用地市场。**在符合规划和用途管制前提下，允许农村集体经营性建设用地出让、租赁、入股，实行与国有土地同等入市、同权同价。缩小征地范围，规范征地程序，完善对被征地农民合理、规范、多元保障机制。扩大国有土地有偿使用范围，减少非公益性用地划拨。建立兼顾国家、集体、个人的土地增值收益分配机制，合理提高个人收益。完善土地租赁、转让、抵押二级市场。

（12）**完善金融市场体系。**扩大金融业对内对外开放，在加强监管前提下，允许具备条件的民间资本依法发起设立中小型银行等金融机构。推进政策性金融机构改革。健全多层次资本市场体系，推进股票发行注册制改革，多渠道推动股权融资，发展并规范债券市场，提高直接融资比重。完善保险经济补偿机制，建立巨灾保险制度。发展普惠金融。鼓励金融创新，丰富金融市场层次和产品。

完善人民币汇率市场化形成机制，加快推进利率市场化，健全反映市场供求关系的国债收益率曲线。推动资本市场双向开放，有序提高跨境资本和金融交易可兑换程度，建立健全宏观审慎管理框架下的外债和资本流动管理体系，加快实现人民币资本项目可兑换。

落实金融监管改革措施和稳健标准，完善监管协调机制，界定中央和地方金融监管职责和风险处置责任。建立存款保险制度，完善金融机构市场化退出机制。加强金融基础设施建设，保障金融市场安全高效运行和整体稳定。

（13）**深化科技体制改革。**建立健全鼓励原始创新、集成创新、引进消化吸收再创新的体制机制，健全技术创新市场导向机制，发挥市场对技术研发方向、路线选择、要素价格、各类创新要素配置的导向作用。建立产学研协同创新机制，强化企业在技术创新中的主体地位，发挥大型企业创新骨干作用，激发中小企业创新活力，推进应用型技术研发机构市场化、企业化改革，建设国家创新体系。

加强知识产权运用和保护，健全技术创新激励机制，探索建立知识产权法院。打破行政主导和部门分割，建立主要由市场决定技术创新项目和经费分配、评价成果的机制。发展技术市场，健全技术转移机制，改善科技型中小企业融资条件，完善风险投资机制，创新商业模式，促进科技成果资本化、产业化。

整合科技规划和资源，完善政府对基础性、战略性、前沿性科学研究和共性技术研究的支持机制。国家重大科研基础设施依照规定应该开放的一律对社会开放。建立创新调查制度和创新报告制度，构建公开透明的国家科研资源管理和项目评价机制。

改革院士遴选和管理体制，优化学科布局，提高中青年人才比例，实行院士退休和退出制度。

四、加快转变政府职能

科学的宏观调控，有效的政府治理，是发挥社会主义市场经济体制优势的内在要求。必须切实转变政府职能，深化行政体制改革，创新行政管理方式，增强政府公信力和执行力，建设法治政府和服务型政府。

（14）**健全宏观调控体系。**宏观调控的主要任务是保持经济总量平衡，促进重大经济结构协调和生产力布局优化，减缓经济周期波动影响，防范区域性、系统性风险，稳定市场预期，实现经济持续健康发展。健全以国家发展战略和规划为导向、以财政政策和货币政策为主要手段的宏观调控体系，推进宏观调控目标制定和政策手段运用机制化，加强财政政策、货币政策与产业、价格等政策手段协调配合，提高相机抉择水平，增强宏观调控前瞻性、针对性、协同性。形成参与国际宏观经济政策协调的机制，推动国际经济治理结构完善。

深化投资体制改革，确立企业投资主体地位。企业投资项目，除关系国家安全和生态安全、涉及全国重大生产力布局、战略性资源开发和重大公共利益等项目外，一律由企业依法依规自主决策，政府不再审批。强化节能节地节水、环境、技术、安全等市场准入标准，建立健全防范和化解产能过剩长效机制。

完善发展成果考核评价体系，纠正单纯以经济增长速度评定政绩的偏向，加大资源消耗、环境损害、生态效益、产能过剩、科技创新、安全生产、新增债务等指标的权重，更加重视劳动就业、居民收入、社会保障、人民健康状况。加快建立国家统一的经济核算制度，编制全国和地方资产负债表，建立全社会房产、信用等基础数据统一平台，推进部门信息共享。

（15）**全面正确履行政府职能。**进一步简政放权，深化行政审批制度改革，最大限度减少中央政府对微观事务的管理，市场机制能有效调节的经济活动，一律取消审批，对保留的行政审批事项要规范管理、提高效率；直接面向基层、量大面广、由地方管理更方便有效的经济社会事项，一律下放地方和基层管理。

政府要加强发展战略、规划、政策、标准等制定和实施，加强市场活动监管，加强各类公共服务提供。加强中央政府宏观调控职责和能力，加强地方政府公共服务、市场监管、社会管理、环境保护等职责。推广政府购买服务，凡属事务性管理服务，原则上都要引入竞争机制，通过合同、委托等方式向社会购买。

加快事业单位分类改革，加大政府购买公共服务力度，推动公办事业单位与主管部门理顺关系和去行政化，创造条件，逐步取消学校、科研院所、医院等单位的行政级别。建立事业单位法人治理结构，推进有条件的事业单位转为企业或社会组织。建立各类事业单位统一登记管理制度。

（16）优化政府组织结构。转变政府职能必须深化机构改革。优化政府机构设置、职能配置、工作流程，完善决策权、执行权、监督权既相互制约又相互协调的行政运行机制。严格绩效管理，突出责任落实，确保权责一致。

统筹党政群机构改革，理顺部门职责关系。积极稳妥实施大部门制。优化行政区划设置，有条件的地方探索推进省直接管理县（市）体制改革。严格控制机构编制，严格按规定职数配备领导干部，减少机构数量和领导职数，严格控制财政供养人员总量。推进机构编制管理科学化、规范化、法制化。

五、深化财税体制改革

财政是国家治理的基础和重要支柱，科学的财税体制是优化资源配置、维护市场统一、促进社会公平、实现国家长治久安的制度保障。必须完善立法、明确事权、改革税制、稳定税负、透明预算、提高效率，建立现代财政制度，发挥中央和地方两个积极性。

（17）改进预算管理制度。实施全面规范、公开透明的预算制度。审核预算的重点由平衡状态、赤字规模向支出预算和政策拓展。清理规范重点支出同财政收支增幅或生产总值挂钩事项，一般不采取挂钩方式。建立跨年度预算平衡机制，建立权责发生制的政府综合财务报告制度，建立规范合理的中央和地方政府债务管理及风险预警机制。

完善一般性转移支付增长机制，重点增加对革命老区、民族地区、边疆地区、贫困地区的转移支付。中央出台增支政策形成的地方财力缺口，原则上通过一般性转移支付调节。清理、整合、规范专项转移支付项目，逐步取消竞争性领域专项和地方资金配套，严格控制引导类、救济类、应急类专项，对保留专项进行甄别，属地方事务的划入一般性转移支付。

（18）完善税收制度。深化税收制度改革，完善地方税体系，逐步提高直接税比重。推进增值税改革，适当简化税率。调整消费税征收范围、环节、税率，把高耗能、高污染产品及部分高档消费品纳入征收范围。逐步建立综合与分类相结合的个人所得税制。加快房地产税立法并适时推进改革，加快资源税改革，推动环境保护费改税。

按照统一税制、公平税负、促进公平竞争的原则，加强对税收优惠特别是区域税收优惠政策的规范管理。税收优惠政策统一由专门税收法律法规规定，清理规范税收优惠政策。完善国税、地税征管体制。

（19）建立事权和支出责任相适应的制度。适度加强中央事权和支出责任，国防、外交、国家安全、关系全国统一市场规则和管理等作为中央事权；部分社会保障、跨区域重大项目建设维护等作为中央和地方共同事权，逐步理顺事权关系；区域性公共服务作为地方事权。中央和地方按照事权划分相应承担和分担支出责任。中央可通过安排转移支付将部分事权支出责任委托地方承担。对于跨区域且对其他地区影响较大的公共服务，中央通过转移支付承担一部分地方事权支出责任。

保持现有中央和地方财力格局总体稳定，结合税制改革，考虑税种属性，进一步理顺中央和地方收入划分。

六、健全城乡发展一体化体制机制

城乡二元结构是制约城乡发展一体化的主要障碍。必须健全体制机制，形成以工促农、以城带乡、工农互惠、城乡一体的新型工农城乡关系，让广大农民平等参与现代化进程、共同分享现代化成果。

（20）加快构建新型农业经营体系。坚持家庭经营在农业中的基础性地位，推进家庭经营、集体经营、合作经营、企业经营等共同发展的农业经营方式创新。坚持农村土地集体所有权，依法维护农民土地承包经营权，发展壮大集体经济。稳定农村土地承包关系并保持长久不变，在坚持和完善最严格的耕地保护制度前提下，赋予农民对承包地占有、使用、收益、流转及承包经营权抵押、担保权能，允许农民以承包经营权入股发展农业产业化经营。鼓励承包经营权在公开市场上向专业大户、家庭农场、农民合作社、农业企业流转，发展多种形式规模经营。

鼓励农村发展合作经济，扶持发展规模化、专业化、现代化经营，允许财政项目资金直接投向符合条件的合作社，允许财政补助形成的资产转交合作社持有和管护，允许合作社开展信用合作。鼓励和引导工商资本到农村发展适合企业化经营的现代种养业，向农业输入现代生产要素和经营模式。

（21）赋予农民更多财产权利。保障农民集体经济组织成员权利，积极发展农民股份合作，赋予农民对集体资产股份占有、收益、有偿退出及抵押、担保、继承权。保障农户宅基地用益物权，改革完善农村宅基地制度，选择若干试点，慎重稳妥推进农民住房财产权抵押、担保、转让，探索农民增加财产性收入渠道。建立农村产权流转交易市场，推动农村产权流转交易公开、公正、规范运行。

（22）推进城乡要素平等交换和公共资源均衡配置。维护农民生产要素权益，保障农民工同工同酬，保障农民公平分享土地增值收益，保障金融机构农村存款主要用于农业农村。健全农业支持保护体系，改革农业补贴制度，完善粮食主产区利益补偿机制。完善农业保险制度。鼓励社会资本投向农村建设，允许企业和社会组织在农村兴办各类事业。统筹城乡基础设施建设和社区建设，推进城乡基本公共服务均等化。

（23）完善城镇化健康发展体制机制。坚持走中国特色新型城镇化道路，推进以人为核心的城镇化，推动大中小城市和小城镇协调发展、产业和城镇融合发展，促进城镇化和新农村建设协调推进。优化城市空间结构和管理格局，增强城市综合承载能力。

推进城市建设管理创新。建立透明规范的城市建设投融资机制，允许地方政府通过发债等多种方式拓宽城市建设融资渠道，允许社会资本通过特许经营等方式参与城市基础设施投资和运营，研究建立城市基础设施、住宅政策性金融机构。完善设市标准，严格审批程序，对具备行政区划调整条件的县可有序改市。对吸纳人口多、经济实力强的镇，可赋予同人口和经济规模相适应的管理权。建立和完善跨区域城市发展协调机制。

推进农业转移人口市民化，逐步把符合条件的农业转移人口转为城镇居民。创新人口管理，加快户籍制度改革，全面放开建制镇和小城市落户限制，有序放开中等城市落户限制，合理确定大城市落户条件，严格控制特大城市人口规模。稳步推进城镇基本公共服务常住人口全覆盖，把进城落户农民完全纳入城镇住房和社会保障体系，在农村参加的养老保险和医疗保险规范接入城镇社保体系。建立财政转移支付同农业转移人口市民化挂钩机制，从严合理供给城市建设用地，提高城市土地利用率。

七、构建开放型经济新体制

适应经济全球化新形势，必须推动对内对外开放相互促进、引进来和走出去更好结合，促进国际国内要素有序自由流动、资源高效配置、市场深度融合，加快培育参与和引领国际经济合作竞争新优势，以开放促改革。

（24）**放宽投资准入。**统一内外资法律法规，保持外资政策稳定、透明、可预期。推进金融、教育、文化、医疗等服务业领域有序开放，放开育幼养老、建筑设计、会计审计、商贸物流、电子商务等服务业领域外资准入限制，进一步放开一般制造业。加快海关特殊监管区域整合优化。

建立中国上海自由贸易试验区是党中央在新形势下推进改革开放的重大举措，要切实建设好、管理好，为全面深化改革和扩大开放探索新途径、积累新经验。在推进现有试点基础上，选择若干具备条件地方发展自由贸易园（港）区。

扩大企业及个人对外投资，确立企业及个人对外投资主体地位，允许发挥自身优势到境外开展投资合作，允许自担风险到各国各地区自由承揽工程和劳务合作项目，允许创新方式走出去开展绿地投资、并购投资、证券投资、联合投资等。

加快同有关国家和地区商签投资协定，改革涉外投资审批体制，完善领事保护体制，提供权益保障、投资促进、风险预警等更多服务，扩大投资合作空间。

（25）**加快自由贸易区建设。**坚持世界贸易体制规则，坚持双边、多边、区域次区域开放合作，扩大同各国各地区利益汇合点，以周边为基础加快实施自由贸易区战略。改革市场准入、海关监管、检验检疫等管理体制，加快环境保护、投资保护、政府采购、电子商务等新议题谈判，形成面向全球的高标准自由贸易区网络。

扩大对香港特别行政区、澳门特别行政区和台湾地区开放合作。

（26）**扩大内陆沿边开放。**抓住全球产业重新布局机遇，推动内陆贸易、投资、技术创新协调发展。创新加工贸易模式，形成有利于推动内陆产业集群发展的体制机制。支持内陆城市增开国际客货运航线，发展多式联运，形成横贯东中西、联结南北方对外经济走廊。推动内陆同沿海沿边通关协作，实现口岸管理相关部门信息互换、监管互认、执法互助。

加快沿边开放步伐，允许沿边重点口岸、边境城市、经济合作区在人员往来、加工物流、旅游等方面实行特殊方式和政策。建立开发性金融机构，加快同周边国家和区域基础设施互联互通建设，推进丝绸之路经济带、海上丝绸之路建设，形成全方位开放新格局。

八、加强社会主义民主政治制度建设

发展社会主义民主政治，必须以保证人民当家作主为根本，坚持和完善人民代表大会制度、中国共产党领导的多党合作和政治协商制度、民族区域自治制度以及基层群众自治制度，更加注重健全民主制度、丰富民主形式，从各层次各领域扩大公民有序政治参与，充分发挥我国社会主义政治制度优越性。

（27）**推动人民代表大会制度与时俱进。**坚持人民主体地位，推进人民代表大会制度理论和实践创新，发挥人民代表大会制度的根本政治制度作用。完善中国特色社会主义法律体系，健全立法起草、论证、协调、审议机制，提高立法质量，防止地方保护和部门利益法制化。健全“一府两院”由人大产生、对人大负责、受人大监督制度。健全人大讨论、决定重大事项制度，各级政府重大决策出台前向本级人大报告。加强人大预算决算审查监督、国有资产监督职能。落实税收法定原则。加强人大常委会同人大代表的联系，充分发挥代表作用。通过建立健全代表联络机构、网络平台等形式密切代表同人民群众联系。

完善人大工作机制，通过座谈、听证、评估、公布法律草案等扩大公民有序参与立法途径，通过询问、质询、特定问题调查、备案审查等积极回应社会关切。

（28）**推进协商民主广泛多层制度化发展。**协商民主是我国社会主义民主政治的特有形式和独特优势，是党的群众路线在政治领域的重要体现。在党的领导下，以经济社会发展重大问题和涉及群众切身利益的实际问题为内容，在全社会开展广泛协商，坚持协商于决策之前和决策实施之中。

构建程序合理、环节完整的协商民主体系，拓宽国家政权机关、政协组织、党派团体、基层组织、社会组织的协商渠道。深入开展立法协商、行政协商、民主协商、参政协商、社会协商。加强中国特色新型智库建设，建立健全决策咨询制度。

发挥统一战线在协商民主中的重要作用。完善中国共产党同各民主党派的政治协商，认真听取各民主党派和无党派人士意见。中共中央根据年度工作重点提出规划，采取协商会、谈心会、座谈会等进行协商。完善民主党派中央直接向中共中央提出建议制度。贯彻党的民族政策，保障少数民族合法权益，巩固和发展平等团结互助和谐的社会主义民族关系。

发挥人民政协作为协商民主重要渠道作用。重点推进政治协商、民主监督、参政议政制度化、规范化、程序化。各级党委和政府、政协制定并组织实施协商年度工作计划，就一些重要决策听取政协意见。完善人民政协制度体系，规范协商内容、协商程序。拓展协商民主形式，更加活跃有序地组织专题协商、对口协商、界别协商、提案办理协商，增加协商密度，提高协商成效。在政协健全委员联络机构，完善委员联络制度。

(29)发展基层民主。畅通民主渠道，健全基层选举、议事、公开、述职、问责等机制。开展形式多样的基层民主协商，推进基层协商制度化，建立健全居民、村民监督机制，促进群众在城乡社区治理、基层公共事务和公益事业中依法自我管理、自我服务、自我教育、自我监督。健全以职工代表大会为基本形式的企事业单位民主管理制度，加强社会组织民主机制建设，保障职工参与管理和监督的民主权利。

九、推进法治中国建设

建设法治中国，必须坚持依法治国、依法执政、依法行政共同推进，坚持法治国家、法治政府、法治社会一体建设。深化司法体制改革，加快建设公正高效权威的社会主义司法制度，维护人民权益，让人民群众在每一个司法案件中都感受到公平正义。

(30)维护宪法法律权威。宪法是保证党和国家兴旺发达、长治久安的根本法，具有最高权威。要进一步健全宪法实施监督机制和程序，把全面贯彻实施宪法提高到一个新水平。建立健全全社会忠于、遵守、维护、运用宪法法律的制度。坚持法律面前人人平等，任何组织或者个人都不得有超越宪法法律的特权，一切违反宪法法律的行为都必须予以追究。

普遍建立法律顾问制度。完善规范性文件、重大决策合法性审查机制。建立科学的法治建设指标体系和考核标准。健全法规、规章、规范性文件备案审查制度。健全社会普法教育机制，增强全民法治观念。逐步增加有地方立法权的较大的市数量。

(31)深化行政执法体制改革。整合执法主体，相对集中执法权，推进综合执法，着力解决权责交叉、多头执法问题，建立权责统一、权威高效的行政执法体制。减少行政执法层级，加强食品药品、安全生产、环境保护、劳动保障、海域海岛等重点领域基层执法力量。理顺城管执法体制，提高执法和服务水平。

完善行政执法程序，规范执法自由裁量权，加强对行政执法的监督，全面落实行政执法责任制和执法经费由财政保障制度，做到严格规范公正文明执法。完善行政执法与刑事司法衔接机制。

(32)确保依法独立公正行使审判权检察权。改革司法管理体制，推动省以下地方法院、检察院人财物统一管理，探索建立与行政区划适当分离的司法管辖制度，保证国家法律统一正确实施。

建立符合职业特点的司法人员管理制度，健全法官、检察官、人民警察统一招录、有序交流、逐级遴选机制，完善司法人员分类管理制度，健全法官、检察官、人民警察职业保障制度。

(33)健全司法权力运行机制。优化司法职权配置，健全司法权力分工负责、互相配合、互相制约机制，加强和规范对司法活动的法律监督和社会监督。

改革审判委员会制度，完善主审法官、合议庭办案责任制，让审理者裁判、由裁判者负责。明确各级法院职能定位，规范上下级法院审级监督关系。

推进审判公开、检务公开，录制并保留全程庭审资料。增强法律文书说理性，推动公开法院生效裁判文书。严格规范减刑、假释、保外就医程序，强化监督制度。广泛实行人民陪审员、人民监督员制度，拓宽人民群众有序参与司法渠道。

(34)完善人权司法保障制度。国家尊重和保障人权。进一步规范查封、扣押、冻结、处理涉案财物的司法程序。健全错案防止、纠正、责任追究机制，严禁刑讯逼供、体罚虐待，严格实行非法证据排除规则。逐步减少适用死刑罪名。

废止劳动教养制度，完善对违法犯罪行为的惩治和矫正法律，健全社区矫正制度。

健全国家司法救助制度，完善法律援助制度。完善律师执业权利保障机制和违法违规执业惩戒制度，加强职业道德建设，发挥律师在依法维护公民和法人合法权益方面的重要作用。

十、强化权力运行制约和监督体系

坚持用制度管权管事管人，让人民监督权力，让权力在阳光下运行，是把权力关进制度笼子的根本之策。必须构建决策科学、执行坚决、监督有力的权力运行体系，健全惩治和预防腐败体系，建设廉洁政治，努力实现干部清正、政府清廉、政治清明。

(35)形成科学有效的权力制约和协调机制。完善党和国家领导体制，坚持民主集中制，充分发挥党的领导核心作用。规范各级党政主要领导干部职责权限，科学配置党政部门及内设机构权力和职能，明确职责定位和工作任务。

加强和改进对主要领导干部行使权力的制约和监督，加强行政监察和审计监督。

推行地方各级政府及其工作部门权力清单制度，依法公开权力运行流程。完善党务、政务和各领域办事公开制度，推进决策公开、管理公开、服务公开、结果公开。

(36)加强反腐败体制机制创新和制度保障。加强党对党风廉政建设和反腐败工作统一领导。改革党的纪律检查体制，健全反腐败领导体制和工作机制，改革和完善各级反腐败协调小组职能。

落实党风廉政建设责任制，党委负主体责任，纪委负监督责任，制定实施切实可行的责任追究制度。各级纪委要履行协助党委加强党风建设和组织协调反腐败工作的职责，加强对同级党委特别是常委会成员的监督，更好发挥党内监督专门机关作用。

推动党的纪律检查工作双重领导体制具体化、程序化、制度化，强化上级纪委对下级纪委的领导。查办腐败案件以上级纪委领导为主，线索处置和案件查办在向同级党委报告的同时必须向上级纪委报告。各级纪委书记、副书记的提名和考察以上级纪委会同组织部门为主。

全面落实中央纪委向中央一级党和国家机关派驻纪检机构，实行统一名称、统一管理。派驻机构对派出机关负责，履行监督职责。改进中央和省区市巡视制度，做到对地方、部门、企事业单位全覆盖。

健全反腐倡廉法规制度体系，完善惩治和预防腐败、防控廉政风险、防止利益冲突、领导干部报告个人有关事项、任职回避等方面法律法规，推行新提任领导干部有关事项公开制度试点。健全民主监督、法律监督、舆论监督机制，运用和规范互联网监督。

（37）健全改进作风常态化制度。围绕反对形式主义、官僚主义、享乐主义和奢靡之风，加快体制机制改革和建设。健全领导干部带头改进作风、深入基层调查研究机制，完善直接联系和服务群众制度。改革会议公文制度，从中央做起带头减少会议、文件，着力改进会风文风。健全严格的财务预算、核准和审计制度，着力控制“三公”经费支出和楼堂馆所建设。完善选人用人专项检查和责任追究制度，着力纠正跑官要官等不正之风。改革政绩考核机制，着力解决“形象工程”、“政绩工程”以及不作为、乱作为等问题。

规范并严格执行领导干部工作生活保障制度，不准多处占用住房和办公用房，不准超标准配备办公用房和生活用房，不准违规配备公车，不准违规配备秘书，不准超规格警卫，不准超标准进行公务接待，严肃查处违反规定超标准享受待遇等问题。探索实行官邸制。

完善并严格执行领导干部亲属经商、担任公职和社会组织职务、出国定居等相关制度规定，防止领导干部利用公共权力或自身影响为亲属和其他特定关系人谋取私利，坚决反对特权思想和作风。

十一、推进文化体制机制创新

建设社会主义文化强国，增强国家文化软实力，必须坚持社会主义先进文化前进方向，坚持中国特色社会主义文化发展道路，培育和践行社会主义核心价值观，巩固马克思主义在意识形态领域的指导地位，巩固全党全国各族人民团结奋斗的共同思想基础。坚持以人民为中心的工作导向，坚持把社会效益放在首位、社会效益和经济效益相统一，以激发全民族文化创造活力为中心环节，进一步深化文化体制改革。

（38）完善文化管理体制。按照政企分开、政事分开原则，推动政府部门由办文化向管文化转变，推动党政部门与其所属的文化企事业单位进一步理顺关系。建立党委和政府监管国有文化资产的管理机构，实行管人管事管资产管导向相统一。

健全坚持正确舆论导向的体制机制。健全基础管理、内容管理、行业管理以及网络违法犯罪防范和打击等工作联动机制，健全网络突发事件处置机制，形成正面引导和依法管理相结合的网络舆论工作格局。整合新闻媒体资源，推动传统媒体和新兴媒体融合发展。推动新闻发布制度化。严格新闻工作者职业资格制度，重视新型媒介运用和管理，规范传播秩序。

（39）建立健全现代文化市场体系。完善文化市场准入和退出机制，鼓励各类市场主体公平竞争、优胜劣汰，促进文化资源在全国范围内流动。继续推进国有经营性文化单位转企改制，加快公司制、股份制改造。对按规定转制的重要国有传媒企业探索实行特殊管理股制度。推动文化企业跨地区、跨行业、跨所有制兼并重组，提高文化产业规模化、集约化、专业化水平。

鼓励非公有制文化企业发展，降低社会资本进入门槛，允许参与对外出版、网络出版，允许以控股形式参与国有影视制作机构、文艺院团改制经营。支持各种形式小微文化企业发展。

在坚持出版权、播出权特许经营前提下，允许制作和出版、制作和播出分开。建立多层次文化产品和要素市场，鼓励金融资本、社会资本、文化资源相结合。完善文化经济政策，扩大政府文化资助和文化采购，加强版权保护。健全文化产品评价体系，改革评奖制度，推出更多文化精品。

（40）构建现代公共文化服务体系。建立公共文化服务体系建设协调机制，统筹服务设施网络建设，促进基本公共文化服务标准化、均等化。建立群众评价和反馈机制，推动文化惠民项目与群众文化需求有效对接。整合基层宣传文化、党员教育、科学普及、体育健身等设施，建设综合性文化服务中心。

明确不同文化事业单位功能定位，建立法人治理结构，完善绩效考核机制。推动公共图书馆、博物馆、文化馆、科技馆等组建理事会，吸纳有关方面代表、专业人士、各界群众参与管理。

引入竞争机制，推动公共文化服务社会化发展。鼓励社会力量、社会资本参与公共文化服务体系建设，培育文化非营利组织。

（41）提高文化开放水平。坚持政府主导、企业主体、市场运作、社会参与，扩大对外文化交流，加强国际传播能力和对外话语体系建设，推动中华文化走向世界。理顺内宣外宣体制，支持重点媒体面向国内国际发展。培育外向型文化企业，支持文化企业到境外开拓市场。鼓励社会组织、中资机构等参与孔子学院和海外文化中心建设，承担人文交流项目。

积极吸收借鉴国外一切优秀文化成果，引进有利于我国文化发展的人才、技术、经营管理经验。切实维护国家文化安全。

十二、推进社会事业改革创新

实现发展成果更多更公平惠及全体人民，必须加快社会事业改革，解决好人民最关心最直接最现实的利益问题，努力为社会提供多样化服务，更好满足人民需求。

（42）**深化教育领域综合改革。**全面贯彻党的教育方针，坚持立德树人，加强社会主义核心价值体系教育，完善中华优秀传统文化教育，形成爱学习、爱劳动、爱祖国活动的有效形式和长效机制，增强学生社会责任感、创新精神、实践能力。强化体育课和课外锻炼，促进青少年身心健康、体魄强健。改进美育教学，提高学生审美和人文素养。大力促进教育公平，健全家庭经济困难学生资助体系，构建利用信息化手段扩大优质教育资源覆盖面的有效机制，逐步缩小区域、城乡、校际差距。统筹城乡义务教育资源均衡配置，实行公办学校标准化建设和校长教师交流轮岗，不设重点学校重点班，破解择校难题，标本兼治减轻学生课业负担。加快现代职业教育体系建设，深化产教融合、校企合作，培养高素质劳动者和技能型人才。创新高校人才培养机制，促进高校办出特色争创一流。推进学前教育、特殊教育、继续教育改革发展。

推进考试招生制度改革，探索招生和考试相对分离、学生考试多次选择、学校依法自主招生、专业机构组织实施、政府宏观管理、社会参与监督的运行机制，从根本上解决一考定终身的弊端。义务教育免试就近入学，试行学区制和九年一贯对口招生。推行初高中学业水平考试和综合素质评价。加快推进职业院校分类招考或注册入学。逐步推行普通高校基于统一高考和高中学业水平考试成绩的综合评价多元录取机制。探索全国统考减少科目、不分文理科、外语等科目社会化考试一年多考。试行普通高校、高职院校、成人高校之间学分转换，拓宽终身学习通道。

深入推进管办评分离，扩大省级政府教育统筹权和学校办学自主权，完善学校内部治理结构。强化国家教育督导，委托社会组织开展教育评估监测。健全政府补贴、政府购买服务、助学贷款、基金奖励、捐资激励等制度，鼓励社会力量兴办教育。

（43）**健全促进就业创业体制机制。**建立经济发展和扩大就业的联动机制，健全政府促进就业责任制度。规范招人用人制度，消除城乡、行业、身份、性别等一切影响平等就业的制度障碍和就业歧视。完善扶持创业的优惠政策，形成政府激励创业、社会支持创业、劳动者勇于创业新机制。完善城乡均等的公共就业创业服务体系，构建劳动者终身职业培训体系。增强失业保险制度预防失业、促进就业功能，完善就业失业监测统计制度。创新劳动关系协调机制，畅通职工表达合理诉求渠道。

促进以高校毕业生为重点的青年就业和农村转移劳动力、城镇困难人员、退役军人就业。结合产业升级开发更多适合高校毕业生的就业岗位。政府购买基层公共管理和社会服务岗位更多用于吸纳高校毕业生就业。健全鼓励高校毕业生到基层工作的服务保障机制，提高公务员定向招录和事业单位优先招聘比例。实行激励高校毕业生自主创业政策，整合发展国家和省级高校毕业生就业创业基金。实施离校未就业高校毕业生就业促进计划，把未就业的纳入就业见习、技能培训等就业准备活动之中，对有特殊困难的实行全程就业服务。

（44）**形成合理有序的收入分配格局。**着重保护劳动所得，努力实现劳动报酬增长和劳动生产率提高同步，提高劳动报酬在初次分配中的比重。健全工资决定和正常增长机制，完善最低工资和工资支付保障制度，完善企业工资集体协商制度。改革机关事业单位工资和津贴补贴制度，完善艰苦边远地区津贴增长机制。健全资本、知识、技术、管理等由要素市场决定的报酬机制。扩展投资和租赁服务等途径，优化上市公司投资者回报机制，保护投资者尤其是中小投资者合法权益，多渠道增加居民财产性收入。

完善以税收、社会保障、转移支付为主要手段的再分配调节机制，加大税收调节力度。建立公共资源出让收益合理共享机制。完善慈善捐助减免税制度，支持慈善事业发挥扶贫济困积极作用。

规范收入分配秩序，完善收入分配调控体制机制和政策体系，建立个人收入和财产信息系统，保护合法收入，调节过高收入，清理规范隐性收入，取缔非法收入，增加低收入者收入，扩大中等收入者比重，努力缩小城乡、区域、行业收入分配差距，逐步形成橄榄型分配格局。

（45）**建立更加公平可持续的社会保障制度。**坚持社会统筹和个人账户相结合的基本养老保险制度，完善个人账户制度，健全多缴多得激励机制，确保参保人权益，实现基础养老金全国统筹，坚持精算平衡原则。推进机关事业单位养老保险制度改革。整合城乡居民基本养老保险制度、基本医疗保险制度。推进城乡最低生活保障制度统筹发展。建立健全合理兼顾各类人员的社会保障待遇确定和正常调整机制。完善社会保险关系转移接续政策，扩大参保缴费覆盖面，适时适当降低社会保险费率。研究制定渐进式延迟退休年龄政策。加快健全社会保障管理体制和经办服务体系。健全符合国情的住房保障和供应体系，建立公开规范的住房公积金制度，改进住房公积金提取、使用、监管机制。

健全社会保障财政投入制度，完善社会保障预算制度。加强社会保险基金投资管理和监督，推进基金市场化、多元化投资运营。制定实施免税、延期征税等优惠政策，加快发展企业年金、职业年金、商业保险，构建多层次社会保障体系。

积极应对人口老龄化，加快建立社会养老服务体系和发展老年服务产业。健全农村留守儿童、妇女、老年人关爱服务体系，健全残疾人权益保障、困境儿童分类保障制度。

（46）**深化医药卫生体制改革。**统筹推进医疗保障、医疗服务、公共卫生、药品供应、监管体制综合改革。深化基层医疗卫生机构综合改革，健全网络化城乡基层医疗卫生服务运行机制。加快公立医院改革，落实政府责任，建立科学的医疗绩效评价机制和适应行业特点的人才培养、人事薪酬制度。完善合理分级诊疗模式，建立社区医生和居民契约服务关系。充分利用信息化手段，促进优质医疗资源纵向流动。加强区域公共卫生服务资源整合。取消以药补医，理顺医药价格，建立科学补偿机制。改革医保支付方式，健全全民医保体系。加快健全重特大疾病医疗保险和救助制度。完善中医药事业发展政策和机制。

鼓励社会办医，优先支持举办非营利性医疗机构。社会资金可直接投向资源稀缺及满足多元需求服务领域，多种形式参与公立医院改制重组。允许医师多点执业，允许民办医疗机构纳入医保定点范围。

坚持计划生育的基本国策，启动实施一方是独生子女的夫妇可生育两个孩子的政策，逐步调整完善生育政策，促进人口长期均衡发展。

十三、创新社会治理体制

创新社会治理，必须着眼于维护最广大人民根本利益，最大限度增加和谐因素，增强社会发展活力，提高社会治理水平，全面推进平安中国建设，维护国家安全，确保人民安居乐业、社会安定有序。

（47）改进社会治理方式。坚持系统治理，加强党委领导，发挥政府主导作用，鼓励和支持社会各方面参与，实现政府治理和社会自我调节、居民自治良性互动。坚持依法治理，加强法治保障，运用法治思维和法治方式化解社会矛盾。坚持综合治理，强化道德约束，规范社会行为，调节利益关系，协调社会关系，解决社会问题。坚持源头治理，标本兼治、重在治本，以网格化管理、社会化服务为方向，健全基层综合服务管理平台，及时反映和协调人民群众各方面各层次利益诉求。

（48）激发社会组织活力。正确处理政府和社会关系，加快实施政社分开，推进社会组织明确权责、依法自治、发挥作用。适合由社会组织提供的公共服务和解决的事项，交由社会组织承担。支持和发展志愿服务组织。限期实现行业协会商会与行政机关真正脱钩，重点培育和优先发展行业协会商会类、科技类、公益慈善类、城乡社区服务类社会组织，成立时直接依法申请登记。加强对社会组织和在华境外非政府组织的管理，引导它们依法开展活动。

（49）创新有效预防和化解社会矛盾体制。健全重大决策社会稳定风险评估机制。建立畅通有序的诉求表达、心理干预、矛盾调处、权益保障机制，使群众问题能反映、矛盾能化解、权益有保障。

改革行政复议体制，健全行政复议案件审理机制，纠正违法或不当行政行为。完善人民调解、行政调解、司法调解联动工作体系，建立调处化解矛盾纠纷综合机制。

改革信访工作制度，实行网上受理信访制度，健全及时就地解决群众合理诉求机制。把涉法涉诉信访纳入法治轨道解决，建立涉法涉诉信访依法终结制度。

（50）健全公共安全体系。完善统一权威的食品药品安全监管机构，建立最严格的覆盖全过程的监管制度，建立食品原产地可追溯制度和质量标识制度，保障食品药品安全。深化安全生产管理体制改革，建立隐患排查治理体系和安全预防控制体系，遏制重特大安全事故。健全防灾减灾救灾体制。加强社会治安综合治理，创新立体化社会治安防控体系，依法严密防范和惩治各类违法犯罪活动。

坚持积极利用、科学发展、依法管理、确保安全的方针，加大依法管理网络力度，加快完善互联网管理领导体制，确保国家网络和信息安全。

设立国家安全委员会，完善国家安全体制和国家安全战略，确保国家安全。

十四、加快生态文明制度建设

建设生态文明，必须建立系统完整的生态文明制度体系，实行最严格的源头保护制度、损害赔偿制度、责任追究制度，完善环境治理和生态修复制度，用制度保护生态环境。

（51）健全自然资源资产产权制度和用途管制制度。对水流、森林、山岭、草原、荒地、滩涂等自然生态空间进行统一确权登记，形成归属清晰、权责明确、监管有效的自然资源资产产权制度。建立空间规划体系，划定生产、生活、生态空间开发管制界限，落实用途管制。健全能源、水、土地节约集约使用制度。

健全国家自然资源资产管理体制，统一行使全民所有自然资源资产所有者职责。完善自然资源监管体制，统一行使所有国土空间用途管制职责。

（52）划定生态保护红线。坚定不移实施主体功能区制度，建立国土空间开发保护制度，严格按照主体功能区定位推动发展，建立国家公园体制。建立资源环境承载能力监测预警机制，对水土资源、环境容量和海洋资源超载区域实行限制性措施。对限制开发区域和生态脆弱的国家扶贫开发工作重点县取消地区生产总值考核。

探索编制自然资源资产负债表，对领导干部实行自然资源资产离任审计。建立生态环境损害责任终身追究制。

（53）实行资源有偿使用制度和生态补偿制度。加快自然资源及其产品价格改革，全面反映市场供求、资源稀缺程度、生态环境损害成本和修复效益。坚持使用资源付费和谁污染环境、谁破坏生态谁付费原则，逐步将资源税扩展到占用各种自然生态空间。稳定和扩大退耕还林、退牧还草范围，调整严重污染和地下水严重超采区耕地用途，有序实现耕地、河湖休养生息。建立有效调节工业用地和居住用地合理比价机制，提高工业用地价格。坚持谁受益、谁补偿原则，完善对重点生态功能区的生态补偿机制，推动地区间建立横向生态补偿制度。发展环保市场，推行节能量、碳排放权、排污权、水权交易制度，建立吸引社会资本投入生态环境保护的市场化机制，推行环境污染第三方治理。

（54）改革生态环境保护管理体制。建立和完善严格监管所有污染物排放的环境保护管理制度，独立进行环境监管和行政执法。建立陆海统筹的生态系统保护修复和污染防治区域联动机制。健全国有林区经营管理体制，完善集体林权制度改革。及时公布环境信息，健全举报制度，加强社会监督。完善污染物排放许可制，实行企事业单位污染物排放总量控制制度。对造成生态环境损害的责任者严格实行赔偿制度，依法追究刑事责任。

十五、深化国防和军队改革

紧紧围绕建设一支听党指挥、能打胜仗、作风优良的人民军队这一党在新形势下的强军目标，着力解决制约国防和军队建设发展的突出矛盾和问题，创新发展军事理论，加强军事战略指导，完善新时期军事战略方针，构建中国特色现代军事力量体系。

（55）深化军队体制编制调整改革。推进领导管理体制改革，优化军委总部领导机关职能配置和机构设置，完善各军兵种领导管理体制。健全军委联合作战指挥机构和战区联合作战指挥体制，推进联合作战训练和保障体制改革。完善新型作战力量领导体制。加强信息化建设集中统管。优化武装警察部队力量结构和指挥管理体制。

优化军队规模结构，调整改善军兵种比例、官兵比例、部队与机关比例，减少非战斗机构和人员。依据不同方向安全需求和作战任务改革部队编成。加快新型作战力量建设。深化军队院校改革，健全军队院校教育、部队训练实践、军事职业教育三位一体的新型军事人才培养体系。

（56）推进军队政策制度调整改革。健全完善与军队职能任务需求和国家政策制度创新相适应的军事人力资源政策制度。以建立军官职业化制度为牵引，逐步形成科学规范的军队干部制度体系。健全完善文职人员制度。完善兵役制度、士官制度、退役军人安置制度改革配套政策。

健全军费管理制度，建立需求牵引规划、规划主导资源配置机制。健全完善经费物资管理标准制度体系。深化预算管理、集中收付、物资采购和军人医疗、保险、住房保障等制度改革。

健全军事法规制度体系，探索改进部队科学管理的方式方法。

（57）推动军民融合深度发展。在国家层面建立推动军民融合发展的统一领导、军地协调、需求对接、资源共享机制。健全国防工业体系，完善国防科技协同创新体制，改革国防科研生产管理和武器装备采购体制机制，引导优势民营企业进入军品科研生产和维修领域。改革完善依托国民教育培养军事人才的政策制度。拓展军队保障社会化领域。深化国防教育改革。健全国防动员体制机制，完善平时征用和战时动员法规制度。深化民兵预备役体制改革。调整理顺边海空防管理体制机制。

十六、加强和改善党对全面深化改革的领导

全面深化改革必须加强和改善党的领导，充分发挥党总揽全局、协调各方的领导核心作用，建设学习型、服务型、创新型的马克思主义执政党，提高党的领导水平和执政能力，确保改革取得成功。

（58）全党同志要把思想和行动统一到中央关于全面深化改革重大决策部署上来，正确处理中央和地方、全局和局部、当前和长远的关系，正确对待利益格局调整，充分发扬党内民主，坚决维护中央权威，保证政令畅通，坚定不移实现中央改革决策部署。

中央成立全面深化改革领导小组，负责改革总体设计、统筹协调、整体推进、督促落实。

各级党委要切实履行对改革的领导责任，完善科学民主决策机制，以重大问题为导向，把各项改革举措落到实处。加强各级领导班子建设，完善干部教育培训和实践锻炼制度，不断提高领导班子和领导干部推动改革能力。创新基层党建工作，健全党的基层组织体系，充分发挥基层党组织的战斗堡垒作用，引导广大党员积极投身改革事业，发扬“钉钉子”精神，抓铁有痕、踏石留印，为全面深化改革作出积极贡献。

（59）全面深化改革，需要有力的组织保证和人才支撑。坚持党管干部原则，深化干部人事制度改革，构建有效管用、简便易行的选人用人机制，使各方面优秀干部充分涌现。发挥党组织领导和把关作用，强化党委（党组）、分管领导和组织部门在干部选拔任用中的权重和干部考察识别的责任，改革和完善干部考核评价制度，改进竞争性选拔干部办法，改进优秀年轻干部培养选拔机制，区分实施选任制和委任制干部选拔方式，坚决纠正唯票取人、唯分取人等现象，用好各年龄段干部，真正把信念坚定、为民服务、勤政务实、敢于担当、清正廉洁的好干部选拔出来。

打破干部部门化，拓宽选人视野和渠道，加强干部跨条块跨领域交流。破除“官本位”观念，推进干部能上能下、能进能出。完善和落实领导干部问责制，完善从严管理干部队伍制度体系。深化公务员分类改革，推行公务员职务与职级并行、职级与待遇挂钩制度，加快建立专业技术类、行政执法类公务员和聘任人员管理制度。完善基层公务员录用制度，在艰苦边远地区适当降低进人门槛。

建立集聚人才体制机制，择天下英才而用之。打破体制壁垒，扫除身份障碍，让人人都有成长成才、脱颖而出的通道，让各类人才都有施展才华的广阔天地。完善党政机关、企事业单位、社会各方面人才顺畅流动的制度体系。健全人才向基层流动、向艰苦地区和岗位流动、在一线创业的激励机制。加快形成具有国际竞争力的人才制度优势，完善人才评价机制，增强人才政策开放度，广泛吸引境外优秀人才回国或来华创业发展。

（60）人民是改革的主体，要坚持党的群众路线，建立社会参与机制，充分发挥人民群众积极性、主动性、创造性，充分发挥工会、共青团、妇联等人民团体作用，齐心协力推进改革。鼓励地方、基层和群众大胆探索，加强重大改革试点工作，及时总结经验，宽容改革失误，加强宣传和舆论引导，为全面深化改革营造良好社会环境。

全党同志要紧密团结在以习近平同志为总书记的党中央周围，锐意进取，攻坚克难，谱写改革开放伟大事业历史新篇章，为全面建成小康社会、不断夺取中国特色社会主义新胜利、实现中华民族伟大复兴的中国梦而奋斗！

中国共产党第十八届中央委员会第三次全体会议公报

（2013年11月12日中国共产党第十八届中央委员会第三次全体会议通过）

中国共产党第十八届中央委员会第三次全体会议，于2013年11月9日至12日在北京举行。

出席这次全会的有，中央委员204人，候补中央委员169人。中央纪律检查委员会常务委员会委员和有关方面负责同志列席了会议。党的十八大代表中部分基层同志和专家学者也列席了会议。

全会由中央政治局主持。中央委员会总书记习近平作了重要讲话。

全会听取和讨论了习近平受中央政治局委托作的工作报告，审议通过了《中共中央关于全面深化改革若干重大问题的决定》。习近平就《决定（讨论稿）》向全会作了说明。

全会充分肯定党的十八大以来中央政治局的工作。一致认为，面对十分复杂的国际形势和艰巨繁重的国内改革发展稳定任务，中央政治局全面贯彻党的十八大和十八届一中、二中全会精神，高举中国特色社会主义伟大旗帜，以邓小平理论、“三个代表”重要思想、科学发展观为指导，团结带领全党全军全国各族人民，坚持稳中求进的工作总基调，着力稳增长、调结构、促改革，沉着应对各种风险挑战，全面推进社会主义经济建设、政治建设、文化建设、社会建设、生态文明建设，全面推进党的建设新的伟大工程，扎实推进党的群众路线教育实践活动，各项工作取得新进展，推动发展成果更多更公平惠及全体人民，实现了贯彻落实党的十八大精神第一年的良好开局。

全会高度评价党的十一届三中全会召开35年来改革开放的成功实践和伟大成就，研究了全面深化改革若干重大问题，认为改革开放是党在新的时代条件下带领全国各族人民进行的新的伟大革命，是当代中国最鲜明的特色，是决定当代中国命运的关键抉择，是党和人民事业大踏步赶上时代的重要法宝。面对新形势新任务，全面建成小康社会，进而建成富强民主文明和谐的社会主义现代化国家、实现中华民族伟大复兴的中国梦，必须在新的历史起点上全面深化改革。

全会强调，全面深化改革，必须高举中国特色社会主义伟大旗帜，以马克思列宁主义、毛泽东思想、邓小平理论、“三个代表”重要思想、科学发展观为指导，坚定信心，凝聚共识，统筹谋划，协同推进，坚持社会主义市场经济改革方向，以促进社会公平正义、增进人民福祉为出发点和落脚点，进一步解放思想、解放和发展社会生产力、解放和增强社会活力，坚决破除各方面体制机制弊端，努力开拓中国特色社会主义事业更加广阔的前景。

全会指出，全面深化改革的总目标是完善和发展中国特色社会主义制度，推进国家治理体系和治理能力现代化。必须更加注重改革的系统性、整体性、协同性，加快发展社会主义市场经济、民主政治、先进文化、和谐社会、生态文明，让一切劳动、知识、技术、管理、资本的活力竞相迸发，让一切创造社会财富的源泉充分涌流，让发展成果更多更公平惠及全体人民。

全会指出，要紧紧围绕使市场在资源配置中起决定性作用深化经济体制改革，坚持和完善基本经济制度，加快完善现代市场体系、宏观调控体系、开放型经济体系，加快转变经济发展方式，加快建设创新型国家，推动经济更有效率、更加公平、更可持续发展；紧紧围绕坚持党的领导、人民当家作主、依法治国有机统一深化政治体制改革，加快推进社会主义民主政治制度化、规范化、程序化，建设社会主义法治国家，发展更加广泛、更加充分、更加健全的人民民主；紧紧围绕建设社会主义核心价值体系、社会主义文化强国深化文化体制改革，加快完善文化管理体制和文化生产经营机制，建立健全现代公共文化服务体系、现代文化市场体系，推动社会主义文化大发展大繁荣；紧紧围绕更好保障和改善民生、促进社会公平正义深化社会体制改革，改革收入分配制度，促进共同富裕，推进社会领域制度创新，推进基本公共服务均等化，加快形成科学有效的社会治理体制，确保社会既充满活力又和谐有序；紧紧围绕建设美丽中国深化生态文明体制改革，加快建立生态文明制度，健全国土空间开发、资源节约利用、生态环境保护的体制机制，推动形成人与自然和谐发展现代化建设新格局；紧紧围绕提高科学执政、民主执政、依法执政水平深化党的建设制度改革，加强民主集中制建设，完善党的领导体制和执政方式，保持党的先进性和纯洁性，为改革开放和社会主义现代化建设提供坚强政治保证。

全会指出，全面深化改革，必须立足于我国长期处于社会主义初级阶段这个最大实际，坚持发展仍是解决我国所有问题的关键这个重大战略判断，以经济建设为中心，发挥经济体制改革牵引作用，推动生产关系同生产力、上层建筑同经济基础相适应，推动经济社会持续健康发展。

全会指出，经济体制改革是全面深化改革的重点，核心问题是处理好政府和市场的关系，使市场在资源配置中起决定性作用和更好发挥政府作用。

全会强调，改革开放的成功实践为全面深化改革提供了重要经验，必须长期坚持。最重要的是，坚持党的领导，贯彻党的基本路线，不走封闭僵化的老路，不走改旗易帜的邪路，坚定走中国特色社会主义道路，始终确保改革正确方向；坚持解放思想、实事求是、与时俱进、求真务实，一切从实际出发，总结国内成功做法，借鉴国外有益经验，勇于推进理论和实践创新；坚持以人为本，尊重人民主体地位，发挥群众首创精神，紧紧依靠人民推动改革，促进人的全面发展；坚持正确处理改革发展稳定关系，胆子要大、步子要稳，加强顶层设计和摸着石头过河相结合，整体推进和重点突破相促进，提高改革决策科学性，广泛凝聚共识，形成改革合力。

全会要求，到2020年，在重要领域和关键环节改革上取得决定性成果，形成系统完备、科学规范、运行有效的制度体系，使各方面制度更加成熟更加定型。

全会对全面深化改革作出系统部署，强调坚持和完善基本经济制度，加快完善现代市场体系，加快转变政府职能，深化财税体制改革，健全城乡发展一体化体制机制，构建开放型经济新体制，加强社会主义民主政治制度建设，推进法治中国建设，强化权力运行制约和监督体系，推进文化体制机制创新，推进社会事业改革创新，创新社会治理体制，加快生态文明制度建设，深化国防和军队改革，加强和改善党对全面深化改革的领导。

全会提出，公有制为主体、多种所有制经济共同发展的基本经济制度，是中国特色社会主义制度的重要支柱，也是社会主义市场经济体制的根基。公有制经济和非公有制经济都是社会主义市场经济的重要组成部分，都是我国经济社会发展的重要基础。必须毫不动摇巩固和发展公有制经济，坚持公有制主体地位，发挥国有经济主导作用，不断增强国有经济活力、控制力、影响力。必须毫不动摇鼓励、支持、引导非公有制经济发展，激发非公有制经济活力和创造力。要完善产权保护制度，积极发展混合所有制经济，推动国有企业完善现代企业制度，支持非公有制经济健康发展。

全会提出，建设统一开放、竞争有序的市场体系，是使市场在资源配置中起决定性作用的基础。必须加快形成企业自主经营、公平竞争，消费者自由选择、自主消费，商品和要素自由流动、平等交换的现代市场体系，着力清除市场壁垒，提高资源配置效率和公平性。要建立公平开放透明的市场规则，完善主要由市场决定价格的机制，建立城乡统一的建设用地市场，完善金融市场体系，深化科技体制改革。

全会提出，科学的宏观调控，有效的政府治理，是发挥社会主义市场经济体制优势的内在要求。必须切实转变政府职能，深化行政体制改革，创新行政管理方式，增强政府公信力和执行力，建设法治政府和服务型政府。要健全宏观调控体系，全面正确履行政府职能，优化政府组织结构，提高科学管理水平。

全会提出，财政是国家治理的基础和重要支柱，科学的财税体制是优化资源配置、维护市场统一、促进社会公平、实现国家长治久安的制度保障。必须完善立法、明确事权、改革税制、稳定税负、透明预算、提高效率，建立现代财政制度，发挥中央和地方两个积极性。要改进预算管理制度，完善税收制度，建立事权和支出责任相适应的制度。

全会提出，城乡二元结构是制约城乡发展一体化的主要障碍。必须健全体制机制，形成以工促农、以城带乡、工农互惠、城乡一体的新型工农城乡关系，让广大农民平等参与现代化进程、共同分享现代化成果。要加快构建新型农业经营体系，赋予农民更多财产权利，推进城乡要素平等交换和公共资源均衡配置，完善城镇化健康发展体制机制。

全会提出，适应经济全球化新形势，必须推动对内对外开放相互促进、引进来和走出去更好结合，促进国际国内要素有序自由流动、资源高效配置、市场深度融合，加快培育参与和引领国际经济合作竞争新优势，以开放促改革。要放宽投资准入，加快自由贸易区建设，扩大内陆沿边开放。

全会提出，发展社会主义民主政治，必须以保证人民当家作主为根本，坚持和完善人民代表大会制度、中国共产党领导的多党合作和政治协商制度、民族区域自治制度以及基层群众自治制度，更加注重健全民主制度、丰富民主形式，充分发挥我国社会主义政治制度优越性。要推动人民代表大会制度与时俱进，推进协商民主广泛多层制度化发展，发展基层民主。

全会提出，建设法治中国，必须深化司法体制改革，加快建设公正高效权威的社会主义司法制度，维护人民权益。要维护宪法法律权威，深化行政执法体制改革，确保依法独立公正行使审判权检察权，健全司法权力运行机制，完善人权司法保障制度。

全会提出，坚持用制度管权管事管人，让人民监督权力，让权力在阳光下运行，是把权力关进制度笼子的根本之策。必须构建决策科学、执行坚决、监督有力的权力运行体系，健全惩治和预防腐败体系，建设廉洁政治，努力实现干部清正、政府清廉、政治清明。要形成科学有效的权力制约和协调机制，加强反腐败体制机制创新和制度保障，健全改进作风常态化制度。

全会提出，建设社会主义文化强国，增强国家文化软实力，必须坚持社会主义先进文化前进方向，坚持中国特色社会主义文化发展道路，坚持以人民为中心的工作导向，进一步深化文化体制改革。要完善文化管理体制，建立健全现代文化市场体系，构建现代公共文化服务体系，提高文化开放水平。

全会提出，实现发展成果更多更公平惠及全体人民，必须加快社会事业改革，解决好人民最关心最直接最现实的利益问题，更好满足人民需求。要深化教育领域综合改革，健全促进就业创业体制机制，形成合理有序的收入分配格局，建立更加公平可持续的社会保障制度，深化医药卫生体制改革。

全会提出，创新社会治理，必须着眼于维护最广大人民根本利益，最大限度增加和谐因素，增强社会发展活力，提高社会治理水平，维护国家安全，确保人民安居乐业、社会安定有序。要改进社会治理方式，激发社会组织活力，创新有效预防和化解社会矛盾体制，健全公共安全体系。设立国家安全委员会，完善国家安全体制和国家安全战略，确保国家安全。

全会提出，建设生态文明，必须建立系统完整的生态文明制度体系，用制度保护生态环境。要健全自然资源资产产权制度和用途管制制度，划定生态保护红线，实行资源有偿使用制度和生态补偿制度，改革生态环境保护管理体制。

全会提出，紧紧围绕建设一支听党指挥、能打胜仗、作风优良的人民军队这一党在新形势下的强军目标，着力解决制约国防和军队建设发展的突出矛盾和问题，创新发展军事理论，加强军事战略指导，完善新时期军事战略方针，构建中国特色现代军事力量体系。要深化军队体制编制调整改革，推进军队政策制度调整改革，推动军民融合深度发展。

全会强调，全面深化改革必须加强和改善党的领导，充分发挥党总揽全局、协调各方的领导核心作用，提高党的领导水平和执政能力，确保改革取得成功。中央成立全面深化改革领导小组，负责改革总体设计、统筹协调、整体推进、督促落实。各级党委要切实履行对改革的领导责任。要深化干部人事制度改革，建立集聚人才体制机制，充分发挥人民群众积极性、主动性、创造性，鼓励地方、基层和群众大胆探索，及时总结经验。

全会分析了当前形势和任务，强调全党同志要把思想和行动统一到中央关于全面深化改革重大决策部署上来，增强进取意识、机遇意识、责任意识，牢牢把握方向，大胆实践探索，注重统筹协调，凝聚改革共识，落实领导责任，坚定不移实现中央改革决策部署。要按照中央决策部署，坚持稳中求进、稳中有为，切实做好各项工作，保持经济社会发展势头，关心群众特别是困难群众生活，促进社会和谐稳定，继续扎实推进党的群众路线教育实践活动，努力实现经济社会发展预期目标。

全会号召，全党同志要紧密团结在以习近平同志为总书记的党中央周围，锐意进取，攻坚克难，谱写改革开放伟大事业历史新篇章，为全面建成小康社会、不断夺取中国特色社会主义新胜利、实现中华民族伟大复兴的中国梦而奋斗！

（新华社北京 11 月 12 日电）

国务院关于城镇化建设工作情况的报告

——在第十二届全国人民代表大会常务委员会第三次会议上的报告

国家发展改革委员会主任　徐绍史

2013年6月26日

全国人民代表大会常务委员会：

我受国务院委托，向全国人大常委会报告城镇化工作情况，请审议。

一、近年来围绕城镇化开展的主要工作

城镇化是现代化的必由之路，是转变发展方式、调整经济结构、扩大国内需求的战略重点，是解决农业农村农民问题、促进城乡区域协调发展、提高人民生活水平的重要途径。党中央、国务院高度重视城镇化工作，“十二五”规划纲要对积极稳妥推进城镇化进行了部署，党的十八大报告提出了城镇化质量明显提高的战略目标，明确了促进工业化、信息化、城镇化、农业现代化同步发展的总体要求，对科学规划城市群规模和布局、增强中小城市和小城镇功能、有序推进农业转移人口市民化等进行了重点部署。围绕推进城镇化发展、提高城镇化质量，国务院有关部门和地方积极探索，做了大量工作。

一是积极稳妥推进户籍制度改革。2011年，《国务院办公厅关于积极稳妥推进户籍管理制度改革的通知》(国办发〔2011〕9号）印发实施，发展改革委、人力资源社会保障部等相关部门出台了配套政策，18个省（区、市）出台了具体实施意见，14个省（区、市）探索建立了城乡统一的户口登记制度，初步为农业人口落户城镇开辟了通道。据公安部统计，2010—2012年，全国农业人口落户城镇的数量为2505万人，平均每年达835万人。

二是努力提升基本公共服务水平。国务院印发实施《国家基本公共服务“十二五”规划》，明确了提升基本公共服务水平的具体任务。2011年—2012年，全国开工建设城镇保障性安居工程住房1824万套，比“十一五”期间开工总量还高12%左右；基本建成1033万套，相当于“十一五”期间建成总量。2012年，城镇基本养老保险、基本医疗保险常住人口覆盖率分别达到63.9%和75.5%。努力解决农民工最关心的随迁子女教育问题，确定了以流入地为主、以公办学校为主的“两为主”原则，2012年农民工随迁子女进入公办学校就读的比例达到80.2%。

三是切实加强土地利用管控和综合整治。为确保耕地保有量18.18亿亩不减少，完善了以规划计划管理、基本农田保护、耕地占补平衡等为手段的土地利用管控体系。围绕建设高标准农田开展农村土地整治，通过城市低效用地再开发、工矿废弃地复垦等模式开展建设用地整治。大力推进农村集体土地确权登记，截至2012年10月底，全国农村集体土地所有权确权登记颁证率达到86%。

四是加快推进城市市政设施建设。有关部门和地方不断加大市政设施建设，市政设施供给能力和服务水平明显提高。2011年，城市人均道路面积达到13.8平方米，人均公园绿地面积达到11.8平方米，分别是2000年的2.3倍和3.2倍；城市用水普及率、污水处理率分别达到97%、83.6%，比2000年提高33.1个和49.3个百分点。为加强市政建设的资金保障，中央财政在安排转移支付时将外来人口作为考虑因素，连续几年代地方政府发行债券，并强化对资源枯竭型城市的财政支持等。与此同时，采取有效措施，防范地方政府债务风险失控。

五是不断强化城镇化领域国际合作。2012年5月，时任国务院副总理李克强与欧盟主席巴罗佐在欧盟总部签署了《中欧城镇化伙伴关系共同宣言》。目前，发展改革委与欧盟能源总司正在积极落实共同宣言，筹备开展中欧城镇化伙伴关系论坛、中欧城市博览会等，着力推进中欧城市间、企业间务实合作。国务院有关部门还积极推进与联合国人居署、世界银行、亚洲开发银行、经济合作与发展组织等机构的合作交流，筹备与金砖国家开展城镇化领域合作。

六是组织编制国家城镇化规划。2010年底，发展改革委即会同财政部、国土资源部、住房城乡建设部等14个部门启动城镇化规划编制工作。在大量前期研究、实地调研和专题研讨基础上，起草形成了规划文稿。目前正在广泛征求意见并抓紧修改完善中。

二、我国城镇化现状及趋势

改革开放以来，我国城镇化率年均提高1.02个百分点；2000年以来，城镇化率年均提高1.36个百分点，2012年城镇化率达到52.57%，与世界平均水平大体相当。城镇数量和规模不断扩大，城市群形态更加明显，京津冀、长江三角洲、珠江三角洲三大城市群以2.8%的国土面积集聚了18%的人口，创造了36%的国内生产总值，成为拉动我国经济快速增长和参与国际经济合作与竞争的主要平

台。城市综合服务能力明显提升，人居环境逐步改善。但也必须看到，我国城镇化质量不高的问题也越来越突出，主要表现为五个方面：

一是大量农业转移人口难以融入城市社会，市民化进程滞后。被纳入城镇人口统计的2亿多农民工及其随迁家属，未能在教育、就业、医疗、养老、保障性住房等方面平等享受城镇居民的基本公共服务，城镇内部出现新的二元结构矛盾，制约了城镇化对扩大内需和结构升级的推动作用，也存在着社会风险隐患。

二是土地城镇化快于人口城镇化，城镇用地粗放低效。一些城市"摊大饼"式扩张，脱离实际建设宽马路、大广场，新城新区、开发区和工业园区占地过多，建成区人口密度偏低，耕地减少过多过快。这不仅浪费了大量土地资源，也威胁到国家粮食安全。

三是城镇空间分布与资源环境承载能力不匹配，城镇规模结构不合理。东部一些城镇密集地区资源环境约束加剧，中西部资源环境承载能力较强地区的城镇化潜力有待挖掘。城市群布局不尽合理，城市群内部分工协作不够、集群效率不高；部分特大城市主城区人口压力偏大，与综合承载能力之间的矛盾加剧；中小城市集聚产业和人口功能不足，潜力没有得到充分发挥；小城镇数量多、规模小、服务功能弱。城镇空间分布和规模结构不合理，增加了经济社会和生态环境成本。

四是"城市病"问题日益突出，城市服务管理水平不高。一些城市空间无序开发、人口过度集聚，重经济发展、轻环境保护，重城市建设、轻管理服务，交通拥堵问题严重，食品药品等公共安全事件频发，大气、水、土壤等环境污染加剧，城市管理运行效率不高，公共服务供给能力不足，城中村和城乡结合部等外来人口聚集区人居环境较差。

五是体制机制不健全，阻碍了城镇化健康发展。现行户籍管理、土地管理、社会保障、财税金融、行政管理等制度，在一定程度上固化了已经形成的城乡利益失衡格局，制约了农业转移人口市民化和城乡发展一体化。

根据世界城市化的一般规律，我国仍处在城镇化率30%-70%的快速发展期，但我国城镇化的外部条件和内在动力也在发生深刻变化。随着全球经济再平衡和产业格局再调整，以及越来越多的发展中国家进入工业化城镇化快速发展阶段，全球市场争夺、资源供求矛盾和减排压力加剧；随着国内农业富余劳动力减少和人口老龄化程度提高、资源环境瓶颈制约日益加剧、户籍人口与外来人口公共服务差距造成的城市内部二元结构矛盾日益凸显，过去主要靠高投入、高消耗、高排放的工业化、城镇化发展模式难以为继，必须走以提升质量为主的转型发展之路。

三、促进城镇化健康发展的基本思路

我国城镇化是在人口多、资源相对短缺、生态环境比较脆弱、城乡发展不平衡的背景下推进的，这决定了必须从基本国情出发，遵循城镇化发展规律，积极稳妥推进城镇化健康发展。要紧紧围绕推动城镇化转型发展，以人口城镇化为核心，以城市群为主体形态，以综合承载能力为支撑，以体制机制创新为保障，促进产业发展、就业转移和人口集聚相统一，走以人为本、集约高效、绿色智能、四化同步的中国特色新型城镇化道路，全面提高城镇化质量。

以人口城镇化为核心，就是要有序推进农业转移人口市民化，不断提升城镇居民生活品质。以城市群为主体形态，就是要以大城市为依托、以中小城市为重点，逐步形成辐射作用大的城市群，促进大中小城市和小城镇协调发展。以综合承载能力为支撑，就是要增强城市经济、基础设施、公共服务、资源环境对人口集聚的支撑作用，提升城市可持续发展能力。以体制机制创新为保障，就是要营造有利于城镇化健康发展的制度环境，以改革的红利释放发展的潜力。

促进城镇化健康发展，必须坚持公平共享，有序推进农业转移人口市民化，推动城镇基本公共服务常住人口全覆盖，使全体居民共享城镇化发展成果；坚持合理布局，根据资源环境承载能力、发展基础和潜力，科学规划城市群规模和布局，促进大中小城市和小城镇协调发展；坚持产城融合，繁荣城镇经济，加快产业转型升级和服务业发展壮大，统筹产业功能和居住功能，促进城镇化与工业化、信息化良性互动；坚持集约低碳，合理控制城市开发边界，提高现有空间利用效率，推进绿色循环低碳发展；坚持统筹城乡，加快城乡发展一体化，促进生产要素在城乡间自由流动和平等交换、公共资源在城乡间均衡配置；坚持制度创新，深化重点领域和关键环节改革，更好地发挥市场主导和政府引导作用，为城镇化健康发展奠定制度基础。

促进城镇化健康发展的四大战略重点是：

第一，有序推进农业转移人口市民化。按照因地制宜、分步推进，存量优先、带动增量的原则，以农业转移人口为重点，兼顾异地就业城镇人口，统筹推进户籍制度改革和基本公共服务均等化。全面放开小城镇和小城市落户限制，有序放开中等城市落户限制，逐步放宽大城市落户条件，合理设定特大城市落户条件，逐步把符合条件的农业转移人口转为城镇居民。加快推进基本公共服务均等化，努力实现义务教育、就业服务、社会保障、基本医疗、保障性住房等覆盖城镇常住人口。

第二，优化城市化布局和形态。优化提升东部地区城市群，培育发展中西部地区城市群，用综合交通网络和信息化网络把大中小城市和小城镇连接起来，促进各类城市功能互补、协调发展。在发挥中心城市辐射带动作用基础上，强化中小城市和小城镇的产业功能、服务功能和居住功能，把有条件的东部地区中心镇、中西部地区县城和重要边境口岸逐步发展成为中小城市。

第三，提高城市可持续发展能力。加快转变城市发展方式，优化城市空间结构，统筹中心城区改造和新城新区建设，有效预防和治理"城市病"。加快产业转型升级，强化城市产业支撑，营造良好创业、创新环境，增强城市经济活力和竞争力。完善城镇基础设施和公共服务设施，提升社会服务和居住服务水平，增强城市承载能力。推进创新城市、绿色城市、智慧城市和人文城市建设，全面提升城市内在品质。完善城市治理结构，创新城市管理方式，提升城市社会管理水平。

第四，推动城乡发展一体化。坚持工业反哺农业、城市支持农村和多予少取放活方针，着力在城乡规划、基础设施、公共服务等方面推进一体化。完善城乡发展一体化体制机制，促进城乡要素自由流动、平等交换和公共资源均衡配置。牢牢守住18亿亩耕地红线，确保国家粮食安全。加快推进农业现代化，建设农民幸福生活的美好家园。

促进城镇化健康发展，需要着力加强制度顶层设计，统筹推进人口管理、土地管理、财税金融、城镇住房、行政管理、生态环境等重要领域的体制机制改革。创新和完善人口服务和管理制度，逐步消除城乡区域间户籍壁垒，促进人口有序流动、合理分布和社会融合。实施最严格的耕地保护制度和节约用地制度，按照管住总量、严控增量、盘活存量的原则，创新土地管理制度，优化土地利用结构，提高土地利用效率，合理满足城镇化用地需求。建立可持续的城市公共财政体系和投融资机制，为实现城镇基本公共服务常住人口全覆盖和城镇基础设施建设提供资金保障。建立市场配置和政府保障相结合的住房制度，推动形成总量基本平衡、结构基本合理、房价与消费能力基本适应的住房供需格局，有效保障城镇常住人口的合理住房需求。优化行政层级和行政区划设置，合理增设城市建制，形成设置科学、布局合理、服务高效的行政区划和管理体制。加强生态文明制度建设，形成节约资源和保护环境的空间格局、产业结构、生产方式和生活方式。

以上报告，请审议。

工作报告

Work Statement

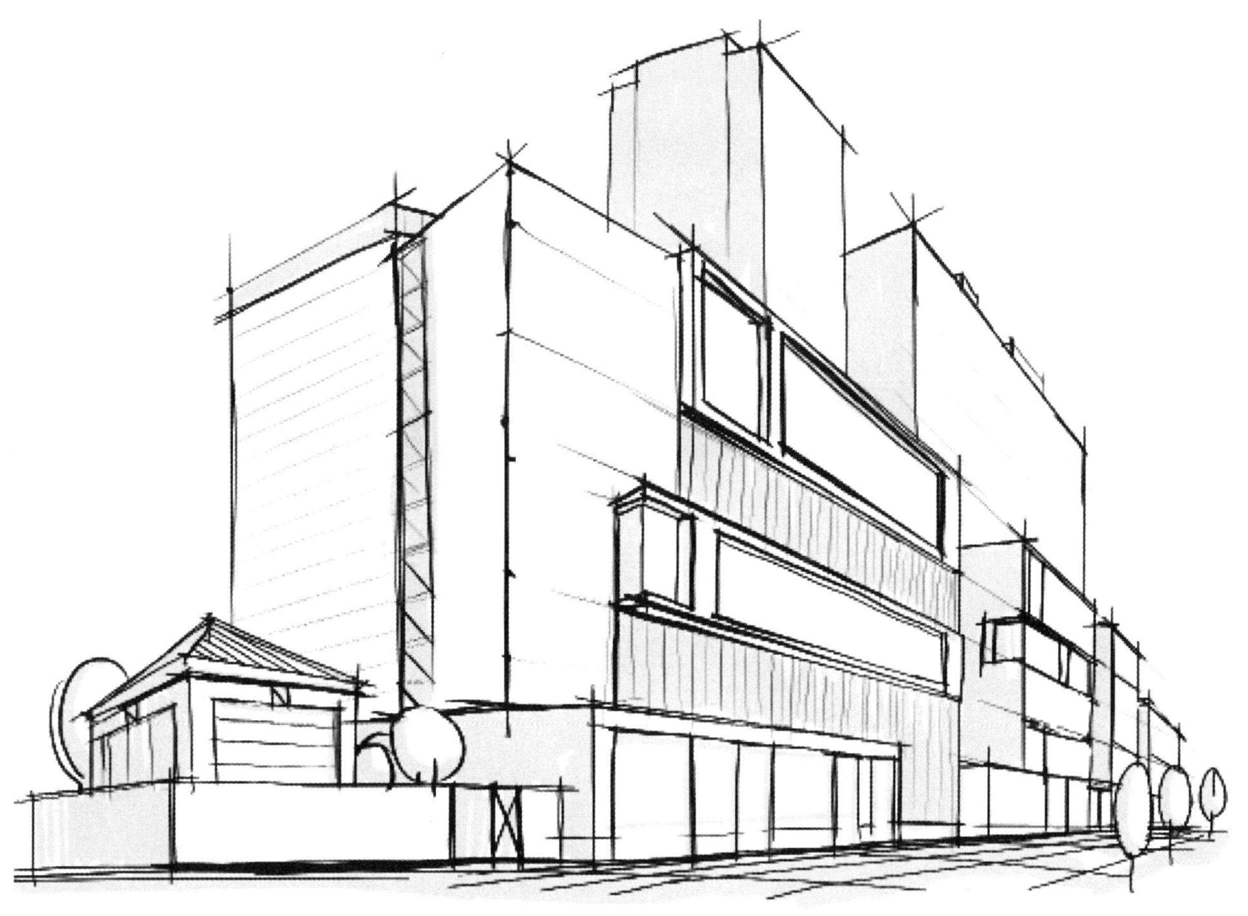

改革创新 争先进位
奋力谱写住房城乡建设事业发展新篇章
——在全省住房城乡建设暨党风廉政精神文明建设工作会议上的报告

山西省住房和城乡建设厅厅长 李栋梁

2014 年 1 月 21 日

同志们：

这次会议的主要任务是，贯彻落实党的十八届三中全会、中央城镇化工作会议、全国住房城乡建设工作会议和省委十届五次全会暨全省经济工作会议精神，回顾总结 2013 年全省住房城乡建设工作，安排部署今年的任务。

一、2013 年工作回顾

2013 年，在省委、省政府的正确领导下，经过全系统广大干部职工的共同努力，圆满完成了各项年度目标任务，为促进全省经济社会发展作出了重要贡献。

一是城镇化加快推进，充分发挥了拉动经济社会发展的引擎作用。按照"一核一圈三群"总体布局，以城镇市政基础设施、公共服务设施和产业园区建设为抓手，积极推进太原都市圈、城镇组群、区域中心城市、大县城和重点镇建设，城镇化取得新的进展。预计全省城镇化率比 2012 年提高 1.5 个百分点，达到 52.76%，与全国平均水平的差距进一步缩小。

二是城乡规划建设管理全面加强，城镇综合承载和辐射带动能力进一步提升。按照城镇化推进要求，编制了城镇群、城镇组群、城镇总体规划、城镇控制性详规等各类规划，并认真组织实施，充分发挥了对城镇化的引领作用。围绕建设"气化山西"、"净化山西"，加强城镇燃气、供热、污水和垃圾处理等市政基础设施建设和运营管理，城镇燃气普及率达到 84.78%，集中供热普及率达到 81.5%，污水处理率达到 84%，生活垃圾处理率达到 65%，同比分别提高 0.21、2.4、0.1、7.45 个百分点；削减 COD24.1 万吨、氨氮 2.21 万吨，圆满完成了减排任务。围绕生态文明建设，加大了城市园林绿化力度，新增绿地面积 1612 公顷，城市建成区绿化覆盖率达到 37.1%、绿地率达到 31.67%，同比分别提高 0.63、0.13 个百分点，人均公园绿地面积达到 10.7 平方米，同比提高 0.18 平方米。大同、朔州、黎城、长子、灵石、古县 6 个市县被命名为国家园林城市（县城），汾阳、和顺、长治县被命名为省级园林城市（县城）。

三是城镇保障性住房建设超额完成年度任务，进一步改善了城镇困难家庭的住房条件。2013 年，国家下达我省任务为新开工 18 万套，建成 17 万套。为了加快改善城镇低收入家庭住房条件，拉动投资增长，我省将任务调整为新开工 23 万套，建成 21 万套，计划投资 392 亿元。全省实际新开工 24.2 万套，建成 22.1 万套，分别超出国家下达任务 34.5 和 30 个百分点；完成投资 542.85 亿元，超出年度计划 38.5 个百分点。同时，率先在全国开展了全省域的住房调查，进一步摸清了住房底数，得到了住建部的充分肯定。积极推进住房保障立法工作，《山西省住房保障条例》已进入省人大审议程序。

四是重点工程建设强力推进，大幅拉动了投资增长。按照省政府"六位一体、统筹推进"的总体部署，大力开展"项目推进年"活动，健全完善工作机制，强化督查考核，项目储备、签约、落地、开工、建设、投产均超额完成了年度目标任务，为调结构、促转型、惠民生、实现固定资产投资突破万亿元大关，作出了重要贡献。

五是建筑业和房地产业持续健康发展，为推动全省经济发展发挥了重要作用。加强建筑业、房地产业发展形势分析，对行业运行进行跟踪监测和指导，切实强化市场监管，积极创造良好环境，促进了"两业"较快发展。全年完成建筑业产值 2980 亿元，同比增长 11.7%；实现增加值 750 亿元，占 GDP 的比重达到 6%，继续发挥了支柱产业作用。房地产开发投资完成 1300 亿元，同比增长 28%，占固定资产投资比重达到 11.6%。

六是建筑节能稳步推进，绿色建筑发展取得积极进展。积极贯彻落实国家"绿色建筑行动方案"，着力抓好新建建筑节能监管、既有建筑节能改造、可再生能源建筑推广应用等工作，新增绿色建筑面积 171 万平方米，圆满完成年度目标任务。

七是住房公积金缴存使用同步增长，发挥了支持住房建设和住房消费的重要作用。全省新增缴存职工 26.66 万人；新增缴存额 210 亿元、同比增长 5.23%，提取 77.07 亿元、同比增长 18.28%；发放个人住房贷款 76.73 亿元、同比增长 41.75%；实现增值收益 15.55 亿元、同比增 40.7%。

八是积极推进乡村清洁工程和农村危房改造，进一步

改善了农村面貌和困难家庭住房条件。实施乡村清洁工程和农村困难家庭危房改造，是省政府确定今后五年为农民群众办的五件实事中的两件。在全系统的共同努力下，全省2.82万个行政村全部启动了乡村清洁工程，共落实资金11.57亿元，配备清扫保洁和监管人员7.8万名、垃圾收运车辆3.59万台，初步建立起较为完备的清运保洁体系，农村环境面貌发生明显变化。农村困难家庭危房改造10万户任务圆满完成；1万户农村住房抗震改建试点全部开工，其中9035户已经竣工。按照省政府安排，完成了1.86万户受灾群众住房改造任务。

九是全面加强党风廉政和精神文明建设，为各项工作推进提供了坚强保证。根据中央和省委统一部署，厅机关和厅直各单位深入开展了群众路线教育实践活动，推动了干部作风转变和工作落实。全系统围绕行业中心工作，扎实推进党风廉政和精神文明建设，促进了全省住建事业持续健康发展。

在着力抓好上述工作的同时，协调推进综改试验、建筑工程质量安全监管、标准定额、招标投标、风景名胜等各项工作，均取得了新的成绩。厅直各单位和厅属各社团紧紧围绕中心工作，圆满完成了承担的各项任务，为行业发展作出了积极贡献。上述成绩的取得，是省委、省政府正确领导的结果，是省直各部门和社会各界大力支持的结果，更是全系统广大干部职工团结奋斗、辛勤工作的结果。借此机会，我代表厅党组，向大家表示崇高的敬意和衷心的感谢！

在充分肯定成绩的同时，我们也要清醒地认识到，当前工作中还存在一些差距和不足，主要是：城镇化破题不够、路径不宽，一些制约城镇化快速发展的瓶颈问题还没有真正得到破解；城市基础设施建设还不能满足人民群众需求，多项指标不达全国平均水平；城市管理水平还不够高，管理手段还比较落后；房地产业和建筑业规模还不够大，市场监管还存在一些薄弱环节；保障性住房建设、分配、运营管理还需进一步加强，等等。这些问题都需要在今后的工作中认真加以解决

二、2014年工作安排

2014年，全省住房城乡建设工作的总体思路是：以党的十八届三中全会精神为指导，以转型综改试验为统揽，以改革创新为动力，以城镇化为总抓手，着力推进城乡规划建设管理实现新突破、住房保障工作迈上新台阶、建筑业和房地产业实现新发展、重点工程建设实现新跨越、其他各项工作实现新进位，为转型跨越和再造一个新山西作出新的贡献。围绕上述总体思路，重点抓好以下几个方面工作：

（一）以人为核心，加快推进特色新型城镇化

城镇化是经济社会发展的强大引擎，是拉动内需的最大潜力，也是整个住房城乡建设工作的总揽。加快推进城镇化，要认真贯彻落实中央城镇化工作会议精神，坚持以人为本、优化布局、生态文明、传承文化的原则，紧紧围绕“一核一圈三群”总体布局，着力提升城镇的综合承载能力，切实提高城镇化的质量水平，力争全省城镇化率提高1.5个百分点。为此，今年要突出抓好以下三个方面工作：

一是加快太原都市圈建设。积极支持太原率先发展，大力推进城市道路、地铁2号线、汾东商务区、晋阳新城等重点工程和重大项目建设，充分发挥对全省城镇化的辐射带动作用。以山西科技创新城建设为抓手，加快推进太原晋中同城化，在道路互通、公交对开、通信一体、金融同城等方面取得新突破。

二是加快城镇组群构建。建立完善组群发展协调机制，实施一批跨市县域的基础设施建设项目，加快大同都市区、朔州东部新区、上党城镇群、晋城“一城两翼”、临汾百里汾河新型经济带、运城生态智慧城市等城镇组群发展。离柳中、忻定原、阳盂平、孝汾平介灵等城镇组群要加快与太原融合发展。

三是加快大县城建设。把大县城建设作为推进新型城镇化的重要突破口，选择一批基础条件好的县开展试点，按照小城市的标准，大力加强县城市政基础设施、公共服务设施和产业园区建设，积极创新规划、户籍、土地、投融资、管理等机制，着力提高县城吸纳人口和产业的综合承载能力，力争使大县城建设取得明显进展。

（二）以提高综合承载能力为目的，大力加强城市基础设施建设和运营管理

认真贯彻落实《国务院关于加强城市基础设施建设的意见》，积极推进投融资体制改革，加快城市基础设施建设，抓好新区建设和城中村、棚户区改造，创新城市管理机制，进一步提高城市建设运营管理水平。全省市政基础设施建设力争完成投资430亿元。

一是加快城市路网建设。规划建设一批高标准的城市道路，加快旧城区微循环改造、路网连接和自行车、人行步道设施建设，全省新建城市道路600公里、改造300公里，人均道路面积达到12.4平方米／人，有效缓解城市交通拥堵问题，保障出行畅通。

二是加快城市供水供气供热设施建设。重点是加快新管网建设和老旧管网改造。在供水方面，全省新建城市供水管网600公里，改造老旧管网300公里，城市供水管网漏损率力争控制在12%以内。同时，不断改进生产工艺，提高城市供水水质，为群众提供安全水、放心水。在燃气方面，围绕建设“气化山西”，大力推进煤层气、天然气等优质气源利用，严格燃气经营许可管理，全省新建城市燃气管网1000公里，改造老旧管网600公里，增加供气人口60万，新增12个使用管道燃气的县，城市燃气普及率达到85.7%。忻州、吕梁、晋中、临汾等4个城市市区全面完成煤层气、天然气置换人工煤气工程，全省22个设市城市基本实现城市煤层气、天然气全覆盖。晋城市要加快“气化山西”示范区建设，进一步探索城乡一体化供气模式。在供热方面，大力推行热电联产和燃气供热等清

洁供热方式，全面替代燃煤供热小锅炉，大幅提高城市集中供热覆盖面，全省新建城市供热管网800公里、改造老旧管网400公里，新增集中供热面积4000万平方米，集中供热普及率达到84.5%，促进大气环境质量的改善。继续推进供热计量收费工作，对完成供热计量改造的既有建筑和通过供热计量验收的新建筑，要全部实行供热计量收费。

三是加快生活污水、垃圾处理设施建设。按照“厂网并举、泥水并重、再生利用”的原则，加快污水处理厂新建、改造和配套管网、污泥处置、污水回用等设施建设。新建城市污水处理配套管网600公里，完成朔州市、长治市和繁峙、榆社、盂县、侯马、新绛等10座城市污水处理厂的提标改造，生活污水处理率达到84.5%。省政府“十二五”建设实施方案中确定的项目，尚未开工的要全部开工建设，确保按期完成建设目标。围绕规范化、标准化运行，强化污水处理运营监督管理，确保达标排放。积极拓宽污水回用市场，不断提高污水回用率。

按照“减量化、资源化、无害化”的原则，建立完善的城市生活垃圾收集、转运和处置系统。年内新开工阳泉、天镇、石楼、闻喜等6座垃圾处理场，建成左云、神池、汾阳、武乡、浮山、稷山等12座生活垃圾无害化处理场，生活垃圾无害化处理率达到74.5% 。同时，加强垃圾处理设施运营管理，有效提高运营管理水平。积极推广分拣利用、焚烧发电、垃圾堆肥等处理方式，推进垃圾综合利用；做好垃圾处理厂的沼气回收利用工作，提高资源循环利用水平。

四是提高城市管理水平。推进城市管理由粗放型向精细化转变，加快信息、数字等新技术在城市管理中的应用，太原、晋城、忻州、大同等市要进一步完善数字城管建设，扩大覆盖范围，提高服务水平；太原、阳泉、晋城、长治、大同城区等市县要积极创建智慧城市。推进城市管理执法由“重处罚”向“重服务”转变，抓好城市市容环境卫生的综合整治，从解决城市道路扬尘污染和消除卫生死角入手，扩大城市机扫、水洗道路面积，全省城市道路清扫保洁机械化作业率提高2个百分点，达到43%。推进城市容貌示范街道、保洁示范街道，星级公厕等创建工作，充分发挥示范效应，有效改善城市容貌。推进城市绿色照明发展，进一步提高城市照明的质量和节能水平。

（三）以建设美丽乡村为目标，全面提高村镇建设水平

统筹推进小城镇建设、乡村清洁工程、农村危房改造和古村落保护修复，推进城乡一体化发展。

一是加大小城镇建设力度。依托产业、区位、自然景观、文化资源等优势，继续在100个重点镇开展市政公用设施、公共服务设施、公园绿地、中心街市、居住社区“五项建设”和景观风貌、环境卫生“两项整治”，建成一批各具特色的小城镇，提升小城镇吸纳人口、集聚产业的综合承载能力，推动农民就地城镇化。同时要开展山庄窝铺、小自然村摸底和采煤塌陷区、地质灾害治理区农房鉴定工作，搞好规划编制，稳步推进村庄整治。

二是深入推进乡村清洁工程。继续抓好资金、人员及设施设备落实，重点开展村庄清扫保洁、积存垃圾治理和村容村貌整饰，创建一批示范村庄。同时，要因地制宜，合理选择适合农村实际的经济、适用、安全的处理方式和技术，推进废物回收利用，充分发挥垃圾再生资源的效益。

三是加快实施农村危房改造。今年的任务是完成改造15万户。要及早将任务分解到县、乡、村和具体农户，落实配套资金，严格对象认定，把好建设质量关，加快改造进度。同时，继续在大同、朔州、忻州开展农房抗震改建试点。

乡村清洁工程和农村危房改造，是省政府为农民群众办的五件实事中的两件，我们一定要高度重视，抓实抓好，抓出成效。

四是加强古村落保护修复。对全省传统村落进行全面调查摸底，完善传统村落和历史文化名村名镇申报、认定程序，制定保护修复计划，建立挂牌保护制度，落实保护资金，结合旅游产业发展和农村人居环境整治，打造一批具有浓郁传统文化和地方特色的美丽乡村。要总结推广阳城、灵石经验，加快推进美丽乡村连片区试点建设。

（四）以城镇化为导向，全面提升城乡规划工作

围绕城镇化推进，进一步提高规划的覆盖面、规划的编制水平和规划的执行力，切实增强规划的指导与调控作用。

一是加大规划编制力度。围绕“一核一圈三群”规划，完成46个城镇体系规划和城镇总体规划的编制和修编，完成45个城镇燃气、76个城镇排水防涝专项规划和山西科技创新城相关规划编制，设区城市控规编制要达到70%，县级市要达到30%，县城要达到20%。

二是提高规划编制水平。按照遵循规律、因势利导、因地制宜、合理布局的新型城镇化发展要求，高起点、高标准编制各类规划。省、市、县要根据职责分工，加强对规划编制单位资质和规划成果的审查把关，设市城市城镇体系规划和总体规划要由甲级资质单位编制，县城总体规划要由乙级以上资质单位编制；规划编制成果要符合法规标准，符合上位规划，符合当地实际，并做到与经济社会发展规划和土地利用总体规划的相协调。对不符合要求的，不得予以评审和批准。

三是维护规划的法律严肃性。严格执行城乡规划修改制度，经批准的规划未经原审批机关同意不得擅自改变。实行城市规划年度实施计划制度，设区市要在每年年初将经市政府审定的当年城市规划实施计划报省厅备案，各县要报所属市备案。要尽快建立健全规划监督检查制度，加大对市本级及所辖县（市）规划实施的监督检查力度，及时查处擅自改变规划的行为和违法建设，对一些典型案件要进行公开通报，保障规划的有效实施，切实改变一些地方存在的政府一换届、规划就换届和违法建设屡禁不止的状况，保持规划的连续性，维护规划的严肃性。

（五）以增绿提质、完善功能为重点，着力改善城市人居生态环境

围绕建设绿化山西、美丽山西、宜居山西，进一步加大城市园林绿化力度，全省新增城市绿化面积2000万平方米，城市建成区绿化覆盖率、绿地率和人均公园绿地面积分别达到38%、32.2%和11平方米/人。

一是加大建设力度。结合产业用地调整、棚户区改造、老城区整治，采取拆墙透绿、拆违还绿、改建扩绿等措施，加强老城区园林绿化。按照生态化、林荫化、景观化的要求，高标准搞好公园绿地、居住区绿地、道路绿化和城市绿道建设，设市城市都要启动城市绿道系统规划编制工作。

二是实施专业管护。努力改变“重建轻管、只建不管”的现象，进一步巩固、提高、扩大建设成果。要切实加大养护投入，加快推进城市绿化养护市场化、专业化。各地要结合实际，制定完善城市绿化养护技术规范和标准定额，把城市绿化养护资金纳入各级政府财政预算，保证养护经费足额到位。

三是大力推进园林城市创建。今后，省厅将对园林城市（县城）创建实行动态管理，年初下达创建任务，随时进行检查考核，加强对创建全过程的指导和监管，严格按照标准进行评审，确保创建工作有序推进。今年，临汾、运城、吕梁、永济、娄烦等15个市、县，要力争创建成省级园林城市（县城）；古交、高平、左权、昔阳、沁源、阳曲等市、县，要积极申报创建国家园林城市（县城）；太原、晋城、孝义要继续推进国家生态园林城市创建。

四是加强风景名胜区建设管理。严格执行《风景名胜区条例》，加快景区基础设施建设，今年要新增1—2处省级风景名胜区。要进一步强化景区管理，加大综合整治力度，完善服务功能，提升景区整体形象。

（六）以加快构建住房保障体系为抓手，进一步加大保障性住房建设管理力度

认真贯彻落实党中央、国务院关于保障性住房建设的有关要求，结合我省实际，积极探索适合山西省情的住房保障模式。

一是加强保障性住房建设和管理。今年我省保障性住房的建设任务是新开工23万套，基本建成18万套，年度计划投资450亿元。要切实抓好各项指标任务的落实，加快手续办理和建设进度，抓好配套设施建设，确保工程质量。同时，要加快保障房分配进度，加强准入、分配、运营、退出等审核环节监管，确保保障对象尽快入住，尽早享受惠民成果。

二是加快棚户区改造。今年全省计划改造各类棚户区17.8万户，任务重、难度大。国家和省里将进一步加大对棚户区改造的补助资金投入，各地一定要以此为契机，及早筹备项目，多渠道筹集资金，稳步推进改造工作。

三是稳步推进公共租赁住房和廉租住房并轨运行。去年底，住建部、财政部和国家发改委联合发文，要求从2014年起，廉租住房并入公共租赁住房运行。各市要结合实际，制定实施细则，明确并轨后计划执行、租金定价、建设分配、运营管理的具体办法，确保并轨运行工作稳步推进。

四是积极推行自住型商品住房建设。自住型商品住房，是为解决城市中等收入家庭、新参加工作的大学生等特定群体住房困难的一种住房保障方式。各市要积极学习借鉴北京市的做法，结合实际，按需而建，有序推行。房价较高、自住需求旺盛的市县要加大推行力度。通过建设不同类型的保障性住房，加快构建以政府为主提供基本保障、满足群众基本需求的住房保障体系。

（七）以强化监管和提升服务为手段，促进房地产业健康发展

加强市场监管，支持企业做强，推动产业做大，健全和完善以市场为主满足多层次需求的商品住房供应体系，不断提升房地产业拉动经济和改善民生的作用

一是加大房地产开发投资。各市要进一步摸清在建项目和准备新开工项目底数，制订项目台账和推进时间表，建立健全协调、分析、调度等工作机制，帮助解决项目推进中存在的问题，加快项目建设进度，扩大投资规模，全省房地产开发投资力争达到1600亿元以上。

二是加强房地产市场监管。推进房地产市场监管信息化建设，逐步建立项目、房源、市场主体和资金等全覆盖的信息系统。开展房地产企业资质动态考核和信用等级评价，建立企业信用档案，推进企业诚信体系建设。开展市场行为全面检查，严厉打击房屋征收、房地产开发、商品房销售和物业服务中的违法违规行为，进一步规范房地产市场秩序。

三是积极培育房地产企业发展。支持房地产企业通过强强联合、优化重组或与其他市场主体合作，整合资金和资源，打造品牌企业，增强市场竞争力。各市要重点培育一批实力强、信誉好的企业，力争全年培育二级房地产企业30家，一级房地产企业3家。

四是提升物业服务水平。积极创建国家和省级物业管理示范项目，帮助和指导企业按示范标准搞好创优工作，力争全年创建国家级物业管理示范项目5个、省级物业管理示范项目20个，进一步提升全省物业服务的水平和质量。

五是健全和完善商品住房供应体系。加强住房市场分析研究，制定政策措施，根据当地市场需求，调整住房供应结构，重点发展满足居民自住需求的普通商品住房，逐步构建以市场为主体，满足居民多层次需求的商品住房供应体系。各市要认真贯彻落实国家房地产宏观调控政策，稳定住房价格，保持房地产市场健康发展。

（八）以创优发展环境为保障，推动建筑业做大做强

一是做大建筑业规模。要将建筑业作为支柱产业予以扶持，强化政策指导，做好统计分析，科学谋划产业布局，加快结构调整，推动产业升级，强化服务监管，规范市场

秩序，为建筑业健康发展营造良好的环境，推进行业可持续发展，力争完成建筑业产值3400亿元，实现增加值820亿元。

二是加大建筑业企业培育力度。确定一批潜力企业进行重点扶持，强化服务，靠前指导，创造条件，积极帮助企业搞好申报工作，全省年内力争培育施工总承包特级企业2家、一级企业10家，专业承包一级和施工总承包二级企业100家，通过提升企业资质等级提高市场竞争力。

三是加强建筑市场监管。重点加强对招投标市场的监管，优化完善评标办法，加快推进电子评标工作，严格招投标及标后合同履约监管。进一步加强资质管理，规范申报程序，强化动态考核，对不符合资质条件的企业要撤销或降低资质等级。依法严厉打击规避招标、虚假招标、出借借用资质、超资质承揽、违法转包等违法行为，坚决淘汰一批不合格企业。加强工程造价管理，规范建筑工程施工发包与承包计价行为。

四是加快推进诚信体系建设。完善建筑市场监管信息系统，建立基础数据库，开展诚信评价工作，将诚信评价结果应用于企业资质管理、招标投标、评优评奖等各个方面，建立优胜劣汰、公平竞争的市场机制，营造诚信激励、失信惩戒的市场氛围。

五是积极推进建筑节能。着力提升新建建筑节能水平，重点抓好新建居住建筑贯彻执行65%的节能标准，支持太原市新建公共建筑开展65%的节能标准试点。进一步深化既有建筑节能改造，对已开工改造项目进行全面验收。积极推动可再生能源建筑规模化推广应用，全省新增可再生能源建筑应用面积1300万平方米。大力推进绿色建筑，新立项的政府投资类公益性工程、单体建筑面积超过2万平方米的大型公共建筑、太原市新建保障性住房要全面执行绿色建筑标准，其他市新建保障房执行绿色建筑标准不低于20%，全省新增星级绿色建筑评价标识项目180万平方米。

六是切实加强房屋建筑和市政工程质量安全监管。要进一步加强对建筑工程特别是保障性住房工程质量的监督管理，抓好新建工程抗震设防监管工作，建立健全工程质量终身责任制度，加大监督执法力度，严把勘察、设计、施工、监理、验收各道关口。认真贯彻落实省委、省政府关于安全生产工作的一系列决策部署，严格落实“一岗双责”，毫不松懈地做好房屋建筑和市政基础设施工程安全监管工作，加大对违法违规行为的处罚力度，有效防范和坚决遏制较大以上质量安全事故发生。集中开展城市供气、供热、供水安全专项检查，加大安全隐患排查和整改治理力度，保障城市安全稳定运行。

（九）以“六位一体、统筹推进”为总领，继续加大重点工程的建设力度

按照省委、省政府“项目成效年”的安排，今年的主要任务是，储备项目投资总额动态保持12万亿元，签约项目投资总额达到1.5万亿元，落地项目投资总额达到1.2万亿元，开工项目投资总额达到1万亿元，建设投资总额达到1.056万亿元，投产项目投资总额达到1万亿元。

实现上述目标，要继续按照“六位一体、统筹推进”的总体部署，坚持和完善领导联系重点工程和月调度、月考核、月排名等一系列行之有效的好做法，认真抓好储备、签约、落地、开工、建设、投产各个环节的工作，重点抓好基础设施、基础产业、新兴产业类和投资30亿元以上重大项目，加强协调服务，细化目标考核，帮助解决项目推进中存在的实际问题，确保重点工程建设顺利推进。

这项工作，省委、省政府还要专门召开会议进行安排部署。这里我就不多讲了。

（十）以发挥效益为根本，全面加强住房公积金缴存使用管理

一是大力推进公积金归集扩面。认真落实省政府办公厅《关于推进住房公积金扩面工作的意见》，将住房公积金扩面工作列入重要议事日程，摸清应建未建单位底数，制定工作方案，按照先易后难、先大后小、低标准进入、逐步到位的原则，强力推进归集扩面工作，确保全省新增住房公积金缴存人数53.6万人，覆盖率达到71.9%，让住房公积金这一保障制度惠及到更多的城镇职工。

二是扎实做好公积金提取使用工作。要结合实际，积极探索，不断增加贷款种类，满足缴存职工不同的消费需求，让每一位有需要且符合条件的职工都能贷到款，有效提高城镇职工的住房消费能力。要提供多种担保方式，不得限定贷款人必须采用担保公司担保。要进一步优化公积金提取和贷款发放的业务流程，简化审批环节，减少审批手续，积极为贷款用户提供方便快捷的服务。要引入竞争机制，降低贷款业务各中间环节的相关费用，减轻贷款职工负担。要继续推进住房公积金贷款支持保障性住房建设试点，更好地发挥公积金住房保障作用。

三是切实加强公积金管理。认真落实住建部等7部委《住房公积金廉政风险防控指引》要求，加强公积金管理制度建设，建立完善的内部控制体系，健全住房公积金管理信息系统。积极推行“资金统一管理、财务统一结算、分支机构零余额账户”的财务管理模式，实现资金集中管理和及时转存。加强内部稽核，开展风险隐患排查，严肃查处违规缴存和骗提、骗贷行为，坚决杜绝违规发放贷款和挪用资金行为。

同时，要统筹推进建设稽查、城建档案、设计审核、工程担保等各项工作。

关于党风廉政和精神文明建设，郭燕平同志将代表厅党组作全面安排部署，我就不再讲了，希望大家要抓好贯彻落实。

做好2014年工作，任务十分繁重。我们一定要围绕上述目标任务，进一步创新工作措施，狠抓工作落实，确保各项任务圆满完成。

一是要坚持改革创新。认真贯彻十八届三中全会精神，运用好我省转型综改试验政策，积极探索、大胆尝试、不

断创新，鼓励支持民间资本进入城镇化、城市基础设施建设、小城镇建设、保障性住房建设等各个领域和各个环节，建立多元化的投融资机制和建设运营管理模式，逐步形成权责明确、制约有效、管理专业的市场化管理体制和运行机制。

二是要加强政风行风和干部队伍建设。住建部门是一个重要的民生部门，所做的工作与人民群众息息相关。今年各市将开展党的群众路线教育实践活动，要以此为契机，大力推进政风行风建设和干部队伍建设。要进一步深化行政审批制度改革，取消和下放一批许可事项，优化审批流程，提高办事效率。要认真贯彻中央“八项规定”和省委实施办法，严肃纠正“四风”，推进依法行政，促进干部作风转变，坚决戒除“门难进、脸难看、话难听、事难办”的现象。

三是要强化目标责任考核。今年的工作，我们一方面将通过省政府与各市政府签订目标责任书的形式下达各市政府，一方面省厅还将向本系统每个单位颁发目标责任书，对每一项任务进行分解细化，确保事事有落实，人人有责任。省厅将采取月调度、季排名、定期督查等措施，加强对工作完成情况的考核。各市也要把任务一一分解下去，将考核层层传递下去，形成上下互动、齐心协力的工作合力。

同志们，做好住房城乡建设工作责任重大、使命光荣。让我们紧密团结在以习近平同志为总书记的党中央周围，在省委、省政府的坚强领导下，深入贯彻党的十八届三中全会精神，坚持改革创新，奋力争先进位，不断开创全省住房城乡建设事业发展的新局面，为转型跨越和再造一个新山西作出新的更大贡献！

春节马上就要到了，我代表厅党组向大家拜个早年，并通过你们向全省住建系统的全体干部职工，致以诚挚的问候和美好的祝愿！

重要言论

Important remarks

简论我国健康城镇化的几类底线

住房和城乡建设部副部长 仇保兴

当前我国城镇化是一个非常热门的话题。城镇化关系到每个国民，每个人都可以对城镇化发表独到的见解。今年初以来由国家某部委牵头编制中国城镇化中长期发展规划，虽经几轮讨论，意见仍然很难统一。原因是城镇化涉及的因素太多，包含的内容太广，几乎任何东西都可以放到城镇化中去，每位学者肯定都可以从本行业的知识角度对城镇化讲出一大套道理来。

从长远的角度来看，城镇化这样复杂的问题怎么开展研究呢？实际上，依据学术界长期积累的经验，凡对庞大、复杂而又长远的问题，常常采取两种研究方法。

第一，化复杂为简单。找到最关键的问题，用底线思维来寻求答案。

第二，进行多维度剖析。防止遗漏最主要的问题和对策。

习近平总书记在近期讲话中谈到，我国要在红线和底线的基础上来推进城镇化。红线是清楚的——18亿亩耕地。但是底线是什么？需要作深入的分析。

所谓“规划”就是要前瞻性地看到潜在的问题，然后提出有效的政策措施来解决。这样一来，我们自然可得出：健康城镇化的底线是由两类特征的决策所决定的。

特征一：如果在城镇化过程中犯决策错误，此类错误所造成的结果是后人难以纠正的。因为城镇化过程中的人类聚居点和基础设施的建设都是钢筋混凝土浇筑，一旦犯下刚性的错误，后人就很难纠正。

特征二：这类错误犯了以后，会严重地妨碍可持续发展，或者会带来社会、经济甚至政局的动乱。即一个错误会引发一连串的错误。

只要符合这两类特征的“底线错误”不犯，城镇化的健康发展就基本可以保证，即在不触碰红线和底线的基础上来实现健康城镇化。

用这两类特征来衡量城镇化远期发展的底线，归纳起来一共有以下几项供大家讨论。

第一项底线：必须坚持大中小城市和小城镇协调发展

中央领导都非常担忧我国的特大型城市过分地膨胀，因为特大型城市的过分膨胀是一个全球通病。城市规模越大，商品生产的效益就越高，同时创造的就业岗位越多，公共服务的品种越多，人们就越趋向于到这样的城市里来生活工作，所以超大城市能够自动吸收人口，并引发规模膨胀的恶性循环。这样的问题在世界城市化历史上早就多次发生过。

二次世界大战以后，欧洲国家的注意力从战争转向经济发展时，城市规划学有一个著名的人物，即芬兰的规划学家沙里宁 (Eliel Saarinen) 就敏感地感到这个问题，他认为所有的世界级大城市都必须走一条有机疏散 (Organic Decentralization) 的道路，有机疏散论是当时城市规划学的一个扛鼎之作。根据他的理论，时任英国首相丘吉尔在二战还没结束的时候就提出，英国当时只有3600万人，但是却集中了500万的精英跟德国法西斯作战，战争一结束这500万人就要结婚、生孩子、找工作，要到哪里去？如果全部涌到伦敦来，伦敦就会爆炸。

当时丘吉尔就根据沙里宁的思路，请了一批规划学家推出“新城计划”，就是在英国伦敦之外布局30多个卫星城市。具体实施方式是由政府组建新城开发公司后，由国家财政借款一次性把农地征过来做新城规划和基础设施投资，然后再把土地卖出去再把钱收回来实现滚动发展。英国的新规划发展成新城运动，影响整整一代人。有了大伦敦的新城规划以后，大巴黎的新城规划也紧随其后，这些规划无一不遵循沙里宁的有机疏散理论。

在我国，这一类大城市的疏散早该开始。但是我们不仅认识得晚，而且对新城的成长机制始终心存疑虑。

英国在这个问题上也经历过许多探索的痛苦，实践方面也经历了第一代、第二代和第三代新城。

第一代新城。就像北京的回龙观，30万人口的新城区里很少有就业岗位，大部分人早上涌到老城里来，晚上又涌回新城，造成巨大的钟摆式城市交通，实践证明这类新城是失败的。

第二代新城。丘吉尔时代的规划学家们就敏感地感觉到，应该发展第二代新城，也就是人口规模应该在20万人以上，就业岗位50%当地解决。这样，这种新城能够至少减少50%的城际交通。

第三代新城。继二代新城实践后，又迅速推出第三代新城，人口规模为30万，就业岗位基本上能够在新城内自己创造，实现职住平衡，既保证了新城的经济活力，又大大减少对老城市的交通压力。

这样，英国规划学家才逐步探索到新城的科学规划和建设的正确路径。在新城建设的过程中间，他们逐步地得出一个结论，就是新城开发成功的关键是其人居环境应该比老城还要更好、公共服务质量更高、人与自然更和谐，这样就可形成对老城的人口反引力。只有形成这种反引力，老城聚集人口的功能才会逐步转移到新城来，有机疏散才能实现。

回过头来看我国，哪一个新城能足以承担老城重要功能的分流？这些新城建设，正是因为没有吸取先行国家的经验，在规划建设标准起点方面太低了，反而造成人口从新城不断地涌进主城来。

从更广的角度来看，我国小城镇或者是小城市的基础设施投资、人居环境改善，一直未受各级政府财政的青睐，这些地方人居环境的相对退化造成了近20年来我国小城镇的人口占城镇总人口比重减少了10%，这是一个危险的数字鸿沟。我国的小城镇人居环境与先行城镇化国家的小城镇相比，差距越来越大。有人戏称：我国是过了一个又一个小城镇，镇镇像非洲，但是过了一个又一个大城市，城城像欧洲。这么大的差别是如何造成的呢？

原因一：政府的注意力和公共财力没有投向小城镇，几乎所有的支农补贴和扶植政策都是绕过小城镇直奔田头的；

原因二：小城镇本身，一缺乏土地出让金；二没有城市维护费；三是税收体系不能支撑公共项目投资；四是缺乏人才。这“四无”的状况是造成我国的小城镇跟先行国家的巨大差别的主要原因。

当前这一轮城镇化中长期的规划编制过程中，各方几乎是同时认识到小城镇是我国健康城镇化的一个命脉，如果没有小城镇的健康发展，健康的城镇化是无法保证的。拉美、非洲等国城市化的历史教训也证实：没有小城镇作为“拦水坝”，人口的洪流就大量地涌到大城市来；没有小城镇提供的就地城镇化，农民进入城市就易引发贫民窟病；没有小城镇对区域生产力合理布局的贡献，沿海与内地的发展差距会越来越大，将来形成的城市群在经济上也会是低效率的。

从理论上来讲，凡是大中小城市不协调的那些国家，比如说像拉美、非洲、南亚等地，整个国家的经济运行效率非常低。大城市的经济活力不可能有效辐射到农村去，这一辐射路径必须先要由大城市传递到中等城市，中等城市再传递到小城镇，小城镇才是为周边农村、农业、农民服务的合理的中心。历史经验已经告诉我们不能犯这样的错误。

正因为这样，今后城镇化相当一部分财政投资要投向小城镇，概括起来小城镇必须要在下面四个方面先做到：

第一，要有一套城镇规划的管理机构；

第二，要有一套必要的基础设施，如供水、污水和垃圾处理等；

第三，要有一套地方化的绿色建筑建设和规范管理体系；

第四，要有一套基本的公共服务设施，比如说学校、医院、没有假货的超市等等。这“四个一套”是小城镇人居环境最基本的要求。

我们前几年推行了特色景观旅游村镇、历史文化名城名镇，在这个基础上还可以因地制宜发展一批商业贸易中心镇、边贸强镇、工业集群镇、特色农业镇等等。小城镇要多元化发展，没有了小城镇的健康发展，我国的城镇化就会步入险境。

第二项底线：城市和农村互补协调发展

某些经济学家总是简单地认为把农村的人口搬到城市里来就完成了城镇化，生产效率会自动提高、社会分工会自动推进、科技水平会自动发展，其实是有问题的，任何一个国家的农业现代化必然是健康城镇化和生态安全的底线。

这一底线还会呈现出另外一种作用，随着城镇化率超过50%，传统农村会越来越值钱，乡土文化、一村一品、农业景观、田园风光会变成稀缺资源，就会萌发农村旅游的热潮，从而萌发带动农村超越工业化的阶段，走向一条绿色、可持续发展的现代农业发展道路。

有哪些事或错误的决策可能会触犯这条底线呢？危险的是许多人的思维中至今仍存在这么一些错觉。

错觉一：过高的城镇化率预期

当前，各省的城镇化规划编制也往往与省域城镇体系规划一样，设定城镇化率目标可以不断地随时间攀升到60%、70%、80%……按照这个路子走其实是错误的。

回顾历史，再看看现状，世界上的国家可分为两类：

一类是外来移民为主而且土地非常辽阔、地势非常平坦的国家，比如美国、澳大利亚等被称之为“新大陆国家”，这类国家的城镇化率可以达到85%以上甚至90%；

另外一类国家比如法国、意大利、德国和日本这些具有传统农耕历史的国家，他们的城镇化率峰值一般只能达到65%左右，这些国家都是原住民为主，而且地形崎岖不平、人多地少，由于这些国家的市民的祖先都来自于农村，一般易发“逆城市化”现象。

而且，这类回归田园的现象在浙江早已经产生。该省城镇化指标中有两个60%：

第一个60%，住在城市里的人口是60%，农村里40%；

第二个60%，住在农村那40%人口中60%的人是不务农的人，只是居住在农村，而只有40%是真正务农的人口。由此可见，住在农村的人，不等于就是务农的，这是一个国内外的通则。现在大量城市中的老年居民，拿了退休金，到农村租一个房子，租期10—20年，住在那里养老，呼吸新鲜空气，种点菜、养养家禽……，日子过得很滋润，这已经成为一种日益普遍的现象。随着农村生活条件的改善，此类现象将进一步普及化。

近几年还出现另一类新动向，有的干部看见城郊农民的收益那么大，就把自己的子女偷偷地转成农业户口，浙江省仅去年一年就有1000多名干部因此犯了错误而被处理。

错觉二：私有化的土地政策

这类错误的土地政策是有历史教训的。现在许多学者提出，农民应该“裸身”进城，把他们自己的承包地、宅基地和农房卖掉，然后带着所获得的资本到城市中来。这样的先例实际上在拉美、非洲早就出现过，农民因为土地私有化，把土地和房产卖了之后举家迁到城市里来。

根据联合国人居署的统计，如果这样做，农户平均的卖地价格是仅够一趟路费，因为大量的土地出售导致价格非常低，形成资本廉价掠夺土地，农民获得的非常少，刚够付路费，而且仅够一张单程票，然后再也回不去了。在强大的资本面前，农民的权益遭受漠视早已成定局。其结果是，这些国家都有一个通病——贫民窟。平均有50%的城市人口住在贫民窟里。

资本无限制下乡购地后还会出现什么情况呢？比如说巴西，某个地主拥有的土地比一个州政府的管辖范围还大，农产品平均亩产量反而下降了，农民在城里生存不下去怎么办呢？有人回去找自己原来的地耕种，但地主不让种，双方火拼，仅阿根廷一国因此被打死的农民就有170人之多，这些血腥的历史教训我国应该避免。

健康的城镇化应当建立在城乡居民双向自由流动的基础之上。从经济稳定的角度来看，这种城乡互通的人口流动是应对全球金融危机最好的办法。2008年的危机曾导致我国沿海城市数千万的农民工失业，因还可回乡种地，副作用就云消雾散了。如果让农民裸身进城，有去无回，国家整体经济结构就会失去弹性。

错觉三：将城乡一体化变成“一样化”

当前，大量的村庄被拆，村庄的数量急剧减少，许多基层干部梦想一步就把农村变成城市，而且并村多出来的土地指标可以在城市中变卖。这样一来，就把宝贵的农村历史文化遗产都消灭掉了。农民要跑好几里路去种地，务农的成本大大提高。农民也不可能带着种子、粮食、肥料住到高层建筑上去，许多这样的所谓农村“城市社区”，现在都空在那里。中国工程院前年组织一批院士到几个省去视察，看到一些农村城市社区建了两年还没有农民住进去。这也是一种资源的浪费。

有些地方干部认为，现在城市拆迁条例取消了，城里的房子拆不动了，就跑到农村去拆，造成农村大量的村落被合并、迁移，实际上造成的结果不是城乡互补发展，而是“城乡一样化”，不仅丧失了宝贵的乡土旅游资源，也不利于现代化农业的建立。

错觉四：农业现代化必然要土地规模经营

把农业现代化看成单纯的土地规模的扩大化，这也是不完全正确的。世界上有两种农业的现代规模经济模式：

一是土地规模型的农业现代化。追求每一户种几百亩甚至几千亩地，在移民为主的国家这类模式呈主导地位。

二是在人多地少的原住民国一般是采取社会服务的适度规模来实现农业现代化。农户种的土地可能只有几十亩甚至更少的规模，但是产前、产中、产后的服务都可以分包出去由专业化企业来提供低成本服务，所以尽管每户农户拥有的土地少，但还是有经济效率的。

这种规模服务型的现代化农业在法国、意大利、日本等国很普遍。我去日本看到，比桌子大两倍的农地还在耕种，可见它的生命力是很强的。而我国绝大多数省还是适宜于第二种模式。而河南、东三省等等是适用于土地规模型的农业现代化发展路子的，这两种模式是并行不悖的。而自然村落和小城镇无疑是建立“规模服务”型现代农业模式的基地，大面积地实行撤村并镇实际上会损害农民、农村走向农业现代化的机会选择。

错觉五：土地财政是万恶之源

近几年，全国每年的土地财政收入都在2万亿以上，但这些用于城市基础设施和保障房建设的收入却变成众矢之的了，有人认为这些钱就是从农民手里剥夺来的。其实无论从理论上还是实践上，这些观点都是错误的。城市近郊的建设用地为什么值钱？事实上是城市基础设施投资所带来的升值效应。这个升值效应的收入怎么样利用最公平呢？应该通过经营用地拍卖把它取回来再用之于城市的基础设施投资、改善城市人居环境，形成城镇化的良性循环。这是社会主义国家土地公有制度带给我们的一笔巨大财富，也是健康城镇化的重要保证。

农民要增加收入，要靠农业现代化和勤劳，不能靠建设用地的升值。最近一些学者倡导推广台湾农改经验。它的农地制度改革也有不成功之处，农地私有化后，因拥地而富的少数人被称之为“土老帽”，文化程度很低，什么活都不干，但是车要坐奔驰、物要用名牌，成为一个纯食利阶层，几十年都取消不了。一个社会如果不是鼓励人们勤劳创新致富，这个社会还有什么希望呢？这不是人类所应该追求的社会，所以当地没有人认为这是成功的。

现在我国哪些地方农民收入低呢？不是城郊的农民，而是远郊农民中的水库移民、高速公路移民、重点工程移民、高铁移民……，他们获得的征地补偿是每亩仅5千-1万块钱，仅为城郊农民的几十分之一，因为重点工程征地包干制，地方政府就把农民土地一征收，把房子扒掉，这些移民损失巨大，一般都有非常痛苦的经历。而城郊的农民就不同了，像北京城郊农民平均每亩征地补偿费高达50万，最近涨到100万了，“失地”农民都在忙于点钱，有的还请银行家帮助理财。

我们的公共政策要关心哪些农民呢？如果错误推行农地私有化，让农民“裸身”卖地进城，城郊的农民就会变成亿万富翁，远郊的农民就成为赤贫穷人了，因为远郊的地不值钱。为体现公平，我们应按照现在的土地制度，把这2万亿主要部分用于城市基础设施投资，抽一部分作为开发成本投入到保障房建设中去，远郊的中低收入农民如果进城，每户都有一次机会享受保障房，五年以后保障房可以变现，这比山沟里的土地变现的价值要高得多，这样远郊农民才有可能相对公平地获得城镇化的收益。这种制度设计远远比现在一些持新自由主义观点的经济学家所倡导的土地私有化要公平得多。

第三项底线：保持紧凑式的城镇空间密度

我国城镇化18亿亩耕地的红线不能突破，法宝就是城市空间密度要紧凑，达到每平方公里1万人，采取混合布局，工业用地、商业和住宅用地、公用服务和绿化用地、道路和基础设施等用地都全部要包括在其中，这样的土地利用密度在全世界比较也是高的。建国以来60多年的实践证明，这相当于现在的新加坡全岛的平均用地强度，这样的城市人口密度是较为合理的，所以新加坡的人居环境比香港好。

这就要求我们坚持现有的国家标准，建设部颁布的国家标准用了这么多年被实践证明是合理的，不必再做无谓的调整，也就是说，所有的城市，包括新的卫星城建设，都要符合这个空间人口密度要求，同时再考虑新增建设用地最好是非耕地或者少用耕地，如果这两条做到了，耕地保护、紧凑发展等目标就实现了，不应把土地集约利用搞成一件很复杂的事情。

如果说像有些专家提出来的，中国可能还要走郊区化和土地私有化的道路，那就不可避免地会出现美国式的城市蔓延，一旦出现城市蔓延几代人都纠正不了。在美国，很多地方已经到了买一瓶醋、买一包烟都要开车的境地，由此导致一个美国人所消耗的汽油就相当于5个欧盟人。如果一旦出现城市蔓延，那对耕地少、油气资源贫乏的我国无疑是灭顶之灾。

为什么要在城镇化中期要提出城镇空间密度的问题？城镇化跟机动化高度重合的大国例子，一是美国，另一就是中国。人们在欧盟旅游会看到，出了城市一步就是美丽的田园风光，而在美国却是过了城市还是城市，连绵不断的低密度城市。一般而论，美国的城市破产有两类：一类就是像底特律那样的产业枯竭型；一类是由于城市蔓延，造成基础设施和公用设施的建设费用成倍提高，导致城市破产。

美国、欧盟文化同种同源，但城市化的形态为什么不一样呢？因为欧盟是城镇化的时期在先、汽车进入家庭在后，城市基本保持了紧凑的空间格局。而美国是城镇化和机动化同步发生，即出现“车轮上的城市化”，再加上错误的高速公路投资和郊区购房优惠信贷计划导致了城市蔓延。而对我国来说，非常危险的是城镇化和机动化也是同步发生的，绝不能走美国式的所谓车轮上的城市化道路。

这样一来，保持紧凑式的城镇空间密度需要注意以下几个方面的因素：

第一，在城市规划中尽可能不出现功能单一的各种“区”。国务院近期有一个正在讨论的文件，就是要求从现在起所有的各种“区”都要从严审批，不能出现单一的什么功能区，而要走向复合的新城，这些新城的数量、坐落和规划也要严格把关。

第二，防止无序的农村建设用地审批。城市的建设用地是经过城乡规划法和土地管理法联合管制的，基本上可以保持每平方公里1万人的人口密度要求。但村庄和小城镇的建设用地主要还是以土地管理法为主进行管制，空间密度有较大的余度。值得指出的是，不少地方农村建设用地管理极为粗放，数量上约为城市建设用地规模的五倍之多，然后一些人还提出农村的建设用地要与国有土地同权、同价，那样的话，原来为农业生产配套服务的建设用地就会被资本扭曲了。

第三，工矿用地粗放的问题突出。前几年，各级政府热衷于各类开发区的扩建，造成工矿用地成倍增长，已成为滥占耕地、粗放用地的主要推手。

第四，小产权房问题。小产权房其实就是占用农地盖房，换句话说就是农民不种粮食而改“种房子”争取收入了。小产权房诱惑力很大，尤其是在地价高的一些城市，大多数小产权房建设背后都有违法官员为推手。这种小产权房建设根本不按照城市规划，建筑质量也无法保证。城市就在一片片的小产权房建设浪潮中，一步步向前蔓延，那就完全成为一种失控的摊大饼，城市低密度蔓延就会产生。

第五，高速公路过度建设引导私家车出行。上世纪美国由于盲目发展免费高速路(Freeway)，结果引发了私家车使用量的剧增和城市蔓延，其结果是每个美国人所消耗的汽油等于5个欧盟人。我国应尽可能以铁路交通替代高速公路交通。据日本上世纪中期的研究，运输同样数量的货物和人员，铁路每吨公里的能耗只有118kcal，大货车是696kcal，中小卡车(家用)是2298kcal。就是说用铁路运输来代替中小卡车、家用卡车的话，“效率”可提高5–20倍；从用地比较看，单线铁路(每公里)比二车道二级公路少占地0.15~0.56hm2；复线铁路(每公里)比四车道高速公路少占地1.02~1.22hm2；复线高速铁路(每公里)比六车道少占地1.22hm2。据我国有关部门的统计，单位客货运输量用地，公路是铁路的37~38倍。

有人算过一笔帐，如果中国走美国式的城市蔓延发展道路，所有的耕地都拿来做停车场，交通道路都不够，耗用的汽油将是3个地球的石油供应，这样的错误一旦形成，后人没法纠正，美国现在的城市蔓延问题是奥巴马纠正不了的，他要推“绿色革命”号召美国人回到城里来住，但没有人响应，因为这是刚性的错误。

第四项底线：不能再出现空城

世界上有两种空城：

一种是因产业转移而没落的空城，即原来曾经辉煌过，现在人走楼空，像煤炭城市、资源枯竭城市等。美国底特律就是这样的典型城市之一。

另一种是新建的空城。中国式新的空城是世界建城史上没有过的，是空前的空城模式，只有中国特色的土地财政体制、干部任用体系，才会出现新的空城，是我国特有的一种资源非常浪费的现象。

比如，鄂尔多斯市城镇人口一共46万人，但是现在盖好的房屋可以住120万人，如何去找另外的80万人口呢？最近在其他地方，而且在气候非常恶劣的、离大城市非常遥远的地方，许多新城也拔地而起，如何去找那么多人来住将会是个无解的方程。为什么会造成这种中国特有的新的空城现象呢？主要有以下几方面因素。

因素一：我国特有的干部异地做官体制。从唐朝以来我国中央政府就规定地方县令以上官职要离开自己家乡300里才能当，这样做有利于政治上的稳定和减少因亲朋好友的包围而腐败丛生，但是也会带来官员的短期行为，力求把公共财政资源用光，城市旧貌变新颜搏政绩以后就不管了，前人举债后面的人来还。世界上没有完美无缺的制度，这些微小的制度缺陷如不注意设防，也会滋生出很多大问题。表现在城市规划上，书记市长们一上任就改规划，一任长官一张规划，而且主要领导都有三年期的政绩冲动。如果有人跟书记市长讲城市要改造，他就问几年能搞好？如果说三年，他马上表态上马大干，但如果说五年以上，那就靠边，异地为官制度助推了官员的短期行为，这也是人的本性所在。丘吉尔说过，“任何政治家都有在地球上留下自己的烙印的冲动”，如不加以有效制止，我国难以避免会有一批新城成为资源浪费的大地伤疤。

因素二：我国的城市跟国外城市政治和财政制度性质不一样，不能破产。西方国家的城市实质上可看作是一个股份公司，是可以破产的，但是我国的城市无论是出于经济还是政治上的考虑都不能破产，一破产就会有严重的连锁反应。正因为我国的城市理论上不能破产，大部分城市都是主政者举债由后任及市民归还，形成了无限举债冲动来进行城市改造、新城建设的模式。

因素三：误判城镇化的终点。就是沿用城镇化早期的经验，只要任何新城和楼房建起来就会有人来住，没有想到城镇化可能达到65%之前城镇化过程就终结了。处于城镇化后期的今天，一些地方还在大举建设新城，盲目沿用过去成功经验的话，就可能变成毒药一般的错误了。

城市史告诉人们，只要新城建设不出现空城现象，就会形成有效的资产，就可以持续拿来抵押负债经营，财政就会是稳定的。

建设部跟财政部合作建设的国家级绿色生态示范区，中央财政有补贴，在遴选的标准中第一条就把有可能出现空城的可能性降到零作为必备前提。如果出现一个可能的空城，整个项目马上就会被终止，因为不可能拿中央财政的钱来弥补空城的错误。

第五项底线：保护文化遗产和自然遗产

我国的历史文化名城、历史街区、历史文化名镇名村以及国家风景名胜区都是大地上的精华，要么是大自然留下的瑰宝，要么是5000年灿烂文明史的结晶，如果毁坏了就没有了，保护得好就可源源不断增值，这个道理大家都很清楚，理论上没有人反对。但如遭遇短期利益，不少决策者也会糊涂，这就需要强化中央部委的监督检查措施来克服。

除此之外，城镇化中后期还要十分关注房地产市场的调控，充分利用保障房建设和信贷税收的调控，实现住房投资去杠杆化、去投资品化和去泡沫化。充分利用有限的城镇化剩余期，“以时间换价格空间”，将房地产泡沫扼杀在萌芽状态，确保国民经济和金融体系的安全。

通过上面所讲的这几个方面的分析，可以得出，健康和谐的城镇化是由市场这只无形的手和政府有形的手，相互合理作用的结果，现在最怕政府这只手乱动，如果在大的决策上出现错误或者触动了上面所讲的几条底线，那将来的错误后果是难以纠正的。其他的小错误都有机会可以调整修补。比如城市内部的两元结构、城市破旧、基础设施陈旧、人口的城镇化落后于土地的城镇化等等，这些问题都是可以解决的，推迟一年或几年解决都没有大的问题，当然有的最好还是尽早解决。

尤其值得一提的是，以人为本的城镇化决策是长久之计，更要关心不会发声的下一代的生活发展空间和资源的需要，要以他们为本才能实现可持续发展。如果城镇化决策只满足现代人的需要，那就会“寅吃卯粮”不可持续了。

总之，如果把城镇化看成是火车头的话，城乡规划就是轨道，这个轨道要修得比较精密、比较合理、方向要正确，这样的城镇化就能够健康发展，才不至于发生上面所讲的这几类底线式严重错误。

守住这几条底线，我国健康的城镇化是可能实现的。

2013年11月16日

当前房地产市场运行情况和十八届三中全会后的市场走势

——在地方协会会长、秘书长工作会议上的发言

中国房地产业协会副会长 朱中一

2013 年 12 月 4 日

一、当前市场运行基本情况

当前，房地产市场总体延续了去年四季度以来的回升态势，房地产开发投资和新建商品住房供应稳中有升，市场成交量继续处于高位，重点城市房价涨幅有所扩大；但 10 月，投资增速、新建商品房供应、成交量及房价涨幅趋缓。保障性安居工程推进顺利，部分三、四线城市供大于求的问题依然明显。

（一）房地产开发投资增速回落，新建商品住房供应减少。

据国家统计局数据，今年 1 ~ 10 月，全国房地产开发投资 6.87 万亿元，同比增长 19.2%，增速比 1 ~ 9 月回落 0.5 个百分点，比去年同期高 3.8 个百分点。新建商品住房新开工面积同比增长 5.2%，增速比 1 ~ 9 月减少 1.2 个百分点，新建商品住房竣工面积同比减少 0.8%(1 ~ 9 月同比增长 1.4%)。

（二）住房成交量同比增幅较大，单月成交量环比减少。

据国家统计局数据，今年 1 ~ 10 月，全国商品住房销售 8.6 亿平方米，同比增长 22.3%；10 月单月成交 10287 万平方米，较 9 月减少 14.5%。

（三）10 月房价涨幅有所扩大，部分热点城市涨幅较高。

据国家统计局数据，10 月 70 个大中城市中，新建商品住房价格同比上涨的城市有 69 个 (与 5 ~ 9 月持平)，环比上涨的城市有 65 个，其中有 27 个城市环比涨幅比上月扩大。二手住房价格同比上涨的城市有 68 个 (与上月持平)，环比上涨的城市有 62 个 (比上月减少 1 个)。

10 月，70 个大中城市新建商品住房价格同比平均涨幅为 9.3%(比上月扩大 0.6 个百分点)，同比涨幅超过 10% 的城市有 20 个 (比上月增加 5 个)，上海、北京、广州、深圳市同比分别上涨 21.4%、21.2%、20.7%、20.6%，继续位居 70 个大中城市前 4 位。

（四）一些地方“地王”的频现和全国土地购置面积的同比下降并存。

今年三季度，部分热点城市高价地频频出现。据不完全统计，有 10 个城市 25 宗住房用地溢价率在 50% 以上，11 宗溢价率超过 100%。天津市南开区育梁道地块溢价率高达 163%。部分地块楼面地价超过周边房价。如广州市出现的 7 宗高价地中，3 宗地块楼面地价超过周边房价，2 宗地块楼面地价接近周边房价。北京农展馆地块附加异地配套建医院成本后，折合楼面价格约为每平方米 7.3 万元。部分地块楼面地价处于合理区间，但由于体量大，总价高，在部分媒体的片面、夸大报道下，也成为社会关注的焦点。

9 月下旬以来，在国土资源管理部门加大对高价地的防范力度后，“地王”现象受到了一定程度抑制。

全国 1 ~ 10 月土地购置面积同比负增长 3.6%。全国土地购置面积同比负增长，有的与地方出让计划公布晚有关，有的与出让底价高有关。一些地方土地购置面积的下降，对明后年的市场将有影响。目前，一些重点城市已明确要增加普通住宅用地的供应。

（五）市场差异性明显。

当前市场整体处于上升趋势，加上部分媒体和“名人”前段时间将中央的政策取向误读为今后不再强调房地产市场调控和对市场预期的过分“唱好”，一些热点城市消费者恐慌心理加速入市，广州、深圳、北京、南京等城市“日光盘”现象再现，一个项目几百套房往往有几千人排队摇号，据本人所知，为稳定房价和市场预期，国务院有关领导和有关部门领导近期多次召集有关地方领导商议办法，这在一些地方近期出台的规定中已有体现。。

市场差异性明显，一些三四线城市供明显大于求，和一些地方商业性地产阶段性过多的问题不容忽视。国家统计局数据显示，10 月末，商品房待售面积 45361 万平方米，比 9 月末增加 725 万平方米。其中，住宅待售面积 29774 万平方米，增加 448 万平方米；办公楼待售面积 1700 万平方米，增加 29 万平方米；商业营业用房待售面积 8742 万平方米，增加 101 万平方米。

（六）保障性安居工程推进顺利。

截止 9 月底，全国保障性安居工程已开工 620 万套，

基本建成410万套，分别达到年度目标任务的98%(计划630万套)和87%(计划470万套)。

二、对今年11-12月份及全年市场的预测

(一)2013全年商品房投资额、销售量、销售额将创历史新高。

根据目前的市场态势，并考虑到第四季度房贷额度趋紧、一些城市出台了新的调控措施、及一些企业为完成全年任务而采取的措施等综合因素，预计到年底，全国房地产市场总体仍将呈高位运行态势，全年房地产开发投资额比去年增长18–20%(1—10月同比增长19.2%)、商品房销售面积增长20%左右(1—10增长21.8%)、销售额增长30%左右(1—10月增长32.3%)，创历史新高。

(二)部分热点城市住房供求紧张的局面短期难以改变，房价上涨压力仍然很大。但11、12月份，由于一些城市为实现房价调控目标采取了一些措施，及去年11、12月房价涨得较快，所以后两个月的涨幅会趋缓。

目前一些城市房价快速上涨的原因是多方造成的：既与一、二线城市公共服务资源较好、吸引人才能力强、而土地资源又相对稀缺有关；又与流动性相对宽松、社会资金充裕和居民投资渠道狭窄有关；还与一些地方对国家的调控政策执行不力、过分依赖土地财政有关；"地王"的频现和媒体的不恰当宣传，也是今年助推房价的重要原因。

十八届三中全会前后，北、上、广、深等一些城市为促进房地产市场的平稳健康发展出台了一些规定，对稳定市场预期起到了积极的作用，但新开工面积的增速继续低于销售量增幅，热点城市如果11、12两月新上市的商品房交易量和土地成交量未明显增长，面临的市场压力和价格上涨压力仍然很大，完成年度房价控制目标比较困难。

(三)一些热点城市和海南省等近期虽出台了有关规定，但市场差异性明显的问题近期仍难以改变。

三、十八届三中全会后市场形势

当前，全国上下都在学习贯彻十八届三中全会通过的《中共中央关于全面深化改革若干重大问题的决定》。尽管《决定》中直接针对房地产的仅有几处，但《决定》中的指导思想、健全城乡发展一体化的体制机制，及对于土地、金融、财税等多项改革都与房地产行业紧密相关。

我初步理了一下，觉得《决定》中至少有10多项改革内容是与房地产业相关的。不少内容也是对社会各界关心的房地产业发展"长效机制"的回应。

一是明确了经济体制改革的核心问题是处理好政府和市场的关系，使市场在资源配置中起决定性作用和更好发挥政府作用。这意味着过去一些地方在房地产调控中采取的限购、限价等行政性措施逐步通过市场化手段来代替，同时也要更好地发挥政府作用。

二是建立城乡统一的建设用地市场。在符合规划和用途管制前提下，允许农村集体经营性建设用地出让、租赁、入股，实行与国有土地同等入市、同权同价。建立兼顾国家、集体、个人的土地增值收益分配机制、合理提高个人收益。在推进城乡要素平等交换和公共资源均衡配置中，也强调了保障农民公平分享土地增值收益。随着土地制度改革，允许进入城市的农民将农村宅基地流转，及城乡建设用地增减挂钩等措施，将为城市建设用地增加供应。

三是完善金融市场体系。其中提出"推进股票发行注册制改革，多渠道推动股权融资，发展并规范债券市场，提高直接融资比重"。"鼓励金融创新、丰富金融市场层次和产品"。在城镇化内容中，还提出了研究建立"住宅政策性金融机构"。在完善社会保障制度中，还提到了"建立公开规范的住房公积金制度，改进住房公积金提取、使用、监管机制。"这些对房地产行业而言都是利好的。但同时也要注意防范房地产的金融风险问题。

四是健全宏观调控体系。宏观调控的主要任务是保持经济总量平衡，减缓经济周期波动影响，防范区域性、系统性风险，稳定市场预期，实现经济持续健康发展。具体到住房领域，就是如何保持住房供求总量的基本平衡和结构的基本合理。有些地方还涉及到防范房地产风险问题。《决定》还提到，推进宏观调控目标制定和政策手段运用机制化，加强财政政策、货币政策与产业、价格等政策手段协调配合。目前，国家发改委正在会同有关部门研究起草《完善宏观调控体系的意见》，其中也包括加快健全科学合理的价格调控体系和公开透明的价格监管制度。我估计，其中也涉及如何对房价进行调控的问题。《决定》还提到了建立全社会房产、信用等基础数据统一平台，推进部门信息共享。

五是在财税改革方面，加快房地产税立法并适时推进改革。房地产税的推出将给市场一个预期，房地产企业要理性地分析一下将来的市场形势。我们建议在房地产税立法中，要对原有税费进行清理，并按照"简税制、宽税基、低税率、严征管"的原则，重新设置税种和税率；如在征收房产持有税的同时，要减轻流转环节税收，以"稳定税负"，让有多余住房者将多余的住房推向二手房市场和租赁市场。此外，也请大家注意，我在前面提到的"土地增值收益"分配的调节问题。逐步理顺中央和地方的事权关系，并按照事权划分相应承担和分担支出责任。适度加强中央事权和支出责任。保持现有中央和地方财力格力总体稳定，结合税制改革，考虑税种属性，进一步理顺中央和地方收入划分。这也能在一定程度上缓解地方政府对土地财政的过分依赖。

六是房地产业与新型城镇化的协调发展。需关注的有三点：(一)在健全城乡发展一体化体制机制中，先讲了与农业、农村、农民有关的三项任务，即：加快构建新型农业经营关系、赋予农民更多财产权利、推进城乡要素平等交换和公共资源均衡配置；然后再讲完善城镇化健康发展体制机制。(二)在城镇化中，又强调了以人为核心，强调

了产业与城镇融合发展，强调了城镇化和新农村建设协调推进，强调了推进农业转移人口市民化、把进城落户农民完全纳入城镇住房和社会保障体系。这涉及到房地产业在新型城镇化中的定位，既是民生行业，又是为相关产业转型升级提供配套服务的基础性产业。一些地方正在探索进城农民工将宅基地与房产作为资产流转，这将有利于提高进城农民工购房和承租住房的能力。(三)在户籍制度改革中，前两句话，“全面放开建制镇和小城镇落户条件，有序放开中等城市落户限制”，是引导农民工就地就近就业。后两句话，“合理确定大城市落户条件，严格控制特大城市规模”。这预示着，一些大城市、特别是特大城市，在市场化的调控政策出台前，限购政策一时难以取消。

七是在构建开放型经济新体制中，要求企业充分利用好国际、国内两个市场，推动引进来和走出去更好结合。为了提升质量，开拓市场，我们既要“引进来”、又要“走出去”。现在一些骨干房企已经积极“走出去”了，而且国外不管是发达国家，还是经济欠发达国家，也欢迎我们到那里去开发。《决定》还专门提到了放开养老服务、建筑设计等，我们对此也要研究推进。

八是规范并严格执行领导干部用房，不准多处占有住房，探索实行官邸制。这对于住房市场的规范也有很大好处。

九是健全符合国情的住房保障和供应体系，这就是通常说的住房双轨制问题。住房供应体系是构建以政府为主提供基本保障、以市场为主满足多层次需求的住房供应体系。对这项改革的理解与把握，要与学习习近平总书记10月29日的讲话结合起来。我个人还认为，政府保障和市场供应也不要截然分开。建议在房价上涨过快、“夹心层”问题突出的城市，可以适当增加有一定优惠政策的自住型商品房等供应，但要界定清楚政府和个人在产权中的比例，探索共有产权制度；而在供大于求的城市，保障房未必一定都由政府来建，可以探索由政府向有多余住房的家庭租赁住房的方式，这样政府少花钱，还能达到预期效果。同时，要发挥好住房公积金在帮助解决中低收入家庭住房困难户中的作用。

十是加快生态文明建设中，提到保护资源和环境，建立空间规划体系，划定生产、生活、生态空间开发管制界限，落实用途管制。促进生产空间集约高效、生活空间适度、生态空间山清水秀，实现经济效益、社会效益和环境效益的有机统一。在未来建设中，还要调节工业用地和居住用地合理比价机制，提高工业用地的价格。建议在城市建设用地中，要通过调整用地结构来适当增加住宅用地。与此有关的，是房地产业发展方式的转变。尽管《决定》未涉及此事，但确也是房地产行业的一件大事。

此外，户籍制度改革、独生子女政策的调整，中国人口的快速老龄化对住房将产生新的需求。完善收入分配机制，提高劳动者的收入水平，也有利于解决百姓的住房问题。上述这些改革内容的落实，将有利于促进房地产市场的平稳、健康发展。

当前房地产行业在贯彻落实《决定》时，我认为有三个问题需要特别引起注意。一是要客观评价前十年、特别是2010年以来的房地产调控。我个人认为，2003年提出的调控思想，及之后的差别化的信贷税收政策、双向调控的思路(即增加保障性住房和普通商品房的供应，支持自住性购房、又抑制投机投资性购房)是正确的。不足之处是:顶层设计和中长期制度建设滞后，短期政策频频出台；过分强调了房价的调控目标，对总量基本平衡、结构基本合理强调不够；行政性调控措施多了些；对市场的差异性和因地制宜指导不够。同时也要看到，今年的调控方式和调控手段有了改进。二是2020年要实现这些改革目标，但就目前而言，怎么样把一些地方现行的限购、限价等调控政策、措施和《决定》明确的改革方向稳妥过渡；三是目前房地产市场地区差异性明显，怎么样因地制宜地落实《决定》。我同时感到，近期一些热点城市出台的促进房地产市场平稳健康发展的意见，对稳定当地市场是有积极作用的。我本人还认为，组织制定住房发展规划(计划)也是宏观调控的一种手段。中央政府应该引导地方政府根据各自的城镇化进程、产业发展和百姓的住房状况，制定住房发展规划，保障土地供应，保持总量平衡。同时，不光要考虑新建住房，还要规范发展二手房市场和租赁市场，通过租售和保障等渠道解决好百姓的住有所居问题。

对房地产企业而言，在中央经济工作会议以及在明年的全国“两会”前，一定要认真学习《决定》中与行业相关的这些内容，保持理性。房地产业，包括住宅地产和非住宅地产，随城镇化的发展还有很大前景，同时也要看到，本轮改革是全面的改革，改革的方向是坚持社会主义市场经济，改革的目的是促进社会公平正义、增进人民福祉。所以，我们更要跳出行业看行业。如房产税的出台，对投机性购房和大户型、高档的商品房将会起到一定的抑制作用；电子商务的快速发展对商业地产也会有较大的影响，因此房企在开发产品时，也要慎重考虑。

二〇一三年十二月四日

分析研究报告

Analysis And Research Report

2013 年全国房地产开发和销售情况

国家统计局

一、房地产开发投资完成情况

2013 年，全国房地产开发投资 86013 亿元，比上年名义增长 19.8%（扣除价格因素实际增长 19.4%），增速比 1–11 月份提高 0.3 个百分点，比 2012 年提高 3.6 个百分点。其中，住宅投资 58951 亿元，增长 19.4%，增速比 1–11 月份提高 0.3 个百分点，占房地产开发投资的比重为 68.5%。

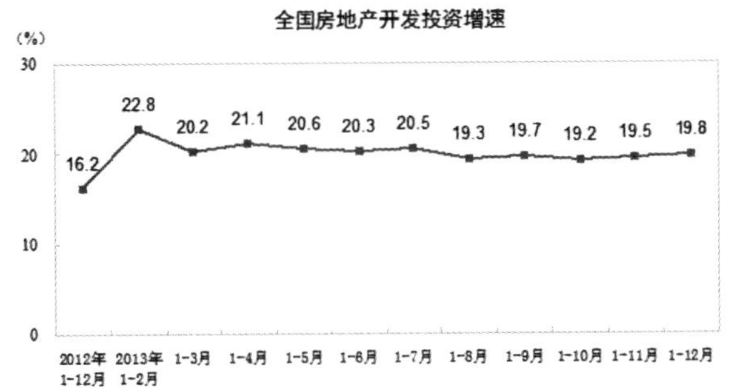

2013 年，东部地区房地产开发投资 47972 亿元，比上年增长 18.3%，增速比 1–11 月份提高 1 个百分点；中部地区投资 19045 亿元，增长 20.8%，增速回落 0.9 个百分点；西部地区投资 18997 亿元，增长 22.6%，增速回落 0.5 个百分点。

2013 年，房地产开发企业房屋施工面积 665572 万平方米，比上年增长 16.1%，增速与 1–11 月份持平；其中，住宅施工面积 486347 万平方米，增长 13.4%。房屋新开工面积 201208 万平方米，增长 13.5%，增速提高 2 个百分点；其中，住宅新开工面积 145845 万平方米，增长 11.6%。房屋竣工面积 101435 万平方米，增长 2.0%，增速回落 0.5 个百分点；其中，住宅竣工面积 78741 万平方米，下降 0.4%。

2013 年，房地产开发企业土地购置面积 38814 万平方米，比上年增长 8.8%，增速比 1–11 月份回落 1.1 个百分点；土地成交价款 9918 亿元，增长 33.9%，增速提高 2.4 个百分点。

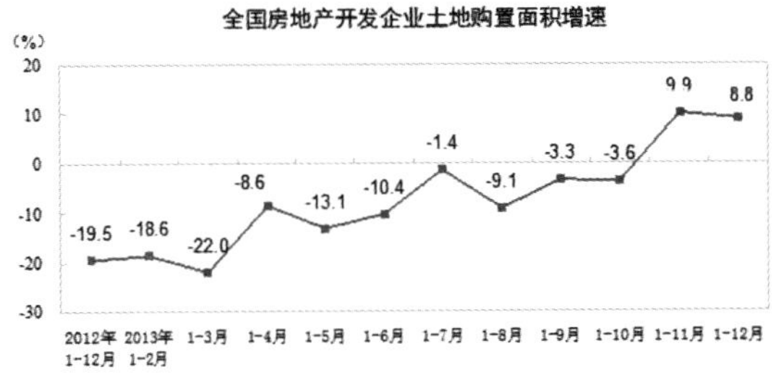

二、商品房销售和待售情况

2013 年，商品房销售面积 130551 万平方米，比上年增长 17.3%，增速比 1–11 月份回落 3.5 个百分点，比 2012 年提高 15.5 个百分点；其中，住宅销售面积增长 17.5%，办公楼销售面积增长 27.9%，商业营业用房销售面积增长 9.1%。商品房销售额 81428 亿元，增长 26.3%，增速比 1–11 月份回落 4.4 个百分点，比 2012 年提高 16.3 个百分点；其中，住宅销售额增长 26.6%，办公楼销售额增长 35.1%，商业营业用房销售额增长 18.3%。

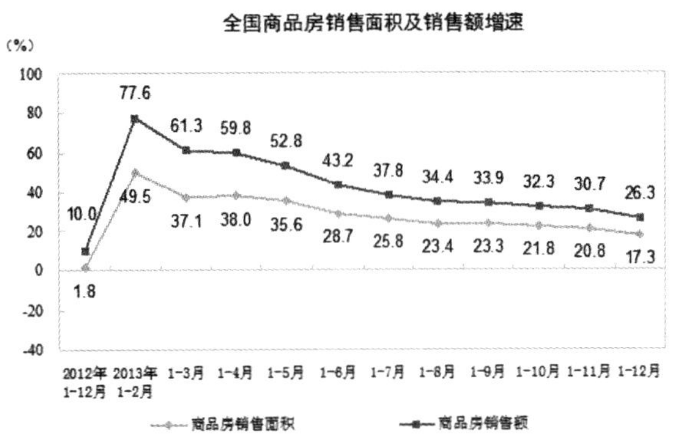

2013 年，东部地区商品房销售面积 63476 万平方米，比上年增长 19.3%，增速比 1–11 月份回落 2.9 个百分点；销售额 49327 亿元，增长 28.4%，增速回落 4.7 个百分点。中部地区商品房销售面积 35191 万平方米，增长 16.8%，增速回落 5.4 个百分点；销售额 16524 亿元，增长 26.9%，增速回落 4.9 个百分点。西部地区商品房销售面积 31883 万平方米，增长 14.1%，增速回落 2.6 个百分点；销售额 15576 亿元，增长 19.6%，增速回落 3 个百分点。

2013 年末，商品房待售面积 49295 万平方米，比 11 月末增加 2489 万平方米，比 2012 年末增加 12835 万平方米。其中，住宅待售面积比 11 月末增加 1696 万平方米，办公楼待售面积增加 156 万平方米，商业营业用房待售面积增加 346 万平方米。

三、房地产开发企业到位资金情况

2013 年，房地产开发企业到位资金 122122 亿元，比上年增长 26.5%，增速比 1–11 月份回落 1.1 个百分点，比 2012 年提高 13.8 个百分点。其中，国内贷款 19673 亿元，增长 33.1%；利用外资 534 亿元，增长 32.8%；自筹资金 47425 亿元，增长 21.3%；其他资金 54491 亿元，增长 28.9%。在其他资金中，定金及预收款 34499 亿元，增长 29.9%；个人按揭贷款 14033 亿元，增长 33.3%。

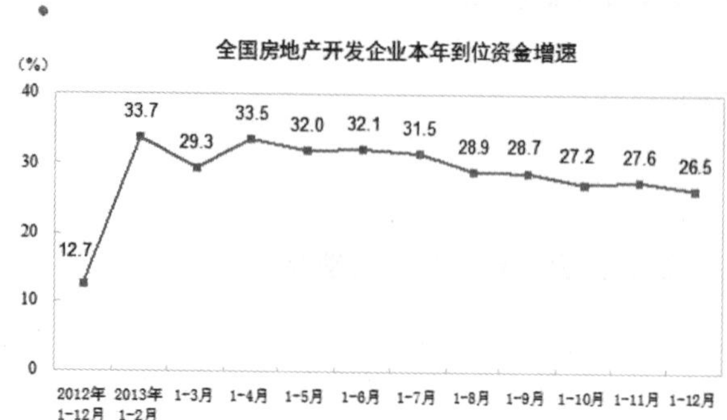

四、房地产开发景气指数

2013 年 12 月份，房地产开发景气指数（简称"国房景气指数"）为 97.21，比上月提高 0.83 点。

表 1　2013 年全国房地产开发和销售情况

指标	绝对量	比上年增长（%）
房地产开发投资（亿元）	86013	19.8
其中：住宅	58951	19.4
办公楼	4652	38.2
商业营业用房	11945	28.3
房屋施工面积（万平方米）	665572	16.1
其中：住宅	486347	13.4
办公楼	24577	26.5
商业营业用房	80627	22.5
房屋新开工面积（万平方米）	201208	13.5
其中：住宅	145845	11.6
办公楼	6887	15.0
商业营业用房	25902	17.7
土地购置面积（万平方米）	38814	8.8
土地成交价款（亿元）	9918	33.9
房屋竣工面积（万平方米）	101435	2.0
其中：住宅	78741	-0.4
办公楼	2789	20.5
商业营业用房	10852	6.1
商品房销售面积（万平方米）	130551	17.3
其中：住宅	115723	17.5
办公楼	2883	27.9
商业营业用房	8469	9.1
商品房销售额（亿元）	81428	26.3
其中：住宅	67695	26.6
办公楼	3747	35.1
商业营业用房	8280	18.3
商品房待售面积（万平方米）	49295	35.2
其中：住宅	32403	37.2

指标	绝对量	比上年增长（%）
办公楼	1954	25.7
商业营业用房	9345	31.1
房地产开发企业到位资金（亿元）	122122	26.5
其中：国内贷款	19673	33.1
利用外资	534	32.8
自筹资金	47425	21.3
其他资金	54491	28.9
其中：定金及预收款	34499	29.9
个人按揭贷款	14033	33.3

表 2　2013 年东中西部地区房地产开发投资情况

地　区	投资额（亿元）	住　宅	比上年增长（%）	住　宅
全国总计	86013	58951	19.8	19.4
东部地区	47972	32697	18.3	18.3
中部地区	19045	13265	20.8	19.9
西部地区	18997	12989	22.6	21.8

表 3　2013 年东中西部地区房地产销售情况

地　区	商品房销售面积		商品房销售额	
	绝对数（万平方米）	比上年增长（%）	绝对数（亿元）	比上年增长（%）
全国总计	130551	17.3	81428	26.3
东部地区	63476	19.3	49327	28.4
中部地区	35191	16.8	16524	26.9
西部地区	31883	14.1	15576	19.6

附注

1. 指标解释

房地产开发企业本年完成投资：指报告期内完成的全部用于房屋建设工程、土地开发工程的投资额以及公益性建筑和土地购置费等的投资。该指标是按照形象进度原则统计累计数据。

商品房销售面积：指报告期内出售新建商品房屋的合同总面积（即双方签署的正式买卖合同中所确认的建筑面积）。该指标是累计数据。

商品房销售额：指报告期内出售新建商品房屋的合同总价款（即双方签署的正式买卖合同中所确认的合同总价）。该指标与商品房销售面积同口径，也是累计数据。

房地产开发企业本年到位资金：指房地产开发企业报告期内实际可用于房地产开发的各种货币资金及来源渠

道。具体细分为国内贷款、利用外资、自筹资金和其他资金。该指标是累计数据。

房屋施工面积：指房地产开发企业报告期内施工的全部房屋建筑面积。包括本期新开工的面积、上期跨入本期继续施工的房屋面积、上期停缓建在本期恢复施工的房屋面积、本期竣工的房屋面积以及本期施工后又停缓建的房屋面积。多层建筑物的施工面积指各层建筑面积之和。

房屋新开工面积：指房地产开发企业报告期内新开工建设的房屋面积，以单位工程为核算对象。不包括在上期开工跨入报告期继续施工的房屋建筑面积和上期停缓建而在本期复工的建筑面积。房屋的开工以房屋正式开始破土刨槽（地基处理或打永久桩）的日期为准。房屋新开工面积指整栋房屋的全部建筑面积，不能分割计算。

房屋竣工面积：指报告期内房屋建筑按照设计要求已全部完工，达到住人和使用条件，经验收鉴定合格或达到竣工验收标准，可正式移交使用的各栋房屋建筑面积的总和。

土地购置面积：指房地产开发企业在本年内通过各种方式获得土地使用权的土地面积。

土地成交价款：指房地产开发企业进行土地使用权交易活动的最终金额。在土地一级市场，是指土地最后的划拨款、“招拍挂”价格和出让价；在土地二级市场是指土地转让、出租、抵押等最后确定的合同价格。土地成交价款与土地购置面积同口径，可以计算土地的平均购置价格。

2. 统计范围

全部房地产开发经营法人单位。

3. 调查方式

按月（1 月份除外）进行全面调查。

4. 全国房地产开发景气指数简要说明

全国房地产开发景气指数遵循经济周期波动的理论，以景气循环理论与景气循环分析方法为依据，运用时间序列、多元统计、计量经济分析方法，以房地产开发投资为基准指标，选取了房地产投资、资金、面积、销售有关指标，剔除季节因素和随机因素的影响，采用增长率循环方法编制而成。国房景气指数选择 2000 年为基年，将其增长水平定为 100。通常情况下，国房景气指数 100 点是最合适的水平，95 至 105 点之间为适度水平，95 以下为较低水平，105 以上为偏高水平。

5. 东、中、西部地区划分

东部地区包括北京、天津、河北、辽宁、上海、江苏、浙江、福建、山东、广东、海南 11 个省（市）；中部地区包括山西、吉林、黑龙江、安徽、江西、河南、湖北、湖南 8 个省；西部地区包括内蒙古、广西、重庆、四川、贵州、云南、西藏、陕西、甘肃、青海、宁夏、新疆 12 个省（市、自治区）。

6. 增长速度计算

房地产开发投资增长速度为名义增速，由于固定资产投资价格指数按季进行计算，除 1–3 月、1–6 月、1–9 月、1–12 月可计算房地产开发投资实际增速外，其他月份只计算名义增速。

山西省房地产业持续健康发展研究报告

山西省住房和城乡建设厅房地产市场监管处

一、研究背景

近十年来，我国房地产业高速增长，房地产开发投资年均增幅达到20%以上，商品住房价格也较快上涨。2012年以后，房地产市场出现分化，鄂尔多斯市以及内蒙古自治区房地产市场出现下滑。2013年，房地产市场进一步分化，北、上、广、深等一线城市房地产市场量价齐升，部分三、四线城市在前几年房地产开发热潮推动下，库存积压，房地产需求增长乏力，房地产出现下降（如温州）。房地产市场分行趋势更加明显，全国房地产市场呈现开发投资增幅回落、销售市场分化加大的趋势。受此影响，我省房地产市场也出现房地产开发投资增幅回落的情况。详细梳理2007-2013年我省房地产业发展情况，深入分析我省房地产业发展的特点，认真查找存在的只要问题及原因，并对我省房地产业发展趋势进行研判。

二、房地产业发展情况

2007年以来，我省房地产市场平稳较快发展，呈现投资较快增长、市场规模迅速增大、市场结构不断优化、住房价格基本稳定、住房条件逐步改善、企业规模较快扩张的发展态势。

（一）房地产开发投资

2013年，全省完成房地产开发投资1308.6亿元，为2007年（258.9亿元）的5倍，年均增幅为31%，比全国平均水平（22.6%）高8.4个百分点，比同期我省固定资产投资（不含农户，下同）年均增幅4.8个百分点，增幅在全国排7位，中部六省和周边五省（区）中均排第1位。全省城镇人均房地产开发投资额为7070元，为2007年（1733元）的4倍，年均增幅为26.4%，比全国平均水平（21.2%）高5.2个百分点，增幅在全国排7位，中部六省及周边五省（区）中均排第1位。

2013年，我省房地产开发投资占固定资产投资的比重为12.2%，比全国平均水平（19.7%）低7.5个百分点，在全国排25位，中部六省中排第5位，周边五省（区）中排末位。房地产开发投资占固定资产投资比重比2007年提高2.5个百分点，比全国平均水平（降低1.7个百分点）高4.2个百分点，提高幅度在全国排10位，中部六省排第2位，周边五省（区）中排,1位.

（二）房地产市场规模

1、**建设情况**：2013年，全省商品房施工面积14040万平方米，为2007年（3383.3万平方米，）的4.1倍，年均增幅为26.8%，比全国平均水平（18.8%）高8个百分点，增幅在全国排6位，在中部六省中排第1位，周边五省（区）中排2位。其中，新开工面积3673.3万平方米，为2007年（1221.9万平方米）的3倍，年均增幅为20.1%，比全国平均水平（14.6%）高5.5个百分点，增幅在全国排7位，在中部六省中排第1位，周边五省（区）中排2位。

竣工面积2884.8万平方米，为2007年（754.4万平方米）的3倍，年均增幅为20.3%，比全国平均水平（14.,9%）高5.4个百分点，增幅在全国排5位，在中部六省及周边五省（区）中排1位。

2、**销售情况**：2013年，全省商品房销售面积为1642.8万平方米，为2007年（913.6万平方米）的1,8倍，年均增幅为10.3%，比全国平均水平（9.2%）高1.1个百分点，增幅在全国排,16位，在中部六省排5位，周边五省（区）中排末位。

销售额为728.3亿元，为2007年（205.5亿元）的3.5倍，年均增幅为23.5%，比全国平均水平（21%）高2.5个百分点，增幅在全国排17位，在中部六省中排第5位，周边五省（区）中排3位。

（三）房地产市场结构

2012年，全省完成房地产开发投资1010,5亿元，其中，商品住房投资735.6亿元，比重为72.8%；商业用房及办公楼投资162.1亿元，比重为16%；其他投资（除住宅、别墅、高档公寓、办公楼和商业营业用房外的房屋建筑物，如中小学教学用房、图书馆、体育馆等，下同）112.8亿元，比重为11.2%。全省房屋新开工面积4166.3万平方米，其中，商品住房3271.1万平方米，比重为78.5%；商业用房及办公楼509万平方米，比重为12.2%；其他386.2万平方米，比重为9.3%。全国商品房销售面积为1497.9万平方米，其中，商品住房1390.4万平方米，比重为92.8%；商业用房及办公楼89万平方米，比重为5.9%；其他18.4万平方米，比重为1.2%。m²

2012年，商品住房的投资、新开工面积、销售面积占商品房的比重分别为72.8%、78.5%、92.8%，比全国平均水平分别高4个、5个、7个百分点，在全国分别排第10位、第5位、第3位；在中部六省中分别排第1位，第2位，周边五省（区）中分别排3位、排2位、排1位。商业用房及办公楼的投资额、新开工面积、销售面积占商品房的比重分别为16%、12.2%、5.9%，比全国平均水平分别低2个、4个、4个百分点，在全国分别排第22位、第26位、第29位；在中部六省中分别排第4位，第6位、第6位，周边五省（区）中分别排第4位、排5位、排5位。

（四）商品住房价格

2013年，11个设区城市新建商品住房平均销售价格涨幅均在10%以内，保持基本稳定。太原市新建商品住房平均销售价格为6436元／平方米，在中部六省会城市中最低，在周边五省（区）省会城市中排第4位；同比上涨7.5%，涨幅中部六省省会城市中排第4位，在周边五省（区）省会城市中排第3位。

（五）城镇居民住房现状

根据2011年山西省住房抽样调查结果，山西省城镇住房总建筑面积5.6亿平方米，人均住房建筑面积32.13平方米，略低于同期全国平均水平（32.7平方米），比2007年人均住房建筑面积（27.06平方米）提高5.07平方米，平均每年提高1. 27平方米。其中，50㎡以下住房占5.64%,50-60㎡住房占6%,60-90㎡住房占20.5%,90-140㎡住房占38.9%,140㎡住房占28.9%；城镇成套住宅401万套，非成套楼房45.3万间、平房27.5万间；城镇保障性住房60万套（安交付使用占建成总量的70%测算），建筑面积4482万平方米，占城镇住房总建筑面积的比重为8%。

2012年-2013年，累计竣工商品住宅29.9万套；2012年-2013年，累计竣工保障性住房24.9万套。综上，截止2013年底，全省共有城镇成套住宅456.4万套，城镇户均成套住宅比例约为0.73。

（六）房地产企业及从业人员

截止2013年底，全省房地产开发企业为2967家，比2007年增加1359家。其中，二级以上资质企业168家，占全省开发企业的比例为5.7%,比全国平均水平低5.8个百分点。2013年，山西省房地产开发企业平均投资额为4410万元，为全国平均水平（6989万元）的63%。

截止2013年底，全省房地产开发企业从业人员共5.2万人，比2007年增加1.5万人。

（七）其他指标

1、资金来源：2013年，我省房地产开发企业本年资金来源1622.1亿元，为2007年的4.8倍，年均增幅为29.9%，比全国平均水平（18.8%、26.1%、20.4%）分别低4.3、高6.7个高7.7个百分点。

2012年，国内贷款、自筹资金、其他资金占资金来源比重分别为4.1%、46.7%、34.1%，比全国平均水平（16.1%、38.8%、44.6%）分别低12个、高7.9个高10.5个百分点。其中，利用国内贷款比重在全国排第28位，中部六省排末位，周边五省（区）排第4位；自筹资金比重在全国排第6位，中部六省排2位，周边五省（区）排第4位；其他资金比重在全国排第19位，中部六省排5位，周边五省（区）排第1位

2、土地购置：2012年，我省房地产开发企业购置土地面积718.4万平方米，为2007年（532.1万平方米）的1.4倍，年均增幅为6.2%，比全国平均水平（-3%）高9.2个百分点，在全国排第,4位，中部六省及周边五省（区）均排第1位。2012年，土地成交均价为1355.7元／平方米，为2007年（1048元／平方米）的1.3倍，年均增幅为5.4%，比全国平均水平（12.8%）低7.4个百分点，在全国排第,29位，中部六省及周边五省（区）均排第末位。

三、房地产业发展分析

近来年，我省房地产业快速发展，对全省经济和社会发展的贡献逐步加大，但仍存在发展水平低、产业规模小等问题。随着我省经济社会转型跨越发展战略的实施，城镇化的推进，房地产业的发展潜力将逐步释放。

发展特点

1、发展特点对经济拉动作用不断提高

房地产业关联度高，产业感应度系数和影响力系数在国民经济个产业部门中处于平均水平之上。近年来，我省房地产业较快发展，对经济增长贡献逐步加大，主要体现在以下几个方面：

一是拉动投资增长。2013年，我省房地产开发投资占固定资产的比重为12.2%，比2007年提高2.5个百分点，对固定资产投资的贡献明显加大。此外，由于房地产开发涉及到多个产业部门，对其他行业的拉动作用较大。据测算，每增加1亿元的房地产投资，能够带动其他23个相关产业增加投入1.479亿元。2013年，我省完成房地产开发投资1308.6亿元，带动投资1935.4亿元，两者合计3244亿元，占当年固定资产投资额的30.2%。

二是拉动消费增长。住房消费是人民安居乐业的重要消费之一，而且是消费终端产业，对其他消费带动作用巨大，据测算，每增加1亿元的住房消费，能够带动6亿元以上的汽车、家电、装饰、家具等生产和生活资料消费。2013年，我省商品房销售额为728.3亿元，带动生产和生活资料消费4300多亿元。

三是提高财政收入。房地产业相关税收已经成为地方政府财政收入的主要来源之一。2013年，我省纳税房地产开发企业共计2967户，比2007年增加1359户，增加了84.5%。2013年，我省房地产业税收收入合计为186.5亿元，占地税总收入的比重为17.5%，比重是2007年的近3倍。

四是通过房屋建设转化为建筑对经济的贡献。2007年，我省建筑业产值为1006.7亿元，2013年为2980亿元，年均增长19.8%。2007年，我省建筑业增加为312.6亿元，占全省CDP（6024.5亿元）的5.2%；2013年，比重提高到了6%，增加了0.8个百分点。

2、需求空间广阔

一是新增城镇人口对住房的需求。2020年，我省城镇化率将达到63%（《山西省人民政府关于加快推进城镇化的意见》），预计2014-2020年将新增城镇人口464万人，按城镇人均住房建筑面积32平方米进行静态测算，城镇化水平提高对住房的需求量为14829万平方米，约为154.5万套。

二是改善住房条件对住房的需求。按照城镇人均住房建筑面积年均增长约0.5平方米，到2020年达到36平方米进行动态测算，我省改善住房条件的总需求为24409万平方米，约为254.3万套。综上，2014-2020年，我省城镇居民对住宅的总需求量约为39238万平方米、409万套；年均需求量约为5606万平方米、58万套。

而从住房规模来看，我省房地产市场处于供不应求状态。2013年底，我省在建商品房住房1.07亿平方米、保障性住房（扣除与商品住房重复统计部分）2567万平方米，预计将在5年之内全部竣工，形成供应。2014-2020年的新开工住房项目，将形成16115-21907平方米的商品住房供应和702-936万平方米的保障性住房供应。综上，我省2014-2020年住房总供应量为30084-36110万平方米、313-376万套；年均供应量为4297-5159万平方米、45-54万套。

3、市场发展平稳。

我省商品房销售面积自2007年以来，增幅保持在4%至19%之间，未出现负增长，也未出现过快增长，远小于全国-15%至44%的波动幅度，相对比较平稳。特别国际金融危机之后，我省2008、2009年商品房销售面积同比增长8.9%和4%，远低于全国-14.7%和43.6%，的波动幅度。2007年以来，我省房地产开发投资除2009年外（受国家房地产刺激政策计划和宽松货币政策影响，我省房地产开发投资增长46%），增幅在24.1%至33.4%之间，也较为平稳。

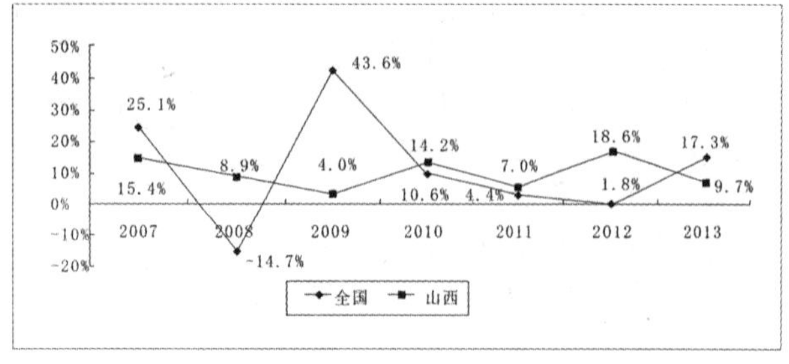

图1:2007—2013年全国与我省商品房销售面积增幅图

（二）存在的主要问题及成因

尽管近年来我省房地产业快速发展，市场成熟度不断提高，但仍存在以下主要问题：

一是房地产开发投资总量较小。我省房地产开发投资虽保持平稳增长，但投资总量及人均投资仍较为落后。2013年，我省房地产开发投资额在全国排第23位，在中部六省排第5位（高于江西），周边五省（区）排末位。城镇人均房地产开发投资为7070元，比全国平均水平（12001元）低4931元，比中部六省平均水平（9246元）低2176元，比周边五省平均水平（9804元）低2734元，约为中部最高的安徽省（14174元）的一半，周边最高的陕西省（11934元）的60%。

二是住房供应结构不合理。我省房地产业产品结构较为单一，以住宅为主，商业地产所占比重很低，旅游等新型地产基本是空白。2012年，我省办公楼和商业用房占房地产开发投资的比重为16%，低于全国平均水平（17.7%）1.7个百分点；其他类型投资占房地产开发投资的比重为11.2%，低于全国平均水平（13.6%）2.4个百分点.在商品房销售市场中，90平方米以下的中小套型住宅销售情况较好，而开发企业竣工及新开工项目中中小套住宅比例相对不足。2012年，全省90平方米以下商品住宅销售面积占商品住宅销售面积比重为16.3%，而当年90平方米以下商品住宅竣工面积占商品住宅竣工面积比重为24.9%，90平方米以下住宅新开工面积占住宅新开工面积比重为34.4%。

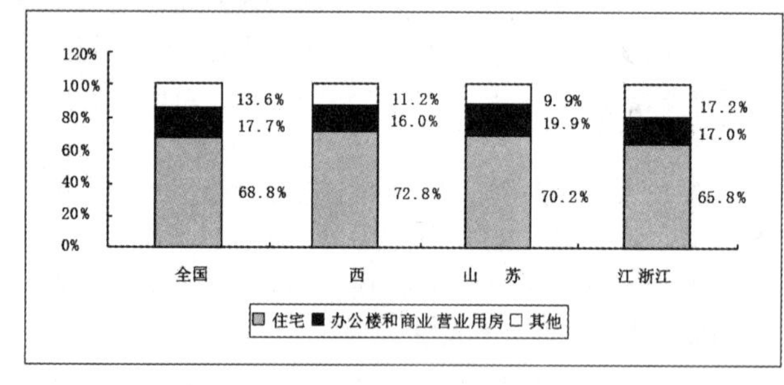

图2：2012年全国与部分省份按用途分的房地产开发完成投资图

三是区域发展不平衡。2013年，太原市房地产开发投资占全国比重为32.9%；忻州（2.9%）、吕梁（2.5%）2市比重低于3%。2007-2013年，大同市房地产开发投资在11个市中增长最快，2013年投资额是2007年的9.5倍；阳泉、晋中两市增长较慢，2013年投资额仅为2007年的3.3倍、3.4倍。2013年，太原、大同、阳泉3市房地产开发投资占固定资产投资比重高于全省平均水平，其余8市低于全省平均水平；其中，太原市房地产开发投资占固定资产投资比重最高，为25.7%；忻州（4.7%）、吕梁（3.7%）2市则低于5%。

原因分析

一是经济基础薄弱。经济发展水平和居民的收入水平是房地产市场发展的重要影响因素。我省经济发展总体上处于欠发达水平，2013年，我省地区生产总值为12602.2亿元，在全国排第23位，占全国CDP的比重约为2.2%；人均地区生产总值为34901.1元，比全省平均水平（41804.7元）低6903.6元，在全国排第22位；城镇人均可支配收入为22456元，比全国平均水平（26955元）

低4499元，在全国排第21位。

二是城市建设水平较低。城市旧区改造和新区建设的实施可以为房地产业发展带来巨大空间，河北省实施“三年大变样”、2013年房地产开发投资是2007年的4.4倍，而同期全国平均水平为2.8倍；大同市大力推进城市建设，2013年房地产开发投资是2007年的9.45倍，而同期全国平均水平为3.9倍。近年来，我省除大同外，其他城市建设力度不大（太原市正在实施城市改造，带动作用尚未显现）。2007年至2012年，全省城市公用设施固定资产投资共计1320.8亿元，人均投资0.71万元，在中部六省中排第5位，周边五省（区）中排第4位（均高于河南）。

三是融资渠道较少。房地产开发企业是资金密集和管理密集型企业，资金利用的效率和水平对企业发展具有举足轻重的作用。目前，我省房地产企业资金来源仍以自筹资金和销售定金为主，利用贷款比例偏低。2012年，我省房地产企业利用国内贷款占资金来源比重为4.1%，远低于2161%的全国平均水平，在全国排第28位，中部六省中，第末位，周边五省（区）排第4位。同时，我省居民购房按揭贷款的比例较低，2012年，我省按揭贷款总额为72亿元，占资金来源的7%，低于全国11%的平均水平。

四是房地产市场不规范。近几年，我省加大房地产市场整顿力度，房地产市场秩序明显好转，但仍存在一些不规范行为。如：房地产开发建设中存在违规闲置土地，未取得施工手续开工，未取得预售手续销售等违规行为。特别是“小产权”房问题较为突出，扰乱了市场秩序，不利于房地产业持续健康发展。

（三）发展形势分析

今年以来，全国房地产市场呈现开发投资增幅回落、销售市场分化加大、商品住房价格趋势的发展特点。虽然我省房地产开发投资增幅受此影响有一定程度的放缓，但仍将保持平稳健康发展态势。主要原因：

1、我省房地产业发展的内生动力较足。我省房地产市场的特点是：开发投资总量小，发展潜力较大；房地产市场需求旺盛，发展前景广阔；企业规模较小，成长空间较大。总体看，我省房地产市场还处于成长阶段，房地产业发展的内生动力较足。

2、信贷环境影响开发投资：今年以来，金融机构对房地产项目的信贷收紧，对个人按揭贷款首付比例和贷款利率提高。我省受联盛、海鑫等事件影响，房地产企业融资难度明显增加，资金压力加大，投资进度放缓。今年1-4月，我省房地产开发企业利用国内贷款仅为21亿元，同比下降2.9%，比全国平均增幅（16.5%）低19.4个百分点，比去年年底增幅（8.1%）低11个百分点。

3、市场预期影响需求释放。今年以来，全国商品房销售放缓，特别是部分城市商品房销售量价齐跌，被媒体宣传放大后，对我省房地产市场预期产生了较大影响。据向我省部分企业挑眼了解，目前市场上投资性需求大幅下降，高档楼盘销售明显下滑；刚性需求仍然较为稳定，中小套型普通住宅销售较好，但购房者从看房到购买的时间则显著增加，表明房地产市场观望气氛浓厚。由于销售市场的传导作用，房地产企业对投资新项目更为谨慎，直接影响房地产开发投资增幅。

四、推进措施和政策建设

今后几年是我省房地产业发展的重要机遇期，要紧紧围绕国家城镇化战略，牢牢抓住棚户区改造契机，促进我省房地产业持续健康发展。

发展目标

加快房地长业发展，力争2020年基本建立与我省省情相适应，以市场为主的商品住房供应体系。

（一）发展思路

按照党的十八届三中全会提出的“健全符合国情的住房保障和供应体系”要求，充分发挥市场配置资源的决定性作用，加强政策引导，优化市场环境，提升发展水平，健全和完善以市场为主导的商品住房供应体系，促进房地产业持续健康发展。

（二）推进措施

一是加大棚户区改造力度。按照李小鹏省长提出的2017年前完成70万套棚户区改造任务的要求，加大棚户区改造力度，带动城市基础设施改造和房地产业发展，有效拉动投资、消费需求。

二是促进住房消费。加大个人住房公积金贷款发放力度，扩大住房公积金覆盖面，缓解购房者资金压力。加大城镇化战略贯彻力度，将太原市本地居民购房范围扩展至太原都市圈内的晋中、阳泉、吕梁、忻州市，促进太原都市圈住房消费。加大房屋产权登记遗留问题解决力度，增加二手房房源，活跃存量房市场。

三是提升产业发展水平。加大节能省地环保型康居示范工程和绿色建筑示范项目的推广力度，鼓励房地产企业实行住宅全装修销售，提高住宅品质，延伸产业链条，提升住宅建设水平。制定并实施物业服务标准体系，加大物业管理示范项目培育力度，提高物业服务水平。

四是调整产品结构。加大政策引导，鼓励房地产企业积极发展园区地产、商业地产、养老地产和文化旅游地产等新兴地产，促进房地产业与城市现代服务业、新兴产业互相融合。加强规划管理和舆论引导鼓励企业大力发展、引导居民积极购买总价较低、功能齐全、面积适中的普通住宅。

五是加大企业培育力度。支持房地产企业提高资质等级，严厉查处房地产开发、销售、中介、物业管理中的违法违规行为。开展房地产企业动态考核和信用评价，加强对企业的后续监管，培育企业诚信经营意识，进一步规范房地产市场秩序，优化市场环境。

（三）工作建议

一是加大金融支持。建议金融机构适当放宽对购买普通商品住房首付比例和贷款利率，加大对中小套型普通商品住房项目贷款的支持力度。

二是科学合理供地。建议省国土部门加强土地市场监管，防止企业闲置土地。建议各市科学制定房地产开发用地供应规模和时序，促进土地价格合理回归；探索土地出让金分期支付方式，降低房地产开发企业运营成本。

三是加快项目审批。建议各市进一步简化程序、缩短时间、加快审批，促进一批新项目尽快马上开工（已有城市政府将房地产项目审批时间由380多个工作日压缩至38个工作日）。

2013 年全省住房公积金缴存使用情况

山西省住房和城乡建设厅公积金监管处

一、缴存情况

2013 年，全省新增住房公积金缴存单位 712 个，缴存人数 26.66 万人；缴存额 236.8 亿元，同比增长 18.66%。

截至 2013 年底，全省住房公积金实缴人数 337.59 万人，同比增长 8.48%；累计缴存总额 1228.66 亿元，同比增长 23.87%；缴存余额 864.8 亿元，同比增长 22.22%。

二、使用情况

（一）提取、贷款情况

2013 年，全省职工离、退休和购、建、大修住房等提取 4.2 万笔、79.56 亿元，同比增长 22.1%。共发放个人住房贷款 42007 笔、76.63 亿元，同比增长 41.57%。当期提取率 33.6%，当期个贷率 32.36%。

截至 2013 年底，全省职工累计提取住房公积金 225.42 万笔、363.85 亿元，同比增长 27.99%；累计发放个人住房贷款 26.23 万笔、298.9 亿元；个贷余额 185.31 亿元。提取率 29.61%，个贷率 21.43%，同比增长 2.48 个百分点。

（二）利用住房公积金贷款支持保障房建设试点情况

截至 2013 年底，首批试点的运城市已发放试点项目贷款 4 亿元，试点项目建成并投入使用，已按计划回收项目贷款本金 2.08 亿元，利息 4931.8 万元。第二批试点的太原、晋中、朔州 3 个市，仅晋中市发放试点项目贷款 5100 万元。

（三）购买国债情况

2013 年，全省住房公积金到期兑付国债 1.34 亿元。截至 2013 年底，购买的国债余额为 10.16 亿元，占住房公积金缴存余额 1.17%。

三、增值收益与资金存储情况

2013 年，全省实现增值收益 16.7 亿元，同比增长 50.99%，其中，提取风险准备金 2.5 亿元，可提供廉租住房建设补充资金 5.07 亿元。

截至 2013 年底，全省住房公积金银行存款 692.76 亿元，其中，定期存款 650.55 亿元，占 93.9%。

四、存在的问题

一是扩面任务完成率较低。2013 年全省新增缴存人数仅完成年度计划 41.22 的 64.68%，除太原、焦煤分中心、潞矿分中心外，其余中心及分中心均未完成当年归集扩面任务。

二是部分中心及分中心个贷率低。焦煤分中心缴存余额 67.98 亿元，个贷率仅 2.7%，同煤分中心缴存余额 24.51 亿元，至今未开展个贷业务，公积金作用发挥较差，缴存职工权益受损。

三是部分中心及分中心活期存款比例过高。活期存款比例超过 1% 的中心及分中心为：晋城 1.93%、忻州 1.03%，省直分中心 4.62%、潞矿分中心 3.91%、阳煤分中心 2.22%、同煤分中心 2.06%、焦煤分中心 1.86%。

2013 年全省住房公积金缴存使用情况

指标 中心	归集扩面情况			提取情况			发放贷款情况			
	新增缴存人数（人）	完成年度计划（%）	新增缴存额（万元）	提取笔数（笔）	提取额（万元）	当期提取率（%）	贷款笔数（笔）	贷款额（万元）	完成年度计划（%）	当期个贷率（%）
全省	266567	64.68	2367967.23	617244	795603.83	33.60	42007	766315.10	167.31	32.36
太原	52156	102.19	729345.48	89880	271739.55	37.26	9739	236459.42	147.81	32.42
大同	14187	67.08	164831.01	108673	73825.74	44.79	4352	57715.59	144.25	35.02
阳泉	4239	39.43	88164.45	34522	32712.73	37.10	1094	19258.30	110.29	21.84
长治	37182	89.67	115891.14	14205	29435.32	25.40	2081	36825.20	210.29	31.78
晋城	20775	69.03	104318.85	6269	17431.99	16.71	1490	29252.60	146.50	28.04
朔州	9728	28.97	111531.43	11906	40856.50	36.63	1754	31800.10	127.20	28.51
晋中	36401	87.93	132490.78	76159	25675.12	19.38	2072	43159.70	172.80	32.58
忻州	30265	86.46	105984.21	6488	19578.97	18.47	3214	58865.80	147.25	55.54
临汾	18876	57.89	147480.37	9800	53670.81	36.39	5129	94292.00	209.56	63.94
运城	-727	—	118630.71	19226	37375.92	31.51	6237	68159.00	136.40	57.45
吕梁	25878	48.30	114719.18	4741	17814.03	15.53	1896	37445.73	207.78	32.64
省直	1672	—	6035.52	517	1333.53	22.09	104	3460.40	—	57.33
焦煤	10547	174.10	194427.63	15447	84477.38	43.45	631	12630.86	—	6.50
同煤	0	0.00	65548.49	38945	20157.00	30.75	0	0.00	—	0.00
阳煤	446	3.52	41371.05	47325	12915.57	31.22	684	8971.40	—	21.69
潞矿	2002	210.29	58452.43	4437	17149.50	29.34	919	15732.00	—	26.91
晋煤	2940	36.10	68744.5	8399	39454.17	57.39	611	12287.00	—	17.87

2013 年全省住房公积金缴存使用同比增长情况

指标 中心	缴存额（万元）			提取额（万元）			个贷发放额（万元）		
	2013 年	2012 年	同比增长（%）	2013 年	2012 年	同比增长（%）	2013 年	2012 年	同比增长（%）
全省	2367967.23	1995552.53	18.66	795603.83	651582.72	22.10	766315.10	541272.45	41.58
太原	729345.48	618855.80	17.85	271739.55	248510.87	9.35	236459.42	167637.60	41.05
大同	164831.01	125938.75	30.88	73825.74	49655.42	48.68	57715.59	43955.70	31.30
阳泉	88164.45	77656.83	13.53	32712.73	22262.57	46.94	19258.30	20003.50	-3.73
长治	115891.14	99871.03	16.04	29435.32	57450.66	-48.76	36825.20	26957.43	36.61
晋城	104318.85	88274.23	18.18	17431.99	12503.72	39.41	29252.60	19908.09	46.94
朔州	111531.43	97355.80	14.56	40856.50	29388.45	39.02	31800.10	23655.80	34.43
晋中	132490.78	76997.82	72.07	25675.12	21000.32	22.26	43159.70	29815.90	44.75
忻州	105984.21	95608.81	10.85	19578.97	8794.35	122.63	58865.80	49420.10	19.11
临汾	147480.37	130038.00	13.41	53670.81	36279.05	47.94	94292.00	59130.40	59.46
运城	118630.71	99734.49	18.95	37375.92	29588.82	26.32	68159.00	53697.00	26.93
吕梁	114719.18	77906.41	47.25	17814.03	20961.85	-15.02	37445.73	18360.00	103.95
省直	6035.52	6019.00	0.27	1333.53	905.75	47.23	3460.40	612.00	465.42
焦煤	194427.63	165705.13	17.33	84477.38	50547.80	67.12	12630.86	3739.13	237.80
同煤	65548.49	70525.23	-7.06	20157.00	8170.08	146.72	0.00	0.00	0.00
阳煤	41371.05	54725.86	-24.40	12915.57	10145.56	27.30	8971.40	8778.00	2.20
潞矿	58452.43	51065.42	14.47	17149.50	11871.00	44.47	15732.00	5391.00	191.82
晋煤	68744.50	60273.92	14.05	39454.17	33546.45	17.61	12287.00	10210.80	20.33

2013年增值收益和增值收益率表

单 位	上年增值收益（元）	本年增值收益（元）	增减（元）	增长率（%）	负债总额（元）	增值收益率（%）	排名	备 注
合计	1107379845.75	1670359804.88	562979959.13	0.51	88997769379.39	1.877		
太原	331214873.00	511102998.03	179888125.03	0.54	27513190687.68	1.858	5	
其中：太铁	24488367.99	92000358.83	67511990.84	2.76	5729690538.64	1.606		核算方法调整
大同	58141665.74	105092783.87	46951118.13	0.81	5960743138.33	1.763	6	
阳泉	48316968.20	76600496.51	28283528.31	0.59	3369743978.90	2.273	1	
长治	75104718.81	95899495.38	20794776.57	0.28	4411127487.91	2.174	2	
晋城	47463912.26	67578902.85	20114990.59	0.42	4246809516.68	1.591	10	
朔州	54218720.21	66120156.17	11901435.96	0.22	3766189264.16	1.756	7	
晋中	48136604.50	70659694.15	22523089.65	0.47	4096214785.52	1.725	8	
忻州	42500828.27	74618392.13	32117563.86	0.76	4418942786.99	1.689	9	
临汾	102295616.20	115489904.28	13194288.08	0.13	6076447266.90	1.901	4	
运城	69352666.63	92230645.52	22877978.89	0.33	4768061300.09	1.934	3	
吕梁	39606144.73	54829542.03	15223397.30	0.38	3499468394.17	1.567	11	
省直	2334615.78	2041505.95	-293109.83	-0.13	230120262.75	0.887		
焦煤	79496667.56	112931123.17	33434455.61	0.42	6915748230.88	1.633		
同煤	328190.47	60192536.94	59864346.47	182.41	2475854117.99	2.431		核算方法调整
阳煤	29388949.88	34306785.51	4917835.63	0.17	2125353088.79	1.614		
潞安	35713483.68	91572985.38	55859501.70	1.56	2594940491.13	3.529		含往年收益调整
晋煤	43765219.83	39091857.01	-4673362.82	-0.11	2528814580.52	1.546		

2013 年全省住房公积金增值收益分配表

单位	上年未分配增值收益	本年增值收益	可供分配增值收益	其中提取风险准备金	风险准备金总额	其中提取管理费用	本年廉租住房补充资金	廉租住房补充资金总额	年末未分配增值收益
合计	299108721.18	1670359804.88	1969468526.06	249937619.55	810501861.47	267352496.83	506678404.38	1214886561.67	945500005.30
太原	27091618.01	511102998.03	538194616.04	14277089.54	163110346.24	74619800.00	100000000.00	359078663.55	349297726.50
大同	15364263.33	105092783.87	120457047.20	4463918.27	18098383.52	1067900.00	15364263.33	105404997.94	99560965.60
阳泉	19326787.28	76600496.51	95927283.79	45960297.91	82060800.00	15000000.00	10000000.00	16753300.00	24966985.88
长治	108686650.75	95899495.38	204586146.13	1271232.36	44238298.58	890000.00	22113628.72	61446917.60	180311285.05
晋城	23564047.42	67578902.85	91142950.27	2021891.66	14882804.80	13584922.48	23564047.42	26981062.58	51972088.71
朔州	0.00	66120156.17	66120156.17	9530405.16	17564770.22	15000000.00	11589751.01	35419984.09	30000000.00
晋中	14229743.60	70659694.15	84889437.75	28412327.16	44222686.60	19945848.50	10000000.00	31000000.00	26531262.09
忻州	0.00	74618392.13	74618392.13	44778392.13	113684521.56	19820000.00	10020000.00	28970000.00	0.00
临汾	0.00	115489904.28	115489904.28	23262253.78	69295049.80	62585631.56	29642018.94	50210490.95	0.00
运城	0.00	92230645.52	92230645.52	34796700.00	98836593.76	26095000.00	31338945.52	74339381.10	0.00
吕梁	0.00	54829542.03	54829542.03	32897725.22	92441617.26	2955343.21	18976473.60	44958532.44	0.00
省直	-1366781.16	2041505.95	674724.79	674724.79	674724.79	0.00	0.00	0.00	0.00
焦煤	70427729.98	112931123.17	183358853.15	1067256.52	1834707.10	6969303.71	58026200.00	81015173.12	117296092.92
同煤	933145.87	60192536.94	61125682.81	0.00	0.00	0.00	0.00	0.00	61125682.81
阳煤	0.00	34306785.51	34306785.51	261507.66	3104817.36	2106390.00	31938887.85	112882414.10	0.00
潞安	17000000.00	91572985.38	108572985.38	3078797.39	37347122.88	1390000.00	104104187.99	106425644.20	0.00
晋煤	3851516.10	39091857.01	42943373.11	3183100.00	9104617.00	5322357.37	30000000.00	80000000.00	4437915.74

截至2013年底全省住房公积金缴存使用情况

指标 中心	应缴职工数（人）	实缴职工数（人）	缴存总额（万元）	累计提取笔数（笔）	个人提取总额（万元）	提取率（%）	缴存余额（万元）	累计放贷笔数（笔）	个贷总额（万元）	个贷余额（万元）	个贷率（%）	个贷逾期率（%）	逾期个贷额（万元）
全省	5435662	3375937	12286576.19	2254243	3638538.90	29.61	8648037.29	262304	2988963.85	1853105.37	21.43	0.02	362.89
太原	1181448	837352	4295676.28	748583	1617415.42	37.65	2678260.86	55416	849920.02	559229.42	20.88	0.00	0.00
大同	372352	241943	905766.52	420017	315345.82	34.82	590420.70	13467	187530.09	153194.92	25.95	0.00	0.00
阳泉	185368	114888	437401.27	48646	114852.60	26.26	322548.67	10063	139310.20	81941.66	25.40	0.02	17.27
长治	434503	230516	588254.17	124482	153028.98	26.01	435225.19	10218	132819.63	99090.94	22.77	0.00	0.00
晋城	319828	182565	482947.45	51168	70102.68	14.52	412844.77	7824	95661.39	62134.87	15.05	0.02	12.36
朔州	258589	111668	505949.9	58613	139815.08	27.63	366134.82	13595	165493.12	95304.05	26.03	0.00	0.00
晋中	395635	264220	499914.24	83195	98365.19	19.68	401549.05	15136	146768.13	88210.56	21.97	0.06	51.74
忻州	350860	228744	487386.52	55368	52953.70	10.86	434432.82	17564	204909.12	132803.16	30.57	0.00	0.00
临汾	423983	256980	766603.19	118309	191105.46	24.93	575497.73	36416	365360.45	232622.54	40.42	0.00	0.00
运城	431277	254961	662561.07	128013	197731.99	29.84	464829.08	55515	364974.99	154783.57	33.30	0.18	281.52
吕梁	395704	181015	417729.94	72458	77875.10	36.74	339854.84	10845	135391.93	77136.53	22.70	0.00	0.00
省直	9853	9853	27277.44	633	4515.38	16.55	22762.06	157	5160.40	4649.77	20.43	0.00	0.00
焦煤	198172	150921	906070.15	83207	226318.65	24.98	679751.50	1762	26817.98	18347.07	2.70	0.00	0.00
同煤	158465	109993	304775.72	113137	59715.08	19.59	245060.64	0	0.00	0.00	0.00	0.00	0.00
阳煤	164210	93826	256914.91	52886	55886.13	21.75	201028.78	4599	50631.40	31037.35	15.44	0.00	0.00
潞矿	66062	52000	336964.85	41016	100735.50	29.89	236229.35	4769	58938.70	30787.97	13.03	0.00	0.00
晋煤	95182	54492	404382.57	54512	162776.14	40.25	241606.43	4958	59276.30	31830.99	13.17	0.00	0.00

截至2013年底全省住房公积金银行存款情况

单位：万元，%

单位	存款总额	一年以上定期	占比	一年以内定期（含）	占比	定期合计占比	活期	占比	其他	占比
全省	6927594.40	5584526.18	80.61	921023.28	13.29	93.90	64015.00	0.92	358029.94	5.17
太原	2250729.44	1691224.00	75.14	258170.00	11.47	86.61	10321.44	0.46	291014.00	12.93
其中:太铁	493412.98	397824.00	80.63	71178.00	14.43	95.06	4411.16	0.89	19999.82	4.05
大同	437340.03	345800.00	79.07	87343.40	19.97	99.04	3486.89	0.80	709.74	0.16
阳泉	252569.93	217550.00	86.13	19220.00	7.61	93.74	1400.00	0.55	14399.93	5.70
长治	342103.92	255930.00	74.81	86111.00	25.17	99.98	62.92	0.02	0.00	0.00
晋城	355985.56	252990.00	71.07	94150.00	26.45	97.52	6880.83	1.93	1964.73	0.55
晋中	312124.90	271838.18	87.09	30791.80	9.87	96.96	2494.92	0.80	7000.00	2.24
朔州	268588.09	207059.38	77.09	61516.00	22.90	99.99	12.71	0.01	0.00	0.00
忻州	303984.31	292191.00	96.12	8661.15	2.84	98.96	3132.16	1.03	0.00	0.00
临汾	342279.09	277301.95	81.01	33542.30	9.80	90.81	3412.78	0.99	28022.06	8.19
运城	293457.00	266516.00	90.82	21320.00	7.26	98.08	1601.52	0.54	4019.48	1.37
吕梁	270600.53	204600.00	75.61	64250.00	23.74	99.35	150.53	0.05	1600.00	0.59
省直	18032.92	8800.00	48.80	8400.00	46.58	95.38	832.92	4.62	0.00	0.00
焦煤	637817.36	625966.69	98.14	0.00	0.00	98.14	11850.67	1.86	0.00	0.00
同煤	245359.41	171900.00	70.06	68400.00	27.88	97.94	5059.41	2.06	0.00	0.00
阳煤	174221.08	130650.00	74.99	39700.00	22.79	97.78	3871.08	2.22	0.00	0.00
潞安	222200.11	200108.98	90.06	9297.63	4.18	94.24	8693.50	3.91	4100.00	1.84
晋煤	200200.72	164100.00	81.97	30150.00	15.06	97.03	750.72	0.37	5200.00	2.60

转型跨越发展中山西房地产业健康发展

——2011-2013年山西房地产市场运行情况分析

山西省统计局

“十二五”以来，全省上下以转型综改区建设为统领，以改革为基本动力，以转型为基本取向，以改善民生为出发点和落脚点，统筹推进稳增长、调结构、促转型、惠民生各项工作，全省房地产开发业呈现出平稳较快增长态势。三年来，房地产开发业的规模持续扩大、实力进一步增强，综合素质不断提高、社会贡献日益显著，为我省实现经济社会转型发展做出了积极贡献

“十二五”以来，全省上下紧紧抓住办好“两件大事”这个根本，坚持以解放思想为先导，扎实推进“四化”建设，高度重视和切实保障民生改善。全省房地产开发业呈现出平稳发展、稳中有进、稳中有忧的特点，为我省实现经济社会转型发展做出了积极贡献。

一、山西房地产开发业发展现状

（一）房地产企业实力增强，竞争更加激烈

随着我省房地产开发的迅速发展，我省的房屋建设和旧城改造速度加快，房地产开发队伍不断壮大，企业实力明显增强，为拉动我省经济增长，改善人居环境，提升城市品位，推进城市化进程做出了重大的贡献。2013年，全省房地产开发企业2269家，比2010年净增279家；注册资本总额达4770.1亿元，比2010年增长145.4%。同时由于我省投资环境的不断优化，省外大型房地产开发企业如恒大、富力城、绿地、万达、万科、首开等相继落户我省，抢滩我省市场。省外房地产企业的进驻，不仅给我省房地产市场发展提供了较强的外来资本融人，而且还带来了先进的企业管理理念，逐渐成为我省房地产市场开发的主导力量。

（二）居地产开发投资在结构调整中快速增长

“十二五”前三年，全省房地产开发投资累计完成3109.3亿元，比“十一五”期间增加了1244.3亿元，年均增长30.7%，增幅比“十一五”期间年均增速快4.9个百分点，比全国年均增速快8.4个百分点，其中住宅投资累计完成2309.8亿元，比“十一五”期间增加了899.7亿元，年均增长28.4%，占房地产开发投资的比重为74.3%，比“十一五”期间下降1.3百分点；办公楼投资累计完成88.5亿元，比“十一五”期间增加了43.6亿元，年均增长49.4%，占房地产开发投资的比重为2.8%，比“十一五”期间提高0.4百分点；商业营业用房投资累计完成395.5亿元，比“十一五”期间增加了203.9亿元，年均增长44.4%，占房地产开发投资的比重为12.7%，比“十一五”期间提高2.4百分点。2013年，全省房地产开发企业投资完成1308.6亿元，居中部六省第五位，居全国第23位，在中部六省和全国的位次均比2010年上升1位，同比增长29.5%，比全国平均水平快9.7个百分点，居中部六省首位，居全国第9位：其中，住宅投资完成958.8亿元，同比增长30.3%，占全省房地产开发投资的比重为73.3%；办公楼投资完成48.4亿元，同比增长112.4%，占房地产开发投资的比重为3.7%；商业营业用房投资完成182.6亿元，同比增长31.1%，占房地产开发投资的比重为14.0%。

2006年以来山西房地产开发投资情况

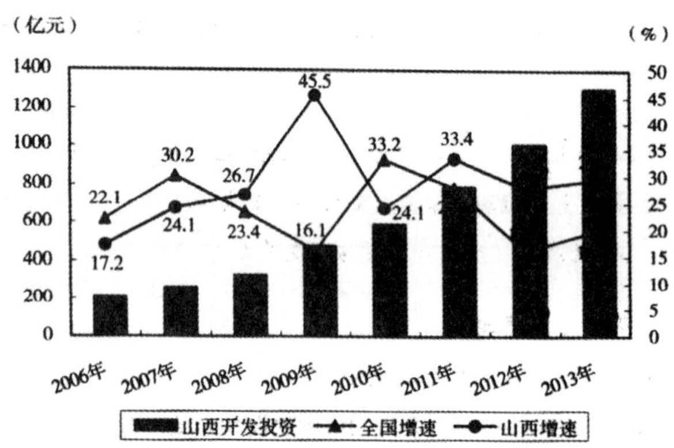

（三）民营房地产企业开发投资发挥中流抵柱作用

随着民营企业的快速发展，在我省房地产开发业中已形成“分天下有其九”的格局，成为我省经济最具有活力的源泉，在推动房地产开发业的快速发展发挥着中流砒柱作用。“十二五”前三年，全省国有企业开发投资累计完成229.3亿元，比“十一五”期间增加了150.4亿元，年均增长30.2%，占房地产开发投资的比重为9.6%，比“十一五”期间提高1.6个百分点；非国有企业开发投资累计完成2810.1亿元，比“十一五”期间增加了1093.8亿元，年均增长30.8%，占房地产开发投资的比重为90.4%，比“十一五”期间下降1.6个百分点，其中民营企业开发投资累计完成2744.9亿元，比“十一五”期间增加了1072.7亿元，年均增长30.6%，占房地产开发投资的比重为88.3%，比“十一五”期间下降1.4个百分点。

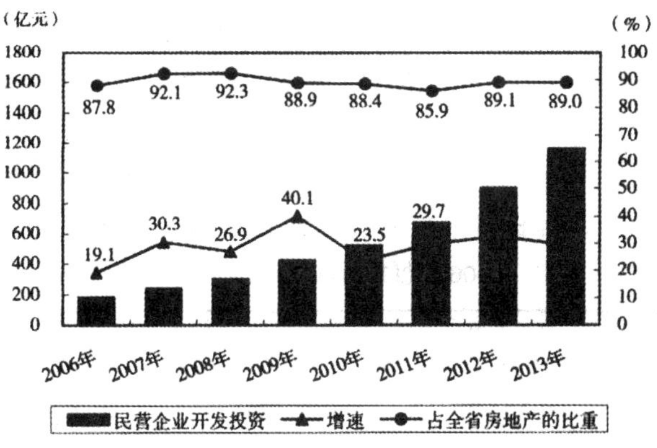

增幅比“十一五”期间年均增速慢4.1个百分点。

2006年以来山西商品房销售情况

年 份	商品房销售面积（万平方米）	增速（%）	商品房销售额（亿元）	增速（%）
2006年	791.5	14.9	157.4	3.4
2007年	913.5	15.4	205.5	30.6
2008年	995.7	9.0	234.5	14.1
2009年	1034.2	3.9	280.0	19.4
2010年	1180.6	14.2	411.7	47.0
2011年	1284.8	8.8	441.0	7.1
2012年	1497.9	16.6	579.9	31.5
2013年	1642.8	9.7	728.3	25.6

（四）商品房供应量充足

“十二五”前二年，全省房屋累计开工面积10689.1万平方米，比“十一五”期间增加了1343.9万平方米，年均增长12.9%，增幅比“十一五”期间年均增速慢3.5个百分点，其中住宅累计开工面积8424.0万平方米，比“十一五”期间增加了366.0万平方米，年均增长11.1%，增幅比“十一五”期间年均增速慢5.8个’百分点。房屋累计竣工面积6128.2万平方米，比“十一五”期间增加了1671.2亿元，年均增长28.90l0，增幅比“十一五”期间年均增速快19.1个百分点，其中住宅累计竣工面积.5171.9万平方米，比“十一五”期间增加了1376.7亿元，比当期住宅销售面积多1126.2万平方米，年均增长30.3%，增幅比“十一五”期间年均增速快19.8个百分点。

2006年以来商品房开工、竣工情况

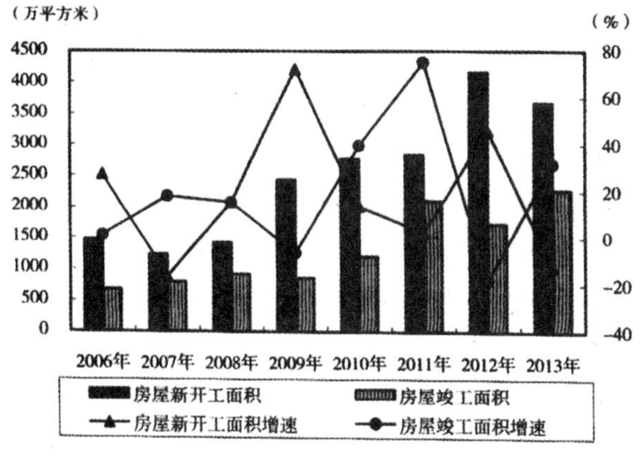

（五）商品房销售量稳步增长

“十二五”前三年，全省商品房累计销售面积4425.5万平方米，年均增长11.5%，增幅比“十一五”期间年均增速慢0.6个百分点，其中住宅累计销售面积4045.7万平方米，年均增长12.0%，增幅比“十一五”期间年均增速慢0.8个百分点。商品房累计销售额1749.2亿元，年均增长18.4%，增幅比“十一五”期间年均增速快0.3个百分点，其中住宅累计销售额1516.7万平方米，年均增长18.4%，

二、房地产开发业对经济社会发展作用增强

（一）拉动了全社会固定资产投资的增长

随着城市化进程的加快，我省房地产开发业得到了迅猛的发展，成为扩大投资需求、拉动投资增长的中坚力量。从房地产开发投资增长速度来看，2011一2013年，全省房地产开发投资增长速度分别为33.4%,27.9%,29.5%，而同期全社会固定资产投资增长速度分别为27.3%,24.5%x,22.1%，明显高于同期全社会固定资产投资增速。从房地产开发投资占比情况来看，2011一2013年，全省房地产开发投资占全社会固定资产投资的比重分别为10.7%,11.0%,11.7%，所占比重呈逐年提高的态势。从房地产开发投资对全社会固定资产投资的贡献率来看，2011一2013年，全省房地产开发投资占全社会固定资产投资的贡献率分别为11.4%,12.2%,14.7%，对全社会固定资产投资的贡献率呈逐年上升的态势。

（二）改善了城乡居民住房条件

据山西省住房城乡调查数据显示，到2012年底，我省城镇住房建筑面积55848.72万平方米，人均32.13平方米，比2010年增加了4.1平方米；农村住房建筑面积60371.33万平方米，人均32.44平方米，比2010年增加了3.7平方米，建成保障性住房102.4万套。在增加城镇居民住房面积的同时，住宅建设的规划布局、综合配套、建筑造型、节能环保等方面水平都有不同程度的提高，住宅小区建设档次不断提升，小区环境普遍不断改善，基础设施和公建配套较为齐全，物业管理更加规范，极大地提高了城乡人居环境。

（三）扩大了内需，促进了消费持续增长

房地产开发业带动住房消费、建材消费、信贷消费和耐用消费品的消费，以及建筑工人特别是农民工的日常消费的同时，也会挤占居民其它消费支出。随着我省房地产开发投资快速增”前三年，房屋累计竣工面积6128.2万平方米，年均增长28.9%;商品房累计销售额1749.2亿元，年均增长18.4%;居民用于购房的按揭贷款累计204.9亿元，年均增长6.0%。据中国人人民银行太原分行统计资料显示，截止2013年末，个人住房贷款快速增长，新增138.8亿元，何比多增64.4亿元。据城镇居民家庭收支抽样调查资料显示，2012年个省城镇居民人均用于居住支出1438.9元，比2010年增加193.9元。

（四）推动了服务业快速发展

随着房地产开发业的迅速发展，人们生活水平的提高，住房条件的改善，加强了对服务水平的需求，物业管理、中介、家政、装饰装修等新兴服务行业得到快速发展。2013年，房地产业增加值349.8亿元，占第三产业增加值的比重由2010年的5.63%提高到6.9%。第二次经济普查数据资料显示，2008年，全省物业企业管理住宅建筑面积8100.5万平方米，比2004年增长2.1倍；中介服务企业代理销售成交合同面积33.3万平方米，比2004年增长90.5%，代理出售成交合同面积81.9万平方米，比2004年增长2倍。

（五）扩大了城乡就业

房地产开发业决速发展，不仅拉动厂投资和刺激消费，而且为自身带来大量的就业岗位，还辐射到厂建筑业、装饰装修业、社会服务业等相关产业的就业。2013年，全省房地产开发企业年平均从业人数5.5万人，比2010年增加1.2万人。辐射的行业以建筑业为例，2013年，全省建筑业企业年平均从业人员100.4万人，比2010年增加了4.0万人。

（六）增加了财政收入

房地产开发项目及房地产市场的主要税费有房产税、营业税、企业所得税、城市建设维护税、土地增值税、城镇土地使用税、耕地占用税、契税、印花税等诸多种类。2012年，全省房地产开发企业营业税金及附加49.H亿元，同比增长37.600;应交所得税13.9亿元，同比增长31.6%；土地增值税24.7亿元，同比增长61.4%;房地产营业税48.4亿元，同比增长24.1%。

三、“十二五”后两年房地产开发市场展望

十八届三中全会通过的《中共中央关于全面深化改革若干重大问题的决定》强调紧紧围绕使市场在资源配置中起决定性作用深化经济体制改革，加快完善现代市场体系。中央经济工作会议提出，努力解决好住房问题，加大廉租住房、公共租赁住房等保障性住房建设和供给，做好棚户区改造。中央政府将加强市场的决定性作用，弱化调控，政府抓保障，市场做商品房，构建以政府为主提供基本保障、以市场为主满足多层次需求的住房供应体系。展望“十二五”后两年，土地制度、财税制度改革进一步推进，房产税等相关长效机制有望逐步确立，限购限贷等政策性措施有望逐步退出。在全面深化改革的大背景下，房地产开发业必将迎来更加市场化的机遇和挑战，必将促使房地产开发业平稳、健康发展，市场有望逐渐回归理性。

（一）房地产开发投资继续保持稳步增长

首先，宏观经济以稳中求进为总基调，保持经济合理增长。中央经济工作会议指出，全面认识持续健康发展和生产总值增长的关系，不能把发展简单化为增加生产总值，抓住机遇保持国内生产总值合理增长、推进经济结构调整，要与调结构、促改革、惠民生协调均衡，提高经济发展质量和效益。我省正面临着国家扩大内需和促进中部崛起战略深入实施、国家资源型经济转型综合配套改革试验区建设等重大机遇，房地产开发投资稳步增长具有诸多有利条件和外部环境。其次，城镇化是发展经济的最大引擎。我省正处在工业化、城镇化加速发展期，而加快城镇化离不开房地产开发业的平稳健康发展，也是房地产开发业发展的最大潜力。第二，政府抓保障，推进保障性安居工程建设。全省十二届人代会二次会议的政府工作报告提出，加快推进保障性住房建设，2014年再开上建设城镇保障性住房23万套、建成18万套，加大普通商品住房土地供应，增加中小户型商品房供给，促进房地产市场健康发展。

（二）商品房需求基础相对稳定活跃

一是新增城镇人口需求。按照“一核一圈三群”的总体方案，2015年，我省城镇化率达到55%，每年新增城镇人日200万，按每人30平方米计算，每年需求6000万平方米，这将释放巨大的消费能力，必将带动城镇新增住房消费。二是改善性需求。按照小康社会城镇居民人均居住面积35平方米计算，2012年底我省城镇居民人均32.13平方米，离小康标准每人还差2.9平方米，大约需要新增住房面积3000万平方米。按照城镇居民家庭年末居住情况调查数据显示，2012年房屋产权为商品房的占比为32.2%，比2010年提高10.1个百分点，呈现出逐年提高的态势。三是拆迁需求。随着城镇化建设步伐的加快和基础设施投人的加大，城市拆迁面积逐年增大，随之拆迁安置性住房需求也随之增多。2013年太原市城中村改造拆除面积接近前10年的总和，约458万平方米。综上因素分析，我省商品房需求量还是比较大，商品房销售市场将会继续保持增长态势。

山西房地产市场在调整中稳定前行

——2013 年房地产市场运行情况分析

山西省统计局

2013 年，省委、省政府紧紧围绕提高发展质量和效益这个中心，坚持稳中求进工作总基调，着力激发市场活力，着力保障和改善民生，巩固了房地产开发业稳中向好的发展态势，全省房地产开发业呈现出开发投资较快增长、保障性安居工程建设超额完成任务、房屋施工规模继续扩张、商品房竣工面积快速增长、企业国内货款扭负为正和土地储备充足的良好态势。与此同时，房地产开发市场也需要关注房地产业对 GDP 的贡献还比较弱、房屋新开工面积下降、商品房待售面积大幅增加等问题，为此提出进一步规范房地产开发市场秩序，充分发挥保障性住房对抑制房价的作用，加快消化商品房库存等建议，促进全省房地产开发业稳定健康快速发展。

2013 年，全省上下紧紧围绕主题主线，牢牢把握稳中求进的工作总基调，坚持把“稳增长、调结构、控物价、惠民生”作为主攻方向和着力点，全省房地产开发业呈现出开发投资较快增长、保障性安居工程建设超额完成任务、房屋施工规模继续扩张、商品房竣工面积快速增长、企业国内货款扭负为正和土地储备充足的良好态势。与此同时，房地产开发市场也需要关注房地产业对 GDP 的贡献还比较弱、房屋新开工面积下降、商品房待售面积大幅增加等问题，为此提出进一步规范房地产开发市场秩序，充分发挥保障性住房对抑制房价的作用，加快消化商品房库存，着力促使全省房地产开发业稳定健康快速发展。

一、全省房地产开发情况

（一）开发投资保持较快增长，占固定资产投资比重提高

2013年，全省房地产开发企业完成投资 1308.6亿元，居中部六省第五位，居全国第 23 位，同比增长 29.5%，增幅比上年加快 1.6 个百分点，比全国平均水平快 9.7 个百分点，居中部六省首位，居全国第 9 位，占全省固定资产投资的比重为 12.0%，比上年提高 0.6 个百分点，对全省固定资产投资的贡献率为 14.8%，比上年提高 2.3 个百分点，拉动全省固定资产投资 3.4 个百分点，比上年提高 0.6 个百分点。

2004 年以来山西房地产开发投资情况

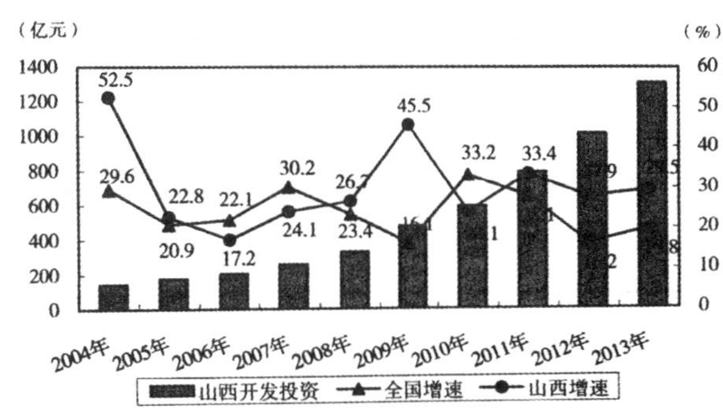

（二）商品住宅投资快速增长，大户型住房投资比重下降

2013 年，房地产开发企业住宅投资完成 958.8 亿元，同比增长 30.3%n，增幅比土年加快 10.8 个百分点，占全省房地产开发投资的比重由上年的 72.8% 提高到 73.3%。按户型看，90 平方米及以下住房投资完成 290.3 亿元，同比增长 34.0%，增幅比上年加快 3.8 个百分点，占住宅投资的比重由上年的 29.5% 提高到 30.3%；90-144 平方米住房投资完成 475.0 亿元，同比增长 35.7%，增幅比上年加快 20.9 个百分点，占住宅投资的比重由上年的 47.6% 提高到 49.5%;144 平方米以上住房投资完成 193.6 亿元，同比增长 14.6%，增幅比上年回落 2.6 个百分点，占住宅投资的比重由上年的 23.0% 下降到 20.2%。

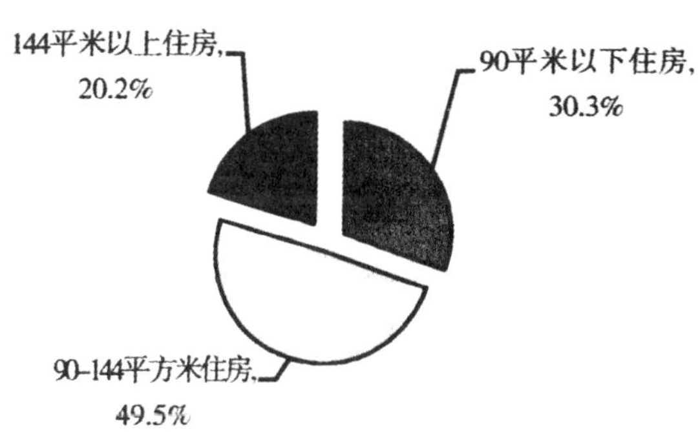

（三）房地产开发业呈现规模化发展趋势

2013 年，全省有工作量的房地产开发经营项目 1792 个，开发投资完成 1308.6 亿元。其中：计划总投资 5 亿元及以土的项目 276 个，占全省房地产开发经营项目的比重为 15.4%，开发投资完成 700.0 亿元，占房地产投资的比重为 53.5%，比上年提高 3.3 个百分点；计划总投资 1–5 亿元项目 727 个，占全省房地产开发经营项目的比重为 40.6%. 开发投资完成 470.5 亿元，占 36.0%，比上年下降 0.1 个百分点；计划总投资 1 亿元以下项目 789 个，占全省房地产开发经营项目的比重为 44.0%，开发投资完成 138.2 亿元，所占比重仅为 10.6%，比上年下降 1.6 个百分点。

2008 年以来 5 亿元及以上开发项目投资情况

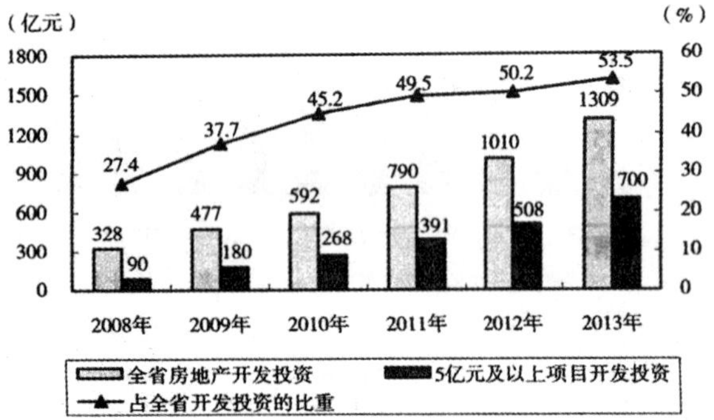

（四）房屋施工规模继续扩张，竣工面积快速增长

2013 年，全省房地产开发项目房屋施工面积 14040.0 万平方米，同比增长 19.9%，增幅比上年回落 6.0 个百分点。其中，住宅施工面积 10754.9 万平方米，同比增长 15.6%，增幅比上年回落 4.9 个百分点；办公楼施工面积 327.1 万平方米，同比增长 51.0%，增幅比上年加快 20.5 个百分点；商业营业用房施工面积 1647.8 万平方米，同比增长 31.5%，增幅比上年回落 19.9 个百分点。2013 年，全省房屋竣工面积 2284.8 万平方米，同比增长 31.8%，增幅比上年加快 49.7 个百分点。其中，住宅竣工面积 1848.0 万平方米，同比增长 28.7070，增幅比上年加快 52.7 个百分点；办公楼竣工面积 30.8 万平方米，同比增长 1.06 倍，增幅比上年加快 143.4 个百分点；商业营业用房竣工面积 273.0 万平方米，同比增长 49.5%，增幅比上年回落 16.6 个百分点。

2013 年房地产开发企业房屋施工、竣工规模增长情况

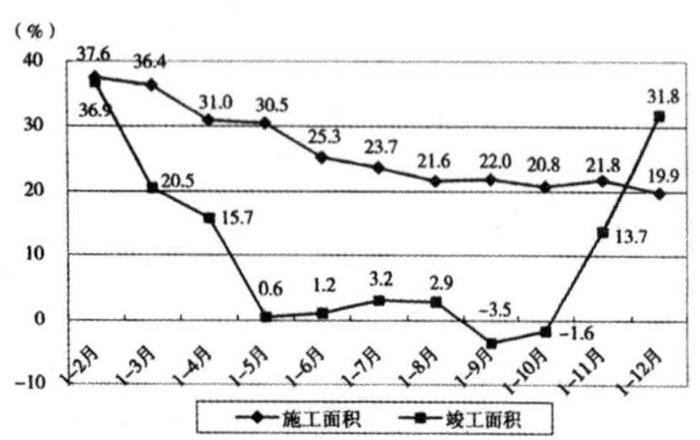

（五）保障性安居工程建设超额完成任务

2013 年，国家下达我省的城镇保障性住房年度任务为新开工 18 万套，建成 17 万套。为进一步加大民生保障力度，今年我省下达各市城镇保障性住房的目标任务为新开工 23 万套，建成 21 万套，年度投资 442 亿元。据山西省住房和城乡建设厅统计数据显示，截止 2013 年底，我省新开工城镇保障性住房 24.2 万套、基本建成 22.1 万套，分别超出国家下达任务 34.5 和 30 个百分点；完成投资 542.85 亿元，超出年度计划 38.5 个百分点。各项指标均完成国家下达我省的保障房建设目标。

二、房地产市场销售情况

（一）商品房销售量增速回落

2013 年，全省商品房销售面积 1642.8 万平方米，同比增长 9.7%，增幅比上年回落 6.9 个百分点，其中住宅销售面积 1484.4 万平方米，同比增长 6.8%a，增幅比上年回落 12.0 个百分点；商品房销售额 728.3 亿元，同比增长 25.6%，增幅比上年回落 5.9 个百分点，其中住宅销售额 625.1 亿元，同比增长 21.8%，增幅比上年回落 13.8 个百分点。

2013 年商品房销售量增长情况

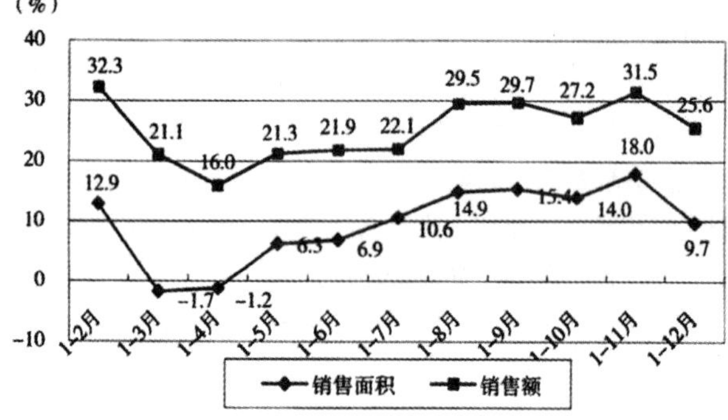

（二）中小户型商品住宅销售面积占比提高

2013 年，90 平方米及以下住房销售面积 286.9 万平方米，同比增长 26.4%，占住宅销售面积的比重由上年的 16.3% 提高到 19.3%;90-144 平方米住房销售面积 898.2 万平方米，同比增长 1.3%，占住宅销售面积的比重由上年的 63.8% 下降到 60.5% ;144 平方米以上住房销售面积 299.3 万平方米，同比增长 8.1 %，占住宅销售面积的比重由上年的 19.9% 提高到 20.2%0 2013 年，90 平方米及以下住房销售额 104.0 亿元，同比增长 42.9%，占住宅销售额的比重由上年的 14.2% 提高到 16.6% ; 90-144 平方米住房销售额 344.4 亿元，同比增长 13.1%，占住宅销售额的比重由上年的 59.3% 下降到 55.1%;144 平方米以上住房销售额 176.8 亿元，同比增长 30.0%，占住宅销售额的比重由上年的 26.5% 提高到 28.3%。

2013 年山西商品住宅分户型销售情况

	销售面积（万平方米）	增速（%）	比重（%）	销售额（亿元）	增速（%）	比重（%）
商品住宅	1484.4	6.8	100.0	625.1	21.8	100.0
90 平方米及以下住房	286.9	26.4	19.3	104.0	42.9	16.6
90-144 平方米住房	898.2	1.3	60.5	344.4	13.1	55.1
144 平方米以上住房	299.3	8.1	20.2	176.8	30.0	28.3

（三）商品房期房销售好于现房销售

2013 年，商品房现房销售面积 651.0 万平方米，同比下降 0.3%a，增幅比上年下降 33.6 个百分点；商品房现房销售额 215.7 亿元，同比增长 12.8%，增幅比上年回落 23.3 个百分点。商品房期房销售面积 991.8 万平方米，同比增长 17.4%，增幅比上年加快 11.1 个百分点；商品房期房销售额 512.5 亿元，同比增长 31.9%，增幅比上年加快 2.6 个百分点。

2013 年山西商品房现房和期房销售情况

	销售面积（万平方米）	增速（%）	比重（%）	销售额（亿元）	增速（%）	比重（%）
住　宅	1484.4	6.8	100.0	625.1	21.8	100.0
现　房	651.0	-0.3	43.6	215.7	12.8	34.5
期　房	991.8	17.4	56.4	512.5	31.9	65.5

三、房地产开发企业资金来源及土地购置情况

（一）开发企业本年到位资金增速逐季加快

2013 年，全省房地产开发企业实际到位资金 1622.1 亿元，同比增长 21.2%，增幅比上年加快 2.0 个百分点。其中，上年末结余资金 245.0 亿元，同比下降 19.7%，增幅比上年下降 31.2 个百分点；本年到位资金 1377.2 亿元，同比增长 33.2%，增幅比上年加快 11.7 个百分点，比全国平均水平快 6.3 个百分点。从各季本年到位资金增长速度的比较分析，呈逐季加快的态势。一季度为 5.1 %、上半年为 21.8%、前三季度为 28.0%，全年为 33.2% 。

2013 年房地产开发企业到位资金增长情况

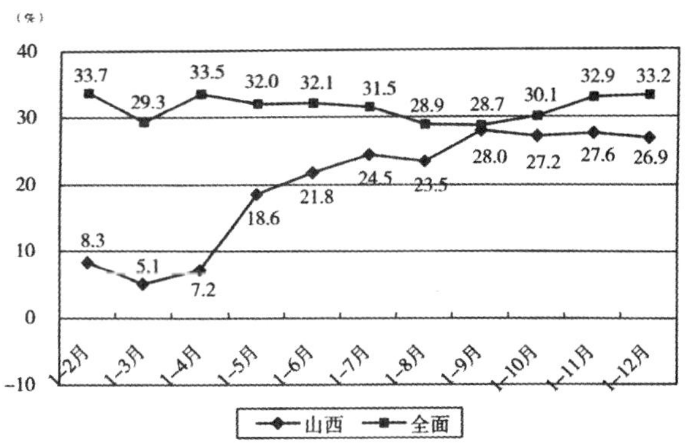

（二）开发企业国内贷款由负转正

2013 年，房地产开发企业国内贷款 65.8 亿元，同比增长 8.1 %，增幅比上年加快 19.6 个百分点，占本年到位资金的比重由上年的 5.9% 下降到 4.8%；自筹资金 758.3 亿元，同比增长 37.7%，增幅比上年回落 5.0 个百分点，占本年到位资金的比重由上年的 53.3% 提高到 55.1%；定金及预收款 417.0 亿元，同比增长 31.0%，增幅比上年加快 16.1 个百分点，占本年到位资金的比重由上年的 30.8% 下降到 30.3%；个人按揭贷款 94.4 亿元，同比增长 30.8%，增幅比上年加快 18.8 个百分点，占本年到位资金的比重由上年的 7.0% 下降到 6.9%。

（三）开发企业待开发土地面积大增

2013 年，全省房地产开发企业土地购置面积 875.9 万平方米，同比增长 21.9%，增幅比上年加快 19.0 个百分点；土地成交价款 144.4 亿元，同比增长 48.3%，增幅比上年加快 39.8 个百分点；待开发土地面积 989.0 万平方米，同比增长 59.8%，增幅比上年加快 42.8 个百分点。

四、“一核一圈三群”房地产开发运行情况

（一）晋北城镇群开发投资增长强劲，对全省的贡献突出

2013 年，太原都市区开发投资完成 460.5 亿元，同比增长 16.1%，增幅比上年回落 4.4 个百分点，占全省的比重由上年的 39.3% 下降到 35.2%；太原都市圈开发投资完成 609.5 亿元，同比增长 18.5%，增幅比上年加快 0.7 个百分点，占全省的比重由上年的 50.9% 下降到 46.6%；晋南城镇群开发投资完成 142.0 亿元，同比增长 27.2%，增幅比上年回落 8.7 个百分点，占全省的比重由上年的 11.1% 下降到 10.9%；晋东南城镇群开发投资完成 130.5 亿元，同比增长 11.5%，增幅比上年回落 22.9 个百分点，占全省的比重由上年的 1 1.6% 下降到 10.0%；晋北城镇群开发投资完成 314.3 亿元，同比增长 51.6%，增幅比上年加快 19.2 个百分点，比全省平均水平快 22.1 个百分点，占全省的比重由上年的 20.5% 提高到 24.0%，对全省房地产开发投资的贡献率为 35.8%，拉动全省房地产开发投资 10.6 个百分点。

2013 年“一核一圈三群”开发企业开发投资完成情况

地　区	开发投资(亿元)	增速(%)	占全省的比重(%)
全　省	1308.6	29.5	100.0
太原都市区	460.5	16.1	35.2
太原都市圈	609.5	18.5	46.6
晋南城镇群	142.0	27.2	10.9
晋东南城镇群	130.5	11.5	10.0
晋北城镇群	314.3	51.6	24.0

（二）晋北城镇群商品房供应量成倍增长，占全省的比重超三成

2013年，晋北城镇群房屋施工面积2711.9万平方米，同比增长31.1%，增幅比全省平均水平快11.2个百分点，分别比太原都市圈、晋南城镇群和晋东南城镇群快15.6,15.9和17.5个百分点，占全省房屋施工面积的比重由上年的17.7%提高到19.3%；房屋竣工面积761.1万平方米，同比增长1.8倍，增幅比全省平均水平快151.9个百分点，占全省房屋竣工面积的比重由上年的15.5%提高到33.3%。

2013年“一核一圈三群”开发企业施工、竣工情况

地　区	房屋施工面积（万平方米）	增速（%）	占全省的比重（%）	房屋竣工面积（万平方米）	增速（%）	占全省的比重（%）
全　省	14040.0	19.9	100.0	2284.8	31.8	100.0
太原都市区	4648.3	14.4	33.1	274.5	-0.5	12.0
太原都市圈	6744.8	15.5	48.0	651.8	16.7	28.5
晋南城镇群	1927.9	15.2	13.7	329.5	-29.4	14.4
晋东南城镇群	1584.5	13.6	11.3	306.2	5.6	13.4
晋北城镇群	2711.9	31.1	19.3	761.1	183.8	33.3

（三）晋北城镇群商品房销售面积较快增长，增幅快于全省平均水平

2013年，太原都市区商品房销售面积450.2万平方米，同比增长18.5%，增幅比上年回落31.1个百分点，占全省商品房销售面积的比重由上年的25.4%提高到27.4%；太原都市圈商品房销售面积699.2万平方米，同比增长8.4%，增幅比上年回落14.5个百分点，占全省商品房销售面积的比重由上年的43.1%下降到42.6%；晋南城镇群商品房销售面积314.1万平方米，同比下降8.8%，增幅比上年下降34.8个百分点，占全省商品房销售面积的比重由上年的23.0%下降到19.1%；晋东南城镇群商品房销售面积245.3万平方米，同比增长6.8%，增幅比上年加快11.6个百分点，占全省商品房销售面积的比重由上年的15.3%下降到14.9%；晋北城镇群商品房销售面积243.7万平方米，同比增长26.6%增幅虽比上年回落4.6个白分点，但比全省平均水平高16.9个百分点，占全省商品房销售面积的比重由上年的12.8%提高到14.8%。

2013年“一核一圈三群”开发企业商品房销售情况

地　区	商品房销售面积（万平方米）	增速（%）	占全省的比重（%）
全　省	1642.8	9.7	100.0
太原都市区	450.2	18.5	27.4
太原都市圈	699.2	8.4	42.6
晋南城镇群	314.1	-8.8	19.1
晋东南城镇群	245.3	6.8	14.9
晋北城镇群	243.7	26.6	14.8

五、房地产开发运行中需要关注的问题

（一）房地产亚对GDP的贡献作用还比较弱

从房地产业增加值占GDP的比重来看，2012年，我省房地产业增加值占GDP的比重为2.49%，比全国平均水平低3.11个百分点，仅比中部及周边省份中的内蒙古高0.06个百分点，河北、安徽、江西、河南、湖北、湖南、陕西分别为3.7% ,3.87% ,3.26% ,3.52% ,3.11% ,2.57% ,3.11%从商品房销售额占GDP的比重来看，2013年，我省商品房销售额占GDP的比重仅为5.8%，比全国平均水平低8.5个百分点，低于中部及周边各省，河北、内蒙古、安徽、江西、河南、湖北、湖南、陕西分别为9.8%,7.0%.16.7%,11.5%,9.6%.11.3% ,10.3% ,10.0%。

中部及周边省份房地产业增加值与商品房销售额占GDP的比重情况

省　份	2012年			2013年		
	国内生产总值（亿元）	房地产业增加值（亿元）	房地产业增加值占GDP的比重（%）	国内生产总值（亿元）	商品房销售额（亿元）	商品房销售额占GDP的比重（%）
全　国	516282.1	29005.5	5.6	568845	81428.3	14.3
山　西	12112.8	301.9	2.49	12602.2	728.3	5.8
河　北	26575.0	982.1	3.70	28301.4	2779.7	9.8
内蒙古	15880.6	385.2	2.43	16832.38	1177.4	7.0
安　徽	17212.1	665.8	3.87	19038.9	3182.9	16.7
江　西	12948.9	421.8	3.26	14338.5	1647.9	11.5

续表

省　份	2012年			2013年		
	国内生产总值（亿元）	房地产业增加值（亿元）	房地产业增加值占GDP的比重（%）	国内生产总值（亿元）	商品房销售额（亿元）	商品房销售额占GDP的比重（%）
河　南	29599.3	1040.7	3.52	32155.9	3074.1	9.6
湖　北	22250.5	692.8	3.11	24668.5	2790.3	11.3
湖　南	22154.2	568.5	2.57	24501.7	2525.6	10.3
陕　西	14453.7	450.1	3.11	16045.2	1608.1	10.0

（二）中小户型住房新开工面积同比减少近五成

2013年，全省房地产开发企业住宅新开工面积2723.4万平方米，同比下降16.7个百分点。其中，90平方米及以下住房新开工面积616.0万平方米，同比下降45.2%，占住宅新开工面积的比重由上年的34.3%下降到22.6%；90-144平方米住房新开工面积1801.7万平方米，同比增长2.6%，占住宅新开工面积的比重由上年的53.7%提高到66.2%;144平方米以上住房新开工面积305.7万平方米，同比下降21.8%，占住宅新开工面积的比重由上年的11.9%下降到11.2%。

（三）商品房待售面积大幅攀升

2013年，全省商品房待售面积1057.5万平方米，同比增长39.5%，增幅比上年加快28.8个百分点，其中住宅待售面积799.5万平方米，同比增长39.0%，增幅比上年加快36.1个百分点。从商品房待售期限看，待售1年以内596.4万平方米，同比增长27.7%，增幅比上年加快12.4个百分点；待售1-3年451.3万平方米，同比增长59.7%，增幅比上年加快52.0个百分点；待售3年以上9.9万平方米，

同比增长 14.5%，增幅比上年加快 65.7 个百分点。 六、促进山西房地产开发业健康快速发展的几点建议

（一）进一步规范房地产开发市场秩序

保持房地产开发业健康发展，解决好群众住房问题，事关国民经济和社会发展全局，事关全面建设小康社会目标的实现。一要保持宏观调控政策的连续性和稳定性，结合本地房地产开发业的发展情况，不断完善和细化政策措施，综合运用规划、税收、金融、土地等手段，不断改进和加强市场调控。二要严格执行商品房预售许可制度，严格按照申报价格明码标价，通过网络、报刊等媒体及时公示预售楼盘的相关信息，增强信息透明度。三是严厉打击无证违法销售商品房的行为，对于存在违规销售的楼盘要依法予以查处曝光，让消费者购房放心、住得安心，切实保护购房消费者的合法权益。四是通过外引内联，积极寻求合作伙伴，联合省内外知名企业，引进资金、管理和技术，做大做强企业，充分发挥品牌优势，以品牌带动商品的销售，从而带动房地产开发业的持续健康发展。

（二）充分发挥保障性住房对抑制房价的作用

中央经济工作会议提出，努力解决好住房问题，加大寰租住房、公共租赁住房等保障性住房建设和供给，做好

棚户区改造。因此，在继续完善住房供应体系，在积极推进公租房等保障性住房建设、加大棚户区改造力度的同时，探索发展共有产权住房.增加中低价位、中小户型普通商品住房供给，满足不同层次群体的住房需求，有利于抑钊旁价过快上涨，降低城镇化进程中人口合理转移的门槛。

（三）加快商品房库存的消化

2014 年，全省商品房待售面积 1057.5 万平方米，比.2010 年翻了一倍。待售面积的增加，严重制约了房地产开发业的发展，应积极采取相关措施加以解决：一是对房地产开发项目手续不健全的，政府应督促其企业极时办理相手续，加快购房者签订赎房合同；二是采取“以租带售”、“租售并举”的方式，加快库存商品房的消化，增加企业利润；三是采取定量限价收购、定向销售、合理补偿的办法，将待售的商品房转化为解危解困或拆迁安置用房，出售给中低收人家庭及拆迁户。

（撰稿人：郝志军）

2013年房地产法律法规政策综述

山西省房地产业协会法律事务部

2013年，中国共产党召开了举世瞩目的十八届三中全会，开启了中国全面深化改革的发展主基调。在地产行业，深化改革也成为了既宏观调控后另一个热词，同时也为地产行业在机遇与挑战并行的大背景下提供了新的发展契机。回首2013年，房地产调控政策出现了诸多变化，随着改革进程的深入，市场将在经济发展中越来越起到决定性作用，而房地产领域也有望出现根本性变化，

2013年国家围绕房地产业出台了一系列的法律、法规、政策。宏观调控一轮接着一轮。陆续推出“国五条”、“遏制小产权房紧急通知”等一系列调控措施，相关部门和地方也为此制定了许多配套措施。这标志着我国对房地产调控不仅着眼于当前的房价上涨短期调控，同时将会从长效机制入手，以改革和市场为导向，最终实现“软着陆”。

一、完善稳定房价工作责任制、坚决抑制投机投资性购房、加强市场监管。

从这次“国五条”房产新政策上来看，完成“限涨”目标是一个重点，也是国务院出台细则的明确要求，对出售自有住房按规定应征收的个人所得税，通过税收征管、房屋登记等历史信息能核实房屋原值的，应依法严格按转让所得的20%计征。对“20%个税”政策，有关部门应进一步加以细化，尤其对无法核实房屋原值的二手房交易如何征缴个税，更应明确操作口径，便于地方遵照执行。

国务院发布“国五条”之后，于2013年2月26日再次发布了《关于继续做好房地产市场调控工作的通知》对各地公布房价控制目标的时间表、对限购政策的执行范围以及二手房税费等方面做出了明确规定：

（一）完善稳定房价工作责任制。各直辖市、计划单列市和除拉萨外的省会城市要按照保持房价基本稳定的原则，制定并公布年度新建商品住房价格控制目标。建立健全稳定房价工作的考核问责制度。

（二）坚决抑制投机投资性购房。严格执行商品住房限购措施，已实施限购措施的直辖市、计划单列市和省会城市要在限购区域、限购住房类型、购房资格审查等方面，按统一要求完善限购措施。其他城市房价上涨过快的，省级政府应要求其及时采取限购等措施。严格实施差别化住房信贷政策。扩大个人住房房产税改革试点范围。

（三）增加普通商品住房及用地供应。2013年住房用地供应总量原则上不低于过去五年平均实际供应量。加快中小套型普通商品住房项目的供地、建设和上市，尽快形成有效供应。

（四）加快保障性安居工程规划建设。全面落实2013年城镇保障性安居工程基本建成470万套、新开工630万套的任务。配套设施要与保障性安居工程项目同步规划、同期建设、同时交付使用。完善并严格执行准入退出制度，确保公平分配。2013年底前，地级以上城市要把符合条件的外来务工人员纳入当地住房保障范围。

（五）加强市场监管。加强商品房预售管理，严格执行商品房销售明码标价规定，强化企业信用管理，严肃查处中介机构违法违规行为。推进城镇个人住房信息系统建设，加强市场监测和信息发布管理。

二、关注民生，扩大保障房建设、创新保障房分配机制，实现多层次城市住房机制。

自2009年12月份开始楼市调控以来，政策经历了四次升级，而这次出台的“国五条”则是第五次调控升级。与以往不同，此次调控更侧重公平分配、科学管理、配套设施建设。20112012年，全国保障房新开工套数已超过“十二五”期间3600万套任务的半数，在经历初期的“大干快上”后，保障房建设当前的工作重心转移至求质求量、发挥实效。从中央层面的要求来看，已经不仅局限于建设数量上的积累，而是向切实发挥民生作用、做到程序公平等实际效应上转变。2013年3月3日全国政协十二次会议提出，不仅要增加保障房供应，公平分配，更要加强保障性住房后续管理。2013年3月8日，在第十二届全国人民代表大会第一次会议中，吴邦国强调“要建立健全保障性住房公平分配和运营机制，从而真正使低收入住房困难户得到实惠”。与此同时，北京、上海、广州等地方政府随后纷纷出台配套政策完善本地住房保障体系，着重细化保障性住房的分配及后续管理的措施。北京市对购买限价房的行为进行进一步规范，严格家庭审核及退出、入市机制，加强保障家庭住房情况的动态核查；广州市住房保障办公室则印发了《广州市保障性住房小区管理扣分办法》，规定了住户的违规行为并施行扣分制以维持保障性住房小区良好的社区秩序。此外，湖北、陕西等地均将入住率作为本年度保障性安居工程的重点任务之一。与此前注重建设进度不同，今年各地保障性安居工程更注重落实，保障房的分配、入住、退出等机制正在陆续完善，而此前暴露出部分保障房建设位置偏远、质量存在缺陷等方面的问题也日益受到关注。此外，多地响应国五条精神，将外来务工人员纳入本地保障房体系。

2013年6月26日，国务院总理李克强主持召开国务

院常务会议，会议提出棚户区改造是重大民生工程，也是重大发展工程，可以有效拉动投资、消费需求，带动相关产业发展，推进以人为核心的新型城镇化建设，破解城市二元结构，提高城镇化质量，让更多困难群众住进新居，为企业发展提供机遇，为扩大就业增添岗位，发挥助推经济实现持续健康发展和民生不断改善的积极效应。因此会议决定在未来5年国家将大力发展棚户区改造建设，改造城市和国有工矿、林区、垦区的各类棚户区1000万户，其中2013年改造304万户。逐步将非集中成片城市棚户区统一纳入改造范围。同步建设配套市政设施、公共服务设施，确保同步使用。为保障棚户区改造工程稳步进行，国务院还提出了六点措施，措施主要围绕加大棚户区改造财政支持、丰富其融资渠道，提出了指示及要求。今后国家将会优化投资安排，集中资金重点加强棚户区建设的支持，做到把钱用在“刀刃”上，并同时带动信贷和其他社会资金投入。

三、房产税试点范围扩大，正式实施尚需经验积累

5月24日，国务院批转发改委《2013年深化经济体制改革重点工作的意见》，意见中要求扩大个人住房房产税改革试点范围，随后发改委相关人员在记者见面会中明确表示房产税扩围今年将会有具体动作。不同于以往，此次中央明确提出房产税扩围的时间节点，足见调控决心，房产税扩围已势在必行。

从上海、重庆的试点情况来看，房产税在短期内影响更多的是市场预期而非房价，由于试点初期税率低、征税范围小，房产税对降低房价的作用不应被过度放大。从中央不断强调房产税预期作用为调节市场供需、平稳市场可以看出，下一步房产税的试点城市应是目前调控下供需矛盾依然趋于紧张、房价上涨压力较大的一、二线城市，此类城市市场热度能否得到控制将决定进一步扩围的时机；从试点方案来看，目前趋势将仍以增量为主，但未来会从增量逐步扩展到存量，税率由目前的0.5%左右逐渐有所提高。房产税的意义在于更有效地调节市场供需结构，而非单纯抑制需求；在于保障市场发展的速度趋于平稳，而非抑制市场发展。与此同时，房产税需要有相应的税收及调配机制作为配套，如此才能实现对市场的长效调控及保障作用。

房产税对推动房地产市场健康发展有三个方面的作用：

有利于遏制投资投机炒房现象，促进消费者理性购房。目前房价高企不下，重要的原因便是投资投机炒房问题严重。对于房产投资投机炒房者而言，征收房产税，将大大降低其房产收入，甚至在税负加重的情况下会出现亏损危险，迫使他们放弃房地产市场，不仅大大减少了市场对住房的需求，而且会抛售多余的房产，有效增加住房市场的供应，从而引致房价合理回归。

有利于遏制房地产开发商操控市场行为。多年来，房地产开发商喜欢对已经竣工的商品房“捂盘惜售”，待价而沽，目的是追求房价上涨带来的暴利，这不仅严重地干扰了市场，而且带来了巨大的资源浪费。如果通过对那些在一定期限内没有出售的闲置住房征收房产税，必然会增加开发商的持房成本，自然会加快售房，从而遏制地产开发商操控市场行为。

有利于促进住房保障体系建设。自我国结束福利分房体制以后，住房私有化、商品化体制逐步形成，与此同时也造成了房地产商暴富，滋生了房地产投机，造成人们对土地所有权占有的不平等，也拉大了社会的贫富差距，更严重的是引发了住房供求结构的失衡和产业结构的失衡，阻碍了经济社会的可持续发展。通过开征房产税，采取区别对待的征税办法，可以有效引导购房者理性消费，有利于促进开发商调整建房策略，少建面积大的住房，多建面积小的住房，有效节约土地资源，不再过度追求高房价带来的利润，更加重视经济适用房建设，配合政府的保障房建设政策，必然会促进保障房体系的建设与完善，从而使住房供应形成社会保障与商品供应的双轨并行机制。

四、建立房地产统一登记制度，规范房地产权制度，推动建立不动产登记信息依法公开查询。

国务院总理李克强于11月20日主持召开国务院常务会议，通过了整合不动产登记职责的决定。会议决定，将原分散在多个部门的不动产登记职责整合起来，理顺部门职责关系，减少办证环节，减轻群众负担。会议要求各有关部门加强对各地职责整合工作的指导，加快清理相关规章制度，做好有关事项的整理交接，确保不动产登记职责整合工作有序、平稳推进。

国土资源部作为对全国土地、房屋、草原、林地、海域等不动产统一登记的统一指导、监督机关，要求做到登记机构、登记簿册、登记依据和信息平台“四统一”。行业管理和不动产交易监管等职责不变，继续由相关部门承担。各地在中央统一监督指导下，结合本地实际，将不动产登记职责统一到一个部门。同时要建立不动产登记信息管理平台，实现不动产审批、交易和登记信息在有关部门间依法依规互通共享。在推动建立不动产登记信息公开查询系统的过程中，实现对不动产交易安全、保护群众合法权益的保护。

2013年3月10日，国务委员兼国务院秘书长马凯在作国务院机构改革和职能转变方案说明时指出，建立不动产统一登记制度，更好地落实《物权法》，保障不动产交易安全，有效保护不动产权利人的合法财产权。同年，十二届全国人大一次会议审议了《国务院机构改革和职能转变方案》，《方案》提出：加强基础性制度建设，建立不动产统一登记制度，以更好地落实物权法规定，保障不动产交易安全，有效保护不动产权利人的合法财产权。

而今国务院做出的决定正式对这一方案的全面落实和体现，也是《物权法》运行六年来实践经验的积累和探索。据悉《不动产登记条例》将由国土资源部、住房和城乡建设部会同国务院法制办、国家税务总局等有关部门负责起

草。《关于实施国务院机构改革和职能转变方案任务分工的通知》明确提出2014年6月底前出台《不动产统一登记条例》。

五、规范房地产估价管理，建立统一估价行业信息平台

2013年10月24日，住房和城乡建设部颁布《住房城乡建设部关于进一步规范房地产估价机构管理工作的通知》，通知要求各省按照《住房和城乡建设部关于修改<房地产估价机构管理办法>的决定》（住房和城乡建设部令第14号）有关要求，为深化行政审批制度改革，提高行政效能，经研究，决定转变一级房地产估价机构资质管理方式，进一步规范房地产估价机构管理工作。

通知明确住房城乡建设部负责指导和监督房地产估价机构资质核准工作，制定房地产估价机构资质等级条件，指导全国房地产估价行业管理信息平台建设，制定房地产估价机构资质证书式样，不再承担一级房地产估价机构资质核准工作。

为规范房地产估价行业管理，有效促进全国房地产估价市场的统一开放、公平诚信、竞争有序，将房地产估价机构资质核准、房地产估价师注册、房地产估价信用档案等信息系统进行整合，建立全国统一的房地产估价行业管理信息平台，实现资质核准、人员注册、信用档案管理等信息关联共享，进一步发挥信息平台在行业准入、从业行为监管、估价报告管理、信用体系建设的作用，全面提升房地产估价行业管理水平。各级房地产估价机构资质等级条件按照《房地产估价机构管理办法》（原建设部令第142号）规定执行。资质核准中的房地产估价报告评审，应当执行全国统一的房地产估价报告评审标准。

2013年10月16日，住房和城乡建设部修改了《房地产估价机构管理办法》。本次修改增加了“国家建立全国统一的房地产估价行业管理信息平台，实现房地产估价机构资质核准、人员注册、信用档案管理等信息关联共享”的条款，为房地产估价机构资质核准、房地产估价师注册、房地产估价信用档案等信息系统整合，建立全国统一的房地产估价行业管理信息平台提供了重要的法律依据。

六、严厉查处小产权房，保护房地产市场健康。

2013年11月22日，国土资源部办公厅、住房和城乡建设部办公厅颁布了《国土资源部办公厅、住房城乡建设部办公厅关于坚决遏制违法建设、销售“小产权房”的紧急通知》。通知指出最近一些地方出现的违法建设、销售“小产权房”问题日渐突出，为应对这种违法现象的屡禁不止、治理“小产权房”乱象，国务院两部门颁布了本通知以规范市场秩序。

（一）正确认识“小产权房”问题的危害性和严重性

建设、销售“小产权房”，严重违反土地和城乡建设管理法律法规，不符合土地利用总体规划和城乡建设规划，不符合土地用途管制制度，冲击了耕地保护红线，扰乱了土地市场和房地产市场秩序，损害了群众利益，影响了新型城镇化和新农村建设的健康发展，建设、销售和购买“小产权房”均不受法律保护。要全面、正确地领会十八届三中全会关于建立城乡统一的建设用地市场等改革措施，坚持依法依规，严格执行土地利用总体规划和城乡建设规划，严格实行土地用途管制制度，严守耕地红线，坚决遏制在建、在售“小产权房”行为。

（二）坚决查处“小产权房”在建、在售行为

近年来，国务院有关部门多次重申农村集体土地不得用于经营性房地产开发，城镇居民不得到农村购买宅基地、农民住房和“小产权房”。2012年8月8日，国土资源部办公厅住房城乡建设部办公厅专门下发《关于坚决遏制违法建设、销售“小产权房”的通知》（国土资电发〔2012〕98号），各级国土资源和住房城乡建设主管部门要按照通知要求，对在建、在售的“小产权房”坚决叫停，严肃查处，对顶风违法建设、销售，造成恶劣影响的“小产权房”案件，要公开曝光，挂牌督办，严肃查处，坚决拆除一批，教育一片，发挥警示和震慑作用。

（三）切实履行好监督管理职责

各级国土资源和住房城乡建设主管部门要在地方人民政府的领导下，认真履行职责，及时采取有力措施，切实加强监管，做到令行禁止。一要对违法建设、销售的“小产权房”开展一次集中排查摸底，结合实际研究提出分类处理的意见，并将结果报两部。二要对违规为“小产权房”项目办理建设规划许可、发放施工许可证、发放销售许可证、办理土地登记和房屋所有权登记手续的，要严肃处理，该追究责任的一定要追究责任。对监管不力、失职渎职的，要严厉问责。三要加强宣传引导。准确理解、全面宣传和贯彻落实好十八届三中全会精神，正确引导舆论，向社会警示购买“小产权房”的风险，切实维护人民群众合法权益。

“小产权房”并不是一个严格的法律概念，它只是社会上的一种俗称，通常是指那些违法占用农村集体土地建设，并向农村集体经济组织以外的成员销售或变相销售的住宅项目。由于未获得土地、规划、建设、销售等行政许可，不能办理房地产权登记，属于没有产权、不受法律保护的住用房屋。

国务院有关部门多次重申不得违法开发“小产权房”、不得购买“小产权房”。2012年8月，国土资源部、住建部曾专门下发通知，明确提出“小产权房”等违法用地不得予以确权登记、坚决查处在建、在售行为等要求。从全国房地产市场情况看，“小产权房”在建在售势头依然不减，而且还出现了以公租房、保障房、农业结构调整、旧村改造、新农村建设、旅游产业、文化园区、种植园（棚）承包、养老休闲等为名建设的变相“小产权房”。

十八届三中全会《中共中央关于全面深化改革若干重大问题的决定》提出要建立城乡统一的建设用地市场，明

确规定“在符合规划和用途管制前提下，允许农村集体经营性建设用地出让、租赁、入股，实行与国有土地同等入市、同权同价”。很多人把这一政策表述，视作“小产权房”的救命稻草。但农村集体经营性建设用地入市必须以严格用途管制、符合用地规划为前提。农用地特别是耕地转为建设用地，必须经过严格的法定审批手续，任何单位和个人使用土地，必须严格按照土地利用总体规划确定的用途使用。

违法建设、销售“小产权房”，恰恰违反了土地利用总体规划和城乡建设规划，不符合土地用途管制制度，冲击了耕地保护红线，扰乱了土地市场和房地产市场秩序，危害性极大，建设、销售和购买“小产权房”均不受法律保护。

值得注意的是，为确保令行禁止，坚决叫停在建、在售违法违规行为，与以往不同，国土资源部、住建部亮出了“杀手锏”，明确这次整治“小产权房”要处理事和处理人齐头并进：一方面各地要选择1—2起顶风违法继续实施建设和销售、情节恶劣的案件，依法从严从重处理，向社会公开曝光，以起到警示震慑的作用。对违规为“小产权房”项目办理建设规划许可、发放施工许可证、发放销售许可证、办理土地登记和房屋所有权登记手续的，要追究相关人员的责任，对监管不力、失职渎职的，要严厉从重问责。

“小产权房”的“繁荣”，与城市房价迅速蹿升密不可分。由于不用负担土地出让金和各种税费，相较商品房而言，“小产权房”的价格优势十分明显。另一方面，“小产权房”开发利润空间巨大，在现行城乡二元土地制度下，集体经济组织也乐于将自有土地与投资人的资本结合，加之违法成本低、处罚威慑力小，导致“小产权房”建设愈演愈烈。

2013年作为房地产市场调控政策转变的一年，各项法律法规政策都有了明显的转向，从一味的以行政手段限制成交回归到了以市场规律为主导的辅助型调控。作为中国经济的重要支撑，房地产业的兴衰关乎国家经济的发展，更科学的立法、更慎重的决策、更理性的面对体现了国家、政府、社会对房地产业“软着陆”的期盼。

（撰稿人：刘银栋、张秋峰）

大同市房地产市场发展的脉络与趋势

大同市房地产与物业管理协会

一、转型发展中的大同市经历了大规模的城市建设

近年来，大同市在大力推进转型发展。在全国人民的眼中，大同市的形象是"煤都"，是典型的资源城市，2013年人均产煤32.29吨，人均发电11000千瓦；但是，大同市还是著名的历史文化城市，是1985年国家公布的首批二十四个历史文化名城之一，这个形象现在也慢慢地竖立起来了。

2008年以来，大同市开始了前所未有的城市建设。按照"一轴双城"的城市格局和古城保护、新区开发等思路，高起点、高标准、高质量地搞好城市规划建设管理工作，使城市的面貌发生了翻天覆地的变化。大同市对古城进行了整体性保护，对古城墙等进行了抢救性修复重建，对历史街区、传统民居进行了重点修复、整修，对云冈石窟、恒山、悬空寺等具有代表性的景区周边环境进行了彻底的整治，使城市体现出了独特的魅力。六年中改建、新建、扩建城市道路250条近500公里，新增绿化面积2000多万平方米，2014年1月大同市被国家住建部命名为"国家园林城市"。

在城市建设的同时，大同市紧紧抓住国家鼓励城市改造的机遇，先后开工建设了30多万套棚户区改造及保障性住房项目。坚持城市建设与棚户区改造相结合、民生改善与城市品质提升相结合的方针，配合城市建设，全市教育、医疗的资源重新合理配置，方便了居民的生活，大规模的城市建设强有力的带动了房地产业的发展。

二、大同目前房地产市场情况

（一）两次供地高峰使潜在的商品房供应量大幅增加

从2008年到2013年，全市出让土地的两个高峰年份是2011年和2013年，两年出让土地量相当于六年中出让量的三分之二多。按照建设规律，2014年是房屋上市量的最高峰，其中既有前两年已入市销售的剩余房，又有老楼盘今年新上市的房以及今年入市新项目。根据供地量的测算，这6年的土地供应量"变现"为商品房再减去已销售的量，市场目前的潜在供应量为上千万平方米。如果按过去3年的平均预售登记量190万平方米计算，今后消化这些潜在的供应量需5年多时间。

综合分析目前市场准备开工、已经开工、已经上市销售的情况，估计2014年当年商品房的供应量最低也会有400多万平方米。

（二）供地高峰同时带来房地产投资的高峰。

从2008年以来全市房地产投资情况分析。2011年房地产投资比2010年增加49%，2013年比2012年又增加了55%，创历史新高，达到265亿元。估计2014年的房地产投资要大大高于2013年。

（三）建设面积连续大于销售面积，市场累积的商品房数量在增加

2011年出让的土地在2012年以后逐渐上市，2011年前房屋销售去化期大约是2到3年。2012年土地供应可建商品房188万平方米，而当年销售大约为152万平方米；2013年土地供应可建商品房367万平方米，销售大约为166万平方米。

楼盘越高档去化期越慢，高档楼盘快捷销售的高潮期已过。2013年房屋销售去化期为3到4年，估计2014年以后几年的销售去化期为4到5年。当前去化期短的楼盘一般都具备价位低廉、学区优质、品质优良、品牌响亮等因素。这几项因素都具备的，去化期也可达到3年。

（四）目前房价基本稳定

从这6年的房价情况看，2009年为每平米3700元，比上年增长24%；2011年增加到每平米4400元，比2009年增长18%；2012年、2013年稳定在每平米4700元，最高价每平米7000元，最低价每平米3200元。同地段，同质楼盘竞争激烈，使价格也难以上涨。

2010年市场上楼盘的数量仅仅十多个。目前，有房销售的楼盘达60多个。仅2013年新注册的房地产企业就有40多家，它们的注册预示着要进入房地产市场。近两年楼盘营销活动越来越频繁，优惠方式多种多样，优惠的幅度在活动期内往往是不小的。

大同市低价位的楼盘供应量少，占比不足30%；中等价位的楼盘占到约20%；中高价位楼是占到50%以上。目前，大同市房地产市场商品房供应量已经过剩。估计潜在的供应量在2014年、2015年将达到高峰。防止房地产市场出现大的问题是政府的当务之急。

三、大同房地产市场的影响因素

（一）矿区居民的需求强劲

矿工家庭从山上进入市区的渴望是市场旺盛的重要因素。矿区的人口从上世纪50年代到90年代初以前一直多

于城区，大同市城镇化程度高的主要原因是矿区的人口基数。大同煤矿集团是中国和世界500强企业，它的职工与家属现在号称八十万，遍布多个省市，但是它的总部在大同，绝大部分职工家庭在大同。以前矿工工作生活在矿山，随着生活水平提高矿工棚户区改造搬迁，矿工下山入市居住成为时尚。矿区的楼盘、市区西部的楼盘是矿工家庭的首选。

据统计，城区的人均住房面积达到36m²，而矿区的人均住房面积是28m²。同煤集团2013年员工平均工资7.9万元，矿工家庭的需求与收入水平形成了强劲的购房能力。据统计市区楼盘购买的业主82%来自于城区和矿区的居民。

（二）大同市近几年的经济发展以及城市面貌翻天覆地的变化

大同是一个中等的三线城市，2013年人均GDP为28819元，城镇居民人均收入为21430元，农村居民人均纯收入为6365元；大同市是晋冀蒙方圆200公里的区域性中心城市，也是全国重要的交通枢纽城市，辐射能力不断增强。一线品牌麦当劳、肯德基、华润、沃尔玛、家乐福、香港新世界百货、百盛购物已经落户大同，商贸物流热火朝天。

据统计，市区楼盘购买业主属县区及市外居民的2010年占10%，2012年是18%。市区的房地产板块西连矿区，南接怀仁、山阴、应县。御东湖光山色、环绕优美，堪称宜居之地，将吸引全市及周边县的有识之士投资居住。现在近三十家房地产企业开发建设近600万平方米的住宅小区，医院学校等配套优良，周边的两大工业园区初具规模。御东是大同的新形象，御东的房地产市场也将随着新型城镇化的政策的实施，而掀起一个热潮。

（三）城市建设使文化、教育、医疗、行政、商业等公共配套资源要素重新配置

丰富的历史文化底蕴支撑了文化旅游产业发展。2013年，大同市在中国住交会上获得最具旅游文化发展潜力城市大奖。2012年启动的创建国家环保楷模城市的工作，推行的“净水工程”、“净空工程”、“减排工程”、“城乡清洁工程”等，在国家26项标准里，大同市已有20项达标。

环境的变化使许多人重新选择居住地点。直接买新房的，为了改善居住条件卖旧房买新房的。由于城市要素的变动导致了千家万户为了买房卖房换房而动了起来，不论是一手 房市场还是二手房市场都非常活跃。带动了金融、中介、家具、建材、装饰等行业的发展。这种特殊现象还将持续一段时间，也同时给房地产业的发展带来了机遇。

（四）大同民间资金充裕，支持了房地产市场的火热

大同目前入驻的专业银行有15家（其中：股份制银行7家，村镇银行2家），典当行26家，小额贷款公司50家，投资类公司243家，证券公司3家。2013年金融机构存款余额2254.36亿元，其中：个人储蓄存款1363.82亿元；贷款余额950.82亿元，其中：房地产企业贷款34.48亿元。总体看，大同市居民资金充裕，房地产业贷款还不算多。

前几年煤炭企业整合，运营企业的资金流出采煤业也很多。这部分资金是自有资金，抗风险能力较强，如果房价连续下跌的情况下，不容易出现爆发式连锁反应。这与江浙一带以温州为代表的以民间融资为主的资金有明显的区别，这也是资源型地区房地产企业资金的一个优势。

四、国家政策大势对我市房地产市场的影响

十二届全国人大二次会议《政府工作报告》中提出：完善住房保障机制。以全体人民住有所居为目标，坚持分类指导、分步实施、分级负责，加大保障性安居工程建设力度，住建部副部长齐骥说：“对一线城市的限购，差别化信贷和税收等调控政策不放松。对于库存量比较大的城市要控制供地和住房供应结构。采取必要手段，消化库存。”所谓的高库存量指库存量高于月销量的12倍到15倍，高过一年的、一年半的销售量的就是高库存量。大同市就属于高库存，急需采取相应措施消化库存。

政府工作报告中提出，今后一个时期，着重解决好现有“三个一亿人”问题。促进约一亿农业转移人口落户城镇，改造约一亿人居住的城镇棚户区和城中村，引导约一亿人在中西部地区就近城镇化。新型城镇化对三线城市是好政策，是我市城镇化发展、留住人才、增加人口促进房地产业的大好机遇，城镇化与房地产业密不可分，房地产业还有发展空间。

五、大同市房地产市场要“双向调控”

供给方面：要控制商品房供应的规模和节奏，尤其对标杆企业和大盘企业，防止其盲目投放市场，造成大量的库存，防止大盘抛售扰乱市场。对已入市和新入市的地方企业，要求制定稳定销售计划，对其资金的能力予以核定并予以帮助，防止运营中资金断链。政府要暂停城区土地的出让，未上市的楼盘最好放缓上市，尤其是高档楼盘或同地段同质楼盘。大力支持标杆房企安心搞好御东项目，为其排忧解难，发挥标杆房企、大楼盘房企稳定房地产市场的作用。

需求方面：争取上级银行对居民个人购房贷款的优惠政策，鼓励贷款购房。大力宣传同时坚决执行《市政府关于推进我市户籍管理制度改革的意见》方便手续的办理。鼓励县区、外市居民来大同购房定居。御东兴则大同兴，设立御东牵头办事机构，加大御东建设的宣传力度，制定御东繁荣的措施；加快部分行政机关搬迁御东的步伐，吸纳八方人士来御东投资、居住。集中财力建设御东的配套工程，增加城市的吸引力。

（撰稿人：刘俊杰、李连光）

山西省养老地产分析研究报告

山西省养老地产研究课题组

引 言

随着我国社会老龄化问题愈趋严重，养老问题已经成为广大社会关注的热门话题之一。伴随着我国工业化进程的不断推进，中国传统的家庭养老模式受到巨大的冲击。由于计划生育体制的长期实行，中国社会逐渐呈现老年化的趋势。一对夫妇只有一个子女，这就导致了所谓的“421”家庭的普遍存在。随着物质生活水平的不断提高，人均寿命也随之渐长。这些因素又导致了年轻一代的赡养抚养压力不断增加，家庭养老呈逐渐力不从心之势。为缓解口益严峻的养老问题，社会化养老模式的发展是必然，而伴随着社会化养老模式被接受程度的提升，房地产行业迎来了重要的发展机遇和挑战。一方面，人口老龄化的进一步加剧使得适合老年人居住的住宅需求越来越大，以需求为导向的养老地产开发行业正处于上升期，机会众多；但是，不容忽视的是养老地产的开发过程涉及政府、房地产企业、医疗卫生机构以及各项相关的配套服务机构或企业，涉及范围广泛、资金需求量庞大、营运过程复杂，种种限制因素使得养老地产在我国发展缓慢，不能满足我国老龄人口社会化养老的发展。如何找出适合我国当前国情的养老方式、办好适应不同层次老年人需求的养老服务机构，还需在实践中不断探索和探讨。

第一章 老龄化现状分析

第一节 人口老龄化现状

人口老龄化是指总人口中因年轻人口数量减少、年长人口数量增加而导致的老年人口比例相应增长的动态。国际上通常把60岁以上的人口占总人口比例达到10%，或65岁以上人口占总人口的比重达到7%作为国家或地区进入老龄化社会的标准。两个含义：一是指老年人口相对增多，在总人口中所占比例不断上升的过程；二是指社会人口结构呈现老年状态，进入老龄化社会。国际上通常看法是，当一个国家或地区60岁以上老年人口占人口总数的10%，或65岁以上老年人口占人口总数的7 070，即意味着这个国家或地区的人口处于老龄化社会。

30年前只是欧洲发达国家老龄问题比较严重，而今天，这个问题在发展中国家也口益突出，尤其是亚洲。中国的老龄化问题引起了广泛的关注。据统计，中国是世界老年人口最多的发展中国家，全球60岁以上老年1/5生活在中国。预计到2015年将超过2亿，到21世纪中叶将达到4亿。更为突出的是，中国80岁以上高龄老年以年均5.4%的速度增长，目前已达到1300万，占世界80岁以上高龄老年人的18%0

第二节 人口老龄化特点

我国人口的老龄化成如下特点：

1、老年人口规模大，老龄化速度快

截止2012年底，中国60岁以上的老年人口达到1.94亿，占总人口数的14.3 %，老年人口总数占世界第一位。

我国老年人口每年以800万的速度增加。专家预测，我国老年人口从7.09 % 上升到14%经历了25年，而法国用了11 5年，英国用了47年，德国用了40年，日本用了24年，我国同口本一样，成为世界上老龄化最严重的国家。

2、高龄人口数量和比例将迅速增加

我国人口老化的同时，老年人口内部也不断的老化，特别是80岁以上的老人每年以100万的速度增加，对老年人特别是高龄老人的生活料理、康复护理、医疗保健、精神文化等需求将口益突出。

3、老龄化与经济发展不协调

“末富先老”成为中国老龄化的主要特点和严峻挑战。据预测我国1999年进入老龄化社会时人均GDP大约在800–1000美元，只在中等收入国家中处于中等水平。预计到20_50年，中国的老龄化将达到高峰时人均GDP也只达到中等发达国家水平。我国不仅人均GDP低，在城市化、文化教育、卫生水平、产业结构、老年人口收入水平等与国外也存在很大的差距。既使到2020年GDP翻两番的情况下，中国在很多方面仍然是贫穷国家的水平，而届时中国的人口老龄化程度已接近今天发达国家水平。

4、劳动力资源不足，国家负担加重

劳动力是构成生产力的最基本因素，伴随人口老龄化而产生的劳动力年龄结构的老化，劳动人口比重的下降，必将影响到劳动力生产率的提高，对经济发展有很大的影响。

5、地区老龄化程度差异较大。

上海的人口年龄结构早在1979年就进入了老年型，而青海、宁夏等西部省、自治区预计要到2010年左右才进入，相差约30年。

第三节 老龄化带来的机遇

21世纪，世界许多国家面对的一项重大挑战就是人口的老龄化。然而这对企业来说，却意味着一个藏金蕴银的大市场，这个市场被称为“银发市场”，养老产业正成为一项新兴的朝阳产业。在一些发达国家，围绕老年人消费市场应运而生的企业目前已经初步形成了一个现代商品和服务的产业延伸链，在老年餐饮、保健、文化娱乐、康复保健、旅游、住宅、社区服务业等产业方面发展潜力非常巨大其中，在银发产业中，增长最快、最具潜力的是养老机构。据调查，60岁以上老年人口余寿中有三分之二的时间处于带病生存，需要不同程度的照料，5%的老年人有入住养老机构的愿望。目前，发达国家的社会服务业收入占GDP总值的60%以上，而我国仅占GDP的40%左右，发展相对缓慢、潜力最大的恰就是养老服务业。

据全国老龄委办公室统计，截止2013年底，中国老年人口总数将超过2亿，到2025年，老年人口总数将达到3亿，到2050年我国老年人口总数将超过4亿，即每三个人中就有一个老年人。社会老龄化结构的加剧，使得“银发经济“拥有了庞大的市场。资料显示，目前我国养老产业规模可达1万亿元，而养老地产在其中占有着不小的比例，这给房地产等相关企业带来了新的发展机遇。

第二章 养老模式与养老机构的发展概述

第一节 国外养老模式概述

早在1965年，法国成为第一个老年型国家，之后是瑞典。20世纪后，欧美一些发达国家相继步入此行列。由十有经济实力的支撑和西方居家形态诸多方面的因素，这些国家养老对策的共同之处是依赖“社会养老”功能。以美国为例老年人的居住设施大致分为五类：独立式住宅、老年公寓、养老院、护理院、老年养生社区，每一类辅以相应的服务管理体制。亚洲国家中，日本、新加坡等也逐步进入了老年型国家之列。因为有较雄厚的经济实力，这些国家一方面汲取了西方社会福利养老的特点，充分赋予老年人优厚的社保：另一方面，基十传统东方家庭观念的延续，它们还致力十开发家庭养老的功能，如提倡和鼓励“多代同居”(例如“两代居”集合住宅和“多代同堂组屋”等)。

一、国外养老社区

世界上较早进入“银发”时代的国家——英国，对老年人采取的社区照顾的模式，取得了相当不错的成效。这一模式，对十逐渐步入老龄化的中国，有相当大的借鉴意义。国外集中养老模式(社区)的比较见表1。

表1 国外养老模式比较表

项目	产品特点	借鉴之处
美国	建筑规模大，有各种各样的俱乐部，开设课程和组织活动多。	完善的配套设施
日本	良好的社会保障、保险体系、提供无障碍设施的老龄人住宅产品、具有看护性质的老龄人住宅产品、能和家人共同生活（二代居）的住宅产品；	老年人住宅产品与其他租售性质的住宅产品混合设计在一个生活社区内，突出自助自理。
欧洲	国家政策倾向于让老年人居住在独立的公寓中。建筑将三种元素结合在一起：城市意味、社区功能和生态目标。	建筑元素的集合处理，让老年公寓不显孤独。
新加坡	一般兴建在成熟的社区中。公寓户型一般分为35平方米和45平方米，为一位或两位老年人提供生活空间。	住宅的户型设计及内部结构设计标准的特殊化考虑。

二、其他养老模式

在丹麦，目前最流行是自助养老社区(D工Y)。异地养老、跨国发展养老产业在欧洲渐成潮流。目前在美国一些地方，“以房养老”已被许多美国人认为是一种最有效的养老方式，美国，是“以房养老”模式的鼻祖。许多美国老年人在退休前10年左右就为了自己养老而购买了房子，然后把富余的部分出租给年轻人使用，利用年轻人支付的房租来维持自己的退休后生活。由于美国的房屋出租业比较发达，美国人支出的房租大约占个人支出的1/4到1/3，因而房屋出租的收益也是比较可观的。

第二节 养老模式分析

一、养老模式

家庭养老、机构养老和社区居家养老是我国目前二种基本的养老模式。家庭养老是传统的养老模式：机构养老是社会化的养老模式：社区居家养老是一种兼顾家庭和社会的养老模式。

(一)家庭养老

中国是崇信儒家文化的国家，长期以来形成了“家庭养老”的传统模式，养儿防老、家长的主导地位、几代同堂等传统观念根深蒂固。选择家庭养老的人们，他们生活在家庭中，感到“熟悉”和“自由”，经济上也比较划算，从社会的角度考虑，家庭养老的社会硬件设施成本几乎为零。但家庭养老在新形势下的脆弱性显示出其历史的局限性。现代社会的人际竞争加剧，生活节奏加快，工作负担加重，致使家庭养老的人力成本剧增，一般家庭难以承受，赡养者疲惫不堪；加上“421型”家庭的增多、空巢家庭等等问题的出现。家庭养老这一传统养老方式必将随家庭结构的变化而逐步向社会养老过渡。

(二)机构养老

机构养老是指由专门的养老机构(包括福利院、养老院、托老所、老年公寓、临终关怀医院等等）将老人集中起来，进行全方位的照顾。正规的养老机构，其口常管理均要严格。机构养老是相对十家庭养老来说的，主要分为福利机构养老和老年公寓养老。福利机构养老，主要针对城镇人口中的“二无’夕老人、农村人口中的“五保’夕老人。在机构养老中主要有两种类型，一种是由政府出资兴办的国有敬老院，一种是由非营利组织出资或个人出资的非国有的老年公寓、护老院等。随着现实的需要，近两年我国还出现了一种新的养老院类型，即公办民营的养老机构。机构养老作为老年人福利的重要组成部分，可以为那些身边无子女、生活不能自理或不能完全自理的老人提供住养、生活照顾、理疗康复等专业护理的服务。

（二）社区居家养老

社区养老是指老年人住在家里或社区养老机构里，在继续得到家庭成员照顾的同时，由社区承担起养老工作或考托老工作的一种养老服务形式。社区养老能够将家庭与社会二者有机结合起来，极大地满足老年人的养老需求。社区养老社会化服务就是由政府倡导并推动，以街道办事处、居民委员会为组织依托，充分动员社区中的财力、物力和人力资源，使老年人能够按照个人的意愿，生活在熟悉的环境中，留在亲人、熟识的邻居和朋友中间安度晚年。社区是老年人生活和活动的主要场所，在提供养老服务方面具有很大优势。社区养老既能满足老年人留在家里，享受亲情的需要，又能满足老年人接触社会，融入社会，享受友情和邻里互助情的需要。社区能向老年人提供经常、就近、方便和及时的服务。社区养老社会化服务作为连接老年人家庭与社会的重要纽带，是家庭养老功能弱化对社会养老照料压力的减压器，同时，社会许多对家庭养老功能的支持与政策也需要通过社区养老社会化服务来体现。它能够充分调动和有效利用家庭、社会和个人的力量和资源，发挥代际间、邻里间、社区成员间的互助互动作用，使老年人的养老服务需求得到保障。

二、养老服务模式选择分析

（一）巩固家庭养老的基础地位，加强家庭养老的功能

家庭养老的优势：老年人在家庭中养老，不仅可以得到儿女的生活照料和经济帮助，更重要的是得到儿女的精神慰藉，享受天伦之乐。给老人提供精神慰藉主要靠家庭，家庭中的亲情交流和老年人的精神需求是社会服务无法替代的，家庭是老人的一种心理支持，它能增进老年人的生活勇气和增强老年人的安全感。

家庭养老受到的挑战：家庭结构小型化，使得家庭的养老功能极具弱化；城市化进程和人口流动的加快制约着家庭养老功能的发挥；新时代老年人口和“三无老人”的保障与服务是家庭赡养功能无法满足的。

（二）以社区养老为依托，补充家庭养老的不足

社区养老的优势：社区养老是对社会福利机构养老模式的加强与升级，社区提供专业的陪护人员，让老年人能够在自己的家里养老，与保姆服务有点类社区养老服务受到的挑战：法律法规不健全不完善，社区养老职能缺乏相应的政策法规和完善的服务体系支撑；观念落后，服务意识相对薄弱；政府和社区未真正分开，政府职能不清；资金短缺，资金来源方式单一；社区养老服务机构及设施不完善；社区养老服务专业化水平低，服务内容过于简单。

（三）以机构养老为补充，让老人体验家的感觉和专业化服务

机构养老是指让老年人入住到养老机构进行的一种养老方式。目前，我国的养老机构可以根据它们在工商局注册还是在民政部门注册，分成营利和非营利两类。主要有养老院、老年公寓、托老所、老年护理院、敬老院等，这些养老机构具有专业化、社会化、市场化的特征，为老年人提供专业化的生活照顾服务及健康护理。机构养老在理论上能够为老年人提供更专业化、更人性化的服务。老人在养老机构中各种社会活动和交往、丰富的文化生活有助于解除其孤独感，从而提高其生活品质，机构这种集中供养的方式可以确保老年人口的安全。从另一个角度讲，专业分工、规模经济效应可以使家庭服务的社会供给成本低于家庭供给成本，从而减轻家庭的经济负担。子女也可以从繁杂的照顾老年人的口常生活中解脱出来，有助于减轻子女的压力，使得他们拥有更充分的工作和学习的时间。

同时，机构养老可以充分发挥专业优势，创造更多就业机会，吸纳更多的人从事养老事业，缓解整个社会的就业压力。所以，机构养老在现实社会中有其存在的必要。

机构养老的产生和发展具有历史必然性；家庭和社区都不能保证老有所养的那部分人，就要依靠机构养老来作为补充；生活严重不能自理的老年人，家庭、社区又护理不了的老年人，都要依靠专门的机构来养老；一些高级知识分子的老人和经济条件充裕的老人，他们对专业化服务和生活品质的追求促进了高档养老机构的产生。随着人们观念的改变，越来越多的人愿意选择入住养老机构养老。

机构养老作为养老方式的补充选择，有其存在的客观必然性。目前，我国的养老机构处于一种供不应求的状态，善养老制度，规范养老机构的发展，且人们的观念在逐渐改变，相信只要能够完适当降低收费，提高服务质量和服务人员的专业化水平，机构养老将是老年人的最终选择。

第三节 养老机构的发展

一、养老机构现状

随着老龄化趋势的加剧，“机构养老”也在作为社会养老体系的重要补充而兴起，但这项朝阳产业却遭遇了重重瓶颈。公办养老机构的床位严重不足，有的地方床位预约已经排在多年之后。而民办养老机构也面临着一系列的

难题。它的数量少规模小，在我们整个的养老机构里只占了10%左右，而且民办的养老机构多数都是中小型规模的，大部分目前民办养老机构是靠租房来营业的，条件、功能还是很有限的。总体来说，我国养老机构床位缺口数量大，入住率低，形势不容乐观。

（一）养老机构服务水平参差不齐

条件好的养老机构普遍收费较高，老年人无力承受，而收费低的条件又不好，老年人无法接受。我国的养老机构社会化服务水平偏低，与人口老龄化步伐发展不相协调。

（二）养老机构的功能雷同、结构单一

目前，我国的养老机构仍然是以“养”为主，仅满足于让老人吃好、住好，康复、医疗、精神生活等服务项目很少。据老人的实际需求和老年护理的先进标准有很大的差距，整体护理模式尚未很好的贯彻，服务质量有待提高。

（三）养老机构分布不合理

城区养老机构缺口大，而大部分养老机构设在近郊区，家与养老院相距甚远，往返不方便。

（四）服务人员专业素质低

部分养老机构中的管理人员缺乏专业知识，聘用的服务人员多是没有经过专业培训的人员，而且上岗后专业培训的机会也很少，对老年病的护理和一些专门的基本生活护理缺乏了解。

（五）政府缺乏具体的政策支持

政府在服务标准、设施标准、收费标准、法律关系等方面没有明确的规定，导致养老机构良劳不齐、十分混乱。

二、养老机构发展对策

（一）降低养老费用，积极发展和兴建各种层次的养老机构

（二）形成多元化服务体系

养老机构应该实行医疗和养老一条龙服务体系，要建立好一整套的养老服务体系和医疗服务体系，并使之有效的结合起来。同时，要引进竞争机制，使医护人员努力提高自身的专业素质，以适应养老体制的改革。

（三）改善敬老院的分布现状

（四）大力培养职业工作者

应当重视引进专业人才，大力提倡养老机构工作人员的专业培训，尽快为社会准备知识层次较高，理论较为系统的老年护理的人才。

（五）相关政策支持

政府扶持社会力量兴办养老机构，对政府和投资人来说是双赢的局面，一方面可减轻投资人的负担，另一方面减轻了政府承办社会福利事业的压力，又发展了社会福利事业。

三、养老机构产业发展

（一）老年社会福利院

老年社会福利院，就是享受国家一定数额的经济补助，接待老年人安度晚年而设置的社会养老服务机构，设有起居生活、文化娱乐、医疗保健等多项服务设施。

这种类型的养老机构多由国家出资兴建与管理，主要接纳“三无”老人、自理老人、介助老人、介护老人安度晚年。机构通常设有生活起居、文化娱乐、康复训练、医疗保健等多项服务设施。

（二）敬老院

敬老院为老年人养老服务的社会福利事业单位，又称养老院。敬老院的收养对象主要是五保老人。有条件的敬老院，还接收享受退休金的自费老人，坚持入院自愿、出院自由的原则。许多地区还为优抚对象的孤老兴办光荣院，吸收符合条件的对象入院。敬老院贯彻集体事业集体办的原则，入院老人的生活费、医疗费、丧葬费等的供给，均由集体承担，统筹解决。贫困地区的敬老院，集体组织供给有困难的，由国家给予补助。敬老院的宗旨是敬老养老，把安排好老人的物质生活和文化生活放在首位。敬老院经常组织一些老人参加力所能及的生产劳动和适合老人特点的文娱体育活动。有的乡镇把敬老院办成老年人的活动中心，为乡、镇社区的老人提供福利服务。

（三）老年公寓

老年公寓，是专供老年人集中居住，符合老年体能心态特征的公寓式老年住宅，具备餐饮、清洁卫生、文化娱乐、医疗保健服务体系，是综合管理的住宅类型。

老年公寓是指既体现老年人居家养老，又能享受到社会提供的各种服务的老年住宅，属于机构养老的范畴。在北京、上海这样的大城市，老年公寓已经很普遍，并且出现低、中、高档分级。

老年公寓，政府和社会为缺乏子女及亲属照顾的老年人特殊设计、专门建造的居所。

西方国家的老年公寓，多建在环境优美、交通方便的城市郊区或闹中取静的城市中心，建筑风格古朴典雅；室内设备齐全，取用方便，室内布置与一般家庭居室大体相同。公寓设有生活服务、呼救报警、医疗保健、休息娱乐、文化学习、自助劳动等设施和场所。随着西方福利事业的发展及老年公寓条件的改善，许多虽有子女或亲属照料的老年人，为避免代际冲突，也自愿申请到老年公寓来安度晚年。

（四）托老所

托老所，为老年人提供寄托性养老服务的设施，有口托和全托等形式。

所谓托老所是指近几年来在西欧、口本等国兴建的各种类型的“老人之家”。“老人之家”大体上可分三类：一是收容身体健康，生活能自理的老人；二是收容生活可部分自理，还需要部分照顾的老人；三是收容生活上不能自理，患有各种慢性病或残废的老人。

第三章 养老地产发展概述

第一节 养老地产概述

一、养老产业定义

养老产业是社会发展的必然产业，也是从各种具体需求延伸到第一、第二、第三产业托底服务，养老产业是生命存在的服务产业，切忌不可仅仅为满足部分生命的服务，并且养老产业绝对不可以只针对老年人群，应该是包含和覆盖老年人群，因为健康生命的延续和简单，所以OLDAGE提出了养老产业是生命开始的需求研发、设计、准备、应用产业是养老产业的定义，并且一切传统意义上的独立产业都是为其服务的产业。

二、养老地产内涵

养老地产，从建筑设计、园林规划到装饰标准，这类老年地产的建筑产品开发接近于高端住宅产品开发的规律，创新核心在于适老化设计。

养老地产实现了品质地产和优良健管家服务的有机结合，从护理、医疗、康复、健康管理、文体活动、餐饮服务到口常起居呵护，增加设施设备和精心打造专业管理团队。养老地产主要的产品形态包括：保险资金推出的升级版的养老机构，如养老院，把养老地产视做商业地产项目长期经营；开发商推出的养老地产项目。

三、养老地产行业政策

（一）房地产市场调控政策

2010 年出台的政策：

北京市 11 个相关职能部门联手推出一系列楼市调控措施，加强和改善房地产市场调控，支持居民自住和改善型住房消费，遏制房价过快上涨的势头，促进北京市房地产市场平稳健康发展；由住房城乡建设部等七部门联合制定的《关于加快发展公共租赁住房的指导意见》12 口正式对外发布，旨在解决城市中等偏低收入家庭住房困难；国家税务总局下发《关于土地增值税清算有关问题的通知》明确土地增值税清算时收入确认、房地产开发费用扣除等有关的问题；先后两次上调存款类金融机构人民币存款准备金率；国土部将加快编制保障性住房用地供应计划，严格控制低密度大户型住房用地；继续完善土地出让招拍挂制度，加大闲置土地的处理力度，对囤地炒地行为进行专项整治：建部发布通知，对违规出售、出租、闲置、出借经济适用住房，或者擅自改变住房用途目‘拒不整改的，将按照有关规定或者合同约定收回等等一系列的政策。

2011 年后出台的政策：

限购政策：在 2010 年住建部出台了一线城市全面限购政策的基础上，2011 年 8 月 18 口，住建部公布了二三线城市限购标准，标志着限购升级；住房金融政策：2011 年 1 月出台的“国八条”要求，二套房首付不低于 60%，贷款利率不低于基准利率的 1. 1 倍；降低了投机炒房的资金杠杆率，提高了投机成本，有效地遏制了投机需求。

货币政策：2011 年，为管理通货膨胀，央行 3 次加息，6 次上调存款准备金率，大型金融机构存款准备金率曾一度达到 21. 5% 的历史高点。

税收政策：2011 年 1 月 27 口，上海、重庆 1 月起开始实施房产税改革试点；2011 年 1 月 27 口，财政部又发通知，将购买不足 5 年（含 5 年）的普通住宅对外销售由按差额征收营业税改为按全额征收，进一步打击炒房行为。窗口指导：2011 年，金融系统在实际操作中，还执行了针对房地产行业的资金管制的“窗口指导”政策，严格控制房地产开发贷款资金总量；叫停了房地产信托融资；暂停了房地产企业上市融资；所有政策都导致流向房地差开发商的资金数量大幅度减少。

2012 年出台了一系列关于房地产调控表态、支持合理住房需求、资金支持保障性住房的政策；2013 年财政部印发《关于做好 2013 年城镇保障性安居工程财政资金筹措等相关工作的通知》，要求各地进一步做好财政资金筹措与保障工作。通知指出，将采取投资补助或贷款贴息方式支持企业参与公共租赁住房建设运营管理；继续落实好城镇保障性安居工程建设和运营管理涉及的行政事业性收费、政府性基金（含土地出让收入）与相关税收减免政策，切实减轻城镇保障性安居工程建设和运营管理费用。“国五条”出台。在国务院常务会议上，研究部署继续做好房地产市场调控工作。会议提出了完善稳定房价工作责任制、坚决抑制投机投资性购房、增加普通商品住房及用地供应、加快保障性安居工程规划建设和加强市场监管等五个方面的政策措施，并强调加快形成引导房地产市场健康发展的长效机制。国务院办公厅发布《关于继续做好房地产市场调控工作的通知》，要求继续做好房地产市场调控工作，对 2 月 20 口国务院常务会议出台房地产市场调控五项政策措施进一步细化。11 月底，上海、广刊、深圳、北京等城市相继推出新一轮调控政策，主要内容均为收紧限购政策及加大土地供应。随后，二三线城市加入楼市调控大军，“汉七条”等相继出台。

（二）养老地产的支持政策

《中华人民共和国老年人权益保护法》该项法律规定了保障老年人权益的各项制度，逐步改善保障老年人生活、健康、安全以及参与社会发展的条件，实现老有所养、老有所医、老有所为、老有所学、老有所乐。

《关于加强老年人优待工作的意见》明确了为老年人提供各种形式的经济补贴、照顾和优先、优惠服务，促进老年人共享经济社会发展成果。

《关于加快发展养老服务业的意见》提出加快发展养老服务业，要充分发挥政府“保基本”的作用，通过简政放权，创新体制机制，激发社会活力，营造平等参与、公平竞争的市场环境，逐步使社会力量成为发展养老服务业的主体；以深化体制改革、坚持保障基本、注重统筹发展和完善市场机制为基本原则，明确了今后一段时期发展养老服务业的主要任务；针对当前养老服务业发展面临的“融资难”、“用地难”、“用人难”和“运营难”等突出问题，提出了一系列扶持政策。

《中国老龄事业发展“十二五“规划》提出五年目标战略对策方面要建立起应对人口老龄化战略体系的基本框架，制定实施老龄事业中长期规划。经济保障方面建立覆盖城乡居民的社会养老保障体系；确定了六个原则就是，与经济社会发展相适应，立足当前着眼长远，政府引导与社会参与，家庭养老与社会养老相结合，统筹协调与分类指导相结合，道德规范与法律约束相结合。

《社会养老服务体系建设“十二五“规划》主要考虑应对人口老龄化挑战的需要，解决我国养老服务存在问题的需要，贯彻中央决策部署的需要。

《关于全面推进居家养老服务工作的意见》提出推进居家养老服务工作的基本原则，根据城市和农村不同情况，明确提出了“十一五”期间城乡居家养老服务工作的目标任务。

第二节 我国现有养老地产模式分析

一、机构养老模式

案例：广州友好老年公寓

广州友好老年公寓是由广州友好医院兴办的养老机构，是全国最大的、集养护、托管、娱乐、康复和医疗等服务于一体的大型老年人社会福利机构。公寓主要包括公寓和会所两部分，会所内设老年大学、寿星农庄、怀旧馆、寿星网吧、图书室、老人文化广场、大型歌舞厅、音乐茶座、自选商场等，并且每天都为老人安排丰富多彩的文化娱乐活动。友好老年公寓环境优良，人情味较浓，因此，除本市市民外，还吸引了众多的香港老人来此养老，是民办养老机构中非常成功的一例。

案例：北京银龄呵护中心

位于西城区北草厂的银龄呵护中心是北京市第一家无障碍老年公寓是一家五星级标准的养老机构。居住在这里的老人行动主要靠轮椅，银龄中心就把无障碍设施细化到了每一个角落，深入到老人们日常生活的每一个环节：这里所有的地面都是防滑的，所有的墙壁都有两种高度的扶手，所有的电梯都有盲文提示、语音提示。老人居住的每个房间都有数个呼救器，呼救器直通护理站，老人一按，工作人员就可以看到老人所处的方位，及时为老人提供各种服务。呵护中心还委托附近的复兴医院，对老年住养服务、日托服务、康复健身服务等进行全面管理，以及建立健康档案，保证老人享有医疗服务的快速通道。银龄呵护中心的服务模式，得到社会的广泛认可，已在更大的范围内推广开来。

模式分析：

机构养老曾被认为是现代化的社会养老模式，有人极力予以鼓吹，养老院有专职养护人员和配套的养老管理，专业水平比较高。但根据中国国情，从总体发展趋势上看，养老院、老年公寓不可能成为中国社会化养老模式的主要选。有以下方面的原因：第一，造成资源的浪费。老人原来都有自己的住所完善的生活设施，老人进到养老院以后，这些都将闲置，而养老院要重新占择和用土地资源和水电资源，造成浪费；第二，养老院的收费相对来说是比较高的，并非多数家庭能够承受得了，而且，越来越庞大的老年人口规模也是养老院难以容纳的；第三，最关键的是绝大多数老年人并不愿意去养老院。老人离开了自己熟悉的家庭环境，来到相对陌生的地方，和原来并不熟知的人朝夕相处，这将增加他们的失落感。许多养老院里都是能活动的老人与患病的、卧床的、痴呆的老人混居，一进养老院就闻到一股浓浓的异味，让人产生一种压抑感。老人进到养老院，对子女来说可能是一种解脱，但对老人来讲，往往是迫不得已而为之。因此，机构养老虽然成为我国重要的养老模式之一，但不能满足众多其他需求的老年人群需要。

二、社区居家养老模式

案例：上海

1997年开始，上海就设立了名为“88547"(拨拨我社区）的社区服务网，为老人提供全方位社区服务，支撑它的是各级社区服务中心和各种老年活动室、老年茶室、敬老院、老年医疗咨询室、家庭病床、老年互助组、老年食堂、老年浴室等等，几年来，取得了良好的社会效益，也为众多城市社区所仿效。

案例：广州

广州市的社区服务网络近年来也在不断完善，不少街道都建立了敬老院、医疗站、老年活动中心等等，有的街道还为孤寡老人安装了“生命钟”，老人有紧急需要时只要一按“生命钟”，邻居就会过来给予帮助。

模式分析：

社区居家养老相对十家庭养老和养老院养老而言，可谓兼有两者的长处又避免了两者的短处，是一种扬长避短的理想养老模式。它的优越之处有以下几点：

第一，社会成本低。不需要太大的基建投资，一个社区只要有几间房屋略加改造即可成为养老护理服务中心；

第二，大量的资源将得到充分利用。老人居住在自己的家里，饮食起居的一切物品都会继续发挥作用，在一定意义上可以说是通过社区服务的方式把家居住房设施变成一个老年公寓；

第三，所需费用较低，服务方式灵活，可以自由选择。养老护理服务中心提供的服务价格比较低廉，而且，可以根据自己的经济承受能力选择服务方式，经济条件好的可以选更多一些的服务，条件差的可以选择最基本的服务；

第四，老人不离开自己熟悉的社区，不离开自己多年居住的住所，又能得到充满亲情的养老护理服务，老人对这种养老模式是非常欢迎的，他们不会有失落感和压抑感。

但是这种模式仍然存在一些问题，主要表现在以下方面：

第一，人员专业化程度不高，具有医学或护理学专业知识背景的高层次护养人员奇缺；

第二，所提供的服务内容有限，以简单的家务劳动和情感沟通为主；

第二，资金来源上过度依赖社会力量和慈善捐助，自身缺乏应有的积累：

第四，服务对象的覆盖面不广，很多有需求的老人得不到相应的服务。只有符合了一定标准的老年人（如困难老人、空巢老人等）才能成为居家养老院的成员，享受相应的服务，而由于资金和人员的限制，普通的老年人并为纳入到服务目标人群中。

三、复合型养老模式（社区 + 医院 + 地产）

案例：台湾长庚养生文化村

这是台湾最新提出的集养老、医疗、生活、娱乐等功能于一体的房地产概念一养生文化村。它以长庚医院雄厚的医疗资源为后盾，延伸出“银发族”养生服务。该文化村占地 34 公顷，内有养老住宅 3600 多户，2004 年 10 月，第一期 706 户入住，一旦全部入住，这里将成为全球最大的银发社区之一。养生村内的健康服务内容包括：设立社区医院，提供居民特约门诊、康复及照顾护理等医疗服务；定期健康检查、防疫注射与体能检测；配备专业人员，提供周详用药管理服务；规划居民个人健康计划，并提供养生处方；建立个人健康资料库；设置全天候监控中心并结合长庚医疗体系，确保高效率的紧急医疗救护功能；定期举办健康讲座、养生咨询等。村内的养生休闲生活也多姿多彩，绿地广阔，甚至还可提供种菜的菜地。村里还拥有完整的社区功能，设有超市、银行、书店、图书馆、餐厅、体育馆、水疗池等，还提供有偿工作。

模式分析：

第一，台湾长庚养生文化村以高质量的服务定位，重视优质、尊荣、休闲与健康等条件，区别于老人院、疗养院等在大众心中的负面刻板印象，强调安全、人际及健康管理；

第二，长庚医院完整的医疗护理，而且平价但高级的定位，为其它银发住宅所不及的；

第三，强调以长庚医院为基础的医疗系统，为高龄者健康的把关，并首采连续式的照护让高龄者不至于受迁移之苦，能在不同的身体状况下接受不同的照护，以作为和其它业者比较的最大优势；

第四，透过房屋中介、媒体、讲座等，让消费者了解银发住宅所要传达的精神。

四、会籍制养老模式

案例：北京太申祥和山庄

太中祥和山庄采用中国传统古典园林建筑，辅以苏州园林式山水，是集养老、康体、娱乐、餐饮、住宿、医疗为一体的大型综合性服务机构，是全国首家推行会员制新型养老模式的国际敬老院，会员老人可享受优惠价位及为其提供的各项服务。山庄的“太医馆”是一所创新 Ifn 不离宗的特型医馆，汇集多名曾纤担任毛泽东、邓小平等党和国家领导人的保健医生和现任保健专家，享受国务院颁发的政府特殊津贴的专家；中国“四大名医”及国家级中西医专家的后代及嫡传弟子，中国中医科学院博士生导师、主任医师、教授等 40 多位“皇城国医”，为会员们提供一流的、特色医疗保健服务。其他娱乐、住宿、及针对老年人设置的无障碍设施一应俱全。专为老年人设计的养老会籍有：祥和会籍、太申养老会籍、太申尊老会籍、太申至尊尊老会籍共计四种。祥和会籍和太申养老会籍会员在山庄居住，可享受会员房价；太申尊老会籍会员可享受免费专属标准房间的居住权太申至尊尊老会籍会员可享受我院提供的免费专属一居室套房的居住权。

模式分析：

第一，太申祥和是全国首家推行会员制新型养老模式的国际敬老院，它开创了敬老院与俱乐部相结合的崭新模式；第二，山庄将传统文化与现代养老敬老事业相结合，创立了中医药健康养生新模式，汇集了多位“皇城国医”，为会员提供服务；第三，山庄的环境及文化氛围独具中国传统特色。

五、异地养老模式

异地养老模式见表 2.

表 2　异地养老模式对比表

	异地模式	代表案例	典型特征	模式分析
异地养老	异地购房	海南、大连、青岛等地部分楼盘、北京银龄公司	以养老为目的的异地购房	异地养老是我国正在探索的新型养老模式。它体现了老人养老能力的增强、养老观念的更新和养老需求的多样化。从国内外经验看，“异地养老”应该遵循经济规律，实施政府扶持、市场化运作的发展
	“候鸟式”养老	大连的互动式异地养老服务中心	不同城市老年公寓之间的置换式异地度假养老	
	“季节性”养老	天津的泰达国际养老院	炎夏和寒冬住到养老院、春秋回到家中	模式。“异地养老是一个复杂的社会工程，不仅包括为老人提供集中养老的居住环境，还包括一系列的配套服务，如”老年人保险、房产转让抵押、养老信息中介等，所以，它的完善成熟需要一个漫长的过程。
	海外华人回国养老	新加坡华人、北美的购物旅游团	炎夏和寒冬住到养老院、春秋回到家中	

六、度假养老基地连锁模式

北京金港家苑

金港家苑是由中国老年学学会北京东方阳光国际老年颐养中心、北京绚丽阳光老年服务有限公司承办的老年综合性服务机构。它实施以北京为中心，把对老人的服务模式推向全国，在经济较发达的沿海城市，风景优美的旅游胜地，如上海、海口、衡山、成都、桂林等地设立分部，届时入住老人可在全国各分部异地居住，旅游休闲，度假养老。金港家苑建立的是一套高标准的服务模式，力求切实符合人心发展和需求的具有高品位、真情感、开拓新视野、集保健、生、康复、护理、健身、娱乐、文化、送终为一体的养老幸福家园。

江苏生态养老连锁

这种结合休闲农业兴起的“度假式养老”基地连锁模式已经在长三角地区出现。从事生态养老连锁经营的上海艳阳集团表示，其在江苏太仓现代农业园内兴建的一处休闲农业基地，正在拓展“度假式”养老服务，并计划在长三角地区建立连锁模式，实施“异地换房、一卡通行”。目前休闲农业在长三角地区发展迅速，“农家乐”式的旅游已成为城里人假日旅游的一个选择。这些休闲农业基地在旅游淡季时，餐饮、住宿和娱乐设施往往处于闲置状态，这些资源可以利用起来，吸引城里老年人前来，向他们提供度假式的养老服务。在旅游淡季，城里老年人只要花费正常价格的1/5左右，就可以到休闲农业基地一边度假，一边养老。到了旅游旺季，老人们就可以回城和家人团聚。并且，这种休闲度假式养老，将在长三角地区形成连锁经营模式。

模式分析：

是一种将养老和度假旅游完美结合的一项全新产品。它以基地连锁的扩张形式来完成整体运作，以统一的经营模式、全包式的服务，高性价比的度假养老产品赢得客户，与其他度假产品不同，它的特点是针对老年人养老需求的，是高品质的度假养老，前景十分广阔。

在整个连锁基地建设的进程中，一个独立的连锁基地可能不营利或者亏本，但当整个连锁机制启动起来、并形成品牌之后，整体营利模式能达到一个非常好的水平。在多样化的养老模式不断涌现的今天，这种全新的养老概念必将以其独特的产品、经营模式和准确的市场定位迅速打开市场，大有可为。

七、分时度假时养老

案例：浙江城仙居

农家乐公寓“城仙居”，是浙江联众乡村资源开发有限公司在浙江临安兴建的新型养老模式。公司在生态环境良好、风景优美的村落，与村民签订协议，

由公司出资，按统一标准对他们的住房进行改建装修。改建后的“城仙居”房间按宾馆标准间建造，房子的产权仍归农民所有，农民可任选两间居住，一楼的餐厅也由农民经营。其余房间30年的使用权和经营权归联众公司所有，期满后归还村民。在30年使用期内，联众公司把这些房间用于休闲产业。“城仙居”的客人只需花5-6万元，就可以获得其中的一间房间30年居住权。在这30年中，投资者可以定期或长期居住，也可以请联众公司代为出租，获得租金收益。

公司还提供了一个会员交换平台天目山“城仙居”的主人，可以根据自己的喜好，到莫干山的“城仙居”小住几天，到黄山的“城仙居”住个把月，到千岛湖的“城仙居”住一阵子……而且，这种易地居住是免费的。公司在天目山当地相继开发了九思湖畔、西坑云海、立塔人家、大有桂谷四个休闲养生公寓项目，莫干山、千岛湖和黄山的项目也已经开工。

模式分析：

分时度假式养老是借鉴分时度假旅游模式而出现的养老新模式，是一种将房地产业、酒店业、旅游业、养老业结合在一起的一种商业新概念，它引入时空经济学原理，对旅游业、房地产业、金融资源进行整合，扩大了资源边际效益，实现了资源共享。但在我国，尚处在萌芽状态的分时度假模式，我们认为可以还有一些作为，但不具有普遍意义，且利润不高。

八、辽宁连锁养老超市

在辽宁出现的这种养老超市并不是一个营利的经营性超市，它是设在各市民政部门的一个老年人服务平台。这种超市提供包括涉老法律咨询及维权求助服务，居家养老、社会机构养老咨询服务，老年保健、医疗知识咨询服务，老年公益活动推广及信息传播服务，异地养老推荐及旅游咨询服务，提供老年产品配送服务。这种集多功能十一身的新型养老服务超市，全方位地满足了广大老年朋友的各种需求，其宗旨是协助党和政府更加系统地研究老年社会

的有关问题。

模式分析：

这种连锁超市服务功能强，介入门槛较低，有广阔的客户市场和服务群体，目前，虽为非营利性机构，但随着市场化的运作，社会资金逐步介入养老产业，此项目可通过向社会提供优质、高效廉价的各项养老服务最终成为市场化运作的项目，实现经济效益与社会效益的统一。

第三节 养老地产的发展现状与前景

一、养老的地产发展现状

（一）养老地产属新领域，产业尚未成熟

1、从已建成的老年公寓来看，存在数目少，规模小、分布地区不广。

我国现有不同规模的老年公寓800家，规模都比较小，很多城市的老年公寓建设尚处于启动阶段，北京市仅有几家房地产公司对这种新型房地产商品类型进行了调查摸底，许多房地产开发企业还未注意到这一具有相当生命力的房地产产品新类型。

2、市面上现有的老年公寓品质层次较低。

一些地区存在名为老年公寓的住房，并未考虑老年人的生理行为特征，其居住小区不仅规模小，配套设施不齐全，而且多为原来的已开发住房，只冠以“老年公寓”之名进行销售，从选址规划，户型设计到相关服务设施的建设与实际意义的老年住宅相距甚远；即使是专为老年朋友开发的老年住宅单在物业管理方面也存在不足，老年住宅开发完毕后的经营不仅是一般的物业管理，而且是多种专业化经营与管理，更需要体贴入微的服务态度和质量，而大多开发商或物业管理单位对老年住宅的管理却是泛化、片面化，往往只流于形式，不能进行深入的管理。

3、从行业生命周期看，我国养老地产还处于幼稚期

老年地产在国际上很早就被提出，如今，美国、口本、新加坡等国的老年地产已经相对成熟。但在中国，长期以来由于传统的家庭养老观念以及购买力的制约，老年地产在近十余年才开始兴起，目前仍处于幼稚期。

（二）中国养老住宅的需求正在快速增长，对养老地产的投资在未来有着广阔的前景。

1、人口：截止2012年底，中国60岁以上的老年人口达到1.94亿，占总人口数的14.3%;

2、购买力:2000年国家有关部门通过调查和分析预测，到本世纪一十年代末中国退休劳动者一生的积蓄总和相当于全国国内生产总值的1/3;另据中国老龄人协会估计，中国老年人消费约每年3000亿人民币，而且随着老年人消费观念的逐步转变，其消费数额还将得到进一步增长。

3、购买意向：在“计划生育”的浪潮下，中国“养儿防老”、“三四代同堂”的观念和家庭组合在不断发生变化，而小型“核心家庭”、“三口之家”的比重不断上升；传统的家庭养老和消费观念已不在适应口益增长的老年人对万年居所消费的要求，许多60-70岁的老年人养老观念已发生明显改变，具有强劲的要求。

二、养老的地产发展前景

据统计，截止目前全国已有超过20余家中、大型房企高调宣布进军或涉足养老地产，如万科、保利、绿城、远洋等，有的还专门成立了“养老地产事业部“或“养老产业专业管理公司“，中国平安等保险企业也纷纷涉足养老地产领域，以期沿长保险产类链。如今，在常规房地产开发竞争口趋激烈，中国“银发经济“口益显示出光明前景的情况下，养老地产已成为市场上的新蓝海。

虽然目前养老地产行业还处于早期发展阶段，但相信随着老龄化社会的到来，养老地产的社会需求将迅速增长，在相关经营方式不断成熟和服务理念更新转变的带动下，养老型地产业将实现社会效益与经济效益的“双赢“，并拥有广阔的市场发展前景。

第四章 山西省房地产市场发展分析

第一节 房地产投资开发

一、开发投资保持较快增长，占固定资产投资比重提高

2012年，全省房地产开发企业完成投资突破1000亿大关，居中部第五位，居全国第24位，同比增长27.9%0 2013年，全省房地产开发企业完成投资1308.6亿元，同比增长29.5%，占全省固定资产投资的比重为12.0%，比上年提高0.6个百分点，对全省固定资产投资的贡献率为14.8%，比上年提高2.3个百分点，拉动全省固定资产投资3.4个百分点，比上年提高0.6个百分点。

二、商品住宅投资快速增长，大户型住房投资比重下降

2013年，房地产开发企业住宅投资完成958.8亿元，同比增长30.3%，增幅比上年加快10.8个百分点，占全省房地产开发投资的比重由上年的72.8%提高到73.3%。按户型看，90平方米及以下住房投资完成290.3亿元，同比增长34.0%，增幅比上年加快3.8个百分点，占住宅投资的比重由上年的29.5%提高到30.3%; 90-144平方米住房投资完成475.0亿元，同比增长35.7%，增幅比上年加快20.9个百分点，占住宅投资的比重由上年的47.6%提

高到 49.5%；144 平方米以上住房投资完成 193.6 亿元，同比增长 14.6%，增幅比上年回落 2.6 个百分点，占住宅投资的比重由上年的 23.0% 下降到 20.2%0 2013 年各类户型住房投资情况见图 1.

图 1　2013 年各类户型住房投资占比情况

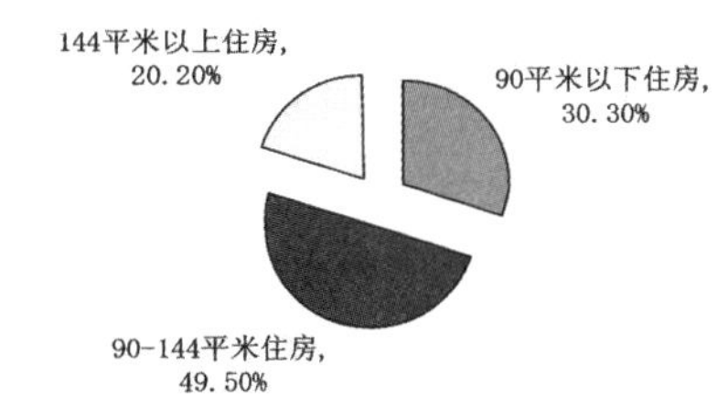

三、房地产开发业呈现规模化发展趋势

2012 年，国家下达的山西省保障性安居工程建设任务为 33.23 万套，计划完成投资 400 亿元，其中城镇保障性安居工程建设任务为 28.23 万套，竣工 7.11 万套，计划完成投资 388.45 亿元。2012 年，我省开工建设保障性安居工程房屋 34.4 万套，竣工 12.2 万套，投资完成 436.8 亿元，各项指标均超额完成国家下达的任务。

2013 年，全省有工作量的房地产开发经营项目 1792 个，开发投资完成 1308.6 亿元。其中：计划总投资 5 亿元及以上的项目 276 个，占全省房地产开发经营项目的比重为 15.4%，开发投资完成 700.0 亿元，占房地产投资的比重为 53.5%，比上年提高 3.3 个百分点；计划总投资 1-5 亿元项目 727 个，占全省房地产开发经营项目的比重为 40.6%，开发投资完成 470.5 亿元，占 36.0%，比上年下降 0.1 个百分点；计划总投资 1 亿元以下项目 789 个，占全省房地产开发经营项目的比重为 44.0%，开发投资完成 138.2 亿元，所占比重仅为 10.6%，比上年下降 1.6 个百分点。

图 2　2008 年以来 5 亿元及以上开发项目投资情况

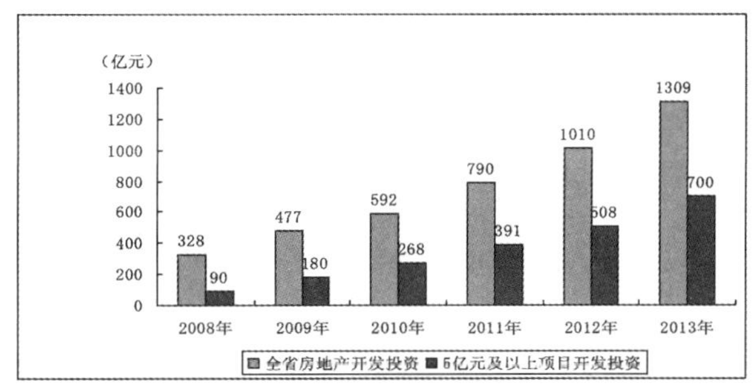

四、房屋施工规模继续扩张，新开工面积、竣工面积快速增长

2012 年，全省房地产开发项目房屋施工面积 11714.3 万平方米，同比增长 25.9%，增幅比上年加快 3.4 个百分点，其中住宅施工面积 9299.6 万平方米，同比增长 20.5%，增幅比上年回落 2.8 个百分点；房屋新开工面积 4166.3 万平方米，同比增长 46.2%，增幅比上年加快 43.8 个百分点，其中住宅新开工面积 3271.1 万平方米，同比增长 34.6%，增幅比上年加快 27.6 个百分点。

图 3　2012 年房地产开发企业房屋施工规模增长情况

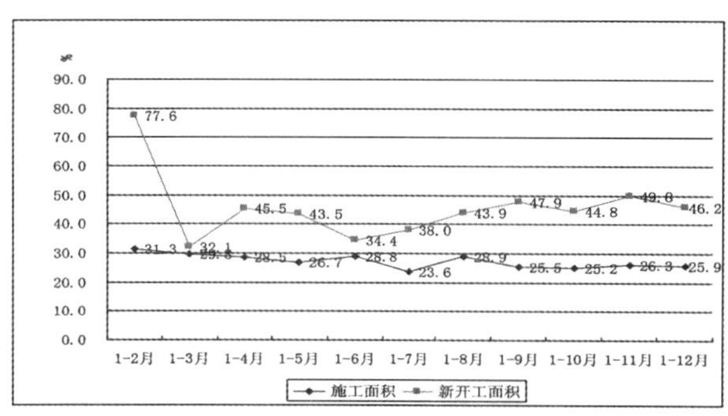

2013 年，全省房地产开发项目房屋施工面积 14040.0 万平方米，同比增长 19.9%，增幅比上年回落 6.0 个百分点。其中，住宅施工面积 10754.9 万平方米，同比增长 15.6%，增幅比上年回落 4.9 个百分点；办公楼施工面积 327.1 万平方米，同比增长 51.0%，增幅比上年加快 20.5 个百分点；商业营业用房施工面积 1647.8 万平方米，同比增长 31.5%，增幅比上年回落 19.9 个百分点。2013 年，全省房屋竣工面积 2284.8 万平方米，同比增长 31.8%，增幅比上年加快 49.7 个百分点。其中，住宅竣工面积 1848.0 万平方米，同比增长 28.7%，增幅比上年加快 52.7 个百分点；办公楼竣工面积 30.8 万平方米，同比增长 1.06 倍，增幅比上年加快 143.4 个百分点；商业营业用房竣工面积 273.0 万平方米，同比增长 49.5%，增幅比上年回落 16.6 个百分点。

图 4　2013 年房地产开发企业房屋施工、竣工规模增长情况

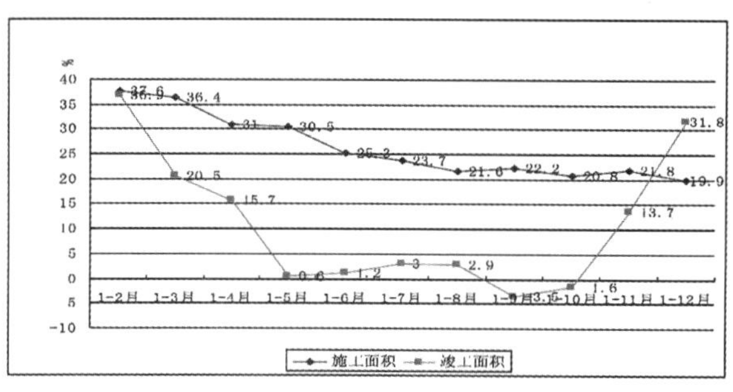

五、保障性安居工程建设超额完成任务

2012 年，国家下达的山西省保障性安居工程建设任务为 33.23 万套，计划完成投资 400 亿元，其中城镇保障性安居工程建设任务为 28.23 万套，竣工 7.11 万套，计划完成投资 388.45 亿元。2012 年，我省开工建设保障性

安居工程房屋 34. 4 万套，竣工 12. 2 万套，投资完成 436. 8 亿元，各项指标均超额完成国家下达的任务。

2013 年，国家下达我省的城镇保障性住房年度任务为新开工 18 万套，建成 17 万套。为进一步加大民生保障力度，今年我省下达各市城镇保障性住房的目标任务为新开工 23 万套，建成 21 万套，年度投资 442 亿元。据山西省住房和城乡建设厅统计数据显示，截止 2013 年底，我省新开工城镇保障性住房 24. 2 万套、基本建成 22. 1 万套，分别超出国家下达任务 34. 5 和 30 个百分点；完成投资 542. 85 亿元，超出年度计划 38. 5 个百分点。各项指标均完成国家下达我省的保障房建设目标。

第二节 房地产供需情况

一、房地产供需情况

1999-2012 年，山西省房地产市场供给比降低，从 2008 年开始，市场供需比持续增长。2008-2011 年，市场供给年平均增长 28% 左右，而市场的需求年均增长仅为 9% 左右；2012 年前七个月，市场供给量 2463.16 万平方米，而需求仅为 612.7 万平方米，供给比达到近期最高值 4.02。其中，办公楼商品房的供需比波动性较为明显，住宅和商用营业房的供需比波动性不明显。房地产市场空置率将升高，库存房屋数量增多。

二、房地产价格

山西省商品房平均销售价格从 2008 年后持续攀升，2010 年平均价格同比增长达到历史最高水平，其中平均价格为 3487 元 / 平方米，同比增长 28.8%。住宅和经济适用房售价持续升高，年均增长 13% 和 5.5% 左右，2010 年售价分别达到 3338 元 / 平方米，其他类型商品房价格波动较大；近年来受到政府及各地方出台的房地产政策的影响，房价虽然有所抑制，但大部分还是有所上升。

三、房地产销售结构

近几年，住宅的销量高于其他类型的房地产产品，且销量的差距在拉大，2010 年占据销售总体面积的 89.5 %；经济适用房的销量近年来出现明显下滑，2008 年被商业营业房超越；办公楼、别墅和高档公寓的销量相对较低，2010 年销量分别仅占 0.9% 和 0.17% 左右。

2013 年，全省商品房销售面积 1642.8 万平方米，其中住宅销售面积 1484.4 万平方米；商品房销售额 728.3 亿元，其中住宅销售额 625.1 亿元；中小户型商品住宅销售面积占比提高，2013 年山西商品住宅分户型销售情况见下表 3;

表 3　2013 年山西商品住宅分户型销售情况

项目	销售面积（万平方米）	增速（%）	比重（%）	销售额（亿元）	增速（%）	比重（%）
商品住宅	1484. 4	6. 8	100. 0	625. 1	21. 8	100. 0
90 平方米及以下住房	286. 9	26. 4	19. 3	104. 0	42. 9	16. 6
90-144 平方米住房	898. 2	1. 3	60. 5	344. 4	13. 1	55. 1
144 平方米以上住房	299. 3	8. 1	20. 2	176. 8	30. 0	28. 3

第五章 山西省养老地产发展分析

第一节 人口老龄化

一、老龄化现状

建国以来，山西人口年龄构成经历了由年轻型到年老型的转变。从历次人口普查来看，1953 年 (第一次人口普查)，山西少儿人口、老年人口、老少比、年龄中位数分别为 34.89%, 4.74%, 13.99%, 24.31 岁，属年轻型 ;1964 年 (第二次人口普查)，受第一次生育高峰作用各项指标发生逆转，人口年龄构成更趋年轻化，为典型的年轻型 ;1982 年 (第三次人口普查)，年龄构成指标均达到成年型 ;1990 年 (第四次人口普查)，年龄构成各项指标均向成年型后期变化，其中少儿比重达到年老型，处在成年型后期 ;2000 年 (第五次人口普查)，老年比重为 6. 33%，其它指标均达到年老型，临近年老型。通常把一个地区 65 岁及以上老年人口比重占到 7% 以上，作为判断进入老龄化社会的一条红线。2003 年山西 65 岁及以上老年人口比重达到了 7%，跨入老龄化社会门坎的时间比全国晚了 3 年。历次人口普查山西年龄构成变化情况见下表 4。

表 4　　山西省人口年龄构成变化情况

单位 :%，岁

衡量指标	少儿比重（0-14 岁）	老年比重（65 岁及以上）	老少比	年龄中位数
年轻型	40 以上	5 以下	15 以下	20 以下
成年型	30—40	5—7	15—30	20—30
老年型	30 以下	7 以上	30 以上	30 以上
1953 年	34. 89	4. 74	13. 99	24. 31
1964 年	40. 13	4. 35	10. 76	21. 16
1982 年	33. 36	4. 99	14. 95	22. 8
1990 年	28. 15	5. 39	19. 14	25. 36
2000 年	25. 73	6. 33	24. 6	29. 77
2010 年	17. 1	7. 58	44. 3	35. 17

资料来源 : 山西省历次人口普查资料

二、山西人口老龄化特点

1. 老年人口年均增速较快

第五次人口普查到第六次人口普查的十年，山西总人口由 3247. 12 万增加到 3571. 21 万，总人口的年均增长速度为 0. 96%，而同期 60 岁及以上、65 岁及以上老年人口的年均增速分别达到 2.97%, 2.79%。老年人口年均增速远高于总人口年均增速，这突出地表明了山西的老龄化进程在逐渐加快。

2. 老年人口数量大幅增加

2010年第六次全国人口普查，山西60岁及以上老年人口为411. 78万，65岁以上老年人口为270. 53万，分别占到总人口比重的11. 53%和7. 58%。与2000年第五次人口普查相比，山西60岁及以上和65岁以上老年人口分别增加了104. 53万和65. 02万，占总人口的比重分别上升了2. 07个、1. 25个百分点。在这两次人口普查的十年期间，山西总人口规模增长了9. 98%，而60岁及以上、65岁及以上老年人口规模分别增加了34.02%, 31.64%。这表明山西老年人口数量有了大幅增长。

3. 老年人口年龄构成高龄化

2010年第六次全国人口普查，山西60岁及以上老年人口中，60–79岁年龄段的老年人占到九成(89. 99 %)；65岁及以上的老年人口中，65–79岁年龄段的老年人占到84.76%; 80岁及以上高龄老人分别占到60岁及以上、65岁及以上人口的10.02%, 15.25%。与2000年第五次人口普查时相比，全省60–79岁老年人占60岁及以上人口的比重下降了2. 75个百分点;65–79岁的老年人占65岁及以上人口的比重下降了4. 38个百分点;80岁及以上老年人占60岁及以上、65岁及以上人口的比重分别上升了2. 76 , 4. 39个百分点。虽说相对低龄的老年人仍占到老年人口的大多数，但80岁及以上高龄老人已达41. 24万，比2000年的22. 31万增加了18. 92万，10年间80岁及以上老年人口规模增加了84. 83%，其年均增长速度达到了6. 34%，不仅远超于总人口年均增速，也大大快于60岁以上老年人口年均增速。高龄老年人口增速快和比重的上升，表明老年人口年龄构成呈现高龄化。

4. 高龄老年人口中女性居多

在老年人口中女性要多于男性，性别差异在高龄组更加明显。2010年，山西60岁以上的女性有206. 04万人，65岁以上女性有137. 21万人，分别占60岁以上、65岁以上老年人口的50.04%, 50.72%; 80岁以上的老年人口中，女性有23. 2万人，占到80岁以上老年人口的56. 26%，男女性别比为77. 75。再从老年人口的年龄分组看，60–64岁、65–69,70–74岁年龄组性别比分别为105. 24,104.23, 102.37, 75–79岁年龄组性别比为94. 56，而80岁以上人口性别比为77. 75，表明随着老年人口年龄的延长，老年人口性别比在不断下降，大于平均预期寿命的女性为多，高龄老年人口中女性多于男性。

第二节 养老地产发展优势

一、区位优势

山西省属中国的一个内陆省份，位于黄河中游东岸，华北平原西面的黄土高原上。省境四周山环水绕，与邻省(区)的自然境界分明。东以太行山与河北省为邻；西、南隔黄河与陕西省、河南省相望；北以外长城为界与内蒙古自治区毗连。山西省是通往中原、走向全国的重要门户，也是我国承东启西、联结南北的重要支点。煤炭资源丰富，交通便利，市场广阔，独特的区位优势，良好的投资环境为养老地产发展提供了便利的环境。

二、气候特征

山西省地处大陆东岸中纬度的内陆，东距海岸虽只有300–500千米，但由于省境东部山岭阻挡，气候受海洋影响较弱，在气候类型上属于温带大陆性季风气候。气候宜人，冬天没有东北几省的严寒，夏天没有南方省份的酷暑，比较适宜老年人居住。

三、配套产业

随着我国人口老龄化问题日益严重，养老产业的社会需求在不断增长。我国保险业涉足养老产业的步伐也呈加快趋势。同时，山西省保险业在投资养老地产中也在做尝试。养老的配套产业开发囊括了卫生医疗、服务业、咨询业、旅游产业、房地产业、金融业、保险业、老年设施、家政服务等等产业链，是多种产业独立运作又无缝整合的全新产业。山西省在此方面具有很大的开发潜

第三节 山西省养老服务供应分析

一、养老机构

目前，山西省存在公办养老院设施服务好，但入住难，而民办养老院空床位多，但软硬件设施相对薄弱。据统计，山西省共有1000余家养老机构，其中800余家是农村敬老院，300余家是养老院。养老院中有160余家属于公办，140余家属于民办。公办养老院共1. 2万余张床位，民办养老院共1. 5万余床位。全省平均1000个老人中只有17张床位。

二、专业养老服务人员

养老服务人员数量不足，很大一部分人员不愿意长期从事这一工作、缺乏必要的技能，城市养老院入住人员和服务人员都多于农村养老院。城市养老院平均一位服务人员照顾2–3位老年人，农村的平均是一位服务人员照顾5–8位老人。

第四节 养老扶持政策分析

一、社保政策

山西省对城镇居民养老保险实行个人缴费、政府补贴。政府补贴又分基础养老金补贴和缴费补贴两部分。基础养老金补贴由政府全额支付。市、县(市、区)人民政府应

对参保人员缴费给予补贴。最低补贴标准为：缴 100 元补 30 元、缴 200 元补 35 元、缴 300 元补 40 元、缴 400 元补 45 元、缴 500 元及其以上补 50 元。对城镇重度残疾人、低保户等缴费困难群体，原则上由当地政府为其代缴最低标准的养老保险费。

山西省钊对户籍在本地的人实行新型农村合作医疗保险制度，凡户籍在该地，出生 90 天以后的农村居民及没有参加城镇职工基本医疗保险的城镇居民均可参加（没有年龄上限）新型农村合作医疗。针对城镇职工建立城镇职工基本医疗保险制度，基本医疗保险费由用人单位和职工共同缴纳。退休职工累计缴费达到国家规定年限的不在缴纳基本医疗保险费，按国家规定享受基本医疗保险待遇。

二、房地产市场调控政策

近期，随着各大城市房价的持续上涨，许多需要在年内完成房价调控目标的城市纷纷出台新的调控措施，山西省部分城市也相继出台了一些调控政策。为了扩大住房市场供应，抑制房价过快上涨，满足自住型普通商品住房需求太原市政府下发了《关于进一步加大房地产市场调控工作力度的意见》，一是提高住房限购政策门槛。严格限制党政机关、企事业单位、其他社会组织购买住房数量，发挥信贷政策对房价调控作用，提高第二套住房贷款的首付比例；凡新审批、新开工的普通商品住房项目，建筑面积在 90 平方米以下的套型必须达到开发建设总面积的 70% 以上；最大套型建筑面积不得超过 143 平方米；继续加快各类棚户区（危旧房）改造，2017 年年底前完成成片棚户区改造，基本完成零星棚户区改造；将城中村改造纳入城市棚户区改造范围，加大整村拆除改造的力度，力争在 5 年内基本完成。晋城市出台房地产市场调控新政五措施抑制房价上涨，增加商品房用地供应量、加强商品房价格监管、抑制投机性购房需求、加大保障性住房建设力度、加强市场监测分析。从各地的调控政策看，主要以提高外地购房者门槛以及上调二套房首付比例为主。

三、以房养老政策

当前中国人口老龄化趋势的发展必然会引发大量潜在的社会和经济问题，其中养老保障问题尤为突出。一方面，由十中国目前社会养老保险制度还不完善，存在着制度和管理问题，造成覆盖人群范围狭窄、保障水平低的问题，老人无法完全依靠国家来养老；另一方面，由十我国长期实施计划生育政策，城市“4–2–1'，家庭和“空巢，，家庭大量涌现，使得传统家庭养老模式无法维系，老人完全依靠家庭养老也变得不切实际。由此可见，现行养老保险制度和传统家庭养老模式，已难以应对中国口益严重的老龄化危机，在这样的社会背景下，探索适合本国国情的新型养老模式势在必行。“住房反向抵押贷款”是国外专为老年人晚年生活提供保障的一种解决方案，这一方案为中国解决老年人的养老难题提供了新的思路。国外采用的形式是老年人将住房抵押给银行或特定的机构，获取贷款用十养老，同时老人仍然拥有对房屋的居住权，去世后住房用十还贷。中国结合了自身实际特点，发展出“以房养老”模式，即老人通过对房产的租、换、售和抵押等多种途径丰富养老资金。发展以房养老，在传统的社会养老和家庭养老的基础上，以自有住房为依托，实现老人的自我养老，有助十减少人们刘晚年生活的后顾之忧，有助十弥补社会保障体系的缺陷和不足，对改善老年人的晚年生活、促进社会稳定和社会主义和谐有重要意义。

四、养老地产相关政策解读

《民政部关于鼓励和引导民间资本进入养老服务领域的实施意见》（民发 (2012) 129 号）中提出要鼓励民间资本参与居家和社区养老服务；鼓励民间资本举办养老机构或服务设施；鼓励民间资本参与提供基本养老服务；鼓励民间资本参与养老产业发展；落实民间资本参与养老服务优惠政策。

政府购买公共服务政策：政府购买公共服务是指政府通过公开招标、定向委托、邀标等形式将原本由自身承担的公共服务转交给社会组织、企事业单位履行，以提高公共服务供给的质量和财政资金的使用效率，改善社会治理结构，满足公众的多元化、个性化需求。近年来，一些地方立足实际，在政府购买公共服务方面进行了积极的、渐进式的探索，涉及社区服务、社会管理、养老助残、医疗救助、技能培训等许多领域，取得了良好的社会效益。一些地方采取政府购买居家养老服务的方式解决社会化养老问题。虽然各地对政府购买服务进行了有益的尝试和实践，但进展程度不一，做法也不尽相同，仍面临不少困难和挑战，函待进一步深入研究。

养老服务业”十二五”政策导向：“十二五”期间，相关部门将落实国家现有优惠扶持政策，引导和促进社会力量参与养老服务事业，将加大金融对养老服务的支持力度，增加养老服务企业项目信贷投人，适当放宽贷款条件，尽量降低担保条件，并提供优惠利率。对于规模大、前景好、市场急需的养老服务项目，给予必要的贷款贴息补助。同时，落实税费优惠政策。对养老机构提供的育养服务免征营业税；对非营利性养老机构的收入免征企业所得税；社会力量投资兴办的福利性、非营利性的养老机构自用房产、土地，暂免征收房产税、城镇土地使用税；个人通过非营利性社会团体和政府部门向福利性、非营利性养老机构的捐赠，在缴纳个人所得税前准予全额扣除。此外，企业、事业单位、社会团体等社会力量对养老机构等公益事业进行捐赠的，企业在年度利润总额 12 % 的部分准予在所得税前扣除。动员社会资本参与养老，弥补政府公共产品投人不足，满足不同层次的养老服务消费的需求，成为未来一段时期内中国养老体系建设的重要突破。加快建立健全以居家养老为基础，社区服务为依托，机构照料为补充，资金保障和服务保障相结合，政府主导，社会参与的养老服务体系。

第五节 养老地产发展现状

随着人们生活水平的提高及空巢家庭的剧增，建立特色鲜明、功能齐全的养老地产项目迫在眉睫。就在北上广等一线城市不停的试点“养老地产”的同时，山西养老地产也在慢慢试水。就省城太原来说，截止 2012 年，养老院仅有 67 所，而床位设置不过 6253 张。拥有良好口碑的老年公寓更是屈指可数。面临养老地产发展趋势，太原市也开始了一系列“养老地产”的试点工作。据统计，截止 2012 年太原市的“社区养老模式”试点社区已经有了 100 个，占全太原市社区总数的 1/5，主要是将社区的卫生服务站、健康管理咨询机构、电器维修公司和餐饮企业整合起来，纳入到居家养老的服务队伍中来，依靠社区为老年人养老。

目前，太原拥有良好口碑的养老院有：山西省老年公寓、山西豪景老年公寓、山西慈行静苑老年公寓、温泉老年公寓等。这些老年公寓在环境居住方面基本上可以满足老年人的需求，但是大多都在比较偏远的地方，这其实与老年人真正的需求并不匹配，有些设施陈旧、配套落后，使用的产品也都是社会化产品，没有引入老年专用的产品，而且入住费用也比较昂贵。但是，也有不少楼盘因环境舒适，成为老年人养老居住的不错的选择，比如富力华庭、太原恒大绿洲、太原恒大山水城、宝佳万科紫台、太原万科蓝山、富力城 IV 文栖谷、富力桃园、三千渡、滨河果岭、复地东山国际、怡佳天一城、万达广场、君威玉泉龙苑等。

目前，全省有 16 个县、区被纳入农村居家养老试点，到 2015 年，山西省一半的农村有望实现居家养老。太原市有一些开发商已经赴多地对养老地产进行调查取经，力图做出更好的养老地产项目。

虽然，目前试点投入与未来的巨大的需求相比，仍然存在着巨大的差距，但是随着国家相关政策的不断出台以及越来越多的市场需要，山西养老地产终究将步入正轨。

第五章 长治市养老地产发展分析

第一节 老龄化现状

根据 2010 年“六普”资料及 2011 年、2012 年人口抽样数据显示，全市人口发展保持健康的状态。总体来看：总量稳定增长、老龄化程度进一步加快。

一、人口总量保持低速增长

2010 年一 2012 年三年以来，长治市常住人口总量保持稳定增长的态势。截止 2012 年末，全市常住人口总量达到 336. 97 万人，人口总量占全省的比重为 9. 34%，全省人口总量位居第 5 名。前四位分别为：运城市 (519. 50 万人)、临汾市 (436. 73 万人)、太原市 (425. 63 万人)、吕梁市 (377. 16 万人)。

表 5　长治市 2010 年一 2012 常住人口情况表

年份	常住人口（万人）	增速	总量全省排队	增速全省排队
2010 年	333. 73	1. 16%	5	9
2011 年	335. 36	0. 49%	5	8
2012 年	336. 97	0. 48%	5	7

图 5　长治市 2010-2012 人口增长情况

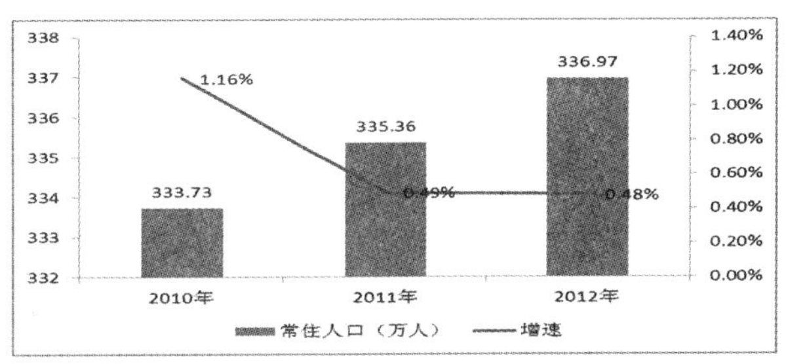

从全市常住人口分布来看：人口最多的县区为城区，拥有总人口 50. 00 万人，人口达 30 万以上的有 2 个县，分别是长子县 (35. 55 万人)、长治县 (34. 44 万人)。其它各县人口情况见表 6。

表 6　2010 年一 2012 年长治市各县区人口增长情况表

县区	常住人口（人）							
	2010 年		2011 年		2012 年			
	绝对值	增速	绝对值	增速	绝对值	排位	增速	排位
长治市	3337305	1. 16	3353632	0. 49	3369666	5	0. 48	7
城　区	484089	17. 90	489896	1. 20	499962	1	2. 05	1
郊　区	281461	-7. 11	282671	0. 43	283086	5	0. 15	10
长治县	341199	0. 84	343478	0. 67	344427	3	0. 28	6
襄垣县	270459	3. 24	272369	0. 71	273371	6	0. 37	2
屯留县	264085	0. 61	266010	0. 73	266935	7	0. 35	4
平顺县	150968	-3. 10	150262	-0. 47	149623	13	-0. 43	13
黎城县	158652	-1. 86	159318	0. 42	159639	11	0. 20	9
壶关县	291869	0. 07	292753	0. 30	293497	4	0. 25	7
长子县	353590	0. 59	354328	0. 21	355529	2	0. 34	4
武乡县	182631	-9. 92	182060	-0. 31	181630	9	-0. 24	12
沁　县	172353	0. 21	172613	0. 15	172934	10	0. 19	11
沁源县	158828	-2. 03	158960	0. 08	159328	12	0. 23	8
潞城市	227121	0. 83	228914	0. 79	229705	8	0. 35	3

二、老龄化程度进一步加快

目前，全市人口年龄结构呈现少年儿童人口比重下降，老年人口比重上升，老龄化程度进一步加大趋势。2010 年“六普”数据显示，全市常住人口中，0-14 岁人口为 584606 人，占 17.53%；15-64 岁人口为 2520823 人，占 75. 60%;65 岁及以上人口为 229135 人，占 6. 87%。同 2000 年第五次全国人口普查相比，0-14 岁人口的比重下降 7. 23 个百分点，15-64 岁人口的比重上升 6. 11 个百分点，65 岁及以上人口的比重上升 1. 12 个百分点。普查年龄构成表明，由于计划生育政策的执行和人们生育观念的改变，多胎生育减少，少年儿童比重有较大幅度下降。同时，由于人们生活水平的提高和医疗卫生保健条件的改善，人口预期寿命不断提高，老龄化进程继续呈现加快趋势，老年人口比重上升，老龄化程度进一步加大趋势。

第二节 长治市主要养老模式与养老机构现状分析

一、长治市主要养老模式

当前，悠久的家庭养老传统仍然是长治市主要的、普遍的的养老方式，农村的家庭养老包含着经济上赡养、生活上照顾、情感上交流等方面的全部内容。虽然部分经济较发达的地区已开始为老年农民发放一定数量的退休金，但为数极少，只能作为家庭养老的补充。城市中虽然绝大多数老年人都与自己的子女一起居住，但他们多系离退休人员，主要是靠离退休金作为自己的收入保障。在城市中约有1/3的老年人(多数为高龄妇女)从未参加过就业劳动，没有收入保障，要依靠子女赡养或靠配偶的收入作为生活的保障。不管有无收入保障，他们的生活照顾和情感交流仍需在家庭内部实现。家庭养老仍然发挥着巨大的作用。从长远的发展趋势看，家庭的养老功能将逐渐被社会所取代。但家庭养老的方式不可能完全消失。只要家庭还存在，它就仍然会保留有某些养老的功能，并继续发挥其作用。

随着老龄化进程的不断加快、家庭小型化和“空巢”老人的增多，如何改善老人的生活质量，减轻子女的照看压力，成为全社会关心的问题。老年口间照料中心是长治市创办的一种新的养老模式，主要以居家养老为基础、社区服务为依托、机构养老为补充，满足老年人的生活需求。近年来，长治市积极探索计生家庭养老新模式，老人在家中有需要时，只需按下提前安装好的呼叫器按钮便可享受快捷方便的各项上门服务。

二、长治市养老机构的发展现状与存在问题

（一）养老机构发展现状

1997年的重阳节，长治市第一所，也是当时山西省省唯一的一所老年公寓投入运营。当时投资80万元，兴建了1100平方米的两层楼，设40多张床位。于2002年底又重新设计，投资300多万元新建了两幢2500平方米的老年公寓住宿楼，扩大了经营面积，增加了100张养老床位，扩大了绿化面积，增设了各类健身器材，既有图书阅览室又有医疗保健室，既有室外活动场所又有室内活动场所，改善了老年人的居住环境。房间分高中低档，满足了各种消费层次的老年人居住。目前市老年公寓设置140张床位，入住老人90人，入住率65%。2002-2008年新建、改扩建32所社会养老机构。其中公办的9所，集体办的18所，民办的5所。目前共有养老床位1930张，入住老年人1278人，入住率66%，将长治市的社会养老体系建设从城市社区逐步延伸到了乡镇、农村。

城区南山养老院属于敬老院、养老院合二为一的性质，其中敬老院集中供养城区的43名五保老人，其余属于社会老人养老性质，该院采取民办公助的模式，老人入住率达到80%以上，社会反响很好。但由于敬老院中不能自理者达90%以上，老人护理程度高，产生的护理费用大，而财政给予的费用远远不能满足五保户的需求，再加上近两年物价大幅度上涨，现在院内资金运作出现了严重紧缺，仅院内扩建的硬件设施资金缺口就十几万之多，这些困难严重影响了养老院的发展。

惠丰养老院由惠丰医院具体承办，集康复医疗和养老为一体，前期各项资金投入了500万元，设施较完善，环境优良，护理到位，在运营中走社区卫生服务和慢性病康复特色之路，入住率很高，但运营中也存在资金不足的情况，影响了后期配套设施的完善，目前院内没有澡堂设施，入住老人的洗浴成了一大难题。

紫坊老年公寓于2011年5月份开始营业，设置床位120张，至今入住60余位老人，入住率只有_50070，该公寓运营中也存在资金不足、部分硬件设施还不完善的现象，如：老年图书、杂志、健身器材等还不完善。因集中供热没有接通，在冬季取暖上也面临很大的资金不足的问题。

长治市城区延安南路街道办事处老年公寓，是全省“星光老年之家”的典型，也是长治市城区的养老服务示范单位。优势是医院、街道联办。不仅供养而且有医疗服务、保健康复、临终关怀，优质服务全到位。

黎城县老年公寓，是我市典型的公办民营型老年福利机构，收费考虑低收入老人，30张床位，入住率90070 0 2007年10月黎城县投资460万元，兴建4100平方米的社会福利服务中心，目前主体已完工，增加200张养老床位。

壶关县以常平村为代表的王家河、小逢善、东黄野池等13个村实现了村办福利性老年公寓。凡本村60岁以上老人，可以无尝入住村办的福利性老年公寓。创新了老年公寓的经营模式。今年3月份以来，壶关县在省厅的大力资助下也投资250多万元，兴建2000平方米的社会福利服务中心，目前主体也完工，将增加150张养老床位。目前，壶关县的社会养老床位可达350多张，入住老人210名。

为了贯彻执行民政部《关于支持社会力量兴办社会福利机构的意见》，近年来，长治市13个县市区，都成立了老年福利服务中心，为老服务成为民政部门的重要工作和服务内容。近5年来，全市每年新增100张社会养老床位。

（二）养老机构存在的问题

1、政府扶持力度不足，养老服务事业缺乏强有力的支持

长治市城区无一所完全公办的养老机构。目前，城区除南山田园养老院里面包含敬老院外，其余四家均由社会和个人兴办，远远不适应社会需求。据了解，长治市老年公寓的建设和运营，远远落后于我省的太原、大同、阳泉等市这些城市已先后建成多座星级老年公寓，而且设备先进，管理科学，并实行了网络化管理模式，解决了很多老人“养老难”的问题。

缺乏对民办养老机构的政策支持。虽然政府部门对民办福利机构在购置土地、房屋建设、用水用电等方面给予了一系列优惠政策，但由于当地尚未出台对民办养老机构扶持的实施意见和细则，有关优惠政策尚未得到落实，影响了社会资本兴办养老机构的发展，现有民办养老机构的生存发展也相当困难。

缺乏对养老机构资金投入的长效机制。尚未建立起适应养老服务事业发展的财政投入机制，在一定程度上制约着全区社会养老事业的不断向前发展。民政部要求：各级政府对辖区内养老院的床位给予相应的补贴，但长治市很多地方没有执行此项补贴，也没有列入财政预算中，由于资金缺乏，严重制约了养老机构的发展。

2、养老机构发展不平衡

根据民政部的要求各养老机构床位数一般达到老年人总数的 3 –5 %，但实际上我国社会养老床位数仅达到 0._5 3 070，而长治市城区现存养老机构床位数只占老年人口比例的 1.7070。同时，由于软硬件建设水平高低不同，条件好的养老公寓床位供不应求，而条件差的养老机构及部分村级养老机构则出现床位闲置、入住率不高。如紫坊老年公寓虽然软硬件设施都好，但由于许多老人对建在农村的老年公寓在认识上有一定的偏差，入住率不到一半；秦家庄村的福乐养老院和中山头老年公寓因经营困难，只有极少数老人入住，大部分床位闲置，造成了资源上的极大浪费。

3、社会养老机构的运营机制不完善，没有科学的管理方法；社会养老机构的管理人员，尤其是护理人员素质尚需提高；硬件设施的投入与老年人的需求不太适应，缺乏人性化。

第三节 长治市养老地产发展现状

长治市养老地产还处于早期发展阶段，养老政策不完善，养老机构寥寥无几，即便有一些养老院、福利院等，其中的配套设施也不太健全，护理人员专业知识匮乏。但随着老龄化人口的快速增长，养老地产的社会需求将不断增长，在相关养老扶持政策及“配套先行”的开发经营理念下，养老地产将会有广阔的发展前景。

近期，长治市养老地产颇具典型的是庄里居家养老项目。长治市居家产权式老年公寓于新农村庄里养老院于2013年底落地建成。与传统养老机构有所不同，这里的老人拥有所住房屋的产权，可以住在自己的房子里享受专业养老服务。

庄里居家养老项目位于市区东外环，占地 50 亩，一期占地 8. 72 亩，规划建筑面积 10000 余平方米，投资1500万元。该项目于2011年开始建设，包括居家养老公寓、医护康复室、娱乐活动室、超市、社区餐厅、员工宿舍及其它用房。为老人提供生活照料、家居照顾、康复照顾及咨询照顾等基础服务，以及法律指导、营养膳食、心理咨询、运动指导、老年红娘、文娱互动、健康管理、理发等九项专业服务。

产权式老年公寓改变了传统养老模式，将居家养老和机构养老的优势组合在一起。据项目负责人介绍，居住在庄里养老院的老人们都拥有公寓房屋的产权，房产可被子女继承，养老院通过专业化社区服务，为老人提供全方位的有偿服务。

第四节 长治市养老地产发展前景预测

一、养老地产未来发展趋势

随着老龄化程度的不断加剧，巨大的养老市场已经呈现。随着需求的逐步释放与政策的完善，未来十年养老地产有望真正迎来快速发展阶段。养老地产的发展将是不可抗拒的必然趋势。

结合我国的国情未来养老地产可持续发展模式有以下六种：第一种是要完善居家养老服务，在社区中需具备一定的能够供老年人活动的空间、参数和医疗服务条件，完善居家服务无障碍设施改造；第二种是可持续照料的退体社区，指专门供退体老人居住的，养老服务设施和养老场所齐全并能为之提供服务的，满足刚需、孤寡老人需求的社区；第三种是全龄化社区，即在小区中建设一定比例的老年公寓，规模较大的还需要配套医院，全龄化社区模式的优势将在未来逐步凸显；第四种是轻养老机构，类似北京寸草春晖养老护理机构中推出的挂钩医院服务于全社区老人的养老地产模式；第五种是医疗机构和养老机构相结合的养老模式，该模式要求有条件的医疗机构开设老年病科、老年病床，挂钩社区服务中心和医院；第六种是集养生旅游于一体的养老酒店高端服务。

随着经济的发展及老龄化的加剧，单一的养老模式已经不能满足现代化养老需求，集服务、医疗、居住以及休闲娱乐功能为一体的综合养老成为长治市养老地产未来的发展趋势。

长治市是太行山上的一座璀璨明珠，于山西省东南部，“居太行之颠，地形最高”，古称上当盆地。这片古老而神奇的土地，山水雄秀，郁积磅礴，积淀着民族优秀文化的无尽内涵。曾被评为“中国十大魅力城市”之一，将来是北方宜居城市、北方中心城市、山水城市、国家园林城市，鉴于此长治市在一些环境优美、地理位置独特的地方可以发展集养生、旅游于一体的养老地产。

二、养老地产前景展望

目前，养老地产市场上基本形成了“房企系”、“保险系”和“央企系”三足鼎立的局面。据不完全统计，三类企业在养老地产上的投资额已逾千亿。随着中国人口老龄化速度的加快，国内养老服务产业的规模也迅速扩大，到 2015 年有望增加至 4500 亿元。随着各项养老政策的逐步落地以及新项目的不断投入市场，必将为整个产业发展创造良好的生存环境。2005年我国老年市场需求6000亿元，2010年达到1万亿元，2020年达到2万亿元，目前我国每年为老年人提供的产品还不足500亿元，市场供给与需求严重失调。当前我国的养老模式正处于福利性向产业型转变的阶段，2010年仅离退休人员用于购置住宅的资金总额突破8000亿元，2030年会突破7.3万亿元，我国老年人口每年以800万的速度增加，养老地产市场的前景可见一斑。

长治市第六次人口普查数据显示，老年人口比重在不断上升，老龄化进程继续呈现加快趋势。一些小型的养老院、福利院等配套设施不太健全的养老场所已经无法满足日益增长的"银发"人群的需求，老年人对于医疗保健等服务需求也将大幅度上升，这决定了依托于养老产业发展的养老地产市场前景还是可观的。

第五节 长治市加快养老机构发展的建议

一、健全法制，为养老机构的发展创造良好的法律环境

解决养老服务难题，关键就是把传统的家庭养老和社会养老结合起来，走社会化的路子，积极鼓励社会力量参与，促进传统养老观念向新的养老观念逐步转变。应切实加大宣传力度，充分发挥主流媒体的作用，针对不同类型老年群体广泛开展宣传活动，引导人们改变传统养老观念，接受民办养老机构服务，使人们逐步认识到，民办养老机构同国办机构一样，都能使老年人在生活上得到更好的照料，在身体上得到更好的护理，在精神上得到更好的慰藉，有效缓解社会负担、家庭压力，以应对人口老龄化的挑战。

二、政府应加大投入

加大公办养老院的建设力度。建议政府加大建设设施完善、功能齐全的高标准养老院，以不断满足不同层次的养老服务需求，缓解该市养老服务压力。出台扶持民办养老机构发展的相关政策。养老服务业是在老龄问题日益突出形势下孕育出的一个新兴产业，而民办养老机构是依托民营资本的投入，靠聚集民间资本来支撑养老服务业的发展，且由于投入大、效益低、回收周期长，往往在运营过程中遇到许多困难和阻力。因此，必须强化政府在促进民办养老机构发展中的服务作用，坚持

"民办公助、公建民营"八字方针，研究、制定、实施和落实有利于推进民营养老机构发展的政策，在批地、拆迁、引资、税收等方面予以政策上的扶持，引导民办养老机构的发展。

建立健全养老服务事业投入长效机制。养老工作中普遍存在的问题是资金的短缺，为了加快养老服务事业的发展应政府应加大养老服务公共财政投入，将养老服务经费按一定比例列入财政年度预算，为养老机构拨付一定的办公费用和维修费用，帮助养老机构健康发展。

切实加强养老机构的规范化管理。制定行业服务标准，规范服务行为。一是对养老机构实施严格的质量监控，严把行业准入关、强化质量控制关，建立健全行业退出机制，定期不定期地对养老机构进行抽查，防止和减少不文明不规范的服务行为；二是对已经建设好的养老院建立跟踪检查制度。针对年检和奖励等级评审过程中各社会福利机构存在的突出问题，有针对性的加强对社会福利机构的分类指导和检查;三是现有的养老机构要扩大其服务功能，努力建成集康复中心、老年活动中心、老年大学等一些多功能的活动场所，发挥其最大功能，从深度和广度上让更多老年热享受到更多的福利和服务；四是加大专业人才引进力度，鼓励和吸引专业技术人员和高等院校毕业生从事养老服务工储备专业护理人员。抓好在职人员职业道德、专业知识和岗位技能培训工提高养老服务队伍的专业化水平。改善养老服务人员的待遇和条件，使之作作达到全市平均工资水平，稳定养老服务人员队伍。

总之，作为长治市的政治、经济、文化中心，养老机构发展得益于政府对该行业重视和支持，借国家的产业政策出台东风，加快制定养老产业政策文件，对推动行业发展、提档升级、资源合理有效利用具有决定性的作用。

（撰稿人：马剑宏 贾庆梅）

产业发展报告

Industry Development Report

2013 年太原市房地产业发展报告

太原市房地产业协会

【概述】

我市 2013 年全年经济运行良好，房地产市场总体保持健康平稳的发展势头，同时受到政策调整和城市大规模拆迁改造的影响，主要呈现以下几个特点：（一）开发投资稳步增加，且以住宅为主；（二）商品房和商品住房供应量充足；（三）改善型商品住房需求突出，套型在 90—144 平方米的住宅占全部商品住宅的接近 6 成；（四）商品房价格单月波动较大、震荡上扬，成交价集中在 4000–8000 元 / 平方米；（五）3 月份受到“国五条”细则即将落地的影响，我市二手房交易放量增长，刚性需求集中性提前释放，但同时二手房市场潜力依然巨大；（六）受到“限购令”及“限购令加强版”的影响，外地购房者比例逐年下降。

【开发投资情况】

（一）房地产开发投资

今年 1–11 月份，我市固定资产投资 1343.84 亿元，同比增加 27.23%，其中房地产开发投资 364.51 亿元，同比增加 17.86%。房地产开发投资占全社会固定资产投资的 27.12%，相比去年同期的 29.28% 下降了 2 个百分点。

（二）房屋施工面积

今年 1–11 月，我市房屋正在施工面积为 4716.10 万㎡，同比增加 14.25%，其中住宅施工面积 3230.81 万㎡，同比增加 12.68%。住宅施工面积占房屋施工面 68.50%，表明我市房屋施工依然以住宅为主，但相比去年同期 78.44% 的占比下降了 10 个百分点。

（三）房屋新开工面积

今年 1–11 月份，我市房屋新开工面积 609.9 万㎡，同比减少 27.84%；其中住宅新开工面积为 503.21 万㎡，同比减少 18.32%。新开工住宅面积占新开工房屋总面积的 82.51%。

（四）房屋竣工面积

今年 1–11 月，我市房屋竣工面积 52.1 万㎡，同比下降 57.03%，其中住宅竣工面积为 48.23 万㎡，同比下降 55.34%。新竣工住宅面积占房屋竣工总面积的 92.57%。

表 1 2013 年 1–11 月份房地产开发投资情况表

单位：%，亿元，万㎡

	2012 年 1 月 –11 月	2013 年 1 月 –11 月	同比
固定资产投资	1056.19	1343.84	27.23
其中房地产投资	309.27	364.51	17.86
房屋施工面积	3655.25	4176.10	14.25
其中住宅施工面积	2867.20	3230.81	12.68
房屋新开工面积	845.19	609.90	–27.84
其中住宅新开工面积	616.08	503.21	–18.32
房屋竣工面积	121.26	52.10	–57.03
其中住宅竣工面积	108.01	48.23	–55.34

通过以上数据可以看出 2013 年房地产开发投资情况反映出“两升两降”的特点，虽然我市房地产开发投资、房屋施工面积平稳增加，但是房屋新开工面积和房屋竣工面积均较去年同期有大幅下降，各项房地产开发指标均呈现出以住宅为主的特点。

【商品房市场】

（一）商品房供应稳定且充足

2013 年我市商品房和商品住房年末累计可售面积分别为 1588.36 万㎡和 605.61 万㎡；我市商品房和商品住房成交面积分别为 324.81 万㎡和 274.59 万㎡，供应量分别为需求量的 4.89 和 2.21 倍，反映出我市商品房供应充足，也反映出存量较大。

（二）成交面积分析

1、成交面积以商品住房为主

2013 年，我市商品房成交面积 324.81 万㎡，成交套数 26909 套，同比分别减少 7.02% 和 8.99%；其中商品住房成交面积为 274.59 万㎡，成交套数 23976 套，同比分别下降 13.21% 和 11.71%。商品住房成交面积占商品房成交面积的 84.54%，商品住宅户均套型面积 114.52 ㎡。通过以上数据可以看出，我市商品房成交依然以住房为主，但无论是成交面积还是成交套数都有明显下降。（具体情况见下表）

表 2 2013 年我市商品房市场成交情况

单位：万㎡，%，套

	成交面积		成交套数	
	数值	同比	数值	同比
商品房	324.81	-7.02	26909	-8.99
商品住房	274.59	-13.21	23967	-11.71

2、改善型商品住房占主流

2013 年，我市商品住房成交面积 274.59 万㎡，其中 90-144 ㎡的成交面积为 154.12 万㎡，占商品住房成交面积 56.13%；小于 90 ㎡的成交面积为 50.33 万㎡，占到 18.33%；大于 144 ㎡面积段成交面积为 70.15 万㎡，占到 25.55%。（具体情况见下表）

表 3 2013 年太原市商品住房套型销售结构表

单位：套，万㎡，元 / ㎡，%

套型	套数	面积	平均成交价	面积比例
<=60	687	3.59	6404	1.31
60-80	1759	12.65	5969	4.61
80-90	4032	34.09	5968	12.41
90-100	5277	49.77	6325	18.13
100-120	2605	28.09	6079	10.23
120-144	5778	76.26	6198	27.77
144-180	2694	42.61	6124	15.52
>180	1144	27.54	9066	10.03
合计	23976	274.6	6436	100

3、商品房单月成交面积呈现大幅震荡走势

2013 年全年我市商品房、商品住房成交面积处于震荡盘整之中。（具体情况见下表、下图）

表 4　2013 年商品房、商品住房各月成交面积

单位：万㎡

	1 月份	2 月份	3 月份	4 月份	5 月份	6 月份
商品房	30.55	12.3	41.49	10.08	32.46	29.52
商品住房	24	11.67	37.49	9.57	27.15	27.55

	7 月份	8 月份	9 月份	10 月份	11 月份	12 月份
商品房	35.34	30.5	36.07	31.61	17.24	17.52
商品住房	30.88	26.18	31.3	24.13	13.41	10.89

图 1 2013 年商品房、商品住房各月成交面积走势图

单位：万㎡

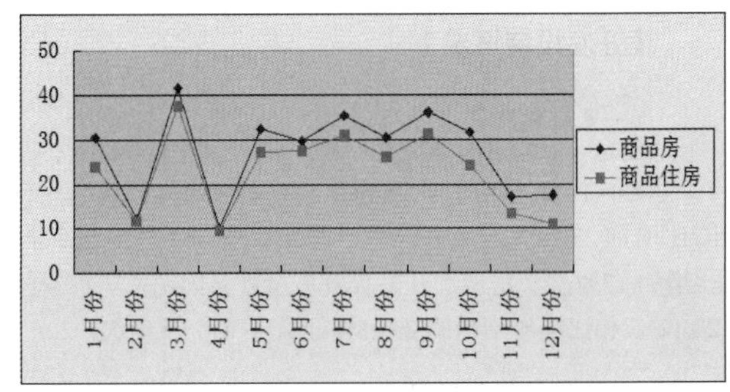

从各月商品房成交面积走势图可以看出：（1）1-4 月份商品房成交面积波动较大。受到传统春节的影响，开发公司与购房者备案意愿较低，2 月份成交面积处于低位；3 月份出现了今年全年的最高位，商品房和商品住房单月成交面积分别达到 41.49 万㎡和 37.49 万㎡，主要原因是节后开发公司集中备案和"国五条"政策即将出台的影响；4 月份成交面积明显下降，出现了全年的最低位，商品房和商品住房单月成交面积分别达到 10.08 万㎡和 9.57 万㎡，主要原因是房产信息系统程序调整，开发企业无法进行网上签约；（2）5-10 月成交面积趋于平稳状态，振幅也逐渐减弱，成交面积在 30 万㎡左右徘徊。（3）11 月、12 月成交面积持续走低，主要原因是受到了 11 月份我市"限购令加强版"政策的出台的影响。

（三）成交价格分析

1、商品住房价格略有上升，办公用房价格升幅较大，商业用房价格略有下降。

2013 年，我市商品房平均成交价格为 7236 元 / ㎡，

同比上升 11.21%，其中商品住房平均成交价格为 6436 元 / ㎡，同比上升 7.49%，办公用房格为 12418 元 / ㎡，同比上升 30.37%，而商业用房价格为 11359 元 / ㎡，同比下降了 5.83 个百分点。(具体情况见下表)

表 5 2013 年我市商品房市场成交均价情况

单位：元 / ㎡，%

	商品房	住宅	办公	商业
累计成交均价	7236	6436	12418	11359
同比	11.21	7.49	30.37	–5.83

2、4000-8000 元 / ㎡的商品住房成为主流

从商品住房价位段来看，2013 年我市商品住房价位段多集中在 4000–8000 元 / ㎡，这个价位段的成交面积为 207.8 万㎡，占到商品住房成交面积的 75.68%。通过以上数据可以看出，我市 4000–8000 元 / ㎡的商品住房已经成为主流。从住房价位销售结构表可以看出，整体上呈现出中间成交面积大，两边成交面积小的态势。（具体情况见下表）

表 6 2013 年太原市商品住房价位销售结构表

单位：元 / ㎡，套，万㎡，%

价格范围	套数	面积	面积比例
≤ 4000	2332	26.32	9.59
4000 – 8000	18844	207.8	75.68
> 8000	2800	40.49	14.75
合计	23976	274.59	

3、单月商品房成交价格震荡上扬，年末高收。

从今年 1 月 –11 月我市商品房单月成交价格走势来看，整体上呈现出震荡上扬的态势，商品房价格在 6300 元 / ㎡到 7800 元 / ㎡的区间内震荡，商品住房价格在 5100 元 / ㎡到 7000 元 / ㎡之间震荡。而今年 12 月却出现了反差，商品房价格为 9669 元 / ㎡成为全年高点，与之相反商品住房为 5149 元 / ㎡，成为全年低点。

表 7　2013 年商品房、商品住房各月成交价格

单位：元 / ㎡

	1 月份	2 月份	3 月份	4 月份	5 月份	6 月份
商品房	6362	6922	6771	7268	7744	7189
商品住房	5997	6598	6710	6798	7003	6813

	7 月份	8 月份	9 月份	10 月份	11 月份	12 月份
商品房	7165	6653	7477	7318	7166	9669
商品住房	6795	6390	6251	6054	5299	5149

图 2　2013 年商品房、商品住房各月成交价格走势图

单位：元 / ㎡

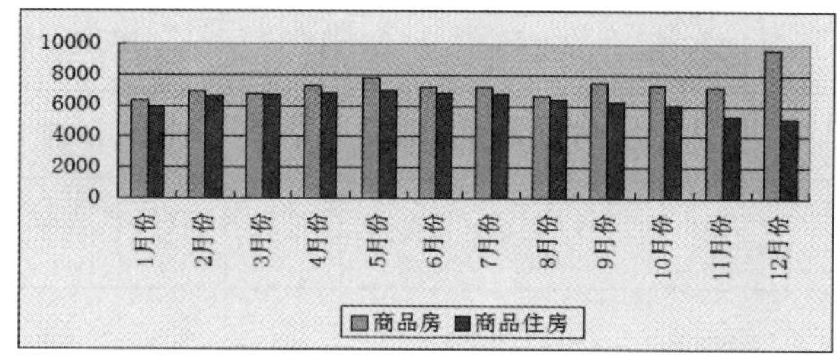

全年整体走势来看，价格有震荡上扬，主要原因有：（1）一批高价位楼盘集中签约备案导致商品住房价格有所抬高；（2）在城镇化过程中，人口的流动增加会导致一些住房需求的增加，城镇居民对更高生活品质的追求，也引致不断改善原有住房条件的要求，从而增加了住房需求量；（3）大规模的道路建设，旧城区落后的城建面貌焕然一新，促进了楼盘销售，导致道路周边的楼盘纷纷升值。上述原因，在一定程度上拉动了房地产价格的上涨。

【二手房市场】

（一）二手房交易量放量增长后逐渐回归理性

2013 年我市二手房共成交 10444 套，成交面积 100.96 万㎡，同比分别增加 34.9% 和 37.8%，其中二手住房 10236 套，成交面积 90.16 万㎡，同比分别增加 36.37% 和 37.6%。“国五条”细则落地前夕，3、4 月份我市二手住房市场出现井喷，单月成交套数相当于往年的 4 倍，大量的刚性需求提前透支。由于我市房地产信息化建设比较落后，系统录入二手房数据是在二手房核档完毕之后开始，并且限购查询均需要大量时间，导致存量房系统数据有所延迟，不能及时反映市场真实成交情况。经过核实，存量房系统中显示的 4 月份成交数据，也多为 3 月份井喷时成交套数。伴随着各地政策的落地，市场也逐渐回归理性。5 月之后，二手房成交套数渐趋平稳。说明随着“国五条”

政策的落地，提前透支的二手住房刚性需求已经大量释放，市场逐渐趋于理性，回归平稳。（具体情况见下表）

表 8　2013 年二手房、二手住房交易情况

单位：万㎡、亿元、套、㎡

	交易办证面积	同比	交易办证金额	同比	交易办证套数	户均面积
二手房	100.96	37.8	45.43	63.2	10444	96.67
二手住房	90.16	37.6	38.44	71.51	10263	36.37

表 9　2013 年二手房各月成交情况

单位：套

	1 月	2 月	3 月	4 月	5 月	6 月
二手房	622	364	1811	1837	728	591
二手住房	612	350	1794	1812	707	578

	7 月	8 月	9 月	10 月	11 月	12 月
二手房	697	666	852	526	751	1005
二手住房	672	647	825	510	737	938

（二）申报价格

2013 年我市二手房申报价格 4500 元 / ㎡，同比增加 21.2%，其中二手住房申报价格为 4264 元 / ㎡，同比增加 24.64%。

【住房交易联动分析】

2013 年，我市新建商品住房共计成交 23967 套，面积 274.59 万㎡；二手住房总共交易办证 10263 套，交易办证面积 90.16 万㎡，一、二手住房成交套数比例为 2.34：1，成交面积比例为 3.05：1。2012 年全年一、二级住房市场的面积成交比例为 4.83：1。由此可以看出，我市今年二级住房市场所占比重有所增加，但主要是由于老百姓为了避免缴纳 20% 的个税，纷纷办理过户交易，导致二手住房成交量井喷。

表 10　2013 年一、二手住房成交情况表

单位：套、万㎡、%

分类	一手住房	二手住房	一、二手比例
成交套数	23967	10263	2.34
成交面积	274.59	90.16	3.05

【购房人结构】

在我市成交的商品住宅中，以成交面积统计，今年本市居民购买的商品房住宅面积为 204.96 万 m^2，占成交总面积的 74.64%；外地居民购买的商品房住宅面积为 69.63 万 m^2（本省为 55.59 万 m^2，外省为 14.04 万 m^2），占成交总面积的 25.36%（本省占 20.24%，外省占 5.11%）。

表 11　2013 年商品住房购房人群销售表

单位：万㎡，套，元 / ㎡，%

分类	销售面积	销售套数	平均价格	面积比例
本 市	204.96	17545	6415	74.64
外 地	69.63	6431	6500	25.36
本省其它地区	55.59	5154	6480	20.24
外省市	14.04	1277	6580	5.12
境外	0	0	0	0

从购房人的成分来分析，外地来并购房的人数有较大幅度的下降，今年外地人来我市购房面积较去年同期分别下降了 7.6 个百分点。

【房地产市场存在的问题】

（一）商品房存量较大

2013 年我市商品房年末累计可售面积分别为 1588.36 万㎡，商品房成交面积分别为 324.81 万㎡，供应量为需求量的 4.89 倍。如果按照 2013 年每月平均 27.07 万㎡销售量计算，消化 1588.36 万㎡的商品房需要 59 个月，而且 2013 年成交量同比呈缩减趋势。

（二）二手房市场有待发掘

我市一、二手住房成交套数比例为 2.34：1，成交面积比例为 3.05：1，虽然相比 2012 年的 3.61:1 和 4.83:1 的比例有所下降，但依然有很大的开发空间。

【基本运行走势】

横向看:2013年，全市房地产开发投资完成429.92亿元，比上年增长17.9%。按构成分：建筑工程307.92亿元，增长31.2%;安装工程48.58亿元，增长11.0%;设备工器具购置4.82亿元，增长7.00}0;其他投资68.60亿元，下降16.1%。按工程用途分：住宅投资309.97亿元，增长19.1%;办公楼投资28.55亿元，增长109.7%;商业营业用房投资50.57亿元，增长23.0%;其他投资40.83亿元，下降18.0% o

纵向看：进人“十二五”时期以来，“新国八条”以及更为严厉的房地产调控政策相继出台，全市房地产开发投资也由2010年的46.1%降至2011年的29.4%，随着宏观调控新政效应的逐步显现，2012年持续下滑到16.9%，2013年，在去年房地产开发投资平稳回落的基础上继续保持平稳增长的态势。

近四年房地产开发投资走势图

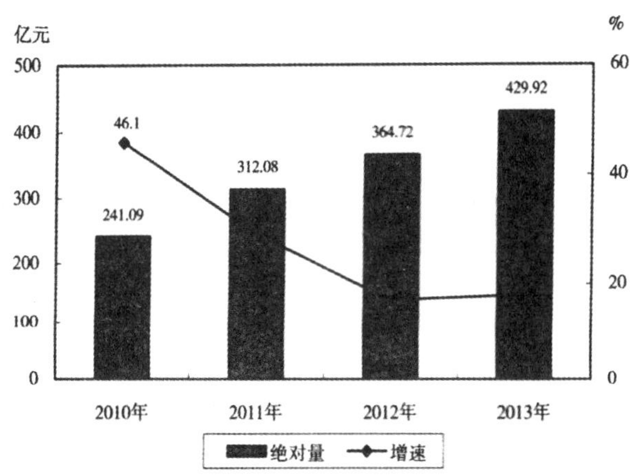

从全年走势看，全市房地产开发投资全年在波动中保持平稳增长态势，房地产开发投资增速在2月份为最高点18.3%，于8月份降至全年最低点7.8%，年末小幅回升至17.9%。

2013年分月房地产开发投资增速走势图

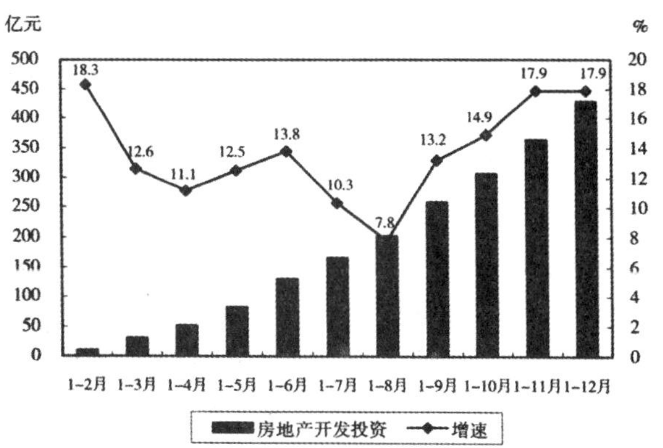

【运行特点】

（一）房地产开发投资占比走底，对全市投资拉动力减弱

1. 比重走低。全年房地产开发投资占全市投资比重25.7%，比上年(27.6%)小幅回落1.9个百分点。

2. 拉动力减弱。房地产开发投资对全市投资增长的贡献率为18.6%，高于上年(17.8%)0.8个百分点。拉动全市投资增长4.9个百分点，比上年(5.1个百分点)下降0.2个百分点；

（二）房地产开发投资平稳运行，住宅投资增长加快

2013年，全市房地产开发投资429.92亿元，比上年增长17.9%，增速比上年(16.9%)提高1.0个百分点。其中：住宅投资309.97亿元，占房地产开发投资的比重为72.1%，比上年(71.3%)提高0.8个百分点；商品住宅投资走出上年低迷增长的态势，全年商品住宅投资增长19. 1 %，增幅比上年(5.6%)提高13.5个百分点。

（三）开发企业到位资金大幅提高，资金来源压力趋缓

今年以来，房地产开发企业本年到位资金增速持续走高，由前2个月的一9.9%(最低点)提高至前11个月的38.3%(最高点)，相差48.2个百分点，年末小幅回落至36.2%0 2013年，房地产开发企业本年资金到位522.14亿元，增长36.2%，增幅比上年(-—0.9%)提高37.1个百分点，比开发投资高18.3个百分点。

2013年，本年到位资金中，国内贷款33.07亿元，同比增长36.2%，比上年(–39.5%)提升75.7个百分点；自筹资金227.76亿元，同比增长45.3%，比上年(–5.2%)提升50.5个百分点；其他资金来源261.30亿元，同比增长29.2%，比上年(11.6%)上扬17.6个百分点。其中：占其他资金来源97.2%的定金及预收款和个人按揭贷款分别为195.41亿元和58.57亿元，增长31.5%,17.6%，分别比上年提高13.0,10.2个百分点。

（四）大项目对太原房地产市场领军力量显著

2013年，我市有项目房地产开发企业326家，占全部房企数量口29个)的44.7%，比重较去年(36.3%)提高8.4个百分点。其中:计划总投资10亿元以上大项目共计60个，占全部项目个数的14.9%，比重较去年提高1.3个百分点。自开始建设累计完成投资共计903.42亿元，占全部项目开发投资的58.5%,2013年全年完成投资208.79亿元，占全部项目的48.6%，比去年（57.4%)下降8.8个百分点。

（五）商品房施工面积平稳回落，新开工、竣工面积仍处于负增长区间

2013年，全市房地产施工规模平稳回落，峰值为前2个月增速为28.8%，前10个月增长13.3%，形成全年增幅

波谷，最高点与最低点相差15.5个百分点。2013年，全市商品房施工面积4299.76万平方米，同比增长15.7%，比上年(30.2%)下降14.5个百分点，比前2个月(28.8%)下降13.1个百分点。其中，住宅施工面积3320.78万平方米，同比增长14.5%，比上年(22.2%)下降7.7个百分点。全市房屋新开工面积和竣工面积全年除个别月份外始终处于负增长区间，但减幅不断收窄。房屋新开工面积717.58万平方米，同比下降17.6%，增幅比上年(23.7%)大幅下降41.3个百分点，比前3个月的一40.2%收窄22.6个百分点，其中住宅新开工面积582.97万平方米，同比下降5.9%，增幅比上年(1.6%)下降7.5个百分点。

2013年，全市商品房竣工面积226.17万平方米，同比下降2.1%，降幅较去年(–0.8%)扩大1.3个百分点，比前2个月的全年最低点降幅缩小97.9个百分点，其中住宅竣工面积190.87万平方米，同比下降5.2%，降幅比上年(–4.5%)扩大0.7个百分点。

（六）商品房销售面积平稳回落，现房销售大幅下降

2013年以来商品房销售面积高开低走，全市商品房销售呈现恢复性增长。全年商品房销售面积为397.60万平方米，由上年的49.8%下降至21.9%，下降27.9个百分点，比前2个月的全年最高点(144.0%)回落122.1个百分点。其中：商品住宅销售面积374.99万平方米，同比增长21.2%，增幅比上年(61.2%)回落40.0个百分点，比前2个月的135.2%回落114.0个百分点；商品房销售额295.21亿元，增长33.3%，增幅比上年同期(47.7%)回落14.4个百分点，其中住宅销售额259.62亿元，增长31.3%，增幅比上年(58.1%)回落26.8个百分点。

【走势展望及发展建议】

（一）继续加强和贯彻宏观调控措施

要继续认真贯彻和落实好国家房地产调控各项政策，努力保持和促进房地产市场平稳健康运行。在保持现有调控效果的前提下，当前要着力以“稳房价、促销售”来带动投资保持适度增长，围绕促进房地产市场长期健康和稳定发展，保持各项政策落实的持续性和有效性，积极引导和调控全市房地产市场走势，促进房地产市场平稳健康发展。

（二）进一步优化住房供应结构，加大保障房建设力度

要继续加大普通商品房供应，加大保障性安居工程建设资金投人力度，稳定市场预期，增强消费信心。一是全面落实、优化住房供应结构，引导企业重点发展中低价位、中小套型普通商品住房，适度发展中高档商品房，形成各种价位档次住房供给的合理配置。把中小套型、中低价位的普通商品房作为调整优化房地产投资和住房供应结构的重点，保持适度的房地产投资增幅，扩大开发规模，更好地满足广大群众的住房需求；二是要继续加大保障性住房建设的资金投人和土地供应，严格落实保障性住房建设的有关政策，大力推进保障性安居工程建设，进一步加快发展公共租赁住房，积极稳妥地解决中等偏下收人“夹心层”居民和外来务工人员(农民工)、新就业大学生居住问题，促使房价合理回归。

（三）拓宽企业融资渠道，增强企业抗风险能力

支持企业通过股权融资、投资信托、企业债券等形式直接融资，拓展房地产开发企业融资渠道，为企业融资创造良好条件。加大金融对房地产开发支持力度，积极开展银企对接，扩大银行信贷规模，争取银行对符合条件的房地产开发项目资金支持力度。开发企业应当顺应当前房地产市场调控趋势，采取更多的降价促销手段，通过以价跌换量升的方法，增加库存消化能力，增强抵御市场风险的资本和实力。

（四）强化服务意识，为企业营造良好的外部环境

要进一步强化服务意识，为房地产开发企业生产经营营造良好的外部环境，增强企业投资信心。一是切实履行政府部门管理职责，强化监管职能，提高信息披露透明度，保持房地产市场健康稳定发展；二是简化审批流程，减少住房开发审批的中间环节，同时适当降低房地产相关税费，并控制好土地出让价格，严格市场准人制度，加强市场的执法力度，严审资质，防止借壳进人市场；三是各级政府、银行要大力支持房地产企业发展，积极培育优秀的房地产企业，对优质房地产开发企业采取降低贷款利率，增加信贷支持力度和税收优惠等措施，支持企业不断壮大规模，增强竞争实力。

2013年大同市房地产业发展报告

大同市房地产与物业管理协会

【概述】

2013年大同市严格执行国家房地产宏观调控政策，房地产开发业呈现出开发投资高速增长、商品房竣工面积大幅增加、施工规模持续扩张的良好态势。同时，也存在着开发企业资金来源趋紧、房屋新开工面积下降、土地交易市场低迷、商品房待售面积大幅增加、商品房销售面积增速放缓等问题。

【房地产开发投资】

2013年房地产开发和销售主要指标完成情况

指　标	单 位	绝对数	比上年增长（%）
投资完成额	亿元	265	55.3
其中：住宅	亿元	192.8	67.5
房屋施工面积	万平方米	2129.1	33.9
其中：住宅	万平方米	1601	20.5
房屋新开工面积	万平方米	624.7	-19.6
其中：住宅	万平方米	429.6	-33.4
房屋竣工面积	万平方米	656.2	233.1
其中：住宅	万平方米	524.3	213.7
商品房销售面积	万平方米	120.6	9.5
其中：住宅	万平方米	98.3	-1

全年全市固定资产投资施工项目1058个，其中新开工827个，全部建成投产项目752个，新增固定资产723.3亿元。

房地产开发投资高速增长

2013年，大同市房地产开发投资完成265.0亿元，同比增长55.3%，占全市固定资产投资的比重为25.6%。房地产开发业对固定资产投资的贡献率为46_2%r .拉动全市固定资产投资增长11.4个百分点。

从房屋类型看，商品住宅投资完成192.8亿元，同比增长67%.占房地产开发投资的比重72.8%;办公楼投资完成4.8亿元，同比增长124.2%;商业营业用房投资完成44.9亿元，同比增长22.3%;其他投资完成22.6亿元，同比增长35.1%。

【商品房竣工面积】

全市商品房竣工面积656.2万平方米，比上年增长233.1%。其中，住宅面积524.3万平方米，增长213.7%;商业营业用房90.4万平方米，增长567.5 %;办公楼6.0万平方米，增长118.4%;其他用房35.5万平方米，增长161.9%0

【房屋施工规模】

2013年房地产施工规模2129.1万平方米，比上年增长33.9%。其中，住宅施工面积1601.0万平方米，同比增长20.5%;办公楼施工面积33.4万平方米，同比增长102.7%;商业营业用房施工面积296.5万平方米，同比增长95.7%;其他房屋施工面积198.2万平方米，同比增长113.7%。

大同市2013年保障性安居工程建设计划

县、区	计划开工建设（套）									计划基本建成（套）	计 划完成投资（亿元）	新增发放廉租住房租赁补贴（户）
		廉租房	公租房	经适房	限价房	城市棚	林区棚	垦区棚	煤矿棚			
市本级	6865	0	6865	0	0	0	0	0	0	12069	38.2124	0
南郊区	8706	156	0	0	0	8550	0	0		13732	31.2057	0
新荣区	0	0	0	0	0	0	0	0	0	100	0.0630	0
开发区	0	0	0	0	0	0	0	0	0	0	3.4706	0

县、区	计划开工建设（套）									计划基本建成（套）	计划完成投资（亿元）	新增发放廉租住房租赁补贴（户）
		廉租房	公租房	经适房	限价房	城市棚	林区棚	垦区棚	煤矿棚			
同煤集团	3783	0	735	0	0	0	0	0	3048	0	1.5218	0
大同县	0	0	0	0	0	0	0	0	0	240	0.3500	150
阳高县	400	400	0	0	0	0	0	0	0	2200	0.7721	0
天镇县	0	0	0	0	0	0	0	0	0	1000	0.3234	100
浑源县	0	0	0	0	0	0	0	0	0	3719	2.1300	450
灵丘县	0	0	0	0	0	0	0	0	0	690	0.1809	100
广灵县	200	200	0	0	0	0	0	0	0	2000	1.3856	1000
左云县	0	0	0	0	0	0	0	0	0	400	0.2700	0
合计	19954	756	7600	0	0	8550	0	0	3048	36150	79.8855	1800

【房地产开发的问题】

（一）开发企业资金来源趋紧，国内货款进一步缩小

2013年，全市房地产开发企业本年资金合计231.7亿元，同比增长21.4%。其中，上年末结余资金25.1亿元，同比下降45.6%;本年实际到位资金206.6亿元，同比增长42.7%，低于完成投资增速12.6个百分点。

本年实际到位资金中，国内贷款6.7亿元，同比增长2.1%，占本年到位资金的比重3.2%；自筹资金158.6亿元，同比增长42.2%，占本年到位资金的比重.76.$%;其他资金来源41.3亿元，同比增长55.1 %。自筹资金成为房地产企业资金来源的主渠道，且国内贷款占比由去年4.5%下降为3.2%，说明房地产开发企业资金保障形势严峻，且需进一步加强金融市场对房地产开发投资增长的支撑。

（二）商品房销售量增速放缓，中小户型销售呈现负增长

2013年，全市商品房销售面积120.6万平方米，同比增长9.5%，增幅比上年回落12.7个百分点。其中，商品住宅销售面积98.2万平方米，同比下降-1.0%;商品房销售额55.8亿元，同比增长18.2%。其中，商品住宅销售额39.2亿元，同比增长1.8%}

中小户型商品住宅销售面积占比持续下降。2013年，90平方米及以下住房销售面积29.6万平方米，同比下降28.6%，占住宅销售面积的比重由上年的41.7%下降到30.1 %；90–144平方米住房销售面积54.0万平方米，同比增长10.4%，占住宅销售面积的比重由上年的49.2%提高到55.0%；144平方米以上住房销售面积14.6万平方米，同比增长61.9%，占住宅销售面积的比重由上年的9.1%提高到14.9%。随着全市大规模城市棚户区改造和保障性住房的完工，中小户型销售的减少和大户型销售的增加，说明全市范围内改善型住房需求已经成为主流，小户型住房刚需正呈逐渐下降的趋势。

2013年大同商品住宅分户型销售情况

	销售面积（万平方米）	增速（%）	比重（%）	其中：待售1–3年面积（万平方米）	增速（%）	比重（%）
商品住宅	74.4	119.1	100.0	35.3	211.1	100.0
90平方米及以下住房	5.0	–64.7	6.7	0.8	–84.5	2.3
90–144平方米住房	39.0	161.7	52.4	15.5	307.9	43.9
144平方米以上住房	30.4	513.0	40.9	19.0	612.0	53.8

（三）商品房待售面积大幅攀升，且以大户型房屋为主

2013年，全市商品房待售面积100.9万平方米，同比增长73.1%。其中商品住宅待售面积74.4万平方米，同比增长119.1%。从商品房待售期限看，待售1–3年面积44.2万平方米，同比增长213.6%;待售3年以上面积1.7万平方米，同比下降17.7% o

在商品住宅待售面积中，90平方米及以下住房待售面积5.0万平方米，同比下降64.7% ;90–144平方米住房待售面积39.0万平方米，同比增长161.7%;144平方米以上住房待售面积30.4万平方米，同比增长513.0%: 说明目前全市待售商品住宅主要集中于大户型，且以近1–3年完工的大户型房屋居多。

2013年大同商品住宅分户型待售情况

	销售面积（万平方米）	增速（%）	比重（%）	销售额（亿元）	增速（%）	比重（%）
商品住宅	98.2	–1.0	100.0	39.2	1.8	100.0
90平方米及以下住房	29.6	–28.6	30.1	11.9	–29.6	30.3
90–144平方米住房	54.0	10.4	55.0	20.1	3.6	51.3
144平方米以上住房	14.6	61.9	14.9	7.2	58.4	51.3

（四）房屋新开工面积持续减少，土地交易市场低迷

2013年，大同市商品房新开工面积与土地购置面积均同比下降：其中，房屋新开工面积624.7万平方米，同比下降17.6%，其中住宅新开工面积429.6万平方米，同比下降33.4%;房地产企业土地购置面积167.1万平方米，同比下降11.9%}

全市开发企业待开发土地面积95.9万平方米，同比下降7.1%，较去年同期净减少7.4万平方米。新开工面积和土地购置是房地产市场的“晴雨表”，这两项指标同时下降，表明房地产开发商对未来房地产的投资预期持谨慎态度。

【发展建议】

（一）加快商品房库存的消化

2013年，全市商品房待售面积100.9万平方米，较2011年翻了近一番。待售面积的增加，严重制约了我市房地产开发业的发展，应积极采取相关措施加以解决。一是对房地产开发项目手续不健全，未取得预售许可证的项目，政府应督促其企业及时办理相关手续，加快购房者签订购房合同；二是出台有效政策，加快农村人口就地城镇化，从而刺激房地产市场需求，拉动销售；三是采取定量限价收购、定向销售、合理补偿等办法，将待售的商品房转化为解危解困或拆迁安置用房，出售给中低收人家庭及拆迁户。

（二）加强金融对房地产业的合理支持

2013年，全市房地产企业国内贷款6.7亿元，占比仅为本年实际到位资金的3.2%。而本年各项应付款合计达到99.9亿元，同比增长88.4%，房地产开发企业资金保障形势严峻。政府应建立健全房地产金融监测机制，密切跟踪房地产市场发展态势。简化和规范住房贷款制度，理顺住房消费贷款政策。指导商业银行科学评估房地产业的风险，在完善风险控制的前提下，进一步改进金融服务，支持房地产业的合理有效信贷需求，促进房地产信贷市场平稳运行。

2013年朔州市房地产业发展报告

朔州市房地产业协会

【概述】

2013年，无论是房地产行业抑或是开发企业，都是高歌猛进的一年。在政策趋向宽松、经济平稳回升等宏观环境持续向好的情况下，朔州市2011-2013年三年期间，房地产开发投资额、新开工面积、房屋销售面积、土地成交量等经济指标一路飘升。

【房地产开发】

2013年，朔州市房地产开发完成投资90亿元，比去年同期增长94.3%，增幅比去年同期提高4.5个百分点，比2011年提高4.0个百分点。

【房地产企业】

2011年房地产在库企业个数为80个，在建项目为63个，本年累计完成投资24.1亿元;2012年，房地产在库企业个数为97个，在建项目为94个，本年累计完成投资46.4亿元；到2013年，房地产在库企业个数为95个，在建项目达到110个，本年累计完成投资90亿元。不管从企业数量还是项目个数，增幅都达到最高。

【县区商品房建设】

2013年，朔城区完成投资40.7亿元，同比增长50.2%;朔城区完成投资40.7亿元，同比增长50.2%;应县完成投资6.6亿元，同比增长78.9%;怀仁县完成投资25.8亿元，同比增长7.5倍；开发区完成投资15.3亿元，同比增长38.8%。

【商品住宅投资】

2013年，我市商品住宅开发投资67.2亿元，同比增长121.8%，比同期房地产开发投资高20.8个百分点；办公楼完成投资1亿元，增长3倍；商业营业用房完成投资13.2亿元，增长28.2%;其他商品房完成投资8.7亿元，增长55.9%。

商品住宅中，90平方米以下住房投资保持高速增长，比重不断提高。90平方米以下住房完成投资13.97亿元，同比增长146.6%，占住宅投资的20.7%，比上年同期提高84.2个百分点；90-140平方米住宅完成投资43.7亿元，增长102.2%，占住宅投资的65%，比上年同期下降16个百分点;140平方米以上住宅完成投资9.6亿元，同比增长213.6%，占住宅投资的14.2%，比上年提高150.6个百分点。

【商品房销售】

2013年，我市商品房销售面积138.2万平方米，比去年同期增加37.6万平方米，增长45.1%;商品房销售额40.6亿元，比去年同期增加19.3亿元，增长90.6%。

【商品房空置面积】

2013年底，我市商品房空置面积118.8万平方米，比去年同期增加45.6万平方米。其中，商品住宅空置93.5万平方米，商业营业用房空置23.1万平方米，其他商品房空置2.1万平方米。

【开发企业资金】

2013年，房地产开发企业到位资金91亿元，比去年同期增加46.9亿元，增长106.2%，增幅比去年同期下降20.8个百分点。

分资金结构看，几大主要资金来源均保持高速增长。2013年房地产开发企业国内贷款3.05亿元，增长67.5%;企业自筹资金57.9亿元，增长148.4%;其他资金18.7亿元，增长92.6%。在其他资金中，定金及预收款15.6亿元，增长102.5%;个人按揭贷款0.6亿元，增长4倍。

【发展的作用】

（一）私营企业领跑全市房地产投资

2013年，全市房地产投资中，国有企业完成房地产投资13.7亿元，非国有企业完成投资74.6亿元。其中私营企业完成房地产投资74.8亿元，增长76.7%，占全部房地产投资的比重为82.9%。

（二）科学规划，积极改善城乡居民住房条件

从2011年开始，全市大力推进了朔州老城改造、西关棚户区改造等一批民生项目。在增加居民住房面积的同时，在规划布局、综合配套、建筑造型、节能环保等方面水平都有不同程度的提高，住宅小区建设档次不断提升，小区环境普遍不断改善，基础设施和公建配套较为齐全，物业管理更加规范，极大地提高了城乡人居环境。

（三）推动了服务业快速发展，扩大了城乡就业

随着房地产开发业的迅速发展，人们生活水平的提高，住房条件的改善，加强了对服务水平的需求，物业管理、中介、家政、装饰装修等新兴服务行业得到快速发展。而

且房地产开发业快速发展，不仅拉动了投资和刺激消费，而且为自身带来大量的就业岗位，还辐射到了建筑业、装饰装修业、社会服务业等相关产业的就业。也带动了城乡居民的收人。

【问题和建议】

（一）房价上涨、信货收缩致刚需热度下降，改善类产品渐成市场上行主要推动力

今年小户型刚需类产品销售热度较去年有小幅下降：在我们看来，其主要原因有二：其一是去年以来各重点城市持续上涨的房价，其二是今年下半年以来银行贷款层面上的收紧，这两大因素导致刚需群体人市门槛逐渐提升.90–140平方米属于满足改善住房条件、拥有基础享受功能的面积区间，一定程度上能够满足多代人分室而居的要求。从供求比数据上看，改善型项目热度较去年有明显提升.在我们看来，当前这波市场行情由2012年起展开，如果说去年各地主力需求是首置型刚需的话，那么2013年以来随着房价的上涨，改善型需求已经逐渐成为推动市场继续上行的最重要动力。

（二）房地产企业应赶快调增销售策略，回笼资金

我市房地产市场经历了几年的快速发展，目前已经呈进入了增速换挡期、结构调整期和政策完善期，这表现在市场需求总体下降，城市明显供大于求，贷款难度加大以及在政策引导下购房者的预期发生了变化等多方面因素：但这主要还是市场本身调整的结果，因此调整还会延续一段时间。而调整时间的长短，主要取决于存量房的消化速度：

从今年三季度开始，房地产房屋销售面积不断下降.企业来源于定金及预付款的资金大幅减少。以及全国煤炭市场的低迷，2014年房地产开发企业要对自己开发的项目有个正确的认识，不要盲目的发开。因为近期楼市“崩盘”论、房价将一断崖式暴跌一等不对称信息让购房者的观望情绪日益加重。二来信贷约束影响了购房行为的实现：现在市场需求主体是刚需自住型，如果没有贷款支持，他们几乎不可能买得起房子：因此.对房地产市场影响最大的还是货币政策和货币环境。

2013年吕梁市房地产业发展报告

吕梁市住房和城乡建设局

【概述】

2013年，吕梁市严格执行国家房地产宏观调控政策，紧紧抓住全省项目推进年的有利契机，房地产开发市场呈现出开发投资增速继续回落、新开工面积大幅下降、销售市场需求旺盛等特点，同时也存在企业负债水平高、融资难度加大等问题。

【房地产开发】

吕梁市全年房地产开发投资32.5亿元，增长10.5%。其中，住宅投资23.8亿元，增长8.1%；商业营业用房投资3.5亿元，增长-6.2%。

2013年房地产开发和销售情况

指　　标	单　位	绝对数	比上年增长%
投资完成额	亿　元	32.5	10.5
其中：住　宅	亿　元	23.8	8.1
房屋施工面积	万平方米	561.4	15.2
其中：住　宅	万平方米	438.3	12.4
房屋新开工面积	万平方米	98.7	-56
其中：住　宅	万平方米	72.9	-58.6
房屋竣工面积	万平方米	100.6	170.1
其中：住　宅	万平方米	82.8	163.6
商品房销售面积	万平方米	80.1	54.9
其中：住　宅	万平方米	75.6	54.4

2013年，吕梁市房地产开发投资324716万元，比_t年增加30958万元，同比增长10.54%，增速比去年同期回落17.35个百分点。

从房屋类型看，商品住宅投资237493万元，同比增长8.03%，占房地产开发投资的比重73.1%；办公楼投资16587万元，同比增长2.5倍；商业营业用房投资34589万元，同比下降6.19%；其他用房投资36047万元，同比增长11.59%。可见，虽然办公楼增长加快，但是商品住宅建设投资仍是吕梁市房地产开发投资的主体。

【新开工面积】

2013年，全市房屋施工面积5614317平方米，比上年同期增长15.18%。比房地产开发投资增速快了4.64个百分点。其中，住宅施_工面积4382690平方米，增长12.41%，占房屋施工面积的比重为78.1%，住宅施工面积同比回落41.2个百分点。

2013年，全市房屋新开工面积986626平方米，比上年同期下降55.99%。其中，住宅新开工面积728579平方米，比上年同期下降58.59%，占房屋新开工面积的比重为73.8%，房屋新开工面积的经重比去年同期回落4.7个百分点。

【竣工面积】

2013年，全市房屋竣工面积1005680平方米，比上年同期上涨170.06%。其中，住宅竣工面积828415平方米，土涨163.56%，占房屋竣工面积的比重为82.4%。

【商品房销售】

2013年，全市商品房销售面积为801120平方米，比上年同期增长.54.39%。其中商品住宅销售面积为755965平方米，同比上升54.39%，占到全年商品房销售面积的94.36%；非住宅类商品房销售面积为451 S.5平方米，同比增长64.33%，占到全年商品房销售面积的5.b4%。非住宅商品房中，商业营业用房销售33108平方米。

2013年，全市商品房销售额252313万元，同比增长90.21%。其中，住宅销售额232620万元，同比增长95.34%。

【土地交易】

2013年，全市房地产开发企业土地购置面积290041平方米，比上年增加78660平方米，同比增长37.2%；本年土地成交价款50248万元，比上年增加26030万元，同比增长1.1倍；待开发土地面积59368平方米，比去年同期增加26149平方米，增长78.72%。

【离石区农户圆了“安居梦”】

2013年离石区城建局把抓好民生工程建设作为帮民富、解民难工作的重中之重，通过解决农村居民最迫切、最现实的农村危房改造问题，不断提高农民的生活质量和水平。今年共788户农户圆了“安居梦”。

今年全区农村危房改造，在兼顾分散的基础上，以集中改造为主，大面积整村推进。在对象审核上，严格实施农户申请、村委评议、乡镇审核、区级审批的认定程序。全年共完成788户，超额完成138户，发放资金950.45万元，改造任务和开工率、竣工率均居在全市领先。

改造过程中，积极开展相关技术、管理培训，对集中改造村庄进行统一规划设计，注重突出农居特色和古建筑风格，严格对施工方的资质、实际预算与决算监管，确保改造质量、节能与效果，实现建筑节能性与美观性的有机统一，改造后信义镇归化村、坪头乡后庄村、枣林乡山底沟等村形成新的建筑风貌，区领导进行了现场观摩，市直有关部门专程拍摄宣传。在实现了农村危房居住安全的同时，塑造了离石区农村新风貌、新气象。

【中阳县严管廉租住房分配】

廉租房工程是政府关注民生，为民解忧，保障城市低收入家庭住房困难的一项民心工程，深受社会好评，但房源有限，僧多粥少，如果分配方案制定不严谨，分配程序不规范可能造成严重的后遗症，为把实事办事，好事办好，公平、公正、公开、透明做好廉租房分配工作，中阳县住建局历时一年，研究吃透上级政策规定，结合工作实际，历经多次研究，制定了《中阳县廉租房分配实施方案》，方案确定了配租分宣传发动受理申请阶段、资格初审阶段、宁乡镇复审阶段、汇总抽查阶段、确定配租对象阶段，分配住房阶段等 14 个程序。各个环节环环紧扣，前后制约，监管集合，惩处严厉，同时在居委、宁乡镇、电视台进行公示，接受群众、社会和媒体的全方位监督，做到公开、公正、透明。

【农村危房改造】

吕梁市加快农村危房改造工作的进度，严格以“为农村经济最贫困、住房最危险的困难家庭，解决最基本的安全住房”为宗旨，确保对象认定“公开、公平、公正”，确保施工工期，采取适合当地的节能措施，保证工程施工质量安全。创新工作模式，与新农村建设、移民并村和整村搬迁等其它惠民工程相结合，提高城镇化水平，改善农村人居环境。2008 年至 2013 年，全市共计完成了 31990 户农村困难家庭的危房改造任务，受到老百姓的高度好评。

【问题和建议】

（一）中小户型施工面积增长明显，大户型施工面积下降

2013 年，全市商品房住宅施工面积为 4382690 平方米，比上年增长 12.41 %。其中全市 90 平方米及以下的中小户型商品住宅施工面积 1250678 平方米，比去年增加 308357 平方米，同比增长 32.72%；而 144 平方米以上的大房型商品住宅施工面积 590343 平方米，比上年增加 13021 平方米，同比仅增长 2.26%。可见，中小户型商品住宅施工面积较高增长是推动我市房地产市场商品房施工上涨的主要原因。

（二）企业资质等级低，负债水平高，杭风险能力差

2013 年，吕梁市 108 家房地产开发企业中，其中二级资质以上房地产企业共有 4 家，比去年增加 3 家，占全部房地产开发企业比重 3.7%，比去年提高 2.8 个百分点。房地产企业资产总计规模达到 117.39 亿元，其中负债合计达 97.47 亿元；企业资产负债率高达 83.03%，已超出资产负债率的合理区间。可见，吕梁市房地产开发企业普遍资质等级较低，有待进一步提高；房地产开发企业负债水平较高，存在较大的经背风险，抗风险能力很差，严重制约本市房地产开发企业的健康发展。

（三）企业资金来源平稳，融资难度加大

2013 年，全市房地产开发企业资金来源 437976 万元，比上年同期增长 11.74%，其中自筹资金 253375 万元，占全部资金来源的比重 57.85%，自筹资金成为房地产企业资金来源的主渠道 2013 年，房地产开发企业完成投资占资金来源的比重达到 74.1%，国内贷款 500 万元，占资金来源的比重仅为 0.1%，说明当前吕梁金融市场对全市房地产开发投资增长的支撑尚有一定空间，有待进一步加强。

分析其主要原因是：一方面 ,2011 以来，央行已多次加息和上调存款准备金率，银行信贷进一步收紧。银行贷款的门槛和难度不断提高，各项贷款投放明显减速，房地产企业取得贷款的难度进一步加大。另一方面，调控政策的实施，使消费者处于观望状态，对商品房销售广二生一定的影响，企业回笼资金放缓二双重压力使房地产企业资金链条逐渐趋紧，融资渠道单一、融资能力较差的房地产开发企业将面临更大挑战。

2013年晋中市房地产业发展报告

晋中市房地产业协会

【概述】

2013年，在全国房地产调控继续从紧及2012年较高基数背景下，作为正在发育中的晋中房地产市场，凭借地缘优势，抓住太榆同城发展机遇，房地产开发业平稳发展，呈现出投资稳步攀升、资金充裕、规模扩大、销售稳增等态势。同时，商品房去库存压力仍然较大、90平方米及以下住房投人有待加强、商业地产开发抬头等情况值得关注。

【房地产开发投资】

晋中市2013年房地产开发投资76.9亿元，增长9.4%。其中，住宅投资完成53.9亿元，下降2.7%；办公楼投资2.9亿元，增长126.6%；商业营业用房投资11.4亿元，增长61.6%。

2013年房地产开发和销售情况

指　标	单　位	绝对数	比上年增长%
投资完成额	亿 元	76.9	9.4
其中：住宅	亿 元	53.9	-2.7
房屋施工面积	万平方米	991.5	28.6
其中：住宅	万平方米	802.1	25.3
房屋新开工面积	万平方米	261.4	-24.1
其中：住宅	万平方米	201.0	-30.9
房屋竣工面积	万平方米	130.3	82.2
其中：住宅	万平方米	109.5	92.2
商品房销售面积	万平方米	126.9	16.8
其中：住宅	万平方米	120.9	12.8

【开发特点】

2013年晋中市房地产开发项目计划总投资317.4亿元，同比增加104.9亿元，增长49.4%。全年房地产开发投资完成76.9亿元，较上年增长9.4%。房地产开发投资占全市固定资产投资总量的比重为8.1 %，成为拉动全市固定资产投资增长的重要一环。

全部房地产开发投资中，商品住宅投资小幅下降，完成53.9亿元，比上年的55.4亿元下降了2.7%，占房地产开发投资的比重为70.1%；办公楼投资增长较快，达到2.9亿元，比上年的1.1亿元增长1.6倍；商业营业用房投资完成11.4亿元，比上年增长61.6%。

分县（区、市）看，与上年相比，寿阳、左权、和顺、太谷、榆次和介休均有不同程度增长，而灵石、开发区、平遥、昔阳、祁县和榆社则较上年有所下降。榆次和开发区合计占全市房地产开发投资总量的比重由上年的46.2%上升至51.1%。介休和灵石分别占全市房地产开发投资总量的11.6%和10.1%，仅次于榆次。

【开发资金】

2013年，晋中房地产开发资金来源共计118.2亿元，比2012年增加28.5亿元，为全市房地产开发提供了充足的发展动力。其中上年末结余资金22.5亿元，比上年减少4亿元；本年到位资金95.7亿元，比2011年的63.2亿元增加32.5亿元，增长了51.4%。

在本年到位资金中，国内贷款7.3亿元，比2012年增长87.2%。其中银行贷款6.7亿元，比12.8%；其他资金来源48.4亿元，是上年23.4亿元的两倍。

【开发企业】

截止2013年底，晋中房地产开发企业的个数达161个，比上年增加了13个，其中有工作量的房企为106个，全年投资1亿元以上的企业有27个；全市有工作量的房地产开发施工项目147个，比上年增加23个，本年新开工项目48个，共完成投资29一亿元，占全部房地产开发投资总量的38.4%。房地产开发规模显著扩大。

【施工面积】

2013年，晋中市房地产开发施工面积991.5万平方米，较2012年的771.2万平方米增加220.3万平方米，增长了28.6%。全市商品房新开工面积261.4万平方米，较上年减少了24.1%。与上年相比，商品住宅施工面积和商品住宅新开工面积分别增长25.3%和30.9%，达到802.1万平方米和201万平方米。

在全部房地产开发商品房新开工面积中，48个本年新开工项目开工面积214.4万平方米，所占比重为82%。本年新开工面积10万平方米以上的项目有5个：小南庄村整体搬迁安置综合项目、安洪商品房住宅小区、安益商品房住宅小区、东云翰林和绵山墅。

【竣工面积】

统计资料显示，2013 年，我市商品房竣工面积(包括商品住宅、办公楼、商业营业用房、其他等)130.3 万平方米，比上年增长 82.2%。其中商品住宅、办公楼和商业营业用房竣工面积分别为 109.5 万平方米、2.4 万平方米和 14 万平方米。商品住宅、办公楼和商业营业用房占全部商品房竣工面积的比重分别上升 4.4,1.6,2.1 个百分点。

全部商品房竣工面积中，其他商品房竣工面积 4.4 万平方米，比上年下降了 45.7%，占商品房竣工面积的比重由 11.4% 下降到 3.4%。

【销售面积】

2013 年，晋中市房地产开发商品房销售面积(包括商品住宅、办公楼、商业营业用房、其他等)为 126.9 万平方米，比上年增加了 18.2 万平方米，增长了 16.8%。其中商品住宅销售面积 120 一万平方米，增长 12.8%。全部商品房销售面积中，现房销售面积和期房销售面积分别为 35 万平方米和 91.9 万平方米。

【销售额】

商品房销售额 48.7 亿元，与上年的 42.8 亿元相比，增长了 13.8%，其中商品住宅销售额 45.7 亿元，增长 9.5%。

【保障性住房】

（一）目标任务

2013 年城镇保障性住房建设任务为：新建 23200 套，基本建成 23000 套，年度计划投资 40 亿元。

（二）完成情况

全市城镇保障性住房全年新开工 25548 套，完成年度目标任务的 110%；建成 26832 套，完成年度目标任务的 117%；当年投资 48.56 亿元，完成年度目标任务的 121%。

全市 89 个新建项目中：土地规划许可办理 60 个，建设用地批复办理 60 个，环评登记批复办理 78 个，项目立项核准办理 58 个，工程规划许可办理 45 个，工程施工许可办理 23 个。手续平均办结率为 60.7%，超出全省平均办结率（50.3%）10.4 个百分点。

（三）各类城镇保障性住房建设情况

全市新开工各类保障房项目中：廉租住房、经济适用住房、城市棚户区改造、国有工矿棚户区改造项目开工率均超过 100%，公租房开工率不足。

单位：套、万元

类别		开工建设情况			基本建成情况			完成投资情况		
		目标任务	开工套数	开工率	目标任务	建成套数	完成率	目标任务	投资额	完成率
1	廉租房	3129	3138	101%	3139	2454	78%	48500	37622	78%
2	公租房	5264	3580	68%	3074	2534	82%	45200	35781	79%
3	经适房	4352	6129	141%	7857	13002	165%	97800	167359	171%
4	城市棚	8907	11092	125%	7000	7323	105%	140300	206311	147%
5	工矿棚	1548	1559	101%	875	1254	143%	44000	30450	69%
6	林区棚	0	50	——	329	265	81%	9000	8060	90%
7	垦区棚	0		——	26	0	0%	200		
8	煤矿棚	0		——	700	0	0%	15000		
合计		23200	25548	110%	23000	26832	117%	400000	485583	121%

【各县（区、市）城镇保障性住房建设】

全市开工率排前三名的是榆社县（184%）、介休市（122%）、平遥县（110%），左权县、灵石县两县开工率未达 100%；基本建成率排前三名的是和顺县（275%）祁县（174%）、灵石县（169%），其余各县（区、市）也都完成建成任务；完成投资率排前三名的是和顺县（244%）、左权县（184%）、榆社县（175%），开发区（88%）没有完成年度投资任务。

单位：套、万元

县（区、市）	开工建设情况				基本建成情况				完成投资情况			
	目标任务	开工套数	开工率	排名	目标任务	建成套数	完成率	排名	目标任务	投资额	完成率	排名
太谷县	1986	2120	107%	5	1680	2149	128%	7	33540	39140	117%	10
祁 县	1783	1867	105%	6	1879	3275	174%	2	25800	37791	146%	5
平遥县	2296	2537	110%	3	2999	3263	109%	10	42570	59615	140%	6
介休市	2330	2850	122%	2	4388	4389	100%	11	83850	100827	120%	9
灵石县	2785	2603	93%	11	1826	3086	169%	3	42570	59049	139%	7
榆社县	1020	1872	184%	1	683	865	127%	8	8000	13979	175%	3
左权县	1147	1125	98%	10	850	1129	133%	6	12300	22641	184%	2
和顺县	1253	1254	100%	9	735	2022	275%	1	9700	23669	244%	1
昔阳县	1276	1322	104%	7	971	1128	116%	9	14190	24289	171%	4
寿阳县	1404	1647	117%	4	1209	1865	154%	5	27480	37428	136%	8
开发区	1148	1186	103%	8	62	103	166%	4	9700	8507	88%	11
市本级	4772	5165	108%	—	5718	3558	62%	—	90300	58647	65%	—
合计	23200	25548	110%	—	23000	26832	117%	—	400000	485582	121%	—

【拓宽融资渠道】

2013年，我市在继续争取中央补助资金和省级配套资金的基础上，积极落实市、县配套资金和公积金贷款，仅从这类渠道就争取资金约12亿元。我市成为全省第二批利用住房公积金贷款支持保障性住房建设试点城市（第二批共三个市：太原、晋中、朔州），2013年初，市城区已有3个项目通过审核，获得贷款6.29亿元，已开始放款。今后此项工作将逐步下移，向县级区域项目延伸。

【编制棚改规划】

加大了棚改力度。全市上下认真落实中央和省关于加快棚户区改造的要求，结合实际，把加快棚户区改造作为大规模推进保障性住房建设的切入点和突破口，2013年棚户区改造占到了当年保障性住房建设总任务量的45.06%，所占份额和2012年相比，提高了7个百分点。

做实了棚改规划。根据《国务院关于加快棚户区改造工作的意见》（国发〔2013〕25号）精神和全国棚户区改造工作电视电话会议的部署，结合我市城乡住房调查情况，编制了《晋中市2014–2017年棚户区改造规划》，为扎实推进今后4年的棚户区改造奠定了坚实的基础。

【二手房交易】

为应对二手房交易量突增的形势，晋中市市房产交易中心于3月以来采取了增加设备、完善设施、抽调工作人员等措施方便群众办理交易，一是提供上门服务。积极主动为行动不便的老年人、残疾人、因病卧床及住院治疗行动不便的人士、及其他需要服务的群众提供上门服务。二是延长工作时间。每日8:00-22:00办理收件、查询、制证业务，双休日照常上班，实施即到即办，快速受理，确保10个工作日内办结发证。三是简化工作流程。按照《房屋登记办法》中强调实质、时效性审查，取消了与房产交易和权属登记职责无关的要件审查，设置了科学、简捷、高效的工作流程，提高了办证效率。

【保障性住房建设中央补助资金】

中央下达我市2013年保障性住房资金共计9523万元。其中：城市棚户区改造资金3666万元、公共租赁住房资金4093万元，廉租住房专项补助资金1764万元。

【开发中的问题】

（一）商品房去库存压力仍然较大

截止2013年底，晋中市商品房待售面积由上年的36.6万平方米增长至42万平方米，待售1-3年面积14.1万平方米，高于上年末的13.4万平方米。由于前几年房地产快速发展，商品房库存基数较大，虽然2013年新开工面积有所下降，销售面积平稳增长，但商品房库存量未来一段时间内仍会继续增加。

（二）90平方米及以下住房投入有待加强

2013年，全市90平方米及以下住房投资9亿元，新开工面积17.9万平方米，占全部商品住宅的比重分别仅为16.7%，8.9%，比2012年所占全部商品住宅比重分别下降了8.3和8.8个百分点，90平方米以下的中小套型住宅建筑面积占住宅总建筑面积的比重仍旧偏低。因此，仍应坚持调整住房供应结构，增加中小户型住房供应，降低相对购房成本，扩大潜在购房群体，让更多的人圆有房梦，对加快宜居晋中的建设进程、实现我市房地产开发的可持续发展有着十分重要的意义。

（三）密切关注商业地产开发，警惕非理性过热

2013年，我市商业营业用房待售面积11万平方米，是上年末的4.9万平方米的1.2倍，所占全部商品房待售面积的比重由13.4%上升到25.6%。全年商业营业用房投资达到11亿元，比上年末的7亿元增加57.1%，高于房地产开发投资增速47.7个百分点。

2013年全年商业营业用房竣工面积14万平方米，是上年末6.2万平方米的2.3倍，占房地产开发商品房竣工面积的10.7%，比上年提高了2.1个百分点。

随着住房调控政策的不断发酵，差别化信贷政策继续严格实施，商业地产将会成为地产商的投资洼地。因此，需结合我市经济发展实际，关注商业营业用房的开发，适时在各方面予以引导，防止商业地产投资过热。

【发展的建议】

（一）探索筹资渠道，增强房地产企业竞争力

由于自国家对房地产市场实施调控以来，金融货币政策逐步紧缩。2013年，我市房地产开发资金来源中定金及预付款和个人按揭贷款分别是2012年的2.1倍和2.6倍，所占本年到位资金的比重分别上升10.6和3.6个百分点，自筹资金的比重下降13.2个百分点，开发资金依赖商业银行的局面仍有待改善。

解决“融资难、融资贵”的问题，一方面，要继续创新房地产开发融资方式，规范发展民间融资，整合社会资金，引导其进入金融服务及房地产开发领域。另一方面，应鼓励房地产开发企业塑造规范经营的现代企业形象，按照现代企业制度要求，优化产业结构和资产构成，向外来房地产大企业学习管理经验和先进思维，提升本市房地产开发企业的整体实力和竞争力。

（二）加大房地产市场监管力度

由于太榆同城化的不断深入，晋中房地产开发潜力日益显现，房地产市场的崛起也带来一系列需要注意的问题。一要加大土地、信贷等方面的监管，加快闲置存量土地的清理，督促开发企业尽快开发存量土地。截止2013年底，待开发土地面积115.1万平方米，比2012年末增加93.3万平方米，增长4.3倍；二需加快建立健全房地产市场调控的长效机制和政策体系，鼓励刚性需求和改善性需求，弱化抑制投机投资性需求，并抓紧研究推进房地产税收制度改革。

【规范物业服务市场秩序】

为进一步规范物业企业服务行为，促进物业行业规范发展，提高物业服务质量，提升业主对物业工作的满意度，7月22日至9月15日，对市城区物业企业从业资质、企业运行情况、物业相关收费情况、项目管理情况进行大摸底、大排查，全面整顿和规范物业服务市场秩序。

【物业服务企业资质动态考核】

为加强对全市物业服务企业经营活动的监督管理，规范物业管理市场秩序，提高物业管理服务水平，2013年10月至11月，对全市物业服务企业资质进行了动态考核，

全市物业服务企业共254家，除去一级资质、二级资质及2012年10月1日后新注册的65家企业外，共对189家物业服务企业进行了动态考核，其中，合格企业125家，限期整改企业42家，拟注销资质企业22家。

被列入限期整改的物业服务企业，必须在2014年2月28日前完成整改。同时，各县（区、市）物业管理主管部门要加大监督指导力度，督促限期整改的物业服务企业严格按照有关规定及时整改，并将完善后的相关资料报

送市住房城乡建设局。对不按要求进行整改的物业服务企业，市住房城乡建设局将按相关法律法规做出处理，凡被注销资质的物业服务企业，不得再进行物业管理活动，对以前所管理的物业项目依照有关法律法规办理退出手续。

【物业服务从业人员管理】

为进一步提高物业服务从业人员的整体素质，维护物业管理市场秩序，增强物业服务从业人员的信用意识，提高行业诚信度和公信力，建立物业服务从业人员信用档案，加强物业管理行业信用体系建设，晋中市加强物业服务从业人员管理

加强物业服务从业人员持证上岗管理

全市物业服务从业人员实施动态管理，建立全市统一的物业服务从业人员信用档案，及时为社会提供网上物业服务从业人员的管理业绩、信用状况、奖惩等从业情况。

物业服务从业人员必须经教育培训合格，取得物业服务职业资格证书后方能上岗开展物业服务活动。对用于申办物业服务企业资质的个人职业资格证书实行“一证一注”管理，一本职业资格证书不得在两家以上的物业服务企业注册登记。

加强物业服务从业人员教育管理

为提高物业服务从业人员的整体素质，适应行业发展需要，晋中市物业协会应积极开展好全市物业服务从业人员的教育培训工作。教育培训主要包括物业管理法律、法规和政策、职业道德、物业管理实务操作、创优指导、纠纷处理等。经过培训合格的从业人员，建立教育培训卡，记入从业人员信用档案。

培育物业管理师队伍，为实施物业管理师制度奠定基础

目前，我市仅有40余人取得物业管理师职业资格，远远不能满足行业发展的需要。各级物业管理主管部门要进一步提高认识，加强管理，从行业长远发展的角度，积极组织具备条件的从业人员参加物业管理师考试，对取得物业管理师资格的人员，物业服务企业要优先选聘录用，促进行业整体素质的提高。

严格规范管理，加强行业自律

物业服务企业要进一步强化从业人员的培训教育工作，加强企业人员的从业资格、从业行为和职业道德等日常教育管理。

市物业协会要严格按照协会章程，规范服务，加强自律管理，尽快建立行业自律监督机制。近期要摸清全市物业服务从业人员现状，认真做好教育培训工作。

2013年忻州市房地产业发展报告

忻州市房地产业协会

【概述】

2013年，忻州市认真贯彻落实国家各项房地产市场宏观调控政策，在全市大力推进城镇化建设，经济稳步健康发展的推动下，全市房地产开发投资稳定增长，建设规模继续扩大，市场销售有所下降，资金到位充足。

【开发投资】

2013年，全市房地产开发完成投资38.1亿元，同比增长37.9%，增速比去年同期增长23.3个百分点。

从工程用途来看，住宅完成投资31.3亿元，占全部房地产开发投资的比重为82.2%，同比增长66.8%，高出房地产开发投资增速28.9个百分点，成为其快速增长的主动力。办公楼完成投资0.9亿元，同比增长43.7%;商业营业用房完成投资4.3亿元，同比下降20.1 %;其他类型房屋投资1.6亿元，同比下降44.4% 。

从投资构成来看，建安工程完成投资35.2亿元，同比增长60.8%，占全部房地产开发投资的比重为92.4%;设备工器具购置0.1亿元，同比下降4.7 %;其他费用投资完成2.8亿元，同比下降50.6%，占比为7.3%。

【施工规模】

全市商品房屋施工面积566.9万平方米，同比增长3.5%。其中，住宅施工面积477.1平方米，增长5.1 % 。

全市商品房屋新开工面积166.9万平方米，下降6.5%。其中，住宅新开工面积148.0万平方米，增长7.1%。

【商品房销售】

2013年，全市商品房销售面积60一万平方米，同比下降12%。从销售类型看，住宅销售面积53.3万平方米，同比下降16.5%。其中，90-144平方米之间户型销售43.8万平方米，同比下降17.8%，占全部商品房销售面积的比重为72.2%。商业营业用房销售面积6.3万平方米，同比增长67.2%。其他商品房销售面积1.1万平方米，同比下降19.7% o

【资金到位情况】

2013年，全市房地产开发企业到位资金51.1亿元，同比增长57.4%，高于同期开发投资增速19.5个百分点。从资金来源看，国内贷款1.3亿元，同比增长3.9倍，企业自筹资金27.1亿元，增长61.9%;以定金及预收款和个人按揭贷款为主的其他资金16.0亿元，增长56.9%。

【房地产交易档案管理】

山西省档案局对忻州市房地产交易登记中心档案工作目标管理达标创建活动进行了验收，完成了相关程序，达到了预期目标。

为了加强档案管理工作制度化、科学化、规范化建设。今年以来，忻州市房地产交易登记中心，认真开展档案管理达标创建工作，对照标准，逐项落实，拾遗补缺，臻于完善。中心档案室基本达到了“制度健全，责任明确，设施齐全，归档及时，立卷规范，检索完备，排列有序，查找方便”的省级标准。

验收小组采取“现场观摩，查询资料，对照标准，逐项核实，听取汇报，释疑解答”的办法，对中心的档案工作目标管理达标创建活动进行了祥实认真的集中验收。取得了98.5分的成绩，达到省一级标准。这是国家机关档案工作目标管理的最高标准。

【新建道路整治工程】

为确保新建道路周边环境的干净整洁，提升城市品质，忻州城区基础设施建设工程总指挥部用近三个月时间，对14条新建道路红线外环境进行了综合整治。按照“统一标准、分区整治、属地管理、费用自筹”的原则，加强组织领导、明确目标任务、落实责任分工、规定完成时限、严把施工质量、突出整治效果、千方百计地抽调人力、物力、财力投入整治。新建道路周边环境焕然一新，实现了忻州城区的绿化、硬化、美化。

31家房地产开发企业，共完成投资513.88万元，占市直单位总投资的72.48%，为忻州市城区面貌的改善和环境的整洁做出了积极的贡献。

此次新建道路红线外整治，共完成绿化面积9402.67平方米、硬化面积25095.71平方米，建起围挡4166.72米、砖垒围墙1697.85米、铁艺围墙1222.16米，清理弃土垃圾17853立方米，对违章建筑进行了拆除，完成了墙体抹面粉刷、安装健身器材、建设凉亭等工程。

【商品房预售市场监管】

为进一步加强商品房预售市场监管，规范商品房预售行为，稳定市场预期，切实维护消费者的合法权益，促进房地产市场健康发展，忻州市4月15日至7月10日在全市开展商品房预售专项检查。

重点检查七项内容：一是商品房预售制度执行情况；二是商品房预售资金监管情况；三是商品房预售行为；四

是商品房销售场所管理；五是房地产经纪机构的情况；六是商品房销售从业人员的情况；七是房地产市场信息公开制度执行情况。

【开发的问题】

（一）商品房待售面积增加，市场消化压力增大

2013年全市待售面积54.2万平方米，同比增长28.0%。其中，住宅待售面积38.5万平方米，增长26.6%。商业营业用房待售面积13.2万平方米，同比增长12.5%。待售面积增加，库存压力、市场消化压力都随之加大，对房地产企业资金周转会产生一定的影响。

（二）企业实力偏弱，开发能力不强

近年来城镇化建设的不断推进，推动了我市房地产开发的发展，存在一个项目孵出一个房地产开发企业的问题，企业实力偏弱，开发规模偏小。忻州市房地产开发企业有149家，其中资质二级的企业3家、三级的9家、四级及以下的137家，比重分别为2.0%，6.0%和92.0%。

（三）房地产新开工项目入场较慢

房地产新开工项目因土地出让、审批的相关证件和手续办理时间较长，影响企业及时进场施工，进而影响入库统计。为此，有关部门应提高审批效率，提速办理土地出让、审批等相关手续，尽早让项目进场施工，确保我市房地产业的持续快速发展。

【发展建议】

（一）加强房地产市场监督，进一步规范市场秩序

加强企业诚信建设，加强行业自律，进一步完善预(销)售房屋的合同备案和实名制房屋购房制度。严格土地市场管理，加大对囤积、炒买炒卖土地等违法违规行为的查处，强化房地产用地供前、供后监督。

（二）顺应市场需求，调整自身产品结构

我市在中小户型普通商品房市场中仍存在着较强的购房刚性需求，房地产开发企业应顺应当前市场形势，满足中低收入家庭住房需求，加强市场内部管理，降低经营成本，合理定价，优化产品结构，为老百姓建造买得起的好房子，在切实的市场需求中找到发展之路。

（三）进一步优化项目开发的审批程序

从土地储备到竣工交付各个环节，按照优化流程、简化前置(法定项目除外)、缩短时限、审批提速的思路，提高对开发项目的政务服务效率，减少各个审批环节的无效内耗，使形成投资的渠道更加畅通。

（四）加强土地调控力度，确保投放总量和节奏合理

有序、合理地投放土地。过多、过少的土地供应，势必造成开发量过多或短缺，造成商品房存量供应的不稳定，影响到供需平衡和房价的起落，对房地产市场的整体运行造成不良后果。政府应加强对土地调控力度，确保投放总量和节奏合理。

2013 年阳泉市房地产业发展报告

阳泉市房地产业协会

【概述】

2013 年，在市委、市政府的正确领导下，阳泉市认真贯彻国家和省房地产宏观调控政策，着力推进保障性住房建设、城镇化建设和城市基础设施重点工程建设等工作，全市房地产业持续快速发展，市场交易秩序进一步规范，物业服务品质有了较大提高，保障性住房建设有序推进。保持了住房城乡建设事业的健康发展，为全市社会经济又好又快发展做出了贡献。

【房地产开发】

全市房地产开发完成投资 72.3 亿元，同比增长 26.9%。其中：住宅 55.5 亿元，同比增长 23.4%。

商品房施工面积 852.2 万平方米，同比增长 16.8%。其中：住宅 700 万平方米，同比增长 24.6%。新开工面积 214.1 万平方米，同比下降 23.4%；其中：住宅 173.2 万平方米，同比下降 28.6%。竣工面积 122.4 万平方米，同比增长 3.8%；其中：住宅 97 万平方米，同比下降 8.6%。

商品房销售面积 103.31 万平方米，同比增长 21.3%；其中：住宅 91.4 万平方米，同比增长 30.1%。销售额 35.1 亿元，同比增长 21%；其中：住宅 32.7 亿元，同比增长 46.1%。

2013 年阳泉市房地产投资增速情况

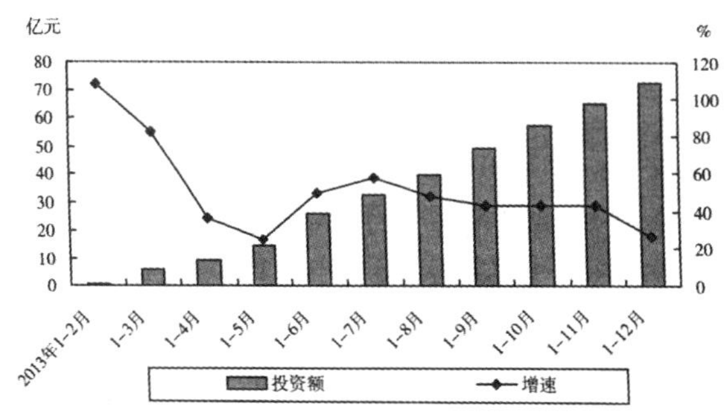

【新开工项目】

2013 年，全市房地产施工项目共有 121 个，比上年增加 23 个，施工项目中，投资 5 亿元以上的大项目 15 个，占比达到 12.4%，比上年增加 7 个，5 亿元以上的大项目完成投资 34.3 亿元，比上年增长 58.1%，占房地产投资的比重达到47.4%，提高 9.3 个百分点。全年新开工项目 34 个，完成房地产开发投资 22.4 亿元，占全部房地产开发投资的 31%。大项目的投资拉动明显增强，带动全年房地产开发投资保持了两位数增长。

【施工面积、竣工面积】

2013 年，全市房地产商品房屋施工面积 82.4 万平方米，比上年增长 12.8%，其中住宅 63.7 万平方米，增长 13.4%，在住宅施工面积中主要以 90–144 平方米的房屋为主，其施工面积为 42.2 万平方米，占全部商品房屋施工面积的 66.2%。商品房屋竣工面积 15.3 万平方米，比上年增长 30%，其中住宅 14.1 万平方米，增长 31.9%。

2013 年阳泉市房地产销售面积和竣工面积

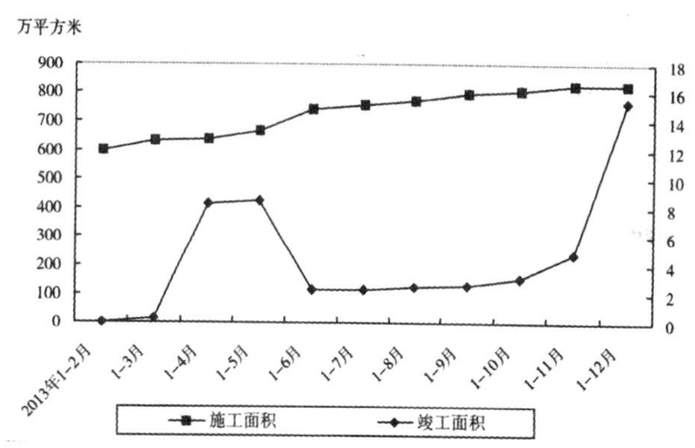

【资金渠道】

在银根有所收缩的形势下，房地产开发企业纷纷自找门路，多方筹集建设资金。2013 年，房地产开发到位资金 64.9 亿元，比 L 年增长 12.6%，其中：国内贷款 4.5 亿元，下降 30.2%；自筹资金 35 亿元，占全部资金的 54%，增长 30.8%；其他资金 25.4 亿元，增长 3.7%，其中定金及预收款 19.3 亿元，占全部资金的 29.7% 房地产开发资金来源总体上仍以企业自筹和其他资金来源等社会资金为主，银行贷款所占比重有所下降。

【土地交易】

年末，全市待开发地面积为 2.9 万平方米。全年购置土地面积 39.5 万平方米，增长 66.9%，全年土地成交价款 3.8 亿元，增长 5%。

【住宅户型结构】

当前，全市房地产投资虽然总体呈现较快增长，但我们仍然可以看到房地产开发工程中已经出现的一些问题：如非住宅用房投资增长较快、中低收人家庭青睐的小户型商品房比重偏小，商品房销售面积出现一定程度的下降等等：从全年开工情况来看，商品房住宅中90–144平方米结构的房屋占全部住宅的85.9%，而90平方米以下的结构只占到21%。

【房地产市场调控】

2013年，阳泉市认真贯彻房地产市场调控政策，通过加强商品房预售审批、价格备案以及明码标价销售行为的监管、查处违规销售行为等措施，切实规范商品房销售市场，稳定住房价格。加强对房地产开发统计数据报送工作，全面把握新建住房价格变化情况，准时上报新建住房销（预）售情况月报表和房地产市场形势分析报告。全市商品住房平均销售价格为3572元/每平方米，同比上涨4.56%，涨幅控制在5%的范围内。其中：市本级销售价格为3764元/平方米，同比上涨4.58%。

【市场监管】

为强化房地产市场监管，规范商品房销售行为，印发了《阳泉市2013年商品房预售专项检查工作方案》，对全市商品房市场行为、经营活动开展全面检查。共检查开发企业38家，涉及63个楼盘。通过检查，全市商品房预售行为得到进一步规范，促进了房地产交易市场的有序发展。

进一步加强对商品房预售资金监管，今年所办理预售许可的39个楼盘的预售资金全部纳入监管范围，共监管资金23.4亿。在建设单位提出用款申请时，必须由施工单位、监理单位、建设单位和开户银行四方审核确认，符合规定的按照工程进度拨付资金，确保资金用于该房地产项目建设。有2个项目竣工并办理初始登记手续后，对该项目的预售资金监管账户予以撤销。

下发了《关于商品房预售实行预测绘的通知》，将预测成果作为办理预售许可和商品房合同网上登记备案的必备材料，有效减少由于商品房面积而产生的纠纷。

规范我市商品房预（销）售行为。商品房预售合同备案率达到100%。新建商品住宅小区物业服务覆盖率达到100%。

严格房改审批和审核。按照政策规定，严格审核，全年出售公有住房1336套，售房金额2211.4万元。

【规范住宅专项维修资金】

进一步规范的收缴和管理、使用。对收缴资金实行专户存储、单户立卡，同时加大对拖欠住宅专项维修资金的清缴力度，共清缴资金5100万元。收缴率达到100%，截止目前，累计收缴资金1.1亿元。今年，共为21个小区拨付维修资金约216万元。

【保障性住房建设】

1、开工任务

责任目标：新开工建设保障性住房、棚户区改造住房6595套。其中：廉租住房200套；公共租赁住房400套；城市棚户区改造1406套，国有工矿棚户区改造4589户。

进展情况：开工新建各类保障性住房7035套，完成目标任务的106.7%。其中：廉租住房180套；公共租赁住房516套；城市棚户区改造开工新建住房2049套；国有工矿棚户区改造开工新建住房4290套。

2、基本建成任务

责任目标：基本建成保障性住房、棚户区改造住房10000套。

进展情况：基本建成保障性住房及棚户区改造住房10092套，完成目标任务的100.9%。其中：廉租住房954套；公共租赁住房278套；经济适用住房768套；城市棚户区改造住房4046套；国有工矿棚户区改造2738套；煤矿棚户区改造1308套。

3、投资任务

责任目标：城镇保障性住房完成投资24亿元。

进展情况：实际完成投资26.2亿元，完成目标任务的109.2%。其中：廉租住房项目1.68亿元；公共租赁住房项目1.15亿元；经济适用住房项目2.15亿元；城市棚户区改造项目7.32亿元；国有工矿棚户区改造项目10.8亿元；国有煤矿棚户区改造3.12亿元。

4、租赁补贴任务

责任目标：新增发放廉租住房租赁补贴807户。

进展情况：经审核，全市符合保障条件的家庭2871户（城区1283户，矿区829户，开发区62户，郊区217户，平定480户），其中新纳入452户（城区183户，矿区168户，开发区15户，郊区30户，平定56户）。

5、监督管理

责任目标：加强制度建设，完善工作机制；按规定渠道落实资金，确保土地供应，严格执行税费信贷支持政策；严格按照基本建设程序，加强工程监督管理，确保工程质量安全；健全层级管理机构和实施机构，规范保障性住房分配和管理，提高管理服务水平；严格规范使用《山西省住房保障综合监管平台》，按时完成平台的数据录入工作，并通过平台按要求及时准确上报月度进展。

进展情况：去年12月，印发了《阳泉市保障性住房建设管理实施细则》、《阳泉市保障性住房运营管理实施细则》、《阳泉市廉租住房配租与退出管理实施细则》、《阳泉市公共租赁住房配租与退出管理实施细则》、《阳泉市经济适用住房供应与退出管理实施细则》与《阳泉市限价普通商品住房供应管理实施细则》等六个实施细则。

【城乡住房调查】

责任目标：完成城乡住房调查数据分析评估，撰写城乡住房调查报告；编制完成《城市住房建设规划》。

进展情况：我市自开展城乡住房调查工作以来，市、县两级住房城乡建设和统计部门有关人员以及乡镇、社区（村）等人员5000余人参加了调查工作，共投入资金约150万元。抽样调查和典型调查入村、入户率达到100%。去年5月22日，邀请有关专家对调查数据进行评估，形成全市城乡住房调查报告上报省房调办公室。

【住房建设规划】

根据城市总体规划、住房发展状况以及住房调查成果，对2010年编制的《阳泉市十二五住房建设规划》进行修订，于7月31日通过了专家组的评审。

【办理《房屋所有权证》】

针对群众反映《房屋所有权证》办理难的问题，组织专人，按照“先易后难，逐项突破”的原则，对存在办证问题的小区逐一“会诊”，逐个解决。截止目前，已解决2005年以后建设的4个小区的771套住房的办证问题。

【编制《阳泉市物业管理细则》】

为进一步规范我市物业服务经营行为，维护物业服务各方主体合法权益，我们草拟了《阳泉市物业管理细则》，在书面征求市规划、国土、公安、工商、环保、民政以及各县、区住房城乡建设部门的意见后，并于10月16日召开座谈会，就《细则》（草案）征求了市法制办、城区、矿区、开发区住房城乡建设部门、街道办事处、社区居民委员会、业主以及房地产开发企业、物业服务企业代表的意见，并做了进一步修改。

【物业服务】

今年，我们引导全市物业服务企业认真贯彻落实《住宅物业服务标准》，进一步规范物业服务经营行为，提升物业服务品质，并积极开展物业管理示范项目创建工作，有2个物业项目（太行国际新城、平定东升花园）通过省级物业管理示范项目验收。新建商品住宅小区全部实施了物业管理，覆盖率达到100%。

【农村危房改造】

1200户农村危房改造任务全部完成，配套资金全部到位，完成投资3845万元。二是

【乡村清洁工程】

乡村清洁工程全面完成年度任务，并取得全省第三的好成绩。全市960个行政村全面开展了乡村清扫保洁工作，建立了保洁人员队伍，完成乡村清洁工程示范镇6个，示范村65个，完成农村改厕3000座。

2013年临汾市房地产业发展报告

临汾市房地产业协会

【概述】

2013年，在“百里汾河新型经济带”建设的带动下，全市房地产开发投资在2012年高速增长的基础上，继续保持了稳定增长态势，商品房销售形势较好。

【开发投资】

临汾市全年房地产开发投资65.6亿元，增长18%。其中，住宅投资48.4亿元，增长15.7%；商业营业用房投资9.8亿元，增长25.3%。

2013年房地产开发和销售情况

指　　标	单 位	绝对数	比上年增长%
投资完成额	亿　元	65.6	18.0
其中：住 宅	亿　元	48.4	15.7
房屋施工面积	万平方米	753.1	6.9
其中：住 宅	万平方米	546.7	–0.2
房屋新开工面积	万平方米	217.3	–11.9
其中：住 宅	万平方米	135.2	–26.7
房屋竣工面积	万平方米	98.8	–40.4
其中：住 宅	万平方米	83.5	–37.2
商品房销售面积	万平方米	135.8	25.1
其中：住 宅	万平方米	130.5	26.8

全年市级重点建设工程394项，计划总投资5268.6亿元，其中当年计划投资977亿元。

【开发投资运行走势】

2013年，全市房地产投资在2012年大幅增长48.6%的基础上，完成65.6亿元，增长18%。增速虽比2012年较低，但仍保持了稳定增长态势。从全年分月房地产投资增速看，前2个月投资增长16.7%，3月、4月迅速回落，6月、7月持续走低，8月开始逐渐回升，大致呈“V"型走势（详见下图）。这一走势，反映了房地产开发商年初对市场信心满满，到2月下旬国家出台加强房地产调控“五项”政策后的观望情绪，再到投资信心恢复的过程。

2013年房地产开发投资增速走势图

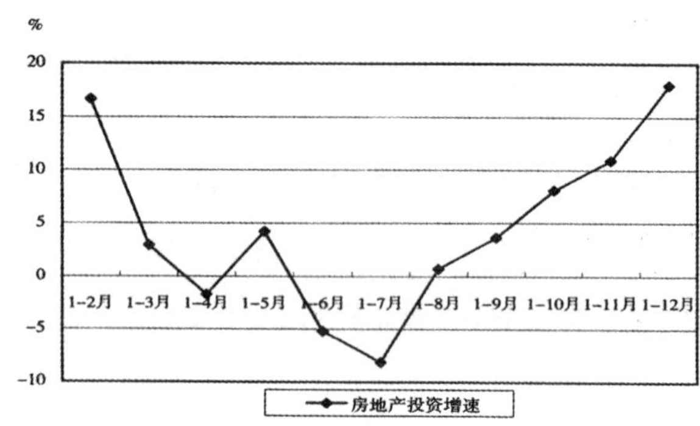

【建筑安装工程投资】

从投资构成看，全年建筑安装工程完成投资55.6亿元，比上年增长26.2%，比房地产开发投资增速高8.2个百分点，比上年增速高11.9个百分点；占房地产开发投资的比重为84.8%，比重比上年提高5.5个百分点，为全市房地产开发投资发展提供了良好的支撑。

【住宅投资】

从房屋用途来看，全年住宅投资完成48.4亿元，占房地产开发投资的比重为73.8%，比2012年增长15.7%。其中，144平方米以下住宅投资完成7.1亿元，增长7.1%，;90平方米及以一下住宅投资完成10.8亿元，增长12.8%。商业营业用房开发投资完成9.8亿元，增长25.3%;办公楼投资完成2.6亿元，增长37%。

【施工面积】

2013年，全市房屋施工面积为753.1万平方米，增长6.9%，与2012年24.6%的增速相比，回落17.7个百分点。其中，住宅施工面积为546.7万平方米，与上年持平；办公楼施工面积27.4万平方米，增长27.4%;商业营业用房施工面积109.7万平方米，增长37%。

【新开工竣工面积】

2013年，全市房屋新开工面积216.6万平方米，下降12.1%。其中，住宅新开工面积134.5万平方米，下降27.1%；商业营业用房新开工面积47.7万平方米，增长

83.4%。全市房屋竣工面积为98.8万平方米，下降40.4%。其中，住宅竣工面积为83.5万平方米，下降37.26%。

【商品房销售】

（一）商品房销售较快增长

2013年，全市商品房销售面积135.8万平方米，比2012年增长25.1 %。其中，全年住宅销售面积130.5万平方米，占全部商品房销售面积的96.1 %，住宅销售占主导地位，增长26.8%，增速略高于商品房销售面积增速。全市商业营业用房销售面积4.6万平方米，下降7.8%。

（二）90-144平方米住宅需求旺盛

2013年，全市住宅销售面积中，90-144平方米的户型需求旺盛，销售面积达到91.9万平方米、占住宅销售面积的70.4%，占全部商品房销售面积的67.7%，增长46.3%。与此同时，全市90平方米以下住宅销售面积1、万平方米，仅占住宅销售面积的8.4%，下降45.5%；144平方米以上住宅销售面积27.6万平米，占住宅销售面积的21.2%，增长38.6%。

2013 年运城市房地产业发展报告

运城市房地产业协会

【概述】

2013 年，全市房地产开发投资平稳较快增长，受新“国五条”实施以及限价、限购等房地产宏观政策影响不大，“小气候”运行特点明显：施工面积和新开工面积继续增长，但商品房销售数据回落，市场运行变数增加。

【开发投资】

2013 年，全市房地产开发企业完成投资 93.0 亿元，同比增长 37.3%，比 2012 年增速提高 8.6 个百分点。分工程用途来看：住宅投资完成 71.3 亿元，同比增长 36.5%，占房地产开发完成投资 76.7%。其中，90 平方米以下户型投资完成 16.2 亿元，同比增长 16.8%; 90–144 平方米户型投资完成 46.3 亿元，同比增长 46.8% ;144 平方米以上户型投资完成 8.8 亿元，同比增长 28.4%。非住宅类房屋中，办公楼投资完成 0.5 亿元，同比增长 19.7%，占房地产开发投资 0.5%; 商业营业用房投资完成 14.5 亿元，同比增长 67.8%，占房地产开发投资 15.6%; 其他类型房屋投资完成 6.7 亿元，同比增长 4.1%，占房地产开发投资 7.2% o

分县域投资看，房地产开发投资不平衡。按投资比重看，中心城区盐湖区房地产开发投资完成 57.2 亿元，占全市房地产开发完成投资 61.5%，高于其他各县(市)之和。按开发投资增速来看，临椅县、河津市、绛县、永济市、平陆县、万荣县、新绛县、盐湖区 8 县(市、区)房地产开发投资增速在 30% 以上；夏县、茵城县、垣曲县 3 县增速在 15%–30% 之间；樱山县、闻喜县 2 县投资同比下降。

【施工规模】

2013 年，全市房地产开发企业房屋施工面积 1362.9 万平方米，同比增长 22.7%。其中，商品住宅施工面积 1081.2 万平方米，同比增长 23.2%; 办公楼施工面积 10.9 万平方米，同比增长 22.7%; 商业营业用房施工面积 193.5 万平方米，同比增长 17.8%; 其他房屋施工面积 77.3 万平方米，同比增长 28.3% 。

全市施工房屋中，新开工面积 529.4 万平方米，同比增长 17.0%。其中，住宅新开工面积 429.3 万平方米，同比增长 16.2%，占同期商品房新开工面积的 81.1%; 办公楼新开工面积 4.5 万平方米，同比增长 78.6%; 商业营业用房新开工面积 63.2 万平方米，同比增长 0.6% 。其他房屋新开工面积 32.4 万平方米，同比增长 82.9%。

【商品房销售】

2013 年，全市商品房销售面积 229.3 万平方米 . 比去年同期减少 35.3 万平方米，同比下降 13.3%。商品房销售额 65.5 亿元，同比下降 2.0%: 经适房销售情况影响销售数据，2012 年中心城区经适房销售 27.3 万平米，但是在 2013 年无销售 . 直接影响销售面积增速 8.9 个百分点。剔除经适房销售影响，全市商品房销售仍呈现回落趋势：

分类型看，商品住宅销售面积 208.2 万平方米 . 占商品房销售面积 90.8%，同比下降 13.4%。住宅销售额 55.5 亿元，占商品房销售额 8–1.6%，同比下降 4.0%: 商品住宅销售套数 18417 套，比去年同期减少 3957 套，同比下降 17.7% 二其中，90–144 平方米户型销售 154.6 万平方米，占全部住宅销售面积的比重 74.2%，同比下降 3.0% ; 90 平方米以下户型销售 30.8 万平方米，同比下降 40.8% ;144 平方米以上户型销售 22.8 万平方米，下降 21.4%。非住宅类房屋中，办公楼销售 0.4 万平方米，同比下降 57.3%; 商业营业用房销售 18 万平方米，同比下降 10.6%。

从商品房待售面积看，2013 年全市待售面积 336.4 万平方米，比 2012 增长 53.1%，其中住宅待售面积 255.4 万平方米，增长 49.6%，呈现快速攀升势头：

销售回落，待售快速攀升，市场供需不平衡显现：

【开发资金】

2013 年全市房地产开发企业开发资金到位 117.0 亿元，同比下降 3.2%，较上年同期下降 32.7 个百分点。到位资金增速比房地产开发投资增速低 40.5 个百分点，开发资金趋紧迹象明显。其中上年末结余资金 13.9 亿元，同比下降 52.3%; 当年实际到位资金 103.1 亿元，同比增长 12.4%0

2013 年全市房地产开发企业购置土地面积 138.9 万平方米，同比增长 15.7%; 待开发土地面积 426.1 万平方米，同比增长 89.8%。房企存量土地较快攀升，购置土地仍保持较快增长，房企购地热情不减。

【市场发展建议】

（一）加强房地产市场监督，进一步规范市场秩序

加强企业诚信建设，加强行业自律，进一步完善预(销)售房屋的合同备案和实名制房屋购房制度。严格土地市场管理，加大对囤积、炒买炒卖土地等违法违规行为的查处，强化房地卢用地供前、供后监督。加大对商业银行房地产的贷款监管，严格控制不合理的房地产贷款需求，防范贷款风险。进一步严厉打击无证违法销售商品房的行为，对于存在违规销售的楼盘要依法予以查处曝光，让消

费者购房放心、住得安心，切实保护购房消费者的合法权益。

（二）加快商品房库存的消化

2013 年，全市商品房待售面积 336.4 万平方米，待售面积的增加，严重制约了我市房地产开发业的发展，应积极采取相关措施加以解决。一是加强宏观调控。由于房地产开发过量，积压空置商品房数量较大，因此，加强房地产业宏观调控，限制房地产的开发数量，将现有空置商品房划为经济适用房销售，是消化积压空置商品房的一个重要措施。二是改变空置商品房用途。

1、可以抓住拆迁的时机，将其作为中转房租给被拆迁户使用。2、可以将空置房转变为廉租屋，配合政府工程，租给收人水平低且居住条件难以改善的困难户。3、可以将位于市中心面积不大但房型结构合理的空置房转变为时兴的单身公寓，也不失为一个可行的消化空置商品房的有效途径。

（三）更好发挥政府服务作用

精简行政审批事项，优化行政审批程序，做好规划管理，提供信息服务，减少对房地产企业微观经营活动的干预，加强房地产质量监管，打击欺诈行为，维护消费者和企业的合法权益。

2013年长治市房地产业发展报告

长治市房地产业协会

【概述】

2013年，长治市认真贯彻落实中央和地方房地产调控政策，尽力为全市房地产开发业的健康发展提供一个良好的环境。纵观全年，房地产开发投资增速和销售同比增速在动荡中小幅回落，开发企业建设资金依然吃紧。

【房地产开发投资】

长治市全年房地产开发投资94.2亿元，增长24.1%。其中，住宅投资67.7亿元，增长13.0%；办公楼投资2.7亿元，增长195.0%；商业营业用房投资16.1亿元，增长109.3%。

2013年房地产开发和销售情况

指　标	单 位	绝对数	比上年增长 %
投资完成额	亿元	94.2	24.1
其中：住宅	亿元	67.7	13.0
房屋施工面积	万平方米	1106.6	19.1
其中：住宅	万平方米	818.1	9.4
房屋新开工面积	万平方米	298.4	-31.2
其中：住宅	万平方米	179.6	-47.2
房屋竣工面积	万平方米	222.6	29.9
其中：住宅	万平方米	159.5	8.9
商品房销售面积	万平方米	181.6	11.4
其中：住宅	万平方米	157.0	6.9

【市场运行特点】

房地产开发投资增幅趋缓，办公楼商业用房投资增速大幅提升。

2013年，长治市房地产开发投资继续保持了平稳增长，但增幅逐渐回落。全年全市房地产开发投资同比增长24.1%，增速分别比前二个季度回落了16.3个、2.1个和1.6个百分点。

2013年房地产开发投资、住宅投资增长变化情况

（单位：亿元、%）

	1季度		1-2季度		1-3季度		1-4季度	
	总量	增幅	总量	增幅	总量	增幅	总量	增幅
投资额	4.3	40.4	33.2	26.2	59.9	25.7	94.2	24.1
#住宅	2.6	13.6	24.3	30.7	42.8	20.6	67.7	13.0

从工程用途看，2013年长治市商品住宅投资67.7亿元，增长13%，低于全市房地产开发投资增速11.1个百分点；办公楼投资2.7亿元，同比增长195.0%；商业营业用房投资16.1亿元，同比增长109.3%；其他用途投资7.8亿元，同比增长5.1%。

【施工、竣工面积】

2013年，全市房屋施工面积1106.6万平方米，同比增长19.1%，增幅同比回落25.3个百分点；其中住宅施工面积81.8万平方米，同比增长9.4%，增幅同比回落27.7个百分点。全市商品房屋竣工面积222.6万平方米，同比增长29.9%，增幅同比提高46个百分点；其中住宅竣工面积159.5万平方米，同比增长8.9%，占全市商品房屋竣工面积的71.7%。全市商品房新开工面积298.4万平米，同比下降31.2%。其中住宅新开工面积占179.6万平米，同比下降47.2%。

2013年房地产开发施工和竣工面积情况

单位：万平方米、%

	1季度		1-2季度		1-3季度		1-4季度	
	总量	增幅	总量	增幅	总量	增幅	总量	增幅
商品房屋施工面积	796.2	71.5	932.2	52.4	1007.1	30.4	1106.8	19.1
#新开工	48.5	24.8	161.5	-10.3	234.6	-26.2	298.4	-31.2
商品房屋竣工面积	32.2	2494.4	98.9	16.4	141.9	44.0	222.6	29.9

2013年房地产开发施工和竣工面积情况

	1季度		1-2季度		1-3季度		1-4季度	
	总量	增幅	总量	增幅	总量	增幅	总量	增幅
销售面积(万平方米)	14.7	22.8	63.4	-2.4	126.8	23.2	181.6	11.4
销售额(亿元)	5.1	33.2	24.1	18.1	44.8	36.0	64.7	18.6

【商品房销售市场】

2013年长治市商品房销售面积181.6万平米，同比增幅11.4%，其中商品住宅销售面积157.0万平米，增长6.9%。

2013 年商品房销售情况

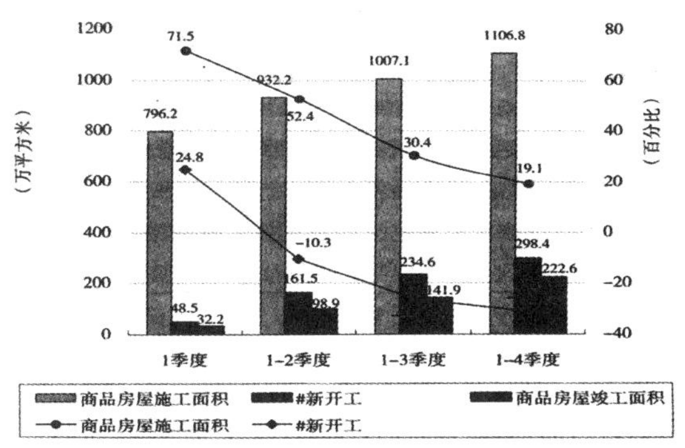

【开发资金】

受经济环境和房地产调控政策影响，2013 年以来长治市房地产开发建设资金紧张局面显现，到位资金增速持续低于投资增速。截止 12 月底，长治市房地产开发到位资金 103.0 亿元，增长 9.0%，虽然能够满足建设所需资金，但其增速仍低于房地产开发投资增速 15.1 个百分点。其中本年到位资金小计 93.6 亿元，增长 15.7%，低于房地产开发投资增速 8.4 个百分点。

【房价】

在市场快速发展的同时，商品房销售额增幅持续高于销售面积增幅，商品房价格呈持续上升趋势。统计数字显示，年初全市各类商品房均价 3469 元 / 平方米，年末其价格为 3562 元 / 平方米。比去年末全市各类商品房均价 3326 元 / 平方米高出 236 元。

【住房保障】

2013 年，长治市新开工建设保障性住房 20577 套，基本建成 18030 套，完成投资 37.5 亿元。在 2012 年底全市已竣工的 2598 套保障性住房中，完成分配 1932 套。

保障性住房是从 2006 年开始建设的，到 2013 年底，我市累计开工建设各类保障性住房 92873 套、794.25 万平方米，其中：廉租住房 9042 套、44.51 万平方米，经济适用住房 29032 套、227.94 万平方米，公共租赁住房 7644 套、43.02 万平方米，限价商品房 876 套、10.25 万平方米，城市棚户区改造 26830 套、287.46 万平方米，国有工矿棚户区改造 15343 套、142.76 万平方米，国有重点煤矿棚户区改造 3040 套、29.14 万平方米，林区棚户区改造 959 套、8.52 万平方米，垦区棚户区改造 107 套、0.65 万平方米。基本建成 56534 套，完成投资 95.1 亿元。

【房地产市场监管】

2013 年，长治市住建局针对全市建筑房地产市场存在的突出问题，从 4 月开始，集中时间，集中力量展开了“双违”治理行动，对城市规划区范围内未经施工许可擅自开工建设、未经竣工验收擅自交付使用、未经销售（预售）审批擅自销售（预售）商品住房，以及无证开发、无资质开发和其他变相从事房地产开发等违法行为全部依法予以了查处。

【农村危房改造】

长治市农村危房改造工作自 2009 年启动以来，截至 2013 年底我市共完成农村危房改造 22594 户。

2013 年，长治市住建局继续坚持把农村低保户、低保边缘户、因病因灾户、分散供养五保户等确定为危房改造的重点补助对象，全年完成农村危房改造 9200 户，完成投资 27 亿元。

【重点镇建设】

2013 年，长治市住建局先后编制完成了平顺县县域村镇体系规划，以沁源县郭道镇、潞城市店上镇、屯留县渔泽镇、长治县荫城镇和贾掌镇等 5 个省、市重点镇的总体规划，使全市 9 个省级重点镇实现了总规、近规全覆盖。同时，继续推进省级重点镇“五建设两整治”，全年累计开工建设市政基础设施 34 项，累计完成投资 4.11 亿元。

【乡村清洁工程】

2013 年，根据山西省统一部署，长治市住建局在全市 3454 个行政村全面启动乡村清洁工程，建立了以财政投入为主、农村转移支出为辅、群众义务缴费为补充的常态化资金筹措机制，使长治市乡村清扫保洁工作步入了规范化、制度化、常态化的轨道。

【九大重点工程】

2013 年，长治市城市建设九大重点工程大力推进。这项工程总投资 80 亿元，包括 15 条市政道路、5 座市政桥梁、8 座过街天桥、2 条快速连接线、3 座铁路立交桥、30 条背街小巷、北一环路与城东路立交、“三河一渠”综合治理工程二期，新区环湖大道工程等。截止 2013 年底，九大重点工程建设顺利完成年度目标任务，累计完成征迁 55 万平方米，主城区新建设及改扩建道路 35.4 公里、101.2 万平方米，是城市建设取得了翻天覆地的变化，圆满兑现了向全市人民作出的“一年初见效”庄严承诺。

【安全与质量监管】

2013 年，长治市住建局严格安全生产监管、高度重视建筑工程质量监管，使全市建筑工程质量监督覆盖率、竣工验收合格率、超限高层建筑工程抗震设防审查率、施工图审查备案率均达到了 100%。

【住房公积金】

2013 年，长治市住房公积金管理中心当年归集住房公积金 11.59 亿元，支取使用住房公积金 2.94 亿元，发放个人住房贷款 3.68 亿元，支持 2081 名职工贷款购买住房 20 多万平方米，当年新建住房公积金单位 142 个，新增职工 37182 名。截止 2013 年，累计为 3534 个单位、29.04 万职工建立了住房公积金，累计归集住房公积金 58.83 亿元，累计支取 15.30 亿元。累计为 10218 名职工发放个人住房贷款 13.28 亿元。住房公积金覆盖面达到 56.86%，个贷率达到 22.77%。2013 年长治市住房公积金增值收益 95899495.38 元，提取贷款风险准备金 1271232.36 元，提取廉租住房补充资金 22113628.72 元。

2013 年，长治市住房公积金管理中心潞矿分中心当年归集公积金 58452 万元，当年支取公积金 17150 万元，发放个人住房贷款 15732 万元，当年新增缴存职工 2002 人。

【住房公积金执法】

2013 年，为了促进非公企业建立住房公积金，长治市住房公积金管理中心与市质监局联合下发了《关于在归集扩面中全面使用组织机构代码的通知》(长房金发〔2013〕24 号），通知明确规定了在办理组织机构代码时，将《住房公积金建立情况登记表》作为年检的要件，从机制上保证企业履行社会责任，维护在岗职工合法权益。

2013 年，长治市住房公积金管理中心通过下达《催建通知书》，依法行政先后促使二十多家单位为职工建立了住房公积金，下达《逾期贷款通知书》，并收回黎城县逾期个人住房贷款 45.56 万元。

【规划编制工作】

2013 年，长治市规划局编制完成《长治市城市总体规划 2011-2030》《长治市市域城镇体系规划 2011-2030》，并上报省政府审批；编制完成《长治市主城区改造近期建设规划》及《长治市主城区改造近期项目实施计划》（2013 年 -2015 年）；编制完成《长治市主城区棚户区改造规划》初步方案；编制完成《长治市主城区市民健身晨练点布局规划》初步方案；专门制定《长治市城中村改造规划编制技术指引》，全面推进全市的城中村改造工作；完成“六大惠民建筑”规划选址及方案设计工作；编制完成《长治市主城区及“1+6”上党城镇群六条城际连接线加油、加气、加电站布点规划》，并已完成报批前的各项准备工作。

2013年晋城市房地产业发展报告

晋城市房地产业协会

【概述】

2013年，晋城市紧紧围绕省、市目标责任年度任务，着力推进保障性住房建设、城镇化建设和城市基础设施重点工程建设等工作，圆满完成了各项目标任务，保持了住房城乡建设事业的健康发展。晋城市加大保障性安居工程建设，建设限价普通商品住房，解决城市中等收入家庭的住房困难，抑制房价过快增长，实现人民群众“住有所居”目标，为全市社会经济又好又快发展做出了贡献

【房地产开发】

全市房地产开发完成投资50.8亿元，同比增长12.5%，增速比前三季度回落12.0个百分点。全市房屋新开工面积175.3万平方米，增长25.6%，商品房销售面积86.6万平方米，增长了21.1%；销售额38.4亿元，增长44.3%。新开工保障性住房项目17908套。其中：廉租住房96套、公共租赁住房2532套、经济适用住房504套、限价普通商品住房13336套、城市棚户区改造1440套。保障性住房基本建成9009套。其中：廉租住房334套、公共租赁住房4094套、经济适用住房48套、限价普通商品住房3690套、国有工矿棚户区改造468套、国有林区棚户区改造375套。

【房地产市场调控】

2013年，我市严格落实国务院办公厅《关于继续做好房地产市场调控工作的通知》精神，市政府出台了《关于进一步加强房地产市场调控的意见》（晋市政发〔2013〕37号），通过增加商品房用地供应量、加强商品房价格监管、抑制投机性购房需求、加大保障性住房建设力度等措施进一步加强我市房地产市场调控工作，全市房地产投资增速放缓，市区商品住宅销售均价为4865.35元/平方米，比2012年底增长7.8%，新建商品住房价格保持基本稳定。

【房地产企业】

2013年末，全市共有房地产业企业法人单位507个，比2008年末增长168.25%。其中，房地产开发经营企业200个，物业管理企业153个，房地产中介服务企业34个，分别比2008年末增长146.91%、168.42%和126.67%。

2013年末，全市房地产业企业法人单位的从业人员为12114人，比2008年末增长214.16%。其中，房地产开发经营企业4245人，物业管理企业4810人，房地产中介服务企业457人，分别比2008年末增长120.98%、246.79%和357.00%。

按行业分组的房地产业企业法人单位数和从业人员

	企业法人单位（个）	从业人员（人）
合 计	507	12114
房地产开发经营	200	4245
物业管理	153	4810
房地产中介服务	34	457
自有房地产经营活动	118	2539
其他房地产业	2	63

【企业资产】

2013年末，全市房地产业企业法人单位的资产总计为319.12亿元，比2008年末增长528.26%。其中，房地产开发经营企业300.36亿元；物业管理企业3.56亿元，房地产中介服务企业0.39亿元，分别比2008年末增长575.43%、71.54%和788.59%

按行业分组的房地产业企业法人单位资产总计

	资产总计（亿元）
合 计	319.12
房地产开发经营	300.36
物业管理	3.56
房地产中介服务	0.39
自有房地产经营活动	11.20
其他房地产业	3.61

【房地产开发投资】

2013年，全市房地产开发投资完成50.8亿元，同比增长12.5%，增速比上年同期回落8.0个百分点，低于全省平均水平17.0个百分点，占全市固定资产投资总量的比重为6.1%。按工程用途分，住宅投资完成39.0亿元，增长11.9%；办公楼完成投资1582万元，下降62.5%；商业营业用房投资完成5.4亿元，增长30.1%；其他投资6.2亿元，增长8.7%。

2013 年省市房地产投资额增速对比

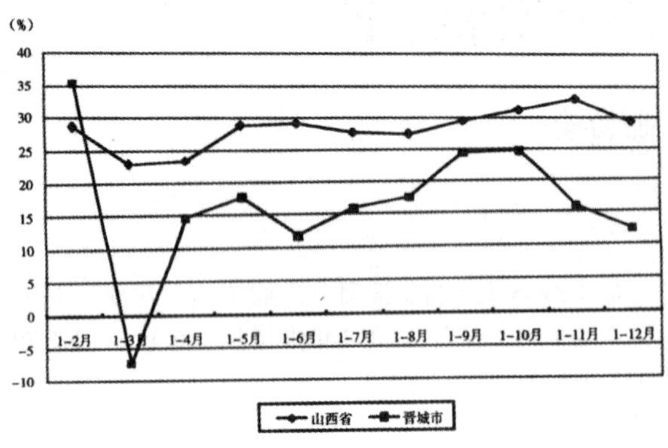

2013 年，全市房地产开发投资中，建筑工程占全部投资的七成以上。按工程构成分：建筑工程投资完成 36.4 亿元，增长 34.5%，占全部房地产开发投资的比重为 71.7%；安装工程完成 4.3 亿元，下降 7.0%；土地购置费 8.6 亿元，下降 23.5% 。

【房屋施工面积】

2013 年，全市房地产开发项目房屋施工面积 579.8 万平方米，由上半年的下降 1.0% 转为增长 3.7%。其中，住宅施工面积 427.9 万平方米，下降 1.9%。全市房地产开发项目新开工面积 175.3 万平方米，增长 25.6%。其中，住宅新开工面积 114.2 万平方米，增长 9.1%。

【商品房销售】

2013 年，全市商品房销售面积 86.6 万平方米，同比增长 21.1%。其中，住宅销售面积 78.6 万平方米，增长 14.8%。商品房销售额 38.4 亿元，增长 44.3%，其中住宅销售额 33.1 亿元，增长 32.7%。

2013 年全市房屋销售面积和销售额增速走势

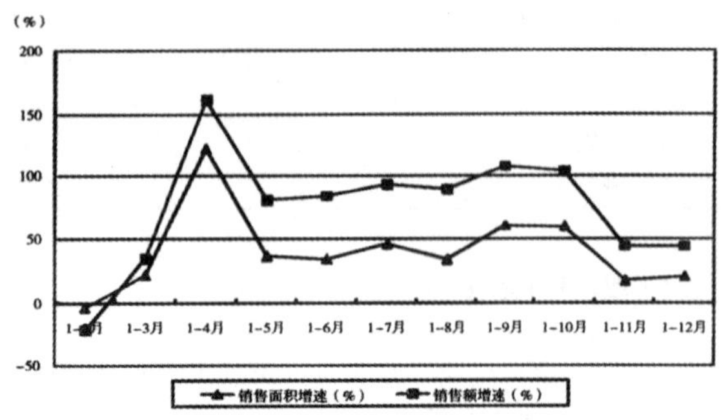

【资金来源】

2013 年，我市房地产企业资金来源合计 66.0 亿元，同比增长 1.2%。其中，上年末结转资金 18.8 亿元，下降 36.6%，占全部资金的 45.6%；本年到位资金 47.2 亿元，增长 32.8%。从本年资金来源渠道看，国内贷款 1.4 亿元，下降 8.0%；自筹资金 28.3 亿元，增长 70.1 %，占本年到位资金的 60.0%；其他资金来源 17.5 亿元，增长 0.6%，其中，定金及预收款 15.7 亿元，下降 3.8%。

【发展中的问题】

（一）房地产续建项目陆续完工，新建项目虽有增加，后续投资增长乏力

2013 年，虽然房地产新入库项目较 2012 年有所增加，但不能填补陆续竣工项目带来的空缺。2013 年全市房地产续建项目有 79 个，其中，累计完成投资占计划总投资比重超过 (含)80% 的项目有 45 个，占全部续建项目个数的 57.0%；累计完成投资占计划总投资比重超过 (含)90% 的项目有 37 个，占全部续建项目个数的 46.8%。全市房地产新入库项目 30 个，比 2012 年新入库项目增加 6 个，完成投资 22.4 亿元，占全部房地产开发投资的 44.1 %。从以上数据可以看出，在 2013 年的房地产开发项目中，有近六成的续建项目累计投资超过计划总投资的 80%，而新入库项目只有 30 个，难以弥补陆续完工续建项目的投资缺口。

（二）各县（市、区）房地产开发投资增速不高，差异较大

2013 年，除陵川县外，我市其他县 (市、区) 房地产开发投资增速均不高，分县区看：城区房地产投资占全市房地产投资的比重超六成，完成 33.2 亿元，增长 13.9%，增速仅高出全市平均水平 1.4 个百分点；沁水完成 2979 万元，下降 20.2%；阳城完成 1.3 亿元，增长 6.6%，增速低于全市平均水平 5.9 个百分点；泽州完成 1.1 亿元，下降 16.3%；高平完成 6.4 亿元，增长 11.0%，增速低于全市平均水平 1.5 个百分点；开发区完成 6.2 亿元，增长 1.0%，增速低于全市平均水平 11.5 个百分点；陵川完成 2.3 亿元，增长 87.6% 。

2013 年分县房地产投资对比

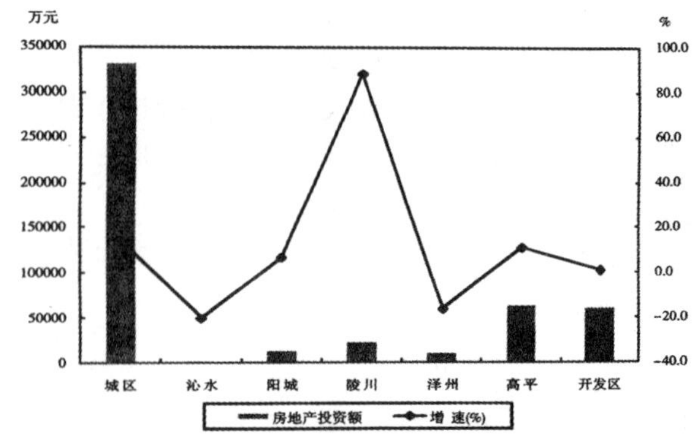

【发展建议】

（一）加快新项目建设，确保房地产市场平稳健康发展

随着城市的不断发展，人们的生活水平不断提高，越来越多的人开始涌入城市，寻找更多的赚钱机会，并享受城市生活带来的舒适。我市住房不仅仅要满足当地人的刚性需求，还要满足越来越多的外地人及乡村人口对住房的刚性需求。一是要加快对闲置土地的利用，尽快实现开工建设。2013年，我市房地产企业待开发土地面积60.7万平方米，同比增长79.8%，闲置土地对土地资源造成极大浪费。二是增强对大型房地产项目的规划、建设力度。2013年，我市房地产项目计划总投资5亿元以上项目有10个，比上年增加3个，占全部项目个数的9.2%;10亿元以上项目有3个，比上年增加1个。大型房地产项目不仅能够有效拉动房地产投资平稳增长，而且建成后的产品相对来说能够为消费者提供更加温馨、方便、可靠的环境。

（二）要加强县域规划，促进本土房地产企业发展

房地产业作为国民经济的重要组成部分，是拉动当地经济发展的重要动力之一。各县(市、区)应当根据当地具体情况多元化发展房地产业，多为本土企业提供发展机会，确保房地产市场平稳健康发展。一是要抓住城镇化建设机遇，大力发展房地产业。在我市，除城区房地产企业较多外，其他县区房地产企业都比较少，县区应抓住现在城镇化建设的机遇，大力发展本土房地产企业。二是以旅游为主的县区，可以尝试发展旅游地产。近年来，随着我市旅游宣传片在央视频道播放，我市旅游市场发展良好，是发展旅游地产的好机会。

市场运行监测报告

Market Operation Monitoring Report

2013 年太原市房地产市场运行监测报告

市场运行监测课题组

导 语

2013 年太原房地产市场经历了从严冬到复苏的转变，四季度房地产行业整体环境的持续好转持续提升开发企业信心。相比前三季度市场的冷淡，四季度的土地市场，开发商拿地表现较为积极；商品房市场出现温和复苏的迹象，多家开发商提前完成年度业绩。

从政策层面看，中央对房地产调控一再明确调控决心，包括住建部、国土部、财政部在内的各部委均公开做出过关于坚持调控不动摇的表态；国务院派出 8 个督察组对全国 16 个省市调控政策落实情况开展专项调查，调控力度达到了阶段性最高。地方政府一直通过多种途径试探中央的态度，为地方房地产市场争取更大的空间。2013 年，房地产调控基本达到了遏制房价迅速上涨的目的，国家暂不准备出台更严厉调控政策，调控从收紧时代进入了微调时代。

从市场层面来看，2013 年商品房成交供应双双回落，开发商从热情高涨恢复到了理性思考。住宅市场受到限制，在一定程度上刺激了商业、办公市场的发展，商办市场竞争激烈。开发商的开发思路出现了新的变化，由重营销轻产品向产品与营销并重的方向发展。

从客户需求来看，2013 年刚需客户仍然是支撑整个市场的主流客户群，其次为改善型客户，一部分投资客户退出住宅市场转向商业、办公市场。客户对产品认识有较大提高，专业性越来越强，购房回到谨慎理性的状态。

展望 2013 年，我们预期调控主基调不会出现逆转，限购政策将继续执行，同时作为新一届领导上任的第一个财政年度，政府“稳增长”的力度将不输 2013 年，因此对于宏观经济影响甚大的房地产行业，预计也不至有更加严苛的调控新政。一、二线城市交易量将继续 2013 年的上升趋势，而近两年市场迅速发展的热点三四线城市，在经过 2013 年盘整后，2014 年也将迎来新的复苏。

一、太原城市基础设施建设

基础设施建设：新建改造并州路、府东府西街等城市主次干道 105 条，轨道交通 2 号线试验段开工。中环快速交通主线全长 48.46 公里，全程架设高架桥 20.29 公里，下穿通道 16 座，上跨道路、河道桥梁 17 座，大型互通立交 8 座，跨汾河特大异型桥 1 座，总计建设里程 104.61 公里，标志着太原步入立体交通时代。智慧城市建设迈出新步伐。生态太原建设力度加大，全年造林 35.94 万亩，城市绿化 253 万平方米，建成区绿化覆盖率、绿地率分别提高 0.81 和 0.79 个百分点。

5000 户农村危房改造任务全面完成，2.3 万贫困人口脱贫。城镇登记失业率控制在 3.35%，城镇新增就业 10.7 万人。出台破产改制国有企业职工安置政策，积极稳妥解决职工养老、医疗保险问题。教育、卫生保障水平不断提高。公共自行车服务点覆盖四分之三以上建成区。“一元菜”惠民活动深受好评。成功举办 2013 太原国际马拉松赛。扎实推进平安省城建设，依法稳妥处置突发事件，严厉打击各类犯罪，群众安全感进一步提升。加强食品药品市场整治。狠抓安全生产，严格落实“两个主体”责任，全年生产经营性事故起数下降 3.81%，死亡人数下降 6.61%。

二、商品住宅总体情况

1、商品住宅

2008 年至 2013 年太原商品住宅供求情况

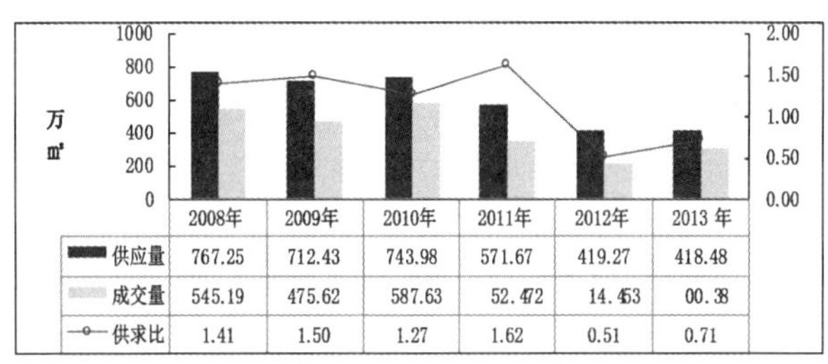

	2008年	2009年	2010年	2011年	2012年	2013 年
供应量	767.25	712.43	743.98	571.67	419.27	418.48
成交量	545.19	475.62	587.63	52. 472	14. 453	00. 38
供求比	1.41	1.50	1.27	1.62	0.51	0.71

数据来源：中房信 CRIC

2013 年，太原商品住宅市场供应面积为 418.48 万㎡，与去年基本持平。在一系列调控政策的实施下，大多数开发商选择了放慢开发节奏，减少推盘量，导致 2013 年商品住宅供应量基本无变化。

2013 年，太原商品房住宅市场成交面积为 300.38 万㎡，较上年上涨 40%。2013 年小产权整顿风暴，对市场购房者的观望情绪不可小觑，但同时也给市场注入一剂强心剂，市场成交量的回升印证着这一影响。

2、商品房住宅价格

2008 年至 2013 年太原商品住宅成交价格变化情况

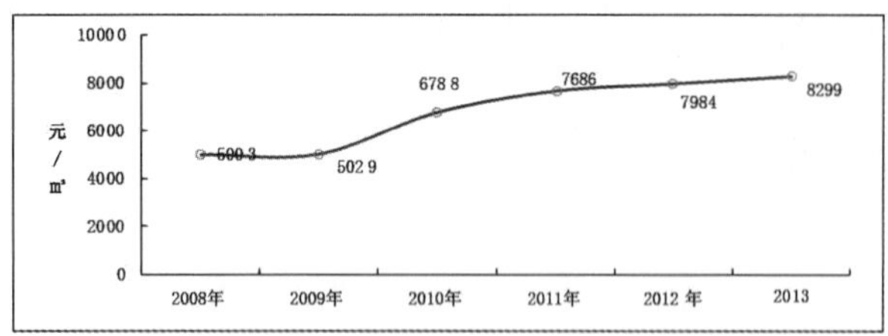

数据来源：中房信 CRIC

2013 年，太原房商品房住宅全年成交均价为 8299 元 / ㎡，较上年上涨 3.9%。富力城、万达公馆、万国城 MOMA、昌盛双喜城、万科紫台、星河湾等高端项目成交价格在市场成交份总体量中占比较大，对于市场影响较明显，导致太原商品住宅成交价格较去年有一定幅度的上涨。

2013 年太原商品住宅成交价格变化情况

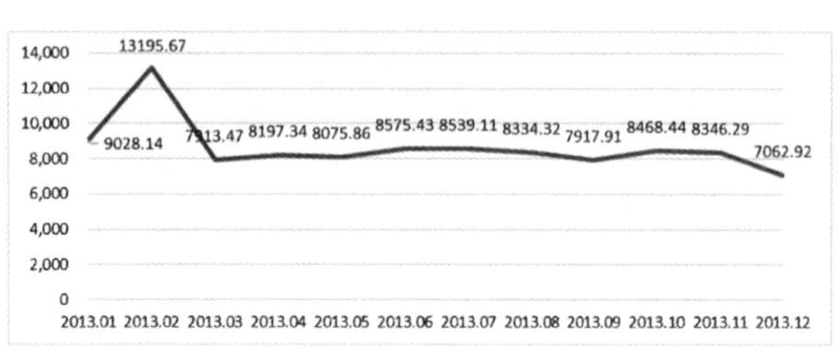

数据来源：中房信 CRIC

2013 年商品住宅月度成交价格在经过年初的大波折后，进入较为稳定的价格走势，主要原因是限购政策的实施。

三、保障房建设

住房保障是社会保障体系的重要组成，也是关系群众切身利益的重大民生问题。2013 年，太原市全年完成保障性住房投资 89 亿元，基本建成 2.96 万套，分别增长 49.43% 和 214%。

2014 年将再开工建设 5 万套安置保障住房，在两年内使拆迁户全部安置，加快棚户区和城中村改造步伐，对龙堡、东社、西寨、木厂头等 13 个城中村进行整村拆除

四、商业用房

2008-2013 年太原市商业市场供求对比图

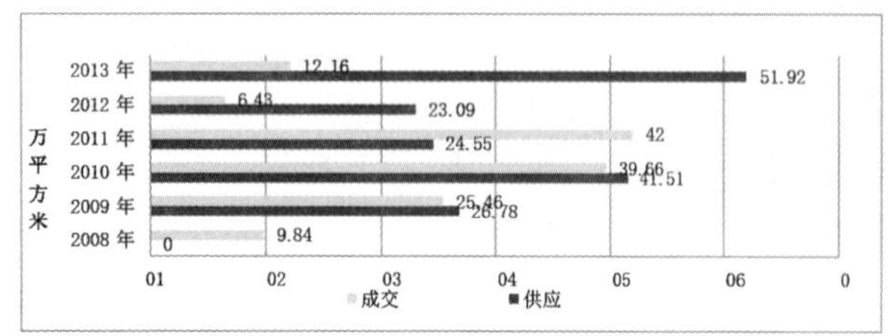

数据来源：中房信 CRIC

2013 年，太原商业市场供应量为 51.92 万㎡，较去年下降 124%；商业成交面积为 12.16 万㎡，成交量较上年增长 97%。

在住宅市场的发展受到宏观调控的大环境下，部分开发商和投资客户将焦点转向商业市场，太原市商业市场即将进入井喷时代。

五、商业物业价格

2012 年太原市商业市场成交均价月度对比图

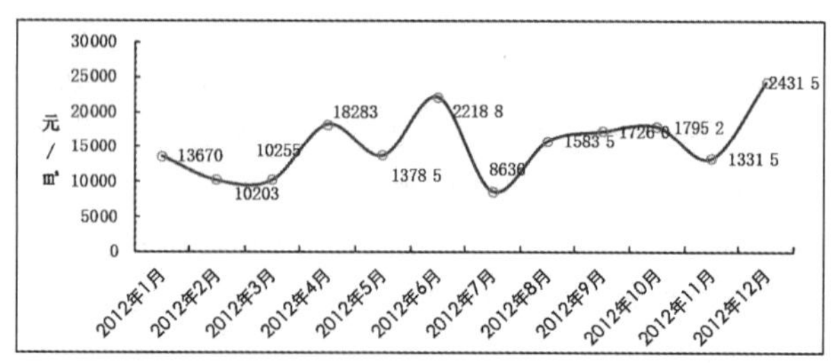

数据来源：中房信 CRIC

2012 年，太原商业市场成交价格波动较大，从一定程度上反映了商业市场竞争的激烈程度。住宅市场受到限购令的限制，开发商和一些投资客户避开政策敏感点，将注意力转向商业市场，促进商业市场的发展，商业成交均价在震荡中上升。

2012 年 12 月，商业成交价格达到 24315 元 / ㎡，突破 24000 万元 / 平方米，刷新商业成交价格新纪录；与上月相比，环比也上涨幅度较大，达 88.72%；主要是由于绿地世纪城、富力城等项目商业物业的成交占当月成交量的比重较大，且均为高价成交，大幅拉升了当月商业成交价格。

六、办公用房

2008-2013 年太原市办公市场供求对比图

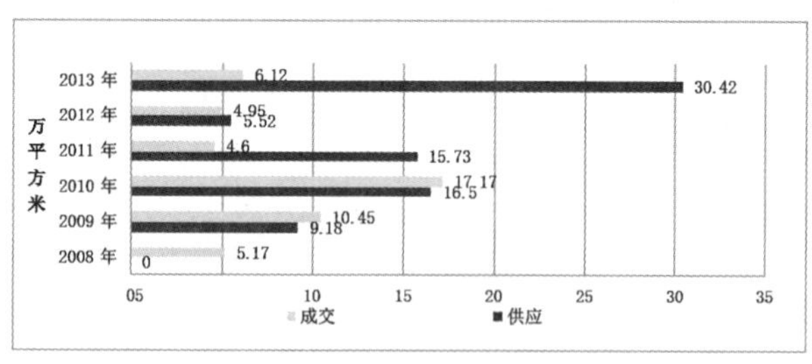

数据来源：中房信 CRIC

2013 年，太原办公市场供应面积为 30.42 万㎡，较上年上涨近一倍；成交面积为 6.12 万㎡，较上年上涨 23.6%。

限购令实施以来，商业和办公承接了住宅市场投资需求，与商业市场相比，办公投资成本相对较低，受到投资型客户的认可。在整体市场较差的大环境下，办公市场成交量较去年有小幅增加。

七、办公价格

2012 年太原市办公市场成交均价季度对比图

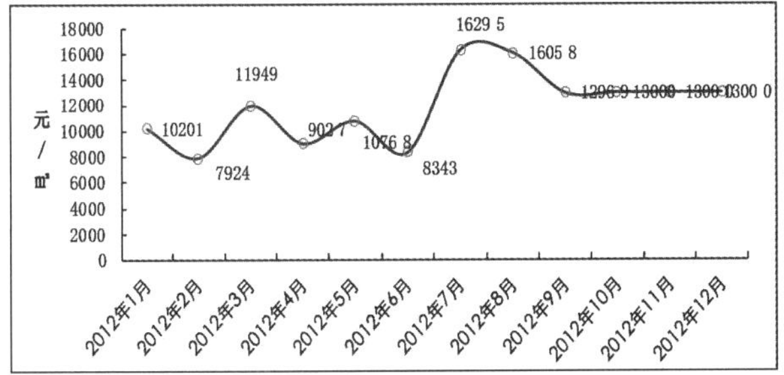

数据来源：中房信 CRIC

2012 年，办公市场成交均价波动较为频繁，市场竞争激烈。办公承接了一部分从住宅市场挤压出来的投资需求，在这种因素的推动下，办公市场成交均价出现了较大涨幅。

八、土地供应量

2008 年至 2013 年太原土地供应情况

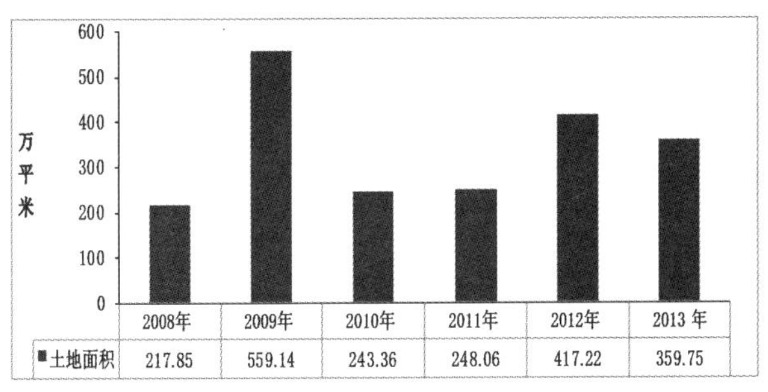

	2008年	2009年	2010年	2011年	2012年	2013 年
■土地面积	217.85	559.14	243.36	248.06	417.22	359.75

数据来源：中房信 CRIC

从数据上来看，2013 年土地供应面积为 359.75 万㎡，较之去年减少 13.77%。

太原市供应、成交地块属性分析

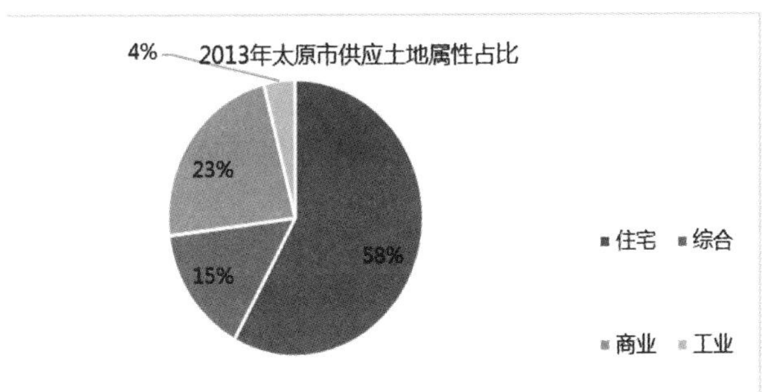

数据来源：中房信 CRIC

九、土地成交量

2013 年太原市共成交 70 宗，成交 237.94 万平米，与去年相比减少 20%

2008 年至 2013 年太原土地成交情况

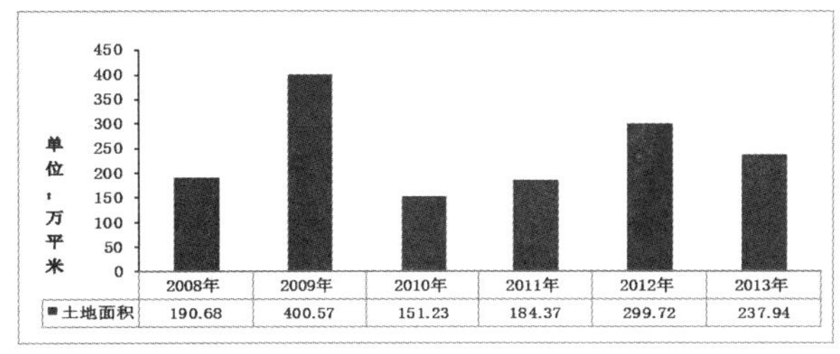

	2008年	2009年	2010年	2011年	2012年	2013年
■土地面积	190.68	400.57	151.23	184.37	299.72	237.94

数据来源：中房信 CRIC

成交地块区域分析

2012 年太原土地市场总共成交了 53 宗土地，总占地面积为 209.72 万㎡。迎泽区总共成交土地面积为 14.53 万㎡，占总成交面积的 7%，杏花岭区总共成交土地面积为 12.31 万㎡，占总成交面积的 6%，尖草坪区总共成交土地面积为 5.78 万㎡，占总成交面积的 3%，小店区总共成交面积为 91.76 万㎡，占总成交面积的 44%，万柏林区总共成交面积为 49.55 万㎡，占总成交面积的 24%，晋源区总共成交面积为 35.79 万㎡，占总成交面积的 17%。

2012 年太原各区域板块土地成交情况

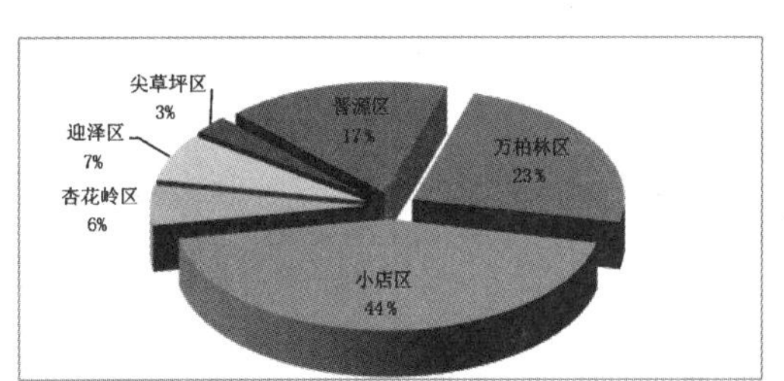

数据来源：中房信 CRIC

从表中可以很直观的看出，2012 年太原土地成交市场小店区居于首位，占比为 44%；其次为万柏林区，占比为 23%。在当前太原市“南移西进”的大城市发展战略指导下，这两个区域未来较长时间内，仍将是发展的主要区域，两区域的建设速度也将越来越快。

成交结构

2013 年土地成交类型占比图

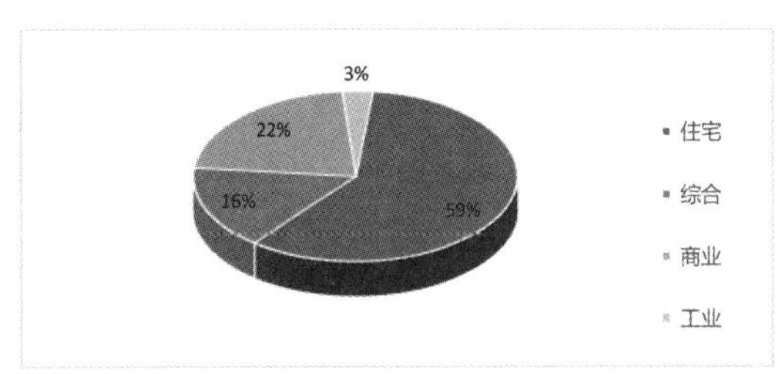

数据来源：中房信 CRIC

由上图可知，2013年太原成交土地以住宅用地为主，占比高达59%；其次为商业用地，占比为22%。随着太原市城市建设力度的快速加大，太原市在2013年，新增商业用地明显增大，且中海、华润、绿地等国内知名房企均在太原市涉足商业地产。

十、土地成交价格

2008-2013年太原市土地成交价格

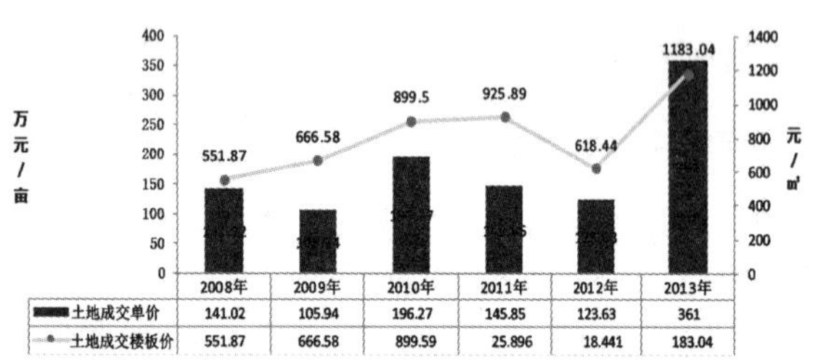

数据来源：中房信CRIC

2013年太原土地市场价格创历年来新高，成交楼板价为1183元㎡，与去年相比上涨了91.3%。2013年尽国家对房地产市场的宏观调控效果深度显现，太原市大宗土地交易在2013年尤其明显。

2009年—2012年太原土地区域成交价格对比

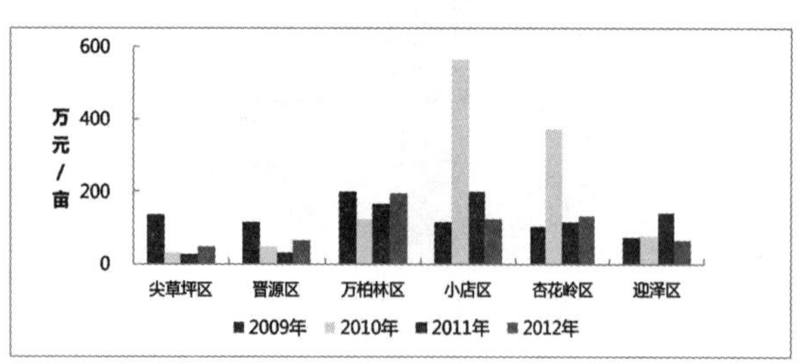

数据来源：中房信CRIC

从区域土地成交价格来看，小店区和迎泽区低于去年土地成交价格的水平。尖草坪区、万柏林区和杏花岭区是传统的老城区，成交的地块占据成熟的配套和优越的地理位置，成交价格高于去年。小店区的地块离市中心较远，区域发展尚不承受，配套较为简单，因此土地成交价格较低。

十一、项目活动

2013年，全市共有73个楼盘项目进行了86次推案活动，其中80-120平米的二房或三房是主推户型，部分高端豪宅项目推出110-170平米三居户型。

全年全市各项目共举行65场大、中型活动，活动主要围绕开盘、节假日、项目重大事件等进行开展，目的主要是利用活动引起众多媒体和市民的关注，强化了大家对项目本身的认识和了解，扩大项目在全市的知名度和影响力，有效的带动人群，引发了购房者的注意、兴趣和购买欲，同时达到了宣传项目品牌的作用，从而进一步提升了企业和产品的社会形象力。

十二、报广投放监测

2013年，各楼盘在《太原晚报》《山西晚报》两大主流媒体上共投放广告561则，总计62个项目，投放总版面为440.25版，其中《太原晚报》投放329.4版，《山西晚报》共投放110.8版。其中，以周五投放量最大，达225则，占总投放量的44.11%。

从投放广告的项目分布区域来看，小店区占51%，其次是万柏林区占17%，杏花岭区占12%，这与目前各区域的项目开发数量基本接近。

从广告主方向分析，投放次数最多的是阳光汾河湾122次119版，其次是恒大山水城38次17.25版。

十三、回顾与展望

根据全国房地产市场2013年发展现状，结合太原市场既有特征，预测太原市2014年将有以下特点：

1、豪宅市场房源共计充足，且个豪宅项目差异化明显，且2014年仍有不少豪宅项目相继入市，根据2013年销售状况，2014年太原市豪宅市场将出现市场竞争激烈，但是客群有限，经济转型，将会出现供大于求的局面，持续价格战争。

2、国内限购城市供大于求的局面得到市场普遍认识，未来限购松绑将成大势所趋。太原市作为二线城市，松绑限购将有利于消化库存，其效果如何，还待验证。

3、2014年，太原市将有大体量商业产品面市，品牌房企入市将进一步提升城市服务能级。

十八届三中全会的召开，给房地产调控长效机制划出了大致范围、市场化与科学化的房地产调控，将对房地产行业发展起到制度性的保障。稳定的政策预期和市场环境，使房企有机会平等竞争和自由竞争，但健康、多元化的市场对企业要求也更高。

在多元化的市场格局下，能否把握真实的市场需求，生产出有符合宜居、环保、有竞争力的产品，从而塑造产品品牌和企业品牌，是佛偶具备较强的资金实力和融资实力，是未来决定企业生存发展的最关键因素。

附件：

2013年太原市经营性商业用地成交总价前20名情况

单位：平方米／万元

序号	公告号／宗地编号	区域	土地属性	面积	容积率	出让底价	成交价格	受让方
1	并国土公出告字（2013）39号 CP-1341	万柏林	住宅；商服	58850	6.0	62680	179000	华润置地（成都）有限公司
2	并国土公出告字（2013）40号 CP-1342	万柏林	商服	44577	12.0	61520	101000	华润置地（成都）有限公司
3	并国土公出告字（2013）37号 CP-1340	晋源	商服	63403	8.0	89400	89400	华润置地（成都）有限公司
4	并国土公出告字（2013）37号 CP-1338	晋源	商服	51002	8.0	72000	72000	华润置地（成都）有限公司
5	并国土公出告字（2013）01号 CG-1301	小店	住宅；商服	143438	3.5	56380	57380	山西万国商业广场开发有限公司
6	并国土公出告字（2012）66号 CG-1267	小店	住宅；商服	62147	4.1	42120	438016	山西宝佳房地产开发有限公司
7	并国土公出告字（2013）31号 CG-1332	小店	住宅；商服	102065	3.5	37430	43730	山西国源房地产开发有限公司
8	并国土公出告字（2013）30号 CG-1331	小店	住宅；商服	95337	3.2	34670	41020	山西万景源房地产开发有限公司
9	并国土公出告字（2012）98号 CG-1298	杏花岭	住宅；商服	116752	4.5	38420	40180	山西宝洁房地产开发有限公司
10	并国土公出告字（2013）35号 CG-1336	万柏林	商服	32537	4.1	26580	40000	山西焦煤集团开发有限公司
11	并国土公出告字（2013）37号 CP-1339	晋源	商服	53122	5.0	39850	39850	华润置地（成都）有限公司
12	并国土公出告字（2012）102号 LG-1287	小店	商服	61289	3.5	35947	36447	山西嘉盛房地产开发有限公司
13	并国土公出告字（2013）36号 CG-1337	晋源	住宅；商服	56396	4.0	25020	33900	太原国投房地产开发有限公司

序号	公告号 / 宗地编号	区域	土地属性	面积	容积率	出让底价	成交价格	受让方
14	并国土公出告字（2012）97 号 CG-1297	万柏林	住宅；商服	76066	4.5	30780	31780	山西润景房地产开放有限公司
15	并国土公出告字（2013）33 号 CG-1334	杏花岭	住宅; 商服; 公建配套和其他	72048	2.7	19620	30585	太原龙城北部置业有限公司
16	并国土公出告字（2012）103 号 LG-12102	小店	住宅；商服	46768	5.3	29650	30150	山西崇康房地产开发有限公司
17	并国土公出告字（2013）46 号 CG-1350	杏花岭	住宅；商服	54766	2.8	25960	25960	太原龙城北部置业有限公司
18	并国土公出告字（2012）96 号 CG-1296	万柏林	住宅；商服	55508	4.5	22150	23150	山西润骅房地产开发有限公司 山西宜鑫房地产开发有限公司
19	并国土公出告字（2012）95 号 CG-1295	万柏林	住宅；商服	43036	4.5	17180	18180	山西恒运昌房地产开发有限公司
20	并国土公出告字（2013）06 号 CG-1306	晋源	住宅；商服	97269	2.4	16580	16580	太原新南城房地产开发有限公司

（撰稿人：李峰、牛佩华）

2013年大同市房地产市场运行监测报告

市场运行监测课题组

导 语

全年全市实现地区生产总值（GDP）967.5亿元，按可比价格计算，比上年增长8.3%。其中，第一产业增加值54.8亿元，增长4.9%；第二产业增加值455.6亿元，增长8.8%；第三产业增加值457.1亿元，增长8.1%。第三产业增加值占比首次超过第二产业。全市人均地区生产总值实现28744元。

全年全市实现社会消费品零售总额471.2亿元，比上年增长14.0%。全年全市房地产业开发投资完成265.0亿元，比上年增长55.3%。其中，住宅投资192.8亿元，增长67.5%。

近年来大同市力推转型发展，从“煤都”转型旅游文化城市，城市改造建设也因此得到空前发展空间。2013年，大同市“回暖”迹象明显，楼市房价处于平稳状态，市场住房供应仍然以刚性需求为主，”农民进城“ “工人入市”供求两旺的局面在2013年上演。2011年是大同市土地供应的小高峰，市场累积商品房仍在增加，产品竞争态势更加明显，“降价”“团购”等成为项目惯用营销手段，对于购房者而言，无疑是个好消息。

一、大同城市基础设施建设

2013年，面对过去的一年，面对煤炭工业运行困难、经济下行压力增大、社会稳定矛盾突出的严峻形势，紧紧围绕“转型发展、绿色崛起”战略，按照“一三四十”总体部署，全力推进十大工程，争先进位，负重赶超，成功举办国际太阳能竞赛，成功创建国家园林城市。成功入围国家新能源师范城市，各项工作稳中有进，稳中有为，稳中向好。

坚持把发展作为第一要务，多措并举稳增长：加强产销衔接服务，地方煤炭生产逆势增长57.8%，“六位一体”推进重点工程建设，完成投资1185亿元。出台促进民营经济发展30条，民间投资增长50.3%。土地、资金等关键要素指标向县域经济倾斜，分配土地指标5811亩，增长180%；财政补助资金7.45亿元，增长31.28%。粮食生产实现“四连增”，突破20亿斤。一系列举措保障了经济稳步增长，全市地区生产总值增长8.3%，规模以上工业增加值增长10%，固定资产投资增长24.6%，社会消费品零售总额增长14%，公共财政预算收入增长17.8%，城镇居民人均可支配收入增长10.1%，农民人均纯收入增长12.8%。

坚持把转型作为主攻方向，多业并重调结构。以煤为基、多元发展，大力实施百企强市、百园立农工程。新增山西名牌产品7件、山西著名商标14件。阳高县成为国家养生（养老）示范基地，灵丘空中草原和阳高大嘴窑杏园入选中国美丽田园景观。万昌物流园区列入交通部重点扶持项目，42万平方米云中商贸物流园投入运营，40万平方米新发地物流园局部试运营。第三产业占比首超二产，经济结构更趋合理。

在推进大项目建设进程的基础上形成七大产业集群，即以多晶硅、铸锭、切片、太阳能组件、太阳能电站等为主，形成太阳能光伏产业集群，把我市建设成为太阳能示范城市；以中海油煤制天然气项目为龙头，发展多联产、高端化清洁能源产业集群；以陕汽大同新能源专用车为龙头，建设中国新能源商用车之都。同时，加强、发展、壮大中国重汽大齿公司、北车公司、山柴公司等的生产，形成装备制造产业集群；以国药威奇达抗生素基地为龙头，发展原料药、成品药、中药三大产业集群；以同钢及县区资源为基础，发展钢铁、重金属冶炼产业集群；以甲醇、乙炔化工等为龙头，形成煤化工产业集群；引进汾酒、黄酒、啤酒等生产线，形成以饮品为主的食品产业集群。

突出文化传承，深入实施名城复兴、百校兴教工程，推动文化建设取得新进展。实施“文化强市”战略，一方面，我市是首批国家级历史文化名城，有众多的国家级文保单位和旅游景点，还有相当数量的非物质文化遗产。另一方面，也是更重要的方面，早在5年前甚至更远，就有了文化觉醒，开始挖掘历史文化，发展现代文化，特别是近几年，我们开始了声势浩大的名城保护与修复工程，加之旧城改造和新区建设，城市面貌发生了根本性改观，这完全符合中央关于文化大发展大繁荣的政策，完全符合省委省政府关于加快转型发展跨越发展的要求，也顺应了全市人民推动产业多元、改变城市形象的愿望。深入实施名城复兴工程。加快古城保护与发展，完成代王府中轴线一、二期修复工程，实施富力城商业项目，完成征收搬迁2500户。深入实施百校兴教工程。拓宽融资渠道，加大投资力度，开展义务教育县域均衡达标。城区要率先达标，打造示范学校77所，新建标准化幼儿园29所。出台落实优惠政策，鼓励发展民办教育。办好人民满意教育。

加快环境整治和生态建设，推动全市生态建设与产业发展良性互动，实现城市优美与自然的和谐统一。打造生态区，率先建设资源型地区环境友好、绿色宜居的园林城市。建设好以白登山、云冈峪绿化治理，文瀛湖生态景观工程，推进御河两岸、梓家村森林公园、社区公园绿化，建成区绿化面积100万平方米。加强浑源神溪湿地、广灵湿地公园等生态保护。持续推进水环境治理，加快御河、十里河等河流生态环境综合治理。让人民群众呼吸新鲜空气、喝干净水。

加快信息化进程，创建国家智慧城市。加强顶层设计，整合现有资源，实现共建共享。推进智慧城区建设，打造智慧城管、智慧社区、智慧教育、智慧旅游、智慧物流。推进4G网络应用，实现宽带提速，夯实信息化基础，促进信息消费。推进大同IT产业园区威厚和罗克佳华项目建设。建成OA政府办公系统和十大工程项目化管理信息系统，提高行政效率。让人民群众享受便捷高效的智慧服务。

优化能源结构，创建国家新能源示范城市。推进浑源、新荣等40万千瓦风力发电，南郊、天镇、大同县等20万千瓦光伏发电和阳高3万千瓦生物质发电项目。抓好新能源应用示范，推进12万千瓦分布式风力发电、2万千瓦分布式光伏发电项目，新增太阳能灯1.5万盏。抓好节能减排示范，发挥塔山循环经济园区示范效应，推动和正公司粉煤灰、英吉思公司煤矸石等综合利用项目扩能提质。加强工业、建筑、交通和公共领域节能，新建建筑全面执行绿色建筑标准，节能标准执行率达到100%，新增新能源汽车80辆。推动能源结构新型化、清洁化、低碳化。

2013年大同市市开工城镇保障房2.06万套，完成农村危房改造2.08万户，完成农村住房抗震改建4000户，完成大同五中、九中、十二中等中学迁建工作，新建20所标准化幼儿园，完成市一医院御东新院、市五医院御东新院等建设工程，进一步扩大社会保障覆盖面，深入开展安全生产标准化建设和重点行业（领域）安全生产专项整治，进一步加强和创新社会管理，不断提高人民群众的幸福指数，实现人民生活和城市发展同步提高。

二、商品住宅总体情况

1、商品住宅

2009年—2013年大同市商品住宅供求情况

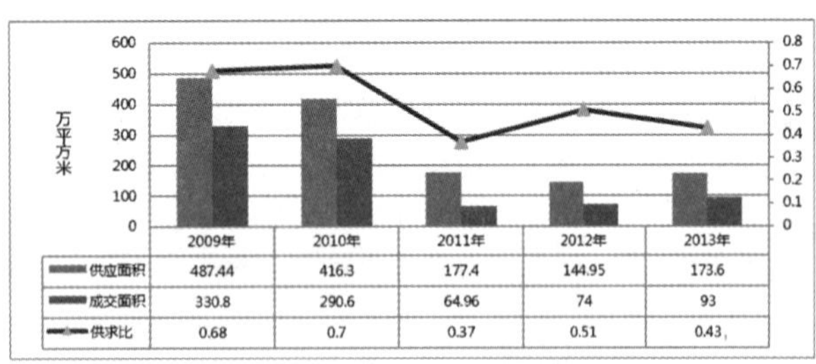

	2009年	2010年	2011年	2012年	2013年
供应面积	487.44	416.3	177.4	144.95	173.6
成交面积	330.8	290.6	64.96	74	93
供求比	0.68	0.7	0.37	0.51	0.43

数据来源：中房信CRIC

2013年，大同市商品住宅市场供应面积为173.6万平方米，较上年增长19.76%；商品住宅市场成交面积为93万平方米，较上年上涨25.67%。

究其原因，主要有以下几方面：一方面，从大同整体市场来看，自2009年开始，商品住宅市场供应量已经远远大于成交量，市场新增供应量较往年有较大上涨。另一方面，大同城区绝大多数居民拥有自住房，加上一部分在旧城改造过程中的回迁房，刚需客户相对较少，购房客户主要来源于改善型客户、部分周边县市矿工及经商人群。

大同并未被列入实施限购政策的二三线城市中，因此不受限购因素影响，但是房地产市场低迷的氛围影响着大同市场购房客户的积极性，同时城建改造的不确定性在一定程度上也影响着整个市场的成交。

2、商品房住宅价格

2009年—2013年大同市商品住宅成交价格变化情况

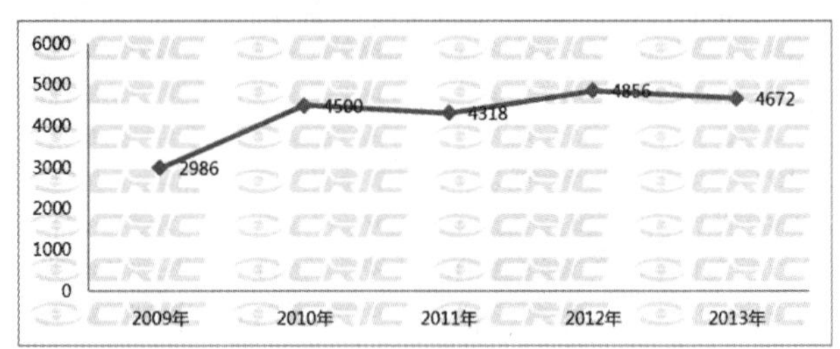

数据来源：中房信CRIC

2013年，大同市商品住宅成交均价为4672元/平方米，较上年下跌3.79%

从2009年到2010年，大同市商品住宅成交价格快速拉升，跨上了一个新台阶，但市场均价仍未“破五”。2013年，市场成交价格有所下跌，其原因可能，一是市场调控政策紧绷，以抑制投机、投机性需求为主线，大力推进保障房建设；再则就是市场“以价换量”沦为形势，导致部分购房者对市场持观望态度。

三、保障房建设

2013年大同市开工城镇保障房2.06万套。2014年大同将新建保障性住房46616套；山西省计划新开工23万套保障性住房，基本建成18万套，年度计划投资450亿元。

四、商业办公用房

2009—2013年大同市商业办公市场供求对比图

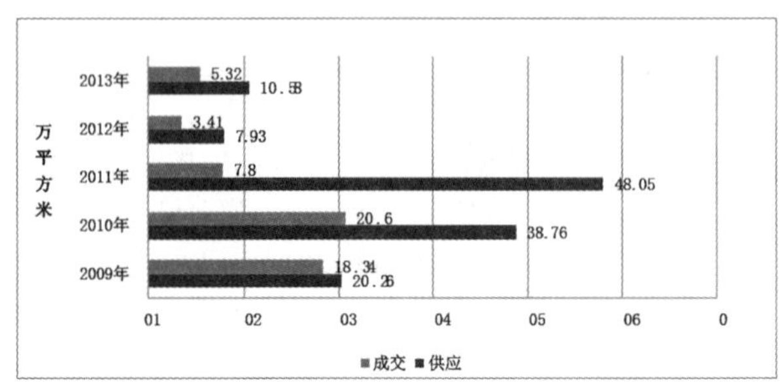

数据来源：中房信CRIC

2013年，大同市商业办公市场供应量为10.58万平方米，较去年上涨 33.4%。本年成交面积为 5.32 平方米，成交量较上年上涨 56%。

市场现有商办项目供应量为成交量的 2 倍，存在供大于求现象，对存量的去化压力较大。

大同市现有商业办公项目属于试探性产品，普遍存在同质化问题，市场目前处于刚刚启动阶段，尚未形成较为成熟的物业形态。办公项目主要是满足较为简单的办公商务需求，商业主要表现为社区配套等满足基本生活需求的低端商业。随着城市化建设进一步加快，未来大同商办市场将有巨大的发展潜力。

五、商业办公用房价格

2006 年—2013 年大同市商业办公价格走势

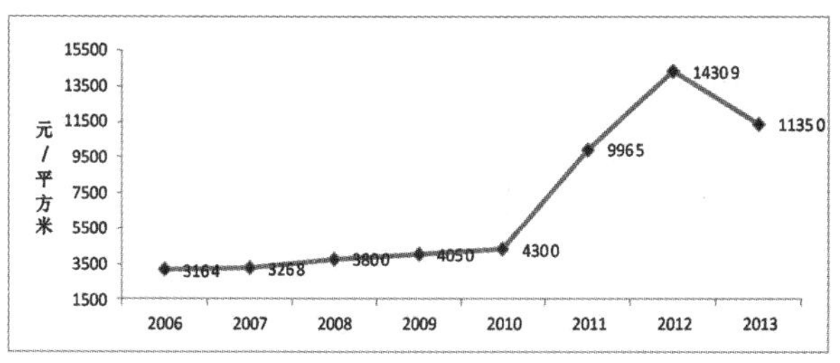

数据来源：中房信 CRIC

大同市商业办公用房均价上涨较快，从 2006 年到 2013 年，2010 年到 2012 年为快速拉升阶段。2012 年成交均价达到 14309 元 / 平方米的峰值，2013 年回落到 11350 元 / 平米的，较上年下跌 20.68。市场上商业办公形态产品分布不均，价格浮动区间也从 7000-15000 元 / 平米不等，随着大规模城市建设及对产业结构调整的展开，预计大同市未来商办价格将呈现逐步上涨的态势。

六、土地供应量

2005 年—2013 年大同市土地供应情况

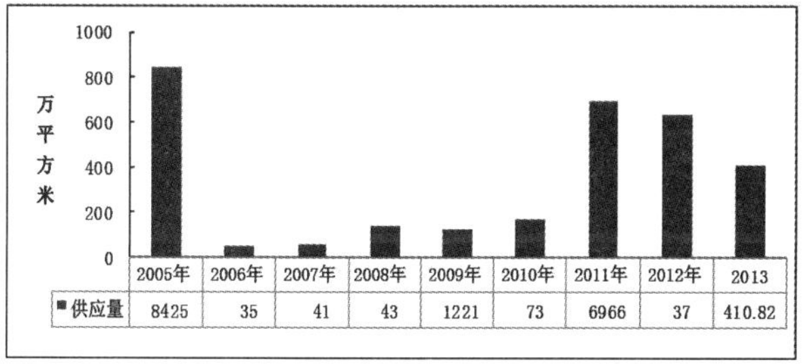

	2005年	2006年	2007年	2008年	2009年	2010年	2011年	2012年	2013
供应量	8425	35	41	43	1221	73	6966	37	410.82

数据来源：中房信 CRIC

2005 年大同市土地市场的供应量达到了近年来的最高值，达到 842 万平方米。2006 年土地供应量迅速回归到正常水平，并呈现逐年稳步增长的态势。2011 年随着“一轴双城”规划落实，大规模城建改造推动下，土地供应再次陡增。2013 年全年土地成交量达到 410 万平米。

2005 年—2013 年大同市供应土地性质分析

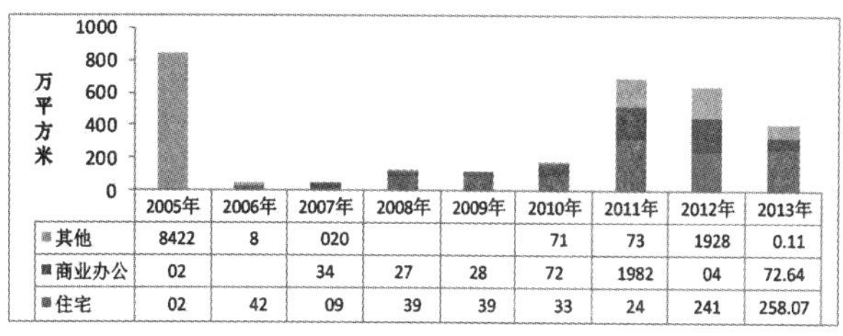

	2005年	2006年	2007年	2008年	2009年	2010年	2011年	2012年	2013年
其他	8422	8	020			71	73	1928	0.11
商业办公	02		34	27	28	72	1982	04	72.64
住宅	02	42	09	39	39	33	24	241	258.07

数据来源：中房信 CRIC

通过比较近年来经营性用地的各类型地块出让比重可以发现，随着大同房地产业的启动，城市土地供应结构进一步调整，供应土地性质逐渐丰富。住宅类用地占比最大，并随着城市改造建设的稳步推进，商服用地的出让比重有所上升。2013 年，商业办公用地供应面积 80.11 万平方米，仅为去年的 1/3。

七、土地成交量

2005 年—2013 年大同市土地成交情况

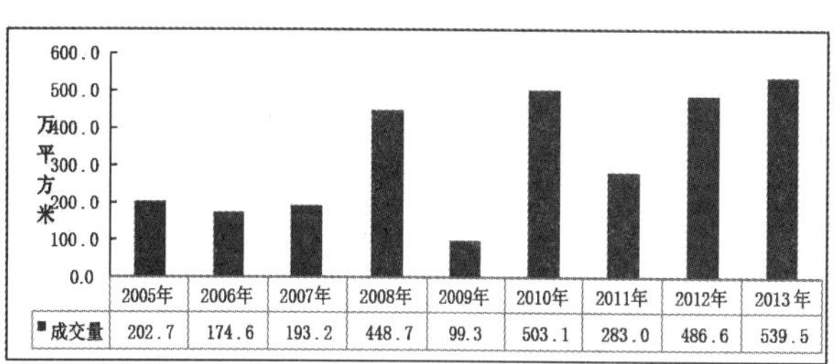

	2005年	2006年	2007年	2008年	2009年	2010年	2011年	2012年	2013 年
成交量	202.7	174.6	193.2	448.7	99.3	503.1	283.0	486.6	539.5

数据来源：中房信 CRIC

2013 年，大同市土地成交量达到 539.5 万平方米，同比上涨了 10.88%。主要是受市场转好的影响，开发商在拿地方面态度积极。

八、土地成交价格

2005 年—2013 年大同市土地成交价格

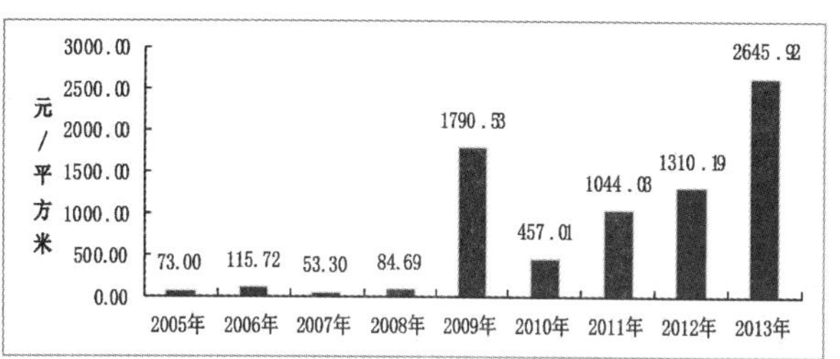

数据来源：中房信 CRIC

2013 年，大同土地成交价格为 2645.92 元 / 平方米，同比上涨 101.94%。随着城市建设的不断发展，土地资源越来越宝贵，土地价值不断增加，成交价格不断攀升。2005 年—2013 年八年间，大同市土地成交均价波动较大，随着房地产市场的不断发展，2009 年土地成交价格达到最高峰，其原因主要是 09 年成交地块中商服用地较多，整体拉升了大同市土地成交价格。2010 年由于廉租住房、街巷用地、科教用地和工业用地等较多，大幅拉低了大同土地市场成交均价，导致 2010 年土地成交价格处于低谷。2010–2013 年大同市土地成交价格，成稳步上涨的趋势，市场发展态势良好。

九、项目活动

2013 年，大同市共有 52 个楼盘项目组织了营销活动，活动次数达到 421 次。项目推出户型集中在 64–137 平方米的两居、91–292 平方米的三居和 120–404 平方米的四居。

从大同整体营销活动来看，各楼盘开展营销活动活跃度挺高，这将有利于传递楼盘信息、树立项目及开发企业形象，扩大项目及企业在市场中的影响力，从而间接地促进楼盘销售。

活动内容也从单一的推介转变为邀请体验，满足客户心理预期，并持续制造热点，多元化、时尚个性的的营销活动为大同楼市注入新鲜血液。

十、主流媒体

1、纸质媒体

大同纸质媒体主要集中在两种报纸上，一种是《大同日报》，一种是《大同晚报》。

2013 年大同共有 58 个楼盘项目进行了报纸广告的投放，共计 1862 次。其中在《大同日报》投放广告的项目共计 48 个，有 82.75% 的项目在该报纸投放广告；在《大同晚报》投放广告的项目共计 53 个，有 91.38% 的项目在该报纸投放广告。在《大同日报》投放的广告次数共计 780 次，占总投放次数的 41.9%；在《大同晚报》投放的广告次数共计 1032 次，占总投放次数的 55.42%。从统计数据看，无论从投放广告的项目数量，还是广告投放次数，《大同晚报》均占据优势。

究其原因，一是《大同晚报》覆盖面广泛，包括大同、朔州、内蒙古乌兰察布盟及河北张家口地区；二是其包含内容较丰富，信息快捷，受到广大阅读者青睐，受众范围较广；三是更具权威性和地方特色，涉及的行业较为广泛。

2、网络媒体

2013 年，大同房地产网络媒体包括 0352 房网、大同新浪乐居、大同楼盘网、大同搜房网、大同房产网，其中大同房地产门户网和大同房产信息网是主要网络媒体，均为大同本土成长起来的网络媒体，0352 房网是新近发展起来的网络媒体，发展迅猛。搜房网、门户网、楼盘网由于进入大同市场时间较短，发展有待进一步成熟。

十一、总结及展望

目前大同房地产市场开发水平还较为有限。从开发商来看，绝大多数为本地开发商，恒大、绿地、富力等全国性大型房企进驻大同，对大同楼市影响较大，品质提升的同时也在刷新着大同购房者的要求。预计未来，将会有较多全国性的房地产企业考虑在大同落户，这将推动大同房地产行业的发展速度，同时也在烘托和引导市场，跳出目前市场固有产品的局限，接触更为精致的产品品质和生活品质。

近年来，国家对房地产实行了宏观调控政策，大同市未列入房地产政策调控范围，但受大环境影响，房地产市场产生了观望情绪，整体来看大同市受到国家宏观调控政策的影响较小。

从降价楼盘来看，多数为比较偏远的地段，位于中心地段的产品，价格仍保持原有水平。

从大同房地产市场整体发展水平来看，目前大同房地产市场保持着稳定健康的发展态势。近年来，大同房地产供应体系不断完善，住房供应结构向着多样化、人性化方向发展，基本能满足不同阶层居民的住房需求。郊区项目因其价格低主打婚房为销售理念受到刚需族青睐，成为后起之秀，跻身大同楼市新宠。而御东新区随着城市配套的逐步完善，更多品质大盘的脱颖而出，也将按照城市规划形成城市新中心。

2013 年对大同楼市而言是调控性的一年：年初新“国五条”坚持执行以限购、限贷为核心的调控政策，坚决打击投资投机性购房。房地产业的发展离不开整个大的宏观经济环境，无论是国际经济金融环境压力，还是国内的经济增长动力不足，均对房地产业形成不利条件，2014 年，大同房地产业的发展面临着较大的挑战

（撰稿人：李峰、牛佩华）

2013 年长治市房地产市场运行监测报告

市场运行监测课题组

第一节 长治市区域概况

一、地理位置

长治市建于 1945 年 10 月，位于山西省东南部。地处北纬 35° 50'—37° 08'，东经 113° 01'--113° 40'。东倚太行山，与河北、河南两省为邻，西屏太岳山，与临汾市接壤，南部与晋城市毗邻，北部与晋中市交界。全境东西最长处 150 公里，南北最宽处 140 公里，总面积 13896 平方公里。地形为太行山，太岳山所环绕，构成高原地形，通称“沁潞高原”，又称“上党盆地”。境内山地、丘陵、盆地纵横交错，海拔大都在 800--1500 米之间，最高的太岳山北台顶，海拔 2453 米。

长治辖城区、郊区、潞城市、长治县、长子县、屯留县、沁源县、沁县、武乡县、襄垣县、黎城县、平顺县、壶关县等 13 个县、区（市）。共辖 66 镇、64 乡、14 个街道办事处、3504 个村民委员会、142 个居民委员会。全市总人口为 321.66 万人，人口密度达到 231 人 / 平方公里。

二、历史沿革

长治古称上党，位于山西省东南部，旧府志曰“据太行山之巅，地形最高与天为党也”，因其地势险要，自古以来为兵家必争之地，素有“得上党可望得中原”之说。此外，长治还具有悠久的历史文化和光荣的革命传统，是研究山西省历史文化、弘扬革命传统的基地。

早在上古时代，我们的祖先神农氏炎帝就曾在这里尝百草、驯养牲畜、发展原始农业。殷商时期，长治是殷商王朝属下的诸侯国，史称“黎”。春秋时归晋。战国时期赵、魏、韩三家分晋，长治为韩国别都，称“上党郡”。隋开皇时改为潞州，后几经变更，唐时改为河东道潞州上党县。明嘉靖 8 年（公元 1529 年）改称潞州府，并置长治县取“长治久安”之意，长治由此而得名。清朝时继旧制为潞安府长治县。民国初废道，长治改属冀宁道。民国 19 年（公元 1930 年）废道制，长治直隶省辖。1945 年 10 月 8 日长治解放，1945 年到 1998 年的 50 多年间，曾先后经历了作为山西省辖市由长治专区代管和晋东南行署隶属等多次行政区划的调整变动。

长治属于黄河流域的中原文化，源远流长。千百年来荟萃于此的古迹也雄辩地证明，长治是我们中华民族的发祥地之一。同时，长治还是一个革命老区。抗日战争时期，我党在这里创建了以太行山和太岳山为依托的抗日根据地，后来发展成为晋冀鲁豫边区，这是当时华北最大的一块根据地。我八路军总部和中共中央北方局等领导机关曾长期驻扎在武乡、潞城等地，使这里成了华北抗日前线的中枢。老一辈无产阶级革命家曾在这里生活、战斗，组织指挥了神头之战、东阳关战斗、长乐大战、黄崖洞保卫战、沁源围困战、百团大战等许多战役战斗。在解放战争初期我人民解放军在刘伯承、邓小平同志指挥下，在这里发动了名震中外的上党战役，揭开了解放战争的序幕。在长期的革命战争中，长治人民为中国革命做出了巨大的牺牲和卓越的贡献。

三、经济发展

（一）综　合

初步核算，全年全市生产总值 1333.7 亿元，比上年增长 8.5%。其中，第一产业增加值 56.6 亿元，增长 3.9%，占生产总值的比重为 4.3%；第二产业增加值 867.1 亿元，增长 9.9%，占生产总值的比重为 65.0%；第三产业增加值 410.0 亿元，增长 5.8%，占生产总值的比重为 30.7%。第三产业中，金融保险业增加值 52.8 亿元，增长 13.6%；交通运输、仓储和邮政业增加值 85.3 亿元，增长 7.1%；批发和零售业增加值 90.1 亿元，增长 3.0%。

人均地区生产总值 39474 元，按 2013 年平均汇率计算为 6374 美元。

图1　2009-2013年全市地区生产总值及其增长速度

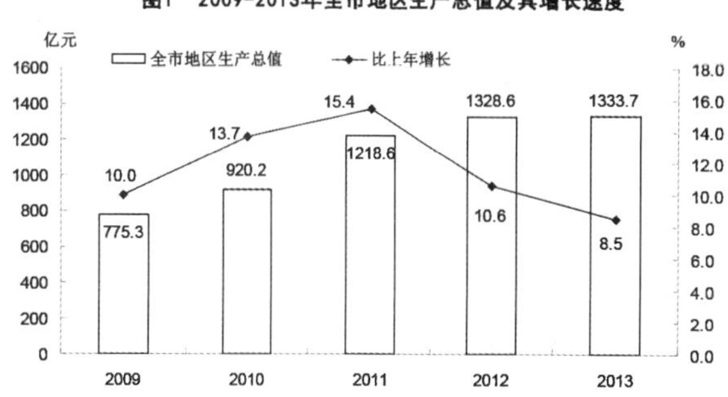

全年全市财政总收入 297.9 亿元，下降 1.4%。公共财政预算收入 148.7 亿元，增长 11.4%。税收收入 80.6 亿元，增长 6.5%，其中国内增值税、营业税、企业所得税、个人所得税、资源税和城建税共计完成税收 67.0 亿元，增长 1.0%。公共财政预算支出 245.7 亿元，增长 21.7%。其中

农林水事务支出增长 18.6%，教育支出下降 8.4%，社会保障和就业支出增长 64.4%，医疗卫生支出增长 16.2%，文化体育与传媒支出增长 19.5%，公共安全支出增长 5.2%，节能环保支出增长 45.8%。

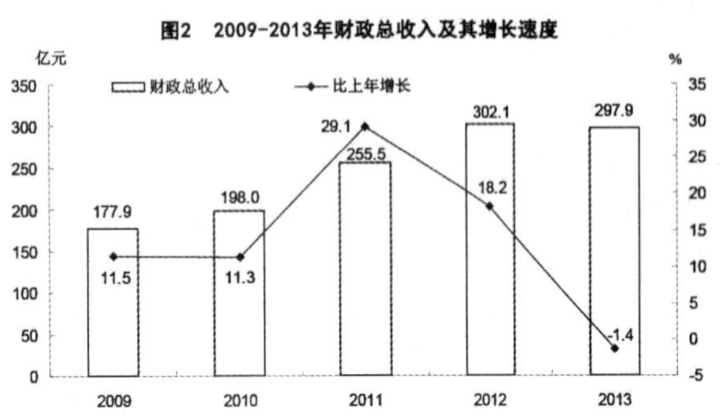

图2 2009-2013年财政总收入及其增长速度

居民消费价格比上年上涨 3.2%，其中，食品价格上涨 7.0%。商品零售价格上涨 2.1%。工业生产者出厂价格下降 8.4%；工业生产者购进价格下降 6.9%。

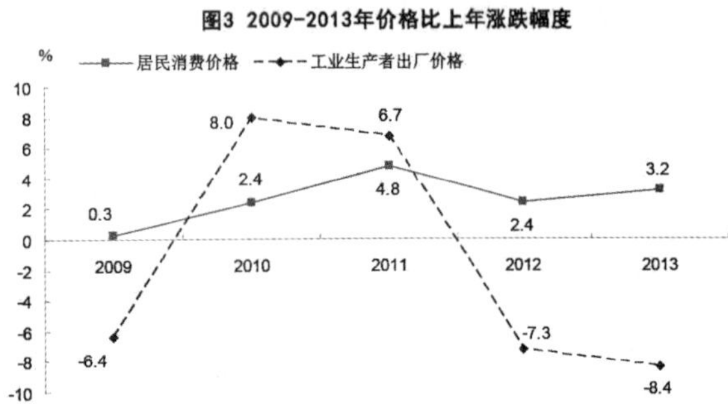

图3 2009-2013年价格比上年涨跌幅度

表 1　2013 年居民消费价格比上年涨幅

指　　标	涨　　幅
居民消费价格	3.2
食 品	7.0
烟酒及用品	1.7
衣 着	4.2
家庭设备用品及维修服务	3.2
医疗保健和个人用品	1.6
交通和通信	−1.3
娱乐教育文化用品及服务	1.0
居 住	1.6

全年全市城镇新增就业 5 万人。转移农村劳动力 5.1 万人。年末城镇登记失业率 1.65%。

（二）固定资产投资

全年固定资产投资 1086.8 亿元，增长 25.4%。其中，国有及国有控股投资 411.4 亿元，增长 14.6%。

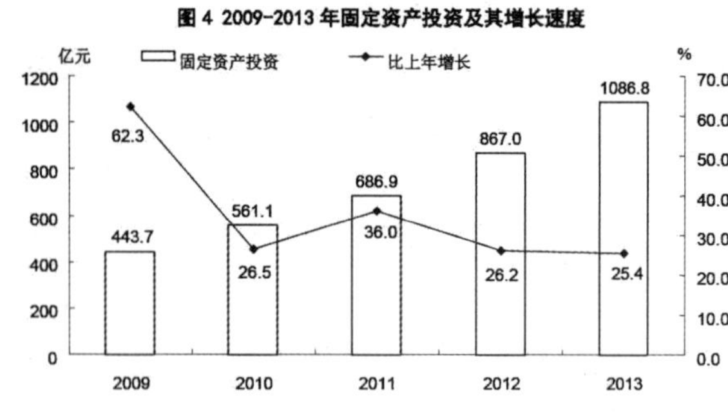

图 4 2009-2013 年固定资产投资及其增长速度

分产业看，第一产业投资 114.5 亿元，增长 100.6%；第二产业投资 546.3 亿元，增长 18.9%；第三产业投资 426.0 亿元，增长 21.6%。在第二产业中，工业投资 546.3 亿元，增长 19.1%。其中，煤炭工业投资 101.8 亿元，下降 33.1%。

表 2　2013 年分行业固定资产投资及其增长速度

行　业	投资额	比上年增长 %
总 计	10868280	25.4
农、林、牧、渔业	1144956	100.6
采矿业	1414647	−10.7
制造业	3495457	31.3
电力、燃气及水的生产和供应业	552852	62.0
交通运输、仓储和邮政业	416067	80.6
信息传输、计算机服务和软件业	523607	−22.9
批发和零售业	50464	−0.7
住宿和餐饮业	29676	3441.3
房地产业	1856217	65.0
租赁和商务服务业	14430	−52.1
科学研究、技术服务和地质勘查业	29725	−17.4
水利、环境和公共设施管理业	1063899	16.1
居民服务和其他服务业	5739	−47.1
教育	39323	−54.7
卫生、社会保障和社会福利业	53892	−42.2
文化、体育和娱乐业	149982	−21.0
公共管理和社会组织	27347	−46.4

全年全市在建固定资产投资项目1467个。其中，5亿元以上项目108个，计划总投资1829.6亿元，完成投资397.8亿元，占全市固定资产投资的比重36.6%。

全年房地产开发投资94.2亿元，增长24.1%。其中，住宅投资67.7亿元，增长13.0%；办公楼投资2.7亿元，增长195.0%；商业营业用房投资16.1亿元，增长109.3%。

表3　2013年房地产开发和销售情况

指　标	单 位	绝对数	比上年增长%
投资完成额	亿元	94.2	24.1
其中：住宅	亿元	67.7	13.0
房屋施工面积	万平方米	1106.6	19.1
其中：住宅	万平方米	818.1	9.4
房屋新开工面积	万平方米	298.4	–31.2
其中：住宅	万平方米	179.6	–47.2
房屋竣工面积	万平方米	222.6	29.9
其中：住宅	万平方米	159.5	8.9
商品房销售面积	万平方米	181.6	11.4
其中：住宅	万平方米	157.0	6.9

（三）金　融

年末全市金融机构本外币各项存款余额1848.0亿元，比年初增加123.9亿元，比年初增长7.2%。各项贷款余额918.8亿元，增加77.4亿元，增长9.2%。

表4　2013年年末金融机构本外币存贷款及其增长速度

指　　标	年末数	比上年增长%
各项存款余额	1848.0	7.2
其中：单位存款	660.9	0.3
城乡居民储蓄存款	1109.0	13.0
各项贷款余额	918.8	9.2
其中：短期贷款	423.4	15.3
中长期贷款	400.7	0.8

图5 2009-2013年全市城乡居民储蓄存款余额及其增长速度

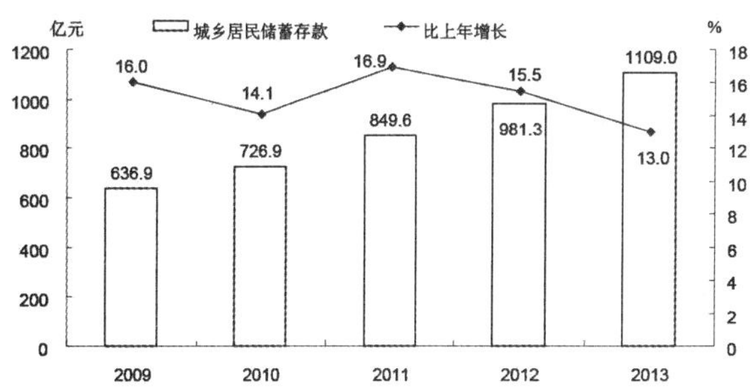

全年全市保费收入32.1亿元，增长4.6%。其中，寿险业务保费收入18.5亿元，下降5.4%；健康和意外险业务保费收入2.1亿元，增长135.8%；财产险业务保费收入2.1亿元，增长1.3%；车险业务保费收入9.5亿元，增长15.0%。全年支付各类赔款及给付13.6亿元，增长25.0%。其中，寿险业务保费赔付6.7亿元，增长26.6%；健康和意外险业务保费赔付0.8亿元，增长68.3%；财产险业务保费赔付0.9亿元，下降5.3%；车险业务保费赔付5.3亿元，增长24.6%。

（四）城市建设、资源、环境和安全生产

年末全市市区建成区面积5930万平方米，建成区绿化覆盖率45.3%。年末城市交通运营车辆792辆，其中市区公共汽车454辆。出租汽车3110辆，其中市区出租车1801辆。市区有公园4座，总面积127公顷。全年市区供水总量7663.4万吨，人均日生活用水量162.8升。全年液化气供气总量3774吨，天然气供应量3844.4万立方米，其中生活用天然气778.9万立方米。燃气普及率89%，比上年增长4.5个百分点。市区集中供热面积2730万平方米，其中住宅供热面积2063万平方米。市区污水处理能力17.5万吨/日，全年污水处理量5560万吨。生活垃圾年清运量19.0万吨，无害化处理率达到100%。

年末全市森林面积429.6千公顷，森林覆盖率30.9%。本年度检查验收合格造林面积29.3千公顷。全市有自然保护区2个，面积46.9千公顷，占全市总面积的3.4%。

年末全市大中型水库蓄水总量2.6亿立方米，比上年增长9.3%。全年总用水量4.5亿立方米，比上年增长8.8%。其中，生活用水1.05亿立方米，增长1%。

全年全市空气质量Ⅱ级以上天数264天。全市达Ⅲ类水质标准的断面比例64.7%。城市集中式饮用水源地辛安泉水质达标率达到100%。

全市亿元GDP生产安全事故死亡率为0.089，下降49.7%。煤炭百万吨死亡率为0.092，下降60%。全年共发生道路交通事故296起，下降16.9%，造成216人死亡、231人受伤，分别下降0.9%和25.5%。

第二节　宏观政策分析

近年来，房价一直是人们关注的热点问题。自2007年以来，中国的房价进入了一轮喷井式的高增长，随后的几年政府为了扼制房价过快上涨、稳定房价，不断出台新的宏观调控政策，包括土地政策及房产政策。

一、土地政策

国土资源工作积极贯彻落实党的十八大精神，在各项政策中贯穿"保发展、保红线、保权益"的理念，实行最严格的耕地保护制度和节约集约用地制度，为经济社会发展提供了保障。

（一）促进节约集约用地的政策体系基本完善

党的十八大要求"大力节约集约利用资源，推动资源利用方式根本转变"。推进资源节约集约利用已成为落实节约优先战略，推进科学发展的重要战略举措。多年来，国土资源部认真贯彻落实党中央、国务院的要求，把推进资源节约集约利用作为国土资源管理的一条主线，作为服务科学发展的重要平台，会同有关部门，与地方各有关方面一道，积极探索，扎实推进，形成了完整的政策体系，取得了明显成效。

1、建立节约集约用地政策体系

初步形成了横向覆盖土地规划、供应、使用、评价、监管等各领域，纵向覆盖国家、省、市、县等各行政层级的节约集约用地政策体系。

2、强化土地使用标准的执行

在供地环节，严格按照国家发布的《限制用地项目目录》和《禁止用地项目目录》、《工业项目建设用地控制指标》供地，同时不断完善土地使用标准。从土地供应、利用、存量土地挖潜等环节进行了规范，提高了相关节约集约用地政策的规范性和可操作性。

3、促进低效建设用地再开发

4月，国土资源部印发《开展城镇低效用地再开发试点指导意见》（国土资发（2013）3号），通过推进城镇低效用地再开发利用，优化土地利用结构，促进经济发展方式转变。主要政策包括：鼓励和引导原国有土地使用权人、农村集体经济组织和市场主体开展城镇低效用地再开发，规范政府储备存量建设用地开发利用；统筹兼顾各方利益，规范城镇低效用地补偿，加强公共设施和民生项目建设。

（二）耕地保护政策向纵深发展

2013年，国土资源系统持续推进耕地数量、质量和生态"三位一体"的耕地管护措施，尤其着力强化耕地质量建设与管理，探索多年的"激励性保护"也有了重大突破；同时，顺应信息化时代发展，适应政府职能和管理方式转变，耕地管理的信息化进程有了重大进展。

1、基本农田数据库系统建设加快，耕地保护管理信息化进程提速。

2、全面推进高标准基本农田建设，耕地质量保护和建设已成为当前耕地保护的重心。

2013年，500个示范县在全国116个基本农田保护示范区已有经验的基础上，积极探索"农民参与、整县推进"的新模式，将高标准基本农田建设推向新高潮。

3、耕地保护补偿机制建设有新的突破，激励性保护探索成效显著

为了贯彻落实中央关于"划定永久基本农田，建立保护补偿机制，确保基本农田总量不减少、用途不改变、质量有提高"精神，按照"十二五"规划关于"探索建立耕地保护补偿"、"在有条件的地方开展耕地保护补偿试点"要求，国土资源部积极推动有基础、有意愿、有代表性的地区开展试点工作，取得了重大突破，补偿试点从市县扩展到省级，并开始逐步向更大范围推广。各试点地区结合当地实际，选择补偿和激励的方式也逐渐多样，成效显著。具体试点模式有：对承担耕地保护责任与义务的农民或农民集体进行直接补偿；对农民自发开展的小规模基本农田整治给予补助；对基本农田管护和质量建设给予补助，包括对基本农田管护进行补助、对土地整治项目后期管护给予补助、对耕地质量保护和建设进行补助等。

（三）权益保护、保障和改善民生的政策继续完善

1、加快推进征地改革制度，依法进行土地征收

2013年5月，国土资源部办公厅发布《关于严格管理防止违法违规征地的紧急通知》（国土资电发〔2013〕28号），要求处理好"保发展、保红线、保权益"的关系，不得强行实施征地，杜绝暴力征地。征地程序不规范、补偿不到位、安置不落实的地区，必须立即进行整改；存在违法违规强行征地行为地区，要严肃查处；凡整改、查处不到位的地区，不得继续实施征地。

2、加大保障房建设用地供应力度

2013年4月22日，国土资源部印发《保发展保红线工程2013年行动方案》，落实633万套保障性安居工程建设用地供给，严格目标责任考核。2013年，全国计划改造各类棚户区304万户。截至11月底，已开工323万户，占目标任务的106.2%，超额完成土地供应任务。

3、建立不动产统一登记制度

十二届全国人大一次会议审议通过《国务院机构改革和职能转变方案》提出，建立不动产统一登记制度，整合房屋、林地、草原、土地登记的职责，由一个部门承担。国务院第31次常务会议进一步明确，由国土资源部负责指导监督全国土地、房屋、草原、林地、海域等不动产统一登记职责，基本做到登记机构、登记簿册、登记依据和

信息平台“四统一”。这对于完善社会主义市场经济体制、建设现代市场体系，保护不动产权利人合法财产权，提高政府治理效率和水平，具有重要意义。

截止 2013 年底，全国农村集体土地所有权确权登记率达到 97%。宅基地和集体建设用地使用权确权登记发证工作也在全面推进中。

（四）加强宏观调控，严格土地市场监管

1、加大房地产市场调控力度

为进一步加大房地产市场调控力度，国务院办公厅于 2013 年 2 月 26 日下发《关于继续做好房地产市场调控工作的通知》（国办发〔2013〕17 号），指出当前房地产市场调控仍处在关键时期，要继续做好房地产市场调控工作，促进房地产市场平稳健康发展。

文件要求各地区要根据供需情况科学编制年度住房用地供应计划，保持合理、稳定的住房用地供应规模。原则上 2013 年住房用地供应总量应不低于过去 5 年平均实际供应量。

2、重申严管“小产权”房

国土资源部办公厅、住房城乡建设部办公厅 11 月 22 日发布关于坚决遏制违法建设、销售“小产权房”的紧急通知。要求坚决遏制在建、在售“小产权房”行为，建设、销售和购买“小产权房”均不受法律保护。对违法建设、销售的“小产权房”开展一次集中排查摸底，结合实际研究提出分类处理的意见。

3、规范土地储备融资行为

国土资源部、财政部、中国人民银行和中国银行业监督管理委员会联合下发《关于加强土地储备与融资管理的通知》，文件理清土地储备业务与融资的关系，切实防范可能出现的金融风险，为政府供应“净地”提供有效保障，保障土地储备工作规范健康运行。

4、加强建设用地供后监管

国土资源部办公厅发出《关于建立土地利用动态巡查制度加强建设用地供后开发利用全程监管的通知》，决定在总结土地利用动态巡查试点城市经验和做法的基础上，在全国范围内建立土地利用动态巡查制度，对建设用地开发利用情况实行全程监管。土地利用动态巡查制度主要包括八方面内容。从建设项目跟踪、信息现场公示、价款缴纳提醒、开竣工预警提醒、开竣工申报、现场核查、闲置土地查处、建立诚信档案八个方面加强监管。

二、房产政策

（一）“新国五条”的出台

2013 年 2 月 20 日，国务院召开常务会议，确定五项加强房地产市场调控的政策措施，被业界称为“新国五条”。会议研究部署继续做好房地产市场调控工作，提出要坚决抑制投机投资性购房，严格执行商品住房限购措施，扩大个人住房房产税改革试点范围。新国五条继 2011 年之后再次提出要求各地公布年度房价控制目标。

随后，3 月 1 日，新国五条的细则新国六条出台，其中亮点有继续严格实施差别化住房信贷政策，进一步提高二套房首付和贷款利率，出售自有住房将按转让所得 20% 征个税，加快推进房产税扩大试点工作。

（二）房产税改革试点范围扩大

2013 年 5 月 24 日，国务院批转发改委《2013 年深化经济体制改革重点工作的意见》，意见中要求扩大个人住房房产税改革试点范围，随后发改委相关人员在记者见面会中明确表示房产税扩围今年将会有具体动作。6 月份，北京、深圳、南京和杭州等多地房产税试点方案已上报，多数方案已接近“最终版本”，房产税试点扩容已提上日程。在十八届三中全会公布的《关于全面深化改革若干重大问题的决定》中，提出了“加快房地产税立法并适时推进改革”的要求。

（三）“以房养老”方案的提出

2013 年 9 月 13 日，中国政府网全文公布近日由国务院印发的《关于加快发展养老服务业的若干意见》，明确的提出，“开展老年人住房反 向抵押养老保险试点”。以房养老是指老人将自己的产权房抵押出去，以定期取得一定数额养老金或者接受老年公寓服务的一种养老方式，在老人去世后，银行或保险公司收回住房使用权，这种养老方式被视为完善养老保障机制的一项重要补充。

（四）保证保障房的供应

3 月 5 日第十二届全国人民大表大会第一次会议开幕会上提出今年保障性安居工程的建设目标是：基本建成 470 万套、新开工 630 万套，并继续推进农村危房改造。4 月 9 日住建部发布《关于做好 2013 年城镇保障性安居工程工作的通知》明确要求各地适当上调收入线标准，有序扩大住房保障覆盖范围；在今年年底前，地级以上城市要明确外来务工人员申请住房保障的条件。

2011-2012 年，全国保障房新开工套数已超过“十二五”期间 3600 万套任务的半数，在经历初期的“大干快上”后，保障房建设当前的工作重心转移至求质求量、发挥实效。从中央层面的要求来看，已经不仅局限于建设数量上的积累，而是向切实发挥民生作用、做到程序公平等实际效应上转变。2013 年 3 月 3 日全国政协十二次会议提出，不仅要增加保障房供应，公平分配，更要加强保障性住房后续管理。2013 年 3 月 8 日，在第十二届全国人民代表大会第一次会议中，吴邦国强调“要建立健全保障性住房公平分配和运营机制，从而真正使低收入住房困难户得到实惠”。

（五）新型城镇化的推进

3月17日，十二届全国人大一次会议闭幕后，国务院总理表示，新型城镇化是以人为核心的城镇化，必须和农业现代化相辅相成。2013年6月，新一轮城镇化规划处于制定中，城市群作为未来城镇化发展的主体形态被赋予更多关注。在城镇化进程不断加快的背景下，农村集体用地流转、宅基地制度改革等话题不断升温。十八届三中全会决定，建立城乡统一的建设用地市场。在符合规划和用途管制前提下，允许农村集体经营性建设用地出让、租赁、入股，实行与国有土地同等入市、同权同价。缩小征地范围，规范征地程序，完善对被征地农民合理、规范、多元保障机制。完善土地租赁、转让、抵押二级市场。十八届三中全会对农村土地流转作出新的部署后，不少地区也随之推进集体建设用地使用权流转试点。

第三节　市场容量分析

市场容量，是指在一段时间内、特定区域市场中、消费者有购买能力支撑的、对某种商品的现实的和潜在的市场总需求量。市场容量分析，是房地产市场研究的基础，及时把握市场容量及产品结构层次的变化趋势对了解长治房地产市场有着至关重要的作用。由于存在着大量的购房需求，长治的房地产市场近几年一直处于高速发展的阶段，但市场中结构性的供求矛盾却日益突出，这种矛盾表现在长治市房地产市场中区域、价位、楼型、套型等方面的供应与需求不平衡。本节的市场容量分析中，既进行了总容量分析，也进行了区域、价格层次等分容量结构分析。

一、2013年长治市房地产市场容量分析

（一）住宅市场容量分析

根据2013年国民经济与社会发展统计数据显示，2013年商品房销售面积达181.6万平方米，比上年增长了11.4%，其中住宅销售面积达157.0万平方米，比上年增长了6.9%。

此次我们对长治市住宅市场进行调查，调查数据表明，长治市住宅市场购房需求成因主要有四方面，包括结婚购房、外来人员购房、因改善居住购房以及投资性购房。图6显示2009年-2013年购房动因变化趋势。

图6 2009-2013年住宅购房动因变化图

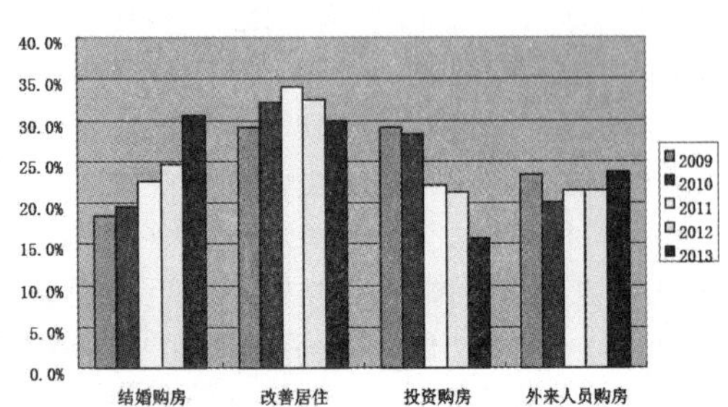

自2009年80后的一代人相继大学毕业，结婚选购婚房便成了一种趋势，而且近几年愈演愈烈，因此，自2009年至2013年结婚购房的比例增幅较大，2013年因结婚购房的数量占总需求的30.6%。

2、改善居住购房比例变化不大

由于市民生活水平的提高和消费观念的变化，产生了大量以改善居住为目的的购房需求，因改善住房条件的购房一直占据市场主位。2009年至2013年改善居住购房比例没有明显起伏，变化态势趋稳。

3、因投资而产生的购房比例降低

2007年房价的快速上涨令许多人找到了投资的契机，很多人纷纷拿着储蓄买房。随后，国家从税收、利率等各方面出台了诸多宏观调控政策，房价上涨趋缓。2013年“新国五条”中提出要坚决抑制投机投资性购房，以及转让房地产收取20%个人所得税和房产税的征收，投资性购房比例有所降低。

4、城市规划带动外来人员购房

2011年以来，长治市在统筹城乡发展，加快城乡一体化、市域城镇化中先行先试，围绕建设全国最宜居、最宜发展城市的奋斗目标，以重振山河之势，大思路、大手笔、大规模，规划建设具有借鉴意义的城镇化范式——上党城镇群。至2013年，由长治通往上党城镇群6条快速通道均已建成，从各县区到长治市仅需要10几钟左右，这无疑是带动外来人员购房比例增加的最大因素。

（二）写字楼市场容量分析

在新经济条件下，生产以人为本，人的智力资源上升为知本、知富，信息资源则成为价值的诱因，写字楼的功能性诉求将从这个角度被充分激发。写字楼市场发展很大程度上靠第三产业的发展带动，如商业、贸易、顾问服务、咨询行业等。

根据长治市2013年国民经济与社会发展统计数据，2013年全市生产总值1333.7亿元，比上年增长8.5%。其中，第一产业增加值56.6亿元，增长3.9%，占生产总值的比重为4.3%；第二产业增加值867.1亿元，增长9.9%，占生产总值的比重为65.0%；第三产业增加值410.0亿元，增长5.8%，占生产总值的比重为30.7%。第三产业中，金融保险业增加值52.8亿元，增长13.6%；交通运输、仓储和邮政业增加值85.3亿元，增长7.1%；批发和零售业增加值90.1亿元，增长3.0%。第三产业生产总值的增长必然带动长治市写字楼需求的增长。

随着企业的不断发展，一些企业组织机构下放，如2013年中信银行、晋商银行等金融机构都陆续在长治开设分行，这些金融企业对办公环境的要求较高。另外，以前许多企业都选择在住宅楼内办公，住宅楼内的采光、通风、消防等环境都不适合办公，较差工作环境会影响员工的舒

适度，进而影响工作效率。近几年，越来越多的企业认识到了办公环境的重要性，因此，设施不全、“住改办”的办公场所已远远不能满足人们的要求，写字楼成了办公环境的最佳选择。

（三）商业市场容量分析

商业地产是房地产行业中的一个重要组成形式，商业地产一经出现，便以它的高回报、高风险、操作复杂等方面的特点，区别于单纯的住宅、办公等物业的开发，成为了房地产开发行业中的新贵。商业地产的开发和一个城市的建设水平及房地产开发水平有着很大的关系，同时也从一定层面上代表着一个城市的商品经济流通水平。

近年来，随着长治市城市建设步伐的加快和房地产产业化进程的加剧，商业地产得到了长足的发展，并逐渐形成了商业网点为中心的一些商业辐射带。同时一系列的城市建设规划，如上党城镇群的建设以及长治道路的拓宽工程，都将推动着长治商业市场的不断前进，并为其注入了源源不断的发展动力。

二、长治市房地产市场需求特征分析

（一）长治市住宅市场需求特征分析

1、购房者心理需求直接影响成交量

购房者消费心理和态度直接影响其购买行为。经调查，认为长治市房价太高的购房者占 38.5%，认为房价偏高的购房者占 41.1%，认为房价适中的购房者占 17.9%，认为房价偏低的购房者占 2.5%。这种心理导致许多购房者退缩，房地产实际成交量减少。

2、现实需求减少与潜在需求增加并存

市场容量包括现实需求与潜在需求，从经济学的角度来看，现实需求是钢性的和非弹性的，满足的可能性非常大；而潜在需求是弹性的，受价格、区域以及投资支付条件等因素的影响非常大，不易得到满足。

据调查，长治市准购房者对面积需求最大的是 80–120 平方米，而且一套房子的价格要几乎花费一生的积蓄，或者每月要负担较多的贷款，因此购房者对房子的环境、设计等要求较高。然而，想要选到满意的、性价比相对较高的房子不太容易，因此许多的购房者选择持币等待，等待一个性价比较高的房子，这样期房便成了更好的选择。

3、购房需求呈现两端高中间低

在长治市住宅房地产市场发展阶段，买房者主要是企业主、经营小业主、公务员等具有层。尽管房价一路攀升，但对于中等偏高收入的人群来说，长治市房价依然在他们可接受范围以内。近几年，确保保障性住房的比例使得符合经济适用房等保障房的人群实现了拥有自己房产的梦想，反而是处于收入中等的家庭，接受不了高涨的房价，又不符合保障房的申请要求，购房压力相对较大。因此，长治市的住宅购房需求表现出了“两端高中间低”的情况。

（二）长治市写字楼市场需求特征分析

写字楼市场发展很大程度上靠第三产业的发展带动，如商业、贸易、顾问服务、咨询行业等。目前我国第三产业占国民经济产值的比重较发达国家低，从趋势上来说，写字楼有市场空间。但短期市场供求有个周期，在大趋势的同时又有小波动，这个波动就是供求失衡，供应多了就慢慢消化，停一段时间再去建设。写字楼开发中最为头疼的是融资模式，写字楼销售与住宅相比可能要相对困难，因为发展中的中小公司，买得起写字楼的是少数。所以在未来的两到三年，有超过 90% 的客户还是希望以租为主，他们认为写字楼的价格仍然过高，写字楼的年租金和售价之间的比例在 7% 左右可以接受；低于 7%，客户倾向于以租为主；高于 7%，达到 8% 或 10%，客户倾向于投资自己的写字楼。

（三）长治市商业房地产市场需求特征分析

商业地产广义上通常指用于各种零售、批发、餐饮、娱乐、健身、休闲等经营用途，从经营模式、功能和用途上区别于普通住宅、公寓、别墅等房地产形式。长治市商业房地产发展较快，需求量较大。影响商业房地产的需求的主要因素有：商业繁华度、交通便利度、人口密度等方面。因此在繁华商业区、交通便利、人流量大的区域，商业房地产的需求量要大大高于一般区域。不过，商业房地产又因经营用途的不同，存在着需求的地理差异。如普通的零售传统商业、餐饮、日常消费品等商业房地产要选择在繁华区，而加油站、汽修站等则需要选择在距离繁华区较远，同时交通非常便利的地段。

三、长治市房地产市场需求结构分析

市场需求是指一定的顾客在一定的地区、一定的时间、一定的市场营销环境和一定的市场营销方案下的购买总量。房地产做为不动产具有明显的区域特征，不同的区域具有不同的区位和不同的相关配套。

（一）长治市住宅市场需求结构分析

根据长治市住宅市场的分布情况，调查人员将长治市住宅区域大致划分为 7 个区域，即东北片区、西北片区、东南片区、西南片区、开发区西片区、开发区东片区及南三厂片区。具体片区划分四至见下表：

表 5　长治市住宅区域划分情况表

区域范围	影 响 范 围
东北片区	指英雄中路以东至东一环，府后东街以北，太行东街以南的区域。
西北片区	指英雄中路以西至西一环，府后东街以北，太行东街以南的区域。

区域范围	影 响 范 围
东南片区	指英雄南路以东至东一环，和平东街以北，府后东街以南的区域。
西南片区	指英雄南路以西至西一环，和平东街以北，府后东街以南的区域。
开发区西片区	指英雄北路以西至西一环，太行东街以北，北三环东街以南的区域。
开发区东片区	指英雄北路以东至东一环，太行东街以北，北三环东街以南的区域。
南三厂片区	指淮海、清华、惠丰厂所在区域。

1、区位需求结构分析（见图7）：

图7 2009—2013年各片区住宅市场需求比例变化图

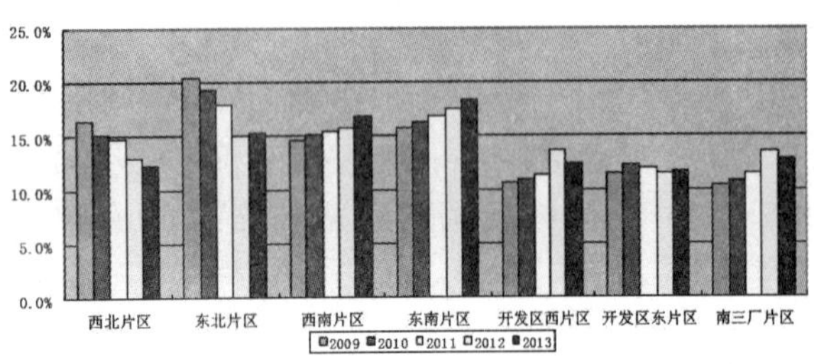

从上图可以看出，长治市住宅市场需求比例集中在西北片区、东北片区、西南片区和东南片区，开发区东西片区和南三厂片区由于距离市中心有一定的距离，需求相对较弱。然而，随着近几年长治市的发展以及房地产市场的变动，各片区需求比例发生了一定的变化。

西北片区在2009—2013年需求总体呈现下降趋势，西北片区近几年新增楼盘较少，大部分为存量二手房，而二手房价格居高不下，区域内城市相应配套没有大的改观，致使西北片区的需求减少。

东北片区以其良好的生活环境和齐全的配套在区域购房比例中一直处于较高地位，由于有些楼盘价格超出了消费者所能够接受的范围，消费者只能不得已转向其他片区购房。

西南片区和东南片区近几年需求比例有所上升，这是由于这两个片区的基础设施及公共配套设施不断完善，西一环路、城东路为南北贯通提供了许多便利条件，加上2013年上党城镇群的建设大大带动了消费者对该片区的住宅需求。

开发区东、西片区住宅市场需求也有所上涨，但涨幅不大，这两个片区最大的优势在于小区建设规模较大，小区内配套设施比较齐全，不足之处在于小区数量较少，距离市中心距离较远。

南三厂片区主要是淮海、清华、惠丰厂的家属区，主要居住人群为南三厂的职工。近几年，市区内各片区房地产价格上涨较快，一些中低收入消费者开始选择南三厂片区的住房，南三厂片区尽管离市中心较远，然而学校、医院等相关的配套设施完全能够满足人们的基本生活需要。

2、价格层次需求结构分析

价格是制约需求实现的最主要的因素，也是购房者最为关心的敏感因素。随着近几年物价的上涨、人均消费水平的提高，房价也呈不断上涨趋势，2013年消费者能够接受的商品房单价的可接受程度主要介于4000 – 6000元/平米的价格区间，其中可接受商品房单价在4000元以下的占13.0%，可接受商品房单价在4000–5000元的占44.5%，可接受商品房单价在5000–6000的占30.2%，可接受商品房单价在6000–7000元的占9.3%，7000元以上的占3.0%。(见图8)。

图8 2013年商品房价格层次容量分析图

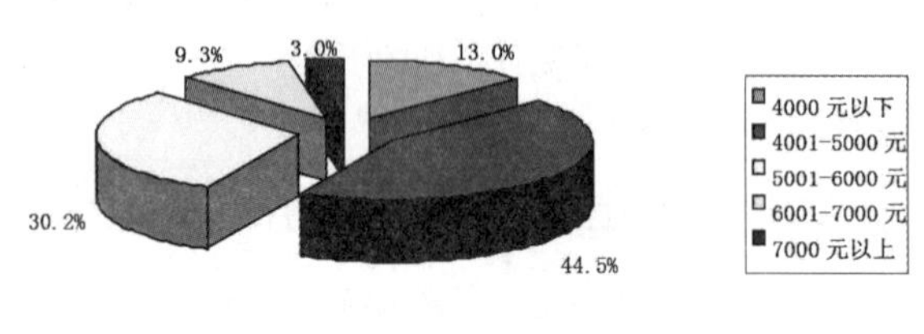

3、楼型层次需求结构分析

图9显示了2013年长治市商品房楼型的市场容量结构，购房者主要的需求还是集中在多层和高层商品房。

图9　2013年楼型市场容量分析图

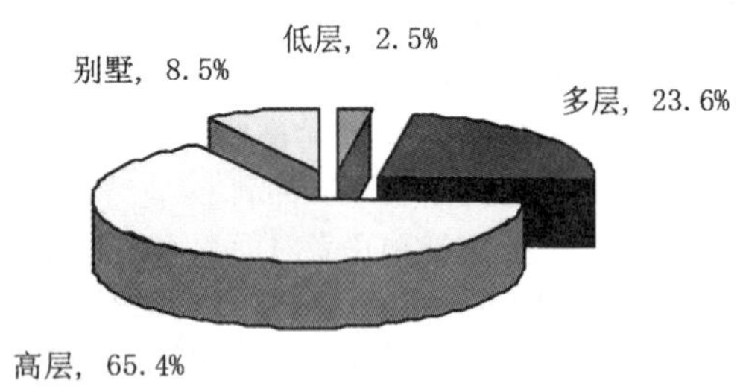

根据城市规划要求，为集约节约有效利用土地，提高土地利用率，开发建设批建以高层住宅为主。而对于购房者而言，高层住宅公摊面积较大，价格较高，因此，与高层相比，多层住宅价格相对低、得房率高，购房者倾向于购买多层建筑。然而，目前，低层、多层住宅不符合土地利用政策，已处于逐渐减少局势，高层住宅占据市场主导地位。

别墅则属于高档住宅，环境优美，小区配套设施齐全，但受土地政策管制约束，供应粮少，只有一少部分条件优越的购房者才有能力购买别墅，因此，别墅的市场容量弹性较小。

（二）长治市写字楼市场需求结构分析

1、写字楼市场区位需求分析

此次调查将长治市主城区写字楼划分为东北片区、西北片区、西南片区、东南片区四个片区，具体划分情况见表6。

表6 长治市写字楼区域划分情况表

区域范围	影 响 范 围
东北片区	指英雄路以东，府后东街以北，城北东街以南的区域。
西北片区	指英雄路以西，府后西街以北，城北西街以南的区域。
西南片区	指英雄路以西，解放西街以北，府后西街以南的区域。
东南片区	指英雄路以东，解放东街以北，府后东街以南的区域。

根据调查，选择购买写字楼的公司大多选择在各片区的边缘位置，因为写字楼总体面积较大，出售单位通常是整层甚至是多层，写字楼的售价偏高，购买写字楼的总价较高，这导致很多企业只得选择在位置不太理想的区域。大多数的企业不得不选择租赁写字楼。租赁写字楼相对于购买来说，压力要小很多，这样企业在选择写字楼的时候更看重商务环境。

2、写字楼市场价格需求分析

（1）售价层次需求分析

根据调查结果显示，2013年消费者可接受写字楼单价在7000元以下的占25.6%，可接受写字楼单价在7000–8000元的占40.5%，可接受写字楼单价在8000–9000的占28.9%，可接受写字楼单价在9000元以上的占5.0%。(见图10)。

图10 2013年写字楼价格层次需求分析图

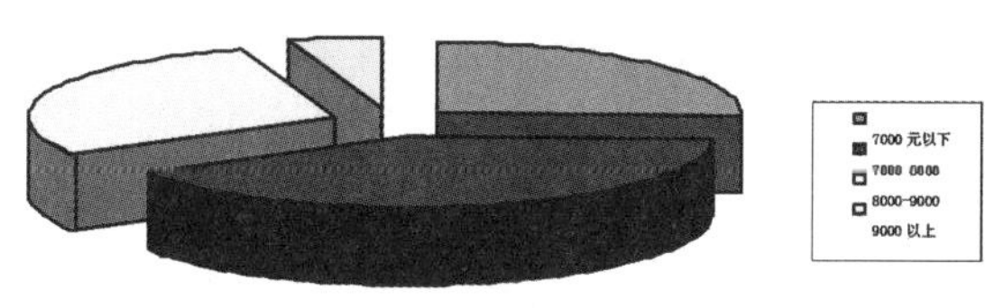

（2）租金层次需求分析

目前有大部分企业还是选择租用写字楼，因此，租金层次需求分析也尤为重要。2013年消费者可接受写字楼单位面积日租金在1元以下的占15.6%，可接受写字楼单位面积日租金在1–1.5元的占48.4%，可接受写字楼单位面积日租金在1.5–2元的占25.1%，可接受写字楼单位面积日租金在2元以上的占10.9%。

图11 2013年写字楼租金层次需求图

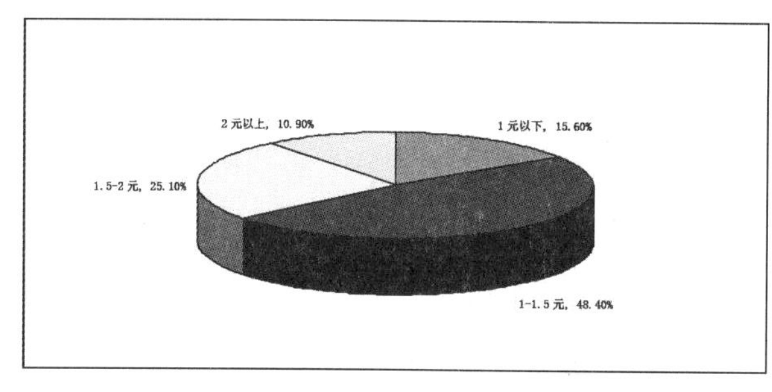

（三）长治市商业房地产市场需求结构分析

1、商业房地产市场区位需求分析

商业地产的形式多样，主要包括购物中心、大卖场、商业街、专业市场、批发市场、折扣店、工厂直销店、酒店旅馆、娱乐类商业地产（如电影院）和住宅的底层商铺等。商业地产形式的多样导致需求的多样性，但无论什么形式的商业地产，最注重的依然是商业繁华程度。

长治市的主要商业线在英雄路上，其次是东大街、西大街、府后街、紫金东街、紫金西街以及太行街等几条主干道上。几乎全部的商业房地产需求者都希望拥有英雄路上的商业房产，然而由于英雄路的商业房产价格的居高不下，多数需求者不得不转向其他几条副商业线，或者改购买为租用商业房地产。

2、商业房地产市场价格需求分析

（1）售价层次需求分析

2013年消费者可接受商业房地产单价在10000元以下的占9.8%，可接受商业房地产单价在10000–20000元的占24.7%，可接受商业房地产单价在20000–30000元的占35.9%，可接受商业房地产单价在30000–40000元的占23.8%，可接受商业房地产单价在40000元以上的占5.8%。(见图12)。

图12 2013年商业房地产价格层次需求图

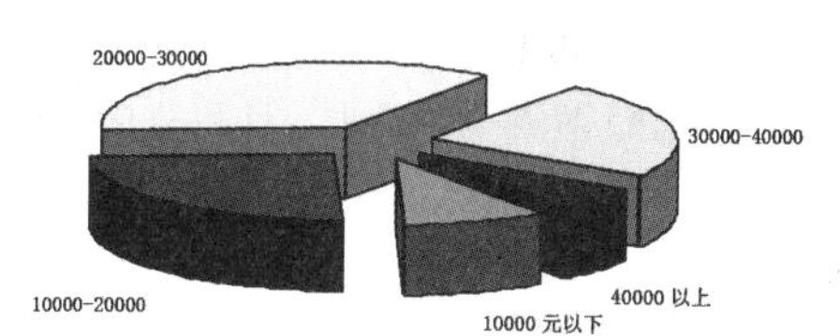

（2）租金层次需求分析

2013年消费者可接受商业房地产单位面积日租金在2元以下的占26.4%，可接受商业房地产单位面积日租金在2–3元的占47.2%，可接受商业房地产单位面积日租金在3–4元的占19.7%，可接受商业房地产单位面积日租金在4元以上的占6.7%。

图13　2013年商业房地产租金层次需求图

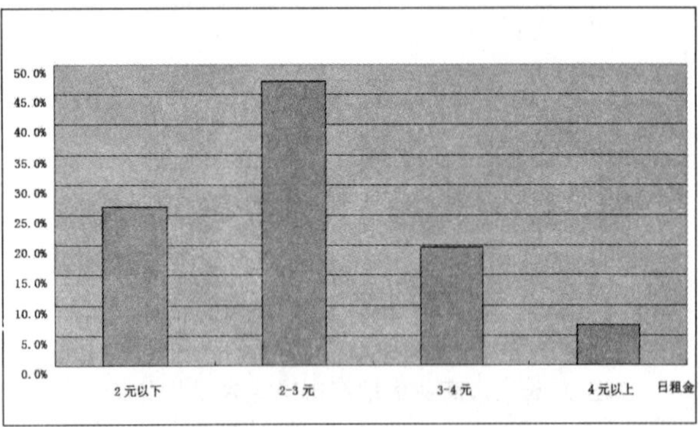

第四节　产品结构分析

产品结构分析主要是从供给角度分析市场状况，市场状况包括房地产投资、土地供给和房地产供给。本节主要从房地产投资状况、土地供给状况、房地产供给状况三方面来描述长治市2013年市场状况。

一、2013年长治市房地产投资状况

2013年，全年房地产开发投资94.2亿元，增长24.1%。其中，住宅投资67.7亿元，增长13.0%；办公楼投资2.7亿元，增长195.0%；商业营业用房投资16.1亿元，增长109.3%。房屋施工面积1106.6万平方米，同比增长19.1%；其中住宅818.1万平方米，增长9.4%。房屋新开工面积298.4万平方米，同比降低31.2%；其中住宅179.6平方米，同比降低47.2%。房屋竣工面积222.6平方米，同比增长29.9%；其中住宅159.5万平方米，同比增长8.9%。商品房销售面积181.6平方米，同比增长11.4%；其中住宅157.0万平方米，增长6.9%。

二、2013年长治市土地供给状况

根据中国土地市场网数据及调查显示，2013年长治市本级及城区共公开公告出让宗地共12宗，总面积为365315.52平方米。其中商业用地4宗，土地面积为73470.70平方米，占总面积的20.10%；住宅用地2宗，土地面积为36153.31平方米，占总面积的9.90%；商业住宅用地6宗，土地面积为255691.51平方米，占总面积的70.00%。

2013年长治市本级及城区供地公示共38宗地，其中科教用地3宗，公共设施用地2宗，军事设施用地1宗，机关团体用地1宗，经济适用房用地4宗，商业用地12宗，商业住宅用地14宗，住宅用地1宗。土地供给总面积达1267862.90平方米，其中以出让方式供给的土地面积达735810.97平方米，占供给总面积的58.04%。

表7　2013年长治市土地供给状况表

土地用途	宗地数	宗地面积（m²）	供地方式
经济适用房用地	4	386471.51	划拨
科教用地	3	14728.47	划拨
公共设施用地	2	119872.35	划拨
机关团体用地	1	2169.6	划拨
军事设施用地	1	8810	划拨
商业用地	12	118742.24	出让
商住用地	14	610402.03	出让
住宅用地	1	6666.7	出让
合计	38	1267862.9	

三、2013年长治市房地产供给状况

（一）住宅供给状况

通过市场调查得知，2013年长治市新建商品房项目总规划建筑面积为1829888　平方米，其中东北片区201287.7平方米，占11%，西北片区402495.60平方米，占22%，东南片区421925.5平方米，占23%，西南片区453589平方米，占25%，开发区西片区201287.7平方米，占11%，开发区东片区146391平方米，占8%。

根据长治市住宅与房地产信息网信息，2013年全市住宅类房产可售套数达6997套，成交套数为5793套，成交面积为679677.08平方米。

（二）写字楼供给状况

目前长治市写字楼建设的情况和存在的问题是量小而分散。既形不成完善的商务环境和集聚效应，也形不成完整的城市形象和面貌。最近几年，这种无序发展状况有所改变，不少项目逐步向商务功能区集聚。政府部门、开发商也都考虑到商务设施的建设必须与城市功能、产业发展和市场需求紧密相联系，必须有相当强大的产业支持。

根据2013年调查人员市场调查，长治市所属范围内写字楼主要供给形式还是以租赁市场为主，大多数单位面积日租金在1–2元之间，少数区位、设施条件较好的写字楼单位面积日租金能达到2–3元。具体情况见图14所示。

长治市写字楼的售价多数在8000-9000元/平方米。

图14　2013年长治市写字楼各片区日租金图

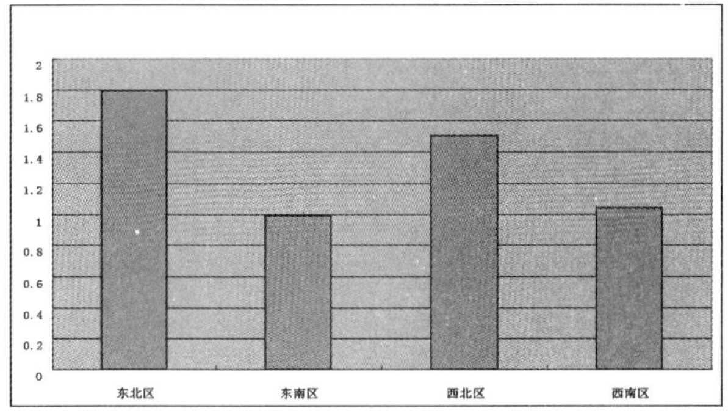

（三）商业供给状况

目前长治商业房地产存在的三种形式：

第一种是“只租不售”，这一类通常把物业建成以后形成独立的产权，通常招商合作，以租金作为主要的收入来源，目前是通过产权形成之后，物业通过商业运营包装进入资本市场，获取良好的融资，这个金融市场一般来说有多次融资，第一次通常都是我们讲的银行的抵押融资；第二次可能经济评估会是我们现在讲的基金会、信用凭证等等这些融资，以后每次经过价值不断包装以后，融资不断的缩短，这是第一种模式。

第二种是“只售不租”，这种通常是房地产开发商开发后直接销售、投资转卖，这类商业房地产多为小区级零星商铺、街铺，其特点表现为分散、体量小及经营档次在中档以下，这种商业房地产获利方式从严格意义上讲仍属于房地产开发范畴，主要获取开发利润。

第三种是“租售结合”，这种通常是投资商和开发商把其中的部分物业出租；另一方面销售，也有两种方式，一种是底层销售，把一层留下来，二层以上出租，通过卖掉一部分后套现，租的部分也为后期的资本融资留下后路，这是住宅地产的开发模式和商业地产开发模式的比较。

1、临街商铺价格供需情况

2013年，长治市新建商业房地产比较少，大多数多为小区级零星商铺、街铺，其特点表现为分散、体量小；已经成熟商业房地产主要为早期投资开发的，现在主要经营形式多是以出租为主；长治是一个四线的小城市，长治的商业房地产市场商业繁华度、人流集中度、交通便捷度主要体现在以英雄中路为主线的周边附属区域及与其交叉的主要街道。经过市场调查了解英雄中路的平均商铺单价在4万以上/㎡，周边附属区域及与其交叉的主要街道平均商铺单价在3万左右/㎡。目前除新开发的房地产有底层商铺出售外，已成熟的商业区还是以出租为主，租赁市场需求比较大。

2、大型商场价格供需情况

根据长治市大型购物商场的档次及分布比例，高档商场2个（金威名店、嘉汇购物中心），中高档商场2个（华诺购物中心、长治商厦），中档商场4个（八一大楼、百佳购物中心、金威商城、君悦商厦），中低档商场3个（天马商场、东南购物中心、佳威商城）。占数量比例分别为高档18%、中高档18%、中档37%、中低档27%。见图15。

图15 长治市大型商场档次比例图

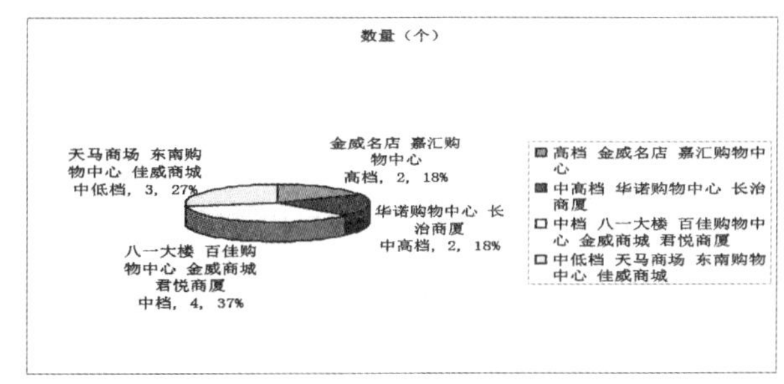

第五节　价格研究

本期价格研究是以长治市市区现有预售和在售楼盘价格数据为基础数据，对长治市市区不同区域楼盘销售状况进行连续跟踪分析，从市场供应价格、销售变化率等得出价格指数，从价格层次、供需状况等方面研究2014年长治市市区房地产市场价格特征。

一、供给价格水平分析

（一）住宅供给价格水平分析

1、典型楼盘价格指数

2011--2013年11月，山西千万家房地产经纪有限公司、长治市诚信地产咨询评估有限公司、山西誉利房地产咨询评估有限公司三家公司多名调查人员对长治市市区95%的房地产项目进行了调查，对高层典型楼盘和多层房屋交易信息、楼盘信息、销售动态与价格浮动等信息进行汇总分析，2013年12月，形成了长治市市区比较完善的商品房价格行情汇总数据，形成了2013年长治市市区典型楼盘价格总指数表和2013年长治市区域典型楼盘价格指数表。

表8　2013年长治市市区典型楼盘价格总指数表

类　别	2011年住宅均价	2012年住宅均价	2013年住宅均价	与2012年相比涨幅（%）
高　层	4023	4462	5046	13.09%
多　层	3468	3972	4533	14.12%
整体均价	3746	4217	4789	13.56%

表 9　2013 年长治市区域典型楼盘价格指数表

区域	年份	2011	2012	2013	较 2012 年涨幅
东南片区	多层	3720	4086	4654	13.9%
	高层	4211	4590	5205	13.4%
	整体均价	3966	4338	4930	13.65%
东北片区	多层	3799	4307	4835	12.26%
	高层	4251	4735	5500	16.16%
	整体均价	4025	4521	5168	14.30%
西北片区	多层	3531	4034	4680	16.01%
	高层	4171	4462	5200	16.54%
	整体均价	3851	4248	4940	16.29%
西南片区	多层	3318	3936	4498	14.28%
	高层	4059	4545	5100	12.21%
	整体均价	3689	4241	4799	13.17%
开发区东片区	多层	3435	3952	4692	18.72%
	高层	/	/	/	/
	整体均价	3435	3952	4692	18.72%
开发区西片区	多层	3442	3914	4542	16.04%
	高层	4045	4395	4990	13.54%
	整体均价	3744	4155	4766	14.72%
南三厂片区	多层	3032	3577	3829	7.05%
	高层	3403	4042	4278	5.84%
	整体均价	3218	3810	4054	6.41%

为了提高土地利用率，倡导土地节约集约利用，近几年新出让的住宅用地容积率大都在 2.5-3.5 之间，按照规划条件新建商品房绝大多数为高层住宅，多层住宅已转入二手房交易市场当中。尽管如此，多层住宅价格并没有下降的趋势，相反多层住宅价格涨幅与高层价格涨幅相持平。开发区东片区由于位于航线内，建筑高度受到了限制，该片区只有多层住宅。

从上表中我们可以得知，2013 年长治市各片区整体均价的涨幅最高的为开发区东片区，涨幅为 18.72%；涨幅最小的是南三厂片区，仅为 6.41%；涨幅从高到低依次为开发区东片区、西北片区、开发区西片区、东北片区、东南片区、西南片区、南三厂片区。

2、2011-2013 年长治市市区商品住宅价格水平分析

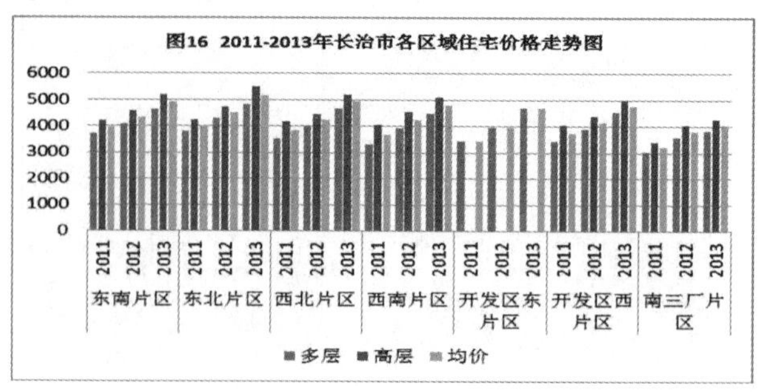

（单位：元 /m²）

从图 16 中可以看出，2011-2013 年，长治市七大片区的商品住宅价格都处于平稳上升趋势，七大片区商品住宅均价 4789 元 / 平米。

（二）写字楼供给价格水平分析

统计数据显示东北片区的租金水平最高，其次是西北片区，东南片区和西南片区差别不大。其中东北片区写字楼平均日租金为 1.8 元 / 平米，西北片区写字楼平均日租金为 1.51 元 / 平米，东南片区写字楼日租金为 0.99 元 / 平米，西南片区写字楼日租金为 1.04 元 / 平米。

从长治的的整体发展来看，近几年长治的房地产市场都在不断往南发展，随着政府城中村改造项目进程不断加快，城南的潜在供应量会随之增大，项目数量会随之增多，城南将会有越来越多的写字楼林立区域市场。

（三）商业房地产供给价格水平分析

长治市的商业房地产主要有大型商场、临街商铺、专业卖场三种类型。

1、大型商场价格水平分析

长治市的大型商场有金威名店、嘉汇购物中心、华诺购物中心、长治商厦、天马商场、东南购物中心、佳威商城、八一大楼、百佳购物中心、金威商城等。如图 17 所示，嘉汇购物中心、华诺购物中心、八一大楼、金威商城建筑面积较大，佳威商城建筑面积最小。

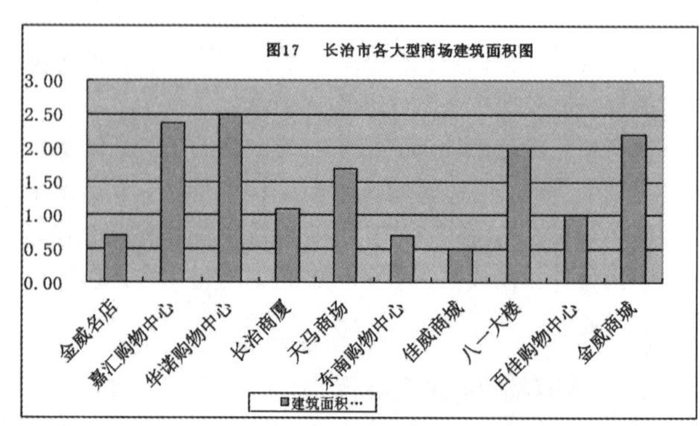

根据长治市大型购物商场的规模及档次，除高档商场2个（金威名店、嘉汇购物中心），平均租金按营业额的10%-20%收取，其他商场都是收取固定的日租金，平均日租金在4.1元-11.50元之间。各商场收取的管理费也各不相等，见图18。

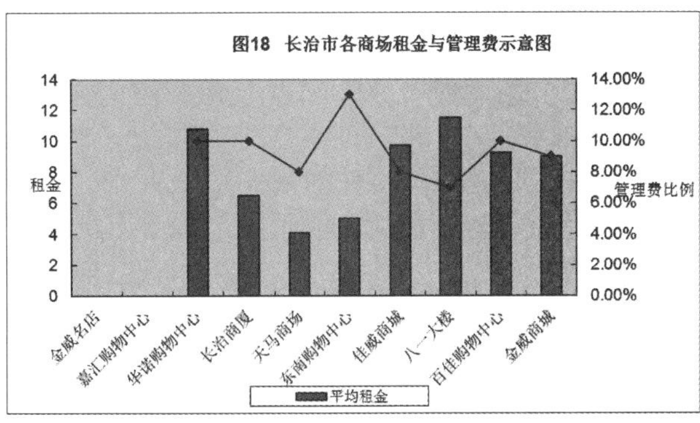

2、临街商铺价格水平分析

（1）临街商铺售价水平

表10 2013年长治市临街商铺售价区间表

区位特征	名 称	区间价格（/m²）	名 称	区间价格（/m²）
主商业线1	英雄中路	4万以上	英雄南路	3万左右
主商业线2	东大街	3.5万左右	西大街	2 5万左右
副商业线	府后东街、府后西街	3万左右	长兴南路、长兴中路	3万左右

（2）临街商铺租金区间走势

图19 长治市各片区临街商铺租金图

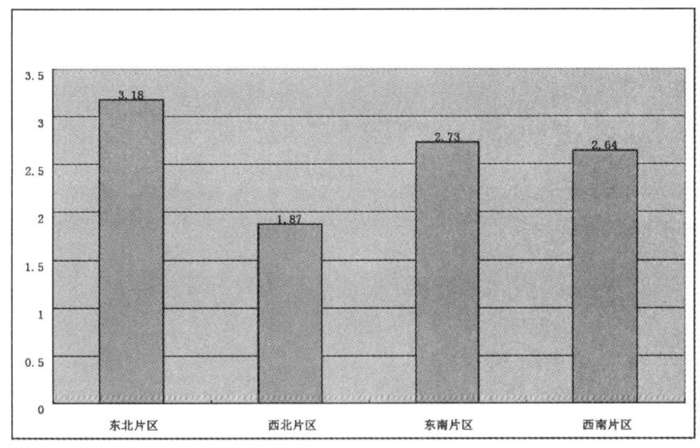

从图19中可以看出，长治市各片区临街商铺的日租金属东北片区最高，达到3.18元，其次是东南片区达到2.73元，西南片区日租金为2.64元，西北片区日租金最低，为1.87元。

（3）专业商业市场的租金水平分析

目前，长治市专业商业市场较多，本次调查以家居市场为调查对象来体现长治市专业市场的租金水平。长治市家居市场主要有红枫国际家居城、京都家具城、三星家具城、旭源家具城、虹桥家具城、紫坊家具城、五一桥家具城、居然之家、达洋国际家居、好风景家居生活馆。从图20中可以看出，家居商场的租金与商场档次有关，档次越高，租金也越高。

图20 长治市城区家居商场租金分布图

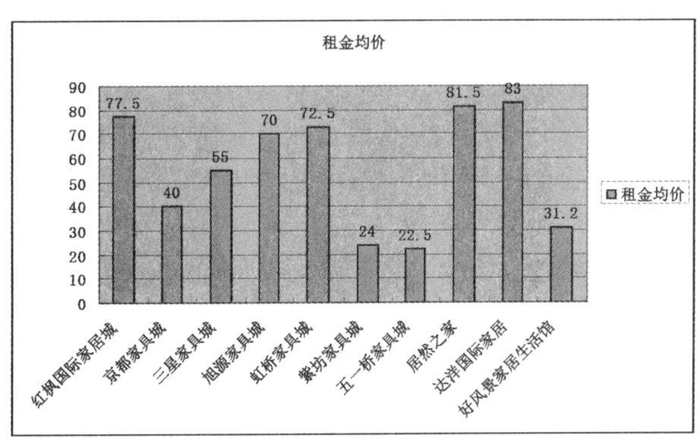

二、长治市商品房价格变动因素及相关分析

（一）供需比例失衡对房价的影响

1、商品房供需状况对房价涨幅的影响分析

2013年，长治市市区商品房总供需比增大，尽管由于某些价位细分市场的供给比较集中，对房价产生了一定的抑制作用，但是，房价总体涨幅较平缓。

2、价格层次供需矛盾对长治市市区商品房价格的影响

2013年消费者能够接受的商品房单价的可接受程度主要介于4000 - 6000元/平米的价格区间，其中可接受商品房单价在4000元以下的占13.0%，可接受商品房单价在4000-5000元的占44.5%，可接受商品房单价在5000-6000的占30.2%，可接受商品房单价在6000-7000元的占9.3%，7000元以上的占3.0%。。

目前，长治市市区房地产市场，4000元/平米以下的住宅区很少，离交通干线较远的地段有选择空间；4001-5000元/平米的住宅各片区均有选择。5001-6000元/平米的住宅东北片区所占比重最大。因此，长治市商品房市场供需结构性矛盾仍然十分严重，会对未来房价上涨有所抑制，这种结构性矛盾需要在较长时期内调整。

（二）房地产开发投资增幅对房价的影响

长治市的房地产开发投资特征中如增长速度、投资结构不均衡现象在全国房地产市场中属于较典型的，但从目

前的现状可以看出房地产开发投资增幅仍然较大，投资结构不够合理，中高档项目开发量偏大，商品房价格仍然居高不下。

（三）宏观金融政策对房价的影响

为促进房价合理回归，2013 年中央出台了一系列房地产调控政策，经济手段和行政手段并用，从抑制需求、增加供给、加强监管等方面对中国房地产市场进行了全方位的调控。各项政策的持续出台和逐步落实，对包括地方政府、开发企业、商业银行、购房者在内的各相关主体行为均产生了显著影响，综合调控力度空前。

（四）行业的互动效应带动房价上涨

当前，装饰行业比较火爆，装饰材料价格较去年上涨了 8 个百分点。消费者对汽车的价格评价较高的比例已从去年的 53%下降到 43.8%，国务院发展研究中心表示，未来的交通状况将会成为影响消费者对汽车消费环境满意程度的关键环节。长治私家车辆逐步增加，同时带动了改善住房需求的增加，拉动房价上扬；反过来又增加了私车消费的增加，从而形成了行业间的互动效应。

（五）商品房直接成本带动房价上涨

据估算，一个项目的开发成本，建筑原材料占整个建筑成本的 60%以上，上年度建筑原材料价格上涨，再加之长治市市区国有建设用地使用权出让价格上涨较快，致使商品房直接成本上涨，而商品房直接成本上涨必然导致房价上涨。

（六）城市化进程加快带动房价上涨

长治新区重点工程的建设发展较快，沿太行西街与长治高新技术开发区相衔接功能进一步完善。依托漳泽湖湿地，以自然生态公园为景观核心，集市级行政办公、公共设施服务、大型居住社区为一体，同时兼有文化、会展、体育、休闲和旅游产业，体现人文生态和滨水特色的新区核心功能。

第六节　消费者调查

需求和供给是市场活动中两个决定性因素。研究消费者的需求变化、消费心理及消费行为是发现市场机会的有效途径。虽然，目前长治市房地产市场属卖方市场，但是，随着市场的发展、竞争的加剧、产品供给的多元化，消费者的消费行为、消费心理会逐步走向成熟与理性，以消费者为主导的市场会在不久的将来成为可能。

一、研究说明

1、样本特征

(1) 在长治市市区居住 3 年以上的常住人口；
(2) 计划在未来 2 年内的购房者；
(3) 选择长治市市区作为购房意向区域。

2、样本量

这次调查通过深度访问的方式，进行结构问卷调查，获取有效样本 200 个，对 300 名潜在购房需求者进行了调查。这次调查可信度为 95%以上，误差控制在 3%以内。

3、研究方法

（1）调查方法：这次调研采用了电话访谈、入户调查和分区域拦截访问的方式取得样本。

（2）分析方法：结合定性研究，主要采用定量研究的方法。

4、研究指标

（1）目标消费者的人口特征
（2）目标消费者的需求特征
（3）目标消费者的购房行为及习惯
（4）目标消费者的媒体接触习惯

二、被访者的基本特征

1、被访者年龄结构

图 21 准购房者年龄结构图

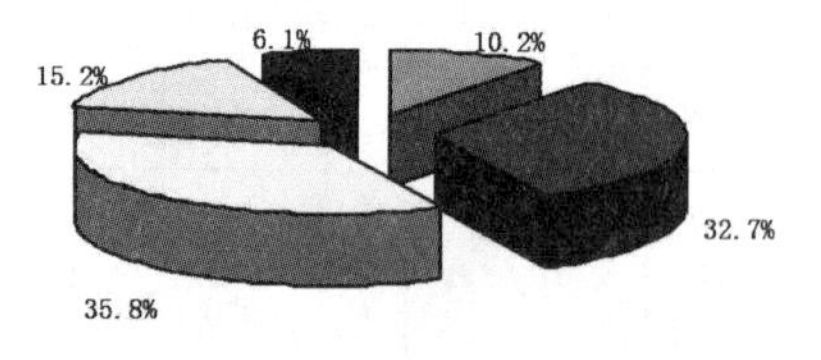

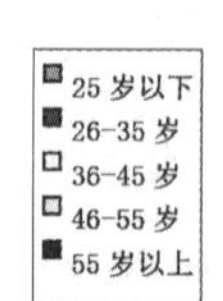

调查结果显示，购房者中 36-45 岁的比例最高，达 35.8 %；26-35 岁的比例达 32.7%；46-55 岁的比例达 15.2%；25 岁以下比例为 10.2%；55 岁以上需求比例仅为 6.1%。

2、被访者学历结构

图 22　准购房者学历结构图

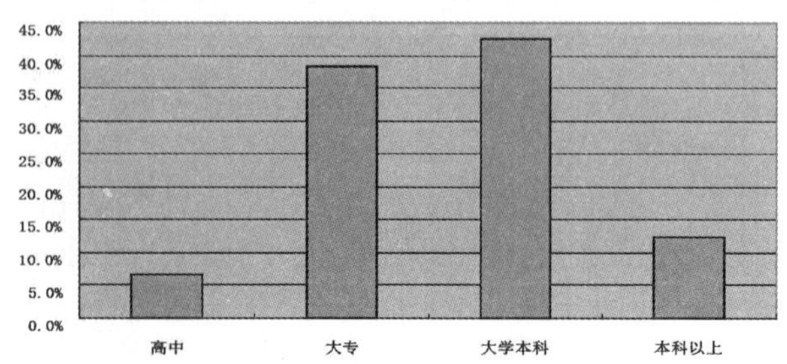

被访者中具有本科以上学历占 12.5%，大专学历的占 38.4%，大学本科学历的占 42.5%，具有高中及以下学历占

6.6%。

3、被访者的家庭结构

图 23　准购房者家庭结构图

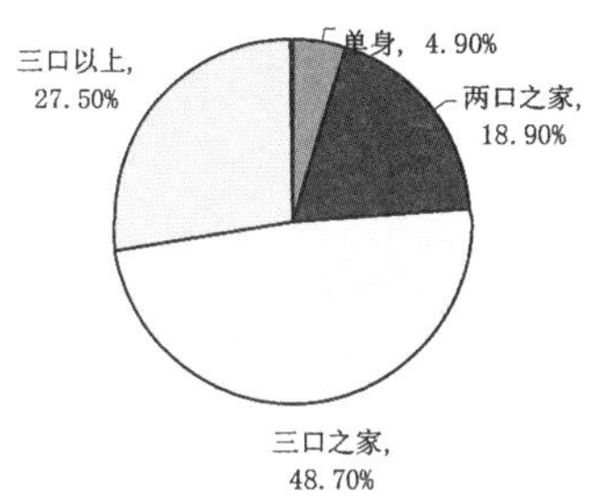

从上图可以看出，准购房者三口之家占 48.7%，接近总体的一半；三口以上的家庭占 27.5%；两口之家和单身的分别占 18.9%、4.9%。

4、被访者家庭年收入

图 24　准购房者家庭年收入分布图

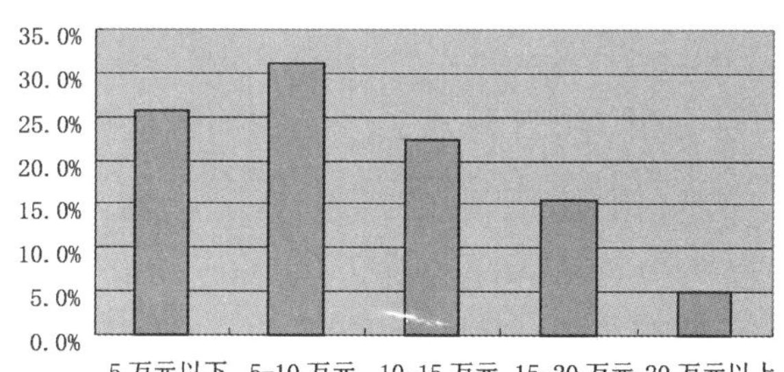

经调查，家庭年收入在 5 万以下的占 25.8%，家庭年收入在 5-10 万元的占 31.2%，家庭年收入在 10-15 万元的占 22.5%，家庭年收入在 15-20 万元的占 15.5%，家庭年收入在 20 万元以上的 5.0%。

三、购房需求特征分析

1、面积需求

图 25　准购房者面积需求分布图

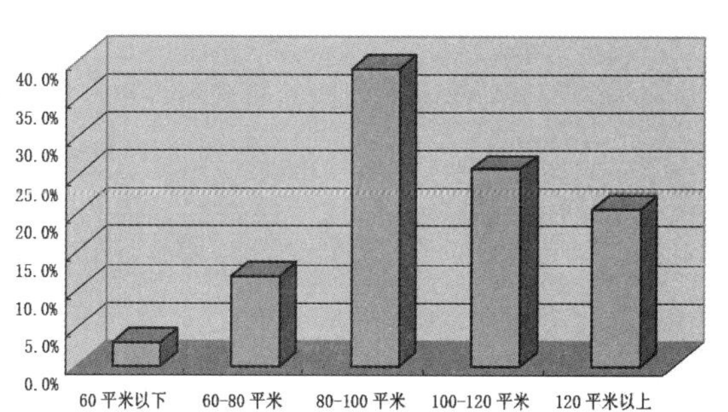

由于近几年房价的上涨，购房者对 100 平米以上的商品房需求有所减少，准购房者对 80-100 平米的商品房需求最大，达到了 38.9%，对 100-120 平米的商品房需求为 25.8%，对 120 平米以上的商品房需求为 20.4%，对 60-80 平米的商品房需求为 11.8%，对 60 平米以下的商品房考虑的比较少，需求只占到 3.1%。

2、户型需求

图 26　准购房者户型需求分布图

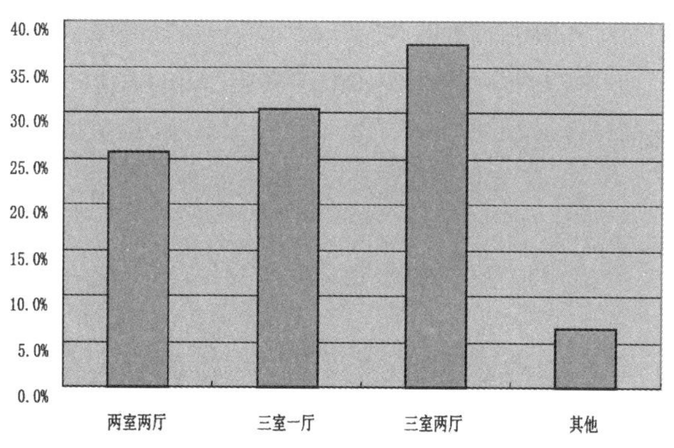

如今，人们越来越重视房间的私密性、动静分区、干湿分区等，因而购房者对三室两厅的需求比例最高，占 37.5%；其次是三室一厅，需求比例占 30.4%；对两室两厅的需求比例为 25.6%。

3、 年龄结构与楼型需求的综合分析

图 27　准购房者年龄结构与楼型需求结构图

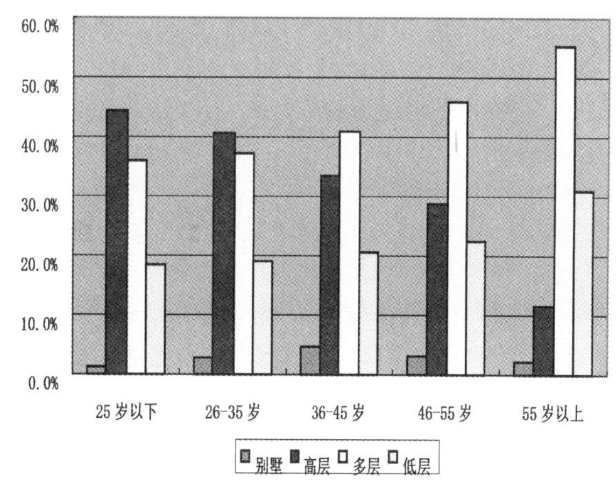

从图 27 可以明显地看出，随着年龄的增长，购房者对高层的需求越来越低，对多层及低层的需求是越来越高。对别墅需求最高的年龄段是 36-45 岁，这个年龄段的人生活条件比较优越，喜欢独处，因此多选择比较安静、环境高的别墅。

图 28 准购房者购房目的分析图

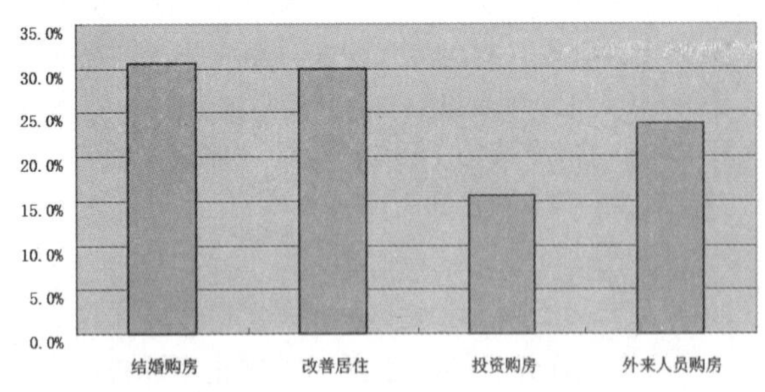

经调查，2013 年因结婚成家购房的占 30.6%，因改善居住条件购房的占 30.0%，外来人员购房的占 23.7%，以投资为目的购房的占 15.7%。

5、购房目的与年龄综合分析

图 29 准购房者购房目的与年龄综合分析图

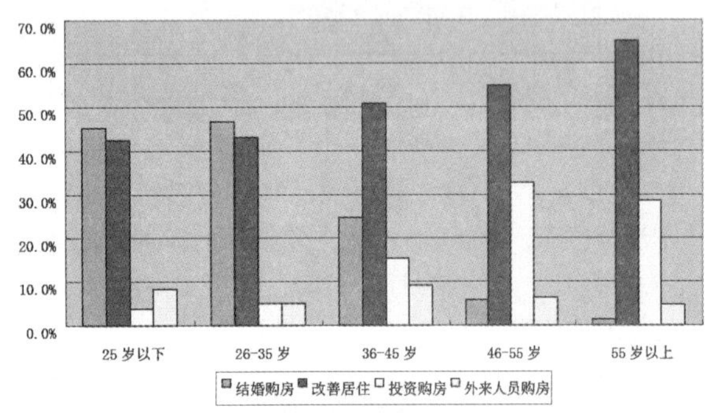

图 29 显示，25 岁以下和 26-35 岁购房目的主要为结婚和改善居住，36 岁 -45 岁购房的主要目的是改善居住，46-55 岁和 55 岁以上购房者购房主要是为了改善居住，其次是为了投资。

25 岁以下因结婚购房的占 45.3%，因改善居住购房的占 42.5%，外来人员购房的占 8.4%，因投资购房的占 3.8%；26-35 岁因结婚购房的占 46.8%，因改善居住购房的占 43.1%，外来人员购房的占 5.0%，因投资购房的占 5.1%；36-45 岁因结婚购房的占 24.8%，因改善居住购房的占 50.7%，外来人员购房的占 9.3%，因投资购房的占 15.2%；46-55 岁因结婚购房的占 5.8%，因改善居住购房的占 55.1%，外来人员购房的占 6.3%，因投资购房的占 32.8%； 55 岁以上因结婚购房的占 1.4%，因改善居住购房的占 65.2%，外来人员购房的占 4.8%，因投资购房的占 28.6%。

四、准购房者价格需求分析

房价是调节房地产市场供需的杠杆，购房者对房价的心理接受能力尽管随房价逐渐升高而增强，但须找到其心理接受的边缘分界线，否则，消费者会选择放弃。

1、可以接受的最高单价

图 30 准购房者可接受的单价分布图

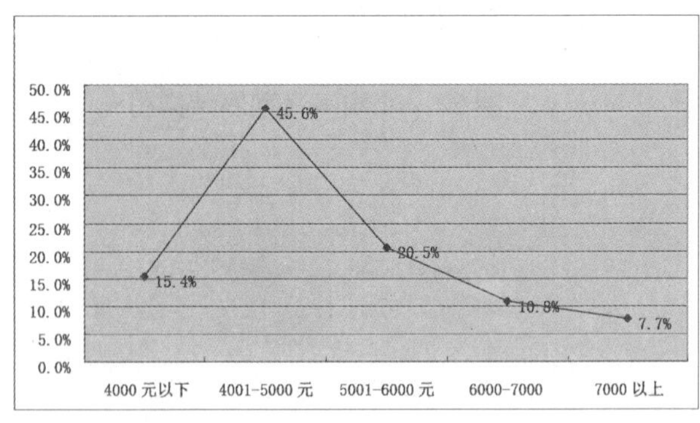

可接受 4000 元 / 平米以下的购房者占 15.4%；可接受 4001-5000 元 / 平米的购房者占 45.6%；可接受 5001-6000 元 / 平米的购房者占 20.5%；可接受 6001-7000 元 / 平米的购房者占 10.8%；可接受 7000 元 / 平米以上的购房者占 7.7%。

2、家庭年收入与可接受总价的综合分析

图 31 准购房者家庭年收入与可承受总价综合分析图

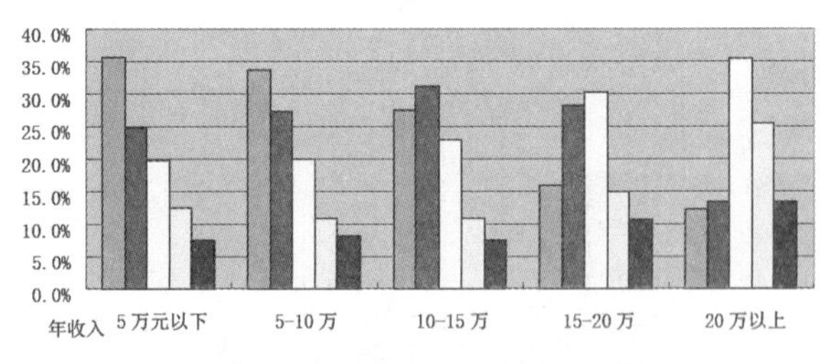

从图 31 中可以看出，家庭年收入在 5 万元以下的购房者，有 35.7% 的可接受总价 20 万元以下的房产，24.8% 的可接受总价为 20-30 万元的房产，19.7% 的可接受总价为 30-40 万元的房产，12.4% 的可接受总价为 40-50 万元的房产，只有 7.4% 的可接受总价为 50 万元以上的房产。

家庭年收入在 5-10 万元的购房者，有 33.7% 的可接受总价 20 万元以下的房产，27.2% 的可接受总价为 20-30 万元的房产，20.1% 的可接受总价为 30-40 万元的房产，10.8% 的可接受总价为 40-50 万元的房产，8.2% 的可接受总价为 50 万元以上的房产。

家庭年收入在 10-15 万元的购房者，有 27.5% 的可接受总价 20 万元以下的房产，31.1% 的可接受总价为 20-30 万元的房产，23.0% 的可接受总价为 30-40 万元的房产，10.9% 的可接受总价为 40-50 万元的房产，7.5% 的可接受总价为 50 万元以上的房产。

家庭年收入在 15-20 万元的购房者，有 15.9% 的可接受总价 20 万元以下的房产，28.2% 的可接受总价为 20-30 万元的房产，30.2% 的可接受总价为 30-40 万元的房产，15.1% 的可接受总价为 40-50 万元的房产，10.6% 的可接受总价为 50 万元以上的房产。

家庭年收入在 20 万元以上的购房者，有 12.2% 的可接受总价 20 万元以下的房产，13.5% 的可接受总价为 20–30 万元的房产，35.5% 的可接受总价为 30–40 万元的房产，25.4% 的可接受总价为 40–50 万元的房产，13.4% 的可接受总价为 50 万元以上的房产。

3、付款方式

目前，市场商品房价与购房者的年收入及可接受的房价相差很大。经调查，买房后，有 44.6% 的购房者将采用按揭贷款的方式，有 35.6% 的购房者选择分期付款，有 19.8% 的购房者会采取一次性付款。

图 32　准购房者付款方式分布图

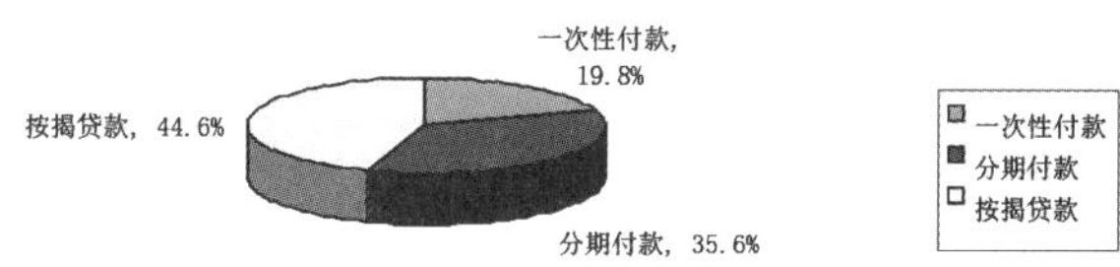

4、被访者对房价的评价

图 33　准购房者对房价的评价分析图

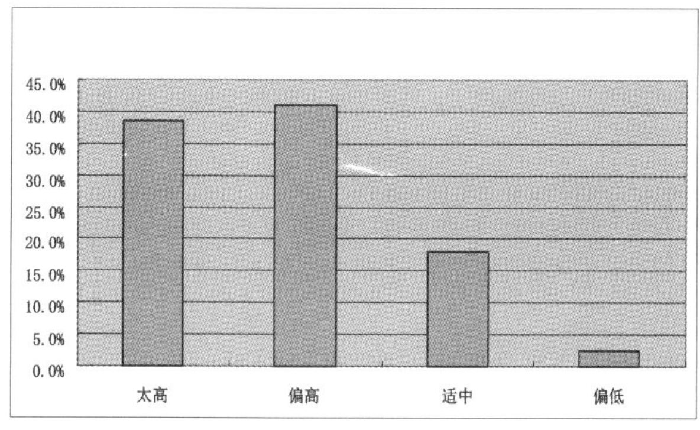

认为目前长治市房价太高的购房者占 38.5%，认为房价偏高的购房者占 41.1%，认为房价适中的购房者占 17.9%，认为房价偏低的购房者占 2.5%。

五、准购房者的媒体接触习惯及媒体影响

影响购房的因素很多，在决定购房时，信息刺激可能会影响其购买决策。因此，有必要研究信息对购房的影响。

图 34　准购房者媒体接触分布图

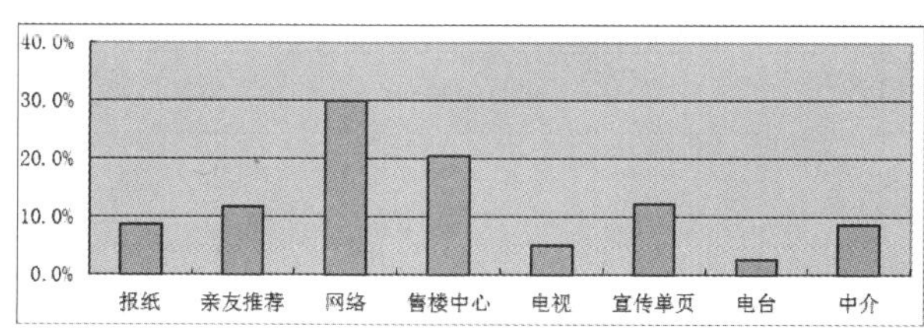

随着网络以及智能化客户端的普及，准购房者获取信息的最主要途径便是网络，包括 58 同城网、百姓网、赶集网以及微信平台，从图 34 中可以看出，通过网络接触房产信息的准购房者所占比例最大，达到 30.0%，其中是通过自行到售楼中心了解的准购房者，占到总比例的 20.5%，其次是宣传单页以及通过亲友推荐等途径了解。

第七节　生活指数评价

区域生活指数评价系统和典型楼盘生活指数评价系统是经过科学设计的评价模型系统，主要用来评价城市各片区、各地理版块、各典型楼盘的生活便利程度，并给出区域生活便利指数、区域发展综合评价和专项分析、典型楼盘生活指数评价、典型楼盘性价比分析。

一、生活指数评价

（一）区域生活指数模型

生活指数模型是以典型楼盘指数数据库为基础建立的影响生活便利程度的各项信息分析系统，该系统是用于评价特定区域或特定商品房生活便利程度的综合评价体系，具体地说就是运用“德尔菲法”对各指标计算打分，评定区域生活便利程度的方法。原有双层加权指标为区域交通设施完备程度、区域环境保护程度、区域商业设施完备程度、区域医疗设施完备程度、区域休闲设施完备程度、区域教育设施完备程度、典型社区居民满意程度 7 项。

通过上述 7 项指标建立双重加权监测模型，计算得分，以量化的评价结果来说明所属地域商品房的市场竞争力及市场价值。区域生活指标双重加权评定模型如下：（见表 11）

表 11　区域生活指标双重加权评定模型表（5 分制）

影响因素	总权重（w）	分级指标及分权重（v）		
区域人口地理发展水平	0.10	区域每平方公里人口数 / 家庭数量 (0.45)	区域大专以上学历人口比例 (0.35)	区域 45 岁以下人口比例 (0.20)
区域经济发展水平	0.10	区域内就业人口数 (0.50)	人均可支配收入 (0.30)	人均零售额 (0.20)
区域交通设施完备程度	0.15	公交线路总数 (0.45)	区域中心点距市中心直线距离 (0.35)	是否有公共交通环线的规划 (0.20)
区域环境质量	0.15	周边植被覆盖率 (0.50)	地域风貌 (0.30)	属几级地 (0.20)

影响因素	总权重（w）	分级指标及分权重（v）		
区域商业设施完备程度	0.15	超市、便利店密度(0.45)	大型商贸场所密度(0.25)	农贸易市场密度(0.30)
区域医疗设施完备程度	0.10	10公里范围医疗机构数(所)(0.50)	距离片区中心最近的三级以上医院的距离及名称(0.50)	
区域休闲设施完备数	0.10	距体育场馆距离(0.45)	每平方公里中档餐饮服务机构数(0.25)	每平方公里文化娱乐场所数(0.30)
区域教育设施完备程度	0.15	学校密集度(0.25)	中小学密度(0.45)	幼教服务机构密度(0.30)

（二）应用与测评结果

表12　区域生活指数评定结果列表

片区名称	东北片区	西北片区	东南片区	西南片区	开发区西片区	开发区东片区	南三厂片区
生活指数	4.77	4.47	4.63	3.79	3.69	3.71	3.42

二、典型楼盘生活指数评价

（一）典型楼盘生活指数模型

典型楼盘生活指数评价模型是以区域生活指数模型为基础，对典型楼盘进行生活指数评定。该系统充分考虑房地产产品的价值构成，对购房者提供购房指导，对售房者提供预期销售、收益状况提供参考。

楼盘生活指数评价指标系统包括建筑质量、发展商水平、周边环境、交通环境、医疗教育环境、楼盘套内设施完备数、小区内设施完备数、业主状况、楼盘物业服务水平及其分级指标。典型楼盘生活指数评价模型如下表：

（二）应用与测评结果

依据测评标准，经过计算，对7个典型楼盘进行了生活指数的评定，结果如下：

三、典型楼盘性价比分析

以下是根据楼盘价位与典型楼盘生活指数值的相关性分析所设计的楼盘性价比分析模型，同样价位下楼盘生活指数较高，说明其生活便利程度较高，对开发商而言，开发这样的楼盘有市场竞争力，对购房者来说，选择这样的楼盘具有较高的性价比。根据表14数据，对7个典型楼盘进行了楼盘性价比测评，结果如下：

表13　典型楼盘生活指标双重加权评定模型表（5分制）

影响因素	总权重（W）	分级指标	分权重（V）
开发商评价	0.05	资金实力	0.20
		典型项目销售状况	0.30
		品牌知名度	0.25
		相似项目经验及业界评价	0.25
项目建筑质量	0.10	建筑设计等级	0.20
		实施施工企业等级	0.30
		室内布局合理性评估	0.20
		项目验收评价	0.30
楼盘套内设施完备数	0.10	对设施完备数进行量化评级打分	
小区内设施完备数	0.10		

影响因素	总权重（W）	分级指标	分权重（V）
周边环境	0.15	周边文化场馆设施数	0.30
		周边植被覆盖率	0.20
		周边治安	0.25
		所处大片区生活指数	0.25
交通环境	0.15	距市中心直线距离	0.35
		1 公里内设站点的公交线路条数	0.45
		交通规划	0.20
医疗教育环境	0.15	10 公里范围医疗机构数	0.30
		是否有社区医疗救助机构	0.20
		距离社区最近的三级以上医院的距离	0.30
		幼儿园、小学、中学、大学的等级及距离	0.20
项目投资价值	0.05	当地租金水平 / 投资回报率	0.80
		商用面积比例	0.10
		人流量	0.10
业主情况	0.10	职业结构比例	0.25
		业主入住率	0.25
		业主入住满意度	0.30
		购房目的比例	0.20
楼盘服务水平	0.05	保安标准	0.25
		保洁标准	0.25
		物业收费标准	0.25
		可提供的其它服务项目	0.25

（二）应用与测评结果

依据测评标准，经过计算，对 7 个典型楼盘进行了生活指数的评定，结果如下：

表 14　典型楼盘生活指数结论表

项目名称	安康小区	颐龙湾	滨河城上城	祥云丽晶	裕警苑	府秀江南	美隆国际城
所属大区	东南区	西南区	东北区	西北区	开发东区	开发西区	南三厂
生活指数	4.28	3.92	4.37	4.05	3.95	3.86	3.72

三、典型楼盘性价比分析

以下是根据楼盘价位与典型楼盘生活指数值的相关性分析所设计的楼盘性价比分析模型，同样价位下楼盘生活指数较高，说明其生活便利程度较高，对开发商而言，开发这样的楼盘有市场竞争力，对购房者来说，选择这样的楼盘具有较高的性价比。根据表 14 数据，对 7 个典型楼盘进行了楼盘性价比测评，结果如下：

图 35 楼盘性价比测评图

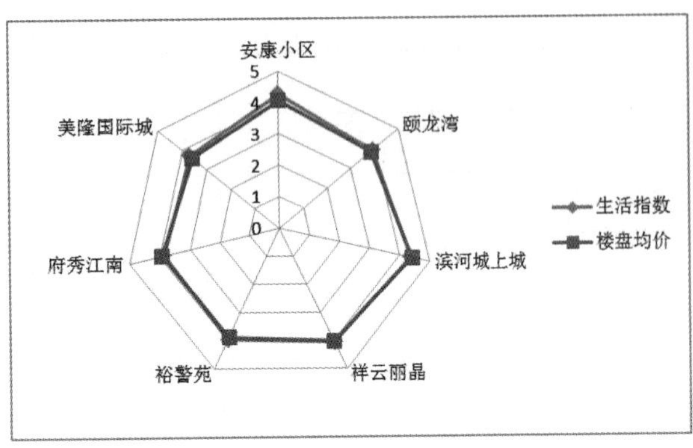

生活指数评定和设计性价比模型的主要宗旨就是合理地评价房地产产品的市场价值及市场竞争力，为市场提供参考。在同一价格区间，生活指数较高的楼盘性价比较高、生活便利程度较高，反之，生活便利程度较低、性价比也较低。

结 语

本文从长治市区域概况、宏观政策分析、市场容量分析、产品结构分析、价格研究、消费者调查、生活指数评价等七个方面定性与定量结合分析了长治市 2013 房地产市场状况。根据上述的调查分析，长治市 2013 年房地产价格总体呈上升态势，住宅房地产市场存在供需矛盾，现实需求减少，潜在需求增加；写字楼房地产市场需求有所增加，但分布比较散乱，缺乏规模性的、环境较好的写字楼；商业房地产市场目前以住宅底商居多，新建的大型商场较少。今后，房地产开发商应充分了解消费者需求，建设适应长治市发展需要，性价比较高的房地产。随着土地登记制度的统一，房产税的征收以及国家各地宏观调控政策的不断出台，预计 2014 年长治市房地产价格涨幅会趋缓。

二〇一四年三月十日

（撰稿人：马剑宏）

2013年临汾市房地产市场运行监测报告

市场运行监测课题组

导 语

2013年，世界经济步伐放缓，国内经济下行压力增大，在这样严峻的形势下，临汾市全市上下在市委市政府的坚强领导下，坚持以科学发展为主题，以加快转变经济发展方式为主线，按照稳中求进的工作总基调，进一步优化区域布局、调整经济结构，全市经济运行保持稳中有进。2013年全市生产总值1223.6亿元，比上年增长8.5%。其中，第一产业增加值87亿元，增长4.8%，占生产总值的比重为7.1%；第二产业增加值732.6亿元，增长10.3%，占生产总值的比重为59.9%；第三产业增加值404亿元，增长5.8%，占生产总值的比重为33%。第三产业中，房地产业增加值26.3亿元，增长7.6%；批发和零售业增加值74.2亿元，增长6.5%；交通运输、仓储和邮政业增加值99.4亿元，增长8.2%。

2013年全市固定资产投资完成1036.3亿元，增长26%。其中，国有及国有控股投资完成537.8亿元，增长12.7%。在全市固定资产投资中，内资企业投资完成1032.5亿元，增长26.2%；外商及港澳台商企业投资2.2亿元，增长1.94倍。

2013年全市社会消费品零售总额475.5亿元，增长13.7%。按经营地统计，城镇消费品零售额398.2亿元，增长13.6%；乡村消费品零售额77.3亿元，增长14.3%。按消费形态统计，商品零售额438.1亿元，增长14.4%；餐饮收入额37.4亿元，增长6.5%。

2013年临汾人民生活水平进一步提高，社会保障继续完善。全年城镇居民人均可支配收入21936元，比上年增长10.3%。全年农村居民人均纯收入7768元，增长12.6%；农村居民人均生活消费支出5119元，增长20.1%。农村占人口20%的低收入者收入3056元，增长13.8%。

一、临汾城市基础设施建设

2013年，临汾市扎实推进“稳增长、调结构、促改革、惠民生”等重点工作，圆满完成了各项任务。

全市公路通车总里程达到18025公里，同比新增209公里，全省排名第一。霍永高速东段和西段一期工程基本完工，吉河高速路基和桥涵完成60%，大运高速土门连接线拓宽改造工程全面完成。霍侯一级路北段改造和桃临线霍州至汾西段竣工投用。新建改建农村公路231公里，其中集中连片特困地区农村公路36公里。临汾机场航站楼和高架桥主体完工。大西高铁、中南铁路、张台铁路加快建设。完成河西新城和空港园区控制性详细规划，完成临汾高铁站地下空间利用等规划，市区控规覆盖率达到85%；建成市规划展览馆、市行政服务监察中心、中大街中段贯通等工程；启动实施了五一东路、二中路、北外环拓宽改造、秦蜀路南延、市民广场一期、集中供热九期、污水处理厂改扩建、市区天然气置换等工程；城市管理得到加强，多年困扰市区交通秩序的三轮车得到有效整治。县城建设取得显著成绩，城市功能进一步健全，控规覆盖率达到70%。

新农村建设取得新进展。30个新农村连片示范区、300个重点推进村建设任务全面完成；农村“五件实事”超额完成年度任务，行政村街道亮化全面完成。

二、商品住宅总体情况

1、商品住宅

2009年—2013年临汾市商品住宅供求情况

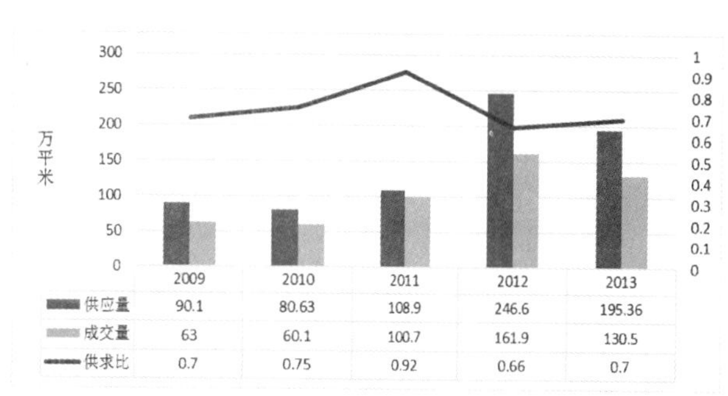

数据来源：中房信CRIC

2013年，临汾市商品住宅市场供应面积为195.36万平方米，成交面积为130.5万平米，两项指标较之去年均有下滑，同比分别下跌20.78%、19.4%。

城市的快速发展带来了巨大的住房需求，居民房屋改善需求不断增加，此外，投资客在临汾市场上的住房投资一定程度上促进了本市房地产业的发展

2、商品房住宅价格

2009 年—2013 年临汾市商品住宅成交价格变化情况

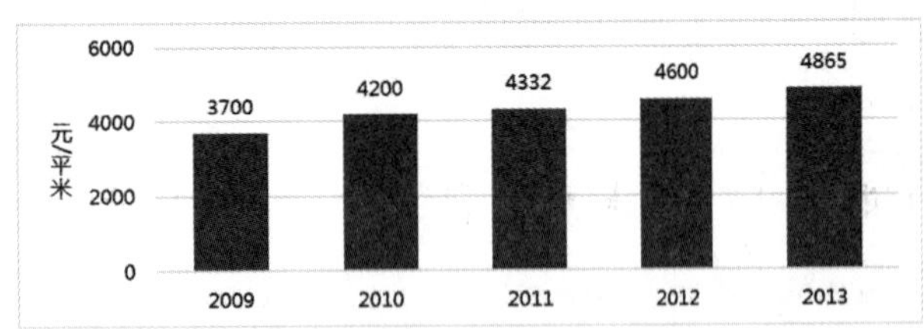

数据来源：中房信 CRIC

2013 年，临汾市房商品住宅成交均价为 4865 元 / 平方米，较去年上涨了 265 元 / 平方米，同比上涨了 5.76%，涨幅较小。

临汾市商品住宅成交价格近年来呈现逐年上涨的态势，一是土地相对不足，推动价格不断攀升；二是主要建筑材料价格上涨推高房地产价格；三是居民收入增加，住房需求进一步扩大；四是城市化进程加快，推高房地产价格；五是国家有关房地产政策的影响。

三、保障房建设

2013 年临汾市新增建设用地指标将向山庄、窑铺搬迁、农村危旧房改造、农村宅基地倾斜，用地量较去年会明显上升，将重点通过城乡用地增减挂钩和工矿废弃地利用解决用地指标不足问题。

2014 年临汾市全市城镇保障性住房建设目标任务为：新开工建设 18960 套，基本建成 13456 套，完成投资 31.55 亿元。其中：公租房 2700 套，经济适用房 600 套，限价商品房 3542 套，城市棚户区改造 11046 套，国有工矿棚户区改造 572 套，林区棚户区改造 500 套。一方面是房地产市场供大于求而控制住宅用地规模，一方面是保障性住房不断开工上马。

四、商业办公用房

2009 年—2013 年临汾市商业办公用房施工面积

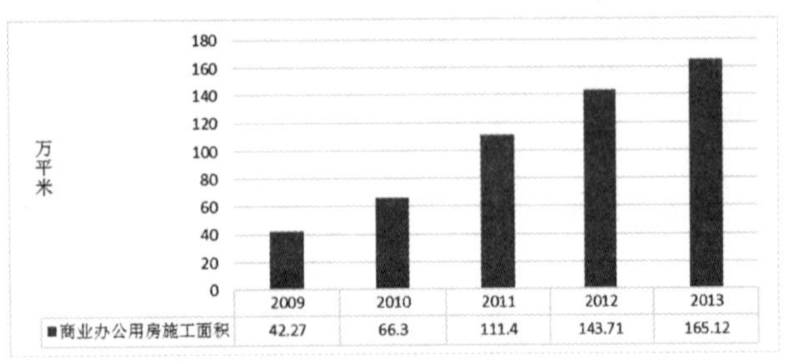

数据来源：中房信 CRIC

2013 年，临汾市商业办公用房施工面积为 165.12 万平方米，较去年同期上涨 14.89%。

目前临汾商业地产市场随着城市北移进程不断加快，北部楼盘的价格高于市场平均水平，临汾新的五星级酒店（白天鹅）也建在滨河东路的北部（向阳西街与滨河东路交叉口）；沃尔玛、大润发等超市在鼓楼北大街、河汾路一带寻找店址，预计临汾市商业新区将出现在北部，在平阳北街以西、滨河东路以东、河汾路以南及向阳路一带；临汾东部随着尧都区政府的搬迁，也将有较大发展，但该区域是原临钢所在地，居民收入水平有限，且离市中心区域较远，商业氛围的营造尚需时日。

五、土地供应量

2009 年—2013 年临汾市土地供应情况

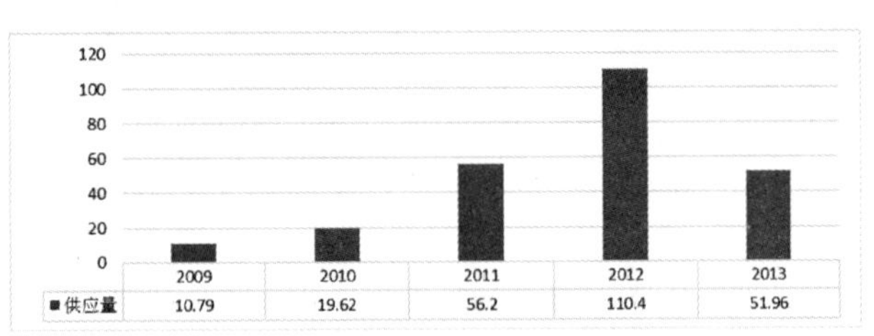

数据来源：中房信 CRIC

2013 年，临汾市土地供应量达到 51.96 万平方米，较去减少了 58.44 万平方米，同比减少了 52.9%。

近年来临汾市房地产业进入快速发展的时期，土地供应量也开始逐步增加。随着河西新区的不断开发，新区土地周边配套逐步完善，该区土地供应量的占比加大，但也伴随着土地资源供应紧张的问题。

六、土地成交量

2009 年—2013 年临汾市土地成交情况

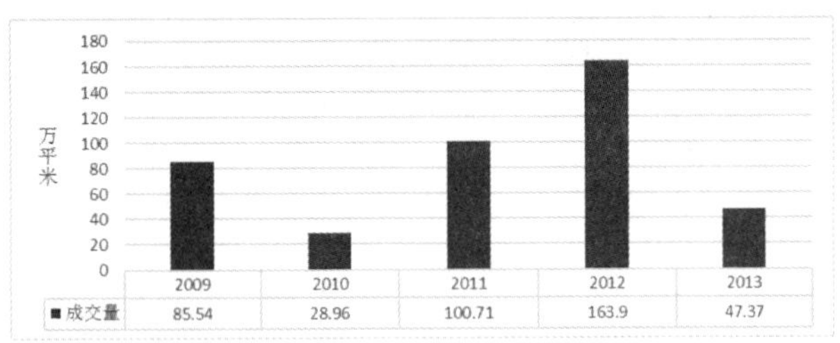

数据来源：中房信 CRIC

2013 年各属性用地占比

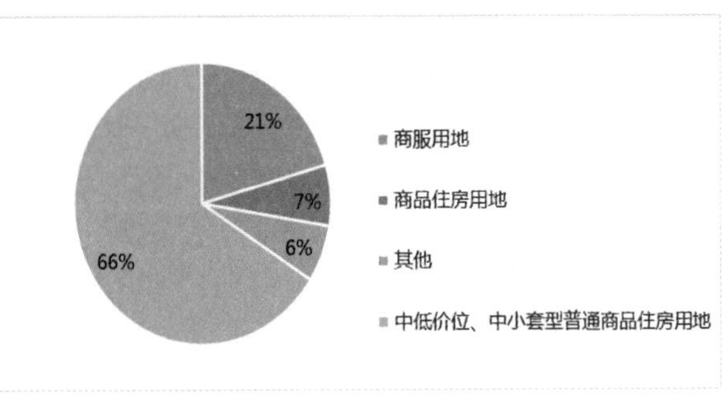

2013 年，临汾市土地成交量仅为 47.37 万平方米，同比减少 71.09%。

其中，住宅类用地用地 34.55 万平方米，占总成交面积的 73%；商服用地 9.75 万平方米，占总成交面积的 21%；其他用地成交 3.09 万平米，占总成交面积的 6%。

随着临汾市城市化进程的加快，对土地的需求越来越大，临汾市土地市场呈现供不应求的局面。2013 年土地市场供应进一步收缩，土地成交量占总供求的 81.16%。

七、土地成交价格

2009 年—2013 年临汾市土地成交均价

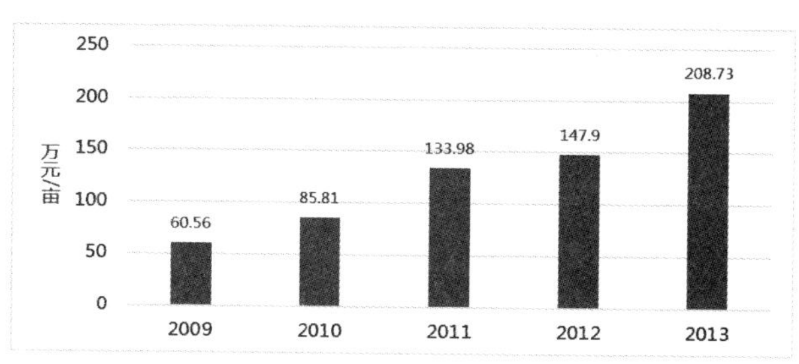

数据来源：中房信 CRIC

2013 年土地成交均价为 208.7 万元 / 亩，较去年上涨了 41.1%。其主要的原因，一是临汾市土地市场呈现供不应求的态势，土地供应量的不足推动着土地价格的进一步上涨；二是土地离市中心较近地理位置的土地本身价值较高，先天配套较好，价格拉动整体土地均价，三是两宗商服用地对全年土地价格起到拉升。

八、项目活动

2013 年，临汾市 22 个楼盘项目进行营销活动。户型以两房、三房等刚需性为主，建筑形态多为小高层、高层、其中还有部分复式房屋。全年全市各项目的宣传推广，主要通过生活晨报、临汾日报、临汾晚报、户外、电视、广播、短信、网络等渠道进行，传统媒体在楼盘宣传中应用较多，网络短信等新兴媒体正在蓬勃兴起。

全年项目楼盘线下活动以电商团购为主，团购优惠活动设计 17 个楼盘，优惠力度最大 95 折。市场上开盘活动、节庆日活动全年进行 56 次。

九、主流媒体

1、纸质媒体

2013 年，临汾市楼盘项目投放广告以《临汾日报》和《临汾晚报》为主要投放媒体。

《临汾日报》是临汾市委机关报，而向全国发行，最全市最大，最广泛，最具权威性的新闻媒体，同时办《教育周刊》、《农村版》、和《周末版》。覆盖全市 17 个县市区，拥有多层次的读者。

《临汾晚报》是市宣传部领导和管理的以经济宣传为主的综合性地市级党报，是市委、市政府指导全市经济工作的重要舆论阵地，是全市经济类报刊中权威性、公信力最强的报纸，是传播发布党和政府关于经济方面、政策方面信息的重要渠道，是全市了解临汾经济发展动向的重要窗口，是政府和企业沟通的重要桥梁。该报在全市有 17 个记者站，使报纸更贴近实际，更贴近生活，更贴近群众。处于全市主流报纸的最前沿，造就了全市阅读率最高的报纸。

据统计，《临汾晚报》的读者中，以男性为主，占总数的 60% 以上。读者年龄结构趋于年轻化，主要以 25-44 岁年龄段的读者为主体。订阅率为 68%，市场零售率为 32%，忠实读者所占比例高达 94.6%。读者受教育程度高，具有大专及以上学历的读者比例达到 52.1%，远远高于调查总体的 25.9%。在读者职业构成中，公务员、教师、军人、医生、企事业单位管理人员和专业技术人员等社会主流人群的比例非常高。

2、网络媒体

2013 年，临汾房地产项目主要的网络媒体包括临汾房产网，搜房、新浪、百度、吉屋、楼盘网、腾讯等房产媒体在临汾均设有分站，其中，搜房临汾站运营较好，广告投放效果较好。另外，临汾 365 买房论坛活跃度较高，但广告投放量较少。

十、总结及展望

2013 年，面对复杂的宏观环境和国内经济下行的严峻形势，在省委、省政府和市委的正确领导下，在市人大、市政协的监督支持下，市政府团结带领全市人民，紧紧围绕“率先转型、全力跨越”的总目标，牢牢把握“稳中求进、好中求快”的总基调，突出“产业转型、环境提升、城乡统筹、民生改善”四大重点，攻坚克难，开拓进取，圆满完成了各项工作目标。临汾房地产也进入快速发展阶段，但仍然存在不少问题，房地产崩盘论一度甚嚣尘上，对此，房地产行业调整势在必行。

1、稳定房地产价格。一方面加大对经济适用房与廉租房等开发项目的筹资力度和融资担保 力度，切实增加中低价位、中小套型的普通住房供应。另一方面落实国家的相关政策，稳定 房地产价格，努力使房地产价格保持合理的水平。

2、控制地价上限。土地价格已经成为推动房地产价格上升的重要因素。在目前的土地招拍 挂过程中，地方政府不但要控制地价下限，还应考虑控制地价上限，确保房地产健康发展。

3、继续加大保障性住房建设力度。一是对经济适用房的居住标准和政策严格把关，坚决打 击投机性购房行为。二是健全廉租房制度，加快廉租房建设。

4、 加强房地产市场监测和监管。一是要继续加强房地产市场监测分析，建立健全房地产市 场信息系统和统计制度，完善市场监测分析机制，准确把握房地产市场走势，及时发现市 场运行中的新情况、新问题，提高调控措施的预见性、针对性和有效性。二是公开房地产交 易信息和房地产开发成本，对房地产价格实行有效的监测，提 高市场透明度，规范房地产 市场秩序。

5、继续加强城市基础设施及小区配套设施建设。一是继续加大对城市交通道路、运动休闲 广场、商贸市场的投入 和管理，不断提升城市居住环境的质量。二是房地产发展要坚持以 人为本、因地制宜、综合开发、配套建设的原则，营造良好的人居环境，保证绿化率，降低 容积率和建筑密度，注重风格，打造突出地域特色和城市品位的房地产开发项目。三是完 善住宅小区周边的配套设施。临汾花果城网 。

6、加强新建小区的物业管理。一是加大物业企业从业人员的专业素质培训力度，全面提高 其综合素质和服务水平， 维护业主和物业企业的合法权益。 二是加大对物业管理市场的监管 力度，尤其是加大对小区业主及物业企业工作的平等监督，促进物业服务行为的规范化发 展。

7、正确引导市场心理预期。采取多种形式，加强对有关政策措施的解释宣讲工作，让广大 群众正确理解国务院的决策部署及稳定住房价格的各项政策措施， 把握正确的舆论导向， 合 理引导市场心理预期。

8、 对房地产开发中建设的道路、 中小学等实行优惠政策。 房地产开发中建设的道路、 泵站、 大型变电站和中小学校等大市政、公建、绿化配套设施实行共享原则，涉及 的大市政、公 建、绿化配套设施用地费用，由开发建设单位共同承担，政府给予一定的优惠政策或着承担 一部分费用，鼓励开发商整体开发，兴建道路、学校等公共设施。

（撰稿人：李峰、牛佩华）

2013年运城市房地产市场运行监测报告

市场运行监测课题组

导　语

2013年，市委、市政府团结带领全市人民深入贯彻落实党的十八大和十八届三中全会精神，坚持稳中求进的总基调，抓投资上项目，调结构促转型，惠民生促和谐，全市经济平稳健康发展，社会和谐稳定，民生持续改善。

经济增长：初步核算，全年全市生产总值完成1140.1亿元，按可比价格计算，比上年增长9.2%。其中：第一产业增加值195.9亿元，增长4.5%;第二产业增加值505.6亿元，增长11.7%；第三产业增加值438.6亿元，增长8.0%。第三产业中，交通运输、仓储和邮政业102.8亿元，增长8.6%；批发和零售业95.9亿元，增长8.9%；金融业36.6亿元，增长18.2%；房地产业28.8亿元，增长3.5%。第一、第二和第三产业增加值占全市生产总值的比重分别为17.2%、44.3%和38.5%，对经济增长的贡献率分别为7.9%、58.9%和33.2%。人均地区生产总值20618元，比上年增长7.2%，按2012年平均汇率计算为3266美元。

价格：全年居民消费价格比上年上涨2.7%。其中，食品价格上涨5.0%，非食品价格上涨1.6%。商品零售价格上涨1.6%。工业生产者出厂价格下降6.0%，其中，生产资料价格下降6.4%，生活资料价格下降3.0%。工业生产者购进价格下降4.7%。

就业：全年城镇新增就业人员58755人，城镇下岗失业人员再就业17193人，就业困难人员实现就业0.56万人。年末城镇登记失业率1.54%。

建筑业：据初步统计：全年具有资质等级的总承包和专业承包建筑企业159个，其中有工作量的144个，实现增加值72.6亿元，比上年增长6.7%。上缴税金3.3亿元，下降22.4%；实现利润3.3亿元，下降1.2%。

一、运城城市基础设施建设

2013年运城市坚持路、水、林、产四管齐下，统筹推进"八区联动"，辐射带动能力得到新提升。禹都公园、高铁站前广场、工农街跨解放路高架桥等54项重点工程顺利推进，完成投资57.7亿元。新修道路74.2公里，11条城市主干道全部打通。运城经济开发区、空港经济开发区区域主干路网、配套设施进一步完善，产业集聚步伐加快。大县城实施城镇化项目161个，完成投资46.3亿元。"5+15"工业园区和开发区在新一轮规划中，全部设计了城市社区，有的同步开展了社区建设，成为通过产业集聚带动人口集聚，推动城镇化的重地。

全年造林40.4万亩，森林覆盖率提高1个百分点。发展以核桃为主的干果经济林20万亩。以"一池、四库、三渠、一河、四滩"及各公园水系贯通为主的城市水系修复项目启动实施，涑水河、汾河环境综合整治扎实推进。

年末，运城市215项重点工程，新建173项，开工111项，开工率为64%，已完成投资9亿元；42个续建项目顺利推进。

房地产开发企业和完成投资均较快增长。2013年，全市统计范围的房地产开发企业共304个，比2012年净增14个。全年房地产开发企业完成投资93.0亿元，同比增长37.3%。按用途划分，住宅投资71.3亿元，同比增长36.5%，占房地产开发投资比重的76.7%；办公楼投资0.5亿元，同比增长19.7%，占房地产开发投资比重的0.6%；商业营业用房投资14.5亿元，同比增长67.8%，占房地产开发投资比重的15.6%；其他投资6.7亿元，同比增长4.1%，占房地产开发投资比重的7.1%。住宅和商业营业用房投资高速增长拉动性明显。房地产开发投资增速超出固定资产投资增速（22.0%）17.3个百分点，对固定资产投资增长的贡献率达到13.8%，拉动固定资产投资增长3.0个百分点。

二、商品住宅总体情况

1、商品住宅

图5-1 2009年至2013年运城商品住宅供求情况

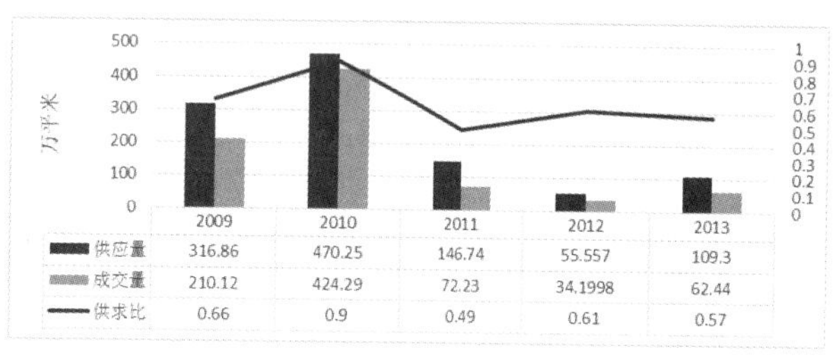

	2009	2010	2011	2012	2013
供应量	316.86	470.25	146.74	55.557	109.3
成交量	210.12	424.29	72.23	34.1998	62.44
供求比	0.66	0.9	0.49	0.61	0.57

数据来源：中房信CRIC

2013年，运城商品住宅供应量为109.3万平方米，同比下降96.7%；成交量为62.44万平方米，同比上涨82.63%。

2009年以来，运城市房地产市场供求一直处于供大于求的局面，近年来随着房地产市场的不断发展，供求矛盾持续。究其原因，一方面商品住宅市场尚有一部分存量房，加上2011年以来新增供应，加之新增供应量多余成交量，市场消化较慢；另一方面，由于国家实施限购令政策，房地产大环境较差，运城受大环境影响，客户购房较为谨慎，在一定程度上影响了住宅成交量，再则就是市场“小产房”大量存在，违规销售现象普遍。

2013年全市房地产开发商品房施工面积1362.9万平方米，同比增长22.7%。住宅施工面积1081.1万平方米，同比增长23.2%，其中90平方米以下户型207.5万平方米，同比下降4.5%；144平方米以上户型104.1万平方米，同比增长23%。办公楼施工面积10.9万平方米，同比增长22.7%。商业营业用房施工面积193.4万平方米，同比增长17.8%。全年全市商品房竣工面积316.1万平方米，同比下降11%。住宅竣工面积262.8万平方米，同比下降7.7%，其中90平方米以下户型40.0万平方米，同比下降46.8%；144平方米以上户型28.2万平方米，同比下降0.2%。办公楼竣工面积1.6万平方米，同比下降52.2%。商业营业用房竣工面积33.6万平方米，同比下降32.9%。

2、商品房住宅价格

图5-2 2009年至2012年
运城商品住宅成交价格变化情况

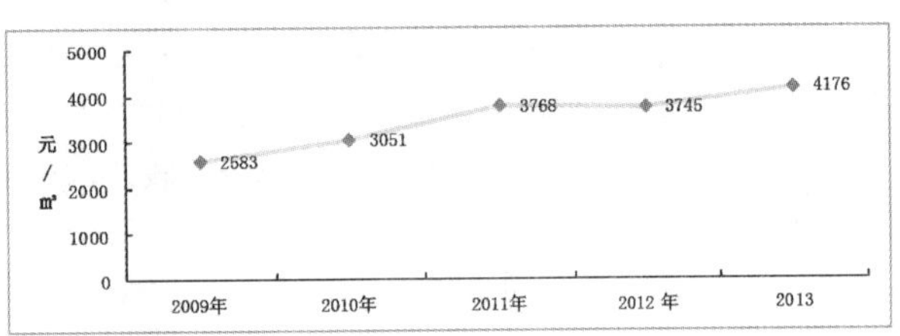

数据来源：中房信CRIC

2013年，运城市全年商品住宅均价为4176元/㎡，同比去年上涨11.5%。

2013年受到调控政策的影响，房地产投资客户受到极大限制，大量投资客从限购的一二线城市向不限购的三四线城市转移。运城由于不在此次限购范围内，承接了部分投资需求，在一定程度上助推了运城商品住宅成交价格的上涨。同时近年来的品牌开发商的进驻为运城房地产市场注入了新鲜血液，预计未来运城商品住宅的价格将会稳步上升。

三、保障房建设

2013年，运城市建成保障性住房26832套，名列全省前茅。

2014年新开工保障性住房11559套，建成1.7万套，探索廉租房和公共租赁房保障对象并轨；继续加强住房公积金扩面征缴，确保公积金安全有效使用。

全年房地产开发投资93.0亿元，比上年增长37.3%。其中，住宅投资71.3亿元，增长36.5%；商业营业用房投资14.5亿元，增长67.8%。

四、商业用房

运城市商业业态正处于以大型综合购物中心为主的阶段，商业规模不断扩张，购物环境不断改善，经营方式更加灵活多样，商业市场稳步发展，不断走向成熟。

运城商业分布较集中，商业中心在南风广场与二郎庙一带，以东星购物广场、恒隆购物广场、南风时尚百货、华联超市等为主，形成了围绕已形成商圈不断向周边渗透的格局。

消费人群的关注点由商品价格、商品品质和性价比转变为商品价格、产品品质、服务质量及购物便捷性，经营者应根据这一变化调整经营方式，提高服务质量。

从商业开发模式上来说，开发商开发模式大都采取了产权式销售开发模式，持有型物业较少，究其原因，主要是持有型物业需要大量资金的沉淀，开发商为了快速回流资金多选择产权式销售的开发模式。

五、办公用房

运城市办公市场尚处于启动期，分布较为集中，主要分布在市中心区域，整体档次一般。运城写字楼市场主要以商住写字楼为主，只有少量纯办公楼。纯办公楼多注重实用性，缺少优服务、高品质的写字楼。在产品设计、物业服务、硬件配套等方面也不够精细，存在较大的市场发展空间。

运城纯办公楼的租金差距较大，租金的溢价来源于硬件设施的提升。出租率差距也较大，存在差距的原因主要是所处的地段以及硬件的配置的不同。软性服务的提升以及配套是否完善尚未成为市场竞争点。

随着运城经济的快速发展以及城市功能的不断丰富，市场对办公楼的产品品质提出了更高的要求，运城办公楼正处在向中高端产品转型的过渡阶段。凭借其地处黄河金三角区域的独特优势以及经济的快速发展，未来办公市场存在巨大的发展空间，运城办公市场的提质升级势在必行。运城市未来办公市场将朝着更多现代化的功能，更好服务品质的方向发展。

六、土地供应量

2009年至2013年运城土地供应量

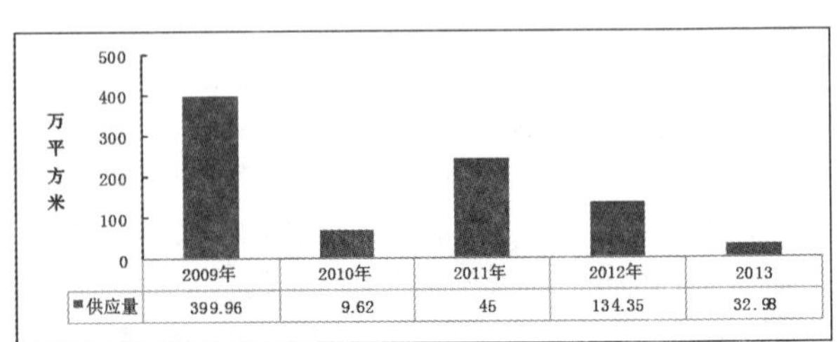

	2009年	2010年	2011年	2012年	2013
■供应量	399.96	9.62	46	134.35	32.98

数据来源：中房信CRIC

2013年运城的土地供应量达到134.35万平方米，同比下降45.16%。

依据运城市城镇常住人口增长趋势、住建局提供的保障性住房用地需求和拟出让的普通商品住宅用地项目的调查，2012年运城市土地需求量有所放缓，开发商主要对前期拿地存量进行开发。

七、土地成交量

2009年至2013年运城土地成交量

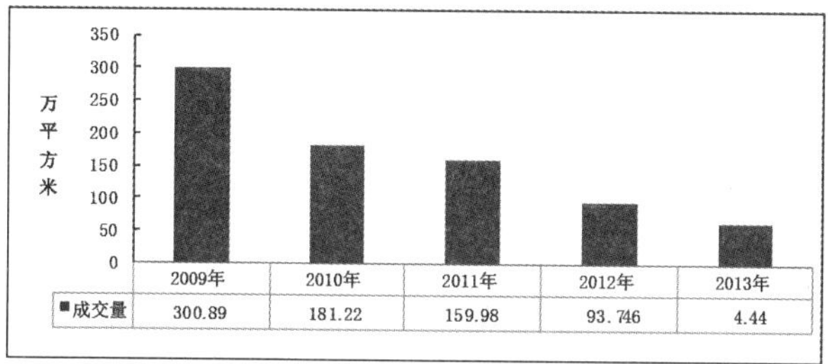

数据来源：中房信CRIC

2013年，运城市土地成交面积为64.44万平方米，同比去年大幅下降，降幅达31.26%。由于房地产市场受到持续不断的限购令政策的影响，市场土地供应减少，开发商拿地也逐渐回归理性，拿地态度谨慎。

八、土地成交价格

2009年至2013年运城土地成交价格

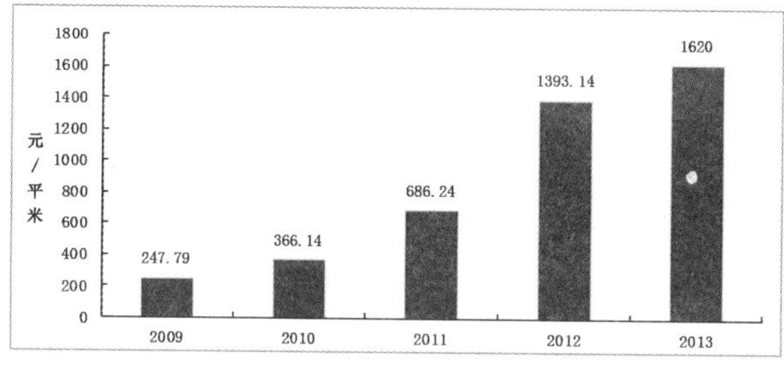

数据来源：中房信CRIC

2013年，运城市土地价格为1620元/平米，同比去年上涨16.28%。随着城市建设的开展，城市配套的不断完善，土地价值正在不断增长，运城市土地价格呈现出逐年上涨的趋势。随着城市的承载量的不断扩大，城镇化建设的加快以及生活环境的不断优化，预计未来运城市土地成交价格将稳步上涨。

九、项目活动

2013年，运城市房地产共进行86次项目营销活动，涉及项目楼盘数量达56个。从活动整体来看，三线城市营销活动相对单一，且活动内容主要围绕传统节假日、价格优惠、开盘等主题进行。

项目营销活动就是连接市场需要和住宅产品开发建设的中间环节，是开发商将潜在市场机会转化为现实市场机会，从而实现企业自我发展的有效手段，从某种意义上说，项目营销活动也是房地产开发成败的关键因素之一。

十、报广投放监测

2013年，运城市报广主要集中在《运城日报》和《黄河晨报》上。

报广投放最多的报纸为《黄河晨报》，占总投放量的65.38%；《运城日报》上的报广相对较少，占比达到总投放量的32.69%。

全年全市投放广告的项目共计21个。项目投放最多的报纸为《黄河晨报》，投放广告的项目达到13个；《运城日报》只有8个项目。

从统计数据来看，运城市平面媒体广告投放主要集中在《黄河晨报》，我们认为其中主要原因是《黄河晨报》发行量大，覆盖范围广，是大众获取信息的重要途径。

运城市房产网络媒体有0359房产网、运城搜房网、运城楼盘网、新房网、运城新浪乐居，以及腾讯、百度房产运城站。网络媒体中，0359房产网搜房网运营状况较好，广告投放量大。

十一、总结及展望

在国家持续实施宏观调控政策的大环境下，我们分析，运城房地产市场将呈现以下四方面的特点。

从运城市统计局获悉，前三季度运城市房地产开发投资增长23.6%。由于国家房地产宏观调控政策进一步落实到位，保障性安居工程推进力度明显增强，运城市房价调控压力较小，一二线城市投资商进驻运城房市增加，全市商品房市场供销两旺，房地产开发投资增速稳步提升。

房地产开发投资稳步攀升。前三季度，运城市累计完成房地产开发投资45亿元，其中住宅投资33亿元，同比增长25.7%；商品营业用房投资6.6亿元，同比增长6.8%。从增幅看，房地产开发投资较快上升。一季度，全市房地产开发投资累计完成7.9亿元，同比增长1.3%；至二季度末累计完成24亿元，同比增长9.8%；至三季度末，房地产开发投资增幅上升至23.6%。

商品房在建规模较快增长。前三季度全市房地产项目施工房屋面积979.2万平方米，同比增长38.3%。其中住宅面积771.5万平方米，同比增长40.6%；商业用房施工面积143.1万平方米，同比增长23.7%。在所有施工面积中，本年新开工房屋施工面积共334.1万平方米，同比增长36.2%。其中，住宅新开工面积275.1万平方米，同比增长34.6%；商业用地新开工43.3万平方米，同比增长68%。建筑面积的增幅明显高于投资增幅，支撑投资增幅进一步攀升。

商品房销售较快增长。前三季度全市商品房销售面积165万平方米，比上年同期增长43.5%。其中，商品住宅销售面积实现150.6万平方米，同比增长51.6%；商业用房销售面积完成11.9万平方米，同比下降18.1%。从房源类型看，期房销售较快增长，在所有销售面积中，期房销售完成 103.2 万平方米，同比增长 56.8%。

与销售面积较快增长相对应，已竣工商品房待售面积增长较慢。前三季度，全市商品房待售面积 189 万平方米，同比增长 17%。其中住宅待售面积 141.7 万平方米，同比增长 13.6%；商品用房待售面积 36.8 万平方米，同比增长 20.6%。

附件篇

序号	行政区	土地座落	总面积	土地用途	供应方式	成交金额（万元）	土地年限	签定日期
1	运城市本级	学苑路以西，条山街以南	1.276002	其他普通商品住房用地	挂牌出让	2525.5	70	2012/12/30
2	运城市本级	铺安街以北，汇洋房地产以西	0.05353	其他普通商品住房用地	挂牌出让	84.8	70	2012/12/31
3	运城市本级	河东街以北，周中路以东	0.136521	机关团体用地	划拨	45.496		2012/12/28
4	运城市本级	人民路与棉北街交叉口东北角	2.43399	医卫慈善用地	划拨	1078.744		2012/12/28
5	运城市本级	国粮街以南、人民路以西	8.022293	其他普通商品住房用地	挂牌出让	18527.5	其他普通商品住房用地 70 年；批发零售用地 40	2012/12/28
6	运城市本级	学苑路以西，岳南街以北	4.454906	其他普通商品住房用地	挂牌出让	9823.8	批发零售用地 40 年；其他普通商品住房用地 70	2012/12/27
7	运城市本级	运城市八一路东侧	0.06244	住宿餐饮用地	协议出让	30	40	2012/12/26
8	运城市本级	运城市河东街以北	0.656243	商务金融用地	挂牌出让	1102.24	40	2012/12/27
9	运城市本级	盐湖大道以南，周西路以西	1.60137	机关团体用地	划拨	598.78		2012/11/26
10	运城市本级	运城市解放路以东、南环路以南	2.739204	其他普通商品住房用地	拍卖出让	2690.1522	70	2012/11/20
11	运城市本级	运城市中银大道东侧（福瑞特超市 ...	0.051835	住宿餐饮用地	协议出让	55.111	其他普通商品住房用地 70 年；住宿餐饮用地 40	2012/9/30
12	运城市本级	工农西街北 178 号	1.439	其他普通商品住房用地	协议出让	456.2	70	2012/8/6
13	运城市本级	黄河大道以西，国粮街以北，新运 ...	25.7163	公园与绿地	划拨			2012/5/10

序号	行政区	土地座落	总面积	土地用途	供应方式	成交金额（万元）	土地年限	签定日期
14	运城市本级	圣惠南路与南城墙交叉口东南角	6.97762	公园与绿地	划拨			2012/7/2
15	运城市本级	运城市黄河大道 789 号	0.2538	其他普通商品住房用地	协议出让	170.05	其他普通商品住房用地 70 年；其他商服用地 40	2012/5/3
16	运城市本级	解放路以西	10.7632	其他普通商品住房用地	挂牌出让	17435.7	其他普通商品住房用地 70 年；其他商服用地 40	2012/1/16
17	运城市本级	曲渠街以南，货场东路以东	11.0811	其他普通商品住房用地	挂牌出让	18782.43	其他商服用地 40 年；其他普通商品住房用地 70	2012/1/16
18	运城市本级	曲渠街以南，货场东路以东	13.8251	其他普通商品住房用地	挂牌出让	22396.28	其他商服用地 40 年；其他普通商品住房用地 70	2012/1/16
19	运城市本级	河东街以北	0.2108	其他普通商品住房用地	协议出让	144.04	70	2012/1/16
20	运城市本级	人民路以东，府东街以南	0.29048	其他普通商品住房用地	协议出让	153.24	70	2012/1/16
21	运城市本级	河东街以北、支路以南、支路以西	0.2945	机关团体用地	划拨			2012/3/9
22	运城市本级	魏南大街以南，周西路以东	1.399855	机关团体用地	划拨	717.032		2012/12/28

（撰稿人：李峰、牛佩华）

2013 年金融机构贷款投向统计报告

中国人民银行

人民银行初步统计，2013 年 12 月末金融机构人民币各项贷款余额 71. 9 万亿元，同比增长 14. 1%，增速比上年末低 0. 9 个百分点；全年增加 8. 89 万亿元，同比多增 6879 亿元。贷款投向呈现以下特点：

一、企业中长期贷款平稳增长，短期贷款和票据融资增速继续回落

12 月末，全部金融机构本外币企业及其他部门贷款余额 55. 18 万亿元，同比增长 10. 9%，增速比上季末低 0. 7 个百分点；全年增加 5. 39 万亿元，同比少增 9302 亿元。

从期限看，12 月末，金融机构本外币企业及其他部门短期贷款及票据融资余额 26. 12 万亿元，同比增长 12. 1%，增速比上季末低 1. 9 个百分点；全年增加 2. 81 万亿元，同比少增 1. "万亿元。金融机构本外币企业及其他部门中长期贷款余额 28. 2 万亿元，同比增长 9. 2%，增速比上季末高 0. 2 个百分点；全年增加 2. 38 万亿元，同比多增 7526 亿元。

从用途看，全部金融机构本外币企业及其他部门固定资产贷款余额 23. 09 万亿元，同比增长 10. 2%，增速比上季末低 0. 1 个百分点；经营性贷款余额 25. 2 万亿元，同比增长 12. 7%，增速比上季末高 0. 1 个百分点。

二、小微企业贷款增速回升

12 月末，主要金融机构①及小型农村金融机构②、外资银行人民币小微企业贷款余额 13. 21 万亿元，同比增长 14. 2%，增速比上季末高 0. 6 个百分点，比同期大型和中型企业贷款增速分别高 3. 9 个和 4 个百分点，比同期全部企业贷款增速高 2. 8 个百分点。

12 月末，小微企业贷款余额占企业贷款余额的 29. 4%，比 9 月末占比高 0. 3 个百分点；全年小微企业新增贷款占同期全部企业新增贷款的 43. 5%，比 1–9 月增量占比高 0. 1 个百分点。

三、工业和服务业中长期贷款增长平稳

12 月末，主要金融机构本外币工业中长期贷款余额 6. 6 万亿元，同比增长 4. 2%，增速比上季末高 0. 1 个百分点；全年增加 2683 亿元，同比多增 333 亿元。其中，重工业中长期贷款余额 5. 88 万亿元，同比增长 3. 3%，增速比上季末低 0. 1 个百分点；轻工业中长期贷款余额 7285 亿元，同比增长 11. 5%，增速比上季末高 1 个百分点。

12 月末，服务业中长期贷款余额 17. "万亿元，同比增长 11%，增速比上季末高 0. 2 个百分点。其中，占比较大的交通运输、仓储和邮政业月末余额同比增长 10. 9%；增长较快的文化、体育和娱乐业同比增长 36. 3%0

①主要金融机构指中资银行（小含农村商业银行、农村介作银行和村镇银行），全报告同。

②小型农村金融机构包括农村商业银行、农村介作银行和农村信用社，全报告同。

四、农户贷款和农村（县及县以下）贷款快速增长，农业贷款增速基本稳定

12 月末，主要金融机构及小型农村金融机构、村镇银行、财务公司本外币农村（县及县以下）贷款③余额 17. 29 万亿元，同比增长 18. 9%，增速比上季末高 0. 3 个百分点，全年增加 2. 89 万亿元，同比多增 4891 亿元；农户贷款余额 4. 5 万亿元，同比增长 24. 4%，增速比上季末高 1. 9 个百分点，全年增加 8873 亿元，同比多增 3871 亿元；农业贷款余额 3. 04 万亿元，同比增长 11. 6%，增速比上季末低 0. 3 个百分点，全年增加 3479 亿元，同比多增 377 亿元。

五、房地产贷款平稳较快增长

12 月末，主要金融机构及小型农村金融机构、外资银行人民币房地产贷款余额 14. 61 万亿元，同比增长 19. 1%，增速比上季末高 0. 1 个百分点；全年增加 2. 34 万亿元，同比多增 9987 亿元，增量占同期各项贷款增量的 28. 1%，比 1–9 月增量占比高 0. 5 个百分点。

12 月末，地产开发贷款余额 1. 07 万亿元，同比增长 9. 8%，增速比上季末低 3. 3 个百分点。房产开发贷款余额 3. 52 万亿元，同比增长 16. 3%，比上季末高 1. 4 个百分点。个人购房贷款余额 9. 8 万亿元，同比增长 21%，增速比上季末低 0. 2 个百分点；全年增加 1. 7 万亿元，同比多增 7389 亿元。

③ 2013 年起，原农村贷款改称农村（县及县以下）贷款，统计内容保持小变。农村（县及县以下）贷款包括金融机构发放给注册地位于县及县以下的企业及各类组织的所有贷款和农户贷款。

12 月末，保障性住房开发贷款余额 7260 亿元，同比增长 26. 7%，增速比上季末低 4. 6 个百分点；全年增加 1530 亿元，占同期房产开发贷款增量的 31%，比 1–9 月增量占比高 2. 9 个百分点。

六、住户贷款同比多增较多

12月末，全部金融机构本外币住户贷款余额19.86万亿元，同比增长23.1%，增速比上季末低0.6个百分点；全年增加3.71万亿元，同比多增1.19万亿元。

12月末，住户消费性贷款余额12.98万亿元，同比增长24.3%，增速比上季末低0.4个百分点，全年增加2.54万亿元，同比多增9730亿元；住户经营性贷款余额6.88万亿元，同比增长20.8%，增速比上季末低1个百分点，全年增加1.17万亿元，同比多增2146亿元。

2013 年城镇保障性安居工程跟踪审计结果

国家审计署

根据《中华人民共和国审计法》的规定，2013 年 12 月至 2014 年 3 月，审计署组织各级审计机关对 2013 年全国城镇保障性安居工程（包括廉租住房、公共租赁住房、经济适用住房、限价商品住房和各类棚户区改造等，以下简称安居工程）的投资、建设、分配、后续管理及相关政策执行情况进行了跟踪审计，延伸调查了 3.35 万个相关单位和 27.25 万户家庭。现将审计结果公告如下：

一、安居工程实施的基本情况

审计核查表明，2013 年，全国各级财政筹集安居工程资金共 4722.92 亿元（其中中央财政 1749 亿元），通过银行贷款、发行企业债券等渠道筹集资金 5646.86 亿元。安居工程实际新开工 673.74 万套、基本建成 589.33 万套，分别完成目标任务的 105.43%、124.86%。从保障情况看，2013 年，地方各级政府积极贯彻落实党中央和国务院各项政策要求，采取有效措施，加快推进棚户区改造等安居工程建设，取得明显成效。

（一）扩大了保障覆盖范围。2013 年，安居工程保障住房困难人群 3158.10 万人，同比增加 18.38%。其中：公共租赁住房保障城镇中低收入住房困难家庭、新就业无房职工和外来务工人员 599.78 万人，棚户区改造保障棚户区居民 874.81 万人。住房保障覆盖范围的不断扩大，促进了社会和谐稳定。

（二）改善了困难群众住房条件。2013 年，通过住房实物安置使棚户区居民人均住房面积比改造前提高 29.46%；廉租住房、公共租赁住房租赁补贴水平分别达到每户每月平均 188 元、336 元；多数市县经济适用住房销售均价比商品房优惠 30% 以上，限价商品住房销售均价优惠 20% 以上，困难群众的住房负担切实减轻。

（三）增加了保障性住房有效供应。2013 年，城镇保障性住房和棚户区改造安置住房竣工面积 29 579.45 万平方米，占城镇住宅竣工面积的 27.71%；经济适用住房、限价商品住房和棚户区改造安置住房配售面积 17 210.4 万平方米，廉租住房和公共租赁住房出租面积 14 743.24 万平方米，在增加保障性住房有效供应的同时，推动了多层次住房供应体系的形成。

（四）拉动了相关领域的投资和就业。2013 年，安居工程建设完成投资额 10 914.74 亿元，占城镇住宅投资总额的 16.17%；中央财政投入 473.17 亿元配套基础设施建设资金，带动和引导地方加大了相关方面投入。同时，对拉动内需、扩大就业也有一定作用，据有关部门统计，安居工程建设年均提供就业岗位超过 900 万个。

二、审计发现的主要问题

从审计情况看，地方各级政府、相关部门和项目建设管理单位能够较好地执行国家政策法规，安居工程资金管理和建设运营不断规范，总体情况较好。但审计也发现，一些地方和单位还存在违反规定或管理不规范等问题。具体情况：

一是 237 个项目或单位挪用安居工程财政补助、银行贷款、企业债券等专项资金 78.29 亿元，主要用于市政基础设施建设、工业园区开发、还贷出借、投资经营、弥补工作经费等非安居工程支出。

二是 38 个单位和部分个人通过虚报资料、重复申报等方式，套取骗取棚户区改造资金 15.41 亿元；55 个棚户区改造项目拆迁安置实施不规范，违规分配安置住房 933 套、发放改造安置资金 1291.84 万元。

三是一些地区由于资格审核把关不严、纠错清退等基础工作薄弱，有 4.75 万户不符合条件家庭违规享受保障性住房实物配租（售）1.93 万套、住房货币补贴 5035.99 万元。四是 2.65 万套保障性住房被代建企业等单位违规销售，或被用于经营、办公、转借、出租、拆迁周转等其他用途。五是 72 个项目或单位存在未办理转用审批手续占用农用地、违规获取或处置安居工程用地的问题，共涉及土地 2033.34 亩。

三、审计处理和整改情况

对上述问题，各级审计机关已依法出具审计报告、下达审计决定。审计发现的相关涉嫌违法违纪事项，已依法移送有关部门进一步调查处理。各有关地方高度重视，正在组织进行整改。至 2014 年 5 月底，有关地方和单位已追回被骗取、挪用资金 41.67 亿元，取消不符合条件保障对象资格 2.9 万户，追回违规领取补贴 1712.81 万元，收回或清理被违规分配使用的保障性住房 1.65 万套，补办了 22 个项目 482 亩用地批准等手续，完善相关管理制度和规范 724 项。具体整改情况将由各省分别组织向社会公告。

附件：审计发现的主要问题及初步整改情况（略）

2013 年第一季度全国主要城市地价监测报告

城市地价动态监测组

在 2012 年土地市场整体冷中趋稳，年末回升的主基调中，2013 年第一季度延续了低位回暖的态势，各用途地价环比、同比增长率持续上升。

一、总体情况

（一）地价水平小幅上涨，环比、同比增长率低位加速

地价总体水平继续小幅上涨。2013 年第一季度，全国主要监测城市地价总体水平为 3175 元 / 平方米，商服、住宅、工业地价分别为 5964、4702 和 676 元 / 平方米。

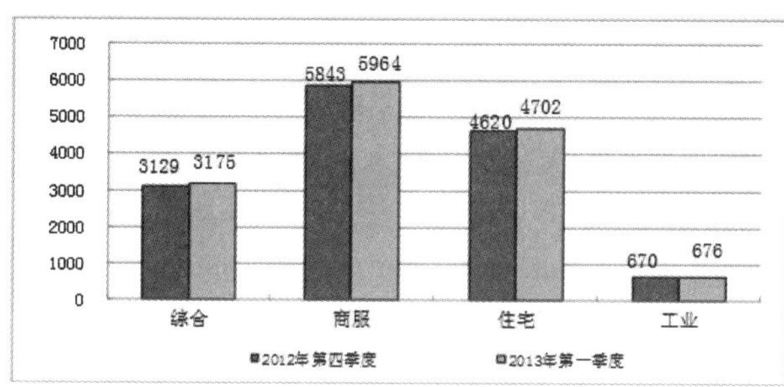

图 1 全国主要城市分用途地价水平（元 / 平方米）

综合、商服、住宅增速较上一季度加快，工业增速有所放缓。第一季度，全国主要监测城市综合、商服、住宅、工业环比增长率分别为 1.47%、2.07%、1.77%、0.86%，较上一季度变化分别为增加 0.35、1.23、0.56 和减少 0.28 个百分点。

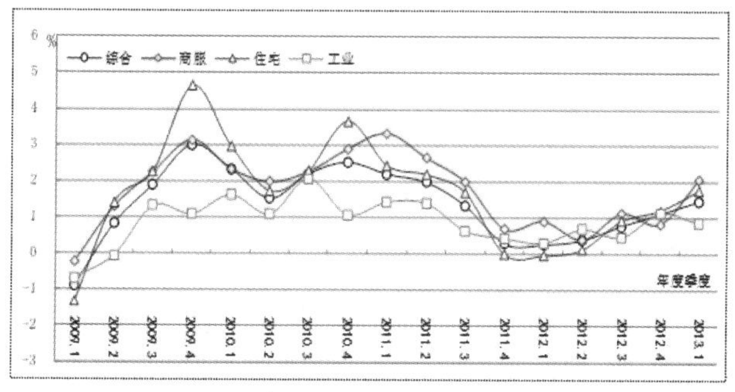

图 2 全国主要城市分用途地价环比增长率曲线图（%

地价同比增幅持续两个季度上涨，涨幅有所增大。第一季度，全国主要监测城市综合、商服、住宅、工业地价同比增长率分别为 3.86%、4.53%、4.12%、3.27%，较上一季度分别上升了 1.25、1.19、1.86、0.57 个百分点。综合和分用途地价同比继续上涨，商服、住宅地价涨幅呈现扩大态势，总体仍处于历史低位。

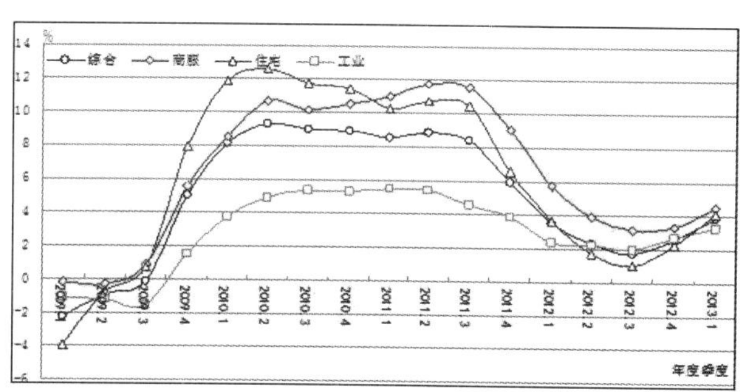

图 3 全国主要城市分用途地价同比增长率曲线图（%）

重点城市定基地价指数稳中有升。第一季度，以 2000 年为基期的重点城市综合、商服、住宅、工业地价季度指数分别为 204、216、236、165，分别较上一季度增加了 4、6、5 和 2 个点。

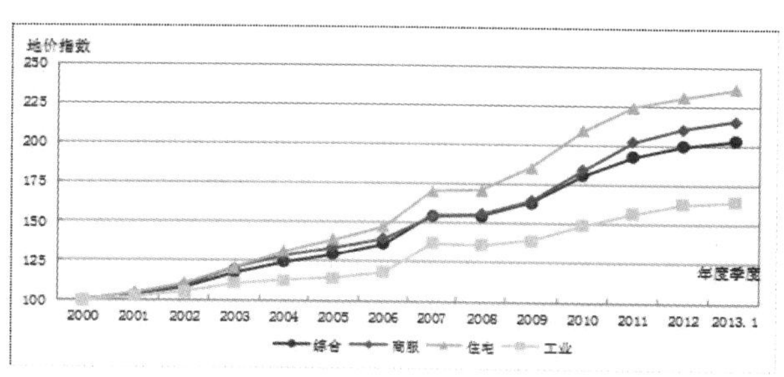

图 4 2000-2013 年 1 季度重点城市分用途地价指数

重点监测城市各监测指标均高于主要监测城市。地价总体水平为 4424 元 / 平方米，较上季度增长 1.75%，较去年同期增长 4.92%。商服、住宅和工业地价水平分别为 7651、6479 和 847 元 / 平方米；环比增长率分别为 2.48%、2.05% 和 1.04%；同比增长率分别为 5.27%、5.06% 和 4.58%。

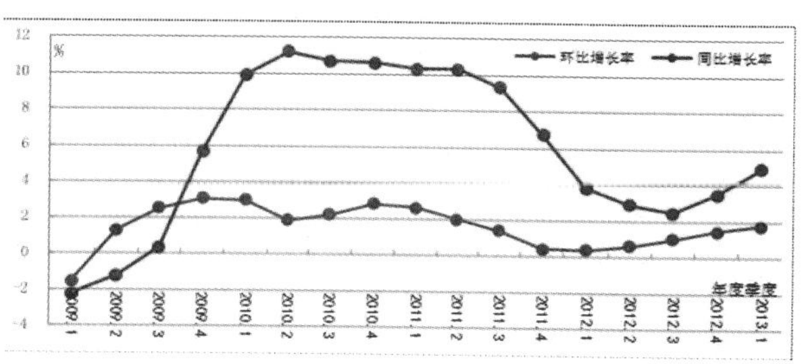

图 5 重点城市综合地价环比、同比增长率曲线图（%）

（二）三大重点区域综合地价环比、同比增速持续上升；珠江三角洲地区各用途地价环比、同比增长率均居于三大重点区域之首，市场变化相对明显

2013年第一季度，三大重点区域综合地价水平均高于全国总体水平，保持上升态势。长江三角洲、珠江三角洲、环渤海地区综合地价水平分别为4719元/平方米、4423元/平方米、3432元/平方米。

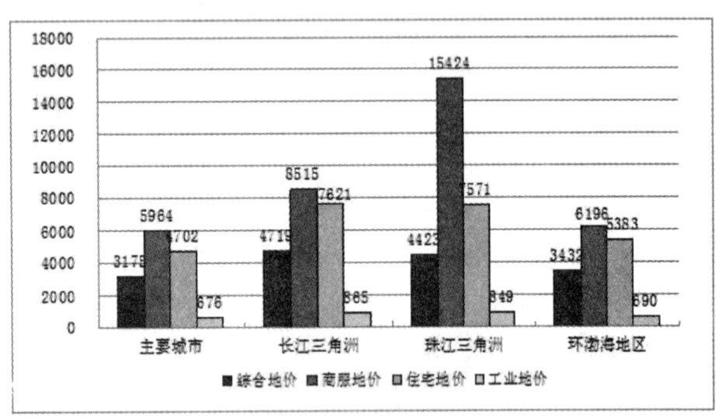

图6 2013年第一季度三大重点区域地价水平（元/平方米）

从环比增长率看，三大重点区域综合地价增长率分别为1.25%、2.53%和1.09%，较上一季度分别加快了0.54、0.51和0.25个百分点。其中，珠江三角洲地区平均增长率高于全国和长江三角洲地区、环渤海地区平均水平，增速相对较快。

从同比增长率看，珠江三角洲地区增速最快，达到6.08%，明显高于全国及其他两大重点区域，较上一季度上升了2.64个百分点；长江三角洲和环渤海地区增速均低于全国平均水平，分别为2.95%、2.89%，较上一季度分别上升了1.22和0.92个百分点。

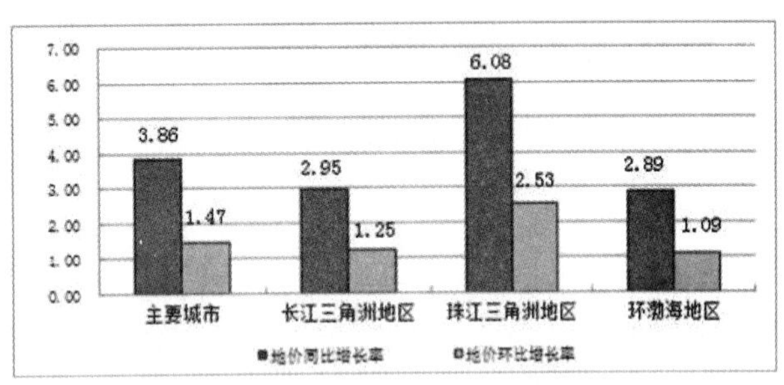

图7 2013年第一季度三大重点区域综合地价增长率（%）

分用途看，三大重点监测区域各用途平均地价环比、同比增长率均保持增长态势。其中，珠江三角洲地区各用途地价环比、同比增长明显，居于三大区域之首，商服、住宅、工业地价环比增长率分别为1.85%、3.20%、2.19%；同比增长率分别达到5.93%、5.62%和6.44%，其中，深圳市的涨幅尤其明显。长江三角洲和环渤海地区各用途环比增幅稳中有升，且较为接近，同比增幅较大，住宅地价同比上涨相对明显。

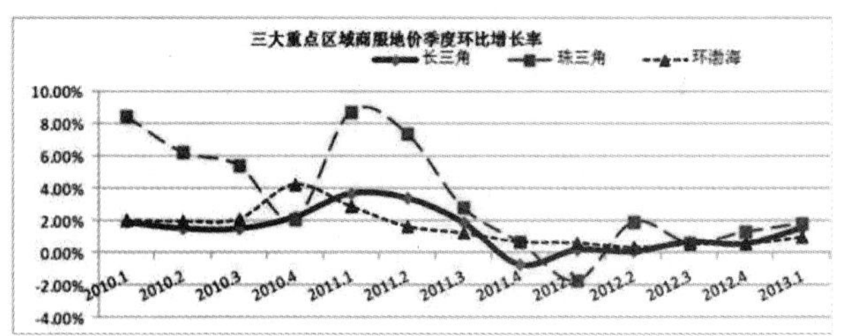

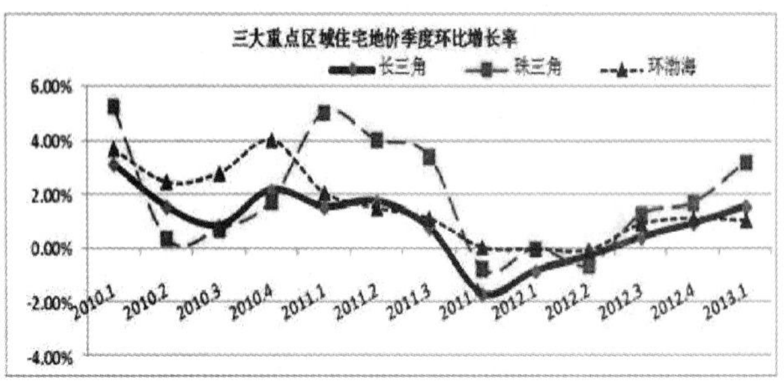

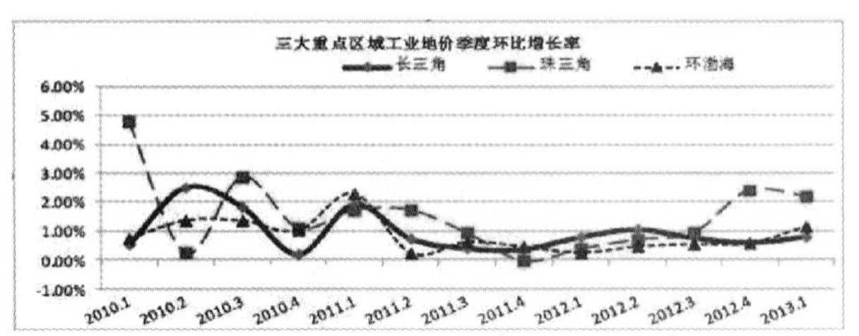

图8 三大重点监测区域分用途地价环比增长率（%）

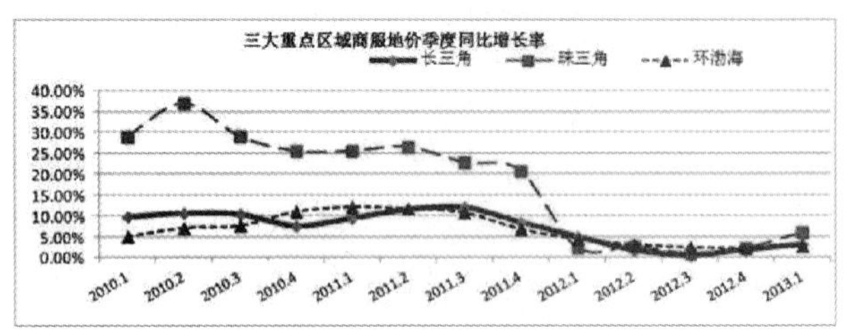

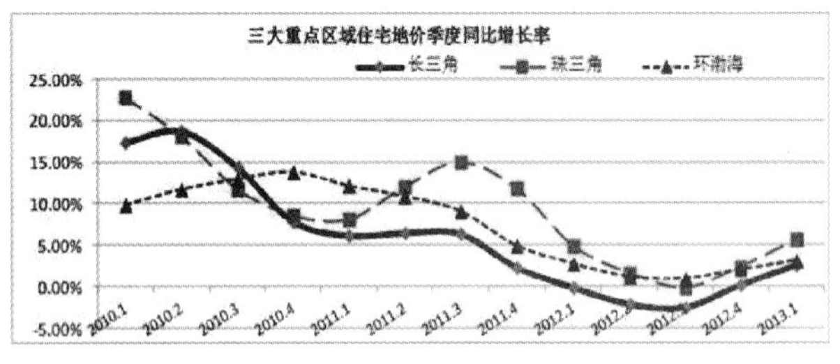

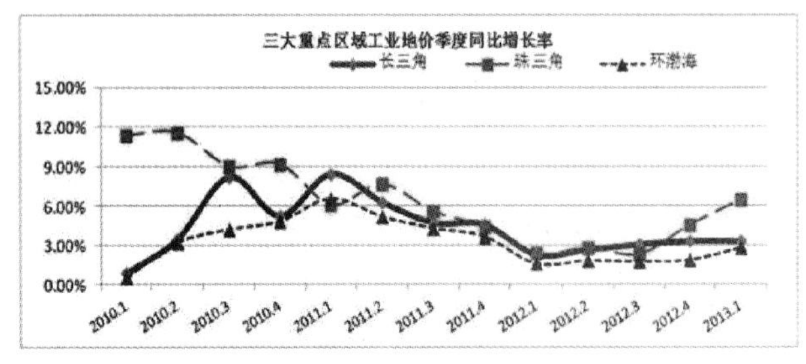

图9 三大重点监测区域分用途地价同比增长率（%）

（三）半数城市住宅地价环比变化处于平稳区间，上涨的城市略有减少，而同比上涨的城市持续增加

2013年第一季度，住宅地价环比上涨的城市由上一季度的94个减至92个，54个城市的涨幅稳定在[-1%，1%]，涨幅超过3.0%的城市大致呈东、西两极分布，东部包括深圳、宁波、佛山市顺德和湛江；西部包括西宁、呼和浩特；涨幅最大的城市是位于中部的安阳。本季度住宅用地价格环比持平和下降的城市为13个，较上一季度增加了3个。分一、二、三线城市[1]来看，一线城市住宅地价全部环比上涨，二线城市中除哈尔滨外全部上涨；三线城市上涨的城市个数有56个，占三线城市总个数的81.15%，但其中半数涨幅低于1%。住宅地价变化态势与房价总体趋同。

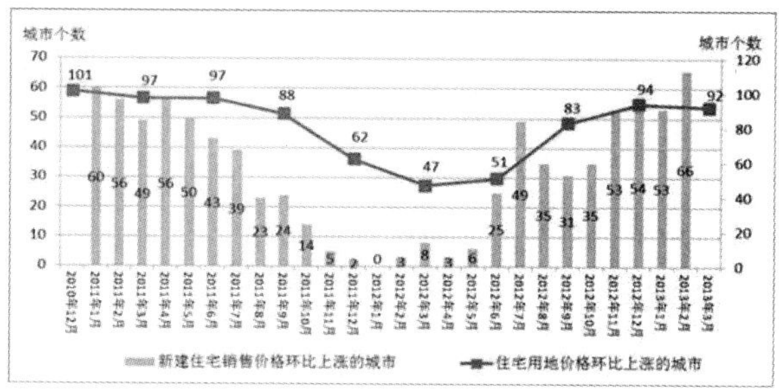

图10 70个大中城市中新建住宅销售价格和105个城市住宅用地价格环比上涨城市数量统计情况

住宅地价同比上涨的区域更广，城市由上一季度的74个增加至91个，但涨幅较为明显（超过5.0%）的城市仅有27个。住宅地价同比上涨明显，主要原因是去年同期房地产调控政策影响显著，土地市场处于历年低谷。

（四）在供地量增加的背景下，异常交易地块数量同比增加，但溢价水平低于去年同期；土地市场高溢价风险整体可控。

截至2013年3月31日，一季度上报异常交易地块79宗，较上一季度减少21宗，降幅为21%，与市场偏冷的去年同期相比，数量涨幅较大；溢价率方面，一季度上报异常交易地块平均溢价率120%，比去年同期降低了23个百分点。

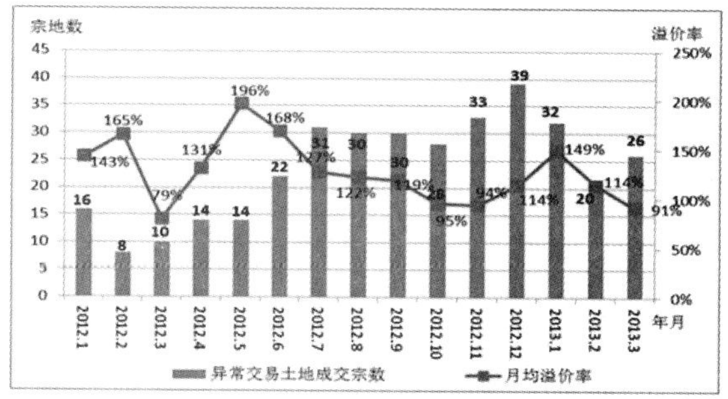

图11 2012年以来异常交易地块成交上报宗数和月均溢价率统计情况

历史数据显示，2013年一季度异常交易地块的上报数量同比增加，但与2011年同期相比，上报宗数仍然远低于2011年同期的237宗，溢价水平也降低了47个百分点，显示目前土地市场虽现回暖态势，但整体仍处于理性、低位，高溢价风险整体可控。

二、当前市场形势分析

（一）国际经济形势复杂，国内经济温和复苏，流动性仍处高位是一季度以来地价持续上涨的宏观背景

国际经济环境复杂，整体形势未见明显好转。第一季度，欧元区经济复苏缓慢，欧债危机再生变数，世界经济复苏的不确定性增加。国际市场研究机构数据表明，欧元区3月份制造业PMI预览值为46.6，创三个月新低，德国3月制造业PMI初值从2月终值50.3降至48.9，显示继2月份扩张后制造业一年来首度陷入萎缩。塞浦路斯发生金融危机的可能性大大增加，欧债危机持续影响，范围扩大，为世界经济的整体复苏带来了不确定性。相对而言，受益于流动性宽松和经济预期向好的组合，美国经济增长回升的趋势基本确定，将继续领跑欧美经济体并率先复苏，对世界经济的恢复产生积极影响。综合外部环境来看，汇率波动、全球资本流动、量化宽松政策的溢出效应对我国宏观经济层面的影响持续深化，需要更加注重防范系统风险，避免引发全局性的经济问题。

国内宏观经济持续回暖是地价上涨的内在支撑。3月份，采购经理指数（PMI）为50.9%，较上月上升0.8个百分点，该指数已经连续6个月保持在50%以上，表明中国经济持续回暖的态势逐渐明朗。尽管2月份CPI涨幅略超预期，但是总体来看经济仍在温和复苏轨道，通胀压力可控，政策支持经济回暖态势仍将持续。

货币供给较为宽松和流动性的释放是地价增速上涨的主要动力。今年以来，面对国际资本流入导致外汇占款明显上升、通胀预期抬头与房价过快上涨的复杂环境，中央主动平衡整体流动性，央行重启正回购与巨量资金净回笼，但2月末社会M2余额仍达到99.86万亿元，同比增长15.2%，在此背景下，社会流动性增加，高资产居民数量持续上升，投资渠道匮乏使房屋投资需求有内在上升动力，资产保值需求推动投资商进入房地产市场，直接影响房地产开发投资和销售，带动地价的上涨。

（二）房地产市场从严调控基调不变，“国五条”下楼市“末班车”效应明显，市场预期波动，成为影响商住地价的外部压力。

2013年一季度以来，在坚持房地产调控政策不动摇的基调下，中央及相关部委相继表态，从多方面着手，维护市场稳定。3月，“国五条”执行细则下发，引致市场反响强烈，多地二手房市场交易呈现井喷现象。3月27日国务院召开常务会议，李克强总理指出要继续做好房地产市场调控，加快建立房地产稳定健康发展的长效机制。地方层面贯彻房地产调控政策的各项措施正在陆续跟进，3月底，广东省及北京、上海、重庆、合肥、深圳、济南、天津、南京等城市相继公布下发了关于落实国五条的地方版细则。但目前尚处于政策窗口期，诸多措施作用于房屋市场、传导至土地市场尚需一定时间。

房地产市场各项指标上升明显，商住地价被动式上涨的压力增加。国家统计局公布的数据显示，2013年1–2月份全国房地产开发投资、房屋新开工面积、商品房销售面积、商品房销售额等指标的同比均呈跳跃式增长（如图14）；2月，新建住宅销售价格上涨的城市个数已经达到66个，成为2011年“限购、限贷”政策实施以来上涨城市个数最多的月份。房地产市场的波动变化或将直接影响土地市场。

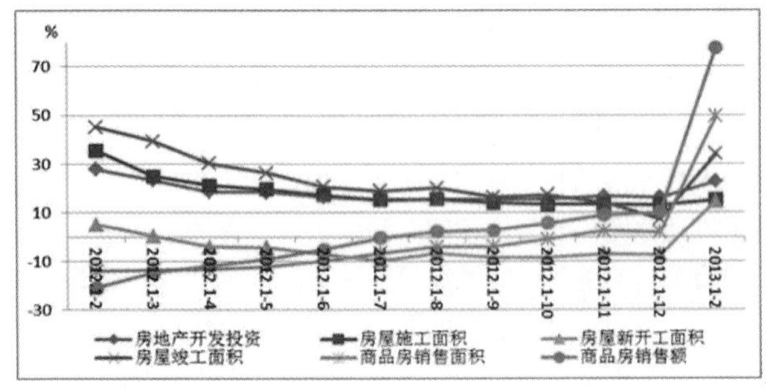

图12　2012年以来全国房地产开发和销售情况累计同比变化图

（三）土地供应同比上升，结构优化，有助于缓和后期房地产市场的供需矛盾。

2013年第一季度，全国105个主要监测城市土地供应面积达到近年同期的高值。供应总量达到5.65万公顷，同比增加8.98%；与上季度相比，环比减少40.90%，属季节性回落。其中商服、住宅、工矿仓储用地和交通、水利基础设施等其他用地分别供应约0.62、1.27、1.81和1.95万公顷，同比变化分别为增加52.90%、42.19%、6.78%和减少10.65%。房地产开发用地供应约1.89万公顷，同比增加45.53%，达到2010年第3季度以来的新高。根据以往保障性住房用地供应规律，每年一季度是此类用地的供应低谷期，一季度保障性住房用地供应略有收缩，供应面积约0.17万公顷，环比较上个季度减少64.23%，同比微降2.60%。

土地供应结构调整明显，住宅用地供应占比较去年同期提高幅度最大。2013年第一季度，商服、住宅、工矿仓储用地和交通、水利基础设施等其他用地供应量占建设用地供应总量的比例分别为10.94%、22.46%、32.12%和34.49%，分别较上一季度占比提高3.27、4.05、6.68个百分点和降低14个百分点。房地产开发用地供应量占土地供应总量的33.39%，较上一季度增加7.32个百分点，较去年同期增加8.38个百分点。保障性住房用地供应占比3.05%，环比和同比分别略降了1.99和0.36个百分点。房地产开发用地供应占比提高，对于继续保证未来住宅市场供应，稳定市场预期，巩固房地产调控效果具有积极作用。

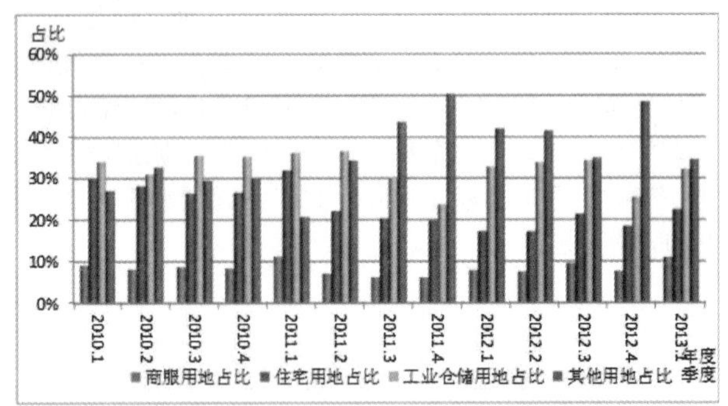

图13　2010年以来105个地价监测城市各季度分用途用地占供地总量比例图

三、后期走势预判及关注要点

2013年以来，我国经济回暖的扰动性因素依然存在，欧债危机持续影响、全球经济中低速增长、地区地缘政治和地缘经济环境不稳定成为我国经济保持平稳较快发展的不确定因素。稳增长、调结构、控通胀成为新一届政府的重要任务。为了避免中国经济发展陷入结构性减速，降低政策性通货膨胀风险，我国政府提出提高经济发展效率、实现收入翻番、发展新型城镇化等发展理念，将为宏观经济的持续健康发展创造新的增长点，也为支撑地价长期上涨提供动力。而房地产调控政策趋紧的持续性将有利于地价维持相对平稳的态势。在上述双向作用力下，预计第二季度城市地价总体水平继续上涨。

对于二季度的土地、房地产市场形势，一要密切关注市场态势，跟踪研究“国五条”背景下各地不同调控措施的影响机制，及时预调微调，确保调控目标的落实不走样；同时尽快公布供地计划并予以正确解读，积极引导社会预期；二要贯彻落实新型城镇化建设对土地管理的新要求，加强对各地指导和监督，坚持节约集约利用土地资源；同时注意与户籍、公共服务配置等各方面的管理机制变革相协调，坚决避免城镇化沦为“房地产化”和“造城运动”的风险；三要继续探索房地产市场调控的长效机制，提高土地调控政策的差别化，密切关注不同类型城市房屋与土地市场的互动机制、影响因素，确保调控政策的实效性。

2013 年第二季度全国主要城市地价监测报告

城市地价动态监测组

2013 年第二季度，土地市场延续回升态势，各用途地价环比、同比涨幅有所扩大。

一、总体情况

（一）地价水平小幅上涨，环比、同比增长率加速上升

2013 年第二季度，全国主要监测城市地价总体水平为 3226 元 / 平方米，商服、住宅、工业地价分别为 6044 元 / 平方米、4799 元 / 平方米和 684 元 / 平方米。

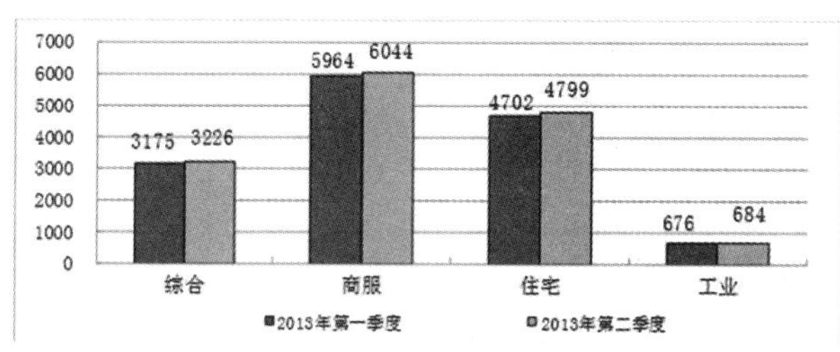

图 1 全国主要城市分用途地价水平（元 / 平方米）

综合、住宅、工业地价环比增速持续上升，商服地价增速略有放缓。第二季度，全国主要监测城市综合地价环比增速为 1.62%，较上一季度增加了 0.15 个百分点，且已连续五个季度加速上升；住宅、工业地价环比增速分别为 2.06% 和 1.25%，较上一季度增加了 0.29 和 0.39 个百分点；商服地价环比增长率为 1.34%，较上一季度放缓了 0.73 个百分点。

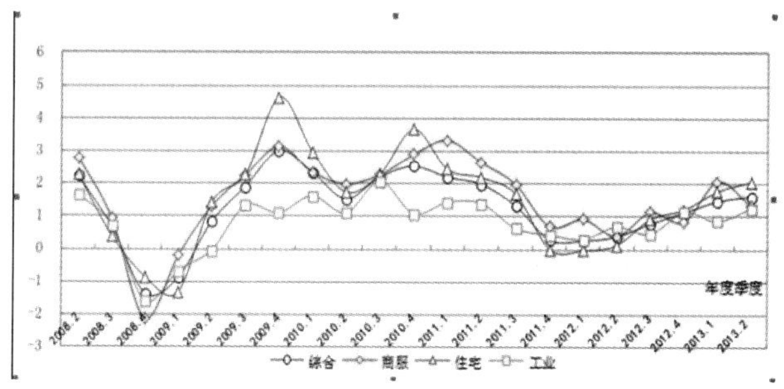

图 2 全国主要城市分用途地价环比增长率曲线图（%）

地价同比增幅持续加速上升，步入较高位 [2] 运行。第二季度，全国主要监测城市综合、商服、住宅、工业地价同比增长率分别为 5.11%、5.48%、6.13%、3.79%，较上一季度分别上升了 1.25、0.95、2.01、0.52 个百分点，地价同比增幅连续三个季度加速上涨，整体涨势步入较高位区间运行。

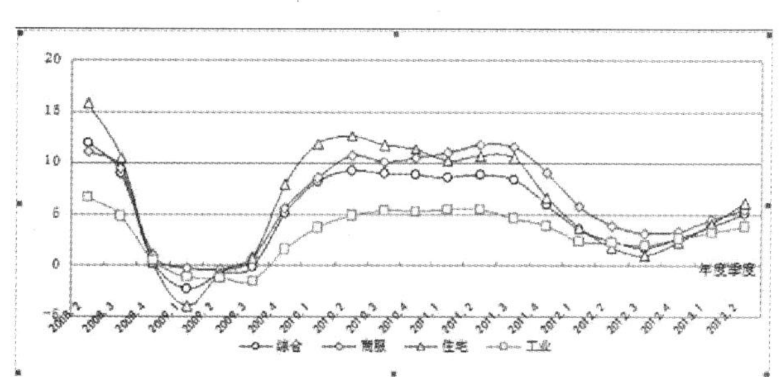

图 3 全国主要城市分用途地价同比增长率曲线图（%）

重点城市定基地价指数稳中有升。第二季度，以 2000 年为基期的重点城市综合、商服、住宅、工业地价季度指数分别为 208、218、242、167，分别较上一季度增加了 4、2、6 和 2 个点。

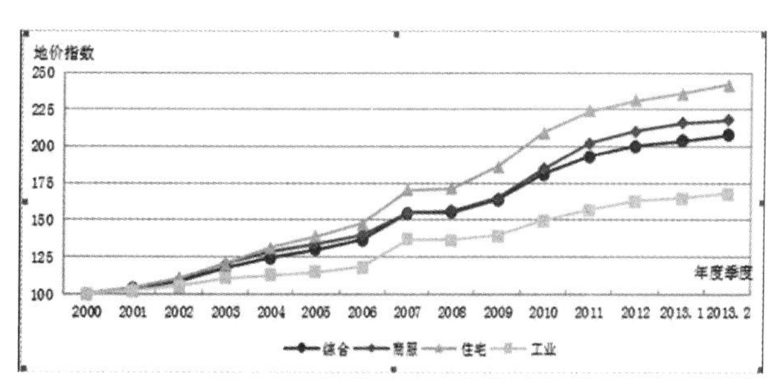

图 4 2000-2013 年第二季度重点城市分用途地价指数

重点监测城市中，地价总体水平为 4512 元 / 平方米，较上季度增长 2.0%，较去年同期增长 6.32%。商服、住宅和工业地价水平分别为 7732 元 / 平方米、6642 元 / 平方米和 862 元 / 平方米；环比增长率分别为 1.06%、2.52% 和 1.80%；同比增长率分别为 5.79%、7.40% 和 5.21%。

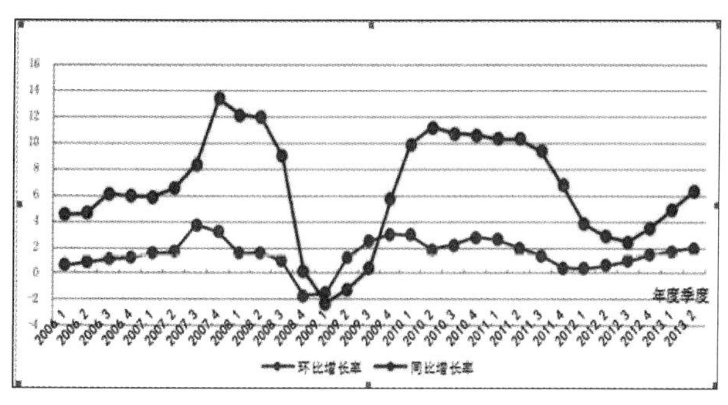

图 5 重点城市综合地价环比、同比增长率曲线图（%）

（二）三大重点区域综合地价水平保持上升态势，同比增幅较大；珠江三角洲地区各用途地价环比、同比均高于其他两大重点区域，且同比增长率处于高位或较高位运行

2013年第二季度，三大重点区域综合地价水平均高于全国总体水平，保持上升态势。长江三角洲、珠江三角洲、环渤海地区综合地价水平分别为4770元/平方米、4552元/平方米、3465元/平方米。

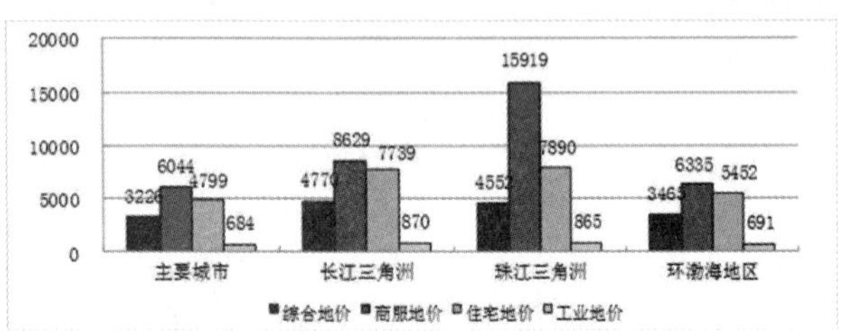

图6 2013年第二季度三大重点区域地价水平（元/平方米）

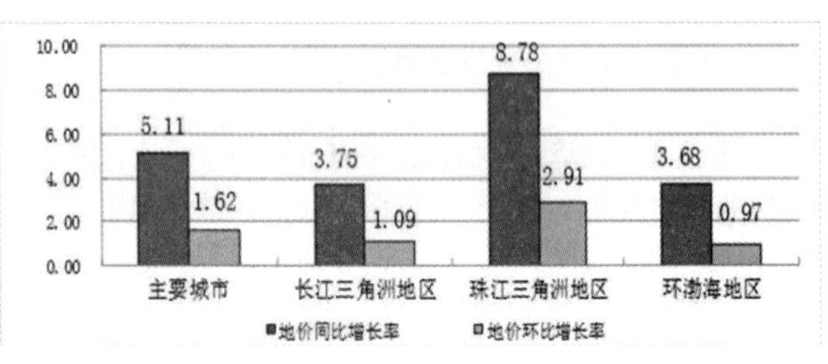

图7 2013年第二季度三大重点区域综合地价增长率（%）

从环比增长率看，三大重点区域综合地价增长率分别为1.09%、2.91%和0.97%。其中，珠江三角洲地区平均增幅高于全国和长江三角洲地区、环渤海地区平均水平，为加速上升，增速较上一季度增加了0.38个百分点，而长江三角洲地区和环渤海地区的平均增速较上一季度放缓了0.16和0.12个百分点，属于减速上升。

分用途看，三大重点监测区域各用途平均地价环比增幅均稳定增长。其中，珠江三角洲地区平均地价环比增幅均高于其他两大重点区域平均水平，该地区商服、住宅、工业地价环比增长率分别为3.21%、4.21%、1.92%。从重点区域内各监测城市看，珠江三角洲地区监测城市地价较其他两大重点地区监测城市具有更明显的上升趋势，特别是广州和佛山市顺德：广州市的住宅地价环比增速达到5.54%；佛山市顺德的商服、住宅、工业环比增速分别达到9.54%、4.64%、4.26%。长江三角洲和环渤海地区各用途平均地价环比增幅相对较为平稳，长江三角洲地区商服、住宅、工业地价环比增幅分别为1.34%、1.55%、0.53%；环渤海地区则为2.24%、1.29%、0.21%。

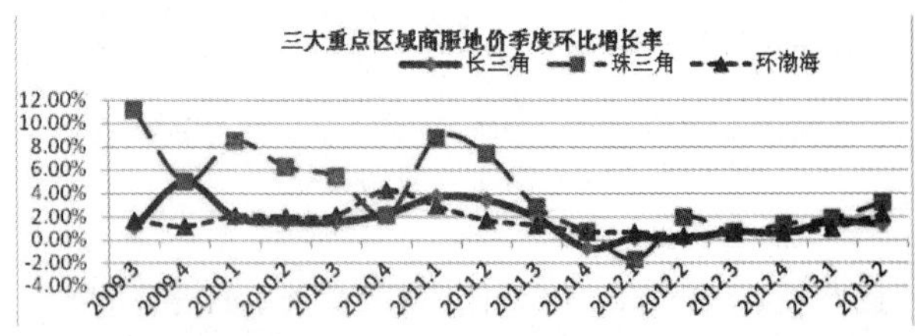

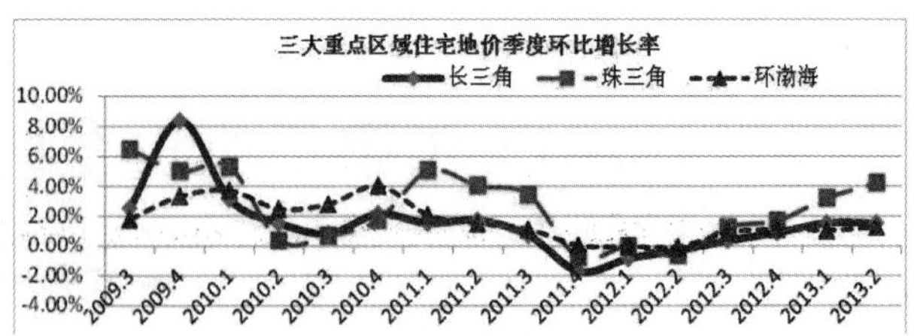

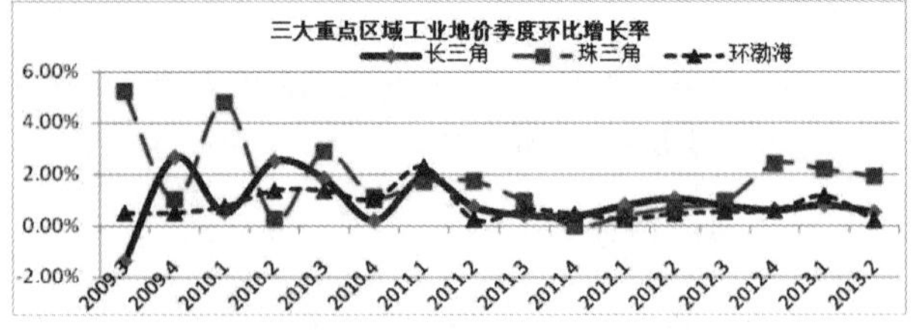

图8 三大重点监测区域分用途地价环比增长率（%）

从同比增长率看，珠江三角洲地区综合地价增速处于高位运行，达到8.78%，远高于全国及其他两大重点区域，较上一季度上升了2.70个百分点；长江三角洲和环渤海地区综合地价增速均低于全国平均水平，分别为3.75%和3.68%，较上一季度分别上升了0.80和0.79个百分点。

分用途看，珠江三角洲地区商服、住宅、工业地价同比增速处于高位或较高位运行，且明显高于全国和其他两大重点区域各用途地价平均增速，分别达到7.25%、10.75%和7.69%，分别较上一季度上升了1.32、5.13、1.25个百分点，其中，住宅地价增速最快。珠江三角洲地区的监测城市各用途地价增幅整体高于其他区域内监测城市水平，其中，深圳市商服、住宅、工业地价同比分别达到7.56%、15.46%、15.21%，广州市、佛山市顺德区、中山市各用途地价同比涨幅均在5.0%～12.0%之间。长江三角洲和环渤海地区的商服和住宅地价同比增幅较大，其中，住宅地价增幅分别达到4.48%和4.47%，较上一季度分别上升了1.95和1.40个百分点；商服地价增长率分别为4.27%和4.48%，较上一季度分别上升了1.25和1.90个百分点；两大重点区域的工业地价增速则为减速上升，分别较上一季度放缓了0.56和0.27个百分点。

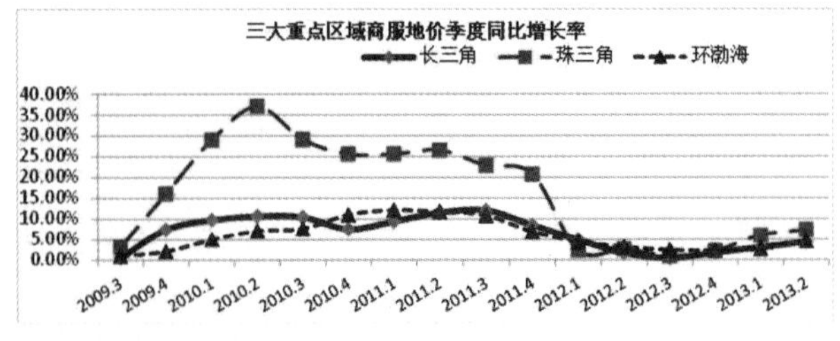

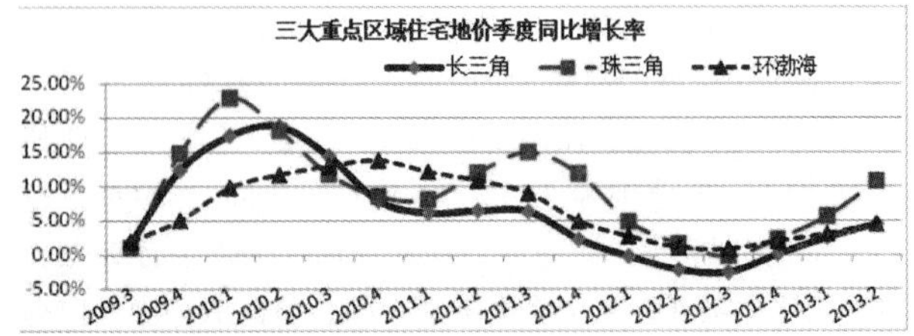

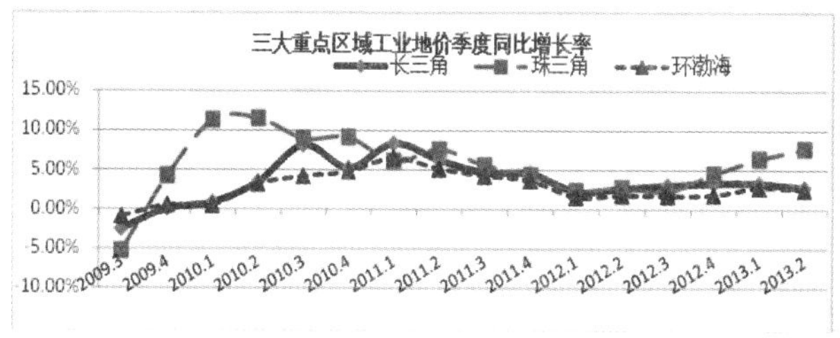

图 9 三大重点监测区域分用途地价同比增长率（%）

（三）东中西部地区综合地价稳中有升，同比增幅均超过 5.0%，处于较高位运行

2013 年第二季度，全国重点城市中，地价水平呈东高、西次、中低的布局。东部地区平均地价高于全国和中西部地区，西部与中部地区平均地价较接近且均低于全国重点城市平均水平。

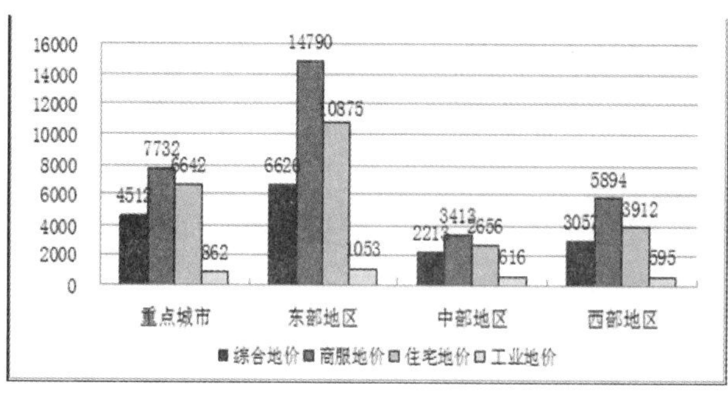

图 10 2013 年第二季度东中西部地区重点城市地价水平（元 / 平方米）

从环比增长率看，东中西部地区综合地价增速均保持小幅上升趋势，其中，东部和中部地区综合地价为加速上升，较上一季度分别上升了 0.09 和 1.09 个百分点，增幅分别为 2.08%、2.44%；西部地区综合地价为减速上升，增长率为 1.31%，较上一季度放缓了 0.39 个百分点。

从同比增长率看，东中西部地区综合地价持续上涨，增幅均超过 5.0%，进入较高位区间运行，增幅分别为 7.15%、5.73%、5.14%，分别较上一季度上升了 1.49、1.34 和 1.25 个百分点。

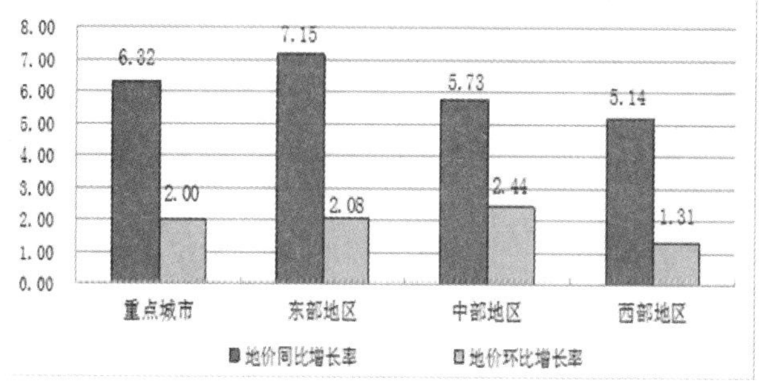

图 11 2013 年第二季度东中西部地区重点城市综合地价增长率（%）

（四）地价环比上涨的城市个数继续增加，但近半数城市综合、住宅地价环比增长率处于平稳区间；住宅地价同比涨幅超过 5% 的城市接近四成

2013 年第二季度，全国主要监测城市的综合地价环比、同比增速持续上升。综合地价环比增速上涨的城市为 95 个，其中 5 个城市的涨幅高于 3.0%；7 个城市的增长率为负；共计 52 个城市的涨幅位于 -1.0% ~ 1.0% 之间。与去年同期相比，城市综合地价整体持续上升，涨幅超过 5% 的城市由上一季度的 26 个增加至本季度的 38 个，其中，呼和浩特、深圳、安阳、佛山市顺德的地价涨幅超过 10.0%；涨幅为负的城市降至 5 个，其中，鸡西降幅最大，为 -3.28%，温州地价下降的幅度缩小到 -1.18%。

住宅地价与综合地价变化趋势保持一致，涨幅继续呈上升态势。环比增幅上涨的城市由上一季度的 92 个增至 94 个，涨幅超过 3.0% 的城市集中在东部和中部地区，东部包括广州（5.54%）、佛山市顺德（4.64%）、宁波（3.67%）、湛江（3.56%）、汕头（3.44%）、上海（3.38%）、南京（3.08%）；中部有太原（7.59%）和长沙（3.38%），46 个城市的涨幅稳定在 -1.0% ~ 1.0%。与去年同期相比，涨幅超过 5% 的城市由上一季度的 28 个增至本季度的 40 个，其中超过 10.0% 的城市有呼和浩特、深圳、安阳、太原、黄石、广州、包头、上海、厦门；增幅为负的城市减少至 6 个，仅为上一季度的一半。

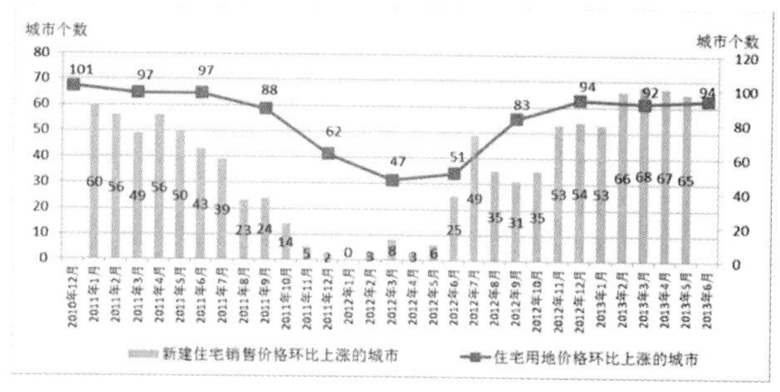

图 12 70 个大中城市中新建住宅销售价格和 105 个城市住宅用地价格环比上涨的城市数量统计情况

（五）异常交易地块数量环比、同比增加明显，土地市场高溢价风险值得关注

截至 2013 年 6 月 30 日，二季度上报异常交易地块 115 宗，较上一季度增加 36 宗，增幅为 50.6%，与去年同期的 50 宗相比，数量大幅上涨；溢价率方面，2013 年二季度上报异常交易地块平均溢价率 142%，比上一季度上升了 22 个百分点，比 2012 年二季度的平均溢价率下降了 20 个百分点。

二季度，土地市场处于平稳上升阶段，符合土地供应周期的规律，房企为满足发展需求，补充土地储备需求强烈，加之房价持续上涨，市场看好后期楼市，引致土地市场有所升温。供需紧张的热点城市推出稀缺地块，导致高价地再次出现，部分城市优质地块的成交价格甚至超越了历史高值。

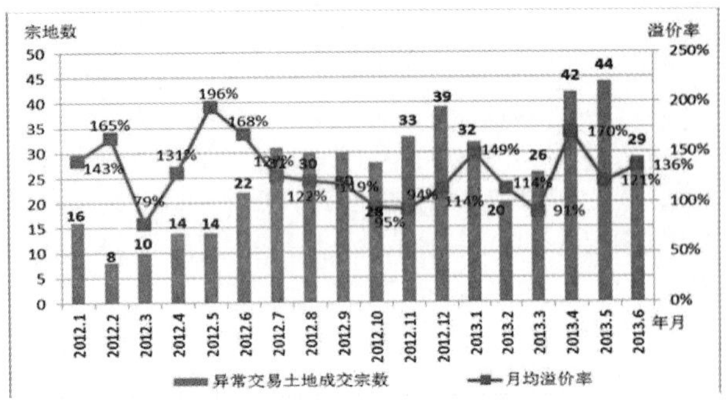

图 13 2012 年以来异常交易地块成交上报宗数和月均溢价率统计情况

二、当前市场形势分析

（一）宏观经济复苏弱于预期，但货币环境总体宽松，新型城镇化规划出台预期强烈，市场对土地要素预期收益看高，在上述因素综合作用下，地价呈现加速上涨态势

一方面，宏观经济复苏形势趋缓，地价上涨的内在经济支撑有所弱化。从国际上看，美国量化宽松政策退出的预期逐渐强化，热钱进入我国市场套利的动力减弱。同时，欧元区经济长期萎缩导致需求不振，欧洲央行通过下调欧元区主导利率激活经济。国际经济环境的波动对我国宏观经济影响持续，我国经济发展的压力加大。就国内而言，2013 年二季度，国内经济增长低于预期。统计局数据显示，二季度我国投资和消费都出现了非预期低迷。6 月份中国制造业 PMI 指数为 50.1%，回落 0.7 个百分点，该指数虽然位于临界值之上，但仍属于低位徘徊状态。整体经济结构性矛盾激化，资源长期错配导致的“去库存”“去产能”进度迟缓、内生性下滑力量加强等因素，导致 2013 年上半年经济复苏乏力，整体经济呈弱势复苏态势。本季度商业地价涨幅的收窄也从侧面印证了经济环境的影响。

另一方面，货币环境整体宽松，土地有效需求旺盛，市场因素推动地价持续上升。2013 年上半年，受宏观经济不景气影响，信贷投放继续放量；受人民币升值影响，外汇占款规模进一步增加，资金面呈现出近一年来最为宽松的局面。5 月末，广义货币（M2）余额达到 104.21 万亿元，同比增长 15.8%，比上年同期高 2.6 个百分点。尽管二季度后期市场资金逐渐紧缩，结构性矛盾突出，但资金总量仍然充足。货币环境的总体宽松，成为支撑整体土地价格的持续上升的重要因素。从房地产开发投资资金来源来看，2013 年以来国内贷款资金来源同比一直处于较高水平，而利用外资较去年则有大幅上涨。加之行业预期看好，出于发展策略考虑，房地产开发资金投入土地市场，购置优质地块的需求上升，直接推高了二季度商业、住宅地价。

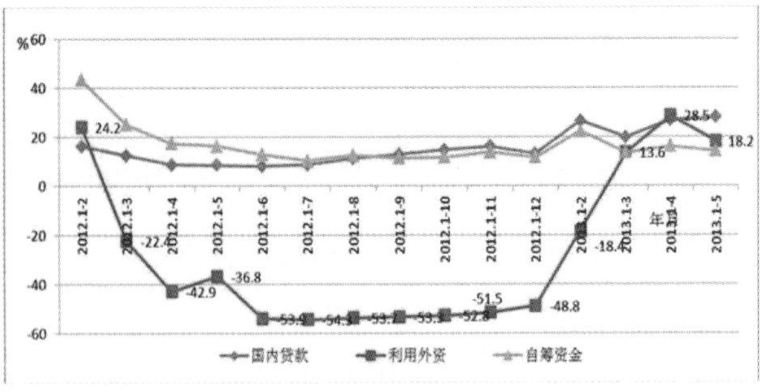

图 14 2012 年 -2013 年 1-5 月房地产开发企业资金来源变化情况

同时，新型城镇化规划出台预期强烈，相关配套政策加速制定，加之部分地方政府债务偿债期限将至，土地出让收益仍为地方偿债的主要资金来源，也在一定程度上维持了土地市场回暖的态势。国家审计署的《36 个地方政府本级政府性债务审计结果》显示，2012 年底，4 个省本级、17 个省会城市本级地区有 55% 的债务承诺以土地收入偿还。地方政府偿债期将近，在国内经济增长仍然较缓的背景下，部分地方政府依靠土地市场平衡财政收支的客观需求仍然较强。

在新型城镇化带动的土地预期升值空间和地方政府态度不明朗的背景下，综合、商服、住宅、工业用地价格都延续去年以来的上涨态势。

（二）房地产市场调控政策导向未变，但“新国五条”对市场的抑制性影响有限；住宅需求居高不下，房企拿地积极，拉动住宅地价明显上涨

2013 年第二季度，宏观政策仍以延续为主。尽管“新国五条”的颁布向市场表明了中央政府坚持房地产市场调控的决心，但地方政府在政策落实中态度不一，多数力度不强，在短期内控制房价、稳定市场的实际效果不明显。一季度因尚未明确调控政策操作细则，多地陷入二手房恐慌性购房过户；二季度以来，中央亦未对各地“国五条”细则实施情况表态，加之新型城镇化草案悬而未决，政策处于模糊空档期，在“新国五条”落地力度低于预期的情况下，随着调控政策效应递减，楼市整体依然延续此前的高温热度，购房者、开发商对市场的判断再次出现一致看涨，房屋交易市场回暖。

上半年以来，市场资金对楼市热情不减，依靠房屋市场进行资产保值增值的偏好未改。房屋市场热销，刺激了房地产开发投资的需求，房企一方面受益于前期销售业绩较好，资金回笼速度加快，自有资金较为充足，另一方面得益于融资渠道的拓展，融资能力不断提高，企业资金相对充裕。加上一些高价地成交释放出向好信号，市场对楼市、地市普遍比较乐观，房企拿地策略由“审慎”变为“积极”，由此引发住宅地价涨幅较上一季度呈现明显扩张态势。

（三）经济结构调整下政策预期向好，多地明显加大新兴产业用地支持力度，加之成本因素的刚性提升，是工业地价涨幅扩张的重要原因

为了促进产业结构调整，5月19日《国务院批转发展改革委关于2013年深化经济体制改革重点工作意见的通知》（国发〔2013〕20号）中提出“扩大营业税改征增值税试点范围，在全国开展交通运输业和部分现代服务业营改增试点”“落实和完善对成长型、科技型、外向型小微企业的财税支持政策”“扩大中小企业股份转让系统试点范围，健全投资者尤其是中小投资者权益保护政策体系”等要求，李克强总理也多次强调盘活资金存量，并明确要求“要通过激活货币信贷存量支持实体经济发展”。诸多措施表明，中央对支持工业、服务业企业、对实体经济发展给予充分的政策和资金支持，工业产业政策利好工业用地市场。同时，全国多地对物流集散中心、服务外包产业园、高新技术产业园区以及其他主导产业配套工业园区建设等给予政策和信贷支持，在一定程度促进了相关产业用地需求的增加。此外，随着征地补偿标准逐步提高，也直接增加了新增工业用地的取得成本。

尽管PMI等经济数据表明2013年二季度经济增速放缓，工业生产者价格出现下滑，但受上述多重因素的影响，工业地价仍然保持上涨态势，且涨幅有所扩大。

三、后期走势预判及关注要点

2013年下半年，我国经济进入深度转型时期，支持实体经济发展和新型城镇化规划的落地和实施，将推动投资和消费的共同增长，但受产业结构升级调整、房地产调控政策持续以及信贷政策的调整，预计2013年下半年我国经济仍将保持弱复苏的态势。尽管二季度后期出现资金流动结构性紧张，但在房地产开发企业市场购地和房地产开发投资方面并未出现回落的态势，随着三季度土地供应逐渐放大，以及部分城市的优质地块入市，市场出现高价地的可能性依然存在，土地市场上升的态势不会发生根本性变化。

新一届政府调控的思路更加注重激活现存量，控制新增量，转型调结构，未来的调控思路也将由行政手段为主的短期调控向建立长效机制转变。下一阶段我们建议，一是要密切关注地价走势与宏观经济的协调性，保持土地市场的平稳运行。从近两个季度的市场态势来看，土地价格已经步入较高位运行轨道，考虑到下半年土地供应持续增加等规律性因素，如无其他因素的影响，地价上涨的动力仍然存在。此背景下，需密切跟踪分析地价与宏观经济走势的协调性，逐步疏导和理顺引起价格局部异动的相关因素，促进市场平稳发展。二是要把握好供地节奏，强化供前分析和供后监管，引导市场理性预期。避免优质地块集中进入市场，同时加强优质地块的入市研判，出现高价地的城市应及时公布宗地相关信息及价格影响因素分析；加强对已供土地的开发利用动态监管，集约节约地利用好稀缺的土地资源，充分发挥其要素投入作用，引导市场的理性预期。三是协同有关部门引导金融资本的合理流向，关注地方债务风险，避免过多资金沉淀于土地，发挥好土地的资源、资产、资本多重属性的综合作用，更加合理的服务于新型城镇化建设，适应产业结构转型升级的新要求。

2013 年第三季度全国主要城市地价监测报告

城市地价动态监测组

根据全国城市地价动态监测系统的最新数据，2013 年第三季度全国重点区域和主要城市地价状况分析如下：

一、总体情况

（一）地价水平持续小幅上涨，环比、同比增长率加速上升

2013 年第三季度，全国主要监测城市地价总体水平为 3286 元 / 平方米，商服、住宅、工业地价分别为 6201 元 / 平方米、4910 元 / 平方米和 691 元 / 平方米。

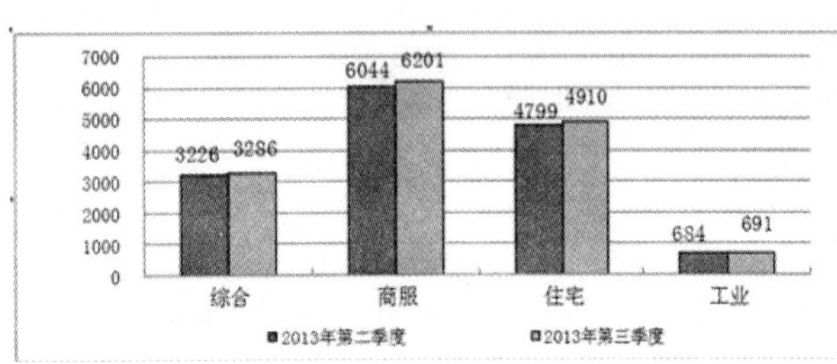

图 1 全国主要城市分用途地价水平（元 / 平方米）

综合地价环比增速持续上升，商服、住宅地价加速上升，工业地价增速微幅回调。第三季度，全国主要监测城市综合地价环比增速为 1.85%，连续六个季度加速上升，较上一季度增加了 0.23 个百分点；商服、住宅地价环比增速分别为 2.60% 和 2.32%，增速较上一季度上升了 1.26 和 0.26 个百分点；工业地价环比增长率为 0.98%，较上一季度回调了 0.27 个百分点。

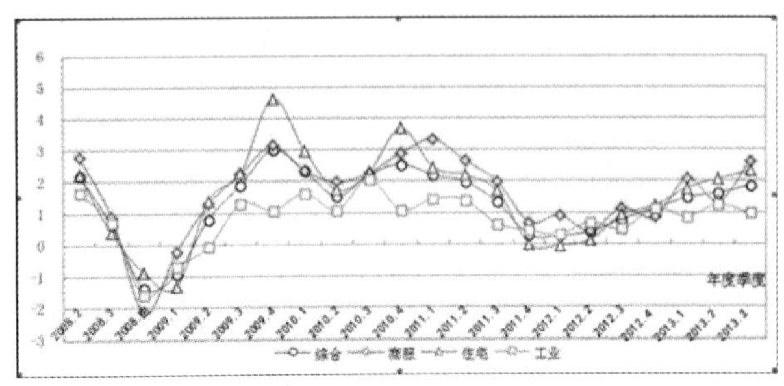

图 2 全国主要城市分用途地价环比增长率曲线图（%）

地价同比增幅持续加速上升，处于较高位 [2] 运行。第三季度，全国主要监测城市综合、商服、住宅、工业地价同比增长率分别为 6.21%、7.03%、7.58%、4.31%，较上一季度分别上升了 1.10、1.55、1.45、0.52 个百分点，地价同比增幅连续四个季度加速上涨，整体水平处于较高位运行，其中，商服、住宅地价同比增长率接近高位。

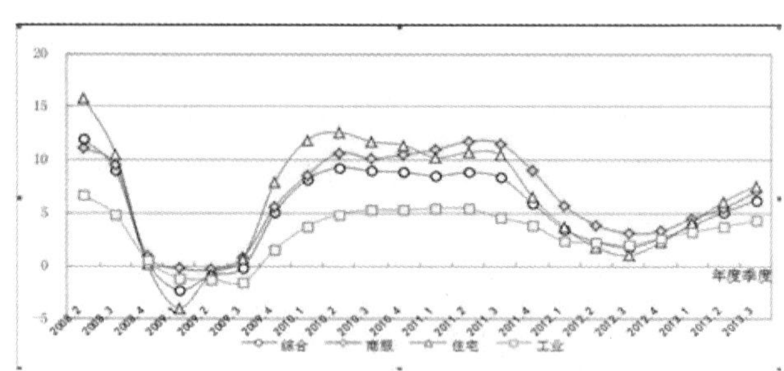

图 3 全国主要城市分用途地价同比增长率曲线图（%）

重点城市定基地价指数稳步上升。第三季度，以 2000 年为基期的重点城市综合、商服、住宅、工业地价季度指数分别为 212、225、248、170，分别较上一季度增加了 4、7、6 和 3 个点。

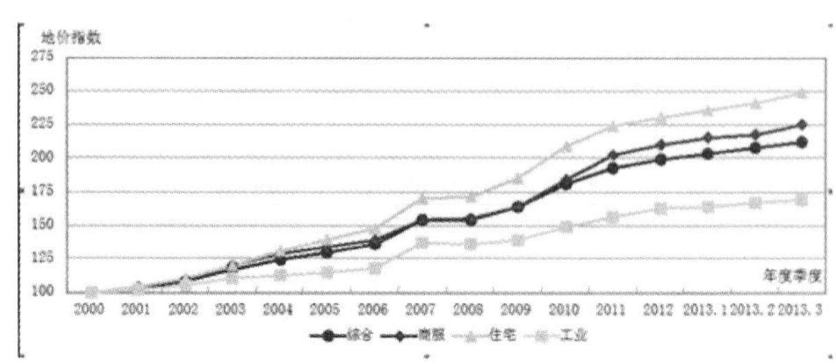

图 4 2000-2013 年第三季度重点城市分用途地价指数

重点监测城市中，地价总体水平为 4614 元 / 平方米，较上季度增长 2.27%，较去年同期增长 7.66%。商服、住宅和工业地价水平分别为 7980、6825 和 873 元 / 平方米；环比增长率分别为 3.21%、2.75% 和 1.24%；同比增长率分别为 7.66%、9.02% 和 5.96%。

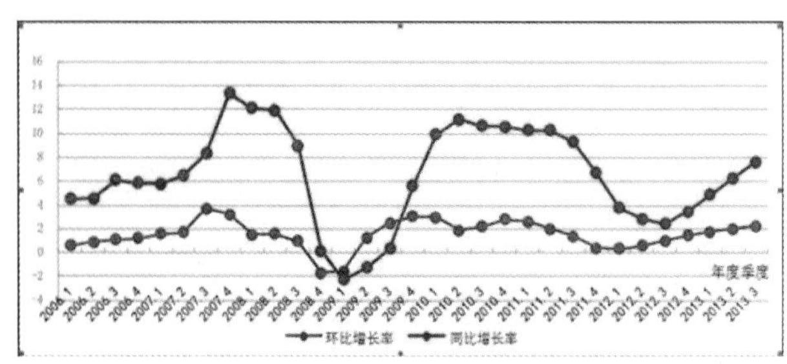

图 5 重点城市综合地价环比、同比增长率曲线图（%）

（二）三大重点区域综合地价环比、同比增速呈加速上升态势；珠江三角洲地区各用途地价环比、同比增幅明显高于其他两大重点区域，且同比增长率全部进入高位运行。

2013年第三季度，三大重点区域综合地价水平均高于全国总体水平，保持上升态势。长江三角洲、珠江三角洲、环渤海地区综合地价水平分别为4831元/平方米、4713元/平方米、3512元/平方米。

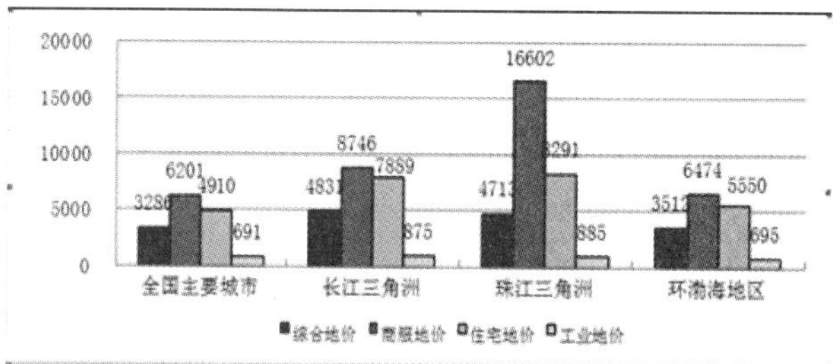

图6 2013年第三季度三大重点区域地价水平（元/平方米）

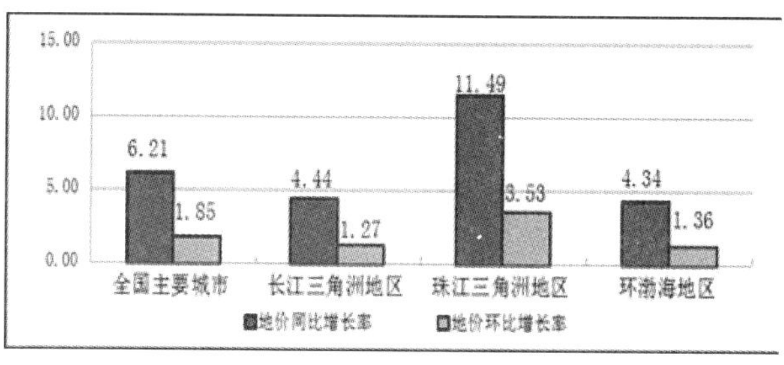

图7 2013年第三季度三大重点区域综合地价增长率（%）

从环比增长率看，三大重点区域综合地价增长率分别为1.27%、3.53%和1.36%，其中，珠江三角洲地区平均增幅最大，高于全国和长江三角洲、环渤海地区平均水平。三大区域环比增幅加速上升，较上一季度分别增加了0.18、0.62、0.39个百分点。

分用途看，除环渤海地区商服地价环比增幅略有下调外，三大重点监测区域各用途平均地价环比增幅均加速增长。其中，珠江三角洲地区平均地价环比增幅明显高于其他两大重点区域平均水平，商服、住宅、工业地价环比增长率分别为4.29%、5.08%、2.27%。从区域内监测城市看，珠江三角洲地区的监测城市地价较其他两大区域的监测城市具有更明显的上升趋势，特别是广州和深圳：广州的住宅地价环比增速达到7.03%，较上一季度增加了1.49个百分比；深圳的商服、住宅、工业分别达到6.55%、6.56%、4.88%，较上一季度增加了3.65、4.12、5.03个百分点。长江三角洲地区各用途平均地价环比增幅稳中有升，商服、住宅、工业地价环比增幅分别为1.36%、1.94%、0.59%；环渤海地区则为2.20%、1.79%、0.60%，其中，商服地价环比增幅有0.04个百分点的回调。

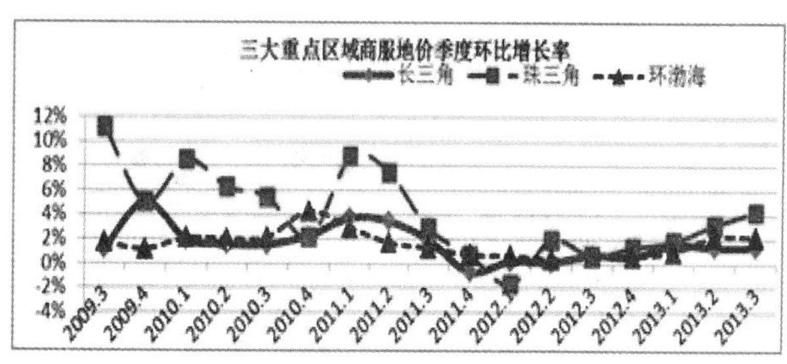

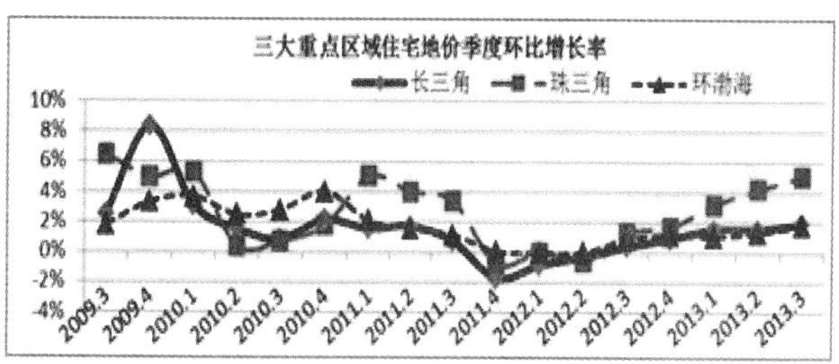

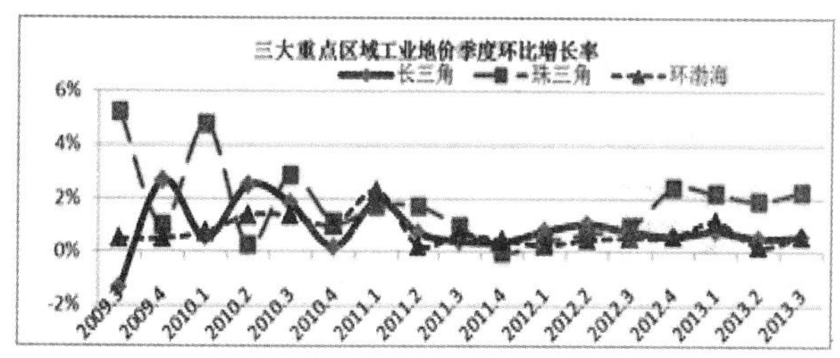

图8 三大重点监测区域分用途地价环比增长率（%）

从同比增长率看，珠江三角洲地区综合地价增速处于高位运行，达到11.49%，远高于全国及其他两大重点区域，较上一季度上升了2.71个百分点；长江三角洲和环渤海地区综合地价增速则低于全国平均水平，仍属温和上涨，分别为4.44%和4.34%，较上一季度上升了0.69和0.66个百分点。

分用途看，珠江三角洲地区商服、住宅、工业地价同比增速全面进入高位运行，明显高于全国和其他两大重点区域各用途地价平均增速，达到11.13%、14.93%和9.10%，分别较上一季度上升了3.88、4.18、1.41个百分点，住宅地价的增速仍然最快。珠江三角洲地区的监测城市各用途地价增幅整体高于其他区域内监测城市整体水平，其中，深圳商服、住宅、工业地价同比分别达到13.55%、17.61%、17.05%，广州市分别为7.13%、17.58%、7.79%，佛山市顺德区分别为19.83%、12.84%、8.53%，另外，中山、东莞各用途地价同比涨幅也较为显著。长江三角洲和环渤海地区的商服和住宅地价同比增幅较大，其中，住宅地价增幅分别达到6.14%和5.39%，较上一季度分别上升了1.66和0.92个百分点；商服地价增长率分别为4.96%和6.21%，较上一季度分别上升了0.69和1.73个百分点；两大重点区域的工业地价增速变化则较为平稳，分别为2.53%和2.57%，长江三角洲地区的工业地价环比增幅较上一季度略微放缓了0.24个百分点，环渤海地区的工业地价环比增幅较上一季度略升了0.05个百分点。

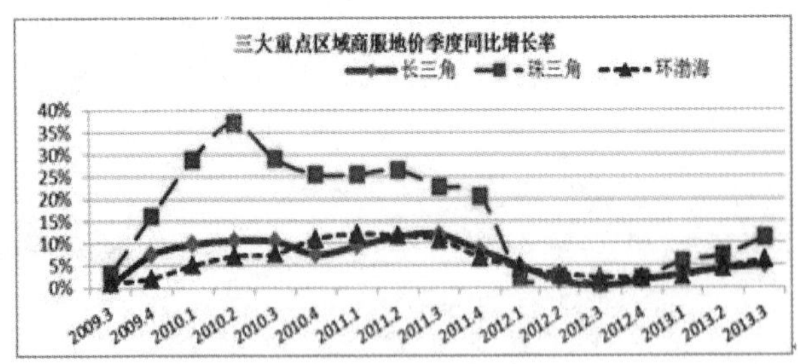

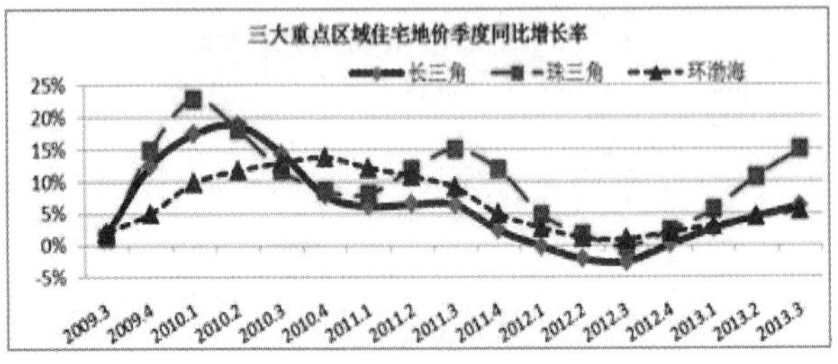

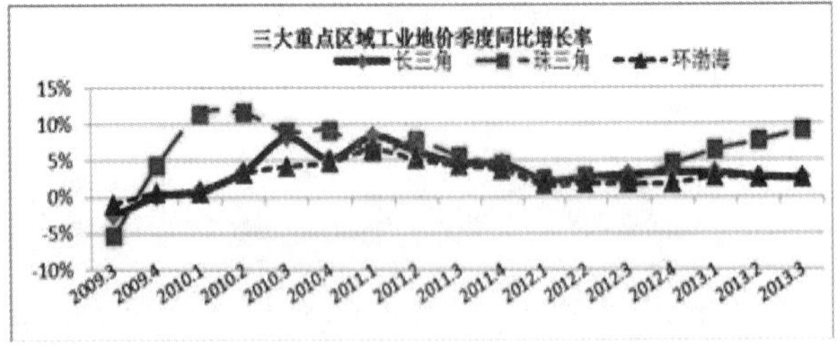

图 9 三大重点监测区域分用途地价同比增长率（%）

（三）东部地区综合地价环比温和上涨，同比增速进入高位运行；中西部地区综合地价同比增幅略低，处于较高位运行

2013 年第三季度，全国重点城市中，地价水平呈东高、西次、中低的布局。东部地区平均地价高于全国和中西部地区，西部与中部地区平均地价较接近且均低于全国重点城市平均水平。

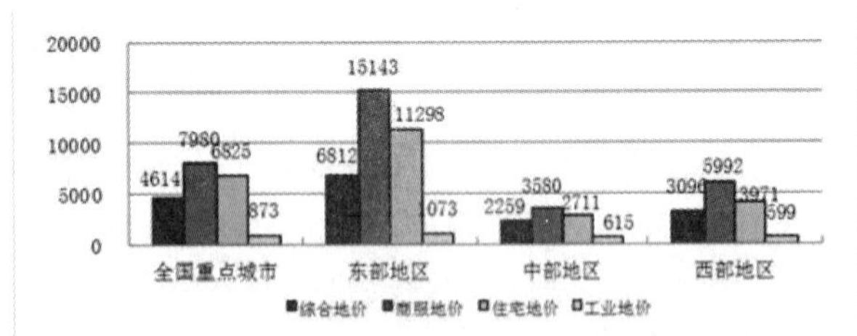

图 10　2013 年第三季度东中西部地区重点城市地价水平（元 / 平方米）

从环比增长率看，东中西部地区综合地价增速均保持小幅上升趋势，其中，东部地区综合地价为加速上升，较上一季度上升了 0.72 个百分点，增幅为 2.80%；中部和西部地区综合地价为减速上升，增长率分别为 2.10%、1.28%，较上一季度放缓了 0.34 和 0.03 个百分点。

从同比增长率看，东中西部地区综合地价持续上涨，东部地区增速已进入高位运行，达到 8.88%，较上一季度上升了 1.73 个百分点；中部和西部地区增速分别为 7.27%、5.36%，较上一季度上升了 1.54 核 0.22 个百分点。

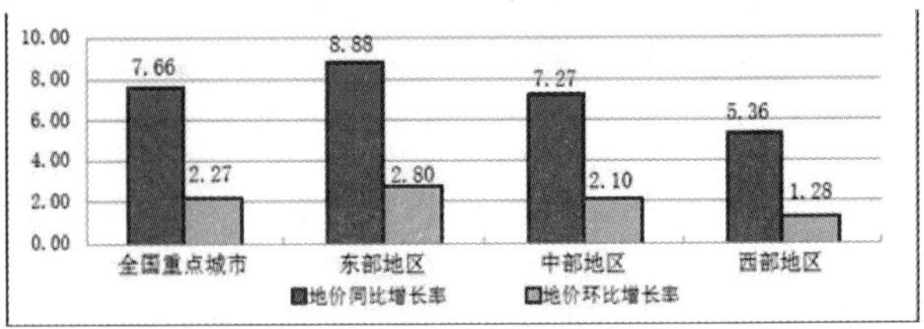

图 11　2013 年第三季度东中西部地区重点城市综合地价增长率（%）

（四）综合、住宅地价环比变化平稳的城市约占四成，但涨幅明显的城市个数有所增加，16 个城市住宅地价同比超过 10%

2013 年第三季度，全国主要监测城市的综合地价环比、同比上涨的城市均达到 101 个。综合地价环比涨幅超过 3.0% 的城市增至 10 个，是上一季的 2 倍，仅有温州的增长率为负，94 个涨幅位于 0 ~ 3.0% 之间的城市中，45 个城市处于涨幅不足 1.0% 的平稳区间。

与去年同期相比，城市综合地价整体持续上升，涨幅超过 5.0% 的城市由上一季度的 38 个增至本季度的 44 个，其中，深圳、佛山市顺德、安阳、呼和浩特、厦门、广州、太原、上海等 13 个城市的地价涨幅超过 10.0%，而上一季度这个数字仅为 4；涨幅为负的城市比上一季度再减少一个，降至 4 个，其中，温州地价下降的幅度缩小到 -1.06%。

住宅地价与综合地价变化趋势保持一致，上升态势继续扩大。本季度，住宅地价环比上涨的城市由上一季度的 94 个增至 96 个；虽然 43 个城市的环比涨幅稳定在 -1.0% ~ 1.0% 区间，但涨幅明显（超过 3.0%）的城市由上一季度的 9 个增至本季度的 14 个，其中，广州、深圳、厦门、泰安、岳阳、潍坊等 6 个城市的涨幅超过 5.0%。

与去年同期相比，住宅地价上涨的城市达到 100 个，涨幅超过 5.0% 的城市由上一季度的 40 个增至本季度的 47 个，其中，16 个城市涨幅超过 10.0%，较上一季度增加 7 个，深圳、广州、安阳、厦门 4 个城市的住宅地价同比涨幅超过了 15.0%；增幅为负的城市减少至 4 个。

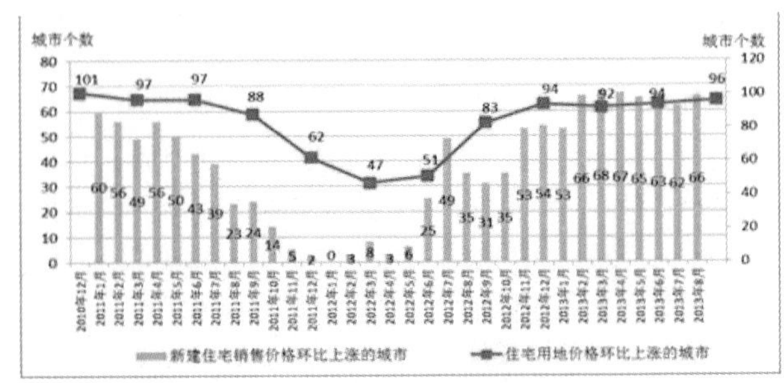

图 12　70 个大中城市中新建住宅销售价格和 105 个城市住宅用地价格环比上涨的城市数量统计情况

（五）异常交易地块相关指标与上季度基本持平，三、四线城市上报宗数超过六成，热点城市成交多宗高价地块，土地市场看涨预期持续

截至2013年9月30日，三季度上报成交异常交易地块131宗，较上一季度增加3宗；较去年同期增加了41宗，涨幅为46%。其中一线城市17宗，二线城市31宗，三四线城市数量超过总数的六成，达83宗，。平均竞价轮次为82次，与上季度相同。总体看来，三季度各地成交的异常地块的主要指标与二季度基本持平。

三季度以来，多地成交高价地块，北京、上海、深圳等一线城市和天津、武汉、杭州、苏州、珠海、佛山等热点城市中部分宗地的成交总价或单价超越了历史高值。但从宗地条件来看，多数高价地都是区位优势明显、市场预期收益较高的优质稀缺地块，部分地块含有商服用途，基本上体现了宗地本身正常的市场价值。总体来说，高价地的产生对地价总体不具代表性，但对拉升土地市场预期的影响不可忽视。

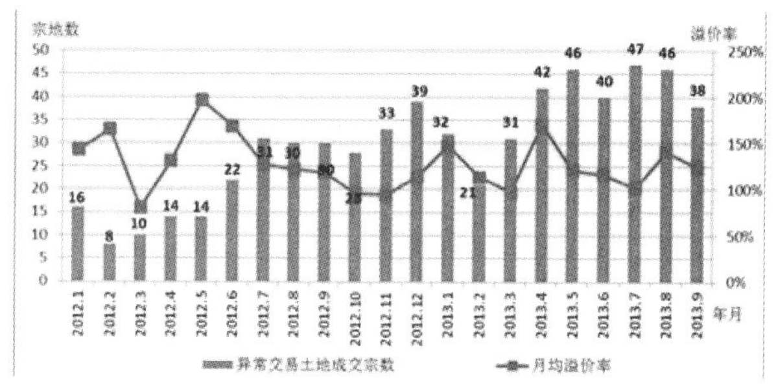

图13　2012年以来异常交易地块成交上报宗数和月均溢价率统计情况

二、当前市场形势分析

（一）国际经济环境复杂多变，但国家的一系列“稳增长”政策效果显现，经济走势趋稳，成为地价水平保持上涨态势的主要支撑

国际主要经济体缓慢复苏，但基础尚不牢固，我国经济增长的外部不确定性因素依然存在。三季度数据表明，美国经济复苏基础尚不牢固。美联储9月宣布推迟量化宽松退出，亚太等新兴经济体中资本流出的可能性变小，货币升值压力依然较大。欧盟区经济景气回升，市场信心恢复，多数国际评级机构对欧盟区经济复苏持谨慎乐观态度。受此影响，中国相关进出口产业、贸易加工工业发展环境随之改善。整体来看，全球经济仍然存在动荡风险，我国经济增长面临的国际环境依然严峻而复杂多变。

三季度国内宏观经济发展势头良好，中央“稳增长”措施效果显现，市场信心提振，地价上涨的内在支撑得以强化。二季度后期，中央采取了一系列以“稳增长”为主的政策措施，同时注重防范金融风险，实施产业、行业结构性改革，保证了经济平稳运行，三季度政策效果初步显现。国家统计局数据显示，9月制造业采购经理指数（PMI）为51.1%，连续3个月回升，同时工业增加值、用电量、货运量等主要经济指标普遍回升，主要经济数据显示经济企稳向好，市场信心持续增强，房地产企业对市场预期收益持续看涨，外资机构也上调了对中国经济增长的预期。随着地方政府城镇化的不断推进以及投资订单的落实，加上新一轮基础设施项目建设和棚户区改造工作开始落实，三季度固定资产投资逐步发酵，产能和库存去化速度加快，工业企业开工热情提升，经济企稳回升进一步受到支持，宏观经济整体恢复发展态势良好，地价加速上涨的支撑力得以强化。

（二）房地产调控政策导向未变，但市场对短期调控信心不足；地方政府性债务压力和市场流动性充裕并存，土地市场供需两旺；区域发展创新，政策利好，多重因素综合影响，城市地价环比、同比上涨

中央房地产调控政策“不放松，不加码”，但市场对短期调控信心不足，集中入市。新一届政府保持了房地产调控政策的稳定性，与货币政策类似，呈现“不放松，不加码”的态势。7月，“金十条”提出对房地产行业继续执行调控政策，落实差别化住房信贷政策，加强名单制管理，严控房地产融资风险；8月底，发改委主任徐绍史表示“下半年将扩大个人住房房产税改革试点范围”，中央和国家部委的调控由短期的行政命令式调控向工作指导和督查转型。地方层面，部分热点城市探索遵循新的工作机制，稳定市场，也显示控制房价的决心。但“国五条”之后并无新增政策措施出台，市场对现行的短期调控信心明显不足，态度由观望转为积极，普遍看涨，楼市放量成交，房屋价格呈现上涨态势。受此影响，房地产用地价格上行趋势加强。

部分地方政府的供地策略与市场固有的季节性规律叠加，同时流动性充裕，企业拿地积极，土地市场供需两旺。8月，审计署再次审计地方政府性债务，部分地方考虑到缓解审计和偿债压力，集中推出优质地块，与土地供应的季节性规律叠加，促进了本季度土地市场热度进一步提升。同时，尽管“金十条”后流动性阶段性趋紧，但市场资金面并未根本转变。为应对资金压力，房地产企业积极拓宽融资途径，通过海外资本市场融资、定向增发融资和信托融资，积累了充沛资金，加之今年以来房屋销售价格持续上涨，房企项目去化加速、销售向好，企业利润增幅明显，资金到位率高，房地产企业补充土地储备需求旺盛，拿地较前期更为积极，三季度土地市场呈现供需两旺的态势，助力了地价上涨。

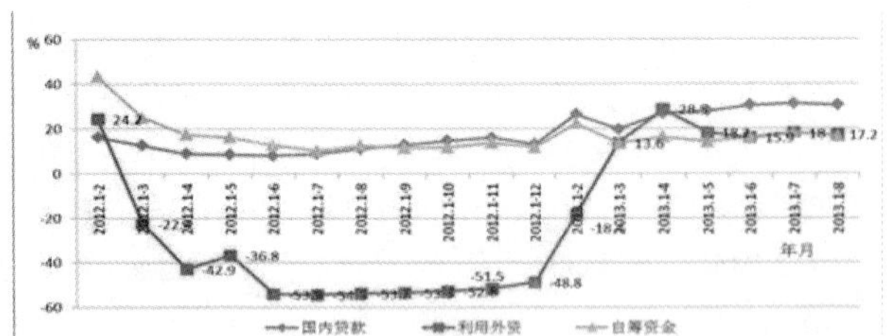

图 14 2012 年 -2013 年 1-8 月房地产开发企业资金来源变化情况
数据来源：国家统计局

区域政策利好，自贸区作为“促发展”的创新举措，对辐射区地价的上涨产生一定影响。上海设立自贸区，区域发展政策利好，一方面根据市场投资的流向习惯，新的经济增长点直接带动了区域地产的估值看涨，从近期自贸区周边不动产市场来看，价格涨势明显，未来必然带动商服、住宅、工业地价上涨；另一方面，自贸区进一步开放金融服务领域，在利率市场化、资本项下可兑换、人民币跨境使用等金融领域方面将有所突破，企业能够通过自贸区到国际市场上融资，获得低成本资金，转投国内赚取利润。房产企业的融资模式在自贸区发展中发生实质创新的可能性增加。随着全国多地加紧申请设立自贸区，其对房地产市场的影响仍值得长期关注。

（三）土地供应量环比、同比增加，商服、住宅用地供应同比涨幅明显，交通、水利基础设施等其他用地供应占比上升，与国家近期支持基础设施建设的政策导向关系明显

土地供应量放大，各类用途用地供应增加明显。截至 9 月 30 日，2013 年第三季度，全国 105 个主要监测城市建设用地供应量环比、同比都有所上涨。根据历年土地供应规律，每年的三季度开始，地方政府逐渐加大推地力度，并将在四季度继续上涨。2013 年第三季度，全国 105 个主要监测城市土地供应面积达 7.25 万公顷，环比增加 19.08%，同比增加 33.43%。其中商服、住宅、工矿仓储用地和交通、水利基础设施等其他用地分别供应约 0.68、1.58、2.27 和 2.71 万公顷，与二季度相比，分别增加 13.94%、18.03%、10.64% 和 29.48%。与去年同期相比，分别增加 32.08%、36.30%、22.22% 和 43.03%。房地产开发用地供应面积环比上涨 16.77%，供应面积达到 2.26 万公顷，同比上涨 35.00%。多地保障性安居工程用地供应计划实施情况较好，多个城市已经提前完成供应，三季度保障性安居工程用地供应环比下降 9.63%，同比继续微涨 3.70%，供应面积达到约 0.26 万公顷。

土地供应结构变化不大，商服、住宅、工业用地占比略降，交通、水利基础设施等其他用地供应占比提高，反映近期国家对基础设施建设的利好政策。2013 年第三季度，商服、住宅、工矿仓储用地和交通、水利基础设施等其他用地供应量占建设用地供应总量的比例分别为：9.43%、21.78%、31.35% 和 37.44%，分别较上一季度占比降低 0.42、降低 0.19、降低 2.39 和提高 3.01 个百分点。与去年同期相比，分别降低 0.10、增加 0.46、降低 2.88 和增加 2.51 个百分点。房地产开发用地供应量占土地供应总量的 31.21%，较上一季度减少 0.62 个百分点，较去年同期增加 0.36 个百分点。保障性住房用地供应占比 3.56%，环比下降了 1.13 个百分点，同比下降了 1.02 个百分点。

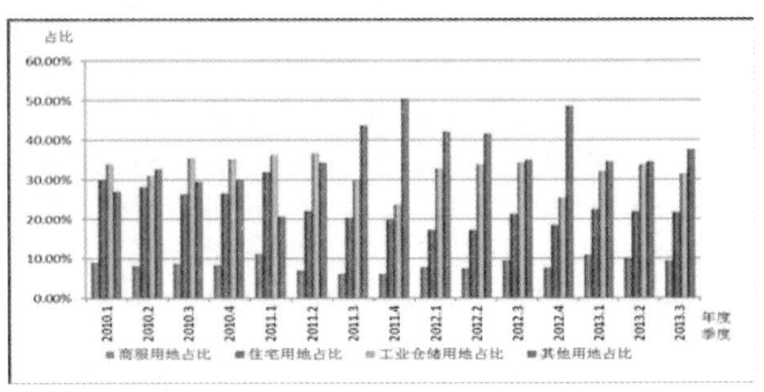

图 15　2010 年以来各季度分用途用地占供地总量比例图
数据来源：土地市场动态监测与监管系统

三、后期走势预判及关注要点

2013 年第四季度，十八届三中全会和中央经济工作会议将先后召开，对事关社会、经济发展和改革的一系列重大问题产生深远影响。四季度，国际环境依然复杂，国际货币宽松政策会有所转变，国内“稳增长、调结构、促改革、惠民生”政策基调将会持续，但地方政府性债务、房地产政策、人民币汇率变动等因素，可能会制约经济回升，预计我国经济将会继续保持基本平稳的态势。

在加强基础设施建设、加快棚户区改造以及推进新型城镇化等政策背景下，房地产市场预期在短期内持续看涨；同时，国土资源部于九月底召开房地产调控座谈会，明确要求地方政府确保住宅用地供应稳中有增，促进市场供需平衡，向社会释放了稳定市场的积极信号。

上述多因素的综合影响下，预计四季度全国地价总体水平温和上涨，但区域分化仍将持续，部分热点城市“地王频出”的局面或得以缓解。

下一步，一是要多措并举，进一步加强对房地产调控工作效果的巩固。把握供地节奏，保持地价信号稳定，增强市场预见性，加强措施针对性，确保四季度土地市场平稳运行，减轻市场波动对宏观经济稳定运行所带来的负面影响。二是要多级联动，完善房地产用地监测监管制度。建立和完善由部、省、市三级紧密配合、高效联动的房地产用地监测监管制度，尽快开展闲置土地清理和整治专项行动，打击囤地、炒地行为，保障土地的有效供应，促进住房开发和上市，同时完善督查和问责制度，保证政策落到实处。三要多方发力，着手为逐步形成有利于市场良性循环，有利于经济可持续发展、有利于社会公平正义的土地、房地产市场长效机制开展基础性工作。联合发改、住建以及财税、金融监管等多部门，在推进不动产统一登记的同时，实现各类基础数据、监管信息的共享；在充分发挥市场配置资源的基础性作用，逐步完善产权制度的同时，利用税收、金融等手段共同促进形成理性的住房梯度消费市场；同时，要加强对新型地产以及战略性新兴产业用地的研究，发挥土地政策对经济、社会发展的支撑作用。

[1] 全国主要监测城市指 105 个监测城市；重点监测城市指直辖市、省会城市和计划单列市。

[2] 对同比增长率而言，“高位”指增长率超过 8.0%，“较高位”指增长率处于 5.0%-8.0% 之间，下同。

2013年第四季度全国主要城市地价监测报告

城市地价动态监测组

根据全国城市地价动态监测系统的最新数据，2013年第四季度全国重点区域和主要城市地价状况分析如下：

一、总体情况

（一）地价水平持续上涨，环比、同比增速较快 [2]

2013年第四季度，全国主要监测城市地价总体水平为3349元／平方米，商服、住宅、工业地价分别为6306元／平方米、5033元／平方米和700元／平方米。

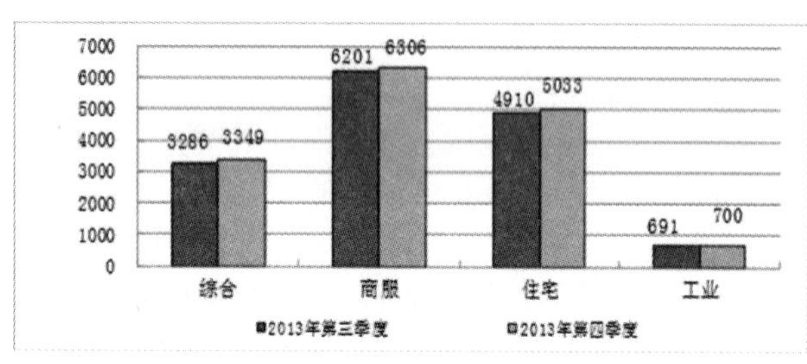

图1　全国主要城市分用途地价水平（元／平方米）

综合、住宅地价环比增速较快，商服地价增速放缓，工业地价环比保持低速增长。第四季度，全国主要监测城市综合地价环比增速为2.06%，连续7个季度加速上升，较上一季度增加了0.21个百分点；住宅地价环比上涨2.64%，较上一季度增加了0.32个百分点；商服地价环比上涨2.29%，增速较上一季度放缓0.31个百分点；工业地价环比保持低速增长，涨幅为1.32%，较上一季度增加0.34个百分点。

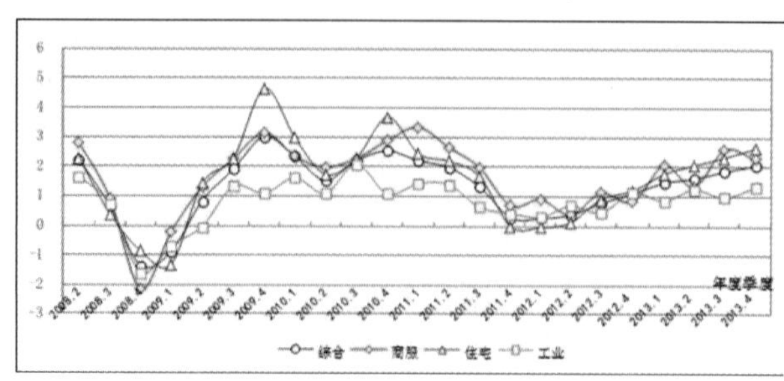

图2　全国主要城市分用途地价环比增长率曲线图（%）

地价同比增速上升，处于较高位运行。第四季度，全国主要监测城市综合、商服、住宅、工业地价同比增长率分别为7.02%、7.93%、8.95%、4.45%，较上一季度分别上升了0.81、0.90、1.37、0.14个百分点，连续5个季度

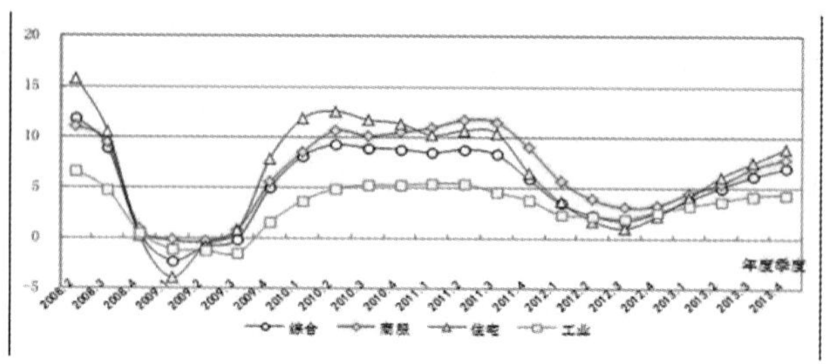

图3　全国主要城市分用途地价同比增长率曲线图（%）

重点城市定基地价指数上升幅度较大。第四季度，以2000年为基期的重点城市平均地价指数持续上升，2013年度，综合、商服、住宅、工业地价指数分别为218、230、257、173，较2012年分别增加18、20、26、10个点。

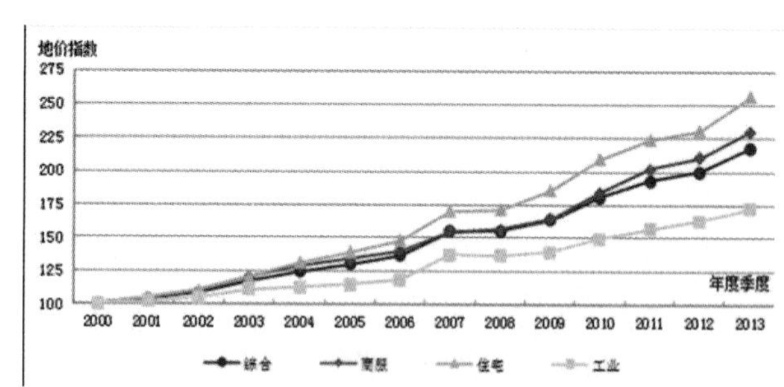

图4　2000-2013年重点城市分用途地价指数

重点监测城市中，地价总体水平为4735元／平方米，较上季度增长2.87%，较去年同期增长8.90%。商服、住宅和工业地价水平分别为8157元／平方米、7052元／平方米和889元／平方米；环比增长率分别为3.25%、3.55%和1.87%；同比增长率分别为9.25%、11.07%和6.03%。

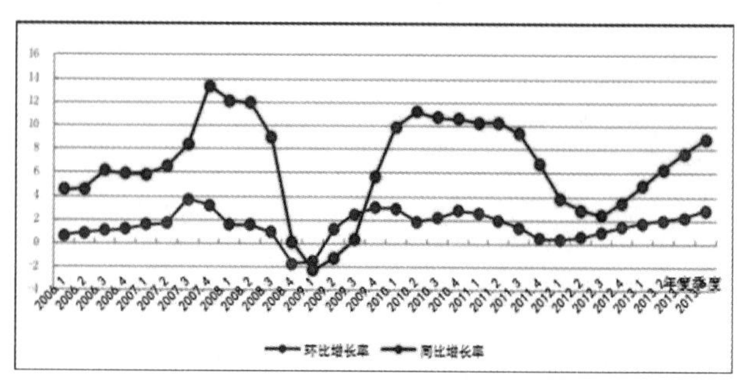

图5　重点城市综合地价环比、同比增长率曲线图（%）

（二）三大重点区域综合地价环比稳中有升，同比增速持续上升；珠江三角洲地区各用途地价环比、同比增幅仍高于其他两大重点区域，且综合、商服、住宅地价处于高位运行

2013年第四季度，三大重点区域综合地价水平均高于全国总体水平，保持上升态势。长江三角洲、珠江三角洲、环渤海地区综合地价水平分别为4901元/平方米、4864元/平方米、3553元/平方米。

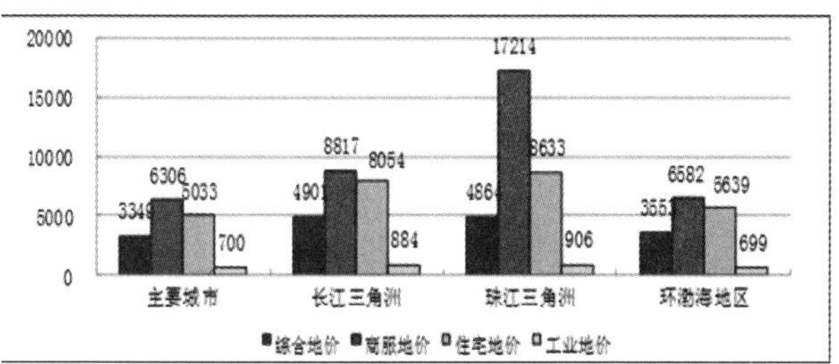

图6 2013年第四季度三大重点区域地价水平（元/平方米）

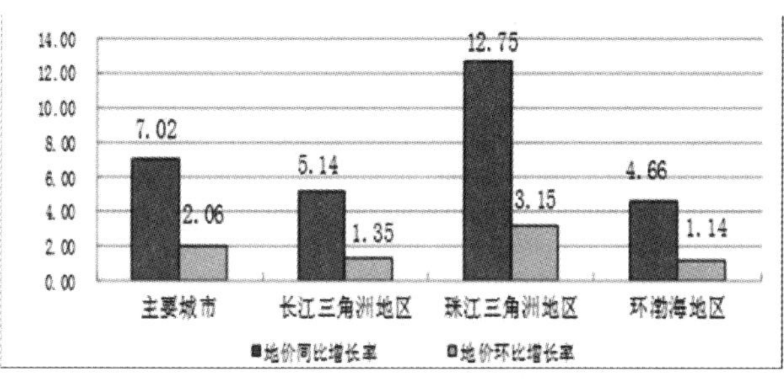

图7 2013年第四季度三大重点区域综合地价增长率（%）

从环比增长率看，尽管珠江三角洲地区综合地价增速较上一季度放缓0.38个百分点，但仍高于其他两大区域，为3.15%；长江三角洲和环渤海地区综合地价增幅低速增长，分别为1.35%和1.14%，分别较上一季度上升了0.08个百分点和下降了0.22个百分点。

分用途看，三大重点监测区域各用途地价平稳增长。其中，珠江三角洲地区各用途地价环比增幅仍明显高于其他两大重点区域，商服、住宅地价环比增速虽略有放缓，但仍处高位运行，分别为3.65%、4.09%，工业地价环比增速为2.37%，较上一季度增加了0.10个百分点。从珠江三角洲地区监测城市看，深圳市商服地价环比增速最快，达到5.26%；东莞较低，为1.74%；其他城市的增速较快，在2%～3%之间。广州、深圳、中山的住宅地价环比增速超过3.0%，处于高位运行；珠海、佛山市顺德、东莞的住宅地价涨幅在2%～3%的次高位运行。长江三角洲地区商服地价增速较上一季度放缓0.56个百分点，增长率仅为0.80%，住宅、工业地价则低速增长，增幅分别为1.97%、1.04%。环渤海地区商服、住宅、工业地价增速较上一季度分别回调了0.60、0.22、0.09个百分点，增长率分别为1.60%、1.57%、0.51%。

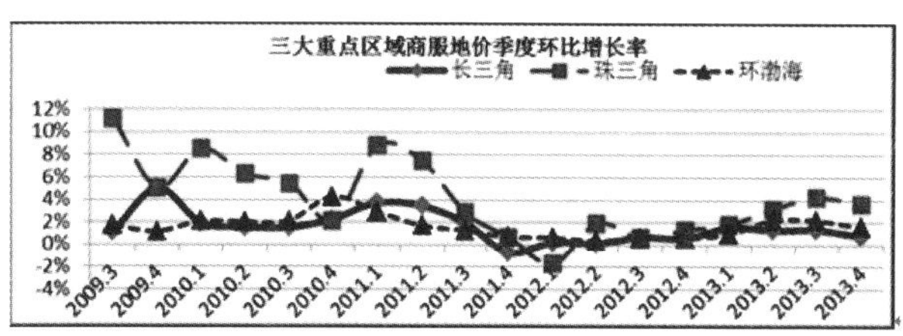

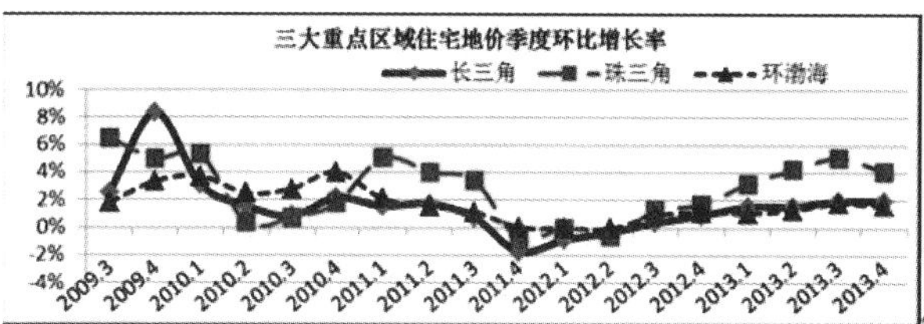

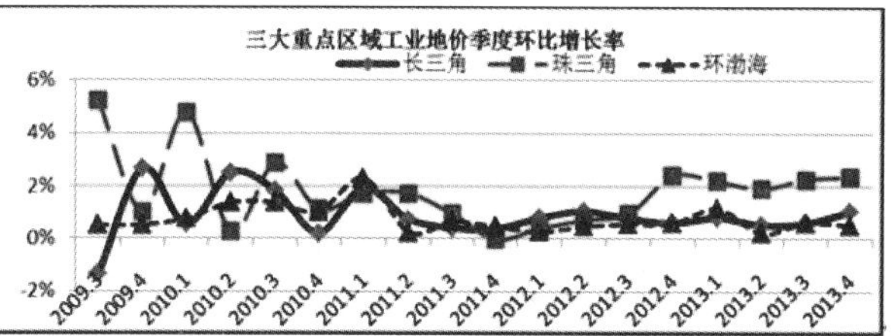

图8　三大重点监测区域分用途地价环比增长率（%）

从同比增长率看，珠江三角洲地区综合地价快速增长，仍处于高位运行，达到12.75%，高于全国及其他两大重点区域，较上一季度上升了1.26个百分点；长江三角洲和环渤海地区综合地价低速增长，分别为5.14%和4.66%，分别较上一季度上升了0.70和0.32个百分点。

分用途看，珠江三角洲地区商服、住宅平均地价同比快速增长，处于高位运行，达到13.67%、17.68%，较上一季度上升了2.54、2.75个百分点；工业地价同比增速较快，增长率为9.03%，仍处于较高位运行，但较上一季度回调0.07个百分点。从珠江三角洲的监测城市看，广州、深圳、佛山市顺德、东莞、中山的住宅地价同比快速增长，均超过10.0%，处于高位运行；商服地价方面，深圳、佛山市顺德的同比增速超过10.0%，广州、中山的同比涨幅也超过9.0%；深圳的工业地价同比增长率为11.87%，广州、佛山市顺德和中山的工业地价同比增速较快，介于7.0%～10.0%之间。长江三角洲地区商服、住宅、工业地价同比增长率加速上升，分别为5.18%、7.31%、3.03%，较上一季度上升了0.22、1.17、0.50个百分点。环渤海地区商服、住宅地价同比增速加速上升，分别为7.29%、5.85%，较上一季度上升了1.08和0.46个百分点；工业地价运行平稳，同比放缓了0.08个百分点，增长率为2.49%。

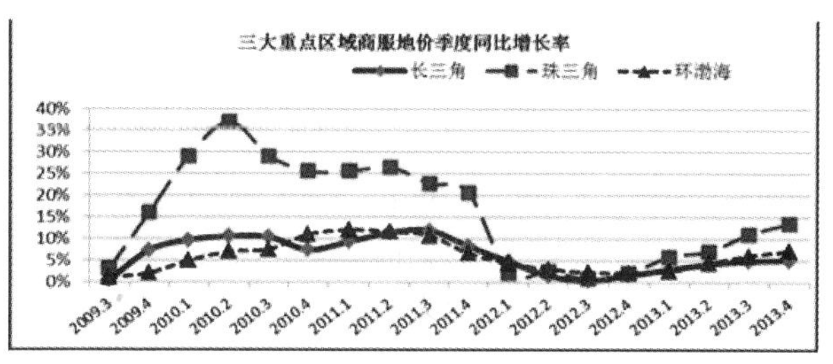

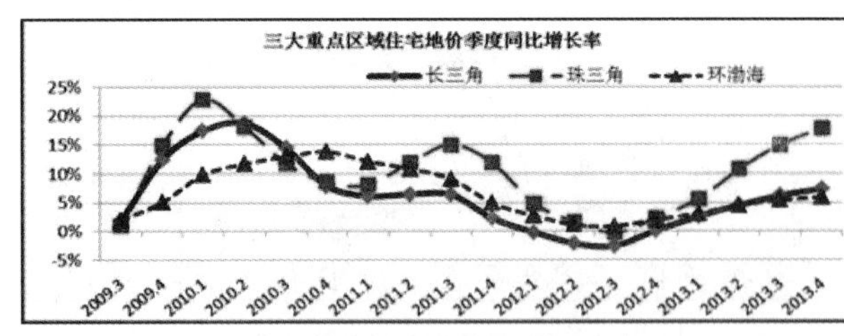

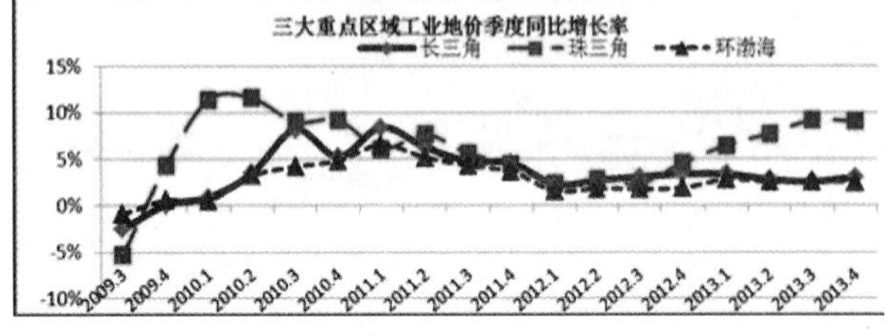

图 9　三大重点监测区域分用途地价同比增长率（%）

（三）中、东和西部地区综合地价环比增速呈快速、较快和低速增长态势；中部、东部地区综合地价同比增速较快，西部呈温和上行态势

2013 年第四季度，全国重点城市中，地价水平呈东高、西次、中低的布局。东部地区平均地价高于全国和中西部地区，西部与中部地区平均地价均低于全国重点城市平均水平。

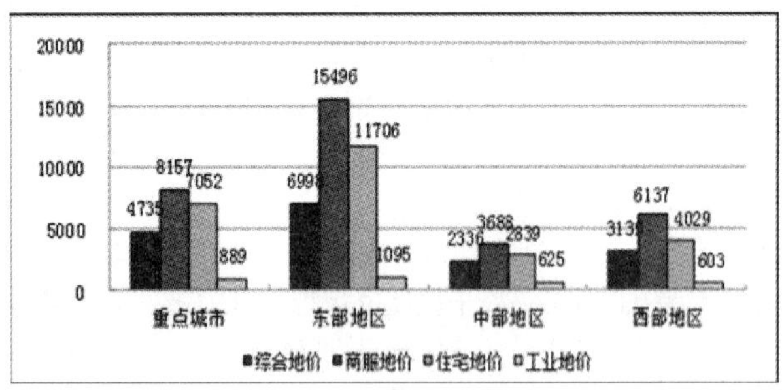

图 10　2013 年第四季度东中西部地区重点城市地价水平（元 / 平方米）

从环比增长率看，中部地区综合地价快速增长，处于高位运行，东部地区增速较快，西部地区则保持低速增长的温和上行态势。其中，中部地区平均地价较上一季度上升了 2.72 个百分点，达到 4.82%。中部地区的监测城市中，南昌和太原的综合地价分别达到 13.27% 和 25.09%，远远高于其他所有监测城市的增长水平。东部地区综合地价增速放缓，为 2.67%，较上一季度回落了 0.13 个百分点；西部地区综合地价增速加快，增长率为 1.55%，较上一季度上升了 0.27 个百分点。

从同比增长率看，东中西部地区综合地价持续上涨，东部和中部地区地价增长较快，分别达到 9.97% 和 9.63%，处于较高位运行，较上一季度上升了 1.09 和 2.36 个百分点。其中，太原、南昌的增幅较大，分别为 40.95% 和 19.01%；西部地区增速为 5.79%，较上一季度上升了 0.43 个百分点。

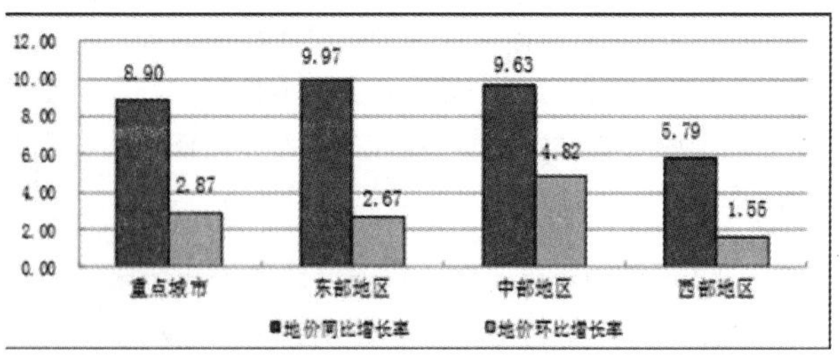

图 11　2013 年第四季度东中西部地区重点城市综合地价增长率（%）

（四）全国主要监测城市综合、住宅地价环比上涨的城市有所减少；同比增速整体仍呈上升趋势，涨幅超过 10% 的城市略有增加

2013 年第四季度，全国主要监测城市的综合地价环比增速稳中有升，地价上涨的城市由上一季度的 101 个减少至本季度的 93 个。综合地价环比涨幅大于 3% 的城市增至 13 个，比上一季度多 3 个城市；增长率为负的城市增至 7 个；其余 85 个城市的涨幅集中在 0 ~ 3% 之间，46 个城市的涨幅稳定在 –1% ~ 1%。与去年同期相比，城市综合地价整体持续上升，上涨的城市有 100 个，涨幅超过 7% 的城市由上一季度的 31 个增至本季度的 36 个，其中，太原、南昌、深圳、安阳、广州、上海、呼和浩特、厦门、宁波等 17 个城市的地价涨幅超过 10%；涨幅为负的城市增至 5 个，温州和鸡西地价下降的幅度超过 –1%。

住宅地价与综合地价变化趋势保持一致，继续呈上升态势。环比上涨的城市由上一季度的 96 个减少至 93 个；涨幅超过 3% 的城市由上一季度的 14 个增至本季度的 17 个，其中，太原、南昌、平顶山、上海、宁波、广州等 6 个城市的涨幅超过 5%；另外，40 个城市的涨幅稳定在 –1% ~ 1%。与去年同期相比，增幅上涨的城市达到 99 个；涨幅超过 7% 的城市由上一季度的 38 个增至本季度的 39 个，其中，24 个城市涨幅超过 10%，比上一季度多 8 个城市，太原、广州、深圳、南昌、上海、安阳等 6 个城市的涨幅超过了 15%；增幅为负的城市有 5 个，温州和鸡西地价下降的幅度超过 –1%。

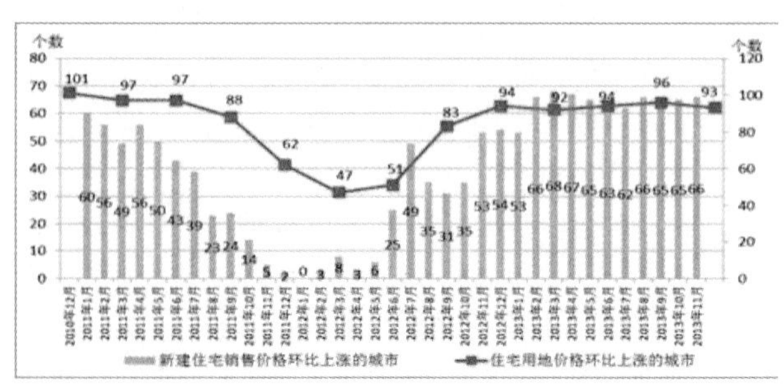

图 12　70 个大中城市中新建住宅销售价格和 105 个城市住宅用地价格环比上涨的城市数量统计情况

（五）异常交易地块数量略有下降，热点城市成交相对理性，三、四线城市宗数较多，超过总数七成

截至2013年12月30日，四季度上报成交异常交易地块143宗，较上一季度减少了3宗；较去年同期增加了42宗，涨幅为42%。其中一线城市15宗，二线城市26宗，三四线城市数量较多，达102宗，超过总数的七成。平均溢价率为122%，比上季度上升了4个百分点，与上年同月期相比，上升了13个百分点。平均竞价轮次为73次，较上一季度减少10次，较去年同期增加22次。总体看来，四季度成交的异常地块中数量略有下降，但平均溢价率和平均竞价轮次有所上升，三、四线城市占比明显增加，一、二线城市多数地块成交相对理性。

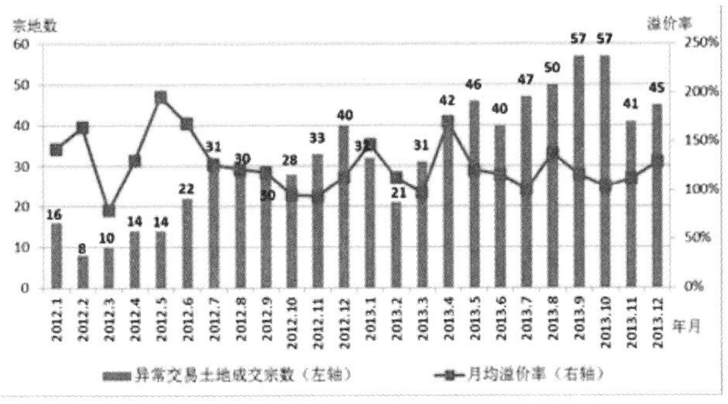

图13　2012年以来异常交易地块成交上报宗数和月均溢价率统计情况

二、当前市场形势分析

（一）世界经济形势错综复杂，国内经济面临较大的下行压力，国家力推改革，保障经济增长基本稳定，为地价的稳步上涨提供了根本支撑

世界主要经济体缓慢复苏，但外部环境的不确定性依然存在，我国经济内外形势复杂，依然面临较大下行压力。四季度，美国经济稳健复苏，美联储宣布从2014年开始逐步退出量化宽松政策，由此产生的全球资金流动将对大宗商品价格和新兴经济体的资金密集型行业产业产生较大影响。欧盟区经济保持扩张态势，多国经济景气度明显回升。新兴市场国家经济增长速度略有上升，但较2010年后金融危机时期的复苏明显放缓。新形势下，我国对外面临国际需求改善乏力、资本外流因素增加、人民币升值压力较大等问题，对内存在经济社会生态矛盾凸显、产业结构尚不合理、经济过度杠杆化风险叠加等一系列阻碍。中国保持快速发展的不确定性外部因素依然存在，而原有的内部增长优势和改革红利边际效应递减，我国经济增长稳定性不足甚至下行风险依然存在。

四季度国内宏观经济总体向好，中央力推改革，释放内需潜力，为地价保持稳步上涨提供了根本支撑。国家统计局数据显示，2013年12月，中国制造业PMI为51%，较上月略有回落，但仍连续第15个月位于临界点以上，显示目前经济复苏态势延续。虽然具体指标显示企业补库存动力不足、小微企业生产状况仍未好转，制造业经济企稳回升的基础尚待稳固，但总体来看，2013年全年中国经济稳中有升，投资、消费和出口均保持温和扩张态势，通胀水平基本处于可控范围之内，经济回升态势基本稳定。同时，中央经济工作会议明确了调结构、控风险、促协调、保民生等重点工作任务，使宏观经济持续回升得到有效支持，多种因素作用下，土地价格稳步上涨。

（二）房地产调控转向长效机制的建立，新型城镇化、政府职能转变、城乡发展一体化等政策利好下，市场信心回升，企业积极布局，城市地价环比、同比上涨

中央房地产调控注重发挥市场机制作用，地方调控措施短期效果有限，市场延续前期上涨态势，带动地价涨幅扩大。十八届三中全会《中共中央关于全面深化改革若干重大问题的决定》提出了推进房地产税立法与改革、健全住房保障和供应体系、发挥市场在资源配置中的决定性作用等改革方向，房地产调控已经从调控需求的中短期政策向增加供给、发挥市场作用的长效机制方向过渡。地方层面，受今年以来房价涨幅过高影响，各地完成年初房价控制目标的难度较大，四季度，深圳、北京、上海、广州、武汉、沈阳等多个城市先后出台了地方调控政策，明确收紧限购条件、提高二套房房贷比例、增加土地供应等，为房地产市场降温，但效果有限。市场总体处于上行通道，房价涨幅明显，商服、住宅用地价格环比、同比继续上涨。

企业前期销售资金回流，后期拿地积极，市场持续升温。四季度，随着美联储宣布逐步退出QE，国内主要利率上升，行业面临的流动性再趋紧张。但房地产企业在前期良好业绩支撑下，资金相对充裕，多数企业看涨利润高、库存少、去化快的一、二线城市地价，企业购地金额和体量都有较大增长，扩张速度较去年明显提高，对未来市场看涨预期推高了热点城市的地价。资金影响是四季度以来土地市场量价上行的关键推力。

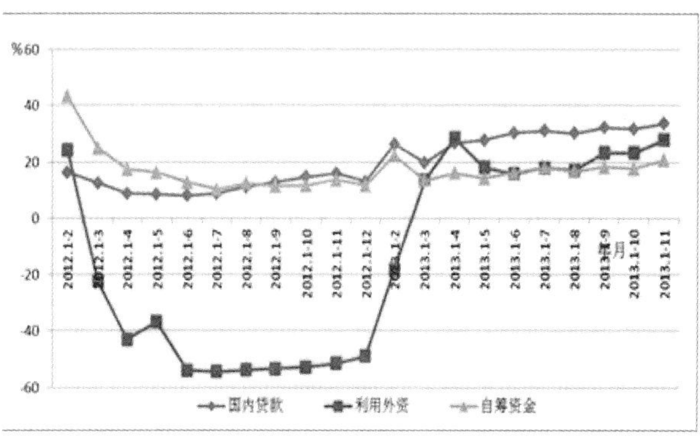

图14　2012年-2013年1-11月房地产开发企业资金来源变化情况

中央城镇化工作会议召开，为城镇化作出长远发展规划，房企积极布局中心城市，助力局部地价快速上涨。十八大提出发展新型城镇化战略之后，市场反映积极。12月中旬，中央城镇化工作会议召开，提出提高城镇建设用地利用效率，要求在落户和发展特色产业上推进农业人口市民化，强调减少工业用地、适当增加生活用地特别是居住用地等政策导向，明确要求一、二线城市盘活存量土地，实现土地集约化。城镇化战略将推动形成城市圈和城市群，对产业、人口、资本形成一定的集聚效应。在此政策背景下，品牌房企积极布局区域核心城市、中心城市，加剧了此类城市房地产市场的供求紧张关系，进一步助推地价上涨。

（三）主要监测城市土地供应量明显增加，环比、同比大幅上涨，房地产用地供应达到历年单季度最高值，交通、水利基础设施等其他用地供应占比增加

各类用途用地供应增加明显，年度土地供应总量创新高；除工业用地外，各类用地土地供应达到历年单季度最高值。截至 12 月 31 日，2013 年第四季度，全国 105 个主要监测城市土地供应面积达到 10.37 万公顷，环比增加 43.04%，同比增加 8.53%，土地供应总量刷新历年单季度最高值。其中商服、住宅、工矿仓储用地和交通、水利基础设施等其他用地分别供应约 0.93、2.27、2.48 和 4.70 万公顷，与三季度相比，分别增加 35.46%、42.91%、9.16% 和 73.39%。与去年同期相比，分别增加 26.42%、28.31%、2.10% 和 1.57%。房地产用地供应面积和保障性住房用地供应面积达到历年单季度供应的最高值，其中，房地产开发用地供应面积 3.18 万公顷，环比上涨 40.66%，同比上涨 27.76%。保障性安居工程用地供应约 0.54 万公顷，环比增加 110.65%，同比增加 12.95%。2013 年，全国 105 个地价监测城市土地供应总量达到 31.69 万公顷，较去年增加 12.33%，其中，住宅用地供应涨幅最大，较 2012 年增加 32.71%。

土地供应结构方面，商服、住宅用途供应占比变化不大，工业用地占比环比降幅较大，交通、水利基础设施等其他用地供应占比环比明显提高。2013 年第四季度，全国 105 个主要监测城市商服、住宅、工矿仓储用地和交通、水利基础设施等其他用地供应量占建设用地供应总量的比例分别为：8.93%、21.76 %、23.93 % 和 45.38%，分别较上一季度占比降低 0.5、降低 0.02、降低 7.43 和提高 7.94 个百分点。与去年同期相比，分别提高 1.26、提高 3.35、降低 1.51 和降低 3.11 个百分点。房地产开发用地供应量占土地供应总量的 30.69%，较上一季度微降 0.52 个百分点，较去年同期增加 4.62 个百分点。保障性住房用地供应占比 5.25%，环比上涨了 1.69 个百分点，同比增加 0.21 个百分点。2013 年，全国 105 个主要监测城市商服、住宅、工矿仓储用地和交通、水利基础设施等其他用地供应量占建设用地供应总量的比例分别为 9.53%、22.15%、28.37%、39.95% 分别较 2012 年增加 1.46、增加 3.40、减少 1.82 和减少 3.04 个百分点。房地产开发用地供应占总建设用地供应的 31.67%，较 2012 年增加 4.86 个百分点。其中，工业仓储用地占比 2008 年之后连续 5 年下降。

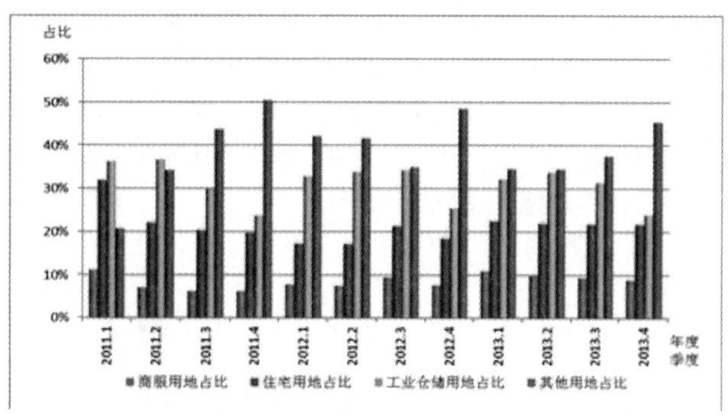

图 15　2010 年以来各季度分用途用地占供地总量比例图

三、后期走势预判及关注要点

2014 年，世界经济仍将延续缓慢复苏态势，不稳定、不确定因素依然存在，新的增长动力尚不明朗，国际货币宽松政策会有所转变，国际环境依然复杂。我国宏观政策仍将延续“稳中求进”的基调，经济发展更加注重提高质量与增加效益并重、优化结构与稳定增长并重、深化改革与扩大开放并重、健全调控与完善市场并重，通过新的政策措施，不断释放改革红利。房地产调控方面，中央调控政策或将继续保持“不放松，不加码”的基调，但发挥土地、住房、财税、金融组合效应，保持房地产市场长期稳定健康发展的长效机制落地的可能性加大，调控将更趋于市场化主导。地方层面，地方自主性增强，热点城市保持调控收紧，市场将面临分化。在此背景下，预计 2014 年第一季度，我国城市地价继续保持上涨态势，但增速有减缓趋势。下一步，既要关注在房地产调控长效机制逐步建立过程中房地产用地价格的新走势，也要关注工业用地在市场机制作用下对工业企业竞争力可能造成的影响。

[1] 全国主要监测城市指 105 个监测城市；重点监测城市指直辖市、省会城市和计划单列市。

[2] 环比指标（A）：A ≥ 3% 为快速增长，市场处于高位运行；3% > A ≥ 2% 为较快增长，市场处于较高位运行；2% > A ≥ 1% 为低速增长，市场处于温和上行；1% > A ≥ –1% 为市场运行平稳，对应的同比量化指标（A）分别为：A ≥ 10%、10% > A ≥ 7%、7% > A ≥ 4%、4% > A ≥ 0%，下同。

2013 中国国土资源公报

2013 年，国土资源系统在党中央、国务院的正确领导下，以党的十八大和十八届二中、三中全会精神为指导，认真贯彻落实中央决策部署，大力推动审批制度改革和职能转变，稳步推进土地管理制度改革，尽职尽责保护国土资源、节约集约利用国土资源、尽心尽力维护群众权益，不断提高资源保障能力和管理服务水平，有力地促进了经济提质增效升级和持续健康发展。

一、批准建设用地

2013 年共批准建设用地 53.43 万公顷，其中，农用地转建设用地 37.24 万公顷，占用耕地 21.96 万公顷，同比分别下降 13.1 %，13.2%，15.3%。批准单独选址和城镇村建设用地同比分别下降 20.5% 和 8.5% 。

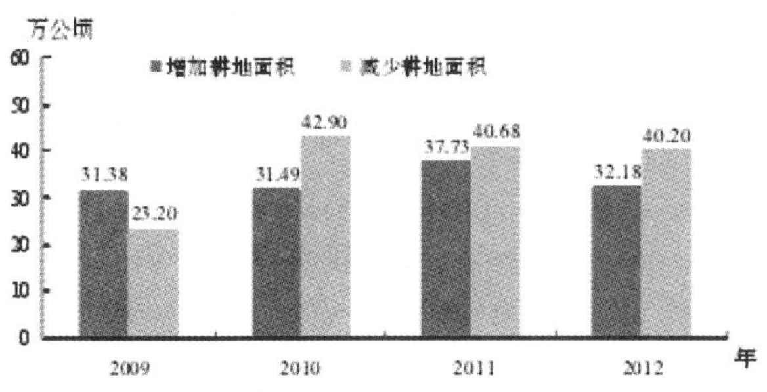

2009-2012 年耕地增减变化情况

二、国有建设用地供应

2013 年国有建设用地供应 73.05 万公顷，同比增 2.7，其中，工矿仓储用地、商服用地、住宅用地和基础设施等其他用地供应面积分别为 21.00 万公顷、6.51 万公顷、13.81 万公顷和 31.73 万公顷，同比分别增长 1 .4%、增长 27.9%, 增长 20.5% 和下降 6.3 % 。

保障性安居工程用地落实任务提前完成：按照“指标单列”、“应保尽保”的工作要求，各地加快落实保障性安居工程用地，2013 年累计供应 3.44 万公顷，同比增加 8 . 7%，占住宅用地供应总量的 24.9%，供应量和占比均处于近年较高水平。自 3 月以来，保障性住房用地供应占住宅用地比例逐月上升，并始终保持在 20% 以上，截至 9 月底，中央下达的全年 633 万套保障性安居工程任务所需用地已全部落实，实现了应保尽保。

三、土地出让

2013 年出让国有建设用地 36.70 万公顷，出让合同价款 4.20 万亿元，同比分别增长 13.7% 和 56.3。其中，招标、拍卖、挂牌出让土地面积 33.88 万公顷，占出让总面积的 92.3; 出让合同价款 4.04 万亿元，占出让合同总价款的 96.2%。

四、主要城市地价

2013 年四季度末，全国 105 个主要监测城市综合地价、商服地价、住宅地价和工业地价分别为 3349 元 / 平方米、6306 元 / 平方米、5033 元 / 平方米和 700 元 / 平方米，同比分别增长 7.02%, 7.93%, 8.95% 和 4.45，环比分别增长 2.06%、2.29%、2.64% 和 1.32%。

五、重点城市土地抵押

截至 2013 年底，84 个重点城市处于抵押状态的土地面积为 40.39 万公顷，抵押贷款总额 7.76 万亿元，同比分别增长 15.8% 和 30.4%。全年土地抵押面积净增 5.33 万公顷，抵押贷款净增 1.77 万亿元。

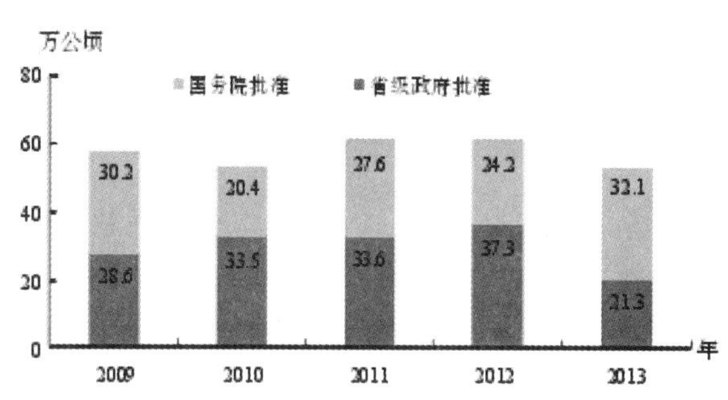

2009-2013 年批准建设用地变化情况

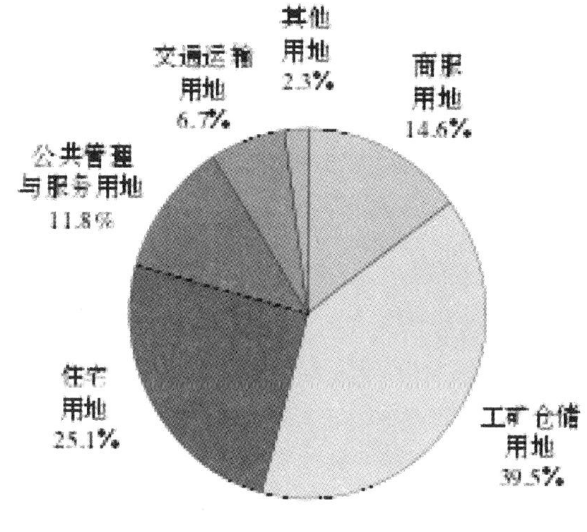

城镇村建设用地

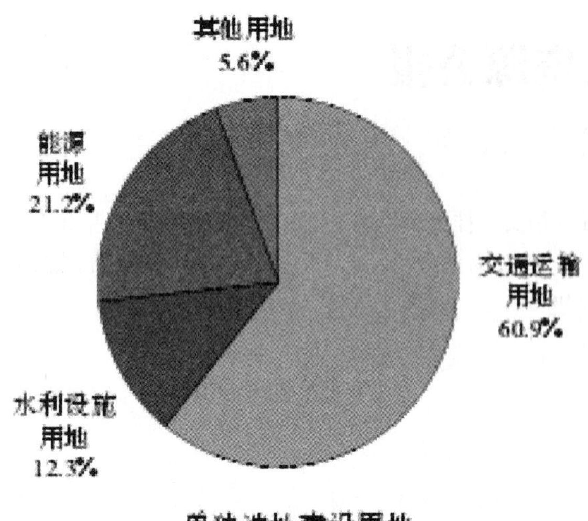

2013 年批准建设用地结构

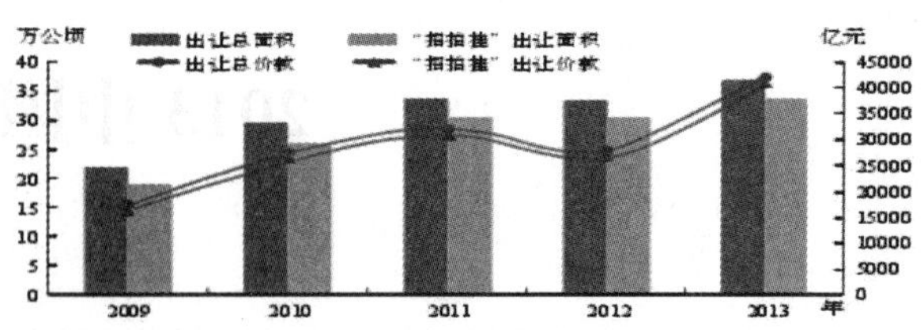

2009-2013 年国有建设用地出让面积及出让价款变化情况

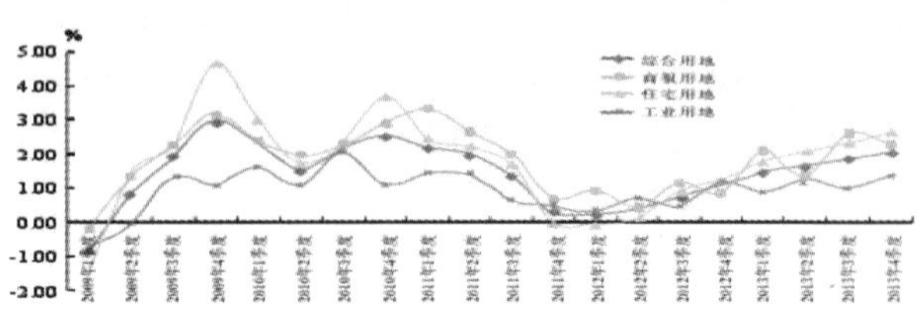

2009-2013 年全国主要城市监测地价环比增长率情况

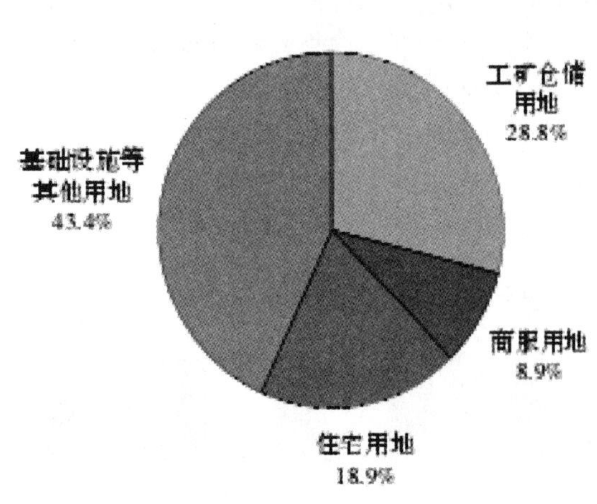

2013 年国有建设用地供应结构

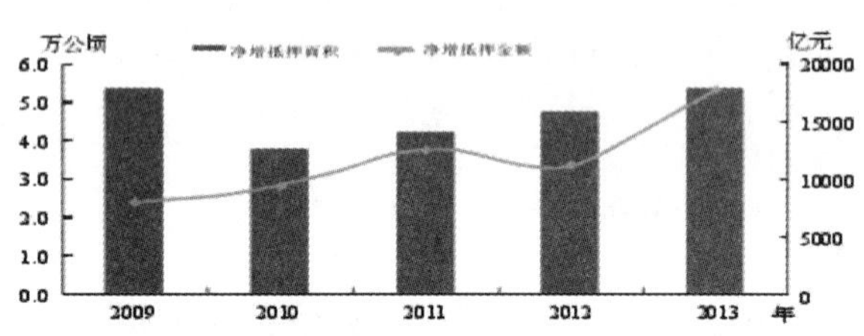

2009-2013 年 84 个重点城市土地抵押变化情况

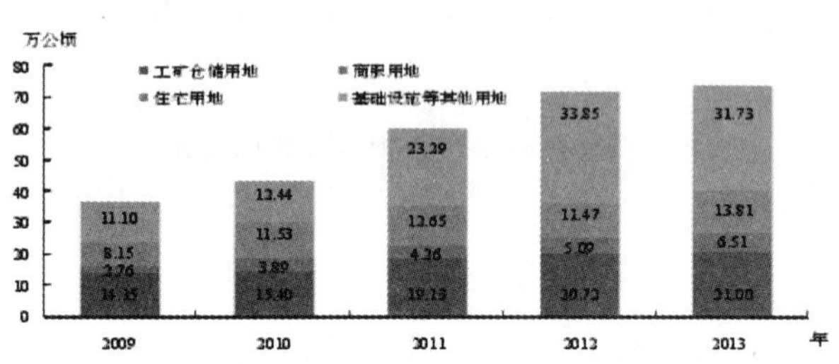

2009-2013 年国有建设用地供应变化情况

政策法规

Policies And Regulations

中共中央办公厅　国务院办公厅
关于党政机关停止新建楼堂馆所和清理办公用房的通知

中办发〔2013〕17号

近年来，各地区各部门认真贯彻中央要求，在严格控制党政机关楼堂馆所建设方面采取了一些措施，取得了一定成效。但是，近期一些地区和部门又出现了违规修建楼堂馆所的现象，损害党风政风，影响党和政府形象，人民群众反映强烈。党中央、国务院对此高度重视，强调各级党政机关要大力弘扬艰苦奋斗、勤俭节约的优良作风，认真贯彻落实中央八项规定精神，树立过紧日子的思想，全面停止新建楼堂馆所，规范办公用房管理，切实把有限的资金和资源更多用在发展经济、改善民生上。经党中央、国务院同意，现就有关事项通知如下。

一、全面停止新建党政机关楼堂馆所

自本通知印发之日起，5年内，各级党政机关一律不得以任何形式和理由新建楼堂馆所。

（一）停止新建、扩建楼堂馆所。严禁以任何理由新建楼堂馆所，严禁以危房改造等名义改扩建楼堂馆所，严禁以建技术业务用房名义搭车新建楼堂馆所，严禁改变技术业务用房的用途。

（二）停止迁建、购置楼堂馆所。严禁以城市改造、城市规划等理由在他处重新建设楼堂馆所，严禁以任何理由购置楼堂馆所。

（三）严禁以“学院”、“中心”等名义建设楼堂馆所。严禁接受任何形式的赞助建设和捐赠建设，严禁借企业名义搞任何形式的合作建设、集资建设或专项建设。

（四）已批准但尚未开工建设的楼堂馆所项目，一律停建。

二、严格控制办公用房维修改造项目

办公用房因使用时间较长、设施设备老化、功能不全、存在安全隐患，不能满足办公要求的，可进行维修改造。维修改造项目要以消除安全隐患、恢复和完善使用功能为重点，严格履行审批程序，严格执行维修改造标准，严禁豪华装修。

中央直属机关办公用房维修改造项目，由中直管理局审批。国务院各部门办公用房维修改造项目，由国管局审批。地方各级党政机关办公用房维修改造项目的审批程序，由各省、自治区、直辖市规定。各地区要根据本地区实际制定党政机关办公用房维修改造标准和工程消耗量定额。

各级党政机关要严格按照2007年印发的《中共中央办公厅、国务院办公厅关于进一步严格控制党政机关办公楼等楼堂馆所建设问题的通知》要求，加强预算和资金使用管理。党政机关办公用房维修改造项目所需投资，统一纳入预算安排财政资金解决，未经审批的项目，不得安排预算。

各级党政机关不得以任何理由安排财政资金用于包括培训中心在内的各类具有住宿、会议、餐饮等接待功能的设施或场所的维修改造。

三、全面清理党政机关和领导干部办公用房

各级党政机关要对占有、使用的办公用房进行全面清理，根据不同情况分别作出如下处理：

（一）超过《党政机关办公用房建设标准》（原国家计委计投资（1999）2250号）规定的面积标准占有、使用办公用房的，应予以腾退。

（二）未经批准改变办公用房使用功能的，原则上应恢复原使用功能。

（三）已经出租、出借的办公用房到期应予收回，租赁合同未到期的，租金收入严格按照收支两条线规定管理，到期后不得续租。未经批准租用办公用房的，应予以清理并腾退，严禁以租用过渡性用房名义变相购建使用办公用房。

（四）除在立项批复中明确事业单位和行政机关办公用房一并建设外，所属其他企事业单位一律不得占用行政机关办公用房，已占用的，原则上应予以清理并腾退。

（五）部门和单位在机构变动中转为企业的，所占用的办公用房应予腾退，确实难以腾退的，经批准可租用原办公用房或按规定程序转为企业国有资本金。

（六）各级党政机关领导干部应当严格按照《党政机关办公用房建设标准》的规定配置办公用房。办公用房面积超标准配置的，应予以清理并腾退；领导干部在不同部门同时任职的，应在主要工作部门安排一处办公用房，其他任职部门不再安排办公用房；领导干部工作调动的，由调入部门安排办公用房，原单位的办公用房不再保留；领导干部在人大或政协任职，人大或政协已安排办公用房的，原单位的办公用房不再保留，人大或政协没有安排办公用房的，由原单位根据本人承担工作的实际情况，安排适当的办公用房；领导干部在协会等单位任职的，由协会等单位根据工作需要安排办公用房，原单位的办公用房不再保留；领导干部已办理离退休手续的，原单位的办公用房应

及时腾退。

四、严格规范党政机关办公用房管理

各地区要按照有关规定，建立健全办公用房集中统一管理制度，实行统一调配、统一权属登记。要严格按照《党政机关办公用房建设标准》和各部门各单位“三定”规定，从严核定办公用房面积。新建、调整办公用房的部门和单位，要按照“建新交旧”、“调新交旧”原则，在搬入新建或新调整办公用房的同时，及时将原办公用房腾退移交机关事务主管部门。因机构增设、职能调整确需增加办公用房的，应在本部门本单位现有办公用房中解决；本部门本单位现有办公用房不能满足需要的，由机关事务主管部门整合办公用房资源调剂解决；无法调剂、确需租用办公用房的，要严格履行审批手续。各级党政机关要制定本部门本单位办公用房使用管理制度，严格办公用房使用管理。

各级机关事务主管部门要做好办公用房物业管理工作，制定和完善物业服务内容、服务标准和收费标准等制度，并结合机关后勤服务社会化改革，逐步推进办公用房物业服务社会化。

五、切实加强领导，强化监督检查

停止新建党政机关楼堂馆所和清理办公用房，是加强党风廉政建设的重要内容，是密切党群干群关系、维护党和政府形象的客观要求，各级党政机关要高度重视，领导干部要率先垂范。各地区各部门各单位要结合实际，抓紧制定相关制度标准和实施办法，切实加强领导，严格落实责任制，确保本通知精神落到实处。

投资主管部门要进一步完善审批程序，建立健全审批责任制和内部监督机制，对违规审批等行为要严肃处理。财政部门要严格公共财政预算管理，对未按规定履行审批手续的党政机关楼堂馆所建设和维修改造项目一律不得下达财政预算。各部门各单位年终应把楼堂馆所建设和维修改造项目实施情况作为政务公开的重要内容，主动接受社会监督。国土资源管理部门要严格土地供应管理，对未按规定履行审批手续的党政机关楼堂馆所建设和维修改造项目一律不得供地。住房城乡建设部门要加强对党政机关楼堂馆所建设和维修改造项目的监管，并制定相应的标准和工程消耗量定额。机关事务主管部门要完善党政机关办公用房管理制度，定期组织督促检查，并通报检查情况，督促落实办公用房清理工作。审计部门要加强对党政机关楼堂馆所建设和维修改造项目的审计监督。纪检监察机关要坚决纠正和查处党政机关楼堂馆所建设和维修改造项目及办公用房管理使用中的各种违规违纪行为，对有令不行、有禁不止的，依照有关规定严肃追究直接责任人和有关领导人员的责任。

2013 年 9 月 30 日前，各地区要将落实本通知的情况报中央办公厅、国务院办公厅；中央和国家机关各部门落实本通知的情况，按系统分别报中直管理局、国管局，汇总后报中央办公厅、国务院办公厅。中央办公厅、国务院办公厅将视情组织督促检查，并通报检查情况。

本通知所称党政机关，包括党的机关、人大机关、行政机关、政协机关、审判机关、检察机关。各级党政机关派出机构、直属事业单位及工会、共青团、妇联等人民团体适用本通知。国有及国有控股企业参照本通知执行。

本通知所称党政机关楼堂馆所，包括使用财政性资金建设的党政机关办公用房、培训中心，以及以“学院”、“中心”等名义兴建的具有住宿、会议、餐饮等接待功能的设施或场所；领导干部是指省部级以下（含省部级）各级党政领导干部。党政机关使用非财政性资金建设的楼堂馆所，参照本通知执行。

国务院批转发展改革委等部门关于深化收入分配制度改革若干意见的通知

国发〔2013〕6号

国务院同意发展改革委、财政部、人力资源社会保障部《关于深化收入分配制度改革的若干意见》，现转发给你们，请认真贯彻执行。

收入分配制度是经济社会发展中一项带有根本性、基础性的制度安排，是社会主义市场经济体制的重要基石。改革开放以来，我国收入分配制度改革不断推进，与基本国情、发展阶段相适应的收入分配制度基本建立。同时，收入分配领域仍存在一些亟待解决的突出问题，城乡区域发展差距和居民收入分配差距依然较大，收入分配秩序不规范，隐性收入、非法收入问题比较突出，部分群众生活比较困难。当前，我国已经进入全面建成小康社会的决定性阶段，按照党的十八大提出的千方百计增加居民收入的战略部署，要继续深化收入分配制度改革，优化收入分配结构，调动各方面积极性，促进经济发展方式转变，维护社会公平正义与和谐稳定，实现发展成果由人民共享，为全面建成小康社会奠定扎实基础。

我国仍处于并将长期处于社会主义初级阶段，当前收入分配领域出现的问题是发展中的矛盾、前进中的问题，必须通过促进发展、深化改革来逐步加以解决。解决这些问题，也是城乡居民在收入普遍增加、生活不断改善过程中的新要求新期待。同时也应该看到，深化收入分配制度改革，是一项十分艰巨复杂的系统工程，不可能一蹴而就，必须从我国基本国情和发展阶段出发，立足当前、着眼长远，克难攻坚、有序推进。

深化收入分配制度改革，要坚持共同发展、共享成果。倡导勤劳致富、支持创业创新、保护合法经营，在不断创造社会财富、增强综合国力的同时，普遍提高人民富裕程度。坚持注重效率、维护公平。初次分配和再分配都要兼顾效率和公平，初次分配要注重效率，创造机会公平的竞争环境，维护劳动收入的主体地位；再分配要更加注重公平，提高公共资源配置效率，缩小收入差距。坚持市场调节、政府调控。充分发挥市场机制在要素配置和价格形成中的基础性作用，更好地发挥政府对收入分配的调控作用，规范收入分配秩序，增加低收入者收入，调节过高收入。坚持积极而为、量力而行。妥善处理好改革发展稳定的关系，着力解决人民群众反映突出的矛盾和问题，突出增量改革，带动存量调整。

各地区、各部门要深入学习和全面贯彻落实党的十八大精神，充分认识深化收入分配制度改革的重大意义，将其列入重要议事日程，建立统筹协调机制，把落实收入分配政策、增加城乡居民收入、缩小收入分配差距、规范收入分配秩序作为重要任务。各有关部门要围绕重点任务，明确工作责任，抓紧研究出台配套方案和实施细则，及时跟踪评估政策实施效果。各地区要结合本地实际，制定具体措施，确保改革各项任务落到实处。要坚持正确的舆论导向，引导社会预期，回应群众关切，凝聚各方共识，形成改革合力，为深化收入分配制度改革营造良好的社会环境。

中华人民共和国国务院

二〇一三年二月三日

关于深化收入分配制度改革的若干意见

发展改革委 财政部 人力资源社会保障部

为贯彻落实党的十八大提出的“实现发展成果由人民共享，必须深化收入分配制度改革”要求，深入推进“十二五”规划实施，完善收入分配结构和制度，增加城乡居民收入，缩小收入分配差距，规范收入分配秩序，现提出以下意见：

一、充分认识深化收入分配制度改革的重要性和艰巨性

改革开放以来，我国收入分配制度改革逐步推进，破除了传统计划经济体制下平均主义的分配方式，在坚持按劳分配为主体的基础上，允许和鼓励资本、技术、管理等要素按贡献参与分配，不断加大收入分配调节力度。经过三十多年的探索与实践，按劳分配为主体、多种分配方式

并存的分配制度基本确立，以税收、社会保障、转移支付为主要手段的再分配调节框架初步形成，有力地推动了社会主义市场经济体制的建立，极大地促进了国民经济快速发展，城乡居民人均实际收入平均每十年翻一番，家庭财产稳定增加，人民生活水平显著提高。实践证明，我国收入分配制度是与基本国情、发展阶段总体相适应的。

特别是党的十六大以来，按照科学发展观和构建社会主义和谐社会的要求，充分发挥再分配调节功能，加大对保障和改善民生的投入，彻底取消农业税，大幅增加涉农补贴，全面实施免费义务教育，加快建立社会保障体系，深入推进医药卫生体制改革，大力加强保障性住房建设，城乡最低生活保障标准和扶贫标准大幅提升，企业退休人员基本养老金水平持续提高，近年来农村居民收入增速快于城镇居民，城乡收入差距缩小态势开始显现，居民收入占国民收入比重有所提高，收入分配制度改革取得新的进展。

同时，也要看到收入分配领域仍存在一些亟待解决的突出问题，主要是城乡区域发展差距和居民收入分配差距依然较大，收入分配秩序不规范，隐性收入、非法收入问题比较突出，部分群众生活比较困难，宏观收入分配格局有待优化。这些问题的产生，既与我国基本国情、发展阶段密切相关，具有一定的客观必然性和阶段性特征，也与收入分配及相关领域的体制改革不到位、政策不落实等直接相关。

当前，我国已经进入全面建成小康社会的决定性阶段。深化收入分配制度改革，优化收入分配结构，构建扩大消费需求的长效机制，是加快转变经济发展方式的迫切需要；深化收入分配制度改革，切实解决一些领域分配不公问题，防止收入分配差距过大，规范收入分配秩序，是维护社会公平正义与和谐稳定的根本举措；深化收入分配制度改革，处理好劳动与资本、城市与农村、政府与市场等重大关系，推动相关领域改革向纵深发展，是完善社会主义市场经济体制的重要内容；深化收入分配制度改革，使发展成果更多更公平惠及全体人民，为逐步实现共同富裕奠定物质基础和制度基础，是体现社会主义本质的必然要求。

我国仍处于并将长期处于社会主义初级阶段，是世界上人口最多的发展中国家，区域之间发展条件差异大，城乡二元结构短期内难以根本改变，工业化、信息化、城镇化和农业现代化还在深入发展。要充分认识到，当前收入分配领域出现的问题是发展中的矛盾、前进中的问题，必须通过促进发展、深化改革来逐步加以解决。解决这些问题，也是城乡居民在收入普遍增加、生活不断改善过程中的新要求新期待。同时也应该看到，深化收入分配制度改革，是一项十分艰巨复杂的系统工程，涉及方方面面利益调整，不可能一蹴而就，必须从我国基本国情和发展阶段出发，立足当前、着眼长远，克难攻坚、有序推进。

二、准确把握深化收入分配制度改革的总体要求和主要目标

1. 总体要求。

全面贯彻落实党的十八大精神，以邓小平理论、“三个代表”重要思想、科学发展观为指导，立足基本国情，坚持以经济建设为中心，在发展中调整收入分配结构，着力创造公开公平公正的体制环境，坚持按劳分配为主体、多种分配方式并存，坚持初次分配和再分配调节并重，继续完善劳动、资本、技术、管理等要素按贡献参与分配的初次分配机制，加快健全以税收、社会保障、转移支付为主要手段的再分配调节机制，以增加城乡居民收入、缩小收入分配差距、规范收入分配秩序为重点，努力实现居民收入增长和经济发展同步，劳动报酬增长和劳动生产率提高同步，逐步形成合理有序的收入分配格局，促进经济持续健康发展和社会和谐稳定。

2. 主要目标。

——城乡居民收入实现倍增。到2020年实现城乡居民人均实际收入比2010年翻一番，力争中低收入者收入增长更快一些，人民生活水平全面提高。

——收入分配差距逐步缩小。城乡、区域和居民之间收入差距较大的问题得到有效缓解，扶贫对象大幅减少，中等收入群体持续扩大，“橄榄型”分配结构逐步形成。

——收入分配秩序明显改善。合法收入得到有力保护，过高收入得到合理调节，隐性收入得到有效规范，非法收入予以坚决取缔。

——收入分配格局趋于合理。居民收入在国民收入分配中的比重、劳动报酬在初次分配中的比重逐步提高，社会保障和就业等民生支出占财政支出比重明显提升。

三、继续完善初次分配机制

完善劳动、资本、技术、管理等要素按贡献参与分配的初次分配机制。实施就业优先战略和更加积极的就业政策，扩大就业创业规模，创造平等就业环境，提升劳动者获取收入能力，实现更高质量的就业。深化工资制度改革，完善企业、机关、事业单位工资决定和增长机制。推动各种所有制经济依法平等使用生产要素、公平参与市场竞争、同等受到法律保护，形成主要由市场决定生产要素价格的机制。

3. 促进就业机会公平。

大力支持服务业、劳动密集型企业、小型微型企业和创新型科技企业发展，创造更多就业岗位。完善税费减免和公益性岗位、岗位培训、社会保险、技能鉴定补贴等政策，促进以高校毕业生为重点的青年、农村转移劳动力、城镇困难人员、退役军人就业。完善和落实小额担保贷款、财政贴息等鼓励自主创业政策。借鉴推广公务员招考的办法，完善和落实事业单位公开招聘制度，在国有企业全面推行分级分类的公开招聘制度，切实做到信息公开、过程公开、

结果公开。

4. 提高劳动者职业技能。

健全面向全体劳动者的职业培训制度，足额提取并合理使用企业职工教育培训经费，保障职工带薪最短培训时间。新增财政教育投入向职业教育倾斜，逐步实行中等职业教育免费制度。建立健全向农民工免费提供职业教育和技能培训制度。完善社会化职业技能培训、考核、鉴定、认证体系，规范职业技能鉴定收费标准。提高技能人才经济待遇和社会地位。

5. 促进中低收入职工工资合理增长。

建立反映劳动力市场供求关系和企业经济效益的工资决定及正常增长机制。完善工资指导线制度，建立统一规范的企业薪酬调查和信息发布制度。根据经济发展、物价变动等因素，适时调整最低工资标准，到2015年绝大多数地区最低工资标准达到当地城镇从业人员平均工资的40%以上。研究发布部分行业最低工资标准。以非公有制企业为重点，积极稳妥推行工资集体协商和行业性、区域性工资集体协商，到2015年，集体合同签订率达到80%，逐步解决一些行业企业职工工资过低的问题。落实新修订的劳动合同法，研究出台劳务派遣规定等配套规章，严格规范劳务派遣用工行为，依法保障被派遣劳动者的同工同酬权利。

6. 加强国有企业高管薪酬管理。

对部分过高收入行业的国有及国有控股企业，严格实行企业工资总额和工资水平双重调控政策，逐步缩小行业工资收入差距。建立与企业领导人分类管理相适应、选任方式相匹配的企业高管人员差异化薪酬分配制度，综合考虑当期业绩和持续发展，建立健全根据经营管理绩效、风险和责任确定薪酬的制度，对行政任命的国有企业高管人员薪酬水平实行限高，推广薪酬延期支付和追索扣回制度。缩小国有企业内部分配差距，高管人员薪酬增幅应低于企业职工平均工资增幅。对非国有金融企业和上市公司高管薪酬，通过完善公司治理结构，增强董事会、薪酬委员会和股东大会在抑制畸高薪酬方面的作用。

7. 完善机关事业单位工资制度。

建立公务员和企业相当人员工资水平调查比较制度，完善科学合理的职务与职级并行制度，适当提高基层公务员工资水平；调整优化工资结构，降低津贴补贴所占比例，提高基本工资占比；提高艰苦边远地区津贴标准，抓紧研究地区附加津贴实施方案。结合分类推进事业单位改革，建立健全符合事业单位特点、体现岗位绩效和分级分类管理的工资分配制度。

8. 健全技术要素参与分配机制。

建立健全以实际贡献为评价标准的科技创新人才薪酬制度，鼓励企事业单位对紧缺急需的高层次、高技能人才实行协议工资、项目工资等。加强知识产权保护，完善有利于科技成果转移转化的分配政策，探索建立科技成果入股、岗位分红权激励等多种分配办法，保障技术成果在分配中的应得份额。完善高层次、高技能人才特殊津贴制度。允许和鼓励品牌、创意等参与收入分配。

9. 多渠道增加居民财产性收入。

加快发展多层次资本市场，落实上市公司分红制度，强化监管措施，保护投资者特别是中小投资者合法权益。推进利率市场化改革，适度扩大存贷款利率浮动范围，保护存款人权益。严格规范银行收费行为。丰富债券基金、货币基金等基金产品。支持有条件的企业实施员工持股计划。拓宽居民租金、股息、红利等增收渠道。

10. 建立健全国有资本收益分享机制。

全面建立覆盖全部国有企业、分级管理的国有资本经营预算和收益分享制度，合理分配和使用国有资本收益，扩大国有资本收益上交范围。适当提高中央企业国有资本收益上交比例，“十二五”期间在现有比例上再提高5个百分点左右，新增部分的一定比例用于社会保障等民生支出。

11. 完善公共资源占用及其收益分配机制。

建立健全资源有偿使用制度和生态环境补偿机制。完善公开公平公正的国有土地、海域、森林、矿产、水等公共资源出让机制，加强对自然垄断行业的监管，防止通过不正当手段无偿或低价占有和使用公共资源。建立健全公共资源出让收益全民共享机制，出让收益主要用于公共服务支出。

四、加快健全再分配调节机制

加快健全以税收、社会保障、转移支付为主要手段的再分配调节机制。健全公共财政体系，完善转移支付制度，调整财政支出结构，大力推进基本公共服务均等化。加大税收调节力度，改革个人所得税，完善财产税，推进结构性减税，减轻中低收入者和小型微型企业税费负担，形成有利于结构优化、社会公平的税收制度。全面建成覆盖城乡居民的社会保障体系，按照全覆盖、保基本、多层次、可持续方针，以增强公平性、适应流动性、保证可持续性为重点，不断完善社会保险、社会救助和社会福利制度，稳步提高保障水平，实行全国统一的社会保障卡制度。

12. 集中更多财力用于保障和改善民生。

加大对教育、就业、社会保障、医疗卫生、保障性住房、扶贫开发等方面的支出，进一步加大对中西部地区特别是革命老区、民族地区、边疆地区和贫困地区的财力支持。严格控制行政事业单位机构编制，“十二五”期间中央和地方机构编制总量只减不增，减少领导职数，降低行政成本。坚决反对铺张浪费，严格控制“三公”经费预算，全面公开“三公”经费使用情况。“十二五”时期社会保障和就业支出占财政支出比重提高2个百分点左右。

13. 加大促进教育公平力度。

合理配置教育资源，重点向农村、边远、贫困、民族地区倾斜。全面落实九年义务教育免费政策，严格规范教育收费行为。进一步完善普通高中、普通本科高校、中等职业学校和高等职业院校家庭经济困难学生国家资助政策，逐步提高补助标准。为家庭经济困难儿童、孤儿和残疾儿童接受学前教育提供补助。切实解决农民工随迁子女平等接受义务教育和参加当地中考、高考问题。

14. 加强个人所得税调节。

加快建立综合与分类相结合的个人所得税制度。完善高收入者个人所得税的征收、管理和处罚措施，将各项收入全部纳入征收范围，建立健全个人收入双向申报制度和全国统一的纳税人识别号制度，依法做到应收尽收。取消对外籍个人从外商投资企业取得的股息、红利所得免征个人所得税等税收优惠。

15. 改革完善房地产税等。

完善房产保有、交易等环节税收制度，逐步扩大个人住房房产税改革试点范围，细化住房交易差别化税收政策，加强存量房交易税收征管。扩大资源税征收范围，提高资源税税负水平。合理调整部分消费税的税目和税率，将部分高档娱乐消费和高档奢侈消费品纳入征收范围。研究在适当时期开征遗产税问题。

16. 完善基本养老保险制度。

全面落实城镇职工基本养老保险省级统筹，“十二五”期末实现基础养老金全国统筹。分类推进事业单位养老保险制度改革，研究推进公务员养老保险制度改革。提高农民工养老保险参保率。健全城镇居民和新型农村社会养老保险制度。建立兼顾各类人员的养老保障待遇确定机制和正常调整机制。发展企业年金和职业年金，发挥商业保险补充性作用。扩大社会保障基金筹资渠道，建立社会保险基金投资运营制度。

17. 加快健全全民医保体系。

提高城镇居民基本医疗保险和新型农村合作医疗筹资和待遇水平，整合城乡居民基本医疗保险制度。稳步推进职工医保、城镇居民医保和新农合门诊统筹。“十二五”期末基本医疗保险政策范围内医保基金支付水平达到75%以上，明显缩小与实际住院费用报销支付比例的差距。建立城乡居民大病保险制度，完善城乡医疗救助制度。全面实现统筹区域和省内异地就医即时结算。逐步增加人均基本公共卫生服务经费，提高基本公共卫生服务水平。

18. 加大保障性住房供给。

建立市场配置和政府保障相结合的住房制度，加强保障性住房建设和管理，满足困难家庭基本需求。“十二五”期末全国城镇保障性住房覆盖面达到20%左右，按质量标准完成农村困难家庭危房改造1000万户以上，实现全国游牧民定居目标。

19. 加强对困难群体救助和帮扶。

健全城乡低收入群体基本生活保障标准与物价上涨挂钩的联动机制，逐步提高城乡居民最低生活保障水平。提高优抚对象抚恤补助标准。建立健全经济困难的高龄、独居、失能等老年人补贴制度。完善孤儿基本生活保障制度，推进孤儿集中供养，建立其他困境儿童生活救助制度。建立困难残疾人生活补贴和重度残疾人护理补贴制度。

20. 大力发展社会慈善事业。

积极培育慈善组织，简化公益慈善组织的审批程序，鼓励有条件的企业、个人和社会组织举办医院、学校、养老服务等公益事业。落实并完善慈善捐赠税收优惠政策，对企业公益性捐赠支出超过年度利润总额12%的部分，允许结转以后年度扣除。加强慈善组织监督管理。

五、建立健全促进农民收入较快增长的长效机制

坚持工业反哺农业、城市支持农村和多予少取放活方针，加快完善城乡发展一体化体制机制，加大强农惠农富农政策力度，促进工业化、信息化、城镇化和农业现代化同步发展，促进公共资源在城乡之间均衡配置、生产要素在城乡之间平等交换和自由流动，促进城乡规划、基础设施、公共服务一体化，建立健全农业转移人口市民化机制，统筹推进户籍制度改革和基本公共服务均等化。

21. 增加农民家庭经营收入。

健全农产品价格保护制度，稳步提高重点粮食品种最低收购价，完善大宗农产品临时收储政策。着力推进农业产业化，大力发展农民专业合作和股份合作，培养新型经营主体，支持适度规模经营，加大对农村社会化服务体系的投入，促进产销对接和农超对接，使农民合理分享农产品加工、流通增值收益。因地制宜培育发展特色高效农业和乡村旅游，使农民在农业功能拓展中获得更多收益。

22. 健全农业补贴制度。

建立健全农业补贴稳定增长机制，完善良种补贴、农资综合补贴和粮食直补政策，增加农机购置补贴规模，完善农资综合补贴动态调整机制，新增农业补贴向粮农和种粮大户倾斜。完善林业、牧业和渔业扶持政策。逐步扩大农业保险保费补贴范围，适当提高保费补贴比例，进一步细化和稳步扩大农村金融奖补政策。

23. 合理分享土地增值收益。

搞好农村土地确权、登记、颁证工作，依法保障农民的土地财产权。按照依法自愿有偿原则，允许农民以多种形式流转土地承包经营权，确保农民分享流转收益。完善农村宅基地制度，保障农户宅基地用益物权。改革征地制度，依法保障农民合法权益，提高农民在土地增值收益中的分配比例。

24. 加大扶贫开发投入。

大幅增加财政专项扶贫资金，新增部分主要用于支持集中连片特殊困难地区扶贫攻坚，加大以工代赈力度，努力实现贫困地区农民人均收入增长幅度高于全国平均水平。“十二五”时期，对240万生存条件恶劣地区的农村贫困人口实施异地扶贫搬迁；按照人均2300元(2010年不变价)的扶贫标准，到2015年扶贫对象减少8000万人左右。

25. 有序推进农业转移人口市民化。

制定公开透明的各类城市农业转移人口落户政策，探索建立政府、企业、个人共同参与的市民化成本分担机制，把有稳定劳动关系、在城镇居住一定年限并按规定参加社会保险的农业转移人口逐步转为城镇居民，重点推进解决举家迁徙及新生代农民工落户问题。实施全国统一的居住证制度，努力实现城镇基本公共服务常住人口全覆盖。

六、推动形成公开透明、公正合理的收入分配秩序

大力整顿和规范收入分配秩序，加强制度建设，健全法律法规，加强执法监管，加大反腐力度，加强信息公开，实行社会监督，加强基础工作，提升技术保障，保护合法收入，规范隐性收入，取缔非法收入。

26. 加快收入分配相关领域立法。

研究出台社会救助、慈善事业、扶贫开发、企业工资支付保障、集体协商、国有资本经营预算、财政转移支付管理等方面法律法规，及时修订完善土地管理、矿产资源管理、税收征管、房产税等方面法律法规。建立健全财产登记制度，完善财产法律保护制度，保障公民合法财产权益。

27. 维护劳动者合法权益。

健全工资支付保障机制，将拖欠工资问题突出的领域和容易发生拖欠的行业纳入重点监控范围，完善与企业信用等级挂钩的差别化工资保证金缴纳办法。落实清偿欠薪的工程总承包企业负责制、行政司法联动打击恶意欠薪制度、保障工资支付属地政府负责制度。完善劳动争议处理机制，加大劳动保障监察执法力度。

28. 清理规范工资外收入。

严格规范党政机关各种津贴补贴和奖金发放行为，抓紧出台规范改革性补贴的实施意见。加强事业单位创收管理，规范科研课题和研发项目经费管理使用，严格公务招待费审批和核算等制度规定。严格控制国有及国有控股企业高管人员职务消费，规范车辆配备和使用、业务招待、考察培训等职务消费项目和标准，职务消费接受职工民主监督，相关账目要公开透明。

29. 加强领导干部收入管理。

全面落实《关于领导干部报告个人有关事项的规定》，严格执行各级领导干部如实报告收入、房产、投资、配偶子女从业等情况的规定，对隐报瞒报、弄虚作假等行为，通过抽查、核查，及时纠正，严肃处理。继续规范领导干部离职、辞职或退(离)休后的个人从业行为，严格按照有关程序、条件和要求办理兼职任职审批事项。

30. 严格规范非税收入。

按照正税清费的原则，继续推进费改税，进一步清理整顿各种行政事业性收费和政府性基金，坚决取消不合法、不合理的收费和基金项目，收费项目适当降低收费标准。建立健全政府非税收入收缴管理制度。

31. 打击和取缔非法收入。

围绕国企改制、土地出让、矿产开发、工程建设等重点领域，强化监督管理，堵住获取非法收入的漏洞。严厉打击走私贩私、偷税逃税、内幕交易、操纵股市、制假售假、骗贷骗汇等经济犯罪活动。严厉查处权钱交易、行贿受贿行为。深入治理商业贿赂。加强反洗钱工作和资本外逃监控。

32. 健全现代支付和收入监测体系。

大力推进薪酬支付工资化、货币化、电子化，加快现代支付结算体系建设，落实金融账户实名制，推广持卡消费，规范现金管理。完善机关和国有企事业单位发票管理和财务报销制度，全面推行公务卡支付结算制度。整合公安、民政、社保、住房、银行、税务、工商等相关部门信息资源，建立健全社会信用体系和收入信息监测系统，完善个人所得税信息管理系统。建立城乡住户收支调查一体化制度。

七、加强深化收入分配制度改革的组织领导

33. 统一认识，加强领导。

各地区、各部门要深入学习和全面贯彻落实党的十八大精神，充分认识深化收入分配制度改革的重大意义，将其列入重要议事日程，建立统筹协调机制，把落实收入分配政策、增加城乡居民收入、缩小收入分配差距、规范收入分配秩序作为重要任务，纳入日常考核。各有关部门要深入调查研究，加强工作指导，强化监督检查，认真总结经验，及时解决改革中出现的突出矛盾和问题。

34. 突出重点，强化实施。

收入分配制度改革要与国有企业、行政体制、财税金

融体制等相关重点领域改革有机结合、协同推进。各有关部门要围绕重点任务，明确工作责任，抓紧研究出台配套方案和实施细则，及时跟踪评估政策实施效果。各地区要结合本地实际，制定具体措施，确保改革各项任务落到实处。鼓励部分地区、部分领域先行先试，积极探索。

35. 深入宣传，注重引导。

坚持正确的舆论导向，引导全社会从基本国情和发展阶段出发，正确认识当前存在的收入分配问题，深入宣传坚持科学发展是解决收入分配问题的根本途径，实现社会公平正义是我们坚定不移的目标。切实做好各项改革政策的解读工作，加深对收入分配制度改革艰巨性、复杂性的认识，引导社会预期，回应群众关切，凝聚各方共识，形成改革合力，为深化收入分配制度改革营造良好的社会环境。

国务院
关于加快棚户区改造工作的意见

国发〔2013〕25号

各省、自治区、直辖市人民政府，国务院各部委、各直属机构：

棚户区改造是重大的民生工程和发展工程。2008年以来，各地区、各有关部门贯彻落实党中央、国务院决策部署，将棚户区改造纳入城镇保障性安居工程，大规模推进实施。2008年至2012年，全国改造各类棚户区1260万户，有效改善了困难群众住房条件，缓解了城市内部二元矛盾，提升了城镇综合承载能力，促进了经济增长与社会和谐。但也要看到，目前仍有部分群众居住在棚户区中。这些棚户区住房简陋，环境较差，安全隐患多，改造难度大。为进一步加大棚户区改造力度，让更多困难群众的住房条件早日得到改善，同时，有效拉动投资、消费需求，带动相关产业发展，推进以人为核心的新型城镇化建设，发挥助推经济实现持续健康发展和民生不断改善的积极效应，现提出以下意见：

一、总体要求和基本原则

（一）总体要求。

以邓小平理论、"三个代表"重要思想、科学发展观为指导，适应城镇化发展的需要，以改善群众住房条件作为出发点和落脚点，加快推进各类棚户区改造，重点推进资源枯竭型城市及独立工矿棚户区、三线企业集中地区的棚户区改造，稳步实施城中村改造。2013年至2017年改造各类棚户区1000万户，使居民住房条件明显改善，基础设施和公共服务设施建设水平不断提高。

（二）基本原则。

1. **科学规划，分步实施。**要根据当地经济社会发展水平和政府财政能力，结合城市规划、土地利用规划和保障性住房建设规划，合理确定各类棚户区改造的目标任务，量力而行、逐步推进，先改造成片棚户区、再改造其他棚户区。

2. **政府主导，市场运作。**棚户区改造政策性、公益性强，必须发挥政府的组织引导作用，在政策和资金等方面给予积极支持；注重发挥市场机制的作用，充分调动企业和棚户区居民的积极性，动员社会力量广泛参与。

3. **因地制宜，注重实效。**要按照小户型、齐功能、配套好、质量高、安全可靠的要求，科学利用空间，有效满足基本居住功能。坚持整治与改造相结合，合理界定改造范围。对规划保留的建筑，主要进行房屋维修加固、完善配套设施、环境综合整治和建筑节能改造。要重视维护城市传统风貌特色，保护历史文化街区、历史建筑以及不可移动文物。

4. **完善配套，同步建设。**坚持同步规划、同步施工、同步交付使用，组织好新建安置小区的供水、供电、供气、供热、通讯、污水与垃圾处理等市政基础设施和商业、教育、医疗卫生、无障碍设施等配套公共服务设施的建设，促进以改善民生为重点的社会建设。

二、全面推进各类棚户区改造

（一）城市棚户区改造。2013年至2017年五年改造城市棚户区800万户，其中，2013年改造232万户。在加快推进集中成片城市棚户区改造的基础上，各地区要逐步将其他棚户区、城中村改造，统一纳入城市棚户区改造范围，稳步、有序推进。市、县人民政府应结合当地实际，合理界定城市棚户区具体改造范围。禁止将因城市道路拓展、历史街区保护、文物修缮等带来的房屋拆迁改造项目纳入城市棚户区改造范围。城市棚户区改造可采取拆除新建、改建（扩建、翻建）等多种方式。要加快城镇旧住宅区综合整治，加强环境综合整治和房屋维修改造，完善使用功能和配套设施。在改造中可建设一定数量的租赁型保障房，统筹用于符合条件的保障家庭。

（二）国有工矿棚户区改造。五年改造国有工矿（含煤矿）棚户区90万户，其中，2013年改造17万户。位于城市规划区内的国有工矿棚户区，要统一纳入城市棚户区改造范围。铁路、钢铁、有色、黄金等行业棚户区，要按照属地原则纳入各地棚户区改造规划组织实施。国有工矿（煤矿）各级行业主管部门，要加强对棚户区改造工作的监督指导。

（三）国有林区棚户区改造。五年改造国有林区棚户区和国有林场危旧房30万户，其中，2013年改造18万户。对国有林区（场）之外的其他林业基层单位符合条件的住房困难职工，纳入当地城镇住房保障体系统筹解决。

（四）国有垦区危房改造。五年改造国有垦区危房80万户，其中，2013年改造37万户。要优化垦区危房改造布局，方便生产生活，促进产业发展和小城镇建设。将华侨农场非归难侨危房改造，统一纳入国有垦区危房改造中央补助支持范围，加快实施改造。

三、加大政策支持力度

（一）多渠道筹措资金。

要采取增加财政补助、加大银行信贷支持、吸引民间资本参与、扩大债券融资、企业和群众自筹等办法筹集资金。

1. **加大各级政府资金支持。**中央加大对棚户区改造的补助，对财政困难地区予以倾斜。省级人民政府也要相应加大补助力度。市、县人民政府应切实加大棚户区改造的资金投入，可以从城市维护建设税、城镇公用事业附加、城市基础设施配套费、土地出让收入等渠道中，安排资金用于棚户区改造支出。各地区除上述资金渠道外，还可以从国有资本经营预算中适当安排部分资金用于国有企业棚户区改造。有条件的市、县可对棚户区改造项目给予贷款贴息。

2. **加大信贷支持。**各银行业金融机构要按照风险可控、商业可持续原则，创新金融产品，改善金融服务，积极支持棚户区改造，增加棚户区改造信贷资金安排，向符合条件的棚户区改造项目提供贷款。各地区要建立健全棚户区改造贷款还款保障机制，积极吸引信贷资金支持。

3. **鼓励民间资本参与改造。**鼓励和引导民间资本根据保障性安居工程任务安排，通过直接投资、间接投资、参股、委托代建等多种方式参与棚户区改造。要积极落实民间资本参与棚户区改造的各项支持政策，消除民间资本参与棚户区改造的政策障碍，加强指导监督。

4. **规范利用企业债券融资。**符合规定的地方政府融资平台公司、承担棚户区改造项目的企业可发行企业债券或中期票据，专项用于棚户区改造项目。对发行企业债券用于棚户区改造的，优先办理核准手续，加快审批速度。

5. **加大企业改造资金投入。**鼓励企业出资参与棚户区改造，加大改造投入。企业参与政府统一组织的工矿（含中央下放煤矿）棚户区改造、林区棚户区改造、垦区危房改造的，对企业用于符合规定条件的支出，准予在企业所得税前扣除。要充分调动企业职工积极性，积极参与改造，合理承担安置住房建设资金。

（二）确保建设用地供应。

棚户区改造安置住房用地纳入当地土地供应计划优先安排，并简化行政审批流程，提高审批效率。安置住房中涉及的经济适用住房、廉租住房和符合条件的公共租赁住房建设项目可以通过划拨方式供地。

（三）落实税费减免政策。

对棚户区改造项目，免征城市基础设施配套费等各种行政事业性收费和政府性基金。落实好棚户区改造安置住房税收优惠政策，将优惠范围由城市和国有工矿棚户区扩大到国有林区、垦区棚户区。电力、通讯、市政公用事业等企业要对棚户区改造给予支持，适当减免入网、管网增容等经营性收费。

（四）完善安置补偿政策。

棚户区改造实行实物安置和货币补偿相结合，由棚户区居民自愿选择。各地区要按国家有关规定制定具体安置补偿办法，禁止强拆强迁，依法维护群众合法权益。对经济困难、无力购买安置住房的棚户区居民，可以通过提供租赁型保障房等方式满足其基本居住需求，或在符合有关政策规定的条件下，纳入当地住房保障体系统筹解决。

四、提高规划建设水平

（一）优化规划布局。棚户区改造安置住房实行原地和异地建设相结合，优先考虑就近安置；异地安置的，要充分考虑居民就业、就医、就学、出行等需要，合理规划选址，尽可能安排在交通便利、配套设施齐全地段。要贯彻节能、节地、环保的原则，严格控制套型面积，落实节约集约用地和节能减排各项措施。

（二）完善配套基础设施建设。棚户区改造项目要按照有关规定规划建设相应的商业和综合服务设施。各级政府要拓宽融资渠道，加大投入力度，加快配套基础设施和公共服务设施的规划、建设和竣工交付进度。要加强安置住房管理，完善社区公共服务，确保居民安居乐业。

（三）确保工程质量安全。要落实工程质量责任，严格执行基本建设程序和标准规范，特别是抗震设防等强制性标准。严格建筑材料验核制度，防止假冒伪劣建筑材料流入建筑工地。健全项目信息公开制度。项目法人对住房质量负终身责任。勘察、设计、施工、监理等单位依法对建设工程质量负相应责任，积极推行单位负责人和项目负责人终身负责制。推广工程质量责任标牌，公示相关参建单位和负责人，接受社会监督。贯彻落实绿色建筑行动方案，积极执行绿色建筑标准。

五、加强组织领导

（一）强化地方各级政府责任。各地区要进一步提高认识，继续加大棚户区改造工作力度。省级人民政府对本地区棚户区改造工作负总责，按要求抓紧编制 2013 年至 2017 年棚户区改造规划，落实年度建设计划，加强目标责任考核。市、县人民政府要明确具体工作责任和措施，扎实做好棚户区改造的组织工作，特别是要依法依规安置补偿，切实做到规划到位、资金到位、供地到位、政策到位、监管到位、分配补偿到位。要加强信息公开，引导社会舆论，主动发布和准确解读政策措施，及时反映工作进展情况。广泛宣传棚户区改造的重要意义，尊重群众意愿，深入细致做好群众工作，积极引导棚户区居民参与改造，为推进棚户区改造营造良好社会氛围。

（二）明确各部门职责。住房城乡建设部会同有关部门督促各地尽快编制棚户区改造规划，将任务分解到年度，落实到市、县，明确到具体项目和建设地块；加强协调指导，抓好建设进度、工程质量等工作。财政部、发展改革委会同有关部门研究加大中央资金补助力度。人民银行、银监会研究政策措施，引导银行业金融机构继续加大信贷支持力度。国土资源部负责完善土地供应政策。

（三）加强监督检查。监察部、住房城乡建设部等有关部门要建立有效的督查制度，定期对地方棚户区改造工作进行全面督促检查；各地区要加强对棚户区改造的监督检查，全面落实工作任务和各项政策措施，严禁企事业单位借棚户区改造政策建设福利性住房。对资金土地不落实、政策措施不到位、建设进度缓慢、质量安全问题突出的地方政府负责人进行约谈，限期进行整改。对在棚户区改造及安置住房建设、分配和管理过程中滥用职权、玩忽职守、徇私舞弊、失职渎职的行政机关及其工作人员，要依法依纪追究责任；涉嫌犯罪的，移送司法机关处理。

中华人民共和国国务院

二〇一三年七月四日

国务院
关于加快发展养老服务业的若干意见

国发〔2013〕35号

各省、自治区、直辖市人民政府，国务院各部委、各直属机构：

近年来，我国养老服务业快速发展，以居家为基础、社区为依托、机构为支撑的养老服务体系初步建立，老年消费市场初步形成，老龄事业发展取得显著成就。但总体上看，养老服务和产品供给不足、市场发育不健全、城乡区域发展不平衡等问题还十分突出。当前，我国已经进入人口老龄化快速发展阶段，2012年底我国60周岁以上老年人口已达1.94亿，2020年将达到2.43亿，2025年将突破3亿。积极应对人口老龄化，加快发展养老服务业，不断满足老年人持续增长的养老服务需求，是全面建成小康社会的一项紧迫任务，有利于保障老年人权益，共享改革发展成果，有利于拉动消费、扩大就业，有利于保障和改善民生，促进社会和谐，推进经济社会持续健康发展。为加快发展养老服务业，现提出以下意见：

一、总体要求

（一）指导思想。

以邓小平理论、“三个代表”重要思想、科学发展观为指导，从国情出发，把不断满足老年人日益增长的养老服务需求作为出发点和落脚点，充分发挥政府作用，通过简政放权，创新体制机制，激发社会活力，充分发挥社会力量的主体作用，健全养老服务体系，满足多样化养老服务需求，努力使养老服务业成为积极应对人口老龄化、保障和改善民生的重要举措，成为扩大内需、增加就业、促进服务业发展、推动经济转型升级的重要力量。

（二）基本原则。

深化体制改革。加快转变政府职能，减少行政干预，加大政策支持和引导力度，激发各类服务主体活力，创新服务供给方式，加强监督管理，提高服务质量和效率。

坚持保障基本。以政府为主导，发挥社会力量作用，着力保障特殊困难老年人的养老服务需求，确保人人享有基本养老服务。加大对基层和农村养老服务的投入，充分发挥社区基层组织和服务机构在居家养老服务中的重要作用。支持家庭、个人承担应尽责任。

注重统筹发展。统筹发展居家养老、机构养老和其他多种形式的养老，实行普遍性服务和个性化服务相结合。统筹城市和农村养老资源，促进基本养老服务均衡发展。统筹利用各种资源，促进养老服务与医疗、家政、保险、教育、健身、旅游等相关领域的互动发展。

完善市场机制。充分发挥市场在资源配置中的基础性作用，逐步使社会力量成为发展养老服务业的主体，营造平等参与、公平竞争的市场环境，大力发展养老服务业，提供方便可及、价格合理的各类养老服务和产品，满足养老服务多样化、多层次需求。

（三）发展目标。

到2020年，全面建成以居家为基础、社区为依托、机构为支撑的，功能完善、规模适度、覆盖城乡的养老服务体系。养老服务产品更加丰富，市场机制不断完善，养老服务业持续健康发展。

服务体系更加健全。生活照料、医疗护理、精神慰藉、紧急救援等养老服务覆盖所有居家老年人。符合标准的日间照料中心、老年人活动中心等服务设施覆盖所有城市社区，90%以上的乡镇和60%以上的农村社区建立包括养老服务在内的社区综合服务设施和站点。全国社会养老床位数达到每千名老年人35-40张，服务能力大幅增强。

产业规模显著扩大。以老年生活照料、老年产品用品、老年健康服务、老年体育健身、老年文化娱乐、老年金融服务、老年旅游等为主的养老服务业全面发展，养老服务业增加值在服务业中的比重显著提升，全国机构养老、居家社区生活照料和护理等服务提供1000万个以上就业岗位。涌现一批带动力强的龙头企业和大批富有创新活力的中小企业，形成一批养老服务产业集群，培育一批知名品牌。

发展环境更加优化。养老服务业政策法规体系建立健全，行业标准科学规范，监管机制更加完善，服务质量明显提高。全社会积极应对人口老龄化意识显著增强，支持和参与养老服务的氛围更加浓厚，养老志愿服务广泛开展，敬老、养老、助老的优良传统得到进一步弘扬。

二、主要任务

（一）统筹规划发展城市养老服务设施。

加强社区服务设施建设。各地在制定城市总体规划、控制性详细规划时，必须按照人均用地不少于0.1平方米的标准，分区分级规划设置养老服务设施。凡新建城区和新建居住（小）区，要按标准要求配套建设养老服务设施，并与住宅同步规划、同步建设、同步验收、同步交付使用；凡老城区和已建成居住（小）区无养老服务设施或现有设施没有达到规划和建设指标要求的，要限期通过购置、置换、租赁等方式开辟养老服务设施，不得挪作他用。

综合发挥多种设施作用。各地要发挥社区公共服务设施的养老服务功能，加强社区养老服务设施与社区服务中心（服务站）及社区卫生、文化、体育等设施的功能衔接，提高使用率，发挥综合效益。要支持和引导各类社会主体参与社区综合服务设施建设、运营和管理，提供养老服务。各类具有为老年人服务功能的设施都要向老年人开放。

实施社区无障碍环境改造。各地区要按照无障碍设施工程建设相关标准和规范，推动和扶持老年人家庭无障碍设施的改造，加快推进坡道、电梯等与老年人日常生活密切相关的公共设施改造。

（二）大力发展居家养老服务网络。

发展居家养老便捷服务。地方政府要支持建立以企业和机构为主体、社区为纽带、满足老年人各种服务需求的居家养老服务网络。要通过制定扶持政策措施，积极培育居家养老服务企业和机构，上门为居家老年人提供助餐、助浴、助洁、助急、助医等定制服务；大力发展家政服务，为居家老年人提供规范化、个性化服务。要支持社区建立健全居家养老服务网点，引入社会组织和家政、物业等企业，兴办或运营老年供餐、社区日间照料、老年活动中心等形式多样的养老服务项目。

发展老年人文体娱乐服务。地方政府要支持社区利用社区公共服务设施和社会场所组织开展适合老年人的群众性文化体育娱乐活动，并发挥群众组织和个人积极性。鼓励专业养老机构利用自身资源优势，培训和指导社区养老服务组织和人员。

发展居家网络信息服务。地方政府要支持企业和机构运用互联网、物联网等技术手段创新居家养老服务模式，发展老年电子商务，建设居家服务网络平台，提供紧急呼叫、家政预约、健康咨询、物品代购、服务缴费等适合老年人的服务项目。

（三）大力加强养老机构建设。

支持社会力量举办养老机构。各地要根据城乡规划布局要求，统筹考虑建设各类养老机构。在资本金、场地、人员等方面，进一步降低社会力量举办养老机构的门槛，简化手续、规范程序、公开信息，行政许可和登记机关要核定其经营和活动范围，为社会力量举办养老机构提供便捷服务。鼓励境外资本投资养老服务业。鼓励个人举办家庭化、小型化的养老机构，社会力量举办规模化、连锁化的养老机构。鼓励民间资本对企业厂房、商业设施及其他可利用的社会资源进行整合和改造，用于养老服务。

办好公办保障性养老机构。各地公办养老机构要充分发挥托底作用，重点为"三无"（无劳动能力，无生活来源，无赡养人和扶养人、或者其赡养人和扶养人确无赡养和扶养能力）老人、低收入老人、经济困难的失能半失能老人提供无偿或低收费的供养、护理服务。政府举办的养老机构要实用适用，避免铺张豪华。

开展公办养老机构改制试点。有条件的地方可以积极稳妥地把专门面向社会提供经营性服务的公办养老机构转制成为企业，完善法人治理结构。政府投资兴办的养老床位应逐步通过公建民营等方式管理运营，积极鼓励民间资本通过委托管理等方式，运营公有产权的养老服务设施。要开展服务项目和设施安全标准化建设，不断提高服务水平。

（四）切实加强农村养老服务。

健全服务网络。要完善农村养老服务托底的措施，将所有农村"三无"老人全部纳入五保供养范围，适时提高五保供养标准，健全农村五保供养机构功能，使农村五保老人老有所养。在满足农村五保对象集中供养需求的前提下，支持乡镇五保供养机构改善设施条件并向社会开放，提高运营效益，增强护理功能，使之成为区域性养老服务中心。依托行政村、较大自然村，充分利用农家大院等，建设日间照料中心、托老所、老年活动站等互助性养老服务设施。农村党建活动室、卫生室、农家书屋、学校等要支持农村养老服务工作，组织与老年人相关的活动。充分发挥村民自治功能和老年协会作用，督促家庭成员承担赡养责任，组织开展邻里互助、志愿服务，解决周围老年人实际生活困难。

拓宽资金渠道。各地要进一步落实《中华人民共和国老年人权益保障法》有关农村可以将未承包的集体所有的部分土地、山林、水面、滩涂等作为养老基地，收益供老年人养老的要求。鼓励城市资金、资产和资源投向农村养老服务。各级政府用于养老服务的财政性资金应重点向农村倾斜。

建立协作机制。城市公办养老机构要与农村五保供养机构等建立长期稳定的对口支援和合作机制，采取人员培训、技术指导、设备支援等方式，帮助其提高服务能力。建立跨地区养老服务协作机制，鼓励发达地区支援欠发达地区。

（五）繁荣养老服务消费市场。

拓展养老服务内容。各地要积极发展养老服务业，引导养老服务企业和机构优先满足老年人基本服务需求，鼓励和引导相关行业积极拓展适合老年人特点的文化娱乐、体育健身、休闲旅游、健康服务、精神慰藉、法律服务等服务，加强残障老年人专业化服务。

开发老年产品用品。相关部门要围绕适合老年人的衣、食、住、行、医、文化娱乐等需要，支持企业积极开发安全有效的康复辅具、食品药品、服装服饰等老年用品用具和服务产品，引导商场、超市、批发市场设立老年用品专区专柜；开发老年住宅、老年公寓等老年生活设施，提高老年人生活质量。引导和规范商业银行、保险公司、证券公司等金融机构开发适合老年人的理财、信贷、保险等产品。

培育养老产业集群。各地和相关行业部门要加强规划引导，在制定相关产业发展规划中，要鼓励发展养老服务中小企业，扶持发展龙头企业，实施品牌战略，提高创新能力，形成一批产业链长、覆盖领域广、经济社会效益显著的产业集群。健全市场规范和行业标准，确保养老服务和产品质量，营造安全、便利、诚信的消费环境。

（六）积极推进医疗卫生与养老服务相结合。

推动医养融合发展。各地要促进医疗卫生资源进入养老机构、社区和居民家庭。卫生管理部门要支持有条件的养老机构设置医疗机构。医疗机构要积极支持和发展养老服务，有条件的二级以上综合医院应当开设老年病科，增加老年病床数量，做好老年慢病防治和康复护理。要探索医疗机构与养老机构合作新模式，医疗机构、社区卫生服务机构应当为老年人建立健康档案，建立社区医院与老年人家庭医疗契约服务关系，开展上门诊视、健康查体、保健咨询等服务，加快推进面向养老机构的远程医疗服务试点。医疗机构应当为老年人就医提供优先优惠服务。

健全医疗保险机制。对于养老机构内设的医疗机构，符合城镇职工（居民）基本医疗保险和新型农村合作医疗定点条件的，可申请纳入定点范围，入住的参保老年人按规定享受相应待遇。完善医保报销制度，切实解决老年人异地就医结算问题。鼓励老年人投保健康保险、长期护理保险、意外伤害保险等人身保险产品，鼓励和引导商业保险公司开展相关业务。

三、政策措施

（一）完善投融资政策。要通过完善扶持政策，吸引更多民间资本，培育和扶持养老服务机构和企业发展。各级政府要加大投入，安排财政性资金支持养老服务体系建设。金融机构要加快金融产品和服务方式创新，拓宽信贷抵押担保物范围，积极支持养老服务业的信贷需求。积极利用财政贴息、小额贷款等方式，加大对养老服务业的有效信贷投入。加强养老服务机构信用体系建设，增强对信贷资金和民间资本的吸引力。逐步放宽限制，鼓励和支持保险资金投资养老服务领域。开展老年人住房反向抵押养老保险试点。鼓励养老机构投保责任保险，保险公司承保责任保险。地方政府发行债券应统筹考虑养老服务需求，积极支持养老服务设施建设及无障碍改造。

（二）完善土地供应政策。各地要将各类养老服务设施建设用地纳入城镇土地利用总体规划和年度用地计划，合理安排用地需求，可将闲置的公益性用地调整为养老服务用地。民间资本举办的非营利性养老机构与政府举办的养老机构享有相同的土地使用政策，可以依法使用国有划拨土地或者农民集体所有的土地。对营利性养老机构建设用地，按照国家对经营性用地依法办理有偿用地手续的规定，优先保障供应，并制定支持发展养老服务业的土地政策。严禁养老设施建设用地改变用途、容积率等土地使用条件搞房地产开发。

（三）完善税费优惠政策。落实好国家现行支持养老服务业的税收优惠政策，对养老机构提供的养护服务免征营业税，对非营利性养老机构自用房产、土地免征房产税、城镇土地使用税，对符合条件的非营利性养老机构按规定免征企业所得税。对企事业单位、社会团体和个人向非营利性养老机构的捐赠，符合相关规定的，准予在计算其应纳税所得额时按税法规定比例扣除。各地对非营利性养老机构建设要免征有关行政事业性收费，对营利性养老机构建设要减半征收有关行政事业性收费，对养老机构提供养老服务也要适当减免行政事业性收费，养老机构用电、用水、用气、用热按居民生活类价格执行。境内外资本举办养老机构享有同等的税收等优惠政策。制定和完善支持民间资本投资养老服务业的税收优惠政策。

（四）完善补贴支持政策。各地要加快建立养老服务评估机制，建立健全经济困难的高龄、失能等老年人补贴制度。可根据养老服务的实际需要，推进民办公助，选择通过补助投资、贷款贴息、运营补贴、购买服务等方式，支持社会力量举办养老服务机构，开展养老服务。民政部本级彩票公益金和地方各级政府用于社会福利事业的彩票公益金，要将50%以上的资金用于支持发展养老服务业，并随老年人口的增加逐步提高投入比例。国家根据经济社会发展水平和职工平均工资增长、物价上涨等情况，进一步完善落实基本养老、基本医疗、最低生活保障等政策，适时提高养老保障水平。要制定政府向社会力量购买养老服务的政策措施。

（五）完善人才培养和就业政策。教育、人力资源社会保障、民政部门要支持高等院校和中等职业学校增设养老服务相关专业和课程，扩大人才培养规模，加快培养老年医学、康复、护理、营养、心理和社会工作等方面的专门人才，制定优惠政策，鼓励大专院校对口专业毕业生从事养老服务工作。充分发挥开放大学作用，开展继续教育和远程学历教育。依托院校和养老机构建立养老服务实训基地。加强老年护理人员专业培训，对符合条件的参加养老护理职业培训和职业技能鉴定的从业人员按规定给予相关补贴，在养老机构和社区开发公益性岗位，吸纳农村转移劳动力、城镇就业困难人员等从事养老服务。养老机构应当积极改善养老护理员工作条件，加强劳动保护和职业防护，依法缴纳养老保险费等社会保险费，提高职工工资福利待遇。养老机构应当科学设置专业技术岗位，重点培养和引进医生、护士、康复医师、康复治疗师、社会工作者等具有执业或职业资格的专业技术人员。对在养老机构就业的专业技术人员，执行与医疗机构、福利机构相同的执业资格、注册考核政策。

（六）鼓励公益慈善组织支持养老服务。引导公益慈善组织重点参与养老机构建设、养老产品开发、养老服务提供，使公益慈善组织成为发展养老服务业的重要力量。

积极培育发展为老服务公益慈善组织。积极扶持发展各类为老服务志愿组织，开展志愿服务活动。倡导机关干部和企事业单位职工、大中小学学生参加养老服务志愿活动。支持老年群众组织开展自我管理、自我服务和服务社会活动。探索建立健康老人参与志愿互助服务的工作机制，建立为老志愿服务登记制度。弘扬敬老、养老、助老的优良传统，支持社会服务窗口行业开展“敬老文明号”创建活动。

四、组织领导

（一）健全工作机制。各地要将发展养老服务业纳入国民经济和社会发展规划，纳入政府重要议事日程，进一步强化工作协调机制，定期分析养老服务业发展情况和存在问题，研究推进养老服务业加快发展的各项政策措施，认真落实养老服务业发展的相关任务要求。民政部门要切实履行监督管理、行业规范、业务指导职责，推动公办养老机构改革发展。发展改革部门要将养老服务业发展纳入经济社会发展规划、专项规划和区域规划，支持养老服务设施建设。财政部门要在现有资金渠道内对养老服务业发展给予财力保障。老龄工作机构要发挥综合协调作用，加强督促指导工作。教育、公安消防、卫生计生、国土、住房城乡建设、人力资源社会保障、商务、税务、金融、质检、工商、食品药品监管等部门要各司其职，及时解决工作中遇到的问题，形成齐抓共管、整体推进的工作格局。

（二）开展综合改革试点。国家选择有特点和代表性的区域进行养老服务业综合改革试点，在财政、金融、用地、税费、人才、技术及服务模式等方面进行探索创新，先行先试，完善体制机制和政策措施，为全国养老服务业发展提供经验。

（三）强化行业监管。民政部门要健全养老服务的准入、退出、监管制度，指导养老机构完善管理规范、改善服务质量，及时查处侵害老年人人身财产权益的违法行为和安全生产责任事故。价格主管部门要探索建立科学合理的养老服务定价机制，依法确定适用政府定价和政府指导价的范围。有关部门要建立完善养老服务业统计制度。其他各有关部门要依照职责分工对养老服务业实施监督管理。要积极培育和发展养老服务行业协会，发挥行业自律作用。

（四）加强督促检查。各地要加强工作绩效考核，确保责任到位、任务落实。省级人民政府要根据本意见要求，结合实际抓紧制定实施意见。国务院相关部门要根据本部门职责，制定具体政策措施。民政部、发展改革委、财政部等部门要抓紧研究提出促进民间资本参与养老服务业的具体措施和意见。发展改革委、民政部和老龄工作机构要加强对本意见执行情况的监督检查，及时向国务院报告。国务院将适时组织专项督查。

中华人民共和国国务院

二〇一三年九月六日

国务院
关于加强城市基础设施建设的意见

国发〔2013〕36号

各省、自治区、直辖市人民政府，国务院各部委、各直属机构：

城市基础设施是城市正常运行和健康发展的物质基础，对于改善人居环境、增强城市综合承载能力、提高城市运行效率、稳步推进新型城镇化、确保2020年全面建成小康社会具有重要作用。当前，我国城市基础设施仍存在总量不足、标准不高、运行管理粗放等问题。加强城市基础设施建设，有利于推动经济结构调整和发展方式转变，拉动投资和消费增长，扩大就业，促进节能减排。为加强和改进城市基础设施建设，现提出以下意见：

一、总体要求

（一）指导思想。以邓小平理论、"三个代表"重要思想、科学发展观为指导，围绕推进新型城镇化的重大战略部署，立足于稳增长、调结构、促改革、惠民生，科学研究、统筹规划，提升城市基础设施建设和管理水平，提高城镇化质量；深化投融资体制改革，充分发挥市场配置资源的基础性作用；着力抓好既利当前、又利长远的重点基础设施项目建设，提高城市综合承载能力；保障城市运行安全，改善城市人居生态环境，推动城市节能减排，促进经济社会持续健康发展。

（二）基本原则。规划引领。坚持先规划、后建设，切实加强规划的科学性、权威性和严肃性。发挥规划的控制和引领作用，严格依据城市总体规划和土地利用总体规划，充分考虑资源环境影响和文物保护的要求，有序推进城市基础设施建设工作。

民生优先。坚持先地下、后地上，优先加强供水、供气、供热、电力、通信、公共交通、物流配送、防灾避险等与民生密切相关的基础设施建设，加强老旧基础设施改造。保障城市基础设施和公共服务设施供给，提高设施水平和服务质量，满足居民基本生活需求。

安全为重。提高城市管网、排水防涝、消防、交通、污水和垃圾处理等基础设施的建设质量、运营标准和管理水平，消除安全隐患，增强城市防灾减灾能力，保障城市运行安全。

机制创新。在保障政府投入的基础上，充分发挥市场机制作用，进一步完善城市公用事业服务价格形成、调整和补偿机制。加大金融机构支持力度，鼓励社会资金参与城市基础设施建设。

绿色优质。全面落实集约、智能、绿色、低碳等生态文明理念，提高城市基础设施建设工业化水平，优化节能建筑、绿色建筑发展环境，建立相关标准体系和规范，促进节能减排和污染防治，提升城市生态环境质量。

二、围绕重点领域，促进城市基础设施水平全面提升

当前，要围绕改善民生、保障城市安全、投资拉动效应明显的重点领域，加快城市基础设施转型升级，全面提升城市基础设施水平。

（一）加强城市道路交通基础设施建设。

公共交通基础设施建设。鼓励有条件的城市按照"量力而行、有序发展"的原则，推进地铁、轻轨等城市轨道交通系统建设，发挥地铁等作为公共交通的骨干作用，带动城市公共交通和相关产业发展。到2015年，全国轨道交通新增运营里程1000公里。积极发展大容量地面公共交通，加快调度中心、停车场、保养场、首末站以及停靠站的建设；推进换乘枢纽及充电桩、充电站、公共停车场等配套服务设施建设，将其纳入城市旧城改造和新城建设规划同步实施。

城市道路、桥梁建设改造。加快完善城市道路网络系统，提升道路网络密度，提高城市道路网络连通性和可达性。加强城市桥梁安全检测和加固改造，限期整改安全隐患。加快推进城市桥梁信息系统建设，严格落实桥梁安全管理制度，保障城市路桥的运行安全。各城市应尽快完成城市桥梁的安全检测并及时公布检测结果，到2015年，力争完成对全国城市危桥加固改造，地级以上城市建成桥梁信息管理系统。

城市步行和自行车交通系统建设。城市交通要树立行人优先的理念，改善居民出行环境，保障出行安全，倡导绿色出行。设市城市应建设城市步行、自行车"绿道"，加强行人过街设施、自行车停车设施、道路林荫绿化、照明等设施建设，切实转变过度依赖小汽车出行的交通发展模式。

（二）加大城市管网建设和改造力度。

市政地下管网建设改造。加强城市供水、污水、雨水、燃气、供热、通信等各类地下管网的建设、改造和检查，

优先改造材质落后、漏损严重、影响安全的老旧管网，确保管网漏损率控制在国家标准以内。到2015年，完成全国城镇燃气8万公里、北方采暖地区城镇集中供热9.28万公里老旧管网改造任务，管网事故率显著降低；实现城市燃气普及率94%、县城及小城镇燃气普及率65%的目标。开展城市地下综合管廊试点，用3年左右时间，在全国36个大中城市全面启动地下综合管廊试点工程；中小城市因地制宜建设一批综合管廊项目。新建道路、城市新区和各类园区地下管网应按照综合管廊模式进行开发建设。

城市供水、排水防涝和防洪设施建设。加快城镇供水设施改造与建设，积极推进城乡统筹区域供水，力争到2015年实现全国城市公共供水普及率95%和水质达标双目标；加强饮用水水源建设与保护，合理利用水资源，限期关闭城市公共供水管网覆盖范围内的自备水井，切实保障城市供水安全。在全面普查、摸清现状基础上，编制城市排水防涝设施规划。加快雨污分流管网改造与排水防涝设施建设，解决城市积水内涝问题。积极推行低影响开发建设模式，将建筑、小区雨水收集利用、可渗透面积、蓝线划定与保护等要求作为城市规划许可和项目建设的前置条件，因地制宜配套建设雨水滞渗、收集利用等削峰调蓄设施。加强城市河湖水系保护和管理，强化城市蓝线保护，坚决制止因城市建设非法侵占河湖水系的行为，维护其生态、排水防涝和防洪功能。完善城市防洪设施，健全预报预警、指挥调度、应急抢险等措施，到2015年，重要防洪城市达到国家规定的防洪标准。全面提高城市排水防涝、防洪减灾能力，用10年左右时间建成较完善的城市排水防涝、防洪工程体系。

城市电网建设。将配电网发展纳入城乡整体规划，进一步加强城市配电网建设，实现各电压等级协调发展。到2015年，全国中心城市基本形成500(或330)千伏环网网架，大部分城市建成220（或110）千伏环网网架。推进城市电网智能化，以满足新能源电力、分布式发电系统并网需求，优化需求侧管理，逐步实现电力系统与用户双向互动。以提高电力系统利用率、安全可靠水平和电能质量为目标，进一步加强城市智能配电网关键技术研究与试点示范。

（三）加快污水和垃圾处理设施建设。

城市污水处理设施建设。以设施建设和运行保障为主线，加快形成“厂网并举、泥水并重、再生利用”的建设格局。优先升级改造落后设施，确保城市污水处理厂出水达到国家新的环保排放要求或地表水Ⅳ类标准。到2015年，36个重点城市城区实现污水“全收集、全处理”，全国所有设市城市实现污水集中处理，城市污水处理率达到85%，建设完成污水管网7.3万公里。按照“无害化、资源化”要求，加强污泥处理处置设施建设，城市污泥无害化处置率达到70%左右；加快推进节水城市建设，在水资源紧缺和水环境质量差的地区，加快推动建筑中水和污水再生利用设施建设。到2015年，城镇污水处理设施再生水利用率达到20%以上；保障城市水安全、修复城市水生态，消除劣V类水体，改善城市水环境。

城市生活垃圾处理设施建设。以大中城市为重点，建设生活垃圾分类示范城市（区）和生活垃圾存量治理示范项目。加大处理设施建设力度，提升生活垃圾处理能力。提高城市生活垃圾处理减量化、资源化和无害化水平。到2015年，36个重点城市生活垃圾全部实现无害化处理，设市城市生活垃圾无害化处理率达到90%左右；到2017年，设市城市生活垃圾得到有效处理，确保垃圾处理设施规范运行，防止二次污染，摆脱“垃圾围城”困境。

（四）加强生态园林建设。

城市公园建设。结合城乡环境整治、城中村改造、弃置地生态修复等，加大社区公园、街头游园、郊野公园、绿道绿廊等规划建设力度，完善生态园林指标体系，推动生态园林城市建设。到2015年，确保老城区人均公园绿地面积不低于5平方米、公园绿地服务半径覆盖率不低于60%。加强运营管理，强化公园公共服务属性，严格绿线管制。

提升城市绿地功能。到2015年，设市城市至少建成一个具有一定规模，水、气、电等设施齐备，功能完善的防灾避险公园。结合城市污水管网、排水防涝设施改造建设，通过透水性铺装，选用耐水湿、吸附净化能力强的植物等，建设下沉式绿地及城市湿地公园，提升城市绿地汇聚雨水、蓄洪排涝、补充地下水、净化生态等功能。

三、科学编制规划，发挥调控引领作用

（一）科学编制城市总体规划。牢固树立规划先行理念，遵循城镇化和城乡发展客观规律，以资源环境承载力为基础，科学编制城市总体规划，做好与土地利用总体规划的衔接，统筹安排城市基础设施建设。突出民生为本，节约集约利用土地，严格禁止不切实际的“政绩工程”、“形象工程”和滋生腐败的“豆腐渣工程”。强化城市总体规划对空间布局的统筹协调。严格按照规划进行建设，防止各类开发活动无序蔓延。开展地下空间资源调查与评估，制定城市地下空间开发利用规划，统筹地下各类设施、管线布局，实现合理开发利用。

（二）完善和落实城市基础设施建设专项规划。城市基础设施建设要着力提高科学性和前瞻性，避免盲目和无序建设。尽快编制完成城市综合交通、电力、排水防涝和北方采暖地区集中供热老旧管网改造规划。抓紧落实已明确的污水处理及再生利用、生活垃圾处理设施建设、城镇供水、城镇燃气等“十二五”规划。所有建设行为应严格执行建筑节能标准，落实《绿色建筑行动方案》。

（三）加强公共服务配套基础设施规划统筹。城市基础设施规划建设过程中，要统筹考虑城乡医疗、教育、治安、文化、体育、社区服务等公共服务设施建设。合理布局和建设专业性农产品批发市场、物流配送场站等，完善城市公共厕所建设和管理，加强公共消防设施、人防设施以及防灾避险场所等设施建设。

四、抓好项目落实，加快基础设施建设进度

（一）加快在建项目建设。各地要统筹组织协调在建基础设施项目，加快施工建设进度。通过建立城市基础设施建设项目信息系统，全面掌握在建项目进展情况。对城市道路和公共交通设施建设、市政地下管网建设、城市供水设施建设和改造、城市污水处理设施建设和改造、城市生活垃圾处理设施建设、消防设施建设等在建项目，要确保工程建设在规定工期内完成。各地要列出在建项目的竣工时间表，倒排工期，分项、分段落实；要采取有效措施，确保建设资金、材料、人工、装备设施等及时或提前到位；要优化工程组织设计，充分利用新理念、新技术、新工艺，推进在建项目实施。

（二）积极推进新项目开工。根据城市基础设施建设专项规划落实具体项目，科学论证，加快项目立项、规划、环保、用地等前期工作。进一步优化简化城市基础设施建设项目审批流程，减少和取消不必要的行政干预，逐步转向备案、核准与审批相结合的专业化管理模式。要强化部门间的分工合作，做好环境、技术、安全等领域审查论证，对重大基础设施建设项目探索建立审批“绿色通道”，提高效率。在完善规划的基础上，对经审核具备开工条件的项目，要抓紧落实招投标、施工图设计审查、确定施工及监理单位等配套工作，尽快开工建设。

（三）做好后续项目储备。按照城市总体规划和基础设施专项规划要求，超前谋划城市基础设施建设项目。各级发展改革、住房城乡建设、规划和国土资源等部门要解放思想，转变职能和工作作风，通过统筹研究、做好用地规划安排、提前下拨项目前期可研经费、加快项目可行性研究等措施，实现储备项目与年度建设计划有效对接。对2016年、2017年拟安排建设的项目，要抓紧做好前期准备工作，建立健全统一、完善的城市基础设施项目储备库。

五、确保政府投入，推进基础设施建设投融资体制和运营机制改革

（一）确保政府投入。各级政府要把加强和改善城市基础设施建设作为重点工作，大力推进。中央财政通过中央预算内投资以及城镇污水管网专项等现有渠道支持城市基础设施建设，地方政府要确保对城市基础设施建设的资金投入力度。各级政府要充分考虑和优先保障城市基础设施建设用地需求。对于符合《划拨用地目录》的项目，应当以划拨方式供应建设用地。基础设施建设用地要纳入土地利用年度计划和建设用地供应计划，确保建设用地供应。

（二）推进投融资体制和运营机制改革。建立政府与市场合理分工的城市基础设施投融资体制。政府应集中财力建设非经营性基础设施项目，要通过特许经营、投资补助、政府购买服务等多种形式，吸引包括民间资本在内的社会资金，参与投资、建设和运营有合理回报或一定投资回收能力的可经营性城市基础设施项目，在市场准入和扶持政策方面对各类投资主体同等对待。创新基础设施投资项目的运营管理方式，实行投资、建设、运营和监管分开，形成权责明确、制约有效、管理专业的市场化管理体制和运行机制。改革现行城市基础设施建设事业单位管理模式，向独立核算、自主经营的企业化管理模式转变。进一步完善城市公用事业服务价格形成、调整和补偿机制。积极创新金融产品和业务，建立完善多层次、多元化的城市基础设施投融资体系。研究出台配套财政扶持政策，落实税收优惠政策，支持城市基础设施投融资体制改革。

六、科学管理，明确责任，加强协调配合

（一）提升基础设施规划建设管理水平。城市规划建设管理要保持城市基础设施的整体性、系统性，避免条块分割、多头管理。要建立完善城市基础设施建设法律法规、标准规范和质量评价体系。建立健全以城市道路为核心、地上和地下统筹协调的基础设施管理体制机制。重点加强城市管网综合管理，尽快出台相关法规，统一规划、建设、管理，规范城市道路开挖和地下管线建设行为，杜绝“拉链马路”、窨井伤人现象。在普查的基础上，整合城市管网信息资源，消除市政地下管网安全隐患。建立城市基础设施电子档案，实现设市城市数字城管平台全覆盖。提升城市管理标准化、信息化、精细化水平，提升数字城管系统，推进城市管理向服务群众生活转变，促进城市防灾减灾综合能力和节能减排功能提升。

（二）落实地方政府责任。省级人民政府要把城市基础设施建设纳入重要议事日程，加大监督、指导和协调力度，结合已有规划和各地实际，出台具体政策措施并抓好落实。城市人民政府是基础设施建设的责任主体，要切实履行职责，抓好项目落实，科学确定项目规模和投资需求，公布城市基础设施建设具体项目和进展情况，接受社会监督，做好城市基础设施建设各项具体工作。对涉及民生和城市安全的城市管网、供水、节水、排水防涝、防洪、污水垃圾处理、消防及道路交通等重点项目纳入城市人民政府考核体系，对工作成绩突出的城市予以表彰奖励；对质量评价不合格、发生重大事故的政府负责人进行约谈，限期整改，依法追究相关责任。

（三）加强部门协调配合。住房城乡建设部会同有关部门加强对城市基础设施建设的监督指导；发展改革委、财政部、住房城乡建设部会同有关部门研究制定城市基础设施建设投融资、财政等支持政策；人民银行、银监会会同有关部门研究金融支持城市基础设施建设的政策措施；住房城乡建设部、发展改革委、财政部等有关部门定期对城市基础设施建设情况进行检查。

中华人民共和国国务院

二〇一三年九月六日

国务院办公厅
关于转发发展改革委住房城乡建设部
绿色建筑行动方案的通知

国办发〔2013〕1号

各省、自治区、直辖市人民政府，国务院各部委、各直属机构：

发展改革委、住房城乡建设部《绿色建筑行动方案》已经国务院同意，现转发给你们，请结合本地区、本部门实际，认真贯彻落实。

中华人民共和国国务院办公厅

二〇一三年一月一日

绿色建筑行动方案

发展改革委　住房城乡建设部

为深入贯彻落实科学发展观，切实转变城乡建设模式和建筑业发展方式，提高资源利用效率，实现节能减排约束性目标，积极应对全球气候变化，建设资源节约型、环境友好型社会，提高生态文明水平，改善人民生活质量，制定本行动方案。

一、充分认识开展绿色建筑行动的重要意义

绿色建筑是在建筑的全寿命期内，最大限度地节约资源、保护环境和减少污染，为人们提供健康、适用和高效的使用空间，与自然和谐共生的建筑。“十一五”以来，我国绿色建筑工作取得明显成效，既有建筑供热计量和节能改造超额完成“十一五”目标任务，新建建筑节能标准执行率大幅度提高，可再生能源建筑应用规模进一步扩大，国家机关办公建筑和大型公共建筑节能监管体系初步建立。但也面临一些比较突出的问题，主要是：城乡建设模式粗放，能源资源消耗高、利用效率低，重规模轻效率、重外观轻品质、重建设轻管理，建筑使用寿命远低于设计使用年限等。

开展绿色建筑行动，以绿色、循环、低碳理念指导城乡建设，严格执行建筑节能强制性标准，扎实推进既有建筑节能改造，集约节约利用资源，提高建筑的安全性、舒适性和健康性，对转变城乡建设模式，破解能源资源瓶颈约束，改善群众生产生活条件，培育节能环保、新能源等战略性新兴产业，具有十分重要的意义和作用。要把开展绿色建筑行动作为贯彻落实科学发展观、大力推进生态文明建设的重要内容，把握我国城镇化和新农村建设加快发展的历史机遇，切实推动城乡建设走上绿色、循环、低碳的科学发展轨道，促进经济社会全面、协调、可持续发展。

二、指导思想、主要目标和基本原则

（一）指导思想。

以邓小平理论、“三个代表”重要思想、科学发展观为指导，把生态文明融入城乡建设的全过程，紧紧抓住城镇化和新农村建设的重要战略机遇期，树立全寿命期理念，切实转变城乡建设模式，提高资源利用效率，合理改善建筑舒适性，从政策法规、体制机制、规划设计、标准规范、技术推广、建设运营和产业支撑等方面全面推进绿色建筑行动，加快推进建设资源节约型和环境友好型社会。

（二）主要目标。

1. **新建建筑。**城镇新建建筑严格落实强制性节能标准，“十二五”期间，完成新建绿色建筑10亿平方米；到2015年末，20%的城镇新建建筑达到绿色建筑标准要求。

2. **既有建筑节能改造。**“十二五”期间，完成北方采暖地区既有居住建筑供热计量和节能改造4亿平方米以上，夏热冬冷地区既有居住建筑节能改造5000万平方米，公共建筑和公共机构办公建筑节能改造1.2亿平方米，实施农村危房改造节能示范40万套。到2020年末，基本完成北方采暖地区有改造价值的城镇居住建筑节能改造。

（三）基本原则。

1. **全面推进，突出重点。**全面推进城乡建筑绿色发展，重点推动政府投资建筑、保障性住房以及大型公共建筑率先执行绿色建筑标准，推进北方采暖地区既有居住建筑节能改造。

2. **因地制宜，分类指导。**结合各地区经济社会发展水平、资源禀赋、气候条件和建筑特点，建立健全绿色建筑标准体系、发展规划和技术路线，有针对性地制定有关政策措施。

3. **政府引导，市场推动。**以政策、规划、标准等手段规范市场主体行为，综合运用价格、财税、金融等经济手段，发挥市场配置资源的基础性作用，营造有利于绿色建筑发展的市场环境，激发市场主体设计、建造、使用绿色建筑的内生动力。

4. **立足当前，着眼长远。**树立建筑全寿命期理念，综合考虑投入产出效益，选择合理的规划、建设方案和技术措施，切实避免盲目的高投入和资源消耗。

三、重点任务

（一）切实抓好新建建筑节能工作。

1. **科学做好城乡建设规划。**在城镇新区建设、旧城更新和棚户区改造中，以绿色、节能、环保为指导思想，建立包括绿色建筑比例、生态环保、公共交通、可再生能源利用、土地集约利用、再生水利用、废弃物回收利用等内容的指标体系，将其纳入总体规划、控制性详细规划、修建性详细规划和专项规划，并落实到具体项目。做好城乡建设规划与区域能源规划的衔接，优化能源的系统集成利用。建设用地要优先利用城乡废弃地，积极开发利用地下空间。积极引导建设绿色生态城区，推进绿色建筑规模化发展。

2. **大力促进城镇绿色建筑发展。**政府投资的国家机关、学校、医院、博物馆、科技馆、体育馆等建筑，直辖市、计划单列市及省会城市的保障性住房，以及单体建筑面积超过2万平方米的机场、车站、宾馆、饭店、商场、写字楼等大型公共建筑，自2014年起全面执行绿色建筑标准。积极引导商业房地产开发项目执行绿色建筑标准，鼓励房地产开发企业建设绿色住宅小区。切实推进绿色工业建筑建设。发展改革、财政、住房城乡建设等部门要修订工程预算和建设标准，各省级人民政府要制定绿色建筑工程定额和造价标准。严格落实固定资产投资项目节能评估审查制度，强化对大型公共建筑项目执行绿色建筑标准情况的审查。强化绿色建筑评价标识管理，加强对规划、设计、施工和运行的监管。

3. **积极推进绿色农房建设。**各级住房城乡建设、农业等部门要加强农村村庄建设整体规划管理，制定村镇绿色生态发展指导意见，编制农村住宅绿色建设和改造推广图集、村镇绿色建筑技术指南，免费提供技术服务。大力推广太阳能热利用、围护结构保温隔热、省柴节煤灶、节能炕等农房节能技术；切实推进生物质能利用，发展大中型沼气，加强运行管理和维护服务。科学引导农房执行建筑节能标准。

4. **严格落实建筑节能强制性标准。**住房城乡建设部门要严把规划设计关口，加强建筑设计方案规划审查和施工图审查，城镇建筑设计阶段要100%达到节能标准要求。加强施工阶段监管和稽查，确保工程质量和安全，切实提高节能标准执行率。严格建筑节能专项验收，对达不到强制性标准要求的建筑，不得出具竣工验收合格报告，不允许投入使用并强制进行整改。鼓励有条件的地区执行更高能效水平的建筑节能标准。

（二）大力推进既有建筑节能改造。

1. **加快实施"节能暖房"工程。**以围护结构、供热计量、管网热平衡改造为重点，大力推进北方采暖地区既有居住建筑供热计量及节能改造，"十二五"期间完成改造4亿平方米以上，鼓励有条件的地区超额完成任务。

2. **积极推动公共建筑节能改造。**开展大型公共建筑和公共机构办公建筑空调、采暖、通风、照明、热水等用能系统的节能改造，提高用能效率和管理水平。鼓励采取合同能源管理模式进行改造，对项目按节能量予以奖励。推进公共建筑节能改造重点城市示范，继续推行"节约型高等学校"建设。"十二五"期间，完成公共建筑改造6000万平方米，公共机构办公建筑改造6000万平方米。

3. **开展夏热冬冷和夏热冬暖地区居住建筑节能改造试点。**以建筑门窗、外遮阳、自然通风等为重点，在夏热冬冷和夏热冬暖地区进行居住建筑节能改造试点，探索适宜的改造模式和技术路线。"十二五"期间，完成改造5000万平方米以上。

4. **创新既有建筑节能改造工作机制。**做好既有建筑节能改造的调查和统计工作，制定具体改造规划。在旧城区综合改造、城市市容整治、既有建筑抗震加固中，有条件的地区要同步开展节能改造。制定改造方案要充分听取有关各方面的意见，保障社会公众的知情权、参与权和监督权。在条件许可并征得业主同意的前提下，研究采用加层改造、扩容改造等方式进行节能改造。坚持以人为本，切实减少扰民，积极推行工业化和标准化施工。住房城乡建设部门要严格落实工程建设责任制，严把规划、设计、施工、材料等关口，确保工程安全、质量和效益。节能改造工程完工后，应进行建筑能效测评，对达不到要求的不得通过竣工验收。加强宣传，充分调动居民对节能改造的积极性。

（三）开展城镇供热系统改造。

实施北方采暖地区城镇供热系统节能改造，提高热源效率和管网保温性能，优化系统调节能力，改善管网热平衡。撤并低能效、高污染的供热燃煤小锅炉，因地制宜地推广热电联产、高效锅炉、工业废热利用等供热技术。推广“吸收式热泵”和“吸收式换热”技术，提高集中供热管网的输送能力。开展城市老旧供热管网系统改造，减少管网热损失，降低循环水泵电耗。

（四）推进可再生能源建筑规模化应用。

积极推动太阳能、浅层地能、生物质能等可再生能源在建筑中的应用。太阳能资源适宜地区应在2015年前出台太阳能光热建筑一体化的强制性推广政策及技术标准，普及太阳能热水利用，积极推进被动式太阳能采暖。研究完善建筑光伏发电上网政策，加快微电网技术研发和工程示范，稳步推进太阳能光伏在建筑上的应用。合理开发浅层地热能。财政部、住房城乡建设部研究确定可再生能源建筑规模化应用适宜推广地区名单。开展可再生能源建筑应用地区示范，推动可再生能源建筑应用集中连片推广，到2015年末，新增可再生能源建筑应用面积25亿平方米，示范地区建筑可再生能源消费量占建筑能耗总量的比例达到10%以上。

（五）加强公共建筑节能管理。

加强公共建筑能耗统计、能源审计和能耗公示工作，推行能耗分项计量和实时监控，推进公共建筑节能、节水监管平台建设。建立完善的公共机构能源审计、能效公示和能耗定额管理制度，加强能耗监测和节能监管体系建设。加强监管平台建设统筹协调，实现监测数据共享，避免重复建设。对新建、改扩建的国家机关办公建筑和大型公共建筑，要进行能源利用效率测评和标识。研究建立公共建筑能源利用状况报告制度，组织开展商场、宾馆、学校、医院等行业的能效水平对标活动。实施大型公共建筑能耗（电耗）限额管理，对超限额用能（用电）的，实行惩罚性价格。公共建筑业主和所有权人要切实加强用能管理，严格执行公共建筑空调温度控制标准。研究开展公共建筑节能量交易试点。

（六）加快绿色建筑相关技术研发推广。

科技部门要研究设立绿色建筑科技发展专项，加快绿色建筑共性和关键技术研发，重点攻克既有建筑节能改造、可再生能源建筑应用、节水与水资源综合利用、绿色建材、废弃物资源化、环境质量控制、提高建筑物耐久性等方面的技术，加强绿色建筑技术标准规范研究，开展绿色建筑技术的集成示范。依托高等院校、科研机构等，加快绿色建筑工程技术中心建设。发展改革、住房城乡建设部门要编制绿色建筑重点技术推广目录，因地制宜推广自然采光、自然通风、遮阳、高效空调、热泵、雨水收集、规模化中水利用、隔音等成熟技术，加快普及高效节能照明产品、风机、水泵、热水器、办公设备、家用电器及节水器具等。

（七）大力发展绿色建材。

因地制宜、就地取材，结合当地气候特点和资源禀赋，大力发展安全耐久、节能环保、施工便利的绿色建材。加快发展防火隔热性能好的建筑保温体系和材料，积极发展烧结空心制品、加气混凝土制品、多功能复合一体化墙体材料、一体化屋面、低辐射镀膜玻璃、断桥隔热门窗、遮阳系统等建材。引导高性能混凝土、高强钢的发展利用，到2015年末，标准抗压强度60兆帕以上混凝土用量达到总用量的10%，屈服强度400兆帕以上热轧带肋钢筋用量达到总用量的45%。大力发展预拌混凝土、预拌砂浆。深入推进墙体材料革新，城市城区限制使用粘土制品，县城禁止使用实心粘土砖。发展改革、住房城乡建设、工业和信息化、质检部门要研究建立绿色建材认证制度，编制绿色建材产品目录，引导规范市场消费。质检、住房城乡建设、工业和信息化部门要加强建材生产、流通和使用环节的质量监管和稽查，杜绝性能不达标的建材进入市场。积极支持绿色建材产业发展，组织开展绿色建材产业化示范。

（八）推动建筑工业化。

住房城乡建设等部门要加快建立促进建筑工业化的设计、施工、部品生产等环节的标准体系，推动结构件、部品、部件的标准化，丰富标准件的种类，提高通用性和可置换性。推广适合工业化生产的预制装配式混凝土、钢结构等建筑体系，加快发展建设工程的预制和装配技术，提高建筑工业化技术集成水平。支持集设计、生产、施工于一体的工业化基地建设，开展工业化建筑示范试点。积极推行住宅全装修，鼓励新建住宅一次装修到位或菜单式装修，促进个性化装修和产业化装修相统一。

（九）严格建筑拆除管理程序。

加强城市规划管理，维护规划的严肃性和稳定性。城市人民政府以及建筑的所有者和使用者要加强建筑维护管理，对符合城市规划和工程建设标准、在正常使用寿命内的建筑，除基本的公共利益需要外，不得随意拆除。拆除大型公共建筑的，要按有关程序提前向社会公示征求意见，接受社会监督。住房城乡建设部门要研究完善建筑拆除的相关管理制度，探索实行建筑报废拆除审核制度。对违规拆除行为，要依法依规追究有关单位和人员的责任。

（十）推进建筑废弃物资源化利用。

落实建筑废弃物处理责任制，按照“谁产生、谁负责”的原则进行建筑废弃物的收集、运输和处理。住房城乡建设、发展改革、财政、工业和信息化部门要制定实施方案，推行建筑废弃物集中处理和分级利用，加快建筑废弃物资源化利用技术、装备研发推广，编制建筑废弃物综合利用技术标准，开展建筑废弃物资源化利用示范，研究建立建筑废弃物再生产品标识制度。地方各级人民政府对本行政区域内的废弃物资源化利用负总责，地级以上城市要因地制宜设立专门的建筑废弃物集中处理基地。

四、保障措施

（一）强化目标责任。

要将绿色建筑行动的目标任务科学分解到省级人民政府，将绿色建筑行动目标完成情况和措施落实情况纳入省级人民政府节能目标责任评价考核体系。要把贯彻落实本行动方案情况纳入绩效考核体系，考核结果作为领导干部综合考核评价的重要内容，实行责任制和问责制，对作出突出贡献的单位和人员予以通报表扬。

（二）加大政策激励。

研究完善财政支持政策，继续支持绿色建筑及绿色生态城区建设、既有建筑节能改造、供热系统节能改造、可再生能源建筑应用等，研究制定支持绿色建材发展、建筑垃圾资源化利用、建筑工业化、基础能力建设等工作的政策措施。对达到国家绿色建筑评价标准二星级及以上的建筑给予财政资金奖励。财政部、税务总局要研究制定税收方面的优惠政策，鼓励房地产开发商建设绿色建筑，引导消费者购买绿色住宅。改进和完善对绿色建筑的金融服务，金融机构可对购买绿色住宅的消费者在购房贷款利率上给予适当优惠。国土资源部门要研究制定促进绿色建筑发展在土地转让方面的政策，住房城乡建设部门要研究制定容积率奖励方面的政策，在土地招拍挂出让规划条件中，要明确绿色建筑的建设用地比例。

（三）完善标准体系。

住房城乡建设等部门要完善建筑节能标准，科学合理地提高标准要求。健全绿色建筑评价标准体系，加快制（修）订适合不同气候区、不同类型建筑的节能建筑和绿色建筑评价标准，2013年完成《绿色建筑评价标准》的修订工作，完善住宅、办公楼、商场、宾馆的评价标准，出台学校、医院、机场、车站等公共建筑的评价标准。尽快制（修）订绿色建筑相关工程建设、运营管理、能源管理体系等标准，编制绿色建筑区域规划技术导则和标准体系。住房城乡建设、发展改革部门要研究制定基于实际用能状况，覆盖不同气候区、不同类型建筑的建筑能耗限额，要会同工业和信息化、质检等部门完善绿色建材标准体系，研究制定建筑装修材料有害物限量标准，编制建筑废弃物综合利用的相关标准规范。

（四）深化城镇供热体制改革。

住房城乡建设、发展改革、财政、质检等部门要大力推行按热量计量收费，督导各地区出台完善供热计量价格和收费办法。严格执行两部制热价。新建建筑、完成供热计量改造的既有建筑全部实行按热量计量收费，推行采暖补贴“暗补”变“明补”。对实行分户计量有难度的，研究采用按小区或楼宇供热量计量收费。实施热价与煤价、气价联动制度，对低收入居民家庭提供供热补贴。加快供热企业改革，推进供热企业市场化经营，培育和规范供热市场，理顺热源、管网、用户的利益关系。

（五）严格建设全过程监督管理。

在城镇新区建设、旧城更新、棚户区改造等规划中，地方各级人民政府要建立并严格落实绿色建设指标体系要求，住房城乡建设部门要加强规划审查，国土资源部门要加强土地出让监管。对应执行绿色建筑标准的项目，住房城乡建设部门要在设计方案审查、施工图设计审查中增加绿色建筑相关内容，未通过审查的不得颁发建设工程规划许可证、施工许可证；施工时要加强监管，确保按图施工。对自愿执行绿色建筑标准的项目，在项目立项时要标明绿色星级标准，建设单位应在房屋施工、销售现场明示建筑节能、节水等性能指标。

（六）强化能力建设。

住房城乡建设部要会同有关部门建立健全建筑能耗统计体系，提高统计的准确性和及时性。加强绿色建筑评价标识体系建设，推行第三方评价，强化绿色建筑评价监管机构能力建设，严格评价监管。要加强建筑规划、设计、施工、评价、运行等人员的培训，将绿色建筑知识作为相关专业工程师继续教育培训、执业资格考试的重要内容。鼓励高等院校开设绿色建筑相关课程，加强相关学科建设。组织规划设计单位、人员开展绿色建筑规划与设计竞赛活动。广泛开展国际交流与合作，借鉴国际先进经验。

（七）加强监督检查。

将绿色建筑行动执行情况纳入国务院节能减排检查和建设领域检查内容，开展绿色建筑行动专项督查，严肃查处违规建设高耗能建筑、违反工程建设标准、建筑材料不达标、不按规定公示性能指标、违反供热计量价格和收费办法等行为。

（八）开展宣传教育。

采用多种形式积极宣传绿色建筑法律法规、政策措施、典型案例、先进经验，加强舆论监督，营造开展绿色建筑行动的良好氛围。将绿色建筑行动作为全国节能宣传周、科技活动周、城市节水宣传周、全国低碳日、世界环境日、世界水日等活动的重要宣传内容，提高公众对绿色建筑的认知度，倡导绿色消费理念，普及节约知识，引导公众合理使用用能产品。

各地区、各部门要按照绿色建筑行动方案的部署和要求，抓好各项任务落实。发展改革委、住房城乡建设部要加强综合协调，指导各地区和有关部门开展工作。各地区、各有关部门要尽快制定相应的绿色建筑行动实施方案，加强指导，明确责任，狠抓落实，推动城乡建设模式和建筑业发展方式加快转变，促进资源节约型、环境友好型社会建设。

国务院办公厅
关于继续做好房地产市场调控工作的通知

国办发〔2013〕17号

各省、自治区、直辖市人民政府，国务院各部委、各直属机构：

2011年以来，各地区、各部门认真贯彻落实中央关于加强房地产市场调控的决策和部署，取得了积极成效。当前房地产市场调控仍处在关键时期，房价上涨预期增强，不同地区房地产市场出现分化。为继续做好今年房地产市场调控工作，促进房地产市场平稳健康发展，经国务院同意，现就有关问题通知如下：

一、完善稳定房价工作责任制

认真落实省级人民政府负总责、城市人民政府抓落实的稳定房价工作责任制。各直辖市、计划单列市和省会城市（除拉萨外），要按照保持房价基本稳定的原则，制定本地区年度新建商品住房（不含保障性住房，下同）价格控制目标，并于一季度向社会公布。各省级人民政府要更加注重区域差异，加强分类指导。对行政区域内住房供不应求、房价上涨过快的热点城市，应指导其增加住房及住房用地的有效供应，制定并公布年度新建商品住房价格控制目标；对存在住房供过于求等情况的城市，也应指导其采取有效措施保持市场稳定。要建立健全稳定房价工作的考核问责制度，加强对所辖城市的督查、考核和问责工作。国务院有关部门要加强对省级人民政府稳定房价工作的监督和检查。对执行住房限购和差别化住房信贷、税收等政策措施不到位、房价上涨过快的，要进行约谈和问责。

二、坚决抑制投机投资性购房

继续严格执行商品住房限购措施。已实施限购措施的直辖市、计划单列市和省会城市，要在严格执行《国务院办公厅关于进一步做好房地产市场调控工作有关问题的通知》（国办发〔2011〕1号）基础上，进一步完善现行住房限购措施。限购区域应覆盖城市全部行政区域；限购住房类型应包括所有新建商品住房和二手住房；购房资格审查环节应前移至签订购房合同（认购）前；对拥有1套及以上住房的非当地户籍居民家庭、无法连续提供一定年限当地纳税证明或社会保险缴纳证明的非当地户籍居民家庭，要暂停在本行政区域内向其售房。住房供需矛盾突出、房价上涨压力较大的城市，要在上述要求的基础上进一步从严调整限购措施；其他城市出现房价过快上涨情况的，省级人民政府应要求其及时采取限购等措施。各地区住房城乡建设、公安、民政、税务、人力资源社会保障等部门要建立分工明确、协调有序的审核工作机制。要严肃查处限购措施执行中的违法违规行为，对存在规避住房限购措施行为的项目，要责令房地产开发企业整改；购房人不具备购房资格的，企业要与购房人解除合同；对教唆、协助购房人伪造证明材料、骗取购房资格的中介机构，要责令其停业整顿，并严肃处理相关责任人；情节严重的，要追究当事人的法律责任。

继续严格实施差别化住房信贷政策。银行业金融机构要进一步落实好对首套房贷款的首付款比例和贷款利率政策，严格执行第二套（及以上）住房信贷政策。要强化借款人资格审查，严格按规定调查家庭住房登记记录和借款人征信记录，不得向不符合信贷政策的借款人违规发放贷款。银行业监管部门要加强对银行业金融机构执行差别化住房信贷政策的日常管理和专项检查，对违反政策规定的，要及时制止、纠正。对房价上涨过快的城市，人民银行当地分支机构可根据城市人民政府新建商品住房价格控制目标和政策要求，进一步提高第二套住房贷款的首付款比例和贷款利率。

充分发挥税收政策的调节作用。税务、住房城乡建设部门要密切配合，对出售自有住房按规定应征收的个人所得税，通过税收征管、房屋登记等历史信息能核实房屋原值的，应依法严格按转让所得的20%计征。总结个人住房房产税改革试点城市经验，加快推进扩大试点工作，引导住房合理消费。税务部门要继续推进应用房地产价格评估方法加强存量房交易税收征管工作。

三、增加普通商品住房及用地供应

各地区要根据供需情况科学编制年度住房用地供应计划，保持合理、稳定的住房用地供应规模。原则上2013年住房用地供应总量应不低于过去5年平均实际供应量。住房供需矛盾突出、房价上涨压力较大的部分热点城市和区域中心城市，以及前两年住房用地供应计划完成率偏低的城市，要进一步增加年度住房用地供应总量，提高其占年度土地供应计划的比例。加大土地市场信息公开力度，市、县人民政府应于一季度公布年度住房用地供应计划，稳定土地市场预期。各地区要继续采取有效措施，完善土地出让方式，严防高价地扰乱市场预期。各地区住房城乡建设部门要提出商品住房项目的住宅建设套数、套型建筑面积、设施条件、开竣工时间等要求，作为土地出让的依据，并纳入出让合同。

各地区发展改革、国土资源、住房城乡建设部门要建立中小套型普通商品住房建设项目行政审批快速通道，提高办事效率，严格落实开竣工申报制度，督促房地产开发企业严格按照合同约定建设施工，加快中小套型普通商品住房项目的供地、建设和上市，尽快形成有效供应。对中小套型住房套数达到项目开发建设总套数70%以上的普通商品住房建设项目，银行业金融机构要在符合信贷条件的前提下优先支持其开发贷款需求。

四、加快保障性安居工程规划建设

全面落实2013年城镇保障性安居工程基本建成470万套、新开工630万套的任务。各地区要抓紧把建设任务落实到项目和地块，确保资金尽快到位，尽早开工建设。继续抓好城市和国有工矿（含煤矿）、国有林区、垦区棚户区改造，重点抓好资源型城市及独立工矿区棚户区改造；积极推进非成片棚户区和危旧房改造，逐步开展城镇旧住宅区综合整治，稳步实施城中村改造。

强化规划统筹，从城镇化发展和改善居民住房条件等实际需要出发，把保障性安居工程建设和城市发展充分结合起来，在城市总体规划和土地利用、住房建设等规划中统筹安排保障性安居工程项目。要把好规划设计关、施工质量关、建筑材料关和竣工验收关，落实工程质量责任，确保工程质量安全。要合理安排布局，改进户型设计，方便保障对象的工作和生活。要加大配套基础设施投入力度，做到配套设施与保障性安居工程项目同步规划、同期建设、同时交付使用，确保竣工项目及早投入使用。

加强分配管理。要继续探索创新保障性住房建设和管理机制，完善保障性住房申请家庭经济状况审核机制，严格准入退出，确保公平分配。加大保障性安居工程建设、分配和退出的信息公开力度。严肃查处擅自改变保障性安居工程用途、套型面积等违法违规行为。2013年底前，地级以上城市要把符合条件的、有稳定就业的外来务工人员纳入当地住房保障范围。要加强小区运营管理，完善社区公共服务，优化居住环境。

五、加强市场监管和预期管理

2013年起，各地区要提高商品房预售门槛，从工程投资和形象进度、交付时限等方面强化商品房预售许可管理，引导房地产开发企业理性定价，稳步推进商品房预售制度改革。继续严格执行商品房销售明码标价、一房一价规定，严格按照申报价格对外销售。各地区要切实强化预售资金管理，完善监管制度；尚未实行预售资金监管的地区，要加快制定本地区商品房预售资金监管办法。对预售方案报价过高且不接受城市住房城乡建设部门指导，或没有实行预售资金监管的商品房项目，可暂不核发预售许可证书。各地区要大力推进城镇个人住房信息系统建设，完善管理制度，到“十二五”期末，所有地级以上城市原则上要实现联网。

加强房地产企业信用管理，研究建立住房城乡建设、发展改革、国土资源、金融、税务、工商、统计等部门联动共享的信用管理系统，及时记录、公布房地产企业的违法违规行为。对存在闲置土地和炒地、捂盘惜售、哄抬房价等违法违规行为的房地产开发企业，有关部门要建立联动机制，加大查处力度。国土资源部门要禁止其参加土地竞买，银行业金融机构不得发放新开发项目贷款，证券监管部门暂停批准其上市、再融资或重大资产重组，银行业监管部门要禁止其通过信托计划融资。税务部门要强化土地增值税的征收管理工作，严格按照有关规定进行清算审核和稽查。住房城乡建设、工商等部门要联合开展对房屋中介市场的专项治理工作，整顿和规范市场秩序，严肃查处中介机构和经纪人员的违法违规行为。有关部门要加强房地产开发企业资本金管理，加大对资产负债情况的监测力度，有效防范风险。

各地区、各有关部门要加强市场监测和研究分析，及时主动发布商品住房建设、交易及房价、房租等方面的权威信息，正确解读市场走势和有关调控政策措施，引导社会舆论，稳定市场预期。要加强舆情监测，对涉及房地产市场的不实信息，要及时、主动澄清。对诱导购房者违反限购、限贷等政策措施，造谣、传谣以及炒作不实信息误导消费者的企业、机构、媒体和个人，要进行严肃处理。

六、加快建立和完善引导房地产市场健康发展的长效机制

各有关部门要加强基础性工作，加快研究提出完善住房供应体系、健全房地产市场运行和监管机制的工作思路和政策框架，推进房地产税制改革，完善住房金融体系和住房用地供应机制，推进住宅产业化，促进房地产市场持续平稳健康发展。

中华人民共和国国务院办公厅
二〇一三年二月二十六日

住房和城乡建设部令

第 14 号

《住房和城乡建设部关于修改〈房地产估价机构管理办法〉的决定》已经第 7 次部常务会议审议通过，现予发布，自发布之日起施行。

住房城乡建设部部长　姜伟新

二〇一三年十月十六日

住房和城乡建设部
关于修改《房地产估价机构管理办法》的决定

住房和城乡建设部决定对《房地产估价机构管理办法》（建设部令第 142 号）作如下修改：

一、第三条第二款、原第二十四条第五款中“城镇房屋拆迁”修改为“房屋征收”。

二、第五条第一款中“建设行政主管部门”修改为“住房城乡建设主管部门”，第二款中“房地产行政主管部门”修改为“房地产主管部门”。

其余条款依此修改。

三、增加一条作为第七条：“国家建立全国统一的房地产估价行业管理信息平台，实现房地产估价机构资质核准、人员注册、信用档案管理等信息关联共享。”

四、原第七条修改为“房地产估价机构资质等级分为一、二、三级。

省、自治区人民政府住房城乡建设主管部门、直辖市人民政府房地产主管部门负责房地产估价机构资质许可。

省、自治区人民政府住房城乡建设主管部门、直辖市人民政府房地产主管部门应当执行国家统一的资质许可条件，加强房地产估价机构资质许可管理，营造公平竞争的市场环境。

国务院住房城乡建设主管部门应当加强对省、自治区人民政府住房城乡建设主管部门、直辖市人民政府房地产主管部门资质许可工作的指导和监督检查，及时纠正资质许可中的违法行为。”

五、原第十二条修改为“房地产估价机构资质核准中的房地产估价报告抽查，应当执行全国统一的标准。”

六、原第十三条修改为“申请核定房地产估价机构资质的，应当向设区的市人民政府房地产主管部门提出申请，并提交本办法第十一条规定的材料。

设区的市人民政府房地产主管部门应当自受理申请之日起20日内审查完毕，并将初审意见和全部申请材料报省、自治区人民政府住房城乡建设主管部门、直辖市人民政府房地产主管部门。

省、自治区人民政府住房城乡建设主管部门、直辖市人民政府房地产主管部门应当自受理申请材料之日起 20 日内作出决定。

省、自治区人民政府住房城乡建设主管部门、直辖市人民政府房地产主管部门应当在作出资质许可决定之日起 10 日内，将准予资质许可的决定报国务院住房城乡建设主管部门备案。”

七、原第二十七条第（五）项修改为“价值时点”。

八、原第四十六条、第四十八条、第四十九条、第五十条、第五十二条中“县级以上人民政府房地产行政主管部门”修改为“县级以上地方人民政府房地产主管部门”。

此外，对部分条文的顺序作相应的调整和修改。

本决定自发布之日起施行。

《房地产估价机构管理办法》根据本决定作相应的修正，重新发布。

房地产估价机构管理办法

（2005 年 10 月 12 日建设部令第 142 号发布，根据 2013 年 10 月 16 日住房城乡建设部令第 14 号修正）

第一章　总则

第一条　为了规范房地产估价机构行为，维护房地产估价市场秩序，保障房地产估价活动当事人合法权益，根据《中华人民共和国城市房地产管理法》、《中华人民共和国行政许可法》和《国务院对确需保留的行政审批项目设定行政许可的决定》等法律、行政法规，制定本办法。

第二条　在中华人民共和国境内申请房地产估价机构资质，从事房地产估价活动，对房地产估价机构实施监督管理，适用本办法。

第三条　本办法所称房地产估价机构，是指依法设立并取得房地产估价机构资质，从事房地产估价活动的中介服务机构。

本办法所称房地产估价活动，包括土地、建筑物、构筑物、在建工程、以房地产为主的企业整体资产、企业整体资产中的房地产等各类房地产评估，以及因转让、抵押、房屋征收、司法鉴定、课税、公司上市、企业改制、企业清算、资产重组、资产处置等需要进行的房地产评估。

第四条　房地产估价机构从事房地产估价活动，应当坚持独立、客观、公正的原则，执行房地产估价规范和标准。

房地产估价机构依法从事房地产估价活动，不受行政区域、行业限制。任何组织或者个人不得非法干预房地产估价活动和估价结果。

第五条　国务院住房城乡建设主管部门负责全国房地产估价机构的监督管理工作。

省、自治区人民政府住房城乡建设主管部门、直辖市人民政府房地产主管部门负责本行政区域内房地产估价机构的监督管理工作。

市、县人民政府房地产主管部门负责本行政区域内房地产估价机构的监督管理工作。

第六条　房地产估价行业组织应当加强房地产估价行业自律管理。

鼓励房地产估价机构加入房地产估价行业组织。

第七条　国家建立全国统一的房地产估价行业管理信息平台，实现房地产估价机构资质核准、人员注册、信用档案管理等信息关联共享。

第二章　估价机构资质核准

第八条　房地产估价机构资质等级分为一、二、三级。

省、自治区人民政府住房城乡建设主管部门、直辖市人民政府房地产主管部门负责房地产估价机构资质许可。

省、自治区人民政府住房城乡建设主管部门、直辖市人民政府房地产主管部门应当执行国家统一的资质许可条件，加强房地产估价机构资质许可管理，营造公平竞争的市场环境。

国务院住房城乡建设主管部门应当加强对省、自治区人民政府住房城乡建设主管部门、直辖市人民政府房地产主管部门资质许可工作的指导和监督检查，及时纠正资质许可中的违法行为。

第九条　房地产估价机构应当由自然人出资，以有限责任公司或者合伙企业形式设立。

第十条　各资质等级房地产估价机构的条件如下：

（一）一级资质

1. 机构名称有房地产估价或者房地产评估字样；

2. 从事房地产估价活动连续 6 年以上，且取得二级房地产估价机构资质 3 年以上；

3. 有限责任公司的注册资本人民币 200 万元以上，合伙企业的出资额人民币 120 万元以上；

4. 有 15 名以上专职注册房地产估价师；

5. 在申请核定资质等级之日前 3 年平均每年完成估价标的物建筑面积 50 万平方米以上或者土地面积 25 万平方米以上；

6. 法定代表人或者执行合伙人是注册后从事房地产估价工作 3 年以上的专职注册房地产估价师；

7. 有限责任公司的股东中有 3 名以上、合伙企业的合伙人中有 2 名以上专职注册房地产估价师，股东或者合伙人中有一半以上是注册后从事房地产估价工作 3 年以上的专职注册房地产估价师；

8. 有限责任公司的股份或者合伙企业的出资额中专职注册房地产估价师的股份或者出资额合计不低于 60%；

9. 有固定的经营服务场所；

10. 估价质量管理、估价档案管理、财务管理等各项企业内部管理制度健全；

11. 随机抽查的 1 份房地产估价报告符合《房地产估价规范》的要求；

12. 在申请核定资质等级之日前 3 年内无本办法第三十三条禁止的行为。

（二）二级资质

1. 机构名称有房地产估价或者房地产评估字样；

2. 取得三级房地产估价机构资质后从事房地产估价活动连续4年以上；

3. 有限责任公司的注册资本人民币100万元以上，合伙企业的出资额人民币60万元以上；

4. 有8名以上专职注册房地产估价师；

5. 在申请核定资质等级之日前3年平均每年完成估价标的物建筑面积30万平方米以上或者土地面积15万平方米以上；

6. 法定代表人或者执行合伙人是注册后从事房地产估价工作3年以上的专职注册房地产估价师；

7. 有限责任公司的股东中有3名以上、合伙企业的合伙人中有2名以上专职注册房地产估价师，股东或者合伙人中有一半以上是注册后从事房地产估价工作3年以上的专职注册房地产估价师；

8. 有限责任公司的股份或者合伙企业的出资额中专职注册房地产估价师的股份或者出资额合计不低于60%；

9. 有固定的经营服务场所；

10. 估价质量管理、估价档案管理、财务管理等各项企业内部管理制度健全；

11. 随机抽查的1份房地产估价报告符合《房地产估价规范》的要求；

12. 在申请核定资质等级之日前3年内无本办法第三十三条禁止的行为。

（三）三级资质

1. 机构名称有房地产估价或者房地产评估字样；

2. 有限责任公司的注册资本人民币50万元以上，合伙企业的出资额人民币30万元以上；

3. 有3名以上专职注册房地产估价师；

4. 在暂定期内完成估价标的物建筑面积8万平方米以上或者土地面积3万平方米以上；

5. 法定代表人或者执行合伙人是注册后从事房地产估价工作3年以上的专职注册房地产估价师；

6. 有限责任公司的股东中有2名以上、合伙企业的合伙人中有2名以上专职注册房地产估价师，股东或者合伙人中有一半以上是注册后从事房地产估价工作3年以上的专职注册房地产估价师；

7. 有限责任公司的股份或者合伙企业的出资额中专职注册房地产估价师的股份或者出资额合计不低于60%；

8. 有固定的经营服务场所；

9. 估价质量管理、估价档案管理、财务管理等各项企业内部管理制度健全；

10. 随机抽查的1份房地产估价报告符合《房地产估价规范》的要求；

11. 在申请核定资质等级之日前3年内无本办法第三十三条禁止的行为。

第十一条 申请核定房地产估价机构资质等级，应当如实向资质许可机关提交下列材料：

（一）房地产估价机构资质等级申请表（一式二份，加盖申报机构公章）；

（二）房地产估价机构原资质证书正本复印件、副本原件；

（三）营业执照正、副本复印件（加盖申报机构公章）；

（四）出资证明复印件（加盖申报机构公章）；

（五）法定代表人或者执行合伙人的任职文件复印件（加盖申报机构公章）；

（六）专职注册房地产估价师证明；

（七）固定经营服务场所的证明；

（八）经工商行政管理部门备案的公司章程或者合伙协议复印件（加盖申报机构公章）及有关估价质量管理、估价档案管理、财务管理等企业内部管理制度的文件、申报机构信用档案信息；

（九）随机抽查的在申请核定资质等级之日前3年内申报机构所完成的1份房地产估价报告复印件（一式二份，加盖申报机构公章）。

申请人应当对其提交的申请材料实质内容的真实性负责。

第十二条 新设立的中介服务机构申请房地产估价机构资质的，应当提供第十一条第（一）项、第（三）项至第（八）项材料。

新设立中介服务机构的房地产估价机构资质等级应当核定为三级资质，设1年的暂定期。

第十三条 房地产估价机构资质核准中的房地产估价报告抽查，应当执行全国统一的标准。

第十四条 申请核定房地产估价机构资质的，应当向设区的市人民政府房地产主管部门提出申请，并提交本办法第十一条规定的材料。

设区的市人民政府房地产主管部门应当自受理申请之日起20日内审查完毕，并将初审意见和全部申请材料报省、自治区人民政府住房城乡建设主管部门、直辖市人民政府房地产主管部门。

省、自治区人民政府住房城乡建设主管部门、直辖市人民政府房地产主管部门应当自受理申请材料之日起20日内作出决定。

省、自治区人民政府住房城乡建设主管部门、直辖市人民政府房地产主管部门应当在作出资质许可决定之日起10日内，将准予资质许可的决定报国务院住房城乡建设主管部门备案。

第十五条 房地产估价机构资质证书分为正本和副本，由国务院住房城乡建设主管部门统一印制，正、副本具有同等法律效力。

房地产估价机构遗失资质证书的，应当在公众媒体上声明作废后，申请补办。

第十六条 房地产估价机构资质有效期为3年。

资质有效期届满，房地产估价机构需要继续从事房地产估价活动的，应当在资质有效期届满30日前向资质许可机关提出资质延续申请。资质许可机关应当根据申请作出是否准予延续的决定。准予延续的，有效期延续 3 年。

在资质有效期内遵守有关房地产估价的法律、法规、规章、技术标准和职业道德的房地产估价机构，经原资质许可机关同意，不再审查，有效期延续 3 年。

第十七条 房地产估价机构的名称、法定代表人或者执行合伙人、注册资本或者出资额、组织形式、住所等事项发生变更的，应当在工商行政管理部门办理变更手续后 30 日内，到资质许可机关办理资质证书变更手续。

第十八条 房地产估价机构合并的，合并后存续或者新设立的房地产估价机构可以承继合并前各方中较高的资质等级，但应当符合相应的资质等级条件。

房地产估价机构分立的，只能由分立后的一方房地产估价机构承继原房地产估价机构资质，但应当符合原房地产估价机构资质等级条件。承继原房地产估价机构资质的一方由各方协商确定；其他各方按照新设立的中介服务机构申请房地产估价机构资质。

第十九条 房地产估价机构的工商登记注销后，其资质证书失效。

第三章 分支机构的设立

第二十条 一级资质房地产估价机构可以按照本办法第二十一条的规定设立分支机构。二、三级资质房地产估价机构不得设立分支机构。

分支机构应当以设立该分支机构的房地产估价机构的名义出具估价报告，并加盖该房地产估价机构公章。

第二十一条 分支机构应当具备下列条件：

（一）名称采用“房地产估价机构名称 + 分支机构所在地行政区划名 + 分公司（分所）”的形式；

（二）分支机构负责人应当是注册后从事房地产估价工作 3 年以上并无不良执业记录的专职注册房地产估价师；

（三）在分支机构所在地有 3 名以上专职注册房地产估价师；

（四）有固定的经营服务场所；

（五）估价质量管理、估价档案管理、财务管理等各项内部管理制度健全。

注册于分支机构的专职注册房地产估价师，不计入设立分支机构的房地产估价机构的专职注册房地产估价师人数。

第二十二条 新设立的分支机构，应当自领取分支机构营业执照之日起 30 日内，到分支机构工商注册所在地的省、自治区人民政府住房城乡建设主管部门、直辖市人民政府房地产主管部门备案。

省、自治区人民政府住房城乡建设主管部门、直辖市人民政府房地产主管部门应当在接受备案后 10 日内，告知分支机构工商注册所在地的市、县人民政府房地产主管部门，并报国务院住房城乡建设主管部门备案。

第二十三条 分支机构备案，应当提交下列材料：

（一）分支机构的营业执照复印件；

（二）房地产估价机构资质证书正本复印件；

（三）分支机构及设立该分支机构的房地产估价机构负责人的身份证明；

（四）拟在分支机构执业的专职注册房地产估价师注册证书复印件。

第二十四条 分支机构变更名称、负责人、住所等事项或房地产估价机构撤销分支机构，应当在工商行政管理部门办理变更或者注销登记手续后 30 日内，报原备案机关备案。

第四章 估价管理

第二十五条 从事房地产估价活动的机构，应当依法取得房地产估价机构资质，并在其资质等级许可范围内从事估价业务。

一级资质房地产估价机构可以从事各类房地产估价业务。

二级资质房地产估价机构可以从事除公司上市、企业清算以外的房地产估价业务。

三级资质房地产估价机构可以从事除公司上市、企业清算、司法鉴定以外的房地产估价业务。

暂定期内的三级资质房地产估价机构可以从事除公司上市、企业清算、司法鉴定、房屋征收、在建工程抵押以外的房地产估价业务。

第二十六条 房地产估价业务应当由房地产估价机构统一接受委托，统一收取费用。

房地产估价师不得以个人名义承揽估价业务，分支机构应当以设立该分支机构的房地产估价机构名义承揽估价业务。

第二十七条 房地产估价机构及执行房地产估价业务的估价人员与委托人或者估价业务相对人有利害关系的，应当回避。

第二十八条 房地产估价机构承揽房地产估价业务，应当与委托人签订书面估价委托合同。

估价委托合同应当包括下列内容：

（一）委托人的名称或者姓名和住所；

（二）估价机构的名称和住所；

（三）估价对象；

（四）估价目的；

（五）价值时点；

（六）委托人的协助义务；

（七）估价服务费及其支付方式；

（八）估价报告交付的日期和方式；

（九）违约责任；

（十）解决争议的方法。

第二十九条 房地产估价机构未经委托人书面同意，不得转让受托的估价业务。

经委托人书面同意，房地产估价机构可以与其他房地产估价机构合作完成估价业务，以合作双方的名义共同出具估价报告。

第三十条 委托人及相关当事人应当协助房地产估价机构进行实地查勘，如实向房地产估价机构提供估价所必需的资料，并对其所提供资料的真实性负责。

第三十一条 房地产估价机构和注册房地产估价师因估价需要向房地产主管部门查询房地产交易、登记信息时，房地产主管部门应当提供查询服务，但涉及国家秘密、商业秘密和个人隐私的内容除外。

第三十二条 房地产估价报告应当由房地产估价机构出具，加盖房地产估价机构公章，并有至少2名专职注册房地产估价师签字。

第三十三条 房地产估价机构不得有下列行为：

（一）涂改、倒卖、出租、出借或者以其他形式非法转让资质证书；

（二）超越资质等级业务范围承接房地产估价业务；

（三）以迎合高估或者低估要求、给予回扣、恶意压低收费等方式进行不正当竞争；

（四）违反房地产估价规范和标准；

（五）出具有虚假记载、误导性陈述或者重大遗漏的估价报告；

（六）擅自设立分支机构；

（七）未经委托人书面同意，擅自转让受托的估价业务；

（八）法律、法规禁止的其他行为。

第三十四条 房地产估价机构应当妥善保管房地产估价报告及相关资料。

房地产估价报告及相关资料的保管期限自估价报告出具之日起不得少于10年。保管期限届满而估价服务的行为尚未结束的，应当保管到估价服务的行为结束为止。

第三十五条 除法律、法规另有规定外，未经委托人书面同意，房地产估价机构不得对外提供估价过程中获知的当事人的商业秘密和业务资料。

第三十六条 房地产估价机构应当加强对执业人员的职业道德教育和业务培训，为本机构的房地产估价师参加继续教育提供必要的条件。

第三十七条 县级以上人民政府房地产主管部门应当依照有关法律、法规和本办法的规定，对房地产估价机构和分支机构的设立、估价业务及执行房地产估价规范和标准的情况实施监督检查。

第三十八条 县级以上人民政府房地产主管部门履行监督检查职责时，有权采取下列措施：

（一）要求被检查单位提供房地产估价机构资质证书、房地产估价师注册证书，有关房地产估价业务的文档，有关估价质量管理、估价档案管理、财务管理等企业内部管理制度的文件；

（二）进入被检查单位进行检查，查阅房地产估价报告以及估价委托合同、实地查勘记录等估价相关资料；

（三）纠正违反有关法律、法规和本办法及房地产估价规范和标准的行为。

县级以上人民政府房地产主管部门应当将监督检查的处理结果向社会公布。

第三十九条 县级以上人民政府房地产主管部门进行监督检查时，应当有两名以上监督检查人员参加，并出示执法证件，不得妨碍被检查单位的正常经营活动，不得索取或者收受财物、谋取其他利益。

有关单位和个人对依法进行的监督检查应当协助与配合，不得拒绝或者阻挠。

第四十条 房地产估价机构违法从事房地产估价活动的，违法行为发生地的县级以上地方人民政府房地产主管部门应当依法查处，并将违法事实、处理结果及处理建议及时报告该估价机构资质的许可机关。

第四十一条 有下列情形之一的，资质许可机关或者其上级机关，根据利害关系人的请求或者依据职权，可以撤销房地产估价机构资质：

（一）资质许可机关工作人员滥用职权、玩忽职守作出准予房地产估价机构资质许可的；

（二）超越法定职权作出准予房地产估价机构资质许可的；

（三）违反法定程序作出准予房地产估价机构资质许可的；

（四）对不符合许可条件的申请人作出准予房地产估价机构资质许可的；

（五）依法可以撤销房地产估价机构资质的其他情形。

房地产估价机构以欺骗、贿赂等不正当手段取得房地产估价机构资质的，应当予以撤销。

第四十二条 房地产估价机构取得房地产估价机构资质后，不再符合相应资质条件的，资质许可机关根据利害关系人的请求或者依据职权，可以责令其限期改正；逾期不改的，可以撤回其资质。

第四十三条 有下列情形之一的，资质许可机关应当依法注销房地产估价机构资质：

（一）房地产估价机构资质有效期届满未延续的；

（二）房地产估价机构依法终止的；

（三）房地产估价机构资质被撤销、撤回，或者房地产估价资质证书依法被吊销的；

（四）法律、法规规定的应当注销房地产估价机构资质的其他情形。

第四十四条 资质许可机关或者房地产估价行业组织应当建立房地产估价机构信用档案。

房地产估价机构应当按照要求提供真实、准确、完整的房地产估价信用档案信息。

房地产估价机构信用档案应当包括房地产估价机构的基本情况、业绩、良好行为、不良行为等内容。违法行为、被投诉举报处理、行政处罚等情况应当作为房地产估价机构的不良记录记入其信用档案。

房地产估价机构的不良行为应当作为该机构法定代表人或者执行合伙人的不良行为记入其信用档案。

任何单位和个人有权查阅信用档案。

第五章 法律责任

第四十五条 申请人隐瞒有关情况或者提供虚假材料申请房地产估价机构资质的，资质许可机关不予受理或者不予行政许可，并给予警告，申请人在1年内不得再次申请房地产估价机构资质。

第四十六条 以欺骗、贿赂等不正当手段取得房地产估价机构资质的，由资质许可机关给予警告，并处1万元以上3万元以下的罚款，申请人3年内不得再次申请房地产估价机构资质。

第四十七条 未取得房地产估价机构资质从事房地产估价活动或者超越资质等级承揽估价业务的，出具的估价报告无效，由县级以上地方人民政府房地产主管部门给予警告，责令限期改正，并处1万元以上3万元以下的罚款；造成当事人损失的，依法承担赔偿责任。

第四十八条 违反本办法第十七条规定，房地产估价机构不及时办理资质证书变更手续的，由资质许可机关责令限期办理；逾期不办理的，可处1万元以下的罚款。

第四十九条 有下列行为之一的，由县级以上地方人民政府房地产主管部门给予警告，责令限期改正，并可处1万元以上2万元以下的罚款：

（一）违反本办法第二十条第一款规定设立分支机构的；

（二）违反本办法第二十一条规定设立分支机构的；

（三）违反本办法第二十二条第一款规定，新设立的分支机构不备案的。

第五十条 有下列行为之一的，由县级以上地方人民政府房地产主管部门给予警告，责令限期改正；逾期未改正的，可处5千元以上2万元以下的罚款；给当事人造成损失的，依法承担赔偿责任：

（一）违反本办法第二十六条规定承揽业务的；

（二）违反本办法第二十九条第一款规定，擅自转让受托的估价业务的；

（三）违反本办法第二十条第二款、第二十九条第二款、第三十二条规定出具估价报告的。

第五十一条 违反本办法第二十七条规定，房地产估价机构及其估价人员应当回避未回避的，由县级以上地方人民政府房地产主管部门给予警告，责令限期改正，并可处1万元以下的罚款；给当事人造成损失的，依法承担赔偿责任。

第五十二条 违反本办法第三十一条规定，房地产主管部门拒绝提供房地产交易、登记信息查询服务的，由其上级房地产主管部门责令改正。

第五十三条 房地产估价机构有本办法第三十三条行为之一的，由县级以上地方人民政府房地产主管部门给予警告，责令限期改正，并处1万元以上3万元以下的罚款；给当事人造成损失的，依法承担赔偿责任；构成犯罪的，依法追究刑事责任。

第五十四条 违反本办法第三十五条规定，房地产估价机构擅自对外提供估价过程中获知的当事人的商业秘密和业务资料，给当事人造成损失的，依法承担赔偿责任；构成犯罪的，依法追究刑事责任。

第五十五条 资质许可机关有下列情形之一的，由其上级主管部门或者监察机关责令改正，对直接负责的主管人员和其他直接责任人员依法给予处分；构成犯罪的，依法追究刑事责任：

（一）对不符合法定条件的申请人准予房地产估价机构资质许可或者超越职权作出准予房地产估价机构资质许可决定的；

（二）对符合法定条件的申请人不予房地产估价机构资质许可或者不在法定期限内作出准予房地产估价机构资质许可决定的；

（三）利用职务上的便利，收受他人财物或者其他利益的；

（四）不履行监督管理职责，或者发现违法行为不予查处的。

第六章 附则

第五十六条 本办法自2005年12月1日起施行。1997年1月9日建设部颁布的《关于房地产价格评估机构资格等级管理的若干规定》（建房〔1997〕12号）同时废止。

本办法施行前建设部发布的规章的规定与本办法的规定不一致的，以本办法为准。

住房城乡建设部
关于做好2013年城镇保障性安居工程工作的通知

建保〔2013〕52号

各省、自治区住房城乡建设厅，北京市住房城乡建设委，上海市城乡建设交通委、住房保障房屋管理局，天津市城乡建设交通委、国土资源房屋管理局，重庆市城乡建设委、国土资源房屋管理局，新疆生产建设兵团建设局：

为贯彻落实党中央、国务院关于加快推进住房保障工作的要求，切实做好2013年城镇保障性安居工程建设和管理工作，现就有关事项通知如下：

一、加快落实年度建设任务。2013年全国城镇保障性安居工程建设任务是基本建成470万套、新开工630万套。各省（区、市）住房城乡建设（住房保障）部门要会同有关部门，督促市、县尽快将确定的年度建设任务落实到具体项目，抓紧开展立项选址、征收补偿、勘察设计、施工手续办理等前期工作。加快完善城镇保障性安居工程项目库，及时录入2013年度新开工、基本建成项目。

二、积极推进棚户区（危旧房）改造。国务院决定，本届政府任期内改造各类棚户区（危旧房）1000万套以上。各地住房城乡建设（住房保障）部门要在当地政府领导下，主动加强与有关部门的沟通协调，明确职责，协力推进棚户区（危旧房）改造。在调查摸底、汇总分析的基础上，统筹规划、突出重点，合理确定改造目标与任务，加快改善棚户区（危旧房）居民的住房条件。加快推进集中成片棚户区改造，着力抓好资源型城市及独立工矿区棚户区改造，积极推进非成片棚户区、零星危旧房改造，逐步开展城镇旧住宅区综合整治，稳步实施城中村改造。到“十二五”期末，力争基本完成集中成片棚户区改造。

三、不断提高规划设计和工程质量水平。要合理规划选址，尽可能将保障性安居工程安排在交通便利、配套设施齐全地段及住房供需矛盾突出、外来务工人员聚集的区块。优化户型设计，科学利用空间，积极引导业主单位、设计单位使用《公共租赁住房优秀设计方案汇编》中的设计方案。落实工程质量责任，严格执行基本建设程序、标准规范和工艺流程，确保工程质量。落实《国务院办公厅关于转发发展改革委住房城乡建设部绿色建筑标准行动方案的通知》（国办发〔2013〕1号）要求，积极执行绿色建筑标准。自2014年起，直辖市、计划单列市及省会城市保障性住房建设，要全面执行绿色建筑标准，提高保障性住房安全性、舒适性和健康性。

四、努力增加保障性住房的有效供应。要把加快建设进度、完善配套设施放在重要位置，切实增加有效供应，让困难群众及早入住。加大配套设施投入力度，做到配套设施与保障性安居工程项目同步规划、同期建设、同时交付使用，确保竣工项目及早投入使用。加快完善市政基础设施和公共服务设施，方便群众入住后工作、生活的需要。未按规划完成基础设施配套，达不到入住条件的项目，不得组织验收；验收不合格的，整改前不得投入使用。

五、完善保障性住房分配与管理机制。要完善保障性住房分配管理政策，使困难群众能够获得住房保障、最困难群众优先获得住房保障。适当上调收入线标准，有序扩大住房保障覆盖范围。2013年底前，地级以上城市要明确外来务工人员申请住房保障的条件、程序和轮候规则。坚持阳光操作、规范操作，确保保障性住房分配结果群众满意、社会认可。全面实施住房保障档案管理制度，抓紧建立住房保障对象信用管理制度，完善失信惩戒办法。积极创新保障性住房管理机制，不断优化居住环境，完善社区管理和服务，努力把保障房小区建成群众安居乐业的“美丽家园”。

六、切实做好住房保障统计及信息公开工作。严格按照国家统计局及我部明确的统计范围、指标口径和填报要求，开展城镇保障性安居工程统计工作。健全进度和分配环节各项数据的报送机制，确保真实、完整、及时。会同有关部门加强对市县统计工作的监督指导，加大对基层统计人员的培训力度，力戒虚报、瞒报等弄虚作假行为。健全住房保障信息公开制度，做好年度建设计划、开竣工项目、计划完成情况、分配退出等各环节信息的公开，保障群众的知情权、参与权和监督权。发挥好市、县住房城乡建设（住房保障）部门门户网站作为住房保障信息公开第一平台的作用。

七、以改革创新的精神推进住房保障工作。要大胆实践创新，努力破解住房保障工作中面临的矛盾和问题。健全鼓励民间资本参与租赁型保障性住房建设和运营的机制。探索政府监管、市场运作、高效持续的保障性住房管理制度。坚持以人为本的理念，完善公平分配制度，健全实施机制，建立便民快捷的住房保障服务体系。创新住房保障工作绩效考核办法，引导市、县切实加强保障性住房建设和管理，满足困难家庭基本需求。探索建立存量保障性住房资产监管制度。

八、严肃住房保障工作纪律。严格落实住房保障目标责任制、考核问责制、违规责任追究制，严格执行招标投标、资金管理、质量安全等工程项目管理的各项规定，严格执行保障性住房分配、使用管理的各项规定。严禁以任何形式向住房不困难的家庭提供保障性住房。严肃查处擅自改变保障性安居工程用途、套型面积等违法违规行为。对督促检查、专项检查和审计中发现问题的，要督促市县制定措施限时整改。同时，要举一反三，认真排查工作中的薄弱环节和存在问题，切实规范保障性安居工程建设和管理。

中华人民共和国住房和城乡建设部
二〇一三年四月三日

住房城乡建设部 国家发展改革委 财政部 关于做好2013年农村危房改造工作的通知

建村〔2013〕90号

各省、自治区住房城乡建设厅、发展改革委、财政厅，直辖市建委（建交委、农委）、发展改革委、财政局：

为贯彻落实党中央、国务院关于加快农村危房改造的部署和要求，切实做好2013年农村危房改造工作，现就有关事项通知如下：

一、改造任务

2013年中央支持全国266万贫困农户改造危房，其中：国家确定的集中连片特殊困难地区的县和国家扶贫开发工作重点县等贫困地区105万户，陆地边境县边境一线15万户，东北、西北、华北等“三北”地区和西藏自治区14万农户结合危房改造开展建筑节能示范。各省（区、市）危房改造任务由住房城乡建设部会同国家发展改革委、财政部确定。

二、补助对象与补助标准

农村危房改造补助对象重点是居住在危房中的农村分散供养五保户、低保户、贫困残疾人家庭和其他贫困户。各地要按照优先帮助住房最危险、经济最贫困农户解决最基本安全住房的要求，坚持公开、公平、公正原则，严格执行农户自愿申请、村民会议或村民代表会议民主评议、乡（镇）审核、县级审批等补助对象的认定程序，规范补助对象的审核审批。同时，建立健全公示制度，将补助对象基本信息和各审查环节的结果在村务公开栏公示。县级政府要组织做好与经批准的危房改造农户签订合同或协议工作，并征得农户同意公开其有关信息。

2013年中央补助标准为每户平均7500元，在此基础上对贫困地区每户增加1000元补助，对陆地边境县边境一线贫困农户、建筑节能示范户每户增加2500元补助。各省（区、市）要依据改造方式、建设标准、成本需求和补助对象自筹资金能力等不同情况，合理确定不同地区、不同类型、不同档次的省级分类补助标准，落实对特困地区、特困农户在补助标准上的倾斜照顾。

三、资金筹集和使用管理

2013年中央安排农村危房改造补助资金230亿元（含中央预算内投资35亿元），由财政部会同国家发展改革委、住房城乡建设部联合下达。中央补助资金根据农户数、危房数、地区财力差别、上年地方补助资金落实情况、工作绩效等因素进行分配。各地要采取积极措施，整合相关项目和资金，将抗震安居、游牧民定居、自然灾害倒损农房恢复重建、贫困残疾人危房改造、扶贫安居等资金与农村危房改造资金有机衔接，通过政府补助、银行信贷、社会捐助、农民自筹等多渠道筹措农村危房改造资金。地方各级财政要将农村危房改造地方补助资金和项目管理等工作经费纳入财政预算，省级财政要切实加大资金投入力度，帮助自筹资金确有困难的特困户解决危房改造资金问题。

各地要按照《中央农村危房改造补助资金管理暂行办法》（财社[2011]88号）等有关规定，加强农村危房改造补助资金的使用管理。补助资金实行专项管理、专账核算、专款专用，并按有关资金管理制度的规定严格使用，健全内控制度，执行规定标准，直接将资金补助到危房改造户，严禁截留、挤占、挪用或变相使用。各级财政部门要会同发展改革、住房城乡建设部门加强资金使用的监督管理，及时下达资金，加快预算执行进度，并积极配合有关部门做好审计、稽查等工作。

四、科学制定实施方案

各省级住房城乡建设、发展改革、财政等部门要认真组织编制2013年农村危房改造实施方案，明确政策措施、任务分配、资金安排和监管要求，并于今年8月上旬联合上报住房城乡建设部、国家发展改革委、财政部（以下简称3部委）。各省（区、市）分配危房改造任务要综合考虑各县的实际需求、建设与管理能力、地方财力、工作绩效等因素，确保安排到贫困地区的任务不低于中央下达的贫困地区任务量。各县要细化落实措施，合理安排各乡（镇）、村的危房改造任务。

五、合理选择改造建设方式

各地要因地制宜，积极探索符合当地实际的农村危房改造方式，努力提高补助资金使用效益。拟改造农村危房属整体危险（D级）的，原则上应拆除重建，属局部危险（C级）的应修缮加固。危房改造以农户自建为主，农户自建确有困难且有统建意愿的，地方政府要发挥组织、协调作用，帮助农户选择有资质的施工队伍统建。坚持以分散分户改造为主，在同等条件下传统村落和危房较集中的村庄优先安排，已有搬迁计划的村庄不予安排，不得借危房改造名义推进村庄整体迁并。积极编制村庄规划，统筹协调道路、供水、沼气、环保等设施建设，整体改善村庄人居环境。陆地边境一线农村危房改造以原址为主，确需异址新建的，应靠紧边境，不得后移。

六、严格执行建设标准

农村危房改造要执行最低建设要求，改造后住房须建筑面积适当、主要部件合格、房屋结构安全和基本功能齐全。原则上，改造后住房建筑面积要达到人均13平方米以上；户均建筑面积控制在60平方米以内，可根据家庭人数适当调整，但3人以上农户（含3人）的人均建筑面积不得超过18平方米。

各地要加强引导和规范，既要防止改造后住房达不到最低建设要求，又要防止群众盲目攀比、超标准建房。积极组织编制符合建设标准的农房设计方案，注重为将来扩建预留好接口。农房设计要符合农民生产生活习惯，体现民族和地方建筑风格，注重保持田园风光与传统风貌。加强地方建筑材料利用研究，传承和改进传统建造工法，探索符合标准的就地取材建房技术方案，推进农房建设技术进步。要结合建材下乡，组织协调主要建筑材料的生产、采购与运输，并免费为农民提供主要建筑材料质量检测服务。各地要利用好中央预拨资金，支持贫困农户提前备工备料。

七、强化质量安全管理

各地要建立健全农村危房改造质量安全管理制度，严格执行《农村危房改造抗震安全基本要求（试行）》（建村[2011]115号），积极探索抗震安全检查情况与补助资金拨付进度挂钩的具体措施。地方各级尤其是县级住房城乡建设部门要组织技术力量，开展危房改造施工现场质量安全巡查与指导监督。加强乡镇建设管理员和农村建筑工匠培训与管理，提高农房建设抗震设防技术知识水平和业务素质。编印和发放农房抗震设防手册或挂图，向广大农民宣传和普及抗震设防常识。开设危房改造咨询窗口，面向农民提供危房改造技术和工程纠纷调解服务。各地要健全和加强乡镇建设管理机构，提高服务和管理农村危房改造的能力。

农房设计要符合抗震要求，可以选用县级以上住房城乡建设部门推荐使用的通用图、有资格的个人或有资质的单位的设计方案，或由承担任务的农村建筑工匠设计。农村危房改造必须由经培训合格的农村建筑工匠或有资质的施工队伍承担。承揽农村危房改造项目的农村建筑工匠或者单位要对质量安全负责，并按合同约定对所改造房屋承担保修和返修责任。乡镇建设管理员要在农村危房改造的地基基础和主体结构等关键施工阶段，及时到现场逐户进行技术指导和检查，发现不符合抗震安全要求的当即告知建房户，并提出处理建议和做好现场记录。

八、完善农户档案管理

农村危房改造实行一户一档的农户档案管理制度，批准一户、建档一户。每户农户的纸质档案必须包括档案表、农户申请、审核审批、公示、协议等材料，其中档案表按照全国农村危房改造农户档案管理信息系统（以下简称信息系统）公布的最新样表制作。在完善和规范农户纸质档案管理与保存的基础上，严格执行农户纸质档案表信息化录入制度，将农户档案表及时、全面、真实、完整、准确地录入信息系统。各地要按照绩效考评和试行农户档案信息公开的要求，加快农户档案录入进度，提高录入数据质量，加强对已录入农户档案信息的审核与抽验。改造后农户住房产权归农户所有，并根据实际做好产权登记。

九、推进建筑节能示范

建筑节能示范地区各县要安排不少于5个相对集中的示范点（村），有条件的县每个乡镇安排一个示范点（村）。每户建筑节能示范户要采用2项以上的房屋围护结构建筑节能技术措施。省级住房城乡建设部门要及时总结近年建筑节能示范经验与做法，制定和完善技术方案与措施；充实省级技术指导组力量，加强技术指导与巡查；及时组织中期检查和竣工检查，开展典型建筑节能示范房节能技术检测。县级住房城乡建设部门要按照建筑节能示范监督检查要求，实行逐户施工过程检查和竣工验收检查，并做好检查情况记录。建筑节能示范户录入信息系统的“改造中照片”必须反映主要建筑节能措施施工现场。加强农房建筑节能宣传推广，开展农村建筑工匠建筑节能技术培训，不断向农民普及建筑节能常识。

十、健全信息报告制度

省级住房城乡建设部门要严格执行工程进度月报制度，于每月5日前将上月危房改造进度情况报住房城乡建设部。省级发展改革、财政部门要按照有关要求，及时汇总并上报有关农村危房改造计划落实、资金筹集、监督管理等情况。各地要组织编印农村危房改造工作信息，将建设成效、经验做法、存在问题和工作建议等以简报、通报等形式，定期或不定期上报3部委。省级住房城乡建设部门要会同发展改革、财政部门于2014年1月底前将2013年度总结报告和2014年度危房改造任务及补助资金申请报3部委。省级发展改革部门要牵头编报2014年农村危房改造投资计划，并于7月中旬前报国家发展改革委。

十一、完善监督检查制度

各地要认真贯彻落实本通知要求和其它有关规定，主动接受纪检监察、审计和社会监督。要定期对资金的管理和使用情况进行监督检查，发现问题，及时纠正，严肃处理。问题严重的要公开曝光，并追究有关人员责任，涉嫌犯罪的，移交司法机关处理。加强农户补助资金兑现情况检查，坚决查处冒领、克扣、拖欠补助资金和向享受补助农户索要“回扣”、“手续费”等行为。财政部驻各地财政监察专员办事处和发改稽察机构将对各地农村危房改造资金使用管理等情况进行监控和检查。

建立健全农村危房改造年度检查与绩效考评制度，完善激励约束并重、奖惩结合的任务资金分配与管理机制，逐级开展年度检查与绩效考评。住房城乡建设部、国家发展改革委、财政部对各省份农村危房改造工作情况实行年度检查与绩效考评，综合评价各地政策执行、资金落实与使用、组织管理、工程质量与进度、建筑节能示范等情况，公布检查与绩效考评结果及排名，并将结果作为安排下一年度危房改造任务和补助资金的重要依据。各地住房城乡建设部门要会同发展改革、财政部门制定年度检查与绩效考评办法，全面监督检查当地农村危房改造任务落实与政策执行情况。

十二、加强组织领导与部门协作

各地要加强对农村危房改造工作的领导，建立健全协调机制，明确分工，密切配合。各地住房城乡建设、发展改革和财政部门要在当地政府领导下，会同民政、民族事务、国土资源、扶贫、残联、环保、交通运输、水利、农业、卫生等有关部门，共同推进农村危房改造工作。地方各级住房城乡建设部门要通过多种方式，积极宣传农村危房改造政策，认真听取群众意见建议，及时研究和解决群众反映的困难和问题。

中华人民共和国住房和城乡建设部
中华人民共和国国家发展和改革委员会
中华人民共和国财政部
二〇一三年七月十一日

住房城乡建设部 工商总局
关于集中开展房地产中介市场专项治理的通知

建房〔2013〕94号

各省、自治区、直辖市住房城乡建设厅（建委、房地局）、工商行政管理局：

为贯彻落实《国务院办公厅关于继续做好房地产市场调控工作的通知》（国办发〔2013〕17号）要求，整顿和规范房地产中介市场秩序，严肃查处房地产中介机构和经纪人员的违法违规行为，现就开展房地产中介市场专项治理工作有关事项通知如下：

一、充分认识开展专项治理的重要性

房地产中介是房地产市场的重要组成部分。近些年来，房地产中介市场迅速发展，在活跃房地产市场、提高交易效率、保障交易安全等方面发挥了积极作用。但也要清醒地看到，房地产中介市场仍存在着发布虚假房源信息、协助购房人骗取购房资格、违规“群租”、泄露或不当使用委托人信息等突出问题，亟待清理整顿和规范。各级房地产管理部门、工商行政管理部门要坚决贯彻国务院要求，充分认识专项治理的重要性和紧迫性，严肃查处房地产中介机构和经纪人员的违法违规行为，促进房地产中介市场健康有序发展，切实维护群众合法权益。

二、专项治理工作重点

各级房地产管理部门、工商行政管理部门要按照各自职责，严肃查处房地产中介机构和经纪人员的以下违法违规行为：

（一）发布虚假房源信息，造谣、传谣以及炒作不实信息误导消费者的行为；

（二）诱导、教唆、协助购房人通过伪造证明材料等方式，骗取购房资格、骗提或骗贷住房公积金、规避限贷的行为；

（三）采取内部认购或雇人排队制造销售旺盛的虚假氛围以及通过炒卖房号非法牟利的行为；

（四）协助当事人签订“阴阳合同”规避交易税费的行为；

（五）违反《商品房屋租赁管理办法》规定，擅自改变房屋内部结构分割出租，为不符合安全、防灾标准的房屋提供租赁经纪服务以及低价收进高价租出赚取差价的行为；

（六）侵占、挪用房地产交易资金的行为；

（七）未履行书面告知义务，强制提供代办贷款、担保服务并额外收取费用的行为；

（八）泄露、出售或不当使用委托人的个人信息，谋取不正当利益的行为；

（九）未取得营业执照或未在房地产主管部门备案，擅自从事房地产经纪服务的行为；

（十）借用冒用房地产经纪人员名义签署房地产经纪服务合同，以及租借房地产经纪人员资格或注册证书的行为。

三、专项治理工作安排

（一）动员部署阶段（2013年6月）

住房城乡建设部、工商总局制定印发专项治理通知，提出工作要求，对专项治理工作进行部署，省（自治区）房地产管理部门、工商行政管理部门对市、县专项治理工作进行动员、指导，市、县房地产管理部门、工商行政管理部门结合实际制定具体实施方案。

（二）组织实施阶段（2013年7月-10月）

1.房地产中介机构自查。7月，市、县房地产管理部门、工商行政管理部门组织辖区内房地产中介机构自查，中介机构对发现的问题进行整改，并向当地主管部门报告自查及整改结果。同时，市、县房地产管理部门、工商行政管理部门对辖区内房地产中介机构和从业人员情况调查摸底，建立台账。

2.组织开展全面检查。8月，市、县房地产管理部门、工商行政管理部门通过现场巡查、合同抽查、投诉处理等方式，对房地产经纪行为进行全面检查和治理，依法接受举报，查处违法违规行为，并曝光典型案例。

3.省级主管部门组织检查。9月，根据各地检查情况，省级房地产管理部门、工商行政管理部门对所辖市县的治理工作开展情况进行检查。

4.住房城乡建设部、工商总局督导。10月，住房城乡建设部、工商总局组成督导组，对各地专项治理工作进行调研和督导。公开曝光一批违法违规企业，并依法严肃处理。

（三）总结巩固阶段（2013年11月）

各级房地产管理部门、工商行政管理部门总结专项治理工作，制定和完善相关政策制度，建立健全管理长效机制。

四、专项治理工作要求

（一）加强组织领导。各级房地产管理部门、工商行政管理部门要加强房地产中介市场专项治理工作的组织领导，健全机构，落实责任，务求专项治理取得实效。

（二）健全工作机制。各级房地产管理部门、工商行政管理部门要加强协作配合，建立信息共享、联动查处的工作机制。指导房地产中介行业组织加强行业自律建设，完善行业规范，强化业务培训，不断提高房地产经纪人员队伍素质。

（三）加大查处力度。各级房地产管理部门、工商行政管理部门对存在违法违规行为的房地产中介机构和经纪人员，要加大查处力度，责令限期改正，记入信用档案；拒不改正或情节严重的，对房地产中介机构可取消网上签约资格、处以罚款，并将有关情况通报税收、物价等部门；对经纪人员要依法处以罚款。

（四）加强社会监督。市、县房地产管理部门、工商行政管理部门要设立举报电话、开通举报信箱，对群众的举报和投诉，以及网络、报纸等媒体曝光的违法违规行为要认真调查、快速处理、及时反馈。

（五）加强长效机制建设。各级房地产管理部门、工商行政管理部门要通过开展专项治理，建立健全房地产交易资金监管、房地产交易合同网上签约等制度。积极推进房地产中介网上管理和服务平台建设，为备案的房地产中介机构提供房源信息查询核验等服务。建立健全房地产中介机构信用档案并向社会公示。

各省（自治区、直辖市）房地产管理部门、工商行政管理部门要在今年 11 月 30 日前将本辖区开展专项治理工作的情况报告、2 个以上的典型案例以及《房地产中介机构及人员基本情况调查汇总表》报住房城乡建设部、工商总局。

附件：房地产中介机构及人员基本情况调查汇总表（略）

中华人民共和国住房和城乡建设部
中华人民共和国国家工商行政管理总局
二〇一三年六月十三日

住房城乡建设部
关于印发《农村危房改造最低建设要求（试行）》的通知

建村〔2013〕104号

各省、自治区住房城乡建设厅，直辖市建委（建交委、农委），新疆生产建设兵团建设局：

根据住房城乡建设部、国家发展改革委、财政部《关于做好2013年农村危房改造工作的通知》（建村〔2013〕90号），为提高农村危房改造的质量水平，规范工程建设与验收，我部制定了《农村危房改造最低建设要求（试行）》（以下简称最低建设要求）。现印发你们，请认真贯彻执行。

一、严格执行最低建设要求。列入政府补助范围的农村危房改造（含新疆农村安居工程）要在设计、施工、验收等环节严格执行最低建设要求，确保农村危房改造后每户住房均不低于最低建设要求。

二、加强指导与监督检查。各地住房城乡建设部门要加大监管力度，组织开展现场指导和巡查。乡镇建设管理员要加强对农房设计的指导和审查，并在地基基础、抗震措施和关键主体结构施工过程中及时到现场指导和检查，发现不符合最低建设要求的当即告知建房户，提出处理建议并做好记录。

三、建立验收合格与补助资金拨付进度挂钩的机制。县级住房城乡建设部门要及时组织验收，按照最低建设要求逐户逐项检查和填写验收表。需检查项目全部合格的视为验收合格，否则视为不合格。各地要结合实际尽快建立验收合格与补助资金拨付进度挂钩的机制，凡验收不合格的，必须整改合格方能拨付全额补助款项。

四、加强培训和宣传推广。各地住房城乡建设部门要加强最低建设要求的学习和培训，从建设和验收等环节帮助乡镇建设管理员熟练掌握最低建设要求。加强农村建筑工匠培训和管理，积极引导工匠在施工中自觉执行最低建设要求。加大宣传推广力度，通过在村庄张贴宣传挂图、发放宣传材料等方式，确保农村危房改造的每个农户都知晓最低建设要求。

执行过程中有何问题和建议，请及时联系部村镇建设司。

中华人民共和国住房和城乡建设部

二〇一三年七月一日

附件

农村危房改造最低建设要求（试行）

第一条 为提高农村危房改造的质量水平，规范工程建设与验收，制定本最低建设要求。

第二条 凡列入政府补助范围的农村危房改造项目的建设与验收应执行本最低建设要求。

第三条 农村危房改造住房（以下简称危改房）除应符合本最低建设要求外，尚应符合国家和当地有关法律、法规、政策及标准的规定。

第四条 危改房建筑应符合以下要求：

1 寝居、食寝和洁污等功能分区，设置独用卧室、独用厨房和独用厕所。

2 一人户建筑面积不小于20平方米，两人户建筑面积不小于30平方米，三人以上户建筑面积不小于人均13平方米。

3 室内净高不小于2.40米，局部净高不小于2.10米且其面积不超过房屋总面积的1/3。

第五条 危改房选址应选择安全地段。对于可能发生滑坡、崩塌、地陷、地裂、泥石流、洪水、山洪等灾害的地段应采取技术措施处理。

第六条 危改房地基为软弱土、可液化土、湿陷性黄土、膨胀土、冻胀土、新近填土或严重不均匀土层时，应做地基处理，达到地基设计承载力要求。

第七条 危改房基础应根据房屋荷载情况、相关规范规定的房屋降沉要求等选择毛石基础、混凝土基础、砖放脚基础、灰土基础等基础形式，达到基础设计承载力要求。

第八条 危改房主体结构应根据相关标准和规范确定的当地抗震设防烈度，按照《农村危房改造抗震安全基本要求（试行）》（建村〔2011〕115号）采取抗震措施。

第九条 危改房墙体应符合以下要求：

1 布置完备，在平面、竖向与门窗洞口形成围合空间。

2 符合相关规范规定的安全性要求，无竖向歪斜。

3 表面平整，有防水防潮处理措施，外墙勒脚做防水处理高度不低于 0.6 米。当采用灰浆抹面时，抹面层干净整洁，没有明显龟裂、空鼓、剥落现象。当外墙采用清水砖墙时，进行勾缝处理。

第十条 危改房门窗应符合以下要求：

1 根据使用需要合理设置门窗，玻璃、窗扇、门板等构件完备，耐久性符合要求。

2 门窗洞口顶部应按照相关规范要求设置过梁，门窗整体达到正常使用及遭遇暴雪、大风、暴雨时的安全性要求。

3 安装到位，门窗框、扇无变形，开启灵活，关闭严密。门窗框与洞口边缘连接紧密、抹灰平整，窗台表面处理平整。

第十一条 危改房设置梁、柱时，应符合以下要求：

1 达到设计、施工规范及设计承载力要求。

2 表面平整，截面尺寸准确，梁的挠度变形及柱的垂直度符合相关规定。主要受力和连接部位无露筋、蜂窝、空洞、夹渣、疏松、明显裂缝、孔洞、腐蚀、虫蛀等现象。

第十二条 危改房楼板应符合以下要求：

1 两层或两层以上时，设置完整楼板，拼缝紧密。

2 达到相关设计、施工规范及设计承载力要求。8 度及 8 度以上抗震设防区禁止采用预制混凝土楼板。

3 表面平整，无明显的竖向挠度变形、裂缝。当采用现浇混凝土楼板时，主要受力和连接部位不得有露筋、蜂窝、空洞、夹渣、疏松等现象。

第十三条 危改房楼梯应符合以下要求：

1 两层或两层以上时，设置楼梯。

2 设置楼梯时，楼梯板、栏杆、扶手等构件应完备，达到相关设计、施工规范要求。

第十四条 危改房设置阳台、露台时，梁、柱、板、墙体等构件应符合本最低建设要求的相关要求，并根据相关规范要求设置防护栏杆。

第十五条 危改房屋面应符合以下要求：

1 围护构件完备，耐久性符合要求。

2 屋面结构安全可靠，屋面整体达到正常使用及遭遇地震、暴雪、大风、暴雨时的安全性要求，无漏雨、渗水现象。

3 采用坡屋面时，瓦片铺设整齐、匀称，粘贴牢固，搭接严密，檐口平直。当屋顶存在掉落灰土、烟尘等隐患时，应采取隔层措施，隔层结构安全、构件完备和平整洁净。

4 采用平屋面时，屋面找坡符合相关规范要求，找坡面层平整，无积水、明显裂缝等现象。

第十六条 危改房室内地面应硬化，硬化层密实、平整。

第十七条 危改房室内环境应符合以下要求：

1 朝向良好，至少有一个房间能获得日照。

2 卧室、起居室、厨房直接自然采光。

3 卧室、起居室、厨房、厕所直接自然通风。

第十八条 危改房宜按相关标准、规范和要求设置室内给水排水、照明、采暖以及防雷等设备设施。

附录：农村危房改造最低建设要求验收表

附录

农村危房改造最低建设要求验收表

_____省（区、市）_____县_____镇（乡）_____村

户主姓名_____身份证号__________联系电话__________

开工日期____竣工日期____建筑层数__ 建筑面积__m²

验收日期____验收人姓名_____联系电话__________

序号	检查项目	检查结果			填表说明
		有无及完备性	安全性	观感质量	
1	建筑选址	/		/	1、根据《农村危房改造最低建设要求（试行）》逐项验收填写。 2、拟验收危改房符合《最低建设要求》第六条规定时必须验收第5项，否则不必验收；拟验收危改房如已设置第10、13项时必须验收，否则不必验收；两层及以上危改房必须验收第11、12项；一层危改房如已设置第12项时必须验收，否则不必验收。 涂改等痕迹。 3、验收合格项在相应的方格中填“√”，不合格的填“×”，不必验收的填“○”。 4、所有须验收项全部合格的视为验收合格，否则不合格，并在验收结论的相应方格中填“√”。 5、填写字迹须清晰工整，不得有涂改等痕迹。
2	功能分区		/	/	
3	建筑面积		/	/	
4	室内净高		/	/	
5	地基	/		/	
6	基础			/	
7	抗震措施			/	
8	墙体				
9	门窗				
10	梁、柱	/			
11	楼板				
12	楼梯			/	
13	阳台、露台	/		/	
14	屋面				
15	室内地面	/	/		
16	日照		/	/	
17	采光		/	/	
18	通风		/	/	
（其它需说明的事项）					

验收结论：合格□　不合格□

验收人员签字_______　　验收单位（章）

__年__月__日

住房和城乡建设部
关于进一步加强国有土地上房屋与补偿信息公开工作的通知

建房〔2013〕133号

各省、自治区住房和城乡建设厅、北京住房和城乡建设委员会、天津市国土资源和房屋管理局、上海市住房保障和房屋管理局、重庆市国土资源和房屋管理局、新疆生产建设兵团建设局：

为贯彻落实《国务院办公厅关于印发当前政府信息公开重点工作安排的通知》（国办发〔2013〕73号），进一步加强国有土地上房屋与补偿信息公开工作，现将有关事项通知如下：

一、深入推进信息公开工作。各地要认真贯彻落实《国有土地上房屋征收与补偿条例》，在继续做好房屋征收补偿方案补偿标准，补偿结果信息公开的基础上，重点做好房屋征收决定、补助奖励政策和标准在征收范围内公布，征收房屋的调查结果、初步评估结果、分户补偿情况在征收范围内向被征收人公告，全面坚持阳光征收，促进房屋征收工作公开、公平、公正。

二、加大主动公开工作力度。各地要按照政府信息公开、房屋征收与补偿相关法律法规规定，认真梳理房屋征收与补偿信息，细化信息公开目录和范围，对应当公开、能够公开的信息，要依法、及时、主动公开。要建立健全房屋征收与补偿信息主动公开机制，增强工作的主动性和实效性。不断拓展信息公开渠道，在充分发挥政府网站、政府公报、新闻发布会、报刊、广播电视等平台和载体作用的基础上，进一步加强房屋征收现场公告栏、电子屏的建设、主动公开房屋征收决定、补偿方案、用于产权调换的房屋情况等房屋征收与补偿信息，切实保障被征收人的知情权。

三、积极稳妥做好依申请公开。各地要高度重视房屋征收与补偿信息依申请公开工作，规范工作程序，明确工作分工，落实工作责任，确保答复工作依法、规范。加强房屋征收与补偿相关法规政策宣传，积极引导申请人依法提出申请。对于申请信息公开的，要按照法律法规规定的时限、方式，认真办理，及时答复申请人。对依申请公开工作中的复杂疑难问题，要加强研究，健全相关制度，满足人民群众的特殊需求。进一步完善房屋征收与补偿信息公开保密审查机制，涉及国家秘密、商业秘密、个人隐私的，要严格按照有关法律法规规定办理。

四、加强业务管理系统和队伍建设。各地要进一步加强房屋征收信息系统建设，逐步建设房屋征收与补偿信息公开网上发布和查询平台，推行房屋征收补偿协议网上签约，提升房屋征收与补偿信息公开信息化水平。根据房屋征收与补偿工作实际，通过举办培训班、以会代训等方式，加强房屋征收与补偿、政府信息公开及相关法律知识的培训与教育，不断提高房屋征收工作人员做好信息公开工作的能力。

五、推进制度建设和监督检查工作。各地要加强房屋征收与补偿信息公开制度建设，建立健全工作考核考评机制，明确考核原则、内容、标准、程序和方式，推动房屋征收与补偿信息公开工作取得实效。上级人民政府房屋征收部门要加强对下级人民政府房屋征收部门信息公开工作的监督指导，坚持一级抓一级，层层抓落实，把房屋征收与补偿信息公开工作落到实处。住房城乡建设部将会同有关部门适时对各地贯彻落实本通知情况进行抽查。

请于2013年12月10日前将本地区房屋征收与补偿信息公开工作情况报我部。

中华人民共和国住房和城乡建设部
二〇一三年九月二十三日

住房城乡建设部
关于深入开展全国工程质量专项治理工作的通知

建质〔2013〕149号

各省、自治区住房城乡建设厅，直辖市建委（建交委、规委），新疆生产建设兵团建设局：

多年来，各地高度重视工程质量工作，认真加强工程质量监管，狠抓质量问题治理，取得明显成效。为巩固近年来工程质量管理成果，促进工程质量水平进一步提高，满足人民群众对工程质量的更高期望和要求，决定用五年左右时间，在全国集中深入开展工程质量专项治理工作。专项治理工作包括房屋建筑工程勘察设计质量专项治理和住宅工程质量常见问题专项治理两方面内容。

各级住房和城乡建设主管部门要充分认识深入开展工程质量专项治理工作的重要性和紧迫性，加强组织领导，强化综合治理，按照《房屋建筑工程勘察设计质量专项治理工作方案》和《住宅工程质量常见问题专项治理工作方案》的要求，结合实际制定本地区专项治理具体工作方案，明确阶段工作目标，突出治理重点，采取有效措施，认真组织开展治理工作，确保专项治理工作取得实效，促进全国工程质量水平的不断提高。

附件：1. 房屋建筑工程勘察设计质量专项治理工作方案
2. 住宅工程质量常见问题专项治理工作方案

中华人民共和国住房和城乡建设部
二〇一三年十月二十四日

附件1

房屋建筑工程勘察设计质量专项治理工作方案

一、工作目标

（一）总体要求

坚持以科学发展观为指导，坚持立足实际、以人为本。强化勘察设计质量意识，规范勘察设计质量行为，落实勘察设计质量责任。在认真分析总结勘察设计质量突出问题的基础上，完善房屋建筑工程勘察设计质量监管制度，全面提升房屋建筑工程勘察设计质量水平。

（二）工作目标

通过专项治理，争取2017年全国房屋建筑工程施工图设计文件审查每百个项目违反工程建设标准强制性条文数比2012年下降25%，勘察设计审查一次通过率在2012年基础上提高15%。勘察设计引起的房屋建筑工程质量问题明显减少，全国房屋建筑工程勘察设计质量总体水平显著提高。

二、主要任务

勘察设计质量专项治理范围：住宅工程（重点为保障性安居工程）、大型公共建筑和超限高层建筑。

勘察质量专项治理工作重点：强化勘察现场工作质量控制和室内试验工作质量管理。

设计质量专项治理工作重点：强化工程建设强制性标准执行、设计方案论证和规范设计变更管理。

三、实施步骤

（一）宣传发动（2013年）

1. 贯彻落实《房屋建筑和市政基础设施工程施工图设计文件审查管理办法》。根据《关于实施<房屋建筑和市政基础设施工程施工图设计文件审查管理办法>有关问题的通知》，做好审查机构名录确认管理等相关工作，规范审查行为。印发《关于进一步加强建筑工程勘察设计质量管理的意见》并组织宣贯。

2. 在全国勘察设计处长工作座谈会上，动员和部署专项治理工作。

3. 各地根据下发的通知精神和实际情况，制定细化的本地区勘察设计质量专项治理方案和针对性措施，组织开展勘察设计质量专项治理工作。

4. 组织《岩土工程勘察文件技术审查要点》、《建筑工程施工图设计文件技术审查要点》的宣贯培训工作。组织修订《建筑工程设计文件编制深度规定》。

（二）实施推进（2014-2016 年）

1. 各地开展房屋建筑工程勘察设计质量自查和施工图审查机构自查工作，上报自查情况和本地区勘察设计问题典型案例。

2. 制定勘察现场司钻员、描述员、土工试验员培训教材，指导各地培训工作，适时抽查培训上岗情况。各地组织开展勘察现场工作人员和土工试验员上岗技能培训，强化勘察现场和土工试验质量管理工作。

3. 开展部分地区住宅工程、大型公共建筑和超限高层建筑勘察设计质量抽查，在各地自查与全国抽查情况基础上，分析汇总形成通报。

4. 各地汇总当地典型案例，研究分析勘察设计质量问题和隐患成因，并提出改进措施。

5. 组织研究勘察设计质量不良记录报送、公示制度，推进勘察设计质量信用体系和工程质量安全信息系统建设。

（三）总结推广（2017 年）

1. 总结勘察设计质量专项治理工作成果和经验，在全国范围内推广先进勘察设计质量监督管理经验。

2. 根据检查情况和典型案例，总结具有普遍性的勘察设计质量问题，深刻分析问题成因，制定解决办法，着手修订有关法律法规和政策文件。

附件 2

住宅工程质量常见问题专项治理工作方案

一、工作目标

（一）总体要求

以科学发展观为指导，坚持以人为本，突出质量常见问题专项治理重点，准确把握常见问题产生的根源，坚持市场与现场联动、技术与管理并重、质量行为与工程实体质量齐抓，严格质量责任落实，强化激励约束措施，构建质量常见问题治理长效机制，有效预防和治理质量常见问题，全面提升住宅工程质量水平。

（二）工作目标

通过五年努力，新建住宅工程质量常见问题预防和治理覆盖率达到 100%，住宅工程质量水平明显提高，住宅性能明显改善，住宅质量投诉明显减少，住户质量满意度明显提高，专项治理工作取得显著成效。

二、主要任务

治理范围：新建住宅工程特别是保障性安居工程。

治理重点：渗漏、裂缝以及水暖、电气、节能保温等方面影响使用功能的质量常见问题。各地要结合实际，在上述治理重点基础上补充、细化确定本地区住宅工程质量常见问题专项治理重点。

三、实施步骤

按照总体要求，专项治理工作分阶段组织实施，每阶段工作重点安排如下：

（一）宣传发动（2013 年）

1. 召开全国住宅工程质量常见问题专项治理工作座谈会，动员和部署专项治理工作，交流各地好的做法和经验，观摩质量常见问题治理工程。

2. 广泛发动、组织有关媒体就开展住宅工程质量常见问题专项治理工作进行专题宣传、报道和交流、探讨，营造“企业重视、行业推动、群众受益、社会关注”的良好氛围。

3. 各地要按照本方案要求，结合实际制定本地区专项治理具体工作方案并报我部备案。同时，要针对本地区住宅工程质量特点和常见问题，编制专项治理技术措施。

（二）实施推进（2014-2016 年）

1. 确定年度专项治理工作重点，稳步推进专项治理工作。各地要结合我部年度专项治理工作重点，提出本地区专项治理年度行动计划，有针对性地开展某项或某几项质量常见问题的专项治理，采取有效措施，扎实推进治理，确保工作成效。

2. 开展住宅工程质量常见问题专项治理示范工程创建活动，树立一批全国住宅工程质量常见问题专项治理示范工程；全面推行样板间制度；引导企业将质量常见问题防治工艺总结为工法，具备条件的鼓励申报国家级工法。

3. 组织开展专项督查。重点检查各地专项治理工作开展情况、常见问题治理措施和质量分户验收制度等落实情况，促进专项治理工作的深入开展。

4. 组织召开专项治理经验交流会。交流各地好的做法和经验，观摩质量常见问题专项治理示范工程，针对专项治理工作中出现的新情况和新问题，研究提出防治措施。

5. 组织开展工程质量常见问题防治标准规范、技术措施的宣讲、培训。

6. 构建质量常见问题防治长效机制。研究建立住宅工程质量常见问题治理专项措施制度，制修订工程质量常见问题防治有关标准规范，推进工程质量监管信息系统和工程质量信用体系建设。

（三）总结推广（2017 年）

1. 组织召开全国住宅工程质量常见问题专项治理工作总结大会，总结专项治理工作成果和经验，推广应用先进技术和管理措施。

2. 将专项治理工作转为常态化、日常性工作，建立长效机制，巩固治理成果，有效防治工程质量常见问题，全面提升工程质量水平。

住房城乡建设部
关于进一步规范房地产估价机构管理工作的通知

建房〔2013〕151号

各省、自治区住房和城乡建设厅，直辖市房地局（建委）：

按照《住房和城乡建设部关于修改<房地产估价机构管理办法>的决定》（住房和城乡建设部令第14号）有关要求，为深化行政审批制度改革，提高行政效能，经研究，决定转变一级房地产估价机构资质管理方式，进一步规范房地产估价机构管理工作。现就有关问题通知如下：

一、明确一级房地产估价机构资质核准管理职责

住房城乡建设部负责指导和监督房地产估价机构资质核准工作，制定房地产估价机构资质等级条件，指导全国房地产估价行业管理信息平台建设，制定房地产估价机构资质证书式样，不再承担一级房地产估价机构资质核准工作。省、自治区、直辖市住房城乡建设（房地产）管理部门负责本行政区域内的一级房地产估价机构资质核准工作。

二、建立全国统一的房地产估价行业管理信息平台

为规范房地产估价行业管理，有效促进全国房地产估价市场的统一开放、公平诚信、竞争有序，将房地产估价机构资质核准、房地产估价师注册、房地产估价信用档案等信息系统进行整合，建立全国统一的房地产估价行业管理信息平台，实现资质核准、人员注册、信用档案管理等信息关联共享，进一步发挥信息平台在行业准入、从业行为监管、估价报告管理、信用体系建设的作用，全面提升房地产估价行业管理水平。全国房地产估价行业管理信息平台建设的具体工作和房地产估价报告评审标准的制定，由中国房地产估价师与房地产经纪人学会承担。

三、规范房地产估价机构资质核准管理

房地产估价机构资质核准部门应当通过全国房地产估价行业管理信息平台开展资质核准及行业信息发布等工作。各级房地产估价机构资质等级条件按照《房地产估价机构管理办法》（原建设部令第142号）规定执行。资质核准中的房地产估价报告评审，应当执行全国统一的房地产估价报告评审标准，房地产估价报告应当从全国房地产估价信用档案的估价报告名录中随机选取；房地产估价机构业绩认定，应当以全国房地产估价信用档案记载的业绩为准。其中：一级房地产估价机构资质核准，应当从全国房地产估价报告评审专家库中抽取专家对估价报告进行评审。

四、加强房地产估价行业监督管理

各级住房城乡建设（房地产）管理部门应当加强对房地产估价行业的监督管理。建立健全房地产估价机构和注册房地产估价师信用档案，及时更新信用档案信息。要严格按照资质等级条件，统一标准，加强房地产估价机构资质核准管理，强化审批事后监管。要努力营造公平竞争、打破分割、优胜劣汰的市场环境，促进形成统一的全国性房地产估价市场，不得利用资质核准管理、设定限制性条件等手段阻碍或排斥外地机构进入本地市场；也不得以变相降低本地房地产估价机构资质核准条件、选择性执法等方式保护本地机构。强化行业自律管理，充分发挥房地产估价行业组织的作用，尚未建立房地产估价行业组织的地区，要尽快组建。我部将加强对房地产估价行业的监督指导，定期对各地的资质核准情况、行业管理情况进行抽检，纠正资质管理中的违法行为。

省级住房城乡建设（房地产）管理部门要按照本通知要求，做好相关衔接工作。资质核准工作中遇到的问题，可以与我部房地产市场监管司联系。

自2013年10月16日起，我部不再受理一级房地产估价机构资质行政审批事项；此前我部已经受理的一级房地产估价机构资质行政审批事项，继续由我部办理。

中华人民共和国住房和城乡建设部

二〇一三年十月二十四日

住房城乡建设部
关于加强住房保障廉政风险防控工作的指导意见

建保〔2013〕153 号

各省、自治区住房城乡建设厅，北京市住房城乡建设委，天津市城乡建设交通委、国土资源房屋管理局，上海市城乡建设交通委、住房保障房屋管理局，重庆市城乡建设委、国土资源房屋管理局，新疆生产建设兵团建设局：

为贯彻落实中共中央纪委《关于加强廉政风险防控的指导意见》（中纪发〔2011〕42 号），加强住房保障廉政风险防控工作，提出如下意见：

一、总体要求和基本原则

（一）总体要求

深入贯彻落实科学发展观，按照中央关于反腐倡廉的部署要求，坚持"标本兼治、综合治理、惩防并举、注重预防"的方针，加强制度建设，完善管理流程，规范行政行为，监控权力运行，建立职责清晰、制度健全、风险可控、层级监管的住房保障廉政风险防控机制，形成决策权、执行权、监督权既相互协调又相互制约的运行机制，建设廉洁高效的管理队伍，推进住房保障事业持续健康发展。

（二）基本原则

1. **全面防控，突出重点。**全面排查廉政风险，完善防控制度措施，突出抓好重要岗位、重要事项等关键廉政风险点的防控工作，对玩忽职守、滥用职权、徇私舞弊、不当配置住房保障资源等违法违纪行为形成有效制约。

2. **惩防并举，注重预防。**坚持标本兼治，更加注重治本，实施教育、制度、防控、监督相结合，更加注重预防，惩处住房保障领域违法违纪行为。

3. **完善制度，制约权力。**注重从制度建设的源头上防范廉政风险，把廉政风险防控与住房保障制度建设相结合，规范业务管理程序，实行事前、事中、事后监控权力安全运行，用制度制约权力。

4. **科技支撑，监督实施。**运用信息技术，建立住房保障管理信息系统，提升防控效能；切实履行住房保障主管部门防控职责，接受上级监管和职能监督、社会监督，健全考核问责机制。

二、排查廉政风险

对照住房保障主管部门工作职责，梳理住房保障业务流程、权力运行程序，采取自查和互查方式，全面排查住房保障主管部门、内设机构、工作岗位的廉政风险点。

（一）房源筹集环节

在房源筹集环节，重点围绕建设、购买、租赁保障性住房项目的确定和实施排查廉政风险点。主要包括：住房保障规划计划编制执行符合实际需求情况；政府投资建设、购买、租赁保障性住房涉及的招标投标、资金使用、价格确定、建筑材料设备选用、工程质量安全管理、竣工验收备案情况；社会投资筹集保障性住房的项目决策、政策落实情况；配套设施建设与交付使用情况等。

（二）准入轮候环节

在准入轮候环节，重点围绕准入条件、审核复核等排查廉政风险点。主要包括：准入条件与审核程序公开征求意见、符合实际情况；对申请人住房和经济状况审核程序的执行情况，审核资料的提交与审查，审核结果的公示公开，审核异议的核查处理情况；轮候顺序的确定与变更情况等。

（三）分配管理环节

在分配管理环节，重点围绕房屋配租配售、货币补贴发放等排查廉政风险点。主要包括：分配方案和分配排序的确定与变更，房屋的选择与交付，货币补贴的确定与发放，分配合同的签订履行，分配信息公开情况等。

（四）运营管理环节

在运营管理环节，重点围绕营运机制、房屋使用和维修维护排查廉政风险点。主要包括：保障性住房营运机制建设和使用管理，物业服务企业的选择，物业费标准的确定，物业服务合同的履行，租金、物业费、物业维修基金等资金的收缴和使用，保障性住房和配套设施维修企业及材料的选择等。

（五）退出管理环节

在退出管理环节，重点围绕退出住房保障排查廉政风险点。主要包括：对不再符合保障条件对象的退出处理，对违规获得住房保障或违规使用保障性住房的清退执行，退出保障性住房的交接管理，保障性住房上市收益调节等。

（六）投诉处理环节

在投诉处理环节，重点围绕对违法违纪行为的核查处理排查廉政风险点。主要包括：案件受理、案件核实、案件查处，案件处理结果反馈和公开情况等。

三、健全防控制度

根据住房保障廉政风险环节和廉政风险点，确定风险等级，明确风险岗位职责，建立健全廉政风险防控制度措施，并贯穿于住房保障业务全过程，有效制约权力运行，预防违法违纪行为发生。

（一）加强房源筹集管理

科学确定住房保障工作任务，结合实际编制、执行住房保障规划计划，既符合群众需求又避免资源浪费；完善房源筹集项目集体决策程序，防止违规插手干预项目实施；规范保障性住房建设、购买、租赁等筹集政策与行为，同步建设配套设施，按期形成有效供应；严格房源筹集资金使用管理，严格工程预决算管理；执行基本建设程序，加强工程质量安全管理，严把材料进场和工程检测关口，严格质量分户验收和竣工验收备案。

（二）严把准入轮候关

完善住房保障准入审核制度，规范审核流程，建立多部门协作、信息共享的住房保障审核机制；明确住房保障范围、准入条件、优先保障条件，并公开发布、定期调整；严格执行审核制度，按规定程序对申请人住房和经济状况进行审核；严格准入审核情况公示公开，规范公示公开内容、范围；建立科学的轮候规则，对轮候对象严格执行动态复核程序。

（三）规范分配管理

完善公平分配制度，建立科学规范的评分排序、摇号选房等分配规则，优先向住房最困难家庭分配；严格执行房源分配和货币补贴管理制度，严禁以任何形式向不符合住房保障条件的对象供应保障性住房或发放货币补贴；坚持公开分配，实行分配方案、分配过程、分配房源、分配结果公开透明，防止关系房、人情房。

（四）强化运营管理

健全运营管理机制，加强公共资产管理；建立房屋管理、合同履行、物业服务等制度；按规定程序选择物业服务企业和维修企业，合理确定收费标准；完善保障性住房小区管理服务方式，规范房屋使用管理和维修养护，查处违规转租、转借、转让等行为；严格租金、物业费、物业维修基金等资金收缴和使用，规范实施租金、物业费减免。

（五）健全退出制度

按照规范化和人性化相结合的原则，综合运用经济、行政、司法等手段，完善退出管理办法；健全住房保障退出衔接机制，建立保障性住房上市收益调节办法，合理确定收益分成比例，实现住房保障有序退出；规范退出保障性住房的交接管理，查处违规占用住房保障资源等违法违纪行为。

（六）严格投诉处理

健全投诉举报核查处理机制，维护公共利益和当事人合法权益；畅通投诉举报渠道，规范案件受理程序，严格案件核查处理；及时反馈或公开案件查处情况，依法保护投诉举报人的合法权益。

四、加强组织实施

（一）落实工作责任制

住房保障是政府公共服务的重要职责，各级住房保障主管部门要落实住房保障廉政风险防控工作责任制，建立主要领导负总责、分管领导具体抓、纪检监察机关协调推进的工作机制。要与相关部门协调配合，按照各自职责分工，落实部门责任和岗位责任，协同防控廉政风险。要将住房保障廉政风险防控工作纳入住房保障绩效考核，建立问责机制，实行廉政风险防控与住房保障业务工作同时布置、同时检查、同时考核，一级抓一级，层层抓落实。

（二）建立长效机制

各地可以根据本意见制定具体实施办法，加强住房保障廉政风险防控制度建设，完善廉政风险防控长效机制，推进廉政风险防控工作制度化、规范化。要加强科技防控，建立住房保障管理信息系统，健全信息系统安全、保密制度，充分利用电子政务设施，依托信息化手段，推进业务流程程序化、标准化、规范化。

（三）加强队伍建设

加强住房保障管理服务体系建设，强化对反腐倡廉政策法规的学习，增强住房保障管理队伍依法行政、执政为民、遵纪守法的自觉性，筑牢反腐倡廉思想防线。加强住房保障政策法规教育，定期开展住房保障业务培训，提升管理队伍的业务素质和管理能力。加强廉政文化教育和示范教育、警示教育，弘扬社会主义核心价值体系，建设为民务实清廉的住房保障管理队伍。

（四）实行政务公开

贯彻执行政务公开的政策法规，遵循公平、公正、便民的原则，健全住房保障政务公开、办事公开制度，推进行政权力运行程序化、公开化。实行住房保障业务信息公开和廉政风险防控信息公开，主动接受社会监督。发挥政府部门网站公开住房保障信息的主渠道作用，设置信息公开专栏，完善信息公开内容，规范信息公开形式，方便社会公众查阅，保障群众的知情权、参与权和监督权。

（五）健全监督机制

各省级住房保障主管部门要在加强本级廉政风险防控工作的同时，加强分类指导和监督检查，督促市县住房保障主管部门落实防控责任、完善制度措施。市县住房保障主管部门要完善住房保障管理规程，强化内部防控制度，健全监管措施，自觉接受纪检监察机关、审计机关的监督，建立纠错机制。

中华人民共和国住房和城乡建设部

二〇一三年十月二十八日

住房城乡建设部 财政部 国家发展改革委 关于公共租赁住房和廉租住房并轨运行的通知

建保〔2013〕178号

各省、自治区住房城乡建设厅、财政厅、发展改革委，北京市住房城乡建设委、财政局、发展改革委，上海市城乡建设交通委、住房保障房屋管理局、财政局、发展改革委，天津市城乡建设交通委、国土资源房屋管理局、财政局、发展改革委，重庆市国土资源房屋管理局、财政局、发展改革委，新疆生产建设兵团建设局、财务局、发展改革委：

根据《国务院批转发展改革委关于2013年深化经济体制改革重点工作意见的通知》（国发〔2013〕20号）和《国务院办公厅关于保障性安居工程建设和管理的指导意见》（国办发〔2011〕45号）等文件精神，从2014年起，各地公共租赁住房和廉租住房并轨运行，并轨后统称为公共租赁住房。现就有关事宜通知如下：

一、调整公共租赁住房年度建设计划

从2014年起，各地廉租住房（含购改租等方式筹集，下同）建设计划调整并入公共租赁住房年度建设计划。2014年以前年度已列入廉租住房年度建设计划的在建项目可继续建设，建成后统一纳入公共租赁住房管理。

二、整合公共租赁住房政府资金渠道

廉租住房并入公共租赁住房后，地方政府原用于廉租住房建设的资金来源渠道，调整用于公共租赁住房（含2014年以前在建廉租住房）建设。原用于租赁补贴的资金，继续用于补贴在市场租赁住房的低收入住房保障对象。

从2014年起，中央补助公共租赁住房建设资金以及租赁补贴资金继续由财政部安排，国家发展改革委原安排的中央用于新建廉租住房补助投资调整为公共租赁住房配套基础设施建设补助投资，并向西藏及青海、甘肃、四川、云南四省藏区、新疆自治区及新疆建设兵团所辖的南疆三地州等财力困难地区倾斜。

三、进一步完善公共租赁住房租金定价机制

各地要结合本地区经济发展水平、财政承受能力、住房市场租金水平、建设与运营成本、保障对象支付能力等因素，进一步完善公共租赁住房的租金定价机制，动态调整租金。

公共租赁住房租金原则上按照适当低于同地段、同类型住房市场租金水平确定。政府投资建设并运营管理的公共租赁住房，各地可根据保障对象的支付能力实行差别化租金，对符合条件的保障对象采取租金减免。社会投资建设并运营管理的公共租赁住房，各地可按规定对符合条件的低收入住房保障对象予以适当补贴。

各地可根据保障对象支付能力的变化，动态调整租金减免或补贴额度，直至按照市场价格收取租金。

四、健全公共租赁住房分配管理制度

各地要进一步完善公共租赁住房的申请受理渠道、审核准入程序，提高效率，方便群众。各地可以在综合考虑保障对象的住房困难程度、收入水平、申请顺序、保障需求以及房源等情况的基础上，合理确定轮候排序规则，统一轮候配租。已建成并分配入住的廉租住房统一纳入公共租赁住房管理，其租金水平仍按原有租金标准执行；已建成未入住的廉租住房以及在建的廉租住房项目建成后，要优先解决原廉租住房保障对象住房困难，剩余房源统一按公共租赁住房分配。

五、加强组织领导，有序推进并轨运行工作

公共租赁住房和廉租住房并轨运行是完善住房保障制度体系，提高保障性住房资源配置效率的有效措施；是改善住房保障公共服务的重要途径；是维护社会公平正义的具体举措。各地要进一步加强领导，精心组织，完善住房保障机构，充实人员，落实经费，理顺体制机制，扎实有序推进并轨运行工作。各地可根据本通知，结合实际情况，制定具体实施办法。

中华人民共和国住房和城乡建设部
中华人民共和国财政部
中华人民共和国国家发展和改革委员会
二〇一三年十二月二日

住房城乡建设部
关于保障性住房实施绿色建筑行动的通知

建办〔2013〕185 号

各省、自治区住房城乡建设厅，北京市住房城乡建设委、规划委，上海市城乡建设交通委、规划和国土资源管理局、住房保障房屋管理局，天津市城乡建设交通委、规划局、国土资源房屋管理局，重庆市城乡建设委、规划局、国土资源房屋管理局，新疆生产建设兵团建设局：

根据《国务院办公厅关于转发发展改革委住房城乡建设部绿色建筑行动方案的通知》(国办发〔2013〕1号)要求，积极推进在保障性住房建设中实施绿色建筑行动，现将有关事项通知如下：

一、充分认识保障性住房实施绿色建筑行动的重要性

保障性住房是政府投资或政府主导的项目，在保障性住房中实施绿色建筑行动，将保障性住房建设成为绿色保障性住房，可有效提高保障性住房的安全性、健康性和舒适性，对在全社会推行绿色建筑具有示范效应。各地要高度重视，把实施绿色建筑行动作为转变住房发展方式、加强保障性住房质量管理、提升保障性住房品质的重点内容，积极推进。

二、全面推进，重点突出

各地要本着经济、适用、环保、安全、节约资源的原则，统一规划，精心组织，分步实施。2014 年起直辖市、计划单列市及省会城市市辖区范围内的保障性住房，同时具备以下条件的，应当率先实施绿色建筑行动，至少达到绿色建筑一星级标准：

（1）政府投资；

（2）2014 年及以后新立项；

（3）集中兴建且规模在 2 万平方米以上；

（4）公共租赁住房（含并轨后的廉租住房）。

直辖市、计划单列市及省会城市，可以根据当地实际，扩大实施绿色建筑行动的范围。其他市、县有序推进。

三、完善实施机制

在下达保障性安居工程年度计划时，应当明确提出实施绿色建筑行动的要求，并落实到项目。建设单位在编制项目可行性研究报告时，要有绿色建筑相关内容，并将有关成本纳入投资概预算；规划部门应当就保障性住房建设项目规划、设计方案和指标是否符合绿色建筑相关要求征求同级建设主管部门的意见，如有不同意见，不予办理建设工程规划许可证；在项目设计时，建设单位向施工图设计文件审查机构送审施工图设计文件时，应当包含绿色建筑设计内容。设计、施工、监理等招投标时，要将相关要求列入招标文件，并在项目建设协议、合同中明确。

四、明确各方主体责任

建设单位对绿色保障性住房建设负总责。设计单位应当依据国家和地方有关法规和标准，按照《绿色保障性住房技术导则》（试行）进行绿色建筑设计，施工图设计文件应当编制绿色建筑专篇。施工图设计文件审查机构应当就项目是否落实绿色建筑设计相关要求进行审查，并在审查合格书中注明。未经审查或审查不合格的，住房城乡建设主管部门不得颁发施工许可证。施工单位要严格按照经审查合格后的施工图设计文件进行施工。未按规定进行设计、施工的项目，不得组织竣工验收。竣工验收合格的绿色保障性住房可认定为一星级绿色建筑，不再进行专门评价。未履行相关职责的部门，应承担相应责任。

五、加强宣传和指导

各地要加强对绿色保障性住房的宣传，及时总结省会及计划单列市绿色保障性住房建设的经验，发挥示范带动作用。要通过多种方式对保障部门及承担保障性住房项目的设计、施工等单位进行培训；要做好技术指导工作，各地可根据《绿色保障性住房技术导则》（试行），研究制定本地区的绿色保障性住房技术政策。

中华人民共和国住房和城乡建设部

二〇一三年十二月十六日

住房城乡建设部
关于加强房地产市场监管廉政风险防控工作的指导意见

建房〔2013〕189号

各省、自治区住房城乡建设厅，北京市住房城乡建设委，天津市城乡建设交通委、国土资源房屋管理局，上海市城乡建设交通委、住房保障房屋管理局，重庆市城乡建设委、国土资源房屋管理局，新疆生产建设兵团建设局：

为贯彻落实中央纪委《关于加强廉政风险防控的指导意见》（中纪发〔2011〕42号），进一步加强房地产市场监管廉政风险防控工作，促进房地产市场持续健康发展，现提出如下意见：

一、总体要求和基本原则

（一）总体要求

以邓小平理论、“三个代表”重要思想和科学发展观为指导，按照党的十八大精神和党风廉政建设责任制的要求，坚持“标本兼治、惩防并举、注重预防”的方针。以制约和监督权力运行为核心，以岗位风险防控为基础，以加强制度建设为重点，以强化监督制约为保证，构建权力清晰、风险明确、防范有效的廉政风险防控机制，促进房地产业持续健康发展。

（二）基本原则

坚持围绕中心、服务大局，把廉政风险防控与房地产市场监管工作紧密结合；坚持突出重点、深化监管，抓住重点岗位和权力运行的关键环节，建立廉政风险防控机制；坚持惩防并举，注重预防，实施教育、制度、防控、监督相结合的方针，促进廉洁从政。

二、排查廉政风险

按照法定职责和权限，认真梳理业务流程和权力运行程序，通过自己查、群众评、专家议、组织审等方式，重点对可能存在的廉政风险点进行查找和评估。

（一）企业资质审批

在企业资质审批环节，重点围绕房地产开发、房地产价格评估、物业服务企业资质标准和程序的履行、评审结果的确定和公示等排查廉政风险点。主要包括：接收申报材料、抽取评审专家、组织专家评审、形成评审意见、公示评审结果、调查核实投诉举报信息、形成评审结果等。

（二）执业资格考试和注册审批

在执业资格注册审批环节，重点围绕房地产估价师和物业管理师的考试命题、阅卷评分和注册审批等排查廉政风险点。主要包括：组织有关专家命题审定、试卷的印刷及送达、考试组织和阅卷评分、公布考试成绩和合格人员名单、调查核实投诉举报信息、形成审核结果等。

（三）房地产市场调控

在房地产市场调控环节，重点围绕调控的制定、执行和监督检查等排查廉政风险点。主要包括：房地产市场调控政策的制定、贯彻落实和监督检查等。

（四）房地产交易与登记

在房地产交易与登记环节，重点围绕房地产交易管理、房产面积测绘和房屋登记管理等排查廉政风险点。主要包括：商品房预售许可审批、商品房买卖合同备案管理、商品房预售资金监管、房屋租赁合同登记备案的执行、房屋登记要件的审查等。

（五）房屋征收管理

在房屋征收管理环节，重点围绕法规政策的制定、执行和监督检查等排查廉政风险点。主要包括：房屋征收政策的制定，征收补偿方案、补偿标准、补偿结果信息的公开，违法案件的督查督办等。

（六）物业管理

在物业管理环节，重点围绕物业管理法规政策的制定、执行和指导检查等排查廉政风险点。主要包括：物业管理、住宅专项维修资金政策法规的制定及实施，监督指导各地住宅专项维护资金的交存、管理和使用等。

三、健全防控制度

根据房地产市场监管廉政风险环节和风险点，建立健全廉政风险防控制度和措施，并贯穿于房地产市场监管业务全过程，避免徇私舞弊、滥用职权、玩忽职守等违法违规行为发生，有效制约权力运行。

（一）严格房地产企业资质核准

健全相关制度，规范工作流程。严格按规定程序接收申报材料，拟定审核、审查方案；落实《行政许可法》等相关规定、标准和程序，建立和完善专家评审制度；坚持网上公示制度，完善投诉举报机制，畅通违法违规问题投诉举报渠道，认真调查核实投诉举报信息，主动接受社会监督。

（二）规范执业资格考试和注册审批

完善保密制度，严格考试纪律；对考试过程实施全程监控，组织开展巡考巡查；采取随机抽查、互评互查等方法发现并纠正阅卷评分过程中存在的问题；完善考试成绩核查机制，确保公布的成绩客观真实；完善注册系统，拟定审核方案；将信用档案和机构资质审批有机结合，实行信用体系动态管理；建立举报制度，认真调查核实投诉举报信息，接收社会监督。

（三）做好房地产市场调控

按照规定的程序和要求起草房地产市场调控政策文件，并征求有关主管部门、专家学者、社会公众的意见；严格遵守保密工作的有关规定，严格控制知情人员范围，减少泄密机率。

（四）加强房地产交易与登记工作

完善商品房预售许可审批制度，制定商品房买卖合同示范文本，加强住房限购条件的审查，实行信息公开制度，公开审批流程、办事指南等信息，接受社会监督，完善商品房销售网上签约和联机备案制度，实行房屋登记质量抽查制度。

（五）规范房屋征收行为

完善配套法规政策，规范征收行为，依法依规实施征收，从源头上加强廉政风险的防控。大力推进房屋征收与补偿信息公开，将房屋征收调查结果、初步评估结果和分户补偿情况在征收范围内向被征收人公布，保障被征收人的知情权、参与权，全面坚持阳光征收。采取多种途径和方法，妥善处理拆迁遗留问题，加大执法检查，坚决查处征收拆迁中的典型案件，严肃追究相关人员责任，维护群众合法权益。

（六）加强物业管理

完善物业管理政策法规，规范物业管理行为，强化业主大会制度，完善物业服务竞争规则，营造良好市场环境。推行住宅专项维修资金代管机构的标准化建设，制订专项维修资金管理细则，严肃查处专项维修资金使用、管理过程中的违法违规行为。

四、加强组织实施

（一）落实工作责任

各地要按照房地产市场调控工作“省级负总责、市县抓落实”的责任制要求，把廉政风险防控工作作为一项重大任务，认真组织实施。要建立党政主要领导负总责，分管领导具体抓、纪检监察机关协调推进的工作机制；要坚持一级抓一级，层层抓落实原则统筹协调推进廉政风险防控工作。

（二）加强政务公开

贯彻执行政务公开政策法规，遵循公开、公平、公正的原则，健全公开办事制度，推进行政权力运行程序化、公开化。特别是对企业资质核准、执业资格注册审批、项目达标评先等要主动接受社会监督。发挥房地产主管部门网站信息公开主渠道作用，设置公开专栏，完善信息公开内容，规范信息公开形式，方便社会公众查阅，保障群众的知情权、参与权和监督权。

（三）加强宣传教育

各地要廉政风险教育作为反腐倡廉教育的重要组成部分，建立领导干部和关键岗位人员岗前廉政风险管理培训制度，通过开展示范教育和警示教育、定期分析通报反腐倡廉形势、召开民主生活会等形式，增强主动防范廉政风险的意识，营造良好的工作氛围。

（四）加强监督管理

各地要将廉政风险防控工作纳入党风廉政建设责任制考核，作为领导班子综合考核评价和领导干部业绩评定、选拔任用的重要依据，制定廉政风险防控工作考核评价办法，加大检查考核办度。对因廉政风险防控工作落实不力出现腐败问题的个人和单位，要按照党风廉政建设责任制的有关规定，严肃追究责任。

住房城乡建设部

二〇一三年十二月二十日

住房城乡建设部
关于发布《绿色保障性住房技术导则》的通知

建办〔2013〕195号

各省、自治区住房城乡建设厅，北京市住房城乡建设委、规划委，上海市城乡建设交通委、规划和国土资源管理局、住房保障房屋管理局，天津市城乡建设交通委、规划局、国土资源房屋管理局，重庆市城乡建设委、规划局、国土资源房屋管理局，新疆生产建设兵团建设局：

为推进保障性住房实施绿色建筑行动方案，现将《绿色保障性住房技术导则》（试行）印发你们，自2014年1月1日起施行。

中华人民共和国住房和城乡建设部
二〇一三年十二月三十一日

前　　言

《绿色保障性住房技术导则》（试行）是作为《住房城乡建设部关于保障性住房实施绿色建筑行动的通知》（建办〔2013〕185）的配套技术文件，是受住房和城乡建设部住房保障司委托，由中国建筑标准设计研究院、中国建筑科学研究院、清华大学、深圳市建筑科学研究院有限公司、上海市建筑科学研究院（集团）有限公司、住房和城乡建设部科技与产业发展中心等单位共同完成。

保障性住房是政府投资或政府主导的项目，在保障性住房中实施绿色建筑行动，把保障性住房建设成为绿色保障性住房，对转变保障性住房建设发展模式，破解能源资源瓶颈约束，培育节能环保、新能源等战略性产业，推动全社会绿色建筑技术发展，具有重要意义。

绿色保障性住房建设可有效提高住房的安全性、健康性和舒适性，全面提升保障性住房的建设质量和居住品质。保障性住房以绿色建筑技术为导向，避免使用高投入、高消耗、高污染、低效率的落后技术，从而加快绿色建筑适用技术的集成推广和应用。为引导、促进和规范绿色保障性住房建设，特制订本导则。

本导则共分8章，其主要内容包括：总则、适用范围、基本原则、指标体系、规划设计技术要点、施工建造技术要点、产业化技术要点、实施保障与产业化推进。

本导则由住房和城乡建设部负责管理，由中国建筑标准设计研究院负责具体技术内容的解释。在使用过程中如有意见或建议，请寄送中国建筑标准设计研究院

地址：北京市海淀区首体南路9号主语国际2号楼；
邮政编码：100048；电子邮箱：ldaoze@cbs.com.cn，
以便今后修订时参考。

主编单位：中国建筑标准设计研究院

参编单位：中国建筑科学研究院
清华大学
深圳市建筑科学研究院有限公司
上海市建筑科学研究院（集团）有限公司
住房和城乡建设部科技与产业化发展中心

协编单位：北京市住房保障办公室
黑龙江省住房城乡建设厅
昆明市建设局
杭州市建设委员会
杭州市城乡绿色建筑促进中心
广东省建筑科学研究院
深圳市建筑设计研究总院有限公司
上海经纬建筑规划设计研究院有限公司
浙江大学
中天建设集团
万科企业股份有限公司
招商局地产控股股份有限公司
深圳市嘉达高科产业发展有限公司
深圳万都时代绿色建筑技术有限公司

主要起草人：刘东卫　李本强　曾　捷　余　琦
邵　磊　刘俊跃　韩继红　宋　凌
褚　波　曹　彬　廖　琳　宫　玮
黄献明　贺　静　孟建民　杨家骥
王　力　博　希　杨仕超　葛　坚
叶松青　陈铁峰　王　蕴　林武生
熊永强　胡　博　马　翔　韩纪生
李斯文

主要审查人：窦以德　周静敏　娄乃琳　李　昕
李晓明　张　建　周　红　王　颖
宋　兵　樊则森　龙玉峰　张　播

1 总 则

1.0.1 为贯彻国家绿色建筑行动方案，提高保障性住房的建设质量和居住品质，规范绿色保障性住房的建设，制定本导则。

1.0.2 绿色保障性住房的建设应以人为本，在建筑的全寿命期内，最大限度地节约资源（节能、节地、节水、节材）、保护环境和减少污染，为人们提供健康、适用、高效的使用空间，与自然和谐共生。

1.0.3 绿色保障性住房的建设应进行设计专项审查和竣工专项验收。

1.0.4 本导则为指导保障性住房实施绿色建筑行动的技术文件。绿色保障性住房除应符合本导则的规定外，尚应符合国家现行有关标准的规定。

2 适用范围

2.0.1 本导则所述之保障性住房包括城镇保障性安居工程中的各类住房。

2.0.2 本导则适用于新建保障性住房的规划设计和施工建造，改建、扩建的保障性住房工程项目可参考使用。

2.0.3 本导则供住房保障部门、建设单位、规划设计单位、施工与监理单位使用，建筑产品生产企业、物业管理企业和有关管理部门可参考使用。

3 基本原则

3.0.1 应坚持可持续发展的建设理念，优化规划设计、统筹施工建造，全面提高保障性住房建设的环境效益、社会效益和经济效益。

3.0.2 应立足于保障性住房的全寿命期，包括规划设计、施工建造，运营管理及最终拆除。

3.0.3 应遵循因地制宜、被动优先、经济适用、技术创新的基本原则。

（1）因地制宜：应充分考虑当地气候条件和地域特点，注重建筑与周边环境的协调，合理利用原有场地上的自然生态条件，减少对生态环境的影响与破坏。

（2）被动优先：在规划设计、施工建造中应优先采用被动式技术措施。

（3）经济适用：在确保工程质量和安全的前提下，应选用适宜技术和部品，合理控制建设和运营管理成本。

（4）技术创新：采用标准化设计和工业化建造技术，推广节能环保的新技术、新工艺、新材料、新设备，健全技术集成体系和产业化部品体系。

4 指标体系

4.0.1 绿色保障性住房指标体系由节地与室外环境、节能与能源利用、节水与水资源利用、节材与材料资源利用、室内环境质量、施工建造、产业化技术七类指标构成。

绿色保障性住房指标体系框架见表4.0.1。

表 4.0.1 绿色保障性住房指标体系框架

类别	分项指标	主要应用阶段
节地与室外环境	土地利用	规划设计
	室外环境	规划设计
	交通设施与公共服务	规划设计
	场地设计与场地生态	规划设计
节能与能源利用	建筑与围护结构	规划设计
	供暖、通风与空调	规划设计
	照明与电气	规划设计
	能量综合利用	规划设计
节水与水资源利用	节水系统	规划设计
	节水器具与设备	规划设计
	非传统水源利用	规划设计
节材与材料资源利用	节材设计	规划设计
	材料选用	规划设计、施工建造
室内环境质量	室内声环境	规划设计
	室内光环境与视野	规划设计
	室内热湿环境	规划设计
	室内空气质量	规划设计
施工建造	环境保护	施工建造
	资源节约	施工建造
	过程管理	施工建造
产业化技术	标准化系列化设计	规划设计
	装修一体化设计	规划设计
	结构体系及预制构配件	规划设计
	施工技术	施工建造

4.0.2 绿色保障性住房的指标体系分为规划设计阶段指标和施工建造阶段指标。

4.0.3 指标体系中节地与室外环境、节能与能源利用、节水与水资源利用、节材与材料资源利用、室内环境质量、施工建造六类指标分为基本项和计分项。基本项是必须满足的指标，不计分值；计分项是可选的指标，以分值计算。绿色保障性住房每类指标的计分项得分之和不应小于表 4.0.3 –1 和表 4.0.3 –2 的规定值。

表 4.0.3-1 规划设计阶段各类指标最低分值

类别	节地与室外环境	节能与能源利用	节水与水资源利用	节材与材料资源利用	室内环境质量	施工建造
分值	100	80	70	50	60	—

表 4.0.3-2 施工建造阶段各类指标指导分值

类别	节地与室外环境	节能与能源利用	节水与水资源利用	节材与材料资源利用	室内环境质量	施工建造
分值	100	80	70	60	60	40

4.0.4 在绿色保障性住房建设中宜推进产业化发展技术，专项设置产业化技术指标。产业化技术指标项为加分项，用以衡量该项目的产业化技术水平，总分为100分，不设最低分值。产业化技术指标分值可用于补充节地与室外环境、节能与能源利用、节水与水资源利用、节材与材料资源利用、室内环境质量、施工建造六类指标中某一类指标的分值，其最高补充分值不能超过15分。

4.0.5 绿色保障性住房的规划设计和施工建造应参照表 4.0.5–1 ~ 表 4.0.5 –7 中的指标。其中用★标注的项目指标内容为推荐优先采用的绿色技术措施。

表 4.0.5-1　　节地与室外环境指标

分项	指标名称	指标内容	计分	最高计分
基本项	项目选址	应符合所在地城乡规划，且应符合各类保护区、文物古迹保护的建设控制要求	—	
	场地要求	应无洪涝、滑坡、泥石流等自然灾害的威胁，无危险化学品、易燃易爆危险源的威胁，无电磁辐射、含氡土壤等危害	—	
		应无排放超标的污染源	—	
	日照标准	建筑规划布局应满足国家或地方日照标准，且不得降低周边建筑的日照标准	—	
土地利用	人均居住用地指标	符合规划条件给出的人均居住用地指标要求	50	50
	绿地率	新区建设达到 30%，旧区改建项目达到 25%	11	11
	人均公共绿地面积	★新区建设达到 $1.0m^2$，旧区改建项目达到 $0.7m^2$	3	12
		新区建设达到 $1.3m^2$，旧区改建项目达到 $0.9m^2$	6	
		新区建设达到 $1.5m^2$，旧区改建项目达到 $1.0m^2$	12	
	地下空间利用	★地下建筑面积与地上建筑面积的比率达到 5%（经论证，场地区位、地质等条件不适宜开发地下空间的，本条直接计分）	5	15
		地下建筑面积与地上建筑面积的比率达到 20%	10	
		地下建筑面积与地上建筑面积的比率达到 35%	15	

续表 4.0.5-1

分项	指标名称	指标内容	计分	最高计分
室外环境	室外夜景照明	室外夜景照明光污染的限制符合现行行业标准《城市夜景照明设计规范》JGJ/T 163 的规定	10	10
	场地内环境噪声	符合现行国家标准《声环境质量标准》GB 3096 的规定	10	10
	场地内风环境	冬季典型风速和风向条件下，建筑物周围人行区风速低于 5m/s，且室外风速放大系数小于 2	5	7
		过渡季、夏季典型风速和风向条件下，50% 以上可开启外窗表面的风压差大于 0.5Pa	2	
	热岛强度	★红线范围内户外活动场地有乔木或构筑物遮荫措施的面积达到 10%	5	10
		红线范围内户外活动场地有乔木或构筑物遮荫措施的面积达到 20%	10	
		超过 70% 的建筑屋面的太阳辐射反射系数不低于 0.4	5	
交通设施与公共服务	场地与公共交通设施	场地出入口到达公共汽车站的步行距离不超过 500m，或到达轨道交通站的步行距离不超过 800m	7	22
		场地出入口步行距离 800m 范围内设有 2 条或 2 条以上线路的公共交通站点（含公共汽车站和轨道交通站）	7	
		★有便捷的人行通道联系公共交通站点	8	
	场地内人行通道无障碍设计	★场地内人行通道与活动场地进行无障碍设计	13	13
	停车场所设置	★自行车停车设施位置合理、方便出入，且有遮阳防雨措施	8	15
		采用地下停车库、机械式停车库或停车楼等停车方式节约用地	3	
		采用错时停车方式向社会开放，提高停车场（库）使用效率	2	
		合理设计地面停车位，不挤占步行空间及活动场所	2	

续表 4.0.5-1

分项	指标名称	指标内容	计分	最高计分
交通设施与公共服务	公共服务设施	场地出入口到达幼儿园的步行距离不超过 300m，或场地内设有幼儿园	4	20
		场地出入口到达小学的步行距离不超过 500m，或场地内设有小学	3	
		场地出入口到达商业服务设施的步行距离不超过 500m	3	
		★相关公建设施集中设置并向周边居民开放	5	
		★场地 1000m 范围内设有医疗卫生、文化体育、金融邮电、社区服务、市政公用等 5 种以上的公共服务设施	5	
场地设计与场地生态	地形地貌利用	★结合现状地形地貌进行场地设计与建筑布局，保护场地内原有的自然水域、湿地和植被，采取表层土利用等生态补偿措施	7	7
	雨水专项规划设计（大于 10 公顷的场地）	★合理衔接和引导屋面雨水、道路雨水进入地面生态设施；下凹式绿地等有调蓄雨水功能的绿地和水体的面积之和占绿地面积的比例达到 30%	8	23
		合理规划地表与屋面径流，对场地雨水实施外排总量控制；并采取相应的径流污染控制措施	7	
		★硬质铺装地面中透水铺装面积的比例达到 50%	8	
	绿化设计	★种植适应当地气候和土壤条件的植物，采用乔、灌、草结合的复层绿化，种植区域覆土深度和排水能力满足植物生长需求	13	25
		★绿地配植乔木不少于 3 株/$100m^2$	12	
节地与室外环境总分				250

续表 4.0.5-2　　节能与能源利用指标

分项	指标名称	指标内容	计分	最高计分
基本项	建筑节能设计	建筑设计应符合国家现行有关建筑节能设计标准中强制性条文的规定	—	
	热源形式	不应采用电直接加热设备作为供暖空调系统的供暖热源	—	
	分户分项计量	对水、电、气、热等各部分能耗应进行分户分项计量	—	
建筑与围护结构	住宅楼栋优化设计	★结合场地自然条件，对建筑的体形、朝向、楼距、窗墙比等进行优化设计	40	40
	外窗可开启设计（18 层以上部分除外）	★外窗可开启面积比例达到 30%	5	10
		外窗可开启面积比例达到 35%	10	
	围护结构热工性能指标	★围护结构热工性能比国家或行业有关建筑节能设计标准规定高 5%	11	22
		围护结构热工性能比国家或行业有关建筑节能设计标准规定高 10%	22	
供暖、通风与空调	供暖空调设备能效	供暖系统热源机组能效等级比现行国家标准《公共建筑节能设计标准》GB 50189 的规定提高一个等级	5	8
		分体空调能效比满足《房间空气调节器能效限定值及能效等级》GB 12021.3－2010 规定的 2 级要求	3	
	供暖分户调节	★供暖系统合理选择和优化，实施分户调节（对非供暖地区本条直接计分）	8	8
	供暖系统优化	系统能耗降低幅度达到 5%	5	14
		系统能耗降低幅度达到 10%	10	
		系统能耗降低幅度达到 15%	14	
	供暖管网安全性	市政供暖管网具有事故备用性能	2	6
		住区内供暖管网具有应对事故工况的技术措施	2	
		选用密闭性能好的阀门、设备，选用耐腐蚀性、耐久性能好的管材、管件	2	

续表 4. 0. 5-2

分项	指标名称	指标内容	计分	最高计分
照明与电气	公共区域照明节能控制	★走廊、楼梯间、门厅、地下停车场等场所的照明系统采取分区、定时、感应等节能控制措施	14	14
	公共区域照明功率密度值	★公共区域的照明功率密度值均不高于现行国家标准《建筑照明设计标准》GB 50034规定的目标值	22	22
	电梯群控	★合理选用电梯，并采取电梯群控自动启停等节能控制措施（只设一台电梯或不设电梯，本条直接得分）	8	8
	节能型电气设备选用	★三相配电变压器满足现行国家标准《三相配电变压器能效限定值及节能评价值》GB 20052的节能评价值要求	8	13
		水泵、风机等设备及其他电气装置满足相关现行国家标准的节能评价值要求（无以上设备本条直接得分）	5	
能量综合利用	余热废热利用	合理利用余热、废热解决建筑的供暖或生活热水需求	5	5
	可再生能源利用	★由可再生能源提供的生活用热水比例不低于20%	6	30
		由可再生能源提供的生活用热水可古比例在20%基础上每提高10%加3分	30	
		由可再生能源提供的电量比例不低于1%	12	
		由可再生能源提供的电量比例较1%每提高0.5%加3分	30	
节能与能源利用总分				200

表 4. 0. 5-3　　节水与水资源利用指标

分项	指标名称	指标内容	计分	最高计分
基本项	水资源利用	应制定水资源利用方案，统筹利用各种水资源	——	
	给排水系统	给排水系统设置应合理、完善、安全，应采用雨污分流系统	——	
	节水器具	应采用节水器具	——	
节水系统	管网安全性	★选用密闭性能好的阀门、设备，选用耐腐蚀、耐久性能好的管材、管件	3	17
		★室外埋地管道采取有效防止管网漏损的措施	3	
		设计阶段根据水平衡测试要求安装分级计量水表	11	
	给水系统压力	★用水点供水压力不大于0.30MPa	9	18
		用水点供水压力不大于0.20MPa，且不小于用水器具要求的最低工作压力	18	
	用水计量	按使用用途，对公共厨房、卫生间、绿化、景观等用水分别设置用水计量装置	7	14
		★按付费或管理单元，分别设置用水计量装置	14	
	公用浴室节水措施	采用带恒温控制与温度显示功能的冷热水混合淋浴器（无公用浴室直接计分）	5	10
		设置用者付费的设施	10	
节水器具与设备	节水型卫生器具	★用水效率等级达到三级	12	24
		用水效率等级达到二级	24	
	节水灌溉方式	★采用节水灌溉系统	17	24
		在采用节水灌溉系统的基础上，设置土壤湿度感应器、雨天关闭装置等节水控制措施；或种植无需永久灌溉植物	24	
	除卫生器具、绿化灌溉外的节水技术措施	采用节水技术或措施的用水量占总用水量的比例达到50%	8	12
		采用节水技术或措施的用水量占总用水量的比例达到80%	12	

表 4. 0. 5-3

分项	指标名称	指标内容	计分	最高计分
非传统水源利用	非传统水源利用	室内冲厕、室外绿化灌溉、道路浇洒、洗车用水采用非传统水源	17	34
		无市政再生水供应，非传统水源利用率达到4%	34	
		有市政再生水供应，非传统水源利用率达到8%	34	
	景观水源及水质控制	对进入景观水体的雨水采取控制面源污染的措施，并达到相关水质标准要求	10	17
		利用水生动、植物进行水体净化，并达到相关水质标准要求	7	
		对于不设景观水体的项目，本条直接得分	17	
节水与水资源利用总分				170

表 4. 0. 5-4　　节材与材料资源利用指标

分项	指标名称	指标内容	计分	最高计分
基本项	建筑材料及制品选择	不采用国家和地方禁止和限制使用的建筑材料及制品	——	
	钢筋强度选用	混凝土结构中梁、柱纵向受力普通钢筋采用不低于400MPa级的热轧带肋钢筋	——	
	装饰性构件	建筑造型要素应简约，且无大量装饰性构件	——	
节材设计	建筑形体	属于现行国家标准《建筑抗震设计规范》GB 50011规定的建筑形体不规则	6	18
		★属于现行国家标准《建筑抗震设计规范》GB 50011规定的建筑形体规则	18	
	结构节材优化	★对地基基础、结构体系、结构构件进行优化设计，达到节材效果	10	10

表 4. 0. 5-4

分项	指标名称	指标内容	计分	最高计分
材料选择	建筑材料本地化（仅适用于施工建造阶段）	★采用距施工现场500km以内产地的建筑材料重量占项目建筑材料总重量的比例达到60%	10	20
		采用距施工现场500km以内产地的建筑材料重量占项目建筑材料总重量的比例达到70%	15	
		采用距施工现场500km以内产地的建筑材料重量占项目建筑材料总重量的比例达到90%	20	
	采用预拌混凝土	★现浇混凝土采用预拌混凝土	18	18
	采用预拌砂浆	★建筑砂浆采用预拌砂浆的比例达到50%	6	9
		建筑砂浆采用预拌砂浆的比例达到100%	9	
	混凝土结构采用高强建筑材料	★400MPa级及以上受力普通钢筋达到钢筋总量的30%	6	19
		400MPa级及以上受力普通钢筋达到钢筋总量的50%	10	
		400MPa级及以上受力普通钢筋达到钢筋总量的70%	15	
		400MPa级及以上受力普通钢筋达到钢筋总量的85%	19	
		混凝土竖向承重结构采用强度等级不小于C50混凝土用量占竖向承重结构中混凝土总量的比例达到50%	19	
	钢结构采用高强建筑材料	Q345及以上高强钢材用量占钢材总量的比例达到50%	15	
		Q345及以上高强钢材用量占钢材总量的比例达到70%	19	
	采用高耐久性建筑材料	★混凝土结构中高耐久性混凝土用量占混凝土总量的比例达到50%	11	11
		钢结构采用耐候结构钢或耐候型防腐涂料	11	
	采用可再利用材料或可再循环材料	★可再利用材料和可再循环材料用量比例达到6%	15	20
		可再利用材料和可再循环材料用量比例达到10%	20	

表 4.0.5-4

分项	指标名称	指标内容	计分	最高计分
材料选择	废弃物掺量不低于30%的建筑材料（仅适用于施工建造阶段）	采用一种以废弃物为原料生产的建筑材料，其占同类建材的用量比例达到30%	6	10
		采用一种以废弃物为原料生产的建筑材料，其占同类建材的用量比例达到50%	10	
		采用两种及以上以废弃物为原料生产的建筑材料，每种用量比例均达到30%	10	
	装饰装修建筑材料	合理采用清水混凝土	3	15
		★采用耐久性好、易维护的外立面材料	6	
		★采用耐久性好、易维护的室内装饰装修材料	6	
节材与材料资源利用总分				150

表 4.0.5-5　　室内环境质量指标

分项	指标名称	指标内容	计分	最高计分
基本项	室内噪声级控制	居住空间的室内噪声级应满足现行国家标准《民用建筑隔声设计规范》GB 50118中的低限要求	—	
	隔声性能	居住空间的外墙、隔墙、楼板和门窗的隔声性能应满足现行国家标准《民用建筑隔声设计规范》GB 50118 中的低限要求	—	
	建筑照明	建筑照明数量和质量应符合现行国家标准《建筑照明设计标准》GB 50034 的规定	—	
	建筑围护结构内表面不得结露	在室内设计温、湿度条件下，建筑围护结构内表面不得结露	—	
	屋顶和东、西外墙隔热性能	屋顶和东、西外墙隔热性能应满足现行国家标准《民用建筑热工设计规范》GB 50176的要求	—	
	室内空气质量	室内空气中的氨、甲醛、苯、总挥发性有机物、氡等污染物浓度应符合现行国家标准《室内空气质量标准》GB/T 18883 的有关规定	—	

表 4.0.5-5

分项	指标名称	指标内容	计分	最高计分
室内声环境	居住空间的室内噪声级	噪声级低于现行国家标准《民用建筑隔声设计规范》GB 50118 中的低限标准限值和高要求标准限值的平均值	7	14
		噪声级达到或低于现行国家标准《民用建筑隔声设计规范》GB 50118 中的高要求标准限值	14	
	居住空间的隔声性能	★外墙、分户墙的空气声隔声性能高于低限标准限值和高要求标准限值的平均值	6	12
		外墙、分户墙的空气声隔声性能达到或高于高要求标准限值	12	
		楼板的撞击声隔声性能低于低限标准限值和高要求标准限值的平均值	4	8
		楼板的撞击声隔声性能低于高要求标准限值	8	
	减少噪声干扰措施	★建筑平面、空间布局合理，减少避免噪声干扰	4	8
		采用同层排水或其他降低排水噪声的有效措施，套数采用率在50%以上	4	
室内光环境与视野	建筑居住空间户外视野	与相邻建筑的间距不低于 18m	7	7
	居住空间的采光系数要求	★卧室、起居室的窗地面积比达到 1/7	14	17
		卧室、起居室的窗地面积比达到 1/6	17	
室内热湿环境	外遮阳措施	有遮阳措施的外窗面积比例达到外窗面积的 25%	12	25
		有遮阳措施的外窗面积比例达到外窗面积的 50%	25	
	供暖系统末端可调节	★居住空间的供暖末端装置可独立调节（非采暖地区本条直接计分）	17	17
室内空气环境	自然通风	★优化建筑空间、平面布局和构造设计	11	21
		通风开口面积与房间地板面积的比例，在夏热冬暖地区达到 10%，在夏热冬冷地区达到 8%，在其他地区达到 5%	10	
	地下车库一氧化碳浓度监测	★地下车库设有联动排风设备的一氧化碳浓度监测装置	11	11
室内环境质量总分				140

表 4.0.5-6 施工建造指标（仅适用于施工建造阶段）

分项	指标名称	指标内容	计分	最高计分
基本项	施工管理体系和组织机构	应建立绿色建筑项目施工管理体系和组织机构，并落实各级责任人	—	
	施工过程环境保护	施工项目部应制定施工全过程的环境保护计划，并组织实施	—	
	施工人员职业健康	施工项目部应制定施工人员职业健康安全管理计划，并组织实施	—	
	绿色建筑重点内容专项交底	施工前应进行设计文件中绿色建筑重点内容的专项交底	—	
环境保护	降尘措施	采取洒水、覆盖、遮挡等降尘措施	8	8
	降噪措施	★采取有效的降噪措施。在施工场界测量、记录和控制噪声，满足现行国家标准《建筑施工场界环境噪声排放标准》GB 12523的规定	8	8
	施工废弃物控制	★制定施工废弃物减量化、资源化计划	6	12
		可回收施工废弃物的回收率不小于 80%	6	
资源节约	施工节能	★制定并实施施工节能和用能方案	2	11
		监测并记录施工区、生活区的能耗	3	
		监测并记录主要建筑材料、设备从货源地到施工现场运输能耗	4	
		监测并记录建筑施工废弃物从施工现场到废弃物处理/回收处中心的运输能耗	2	
	施工节水	★制定并实施施工节水和用水方案	3	11
		监测并记录施工区、生活区的水耗数据	5	
		监测并记录基坑降水的抽取量、排放量和利用量数据	3	
	减少预拌混凝土的损耗	★损耗率降低至 1.5%	4	8
		损耗率降低至 1.0%	8	

表 4.0.5-6

分项	指标名称	指标内容	计分	最高计分
过程管理	绿色建筑重点内容实施	★参建各方进行绿色建筑重点内容的专项会审	3	5
		施工过程中以施工日志记录绿色建筑重点内容的实施情况	2	
	设计文件变更控制	★严格控制设计文件变更，避免出现降低建筑绿色性能的重大变更	6	6
	建筑与管网的耐久性能工保证措施	对保证建筑结构与管网的耐久性、安全性技术措施进行相应检测并记录	4	11
		对有节能、环保要求的设备进行相应检测并记录	5	
		对有节能、环保要求的装修装饰材料进行相应检测并记录	2	
	机电系统综合调试和联合试运转	★工程竣工验收前，由建设单位组织有关责任单位，进行机电系统的综合调试和联合试运转并达到设计要求	10	10
施工建造总分				90

表 4.0.5-7　　产业化技术指标

分项	指标名称	指标内容	计分	最高计分
标准化系列化设计	模块化设计	套内功能空间模数体系化	4	7
		★楼栋单元模数体系化	3	
	标准化系列化设计	构配件的标准化设计	5	10
		★套型的标准化设计	5	
	结构体系灵活性	★结构体系有利于套内灵活分隔、后期改造和维护	4	4
	适老化与无障碍住房套数比例	★达到 2%	2	4
		达到 5%	3	
		达到 10%	4	

表 4.0.5-7

分项	指标名称	指标内容	计分	最高计分
装修一体化设计	土建装修一体化设计	★30% 以上套数土建与装修一体化设计	7	15
		★全部套数土建与装修一体化设计	15	
	装修部品体系化	★装配式隔墙、整体厨卫、内门、烟道，水、暖、电、卫生设备等部品为工厂预制、现场装配	12	12
	厨房标准化设计与部品	★厨房采用标准化设计	3	5
		厨房采用装配式部品	2	
	卫浴标准化设计与部品	★卫浴采用标准化设计	3	5
		卫浴采用装配式部品	2	
结构体系及预制构配件	结构体系	结合项目情况适度采用预制钢筋混凝土、钢结构等结构体系	10	10
	工业化预制构配件	预制构配件用量达到 15%	2	4
		预制构配件用量达到 30%	3	
		预制构配件用量达到 50%	4	
施工技术	工具式定型模板用量（仅适用于施工建造阶段）	★工具式定型模板使用面积占模板工程总面积的比例达到 51%	2	4
		工具式定型模板使用面积占模板工程总面积的比例达到 70%	4	
	土建装修一体化施工（仅适用于施工建造阶段）	★建筑装修到位，使用功能完备	2	7
		提供装修材料检测报告、机电设备检测报告、性能复试报告	2	
		提供建筑竣工验收证明、建筑质量保修书、使用说明书	2	
		提供业主反馈意见书	1	
	降低钢筋损耗措施（仅适用于施工建造阶段）	★81% 以上的钢筋采用专业化生产的成型钢筋	3	7
		现场加工钢筋损耗率小于 4.0%	3	
		现场加工钢筋损耗率小于 3.0%	4	
	全过程管理信息化（仅适用于施工建造阶段）	项目的资源利用、工程质量，通过信息化管理统筹施工全过程中的各阶段、各专业协调配合	6	6
产业化技术加分项总分				100

5 规划设计技术要点

5.1 节地与室外环境

5.1.1【基本项】项目选址应符合所在地城乡规划，且符合各类保护区、文物古迹保护的控制要求。

1 场地的规划与设计应符合当地城乡规划的各项要求。

2 场地建设应不破坏当地文物、自然水系、湿地、基本农田、森林和其他保护区。

3 对既有建筑适度保护和利用，特别是在旧城改造和城镇化进程中，应将场地内有利用或保护价值的既有建筑纳入建筑规划中尽量加以利用，避免大拆大建。

5.1.2【基本项】场地应无洪涝、滑坡、泥石流等自然灾害的威胁，无危险化学品、易燃易爆危险源的威胁，无电磁辐射、含氡土壤等危害。在建设前，场址应进行场地地质安全性评估。

1 应避开可能产生洪水、泥石流、滑坡等自然灾害的地段。

2 应避开地质断裂带、易液化土、人工填土等不利于建筑抗震的地段。

3 应进行场地风环境模拟分析，规避容易产生风切变的场地。

4 因特殊原因场地不能避开上述某些安全隐患时，应采取相应防护措施。

5 所有场地应进行安全性评价，并采取相应的措施。

5.1.3【基本项】场地内应无排放超标的污染源。

1 应通过现场检测和诊断，确保周边电磁辐射水平、土壤氡浓度水平符合国家的相关安全规定，建筑场地安全范围内无火、爆、有毒物质等危险源，场地内无超标污染物排放。

2 对原有的工业用地、垃圾填埋场等可能存在健康安全隐患的场地，应进行土壤化学污染检测与再利用评估。

3 对已被污染的废弃地，改造或改良后的场地应符合国家相关标准的要求。

5.1.4【基本项】建筑规划布局应满足国家或地方日照标准，且不得降低周边建筑的日照标准。

1 每套住宅至少有 1 个居住空间满足现行国家标准《城市居住区规划设计规范》G B 5 0 1 8 0 中有关居住建筑日照标准的要求。

2 地方规划管理部门另有专项规定的情况下，可参照执行。

5.1.5【计分项！土地利用】符合各地块规划条件给出的人均居住用地指标要求。

1 建设容量的指标包括城市空间、紧急疏散空间、交通流量等。

2 居住建筑的人均居住用地指标：4 ~ 6 层，2 3 m2 ~ 2 6 m2；

7 ~ 1 2 层，2 2 m2 ~ 2 4 m2；1 3 ~ 1 8 层，2 0 m2 ~ 2 2 m2；1 9 层及以上，1 1 m2 ~ 1 3 m2。

3 在满足上述指标的前提下，同时注意控制过高的容积率或过低的人均居住用地。

5.1.6【计分项！土地利用】场地内合理设置绿化用地。

1 住区的绿地率新区建设不低于 3 0 %，旧区改建项目不低于 2 5 %；若低于 3 0 %，需经地方主管部门批准。

2 住区人均公共绿地面积新区建设不小于 1 ? 0 m 2，老旧区改建项目不小于 0 . 7 m 2。

5.1.7【计分项 / 土地利用】合理开发利用地下空间。

1 住区建设宜进行立体空间开发与综合利用，地下建筑面积与地上建筑面积的比率不小于 5 %。

2 结合地方建设场地区位、地质等条件，凡认定不适宜开发地下空间的项目应经论证，提交报告。

3 地下空间可作为车库、设备机房、公共设施、储藏等空间；同时地下人防空间宜做到平时的充分利用。

5.1.8【计分项！室外环境】避免室外夜景照明产生的光污染。

1 场地光环境不应对居住建筑产生光污染。

2 室外照明设计应满足现行国家标准《城市夜景照明设计规范》J G J / T 1 6 3 中有关光污染的限制要

求。

3　楼栋宜不做装饰性照明。

5.1.9【计分项/室外环境】场地内环境噪声符合现行国家标准《声环境质量标准》GB 3096 的规定。

1　规划设计前应对环境噪声源现状进行检测，对项目实施后的环境噪声进行预测，项目应从功能区的划分、绿化与隔离带的设置、有利地形和建筑物屏蔽的利用、建筑物的防噪间距、朝向选择及平面布置等方面进行防噪综合设计。

2　超市、餐饮、娱乐等对噪声不敏感的建筑物宜排列在场地外围临交通干道的位置。

3　场地内不得设置未经有效处理的强噪声源，对固定噪声源应采用适当的隔声和降噪措施。

4　建筑相邻高速公路或快速路，应进行噪声专项分析，对道路的噪声采取声屏障或降噪路面等防噪措施。

5.1.10【计分项/室外环境】场地内风环境有利于室外行走、活动的舒适和建筑的自然通风。

1　冬季典型风速和风向条件下，建筑物周围人行区风速小于5m/s，且室外风速放大系数小于2。

2　过渡季、夏季典型风速和风向条件下，50%以上可开启外窗表面的风压差大于0.5Pa。

3　采用居住环境和楼栋的风环境模拟计算等规划设计手段，形成良好的风环境，确保室外活动空间和室内良好的自然通风条件，减少气流对区域微环境和建筑本身的不利影响。

5.1.11【计分项!室外环境】采取措施降低热岛强度。

1　加大遮荫的覆盖面，减少屋面的太阳辐射反射系数；选择透水性铺装，整体降低场地内的热岛强度。

2　采用绿化遮阳措施，改善室外微气候和热环境，户外活动场地有乔木或构筑物遮荫措施的面积不小于10%。

3　避免屋面，尤其是低层建筑屋面的反射，超过70%的建筑屋面的太阳辐射反射系数应不低于0?4。

4　室外活动场地、道路铺装材料的选择除应满足场地功能要求外，应选择透水性铺装材料及透水铺装构造。

5.1.12【计分项/交通设施与公共服务】场地与公共交通设施具有便捷的联系。

1　应使用公共交通设施，住区与公共交通站点有便捷的联系。场地出入口到达公共汽车站的步行距离不宜超过500m；或到达公共交通站点（含公共汽车站和轨道交通站）的步行距离不超过800m，且宜有2 条及以上公交路线。

2　场地内应设置连接住区主要出入口、人流聚集地与周边交通设施便捷的人行通道。

5.1.13【计分项/交通设施与公共服务】场地内人行通道与活动场地均应采用无障碍设计。

1　住区室外的无障碍设计应符合现行国家标准《无障碍设计规范》GB 50763 的要求。

2　住区应满足无障碍出行需求，提供与相邻住区和公共场所无障碍通行的条件。

5.1.14【计分项/交通设施与公共服务】合理设置停车场所。

1　自行车停车设施位置合理、方便出入，且有遮阳防雨和安全防盗措施。

2　根据项目建设条件，合理设计地面停车位，综合考虑采用机械式停车库、地下停车库或停车楼等方式以节约用地。

5.1.15【计分项/交通设施与公共服务】提供便利的公共服务。

1　应对场地内外的公共服务设施进行调查与利用评估，确定合理的利用方式，充分利用场地及周边已有的公共服务设施。

2　场地出入口到达日常生活商业服务设施的步行距离不宜超过500m；到达幼儿园的步行距离不超过300m；到达小学的步行距离不超过500m。

3　相关公建设施集中设置并向周边居民开放使用。

4　场地1000m 范围内设有医疗卫生、文化体育、金融邮电、社区服务、市政公用等5 种以上的公共服务设施。

5.1.16【计分项/场地设计与场地生态】合理利用地形地貌。

1　对场地及其周边区域的自然资源、可再生能源、生物资源等可利用资源进行调查，设计应满足场地生态环境建设和建筑可持续发展的要求。

2　宜保持和利用原有地形、地貌和植被。

3　应保护和利用地表水体和湿地，不破坏场地与周边原有的水系，应妥善回收、保存和利用无污染的表层土。

5.1.17【计分项/场地设计与场地生态】在雨量足够充沛的地区，充分利用场地空间合理设置雨水综合利用基础设施。合理规划地表与屋面雨水径流途径，降低地表径流，对超过10公顷的场地应进行雨水专项规划设计。

1　应通过技术经济比较，合理衔接和引导屋面雨水、道路雨水进入地面生态设施；下凹式绿地等有调蓄雨水功能的绿地和水体的面积之和占绿地面积的比例达到30%。

2　合理规划地表与屋面径流，对场地雨水实施外排总量控制；并采取相应的径流污染控制措施。

3　硬质铺装地面中透水铺装面积的比例达到50%。

4　应进行场地雨洪控制利用的评估和规划，应减少场地雨水径流量及非点源污染物排放。

5.1.18【计分项/场地设计与场地生态】合理选择绿化方式，科学配置绿化植物。

1　选择并种植适应当地气候和土壤条件的植物，采用乔、灌、草结合的复层绿化，种植区域覆土深度和排水能力满足植物生长需求。

2　绿地配植乔木不少于3 株/100m2。

3　绿植设计应满足安全距离的要求，植物种植位置与建筑物、构筑物、道路和地下管线、高压线等设施的距离应符合相关规定要求。

5.2 节能与能源利用

5.2.1【基本项】建筑节能设计应符合国家现行有关建筑节能设计标准中强制性条文的规定。

当地方标准要求高于国家标准时，应满足地方标准；当地方标准要求低于国家标准、行业标准时，应按国家标准、行业标准执行。

5.2.2【基本项】不应采用电直接加热设备作为供暖空调系统的供暖热源。

符合下列条件之一，可采用电直接加热设备作为供暖热源：

1 供电政策支持。

2 供暖负荷非常小，且无法利用热泵或其他方式提供供暖热源。

3 当冬季电力供应充足、夜间可利用低谷电进行蓄热、且电锅炉不在用电高峰和平段时间启用时。

4 利用可再生能源发电，且其发电量能够满足电加热量需求。

5.2.3【基本项】对水、电、气、热等各部分能耗应进行分户分项计量。

1 分户计量有利于实施有效的节能、节水监控，实现运行节能、节水，应集中设置水、电、热和燃气分户、分类计量装置。

2 当条件受限时，应采用集中远程抄表系统或卡式表具。

3 计量数据可为运营管理时按表进行收费提供可行性，还可为能耗的监测、统计和分析提供基础数据。

5.2.4【计分项／建筑与围护结构】结合场地自然条件，对建筑的体形、朝向、楼距、窗墙比等进行优化设计。

1 建筑设计应按照“被动优先”的原则，楼群总体合理布局，结合楼栋建筑外形和内部空间布局，充分利用自然采光、自然通风，采用围护结构隔热、保温、遮阳等措施，降低建筑空调、供暖、通风、照明系统负荷。

2 建筑宜综合考虑场地内外建筑日照、场地及周边条件、建筑布局采用最佳朝向或接近最佳朝向，对朝向不佳的建筑宜增加补偿措施。

5.2.5【计分项／建筑与围护结构】外窗的可开启部分能使建筑获得良好的通风。

1 外门窗等围护结构透明部位应有使建筑获得良好通风的可开启部分，外门窗可开启面积比例应不低于外门窗总面积的３０％。

2 当室外环境长期不利于自然通风时，宜考虑机械辅助通风措施；通风措施应有方便灵活的开关调节装置，易于操作和维修，并应有过滤和隔声措施。

5.2.6【计分项／建筑与围护结构】围护结构热工性能指标优于国家或行业建筑节能设计标准的规定。

外围护结构的热工性能是建筑节能的关键环节，应特别注意建筑外围护结构节能构造措施和适宜技术应用。

5.2.7【计分项／供暖、通风与空调】提高供暖空调系统的设备等级。

1 供暖系统的热源机组能效应比现行国家标准《公共建筑节能设计标准》ＧＢ ５０１８９的规定提高一个等级。

2 采用分体空调的保障性住房，分体空调能效比应满足现行国家标准《房间空气调节器能效限定值及能效等级》ＧＢ１２０２１．３中的２级要求。

5.2.8【计分项／供暖、通风与空调】供暖分户调节。供暖系统合理选择和优化，实施分户调节。

5.2.9【计分项／供暖、通风与空调】供暖系统优化。

1 合理选择和优化供暖系统，应根据本地的地理气候条件、建筑功能的要求，遵循“被动措施优先、主动措施优化”的原则，确定合理的供暖系统形式。

2 集中供暖系统热水循环泵的耗电输热比符合现行国家标准《公共建筑节能设计标准》ＧＢ ５０１８９的相关规定。

3 采取措施降低部分负荷、部分空间使用状况下的供暖系统能耗。

5.2.10【计分项／供暖、通风与空调】供暖管网应采取有效措施保障运行安全。

1 为住区供暖的市政供暖管网应具有事故备用性能，应在事故工况下有能力保证住区的基本供暖。

2 住区内供暖管网的设计和运行具有应对事故工况的技术措施。

3 选用密闭性能良好的阀门、设备，使用耐腐蚀性、耐久性良好的管材、管件。

5.2.11【计分项／照明与电气】公共区域的照明系统采取节能控制措施。

1 走廊、楼梯间、门厅、地下停车场等场所的照明系统采取分区、定时、感应启停等节能控制措施。

2 公共场所和室外照明，应采用高光效、长寿命的光源及高效灯具，选配节能型镇流器等附件。

3 当应急照明在采用节能自熄开关控制时，必须采取应急自动点亮措施。

4 道路照明和景观照明应采用时间控制或光控系统。

5.2.12【计分项／照明与电气】公共区域照明功率密度值规定。

公共区域的照明功率密度值均不高于现行国家标准《建筑照明设计标准》ＧＢ ５００３４规定的目标值。

5.2.13【计分项／照明与电气】合理选用电梯，并采取电梯群控自动启停等节能控制措施。

1 应采用节能电梯与节能控制方式。当３台及以上的客梯集中布置时，客梯控制系统应具备按程序集中调控和群控的功能。

2 群控功能的实施可提高电梯调度的灵活性，减少乘客等候时间，达到节约能源的目的。

5.2.14【计分项／照明与电气】合理确定系统方案，选用节能型电气设备。

1 三相配电变压器满足现行国家标准《三相配电变

压器能效限定值及节能评价值》GB 20052 的节能评价值要求；水泵、风机等设备，及其他电气装置满足相关现行国家标准的节能评价值要求。

2 在方案设计阶段应制定合理的供配电系统和智能化系统方案，选用高效节能型变配电设备及用电设备，应考虑不同季节负荷变化情况下的节能措施。

3 10kV 及以下的电力电缆截面应结合运行工况和经济电流进行选择，对电流较大且长期运行的电缆回路应按经济电流进行选择。

5.2.15【计分项／能量综合利用】合理利用余热、废热解决建筑的供暖或生活热水需求。

1 优先采用余热、废热等作为热源，并合理配置辅助加热系统。

2 不采用集中供暖系统或集中生活热水系统的居住建筑，以及采用可再生能源提供生活热水的居住建筑，可不考虑此项。

5.2.16【计分项／能量综合利用】根据当地气候和自然资源条件，合理利用可再生能源。

1 应对可利用的可再生能源及资源进行调查与利用评估，确定合理利用方式。

2 利用地下水资源时，应符合地下水资源利用规划，并取得政府相关部门的许可。

3 利用地热能时，应评估地热能开采对环境的影响。

4 对太阳能资源富集区应优先利用太阳能，合理选择系统27形式，并对选用设备进行调查和评估。

5 根据当地气候和自然资源条件，合理利用可再生能源作为生活热水系统或集中供暖系统的热源，应有完善的系统维护和管理方案。

5.3 节水与水资源利用

5.3.1【基本项】水资源利用应制定水资源利用方案，统筹利用各种水资源。

水系统规划方案应深入研究非传统水资源，重点对雨水利用、中水利用等非传统水资源利用进行系统分析。

5.3.2【基本项】给排水系统应采用雨污分流系统。

给排水系统设置应合理、完善、安全，并采用雨污分流系统。

5.3.3【基本项】应采用节水器具。

严禁使用非节水器具，应采用节水型两档便器、节水龙头、节水淋浴喷头等器具。

5.3.4【计分项／节水系统】给排水系统应采取避免管网漏损的措施。

1 选用密闭性能好的阀门、设备，使用耐腐蚀、耐久性能好的管材、管件。

2 室外埋地管道采取有效防止管网漏损的措施。

3 设计阶段根据水平衡测试的要求安装分级计量水表。

5.3.5【计分项／节水系统】供水系统应考虑节水、节能，给水系统无超压出流现象。

1 应充分利用市政供水压力。

2 合理采用变频供水设备等节能的供水方式。

3 采取减压限流的节水措施，用水点供水压力不大于0.30MPa；合理设置供水分区，各分区最低卫生器具配水点处的静水压不大于0.45MPa。

5.3.6【计分项／节水系统】设置用水计量装置。

1 按使用用途，对公共厨房、卫生间、绿化、景观等用水分别设置用水计量装置，统计用水量。

2 按付费或管理单元，分别设置用水计量装置，统计用水量。

5.3.7【计分项／节水系统】公用浴室采取节水措施。

1 采用带恒温控制与温度显示功能的冷热水混合淋浴器。

2 设置用者付费的设施。

5.3.8【计分项／节水器具与设备】应采用节水型卫生器具，卫生器具的选型应满足节能要求。

1 节水型卫生器具用水效率等级达到三级以上。

2 选用《当前国家鼓励发展的节水设备（产品）目录》中公布的设备、器材和器具。

5.3.9【计分项／节水器具与设备】应根据绿化灌溉的管理形式、绿地面积大小、植物类型和水压等因素，选择不同类型的高效节水灌溉方式。

1 地面漫灌方式既不节水，对植物的正常生长也极为不利，应采用高效的节水灌溉方式。

2 浇灌用水源宜为再生水，应采用滴灌、渗灌、微喷灌等微灌浇洒方式，禁止采用喷灌。

5.3.10【计分项／节水器具与设备】除卫生器具、绿化灌溉外的其他用水应采用节水技术或措施。

除卫生器具、绿化灌溉以外的其他用水应采用节水技术和措施。车库和道路冲洗用的节水高压水枪、节水型专业洗衣机等用水量较少的处理设备和措施，采用节水技术或措施的比例应达到用水总量的50%以上。

5.3.11【计分项／非传统水源利用】合理使用非传统水源。

1 室内冲厕、室外绿化灌溉、道路浇洒、洗车用水宜采用非传统水源。

2 景观补水宜采用非传统水源。

3 公共部分的道路、地面冲洗及垃圾间冲洗等应采用非传统水源。

4 使用非传统水源时，应采取用水安全保障措施，且不得对人体健康与周围环境产生不良影响。

5.3.12【计分项／非传统水源利用】景观水源及水质控制。

1 场地内没有可利用非传统水资时，不宜设置景观水体。

2 结合雨水利用设施进行景观水源及水质控制，采用生态水处理技术保障水体水质。

3 非传统景观水体设计前，应进行水量平衡计算，并确保

水景补水量与水景用水量、蒸发量及土壤渗漏量等达

到平衡。

5.4 节材与材料资源利用

5.4.1【基本项】建筑材料及制品不得采用国家和地方禁止和限制使用的建筑材料及制品。应通过对材料的释放特性和生产、施工、拆除过程的环境污染控制，达到绿色建筑全寿命周期的环境保护目标，并按照最新的相关标准选用材料，鼓励采用绿色新材料、新部品。

5.4.2【基本项】混凝土结构中梁、柱纵向受力普通钢筋采用不低于４００ＭＰａ级的热轧带肋钢筋。

5.4.3【基本项】建筑造型要素应简约，无大量装饰性构件。

1 不用、少用装饰性构件。

2 格栅、构架等建筑构件应结合遮阳、导风等功能进行设计，或结合太阳能等可再生能源利用进行设置。

5.4.4【计分项／节材设计】建筑形体应规整。

1 建筑形体应符合现行国家标准《建筑抗震设计规范》ＧＢ５００１１中的规定。

2 应控制建筑规模与空间体量，建筑体量紧凑，采用适宜的建筑层高，避免建筑平面、立面不规则，结构设计宜考虑建筑使用功能变化及空间适应性的变化。

5.4.5【计分项／节材设计】对地基基础、结构体系、结构构件进行优化设计，达到节材效果。

1 应提高材料的使用效率，考虑材料的循环利用，节省材料的用量。

2 新建建筑宜适当提高结构的安全等级、使用年限及耐久性，其中包括荷载设计值及结构抗震等级。

3 应通过优化结构体系与设备系统，减少在施工、运行和维护过程中的材料消耗总量。

5.4.6【计分项／材料选择】选用本地生产的建筑材料。在设计和施工阶段宜就地取材，应减少材料运输过程资源、能源消耗和环境污染。

5.4.7 【计分项／材料选择】现浇混凝土应采用预拌混凝土。预拌混凝土统一配制，性能稳定，有利于提高混凝土的质量，减少施工现场噪声和粉尘污染；施工中应根据现场具体需求配送，避免浪费。

5.4.8【计分项／材料选择】砂浆应采用预拌砂浆。

预拌砂浆统一配制，性能稳定，有利于提高砂浆的质量。施工中应根据现场具体需求配送，避免浪费。

5.4.9【计分项／材料选择】应合理采用高性能结构材料。

1 选用高强度钢，可减轻结构自重，减少钢材用量。高层钢结构和大跨度钢结构宜选用高强钢材，钢筋混凝土主体结构受力钢筋选用高强钢筋。

2 采用高性能混凝土可以减小构件截面尺寸和混凝土用量，增加使用空间；在混凝土主体结构中使用满足设计要求的高性能混凝土。

5.4.10【计分项／材料选择】设计应选用高耐久性的建筑材料。

应采用耐久性好的建筑材料，减少建筑的维修次数，延长建筑使用寿命。

5.4.11【计分项／材料选择】采用可再利用材料和可再循环材料。

应充分利用建筑施工、既有建筑拆除和场地清理时产生的可循环利用的材料，实现节材和环保。

5.4.12【计分项／材料选择】使用以废弃物为原料生产的建筑材料，废弃物掺量不低于３０％。

在满足使用性能的前提下，宜采用利用建筑废弃物再生骨料制作的混凝土砌块制品等；或用工业废弃物、农作物秸秆、建筑垃圾、淤泥为原料制作的水泥、混凝土、墙体材料、保温材料等建筑材料等。

5.4.13【计分项／材料选择】合理采用耐久性好、易维护的装饰装修建筑材料。

1 在外立面或室内装修中合理采用清水混凝土。

2 采用耐久性好、易维护的外立面材料，减少维修量。

3 采用耐久性好的室内装饰装修材料，减少噪声、能耗和建筑垃圾。

5.5 室内环境质量

5.5.1【基本项】居住空间的室内噪声级应满足现行国家标准要求。

1 居住空间的室内噪声级应满足现行国家标准《民用建筑隔声设计规范》ＧＢ ５０１１８中的低限要求。

2 卧室、起居室的允许噪声级在关窗状态下白天不大于４５ｄＢ（Ａ），夜间不大于３５ｄＢ（Ａ）。

5.5.2【基本项】居住空间的外墙、隔墙、楼板和门窗的隔声性能应满足现行国家标准要求。

1 居住空间的外墙、隔墙、楼板和门窗的隔声性能满足现行国家标准《民用建筑隔声设计规范》ＧＢ ５０１１８中的低限要求。

2 卧室、起居室的楼板和分户墙的空气声计权隔声量不小于４５ｄＢ，楼板的计权标准化撞击声声压级不大于７０ｄＢ；户门的空气声计权隔声量不小于３０ｄＢ；外窗的空气声计权隔声量不小于２５ｄＢ，沿街时不小于３０ｄＢ。

5.5.3【基本项】建筑照明数量和质量应满足现行国家标准要求。

建筑照明数量和质量应符合现行国家标准《建筑照明设计标准》ＧＢ ５００３４的规定。

5.5.4 【基本项】在室内设计温、湿度条件下，建筑围护结构内表面不得结露。

采取合理的保温隔热措施，减少围护结构热桥部位的传热损失，防止外墙和外窗等外围护结构内表面温度低于室内空气露点温度，避免表面结露、发霉。

5.5.5【基本项】屋顶和东、西外墙隔热性能应满足现行国家标准要求。

在自然通风条件下，房间的屋顶和东、西外墙隔热性能满足现行国家标准《民用建筑热工设计规范》ＧＢ

50176的要求；或屋顶和东、西外墙加权平均传热系数及热惰性指标不低于国家、行业和地方建筑节能设计标准的规定，且屋面和东、西外墙外表面材料太阳辐射吸收系数应小于0.6。

5.5.6【基本项】室内空气中的氨、甲醛、苯、总挥发性有机物、氡等污染物浓度应满足现行国家标准要求。

室内空气中的氨、甲醛、苯、总挥发性有机物、氡等污染物浓度应符合现行国家标准《室内空气质量标准》GB／T 18883的有关规定。

5.5.7【计分项／室内声环境】居住空间的室内噪声级应满足现行国家标准要求。

噪声级低于现行国家标准《民用建筑隔声设计规范》GB50118中的低限标准限值。

5.5.8【计分项／室内声环境】居住空间的隔声性能良好。

外墙、分户墙的空气声隔声性能和楼板的撞击声应满足现行国家标准《民用建筑隔声设计规范》GB50118中的要求。

5.5.9【计分项／室内声环境】采取减少噪声干扰的措施。

1　应合理安排建筑平面和空间功能，规避噪声与振动的影响。

2　邻近设备机房的房间应采取隔声构造措施。

3　宜采用同层排水，有效控制噪声影响；排水管布置在室内时，应采用降噪管材或降噪构造措施；套数采用率应在50%以上。

5.5.10【计分项／室内光环境与视野】建筑居住空间具有良好的户外视野，相邻建筑的间距不低于18m。

5.5.11【计分项／室内光环境与视野】居住空间的采光系数应满足现行国家标准要求。

居住空间的采光系数满足现行国家标准《建筑采光设计标准》GB 50033的要求。

5.5.12【计分项／室内热湿环境】采取外遮阳措施，降低夏季太阳辐射得热。

1　外窗宜结合地区和建筑朝向采取不同的外遮阳措施。

2　应综合考虑采用外遮阳措施的经济性和耐久性。

5.5.13【计分项／室内热湿环境】供暖系统末端可调节。

套内各房间应设有可独立控制温度的装置。

5.5.14【计分项／室内空气质量】优化建筑空间、平面布局和构造设计，改善自然通风效果。

1　应通过合理的总体布局与单体设计，实现室内良好自然通风效果。

2　宜对建筑进行风环境模拟，优化建筑物空间布局、平面设计和开口设置，应促进室内自然通风环境的形成。宜对建筑室内风环境进行计算机模拟，优化自然通风系统方案。

5.5.15【计分项／室内空气质量】地下车库排风系统应设有一氧化碳浓度监测联动装置。

通过自动化系统监测一氧化碳浓度，控制车库排风系统的启停，达到减少风机运行时间、节约建筑能源。

6　施工建造技术要点

6.0.1【基本项】施工管理体系和组织机构应建立绿色建筑项目施工管理体系和组织机构，并落实各级责任人。

施工单位应成立专门的绿色建筑施工管理组织机构，完善管理体系和制度建设，根据预先设定的绿色建筑施工总目标，建立切实有效的管理制度和工作制度，并进行目标分解、实施和考核活动。

6.0.2【基本项】施工项目部应制定施工全过程的环境保护计划，并组织实施。

施工单位应明确绿色施工责任人，负责绿色施工的组织实施及目标实现，同时根据具体的工作内容，结合施工现场标准化管理要求，组建绿色施工工作团队，并落实相应的工作人员；监理单位应指派专人负责过程监督，同时与施工单位协调建立具体的沟通和监督机制。

6.0.3【基本项】施工项目部应制定施工人员职业健康安全管理计划，并组织实施。

建筑施工过程中应加强对施工人员的健康安全保护。建筑施工项目部应编制并落实安全管理计划，保障施工人员的健康与安全。

6.0.4【基本项】施工前应进行设计文件中绿色建筑重点内容的专项交底。

施工前参建各方进行专业交底，对保障绿色建筑性能的重点内容逐一交底，保证绿色建筑的实施效果。

6.0.5【计分项／环境保护】应采取洒水、覆盖、遮挡等降尘措施。

施工单位应制订并实施保护环境的具体措施，控制由于施工过程中引起的各种污染，减少对场地周边区域环境的影响。

6.0.6【计分项／环境保护】采取有效的降噪措施。

在施工场界测量、记录和控制噪声，满足现行国家标准《建筑施工场界环境噪声排放标准》GB 12523的规定。

6.0.7【计分项／环境保护】采取有效的施工废弃物控制措施。

1　制定施工废弃物减量化、资源化计划。

2　施工废弃物应分类收集、集中堆放，尽量回收和再利用。

6.0.8【计分项／资源节约】采取有效的施工节能措施。

1　制定并实施施工节能和用能方案。

2　监测并记录施工区、生活区的能耗。

3　监测并记录建筑材料、设备和废弃物运输能耗。

6.0.9【计分项／资源节约】采用有效的施工节水措施。

1　制定并实施施工节水和用水方案。

2　监测并记录施工区、生活区的水耗数据。

3　监测并记录基坑降水的抽取量、排放量和利用量数据。

6.0.10【计分项/资源节约】减少施工中预拌混凝土的损耗，并采取相应措施。

6.0.11【计分项/过程管理】绿色建筑重点内容实施。

1 参建各方进行绿色建筑重点内容的专项会审。

2 施工过程中以施工日志记录绿色建筑重点内容的实施情况。

6.0.12【计分项/过程管理】设计文件变更控制。

严格控制设计文件变更，避免出现降低建筑绿色性能的重大变更。

6.0.13【计分项/过程管理】建筑耐久性施工保证措施。

1 对保证建筑结构与管网的耐久性、安全性技术措施进行相应检测并记录。

2 对有节能、环保要求的设备和装修装饰材料进行相应检测并记录。

6.0.14【计分项/过程管理】机电系统综合调试和联合试运转。

工程竣工验收前，由建设单位组织有关责任单位，进行机电系统的综合调试和联合试运转并达到设计要求。

7 产业化技术要点

7.0.1【加分项/标准化系列化设计】模数化模块化设计。

应执行模数协调原则，做到楼栋单元、套内功能空间、构配件与部品等模数化模块化。

7.0.2【加分项/标准化系列化设计】实行标准化系列化设计。

1 应采用标准化、系列化建筑设计方法，满足体系化设计的要求，充分考虑构配件的标准化、多样化。

2 门窗等宜采用建筑工业化装配产品，门窗的规格尺寸应标准化。

7.0.3【加分项/标准化系列化设计】实现结构体系灵活性。

结构体系有利于套内的灵活分隔，以及后期的改造和维护。

7.0.4【加分项/标准化系列化设计】配置适老化与无障碍住房。

适老化与无障碍住房套数比例应达到2%以上。

7.0.5【加分项/装修一体化设计】土建装修一体化设计。

综合考虑绿色环保要求，提倡全部套数进行土建与装修一体化设计。

7.0.6【加分项/装修一体化设计】装修部品体系化。

装配式隔墙、整体厨卫、内门、烟道，水、暖、电、卫生设备等部品为工厂预制、现场装配。

7.0.7【加分项/装修一体化设计】实行厨房标准化设计，采用工厂化装配部品。

1 厨房采用标准化设计和装配式部品。

2 厨房宜采用工业化的整体部品。

7.0.8【加分项/装修一体化设计】实行卫浴标准化设计，采用工厂化装配部品。

1 卫浴采用标准化设计和装配式部品。

2 宜采用工业化的整体卫浴。

7.0.9【加分项/结构体系及预制构配件】结构体系。结合项目情况适度采用预制钢筋混凝土、钢结构等结构体系。

7.0.10【加分项/结构体系及预制构配件】采用工业化预制构配件。

1 采用预制混凝土、钢结构等工业化生产程度较高的构配件。

2 宜采用多功能复合墙体、楼梯、阳台、雨篷、井道、百叶、遮阳构件、成品栏杆等装配式部品。

7.0.11【加分项/施工技术】采用工具式定型模板，提高模板使用率。

工具式定型模板使用面积占模板工程总面积的比例宜达到５１%以上。

7.0.12【加分项/施工技术】土建装修一体化施工。

1 工程竣工时，建筑空间的使用功能完备，装修到位。

2 提供装修材料检测报告、机电设备检测报告、性能复试报告、建筑竣工验收证明、建筑质量保修书和使用说明书等。

7.0.13【加分项/施工技术】采用降低钢筋损耗措施。

1 ８１%以上的钢筋采用专业化生产的成型钢筋。

2 现场加工钢筋损耗率应降低至４.０%以下。

7.0.14【加分项/施工技术】全过程管理信息化。综合考虑资源利用、工程质量和效率，通过信息化管理手段，如应用ＢＩＭ系统进行施工全过程中的各阶段、各专业协调配合。

8 实施保障与产业化推进

8.1 实施保障

8.1.1 绿色保障性住房应建立完善的实施机制，明确相关建设各方的主体责任。提出实施绿色建筑行动的要求，并落实到项目建设的各个环节。

8.1.2 保障性住房建设申报阶段，应在建设单位报审材料编写要求中，提出增设绿色建筑建设规模和经济可行性说明等内容，并进行重点审查。

8.1.3 立项阶段，应在《项目建议书》和《项目可行性分析报告》编写要求中，提出增设绿色建筑技术可行性和增量成本分析等内容，并进行重点审查。

8.1.4 土地出让阶段，应结合本导则“绿色保障性住房指标体系”，在规划设计条件中提出绿色保障性住房的建设标准和相关要求。对于通过有偿方式获得土地使用权的项目，还应将其纳入《土地使用权出让合同书》进行明确。

8.1.5 规划设计和施工图审查阶段，应结合本导则“绿色保障性住房指标体系”和“绿色保障性住房规划设计要点”，将相关要求纳入规划设计审查和施工图审查程序，核实绿色保障性住房相关要求在规划方案和施工图设计文件中的落实情况。

8.1.6 施工招标阶段，建设单位应依据本导则“绿色保障性住房施工建造技术要点”，将绿色施工要求纳入施工招标文件及合同文件，并要求施工单位在投标文件中编制绿色施工技术措施，将其作为技术标的评审内容。

8.0.7 施工阶段，应将绿色建筑相关设计变更设为重大变更，建设、施工单位不得擅自修改已通过施工图设计审查的相关内容，确需修改的应由建设单位向原审查机构重新报审。

8.1.8 竣工验收阶段，应重点核实设计文件中绿色建筑技术要求的落实情况，对不满足要求的不得出具竣工验收合格报告。

8.1.9 运营管理阶段，应对保障性住房物业服务单位资质和运营管理提出相应要求，并制定管理办法，对运营管理过程进行监督。

8.2 产业化推进

8.2.1 各地建设主管部门应根据不同类型保障性住房的使用要求和特点，统筹考虑绿色建筑相关要求，以满足本地区地域特点和控制增量成本为基础，编制若干通用户型设计图集，实现设计标准化。

8.2.2 各地建设主管部门应制定绿色保障性住房与相关部品产品标准，以及预制构配件的模数协调标准，引导企业按照集约化和标准化方式进行生产。

8.2.3 各地建设主管部门应制定绿色保障性住房主要材料和设备的准入标准，并编制相应的推广目录，鼓励应用适宜、成熟和低成本的绿色建筑技术和产业化成套技术。

8.2.4 各地建设主管部门应以实现现场施工装配化为目标，结合现行国家标准《建筑工程绿色施工评价标准》GB/T 50640和本导则“绿色保障性住房施工建造技术要点”要求，研究制定适宜在当地推广应用的保障性住房绿色施工工法。

8.2.5 各地建设主管部门应加强绿色保障性住房专项技术培训，普及绿色保障性住房相关技术，提升设计、咨询、施工、运营管理和行政监管等相关人员的专业水平。

8.2.6 各地建设主管部门应注重培育绿色建筑建设服务产业，引导开发、设计、咨询、生产、施工、物业和科研等相关单位组成联合体，实现信息共享，形成绿色保障性住房产业链，建立覆盖全寿命期的配套服务体系。

住房城乡建设部办公厅
关于贯彻实施《住房保障档案管理办法》的意见

建办保〔2013〕4号

各省、自治区住房城乡建设厅，北京市住房城乡建设委，天津市城乡建设交通委、国土资源房屋管理局，上海市城乡建设交通委、住房保障房屋管理局，重庆市城乡建设委、国土资源房屋管理局，新疆生产建设兵团建设局：

住房保障档案管理是住房保障的重要基础工作。为加强和规范住房保障档案管理工作，加快推进住房保障管理制度建设，现就贯彻实施住房城乡建设部《住房保障档案管理办法》，提出以下意见。

一、充分认识加强档案管理工作的重要意义

（一）充分认识住房保障档案管理任务的艰巨性。我国实施住房保障制度特别是2008年以来，住房保障事业快速发展，截至2011年底，全国累计解决了3100万户城镇中低收入家庭的住房困难，同时形成了大批住房保障档案资料。“十二五”时期，全国要建设城镇保障性安居工程3600万套；到“十二五”末，住房保障覆盖面将达到20%左右，住房保障管理任务更加繁重。随着住房保障覆盖面持续扩大，住房保障档案资料急剧增加，加强和规范档案管理任务十分艰巨。

（二）切实增强规范住房保障档案管理的紧迫性。2011年11月，国家档案局已把住房保障相关档案列入民生类、国家基本专业档案目录，这是满足住房保障事业和人民群众基本需求必须建立的档案种类，是国家档案资源的重要组成部分，并作为专业主管部门和各级档案行政管理部门监管的重点项目。当前，在住房保障档案管理工作中，还存在制度建设滞后、管理能力薄弱、设施经费不足等问题，有的地区对住房保障档案管理重视不够，投入不足，工作不扎实，监管不到位，不适应住房保障事业快速发展的需要。这些问题必须引起高度重视，切实提高规范档案管理紧迫性的认识，加快档案管理制度建设。

（三）全面认识加强住房保障档案管理的重要性。建立档案管理制度是住房保障制度建设的重要内容，关系住房保障资源分配使用的公开公平公正，关系政府的公信力和执行力，关系城镇中低收入住房困难群体的切身利益，关系住房保障事业持续健康发展。各级住房保障主管部门要提高对档案管理工作重要性、艰巨性和紧迫性的认识，把贯彻实施《住房保障档案管理办法》摆上重要议事日程，增强使命感、责任感、紧迫感，加快推进住房保障档案管理制度化、规范化、信息化建设，努力提高住房保障档案管理水平。

二、明确档案管理的目标任务和工作步骤

（四）明确目标任务。各级住房保障主管部门要明确加强住房保障档案管理工作的目标任务。总体目标任务是：从2013年开始到2015年，利用3年时间，建立住房保障档案制度健全、管理规范、运行高效、信息安全的管理体制和工作机制，地级以上城市和档案管理基础工作较好的县市，力争用2年时间率先完成。

（五）落实工作步骤。地方各级住房保障主管部门要落实工作步骤，并结合当地实际，研究制定年度工作计划和进度安排，确保顺利实现总体目标任务。具体工作步骤如下：

第一步：对本地区住房保障档案管理工作进行专题部署，研究制定档案管理实施办法，明确管理机构和人员编制，组织学习培训，配置档案管理设施设备，统筹安排工作经费。

第二步：组织完成历史积累档案资料和即期档案资料的归档，对不符合档案管理制度要求的档案进行规范；实施纸质档案电子化，开发档案信息化管理软件和检索工具；组织经验交流。

第三步：建立档案信息管理系统，实现档案管理信息化；完善档案管理制度措施，实现住房保障档案制度化、规范化、信息化、常态化管理；组织考核验收和评比表彰活动。

三、加强档案管理制度和工作机制建设

（六）建立健全档案管理制度。要贯彻落实《住房保障档案管理办法》，结合当地实际，省级住房保障主管部门要研究制定档案管理实施办法，明确住房保障档案具体移交办法；市县住房保障主管部门要研究制定档案管理具体实施细则，明确档案信息公开、利用、查询和保密规定，突出档案管理制度的规范性和可操作性。

（七）加强档案管理能力建设。地方各级住房保障主管部门要明确内设机构的档案管理职责，加强档案管理队伍建设，充实管理人员编制，适时组织学习培训，增强工作责任心，提高政策业务水平和工作能力。各省、自治区住房保障主管部门要明确专人负责档案管理工作；市县住房保障主管部门要根据本地区档案管理任务，落实档案管

理人员，提高管理能力水平。

（八）保障档案管理的物资条件。市县住房保障主管部门要立足当前、着眼长远，创建档案管理的保障条件。坚持高起点、高标准，配备符合设计规范的专用库房，配置必要的办公设备、防护设施和信息化设备，确保档案安全；统筹安排档案管理的工作经费，满足档案管理工作需要。

四、加快推进档案资料建档和信息化工作

（九）突出抓好建档工作。按照住房保障对象“一户一档”、住房保障房源“一套一档”的原则，严格执行档案管理规范，可聘请专业档案管理人员给予技术指导，集中时间、人力和物力，全面完成住房保障制度实施以来形成的档案资料建档工作。对历史积累的档案资料，要集中组织完成建档；对没有建立住房保障房源档案的，要抓紧建立房源档案；对已经建档但不符合档案管理规定和业务规范的，要规范完善；对当年新增的档案资料，要即期完成建档。

（十）加快档案信息化建设。要加快推进档案信息化管理，开发档案信息采集、管理和应用软件，建立档案信息数据库，编制不同种类档案相互关联的检索工具，建设档案信息管理系统。对历史积累档案可分阶段、分批次实施纸质档案电子化；对即期档案，应同步实施纸质档案电子化，实现档案管理信息化，提高管理效能。

五、强化组织领导和监督检查

（十一）落实工作责任制。住房保障是政府公共服务的重要职责，是一项长期任务，要落实省级负总责、市县抓落实的工作责任制。各级住房保障主管部门要加强组织领导，明确档案管理部门责任，落实各层级岗位责任，坚持一级抓一级，层层抓落实。要把贯彻实施《住房保障档案管理办法》作为住房保障主管部门的重点工作，制定实施方案，健全管理制度，落实进度安排，确保工作时效。

（十二）加强督查指导。各省级住房保障主管部门要加强分类指导和监督检查，督促市县落实加强档案管理工作部署要求，及时总结推广典型经验，帮助解决实际问题。我部将把住房保障档案管理纳入目标责任制管理和监督检查的内容，组织督查指导，并通报住房保障档案管理督查情况；适时组织经验交流，推动完善住房保障档案管理的体制机制，促进住房保障事业持续健康发展。

各地区在贯彻实施《住房保障档案管理办法》工作中的新情况、新经验，请及时报送我部住房保障司。

中华人民共和国住房和城乡建设部办公厅

二○一三年一月二十四日

国家发展改革委办公厅
关于企业债券融资支持棚户区改造有关问题的通知

发改办财金〔2013〕2050号

各省、自治区、直辖市及计划单列市、新疆生产建设兵团发展改革委：

为贯彻《国务院关于加快棚户区改造工作的意见》(国发〔2013〕25号)有关精神，现就充分发挥企业债券融资对棚户区改造的支持作用，引导更多社会资金参与棚户区改造有关问题通知如下：

一、凡是承担棚户区改造项目建设任务的企业，均可申请发行企业债券用于棚户区改造项目建设。鼓励民营企业根据保障性安居工程任务安排，通过直接投资、参股、委托代建（BT）等多种方式参与棚户区改造项目建设，并申请发行企业债券。

二、棚户区改造项目包括城市棚户区改造、国有工矿（含煤矿）棚户区改造、国有林区棚户区改造、国有垦区危房改造以及配套市政基础设施和公共服务设施建设。企业债券支持范围原则上应是纳入棚户区改造规划和年度计划的项目。

三、为更好地发挥企业债券融资在我国经济“稳增长、调结构、转方式”中的导向作用，我委对企业债券发行申请，按照“加快和简化审核类”、“从严审核类”以及“适当控制规模和节奏类”三种情况进行分类管理，有保有控，支持重点，防范风险。对于专项用于棚户区改造项目的发债申请，在相关手续齐备、偿债措施完善的基础上，按照我委“加快和简化审核类”债券审核程序，优先办理核准手续，加快审批速度。

四、鼓励企业发行“债贷组合”专项债券用于棚户区改造项目建设。“债贷组合”是按照“融资统一规划、债贷统一授信、动态长效监控、全程风险管理”的模式，由银行为企业制定系统性融资规划，根据项目建设融资需求，将企业债券和贷款统一纳入银行综合授信管理体系，对企业债务融资实施全程管理。

五、棚户区改造项目可发行并使用不超过项目总投资70%的企业债券资金。鼓励有条件的市、县政府对棚户区改造项目给予债券贴息。

六、各省级发展改革部门近期应对本区域内涉及棚户区改造的发债企业和项目尽快摸底，组织发行人按规定程序和要求编报申请材料，并及时沟通有关情况。

七、加强企业债券市场信用体系建设。发行专项用于棚户区改造项目的企业债券，发行人、各中介机构等利益相关方应在规划、征地、拆迁、建设、资金管理、偿还等棚户区改造各个环节建立完善综合信用承诺制度，相关方要分别签署信用承诺书，承诺遵守法律法规、规范性要求和发债约定，规范与债权人利益有关的各项行为，承诺如有违规或违约将自愿接受惩戒。

八、加强企业债券存续期监管。各省级发展改革部门应督促发债企业严格履行相关义务，规范运作程序，及时诚信披露信息，按照核准的用途将债券资金用于棚户区改造项目，确保债券资金专款专用。

中华人民共和国国家发展改革委办公厅
二〇一三年八月二十二日

国土资源部办公厅
关于发布《国有建设用地使用权出让地价评估技术规范（试行）》的通知

国土资厅发〔2013〕20号

各省、自治区、直辖市国土资源主管部门，解放军土地管理局，新疆生产建设兵团国土资源局：

为规范国有建设用地使用权出让地价评估行为，部制订了《国有建设用地使用权出让地价评估技术规范(试行)》（见附件，以下简称“《规范》”），现予发布。请转发至辖区内各级国土资源主管部门、相关行业协会和土地估价中介机构，结合本地实际遵照执行。同时，为进一步完善国有土地出让底价确定程序，加强出让地价评估管理，促进土地市场平稳健康运行，现就有关问题通知如下：

一、要进一步健全国有建设用地使用权出让的定价程序，地价需经专业评估，底价应由集体决策。在国有建设用地使用权出让前，市、县国土资源主管部门应当组织对拟出让宗地的地价进行评估，为确定出让底价提供参考依据。委托给土地估价中介机构的，应采用公开方式。因改变土地使用条件、发生土地增值等情况，需要补缴地价款的，市、县国土资源主管部门在确定补缴金额之前，也应按照上述要求组织评估。

二、出让土地估价报告应由土地估价师完成，并且符合《城镇土地估价规程》和《规范》。市、县国土资源主管部门不应干预评估活动，由被委托方客观、独立、公正地出具土地估价报告。

三、出让土地估价报告，一律按照《关于实行电子化备案完善土地估价报告备案制度的通知》（国土资厅发〔2012〕35号）要求，由报告出具方履行电子备案程序，取得电子备案号。报告出具方无法登录“土地估价报告备案系统”的，市、县国土资源主管部门应将单位名称、单位性质、土地估价师姓名和资格证书号等情况，经省级国土资源主管部门核实汇总后，报部土地利用管理司，按规定登录。

四、市、县国土资源主管部门或国有建设用地使用权出让协调决策机构，应以土地估价报告的估价结果为重要参考依据，并统筹考虑产业政策、土地供应政策和土地市场运行情况，集体决策确定土地出让底价。从土地出让收入或土地出让收益中计提的各类专项资金，不得计入出让底价。对估价结果的采用情况及其理由，应纳入集体决策的记录文件，存档备查。

起拍（始）价应当根据当地土地市场的实际情况合理确定，可以高于、低于或等于出让底价，但成交价不能低于底价。

五、省级国土资源主管部门要加大监督指导力度，定期组织土地估价行业协会或专家，对已备案的土地估价报告进行随机抽查和评议，并向社会公布抽查评议结果。

六、出让方对估价结果有异议的，可申请省级土地估价师协会或中国土地估价师协会进行技术审裁，也可以另行组织评估。

七、部将根据各地实际和土地市场运行情况，适时修订《规范》，各省级国土资源主管部门可制订本地实施细则。

本文件的有效期为五年。

中华人民共和国国土资源部办公厅
二〇一三年四月八日

附件：

国有建设用地使用权出让地价评估技术规范（试行）

前　言

为规范国有建设用地使用权出让地价评估行为，根据《物权法》、《中华人民共和国土地管理法》、《中华人民共和国城市房地产管理法》、《招标拍卖挂牌出让国有建设用地使用权规定》、《协议出让国有土地使用权规定》等相关规定和土地估价的国家标准、行业标准，制定本规范。

本规范由国土资源部提出并归口。

本规范起草单位：国土资派部土地利用管理司、中国土地估价师协会。

本规范由国土资源部负责解释。

1、适用范围

在中华人民共和国境内出让国有建设用地使用权涉及的地价评估，以及因调整土地使用条件、发生土地增值等情况需缴补地价款的评估，适用本规范。国有建设用地使用权租赁、集体建设用地使用权流转、国有农用地使用权出让、土地他项权利出让涉及的价格评估，可参照本规范执行。

2、引用的标准

下列标准所包含的条文，通过在本规范中引用而构成本规范的条文。本规范颁布时，所示版本均为有效。使用本规范的各方应使用下列各标准的最新版本。

GB/T 18508 — 2001《城镇土地枯价规程》

GB/T 18507 — 2001《城镇土地分等定级规程》

GB/T 210l0 — 2007《土地利用现状分类》

TD/T 1009 — 2007《城市地价动态监侧技术规范》

3、依据

(1)《中华人民共和国物权法》

(2)《中华人民共和国土地管理法》

(3)《中华人民共和国城市房地产管理法》

(4)《中华人民共和国城镇国有土地使用权出让和转让哲行条例》(国务院令第55号)

(5)《招标拍卖挂牌出让国有建设用地使用权规定》(国土资源部令第39号)

(6)《协议出让国有土地使用权规定》《国土资源部令第21号)

(7)《国务院关于加强国有土地资产管理的通知》(国发〔2001〕15号)

(8)《国务院关于深化改革严格土地管理的决定》(国发〔2004〕28号)

(9)《国务院关于促进节约集约用地的通知》《国发〔2008〕3号)

4、总则

4.1 出让地价评估定义

本规范所称的土地使用权出让地价评枯，是指土地估价师按照规定的程序和方法，参照当地正常市场价格水平，评估拟出让宗地土地使用权价格或应当补缴的地价款。

4.2 出让地价评估目的

开展土地使用权出让地价评估，目的是为出让方通过集体决策确定土地出让底价，或核定应该补缴的地价款提供参考依据。

4.3 评估原则

除《城镇土地估价规程》规定的土地估价基本原则外，土地使用权出让地价评估还需考虑以下原则：

价位主导原则：土地综合质量优劣是对土地价格产生形响的主要因素。

审慎原则：在评估中确定相关参数和结果时，应分析并充分考虑土地市场运行状况、有关行业发展状况，以及存在的风险。

公开市场原则：评估结果在公平、公正、公开的土地市场上可实现。

4.4 评估方法

(1)收益还原法

(2)市场比较法

(3)剩余法

(4)成本逼近法

(5)公示地价系数修正法

出让地价评估，应至少采用两种评估方法，包括(1)、(2)、(3)之一，以及(4)戏(5)。因土地市场不发育等原因，无法满足上述要求的. 应有详细的市场调查情况说明。

4.5 评估程序

(1)接受委托，明确估价目的等基本事项;

(2)拟订估价工作方案. 收集所需背景资料;

(3)实地调查;

(4)选定枯价方法进行评估;

(5)确定估价结果，并根据当地市场情况、有关法律法规和政策规定，给出底价决策建议;

(6)撰写估价报告，履行土地估价报告备案程序，取得电子备案号;

(7)提交估价报告;

(8)估价资料归档。

5、评估方法的运用

5.1 收益还原法。除依照《城镇土地佑价规程》的规定外，还需体现以下技术要求：

(1)确定土地收益，应通过调查市场案例进行比较后得出，符合当前市场的正常客观收益水平，并假设该收益水平在出让年期内保持稳定。对于待建、在建的土地，按规划建设条件选用可比较案例。用于测算收益水平的比较案例应不少于3个。

(2)确定各项费用时，应采用当前市场的客观费用。

(3)确定还原利率时应详细说明确定的方法和依据，应充分考虑投资年期与收益风险之间的关系。

5.2 市场比较法。除依照《城镇土地估价规程》的规定外，还需体现以下技术要求：

(1)在综合分析当地地产市场历年交易案例的基础上，优先选用正常市场环境下的实际交易案例。原则上不采用竞价轮次较多、溢价率较高的交易案例。不能采用楼面地价历史最高或最低水平的交易案例。近3年内所在或相似区城的交易案例不足3个的，原则上不应选用市场比较法。

（2）各比较案例修正后的比准价格相差不能超过40%。即（高比准价格一低比准价格》／低比准价格≤40%，对超过40%的，应另选案例予以替换。案例不足无法替换的，应对各案例进行可比性分折，并作为确定取值权重考虑因素之一。

（3）各比较案例的修正幅度不能超过30%，即：（案例修正后的比准价格一案例价格）／案例价格≤30%。

5.3剩余法。除依照《城镇土地估价规程》的规定外，还需体现以下技术要求：

（1）在假设项目开发情况时，按规划建设条件评估；容积率、绿地率等规划建设指标是区间值的，在区间上限、下限值中按最有效利用原则择一进行评估。

（2）假设的项目开发周期一般不超过3年。

（3）对于开发完成后拟用于出协的项目，售价取出让时当地市场同类不动产正常价格水平，不能采用枯算的未来售价。

（4）开发完成后用于出租或自营的项目，按照前述收益还原法的有关技术要求评估。

（5）利润率宜采用同一市场上类似不动产开发项目的平均利润率。利润率的取值应有客砚、明确的依据，能够反映当地不动产开发行业平均利润水平。

5.4成本逼近法。除依照《城镇土地估价规程》的规定外，还需体现以下技术要求：

（1）国家或地方从土地出让收入成土地出让收益中计提（安排）的各类专项资金，包括农业土地开发资金、国有土地收益基金、农田水利建设资金、教育资全、保障性安居工性资金等，以及新增建设用地土地有偿使用费，不得计入土地成本，也不得计入出让底价。

（2）土地取得成本应通过调查当地正常情况下取得土地实际发生的容观费用水平确定，需注意与当地土地征收、房屋拆迁和安置补偿等标准的差异。

（3）土地开发成本应通过调查所在区域同类土地的客观成本费用水平确定。对拟出让宗地超出所在区域同类土地普遣开发费用水平的个例性实际支出，不能纳入成本。

（4）确定土地增值收益率或收益倾，应符合《国土资派部办公厅关于完兽企业改例土地枯价报告备案有关问题的通知》（国土资厅函〔2009〕311号）的规定。

5.5公示地价系数修正法。除依用《城镇土地估价规程》的规定外，还需体现以下技术要求：

（1）采用的基准地价，应当已向杜会公布。采用已完成更新但尚未向杜会公布的基准地价。需经市、县国土资泽主管部门书面同意。

（2）在已经部署开展标定地价公示的城市，可按照国家制订的相关评估指导办法，运用标定地价系数修正法进行出让地价评估。

6、特殊情况下需注意的事项

6.1场地未通平或通平不完全时

（1）生地评估。生地出让评估，应先评估熟地地价，再核减通平所需的开发费用。

（2）通平不完全时的地价评估。视开发程度不同，根据当地各项通平开发所需的平均费用水平，对熟地地价进行逐项减价修正。

（3）有地上建筑物的土地出让评估．对土地连同建筑物或构筑物整体一并出让的，出让评估按出让时的规划建设条件进行。当出让时以及出让后不改变现状、不重新设定规划建设条件的，评估结果等于现状下的净地价加地上建筑物重里价减去折旧；当出让时重新设定规划建设条件的，评估结果等于新设定规划建设条件下的净地价减去场内拆平工作费用。

作为整体出让的土地连同地上建筑物或构筑物，权属应为国有且无争议。

6.2采用特殊招拍挂方式出让或协议出让时

6.2.1特殊招拍挂方式。对果用“限地价（房价）、竞房价或配建（地价或配建）”等特殊招标拍卖挂牌方式出让土地使用权的评估，需分情况注意以下技术要点：

（1）限地价、竞配建或房价。采用“限地价、竞房价”方式出让的，在评估时应按本规范，评估出正常市场条件下的土地价格。采用“限地价、竞配建”方式的，土地估价报告中应评估出正常市场条件下的土地价格，给出底价建议，以及报据市场情况建议采用的地价上限，并提出建议的起始价或起拍价，一般情况下应符合：起始价≤出让底价≤地价上限。当起始价≤地价上限（出让底价时，地价上限与出让底价之间的差额，应按之建方式和配建成本，折算最低应配建的建筑面积，并在土地估价报告中明示。

（2）限房价、竟地价。采用“限房价、竟地价”方式出让的土地，在出让评估时，应充分考虑建成房屋首次协出后是否可上市流转。对不能上市流转，或只能由政府按原协价回购，或上市前需补缴土地收益的限价房开发项目，在采用剩余法评估时，按限定的房价取值。

6.2.2协议出让

（1）类型一。对应当实行有偿使用，且可以不采用招标拍卖挂牌方式出让的拟出让土地，应按本规范评估其在设定开发建设条件下的正常市场价格，并提出出让底价的建议。同时，还应在土地估价报告中侧算并对比说明该建议出让底价是否符合当地的协议出让最低价标准。

当地未公布协议出让最低价标准的，按拟出让土地所在级别基准地价的70%侧算对比；拟出让土地在基准地价覆盖范围外的，与新增建设用地有偿使用费、征地拆迁朴偿费用以及按照国家规定应缴纳的各项税费之和进行对比。

建议出让底价低于协议出让最低价标准的，应在土地估价报告中明确提示。

（2）类型二。对划拨土地使用权人申请以协议出让方式办理出让，出让时不改变土地及建筑物、构筑物现状的。应按本规范评估在现状使用条件下的出让土地使用权的正常市场价格，减去划拨土地使用权价格，作为评估给果，并提出底价建议。

出让时重新设定规划建设条件的，应按本规范评估在新设定规划建设条件下的出让土地使用权的正常市场价格，减去现状使用条件下的划拨土地使用权价格，作为评估结果，并提出底价建议。

当地对划拨土地使用权补办出让手续应缴土地收益有明确规定的，应与评估结果进行对比，在土地估价报告中明确提示对比结果，并建议从高缴纳土地收益。

6.3 其它特殊情况

6.3.1“三旧”改造。对旧厂房、旧城镇、旧村庄改造过程中，涉及的土地出让评估. 分为两种类型：

（1）公开出让。无论是国有土地还是集体土地，采用公开方式出让的，均假设宗地为国有土地的净地状态。评估其在新设定规划建设设条件下的国有出让土地使用权的正常市场价格。

（2）协议出让。国有土地协议出让自行改造的，参照本规范 6.2.2(2)。现状为集体土地自行改造的，应按出让时新设定规划建设条件下的国有出让土地使用权正常市场价格，减去现状下集体土地使用权价格，作为评估结果，并提出底价建议。

6.3.2 已出让土地补缴地价款。土地出让后经原出让方批准改变用途或容积率等土地使用条件的，在评估需补缴地价款时，评估期日应以国土资源主管部门同意补缴地价时为准，同时还需体现以下技术要求：

（1）工业用地调整容积率。按照《国务院关于深化改革严格土地管理的决定》（国发〔2004〕28 号）有关规定执行。

（2）用途、容积率等利用条件调整。调整容积率的，需补缴地价款等于楼面地价乘以新增建设面积。楼面地价应评估测算以下内容后择高确定：新容积率规划条件下评估期日的楼面地价，原容积率规划条件下评估期日的楼面地价，原容积率下出让时楼面地价进行期日修正后在评估期日的楼面地价。

调整用途的，需补缴地价款等于新、旧用途楼面地价之差乘以建筑面积。新、旧用途楼面地价均为评估期日的正常市场价格。

用途与容积率同时调整的，需补缴地价款等于新用途楼面地价乘以新增建筑面积，加上新、旧用途楼面地价之差乘以原建筑总面积，新用途楼面地价应评估测算以下内容后择高确定：新容积率、新用途规划条件在评估期日的正常市场楼面地价，原容积率、新用途规划条件在评枯期日的正常市场楼面地价. 旧用途按面地价，按评估期日原容积率规划条件下的楼面地价确定。

核定新增建筑面积，可以相关部门批准变更规划条件所断增的建筑面积为准，或竣工验收时实测的折增建筑面积为准。核定需补缴地价款时，不能以土地出让金、土地增值收益或土地纯收益代替。因调低容积率造成地价增值的，补墩地价款可按评估期日新旧容积率规划条件下总地价的差额确定。因其它土地利用条件调整需补缴地价款的，参照上述技术思路评估。

6.3.3 工业用地出让评枯。应按本规范上述有关规定评估出正常市场条件下的出让土地使用权价格，并在土地估价报告中明确说明与当地工业用地出让最低价标准的对比结果。对不同开发很度的工业用地，按照达到不同开发程度所需的当地平均开发费用水平，进行价格修正，得到评估结果，并与最低价标准进行对比。

在评估工业用地出让地价时，不得以当地工业用地出让最低价标准为基础，推算各项参数和取值后，评估出地价。

7、估价报告内容

除需符合《城镇土地估价规程》规定的报告内容和格式外，出让地价的土地估价报告还应符合下列要求：

7.1 枯价结果。涉及协议出让最低价标准、工业用地出让最低价标准等最低限价的，在土地估价报告的“估价结果”部分，应同时列出评估结果，以及相应最低限价标准。在土地估价报告的“估价结果”部分，应有明确的底价决策建议及理由。

7.2 报告组成要件。除（城镇主地估价规程》规定的附件内容外，应视委托方提供村料情况，在土地估价报告后附具：

（1）涉及土地取得成本的相关文件、标准，以及委托方提供的征地拆迁朴偿和安置协议等资料。

（2）已形成的土地出让方案。

（3）报告中采用的相关案例的详细资料（包括照片）

（4）设定规划建设条件的相关文件依据。

国土资源部办公厅 关于严格管理防止违法违规征地的紧急通知

国土资电发〔2013〕28号

各省、自治区、直辖市国土资源主管部门，新疆生产建设兵团国土资源局，各派驻地方的国家土地督察局：

近期，个别地方相继发生暴力征地事件，甚至出现人员伤亡，严重损害被征地农民权益，影响十分恶劣。中央领导同志高度重视，批示要求切实做好相关工作。为进一步加强征地管理，防止违法违规征地，杜绝暴力征地行为，保护被征地农民的合法权益，维护社会和谐稳定，现就有关事项通知如下：

一、强化思想认识，严防因征地引发矛盾和冲突

我国正处于"四化"同步发展的关键时期，社会和谐稳定是实现"两个一百年"奋斗目标的重要基础。当前，各类经济建设仍将依法依规征收一定数量的农村集体土地，积极稳妥地做好征地工作，事关经济社会发展大局、农民群众切身利益和社会和谐稳定。党中央、国务院一直高度重视征地工作，多次强调必须严格执行征地有关规定，坚决查处违法违规征地行为，维护好群众切身利益，防止引发社会稳定问题。各级国土资源主管部门要从维护人民群众切身利益、构建和谐社会的高度，认真领会并坚决贯彻落实好中央精神。要处理好"保发展、保红线、保权益"的关系，在促进经济发展和保护耕地的同时，将被征地农民的合法权益放在首要位置，切实促进被征地农民生活水平有提高，长远生计有保障，不得强行实施征地，杜绝暴力征地。

二、开展全面排查，坚决纠正违法违规征地行为

各省（区、市）国土资源主管部门要迅速行动，对本省（区、市）内征地工作组织开展一次自查，重点检查征地程序是否严格规范、补偿是否符合规定要求、安置是否落实、是否存在违法违规强制征地行为等。对征地程序不规范、补偿不到位、安置不落实的，必须立即进行整改；对违法违规强行征地行为，要严肃查处。凡整改、查处不到位的，不得继续实施征地。

三、加强调查研究，完善征地政策措施

各地区要进行深入调查研究，分析了解当前征地中存在的突出问题和原因，有针对性完善政策措施。要按照国家有关规定，制定与本地经济社会发展水平相适应的征地补偿标准，保障被征地农民得到合理补偿；要按照被征地农民发展权益不减少的原则，实行留地安置或留物业安置等多种安置方式；要按照发展权益均等的原则，制定相应的政策措施，将有稳定收入、风险小、易于管理的项目配置给被征地农村集体经营，确保被征地农民成为新型工业化、城镇化和农业现代化的积极参与者和真正受益者；要指导农村集体建立公平合理的收益分配制度，防止少数人侵占集体土地收益；要完善征地实施程序，严格落实征地信息公开要求，让群众充分了解征地相关信息，切实保障征地中农民的知情权、参与权，调动被征地农民的积极性，做到依法和谐征地。

四、改进工作方法，建立健全征地矛盾纠纷调处机制

征地实施前，要进行补偿安置收益分析，向被征地农民说明征地补偿标准的合理性、安置方式获得长远收益的可行性；要分析评估可能引发社会稳定风险的环节和因素，制定化解风险的预案。征地实施中，要加强监管，及时发现并化解苗头性、倾向性问题；要建立健全征地矛盾纠纷排查调处机制，认真做好征地中矛盾纠纷化解工作；征地实施中一旦发生矛盾冲突，基层国土资源主管部门要及时主动向同级人民政府和上级国土资源主管部门报告，积极采取措施，配合妥善解决，防止事态扩大，引发群体性或恶性事件。

五、落实工作责任，严格实行监督问责

按照《国务院办公厅关于进一步严格征地拆迁管理工作切实维护群众合法权益的紧急通知》（国办发明电〔2010〕15号）有关精神，省级政府要加强对征地工作的管理和监督，市、县政府对征地管理工作负总责，有关部门要加强协作、密切配合，落实好征地的各项制度规定。省级国土资源主管部门要加强对征地工作的指导监督，督促市、县政府切实履行责任；市、县国土资源主管部门要依法制定征地方案，严格履行征地程序，会同有关部门做好征地批后实施工作。

各地区要认真履行职责，强化依法治理违法违规征地行为，确保依法征地、和谐征地，切实维护农民群众合法权益。对违法违规征地、采取暴力方式征地等侵害农民利益行为，引发群体性或恶性事件的，要按照有关规定对有关责任人员严肃追究责任。同时，要严格文明执法，防止

因执法不当引发相关恶性事件。

各省（区、市）国土资源主管部门要认真落实通知要求，抓紧开展工作，排查整改落实情况于 2013 年 6 月 15 日前报部，同时抄送各派驻地方的国家土地督察局。

中华人民共和国国土资源部办公厅

二〇一三年五月十三日

国土资源部办公厅
关于建立土地利用动态巡查制度加强建设用地供后开发利用全程监管的通知

国土资厅发〔2013〕30号

各省、自治区、直辖市国土资源主管部门，新疆生产建设兵团国土资源局，各派驻地方的国家土地督察局，部机关有关司局，有关直属事业单位：

为加强建设用地供后开发利用全程监管，促进各项建设依法依规用地，不断提高节约集约用地水平，部在总结土地利用动态巡查试点城市经验和做法的基础上，决定在全国范围内建立土地利用动态巡查制度。现就有关问题通知如下：

一、建立土地利用动态巡查制度是促进土地开发利用的基本保障

土地利用动态巡查，是国土资源主管部门依托土地市场动态监测与监管系统（以下称“监测监管系统”），以供地政策的落实和《国有建设用地使用权出让合同》、《国有建设用地划拨决定书》的履行为重点，通过信息公示、预警提醒、开竣工申报、现场核查、跟踪管理、竣工验收、闲置土地查处、建立诚信档案等手段，实现对辖区内建设用地批后开发利用的全程监管。部于2012年在全国选择部分市、县进行了试点，取得了成功经验与有效做法，土地开发利用状况明显改观。实践证明，建立土地利用动态巡查制度，是切实加强建设用地供后开发利用全程监管、促进土地节约集约利用的重要抓手和基本保障。各级国土资源主管部门要高度重视，把建立土地利用动态巡查制度作为转变政府职能、提高管理水平的重要内容，切实加强组织领导，积极推进机制创新，着力强化技术支撑，全面促进各项制度落到实处。

为使土地利用动态巡查工作运行简单、易行、高效，部已在监测与监管系统中开发了土地利用动态巡查模块，设计了项目跟踪、信息公示、开竣工提醒和闲置土地处置等巡查内容的具体操作流程和有关文书。该系统从本通知下发之日起试运行，2014年1月1日起正式运行。

二、准确把握土地利用动态巡查制度的基本内容

各地要准确把握动态巡查制度的基本内容，突出工作重点，严密业务流程，及时开展土地利用动态巡查工作。

（一）建设项目跟踪。出让合同签订或划拨决定书下发后，市、县国土资源主管部门应在监测监管系统中提取《建设项目用地跟踪管理卡》，对已供土地的公开信息、出让价款缴纳、开竣工、定期巡查等情况作详细记录，作为开展土地利用动态巡查工作的基础。

（二）信息现场公示。市、县国土资源主管部门应依据《建设项目用地跟踪管理卡》的相关内容，形成《建设项目用地信息公示牌》，提示土地使用权人在项目所在地醒目位置挂牌公示，接受社会监督。公示内容包括建设用地使用权人、建设单位、项目动工开发、竣工时间、土地开发利用标准和监管机构、举报电话等相关信息。

（三）价款缴纳提醒。对于合同约定的缴款时间前30日尚未缴纳土地出让价款的项目，市、县国土资源主管部门应根据监测监管系统的预警提醒，在系统中提取《国有建设用地使用权出让价款缴纳提示书》，提示受让人及时缴纳土地出让价款。缴纳土地出让价款后10个工作日内，相关人员应及时将价款支付情况及相关凭证录入监测监管系统。

（四）开竣工预警提醒。对于合同约定或划拨决定书规定的开竣工时间前30日尚未开竣工的项目，市、县国土资源主管部门应根据监测监管系统的预警提醒，在系统中提取《开工提醒书》或《竣工提醒书》，并送达土地使用权人，提醒其按期开工或竣工，同时提示其违约风险及违约处理等事宜。对于依法批准延期的，应及时在监测监管系统中更新信息，并按照新的开、竣工时间进行监测监管。

（五）开竣工申报。市、县国土资源主管部门应当要求土地使用权人按规定在项目开工、竣工时应向市、县国土资源主管部门提交《建设项目动工申报书》和《建设项目竣工申报书》，并提供相应的建设用地施工许可证、现场照片、竣工验收证明等材料。市、县国土资源主管部门应及时将相关信息在10个工作日内上传监测监管系统。

（六）现场核查。市、县国土资源主管部门要在约定开竣工时间、实际开工、竣工验收等时点以及开发建设过程中，定期或不定期对项目建设情况进行现场核查，获取同一角度、不同时期全景照片，并在《建设项目用地跟踪管理卡》上做好记录。核查记录要在获取后10个工作日内上传监测监管系统。

（七）闲置土地查处。市、县国土资源主管部门应严

格按照《闲置土地处置办法》(国土资源部令第53号)的要求，认真履行各项程序。对涉嫌构成闲置的建设用地及时开展调查、认定和处置，并将有关信息及时录入监测监管系统，同时填报相应的法律文书和案卷表；对于确认的闲置土地及处置结果应在门户网站和中国土地市场网等媒体向社会公开相关信息，并抄送金融监管等部门。

（八）建立诚信档案。各级国土资源主管部门应根据监测监管系统中的土地使用权人违规违约记录，分级建立用地诚信档案。对于未按要求提交开竣工申报书、未按合同约定开竣工、不及时缴纳土地价款的，列入市、县级诚信档案；对于在省域内存在闲置土地的，列入省级诚信档案。各地在建立用地诚信档案的过程中，根据管理需要，可在内容和环节上适当延伸，从成交确认、开发建设条件复核、合同履行等方面做好诚信记录，建立符合本地特色的诚信系统。

地方各级国土资源主管部门还可结合实际，借鉴部试点单位的做法，在遵循合同法等相关法律规定框架下探索建立土地开发利用履约保证金等相关制度，进一步丰富和完善土地利用动态巡查制度的内容和手段。

三、明确职责，切实落实土地利用动态巡查制度

各级国土资源主管部门要采取切实有效措施，建立工作机制，落实工作责任，加强督促指导，确保土地利用动态巡查工作落到实处。

（一）落实工作责任。各地要将动态巡查嵌入日常工作链条，明确责任单位，落实专岗专人，健全巡查队伍，保障工作条件，形成动态巡查责任体系。

市、县国土资源主管部门是土地利用动态巡查工作的责任主体。部门内设机构要设立土地利用动态巡查专岗，主要负责动态巡查任务的分配、督察和结果反馈。专岗工作人员要在合同签订或划拨决定书下发后10个工作日内，从监测监管系统提取《建设项目用地跟踪管理卡》，将巡查任务分配到相应的基层国土所或国土资源分局，并负责督办现场巡查，取得巡查结果和上传巡查数据。

基层国土所或国土资源分局是现场核查的责任主体。实地核查人员负责按照动态巡查的内容和上级部门所分配任务，适时开展土地利用动态巡查，记录巡查结果，并按时反馈给专岗工作人员。

各地要切实落实动态巡查的各项要求。对于要求土地使用权人应履行的事项，在出让合同、划拨决定书中要明确约定。对于各类违法、违规、违约行为国土资源主管部门要依法依规严肃查处，并适时通过当地媒体和中国土地市场网向社会公开，同时计入相应级别的诚信档案，按照《国务院办公厅关于继续做好房地产市场调控工作的通知》(国办发〔2013〕17号)要求，禁止其参加土地竞买。

（二）加强督促指导。省级国土资源主管部门是土地利用动态巡查制度落实的监督单位，负责督促、指导市、县国土资源主管部门开展土地利用动态巡查的具体工作。省级国土资源管理部门要及时汇总分析辖区内土地开发利用情况并进行定期通报。对辖区内土地开发利用情况不佳、闲置土地情况严重的地区，适时督促检查和实地督办。要主动加强与相关部门的沟通协调，建立信息共享机制，鼓励将合同履约情况、开发利用情况、闲置土地情况、用地诚信档案等内容抄送银行、银监、证监等相关行政监管部门，切实加强对违法、违规、违约行为的综合防控。

部将适时通报各地土地利用动态巡查工作情况。对于未按规定及时上报信息，或存在虚假、瞒报等情况的，予以通报批评；对违法、违规、违约行为严重的地区，适时开展实地核查与督办，或将有关情况抄送相关地方政府。

本文件自下发之日起执行，有效期八年。

中华人民共和国国土资源部办公厅

二〇一三年六月六日

国土资源部办公厅
关于下放部分建设项目用地预审权限的通知

国土资厅发〔2013〕44号

各省、自治区、直辖市国土资源主管部门，新疆生产建设兵团国土资源局，解放军土地管理局，各派驻地方的国家土地督察局，部有关直属单位，机关各司局：

为了落实国务院关于职能转变、简政放权的决定，现就建设项目用地预审权限下放有关事项通知如下：

一、坚决落实国务院关于取消和下放部分行政审批项目等事项的决定

今年以来，国务院取消和下放了一批行政审批事项，《国务院关于取消和下放一批行政审批项目等事项的决定》（国发〔2013〕19号，以下简称《决定》）涉及国家发展改革委下放12类企业投资项目的核准权限，取消13类企业投资项目的核准事项，调整管理方式为备案。对《决定》下放核准权限的12类项目，按照建设项目用地预审“同级审查”的原则，由省级或相应的地方国土资源主管部门办理。

二、下放备案类项目用地预审权限

按照投资管理权限规定原相应需报部用地预审的备案类项目（含《决定》包括的核准类调整为备案类的项目），由省级国土资源主管部门预审。各地要严格依据有关法律法规和《建设项目用地预审管理办法》（国土资源部令第42号）等规定，规范程序，严格把关，加强监督监管。

三、进一步做好零星分散建设项目用地预审工作

国土资源部令第42号文件规定，应当由国土资源部负责预审的输电线塔基、钻探井位、通讯基站等小面积零星分散建设项目用地，由省级国土资源管理部门预审，并报国土资源部备案。各地要合理界定零星分散建设项目范围，切实负责，进一步做好用地预审服务。

中华人民共和国国土资源部办公厅
二〇一三年十月八日

国土资源部办公厅　住房城乡建设部办公厅 关于坚决遏制违法建设、销售“小产权房”的紧急通知

国土资电发〔2013〕70号

各省、自治区、直辖市国土资源、住房城乡建设主管部门：

为全面正确地贯彻落实党的十八届三中全会《决定》，坚决遏制最近一些地方出现的违法建设、销售“小产权房”问题，现就有关事项紧急通知如下：

一、正确认识“小产权房”问题的危害性和严重性

建设、销售“小产权房”，严重违反土地和城乡建设管理法律法规，不符合土地利用总体规划和城乡建设规划，不符合土地用途管制制度，冲击了耕地保护红线，扰乱了土地市场和房地产市场秩序，损害了群众利益，影响了新型城镇化和新农村建设的健康发展，建设、销售和购买“小产权房”均不受法律保护。要全面、正确地领会十八届三中全会关于建立城乡统一的建设用地市场等改革措施，坚持依法依规，严格执行土地利用总体规划和城乡建设规划，严格实行土地用途管制制度，严守耕地红线，坚决遏制在建、在售“小产权房”行为。

二、坚决查处“小产权房”在建、在售行为

近年来，国务院有关部门多次重申农村集体土地不得用于经营性房地产开发，城镇居民不得到农村购买宅基地、农民住房和“小产权房”。2012年8月8日，国土资源部办公厅住房城乡建设部办公厅专门下发《关于坚决遏制违法建设、销售“小产权房”的通知》（国土资电发〔2012〕98号），各级国土资源和住房城乡建设主管部门要按照通知要求，对在建、在售的“小产权房”坚决叫停，严肃查处，对顶风违法建设、销售，造成恶劣影响的“小产权房”案件，要公开曝光，挂牌督办，严肃查处，坚决拆除一批，教育一片，发挥警示和震慑作用。

三、切实履行好监督管理职责

各级国土资源和住房城乡建设主管部门要在地方人民政府的领导下，认真履行职责，及时采取有力措施，切实加强监管，做到令行禁止。一要对违法建设、销售的“小产权房”开展一次集中排查摸底，结合实际研究提出分类处理的意见，并将结果报两部。二要对违规为“小产权房”项目办理建设规划许可、发放施工许可证、发放销售许可证、办理土地登记和房屋所有权登记手续的，要严肃处理，该追究责任的一定要追究责任。对监管不力、失职渎职的，要严厉问责。三要加强宣传引导。准确理解、全面宣传和贯彻落实好十八届三中全会精神，正确引导舆论，向社会警示购买“小产权房”的风险，切实维护人民群众合法权益。

中华人民共和国国土资源部办公厅
中华人民共和国住房和城乡建设部办公厅
二〇一三年十一月二十二日

财政部 国家税务总局
关于房改房用地未办理土地使用权过户期间
城镇土地使用税政策的通知

财税〔2013〕44号

各省、自治区、直辖市、计划单列市财政厅（局）、地方税务局，西藏、宁夏、青海省（自治区）国家税务局，新疆生产建设兵团财务局：

经研究，现就房改房用地未办理土地使用权过户期间的城镇土地使用税政策通知如下：

应税单位按照国家住房制度改革有关规定，将住房出售给职工并按规定进行核销账务处理后，住房用地在未办理土地使用权过户期间的城镇土地使用税征免，比照各省、自治区、直辖市对个人所有住房用地的现行政策执行。

中华人民共和国财政部
中华人民共和国国家税务总局
二〇一三年八月二日

财政部　国家税务总局
关于企业参与政府统一组织的棚户区改造
有关企业所得税政策问题的通知

财税〔2013〕65号

各省、自治区、直辖市、计划单列市财政厅（局）、国家税务局、地方税务局，新疆生产建设兵团财务局：

根据《国务院关于加快棚户区改造工作的意见》（国发〔2013〕25号）精神，为鼓励企业参与政府统一组织的棚户区（危房）改造工作，帮助解决低收入家庭住房困难，现将企业参与政府统一组织的工矿（含中央下放煤矿）棚户区改造、林区棚户区改造、垦区危房改造有关企业所得税政策问题通知如下：

一、企业参与政府统一组织的工矿（含中央下放煤矿）棚户区改造、林区棚户区改造、垦区危房改造并同时符合一定条件的棚户区改造支出，准予在企业所得税前扣除。

二、本通知所称同时符合一定条件的棚户区改造支出，是指同时满足以下条件的棚户区改造支出：

（一）棚户区位于远离城镇、交通不便，市政公用、教育医疗等社会公共服务缺乏城镇依托的独立矿区、林区或垦区；

（二）该独立矿区、林区或垦区不具备商业性房地产开发条件；

（三）棚户区市政排水、给水、供电、供暖、供气、垃圾处理、绿化、消防等市政服务或公共配套设施不齐全；

（四）棚户区房屋集中连片户数不低于50户，其中，实际在该棚户区居住且在本地区无其他住房的职工（含离退休职工）户数占总户数的比例不低于75%；

（五）棚户区房屋按照《房屋完损等级评定标准》和《危险房屋鉴定标准》评定属于危险房屋、严重损坏房屋的套内面积不低于该片棚户区建筑面积的25%；

（六）棚户区改造已纳入地方政府保障性安居工程建设规划和年度计划，并由地方政府牵头按照保障性住房标准组织实施；异地建设的，原棚户区土地由地方政府统一规划使用或者按规定实行土地复垦、生态恢复。

三、在企业所得税年度纳税申报时，企业应向主管税务机关提供其棚户区改造支出同时符合本通知第二条规定条件的书面说明材料。

四、本通知自2013年1月1日起施行。2012年1月10日财政部与国家税务总局颁布的《关于企业参与政府统一组织的棚户区改造支出企业所得税税前扣除政策有关问题的通知》（财税〔2012〕12号）同时废止。

中华人民共和国财政部
中华人民共和国国家税务总局
二〇一三年九月三十日

财政部 国家税务总局
关于棚户区改造有关税收政策的通知

财税〔2013〕101号

各省、自治区、直辖市、计划单列市财政厅（局）、地方税务局，西藏、宁夏、青海省（自治区）国家税务局，新疆生产建设兵团财务局：

为贯彻落实《国务院关于加快棚户区改造工作的意见》（国发〔2013〕25号）有关要求，现将棚户区改造相关税收政策通知如下：

一、对改造安置住房建设用地免征城镇土地使用税。对改造安置住房经营管理单位、开发商与改造安置住房相关的印花税以及购买安置住房的个人涉及的印花税予以免征。

在商品住房等开发项目中配套建造安置住房的，依据政府部门出具的相关材料、房屋征收（拆迁）补偿协议或棚户区改造合同（协议），按改造安置住房建筑面积占总建筑面积的比例免征城镇土地使用税、印花税。

二、企事业单位、社会团体以及其他组织转让旧房作为改造安置住房房源且增值额未超过扣除项目金额20%的，免征土地增值税。

三、对经营管理单位回购已分配的改造安置住房继续作为改造安置房源的，免征契税。

四、个人首次购买90平方米以下改造安置住房，按1%的税率计征契税；购买超过90平方米，但符合普通住房标准的改造安置住房，按法定税率减半计征契税。

五、个人因房屋被征收而取得货币补偿并用于购买改造安置住房，或因房屋被征收而进行房屋产权调换并取得改造安置住房，按有关规定减免契税。个人取得的拆迁补偿款按有关规定免征个人所得税。

六、本通知所称棚户区是指简易结构房屋较多、建筑密度较大、房屋使用年限较长、使用功能不全、基础设施简陋的区域，具体包括城市棚户区、国有工矿（含煤矿）棚户区、国有林区棚户区和国有林场危旧房、国有垦区危房。棚户区改造是指列入省级人民政府批准的棚户区改造规划或年度改造计划的改造项目；改造安置住房是指相关部门和单位与棚户区被征收人签订的房屋征收（拆迁）补偿协议或棚户区改造合同（协议）中明确用于安置被征收人的住房或通过改建、扩建、翻建等方式实施改造的住房。

七、本通知自2013年7月4日起执行。《财政部 国家税务总局关于城市和国有工矿棚户区改造项目有关税收优惠政策的通知》（财税〔2010〕42号）同时废止。2013年7月4日至文到之日的已征税款，按有关规定予以退税。

中华人民共和国财政部
中华人民共和国国家税务总局
二〇一三年十二月二日

财政部 国家税务总局
关于企业和自收自支事业单位向职工出租的单位
自有住房房产税和营业税政策的通知

财税〔2013〕94号

各省、自治区、直辖市、计划单列市财政厅（局）、地方税务局，西藏、宁夏、青海省（自治区）国家税务局，新疆生产建设兵团财务局：

经研究，现就企业和自收自支事业单位向职工出租的单位自有住房的房产税和营业税政策进一步明确如下：

《财政部 国家税务总局关于调整住房租赁市场税收政策的通知》（财税〔2000〕125号）第一条规定，暂免征收房产税、营业税的企业和自收自支事业单位向职工出租的单位自有住房，是指按照公有住房管理或纳入县级以上政府廉租住房管理的单位自有住房。

中华人民共和国财政部
中华人民共和国国家税务总局
二〇一三年十一月二十七日

山西省人民代表大会常务委员会 关于修改《山西省人民防空工程建设条例》的决定

（2013 年 3 月 31 日山西省第十二届人民代表大会
常务委员会第二次会议通过

山西省第十二届人民代表大会常务委员会第二次会议决定对《山西省人民防空工程建设条例》作如下修改：

一、将第十一条第一款第一项修改为："新建 10 层以上的民用建筑，按照不少于地面首层建筑面积修建防护级别为 6 级以上的防空地下室；"

二、删除第十一条第一款第二项、第三项、第四项、第五项和第二款，增加一项作为第十一条第一款第二项："新建 9 层以下、地面总建筑面积在 2000 平方米以上的民用建筑，按照地面总建筑面积的 2% 至 5% 修建防护级别为 6 级以上的防空地下室。幅度具体划分：一类人民防空重点城市按照 5% 修建；二类人民防空重点城市按照 4% 修建；三类人民防空重点城市按照 3% 修建；其他城市和县人民政府所在地的镇按照 2% 修建。"

本决定自公布之日起施行。

《山西省人民防空工程建设条例》根据本决定作相应修改并对条款顺序作相应调整后，重新公布。

山西省人民防空工程建设条例

第一条 为了加强和规范人民防空工程建设，提高城市整体防护能力，保护人民生命和财产安全，依据《中华人民共和国人民防空法》等法律、法规，结合本省实际，制定本条例。

第二条 本条例所称人民防空工程包括为保障战时人员与物资掩蔽、人民防空指挥、医疗救护等而单独修建的地下防护建筑，以及结合地面建筑修建的战时可用于防空的地下室（以下简称防空地下室）。

第三条 建设人民防空工程应当坚持长远建设与应急建设相结合，战时防空与平时利用相结合，地上建设与地下开发相结合，国家投资与社会筹资相结合的原则。

第四条 县级以上人民政府和同级军事机关领导本行政区域内的人民防空工程建设工作。

县级以上人民政府应当将人民防空工程建设纳入本级国民经济和社会发展规划。

第五条 县级以上人民政府人民防空行政主管部门管理本行政区域内的人民防空工程建设工作。

发展和改革、财政、规划、建设、国土资源、公安消防等部门，在各自的职责范围内，做好人民防空工程建设的相关工作。

第六条 县级以上人民政府根据人民防空需要，组织本级人民防空、规划、建设等部门编制人民防空工程建设规划并向社会公布，但涉密工程除外。

编制人民防空工程建设规划时，应当统筹兼顾、保证重点，将学校、医院、车站等人口密集区域列为防护重点。

县级以上人民政府人民防空行政主管部门为本级城乡规划委员会成员单位。

第七条 县级以上人民政府应当将人民防空工程建设规划纳入城市和县人民政府所在地的镇总体规划、控制性详细规划和修建性详细规划。

城市和县人民政府所在地的镇地下空间开发利用规划，公共绿地、广场、地下交通干线以及其他重大基础设施的规划与建设，应当根据人民防空工程建设规划，兼顾人民防空的功能。

人民防空行政主管部门负责对地下空间开发利用兼顾人民防空功能的管理和监督。

第八条 人民防空指挥、通信等涉密工程，公用人员掩蔽工程和疏散干道工程的建设经费，列入同级政府财政预算，由人民防空行政主管部门负责组织建设；用于医疗救护、物资储备等的专用工程，由有关部门和单位负责投资建设；防空地下室，由建设单位负责投资建设，所需资金列入建设项目总投资，并纳入各级基本建设投资计划。

第九条 鼓励和支持企业、事业单位、社会团体和个人以合资、合作、股份制、独资等多种形式投资建设人民防空工程。

人民防空工程建设项目(包括配套设施及附属工程)依法享受国防工程和社会公益性项目的有关优惠政策。

第十条 人民防空工程平时由投资者使用,收益归投资者所有,战时由人民政府根据需要统一安排使用。

使用人民防空工程的单位和个人,应当按照国家和省的有关规定对人民防空工程进行维护管理,不得损坏防护设备和擅自改变防护工程结构,使其保持良好的防护效能。

第十一条 在城市、县人民政府所在地的镇以及开发区、工业园区、教育园区和重要经济目标区新建民用建筑的,建设单位应当按照下列规定同步修建防空地下室:

(一)新建10层以上的民用建筑,按照不少于地面首层建筑面积修建防护级别为6级以上的防空地下室;

(二)新建除第一项规定和居民住宅以外的其他民用建筑,地面总建筑面积在2000平方米以上的,按照地面建筑面积的2%至5%修建防护级别为6级以上的防空地下室;

(三)在开发区、工业园区、教育园区和重要经济目标区新建除第一项规定和居民住宅以外的民用建筑,按照一次性规划地面总建筑面积的2%至5%集中修建防护级别为6级以上的防空地下室;

(四)新建除第一项规定以外的人民防空重点城市的居民住宅楼,按照不少于地面首层建筑面积修建防护级别为6B级的防空地下室;

(五)人民防空重点城市危房拆除重建住宅项目,按照不少于重建住宅地面首层建筑面积修建防护级别为6B级的防空地下室。

第二、三项规定的幅度具体划分:一类人民防空重点城市按照5%修建;二类人民防空重点城市按照4%修建;三类人民防空重点城市按照3%修建;其他城市和县人民政府所在地的镇按照2%修建。

除城市、县人民政府所在地的镇外,其他乡(镇)应当根据当地经济发展的情况,逐步规划和建设人民防空工程。

第十二条 依法应当修建防空地下室的工程项目的,建设单位在办理建设工程规划许可证之前,应当将项目说明、可行性研究报告、立项批准文件、地质勘察报告和工程设计文件提交建设项目所在地的县(市)人民政府人民防空行政主管部门,建设项目所在地为市辖区的,应当向设区的市人民政府人民防空行政主管部门提交;人民防空行政主管部门应当在收到材料之日起10日内向建设单位提供下列资料:

(一)建设位置;

(二)建设规模;

(三)战时用途;

(四)防护类别;

(五)防护等级;

(六)防化等级;

(七)其他应当载明的事项。

建设单位应当根据人民防空行政主管部门提供的资料进行防空地下室施工图设计。

建设单位在领取建设工程规划许可证之前,应当持防空地下室施工图设计文件,报人民防空行政主管部门审批;人民防空行政主管部门应当在收到申请之日起15日内出具人民防空工程建设审查批准书。

第十三条 新建除防空地下室以外的其他人民防空工程的建设单位和其他进行地下空间开发的建设单位,应当按照本条例第十二条的规定办理相关手续。

第十四条 符合下列条件之一的工程项目,建设单位可以向项目所在地的县(市)人民政府人民防空行政主管部门提出不修建防空地下室的申请,建设项目所在地为市辖区的,向设区的市人民政府人民防空行政主管部门提出申请,并提供立项批准文件、地质勘察报告和工程设计文件:

(一)建在流砂、暗河、基岩埋深很浅等地段的项目,因地质条件不适于修建的;

(二)因建设地段房屋或者地下管道设施密集,防空地下室不能施工或者难以采取措施保证施工安全的;

(三)按照规定指标应建防空地下室的面积小于新建民用建筑地面首层建筑面积,结构和基础处理困难,且经济很不合理的。

人民防空行政主管部门应当在收到申请之日起15日内作出批准或者不批准的决定。经批准的,建设单位可以不修建,但应当按照应修建防空地下室面积所需造价一次足额缴纳易地建设费,由人民防空行政主管部门按照人民防空工程建设规划统一就近易地建设,并定期向社会公布。

第十五条 防空地下室易地建设费纳入同级财政预算管理,专项用于易地建设人民防空工程和易地建设的人民防空工程的维护和管理;易地建设费的收缴和管理办法由省人民政府制定。

各级财政、审计、人民防空行政主管部门应当加强对易地建设费收缴、使用的审计和监督。

第十六条 对下列符合本条例第十四条规定,不能同步修建防空地下室的新建民用建筑工程项目,应当减免防空地下室易地建设费:

(一)享受国家优惠政策建设的廉租房、经济适用房等居民住房,减半收取;

(二)新建幼儿园、学校教学楼、养老院以及为残疾人修建的生活服务设施等民用建筑,减半收取;

(三)临时民用建筑和不增加面积的危房翻新改造住宅项目,予以免收;

(四)因遭受水灾、火灾或者其他不可抗拒的自然灾害造成损坏后按原建筑面积修复的民用建筑,予以免收。

除前款和国家另有规定的减免项目外,各级政府、任何部门和个人不得批准少建、不建防空地下室,不得批准减免易地建设费。

第十七条 申请减免易地建设费的建设单位,应当向省人民政府人民防空行政主管部门提出申请,省人民政府人民防空行政主管部门应当在收到申请之日起15日内,作出批准或者不批准的决定。决定批准的，发给批准文件；决定不批准的，应当书面通知申请人并说明理由。

第十八条 对应建防空地下室的工程项目，建设单位未提供人民防空行政主管部门出具的人民防空工程建设审查批准书的；对经批准不修建防空地下室的工程项目，建设单位未提供人民防空行政主管部门发给的批准文件和足额缴纳易地建设费的凭证的，规划（建设）部门不得发给建设工程规划许可证，建设行政主管部门不得发给施工许可证，公安消防部门不得办理相关手续，建设单位不得擅自开工。

第十九条 除人民防空指挥、通信等涉密工程外，其他人民防空工程的设计、施工、监理和防护设备的采购，建设单位应当依法实行招标。

第二十条 建设单位不得擅自修改人民防空工程施工图设计文件；确需变更设计的，应当经出具工程建设审查批准书的人民防空行政主管部门同意后方可变更。

第二十一条 人民防空工程的防护设备，应当按照人民防空工程施工图设计文件，与主体工程同步建设安装。

人民防空工程防护设备，应当符合国家规定的标准。

第二十二条 人民防空工程应当按照国家规定的防护标准和质量标准修建。

人民防空工程竣工后，建设单位应当及时报请出具人民防空工程建设审查批准书的人民防空行政主管部门进行专项验收。

第二十三条 人民防空工程建设单位应当在竣工验收合格之日起15日内，将建设工程竣工验收报告和规划、公安消防等部门出具的认可文件，报出具人民防空工程建设审查批准书的人民防空行政主管部门备案，同时将人民防空行政主管部门出具的认可文件报建设行政主管部门备案。

第二十四条 人民防空工程建设单位应当在竣工验收后30日内，向出具人民防空工程建设审查批准书的人民防空行政主管部门移交相关建设项目档案。

第二十五条 县级以上人民政府和同级军事机关，对在人民防空工程建设和管理工作中做出显著成绩的组织和个人，给予表彰和奖励。

第二十六条 违反本条例规定，不同步修建防空地下室的，由县级以上人民政府人民防空行政主管部门给予警告，并责令限期修建，可以并处10万元以下的罚款；无法修建的，应当足额缴纳易地建设费。

第二十七条 违反本条例规定，未足额缴纳易地建设费的，由县级以上人民政府人民防空行政主管部门责令建设单位限期缴纳；逾期不缴纳的，按日加收3‰的滞纳金。

第二十八条 违反本条例规定，人民防空工程施工图设计文件未经审查或者审查不合格，建设单位擅自施工，或者建设单位擅自变更施工图设计文件进行施工的，由县级以上人民政府人民防空行政主管部门责令限期改正；逾期不改正的，责令停止施工。

第二十九条 违反本条例规定，人民防空行政主管部门和其他有关机关工作人员，在人民防空工程建设和管理工作中，有下列行为之一的，对直接负责的主管人员和其他直接责任人员依法给予行政处分；构成犯罪的，依法追究刑事责任：

（一）对应当依法修建防空地下室的建设单位，批准缴纳易地建设费的；

（二）对不符合减免条件的新建民用建筑项目，批准减免易地建设费的；

（三）除国家规定的减免项目外，批准少建或者不建防空地下室的；

（四）挤占、截留和挪用防空地下室易地建设费的；

（五）擅自发给建设单位建设工程规划许可证、施工许可证等相关手续的；

（六）对建设单位提出的申请，未在规定的时限内出具人民防空工程建设审查批准书，或者未在规定的时限内作出批准或者不批准的决定，或者作出不批准的决定没有书面说明理由的；

（七）其他滥用职权、玩忽职守、徇私舞弊的。

第三十条 本条例自2008年7月1日起施行。1997年5月22日山西省人民政府发布的《山西省结合民用建筑修建防空地下室管理规定》同时废止。

山西省人民政府办公厅 关于转发省发展改革委省住房城乡建设厅 山西省开展绿色建筑行动实施意见的通知

晋政办发〔2013〕88号

各市、县人民政府，省人民政府各委、办、厅、局：

省发展改革委、省住房城乡建设厅《山西省开展绿色建筑行动实施意见》已经省人民政府同意，现转发给你们，请认真贯彻落实。

山西省人民政府办公厅
二〇一三年八月二十三日

山西省开展绿色建筑行动实施意见

省发展改革委　省住房城乡建设厅

为贯彻落实《国务院办公厅关于转发发展改革委住房城乡建设部绿色建筑行动方案的通知》(国办发〔2013〕1号)的有关要求，加快推进我省绿色建筑发展，结合我省综改试验和转型跨越发展的实际，提出如下实施意见。

一、加强规划引导作用，提升新建建筑建设品质

（一）强化规划引领。各级政府要建立并严格落实绿色建筑指标体系要求，在城市总体规划、控制性详细规划、修建性详细规划和专项规划中，积极贯彻集约、绿色、低碳和环保的理念，引导绿色生态城区建设，积极开展绿色生态城区建设试点。城乡规划部门要在项目规划设计条件中明确绿色建筑相关指标要求，同时加强规划审查，并应征求同级住房城乡建设部门的意见。

（二）推进绿色建筑示范工程。“十二五”期间，以保障房、重点工程和新区建设为重点，推进绿色建筑单体建设，积极开展绿色生态城区和高星级绿色建筑示范。2013年起，政府投资类公益性工程全面执行绿色建筑标准。2014年起，单体建筑面积超过2万平方米的机场、车站、宾馆、饭店、商场、写字楼等大型公共建筑、太原市新建保障性住房全面执行绿色建筑标准，其他地区新建保障性住房执行绿色建筑标准比例应不低于20%。鼓励、引导商业房地产开发项目等执行绿色建筑标准。强化监管，制定绿色建筑建设管理办法，完善地方标准体系，加强绿色建筑评价标识管理，研究制定建筑全寿命周期管理办法。到2015年末，20%的城镇新建建筑达到绿色建筑标准要求，各设区市建设2个以上10万平方米以上的绿色建筑集中示范区。

（三）积极推进绿色农房建设。住房城乡建设、农业等部门要加强农村村庄建设整体规划管理，提出村镇绿色生态发展指导意见，编制农村住宅绿色建设和改造推广图集、村镇绿色建筑技术指南，免费提供技术服务。结合农村危房改造、城乡环境清洁、建筑抗震加固等工程，大力推广太阳能热利用、围护结构保温隔热、省柴节煤灶、节能炕等农房节能技术，科学引导农房执行建筑节能标准；切实推进生物质能利用，发展大中型沼气。

（四）严格落实建筑节能强制性标准。严格设计把关，依照建筑节能标准规定合理控制窗墙比、体形系数等，加强建筑设计方案审查和施工图审查，设计阶段要100%达到节能标准要求。严格施工阶段监管和稽查，确保工程质量和安全，到2015年末，执行率达到95%以上。严格建筑节能专项验收，对达不到强制性标准要求的建筑，不得出具专项验收合格报告，不得办理竣工验收备案，不允许投入使用并强制进行整改。鼓励有条件的地区执行更高能效水平的建筑节能标准。

二、实施节能暖房计划，推进居住建筑连片改造

（五）加快实施“节能暖房”工程。转变既有居住建筑节能改造实施方式，积极推动以换热站为单元连片改

造，突出规模效应。太原市连片规模不少于7万平方米，其他设区城市不少于5万平方米，县城不少于2万平方米。2013年首先在太原市、绛县、怀仁县、长治县开展连片整体改造示范；注重统筹结合，将既有建筑节能改造与建筑物抗震加固、社区整治、旧区提质工程等相结合，同步规划、同步实施，做到既提升形象、又注重提升品质。鼓励既有建筑按绿色标准改造。到2020年末，要基本完成具有改造价值的居住建筑节能改造工作。

（六）注重供热系统节能改造。制订供热系统改造规划，5年内完成城镇老旧供热系统节能改造，提高热源效率和管网保温性能，改善管网热平衡。优化系统调节能力，2015年末，所有的换热站实现自动调节，实现建筑用能与热源厂实时联动。因地制宜地推广热电联产、高效锅炉、工业废热利用等供热技术，推广“吸收式热泵”和“吸收式换热”技术，提高可再生能源供热比例。严格执行两部制热价，新建建筑、完成供热计量改造的既有建筑全部实行按热量计量收费。

（七）创新建筑节能改造工作机制。按照《山西省人民政府办公厅关于印发〈山西省节能专项资金管理办法〉和〈山西省淘汰落后产能专项补偿资金管理办法〉的通知》(晋政办发〔2008〕50号)的相关规定，简化既有建筑节能改造项目审批程序。在安全等条件许可并征得业主同意的前提下，开展加层改造、扩容改造工程等试点，研究在规划审批、土地出让金减免、产权登记等方面创新工作机制。重视发挥集中供热企业主力军作用，督促其切实承担起供热计量改革的任务。鼓励供热企业发挥专业技术优势成立既有建筑节能改造专业公司，利用热源、热力站、供热管网节能改造效果明显、改造难度小、节能量易统计等特点，以热源、换热站为单元实施节能改造。供热企业实施节能改造而增加了供热面积，政府视同为新建同规模的热源厂，应按对热源厂建设的支持给予相应支持。

三、开展绿色能源行动，推进可再生能源规模应用

（八）强制推进太阳能光热应用。在全省城镇新建12层及以下的居住建筑、高层居住建筑的逆12层和有生活热水需求的医院、学校、宾馆、洗浴场所等公共建筑强制推广太阳能热水系统。居住建筑太阳能热水按照居民用水价格收费。根据建筑物的不同特点，合理选用太阳能光热系统的应用方式。积极推进被动式太阳能采暖。

（九）积极开展集中连片示范。重点推广太阳能、浅层地能、工业余热供热（制冷）技术。在城市集中供热尚未覆盖的区域和新农村建设中，要优先选用可再生能源供热。要充分做好资源条件和设计方案的论证，与建筑主体工程同步设计、同步施工，避免重复办理立项审批等相关手续。注重蓄能技术应用，合理利用峰谷电价。对可再生能源供热制冷项目运行用电，参照居民用电价格给予优惠。水利部门对采用地下水源热泵的项目，在取水许可方面予以支持。做好国家可再生能源建筑应用示范城市（县）的实施和验收，支持太原、侯马等市（县）继续申报扩大示范面积；编制可再生能源建筑应用省级推广方案，加强配套能力建设，建立项目和资金管理办法，争取列入国家省级示范，开展集中连片推广。到2020年末，新建建筑可再生能源应用比例要达到50%。

（十）实施太阳能屋顶计划。在办公建筑、大型体育设施、文化中心等公共建筑和工业厂房建筑中，积极推进太阳能屋顶、光伏幕墙等光电建筑一体化示范，利用好国家示范补助政策。电力部门要积极落实《国家电网关于做好分布式光伏发电并网服务工作的意见》，主动为接入电网提供便利条件。接入公共电网的光电一体化项目，其接入系统工程（含通讯专网）以及接入引起的公共电网改造部分由电网公司投资建设。接入用户侧的项目，其接入系统工程由项目业主投资建设，接入引起的公共电网改造部分由公司投资建设。发电量可以全部上网、自用或自发自用余电上网，上、下网电量分开结算，电价执行国家相关政策。

四、加强监管体系建设，推动公共建筑运行节能

（十一）加强能耗统计、审计和公示。全面推进公共建筑能耗监测平台建设。完善省级平台功能，扩大监测范围。2017年末，各市要完成市级平台建设。省市发展改革、财政等部门应制定相应的激励、扶持政策，对列为国家示范或试点的项目，尽快安排配套资金。逐步建立公共机构能源审计、能效公示和能耗定额管理制度，研究建立公共建筑能源利用状况报告制度，试点组织开展商场、宾馆、学校、医院等行业的能效水平对标活动。实施大型公共建筑能耗（电耗）限额管理，省物价等部门应会同省住房城乡建设主管部门，制定超限额用能（用电）惩罚性价格制度。试点研究公共建筑节能量交易工作，推行能源合同管理制度。

（十二）积极推动公共建筑节能改造。各市要认真开展大型公共建筑和公共机构办公建筑摸底调查工作，合理编制改造规划，政府机关办公建筑要带头实施节能改造。积极开展公共建筑节能改造重点城市示范，充分利用好中央财政资金奖励政策。鼓励采取合同能源管理模式进行改造，对项目按节能量予以奖励。继续推行“节约型高等学校”建设。

五、加快绿色技术研发，推行新型建材结构体系

（十三）加强绿色建筑技术研发推广。科技部门要设立绿色建筑科技发展专项，加强建筑节能、绿色建筑科研支持力度，重点支持既有建筑节能改造、可再生能源建筑应用、节水与水资源综合利用、绿色建材、废弃物资源化、环境质量控制、提高建筑物耐久性等绿色建筑共性和关键技术研发。住房城乡建设部门研究制定绿色建筑地方标准体系，开展绿色建筑技术的集成示范，并按照《山西省民用建筑节能条例》的相关规定，编制和发布建筑节能和绿色建筑重点技术、产品推广目录，因地制宜推广节能产品（技术）。

（十四）推广绿色建材。加强设计引导，推广高性能混凝土、高强钢筋的发展利用，到2015年末，标准抗压强度60兆帕以上混凝土用量达到总用量的10%，屈服强度400兆帕以上热轧带肋钢筋用量达到总用量的45%。大力发展预拌混凝土、预拌砂浆。深入推进墙体材料革新，坚决落实禁止使用实心粘土砖有关政策，推广新型墙体材料。经济和信息化部门要加强生产环节的监管，质监部门要加强流通环节的质量监督、住房城乡建设部门要强化使用环节的质量监管和稽查，杜绝性能不达标的建材进入市场。

（十五）开发利用新型建筑结构体系。推广适合工业化生产的预制装配式混凝土、钢结构等建筑体系，加快发展建设工程的预制和装配技术，培育太原、晋城、吕梁等地建筑工业装配化产业基地，积极推行住宅全装修，鼓励新建住宅一次装修到位或菜单式装修，促进个性化装修和产业化装修相统一。

六、严格建筑拆除管理，推进废弃物资源化利用

（十六）加强建筑全寿命周期管理。市、县人民政府以及建筑的所有者和使用者要加强建筑维护，对符合城市规划和工程建设标准、在正常使用寿命内的建筑，除基本的公共利益需要外，不得随意拆除。拆除大型公共建筑的，还须提前向社会公示征求意见。住房城乡建设部门要研究完善建筑拆除的相关管理制度，探索实行建筑报废拆除审核制度。对违规拆除行为，要依法依规追究有关单位和人员的责任。

（十七）落实建筑废弃物处理责任制。各级人民政府对本行政区域内的废弃物资源化利用负总责。住房城乡建设部门要按照“谁产生、谁负责”的原则，制定建筑废弃物的收集、运输和处理监管体系，编制建筑废弃物综合利用技术标准，研究建立建筑废弃物再生产品标识制度，开展建筑废弃物资源化利用示范。发展改革、财政、经济和信息化部门要制定建筑废弃物集中处理和分级利用鼓励政策。到2015年底，各设区市要因地制宜至少建成一个建筑废弃物集中处理基地。

七、强化领导责任考核，加大政策激励措施保障

（十八）加强组织领导。省建筑节能工作领导组要切实发挥好作用，定期召开联席会议，促进住房城乡建设、发展改革、财政等有关部门加强合作，研究解决建筑节能资金筹措、加强监管等重大事项；明确各市政府的领导主体责任，切实将绿色建筑行动作为一项重点任务加以落实。健全市级建筑节能工作领导组，切实发挥具体协调落实的作用；各级建设主管部门是绿色建筑行动的监管主体，进一步调整和充实建筑节能工作力量，保障工作经费。加强省部合作，加强上下联动，争取国家的先进技术和相关政策在我省先行先试。

（十九）强化目标监管。将绿色建筑行动纳入省政府对各市政府的工作目标责任考核体系，建立“可量化、可监测、可考核”的考评办法，坚持日常考核与年终验收相结合，定期开展纵向排队、横向对比。对完成情况好的通报表扬，差的通报批评，问题严重的约谈问责，对明显违犯建筑节能标准的行为，要依照《山西省民用建筑节能条例》严格处罚。

（二十）加强政策激励。要充分利用好国家加快推动绿色建筑发展的财政政策，即：对高星级绿色建筑和推进绿色生态城区建设，支持绿色建筑规模化发展的财政奖励政策。同时，积极争取国家的既有建筑节能改造资金、可再生能源建筑应用、建筑能耗监测平台建设等的财政资金支持。省、市政府要建立常态化的政府投资激励机制，加大资金支持力度，给予相应的补助，支持绿色建筑及绿色生态城区建设、既有建筑节能改造、供热系统节能改造、可再生能源建筑应用等，支持绿色建材发展、建筑垃圾资源化利用、建筑工业化、基础能力建设等工作。

财政、税务等部门要积极落实绿色建筑等方面的税收优惠政策，鼓励房地产开发商建设绿色建筑，引导消费者购买绿色住宅。国土资源部门要研究制定促进绿色建筑发展在土地转让方面的政策，在土地招拍挂出让规划条件中，要明确绿色建筑的建设用地比例。对因实施外墙外保温、遮阳、太阳能光伏幕墙等绿色建筑技术而增加的建筑面积，可不纳入建筑容积率计算。鼓励项目实施立体绿化，其屋顶绿化面积的20%可计入该项目绿化用地面积，也可计入当地绿化面积。

各市、各有关部门要尽快制订相应的绿色建筑行动实施方案，加强指导，明确责任，狠抓落实，加快推动城乡建设模式和建筑业发展方式转变，促进资源节约型、环境友好型社会建设。

山西省住房和城乡建设厅关于进一步加强商品房预售市场监管的通知

晋建房字〔2013〕69号

各市住房和城乡建设局（建委）、房地产管理局：

为进一步加强商品房预售市场监管，规范商品房预售行为，稳定市场预期，切实维护消费者的合法权益，促进房地产市场健康发展，现就有关事项通知如下：

一、严格执行商品房预售制度

（一）严格商品房预售许可管理。凡预售商品房的项目，必须取得预售许可证后方可预售。商品住房预售许可的最低规模不得小于栋，不得分层、分单元办理预售许可。房地产主管部门要严格办理时限，提高办事效率，对符合预售条件的商品房项目要加快办理预售许可。要在办理商品房预售许可前，通过房屋预测绘确定预售面积和预售房屋套型面积，确保预售房屋用途、面积与分摊、公用设施等内容的准确性。

（二）加强预售方案监管。房地产主管部门要加强对房地产开发企业预售方案备案管理，预售方案不符合规定要求的项目，一律不予发放预售许可证书。要建立预售方案动态监管机制，对预售方案的实施情况进行跟踪管理，对违反预售方案的行为，要责成房地产开发企业限期整改，对拒不整改或整改不到位的，可暂停该项目合同网签备案资格。商品房预售方案原则上不得变更，确需变更的房地产开发企业要重新申报预售方案，及时备案并公示。预售方案报价过高且不接受主管部门指导的，可暂不核发预售许可证书。

（三）规范商品房预售合同备案管理。房地产主管部门要积极推行商品房预售合同网上签约即时备案，保证合同备案与商品房销售现场销售情况一致，防止一房多售现象发生。要严格执行商品房购房实名制。已签订商品房预售合同并网上备案、经双方协商一致需解除合同的，双方应递交申请并说明理由，所退房源应当公开销售。

（四）健全商品房预售资金监管机制。房地产主管部门要根据当地实际，进一步优化监管程序，改进监管措施，明确监管责任，加强商品房预售资金的监管。预售资金要全部纳入监管账户，专款专用，确保预售资金用于商品住房项目工程建设，保障买受人的购房权益。各级房地产主管部门要严格按照当地商品房预售资金监管规定，进行资金拨付。要掌握每个项目的监管账户资金情况，确保资金安全，并留有足够资金保证建设工程竣工交付。没有实行预售资金监管的商品房项目，可暂不核发预售许可证书。

二、加强商品房销（预）售市场行为监管

（五）规范商品房预售行为。取得预售许可的商品房项目，房地产开发企业要在10日内一次性公开全部准售房源及每套房屋价格，并严格按照申报价格，明码标价对外销售。房地产开发企业不得通过签订虚假商品住房买卖合同等方式制造房源紧张的假象，不得采取返本销售、售后包租的方式销（预）售商品房。未取得预售许可的商品房项目，不得进行预售，不得发布预售广告，不得以认购、预订、排号、发放VIP卡等方式向买受人收取或变相收取定金、预定款等费用，不得参加任何展销（展示）活动。

（六）加强房地产经纪机构管理。房地产经纪机构领取营业执照30日内应当到当地房地产主管部门登记备案，房地产经纪机构应有一定数量的房地产经纪人员（含房地产经纪人和房地产经纪人协理）。房地产开发企业应当委托在房地产主管部门备案的房地产经纪机构代理销售商品房。房地产经纪机构不得代理销售不符合销（预）售条件的商品房项目。

（七）加强商品房销售人员管理。房地产主管部门要加强销售人员商品房销（预）售相关法律法规及行业道德培训。房地产经纪机构从业人员和房地产开发企业售楼人员的从业资格证书应当在商品房售楼场所公示。销售人员不得泄露或不当使用委托人的个人信息商业秘密，谋取不正当利益；不得为购房人弄虚作假、规避限购政策或者房屋交易税费等提供便利。

（八）加强商品房销售现场管理。房地产主管部门要加强商品房销售现场信息公示管理，进一步规范和细化信息公示内容。销售现场除公示有关证件外，应将商品房预售方案、物价部门批准的销售价格文件、一房一价、销售进度、预售资金监管协议、权力状态（如抵押、查封、限制）等信息在现场明显位置进行公示。由经纪机构代理销售商品房项目的，还应在售楼场所公示商品房销售委托书、营业执照、房地产经纪机构备案证明、销售人员从业资格证书等内容。

三、完善房地产市场监管机制

（九）加大违法违规行为查处力度。房地产主管部门要畅通举报投诉渠道，加大房地产市场违法违规行为的曝光和处罚力度，对退房率高、价格异常以及消费者投诉集中的项目，要重点进行检查。对拒不整改的房地产企业和

人员，要依据《城市房地产管理法》、《城市房地产开发经营管理条例》、《商品房销售管理办法》等法律法规，依法从严追究相关责任。

（十）健全房地产信息公开机制。房地产主管部门要充分利用房地产市场信息系统，建立健全房地产市场信息公开机制，将批准的预售信息、可售楼盘及二手房源信息、房地产开发企业、中介机构、从业人员信用状况、违法违规行为查处情况等向社会公开。

（十一）建立完善监督检查机制。房地产主管部门要加强房地产市场监督检查，建立日常巡查和专项检查相结合，定期和不定期检查相结合的动态监管机制，逐步规范房地产市场秩序。

（十二）建立房地产信用管理体系。房地产主管部门要研究建立房地产信用管理系统，积极拓展信用管理系统的功能和覆盖面，充分发挥信用管理系统作用，及时记录、公布和处理房地产企业的违法违规行为，房地产企业信用档案应当作为考核企业资质的依据。

山西省住房和城乡建设厅

二〇一三年四月三日

山西省住房和城乡建设厅
关于加强房屋租赁管理的通知

晋建房字〔2013〕81号

各市住房城乡建设局、房地产管理局：

为规范房屋租赁市场行为，维护房屋租赁双方合法权益和社会治安秩序，根据省社会管理综合治理委员会《关于印发<关于在全省集中开展社会治安“六项整治”的实施方案>的通知》（晋综治委〔2013〕3号）（以下简称《实施方案》）要求，现就加强房屋租赁工作通知如下：

一、认真落实省社会管理综合治理委员会的部署。为了创造全省转型跨越发展安全稳定的社会环境，省社会管理综合治理委员会决定在全省集中开展社会治安“六项整治”行动。出租房屋整治是六项重点工作之一，并要求达到房屋信息登记规范、流动人口信息记录规范、重点人口管理规范、治安隐患整治规范、安全管理制度规范的“五个规范”标准。为此，各市、县房地产管理部门要认真落实《实施方案》工作部署，尽快出台房屋租赁管理的制度和措施，健全房屋租赁管理的各项制度，做好房屋租赁管理工作。

二、建立房地产管理部门与相关部门的联动协作机制。“实施方案”明确出租房屋整治工作由公安部门负责牵头。各级房地产管理部门，要在当地社会管理综合治理委员会的领导下，在积极配合公安部门在做好出租房屋整治的同时，要加强出租房屋管理，加大房屋租赁稽查力度，进一步加强与公安、工商等相关部门间的联动协作，将房屋租赁登记备案情况与公安、工商等相关部门及时进行交流，整合各部门登记数据，完善房屋租赁登记信息，促进社会管理的科学化和制度化，提高社会服务质量，为全省转型跨越发展和营造安全稳定的社会环境创造条件。

三、落实房地产中介机构、物业服务企业房屋出租信息申报制度。各市、县房地产管理部门，要按照《城市房地产管理法》和《商品房屋租赁管理办法》的规定，加强房屋租赁登记备案，减少房屋租赁漏登、漏管，提高房屋租赁登记备案率。要认真落实房地产中介机构、物业服务企业房屋出租信息申报制度，房屋中介机构和物业服务企业要将所掌握的房屋租赁信息，及时向当地房地产管理部门进行申报，推进房屋租赁信息采集工作，提高租赁管理覆盖面。

各市、县房地产管理部门要转变工作作风，规范管理行为，畅通房屋租赁信息渠道，提高租赁登记备案服务水平，推进房屋租赁管理工作有序发展。今年11月份，我厅将对各市房屋租赁登记备案情况进行抽查。

山西省住房和城乡建设厅
二〇一三年四月二十八日

山西省住房和城乡建设厅
关于建立房地产业月分析调度制度的通知

晋建房字〔2013〕100号

各市住房城乡建设局（建委）、房地产管理局：

为进一步加强房地产市场管理，及时、准确、真实地采集房地产市场运行数据信息，全面监测和正确分析、研判市场，科学合理地进行调度安排，有针对性地制定和调整政策措施，更好地发挥房地产业在国民经济发展中的重要作用，经研究，决定从2013年6月起建立房地产业（含保障性住房）月调度分析制度。现就有关事项通知如下：

一、建立房地产业月调度分析工作机制

（一）建立数据统计分析制度。各市要选派业务熟练的同志担任调度分析联络员，逐月汇总本地区房地产市场和保障性住房建设情况，要根据运行数据进行分析，形成书面分析材料，于每月3日前将数据汇总表（附表1、2）和分析材料上报我厅。每月7日左右召开调度分析会。

（二）建立和完善房地产开发项目手册制度。组织开展房地产项目摸底工作，加强房地产开发项目手册管理，建立项目库并实现库信息的及时更新，实时掌握项目手续办理、建设进度、完成投资等进度信息。

（三）建立项目跟踪管理制度。各市要明确每个房地产项目的企业联络员，不定期组织人员深入现场进行巡查指导，跟踪项目进展情况，确保企业上报数据的真实性和时效性。

二、加强数据报送和审核管理

（一）按时保质报送数据。各市要督促指导房地产开发企业建立健全统计工作原始记录、统计台帐以及企业内部统计等制度，理顺内部统计工作渠道，严格按要求向统计部门报送《房地产开发统计报表》，并按时保质通过《山西省房地产从业主体管理信息系统》在线填报房地产开发项目投资、资金筹集、施工、竣工、销售等信息。报告期内无工作量的企业，也必须将报表中有关房屋销售、空置、资金到位等指标填写后按时报送。

（二）严格数据审核。各市要对企业报送的《山西省房地产从业主体管理信息系统》数据进行认真审核，经审核无误后，填写《房地产开发企业统计报表报送签收单》。

（三）加强数据报送管理。各市在对企业资质申请进行初审时，要以企业上报数据为依据对其业绩情况进行核查，未按要求报送、拒报统计报表、统计数据失真或报表数据与申报资料中业绩材料不符的，不予升级、核定等级、换发资质证书或通过动态考核。年底，我厅将对各市审核工作情况进行考核评比，向全省通报。

（四）加强住房保障监管平台数据录入管理。各市要严格按照住房保障监管平台数据填报要求，及时上报每月保障性住房进展情况，加强数据审核，强化责任考核，确保上报数据真实、准确、完整。

三、加强数据分析管理

（一）准确填报数据指标。各市主管部门尤其是负责房地产运行数据审核、汇总和分析的同志，要加强业务学习，熟练掌握省统计局《房地产开发统计报表制度》，理解、吃透各项指标的统计范围和指标间的逻辑关系。

（二）对汇总数据进行对比分析。各市要按照汇总表的要求，做好数据分类梳理、分类汇总，对计入统计部门数据和未计入统计部门的相关数据进行对比分析，说明数据不一致的项目和原因，并对企业向统计部门和通过《山西省房地产从业主体管理信息系统》在线填报的数据进行核实。通过汇总核实发现问题的，要及时督促、提醒相关企业进行调整和修正，杜绝同类问题的发生，确保数据的真实性和准确性。

（三）对运行数据进行综合分析。各市要组织人员对汇总数据进行综合分析，对保障性住房任务完成情况和项目进展情况进行单项分析，对具有代表性的项目数据进行典型分析，通过讨论、分析和比较，总结房地产业运行现状和发展趋势，发现产业运行中存在的问题，研究探讨解决的办法和措施，为全省进行调度提供依据，推动我省房地产业的转型、跨越发展。

四、认真准备月分析调度会议材料

各市要认真分析统计数据，结合当地的具体情况，进行综合分析和典型剖析，并形成书面分析材料。

（一）房地产市场分析材料。包括：房地产市场运行基本情况（房地产开发投资、商品房新开工面积、施工面积、竣工面积、销售面积、销售额、新建商品住房销售价格等）；存在的问题；近期的工作重点和拟采取的措施；需要调度解决的问题和建议。

（二）城镇住房保障分析材料。包括：年度新建项目落实及手续办理情况，续建项目结转复工情况，年度目标任务及月计划完成情况，竣工验收及分配情况，棚户区签

订征收协议及拆迁情况、配套补助资金落实及下拨情况；形势运行分析及主要的做法；存在的主要问题及下一步推进措施、建议；下月计划安排及趋势分析。

附件：

1. 房地产开发主要指标情况汇总表（一）

2. 房地产开发主要指标情况汇总表（二）

附件1：

________市房地产开发主要指标情况汇总表（一）

报表单位（公章）：____________________　　　　报表档期：_____年__月至__月

指标名称 \ 类型			房地产开发（统计汇总数据）		房地产开发（上报统计部门数据）	
				保障性住房		保障性住房
项目个数（个）						
项目累计完成投资（万元）						
本年完成投资（万元）						
	按用途分	住宅				
		办公楼		——		——
		商业营业用房		——		——
		其它		——		——
	按构成分	建筑工程				
		安装工程				
		其他费用				
		土地购置费				
自年初累计资金来源合计（万元）						
	上年末结余资金					
	本年资金来源小计					
		国内贷款				
		利用外资				
		自筹资金				
		其他资金				
		定金及预收款				
		个人按揭贷款				
购置土地面积（m²）						
土地成交价款（万元）						
待开发土地面积（m²）						

填表人：

审核人：

填表日期：20　　年　　月　　日

附件 2：

________市房地产开发主要指标情况汇总表（二）

报表单位（公章）：________________　　　　报表档期：_____年___月至___月

类型 指标名称	房地产开发（统计汇总数据）		房地产开发（上报统计部门数据）	
		保障性住房		保障性住房
房屋施工面积（m²）				
住宅				
办公楼		--		--
商业营业用房		--		--
其他		--		--
房屋新开工面积（m²）				
住宅				
办公楼		--		--
商业营业用房		--		--
其他		--		--
房屋竣工面积（m²）				
住宅				
办公楼		--		--
商业营业用房		--		--
其他		--		--
房屋销售面积（m²）				
住宅				
办公楼		--		--
商业营业用房		--		--
其他		--		--
房屋销售额（m²）				
住宅				
办公楼		--		--
商业营业用房		--		--
其他		--		--
房屋待售面积（m²）				
住宅				
办公楼		--		--
商业营业用房		--		--
其他		--		--

填表人：

审核人：

填表日期：20　　年　　月　　日

山西省住房和城乡建设厅 山西省工商行政管理局 转发住房城乡建设部 工商总局 关于集中开展房地产中介市场专项治理的通知

晋建房字〔2013〕157号

各市住房城乡建设局（建委）、房地产管理局，工商行政管理局：

现将住房城乡建设部、工商总局《关于集中开展房地产中介市场专项治理的通知》（建房〔2013〕94号）转发给你们，并提出以下要求，请一并贯彻执行：

一、要建立有效工作机制。各市房地产、工商行政管理部门要严格按照《关于集中开展房地产中介市场专项治理的通知》要求，力口强组织领导，精心安排部署，细化工作任务，明确工作责任，加强协作配合，形成监管合力，建立信息共享、联动查处的工作机制。要坚持专项治理与日常监督并重、强化管理与改善服务并重、受理投诉与主动监管并重，逐步建立规范化的日常动态监管机制。

二、要实现机构、人员和违法违规行为的“全覆盖”检查。所有从事房地产中介活动的机构，无论备案与否都要进行全面检查，检查范围要覆盖到街道、社区、小区；所有从事房地产经纪活动的人员无论有无资格证书，全部纳入检查范围；对照国家要求检查的房地产中介机构和经纪人员十条违法违规行为，逐条细化认真排查，加大违法违规行为的查处力度，对查出的问题，要做到“发现一起、查处一起”。

三、加快推进信息化建设。各市房地产、工商行政管理部门要以此次专项治理为契机，彻底摸清底数，充分利用信息化网络，积极推进房地产中介网上管理和服务平台建设，建立完善房地产中介机构及其从业人员信用信息数据库。

四、加强宣传教育力度。各市房地产、工商行政管理部门要通过报刊、网络等媒体开展形式多样的房地产中介市场相关法律法规宣传，强化正面引导，增强房地产交易环节的透明度。督促指导房地产中介机构和从业人员加强行业自律建设，每年至少开展一次房地产经纪业务培训，不断提高房地产经纪行业整体素质。请各市房地产、工商行政管理部门于11月1日前，将开展专项治理情况报告、2个以上典型案例以及房地产中介机构和经纪人员底数。（表样参考部文件附件格式）报省住房和城乡建设厅、工商行政管理局。

山西省住房和城乡建设厅
山西省工商行政管理局
二〇一三年七月二十五日

山西省住房和城乡建设厅
关于发布山西省工程建设地方标准
《写字楼物业服务标准》的通知

晋建标字〔2013〕178 号

各市住房城乡建设局(建委),各有关单位:

现批准《写字楼物业服务标准》为山西省工程建设地方标准,编号为 DBJ04 / T298—2013,自 2013 年 11 月 1 日起实施。本标准由山西省工程建设标准定额站负责管理,山西省房地产业协会负责具体解释。

山西省住房和城乡建设厅
二〇一三年八月十二日

住房和城乡建设部
关于同意山西省《写字楼物业服务标准》
等两项地方标准备案的函

建标标备正〔2013〕145 号

山西省住房和城乡建设厅:

你厅《关于山西省工程建设地方标准 < 写字楼物业服务标准 > 申请备案的函》(晋建标定函 [2013]30 号)、《关于山西省工程建设地方标准 < 发泡水泥保温板外墙外保温工程技术规程 > 申请备案的函》(晋建标定函 [2013]31 号)收悉。经研究,同意该两项标准作为“中华人民共和国工程建设地方标准”备案,其备案号为:

《写字楼物业服务标准》 J12437—2013

《发泡水泥保温板外墙外保温工程技术规程》 J12436---2013

该两项标准的备案公告,将刊登在近期出版的《工程建设标准化》刊物上。

中华人民共和国住房和城乡建设部标准定额司
二〇一三年九月九日

写字楼物业服务标准

前 言

本标准是根据山西省住房和城乡建设厅《关于印发 <2013 年山西省工程建设地方标准规范制订、修订计划 > 的通知》(晋建标函正 2013 刁 379 号)的要求,由山西省房地产业协会组织有关单位编制完成。

本标准的技术内容包括:总则、术语、基本规定、客户服务、房屋共用部位维护与管理、共用设施设备运行与维护、公共秩序维护、环境卫生、绿化养护。

本标准由山西省工程建设标准定额站负责管理，由山西省房地产业协会负责具体标准内容的解释。执行标准过程中，如有意见和建议，请反馈山西省房地产业协会(地址：太原市建设北路85号，邮政编码：030013。

本标准主编单位：山西省房地产业协会

本标准参编单位：

山西省房地产估价师与房地产经纪人协会
山西万佳物业管理有限公司
永济电机安居物业管理有限公司
山西云馨物业管理有限公司
长治市华通物业管理有限公司
长治潞安鸿源物业管理有限公司
太原市美嘉乐物业管理有限公司
山西国贸物业管理有限公司
山西恒实文化物业管理有限公司
山西大众嘉诚物业有限公司

本标准主要起草人员：于世玮 马培生 段燕临
齐锦程 关生唐 陈海英
王 胜 李晓红 纪木春
赵 彤 郭淑芬 武亚楠
朱 磊 阎建光 党爱宏
杨海洲

本标准主要审查人员：冯占雄 程永平 李桂芬
杨 兵 田文林 闫燕青
邓大亮 王 鹏

目 次

1 总 则
2 术 语
3 基本规定
4 客户月艮务
4. 1 接待服务
4. 2 人驻、退租服务
4. 3 装修服务
4. 4 报修服务
4. 5 特约服务
4. 6 文化服务
5 房屋共用部位维护与管理
6 共用设施设备运行与维护
6. 1 一般规定
6. 2 公共照明
6. 3 供变电系统
6. 4 电梯、自动扶梯
6. 5 通风空调系统
6. 6 锅炉系统
6. 7 给排水系统
6. 8 视频监控系统
6. 9 车库管理系统
6. 10 广播、会议背景音响
6. 11 对讲系统
6. 12 避雷系统
6. 13 高空作业设备
6. 14 网络、通讯设备
6. 15 公共消防设施
7 公共秩序维护
7. 1 人员要求
7. 2 出入管理
7. 3 安全监控
7. 4 巡查
7. 5 车辆管理
7. 6 突发事件处理
8 环境卫生
8. 1 一般规定
8. 2 楼内保洁
8. 3 楼外保洁
8. 4 垃圾收集与处理
8. 5 消杀管理
9 绿化养护
9. 1 一般规定
9. 2 楼内绿化
9. 3 楼外绿化
本标准用词说明

1 总 则

1.0.1 为规范写字楼物业服务企业经营行为，提高物业服务水平，保障客户和物业服务企业的合法权益，促进写字楼物业服务的健康发展，实现物业服务的标准化、规范化、专业化，结合本省实际情况，制定本标准。

1.0.2 本标准适用于山西省行政区域内的写字楼物业服务活动。

1.0.3 物业服务企业应与客户签订《物业服务合同》，合同中的内容应不低于本标准的规定。

1.0.4 写字楼物业服务除应遵守本标准外，尚应符合国家、行业及我省现行其他有关标准的规定。

2 术 语

2.0.1 写字楼 Office building 为商务、办公活动提供空间的建筑及其附属设施、设备和相关 场地。

2.0.2 客户 Client 接受写字楼物业服务的组织或个人，包括写字楼物业产权人、使用人及其他相关方。

2.0.3 物业承接查验 The undertake and inspection of property 以保证物业服务正常实施和共用部位、共用设施

设备正常使 用为目的，物业服务企业和建设单位(物业产权人)按照国家有关规定和《物业服务合同》的约定，共同对物业共用部位、共用设施设备进行检查和验收的活动。

2.0.4 责任性投诉 The responsibility complain 因物业服务企业未能履行《物业服务合同》中约定的责任而引起的客户投诉。

2.0.5 物业服务区域 Property services area 只成立一个业主大会的、相对独立的、并由一个物业服务企业或者其他管理人实施统一管理服务的区域。

2.0.6 专有部分 Exclusive part 建筑物中具有构造上和使用上的独立性部分。这部分在构造 上能够明确区分，在利用上具有排他性，在权力上为特定业主所有。包括建筑区划内符合上列条件的房屋、车位、摊位等特定空间。

2.0.7 突发公共事件 Sudden public events 在写字楼物业服务区域内突然发生且造成或者可能造成重大 人员伤亡、财产、自然灾害、公共卫生事件、社会安全事件等。

3 基本规定

3.0.1 物业服务企业应符合下列规定：

1 应具备相应的资质，符合住建部《物业服务企业资质管理办法》的要求；

2 应根据写字楼的具体特点、功能定位以及合同的约定，设置相应的管理服务机构，具备满足物业服务需要的管理人员和专 业技术人员；

3 配备满足物业服务需要的设施设备；

4 物业服务中心应公示物业服务企业资质证书及营业执照 或其复印件、项目负责人照片、物业服务项目、服务流程、收费依据、收费标准和投诉渠道等相关信息；提供特约服务的，应公示特约服务项目、服务流程及收费标准等；

5 应保证房屋共用部位完好，共用设施设备正常运行；

6 保证物业服务区域内环境、秩序符合客户要求；

7 物业服务应实行公开服务内容和标准、公开收费标准、公开办事流程。

3.0.2 物业服务人员应符合下列规定：

1 热爱物业服务工作，具有良好的职业道德、遵章守法、尽职尽责；

2 管理人员、专业技术操作人员按照国家有关规定取得物业 管理从业资格证书、岗位证书；

3 应积极参加岗位培训，熟练掌握岗位职责和操作规范；

4 着装统一、佩戴标识，文明用语，服务主动、热情；

5 定期参加专业技能、法律法规、安全等专题培训，熟悉物业 的基本情况，能正确使用相关专用设施设备。

3.0.3 物业服务管理制度和岗位责任制度应包括下列内容：

1 物业服务管理制度应包括24小时值班制度、房屋维修养 护管理制度、装饰装修管理规定、报修服务制度、设施设备运行管理制度及维修养护制度、安全防范管理制度、车辆管理制度、保洁管理制度、绿化管理制度、投诉处理制度、应急处理预案、消防管理制度、财务管理制度、物业服务费用收取办法、特约服务收费管理办法、专项维修资金管理规定、档案资料管理规定、物业服务意见征询制度等；

2 物业服务岗位责任制度应包括各部门工作职责、工作程序及标准、员工岗位责任制度、岗位职责考核制度等。

3.0.4 消防安全防范管理应符合下列规定：

1 消防工作要贯彻“预防为主、防消结合”的方针，认真执行消防安全防范制度，落实消防安全负责制，逐级逐岗落实消防安全职责；

2 结合写字楼实际，利用楼宇电视、板报和公示栏等宣传教育设施，进行消防安全防范制度和消防知识的宣传教育；

3 制定符合写字楼实际情况的灭火疏散预案，每年至少组织1次有员工、客户参加的消防演练；

4 物业消防岗位工作人员应每年参加消防安全教育和培训，熟练掌握消防器材的使用方法；具备检查消除火灾隐患的能力、组织扑救初期火灾的能力、组织人员疏散逃生的能力和消防宣传教育培训的能力；

5 防火巡查人员、自动消防系统操作人员应取得国家或行政主管部门核发的建筑物消防员职业资格证书，持证上岗；

6 消防控制室应实行24小时值班制度，每班不少于两人；保障疏散通道、安全出口、消防车通道畅通；消防系统设施设备应齐全，实施对公共消防设施、灭火器材以及消防安全标志的维护保养，确保其完好有效，可随时启用；建筑消防设施应每年检测1次；

7 确定水泵房、风机房、变(配)电室、监控中心、网络中心、锅炉房等消防安全重点部位，并设置明显的警示标志，应专人每日巡查，并做好记录；对易燃易爆品设专人专区管理，并做好记录；

8 应每日进行防火巡查，每季度进行防火检查，并做好防火安全检查记录；应加强写字楼中商业服务网点的管理，增加巡查频次，要求业主和网点使用人配合物业服务企业的工作。要将消防工作纳入重要议事日程，每月召开消防安全例会；

9 发现消防安全违法行为和火灾隐患，应立即纠正或排除；无法立即纠正、排除的，应向辖区公安派出所或公安机关消防机构报告。发生火情应立即报警，并组织扑救初起火灾，疏散遇险人员，协助配合公安机关消防机构工作；

10 物业服务区域内，任何单位和个人禁止燃烧纸张、纤维、塑料制品、木制品及其他废弃物品，自觉维护消防安全；

11 写字楼公共区域消防资料应收集归档，档案主要分为消防安全基本情况和消防安全管理情况。消防安全基本情况包括单位基本概况和消防安全重点部位情况；建筑物或者场所施工、使用或者开业前的消防设计审核、消防验收以及消防安全检查的文件和资料；消防管理组织机构和各级消防安全负责人；消防安全制度；消防设施、灭火器材情况；志愿消防队人员及其消防装备配备情况；与消防安全有关的重点工种人员情况；灭火和应急疏散预案。消防安全管理情况包括公安消防机构和公安派出所填发的各种法律文书；消防设施定期检查记录、自动消防设施全面检查测试的报告以及维修保养的记录；火灾隐患及其整改情况记录；防火检查和巡查记录；消防安全培训记录；灭火和应急疏散预案的演练记录；火灾情况记录；消防奖惩情况记录。

3.0.5 物业承接查验应符合下列规定：

1 物业承接查验应符合住建部《物业承接查验办法》的规定；

2 物业服务企业应依据相关规定和《物业服务合同》约定，对物业共用部位、共用设施设备进行现场检查和验收；

3 应签订《物业承接查验协议》，对遗留问题的处理进行约定，移交的物业资料应记录清楚。

3.0.6 档案管理应符合下列规定：

1 物业管理档案应健全，有专人负责管理，查阅方便；档案管理应遵守有关保密规定，不得外泄客户资料；

2 档案内容应包括物业竣工验收及承接查验资料；房屋及其配套设施权属资料、设施设备管理及维修养护资料、装饰装修管理资料、应急事件处理资料、消防安全管理资料、秩序维护资料、保洁资料、绿化资料、客户资料、投诉处理资料、物业服务日常管理记录和其他资料等。

3.0.7 财务管理应符合下列规定：

1 严格执行财务管理制度，严格按制度公开物业管理费和其它费用的缴付标准、时间、方式(合同另有约定的除外)，收费应操作规范，账目清晰；

2 对客户报修、特约服务等须单独结算的费用应按实际支出费用和约定方式收取；

3 实行酬金制的，物业服务企业应每年公布物业服务资金年度预决算和收支情况，可聘请专业机构对资金情况进行审计。

3.0.8 客户满意度调查应符合下列规定：

1 物业服务企业应每半年开展一次客户意见调查，客户对物业服务的满意度应不低于合同约定标准；

2 每次调查的客户，其专有部分应不低于建筑物总面积 2 / 3 且不少于总客户数 2 / 3；

3 对客户提出的合理建议应及时整改。

3.0.9 节能管理应符合下列规定：

1 制定相应的节能降耗方案，主要内容包括节水、节电、节材；写字楼内应张贴节能提示；

2 执行国家关于公共建筑空调温度控制的相关规定，应根据作息时间确定合理的照明和空调开关时间；

3 执行国家关于锅炉节能技术监督管理规程的相关规定，应按规定对在用锅炉定期进行能效测试；

4 每日应对共用设备设施进行巡检，防止管道、阀门出现跑、冒、滴、漏等；

5 楼外绿化用水应尽量采用中水或井水，而且应采用渗灌等节能方式。

6 节约办公器材，办公用纸应节能回收。

3.0.10 保密管理应符合下列规定：

1 认真贯彻执行国家保密法和国家保密标准的规定，做好信息安全和保密工作；

2 应对员工进行保密教育和培训，树立员工的保密意识；

3 应对重要资料运用信息化手段进行加密。

3.0.11 写字楼物业服务中，对外委托的专项服务应参照本标准的规定执行。

3.0.12 物业服务企业应定期对物业服务标准的落实进行考核，结合考核结果和客户满意度调查信息，提出改进意见和措施，并在客户监督下整改，公示整改结果。

3.0.13 物业服务企业应主动接受客户的监督，公布监督、投诉电话。积极配合有关部门做好投诉处理工作，及时反馈投诉处理结果，并对投诉处理结果进行回访，投诉处理率和回访率应达到 100%；客户责任性投诉满意度应达到 90% 以上；并做好投诉处理相关记录。

4 客户服务

4.1 接待服务

4.1.1 物业服务中心应提供咨询、服务受理、求助、投诉、接待、引导等服务；对客户的咨询、求助等事项，应及时答复，答复率 100%。建立 24 小时值班制度，在物业明显区域公布 24 小时服务电话。

4.1.2 应提供多种接待途径，包括对客户现场接待、接听电话及传真、收发信函及电子邮件等。

4.1.3 接待服务中应用语文明、礼貌、热情。

4.1.4 受理服务事项应进行记录并存档。

4.2 入驻、退租服务

4.2.1 客户需人驻和退租时，应按规定程序及时受理，在承诺的时间内办理完成相关手续，及时建档、归档。

4.2.2 应告知客户停车地点、进出搬迁路线、搬运时间、电梯使用规定等细节。

4.2.3 客户搬迁时应安排专人进行现场管理和协调。

4.3 装修服务

4.3.1 执行客户装修申请审核制度。

4.3.2 受理客户装修申请时应告知客户认真执行《装饰装修管理规定》，批准客户装修申请时应签订《装饰装修管理服务协议》，协议内容应明确相关方的权利、义务和违约责任。

4.3.3 装饰装修期间应每日巡查装修现场，发现有违规行为的，应当及时劝阻；拒不改正的，报告相关行政主管部门，并追究其违约责任。

4.3.4 应保证装修期间的水、电等供应，为客户提供装修便利。

4.3.5 客户的装修档案应包括装修申请、协议、验收资料等。

4.3.6 集中装修期应设有临时垃圾堆放处，当日清运。

4.4 报修服务

4.4.1 物业服务企业应按照《物业服务合同》约定及时处理客户的报修，急修 20 分钟内赶到现场并进行应急处理，小修应当天完 成(预约除外)。

4.4.2 对重点维修项目进行回访。

4.4.3 报修、维修应做好记录。

4.5 特约服务

4.5.1 物业服务企业应在条件许可的情况下，努力满足客户的特 约服务需求。

4.5.2 特约服务通常包括商务配套服务和生活配套服务，如票务 服务、会务服务、信报服务、复印装订；餐饮、购物；写字间租赁代理服务；其它服务。

4.5.3 对客户提供特约服务前，应向客户明示特约服务内容、服务标准、收费标准等。

4.5.4 举办大型商务和文化活动时应及时疏导人流，防止发生踩 踏等安全事故。

4.6 文化服务

4.6.1 物业服务企业应每年组织开展健康有益、积极向上的各类文化活动。

4.6.2 楼内应设置有精神文化园地，积极开展宣传、教育、学习等 活动。

5 房屋共用部位维护与管理

5.0.1 物业服务企业应指导客户依据房屋使用说明书正确使用房屋，遵守房屋安全使用的相关规范，保障房屋正常使用功能。

5.0.2 对房屋共用部位应进行日常管理和维修养护，并做好维修养护记录。

5.0.3 应制订房屋年度维护保养计划，经客户同意后，每年组织 实施。

5.0.4 应每半年检查一次房屋的使用和完好状况；有预报的大风、暴雨等极端天气之前应进行应急检查，并做好记录。

5.0.5 房屋在使用和检查中发现的质量问题，在保修期内的应及时报建设单位进行维修。保修期外的，属于小修范围的应及时组 织修复；属于大、中修范围的应及时编制维修计划，向房屋产权人提出报告与建议，根据房屋产权人的决定，组织维修或更新改造。

5.0.6 写字楼外观应完好、整洁；外墙面无明显剥落、墙面饰材无明显遗缺、玻璃幕墙安装牢固、无开裂；屋面防水应完好无损，排水 通畅；防雷接地等设施应及时防腐，保证其使用功能。

5.0.7 室外招牌、广告牌、霓虹灯安装牢固，保持整洁、统一和美观，无安全隐患或破损。

5.0.8 对违反规划私搭乱建、擅自改变房屋用途的行为应及时劝阻，劝阻无效的，应按《物业服务合同》约定进行处理并报告相关 行政主管部门。

5.0.9 房屋共用部位标识管理应符合以下规定：

1 各主出人口应设有平面示意图；

2 主要道路、停车场等应设有导向和泊车标识；

3 紧急出口、消防通道、禁烟区等应设有警示性标识；

4 各楼层应设有指示、引导标识；

5 公共卫生间、电话、服务台等公共服务设施应设有引导和位置标识；

6 共用设备设施、安全设备设施应设有标识或安全警示标识；

7 召开会议或举办活动等临时性服务应设有指示、引导标识。

6 共用设施设备运行与维护

6.1 一般规定

6.1.1 认真执行共用设施设备运行管理制度及维修养护制度。

6.1.2 共用设施设备的管理和操作，应配备具备上岗资格的专业技术人员，各专业人员应严格执行操作规程和安全作业的规定。

6.1.3 应明确规定配电系统的限电、停电审批权限并通知客户；遇紧急情况时，应按规定采取必要的处理措施。

6.1.4 当发生重大人身、设备安全事故，如电梯、中央空调和锅炉故障、停水、爆管及水污染等，应立即启动相应的应急预案，及时向主管部门报告和通知客户，并做好记录。

6.1.5 锅炉系统应有完善的环保和水处理设施设备，且应 100% 正常投用；燃煤应符合省市环保标准，烟尘、二氧化硫等污染物应达标排放；软化水、炉水指标应达到国家规定的水质指标。

6.1.6 机房环境应符合设施设备要求，保持环境整洁，无渗漏、无积水、无杂物堆放；设备表面无积尘、无锈蚀；无鼠及虫害发生。

6.1.7 共用设施设备运行管理及维修养护应做好记录，并收集整理文字、图像、音频，资料存档。

6.2 公共照明

6.2.1 公共照明灯应按时开启，满足物业服务区域内使用要求。

6.2.2 应每日巡视院落、道路、大堂、电梯厅、楼道等公共部位照明设施和写字楼景观照明、霓虹灯等，不需要的照明应及时关闭，并及时修复损坏的照明设施。

6.3 供变电系统

6.3.1 供变电系统(未移交电网企业的)管理应符合

下列规定：

1 总变（配）电室应设专人管理，定时检查设备运行状况。具备无人值守条件的变（配）电室应定期检查，用电高峰时期适当增加巡查次数；其他低压配电室应定期巡查；配电室安全标识、安全防护用品齐全，通风照明良好，能有效防止有害生物进入；无有毒有害危险品及杂物存放，环境整洁并符合设备要求，配备符合要求的灭火器材。

2 应定期对发电机组设备进行检查、维护，保持设备完好，每月两次启动备用发电机（组），确保随时可应急启用；应定期对应急照明（带蓄电池）设施进行检查、维护，每年对蓄电池组进行充放电试验，使其处于有效待命状态；每年对变配电设备设施进行停电全面检修，并做记录；每年对高压电气设备进行预防性试验，留存高压电气测试合格的报告。

6.3.2 供变电系统（未移交电网企业的）运行应满足下列要求：

1 高（低）压变（配）电柜操作运行正常，表计显示准确；

2 高（低）压变压器运行正常，温控显示准确，联控动作正常；

3 变(配)电柜直流操作系统运行正常，蓄电池组充、放电量稳定，符合工作要求，至少每年进行一次充、放电试验；

4 功率因数自动补偿电容器（组）运行正常，功率因素不低于0.9，电容器容量满足工作要求，无鼓包、漏液等异常情况，自动切换正确可靠；

5 变（配）电系统联络自切正常。

6.3.3 应急供电系统（未移交电网企业的）应符合下列规定：

1 应按照发电机组设备使用说明书的要求进行维护保养，保证其功能完善；定期更换发电机机油、机油滤清器、柴油滤清器、空气滤清器、冷却液；

2 应每月对应急照明柜进行检查、维护、清洁和切换试验，保证其工作正常；定期进行蓄电池组充、放电试验；

3 制定双电源切换操作程序，做好备用电源切换准备。

6.4 电梯\自动扶梯

6.4.1 应委托有专业资质的维修保养单位对电梯、自动扶梯每半月进行一次维护保养；按质监部门要求，每年对电梯进行安全检测并获得《安全检验合格证》．确保其在有效期内运行 n

6.4.2 应设专人监督电梯维修保养单位认真落实维修保养过程中的现场安全防护措施，保证施工安全。

6.4.3 应设专职管理人员对电梯运行进行管理，应每日巡查，保证电梯正常运行，平层准确、开／关门姿态正常，轿厢照明、楼层显示器、内外呼梯控制板外观及功能完好，警铃或其它救助设备功能完备，称重装置可靠，安全装置有效无缺损；自动扶梯运行平稳舒适，安全防护装置齐全有效；根据温度情况开关轿厢风扇；并做好日常运行巡检及记录。

6.4.4 物业服务企业应通过多种方式宣传电梯正确使用、应急救援等安全方面的知识，提高电梯乘坐人员的自我保护和安全意识。

6.4.5 根据客户使用需求，相应的调整电梯运行时间；电梯故障或因故停止使用时，应及时告知客户。

6.4.6 电梯机房应实行封闭管理，机房内温度不超过设备安全运行环境温度，配备应急照明和灭火器，盘车工具齐全，并置于显眼方便处。

6.4.7 电梯发生故障时，应立即停止使用，采取有效的应急救援措施，并通知维修保养单位和相关部门，及时消除安全隐患。

6.4.8 要求电梯维修保养单位设立24小时维修值班电话。电梯发生一般性故障，专业维修保养人员应在1小时内到达现场维修；发生电梯困人或其它重大事件时，电梯专职管理人员应先进行应急处理，专业维修保养人员应在30分钟内到达现场进行抢修。

6.5 通风空调系统

6.5.1 在制冷、供暖期前一个月应进行循环泵、空调主机、冷却风机电柜主电路螺栓紧固，测试绝缘值。

6.5.2 空调系统开机前应进行检查，测试其运行控制和安全控制功能，记录运行参数，分析运行记录符合要求后方能开机。

6.5.3 每日应检查冷却塔风机、变速齿轮箱、淋水装置、循环泵、电器控制箱，保证冷却塔及附属设施的正常运行和良好保养，提供符合要求的冷却水。

6.5.4 每日应检查空调系统主机、水泵、电机、管道、膨胀水箱、集水器、分水器。

6.5.5 每半年应检查空调机组马达、风机的运转情况。

6.5.6 应确保各种管道、阀门及仪表完好齐备。

6.5.7 应保证冷冻主机及附属设施的正常运行和良好保养，提供符合要求的冷冻水。

6.5.8 保证采暖热水及附属设施的正常运行和良好保养，提供符合要求的采暖热水。

6.5.9 定期委托专业机构对空调系统进行清洗保养，清洗内容和频次应符合空调使用说明相关规定；集中空调通风系统应符合国家卫生标准要求，各设施部件应按照《公共场所集中空调通风系统卫生管理办法》及相关要求进行清洗维护。

6.6 锅炉系统

6.6.1 承压锅炉使用管理应符合下列规定：

1 严格执行国务院《特种设备安全监察条例》和有关安全生产的法律、行政法规的规定，保证锅炉的安全使用。

2 锅炉在安装前应到特种设备安全监督管理部门备案，锅炉在投入使用前或使用后30日内，应当向设区市的特种设备安全监督管理部门办理注册登记手续，领取锅炉使用证。使用证应置于锅炉的显著位置。

3 锅炉系统应专门进行承接查验，并做好记录，查验中应把竣工的相关运行调试资料进行移交。

4 锅炉管理人员及操作人员应当经特种设备安全监管管理部门考核合格，取得由国家统一颁发的特种作业人员证书，方可从事相应的作业和管理工作。

5 技术档案包括：锅炉的设计文件、能效审查报告、产品质量合格证明、使用维护说明等文件以及安装调试、运转资料；特种设备的定期检验和定期自行检查记录；锅炉的日常使用状况记录；锅炉及其安全附件，高低水位连锁安全保护装置、测量调控装置及有关附属仪器仪表的日常维护保养记录；锅炉运行故障和事故记录；锅炉管理人员、操作人员、水质处理人员的安全教育和技能培训记录。

6 每月应对在用锅炉进行检查，发现问题应及时处理。

7 在锅炉安全检验合格有效期届满前1个月，向特种设备检验检测机构提出定期检验要求：在用锅炉每年进行外部检验，每两年进行内部检验，每六年进行水压试验。未经检验或者检验不合格的锅炉，不得继续使用。

8 制定锅炉的事故应急措施和救援预案；在用锅炉应做好防爆的安全管理。

9 锅炉存在严重事故隐患的，无改造维修价值或过户移装的，应及时向原登记的特种设备安全监督管理部门办理注销手续。

6.6.2 承压锅炉日常维护保养应符合下列规定：

1 每年应对锅炉及附属设备进行全面保养，应按规定更换油(气)喷嘴、保养和润滑电机、校验安全阀、温度计、水位表、压力表，检查水处理设备并添加树脂、设备管道补漆；对除氧器、冷凝水箱进行检修清洗；对锅炉内部进行检查，发现问题及时处理。

2 每季度应对防爆门及泄爆装置进行安检；对燃烧器、鼓风机风叶、烟管进行清理；对机械设备更换或添加润滑油；每季度应进行超压、超温保护试验，进行安全阀自动排气；对管路过滤器进行清洗，对安全连锁装置的安全性能进行试验。

3 锅炉安全附件及仪表应齐全，动作灵敏可靠，其中安全阀应经常启动排气。

4 安全阀应每年校验；压力表应每半年检定；水位表应每班冲洗校对。

5 在额定的流量范围内，锅炉系统各设备应不得超压运行。蒸汽减压装置输出压力波动在20%之内。

6 汽、水管道完好，阀件及仪表齐备，无跑、冒、滴、漏。

7 锅炉启用前应进行试运行，停用后应做好停炉维护保养工作。

6.6.3 非承压锅炉的温度计和水位计应按规定进行保养和清洗，确保对锅炉参数计量准确。应定期检查锅炉顶部的敞口或大气连通管，保证锅炉始终与大气相通。非承压锅炉使用和维护可参照承压锅炉规定执行。

6.6.4 以天然气为燃料的锅炉，其天然气释放管或大气排放管不得直接通向大气，应通向贮存或处理装置。

6.7 给排水系统

6.7.1 每日应检查各类水泵、管道、阀门等，确保给排水系统通畅和设备运行正常，供水压力应符合要求，仪表指示准确，无跑、冒、滴、漏现象。

6.7.2 每季度应检查排水总管、污水坑、化粪池、排水沟渠(井)，定期疏通清掏，使排水畅通无堵塞；定期对水泵、管道进行除锈油漆；定期对污水处理系统全面维护保养。

6.7.3 每年应至少一次由专业清洁公司清洗消毒二次供水水箱、蓄水池，并取得《二次供水卫生许可证》；供水管理人员应持《健康证》上岗。

6.7.4 生活水箱(池)人口应封闭，加盖加锁，溢水管、泄水管、通气口应加金属网，室外的通气口应有防护设施。每年秋、冬季应对暴露水管采取防冻保护措施。

6.8 视频监控系统

6.8.1 摄像机应安装牢固、位置正确、工作正常、整洁。

6.8.2 视频记录设备应工作正常、整洁，记录应完善。

6.8.3 监视器应工作正常、图像清晰、色彩良好、整洁。

6.8.4 矩阵应工作正常、线路整齐、标识清楚。

6.9 车库管理系统

6.9.1 工作站、服务器、摄像机、收费站应工作正常、整洁；取票站、栅栏机应安装牢固、工作正常。

6.9.2 系统检查、检修保养应定期进行，保证系统正常运行。

6.9.3 建有立体停车设备的车库应设专业技术人员值守，并对设备使用人进行专业培训，按规定对设备进行年检、维保。

6.10 广播、会议背景音响

6.10.1 音源设备、功放设备应工作正常，整洁完好。

6.10.2 扬声器等末端设备应工作正常、整洁，音质保持清晰。

6.10.3 背景音响与消防报警系统的连接切换应工作正常。

6.10.4 多媒体显示、数字音响、摄录像、同声翻译等设备应工作正常。

6.10.5 视频、音频、网络线路应传输正常、无干扰。

6.10.6 每半年应对音响系统进行一次全面检查与调试。

6.11 对讲系统

6.11.1 基站线路应工作正常，整洁无损坏。

6.11.2 天线应工作正常，安装牢固。

6.11.3 按照规定办理无线电注册手续。

6.12 避雷系统

6.12.1 每年应委托专业检测机构检测避雷系统，检测结果应符合设计要求。

6.12.2 每半年应检查避雷带、避雷针、避雷线、避雷网等装置，有问题及时解决。

6.12.3 每季度应检查强、弱电井、设备间的机电设备、配电柜接地装置；每月应检查变配电设备的接地装置、避雷器，保证所有机电设备、管道、金属构架物等接地良好。

6.13 高空作业设备

6.13.1 设备应经有资质的检测机构检验合格，保证保护安全装置完好并在有效期内安全运行。

6.13.2 设备员应严格遵守安全规定，严格执行安全操作规程、严禁超载，作业前应进行安全技术交底。

6.13.3 设备应严格执行作业前的机电系统安全检查与运行状态的确认。

6.13.4 吊篮运行应平稳、无倾斜。

6.13.5 设备各仪表指示准确，各类开关动作灵活，通讯设备正常。

6.13.6 在运行中，不得随意卸开装置的护罩、封门及其他任何装置。

6.13.7 设备使用完毕后，应切断电源，锁好操纵装置，并将悬挂装置按规定方法予以锁定。应有专业人员对设备运行进行管理、记录。

6.13.8 应定期对设备系统进行检查及保养，对提升系统进行全面测试。清除灰尘、滴漏的液体以及可能打滑的其他物质因素。

6.14 网络、通讯设备

6.14.1 通讯处理机、交换和调制解调器数据通讯应工作正常；维护终端工作正常、整洁。

6.14.2 工作电源及UPS应工作正常，设备整洁，显示仪表无损。

6.14.3 配线架、光纤配架排线整齐，标识完好。

6.14.4 插座模块安装完好，线路畅通，表面整洁。

6.14.5 应保障使用网络运行正常，发现故障应及时通知运营商进行维修，并做好记录。

6.14.6 做好机房防火、防霉、防潮、防雷击的安全保卫工作和清洁卫生工作，机房内设警示标识，温度应保持在25度左右，并定期做好安全检查，排除隐患，避免发生事故。

6.14.7 对关键的数据和信息做好备份工作。

6.15 公共消防设施

6.15.1 火灾报警控制器、联动控制设备应每日巡查，保证24小时连续正常运行；每月检查测试报警控制器、联动控制设备的报警、联动控制、显示、打印等功能；每年机柜内部应除尘。

6.15.2 火灾报警探测器、手动报警按钮、警报装置应每月抽查测试，探测器投入运行2年后，应每年由专业清洗单位清洗。

6.15.3 备用电源应每月检测切换，备用电源、蓄电池应每季度进行充放电试验。

6.15.4 消防广播系统应每月检查测试，机柜内部及其设备内部应每年除尘。

6.15.5 防排烟系统应每月检查测试1次，防排烟风机、电源控制柜、风口、排烟阀等应每年养护。

6.15.6 防火分隔设施应每月抽查测试，防火卷帘门的电机转动、 齿轮链条传动部位应每年补充润滑油，电控箱内部应每年除尘；防 火门附件应每半年维修养护，并在门转动部位补充润滑油。

6.15.7 水灭火系统消防泵、喷淋泵应每月盘车，每半年检查润滑情况；每年养护室内、外消火栓。

6.15.8 应急照明、疏散指示标识应每月测试，并测量照度、供电时间。

6.15.9 消防电梯应每月检查测试按钮迫降、联动控制功能和轿厢内消防电话。

6.15.10 灭火器应每日巡查，每月检查核对灭火器选型、压力和有效期，保证处于完好状态。

7 公共秩序维护

7.1 人员要求

7.1.1 应设有专职公共秩序维护人员，应具有较强的责任心、身体健康，并定期接受相关专业知识与技能培训。

7.1.2 应能够处理和应对写字楼公共秩序维护工作，能正确使用写字楼内设置的各类消防、物防、技防器械和设备，并配备对讲装置。

7.2 出入管理

7.2.1 主出人口应实行24小时值班。

7.2.2 对来访人员热情接待，必要时引导至指定区域。劝阻可疑人员进入，劝阻无效及时报告公安机关及相关部门。

7.2.3 对外来车辆出入应做好登记，记录保存时间不少于一年。

7.2.4 对大型物品实行出入登记管理。

7.2.5 保证出入口的安全通畅，应规定车辆行驶路线，对进出车辆进行有效疏导。

7.3 安全监控

7.3.1 监控室内应实行专人24小时值班，确保监控室内电话畅通，接听及时。

7.3.2 监控设施齐全，保证对出人口、内部重点区域的安全监控、录像及协助布警。

7.3.3 监控室收到火情、险情及其他异常的情况报警信号后，应及时报警，并安排相关人员及时赶到现场进行前期处理。

7.3.4 监控视频记录应保持完整，保存时间应不少于30天。

7.3.5 设立监控资料调用、查阅权限，调用、查阅需经授权。

7.4 巡查

7.4.1 每日应按时对服务区域进行安全巡查，巡查中应排除各种不安全因素，发现违法、违章行为及时劝阻，发现疑点应追查原因，同时通知有关部门，并做好巡查记录。

7.4.2 重点区域、重点部位、重点设备机房至少每3小时巡查1次，并做好记录。

7.4.3 巡查过程中应通过巡更设备和监控室保持联动，收到监控室发出的指令后，巡查人员应及时到达现场，并采取相应措施。

7.4.4 巡查中发现写字楼内涉及公共安全的设施设备

发生缺失、损坏或不能正常使用等情况，应及时报告并记录。

7.4.5 巡查中注意异常声响、气味，如有可疑现象，应立即查明并上报，对紧急情况应采取必要的处理措施。

7.5 车辆管理

7.5.1 车库内应设监控装置、照明装置、消防设施、门禁、车辆限速、限高及指示标识。

7.5.2 应指定车辆的停放区域，公示收费标准，实行专人管理，保证车辆停放有序，车库场地定时清洁，无易燃易爆等危险物品存放。

7.5.3 公共秩序维护人员应对进出的车辆进行记录，维护交通秩序，确保车辆便于通行、易于停放；若对进出车辆有疑问，应礼貌向驾驶人员询问。

7.5.4 地面、墙面按车辆道路行驶要求设立明显指示牌、照明、消防器械配置齐全。

7.5.5 非机动车应定点存放，整齐有序。

7.6 突发事件处理

7.6.1 突发公共事件发生后应及时告知客户，并立即启动应急预案，明确应急事件处理责任人，全力协助有关部门，做好现场维护、人员输送、协助调查等工作，尽可能将损失与危害降到最低；并按规定及时上报。

7.6.2 定期对相关工作人员进行突发公共事件情况处理培训；每年至少组织一次应急预案演习。

8 环境卫生

8.1 一般规定

8.1.1 应认真执行保洁管理制度，落实保洁岗位责任制，保洁服务工作应做好记录。

8.1.2 应根据实际需要合理配置相关清洁设备。

8.1.3 应配置专职保洁服务人员，明确保洁责任范围，保洁服务实行定时定点和流动保洁相结合，保持物业服务区域整洁、干净。

8.1.4 雨雪天气应采取防滑措施，特殊部位保洁要做好安全防护。

8.2 楼内保洁

8.2 重 大厅、电梯厅、楼梯、公共通道地面应每日清扫，不定期巡视，保持地面干净、无垃圾、无杂物、无污迹，保持地面材质原貌；进出口地垫摆放整齐，表面干净无杂物；盆栽植物无积尘。

8.2.2 大厅门窗玻璃、窗框、窗台、楼梯扶手、栏杆等应每日擦拭，保持干净，无污渍。

8.2.3 楼内墙面应每月清洁，保持墙面目视无污渍。

8.2.4 公共卫生间应每日清洁，保持整体洁净，无异味。台面、镜面无明显水迹；小便斗、座便器无黄渍、无尿碱；水龙头干净无明显污渍；天花板、灯具、墙角无积尘、无蜘蛛网。应每半月对隔断门、洗手池、水龙头进行消毒。

8.2.5 开水间应每日清洁，保持整体洁净干燥，无异味。

8.2.6 接待室和会议室应每日清洁，家具、物品摆放整齐有序，目视洁净。

8.2.7 电梯轿厢应每日清洁，保持地面干净，无垃圾杂物；四壁洁净。

8.2.8 照明设施应至少每半年清洁一次，保持灯箱、灯罩外壳无破损、无积尘、无污迹，灯罩内无死蚊、蝇、虫。

8.2.9 消防设施应定期清洁，保持消防栓、消防箱、报警器、火警通讯、电话插座、灭火器、喷淋盖、烟感器、扬声器等表面无积尘、无污渍。

8.2.10 指引标识牌、公告栏应每日清洁，保持表面无积尘、无污渍。

8.2.11 烟灰缸、果皮箱应每日清洁，箱内无满溢、无异味、无污迹。

8.2.12 空调风口、排风扇定期清洁，保持表面无灰尘、无污渍。

8.2.13 监控设施无灰尘、无蜘蛛网。

8.3 楼外保洁

8.3.1 外墙应保持目视洁净，无污垢。

8.3.2 地下车库应每日清洁，保持地面无垃圾杂物、无积水，墙面无污渍；标识、指示牌、指示灯、消防箱、防火门等公共设施应干净、无积尘。

8.3.3 广场地面干净；明沟无杂物，无积水；外围道路应每日清扫，保持地面干净无杂物、无积灰、无积水、无明显污迹；沟、渠、井无满溢、无杂物、无异味；各类告示牌、照明灯具、栏杆、立柱、反光镜等表面无积灰、无污垢；写字楼各进出口台阶地面、地垫无污渍。

8.3.4 绿化带卫生应每日清理，保持无杂物，花台表面干净无污渍。

8.3.5 水池应每日清捞，池内无漂浮物，池壁无青苔等污垢，整体无异味。

8.3.6 平台屋面应每周清理，保持无垃圾堆积。

8.4 垃圾收集与处理

8.4.1 垃圾房应每日清洁，保持整体干净干燥、无臭味；垃圾桶封闭良好，无满溢、无积灰。

8.4.2 生活垃圾应日产日清；装修垃圾应有专人负责及时清运。

8.5 消杀管理

8.5.1 根据当地情况适时开展卫生消杀活动，配合做好突发性传染病防治工作。

8.5.2 消杀工作应在尽量不影响客户工作的前提下进行；消杀使用的药剂应是卫生部门发放或者使用低毒高效，且符合国家、行业标准要求的，在消杀过程中应做好个人防护。

8.5.3 灭鼠、灭蟑的毒饵、药剂应妥善保管，施放期应告知客户；施放、回收应有记录。

9 绿化养护

9.1 一般规定

9.1.1 应认真执行绿化管理制度，并编制和落实绿化养护方案，并做好绿化工作记录。

9.1.2 根据服务区域绿化实际需要，配置专、兼职绿化养护人员。

9.1.3 绿化养护人员应根据季节要求，按照养护规范对植物、草地、花卉等进行定期养护。

9.1.4 重大节日宜对公共区域进行绿化装饰，如绿化小品、花草摆放等。

9.2 **楼内绿化**

9.2.1 公共区域应根据服务合同的约定或平面布局进行绿化；绿化植物色彩、形态应与空间、装饰氛围及功能相协调。

9.2.2 绿化植物应鲜活，具有观赏价值。叶面干净，无枯枝败叶，无病虫害，无杂草；盆器及托盘完好干净。

9.2.3 应选择适宜在室内栽培的，观赏性强，观赏期长，存活率高，方便管理的植物品种。

9.2.4 应选用无毒、无害、无异味的基质栽培；发现病虫害及时更换植物，禁止在室内喷洒农药。

9.3 **楼外绿化**

9.3.1 应根据绿化方案确定绿地设施及硬质景观布置。其植物群落应完整，层次丰富，黄土不外露，有整体的观赏效果。

9.3.2 绿化灌溉次数应视天气情况而定，供水应充足，保持植物良好长势，不出现大面积枯萎等现象。

9.3.3 草坪应保持平整，无纸屑、杂物；乔木修剪科学合理；绿篱修剪整齐有型；灌木花卉修剪及时。修剪下的树枝和杂草，应当天清理运走。

9.3.4 应按植物品种、生长速度、土壤状况，适时适量施肥。

9.3.5 应及时有效防治病虫害现象。

9.3.6 对新植和弱小树木、植物应做好综合防护，及时扶正加固；对残缺花草树木应及时补种。

9.3.7 风雨季节应灾前预防，对树木加固，灾后及时清除倒树断枝，疏通道路，清理扶植，尽快恢复原状。

9.3.8 寒冷季节应有防冻保温措施。

本标准用词说明

1 为便于在执行本标准条文时区别对待，对要求严格程度不 同的用词说明如下：

1) 表示很严格，非这样做不可的：

正面词采用“必须”，反面词采用“严禁”；

2) 表示严格，在正常情况下均应这样做的：

正面词采用“应”，反面词采用“不应”或“不得”；

3) 表示允许稍有选择，在条件许可时首先应这样做的：

正面词应采用“宜”，反面词应采用“不宜”；

4) 表示有选择，在一定条件下可以这样做的，采用“可”。

2 条文中指定按其他有关标准执行的写法为“应符合……的 规定”或“应按……执行”。

山西省住房和城乡建设厅 关于进一步排查化解国有土地上房屋征收与补偿矛盾纠纷的通知

晋建房字〔2013〕204号

各市住房城乡建设局(建委)、房地产管理局,阳泉市规划局:

为深入贯彻落实省委、省政府《平安山西建设五年规划(2013—2017)》和省综治委《关于在全省开展以"六大领域"为重点的矛盾纠纷排查化解工作实施方案》(晋综治委〔2013〕11号),进一步加强国有土地上房屋征收管理,着力排查化解房屋征收矛盾纠纷,有效解决影响社会和谐稳定的突出问题,现将有关事项通知如下:

一、充分认识排查化解国有土地上房屋征收矛盾纠纷的重要性

国有土地上房屋征收矛盾纠纷排查化解工作,关系经济和社会发展,关系社会和谐稳定。当前,我省正处于城镇化快速发展时期,国有土地上房屋征收任务量大,各市要高度重视排查化解房屋征收矛盾纠纷,切实维护公共利益,保障被征收人合法权益。要把依法解决矛盾和问题作为基本要求,把引导人民群众依法表达诉求作为重要内容,遵循"源头抓风险评估,过程抓排查预警,末端抓调解稳控"的工作思路,着力排查化解房屋征收矛盾纠纷,为推进全省经济发展创造和谐稳定的社会环境。

二、进一步规范房屋征收程序和行为

各市要认真履行房屋征收程序,提高征收过程透明度,依法保障被征收人的知情权、参与权、选择权等,切实做好征收补偿方案制定、社会稳定风险评估、房屋调查登记、违法建筑处理、征收决定发布、房地产价格评估机构确定、法院强制执行申请等各环节工作,加强规范房屋征收过程监管,严肃查处违法违规的征收行为,减少矛盾纠纷的发生。

三、妥善处理原城市房屋拆迁遗留问题

对《国有土地上房屋征收与补偿条例条例》实施前已获得拆迁许可证尚未完成拆迁的遗留项目,各市要按照要求,在新老政策有序衔接的基础上,严格依据原有规定办理。对拆迁双方当事人因补偿安置事宜达不成协议而形成的纠纷,当事人申请裁决约,按照"重调解、严裁决、慎强拆"的工作原则,严格依法行政,切实维护当事人的知情权、申辩权。对于在裁决规定期限内被拆迁人拒不搬迁的,要积极配合司法机关进行调解,并充分发挥街道办事处和社区居委委等基层组织的作用,力争通过调解方式有效化解纠纷,实现和谐拆迁。

四、建立健全矛盾纠纷排查化解工作机制

(一)建立健全矛盾纠纷排查预警机制。各市要按照"横到边、纵到底、不留死角"的要求,坚持日常排查、定期排查、专项排查、重点排查相结合,开展经常性、常规化的房屋征收矛盾纠纷大排查。要建立房屋征收矛盾纠纷排查"五个一"(一月一排查、一月一汇总、一月一例会、一月一分析、一月一上报)的工作制度,掌握主要矛盾,分析产生原因,积极推进问题解决,化解矛盾纠纷。严格执行信息报送、转办、响应、反馈规定,对于排查出的重大紧急矛盾纠纷,要及时向本地党委、政府和上级主管部门报告,确保及时采取化解措施。

(二)建立健全房屋征收矛盾调解机制。各市要继续深化以人民调解为主,集人民调解、行政调解、司法调解"三位一体"的矛盾纠纷大调解机制。严格按照《关于在全省开展以"六大领域"为重点的矛盾纠纷排查化解工作实施方案》要求,依托行业协会或相关社会组织,尽快成立房屋征收矛盾人民调解委员会。

(三)建立健全稳定风险评估机制。各市要按照《国有土地上房屋征收与补偿条例》规定,将社会稳定风险评估作为每个房屋征收项目的前置条件和决策、实施的必经程序。市、县人民政府作出房屋征收决定前,要协调所涉及的部门,科学论证项目实施的可行性,并对是否可能引发群众大规模上访或群体事件进行先期预测、先期研判和先期介入,从源头上预防和减少不稳定事件的发生。

(四)建立健全应急处置机制。各市要强化组织领导,明确职责分工,制定处置重大群体性事件应急预案。要认真分析房屋征收矛盾纠纷和群体性事件发生发展的特点,及时追踪房屋征收项目的发展动态,对可能发生的群体性事件做好应急处理,确保快速、高效、规范地处理房屋征收过程中产生的矛盾和纠纷。

山西省住房和城乡建设厅
二〇一三年九月十三日

山西省住房和城乡建设厅关于开展2013年城乡规划专项检查暨城乡规划督察工作的通知

晋建办函〔2013〕602号

各市住房城乡建设局（建委）、规划局：

为加强对省政府审批的城市总体规划和历史文化名城、名镇、名村规划编制、实施的监督管理，围绕厅党组提出的“管什么、怎么管、达到什么效果”的工作思路和要求，结合城乡规划督察工作实际，决定在全省范围内开展城乡规划专项检查暨城乡规划督察工作。现将有关事项通知如下：

一、检查范围及对象

设市城市、历史文化名城、名镇、名村和100个重点镇（百镇），开发区、独立产业园区的城乡规划工作及其相关部门、单位和人员。

二、检查内容

（一）规划的编制情况

1. 城镇体系规划编制、审批情况（见附件1）。
2. 城市，特别是县城、建制镇总体规划编制、审批情况（一市一表，见附件2）。
3. 开发区及各类园区规划编制、审批情况（见附件3、4）。
4. 城镇控制性详细规划、专项规划编制和审批情况，（按市、县、镇分项目统计，见附件5、6,）。
5. 审查规划编制单位依法合规和遵守上位规划情况，抽查规划编制成果质量。

（二）规划的实施情况

1. 已批复的总体规划的实施情况，是否存在擅自改变规划的行为，重点是“四线”等强制性内容的具体情况（包括总体规划、开发区规划等）。
2. 控制性详细规划的实施情况，是否存在违规变更用地性质和调整容积率的行为，重点是挤占公共空间，包括绿地、河湖水体、公共服务设施、市政公用设施用地等行为。
3. “一书两证”的核发是否符合规划和法定程序，抽查部分建设项目，检查其是否位于城市总体规划确定的建设用地范围内，是否存在以政府文件或会议纪要等形式取代选址程序或越权审批的行为。
4. 抽查部分建设项目是否符合“一书两证”，工程设计单位、施工单位是否存在违反《城乡规划条例》有关规定的行为，对违法行为进行查处。
5. 是否存在下放规划管理权的行为。
6. 规划管理规章制度建设情况。

（三）历史文化名城、名镇、名村的保护情况及百镇规划建设情况

1. 历史文化名城、街区保护规划编制、审批情况（见附件7）。
2. 检查是否存在违反历史文化名城、名镇、名村保护规划的行为。
3. 检查地方政府对历史文化名城、名镇、名村的保护投入、基础设施改善和历史建筑维修情况，特别是国家、省安排资金的使用情况。
4. “百镇建设”规划实施效果。

（四）规划执法工作的规范性

通过查阅相关文件、会议纪要和规划执法工作记录，检查是否建立了规划执法工作机制，执法工作程序是否规范合法，违法违规行为是否得到相应的处罚和纠正。

三、组织实施

（一）检查分组

成立3个检查组，对全省重点市、县城乡规划工作进行检查，各组负责范围如下：

一组：负责晋中市、长治市、晋城市，(太原市)。

二组：负责朔州市、忻州市、阳泉市，（大同市）。

三组：负责吕梁市、临汾市、运城市。

太原市、大同市已由住房和城乡建设部派驻城乡规划督察员，开展城乡规划督察工作，因此不包含在此次检查范围内。

（二）时间安排

2013年8月5日至8月15日，具体时间由各组与受检市相关部门自行安排。

（三）工作方法

1. 查阅相关资料，听取工作汇报。

2. 听取有关单位和人员对相关事项问题的说明。

3. 根据各市提供的《规划许可项目汇总表》和《查处违法建设项目汇总表》，抽取 8–10 个在建工程，进入现场进行监督检查。

4. 接受群众举报，收集相关资料。

（四）检查结果及其运用

1. 对情节较轻的违法违规行为或对规划实施影响较小的问题，检查组应起草《督察建议书》，报检查组组长同意，由督察员办公室加盖印章后向相关城市人民政府发出，抄送其同级人大常委会和城乡规划主管部门。

2. 对情节较重的违法违规行为或对规划实施影响较大且违法事实清楚的问题，检查组应在检查结束后集体研究起草《督察意见书》，报厅领导批准，再由督察员办公室加盖印章后向相关城市人民政府发出，抄送其同级人大常委会和城乡规划主管部门。《督察意见书》须明确要求被检查对象在 20 个工作日内向检查组反馈意见。

3. 检查中发现的违法违规行为符合立案条件的，检查组应当将相关材料报督察员办公室，由督察员办公室进行立案查处。

4. 各检查组检查结束后，应当向规划督察员办公室汇报检查结果，规划督察员办公室汇总检查情况，形成工作报告，上报厅领导，并抄送有关市人民政府和城乡规划主管部门。

四、工作要求

（一）充分提高认识

党的十八大将城镇化质量明显提高作为全面建成小康社会的重要目标，而提高城镇化质量，首先要提高城乡规划质量，要充分发挥城乡规划的综合性、全局性和战略性作用。为加强对我省城乡规划编制、实施的监督管理，提高我省城乡规划总体质量，省机构编制委员会办公室批准我厅稽查办公室加挂山西省城乡规划督察员办公室牌子（晋编办字〔2012〕189 号），负责全省城乡规划督察工作。各相关部门和单位要充分认识城乡规划督察工作的重点性，认真做好城乡规划督察相关工作。

（二）搞好协调配合

各受检市、县、镇人民政府相关部门要从讲政治、谋发展的高度，认真负责地配合和协助检查组搞好督促检查工作。要按照要求提供总体规划和详细规划，认真填写《规划许可项目汇总表》和《查处违法建设项目汇总表》，同时主动整改检查发现的问题，确保监督检查工作的顺利进行。

（三）改进方式作风

各检查组在监督检查工作中要注重方式方法，做到监督检查与促进整改相结合，监督检查与推进工作相结合。同时，各检查及其成员要按照中央“八项规定”的要求，在工作中以身作则，切实转变工作作风，做到轻车简从，廉洁自律，切实减轻基层负担，工作期间一律吃自助餐，不得饮酒。

（四）注重工作实效

各检查组要严格按照检查内容和要求开展监督检查，检查人员要按照要求认真填写检查表格，发现违法违规行为，应当注意收集相关证据和资料。要通过对重点环节的监督检查，带动整体工作取得实效。

山西省住房和城乡建设厅
二〇一三年七月二十五日

山西省住房和城乡建设厅
关于支持购房人选择住房公积金贷款有关事宜的通知

晋建金函〔2013〕807号

各市住房城乡建设局（建委）、房管局、住房公积金管理中心（分中心），各有关单位：

近期，少数房地产开发企业、房地产中介机构和商业银行在预售或现售商品房时拒绝购房人选择住房公积金贷款购房，损害了住房公积金缴存人享受住房公积金贷款的权益，影响了住房公积金制度的顺利实施。为维护住房公积金缴存人的合法权益，充分发挥住房公积金制度在解决职工住房问题中的作用，现根据《住房公积金管理条例》（国务院令第350号）等有关规定，通知如下：

一、在本省行政区域内，从事商品房开发建设、经营活动的房地产开发企业、房地产中介机构在预售或现售商品房时，凡允许购房人贷款支付房价款的，不得拒绝购房人选择住房公积金贷款，或者对选择住房公积金贷款实行不同的销售价格。

二、符合住房公积金贷款资格的购房人办理住房公积金贷款，按照国务院、住房和城乡建设部及所在地市住房公积金管理中心等有关部门颁布的相关政策规定执行。房地产开发企业、房地产中介机构不得以任何形式增加不利于选择住房公积金贷款购房的附带条件。

三、各市住房公积金管理中心要督促承办住房公积金业务的商业银行，在与房地产开发企业、房地产中介机构签订个人住房贷款协议时，要优先保障符合住房公积金贷款条件的借款人，使用住房公积金贷款，以减轻购房职工的还款压力，维护缴存职工合法权益。

四、各市住房公积金管理中心及其贷款经办机构要进一步增强服务意识，提高办事效率，方便住房公积金缴存人办理住房公积金贷款。

五、房地产开发企业、房地产中介机构应积极配合住房公积金贷款经办机构，提供购房人贷款过程中应由房地产开发企业、房地产中介机构提供的有关材料。

六、各市住房城乡建设局（建委）、房管局和住房公积金管理中心，要加强对房地产开发企业和房地产中介机构限制购房人选择住房公积金贷款的监督管理，公布举报电话，依法查处违法违规行为。

七、对经查实确有违反本通知行为的房地产开发企业、房地产中介机构，将由各级住房城乡建设行政主管部门记入不良信用记录，并与企业资质动态考核和信用评价挂钩。

八、市住房公积金管理中心对承办住房公积金业务的银行，在与房地产开发企业、房地产中介机构签订个人贷款协议中没有推荐住房公积金贷款的，要暂停直至取消住房公积金业务的承办资格。

九、本通知自发布之日起实施。省住房和城乡建设厅将组织相关部门对本通知执行情况进行专项检查。

山西省住房和城乡建设厅
二〇一三年九月二十四日

山西省住房和城乡建设厅
关于转发《大同市人民政府办公厅关于印发
<大同市物业管理四级职责分工意见>的通知》的通知

晋建房函〔2013〕874

各市住房和城乡建设局（建委）、房地产管理局：

为进一步落实工作职责，创新管理机制，探索和建立物业管理与社区建设有机结合的模式，建立物业管理的长效机制，提高我省物业管理总体水平，现将大同市人民政府办公厅关于印发《大同市物业管理四级职责分工意见》（以下简称《职责分工意见》）的通知转发给你们，供学习借鉴，并提出以下意见，请一并贯彻执行。

一、探索研究物业管理机制

各级房地产主管部门要学习借鉴《职责分工意见》，探索研究建立市、县（区）、街道（乡镇）、居（村）四级物业管理体系。要细化四级部门的职责，明确房地产、公安、民政、财政等相关部门的分工，构建条块结合，以块为主，分级负责，综合协调的物业管理机制，形成齐抓共管、共同推进物业管理工作的良好局面。

二、加快创新物业管理模式

社区居（村）委会、业主委员会、物业服务企业是社会管理的重要参与者，建立居（村）委会、业主委员会、物业企业“三位一体”物业管理新模式，充分发挥居（村）委会对物业管理活动的指导、协调和监督作用，充分调动业主委员会配合参与物业管理的积极性，同时，规范物业服务企业行为，细化物业服务标准，提升物业服务质量和水平，促进物业管理和社区管理相互融合，实行二者的良性互动。

三、开展试点，以点带面

各级房地产主管部门要认真研究适合当地实际的物业管理机制和模式，加快制定推进物业管理工作的办法和措施。采取试点先行，以点带面，逐步推进的方法，选择管理机构健全，政策宣传到位，基础设施和公共服务设施较为齐全的小区作为试点。各级房地产主管部门要加强指导监督，注意研究解决试点推行中出现的新情况、新问题，及时总结成功经验，切实促进物业管理工作的健康发展。

山西省住房和城乡建设厅
二〇一三年十月十八日

大同市人民政府办公厅
关于印发《大同市物业管理四级职责分工意见》的通知

同房字〔2013〕57号

各县区人民政府、市直各相关委、局、办：

为了进一步加我市物业管理工作，建立物业管理长效机制，现将《大同市物业管理四级职责分工意见》印发给你们，请遵照执行。

大同市人民政府办公厅
二〇一三年四月一日

大同市物业管理四级职责分工意见

为了进一步加强我市物业管理，建立物业管理长效机制，提升全市物业管理水平，创造文明、安全、整洁、舒适的生活环境。根据《大同市物业管理条例》第四条的规定，按照市、县（区）、街道办事处、乡（镇）人民政府、居（村）民委员会，上、下联动管理体制的要求，现将大同市物业管理四级职责分工如下：

一、市相关行政主管部门和专业经营单位要强化对物业管理的责任，加强协调，形成合力，为提升物业管理水平发挥其职能作用。

（一）市房产管理局是全市物业管理行业行政主管部门，负责全市物业管理活动的监督管理工作，其主要职责：

1、宣传、贯彻、执行国家和地方物业管理法律法规和相关规定，制定我市物业管理规范性文件，检查、指导、监督县（区）物业管理工作。

2、对全市物业服务企业实行行业管理，负责三级（含暂定三级）物业服务企业资质审核发证和资质年检的核准工作，以及全市物业管理企业信用档案的建立、管理工作。

3、负责全市住宅物业专项维修资金的指导和监督，并负责市区内专项维修资金的代管、使用等日常管理工作。

4、负责本行政区域内物业管理招标、投标的监督管理工作。

5、组织开展物业管理项目达标创优活动，负责市级物业管理优秀项目的考评和复查工作，负责国家级、省级物业管理示范项目的预评和推荐工作。

6、会同市物价局对物业服务收费进行监督管理，会同市物价局制定我市物业服务收费管理具体实施办法以及城区范围内普通住宅物业服务等级指导性收费标准。

7、批准符合条件的建设单位采取协议方式选聘前期物业服务企业。

8、协调处理物业管理重大投诉案件，依法查处物业管理区域内破坏房屋外立面、违章建筑、室内装饰装修的违法违规行为。

9、指导、监督市物业管理协会开展工作，促进市物业管理协会加强行业指导和行业自律。

10、负责物业从业人员的岗位培训。

（二）各相关行政主管部门的职责。

公安部门全面负责物业管理区域内的人口管理、治安管理和消防管理、掌握登记出租房屋和暂住人口的动态情况，督促业主大会、业主委员会和物业服务企业落实各项治安管理措施，经常性地开展检查督促指导，协助办理辖区各类治安行政案件。

民政部门负责指导街道办事处及时成立社区居民委员会，以发挥社区居民委员会在物业管理方面的监督指导作用，经常检查并取缔用住宅房屋进行福利彩票销售的行为。

财政部门按照市政府安排，积极配合物业管理部门做好对旧住宅小区改造项目资金的筹措。

住建部门负责工程质量的监督管理和工程竣工验收备案管理工作，督促解决工程质量遗留问题。

规划行政主管部门负责审核物业管理用房按规定的要求配置，并在批准的规划相关文件中明确物业管理用房的位置、面积和生活配套设施。对在建小区的违规建筑物进行查处。

环保行政主管部门负责对住宅区域内影响业主正常生活的烟尘污染、噪声、油烟、废弃物等超标的行为进行查处。

工商行政主管部门依据工商行政管理法律法规负责对物业管理区域内的违法经营行为及物业管理经营者的侵害业主（消费者）权益及其他违法经营行为进行查处。

安全监督部门指导物业管理区域内相关管理人员的安全培训工作。

价格行政主管部门负责物业服务收费的监督管理，会同房产管理部门制定普通住宅的物业服务收费办法和标准，并依据开发项目物业的硬件设施、环境和物业服务内容、服务标准等因素，确定物业服务小区的物业服务等级，制定相应等级的收费指导价标准，监督执行价格公示制度、查处法违规收费行为。

质量技术监督部门负责对使用特种设备的物业管理企业进行安全监督管理。

市政管理部门负责物业管理区域内供水、供气、供热正常运行的监管。

消防部门严格对建筑防火进行审核、验收或备案，督促物业服务企业对共用消防设施进行维护管理和对共用部位开展防火检查、巡查及进行消防安全宣传教育等预防火灾工作。

教育部门负责区域内幼儿园的监督管理，对住宅改办幼儿园、学生站等行为进行查处。

卫生行政部门按照属地管理的原则负责指导管理物业区域内疾病防控和卫生监督工作，并对住宅改办"小门诊""理发店""美容室"等行为查处取缔。

体育部门指导物业管理区域内健身器材的配置、使用和管理，负责对住宅改为商用的麻将馆、体育彩票站的行为进行查处取缔。

广电新闻出版部门负责整治非法安装广播电视设施。

园林部门负责居住区和单位建设项目附属绿化规划设计方案、用地标准的审批，办理改变绿化用地使用性质手续；负责绿化工程的质量监管和工程竣工验收。

食品药品监督管理部门负责依法查处住宅改办“小饭桌”行为。

供水、供电、供热、供气、邮政、通讯等部门要依照《物业管理条例》及相关法律法规的规定，实施终端收费，并根据产权性质，负责物业管理区域内相关设施设备的维修、更新、改造和养护。

二、各县（区）房产行政主管部门是本行政区域内物业管理行政主管部门，在县（区）区人民政府领导下，负责本辖区内物业管理活动的监督管理工作，其主要职责是：

1、宣传、贯彻、执行国家和地方物业管理法律法规和相关规定，业务上接受市房产管理局的指导，并执行其下达的有关工作任务，指导街道办事处、乡（镇）人民政府、居（村）民委员会物业管理活动。

2、指导划分物业管理区域，会同街道办事处、乡（镇）人民政府组织成立业主大会筹备组、业主委员会换届筹备组，指导辖区内业主大会、业主委员会的组建、换届工作，负责业主委员会的备案工作（并报上一级主管部门），出具业主委员会刻制印章证明并办理印章备案，指导、监督业主大会、业主委员会开展工作，对业主大会、业主委员会作出的决定违反法律、法规的，负责责令限期改正或撤销其决定，并通告全体业主。

3、对暂定物业服务企业资质升三级资质、三级物业服务企业资质的年度考评提出初审、初评意见，与其他资料一并报市行业行政主管部门。

4、负责物业服务合同和临时管理规约的备案工作。

5、指导、监督、检查辖区内物业管理企业的日常服务工作，指导、监督物业服务合同终止时的物业管理移交工作。

6、负责市级物业管理优秀项目的预评和推荐工作。

7、县（区）房产行政主管部门负责辖区内物业专项维修资金的归缴、使用、监督管理工作。

8、建立物业管理投诉受理制度，负责对业主、物业使用人、业主委员会和物业服务企业在物业管理活动中的投诉进行调查处理，依法查处物业管理活动中的违法违规行为。

9、指导、监督物业服务企业做好安全工作。

三、街道办事处（乡镇人民政府）应设立物业管理站，配备专职人员，在街道办事处（乡镇人民政府）领导下行使属地管理权，负责协调物业管理与社区建设之间的关系，协助有关部门做好辖区内日常物业管理活动的指导监督工作，其主要职责是：

1、宣传、贯彻、执行国家和地方物业管理法律法规和相关规定，业务上接受市、县（区）两级房产行政主管部门的指导，并执行其下达的有关工作任务，指导、监督居（村）民委员会物业管理活动。

2、配合区、县房产行政主管部门组织成立业主大会筹备组、业主委员会换届筹备组，负责筹建首届业主大会、选举产生业主委员会和业主委员会的换届工作，指导、监督业主大会、业主委员会的日常工作。

3、配合区、县房产行政主管部门对需要调整的物业管理区域进行划分，对因物业管理区域调整等原因需要解散业主大会的，负责组织召开业主大会会议，推选业主代表，并监督做好业主共同财产清算工作。

4、监督、检查辖区内物业服务企业的日常服务工作，配合区、县房产行政主管部门做好指导、监督物业服务合同终止时的物业管理移交工作。

5、积极引导旧住宅小区成立业主大会，改善基础条件，逐步推行物业管理。

6、协调物业管理与社区建设之间的关系，协调处理业主委员会与业主、业主与业主、业主与物业服务企业之间的纠纷投诉。

四、居（村）民委员会负责对辖区内业主大会、业主委员会进行指导、协调和监督，配合相关部门、街道办事处（乡镇人民政府）共同做好辖区内日常物业管理活动的指导监督工作，其主要职责是：

1、贯彻、执行国家和地方物业管理法律法规和相关规定，并对所辖区域内业主做好宣传、教育、引导工作。业务上接受市、县（区）两级房产行政主管部门以及街道办事处（乡镇人民政府）的指导，并执行其下达的有关工作任务。

2、指派专人负责对辖区内业主大会、业主委员会进行指导、协调和监督，配合街道办事处（乡镇人民政府）组织成立业主大会，负责派员参加业主大会筹备组、业主委员会换届筹备组，参与业主大会会议全过程的指导监督，指导、监督业主委员会做好物业服务合同终止时的物业管理移交工作。

3、对因物业管理区域调整等原因需要解散业主大会的，负责派员参加清算组，做好业主共同财产清算工作。

4、协助调处业主与业主、业主与业主委员会、业主与物业服务企业之间的纠纷。

5、协助物业服务企业积极开展文体活动和公益活动。

6、适时做好所辖小区内业主对物业服务企业的服务质量满意度的调查，提出改进建议。

山西省住房和城乡建设厅 转发《住房城乡建设部关于进一步加强国有土地上房屋征收与补偿信息公开工作的通知》

晋建房函〔2013〕900号

各市住房城乡建设局（建委）、房地产管理局，阳泉市规划局：

为加强国有土地上房屋征收与补偿信息公开工作，加大信息公开工作力度，加快信息公开工作制度建设，推进国有土地上房屋征收与补偿工作顺利，住房城乡建设部下发了《关于进一步加强国有土地上房屋征收与补偿信息公开工作的通知》（建房〔2013〕133号），现转发给你们，并结合我省实际，提出以下要求，请一并贯彻执行。

一、提高对信息公开工作的认识

国有土地上房屋征收与补偿信息公开，是《国有土地上房屋征收与补偿条例》的重要内容，是促进依法行政、和谐征收的必要条件，是保障被征收群众知情权、参与权、监督权的重要手段，也是提高征收效率，确保房屋征收与补偿工作公开、公平、公正、透明的重要举措。各市人民政府房屋征收部门要从推进法治政府、服务型政府建设，保障人民群众合法权益、维护社会和谐稳定的高度，把国有土地上房屋征收补偿信息公开工作提上重要议事日程，切实加强组织领导，完善工作机制，畅通信息公开渠道，规范公开程序，落实公开责任。要把信息公开工作纳入制度化、规范化、长效化发展轨道，落实专项经费和人员，研发房屋征收信息系统，强化队伍建设，确保房屋征收与补偿信息公开工作有序推进。

二、进一步健全信息公开机制

各市房屋征收主管部门要严格按照《国有土地上房屋征收与补偿条例》，明确信息公开范围和重点公开内容，依法依规开展主动公开和依申请公开工作，切实抓好决策公开、过程公开、结果公开三个关键环节，全面实行阳光征收。要加快建立健全房屋征收与补偿信息公开机制，认识梳理房屋征收与补偿信息，细化信息公开目录，增加主动公开内容，不断优化和拓展信息公开渠道，提高信息公开的可操作性。要重点做好征收现场信息公开建设，加强法律法规宣传，强化舆论引导，营造和谐征收氛围。

三、加强监督检查

各市房屋征收主管部门要加强当地所辖县（区、市）房屋征收主管部门的监督指导，把信息公开工作纳入目标责任考核体系，完善奖惩机制，确保房屋征收与补偿信息公开工作落到实处。各市要暗中通知要求立即组织开展房屋征收信息公开工作全面公开渠道、公开程序、公开内容、社会反映、舆论引导等方面。省厅将适时对各市检查工作情况进行抽查。

请于2013年11月25日前将本地区房屋征收与补偿信息公开工作情况上报我厅。

联系电话：0351-3680052

电子邮件：shanxifangchanchu@126.com

附件：住房城乡建设部关于进一步加强国有土地上房屋征收与补偿信息公开工作的通知（略）。

山西省住房和城乡建设厅
二〇一三年十月二十四日

山西省住房和城乡建设厅
关于公布2013年度全省物业管理示范
住宅小区（大厦）的通知

晋建房函〔2013〕930号

各市住房和城乡建设局、房地产管理局：

为规范物业服务行为，提升物业服务品质，为业主营造安全、整洁、文明、舒适的居住和工作环境，我厅组织检查组对申报2013年度“全省物业管理示范住宅小区（大厦）”物业管理项目进行了考评验收，太原市万国城MOMA住宅小区等30个物业管理项目达到省级示范标准，现予公布。

希望达标项目和物业服务企业再接再厉，充分发挥达标项目的示范作用，树立行业品牌形象，开拓创新，与时俱进，为进一步提高全省物业管理工作整体水平，构建和谐物业做出更大的贡献。

附件：2013年度全省物业管理示范住宅小区（大厦）名单

山西省住房和城乡建设厅
二〇一三年十月十三日

附件

2013年度全省物业管理示范住宅小区（大厦）名单

一、全省物业管理示范住宅小区（27个）

（一）太原市（8个）

1. 万国城MOMA住宅小区
管理单位：山西第一物业服务有限公司
2. 太铁白龙苑住宅小区
管理单位：太原诚信铁路物业管理有限公司
3. 北美晶域蓝湾住宅小区
管理单位：山西祺安物业有限公司
4. 北美新天地住宅小区
管理单位：山西祺安物业有限公司
5. 星河湾住宅小区
管理单位：广州星河湾物业管理服务有限公司太原分公司
6. 汇锦花园住宅小区
管理单位：山西焦煤集团汾河物业管理有限公司
7. 太原万达公馆
管理单位：大连万达物业管理有限公司太原分公司
8. 华德中心广场商住综合楼
管理单位：山西恒实文化物业管理有限公司

（二）大同市（2个）

9. 凯德世家小区
管理单位：大同市凯德物业服务有限责任公司
10. 华北星城一期
管理单位：大同市华北星物业管理有限公司

（三）长治市（1个）

11. 御林家园
管理单位：长治市御林物业管理有限公司

（四）晋城市：（2个）

12. 凤瀛园小区
管理单位：深圳市馨居物业晋城分公司
13. 兰煜花园
管理单位：晋城市兰煜物业管理有限公司

（五）忻州市（1个）

14. 开莱国际社区
管理单位：忻州市和谐物业管理有限公司

（六）运城市（4个）

15. 怡景华庭小区
管理单位：运城市鑫马物业管理有限公司
16. 河津市海华名园小区
管理单位：河津市银谷会苑物业管理有限公司
17. 临猗县奥运花园小区
管理单位：临猗县众联物业管理有限公司
18. 永济市怡和园小区
管理单位：永济市家和家盛物业管理有限公司

（七）临汾市（1个）

19. 滨河湾城市花园住宅小区
管理单位：临汾天居物业服务有限公司

（八）阳泉市（2个）

20. 太行国际星城
管理单位：山西太行物业管理有限公司
21. 平定县东升花园
管理单位：标准信合物业东升花园物管中心

（九）晋中市（4个）

22. 龙湖国际住宅小区
管理单位：晋中龙湖凯悦物业管理有限公司
23. 领秀名筑住宅小区
管理单位：晋中明亮物业管理有限公司
24. 绿都花苑住宅小区
管理单位：介休市鸿安物业服务有限公司
25. 书林世家住宅小区
管理单位：晋中雅苑森物业管理有限公司

（十）朔州市（1个）

26. 御龙苑
管理单位：金海洋物业管理有限公司

（十一）吕梁市（1个）

27. 柳林县龙泉小区
管理单位：柳林县和盛物业管理有限责任公司

二、全省物业管理示范大厦（3个）

1. 太原鼎元时代中心办公楼
管理单位：山西人和居物业有限公司
2. 环亚时代广场办公大厦
管理单位：山西安逸物业管理有限公司
3. 太原高新动力港办公楼
管理单位：太原园和物业管理有限公司

山西省住房和城乡建设厅关于征求《山西省住房保障条例（征求意见稿）》意见的公告

为进一步完善住房保障制度，从法律法规层面规范保障性住房建设管理工作，省住房和城乡建设厅起草了《山西省住房保障条例（征求意见稿）》，现面向社会各界征求意见。请您将对《条例》的意见或建议，于5月15日前以电话、电子邮件或信件的形式反馈省住房和城乡建设厅。

附件：山西省住房保障条例（征求意见稿）

山西省住房和城乡建设厅
二〇一三年五月二日

山西省住房保障条例（征求意见稿）

第一章　总则

第一条【宗旨依据】 为了规范保障性住房建设与运营管理行为，保障中低收入群体的住房基本需求，根据有关法律、行政法规的规定，结合本省实际，制定本条例。

第二条【适用范围】 本条例适用于本省行政区域内住房保障工作。

第三条【基本原则】 住房保障应当遵循政府主导与引导社会参与相结合、保障标准与经济社会发展水平相适应、保障规模与保障需求相匹配，保障程序公开透明与结果客观公正相统一的原则。

第四条【政府职责】 省人民政府应当加强对市、县（市）人民政府住房保障工作的领导和监督。

市、县（市）人民政府负责本行政区域内的住房保障工作。

省、市、县（市）人民政府住房城乡建设（住房保障）部门应当会同发改、公安、监察、民政、财政、人社、国土、环保、农业、林业、审计、税务、工商、统计、价格、金融等有关部门，根据各自工作职责、共同做好住房保障工作。

乡（镇）人民政府、街道办事处和社区居委会应当协助有关部门和机构，做好住房保障的相关工作。

第五条【工作机构】 市、县（市）人民政府应当建立健全住房保障工作机构，在街道（乡镇）、社区设立工作站点或根据需要设立分支机构，并将人员经费和工作经费列入本级财政预算。

第六条【表彰奖励】 省、市、县（市）人民政府应当对在住房保障工作中做出显著成绩的单位和个人给予表彰和奖励。

第二章　一般规定

第七条【保障对象】 家庭收入、财产、住房等情况符合当地住房保障条件的住房困难家庭、新就业无房职工、在城镇就业一定年限的外来务工人员、在本地缴纳社会保险一定年限的非本地劳务人员和农村危房住户等，可以按照相应条件申请配租（配售）保障性住房、住房租赁（修缮、建设）补贴等住房保障。

住房保障范围和保障对象的收入线标准、住房困难条件，由市、县（市）人民政府根据国家和省有关规定确定、调整并实时向社会公布。

第八条【保障方式】 城镇住房保障，可以根据保障对象的不同情况，采取保障性住房配租、保障性住房配售、住房租赁补贴和其他政策支持等方式。

农村住房保障，可以采取发放建房补贴、危房改造与修缮补贴或安置住房等方式。

第九条【工作规划】 市、县（市）人民政府应当根据经济社会发展水平、居民住房保障需求情况、财政支付能力、资源环境条件以及人口规模和结构等因素，编制住房保障工作规划，并确定住房保障工作目标，逐步提高住房保障覆盖面。

住房保障规划应当包括：保障目标、住房供应总量、建设用地总量、资金需求总量，各类保障性住房建设规模、空间布局、住宅套型结构比例和分年度实施计划等事项。

第十条【年度计划】 市、县（市）人民政府应当按照住房保障工作规划，根据年度保障对象复核情况和轮候家庭户数等因素，合理确定住房保障年度计划。

住房保障年度计划应当包括：年度保障目标、住房供应量、项目类型、保障资金和土地安排、住宅套型结构比例、

项目进度安排、实施措施、监督管理等事项。

第十一条【财政资金】 市、县（市）人民政府应当增加对住房保障的投入，将住房保障资金纳入本级财政预算。

住房保障资金实行专项管理，专帐核算，专款专用，不得挤占挪用。

第十二条【禁止事项】 配租的保障性住房只能用于保障对象自住，不得转借、转租、空置，不得擅自拆改、损坏，不得在承租的保障性住房内从事商业经营或者违法违规活动。

第三章　城镇保障性住房

第一节　投资与建设

第十三条【组织建设】 政府投资的保障性住房由市、县（市）人民政府组织建设。

社会组织、个人投资建设或者其它项目中配建的保障性住房应当按照政府组织协调、市场运作的原则，由投资单位组织建设。

第十四条【招标管理】 保障性住房建设应当实行项目法人责任制。政府投资或者以政府投资为主的保障性住房建设项目，由市、县（市）人民政府或者由政府委托的机构组织公开招标，确定参建单位或者项目管理单位，并对工程质量和安全负责。

第十五条【项目选址】 保障性住房建设项目应当尽量避开自然保护区、风景名胜区、森林公园、重要湿地、饮用水源保护区、基本农田、泉域重点保护区等环境敏感区域，并应当远离产生有毒有害污染的工业厂矿区。

集中建设的保障性住房项目，应当选择在基础设施和公共服务设施完善的地段，或者同步配套建设基础设施和公共服务设施，方便居民就业、就医、就学和出行等需要。

第十六条【项目规划】 规模较大的居住小区，编制修建性详细规划时，应当将普通商品住房和保障性住房统筹考虑，分区建设，共享配套基础设施和公共服务设施。

普通商品住房建设项目，应当按照建筑面积配建百分之五的廉租住房，并将其列入土地出让的前置条件，不配建或不宜配建的项目，按照该项目商品住房平均销售价格向保障性住房建设主管部门缴纳应配建廉租住房面积部分的建设资金，由政府统筹建设廉租住房。

经济适用住房建设项目，应当按照建筑面积配建百分之十的廉租住房，由政府按照核定的经济适用住房基准价格回购。

第十七条【建设用地】 市、县（市）人民政府应当根据住房保障规划和年度实施计划，优先安排保障性住房建设用地。保障性住房建设项目用地指标由省人民政府国土资源部门在年度用地计划中单列，应供尽供。

列入保障性住房建设储备用地范围的土地，非经法定程序不得改变用途。禁止以划拨方式取得保障性住房建设用地，改变用途建设商品住房。

第十八条【建设方式】 保障性住房的建设，可以采取集中建设的方式，也可以采取在其它住房项目中配建的方式。

以配建方式建设保障性住房的，配建套数、建设标准、套型结构等内容应当作为土地供应的前置条件，并纳入建设用地划拨决定书或者土地出让合同。

第十九条【套型面积】 保障性住房建设项目应当根据国家和本省有关规定，合理确定套型结构和建筑面积。

廉租住房套型建筑面积应当控制在五十平方米以内；公共租赁住房套型建筑面积应当控制在六十平方米以内；经济适用住房套型建筑面积应当控制在六十平方米以内；棚户区改造安置住房套型建筑面积原则上应当控制在四十五平方米至九十平方米；限价普通商品住房套型建筑面积六十平方米以下小户型的比例不得低于百分之十五，六十至九十平方米中户型的比例不得超过百分之七十，九十平方米以上（但不得超过普通住房面积标准的上限）大户型的比例不得超过百分之十五。

第二十条【建设标准】 廉租住房和公共租赁住房建设应当达到如下标准：室内水泥地面，内墙面普通涂料，户内安装木制门，入户安装普通防盗门，符合节能标准的普通窗户，普通卫生洁具，水、电、暖、气四表出户，分户计量。

经济适用住房和限价普通商品住房按商品住房建设标准执行。

第二十一条【“四新”应用】 保障性住房建设应当严格执行勘察、设计、图审、施工、监理、验收等技术标准、规范和程序，推广新材料、新技术、新工艺、新设备等“四新”成果，积极采用住宅产业化技术。

第二十二条【质量监管】 市、县（市）人民政府住房城乡建设（住房保障）部门应当建立保障性住房建设质量上下联动的层级监管机制，监督参建单位严格执行国家和本省有关建筑工程质量法律法规、技术标准、规范、规程、技术导则情况和质量行为、质量保证体系。

保障性住房建设项目实行质量报告制度。建设单位应当按照工程进度实时向工程项目所在地人民政府住房城乡建设（住房保障）部门报送由建设单位工程质量负责人和监理单位负责人签字填报的工程质量报告。

市、县（市）人民政府应当建立保障性住房建设质量投诉举报制度，公开举报电话，接受社会监督。

第二十三条【竣工验收与质量责任】 保障性住房建设项目应当严格执行住宅工程质量分户验收制度，依法办理竣工验收备案手续。未进行竣工验收并办理备案手续的项目，不得交付使用。

分散配建的保障性住房，应当和商品住房同时规划设计、同时施工、同时竣工交付使用。

保障性住房工程质量实行责任主体终身负责制，建设、

勘察、设计、施工、监理等单位的法定代表人、工程项目负责人、工程技术负责人、注册执业人员应当按照各自职责，对所承担工程项目的质量终身负责。工程竣工验收合格后，建设单位应当在建筑物明显部位设置永久性质量责任标牌，载明建设、勘察、设计、施工、监理等工程质量责任主体的名称及主要负责人的姓名。

第二十四条【公积金支持保障性住房建设】 在保证缴存职工提取、提供个人住房贷款和留存准备金的前提下，鼓励住房公积金结余资金贷款用于支持保障性住房建设和运营。

第二十五条【保障资金筹集】 市、县（市）人民政府要根据住房保障工作规划和年度实施计划，多渠道筹集住房保障资金。

鼓励和引导民间资本通过直接投资、间接投资、参股、委托代建等多种方式参与保障性住房建设。

第二十六条【融资平台】 设区城市人民政府可以设立保障性住房建设投资公司，或者利用其他政府融资平台，筹措保障性住房建设资金。

政府融资平台发行企业债券，应当优先满足保障性住房建设融资需要，也可以发行专项用于公共租赁住房等保障性住房建设的企业债券。承担保障性住房建设项目的其他企业，可以在政府核定的保障性住房建设投资额度内，通过发行企业债券进行项目融资。

第二十七条【税费优惠】 保障性住房建设涉及的城镇土地使用税、城市维护建设税、教育费附加等税种，按照国家有关规定予以减免。廉租住房、经济适用住房、公共租赁住房、棚户区改造安置住房建设，免收各种行政事业性收费和政府性基金。

第二节　申请与审核

第二十八条【申请人】 住房保障的申请人应当为申请家庭推举的具有完全民事能力的家庭成员。申请人非户主的，应当出具其他具有完全民事行为能力的家庭成员共同签名的书面委托书。

申请人应当如实申报家庭人口、收入、财产、住房状况及其他有关信息，并对申报材料的真实性负责。

第二十九条【申请】 申请住房保障的家庭，应当到市、县（市）人民政府住房城乡建设（住房保障）部门或社区居委会领取、填写《住房保障申请表》，由申请人提出申请，按要求向有关部门提交相关证件与资料原件、复印件。

第三十条【受理、公告】 市、县（市）人民政府住房城乡建设（住房保障）部门、街道办事处、社区居委会应当设立专门的窗口，指定专人负责受理住房保障申请事宜。受理情况应当在受理后二日内在受理单位公告栏、申请人工作单位、申请人户口所在地社区和居住地社区同时进行公告。

第三十一条【审核程序】 廉租住房和公共租赁住房申请由社区居委会受理并初审，经街道办事处、市县人民政府住房城乡建设（住房保障）会同有关部门审核、公示。

经济适用住房申请由街道办事处受理并初审，经市、县（市）人民政府住房城乡建设（住房保障）会同有关部门审核、公示。

限价普通商品住房申请由市、县（市）人民政府住房城乡建设（住房保障）会同有关部门审核、公示。

第三十二条【审核】 审核部门应当采取入户调查、邻里访问、组织听证、信函索证、调取相关档案等方式对申请人的有关情况进行调查核实，提出审核意见并通过媒体进行公示。

经审核不符合条件的，审核部门应当书面通知申请人，并说明理由。

第三十三条【公示异议的处理】 公示期间有异议的，由监察机关会同同级住房城乡建设（住房保障）、民政、公安等相关部门复核。申请人对审核结果有异议的，可以向监察机关申诉。

第三十四条【登记】 经公示无异议或者异议不成立的，市、县（市）人民政府住房城乡建设（住房保障）部门应当作为住房保障对象予以登记，书面通知申请人，登记结果通过媒体向社会公布。

第三十五条【轮候】 已登记为住房保障对象的申请人按规定进行轮候，轮候期超过一年的，市、县（市）人民政府住房城乡建设（住房保障）部门应当在实施住房保障前会同同级民政、监察、公安等相关部门重新审核保障对象是否符合保障条件。

轮候期间，申请人家庭人口、收入、财产、住房等情况发生变化的，应当主动向市、县（市）人民政府住房城乡建设（住房保障）部门报告变化情况。

第三十六条【优先轮候】 登记为住房保障对象的家庭，符合下列条件之一的，可以优先轮候。

（一）无房户；

（二）危房住户；

（三）五十五岁以上的孤寡老人；

（四）优抚对象；

（五）残疾人；

（六）无劳动能力的重病、大病患者；

（七）其他急需救助的家庭。

第三十七条【确定保障顺序】 市、县（市）人民政府住房城乡建设（住房保障）部门应当广泛听取社会各界的意见，遵循程序公开、过程公开、结果公开的原则确定保障顺序。

（一）根据家庭住房困难程度确定；

（二）根据家庭人口、收入、财产和住房情况综合量化评分确定，积分相等的可用抽签方式确定；

（三）采取随机摇号的方法确定。

保障对象轮候顺序确定后，市、县（市）人民政府住房城乡建设（住房保障）部门应当向媒体公示确定轮候对象姓名、照片、身份证号、住址、家庭人口、收入、财产、住房等全部家庭信息。

第三节　配租与配售

第三十八条【结果公布】 市、县（市）人民政府住房城乡建设（住房保障）部门应当在配租（配售）工作结束后五日内，将配租（配售）结果通过当地政府网站、电视台等主要媒体，向社会公布。

第三十九条【配租（配售）合同】 市、县（市）人民政府住房城乡建设（住房保障）部门应当与保障对象签订书面合同。

配租合同，应当载明房屋概况、租赁期限、房屋面积、租金标准、腾退住房方式、双方的权利、义务、责任及违约处置等内容。

配售合同，应当载明房屋概况、配售面积、产权份额、限制交易、双方的权利、义务、责任及违约处置等内容。

保障性住房承租（承购）人，不得违反本条例规定和合同约定对保障性住房进行处分。

第四十条【配售约定】 配售的保障性住房，市、县（市）人民政府应当依据土地出让价款减让、税费优惠等因素，确定并在配售合同中明确配售保障性住房的产权份额和限制交易、上市交易价款的分配比例等内容。

第四十一条【配租（配售）标准】 配租（配售）保障性住房，原则上按二人以下（含二人）户安排宿舍型或者一居室，三人户安排一居室或两居室，四人以上（含四人）户安排两居室或三居室。

第四十二条【租售价格】 保障性住房的配租、配售价格，实行政府定价或者政府指导价，具体价格由市、县（市）人民政府价格主管部门会同住房城乡建设（住房保障）部门制定。

市、县（市）人民政府住房城乡建设（住房保障）部门可以依照有关规定，对租金支出超过家庭收入一定比例的承租人，减免租金或者发放补贴。

第四十三条【承租住房互换】 因就业、子女就学等原因需要调换所承租保障性住房的，申请人应当提出申请，经市、县（市）住房城乡建设（住房保障）部门批准后，承租人之间可以互换承租的保障性住房。

第四十四条【租转售】 承租人在承租保障性住房过程中，原意购买的，可以按当年的经济适用住房价格申请购买；未参加住房制度改革的，可以按住房制度改革购买公有住房的政策购买。

第四十五条【原有住房处理】 承租（承购）人在承租（承购）保障性住房城市的原有住房，政府应当在配租（配售）保障性住房时收购，收购价款直接支付给承租人或冲抵配售部分购房款。

第四十六条【权属登记】 廉租住房和公共租赁住房产权，由投资主体所有；经济适用住房产权，由购房人和市、县（市）人民政府按份共有；限价普通商品住房产权由购房人所有，但是应当在办理房屋权属登记时，载明限价普通商品住房和限制交易等信息。

第四节　复核与退出

第四十七条【申报复核】 已配租保障性住房的保障对象，应当在每年四月底前主动向户口所在地街道办事处如实申报上年度家庭人口、收入、财产和住房变化等情况。不按时申报的，责令限期申报，规定期限内仍未申报复核的，按照不再符合住房保障条件处理。

尚未配租的轮候对象，应当按照前款规定申报上年度家庭人口、收入、财产和住房等情况。不按时申报的，按照自动放弃轮候资格处理。

不再符合保障性住房配租保障条件的，应当主动向户口所在地街道办事处申报。

第四十八条【复核决定】 街道办事处应当采取定期走访、抽查等方式，及时掌握保障性住房配租保障对象家庭人口、财产、收入和住房变动等动态信息，按照要求复核申报事项并公示。

市、县（市）人民政府住房城乡建设（住房保障）部门应当会同同级民政、监察、公安等相关部门，对街道办事处上报的情况进行复核，提出复核意见，公示复核结果，适时作出复核决定。

已配租保障性住房的保障对象，其人均月收入、财产、住房发生变化后，不再符合保障条件的，由市、县（市）人民政府住房城乡建设（住房保障）部门会同民政、监察、公安等相关部门作出终止保障性住房配租资格决定。

第四十九条【政策退出】 廉租住房保障对象家庭收入等不再符合保障条件，符合租赁公共租赁住房条件的，给予配租公共租赁住房；愿意购买的，可以按当年的经济适用住房价格申请购买；未参加住房制度改革的，可以按住房制度改革购买公有住房的政策购买。

住房保障对象不再符合保障条件的，应当终止保障性住房配租资格，承租人应当在二个月内退出住房，仍按照原保障性住房标准收取租金。二个月内退出住房确有困难，可以延期六个月退出住房，按照市场标准收取租金。六个月后，无正当理由仍不退出住房的，从次月起按照市场标准的 1.2 ~ 1.5 倍收取租金。

第五十条【配租责令退出】 享受配租保障性住房的家庭有下列情形之一的，由市、县（市）人民政府住房城乡建设（住房保障）部门会同民政、监察、公安等相关部门作出责令退出决定，收回承租的保障性住房。

（一）在承租的保障性住房内进行违法违规活动的；

（二）故意损坏承租保障性住房的；

（三）擅自改变承租保障性住房用途，拒不整改的；

（四）转借、转租承租保障性住房的；

（五）无正当理由连续六个月空置其承租保障性住房的；

（六）无正当理由不按期申报资格复核的有关信息，经催告后仍不申报的；

（七）其它违反保障性住房租赁合同约定行为的。

第五十一条【配售责令退出】 购买保障性住房的家庭在取得已购住房全部产权以前有下列情形之一的，由市、县（市）人民政府住房城乡建设（住房保障）部门会同民政、监察、公安等相关部门作出责令退出决定，由政府强制回购。

（一）已购买保障性住房的家庭又购买其他住房的；

（二）在购买的保障性住房内进行违法违规活动的；

（三）出租、转租、出借保障性住房的；

（四）利用购买的保障性住房从事经营活动的。

政府回购的保障性住房，继续向符合条件的城市低收入住房困难家庭出售（出租）。

第五十二条【退出处置】 市、县（市）人民政府住房城乡建设（住房保障）部门作出责令退出决定后，应当在五日内书面通知当事人。承租人收到责令退出决定后，应当无条件退出住房。拒不退出的，由市、县（市）人民政府住房城乡建设（住房保障）部门或者具体实施机构依照有关法律法规规定处置。处置结果通过媒体向社会公布，计入不良信用档案，不得再申请配租（配售）保障性住房。

第五十三条【申诉、复议】 对退出决定有异议的，当事人可以在退出决定书面通知送达后五日内向作出退出决定的部门申诉，监察机关应当牵头组织住房城乡建设（住房保障）、民政、公安等相关部门对申诉事项进行复核，十日内作出复核决定，并书面通知当事人。

当事人对复核决定仍有异议的，可向当地人民政府申请行政复议，或者依法向人民法院提起行政诉讼。

第五十四条【骗租（购）处置】 对弄虚作假、隐瞒家庭收入和住房条件，骗租（购）保障性住房的，一经查实，市、县（市）人民政府住房城乡建设（住房保障）部门要会同民政、监察、公安等相关部门作出追回住房与追缴租金决定。骗租保障性住房的，收回住房并按照不低于市场标准的二倍追交承租期间的租金；骗购保障性住房的，追回住房或者由购买人按照不低于1.2倍的市场价补足购房款，处置情况通过媒体向社会公布，计入不良信用档案，不得再申请配租（配售）保障性住房。

第五节　运营与管理

第五十五条【保障性住房管理】 保障性住房小区可以实行自我管理、自我服务，也可以选聘物业服务企业提供服务。新建保障性住房小区应当实现物业服务全覆盖。

第五十六条【物业服务】 保障性住房小区业主、业主大会选聘物业服务企业之前，应当由市、县（市）人民政府住房城乡建设（住房保障）部门组织采取招投标的方式选聘物业服务企业，并签订前期物业服务合同。业主委员会与物业服务企业签订物业服务合同后，前期物业服务合同终止。

承接保障性住房项目物业服务的企业在按合同约定履行维护小区环境卫生、安全保卫、车辆管理和共用部位、共用设施设备维修、养护、管理等职责。

第五十七条【承接验收】 保障性住房竣工交付住户使用前，受聘物业服务企业应当与建设单位完成物业公用部位和共用设施设备的承接查验工作。

第五十八条【临时管理规约】 市、县（市）人民政府住房城乡建设（住房保障）部门应当制定保障性住房小区业主（住户）临时管理规约，依法约定物业的使用、维护和管理；业主权利与义务及违反临时管理规约应当承担的责任。

第五十九条【维修养护】 配租的保障性住房及其附属设施的运营管理和维修养护，由出租人负责。维修养护费用由出租人承担，主要通过保障性住房租金收入以及配套商业服务设施经营收入解决。公共财政应当适当安排配租保障性住房的维修养护。

配售的保障性住房及其附属设施的管理、维修养护以及其他依法应当由业主负责的事务，由承购人负责，但未经市、县（市）人民政府住房城乡建设（住房保障）部门批准，承购人不得擅自改建、重建保障性住房及其附属设施。

第六十条【经营管理】 廉租住房和公共租赁住房项目配建的经营性用房、配套公共设施设备及场所的广告、租赁等经营事项，应当由市、县（市）人民政府住房城乡建设（住房保障）部门或者委托物业服务企业经营管理。经济适用住房项目配建的经营性用房由产权单位负责经营管理，配套公共设施设备及场所的广告、租赁等经营事项由物业服务企业代为经营管理。

廉租住房、公共租赁住房配建经营性用房及配套公共设施设备的经营收入和经济适用住房配建公共设施设备公有产权部分的经营收入，存入财政部门设立的保障性住房经营收入专户，由财政部门统筹安排使用。经济适用住房配建公共设施设备业主共有产权部分的经营收入，用于补充本项目住宅专项维修资金，按照比例存入各业主的分户帐户。

第六十一条【租金收取】 保障性住房承租人应当按期缴纳租金。保障性住房租金，由市、县（市、区）人民政府住房城乡建设（住房保障）部门或者委托公房管理单位、物业服务企业收取，存入财政部门设立的保障性住房租金交存专户。

第六十二条【租金管理】 保障性住房租金，实行收支两条线管理，由财政部门监督管理，其主要用途是：

（一）廉租住房与公共租赁住房物业服务补贴；

（二）配建的廉租住房、公共租赁住房与其他住房之间公共部位、共用设施设备维修、更新、改造应当由廉租住房、公共租赁住房业主承担的费用；

（三）集中建设的廉租住房、公共租赁住房与非住宅之间公共部位、共用设施设备维修、更新、改造应当由廉租住房、公共租赁住房业主承担的费用。

第六十三条【拒交租金处理】 承租人无正当理由，不按时交纳保障性住房租金的，由租金收取单位催交，并在所属物业服务区域公告栏内公告。拒不交纳的，报市、县（市）人民政府住房城乡建设（住房保障）部门按照有关规定强行收回住房。

第六十四条【维修资金交存】 保障性住房产权人（购买人），应当按照住房建筑面积（购买面积）交存住宅专项维修资金。每平方米建筑面积交存首期住宅专项维修资金的数额应为当地住宅建筑安装工程每平方米造价的百分之五至百分之八。

商品房或者其他项目配建的保障性住房，首期住宅专项维修资金按配建项目住房标准交存。

具体交存标准、续交标准与办法，由市、县（市）人民政府确定。

第六十五条【维修资金管理】 经济适用住房住宅专项维修资金，在小区业主大会成立前，由市、县（市）人民政府住房城乡建设（住房保障）部门代管，委托所在地银行开立专户，以项目为单位设帐，按照房屋户门号设分户帐。业主大会成立后，应当将住宅专项维修资金帐面余额划转至业主大会开立的帐户，并将有关帐目移交业主委员会。

集中建设的廉租住房、公共租赁住房住宅专项维修资金，由市、县（市）人民政府财政部门建立专户存储，按照产权单位设帐，按项目和幢设分帐。

配建的廉租住房、公共租赁住房住宅专项维修资金，与配建项目的住宅专项维修资金统一管理。

第六十六条【经济适用住房维修资金使用】

（一）经济适用住房专项维修资金划转业主大会前应按照下列程序使用：

1、物业服务企业根据维修和更新、改造项目提出使用建议；

2、住宅专项维修资金列支范围内专有部分占建筑物总面积三分之二以上的业主且占总人数三分之二以上的业主讨论通过使用建议；

3、物业服务企业或者相关业主的使用维修资金方案；

4、物业服务企业或者相关业主持有关材料，向市、县（市、区）住房城乡建设（房地产）主管部门申请列支；

5、市、县（市、区）住房城乡建设（房地产）主管部门审核同意后，向专户管理银行发出划转使用通知；

6、专户管理银行将所需住宅专项维修资金划转至维修单位。

（二）经济适用住房项目住宅专项维修资金划转业主大会后应按照下列程序使用：

1、物业服务企业提出使用方案；

2、业主大会依法通过使用方案；

3、物业服务企业持有关材料，向业主委员会申请列支；

4、业主委员会依据使用方案审核同意，并报市、县（市、区）住房城乡建设（房地产）主管部门备案；

5、业主委员会向专户管理银行发出划转住宅专项维修资金的通知；

6、专户管理银行将所需住宅专项维修资金划转至维修单位。

第六十七条【廉租住房、公共租赁住房维修资金使用】 廉租住房、公共租赁住房专项维修资金使用，按照下列程序办理：

（一）物业服务企业根据维修和更新、改造项目提出使用建议和方案；

（二）物业服务企业将使用建议和方案报市、县（市、区）住房城乡建设（房地产）主管部门，经审核同意后，报请同级财政部门批准；

（三）物业服务企业持有关材料，向市、县（市、区）财政部门申请列支；

（四）市、县（市、区）财政部门审核同意后，从本项目住宅专项维修资金专户划转至维修单位。

商品房及其他项目配建的廉租住房、公共租赁住房维修、更新、改造，需使用住宅专项维修资金的，按照配建项目住宅专项维修资金使用的相关程序办理。

第六十八条【物业服务费】 保障性住房使用人应当按照物业服务合同（前期物业服务合同）、租赁协议的约定按时向物业服务企业足额交纳物业服务费。

拒不交纳物业服务费的保障性住房承租人，由物业服务企业报市、县（市）人民政府住房城乡建设（住房保障）部门按照违反租赁合同约定行为等有关规定处理；拒不交纳物业服务费的保障性住房承购人，物业服务企业可以向人民法院起诉。

特困家庭和身患残疾的住房保障对象，可以向市、县（市）人民政府住房城乡建设（住房保障）部门申请，在其居住小区物业服务企业就业，其劳务收入可冲抵部分或全部物业服务费。

第六十九条【其他费用】 垃圾处理费、水费、电费、燃气使用费、通信费、有线电视收视维护费等有关部门（单位）应当直接向保障性住房居住人收缴相关费用。

第七十条【退出费用结算】 承租人按照规定退出或自愿退出保障性住房的，退出时应当结清租金、物业服务费、垃圾处理费、水费、电费、燃气使用费、通信费、有线电视收视维护费等应由个人承担的费用。

第四章　住房租赁补贴

第七十一条【补贴对象】 未承租、承购保障性住房的保障对象，可以申请住房租赁补贴。

住房租赁补贴发放的具体条件和标准由市、县（市）人民政府制定。

第七十二条【申请与审核】 住房租赁补贴的申请、审核，应当按照本条例第三章第二节规定的程序执行。

住房租赁补贴申请的审核结果，应当公示。对经审核合格的申请人，应当按规定定期发放，发放时间原则上应为每季度一次。

第七十三条【申报与核查】 已领取住房租赁补贴的保障对象，应当在每年4月底前主动向住房保障实施机构如实申报上年度家庭人口、收入、财产和住房变化等情况。不按时申报的，责令限期申报，规定期限内仍未申报复核的，应当停止发放住房租赁补贴。

不再符合住房租赁补贴条件的，应当主动向住房保障实施机构报告。住房保障实施机构应当对享受住房租赁补贴的保障对象家庭人口、收入、财产和住房变化等状况进行定期抽查。

第七十四条【调整或终止】 市、县（市）人民政府住房城乡建设（住房保障）部门应当根据核查确定的享受住房租赁补贴的保障对象家庭人口、收入、财产和住房等变化情况，对住房租赁补贴额度进行调整。不再符合规定条件的，终止发放住房租赁补贴。

第五章　农村住房保障

第七十五条【保障范围】符合市、县（市）人民政府规定条件的农村住房困难家庭，在宅基地上自建住房或者进行危房改造或无房的，可以申请建房补贴、修缮住房补贴、危房改造与或者安置住房。

第七十六条【保障方式】农村住房保障应当结合农村移民搬迁、残疾人住房改造和被保障家庭的意愿，采取新建、改建、修缮、置换等方式分别解决。

（一）无住房或现住房居住不安全的，采取新建的方式保障。

（二）现住房已成危房但是还有一定利用价值的，采取改建的方式保障。

（三）现住房严重破损，经修缮后能使用的，采取修缮的方式保障。

（四）无住房的，除采取新建住房以外，还可以在本村收购现有依法批准建设的空置住房给予保障。

（五）市、县（市）人民政府确定的其它方式。

第七十七条【申请与审核】申请农村住房保障的，由户主或者其他具有完全民事行为能力的成年家庭成员作为申请人，以家庭为单位向当地村民委员会提出申请，经乡（镇）人民政府审查，县级人民政府住房城乡建设部门会同有关部门审核确定。具体办法由市、县（市）人民政府制订。

第七十八条【工作程序】农村住房保障，应当遵循以下程序：

（一）申请人向村民委员会提出书面申请。

（二）村民委员会提请村民代表会议评议并公示评议结果。

（三）乡(镇)人民政府报县级人民政府住房城乡建设、民政部门审查并公示审查结果。

（四）县级人民政府住房城乡建设部门会同民政部门进行核准，并按照本地实际情况提出分年、分批保障计划，报县级人民政府批准后组织实施，并向市人民政府住房城乡建设、民政部门申请补助。

第七十九条【保障对象认定】农村住房保障家庭，由下列单位（部门）审查认定。

（一）农村低保户和优抚对象，由县级人民政府民政部门审查认定。

（二）农村低保户和优抚对象中的住房困难户，由县级人民政府住房城乡建设部门审查认定。

（三）农村低保边缘和因灾因病返贫的住房困难户，由县级人民政府住房城乡建设部门会同民政部门审查后，报县级人民政府认定。

（四）市、县（市）人民政府确定的其它保障对象由当地人民政府审查认定。

第八十条【补贴标准】市、县（市）人民政府应当根据当地农村经济社会发展水平、财力状况、农村住房成本需求和补助对象家庭困难程度等因素，合理确定不同类型、不同档次的分类建房补贴、危房改造与修缮补贴标准。

第八十一条【建设标准】农村保障性住房建设应当达到如下标准：一层砖混或砖木结构平房，室内水泥地面，内外墙面普通涂料，安装木制门和符合节能标准的普通窗户。

第八十二条【技术指导和安全监管】市、县（市）人民政府住房城乡建设部门应当对农村保障性住房建设和改造（修缮）给予技术指导和支持，并对住房质量安全进行监督管理。

第六章　监督管理

第八十三条【目标责任制管理】省人民政府对设区城市人民政府住房保障工作进行监督，实行目标责任制管理和绩效考核，年度考核结果纳入政府领导班子和主要领导干部工作综合考核评价内容。

设区城市人民政府应当在每年年末向省人民政府书面报告住房保障工作情况。省人民政府按照年初确定的目标任务对各市进行考核，并将考核结果向全省通报。

设区城市人民政府应当对县（市）人民政府实行目标责任制管理和绩效考核。

第八十四条【监督检查】市、县（市）人民政府住房城乡建设（住房保障）部门应当加强对住房保障对象遵守住房保障法律、法规规定情况的监督检查，并将检查结果向社会公布。

住房城乡建设（住房保障）部门实施监督检查，有权采取以下措施：

（一）询问与核查事项有关的单位和个人，要求其对与核查事项相关的情况作出说明、提供相关证明资料；

（二）在至少一名成年家庭成员在场的情况下，进入保障性住房检查住房使用情况；

（三）查询、记录、复制保障对象与住房保障工作相关的资料，了解其家庭人口、收入、财产、住房等状况；

（四）对违反住房保障相关法律法规规定的行为予以制止并责令改正；

（五）法律、法规规定的其他措施。

有关单位和个人应当配合监督检查，如实提供与住房保障有关的资料，不得拒绝检查或者谎报、瞒报。

住房城乡建设（住房保障）部门对在工作中知悉的公民个人信息应当予以保密，但是依照有关法律、行政法规应当予以公开的除外。

第八十五条【行政监督】上级住房城乡建设（住房保障）部门应当加强对下级住房城乡建设（住房保障）部门保障性住房建设、运营管理与住房租赁补贴发放等工作的监督指导，并设立保障性住房使用、管理、服务投诉电话，畅通住户反映诉求的渠道。

上级发展改革部门应当加强对下级发展改革部门保障

性住房建设项目申报、审批、核准和申请预算内投资补助等工作的监督指导。

上级民政部门应当加强对下级民政部门认定和复核住房保障家庭收入、财产等工作进行监督指导。

上级财政部门应当加强对下级财政部门归集、使用、管理住房保障资金等工作的监督指导。

上级国土资源部门应当加强对下级国土资源部门供应保障性住房建设用地，落实土地保障政策等工作的监督指导。

上级环保部门应当加强对下级环保部门开展保障性住房项目环境影响评价等工作监督指导。

监察机关应当加强对住房保障工作行政效能的监察和相关环节的监督检查工作。

审计部门应当定期对廉租住房和公共租赁住房租金交存以及使用、配套设施经营性收入交存及使用、专项维修资金归集以及使用等情况进行审计监督。

第八十六条【人大监督】市、县（市）人民政府应当将住房保障规划与年度计划实施情况纳入政府工作报告，将住房保障财政支出预决算情况纳入财政预算报告，每年向同级人民代表大会报告。

第八十七条【社会监督】市、县（市）人民政府住房城乡建设（住房保障）部门和其他有关部门、住房保障经办机构及其工作人员行使职权，应当接受社会各界的监督。

任何单位和个人都有权对违反住房保障法律、法规的行为进行举报、投诉；住房城乡建设（住房保障）部门和其他有关部门、住房保障经办机构应当依法及时处理本部门、机构职责范围内的举报、投诉。

举报、投诉经查证属实的，对提出举报、投诉的单位和个人，可以给予适当奖励。

第八十八条【约谈问责】省、市人民政府住房城乡建设（住房保障）部门和监察机关应当建立约谈问责机制，对保障性住房项目建设资金和土地不落实、政策措施不到位、建设进度缓慢的下一级人民政府相关负责人进行约谈；对没有完成年度目标任务的下一级人民政府相关负责人进行问责。

第八十九条【诚信体系】市、县（市）人民政府住房城乡建设（住房保障）部门应当建立健全保障性住房建设诚信体系，将保障性住房建设项目参建单位的违法违规等不良行为记入企业信用档案，在招投标等环节予以限制；情节严重的，禁止其参与保障性住房建设。

第九十条【信息公开】住房保障的规划、实施、项目进度、监督检查和住房保障资金、保障性住房的管理使用等情况，应当依法公开。

市、县（市）人民政府住房城乡建设（住房保障）部门应当将住房保障申请、审核、配租等情况逐项录入住房保障信息管理系统，并根据登记、年度复核、退出等有关情况，及时更新系统有关数据。

第九十一条【档案管理】市、县（市）人民政府住房城乡建设（住房保障）部门应当建立住房保障档案。

住房保障管理档案应当包括：保障家庭汇总名单、文件、报表、图册等内容。

住房保障对象档案应当包括：申请人收入、财产以及住房证明、审核记录、登记及轮候记录、配租（配售）合同、发放租售补贴记录等。

第七章　法律责任

第九十二条【政府履职责任追究】市、县（市）人民政府有下列行为之一的，由上级人民政府责令改正，通报批评；有关责任人由其任免机关或者监察机关依法给予行政处分。

（一）未依法编制基本住房保障规划与年度计划的；

（二）未在土地供应年度计划、近期建设规划年度实施计划中，单独列出保障性住房建设用地规模、具体地块和范围的；

（三）未依法确定和调整基本住房标准的；

（四）未依法确定合理轮候期限的；

（五）未依法履行本条例规定的其他职责的。

第九十三条【住建部门履职责任追究】市、县（市）人民政府住房城乡建设（住房保障）部门、住房保障经办机构有下列行为之一的，由本级人民政府、上级人民政府住房城乡建设（住房保障）部门或者监察机关责令改正，通报批评；有关责任人由其任免机关或者监察机关依法给予行政处分。

（一）向不符合法定条件的申请人提供保障性住房、住房补贴的；

（二）未依法向符合法定条件的申请人提供保障性住房、住房补贴的；

（三）擅自同意不符合法定条件的承购人转让保障性住房的；

（四）未依法实时调整住房租赁补贴额度的；

（五）未依法终止不再符合保障条件的保障对象住房租赁补贴的；

（六）未依法建立保障性住房档案和住房保障对象档案的；

（七）对保障对象违反本《条例》规定的行为，不予查处或者接到举报后不依法办理的；

（八）未依法履行本条例规定的其他职责的。

第九十四条【相关部门履职责任追究】市、县（市）人民政府有关部门有下列行为之一的，由本级人民政府、上级人民政府有关部门或者监察机关责令改正，通报批评；有关责任人由其任免机关或者监察机关依法给予行政处分。

（一）以配建方式建设保障性住房，未将配建套数、建设标准、套型结构、回购价格、收回条件等内容纳入建设用地划拨决定书、建设用地使用权出让合同的；

（二）未依法出具按照规定需由本部门出具的证明材料，或者未依法提供申请人有关情况的；

（三）未依法履行本条例规定职责的。

第九十五条【渎职责任追究】 国家机关、住房保障经办机构及其工作人员在住房保障工作中违反本条例规定，滥用职权、玩忽职守、徇私舞弊的，由其任免机关或者监察机关依法给予行政处分；构成犯罪的，依法追究刑事责任。

第九十六条【出具虚假证明处理】有关单位和个人，应当积极配合住房保障申请、审核工作，如实出具相关证明材料。为住房保障申请家庭出具虚假证明材料的单位和个人，依法承担相应的责任。

第九十七条【违反标准建设责任追究】 保障性住房开发建设单位未按照标准建设保障性住房项目的，由本级人民政府住房城乡建设（住房保障）部门责令限期改正，处以五十万元以上一百万元以下罚款。情节严重的，降低企业资质等级或者吊销资质证书；造成损失的，依法承担赔偿责任；构成犯罪的，依法追究刑事责任。

第九十八条【违法租售责任追究】保障性住房建设、运营管理机构擅自提高保障性住房配租、配售价格，或者擅自向不符合规定条件以外的人出租、出售保障性住房的，由本级人民政府住房城乡建设（住房保障）部门责令限期改正，没收违法所得，并处以违法所得一倍以上三倍以下的罚款。

第九十九条【弄虚作假责任追究】申请人弄虚作假、隐瞒家庭收入和住房条件，骗取住房保障的，由本级人民政府住房城乡建设（住房保障）部门予以警告，责令退回保障性住房和资金，通过媒体向社会公布，计入不良信用档案，不得再申请住房保障，并可以处以骗取数额一倍以上三倍下的罚款；构成犯罪的，依法追究刑事责任。

本条例所称骗取数额，是指承租或者承购的保障性住房价格与住房市场价格之间的差额，或者领取的住房租赁补贴数额，或者所享受的金融支持和财税优惠数额。

第一百条【保障对象的法律责任】 保障对象不履行

本条例规定义务的，由本级人民政府住房城乡建设（住房保障）部门责令限期改正，予以警告；情节严重的，可以终止住房保障。保障对象被依法强制终止住房保障，有违法所得的，由本级人民政府住房城乡建设（住房保障）部门予以没收；擅自改变住房用途或者造成住房毁损的，应当恢复原状或者赔偿损失，五年内不得再次申请住房保障。

第一百零一条【违规代理中介的法律责任】 房地产中介服务机构、中介服务人员违反本条例规定从事保障性住房转让、出租或者转租代理业务的，由发证机关责令停止违法行为，处以合同约定中介服务费一倍以上三倍以下罚款，并记入信用档案；情节严重的，由工商行政管理部门吊销营业执照；对房地产中介服务人员，处以五千元以上叁万元以下罚款；构成犯罪的，依法追究刑事责任。

第八章　附则

第一百零二条【名词解释】本条例所称承租人、承购人，是指申请人及其家庭成员。

本条例所称住房保障，是指通过配租、配售保障性住房及发放住房租赁补贴和给予政策支持等方式，向符合条件的住房困难家庭以及新就业无房职工、外来务工人员提供救助和扶持，以保障其基本住房需求的保障形式。包括城镇住房保障和农村住房保障两类。

本条例所称保障性住房，是指政府组织，按照基本住房标准建设、改造和筹集，满足中、低收入家庭自住基本需求的住房。

本条例所称住房租赁补贴，是指政府向符合条件的住房困难家庭提供的用于其租赁住房的专项补助。

第一百零三条【军人住房保障】 符合本条例规定条件的现役军人、退役军人、军队文职人员、军队职工申请保障性住房、住房租赁补贴或者建房补贴、危房改造补贴的，同等条件下优先保障。

驻晋部队自建保障性住房，参照本条例规定，享受用地保障和相关税费优惠政策。

第一百零四条【施行时间】 本条例自 年 月 日起施行。

统计资料

Statistical Material

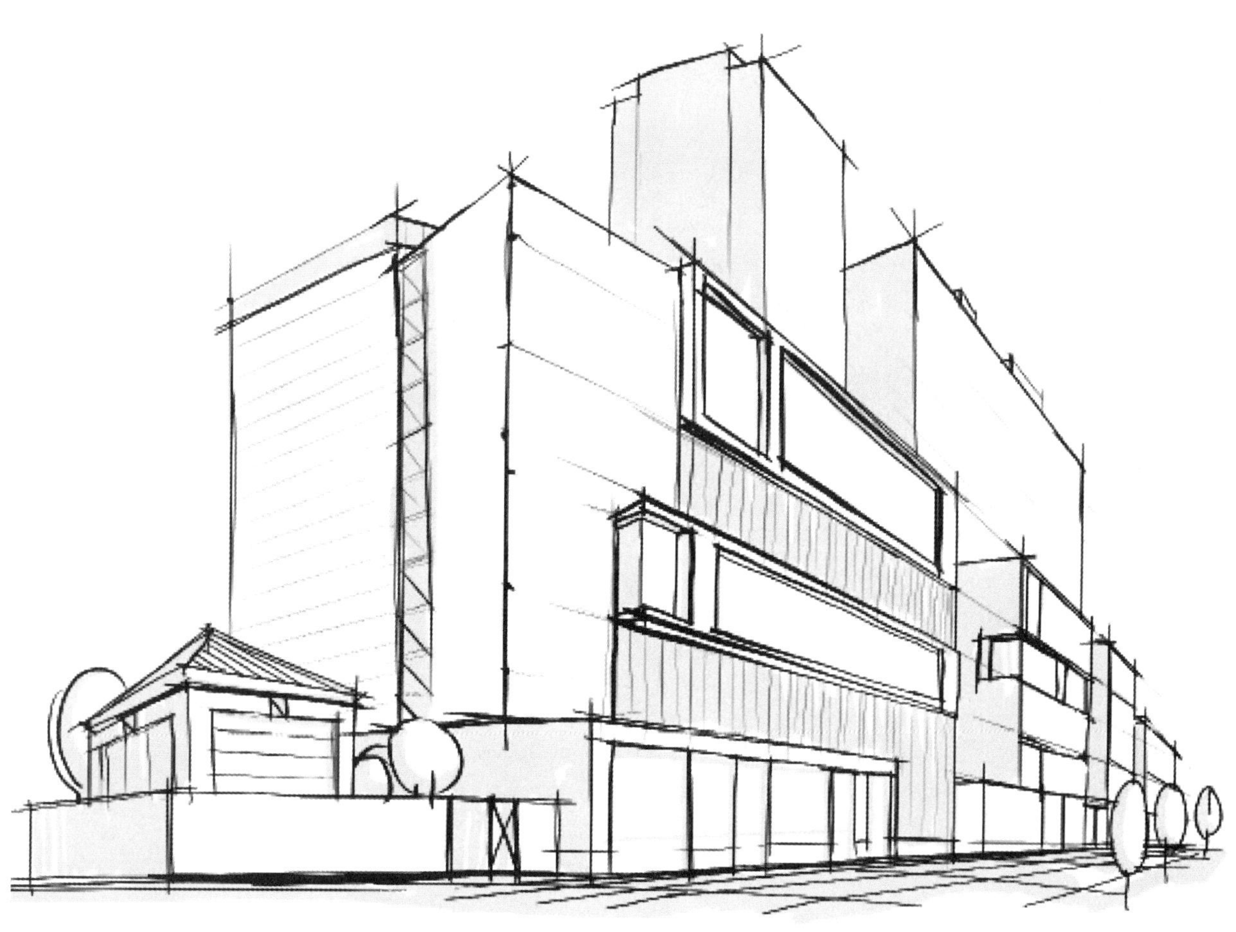

2013 年全国房地产数据表

2009-2013 年全国房地产主要行业指标数据

单位：亿元、万平方米、%

	2009 年		2010 年		2011 年		2012 年		2013 年	
	数值	同比	数值	同比	数值	同比	数值	同比	数值	同比
开发投资	36232	16.1	48267	33.2	61740	27.9	71804	16.2	86013	19.8
住宅投资	25619	14.2	34038	32.9	44308	30.2	49374	11.4	58951	19.4
办公楼	1378	18.1	1807	31.2	2544	40.7	3367	31.6	4652	38.2
商业投资	4172	24.4	5599	33.9	7370	30.5	9312	25.4	11945	28.3
土地购置费	6039	0.7	9992	20.7	11413	14.1	12100	5.0	13502	11.6
施工面积	319650	12.8	405539	26.6	507959	25.3	573418	13.2	665572	16.1
住宅	250804	12.5	314943	25.3	388439	23.4	428964	10.6	486347	13.4
办公楼	9985	4.2	12140	21.4	15950	31.3	19434	21.5	24577	26.5
商业营业用房	34440	13.0	44616	29.2	56278	26.1	65814	17.6	80627	22.5
新开工面积	115385	12.5	163777	40.7	190083	16.2	177334	— 7.3	201208	13.5
住宅	92463	10.5	129468	38.8	146035	12.9	130695	— 11.2	145845	11.6
办公楼	2814	13.8	3678	28.6	5361	46.2	5986	10.9	6887	15.0
商业营业用房	12352	23.0	17461	40.6	20671	18.3	22077	6.2	25902	17.7
竣工面积	70219	5.5	75961	4.5	89244	13.3	99425	7.3	101435	2.0
住宅	57694	6.2	61216	2.7	71692	13.0	79043	6.4	78741	-0.4
办公楼	1607	-12.0	1748	5.8	2179	20.0	2315	2.1	2789	20.5
商业营业用房	6515	1.6	7931	16.2	9045	9.2	10226	8.0	10852	6.1
商品房销售面积	93713	42.1	104349	10.1	109946	4.9	111304	1.8	130551	17.3
住宅	85294	43.9	93052	8.0	97030	3.9	98468	2.0	115723	17.5
办公楼	1513	30.8	1882	21.9	2008	6.2	2254	12.4	2883	27.9
商业营业用房	5222	24.2	6921	29.9	7878	12.6	7759	-1.4	8469	9.1
商品房销售额	43995	75.5	52479	18.3	59119	12.1	64456	10.0	81428	26.3
住宅	38157	80.0	43953	14.4	48619	10.2	53467	10.9	67695	26.6
办公楼	1618	66.9	2149	31.2	2502	16.1	2773	12.2	3747	35.1
商业营业用房	3601	45.5	5354	46.3	6702	23.7	7000	4.8	8280	18.3
资金来源	57128	44.2	72494	25.4	83246	14.1	96538	12.7	122122	26.5
国内贷款	11293	48.5	12540	10.3	12564	0.0	14778	13.2	19673	33.1
利用外资	470	-35.5	796	66.0	814	2.9	402	-48.8	534	32.8
自筹资金	17906	16.9	26705	48.8	34093	28.0	39083	11.7	47425	21.3
其他资金	27459	71.9	32454	15.9	35775	8.6	42275	14.7	54491	28.9

数据来源：国家统计局

2013年全国房地产主要行业指标月度数据

	1–2月	3月	4月	5月	6月	7月	8月	9月	10月	11月	12月
房地产开发投资额（亿元）	6670	6463	6048	7618	10030	7474	7818	9000	7574	8719	8601
商品住宅开发投资额（亿元）	4583	4430	4108	5243	6864	5091	5420	6241	5243	5890	5839
房屋新开工面积（亿平方米）	2.3	0.44	0.41	0.52	0.69	0.51	0.54	0.62	0.52	0.59	0.58
房屋竣工面积（亿平方米）	1.35	1.59	1.66	1.81	2.23	1.67	1.52	1.71	1.14	2.48	2.02
住宅竣工面积（亿平方米）	1.04	0.59	0.43	0.5	0.66	0.63	0.5	0.61	0.67	1.00	3.2
全国商品房销售面积（万平方米）	10471	10427	8863	9358	12315	9700	9707	13541	11548	14876	19744
住宅销售面积（万平方米）	9494	9407	7933	8332	10924	8658	8659	12027	10288	13150	16852
全国商品房销售额（亿元）	7361	6630	5856	6017	7512	6172	6175	8304	7210	8708	11482
住宅销售额（亿元）	6301	5694	4946	5030	6244	5165	5146	6911	6048	7205	9006
国房景气指数（当月）	97.92	97.56	97.35	97.26	97.29	97.39	97.29	97.25	96.88	96.38	97.21

数据来源：国家统计局

2013 年全国房地产主要行业指标月度累计数据

	1–2 月	1–3 月	1–4 月	1–5 月	1–6 月	1–7 月	1–8 月	1–9 月	1–10 月	1–11 月	1–12 月
房地产开发投资额（亿元）	6670	13133	19180	26798	36828	44302	52120	61120	68693	77412	86013
同比增幅（%）	22.8	20.2	21.1	20.6	20.3	20.5	19.3	19.7	19.2	19.5	19.8
住宅开发投资额（亿元）	4583	9013	13121	18363	25227	30318	35738	41979	47222	53112	58951
同比增幅（%）	23.4	21.1	21.3	21.6	20.8	20.2	19.2	19.5	18.9	19.1	19.4
房屋新开工面积（亿平方米）	23001	38873	55506	73613	95901	112638	127840	144900	156275	181055	201208
同比增幅（%）	14.7	–2. 7	1.9	1.0	3.8	8.4	4	7.3	6.5	11.5	13.5
房屋施工面积（亿平方米）	455422	478950	500618	523431	549408	568681	585553	603982	616465	646096	665572
同比增幅（%）	15.3	17.0	17.2	16.0	15.5	16.2	14.4	15.0	14.6	16.1	16.1
房屋竣工面积（亿平方米）	13524	19473	23759	28745	35346	41643	46650	52706	59390	69420	101435
同比增幅（%）	34.0	8.9	6.6	5.3	6.3	7.9	4.6	4.2	1.8	2.5	2.0
住宅竣工面积（亿平方米）	10360	15001	18273	22204	27428	32384	36301	41170	46395	54265	78741
同比增幅（%）	30.5	4.7	2.6	1.8	2.7	4.6	1.4	1.4	–0.8	–0.1	–0.4
全国商品房销售面积（万平方米）	10471	20898	29761	39118	51433	61133	70842	84383	95931	110807	130551
同比增幅（%）	49.5	37.1	38.0	35.6	28.7	25.8	23.4	23.3	21.8	20.8	17.3
住宅销售面积（万平方米）	9494	18901	26834	35166	46090	54748	63407	75434	85721	98872	1157?3
同比增幅（%）	55.2	41.2	41.1	37.6	30.4	27.1	24.4	23.9	22.3	21.3	17.5
全国商品房销售额（亿元）	7361	13992	19847	25864	33376	39549	45724	54028	61238	69946	81428
同比增幅（%）	77.6	61.3	59.8	52.8	43.2	37.8	34.4	33.9	32.3	30.7	26.3
住宅销售额（亿元）	6301	11995	16941	21971	28215	33380	38526	45437	51485	58689	67695
同比增幅（%）	87.2	69.0	65.2	56.8	46.0	39.9	35.7	34.5	32.6	31.1	26.6

数据来源：国家统计局

全国各地区房地产开发投资数据

2009-2013 年全国各地区房地产开发投资数据

单位：亿元

	2009 年	2010 年	2011 年	2012 年	2013 年
总 计	36231.71	48267.07	61739.78	71803.79	86013.38
一、东部地区	21102.28	28009.07	35606.66	40541.36	47971.53
北 京	2337.71	2901.07	3036.33	3153.44	3483.40
天 津	735.18	866.64	1080.04	1260.00	1480.82
河 北	1517.2	2264.83	3069.55	3086.52	3445.42
辽 宁	2640.56	3465.76	4487.56	5455.82	6450.75
上 海	1464.18	1980.68	2170.31	2381.36	2819.59
江 苏	3338.58	4301.85	5552.69	6206.10	7241.45
浙 江	2253.57	3030.04	4137.25	5226.27	6216.25
福 建	1136.35	1818.86	2402.61	2824.12	3702.97
山 东	2428.73	3251.78	4108.08	4708.31	5444.53
广 东	2961.32	3659.69	4899.19	5352.79	6489.59
海 南	287.9	467.87	663.05	886.64	1196.76
二、中部地区	7938.46	10516.65	13197.33	15762.82	19044.80
山 西	477.27	592.24	789.92	1010.45	1308.63
吉 林	756.34	921.01	1165.39	1310.03	1252.43
黑龙江	563.92	843.12	1219.37	1535.84	1604.83
安 徽	1667.54	2251.8	2590.07	3151.61	3946.23
江 西	634.52	706.82	852.69	969.62	1174.58
河 南	1553.76	2114.08	2620.01	3035.29	3843.76
湖 北	1200.44	1618.24	2063.21	2539.46	3286.02
湖 南	1084.66	1469.33	1896.66	2210.52	2628.32
三、西部地区	7191.97	9741.35	12935.79	15499.61	18997.05
内蒙古	815.46	1120.02	1650.02	1291.44	1479.01
广 西	813.68	1206.22	1500.46	1554.94	1614.63
重 庆	1238.91	1620.26	2015.09	2508.35	3012.78
四 川	1586.76	2194.63	2836.71	3266.40	3853.00
贵 州	369.69	556.69	878.67	1467.60	1942.54
云 南	737.46	900.44	1272.72	1782.14	2488.33
西 藏	15.72	8.96	5.13	6.87	9.68
陕 西	943.73	1160.23	1420.53	1835.93	2240.17
甘 肃	204.14	266.41	362.88	561.02	724.65
青 海	72.85	108.19	144.77	189.68	247.61
宁 夏	162.74	254.37	330.55	429.15	558.97
新 疆	230.84	344.93	518.26	606.09	825.69

数据来源：国家统计局

2009-2013 年全国各地区住宅开发投资数据

单位：亿元

	2009 年	2010 年	2011 年	2012 年	2013 年
总 计	25618.74	34038.14	44308.43	49374.21	58950.76
一、东部地区	14445.66	19233.00	25214.76	27648.93	32696.81
北 京	906.62	1508.95	1778.31	1627.99	1724.56
天 津	494.86	565.39	678.98	843.05	986.28
河 北	1218.32	1785.65	2296.31	2317.13	2539.29
辽 宁	1932.94	2481.10	3413.44	3961.95	4666.03
上 海	918.68	1239.83	1398.75	1451.94	1615.51
江 苏	2421.15	3159.94	4085.85	4354.63	5171.50
浙 江	1580.76	2058.47	2699.82	3436.74	4089.22
福 建	743.30	975.13	1591.56	1751.98	2402.08
山 东	1860.35	2513.40	3202.04	3473.23	3976.63
广 东	2103.92	2538.02	3495.43	3704.98	4530.63
海 南	261.78	417.11	574.27	725.32	995.09
二、中部地区	5986.26	7859.67	9831.79	11063.50	13264.72
山 西	379.46	457.45	615.03	735.61	958.85
吉 林	604.88	731.82	903.60	987.74	911.45
黑龙江	442.48	656.93	938.82	1122.52	1124. 72
安 徽	1173.36	1607.83	1884.16	2059.29	2549.88
江 西	509.17	544.77	656.91	684.21	795.38
河 南	1235.21	1685.21	2022.06	2203.06	2827.09
湖 北	804.16	1040.86	1327.21	1698.38	2251.56
湖 南	837.54	1134.79	1484.01	1572.67	1845.81
三、西部地区	5186.81	6945.47	9261.88	10661.79	12989.23
内蒙古	573.82	782.14	1112.02	845.63	1003.57
广 西	577.17	878.89	1073.59	1069.64	1166.61
重 庆	789.02	1091.49	1438.45	1706.77	2044.24
四 川	1149.17	1535.28	1998.11	2197.75	2537.89
贵 州	248.01	328.63	579.97	930.31	1224.23
云 南	552.96	654.67	873.90	1152.50	1642.40
西 藏	11.37	6.99	3.74	4.25	5.87
陕 西	782.33	938.53	1180.11	1477.57	1768.95
甘 肃	137.32	187.93	258.06	412.51	539.85
青 海	55.47	75.20	90.20	141.10	159.72
宁 夏	126.08	187.29	235.80	279.49	340. 27
新 疆	184.09	278.43	417.93	444.27	555.62

数据来源：国家统计局

全国各地区房地产开发企业到位资金状况

2009-2013 年全国各地区房地产开发企业到位资金数据

单位：亿元

	2009 年	2010 年	2011 年	2012 年	2013 年
总 计	57127.63	72494.34	83245.94	96537.67	122122.47
一、东部地区	36910.95	45186.36	49945.10	57763.36	73755.00
北 京	6129.77	5790.61	5358. 09	6084.55	7300.18
天 津	1413.07	1615.54	1997.82	2146.28	2761.47
河 北	1842.37	2686.64	3437.76	3712.99	4123.54
辽 宁	3268.80	5071.82	5607.39	6328.76	7448.99
上 海	2927.39	3229.29	3206.93	3968.51	5092.67
江 苏	6236.21	7856.73	7912.88	9856.89	12682.03
浙 江	4473.40	5385.57	6029.57	6530.86	8858.25
福 建	1936.01	2527.86	3326.51	4120.73	5767.04
山 东	3314.77	4431.35	5253.75	5755.09	7371.32
广 东	4909.21	5743.77	6889.45	7918.27	10472.94
海 南	429.96	797. 18	924.95	1340.42	1876.56
二、中部地区	10192.34	13360.42	15985.91	19210.49	23930.84
山 西	531.81	786.46	840.49	1033.69	1377.16
吉 林	786.87	968.45	1190.35	1431.68	1516.78
黑龙江	678.73	1044.61	1536.48	1711.04	1833.64
安 徽	2246.41	2863.70	3149.47	3835.34	5077.16
江 西	876.67	1008.16	1118.26	1477.22	1906.64
河 南	1927.88	2468.79	2845.25	3455.04	4402.70
湖 北	1714.19	2216.43	2801.02	3363.83	4224.48
湖 南	1429.79	2003.80	2504.59	2902.66	3592.27
三、西部地区	10024.34	13947.56	17314.93	19563.82	24436.63
内蒙古	852.57	1168.55	1794.69	1409.08	1638.04
广 西	1126.66	1538.57	1691.20	2007.36	2155.24
重 庆	1848.30	2859.53	3295.69	3869.54	4614.06
四 川	2303.04	3143.99	4029.00	4222.67	5324.53
贵 州	662.56	926.97	1271.26	1418.17	2145.72
云 南	1000.59	1300.66	1648.09	2134.02	2924.36
西 藏	34.09	14.99	9. 66	8.13	12.56
陕 西	1319.10	1692.23	1929. 28	2317.40	2592.39
甘 肃	245.49	317.21	390.65	651.24	963.35
青 海	88.74	124.73	148.67	228.45	259.09
宁 夏	196.31	359.14	433.18	499.80	694.15
新 疆	346.89	500.99	673.57	797.95	1113.15

数据来源：国家统计局

2009-2013年全国各地区房地产开发企业国内贷款数据

单位：亿元

	2009年	2010年	2011年	2012年	2013年
总 计	11292.69	12540.48	12563.79	14778.39	19672.66
一、东部地区	8259.18	8837.85	8655.23	10174.09	13257.14
北 京	2367.77	1439.08	1167.95	1484.74	1836.95
天 津	363.18	539.59	521.23	570.37	765.22
河 北	268.59	285.61	277.64	295.57	336.40
辽 宁	472.96	622.72	762.26	850.76	847.64
上 海	637.14	819.57	741.18	975.78	1292.36
江 苏	1195.88	1544.85	1543.22	1890.71	2373.97
浙 江	865.13	1020.20	1085.61	1125.48	1590.65
福 建	393.05	436.09	399.36	523.63	747.66
山 东	633.07	756.57	794.70	677.51	995.41
广 东	971.15	1237.93	1218.65	1507.53	2143.59
海 南	91.27	135.65	143.12	272.02	327.30
二、中部地区	1455.88	1642.18	1711.02	2037.00	2742.90
山 西	84.98	87.54	68.76	60.87	65.79
吉 林	55.53	62.11	53.60	109.70	126.57
黑龙江	73.77	48.55	59.53	87.64	130.19
安 徽	296.86	323.73	339.38	406.23	466.87
江 西	123.96	146.40	135.20	164.90	236.63
河 南	199.50	244.50	271.30	321.09	387.13
湖 北	388.45	415.43	453.49	512.05	796.57
湖 南	232.83	313.93	329.76	374.52	533.15
三、西部地区	1577.62	2060.45	2197.54	2567.30	3672.62
内蒙古	83.75	50.28	65.16	79.60	113.27
广 西	229.14	248.60	241.59	263.84	324.35
重 庆	332.24	584.72	695.08	720.80	1112.29
四 川	317.52	436.83	449.20	459.24	725.45
贵 州	129.07	160.18	175.95	230.61	226.82
云 南	139.52	160.82	129.50	216.12	418.80
西 藏	2.75	0.37	2.40	—	—
陕 西	217.47	219.00	231.17	280.36	326.10
甘 肃	41.32	56.60	67.02	129.08	168.75
青 海	13.13	26.90	17.13	37.39	44.43
宁 夏	28.81	56.07	50.87	59.40	105.74
新 疆	42.90	60.10	72.45	90.87	106.60

数据来源：国家统计局

2009-2013年全国各地区房地产开发企业利用外资数据

单位：亿元

	2009年	2010年	2011年	2012年	2013年
总 计	469.73	795.56	813.63	402.09	534.17
一、东部地区	364.19	545.78	534.38	300.38	385.79
北 京	29.82	13.90	2.60	4.22	11.60
天 津	11.49	8.34	12.48	3.47	16.22
河 北	—	3.00	14.52	10.93	9.98
辽 宁	114.92	177.28	199.02	117.88	61.92
上 海	25.40	96.05	43.55	26.12	38.14
江 苏	53.18	93.68	85.65	61.57	109.41
浙 江	15.19	24.47	43.86	16.00	47.03
福 建	13.86	18.17	17.66	7.84	21.58
山 东	12.87	18.87	27.37	15.91	33.51
广 东	57.26	91.30	81.41	29.06	36.29
海 南	30.20	0.71	6.25	7.37	0.10
二、中部地区	47.39	114.02	138.23	57.63	51.53
山 西	—	—	—	0.03	—
吉 林	0.91	0.04	5.03	1.89	5.15
黑龙江	2.59	1.50	3.35	0.02	—
安 徽	15.85	6.18	7.34	1.39	1.00
江 西	4.46	2.90	6.08	0.79	0.82
河 南	2.75	1.76	6.69	1.13	5.40
湖 北	15.83	97.29	43.90	1.27	—
湖 南	5.00	4.35	65.84	51.12	39.15
三、西部地区	58.15	135.76	141.02	44.08	96.85
内蒙古	—	0.16	—	—	—
广 西	2.87	8.59	7.11	0.33	0.62
重 庆	37.02	83.93	59.92	20.13	44.18
四 川	12.52	33.33	66.64	16.93	32.33
贵 州	0.11	0.72	4.47	4.29	—
云 南	0.40	0.85	0 90	—	12.29
西 藏	—	—	—	—	—
陕 西	5.23	5.62	0.24	2.40	7.44
甘 肃	—	—	—	—	—
青 海	—	2.32	1.53	—	—
宁 夏	—	0.25	—	—	—
新 疆	0.01	—	0.22	—	—

数据来源：国家统计局

2009-2013年全国各地区房地产开发企业自筹资金数据

单位：亿元

	2009年	2010年	2011年	2012年	2013年
总 计	17905.99	26704.58	34093.40	39082.68	47424.95
一、东部地区	9763.03	15556.96	18917.03	21716.75	26485.44
北 京	1026.80	1762.97	1746.18	1611.91	2138.23
天 津	332.10	457.74	645.44	831.71	892.08
河 北	891.62	1488.79	2001.75	2195.48	2394.67
辽 宁	1583.77	2802.48	2820.67	3310.51	4090.17
上 海	622.21	1070.88	1192.87	1385.96	1569.91
江 苏	1371.27	2165.13	2432.98	3087.53	3932.97
浙 江	770.43	1267.41	1838.29	2178.56	2765.07
福 建	458.09	1016.44	1401.77	1426.79	2016.51
山 东	1272.11	1787.79	2351.55	2675.86	3149.08
广 东	1327.30	1581.64	2162.76	2414.64	2798.34
海 南	107.33	155.70	322.68	597.81	738. 42
二、中部地区	4450.62	5952.15	7851.56	9107.01	10815.07
山 西	238.09	288.43	377.14	550.70	758.31
吉 林	527.70	596.93	709.92	878. 38	804.59
黑龙江	360.43	645.77	1045.60	1104.07	1102.62
安 徽	929.30	1211.07	1497.06	1686.80	2143.66
江 西	314.86	391.29	464.12	504.79	582.49
河 南	971.00	1336.57	1654.38	1920.72	2472.67
湖 北	577.18	782.56	1198.02	1425.31	1735.33
湖 南	532.05	699.53	905.32	1036.23	1215.39
三、西部地区	3692.34	5195.47	7324.81	8258.92	10124.44
内蒙古	643.06	938.19	1502.18	1031.07	1118.00
广 西	365.19	547.43	679.96	788.45	815.69
重 庆	540.31	685.00	853.72	1182.06	1263.70
四 川	792.29	1204.90	1639.08	1728.97	2150.87
贵 州	171.72	268.89	544.92	518.44	877.20
云 南	296.79	461.22	773.24	975.03	1541.76
西 藏	14.20	10.27	2.61	2.13	5.10
陕 西	585.70	648.01	701.50	1120.44	1143.18
甘 肃	96.72	132.70	169.81	304.97	431.08
青 海	47.07	56.78	79.36	113.35	117.97
宁 夏	54.18	103.32	147.39	196.32	247.69
新 疆	85.11	138.76	231.03	297.69	412.18

数据来源：国家统计局

2009-2013年全国各地区房地产开发企业其他资金数据

单位：亿元

	2009年	2010年	2011年	2012年	2013年
总计	27459.22	32453.72	35775.12	42274.52	54490.70
一、东部地区	18524.55	20245.77	21838.46	25572.14	33626.62
北京	2705.39	2574.66	2441.36	2983.68	3313.40
天津	706.30	659.88	818.37	740.73	1087.95
河北	682.17	909.25	1143.85	1211.02	1382.50
辽宁	1097.15	1469.34	1825.44	2049.61	2449.26
上海	1642.64	1242.78	1229.32	1580.66	2192.26
江苏	3615.88	4053.08	3851.04	4817. 07	6265.69
浙江	2822.66	3073.48	3061.81	3210.82	4455.49
福建	1071.02	1057.16	1507.61	2162.47	2981.29
山东	1426.71	1868.11	2080.14	2385.81	3193.32
广东	2553.49	2832.90	3426.63	3967.04	5494.72
海南	201.16	505.12	452.90	463.22	810.73
二、中部地区	4238.45	5652.07	6285.10	8008.86	10321.35
山西	208.75	410.49	394.59	422.09	553.06
吉林	202.72	309.38	421.80	441.71	580.47
黑龙江	241.95	348.79	428.00	519.32	600.83
安徽	1004.39	1322.72	1305.70	1740.92	2465.62
江西	433.39	467.57	512.86	806.74	1086.70
河南	754.63	885.96	912.89	1212.10	1537.51
湖北	732.72	921.16	1105.61	1425.21	1692.58
湖南	659.91	986.00	1203.66	1440.78	1804.57
三、西部地区	4696.22	6555.88	7651.56	8693.51	10542.73
内蒙古	125.75	179.91	227.35	298.41	406.76
广西	529.46	733.96	762.54	954.75	1014.58
重庆	938.74	1505.89	1686.98	1946.55	2193.89
四川	1180.70	1468.94	1874.08	2017.S3	2415.89
贵州	361.66	497.18	545.92	664.82	1041.70
云南	563.89	677.78	744.45	942.87	951.51
西藏	17.15	4.35	4.64	6.00	7.45
陕西	510.70	819.60	996.36	914.21	1115.67
甘肃	107.45	127.92	153.82	217.19	363.52
青海	28.54	38.72	50.65	77.70	96.68
宁夏	113.32	199.50	234.92	244.09	340.72
新疆	218.88	302.13	369.86	409.38	594.36

数据来源：国家统计局

全国各地区土地购置面积

2009-2013 年全国各地区土地购置面积

单位：万平方米

	2009 年	2010 年	2011 年	2012 年	2013 年
总 计	31906.08	40969.53	40972.95	35666.80	38814.38
一、东部地区	14369.60	19596.61	19728.54	15868.71	17900.66
北 京	625.01	858.75	507.04	305.99	906.17
天 津	444.78	652.46	596.59	299.75	210.64
河 北	2026.55	2844.26	2737.89	1760.99	1127.34
辽 宁	2103.68	3652.01	3307.12	3199.52	2502.27
上 海	185.30	432.44	562.76	300.62	421.74
江 苏	1850.81	2224.24	2409.68	3071.00	4207.74
浙 江	1307.97	1833.69	1987.59	1256.11	1760.73
福 建	1120.61	1532.47	1288.38	925.64	1591.13
山 东	2161.97	3290.53	3641.96	2610.03	2615.07
广 东	2257.53	1755.61	2289.69	1805.44	2250.96
海 南	285.39	520.16	399.83	333.62	306.85
二、中部地区	9488.64	11790.59	11257.12	10691.35	11001.40
山 西	618.24	838.56	654.85	718.36	875.90
吉 林	718.55	935.91	1280.25	1539.01	1143.95
黑龙江	833.31	1137.81	1703.71	929.91	655.67
安 徽	1918.59	2611.07	2601.91	2618.78	2760.18
江 西	694.48	777.15	1002.29	733.17	841.82
河 南	2701.54	2864.32	1534.80	1742.63	1501.56
湖 北	1002.40	1529.68	1414.23	1303.19	1894.68
湖 南	1001.51	1096.09	1065.08	1106.29	1327.64
三、西部地区	8047.85	9582.34	9987.29	9106.74	9912.32
内蒙古	1112.17	2006.14	1692.70	902.76	837.63
广 西	1287.15	1183.88	907.43	541.71	431.96
重 庆	1227.79	1369.22	1676.12	2183.07	1896.65
四 川	1044.28	963.31	961.51	892.22	1142.76
贵 州	385.77	980.10	911.07	707.51	1209.52
云 南	1269.82	1031.39	1425.38	1602.39	1974.01
西 藏	5.23	4.55	5.77	1.34	—
陕 西	420.13	579.49	488.71	473.03	503.45
甘 肃	344.75	279.48	287.52	419.33	421.71
青 海	178.16	112.43	140.31	197.03	80.13
宁 夏	374.29	548.81	520.54	425.69	438.26
新 疆	398.30	523.54	970.24	760.67	976.24

数据来源：国家统计局

全国各地区房地产建设数据

2009-2013 年全国各地区房屋施工面积

单位：万平方米

	2009 年	2010 年	2011 年	2012 年	2013 年
总 计	319649.54	405538.91	507959.39	573417.52	665571.89
一、东部地区	167153.48	209590.11	262005.40	289323.21	329581.67
北 京	9719.08	10300.86	12065.38	13122.49	13886.87
天 津	6052.16	7160.74	9075.39	9864.22	10892.17
河 北	12739.30	20790.28	26835.37	27577.83	29949.12
辽 宁	18575.55	26824.50	34511.89	38503.02	41625.60
上 海	9961.60	11295.03	12983.32	13249.97	13516.58
江 苏	29802.55	35063.76	40738.08	45097.54	52574.17
浙 江	19920.95	23824.53	30318.08	33422.97	37647.24
福 建	11681.15	14184.85	19212.77	21121.50	26287.28
山 东	21988.49	28229.00	36293.30	42958.91	50549.17
广 东	24719.87	29217.60	36311.94	39296.27	46480.47
海 南	1992.78	2698.96	3659.88	5109.49	6173.00
二、中部地区	75615.39	95866.41	119260.50	138172.71	16526.1.80
山 西	5491.42	7616.35	9325.63	11714.28	14040.05
吉 林	5356.87	7099.96	8963.42	10935.80	12181.28
黑龙江	4520.30	7543.71	12065.32	13484.97	13567.37
安 徽	14142.13	17541.90	20744.07	24836.06	30235.20
江 西	6755.60	7229.94	8210.88	9465.63	11995.67
河 南	16075.85	20394.18	25280.95	29559.36	35979.33
湖 北	9546.53	11620.91	13923.90	16819.71	21865.81
湖 南	13726.69	16819.46	20746.32	21356.89	25400.09
三、西部地区	76880.67	100082.39	126693.49	145921.60	170725.42
内蒙古	8234.48	11517.78	16378.10	16507.40	18624.32
广 西	8346.07	12050.65	14448.23	15018.46	16040.17
重 庆	13052.60	17138.50	20397.24	22009.03	26251.89
四 川	17609.17	21158.47	27315.44	29865.50	32164.98
贵 州	6062.29	7902.39	10395.27	13245.31	17356.96
云 南	6837.88	8784.97	10597.88	14362.00	18260.72
西 藏	8.26	72.31	48.73	47.33	57.70
陕 西	8260.87	9965.18	12179.97	15410.57	17240.86
甘 肃	2543.10	3130.40	3810.00	5634.95	6848.40
青 海	900.39	1423.97	1659.03	1891.23	2376.64
宁 夏	1952.02	2940.53	4040.83	5033.26	6043.23
新 疆	3073.56	3997.24	5422.77	6896.55	9459.55

数据来源：国家统计局

2009-2013年全国各地区房屋新开工面积

单位：万平方米

	2009年	2010年	2011年	2012年	2013年
总计	115385.34	163776.67	190082.70	177333.62	201207.84
一、东部地区	54942.93	80866.52	94717.56	83232.11	93591.45
北京	2246.60	2974.24	4246.05	3224.21	3577.52
天津	2555.50	2911.67	3484.21	2565.19	2672.93
河北	6804.13	9636.28	11298.70	7641.80	6932.65
辽宁	8299.72	12627.39	12425.86	13828.92	13444.45
上海	2490.63	3030.59	3644.06	2724.05	2705.95
江苏	9080.93	13729.61	14721.11	13908.44	16358.18
浙江	5623.53	7890.63	10216.94	7816.80	9315.10
福建	2416.06	4679.56	7033.35	5342.97	7193.01
山东	8358.37	12357.46	14029.44	13902.72	15390.76
广东	6262.46	9892.98	11968.66	10615.73	14265.48
海南	804.99	1136.12	1649.19	1661.29	1735.42
二、中部地区	32636.06	41830.85	49007.73	48325.48	55227.62
山西	2396.39	2759.02	2838.30	4166.34	3673.34
吉林	3224.21	3553.85	4749.81	4826.76	3746.24
黑龙江	2986.00	5018.42	7195.27	5074.35	4030.44
安徽	5319.72	7317.60	8308.17	7874.22	10077.71
江西	2300.96	2344.98	3308.49	3261.03	4138.96
河南	7120.09	8610.57	9823.23	10515.11	12465.09
湖北	3975.87	5765.52	5605.60	5976.06	8226. 71
湖南	5312.82	6460.90	7178.86	6631.62	8869.13
三、西部地区	27806.34	41079.29	46357.41	45776.03	52388.77
内蒙古	4207.37	6289.60	8537.91	5423. 42	5042.81
广西	3020.02	4750.57	3760.22	3741.88	3715.67
重庆	3813.68	6312.64	6824.36	5813.48	7641.63
四川	4953.82	7731.66	8473.27	8367.21	10163.57
贵州	1725.82	2871.15	2912.81	3787.67	5628.24
云南	2820.84	3702.76	4984.70	6037.53	6481.80
西藏	8.26	13.98	4.53	22.68	27.76
陕西	2821.58	3329.19	3843.17	4738.32	4483.35
甘肃	1075.50	1395.98	1546.59	2404.51	2451.19
青海	505.13	700.67	532.33	772.90	859.76
宁夏	1160.26	1808.73	1954.46	1842.78	2163.12
新疆	1694.04	2172.38	2983.06	2823.65	3729.87

数据来源：国家统计局

2009-2013 年全国各地区房屋竣工面积

单位：万平方米

	2009 年	2010 年	2011 年	2012 年	2013 年
总计	70218.76	75960.97	89244.25	99424.96	101434.99
一、东部地区	36253.38	39166.71	45578.01	49483.00	50480.07
北京	2678.55	2386.71	2245.24	2390.86	2666.35
天津	1902.06	2098.55	2105.32	2542.75	2805.37
河北	1896.40	3028.58	5145.32	4894.56	4437.02
辽宁	4037.34	4466.50	6359.15	6438.15	6151.97
上海	2104.98	1941.25	2240.62	2305.06	2254.44
江苏	7706.55	8265.61	8040.88	9848.40	9711.60
浙江	3673.13	4049.47	4423.32	4292.94	4692.34
福建	2240.26	2244.66	2614.88	2232.78	3369.76
山东	4950.46	4999.72	6226.85	7324.97	7508.52
广东	4695.13	5234.59	5800.52	6356.12	6273.30
海南	368.51	451.08	375.91	856.41	609.40
二、中部地区	17096.11	20307.23	23898.91	26221.68	28042.25
山西	793.28	1089.72	2084.20	1732.99	2284.82
吉林	1240.28	1871.38	1656.17	1927.87	2253.65
黑龙江	1876.23	2166.77	2992.61	3245.73	2932.70
安徽	2861.25	3020.57	3063.87	3965.39	5180.35
江西	1646.80	1822.20	1777 42	1747.48	1790.26
河南	3400.98	4427.14	5307.13	5870.54	5965.87
湖北	2312.11	2558.94	3083.54	3273.71	3040.84
湖南	2965.17	3350.51	3933.97	4457.97	4593.76
三、西部地区	16869.27	16487.03	19767.33	23720.28	22912.67
内蒙古	2237.32	2192.01	2453.11	2449.13	2638.24
广西	1441.63	1564.31	2183.90	2333.58	1712.68
重庆	2907.05	2626.59	3424.33	3990.63	3804.36
四川	4086.93	3966.77	4308.71	5866.58	5108.86
贵州	1210.86	1028.73	1462.44	1416.77	1764.78
云南	1680.56	1535.99	1450.76	1851.57	2019.20
西藏	—	11.90	21.69	9.23	18.00
陕西	916.97	860.79	1104.45	1653.94	1511.67
甘肃	545.16	598.66	655.99	844.50	915.56
青海	178.07	267.67	505.91	416.20	592.62
宁夏	741.23	936.86	942.77	1151.97	1104.45
新疆	923.50	896.76	1253.27	1736.17	1722.16

数据来源：国家统计局

2009-2013 年全国各地区住宅施工面积

单位：万平方米

	2009 年	2010 年	2011 年	2012 年	2013 年
总计	250804.25	314942.59	388438.59	428964.05	486347.33
一、东部地区	126227.98	157008.32	194081.66	211109.99	235926.39
北京	5551.88	6176.02	7168.12	7510.36	7406.88
天津	4517.83	5117.60	6435.79	6923.52	7562.48
河北	10907.15	17274.45	21483.03	21895.95	23558.26
辽宁	14527.05	20669.88	26742.21	29284.88	31416.51
上海	6550.73	7313.85	8386.26	8315.68	8125.74
江苏	22657.26	26349.91	30469.01	33412.17	38756.78
浙江	13946.54	16149.97	20023.78	21656.38	23828.31
福建	8856.81	10570.84	13719.68	14731.19	17835.42
山东	18020.31	22881.77	29014.62	33715.25	38571.84
广东	18929.42	22176.17	27452.39	29253.24	33690.67
海南	1763.01	2327.86	3186.79	4411.38	5173.49
二、中部地区	62290.46	77848.36	95665.44	107040.28	125212.26
山西	4635.91	6252.79	7727.98	9299.62	10754.95
吉林	4428.87	5785.69	7144.34	8512.60	9317.77
黑龙江	3692.19	6112.02	9593.72	10471.96	10241.40
安徽	11262.49	13770.20	16058.40	18182.58	21531.23
江西	5768.56	6064.62	6781.84	7319.85	9018.79
河南	13464.61	16902.19	20576.45	23466.99	28113.59
湖北	7737.46	9170.94	11058.67	13013.01	16640.27
湖南	11300.36	13789.92	16724.04	16773.68	19594.27
三、西部地区	62285.81	80085.91	98691.48	110813.77	125208.68
内蒙古	6265.62	8246.59	11298.24	11181.66	12634.11
广西	6719.08	9768.56	11497.68	11846.86	12419.68
重庆	10338.12	13744.78	15923.84	16997.85	19248.95
四川	14680.52	17289.74	21596.31	22590.16	23208.91
贵州	4684.49	5968.65	7780.42	9654.03	12316.36
云南	5535.52	7046.37	7973.23	10432.11	12969.39
西藏	4.74	66.43	36.28	31.01	39.15
陕西	7106.49	8595.32	10488.13	13030.16	14225.86
甘肃	2097.54	2557.70	3141.26	4431.21	5324.49
青海	765.99	1179.25	1359.46	1513.51	1748.26
宁夏	1506.79	2285.56	3059.76	3622.63	4090.83
新疆	2580.90	3336.95	4536.88	5482.59	6982.70

数据来源：国家统计局

2009-2013 年全国各地区住宅新开工面积

单位：万平方米

	2009 年	2010 年	2011 年	2012 年	2013 年
总计	92463.47	129467.93	146034.57	130695.42	145844.80
一、东部地区	42837.10	62243.18	71003.05	60461.97	66591.24
北京	1380.28	2063.40	2596.45	1627.50	1736.54
天津	1904.46	2026.89	2374.29	1764.76	1744.85
河北	5832.29	7857.55	9017.52	5983.78	5445.77
辽宁	6634.30	9848.46	9896.26	10644.03	10141.66
上海	1721.02	2111.11	2473.60	1563.39	1643.09
江苏	6978.45	10620.32	11158.20	10285.49	12211.81
浙江	3952.42	5240.23	6674.46	4946.83	5787.98
福建	1855.93	3399.53	4828.29	3565.11	4795.83
山东	6946.63	10290.65	11305.66	10837.97	11497.27
广东	4903.67	7804.41	9242.84	7840.26	10114.75
海南	727.65	980. 63	1435.49	1402.85	1471.69
二、中部地区	27185.40	34147.09	39438.37	36737.28	41856.38
山西	2065.84	2253.58	2418.95	3271.11	2723.39
吉林	2707.45	2920.00	3780.22	3683.39	2858.01
黑龙江	2429.99	4079.40	5734.93	3785.55	2920.48
安徽	4218.04	5770.46	6428.52	5468.39	7143.99
江西	1956.02	1956.47	2684.43	2400.09	3050.83
河南	6183.26	7299.94	8158.35	8424.45	10055.31
湖北	3213.93	4483.91	4480.39	4650.79	6250.23
湖南	4410.88	5383.32	5752.59	5053.52	6854.15
三、西部地区	22440.96	33077.65	35593.14	33496.17	37397.18
内蒙古	3055.82	4486.54	5988.45	3670.18	3633.33
广西	2470.90	3905.84	2951.41	2910.11	2901.93
重庆	2989.72	5268.76	5214.42	4345.14	5387.60
四川	4210.24	6270.79	6562.20	5962.51	7008.71
贵州	1327.32	2250.29	2179.78	2578.41	3974.16
云南	2231.07	2960.81	3618.18	4166.88	4529.09
西藏	4.74	13.32	0.04	17.07	22.37
陕西	2446.74	2887.08	3364.05	3928.91	3488.16
甘肃	896.72	1169. 10	1289.98	1933.52	1917.05
青海	423.61	569.01	447.77	605.33	599.85
宁夏	920.85	1444.86	1457.54	1228.74	1435.77
新疆	1463.22	1851.26	2519.31	2149.36	2499.16

数据来源：国家统计局

2009-2013 年全国各地区住宅竣工面积

单位：万平方米

	2009 年	2010 年	2011 年	2012 年	2013 年
总计	57694.43	61215.72	71692.33	79043.20	78740.62
一、东部地区	28776.95	30400.48	35299.17	38065.07	38209.67
北京	1613.23	1498.48	1316.13	1522.72	1692.04
天津	1580.82	1603.65	1641.68	1913.97	2117.66
河北	1639.44	2651.00	4250.37	3978.10	3517.80
辽宁	3404.01	3662.51	5259.86	5132.29	5025.69
上海	1508.81	1396.05	1549.66	1609.13	1417.41
江苏	6226.75	6268.44	6147.76	7687.13	7584.17
浙江	2670.91	2756.05	2986.62	2917.26	3187.62
福建	1690.85	1717.07	1993.32	1564.62	2338.06
山东	4262.12	4212.76	5197.97	6086.71	6063.35
广东	3836.69	4248.36	4611.54	4918.16	4748.25
海南	343.32	385.67	344.26	734.99	517.62
二、中部地区	14645.20	17016.34	20142.46	21631.05	22537.29
山西	697.94	896.93	1867.13	1435.69	1847.99
吉林	1095.54	1562.40	1371.31	1613.59	1769.95
黑龙江	1563.99	1778.16	2396.04	2646.21	2344.41
安徽	2350.59	2402.42	2422.58	3123.15	3919.00
江西	1437.51	1554.93	1513.22	1440.48	1427.53
河南	2991.79	3852.80	4646.63	4888.17	4916.31
湖北	2007.34	2137.30	2647.50	2795.21	2547.39
湖南	2500.50	2831.41	3278.05	3688.55	3764.71
三、西部地区	14272.28	13798.90	16250.71	19347.08	17993.66
内蒙古	1886.04	1799.40	1939.20	1816.10	2001.21
广西	1220.43	1342.87	1836.76	1956.57	1385.37
重庆	2384.51	2179.81	2826.78	3386.35	2867.45
四川	3520.52	3390.01	3520.09	4713.61	4028.88
贵州	1028.48	809.06	1106.85	1120.17	1352.29
云南	1408.03	1258.44	1182.14	1492.28	1576.13
西藏	—	11.22	19.28	6.46	10.65
陕西	790.97	762.97	972.79	1413.75	1272.77
甘肃	462.28	501.05	554.15	710.03	769.07
青海	157.01	242.12	435.22	371.06	474.39
宁夏	603.10	746.32	762.20	922.26	861.37
新疆	810.93	755.64	1095.24	1438.43	

数据来源：国家统计局

2009-2013 年全国各地区办公楼施工面积

单位：万平方米

	2009 年	2010 年	2011 年	2012 年	2013 年
总计	9984.75	12139.78	15949.87	19434.17	24577.41
一、东部地区	6785.59	8077.04	10572.70	12058.63	14954.89
北京	1132.19	1054.84	1422.66	1711.86	2114.13
天津	348.46	396.61	687.88	792.40	841.00
河北	196.66	384.20	572.14	598.79	659.34
辽宁	428.61	582.95	611.63	778.99	796.46
上海	958.64	1103.18	1158.34	1284.68	1431.73
江苏	909.80	1167.65	1362.12	1539.84	1989.66
浙江	1173.55	1479.17	1967.10	2099.17	2477.02
福建	314. 67	452.17	769.11	987.37	1363.45
山东	460.17	476.82	759.82	1051.82	1553.26
广东	842.56	943.49	1218.97	1176.38	1675.71
海南	19.93	35.94	42.92	37.34	53.11
二、中部地区	1539.16	1960.42	2436.28	3665.46	4760.97
山西	111.40	182.54	172.92	216.67	327.11
吉林	97.07	103.83	161.50	207.22	302.72
黑龙江	58.61	74.76	122.68	177.66	199.33
安徽	432.86	521.89	498.18	789.46	1034.03
江西	65.24	114.25	130.64	280.19	423.91
河南	370.40	510.84	755.96	976.49	1297.06
湖北	209.55	241.71	317.47	576.52	596.11
湖南	194.03	210.60	276.91	441.25	580.70
三、西部地区	1660.01	2102.32	2940.90	3710.08	4861.54
内蒙古	281.41	486.14	675.56	643.10	692.90
广西	133.25	183.04	246.72	279.76	321.91
重庆	210.29	247.56	386.84	499.85	781.98
四川	330.59	413.26	598.48	834.65	922.54
贵州	124.07	149.32	171.87	300.50	502.13
云南	105.08	154.77	319.66	427.16	557.95
西藏	—	0.74	0.76	1.68	1.56
陕西	260.62	229.63	248.77	338.57	501.13
甘肃	49.99	50.96	60.68	99.85	107.80
青海	8.08	23.64	26.29	29.23	75.14
宁夏	71.08	74.17	102.33	119.14	171.20
新疆	85.55	89.08	102.94	136.61	225.32

数据来源：国家统计局

2009-2013 年全国各地区办公楼新开工面积

单位：万平方米

	2009 年	2010 年	2011 年	2012 年	2013 年
总计	2813.57	3687.01	5360.94	5986.46	6887.24
一、东部地区	1733.25	2290.03	3471.29	3247.75	4129.36
北京	255.96	203.29	489.40	536.82	671.40
天津	179.63	206.73	278.26	231.02	173.84
河北	97.79	147.43	253.58	187.61	172.02
辽宁	148.87	214.05	116.18	234.61	196.80
上海	164.93	147.39	225.72	303.91	264.06
江苏	207.67	374.63	507.13	402.53	547.94
浙江	303.90	477.18	593.55	413.88	576.71
福建	77.44	183.46	300.38	252.38	381.57
山东	135.76	157.78	373.36	378.27	567.24
广东	159.41	164.00	311.83	288.94	563.20
海南	1.90	14.08	21.89	17.78	14.59
二、中部地区	534.24	660.14	835.98	1381.59	1301.55
山西	30.32	54.70	29.50	66.62	76.47
吉林	31.76	23.75	69.08	88.50	96.21
黑龙江	41.49	40.61	74.93	92.79	34.72
安徽	163.47	163.46	148.53	233.75	246.09
江西	28.52	41.82	60.50	137.02	167.13
河南	89.04	171.02	252.65	360.08	329.90
湖北	91.60	102.24	101.20	218.38	201.33
湖南	58.05	62.53	99.57	184.44	149.71
三、西部地区	546.08	727.84	1053.68	1357.11	1456.33
内蒙古	160.25	285.83	266.26	160.55	99.50
广西	39.57	59.75	101.07	103.03	72.74
重庆	62.98	57.20	154.44	160.64	241.15
四川	77.24	128.53	140.72	314.46	264.42
贵州	26.81	29.22	20.08	176.24	171.33
云南	45.70	55.87	173.42	222.37	171.33
西藏	—	—	—	1.57	—
陕西	43.21	38.08	76.91	99.03	179.21
甘肃	13.31	11.53	23.03	23.22	30.13
青海	3.53	17.26	6.51	7.79	43.75
宁夏	36.71	21.25	50.67	38.60	59.86
新疆	36.76	23.33	40.55	49.63	122.90

数据来源：国家统计局

2009-2013年全国各地区办公楼竣工面积

单位：万平方米

	2009年	2010年	2011年	2012年	2013年
总计	1606.55	1748.44	2179.42	2315.36	2789.40
一、东部地区	1117.51	1282.41	1620.55	1663.38	1932.41
北京	316.59	198.42	245.17	226.79	273.05
天津	83.67	102.42	146.72	166.80	188.59
河北	15.10	19.60	111.16	94.53	158.24
辽宁	37.36	75.29	73.16	99.74	66.24
上海	135.02	150.69	174.33	206.87	176.01
江苏	139.44	290.54	239.26	237.18	332.43
浙江	136.20	195.86	290.53	218.35	246.44
福建	47.44	35.20	56.70	119.20	98.33
山东	118.56	84.52	113.51	130.29	127.17
广东	86.21	118.01	169.15	159.63	264.58
海南	1.94	11.85	0.88	3.99	1.31
二、中部地区	211.00	269.05	273.84	290.49	459.23
山西	11.07	19.73	23.66	14.90	30.75
吉林	9.02	11.98	16.08	16.43	25.61
黑龙江	18.29	20.27	20.62	28.52	32.07
安徽	62.65	49.89	58.06	79.98	131.92
江西	5.52	23.41	6.79	31.89	24.55
河南	32.59	56.17	66.72	82.01	121.80
湖北	29.72	52.89	45.46	27.37	43.07
湖南	42.14	34.71	36.44	39.39	49.47
三、西部地区	278.03	196.98	285.02	361.49	397.76
内蒙古	50.00	28.92	31.91	67.23	41.66
广西	7.93	13.01	19.12	35.33	18.13
重庆	46.36	30.03	44.77	30.37	75.76
四川	48.19	35.16	61.78	119.35	101.33
贵州	19.01	18.36	31.77	16.16	30.00
云南	34.35	16.73	26.94	26.54	41.24
西藏	—	—	0.20	0.11	—
陕西	27.70	11.79	14.57	19.48	42.68
甘肃	11.80	7.94	7.91	8.56	3.34
青海	1.54	3.86	4.59	3.41	8.74
宁夏	12.95	17.34	23.35	9.85	9.86
新疆	18.14	13.83	18.12	35.10	25.03

数据来源：国家统计局

2009-2013 年全国各地区商业营业用房施工面积

单位：万平方米

	2009 年	2010 年	2011 年	2012 年	2013 年
总计	34439.58	44615.72	56278.18	65813.91	80626.76
一、东部地区	18818.57	24243.79	29494.29	32753.02	38272.75
北京	1323.38	1229.33	1187.48	1236.89	1233.37
天津	682.35	1004.47	1031.65	1045.23	1158.61
河北	1041.52	1964.76	2885.03	2798.25	3091.02
辽宁	2650.11	3954.62	5028.99	5698.58	6230.28
上海	1112.33	1292.96	1365.89	1449.91	1500.72
江苏	4069.09	4824.87	5503.92	6071.07	6904.71
浙江	2109.24	2620.40	3197.38	3642.28	4226.99
福建	1014.23	1272.69	1956.68	2246.11	3002.82
山东	2427.31	3280.50	4074.98	4887.12	6160.95
广东	2264.47	2623.18	3062.86	3355.53	4323.84
海南	124.53	176.02	199.42	322.06	439.44
二、中部地区	7836.37	10281.09	12958.07	16105.04	20327.73
山西	491.53	785.75	831.91	1253.00	1647.81
吉林	572.45	814.95	1110.16	1470.87	1627.53
黑龙江	507.65	862.63	1378.01	1569.99	1877.86
安徽	1820.75	2300.21	2790.02	3840.09	4787.71
江西	655.09	734.09	869.58	1188.94	1515.36
河南	1507.56	1952.08	2413.57	2941.81	3709.10
湖北	1015.35	1281.29	1609.56	1760.44	2584.29
湖南	1265.99	1550.10	1955.26	2079.91	2578.07
三、西部地区	7784.65	10090.84	13825.82	16955.84	22026.27
内蒙古	1265.35	2035.13	3062.00	3083.05	3496.14
广西	855.62	1111.02	1342.48	1406.52	1534.40
重庆	1344.49	1549.77	1956.25	2028.90	2965.72
四川	1318.67	1593.47	2393.79	3136.25	3784.84
贵州	701.44	908.43	1293.82	1729.94	2419.76
云南	800.75	934.79	1272.57	1869.51	2546.09
西藏	3.43	4.22	11.69	14.65	13.19
陕西	582.16	707.68	889.59	1186.64	1447.76
甘肃	255.74	332.15	391.25	632.82	819.59
青海	91 29	141.98	164.48	207.67	311.75
宁夏	258.78	360.99	507.76	818.67	1141.59
新疆	306.93	411.21	540.14	841.22	1545.45

数据来源：国家统计局

2009-2013年全国各地区商业营业用房新开工面积

单位：万平方米

	2009年	2010年	2011年	2012年	2013年
总计	12352.16	17460.98	20670.72	22006.85	25902.00
一、东部地区	5986.56	8807.65	9822.62	9854.12	11320.28
北京	228.45	242.42	306.43	325.61	351.01
天津	315.17	407.83	436.57	202.16	370.11
河北	584.74	1007.15	1199.31	831.34	704.82
辽宁	1128.91	1838.67	1577.01	1922.63	1965.50
上海	205.92	298.10	240.00	365.17	274.96
江苏	1232.25	1680.26	1836.81	1928.27	2047.90
浙江	598.01	868.85	1041.92	911.76	1123.97
福建	247.81	454.55	824.57	640.96	888.85
山东	875.73	1250.35	1349.82	1590.80	1976.83
广东	520.74	692.85	917.97	998.18	1481.58
海南	48.83	66.63	92.20	137.25	134.74
二、中部地区	3320.64	4474.36	5399.20	6104.55	6994.89
山西	191.97	288.34	199.31	442.44	472.80
吉林	343.16	423.93	615.94	699.35	505.73
黑龙江	352.63	578.35	830.38	728.46	733.93
安徽	696.21	958.36	1125.75	1440.55	1624.77
江西	232.80	250.13	365.43	480.42	529.57
河南	590.78	759.29	866.24	985.31	1185.51
湖北	419.59	658.42	693.53	615.35	1022.16
湖南	493.50	557.54	702.61	712.68	920.42
三、西部地区	3044.96	4178.97	5448.90	6048.17	7586.83
内蒙古	755.81	1101.40	1573.30	977.63	879.30
广西	283.88	394.85	309.84	376.32	331.09
重庆	404.15	433.68	708.12	539.04	1001.32
四川	388.13	634.66	833.06	1089.37	1402.18
贵州	205.02	304.59	413.58	567.91	806.39
云南	363.25	391.68	611.10	882.77	1003.08
西藏	3.43	0.66	4.50	4.04	1.59
陕西	200.82	257.27	239.77	419.70	474.83
甘肃	99.89	160.52	157.51	251.68	300.68
青海	57.28	69.38	43.73	97.38	123.41
宁夏	129.55	214.55	250.01	421.02	424.44
新疆	153.76	215.74	304.38	421.32	838.51

数据来源：国家统计局

2009-2013年全国各地区商业营业用房竣工面积

单位：万平方米

	2009年	2010年	2011年	2012年	2013年
总计	6515.36	7931.40	9045.27	10226.45	10852.42
一、东部地区	3450.97	4270.10	4622.79	5061.98	5038.37
北京	322.45	271.92	232.43	240.06	178.36
天津	115.85	235.29	154.27	301.42	187.80
河北	151.07	234.36	468.85	503.80	501.77
辽宁	435.86	535.72	720.10	762.07	716.08
上海	201.05	176.41	231.80	177.65	253.45
江苏	882.26	1127.10	1063.34	1168.74	995.59
浙江	364.70	546.25	466.82	453.11	471.99
福建	209.32	165.82	266.03	238.83	404.85
山东	420.30	497.50	595.27	682.60	816.47
广东	332.61	448.59	403.03	473.58	469.15
海南	15.50	31.14	20.83	60.15	42.87
二、中部地区	1584.92	2110.45	2404.39	2834.71	3242.12
山西	50.06	117.64	104.79	182.54	272.98
吉林	104.49	204.16	172.98	223.07	307.50
黑龙江	194.59	258.61	424.25	340.25	339.84
安徽	366.61	430.68	464.22	577.19	698.82
江西	159.94	173.97	200.04	205.59	260.16
河南	280.05	369.63	418.18	562.00	620.81
湖北	183.93	270.79	263.74	300.19	328.68
湖南	245.24	284.95	356.18	443.88	413.33
三、西部地区	1479.48	1550.86	2018.09	2329.76	2571.93
内蒙古	220.87	277.25	371.26	403.68	391.43
广西	119.80	121.89	188.58	205.02	175.44
重庆	258.40	229.44	298.79	282.23	456.08
四川	279.65	283.94	378.90	518.93	482.70
贵州	107.60	126.79	195.66	162.36	218.58
云南	171.44	157.72	150.77	183.06	220.86
西藏	—	0.67	2.21	2.66	7.44
陕西	81.50	58.99	88.79	145.59	114.92
甘肃	53.79	60.42	82.03	93.85	97.62
青海	17.28	18.12	41.41	23.88	52.78
宁夏	102.68	122.50	113.77	131.04	133.69
新疆	66.47	93.13	105.92	177.45	220.39

数据来源：国家统计局

全国各地区房地产销售数据

2009-2013年全国各地区商品房销售面积

单位：万平方米

	2009年	2010年	2011年	2012年	2013年
总计	93713.04	104349.11	109945.56	111303.65	130550.59
一、东部地区	48248.21	50822.01	51052.25	53223.76	63476.04
北京	2362.25	1639.53	1440.04	1943.74	1903.11
天津	1590.02	1564.52	1643.11	1661.69	1847.11
河北	2849.14	4532.99	5901.36	5144.92	5675.95
辽宁	5375.07	6798.15	7561.39	8827.95	9292.33
上海	3372.45	2055.53	1771.30	1898.46	2382.20
江苏	9922.73	9377.74	7982.67	9019.18	11454.77
浙江	5525.38	4809.96	3827.08	4005.29	4886.99
福建	2723.23	2575.65	2696.16	3258.94	4676.16
山东	6931.70	9291.21	9579.60	8632.76	10329.80
广东	7035.89	7322.01	7761.34	7898.99	9836.39
海南	560.34	854.73	888.19	931.84	1191.23
二、中部地区	21758.58	26223.44	29311.92	30139.86	35191.28
山西	1014.39	1163.38	1263.19	1497.88	1642.82
吉林	1823.22	2319.64	2364.25	2452.42	2214.96
黑龙江	2015.53	2718.06	3395.42	3806.82	3339.95
安徽	4053.92	4113.88	4581.55	4828.81	6265.35
江西	2280.91	2469.67	2335.36	2397.10	3167.06
河南	4338.60	5452.23	6304.41	5968.49	7310.21
湖北	2718.30	3513.63	4190.09	4037.85	5298.54
湖南	3513.72	4472.97	4877.65	5150.48	5952.38
三、西部地区	23706.24	27303.66	29581.39	27940.03	31883.27
内蒙古	2463.01	3020.54	3620.12	2523.52	2737.70
广西	2383.76	2793.92	2934.05	2759.26	2995.58
重庆	4002.89	4314.39	4533.50	4522.40	4817.56
四川	5888.67	6396.92	6664.70	6455.93	7312.78
贵州	1619.25	1730.69	1889.95	2186.95	2972.32
云南	2229.95	2959.43	3107.12	3237.75	3309.30
西藏	14.23	19.09	19.36	22.50	25.40
陕西	2086.97	2590.18	3068.63	2755.59	3045.70
甘肃	696.26	756.51	815.89	978.44	1220.02
青海	218.32	28104.00	348.20	262.96	381.56
宁夏	775.29	935.98	842.89	804.43	1048.31
新疆	1327.64	1504.96	1736.98	1430.31	2017.03

数据来源：国家统计局

2009-2013 年全国各地区商品房销售金额

单位：亿元

	2009 年	2010 年	2011 年	2012 年	2013 年
总计	43994.54	52478.72	59119.09	64455.79	81428.28
一、东部地区	29904.86	33203.34	34628.05	38412.81	49327.40
北京	3259.66	2915.36	2425.80	3308.56	3530.82
天津	1094.85	1282.43	1473.11	1365.53	1615.47
河北	941.83	1605.82	2350.04	2303.90	2779.69
辽宁	2168.29	3059.88	3576.31	4362.78	4759.21
上海	4330.22	2959.94	2568.88	2669.49	3911.57
江苏	4955.42	5430.71	5186.00	6067.01	7913.70
浙江	4302.98	4448.70	3728.16	4262.66	5396.03
福建	1478.22	1610.99	2070.94	2817.70	4232.08
山东	2436.46	3666.42	4259.17	4111.80	5215.12
广东	4585.93	5476.48	6199.18	6407.81	8941.05
海南	351.00	746.61	790.44	735.57	1032.65
二、中部地区	6507.81	9138.84	11895.36	13020.46	16524.49
山西	275.77	404.59	434.67	579.89	728.26
吉林	540.26	836.65	1040.08	1016.95	993.04
黑龙江	652.52	1010.10	1357.51	1548.30	1582.34
安徽	1378.39	1732.66	2183.10	2329.88	3182.87
江西	602.80	776.40	953.57	1137.35	1647.90
河南	1156.60	1658.79	2201.22	2286.67	3074.14
湖北	959.88	1313.14	1872.99	2036.20	2790.32
湖南	941.60	1406.52	1852.22	2085.23	2525.64
三、西部地区	7581.88	10136.54	12595.68	13022.51	15576.39
内蒙古	733.22	1065.03	1360.82	1022.80	1177.36
广西	777.17	995.19	1111.68	1159.83	1375.79
重庆	1377.76	1846.94	2146.09	2297.35	2682.76
四川	2074.91	2647.34	3270.85	3517.72	4020.27
贵州	467.81	581.01	734.70	900.08	1276.69
云南	653.53	934.60	1133.61	1362.83	1487.24
西藏	4.73	5.55	6.69	7.35	10.60
陕西	672.72	973.44	1517.23	1420.75	1608.11
甘肃	174.59	227.81	276.95	349.32	474.07
青海	54.90	84.40	114.16	106.46	158.84
宁夏	239.53	309.22	314.53	317.58	443.70
新疆	351.01	466.02	608.38	560.45	860.95

数据来源：国家统计局

2009-2013 年全国各地区住宅销售面积

单位：万平方米

	2009 年	2010 年	2011 年	2012 年	2013 年
总计	85294.42	93051.56	97030.26	98467.51	115722.69
一、东部地区	43287.85	44308.52	44466.13	46648.67	55667.45
北京	1880.45	1201.39	1034.96	1483.37	1363.67
天津	1461.47	1352.61	1454.84	1511.40	1720.34
河北	2708.08	4213.12	5311.77	4622.46	5020.13
辽宁	4864.42	6011.37	6631.84	7655.40	8014.80
上海	2928.04	1685.35	1473.72	1592.63	2015.81
江苏	8775.70	8041.62	6789.64	7923.37	10191.52
浙江	4745.46	3832.98	3006.06	3316.23	4097.63
福建	2420.83	2139.26	2207.49	2741.96	3957.46
山东	6401.88	8113.23	8745.79	7745.87	9300.29
广东	6556.64	6553.40	6969.10	7157.63	8830.95
海南	544.89	834.19	840.92	898.35	1154.86
二、中部地区	19991.19	23848.79	26157.72	26917.09	31572.70
山西	945.69	1057.33	1150.62	1390.44	1484.37
吉林	1660.08	2062.73	2060.73	2159.43	1985.95
黑龙江	1750.00	2380.76	2914.45	3226.22	2944.23
安徽	3669.44	3604.87	3970.33	4275.43	5573.53
江西	2108.07	2265.66	2084. 95	2125.90	2846.04
河南	4019.26	5092.49	5747.77	5455.50	6561.41
湖北	2576.32	3241.90	3784.68	3620.10	4765.68
湖南	3262.34	4143.06	4444.17	4664.08	5411.48
三、西部地区	22015.38	24894.26	26406. 42	24901.75	28482.54
内蒙古	2148.65	2534.81	3000.38	2704.22	2263.65
广西	2249.70	2607.15	2724.00	2546.96	2765.15
重庆	3771.22	3986.31	4063.42	4105.11	4359.19
四川	5484.63	5849.34	5944.35	5679.33	6505.32
贵州	1509.10	1596.30	1705.92	2002.40	2646.98
云南	2040.33	2658.99	2716.42	2789.68	2855.52
西藏	13.48	18.57	18.40	20.65	22.78
陕西	1995.73	2471.95	2885.85	2530.84	2831.22
甘肃	657.33	692.07	734.33	893.36	1134.81
青海	209.52	266.43	332.11	246.85	369.70
宁夏	677.98	816.79	701.86	707.57	928.26
新疆	1257.71	1395.55	1579.33	1274.80	1799.95

数据来源：国家统计局

2009-2013 年全国各地区住宅销售金额

单位：亿元

	2009 年	2010 年	2011 年	2012 年	2013 年
总计	38157.21	43953.33	48619.39	53467.18	67694.94
一、东部地区	25786.48	27448.77	28362.59	32045.05	41049.38
北京	2486.77	2060.52	1606.04	2455.50	2434.71
天津	965.36	1070.27	1242.27	1210.57	1443.34
河北	881.55	1453.64	1998.08	1914.61	2329.12
辽宁	1883.66	2585.07	3010.84	3611.21	3941.86
上海	3620.23	2395.35	1981.91	2208.96	3264.03
江苏	4222.34	4462.03	4125.75	5089.06	6777.70
浙江	3734.58	3573.11	2924.97	3541.63	4513.88
福建	1299.09	1299.83	1627.14	2293.90	3410.57
山东	2176.20	3223.36	3760.14	3529.51	4461.07
广东	4173.72	4591.50	5326.19	5488.39	7476.10
海南	342.99	734.10	759.27	701.72	997.00
二、中部地区	5669.97	7809.74	9767.16	10722.15	13770.16
山西	242.62	351.64	372.32	513.20	625.14
吉林	470.27	711.87	863.62	836.80	839.73
黑龙江	536.21	830.41	1080.22	1201.93	1305.90
安徽	1179.69	1408.41	1736.81	1921.86	2662.04
江西	530.56	670.33	789.96	931.39	1396.06
河南	1005.21	1454.57	1790.97	1915.57	2516.26
湖北	879.33	1134.64	1566.32	1689.86	2310.04
湖南	826.07	1247.87	1566.93	1711.55	2114.97
三、西部地区	6700.77	8694.82	10489.64	10699.98	12875.40
内蒙古	573.24	755.67	667.57	769.39	874.45
广西	704.76	881.70	973.48	995.82	1166.72
重庆	1231.71	1610.64	1825.41	1972.42	2283.57
四川	1890.59	2330.85	2727.35	2816.49	3308.58
贵州	400.52	501.63	595.27	739.96	988.77
云南	555.58	769.32	921.80	1077.10	1192.55
西藏	4.32	5.15	6.07	6.16	8.85
陕西	621.29	906.00	1353.91	1215.57	1413.20
甘肃	159.50	201.47	235.55	301.60	418.08
青海	51.13	77.06	103.28	91.14	146.29
宁夏	191.47	253.76	237.74	256.19	363.60
新疆	316.66	401.57	512.20	458.14	710.74

数据来源：国家统计局

2009-2013年全国各地区办公楼销售面积

单位：万平方米

	2009年	2010年	2011年	2012年	2013年
总计	1513.30	1882.00	2007.90	2253.65	2883.35
一、东部地区	1098.93	1318.51	1299.61	1368.62	1798.99
北京	255.77	208.15	211.42	253.50	317.93
天津	29.55	35.29	42.80	28.17	23.49
河北	17.53	38.74	60.70	74.78	78.00
辽宁	30.14	64.71	54.08	79.15	53.61
上海	203.00	162.89	147.40	111.73	161.22
江苏	173.92	204.09	217.12	200.83	286.81
浙江	198.91	271.91	226.18	188.75	218.29
福建	32.89	82.20	110.02	150.83	211.42
山东	59.53	82.50	69.36	135.38	189.29
广东	93.75	162.56	154.40	141.47	256.86
海南	3.95	5.47	6.10	4.04	2.08
二、中部地区	198.54	246.52	375.87	418.59	589.76
山西	7.32	10.76	14. 28	9.54	15.30
吉林	9.41	6.99	8.94	14.75	21.25
黑龙江	19.42	8.21	8.05	24.26	24.84
安徽	49.54	87.28	88.31	62.00	94.98
江西	9.21	19.02	20.76	47.56	56.46
河南	65.94	60.79	150.93	126.49	205.44
湖北	14.10	24.19	34.57	69.75	92.76
湖南	23.59	29.27	50.05	64.25	78.72
三、西部地区	215.82	316.97	332.41	466.44	494.59
内蒙古	24.61	29.73	45.12	36.56	53.31
广西	12.45	18.58	16.68	9.60	32.06
重庆	29.15	62.60	43.88	62.30	68.67
四川	62.09	83.84	85.44	157.37	114.22
贵州	20.20	26.27	27.03	14.88	100.02
云南	22.97	21.50	41.68	90.87	51.33
西藏	—	—	—	0.43	0.77
陕西	19.72	40.04	38.77	65.97	44.83
甘肃	6.26	5.67	8.20	2.97	5.90
青海	1.38	1.00	0.57	0.21	0.69
宁夏	11.80	15.40	9.27	6.82	5.74
新疆	5.20	12.35	15.79	18.47	17.04

数据来源：国家统计局

2009-2013年全国各地区办公楼销售金额

单位：亿元

	2009年	2010年	2011年	2012年	2013年
总计	1617.84	2148.81	2501.74	2773.43	3747.35
一、东部地区	1417.30	1753.40	1919.66	1974.25	2777.04
北京	431.14	487.32	500.96	560.59	744.78
天津	32.90	48.90	53.55	37.61	26.88
河北	6.99	18.24	41.90	50.34	60.72
辽宁	18.71	52.45	32.37	76.35	36.34
上海	438.43	307.67	371.81	234.62	380.85
江苏	124.20	161.12	211.48	181.73	218.46
浙江	169.45	300.10	265.33	240.53	303.78
福建	20.64	71.78	115.57	182.77	290.14
山东	45.01	54.99	54.23	117.73	176.13
广东	127.89	247.32	266.61	289.98	534.06
海南	1.65	3.53	5.85	2.01	4.88
二、中部地区	86.31	156.52	309.52	389.24	518.09
山西	3.87	6.06	10.13	7.47	14.64
吉林	3.00	2.39	8.11	11.79	13.78
黑龙江	8.04	3.54	3.92	13.82	17.61
安徽	21.44	54.19	58.83	46.01	69.11
江西	4.21	15.70	18.95	50.62	51.28
河南	29.75	50.31	138.59	111.57	187.16
湖北	6.23	13.38	27.94	85.67	77.77
湖南	9.77	10.95	43.06	62.30	86.74
三、西部地区	114.23	238.88	272.55	409.95	452.23
内蒙古	11.79	18.59	27.46	22.07	40.42
广西	7.87	14.54	13.84	15.02	43.23
重庆	15.08	59.70	51.28	71.61	78.08
四川	34.96	74.16	83.07	140.93	111.75
贵州	9.28	13.73	16.33	12.14	73.15
云南	12.57	14.47	22.07	71.57	46.62
西藏	—	—	—	0.23	0.40
陕西	10.10	22.09	33.52	53.38	33.22
甘肃	2.83	2.15	6.36	2.06	5.03
青海	0.49	0.22	0.18	0.14	0.41
宁夏	6.03	8.13	6.73	3.45	4.57
新疆	3.23	11.10	11.73	17.33	15.35

数据来源：国家统计局

2009-2013 年全国各地区商业营业用房销售面积

单位：万平方米

	2009 年	2010 年	2011 年	2012 年	2013 年
总计	5222.29	6921.46	7878.19	7759.28	8469.22
一、东部地区	2754.41	3658.72	3626.16	3639.79	3997.75
北京	157.07	142.07	108.69	113.97	102.52
天津	60.85	103.64	104.50	72.17	51.60
河北	85.89	192.97	368.05	316.70	404.93
辽宁	393.35	509.86	592.27	775.93	859.00
上海	126.49	125.56	95.57	120.01	116.47
江苏	819.82	954.70	842.59	763.95	817.48
浙江	362.00	458.49	375.48	332.64	344.41
福建	121.31	176.37	180.18	209.88	242.53
山东	374.72	609.86	604.25	553.75	600.12
广东	241.99	371.28	328.29	360.57	433.61
海南	10.92	13.92	26.30	20.23	25.08
二、中部地区	1295.28	1739.20	2262.02	2212.53	2396.84
山西	52.78	80.49	81.26	79.50	116.00
吉林	122.99	206.08	237.90	219.49	157.31
黑龙江	192.12	237.17	362.84	410.87	256.21
安徽	299.02	386.86	482.31	428.42	506.29
江西	120.70	150.52	183.26	189.46	214.03
河南	219.84	264.44	332.08	297.96	444.99
湖北	106.64	183.77	287.75	256.87	358.38
湖南	181.18	247.87	294.64	329.97	343.63
三、西部地区	1172.61	1523.53	1990.00	1906.96	2074.64
内蒙古	234.60	353.60	394.41	270.17	272.07
广西	83.75	108.21	120.78	149.83	135.09
重庆	157.15	194.25	266.32	221.89	244.04
四川	248.44	294.25	403.85	438.53	468.64
贵州	74.07	80.91	125.27	144.56	198.99
云南	132.09	182.56	250.94	277.54	285.65
西藏	0.75	0.12	0.95	1.42	1.85
陕西	65.37	63.36	112.65	124.34	119.22
甘肃	30.27	53.44	62.08	63.99	63.72
青海	6.63	13.21	14.81	15.48	10.27
宁夏	78.73	89.94	114.53	82.92	102.66
新疆	60.74	89.27	123.42	116.31	172.44

数据来源：国家统计局

2009-2013 年全国各地区商业营业用房销售金额

单位：亿元

	2009 年	2010 年	2011 年	2012 年	2013 年
总计	3601.36	5354.02	6702.46	6999.57	8280.48
一、东部地区	2252.55	3311.93	3561.57	3666.25	4422.33
北京	299.86	318.99	270.85	233.36	270.71
天津	54.49	109.31	138.58	93.87	85.40
河北	44.77	108.89	259.93	297.49	311.39
辽宁	235.29	332.31	411.08	546.40	636.55
上海	192.73	197.57	181.66	194.62	224.71
江苏	567.72	751.46	794.57	746.69	851.47
浙江	320.69	484.10	443.77	405.36	481.18
福建	118.23	180.53	253.57	262.01	373.78
山东	193.91	342.11	387.78	392.20	482.11
广东	219.15	478.14	400.78	468.51	679.81
海南	5.72	8.52	19.00	25.74	25.21
二、中部地区	672.43	1035.34	1625.89	1672.97	1954.88
山西	27.66	44.06	47.25	54.58	80.91
吉林	57.13	105.03	145.34	141.31	111.18
黑龙江	87.25	137.36	225.65	264.54	196.89
安徽	167.72	258.56	374.28	336.48	420.27
江西	56.45	80.51	130.13	140.23	174.90
河南	113.86	137.09	247.51	228.15	334.53
湖北	68.20	142.01	241.76	224.62	354.73
湖南	94.16	130.71	213.99	283.08	281.48
三、西部地区	676.37	1006.75	1515.00	1660.35	1903.27
内蒙古	133.43	252.77	262.98	187.60	196.30
广西	53.35	75.54	100.78	129.07	139.47
重庆	112.28	155.46	216.58	212.47	263.08
四川	126.16	183.05	366.12	488.40	514.30
贵州	53.40	56.76	108.03	139.21	204.10
云南	73.07	118.48	159.91	182.26	207.45
西藏	0.40	0.40	0.61	0.97	1.36
陕西	39.45	40.11	114.23	132.38	125.10
甘肃	11.79	23.00	32.51	41.57	46.49
青海	3.19	7.00	10.42	15.02	11.83
宁夏	40.51	43.97	64.75	55.44	70.62
新疆	29.35	50.22	78.09	75.98	123.17

数据来源：国家统计局

2013 年全国各地区月度累计房地产开发投资数据

单位：亿元

	1–2 月	1–3 月	1–4 月	1–5 月	1–6 月	1–7 月	1–8 月	1–9 月	1–10 月	1–11 月	1–12 月
总计	6669.7	13132.57	19180.14	26797.97	36827.94	44301.58	52119.77	61119.55	68693.18	77412.16	86013.38
东部地区	4023.65	7766.45	11240.89	15518.11	21140.06	25264.38	29498.21	34412.97	38443.02	43068.4	47971.53
北京	227.04	451.97	647.88	932.51	1315.28	1609.02	1929.36	2234.6	2475.76	2864.1	3483.4
天津	85.88	249.54	398.75	569	810	910.09	1020.37	1158.73	1221.64	1328.43	1480.82
河北	145.1	455.53	728.68	1020.87	1478.55	1779.67	2150. 03	2517.49	2868.41	3214.58	3445.42
辽宁	143.82	503.18	913.73	1663.22	2721.15	3433.75	4090.03	5023.41	5630.78	6159.38	6450.75
上海	380.17	575.2	787.85	1015.58	1268.87	1493.33	1752.98	2010.21	2279.69	2565.24	2819.59
江苏	857.09	1476.67	2051.45	2701.82	3386.35	4001.92	4592.18	5202.64	5756.1	6460.64	7241.45
浙江	676.78	1192.19	1645.46	2151.26	2832.86	3342.09	3853.21	4475.38	4974.46	5497.28	6216.25
福建	368.65	700.39	996.27	1333.12	1790.48	zo46.06	2333.63	2693.36	2980.46	3341.39	3702.97
山东	402.92	858	1254.89	1724.11	2327.68	2814.83	3297.7	3838.69	4318.69	4864.37	5444.53
广东	611.49	1105.15	1533.62	2031.46	2708.36	3231.45	3773.7R	4444.02	5017 69	5714.77	6489.59
海南	124.69	198.62	282.32	375.15	500.47	602.18	704.96	814.45	919.35	1058.23	1196.76
中部地区	1241.31	2521.28	3803.74	5445.23	7644.81	9298.46	11116.25	13126.92	14890.31	17084.44	19044.8
山西	21.04	80.43	154.1	261.24	413.93	532.84	667.67	826.43	972.47	1127.96	1308.63
吉林	13.36	30.52	77.37	175.35	351.8	515.61	664.66	866.27	1019.79	1213.3	1252.43
黑龙江	8.53	34.76	115.25	254.52	454.13	645.9	840.44	1048.49	1253.56	1454.74	1604.83
安徽	392.76	700.25	1002.86	1372.86	1757.55	2065.68	2488.97	2875.58	3215.67	3618.25	3946.23
江西	130.36	217.07	298.88	404.48	505.12	596.83	704.57	829.05	929.9	1060.26	]174.58
河南	219.59	520.38	836.68	1180.1	1597.94	1910.73	2225.16	2610.4	2933 26	3385.05	3843.76
湖北	220.71	513.23	732.27	990.14	1472.16	1721.75	1994 35	2296.51	2565.39	2882.77	3286.02
湖南	234.95	424.64	586.33	806.54	1092.18	1309.11	1530.43	1774.18	2000.27	2342.11	2628.32
西部地区	1404.75	2844 84	4135.51	5834.63	8043.07	9738.74	11505.3	13579.65	15359.85	17259.32	18997.05
内蒙古	5.51	40.5	119.15	261.73	495.24	673.09	880.52	1116.42	1334.09	1438.05	1479.01
广西	135.26	267.75	379.95	521.69	719.09	824.2	938.31	1070	1213.63	1427.08	1614.63
重庆	298.26	547.25	747.17	988.57	1272.28	1500.35	1774.4	2112.19	2329.9	2645.1	3012.78
四川	407.26	772.9	1053.69	1407.45	1823.79	2152.46	2455.12	2811.26	3118.3	3449.84	3853
贵州	152.24	383.05	496.13	664.77	859.58	1028.13	1211 81	1420.67	1598.6	1778.41	1942.54
云南	218.07	410.62	587.03	810.46	1084.43	1272.33	1470.03	1737.51	1989.76	2189.48	2488.33
西藏	0.02	0.63	1.3	2.35	3.31	4.46	5.51	6.29	7.68	8.48	9.68
陕西	162.07	302.77	460.11	665.6	976.21	1175.01	1362.86	1561.73	1766.74	2064.63	2240.17
甘肃	17.33	58.2	116.36	189.24	291.3	368.82	448.33	549.31	627.58	693.45	724.65
青海	0.97	13.92	36.96	60.99	85.67	129.36	156.62	196.78	226.92	244.8	247.61
宁夏	1.59	25.92	64.77	116.14	189.82	257.68	324.26	399.66	465.08	530.8	558.97
新疆	6.18	21.32	72.88	145.65	242.34	352.85	477.54	597.82	681.56	789.19	825.69

数据来源：国家统计局

2013 年全国各地区月度累计住宅开发投资数据

单位：亿元

	1–2 月	1–3 月	1–4 月	1–5 月	1–6 月	1–7 月	1–8 月	1–9 月	1–10 月	1–11 月	1–12 月
总计	7569.79	71543.14	15868.64	20276.69	25459.72	29976. 51	34517.15	39195.19	43713.55	53112.49	58950.76
东部地区	4802.70	7279.58	9965.89	12666.24	15846.43	18664.16	21536.80	24409.20	27215.86	2940.59	32696.81
北京	393.12	682.47	951.67	1219.85	1508.53	1810.99	2335.98	2584.68	2858.38	1400.59	1724.56
天津	117.04	194.27	309.41	369.70	482.12	567.08	670.58	773.31	846.54	888.54	986.28
河北	182.67	282.30	404.56	487.78	624.05	750.10	879.67	1009.91	1131.58	2365.77	2539.29
辽宁	240.52	348.17	532.19	765.86	1108.18	1356.31	1552.47	1853.60	2098.33	4459.58	4666.03
上海	362.25	521.17	702.90	852.35	1046.17	1186.81	7350.27	1553.44	1793.77	1451.34	1615.51
江苏	957.88	1432.51	1923.76	2407.37	2972.57	3432.21	3894.41	4382.45	4844.49	4617.56	5171.50
浙江	739.00	1117.39	1503.61	1867.08	2243.85	2598.79	2925.64	3280.68	3648.65	3616.08	4089.22
福建	479.33	772.97	1023.36	1285.36	1540.71	1794.74	2017.43	2275.70	2484.63	2157.68	2402.08
山东	376.05	586.92	825.29	1066.15	1373.65	1663.27	1924.36	2222.58	2502.69	3555.96	3976.63
广东	751.11	1134.73	1522.61	2003.28	2532.87	3042.60	3480.62	3929.53	4402.21	4004.27	4530.63
海南	203.75	206.67	266.52	341.46	413.72	461.26	505.37	543.34	600.58	885.22	995.09
中部地区	1319.21	1995.24	2807.51	3705.60	4725.74	5532.67	6330.86	7212.11	8054.44	11889.81	13264.72
山西	36.00	69.32	109.42	165.25	225.21	277.69	325.17	382.92	431.77	834.19	958.85
吉林	19.92	41.47	79.51	143.28	205.55	253.17	301.78	367.30	438.77	882.96	911.45
黑龙江	57.82	61.72	110.69	163.82	223.31	282.36	354.28	417.44	476.50	1013.19	1124.72
安徽	406.67	593.92	782.56	984.02	1286.73	1434.32	1597.85	1793.83	1970.47	2332.60	2549.88
江西	159.52	237.51	357.62	431.66	516.89	592.24	667.02	764.87	847.94	720.50	795.38
河南	165.17	284.46	401.65	525.16	674.29	821.31	952.28	1052.72	1195.16	2492.72	2827.09
湖北	202.49	314.33	428.93	623.10	764.29	907.78	1026.38	1156.04	1262.88	1973.83	2251.56
湖南	271.62	392.50	537.14	669.31	829.48	963.81	1106.10	1276.99	1430.96	1639.82	1845.81
西部地区	1447.87	2268.33	3095.24	3904.85	4887.55	5779.68	6649.49	7573.88	8443.24	11820.09	12989.23
内蒙古	27.69	42.81	81.08	112.83	154.77	192.05	231.91	282.97	332.67	979.98	1003.57
广西	173.00	257.56	323.51	364.60	464.07	540.47	617.34	698.39	783.39	1030.95	1166.61
重庆	318.66	501.01	691.54	865.18	1065.76	1270.10	1441.98	1606.38	1775.42	1802.63	2044.24
四川	401.72	602.34	813.87	1030.98	1235.71	1402.63	1600.84	1790.90	1969.06	2281.57	2537.89
贵州	110.71	223.47	291.92	384.75	490.26	575.03	656.58	758.61	853.83	1115.26	1224.23
云南	158.84	224.59	292.94	357.57	446.47	522.93	588.24	673.26	742.76	1440.04	1642.40
西藏	0.35	0.92	1.31	2.05	2.61	3.21	4.80	5.27	6.00	4.90	5.87
陕西	153.65	219.86	305.61	393.17	502.71	596.41	700.38	792.90	881.98	1630.36	1768.95
甘肃	32.57	58.23	83.13	106.93	139.12	180.78	219.18	263.05	295.36	522.08	539.85
青海	10.10	18.62	24.14	32.65	38.70	49.56	59.18	72.50	83.78	157.38	159.72
宁夏	29.42	52.96	79.87	102.80	135.49	164.99	199.36	233.54	265.10	326.25	340.27
新疆	31.15	65.96	106.33	151.34	211.89	281.52	329.70	396.10	453.86	528.69	555.62

数据来源：国家统计局

2013 年全国各地区月度累计房地产开发企业到位资金数据

单位：亿元

	1–2 月	1–3 月	1–4 月	1–5 月	1–6 月	1–7 月	1–8 月	1–9 月	1–10 月	1–11 月	1–12 月
总计	18925.75	26962.00	35601.51	45114.78	57224.72	66830.54	76960.31	87827.78	97193.93	109475.49	122122.47
东部地区	11571.95	16460.12	21905.53	27569.18	34670.11	40511.77	46867.77	53216.00	58723.69	65963.43	73755.00
北京	871.98	1366.58	1894.47	2466.35	3025.58	3707.76	4790.92	5335.98	5979.01	6395.41	7300.18
天津	424.56	743.11	1005.12	1159.03	1352.05	1589.76	1776.22	2035.14	2146.69	2314.30	2761.47
河北	581.24	896.94	1186.21	1445.73	1908.26	2260.36	2615.08	2981.75	3356.78	3353.29	4123.54
辽宁	601.42	1010.37	1548.09	2240.34	3308.13	4023.46	4788.67	5691.71	6385.58	7048.36	7448.99
上海	1171.36	1440.10	1814.62	2151.89	2579.47	2843.74	3289.07	3753.88	4195.89	4629.73	5092.67
江苏	2346.33	3185.88	4152.89	5178.74	6347.82	7216.26	8104.60	9051.88	9776.43	11230.67	12682.03
浙江	1541.52	2156.27	2833.56	3453.33	4186.48	4844.72	5553.83	6273.18	6895.65	7733.39	8858.25
福建	1001.03	1445.50	1942.23	2402.15	2944.13	3383.81	3789.11	4282.42	4655.63	5241.68	5767.04
山东	1071.53	1557.44	2012.31	2643.61	3402.37	3990.16	4574.03	5234.35	5789.57	6652.40	7371.32
广东	1559.94	2209.29	2938.45	3724.81	4732.98	5649.22	6455.97	7330.84	8166.46	9336.03	10472.94
海南	401.06	448.64	577.60	703.20	882.84	1003.12	1130.27	1244.86	1376.01	1628.15	1876.56
中部地区	3325.33	4790.66	6471.51	8402.24	10879.97	12698.19	14556.74	16850.35	18788.77	21373.12	23930.84
山西	84.32	152.70	236.31	354.15	495.63	607.46	722.27	879.06	1020.17	1175.42	1377.16
吉林	57.45	108.53	204.46	366.93	556.37	720.93	868.64	1060.22	1218.21	1434.15	1516.78
黑龙江	53.37	173.39	283.14	425.25	614.76	836.49	1047.82	1274.37	1461.62	1661.79	1833.64
安徽	951.16	1271.00	1652.10	2062.65	2673.26	2968.43	3301.84	3756.40	4083.09	4653.68	5077.16
江西	326.91	458.08	629.61	752.63	895.21	1018.12	1161.10	1320.66	1458.02	1637.84	1906.64
河南	503.41	804.85	1138.53	1501.62	1936.54	2303.36	2650.59	3058.96	3433.07	3913.75	4402.70
湖北	560.86	912.90	1192.68	1562.18	1998.82	2294.85	2593.92	2969.33	3313.57	3699.77	4224.48
湖南	687.84	909.20	1134.68	1376.82	1709.38	1948.55	2210.56	2531.35	2801.01	3196.72	3592.27
西部地区	4028.47	5711.22	7224.47	9143.36	11674.64	13620.58	15535.80	17761.43	19681.48	22138.94	24436.63
内蒙古	173.51	263.03	304.79	454.77	662.16	828.25	1025.57	1227.59	1431.87	1568.52	1638.04
广西	446.22	577.66	717.01	851.05	1075.49	1220.19	1347.72	1520.17	1669.54	1908.97	2155.24
重庆	832.87	1128.09	1445.33	1803.44	2222.06	2573.12	2919.19	3320.91	3642.33	4242.01	4614.06
四川	1062.49	1519.63	1806.02	2268.17	2785.52	3164.32	3533.56	3981.57	4330.07	4760.49	5324.53
贵州	300.17	509.11	637.43	820.51	1026.82	1196.21	1371.04	1573.47	1741.20	1968.40	2145.72
云南	548.72	696.99	896.12	1101.11	1436 96	1615.43	1814.47	2062.35	2311.71	2490.74	2924.36
西藏	0.35	1.21	2.05	3.10	4.56	5.61	7.61	8.38	10.13	11.18	12.56
陕西	394.96	551.54	729.60	913.09	1221.35	1452.18	1658.84	1862.53	2065.59	2391.87	2592.39
甘肃	118.27	199.35	264.58	342.57	442.73	527.68	608.36	714.54	799.80	893.83	963.35
青海	23.80	39.09	63.58	86.97	108.22	138.12	163.33	202.99	230.30	250.26	259.09
宁夏	66.51	109.38	166.40	223.30	302.75	377.37	442.86	511.89	573.27	633.23	694.15
新疆	60.60	116.14	191.58	275.28	386.02	522.11	643.25	775.04	875.65	1019.45	1113.15

数据来源：国家统计局

2013 年全国各地区月度累计房地产开发企业国内贷款数据

单位：亿元

	1-2月	1-3月	1-4月	1-5月	1-6月	1-7月	1-8月	1-9月	1-10月	1-11月	1-12月
总计	1937.60	5172.24	6618.29	8051.14	9901.24	11433.24	12883.21	14567.83	15968.52	17666.81	19672.66
东部地区	2504.01	3315.83	4310.96	5292.52	6526.34	7557.10	8582.03	9677.35	10649.25	11774.95	13257.14
北京	254.69	382.44	567.28	705.94	846.48	993.89	1094.93	1243.19	1470.00	1651.40	1836.95
天津	114.92	273.53	353.27	377.41	393.73	470.36	498.80	579.62	580.51	631.86	765.22
河北	61.60	90.06	113.19	135.91	173.70	197.11	220.54	241.17	269.52	294.58	336.40
辽宁	107.31	176.23	251.26	314.25	430.78	515.52	616.53	684.08	743.98	804.20	847.64
上海	350.77	395.28	480.62	567.48	689.80	758.76	888.35	1004.54	1097.14	1185.34	1292.36
江苏	486.12	605.98	787.49	1030.13	1249.53	1412.92	1543.15	1720.45	1897.13	2065.98	2373.97
浙江	293.53	367.02	482.34	583.38	699.97	806.42	980.28	1109.51	1182.31	1336.18	1590.65
福建	147.49	186.40	244.05	307.31	392.94	447.39	496.24	558.09	599.18	672.13	747.66
山东	235.60	298.00	325.33	403.25	522.21	596.05	675.01	774.07	849.34	943.48	995.41
广东	357.13	478.46	635.79	770.55	994.10	1200.12	1371.78	1541.90	1702.16	1888.81	2143.59
海南	54.88	62.43	70.34	96.93	133.09	158.56	196.42	220.72	257.98	301.00	327.30
中部地区	640.23	822.48	1018.81	1180.11	1416.15	1631.10	1851.32	2101.39	2294.55	2520.73	2742.90
山西	9.23	16.42	21.46	25.76	30.66	34.05	36.81	43.52	48.19	52.12	65.79
吉林	5.83	15.63	22.20	31.46	46.33	69.04	80.72	93.22	96. 90	120.33	126.57
黑龙江	5.19	3.91	10.91	12.54	20.71	62.98	80.14	102.40	111.58	122.99	130.19
安徽	153.57	176.33	209.44	247.31	293.36	324.39	358.98	391.37	412.17	440.78	466.87
江西	55.17	71.88	89.74	102.95	115.09	130.87	148.98	158.68	178.63	199.87	236.63
河南	60.00	82.34	113.11	145.79	187.08	224.26	252.12	293.81	330.48	353.77	387.13
湖北	184.98	268.16	333.79	367.91	432.70	480.13	552.22	625.48	689.00	757.52	796.57
湖南	166.25	187.83	218.15	246.38	290.21	305.38	341.35	392.92	427.60	473.36	533.15
西部地区	793.36	1033.93	1288.53	1578.51	1958.75	2245.04	2449.86	2789.09	3024.73	3371.13	3672.62
内蒙古	14.20	32.17	35.69	38.70	45.79	61.58	70.96	83.42	99.23	110.87	113.27
广西	63.54	86.98	114.07	143.76	181.79	210.09	224.56	251.14	272.79	304.57	324.35
重庆	283.64	320.71	391.70	488.04	586.51	675.44	745.91	842.84	909.88	1071.91	1112.29
四川	177.47	224.75	272.86	329.67	403.01	453.44	495.22	572.41	613.38	664.90	725.45
贵州	53.79	73.22	86.86	104.56	129.96	142.03	155.34	181.46	191.26	204.76	226.82
云南	58.17	88.96	129.60	166.91	232.05	248.80	261.46	301.74	331.07	338.34	418.80
西藏	—	—	—	—	—	—	—	—	—	—	—
陕西	80.85	105.08	125.60	137.85	164.24	201.89	220.41	232.29	248.43	284.20	326.10
甘肃	23.55	53.01	67.54	81.81	99.25	104.92	108.45	121.60	133.06	145.77	168.75
青海	11.05	12.32	14.77	18.04	21.47	23.45	26.70	38.09	41.18	44.43	44.43
宁夏	13.43	20.14	31.34	44.28	59.50	74.48	81.11	88.46	97.53	100.14	105.74
新疆	13.67	16.60	18.51	24.90	35.17	48.91	59.74	75.64	86.91	101.24	106.60

数据来源：国家统计局

2013 年全国各地区月度累计房地产开发企业利用外资数据

单位：亿元

	1–2 月	1–3 月	1–4 月	1–5 月	1–6 月	1–7 月	1–8 月	1–9 月	1–10 月	1–11 月	1–12 月
总计	87.51	126.97	162.87	198.64	234.05	269.37	343.71	391.08	415.97	474.61	534.17
东部地区	55.98	91.05	121.09	152.91	174.43	204.78	263.66	273.32	295.27	338.41	385.79
北京	0.52	0.59	0.77	0.84	0.93	1.01	10.56	10.66	10.73	10.75	11.60
天津	2.39	2.62	5.03	5.03	5.18	11.74	13.23	13.58	16.21	16.21	16.22
河北	0.47	0.80	3.51	5.13	6.23	6.84	6.84	7.92	9.12	10.22	9.98
辽宁	1.70	6.05	9.97	21.31	31.65	37.61	47.74	52.44	54.70	59.38	61.92
上海	10.60	29.59	29.69	31.43	30.29	30.41	30.70	30.70	31.45	36.23	38.14
江苏	22.77	29.76	45.05	8.57	62.18	62.91	63.41	63.73	65.26	76.93	109.41
浙江	2.74	2.88	3.02	3.22	6.28	6.85	25.71	26.04	36.52	39.88	47.03
福建	0.06	1.56	3.57	3.90	4.66	4.87	19.49	19.56	19.84	21.67	21.58
山东	3.03	7.03	7.08	8.51	9.64	19.63	19.92	20.34	20.64	32.05	33.51
广东	10.90	9.36	12.59	14.87	17.30	22.84	25.95	28.25	30.71	35.00	36.29
海南	0.81	0.81	0.81	0.10	0.10	0.10	0.10	0.10	0.10	0.10	0.10
中部地区	8.15	12.64	18.50	22.46	27.64	31.62	35.56	42.73	45.67	49.40	51.53
山西	0.03	0.03	—	—	—	—	—	—	—	—	—
吉林	—	—	1.85	1.85	2.00	2.00	2.00	5.15	5.15	5.15	5.15
黑龙江	—	—									
安徽	1.19	1.00	1.00	1.00	1.00	1.00	1.00	1.00	1.00	1.00	1.00
江西	0.47	0.50	0.50	0.52	0.52	0.52	0.59	0.63	0.63	0.82	—
河南	0.24	0.44	0.44	0.44	0.97	0.97	0.97	0.97	0.97	3.50	5.40
湖北	—	—	—	—	—	—	—	—	—	—	—
湖南	6.71	10.71	14.72	18.67	23.15	27.13	31.07	35.02	37.91	39.12	39.15
西部地区	23.38	23.28	23.28	23.28	31.97	32.97	44.49	75.03	75.03	86.80	96.85
内蒙古	—	—	—	—	—	—	—	—	—	—	—
广西	—	—	—	—	—	—	—	—	—	0.62	0.62
重庆	0.20	0.20	0.20	0.20	1.46	1.46	7.97	37.51	37.51	42.14	44.18
四川	23.08	23.08	23.08	23.08	23.08	24.08	24.08	25.08	25.08	25.08	32.33
贵州	0.05	—	—	—	—	—	—	—	—	—	—
云南	—	—	—	—	—	—	5.00	5.00	5.00	11.53	12.29
西藏	—	—	—	—	—	—	—	—	—	—	—
陕西	—	—	—	—	7.44	7.44	7.44	7.44	7.44	7.44	7.44
甘肃	—	—	—	—	—	—	—	—	—	—	—
青海	—	—	—	—	—	—	—	—	—	—	—
宁夏	—	—	—	—	—	—	—	—	—	—	—
新疆	0.05	—	—	—	—	—	—	—	—	—	—

数据来源：国家统计局

2013 年全国各地区月度累计房地产开发企业自筹资金数据

单位：亿元

	1–2 月	1–3 月	1–4 月	1–5 月	1–6 月	1–7 月	1–8 月	1–9 月	1–10 月	1–11 月	1–12 月
总计	7330.85	10119.66	12951.70	16588.30	21629.72	25151.42	29216.24	33673.69	37095.90	42742.18	47424.95
东部地区	4209.26	5773.67	7507.59	9457.51	12122.91	14085.73	16485.29	18856.13	20563.31	23728.17	26485.44
北京	223.65	301.08	374.75	539.72	669.64	901.86	1349.45	1497.45	1639.90	1842.19	2138.23
天津	150.22	272.69	337.41	406.89	471.02	540.59	593.62	668.64	703.43	732.66	892.08
河北	336.50	523.78	664.95	816.91	1104.28	1306.34	1508.02	1722.74	1942.56	2174.08	2394.67
辽宁	251.90	479.92	754.67	1138.93	1737.52	2114.02	2571.93	3101.59	3488.57	3890.94	4090.17
上海	447.74	494.06	601.40	700.64	813.21	867.16	1019.75	1165.20	1273.52	1437.33	1569.91
江苏	879.57	1117.64	1396.59	1682.67	2063.53	2308.22	2603.64	2885.26	2969.56	3564.88	3932.97
浙江	506.25	668.99	844.59	999.64	1236.37	1432.65	1622.20	1856.96	2028.18	2323.24	2765.07
福建	374.16	484.57	671.24	805.58	1005.82	1136.81	1255.95	1429.07	1551.98	1818.55	2016.51
山东	456.85	665.49	854.60	1165.70	1496.87	1711.21	1954.74	2217.36	2416.89	2824.45	3149.08
广东	440.80	586.73	767.46	936.12	1188.72	1383.67	1577.62	1831.16	2031.38	2497.84	2798.34
海南	141.62	178.73	239.93	264.71	335.93	383.20	428.38	480.70	517.34	622.01	738.42
中部地区	1357.73	1960.30	2626.69	3494.07	4710.44	5502.80	6339.00	7494.13	8394.11	9747.71	10815.07
山西	39.06	66.94	105.44	163.14	239.76	295.72	360.29	452.62	540.21	639.91	758.31
吉林	31.69	51.43	100.90	190.34	302.50	396.72	484.13	594.55	677.39	789.34	804.59
黑龙江	90.36	107.76	161.54	248.90	370.74	491.14	613.40	754.53	873.55	1003.27	1102.62
安徽	389.74	499.75	659.10	830.32	1092.17	1208.73	1344.01	1570.20	1699.44	2015.57	2143.66
江西	112.23	148.23	181.75	217.52	262.71	294.49	344.58	396.53	430.82	485.44	582.49
河南	278.01	437.62	623.33	830.23	1074.20	1256.83	1445.23	1711.46	1906.47	2200.01	2472.67
湖北	173.39	330.41	429.96	571.17	801.83	906.93	1015.32	1187.81	1361.70	1521.34	1735.33
湖南	243.26	318.16	364.66	442.46	566.54	652.23	732.05	826.42	904.54	1092.83	1215.39
西部地区	1763.86	2385.69	2817.43	3636.72	4796.37	5562.89	6391.96	7323.44	8138.48	9266.30	10124.44
内蒙古	131.62	188.04	188.02	303.25	461.60	574.62	722.70	861.20	999.96	1086.51	1118.00
广西	209.67	233.12	279.43	342.68	429.64	469.63	505.82	570.65	613.35	718.19	815.69
重庆	230.37	306.17	361.89	450.02	568.34	626.12	723.33	834.17	919.51	1167.09	1263.70
四川	460.23	669.47	696.21	884.44	1123.72	1284.17	1413.42	1593.19	1722.55	1895.44	2150.87
贵州	135.62	212.41	258.64	331.20	406.60	479.15	559.12	633.39	696.11	818.06	877.20
云南	331.71	383.44	473.58	576.63	758.44	843.70	959.76	1082.35	1232.88	1319.29	1541.76
西藏	—	0.29	0.74	1.05	1.95	2.40	2.28	3.11	4.12	4.38	5.10
陕西	160.45	226.60	298.39	382.07	546.97	646.43	730.61	829.91	927.74	1094.01	1143.18
甘肃	62.15	88.12	113.91	153.84	204.35	241.98	280.73	329.88	371.38	417.70	431.08
青海	2.65	8.15	24.68	36.28	48.05	65.11	77.45	92.40	105.33	114.27	117.97
宁夏	23.65	36.29	55.19	76.23	107.76	137.90	162.39	189.89	210.63	237.48	247.69
新疆	15.73	33.58	66.74	99.04	138.96	191.67	253.81	303.31	334.91	393.86	412.18

数据来源：国家统计局

2013年全国各地区月度累计房地产开发企业其他资金数据

单位：亿元

	1-2月	1-3月	1-4月	1-5月	1-6月	1-7月	1-8月	1-9月	1-10月	1-11月	1-12月
总计	17569.79	11543.14	15868.64	20276.69	25459.72	29976.51	34517.15	39195.19	43713.55	48597.89	54490.70
东部地区	4802.70	7279.58	9965.89	12666.24	15846.43	18664.16	21536.80	24409.20	27215.86	30121.90	33626.62
北京	393.12	682.47	951.67	1219.85	1508.53	1810.99	2335.98	2584.68	2858.38	2891.06	3313.40
天津	117.04	194.27	309.41	369.70	482.12	567.08	670.58	773.31	846.54	933.56	1087.95
河北	182.67	282.30	404.56	487.78	624.05	750.10	879.67	1009.91	1135.58	1274.41	1382.50
辽宁	240.52	348.17	532.19	765.86	1108.18	1356.31	1552.47	1853.60	2098.33	2293.84	2449.26
上海	362.25	521.17	702.90	852.35	1046.17	1186.81	1350.27	1553.44	1793.77	1970.83	2192.26
江苏	957.88	1432.51	1923.76	2407.37	2972.57	3432.21	3894.41	4382.45	4844.49	5522.89	6265.69
浙江	739.00	1117.39	1503.61	1867.08	2243.85	2598.79	2925.64	3280.68	3648.65	4034.09	4455.49
福建	479.33	772.97	1023.36	1285.36	1540.71	1794.74	2017.43	2275.70	2484.63	2729.34	2981.29
山东	376.05	586.92	825.29	1066.15	1373.65	1663.27	1924.36	2222.58	2502.69	2852.43	3193.32
广东	751.11	1134.73	1522.61	2003.28	2532.87	3042.60	3480.62	3929.53	4402.21	4914.41	5494.72
海南	203.75	206.67	266.52	341.46	413.72	461.26	505.37	543.34	600.58	705.04	810.73
中部地区	1319.21	1995.24	2807.51	3705.60	4725.74	5532.67	6330.86	7212.11	8054.44	9055.28	10321.35
山西	36.00	69.32	109.42	165.25	225.21	277.69	325.17	382.92	431.77	483.40	553.06
吉林	19.92	41.47	79.51	143.28	205.55	253.17	301.78	367.30	438.77	519.34	580.47
黑龙江	57.82	61.72	110.69	163.82	223.31	282.36	354.28	417.44	476.50	535.54	600.83
安徽	406.67	593.92	782.56	984.02	1286.73	1434.32	1597.85	1793.83	1970.47	2196.33	2465.62
江西	159.52	237.51	357.62	431.66	516.89	592.24	667.02	764.87	847.94	951.90	1086.70
河南	165.17	284.46	401.65	525.16	674.29	821.31	952.28	1052.72	1195.16	1356.48	1537.51
湖北	202.49	314.33	428.93	623.10	764.29	907.78	1026.38	1156.04	1262.88	1420.90	1692.58
湖南	271.62	392.50	537.14	669.31	829.48	963.81	1106.10	1276.99	1430.96	1591.40	1804.57
西部地区	1447.87	2268.33	3095.24	3904.85	4887.55	5779.68	6649.49	7573.88	8443.24	9414.71	10542.73
内蒙古	27.69	42.81	81.08	112.83	154.77	192.05	231.91	282.97	332.67	371.14	406.76
广西	173.00	257.56	323.51	364.60	464.07	540.47	617.34	698.39	783.39	885.60	1014.58
重庆	318.66	501.01	691.54	865.18	1065.76	1270.10	1441.98	1606.38	1775.42	1960.88	2193.89
四川	401.72	602.34	813.87	1030.98	1235.71	1402.63	1600.84	1790.90	1969.06	2175.07	2415.89
贵州	110.71	223.47	291.92	384.75	490.26	575.03	656.58	758.61	853.83	945.57	1041.70
云南	158.84	224.59	292.94	357.57	446.47	522.93	588.24	673.26	742.76	821.58	951.51
西藏	0.35	0.92	1.31	2.05	2.61	3.21	4.80	5.27	6.00	6.80	7.45
陕西	153.65	219.86	305.61	393.17	502.71	596.41	700.38	792.90	881.98	1006.21	1115.67
甘肃	32.57	58.23	83.13	106.93	139.12	180.78	219.18	263.05	295.36	330.36	363.52
青海	10.10	18.62	24.14	32.65	38.70	49.56	59.18	72.50	83.78	91.55	96.68
宁夏	29.42	52.96	79.87	102.80	135.49	164.99	199.36	233.54	265.10	295.61	340.72
新疆	31.15	65.96	106.33	151.34	211.89	281.52	329.70	396.10	453.86	524.35	594.36

数据来源：国家统计局

2013 年全国各地区月度累计土地购置面积

单位：万平方米

	1–2 月	1–3 月	1–4 月	1–5 月	1–6 月	1–7 月	1–8 月	1–9 月	1–10 月	1–11 月	1–12 月
总计	3812.71	6133.74	8824.93	11755.93	15721.49	18716.95	21482.29	25166.63	26657.54	34772.79	38814.38
东部地区	1718.07	2794.60	3928.83	5159.03	6919.72	8232.51	9348.65	11060.09	11615.49	16217.63	17900.66
北京	64.28	185.03	206.68	231.37	271.85	326.06	355.36	388.70	439.10	748.68	906.17
天津	19.63	45.79	66.46	108.35	136.72	211.47	163.52	200.36	214.90	216.67	210.64
河北	186.75	261.75	323.68	407.28	527.77	662.83	749.01	876.93	917.04	1014.41	1127.34
辽宁	145.85	341.37	428.31	599.03	1042.41	1283.53	1540.14	1834.25	1967.90	2411.91	2502.27
上海	61.71	65.60	94.81	142.14	152.86	161.63	187.23	230.56	255.50	386.34	421.74
江苏	536.05	651.04	933.65	1132.28	1409.92	1690.93	1973.51	2286.20	2340.56	3742.08	4207.74
浙江	180.06	324.85	493.92	595.98	786.99	904.34	1023.65	1212.82	1285.65	1592.68	1760.73
福建	60.82	101.04	240.40	334.26	530.48	590.31	644.65	767.87	808.60	1410.88	1591.13
山东	253.66	400.15	570.93	882.44	1027.44	1222.17	1332.55	1615.76	1661.20	2330.11	2615.07
广东	202.01	385.08	503.08	657.36	940.68	1056.83	1210.00	1469.97	1531.33	2134.17	2250.96
海南	7.26	32.88	66.91	68.53	92.61	122.41	169.04	176.66	193.71	229.69	306.85
中部地区	894.30	1543.44	2437.35	3195.36	4399.56	5348.88	6067.64	6958.74	7472.08	9506.85	11001.40
山西	4.93	65.88	79.95	207.62	323.43	385.71	452.08	518.69	566.69	639.25	875.90
吉林	13.12	42.45	85.13	142.94	418.72	547.68	672.04	806.51	900.64	1073.67	1143.95
黑龙江	10.86	39.86	76.88	116.27	181.54	351.87	429.41	463.05	497.13	641.82	655.67
安徽	256.93	382.16	792.52	1029.44	1284.80	1490.67	1595.40	1905.63	1959.17	2657.71	2760.18
江西	143.68	188.84	226.90	286.09	328.94	397.43	438.64	508.88	539.02	638.16	841.82
河南	199.43	341.47	539.68	599.02	643.75	768.58	845.88	923.24	993.22	1281.29	1501.56
湖北	129.86	304.80	398.18	500.77	734.05	851.24	1017.93	1107.98	1222.58	1459.05	1894.68
湖南	135.49	177.98	238.10	313.20	484.32	555.70	616.27	724.76	793.63	1115.89	1327.64
西部地区	1200.34	1795.71	2458.76	3401.54	4402.21	5135.56	6066.00	7147.79	7569.97	9048.31	9912.32
内蒙古	38.03	86.88	122.44	306.81	415.64	513.09	621.94	723.09	791.19	832.56	837.63
广西	69.31	93.69	122.69	137.79	173.05	197.82	214.33	244.80	265.21	371.63	431.96
重庆	433.72	500.53	578.98	693.20	898.18	962.32	1086.61	1251.44	1299.75	1721.47	1896.65
四川	119.81	194.03	244.60	327.23	460.92	562.64	633.79	776.20	819.42	968.40	1142.76
贵州	86.31	147.46	169.70	402.18	428.61	614.55	755.87	814.43	870.65	1090.45	1209.52
云南	371.04	484.99	729.96	845.49	7.95	1066.46	1316.56	1611.82	1691.49	1869.08	1974.01
西藏	—	—	—	—	—	—	—	—	—	—	—
陕西	23.41	65.17	88.10	117.09	241.07	262.66	301.20	335.27	392.62	455.55	503.45
甘肃	41.79	80.73	110.88	140.10	191.48	259.93	286.03	360.24	371.07	399.85	421.71
青海	0.74	8.45	10.48	24.42	27.59	29.75	35.47	38.46	38.50	68.49	80.13
宁夏	9.73	56.65	85.33	124.68	179.74	224.72	261.20	351.55	363.58	401.47	438.26
新疆	6.44	77.11	195.60	282.54	377.98	441.61	553.01	640.49	666.49	869.36	976.24

数据来源：国家统计局

2013年全国各地区月度累计房屋施工面积

单位：万平方米

	1-2月	1-3月	1-4月	1-5月	1-6月	1-7月	1-8月	1-9月	1-10月	1-11月	1-12月
总计	455422.43	478949.58	500617.69	523430.98	549408.42	568680.95	585552.79	603981.64	616465.06	646096.11	665571.89
东部地区	233852.08	245456.30	255925.89	266011.43	277224.01	285905.81	293866.00	302377.48	307420.40	321308.97	329581.67
北京	8861.95	9838.32	10468.34	11041.54	11368.26	11798.32	12141.88	12454.71	12828.48	13406.36	113886.87
天津	7155.88	8332.41	8914.95	9254.12	9498.99	9577.68	9739.25	9999.31	10097.67	10383.74	10892.17
河北	22289.78	22990.13	23854.26	24759.93	25672.12	26336.11	26985.61	27839.46	28582.92	29413.45	29949.12
辽宁	27727.26	29784.41	31374.59	33384.24	35718.87	36843.59	38103.82	39457.25	39994.57	41334.59	41625.60
上海	10628.09	10969.25	11482.77	11824.05	12086.23	12251.26	12622.85	12832.09	13010.97	13441.43	13516.58
江苏	36429.98	37958.10	39816.29	41342.76	42953.20	44850.01	46034.14	47792.28	48468.71	50676.52	52574.17
浙江	29163.14	29846.24	30872.48	31477.47	32511.14	33193.79	33937.12	347448.74	35186.29	36198.29	37647.24
福建	19319.00	19968.76	20738.63	21415.05	22327.39	23006.70	23556.10	24130.40	24389.70	25589.14	26287.28
山东	35495.42	37335.73	38508.08	40006.41	41734.51	43140.32	44117.74	45516.71	46390.12	49791.22	50549.17
广东	32575.36	34114.14	35305.64	36739.62	38299.62	39615.58	41198.56	41915.00	42725.90	45036.07	46480.47
海南	4206.22	4318.82	4589.88	4766.24	5053.67	5292.45	5428.91	5691.54	5745.08	6038.16	6173.00
中部地区	107005.90	111825.85	117257.80	123517.00	131009.21	136234.09	141370.00	146157.18	150156.39	158807.33	165264.80
山西	9901.96	10230.02	10530.67	11077.99	11597.42	12027.59	12378.13	12906.04	13190.06	13658.02	4040.05
吉林	7967.78	8174.45	8697.11	9384.87	10003.06	10459.57	10836.69	11353.05	11509.37	12061.24	12181.28
黑龙江	9409.03	9558.51	9901.84	10519.43	10898.69	11485.96	12031.69	12358.76	12922.27	13408.68	13567.37
安徽	20262.47	21034.44	22301.66	23202.87	24717.58	25651.93	26534.60	27259.53	27870.89	29494.80	30235.20
江西	7738.19	8098.38	8430.13	8936.27	9191.38	9478.27	9779.41	10204.40	10448.78	11233.15	11995.67
河南	23081.02	24138.96	25211.47	26378.12	27858.60	28953.83	30082.83	31023.87	31842.96	33970.10	35979.33
湖北	12256.82	13202.61	14135.54	15026.42	16683.28	17303.02	17993.70	18759.65	19568.69	20596.06	21865.81
湖南	16388.65	17388.46	18049.38	18991.04	20059.20	20873.91	21732.95	22291.87	22803.36	24385.28	25400.09
西部地区	114564.45	121667.43	127433.99	133902.55	141175.19	146541.05	150316.79	155446.98	158888.28	165979.82	170725.42
内蒙古	12169.40	72518.55	13724.10	14759.84	15834.28	16444.01	17131.80	17719.72	18196.49	18710.34	18624.32
广西	12248.58	12733.15	13112.98	13443.16	13921.15	14053.50	14336.25	14548.59	14965.68	15721.04	16040.17
重庆	17417.18	19154.95	19994.24	21 177.68	22107.93	22940.35	22948.63	23779.14	24264.75	25567.35	26251.89
四川	22368.78	23710.77	24330.89	25267.36	26611.22	27493.68	2A127.33	28992.54	29689.55	30892.81	32164.98
贵州	11445.02	12047.04	12442.81	13103.44	13819.56	14639.20	15280.26	16017.42	16326.24	16637.88	17356.96
云南	11979.29	72874.40	13501.53	14314.60	15033.72	15508.30	15803.28	16396.92	16725.15	17516.83	18260.72
西藏	38.11	36.05	48.11	48.11	49.31	53.37	54.80	54.80	54.80	54.80	57.70
陕西	12686.92	13206.59	13687.07	13972.56	14750.84	15191.12	15597.18	15870.14	16050.05	17060.98	17240.86
甘肃	4048.68	4627.25	4926.81	53111.23	5631.22	5756.72	5941.34	6198.86	6330.74	6650.14	6848.40
青海	1426.47	1522.63	1747.25	1824.16	1889.86	2060.82	2130.18	2205.43	2236.35	2327.21	2376.64
宁夏	3788.07	4085.21	4256.00	4534.95	4921.20	5178.19	5253.80	5561.56	5696.23	5920.62	6043.23
新疆	4947.94	5150.84	5662.21	6145.46	6604.90	7221.79	7711.95	8101.85	8352.24	8919.84	9459.55

数据来源：国家统计局

2013 年全国各地区月度累计房屋新开工面积

单位：万平方米

	1–2 月	1–3 月	1–4 月	1–5 月	1–6 月	1–7 月	1–8 月	1–9 月	1–10 月	1–11 月	1–12 月
总计	23001.02	38872.95	55505.88	73613.29	95901.09	112637.72	127840.31	144899.56	156275.00	181054.68	201207.84
东部地区	11513.32	19251.88	26746.47	35125.40	45119.62	52398.58	59619.58	67767.62	72214.28	83735.98	93591.45
北京	286.06	498.70	722.68	1058.89	1390.29	1708.84	1969.47	2265.90	2572.26	3076.36	3577.52
天津	326.62	561.02	682.77	827.11	929.45	1006.96	1119.31	1223.81	1324.69	1375.11	2672.93
河北	394.91	1138.43	1709.58	2463.28	3188.59	3805.64	4318.87	5089.65	5693.74	6385.54	6932.65
辽宁	656.48	1945.04	3119.72	4898.26	7137.72	8256.99	9481.88	10896.39	11437.24	12769.14	13444.45
上海	533.31	622.30	783.98	1046.17	1246.80	1388.43	1653.39	1947.19	2053.57	2413.44	2705.95
江苏	2818.73	4063.57	5562.24	6758.58	8158.86	9735.53	10812.21	11987.78	12624.77	14520.84	16358.18
浙江	922.44	1649.56	2517.69	3100.53	4162.67	4851.85	5607.85	6453.13	6869.67	7907.99	9315.10
福建	967.32	1539.58	2219.83	2750.38	3580.06	4137.90	4716.02	5282.73	5497.96	6548.95	7193.01
山东	2279.31	3651.38	4686.22	6097.04	7597.36	8727.28	9646.69	10942.23	11822.59	14602.98	15390.76
广东	2044.61	3232.61	4252.67	5496.55	6886.09	7762.31	9144.75	10367.07	10946.96	12558.22	14265.48
海南	283.53	349.68	489.09	628.61	841.74	1016.84	1149.13	1311.73	1370.83	1577.40	1735.42
中部地区	5710.16	9292.40	13886.03	18787.19	24515.34	29177.06	33358.78	37775.61	41599.17	48972.56	55227.62
山西	98.36	385.81	655.55	1092.94	1499.97	1850.18	2155.08	2628.08	2871.01	3300.22	3673.34
吉林	64.17	124.71	551.99	1125.40	1697.18	2166.05	2557.17	3018.05	3164.39	3659.17	3746.24
黑龙江	31.85	129.47	504.32	1112.29	1542.99	2087.02	2577.81	2899.71	3395.82	3846.57	4030.44
安徽	1550.54	2130.77	3085.55	3784.68	4833.75	5694.29	6419.45	7117.20	7753.20	9229.18	10077.71
江西	723.96	957.94	1176.87	1495.99	1706.56	1949.17	2181.55	2463.25	2790.97	3465.75	4138.96
河南	1211.70	2250.80	3345.87	4284.15	5406.43	6368.25	7248.78	8120.07	8867.73	10620.09	12465.09
湖北	872.22	1491.69	2191.25	2750.85	3756.67	4275.85	4787.03	5418.11	6185.66	6968.05	8226.71
湖南	1157.37	1821.20	2374.63	3140.89	4071.77	4786.24	5431.91	6111.15	6570.39	7883.53	8869.13
西部地区	5777.53	10328.68	14873.38	19700.70	26266.13	31062.08	34861.95	39356.32	42461.55	48346.15	52388.77
内蒙古	54.30	351.97	899.96	1760.52	2650.26	3159.37	3688.18	4249.99	4647.57	5024.55	5042.81
广西	710.58	1093.40	1356.11	1606.31	2060.82	2255.30	2418.67	2570.32	2876.33	3434.07	3715.67
重庆	925.92	1562.29	2212.52	2734.95	3729.69	4427.69	4924.17	5674.94	6003.81	6993.79	7641.63
四川	1440.21	2334.83	2896.26	3826.08	5008.53	5663.36	6338.08	7194.46	7858.21	8970.80	10163.57
贵州	652.42	1156.86	1462.99	1944.47	2488.29	3249.48	3780.08	4359.23	4641.36	4923.98	5628.24
云南	1120.49	1768.27	2428.60	2931.01	3598.15	4127.41	4401.03	4860.82	5317.83	6073.20	6481.80
西藏	—	—	18.34	18.34	18.39	22.55	22.66	24.75	24.77	24.87	27.76
陕西	602.69	985.43	1435.11	1620.40	2305.03	2635.33	2972.16	3181.77	3370.22	4101.61	4483.35
甘肃	157.92	538.17	828.40	1152.71	1428.91	1546.94	1693.03	1925.63	2036.06	2316.49	2451.19
青海	0.05	49.74	249.59	327.45	375.01	537.96	608.33	681.31	711.22	815.81	859.76
宁夏	96.75	330.23	474.69	704.50	1083.43	1326.44	1401.41	1703.12	1843.27	2042.05	2163.12
新疆	16.21	157.49	610.82	1073.94	1519.61	2110.24	2614.16	2929.98	3130.90	3624.90	3729.87

数据来源：国家统计局

2013 年全国各地区月度累计房屋竣工面积

单位：万平方米

	1–2 月	1–3 月	1–4 月	1–5 月	1–6 月	1–7 月	1–8 月	1–9 月	1–10 月	1–11 月	1–12 月
总计	13524.44	19473.41	23758.90	28745.07	35346.07	41642.71	46649.66	52705.61	59390.19	69419.65	101434.99
东部地区	6966.77	10015.39	12329.20	14554.80	17667.83	21052.16	23658.62	26773.62	29783.76	34032.20	50480.07
北京	111.60	183.17	297.50	378.94	553.61	680.01	850.66	1148.03	1420.99	1691.39	2666.35
天津	67.50	172.33	292.06	310.63	438.40	453.25	491.57	518.13	574.24	650.89	2805.37
河北	383.19	671.41	1020.27	1291.48	1547.83	1846.71	2072.83	2337.92	2676.31	2988.31	4437.02
辽宁	190.13	607.40	872.57	1163. 80	1639.27	2299.26	2785.70	3445.86	3941.97	4700.02	6151.97
上海	627.19	765.37	880.11	982.37	1071.17	1236.96	1346.24	1424.84	1540.69	1714.57	2254.44
江苏	1802.12	2369.42	2848.21	3382.02	3911.72	4403.65	4896.06	5443.65	5908.94	6723.05	9711.60
浙江	729.23	1062.86	1256.51	1403.14	1647.41	2131.57	2388.47	2638.85	2862.87	3281.08	4692.34
福建	653.93	788.86	867.23	969. 01	1174.17	1523.54	1678.17	1920.35	2117.78	2443.74	3369.76
山东	1034.47	7511.92	1761.44	2125.02	2562.24	2937.42	3264.13	3751.91	4223.59	4891.64	7508.52
广东	1192. 83	7671.14	1991.07	2288.18	2805.78	3208.38	3505.52	3743.32	4090.89	4475.38	6273.30
海南	174.57	211.53	242.22	260.20	316.22	331.40	379.26	400.76	425.49	472.13	609.40
中部地区	3017.52	4680.59	5757.95	7264.96	9284.46	10947.76	12349.49	14136.55	16027.96	18943.76	28042.25
山西	73.06	224.53	293.77	373.69	508.17	633.91	682.52	793.82	878.39	1198.42	2284.82
吉林	63.82	95.48	204.12	380.41	489.55	634.01	735.66	871.55	1073.11	1549.39	2253.65
黑龙江	103.55	143.23	237.40	314.95	492.50	616.38	710.84	930.74	1155.07	1540.33	2932.70
安徽	698.20	978.03	1160.21	1423.93	1856.05	2219.81	2470.37	2754.67	3146.65	3515.73	5180.35
江西	387.51	538.72	622.12	727.36	818.12	899.31	1013.72	1095.84	1215.02	1400.05	1790.26
河南	541.50	1015.87	1298.21	1627.97	2064.73	2468.13	2798.30	3197.86	3597.18	4037.72	5965.87
湖北	474.29	670.16	777.52	1023.80	1343.63	1496.41	1656.16	1829.77	2049.57	2365.25	3040.84
湖南	675.58	1014.57	1164.59	1392.87	1711.72	1979.80	2281.92	2662.29	2912.97	3336.88	4593.76
西部地区	3540.15	4777.42	5671.75	6925.31	8393.77	9642.80	10641.55	11795.44	13578.46	16443.69	22912.67
内蒙古	24.29	54.20	216.13	383.14	563.08	713.54	917. 44	1177.66	1565.06	2060.21	2638.24
广西	426.00	622.70	644.72	747.78	876.42	983.14	1019.86	1079.23	1127.26	1275.29	1712.68
重庆	683.44	893.90	1037.29	1354.89	1660.47	1854.31	1955.50	2117.73	2457.77	2819.65	3804.36
四川	1202.90	1445.53	1608.88	1756.57	2125.21	2420.16	2638.43	2831.86	3015.43	3400.68	5108.86
贵州	247.78	375.32	454.88	539.78	630.43	716.35	775.65	842.97	973.11	1117.48	1764.78
云南	506.68	615.56	701.64	827.54	889.58	1008.79	1115.92	1224.60	1343.69	1533.69	2019.20
西藏	—	—	—	1.40	1.40	1.40	1.40	3.86	3.86	4.04	18.09
陕西	286.28	359.29	432.99	509.22	592.03	619.51	682.06	746.16	819.84	983.03	1511.67
甘肃	61.54	125.78	163.67	195.89	255.66	323.30	385.37	484.73	633.60	750.35	915.56
青海	1.04	30.68	48.47	58.84	59.44	77.96	81.26	97.30	154.65	540.56	592.62
宁夏	28.71	75.70	123.48	188.84	256.74	355.94	407.46	429.07	521.43	674.95	1104.45
新疆	71.51	178.76	239.62	361.42	483.31	568.39	661.20	760.26	962.76	1283.78	1722.16

数据来源：国家统计局

2013 年全国各地区月度累计住宅施工面积

单位：万平方米

	1-2 月	1-3 月	1-4 月	1-5 月	1-6 月	1-7 月	1-8 月	1-9 月	1-10 月	1-11 月	1-12 月
总计	335745.60	352992.44	368798.32	384717.41	403521.09	417255.02	429625.73	443102.38	451867.22	472941.11	486347.33
东部地区	168606.92	177087.09	184671.85	191433.38	199298.28	205252.87	210855.83	217197.09	220804.10	230503.67	235926.39
北京	4780.76	5332.60	5767.59	6021.84	6242.45	6414.01	6597.16	6800.38	6993.45	7257.28	7406.88
天津	4757.70	5809.53	6323.22	6485.17	6700.68	6711.02	6853.31	7037.69	7085.19	7337.07	7562.48
河北	1766132.00	18214.80	18937.40	19637.28	20285.40	20764.61	21219.96	21904.63	22482.77	23171.14	23558.26
辽宁	20880.04	22467.03	23755.94	25142.93	26838.99	27697.98	28706.33	29750.93	30177.61	31123.43	31416.51
上海	6456.12	6618.96	6909.02	7139.49	7301.06	7410.66	7630.96	7772.07	7866.76	8117.37	8125.74
江苏	26712.96	27903.81	29184.71	30281.55	31405.72	32827.34	33734.31	35128.26	35662.51	37323.77	38756.78
浙江	18758.45	19196.39	19817.41	20144.95	20793.28	21206.20	21696.63	22166.51	22465.51	23053.60	23828.31
福建	13553.83	13944.24	14414.74	14786.94	15343.78	15725.74	16069.42	16423.59	16596.74	17331.83	77835.42
山东	27429.99	28896.78	29761.15	30792.35	32083.03	33079.40	33848.27	34896.44	35551.92	37970.63	38571.84
广东	24030.40	25030.82	25889.87	26946.18	28008.67	28915.80	29903.90	30535.39	31088.91	32769.58	33690.67
海南	3585.34	3672.13	3910.81	4054.68	4295.24	4500.11	4595.55	4781.20	4832.71	5048.04	5173.49
中部地区	81541.17	85190.14	89408.75	94223.80	99918.67	103919.60	107478.69	111044.14	113779.27	120278.83	125212.26
山西	7791.13	8010.23	8232.52	8657.28	9079.67	9384.82	9618.01	10027.06	10215.02	10550.25	10754.95
吉林	6100.63	6271.98	6708.29	7259.15	7736.85	8035.58	8327.02	8678.03	8807.87	9221.19	9317.77
黑龙江	7169.08	7278.23	7555.10	8005.02	8345.82	8774.11	9192.61	9447.80	9746.53	10102.21	10241.40
安徽	14560.12	15119.67	16018.94	16651.37	17660.36	18445.11	18953.59	19461.48	19830.53	21004.98	21531.23
江西	5899.56	6204.68	6481.67	6812.32	6993.22	7214.57	7452.72	7809.22	7947.07	8495.62	9018.79
河南	18011.17	18859.58	19717.16	20661.89	21790.91	22674.63	23341.71	24094.32	24725.30	26440.05	28113.59
湖北	9280.15	9958.85	10680.94	11411.20	12678.24	13158.56	13669.76	14253.71	14848.79	15655.55	16640.27
湖南	12729.33	13486.91	14014.12	14765.58	15633.61	16232.22	16923.27	17272.52	17658.15	18808.98	19594.27
西部地区	85597.50	90715.20	94717.72	99060.23	104304.13	108082.55	111291.21	114861.15	17283.86	122158.61	125208.68
内蒙古	8057.90	8255.42	9118.66	9888.29	10734.34	11117.25	11634.64	12041.17	12321.00	12690.82	12634.11
广西	9547.87	9868.66	10192.28	10457.90	10847.23	10939.79	11162.41	11330.42	11632.66	12175.92	12419.68
重庆	13080.42	14297.67	14893.09	15456.85	16138.39	16782.46	17151.73	17636.60	18027.37	18884.13	19248.95
四川	16568.45	17532.45	17955 80	18599.78	19531.76	20148.87	20600.32	21170.90	21646.18	22483.93	23208.91
贵州	8292.30	8704.11	8922.41	9342.41	9816.42	10388.08	10886.38	11394.65	11639.42	11826.23	12316.36
云南	8539.14	9201.65	9579.52	10192.43	10717.59	11047.59	11354.54	11806.45	11985.32	12527.79	12969.39
西藏	24.55	22.65	30.55	30.55	31.65	35.71	36.88	36.88	36.88	36.88	39.15
陕西	10767.61	11221.31	11555.57	11776.16	12350.02	12703.90	12996.47	13188.36	13329.14	14103.28	14225.86
甘肃	3138.66	3606.25	3843.11	4121.36	4370.72	4464.15	4619.28	4836.20	4929.57	5169.84	5324.49
青海	1101.52	1169.95	1299.84	1347.34	1386.54	1515.80	1556.36	1607.24	1631.10	1700.59	1748.26
宁夏	2622.86	2847.09	2964.01	3121.16	3345.86	3502.17	3558.17	3787.60	3890.72	4019.25	4090.83
新疆	3856.21	3988.00	4362.89	4726.01	5033.62	5436.79	5734.04	6024.68	6214.51	6539.94	6982.70

数据来源：国家统计局

2013 年全国各地区月度累计住宅新开工面积

单位：万平方米

	1–2 月	1–3 月	1–4 月	1–5 月	1–6 月	1–7 月	1–8 月	1–9 月	1–10 月	1–11 月	1–12 月
总计	17430.69	29182.20	41330.01	54291.30	70629.68	82617.10	93712.75	106055.30	114084.03	131848.80	145844.80
东部地区	8633.97	14311.76	19714.77	25415.26	32555.91	37583.31	42713.71	48601.50	51788.96	59927.72	66591.24
北京	109.56	184.11	320.35	470.63	696.92	805.86	947.72	1138.18	1293.61	1537.06	1736.54
天津	241.36	449.79	536.67	629.68	702.05	748.11	844.79	919.16	963.89	1001.53	1744.85
河北	321.25	904.67	1378.95	1985.16	2559.46	2977.55	3342.83	3960.77	4438.12	5024.93	5445.77
辽宁	496.07	1536.78	2493.58	3698.22	5330.42	6181.17	7151.78	8234.05	8649.38	9578.14	10141.66
上海	320.67	388.75	466.62	644.16	786.21	886.46	1039.19	1198.72	1256.34	1473.95	1643.09
江苏	2154.41	3070.15	4107.94	4983.04	5974.00	7147.54	7954.92	8807.16	9315.02	10787.56	12211.81
浙江	623.16	1066.34	1601.01	1925.83	2628.43	3072.50	3556.61	4045.43	4333.18	4967.97	5787.98
福建	714.86	1100.73	1537.42	1851.30	2357.09	2667.96	3062.64	3480.88	3640.76	4307.55	4795.83
山东	1821.77	2901.98	3677.46	4635.36	5761.08	6543.73	7262.41	8221.01	8902.80	10888.65	11497.27
广东	1589.77	2405.71	3170.50	4045.03	5032.48	5669.01	6574.90	7481.26	7823.91	9028.22	10114.75
海南	241.08	302.75	424.28	546.85	727.77	883.43	975.92	1114.88	1171.96	1332.16	1471.69
中部地区	4545.74	7284.86	10808.16	14613.18	19039.69	22518.36	25586.44	28912.62	31614.84	37148.88	41856.38
山西	78.93	289.52	493.53	828.77	1170.40	1429.31	1627.09	1996.27	2157.09	2471.01	2723.39
吉林	52.98	103.03	439.56	916.17	1354.66	1660.14	1963.04	2289.68	2411.28	2792.31	2858.01
黑龙江	29.58	106.62	389.79	824.65	1157.31	1545.88	1919.94	2171.07	2440.46	2762.50	2920.48
安徽	1130.32	1569.39	2198.26	2721.49	3496.67	4105.63	4531.52	5050.12	5483.82	6545.98	7143.99
江西	587.15	782.65	963.29	1150.89	1295.36	1489.14	1655.58	1882.11	2099.08	2565.28	3050.83
河南	995.10	1839.88	2741.95	3527.20	4386.10	5180.27	5856.15	6547.09	7117.25	8537.45	55.31
湖北	737.72	1147.14	1703.21	2170.19	2942.46	3342.88	3738.10	4184.06	4764.83	5361.82	6250.23
湖南	933.97	1446.63	1878.58	2473.83	3236.72	3765.13	4295.02	4792.21	5141.04	6112.53	6854.15
西部地区	4250.98	7585.66	10807.08	14262.86	19034.08	22515.43	25412.60	28541.18	30680.24	34772.20	37397.18
内蒙古	37.19	230.49	642.08	1318.66	2004.09	2340.88	2734.39	3111.44	3331.80	3625.01	3633.33
广西	574.10	866.20	1077.01	1269.36	1648.77	1801.53	1929.62	2049.78	2265.14	2696.27	2901.93
重庆	572.19	969.49	1460.48	1842.74	2639.30	3201.67	3595.67	4059.31	4305.24	5014.66	5387.60
四川	1108.42	1763.22	2129.88	2784.84	3578.96	4037.44	4512.31	5076.83	5526.14	6322.67	7008.71
贵州	504.28	1849.65	1040.11	1349.80	1743.04	2258.55	2688.64	3093.62	3323.37	3514.22	3974.16
云南	750.63	1260.17	1689.46	2025.78	2495.89	2901.72	3166.67	3513.88	3795.03	4251.34	4529.09
西藏	—	—	13.58	13.58	13.63	17.79	17.89	19.99	20.01	20.10	22.37
陕西	526.60	845.46	1157.47	1290.56	1806.14	2073.43	2344.67	2495.67	2650.12	3179.31	3488.16
甘肃	105.46	411.90	664.70	895.20	1106.43	1196.56	1328.97	1526.05	1600.25	1813.37	1917.05
青海	0.05	39.08	154.51	205.52	234.37	355.00	400.41	451.58	474.43	556.31	599.85
宁夏	61.54	241.70	339.34	478.01	697.99	868.48	921.97	1150.34	1257.15	1363.10	1435.77
新疆	10.52	108.30	438.45	788.81	1065.47	1462.38	1771.39	1992.69	2131.56	2415.82	2499.16

数据来源：国家统计局

2013 年全国各地区月度累计住宅竣工面积

单位：万平方米

	1–2 月	1–3 月	1–4 月	1–5 月	1–6 月	1–7 月	1–8 月	1–9 月	1–10 月	1–11 月	1–12 月
总计	10360.04	15000.7	18273.48	22204.21	27428.1	32384.44	36300.53	41169.86	46395.05	54265.04	78740.62
东部地区	5189.83	7574.72	9309.47	11029.5	13508.4	16108.41	718074.08	20523.86	22759.26	25989.36	38209.67
北京	66.65	122.68	199.47	237.1	344.67	430.53	536.85	738.89	930.27	1083.03	1692.04
天津	50.78	98.71	204.04	212.74	336.32	345.02	374.93	398.34	432.27	494.24	2117.66
河北	301.35	544.95	812.37	1027.81	1249.35	1493.99	1679.8	1907.54	2174.04	2438.41	3517.8
辽宁	149.33	487.36	687.78	921.24	1320.63	1856.21	2268.37	2825.67	3258.7	3873.78	5025.69
上海	389.33	488.55	547.36	614.68	668.46	799.52	849.85	902.89	951.22	1053.68	1417.41
江苏	1399.46	1881.84	2239.66	2685.61	3084.66	3462.37	3831.85	4255.83	4617.86	5304.99	7584.17
浙江	516.11	742.24	890.34	1004.78	1146.46	1463.25	1635.99	1813.72	1956.28	2252.31	3187.62
福建	455.72	555.76	613.96	683.27	848.93	1103.3	1213.1	1381.43	1516.7	1715.43	2338.06
山东	832.18	1228.57	1425.81	1708.05	2088.9	2398.96	2684.65	3090.1	3424.81	3951.94	6063.35
广东	883.24	1249.73	1490.63	1721.62	2158.59	2479.16	2689.87	2880.23	3145.89	3427.95	4748.25
海南	145.67	174.34	197.98	212.59	261.44	276.08	308.83	328.23	351.22	393.58	517.62
中部地区	2364.29	3704.67	4539.18	5761.7	7362.49	8720.91	9858.04	11328.56	12889.7	75293.52	22537.29
山西	60.47	189.77	247.52	311.83	418.49	520.8	554.06	648.16	719.71	998.09	1847.99
吉林	55.75	82.66	171.51	290.78	383.26	506.42	568.76	674.74	834.45	1232.79	1769.95
黑龙江	80.55	111.75	169.26	228.03	379.87	474.75	557.17	743.72	929.27	1231 69	2344.41
安徽	503.59	707.5	830.3	1055.17	1318.13	1592.86	1799.47	2021.4	2326.44	2602.89	3919
江西	283.17	395.04	465.4	553.6	632.07	698.77	795.69	866.35	960.4	1124.99	1427.53
河南	431.37	845.09	1056.79	1317.22	1695.83	2038.3	2293.18	2630.43	2976.02	3351.74	4916.31
湖北	396.72	551.68	652.53	861.52	1122.77	1254.62	1401.19	1549.81	1734.59	2010.12	2547.39
湖南	552.68	821.13	945.86	1143.54	1412.06	1634.38	1888.51	2193.94	2408.8	274.22	3764.71
西部地区	2805.92	3721.37	4424.84	5413.01	6557.21	7555.12	8368.42	9317.44	10746.09	12982.17	17993.66
内蒙古	13.29	35.18	162.18	296.04	425.75	535.16	682.7	892.69	1187.83	1576.42	2001.21
广西	349.79	491.64	513.6	602.91	710.67	802.68	832.09	883.21	924.28	1033.01	1385.37
重庆	473.5	639.27	743.49	951.7	13 90.63	1355.27	1455.86	1587.8	1871.38	2140.25	2867.45
四川	988.14	1172.65	1315.22	1441.52	1734.33	1942.12	2118.82	2274.41	2414.54	2732.01	4028.88
贵州	192.22	286.69	350.18	414.58	470.77	539.74	575	630.43	731.29	840.2	1352.29
云南	431.84	480.95	546.31	643.91	693.95	796.76	886.11	969.49	1058.28	1191.01	1576.13
西藏	—	—	—	—	—	—	—	1.95	1.95	1.95	10.65
陕西	240.34	310.21	371.1	437.1	494.5	519.09	574.06	629.07	687.88	829.54	1272.77
甘肃	40.57	96.42	120.71	148.82	200.78	261.27	316.09	406.59	532.34	640.33	769.07
青海	0.85	28.72	40.14	49.66	50.26	63.85	66.75	81.76	128.68	437.6	474.39
宁夏	18.09	54.48	94.8	154.35	208.5	287.91	328.78	344.28	424.45	533.43	861.37
新疆	57.3	125.17	167.09	272.41	377.06	451.26	532.16	615.75	783.2	1026.42	1394.08

数据来源：国家统计局

2013 年全国各地区月度累计办公楼施工面积

单位：万平方米

	1–2 月	1–3 月	1–4 月	1–5 月	1–6 月	1–7 月	1–8 月	1–9 月	1–10 月	1–11 月	1–12 月
总计	16594.85	17526.42	18349.63	19206.10	20057.36	20877.27	21518.03	21995.87	22461.80	23535.73	24577.41
东部地区	10269.01	10847.54	11271.78	11863.79	12302.21	12791.70	13172.33	13453.16	13619.05	14268 00	14954.89
北京	1236.10	1353.58	1406.79	1534.04	1566.89	1688.68	1731.84	1738.43	1813.68	1955.13	2114.13
天津	699.76	683.38	679.46	722.39	715.41	745.32	746.45	758.59	758.59	764.78	841.00
河北	455.45	477.47	485.20	489.28	527.28	553.63	587.96	595.20	605.35	623.75	659.34
辽宁	559.06	605.69	636.29	696.82	728.64	736.75	761.31	772.69	776.04	786.34	796.46
上海	1101.54	1200.08	1273.71	1300.63	1319.87	1327.72	1371.60	1367.40	1378.20	1443.24	1431.73
江苏	1391.20	1461.69	1537.15	1598.78	1675.87	1743.15	1794.63	1845.64	1866.06	1896.87	1989.66
浙江	1887.32	1918.80	1965.92	2046.41	2099.92	2153.70	2204.10	2285.78	2295.30	2365.67	2477.02
福建	881.75	924.89	954.01	1008.10	1064.24	1127.28	1159.72	1214.64	1208.15	1294.52	1363.45
山东	973.50	1021.15	1051.58	1149.54	1214.79	1261.05	1299.58	1332.06	1350.87	1513.02	1553.26
广东	1038.57	1155.89	1234.98	1271.79	1342.50	1406.85	1462.71	1490.30	1514.39	1572.11	1675.71
海南	44.76	44.94	46.68	46.01	46.79	47.59	52.42	52.42	52.42	52.56	53.11
中部地区	3125.76	3255.82	3378.18	3478.27	3710.64	3900.31	4046.37	4142.30	4341.27	4536.86	4760.97
山西	193.51	198.07	221.12	224.13	226.31	241.38	246.26	254.05	269.88	300.59	327.11
吉林	185.94	190.89	194.78	204.59	220.64	260.23	262.81	293.98	293.98	301.66	302.72
黑龙江	141.93	155.30	158.23	163.88	179.98	187.46	190.27	190.32	191.88	197.98	199.33
安徽	724.55	748.33	778.28	811.67	856.06	867.02	901.43	936.23	976.44	1006.12	1034.03
江西	255.80	255.01	257.07	274.17	298.45	307.26	309.98	311.97	366.57	402.70	423.91
河南	895.91	921.07	946.87	956.64	1005.60	1080.17	1163.81	1153.66	1185.37	1231.06	1297.06
湖北	321.08	359.40	387.65	403.77	464.60	483.00	492.45	514.58	562.16	577.93	596.11
湖南	407.05	427.75	434.17	439.42	459.00	473.79	479.36	487.49	495.00	518.84	580.70
西部地区	3200.07	3423.06	3699.67	3864.04	4044.51	4185.25	4299.33	4400.41	4501.47	4730.86	4861.54
内蒙古	481.45	502.77	560.71	591.36	607.88	630.25	644.03	656.90	672.28	691.88	692.90
广西	247.11	254.24	256.65	260.75	266.22	278.30	281.42	282.79	303.21	313.00	321.91
重庆	486.73	567.88	608.83	663.98	686.59	693.86	701.63	737.16	737.25	778.27	781.98
四川	678.16	711.73	736.22	744.00	759.73	776.06	792.41	824.08	842.45	872.60	922.54
贵州	296.29	310.24	371.89	394.72	416.00	435.72	444.63	456.94	462.78	487.62	502.13
云南	400.97	436.32	461.94	477.13	488.74	501.65	507.00	496.85	514.25	512.49	557.95
西藏	1.51	1.56	1.56	1.56	1.56	1.56	1.56	1.56	1.56	1.56	1.56
陕西	301.48	311.73	342.18	337.86	393.05	405.47	428.32	435.63	441.23	502.23	501.13
甘肃	81.58	93.08	93.42	93.88	95.22	95.36	97.66	99.07	102.65	106.95	107.80
青海	25.06	28.22	47.89	49.91	55.92	63.05	67.17	70.95	72.66	75.14	75.14
宁夏	104.88	106.15	114.86	130.94	147.76	151.88	153.29	153.83	154.47	166.80	171.20
新疆	94.80	99.12	103.51	117.96	125.85	152.09	180.23	184.64	196.69	222.34	225.32

数据来源：国家统计局

2013 年全国各地区月度累计办公楼新开工面积

单位：万平方米

	1–2 月	1–3 月	1–4 月	1–5 月	1–6 月	1–7 月	1–8 月	1–9 月	1–10 月	1–11 月	1–12 月
总计	721.36	1269.87	1813.54	2405.32	3001.40	3607.94	4104.18	4605.68	5031.64	5893.24	6887.24
东部地区	437.50	774.05	1048.84	1468.32	1798.69	2148.05	2487.61	2759.21	2955.68	3474.61	4129.36
北京	49.32	127.08	151.60	192.80	206.83	286.20	320.39	322.29	388.79	510.38	671.40
天津	11.34	11.40	11.47	31.68	38.74	38.74	38.74	45.03	60.75	66.94	173.84
河北	8.45	32.83	41.97	45.40	66.04	94.42	110.19	117.49	125.18	138.16	172.02
辽宁	13.57	23.24	36.94	87.76	112.80	120.84	147.20	158.58	175.34	184.19	196.80
上海	74.39	81.05	101.89	111.10	115.10	120.08	153.97	175.30	184.89	246.02	264.06
江苏	84.60	151.56	207.49	257.34	312.81	360.60	402.55	452.80	468.98	478.13	547.94
浙江	31.13	64.93	110.77	183.45	226.60	268.14	316.83	404.60	412.75	477.90	576.71
福建	41.99	56.68	90.19	126.68	178.47	238.80	270.61	303.92	302.01	359.67	381.57
山东	72.27	100.43	121.39	226.32	271.48	317.74	355.32	383.72	401.84	541.41	567.24
广东	49.72	123.94	173.90	204.81	261.61	293.59	358.08	381.55	421.21	457.77	563.20
海南	0.73	0.91	1.23	0.98	8.21	8.90	13.73	13.93	13.93	14.03	14.59
中部地区	113.91	213.71	288.60	361.13	484.31	628.76	693.12	801.31	950.91	1073.20	1301.55
山西	2.85	7.02	13.61	16.52	18.70	20.76	26.10	29.94	42.80	59.47	76.47
吉林		5.42	9.73	17.86	19.45	59.18	62.02	93.40	92.98	95.51	96.21
黑龙江		3.93	8.70	14.05	16.31	23.83	25.79	25.98	27.54	33.51	34.72
安徽	40.25	56.53	80.97	91.08	120.27	135.25	161.77	180.09	196.33	220.48	246.09
江西	11.51	12.67	15.35	32.55	56.70	62.54	65.03	66.06	118.88	145.86	167.13
河南	25.41	44.75	60.86	69.33	108.63	152.50	170.35	191.01	226.59	251.27	329.90
湖北	12.50	57.12	68.08	79.50	86.27	105.02	109.52	133.56	158.22	164.88	201.33
湖南	21.39	26.27	31.31	40.24	57.97	69.69	72.53	81.27	87.57	102.21	149.71
西部地区	169.95	282.10	476.09	575.87	718 40	831.13	923.45	1045.16	1125.05	1345.43	1456.33
内蒙古	11.67	16.29	26.18	35.05	52.25	59.86	73.69	88.88	92.71	99.75	99.50
广西	9.10	10.16	11.14	13.48	16.83	28.26	29.11	29.98	48.75	60.42	72.74
重庆	60.89	93.62	112.02	146.23	163.17	164.35	172.04	207.73	207.91	230.55	241.15
四川	20.64	45.80	75.47	86.53	103.71	121.99	141.60	173.93	182.90	214.63	264.42
贵州	8.59	17.66	62.46	81.01	96.71	115.23	121.35	130.49	135.62	158.17	171.33
云南	51.66	59.59	89.14	98.88	104.71	112.40	115.64	126.93	145.97	167.42	171.33
西藏	—	—	—	—	—	—	—	—	—	—	—
陕西	2.41	18.03	48.23	40.74	77.80	88.94	95.17	102.56	108.50	165.49	179.21
甘肃	4.60	16.47	17.96	18.47	19.74	19.80	22.10	23.15	26.66	29.87	30.13
青海	—	0.94	20.41	21.22	24.62	31.76	35.89	39.68	41.39	43.75	43.75
宁夏	0.35	1.11	6.25	17.47	34.29	37.60	39.01	39.55	40.19	55.46	59.86
新疆	0.04	2.44	6.84	16.78	24.57	50.93	77.85	82.28	94.45	119.92	122.90

数据来源：国家统计局

2013 年全国各地区月度累计办公楼竣工面积

单位：万平方米

	1–2 月	1–3 月	1–4 月	1–5 月	1–6 月	1–7 月	1–8 月	1–9 月	1–10 月	1–11 月	1–12 月
总计	323.11	464.32	594.79	686.56	860.10	989.35	1118.38	1227.14	1334.65	1592.15	2789.40
东部地区	240.75	312.66	401.78	458.54	577.68	649.03	753.73	843.53	911.22	1089.12	1932.41
北京	2.62	3.88	10.77	22.83	47.17	59.27	90.91	118.69	121.94	174.90	273.05
天津	—	5.05	6.91	11.11	11.11	15.54	16.67	16.67	17.09	21.00	188. 59
河北	13.42	16.26	18.34	20.80	26.62	30.25	32.96	38.67	43.72	53.89	158.24
辽宁	5.17	7.73	8.89	12.74	17.22	17.77	19.68	26.24	34.01	42.38	66.24
上海	54.45	68.10	85.13	97.48	110.72	110.77	123.39	125.82	134.98	162.16	176.01
江苏	63.76	75.01	88.83	94.30	118.81	127.62	149.08	160.52	162.63	178.41	332.43
浙江	31.67	49.55	51.32	53.78	76.02	106.67	113.10	116.39	137.15	156.05	246.44
福建	6.53	6.89	7.37	7.46	9.08	9.56	11.76	19.80	24.15	46.48	98.33
山东	19.50	21.87	33.01	39.34	53.31	53.88	57.46	75.25	81.40	89.96	127.17
广东	43.48	58.16	91.07	98.54	107.48	117.56	137.53	144.29	152.85	162.59	264.58
海南	0.15	0.15	0.15	0.15	0.15	0.15	1.20	1.20	1.29	1.29	1.31
中部地区	28.99	73.18	98.52	110.15	147.12	174.61	190.42	199.16	218.41	240.12	459.23
山西	0.26	1.72	2.27	2.93	2.93	3.35	3.40	5.69	6.13	6.29	30.75
吉林	—	0.34	0.41	97.48	1.58	2.74	2.77	2.96	2.98	11.32	25.61
黑龙江	—	0.12	18.12	18.45	21.28	21.48	21.48	23.17	23.99	25.96	32.07
安徽	7.48	13.01	14.21	16.22	41.03	57.45	66.60	68.40	81.90	86.57	131.92
江西	1.87	10.03	10.04	10.17	10.66	12.29	12.67	12.67	13.65	15.02	24.55
河南	11.85	22.40	26.89	31.75	37.70	42.59	46.50	49.40	50.99	51.60	121.80
湖北	1.59	7.96	8.92	9.73	10.91	10.51	10.17	10.05	11.18	14.57	43.07
湖南	5.93	17.61	17.67	20.02	21.04	24.21	26.83	26.83	27.59	28.79	49.47
西部地区	53.37	78.48	94.50	117.27	135.29	165.71	174.23	184.45	205.03	262.91	397.76
内蒙古	—	—	1.08	1.69	1.84	1.87	6.39	9.23	15.47	20.10	41.66
广西	3.40	9.66	9.69	9.69	13.31	13.46	13.74	13.96	14.11	17.78	18.13
重庆	10.52	11.26	15.08	17.56	18.82	22.36	22.89	23.10	25.58	45.02	75.76
四川	18.20	27.98	28.41	28.66	28.93	48.44	48.65	49.29	54.41	57.82	101.33
贵州	1.07	2.49	2.49	9.60	12.99	12.99	15.03	15.13	16.03	16.17	30.00
云南	5.42	8.85	10.26	18.95	17.32	20.18	20.23	22.91	22.91	29.71	41.24
西藏	—	—	—	—	—	—	—	—	—	—	—
陕西	13.64	14.39	16.05	17.41	25.53	25.92	25.92	27.28	32.55	32.69	42.68
甘肃	0.11	0.11	0.81	0.81	1.43	1.43	1.43	1.83	1.85	2.84	3.34
青海	—	0.05	0.60	0.60	0.60	0.60	0.60	0.80	0.92	8.74	8.74
宁夏	0.94	3.37	3.37	3.37	3.78	4.25	4.25	5.19	5.19	9.39	9.86
新疆	0.06	0.32	6.66	8.93	10.74	14.21	15.10	15.71	16.02	22.65	25.03

数据来源：国家统计局

2013 年全国各地区月度累计商业营业用房施工面积

单位：万平方米

	1-2 月	1-3 月	1-4 月	1-5 月	1-6 月	1-7 月	1-8 月	1-9 月	1-10 月	1-11 月	1-12 月
总计	52814.32	55618.56	58320.98	61826.42	65343.75	67755.20	69517.94	72147.40	73902.97	78081.83	80626.76
东部地区	26593.03	27771.33	29022.56	30314.63	31868.48	32866.91	33697.34	34832.47	35464.66	37421.45	38272.75
北京	848.32	950.34	980.74	1017.98	1022.41	1067.69	1083.15	1120.19	1141.94	1183.70	1233.37
天津	742.44	804.65	838.47	886. 08	908.85	932.10	934.21	978.53	1027.66	1054.16	1158.61
河北	2234.07	2296.48	2358.93	2479.24	2623.03	2721.77	2793.79	2868.49	2940.43	3010.37	3091.02
辽宁	4250.29	4532.69	4685.85	4992.90	5425.96	5562.65	5710.40	5898.07	5978.32	6252.72	6230.28
上海	1226.17	1254.39	1334.81	1346.49	1387.25	1405.34	1436.24	1463.24	1499.02	1509.71	1500.72
江苏	4900.67	5087.78	5373.43	5580.57	5870.72	6056.02	6185.32	6377.03	6427.22	6750.02	6904.71
浙江	3098.62	3190.00	3354.71	3436.79	3556.40	3647.29	3725.32	3831.21	3871.49	3988.05	4226.99
福建	2028.85	2132.46	2276.65	2376.95	2481.42	2548.18	2623.99	2745.64	2759.55	2973.59	3002.82
山东	4172.01	4317.62	4502.69	4715.74	4931.33	5131. 35	5195.66	5377.98	5505.40	6100.55	6160.95
广东	2817.68	2911.04	3012.29	3156.02	3324.08	3444. 61	3644.94	3793.26	3933.73	4173.20	4323.84
海南	273.92	293.89	303.98	325.86	337.03	349. 91	364.32	378.83	379.91	425.38	439.44
中部地区	12592.80	13217.85	13798.45	14637.88	15570.53	16168.19	16995.86	17711.24	18371.65	19546.41	20327.73
山西	1058.25	1101.77	1156.60	1216.71	1264.43	1328.79	1410.21	1470.85	1511.24	1560.86	1647.81
吉林	1050.28	1086.30	1137.53	1226.95	1307.69	1401.89	1441.49	1519.60	1532.63	1609.79	1627.53
黑龙江	1103.B6	1123.71	1147.00	1253.36	1299.22	1421.14	1495.85	1551.55	1789.45	1864.61	1877.86
安徽	3199.94	3305.75	3468.51	3606.39	3840.91	3900.02	4149.84	4287.86	4424.70	4711.07	4787.71
江西	946.92	982.38	1015.87	1108.86	1140.27	1170.34	1199.36	1240.24	1258.22	1332.41	1515.36
河南	2354.55	2465.18	2547 20	2694.68	2856.03	2924.31	3095.93	3224.45	3300.72	3533.51	3709.10
湖北	1322.19	1475.58	1590.87	1686.05	1910.85	1983.01	2111.40	2231.18	2309.08	2424.03	2584.29
湖南	1556.81	1677.18	1734.88	1844.88	1951.13	2038.69	2091.77	2185.52	2245.60	2510.14	2578.07
西部地区	13628.48	14629.38	15499.97	16873.91	17904.74	18720.10	18824.74	19603.69	20066.66	21113.96	22026.27
内蒙古	2356.70	2456.17	2652. 86	2820.67	2954.78	3098.05	3178.96	3308.58	3431.52	351].89	3496.14
广西	1161.32	1239.93	1262.37	1291.16	1311.50	1334.00	1356.65	1376.32	1420.22	1504.81	1534.40
重庆	1751.13	2032.58	2113.46	2625.70	2744.48	2833.22	2395.91	2535.55	2573.87	2759.05	2965.72
四川	2428.39	2560.38	2615.05	2752.94	2944.89	3061.52	3131.81	3275.44	3374.99	3528.14	3784.84
贵州	1515.06	1609.70	1675.66	1802.00	1935.87	2038.36	2121.03	2223.84	2253.12	2306.80	2419.76
云南	1510.73	1617.01	1791.91	1918.19	2003.65	2075.66	2160.82	2215.14	2258.48	2338.42	2546.09
西藏	11.99	11.84	12.20	12.20	12.30	12.30	12.56	12.56	12.56	12.56	13.19
陕西	931.38	970.33	1029.80	1078.06	1147.37	1194.18	1242.28	1288.85	1309.14	1412.81	1447.76
甘肃	468.30	530.22	577.87	632.07	672.58	695.63	701.85	732.08	749.01	797.24	819.59
青海	179.55	188.15	221.04	243.99	255.75	268.28	278.70	290.45	294.02	310.41	311.75
宁夏	667.93	709.20	741.32	817.95	919.82	988.31	995.91	1034.83	1048.07	1111.29	1141.59
新疆	646.01	703.87	806.42	878.98	1001.73	1120.59	1248.26	1310.05	1341.66	1520.54	1545.45

数据来源：国家统计局

2013年全国各地区月度累计商业营业用房新开工面积

单位：万平方米

	1–2月	1–3月	1–4月	1–5月	1–6月	1–7月	1–8月	1–9月	1–10月	1–11月	1–12月
总计	2551.58	4340.8	6383.45	8859.71	11778.4	13974.37	15891.88	18255.54	19853.04	23252.33	25902
东部地区	1256.51	2036.29	2985.22	4083.65	5412.13	6303.8	7oa7.70	8110.15	8660.99	10232.29	11320.28
北京	49.29	74.69	104.65	141.18	158.94	201.14	210.73	242.18	254.97	300.87	351.01
天津	41.27	48.41	66.2	75. 13	79.35	106.03	108.3	133.13	160.06	166.66	370.11
河北	28.75	100.28	143.07	221.51	300.93	408.36	471.54	527.58	592.98	633.44	704.82
辽宁	88.98	236.67	369.63	690	1093.45	1236.82	1387.71	1584.37	1663.96	1943.56	1965.5
上海	54.19	59.51	97.62	119.65	143.33	161.59	183.88	227.12	250.45	258.13	274.96
江苏	367.57	516.15	738.33	869.55	1104.06	1275.73	1420.73	1574.93	1623.74	1868.78	2047.9
浙江	118.91	216.67	332.34	407.4	511.4	596.54	675.57	792.04	831.42	937.57	1123.97
福建	87.51	153.27	265.31	354.37	458.07	514.51	577.04	639.42	650.41	834.6	888.85
山东	217.51	356.25	507.49	686.83	890.22	1069.81	1140.03	1316.66	143716	1901.47	1976.83
广东	183	250.77	332.38	480.12	621.04	674.1	840.95	987.16	1109.26	1267.81	1481.58
海南	19.53	23.64	28.19	37.91	51.35	59.16	71.22	85.56	86.59	119.39	134.74
中部地区	631.29	1037.3	1528.39	2159.02	2797.44	3408.94	4038.34	4659.07	5237.09	6251.56	6994.89
山西	6.96	24.63	84.26	128.53	157.37	209.52	279.33	335.65	365.27	410.53	472.8
吉林	10.9	13.4	75.12	138.18	226.25	330.02	371.52	422.86	433.88	491.31	505.73
黑龙江	2.27	11.86	36.91	142.67	196.45	315.62	386.9	440.04	640.31	717.55	733.93
安徽	261.24	330.56	465.39	556.9	710.53	824.43	1013.68	1137.34	1260.35	1524.5	1624.77
江西	84.98	106.26	127.58	197.33	221.02	247.33	275.76	307.22	330.19	398.72	529.57
河南	110.24	219.15	302.82	404.85	507.06	566.68	672.29	762.48	829.42	1024.94	1185.51
湖北	72.18	175.28	231.08	287.6	405	464.49	549.25	673.14	747.42	843.15	1022.16
湖南	82.52	156.16	205.23	302.97	373.76	450.84	489.61	580.34	630.25	840.86	920.42
西部地区	663.77	1267.21	1869.84	2617.05	3568.82	4261.63	4765.85	5486.32	5954.95	6768.49	7586.83
内蒙古	3.68	74.94	144.1	260.98	382.22	506.2	573.79	705.1	827.81	871.38	879.3
广西	49.07	88.22	109.2	139.08	169.85	185.41	197.91	213.87	246.83	302.87	331.09
重庆	182.49	295.07	329.17	365.69	464.33	537.25	568.04	692.47	723.03	833.21	1001.32
四川	120.93	214.37	285.22	407.73	586.51	683.91	770.08	902.72	1013.01	1145.33	1402.18
贵州	84.44	163.45	199.1	291.63	372.24	476.61	529.42	613.17	644.75	679.85	806.39
云南	113.16	178.62	313.97	421.15	518.39	578.27	648.68	702.47	761.2	862.49	1003.08
西藏	—	—	0.96	0.96	0.96	0.96	0.96	0.96	0.96	0.96	1.59
陕西	42.51	76.14	136.96	178.76	238.08	269.11	301.01	338.24	355.65	433.5	474.83
甘肃	41.98	83.04	104.7	149. 37	186.55	207.07	203.31	228.86	241.97	286.4	300.68
青海	—	3.65	34.25	55.25	67.02	80.25	89.74	101.51	105.09	123.04	123.41
宁夏	20.23	50.26	78.6	137.16	236.43	284.77	294.66	331.83	346.89	397.09	424.44
新疆	5.28	39.45	133.61	209.29	346.24	451.81	588.25	655.11	687.75	832.37	838.51

数据来源：国家统计局

2013 年全国各地区月度累计商业营业用房竣工面积

单位：万平方米

	1–2 月	1–3 月	1–4 月	1–5 月	1–6 月	1–7 月	1–8 月	1–9 月	1–10 月	1–11 月	1–12 月
总计	1630.42	2304.72	2829.34	3430.98	4062.28	4630.13	5143.00	5711.70	6520.24	7553.88	10852.42
东部地区	794.37	1110.13	1367.88	1629.37	1877.27	2176.39	2442.40	2706.43	3069.98	3462.40	5038.37
北京	1.76	4.97	20.96	27.52	40.96	50.38	56.89	77.22	92.69	105.74	178.36
天津	11.75	26.33	31.41	32.83	32.83	29.44	30.58	31.32	33.40	42.39	187.80
河北	44.38	72.47	118.91	160.33	179.27	218.70	237.59	263.25	314.55	331.48	501.77
辽宁	15.18	74.85	109.46	155.78	211.61	272.07	325.16	389.74	435.00	520.64	716.08
上海	58.71	67.37	83.47	89.65	93.78	111.18	130.23	135.45	168.81	188.27	253.45
江苏	217.75	263.50	330.45	369.35	427.49	484.89	535.10	598.58	644.39	696.97	995.59
浙江	90.28	137.67	153.52	164.20	190.25	227.52	271.29	289.58	315.68	345.15	471.99
福建	107.84	119.84	129.S2	154.39	166.77	190.41	214.34	240.40	272.36	313.49	404.85
山东	115.76	163.40	1195.26	254.43	285.55	317.19	339.57	368.08	452.71	542.95	816.47
广东	117.78	161.57	175.88	199.25	224.17	249.47	267.45	276.79	304.00	336.87	469.15
海南	13.18	18.18	19.05	21.65	24.60	25.13	34.20	36.01	36.39	38.45	42.87
中部地区	432.76	589.95	754.70	941.37	1148.98	1295.06	1468.51	1657.70	1869.27	2192.33	3242.12
山西	8.68	19.06	25.92	37.28	56.75	70.25	76.34	83.60	92.42	125.35	272.98
吉林	6.94	10.12	20.07	71.55	83.20	96.17	130.99	143.06	178.59	216.35	307.50
黑龙江	22.78	28.47	42.22	53.00	68.18	82.09	89.09	110.33	136.81	185.33	339.84
安徽	126.53	170.23	219.91	236.15	286.85	310.73	331.34	363.17	419.07	478.95	698.82
江西	80.52	98.29	109.34	122.41	132.36	140.63	151.93	161.12	177.99	192.37	260.16
河南	49.90	83.90	138.65	181.78	211.61	246.31	304.26	349.68	388.62	434.43	620.81
湖北	58.85	90.56	93.05	119.18	150.79	170.34	181.26	202.60	212.01	241.93	328.68
湖南	58.56	89.33	105.53	120.02	159.24	178.55	203.29	244.14	263.75	317.62	413.33
西部地区	423.29	604.64	706.76	860.24	1036.03	1158.68	1232.09	1347.57	1580.99	1909.16	2571.93
内蒙古	11.00	13.69	39.03	61.53	96.17	128.61	159.39	193.95	258.45	327.12	391.43
广西	41.65	82.70	82.04	87.76	98.84	106.33	110.64	115.03	118.83	132.28	175.44
重庆	125.23	155.25	171.83	242.06	261.64	277.26	259.76	279.45	302.02	344.45	456.08
四川	105.45	130.71	141.57	154.66	195.72	224.00	238.50	252.85	281.21	308.80	482.70
贵州	26.36	47.01	55.82	63.96	85.27	91.18	103.71	114.42	141.44	160.15	218.58
云南	48.96	62.14	74.56	85.54	96.46	103.40	115.87	124.64	148.14	179.34	220.86
西藏	—	—	—	1.40	1.40	1.40	1.40	1.90	1.90	2.09	7.44
陕西	23.22	24.45	29.07	33.15	43.32	44.89	45.77	49.90	58.34	69.01	114. 92
甘肃	19.62	26.31	30.27	33.50	36.50	40.80	45.02	51.47	68.13	74.47	97.62
青海	0.13	0.94	6.43	6.98	6.98	8.58	8.98	9.81	16.63	47.55	52.78
宁夏	8.25	12.62	17.68	21.86	30.13	43.21	48.74	51.15	55.75	80.36	133.69
新疆	13.43	48.81	58.46	69.85	83.60	89.00	94.33	102.97	130.13	183.53	220.39

数据来源：国家统计局

2013 年全国各地区月度累计商品房销售面积

单位：万平方米

	1–2 月	1–3 月	1–4 月	1–5 月	1–6 月	1–7 月	1–8 月	1–9 月	1–10 月	1–11 月	1–12 月
总计	10471.14	20897.98	29760.52	39118.13	51433.33	61133.28	70841.9	84383.31	95930.99	110806.8	130550.59
东部地区	5415. 36	10772.96	15414.24	20052.08	26109.98	31037.72	35847.92	42404.56	47915.01	54708.86	63476.04
北京	221.12	396.6	560.2	684.62	821.77	990.08	1156.14	1329.73	1453.56	1634.35	1903.11
天津	190.79	391.29	509.96	674.41	789.79	853.45	974.41	1162.58	1330.97	1471.48	1847.11
河北	204.17	665.51	1028.69	1420.46	2016.51	2531.03	2989.46	3664.4	4139.4	4727.93	5675.95
辽宁	254.72	1014.82	1592.23	2272.59	3464.21	4350.1	5167.32	6516.2	7344.15	8342.57	9292.33
上海	278.97	462.5	668.9	825.69	1107.04	1258.64	1475.29	1640.6	1914.75	2153.77	2382.2
江苏	1245.6	2322.93	3235.43	4051.04	4936.34	5827.35	6600.19	7495.24	8493.64	9795.68	11454.77
浙江	628.38	1054.65	1463.25	1845.24	2216.29	2591.58	2914.81	3374.18	3767.56	4236.35	4886.99
福建	633.57	1059.47	1511.79	1886.98	2252.31	2582.05	2935.93	3357.93	3712.48	4132.26	4676.16
山东	607.94	1343.52	1970.05	2664.8	3712.11	4428.28	5183.97	6423.79	7308.71	8608.75	10329.8
广东	1020.85	1801.5	2513.82	3281.46	4221.41	4988.12	5732.61	6613.96	7537.76	8567.86	9836.39
海南	129.25	260.17	359.91	444.8	572.21	637.04	717.79	825.94	912.03	1037.85	1191.23
中部地区	2432.58	4983.05	7102.68	9497.81	12754.37	15171.42	17704.3	21315.87	24411.11	28663.29	35191.28
山西	51.61	141.28	249.16	379.21	537.14	677.32	813.71	982.35	1127.84	1355.84	1642.82
吉林	56.03	112.21	270.9	499.39	739. 21	901.55	1107	1346.57	1579.57	1920.59	2214.96
黑龙江	51.26	222.47	394.95	581.25	893.57	1119.17	1479.29	1965.44	2337.46	2735.41	3339.95
安徽	739.66	1292.71	1696.49	2141.41	2716.46	3137.67	3556.21	4124.2	4638.58	5324.91	6265.35
江西	301.11	531.15	710.98	929.34	1157.42	1367.24	1546.36	1844.1	2096.22	2455.45	3167.06
河南	370.93	969.89	1395.21	1853.04	2448.36	2953.02	3449.28	4171.42	4833.18	5676	7310.21
湖北	448.21	814.93	1122.22	1447.24	1980.62	2321.82	2667.28	3191.16	3625.16	4302.56	5298.54
湖南	413.76	898.42	1262.76	1666.93	2281.53	2693.63	3085.17	3690.63	4173.12	4892.54	5952.38
西部地区	2623.21	5141.98	7243.61	9568.24	12569.04	14924.14	17289.68	20662.88	23604.86	27434.65	31883.27
内蒙古	16.52	124.8	282.01	470.77	747.33	950.3	1184.08	1494.79	1944.21	2356.97	2737.7
广西	251.44	519.4	701.15	964.06	1292.66	1499.02	1707.82	1969.86	2207.28	2554.86	2995.58
重庆	579.18	1041.42	1428.74	1802.02	2186.27	2517.69	2819.83	3205.36	3565.52	4092.7	4817.56
四川	742.68	1379.81	1881.57	2448.46	3168.28	3781.68	4354.12	4981.16	5594.26	6341.46	7312.78
贵州	268.14	554.14	740.39	940.88	1 194.99	1428.15	1659.6	2052.76	2261.05	2601.38	2972.32
云南	341.47	578.39	763.77	949.95	1234.63	1401.45	1557.66	1987.23	2261.61	2713.13	3309.3
西藏	0.56	2.3	4.25	6.49	8.44	13.12	15.17	18.71	21.06	22.39	25.4
陕西	196.58	396.07	593.5	843.89	1172.91	1397.31	1594.69	1991.74	2301.81	2691.93	3045.7
甘肃	53.03	140.13	213.04	278.04	392.12	482.79	597.11	793.35	923.37	1074.82	1220.02
青海	13.29	39.43	59.28	83.25	118.24	149.25	167.04	197.94	248.26	352.16	381.56
宁夏	64.04	150.13	226.63	305.58	386.48	467.24	553.52	636.13	732.96	862.53	1048.31
新疆	96.28	215.95	349.27	474.84	666.71	836.15	1079.05	1333.85	1543.47	1770.32	2017.03

数据来源：国家统计局

2013 年全国各地区月度累计商品房销售金额

单位：亿元

	1–2月	1–3月	1–4月	1–5月	1–6月	1–7月	1–8月	1–9月	1–10月	1–11月	1–12月
总计	7361.33	13991.63	19847.19	25863.98	33376.41	39548.84	45723.95	54028.13	61237.63	69946	81428.28
东部地区	4819.99	9015.62	12759.39	16482.19	20989.36	24793.42	28565.71	33614.73	37928.68	42904.3	49327.4
北京	433.53	763.19	1019.26	1274.78	1573.9	1887.12	2211.34	2548.94	2797.42	3080.91	3530.82
天津	171.13	352.01	465.45	601.94	698.55	756.83	864.53	1045.01	1188.45	1306.76	1615.47
河北	103.26	331.93	504.97	684.93	958.86	1215.67	1438.11	1780.5	2024.46	2302.83	2779.69
辽宁	144.56	545.53	834.97	1192.88	1786.63	2220.03	2643.05	3333.57	3763.17	4255.6	4759.21
上海	460.83	782.93	1112.68	1390.24	1785.53	2033.39	2353.65	2704.78	3161.7	3569.57	3911.57
江苏	848.03	1552.26	2195.41	2787.17	3449.47	4064.38	4630.26	5284.96	5990.24	6832.63	7913.7
浙江	715.75	1174.81	1639.15	2070.25	2496.3	2923.34	3282.15	3808.8	4220.19	4732.49	5396.03
福建	543.46	913.84	1309.49	1648.19	1980.03	2289.12	2597.17	2968.98	3292.47	3679.6	4232.08
山东	340.03	698.81	1023.66	1382.49	1870.91	2239.47	2614.93	3249.62	3711.78	4373.61	5215.12
广东	902.86	1607.75	2268.61	2986.85	3831.1	4554.07	5261.49	6143.45	6967.25	7857.46	8941.05
海南	156.56	292.58	385.73	462.47	558.08	610	669.03	746.1	811.55	912.84	1032.65
中部地区	1228.79	2447.44	3479.11	4615.06	6158.14	7328.34	8568.34	10226.26	11692.28	13634.22	16524.49
山西	26.79	65.61	112.31	166.52	236.12	295.09	356.64	425.6	490.09	592.89	728.26
吉林	22.24	55.88	126.77	230.79	340.97	416.43	513.39	620.98	724.81	860.68	993.04
黑龙江	29.72	121.81	212.88	295.42	455.99	568.06	756.76	961.9	1117.14	1303.31	1582.34
安徽	381.39	662.66	869.89	1101.34	1392.45	1602.68	1824.57	2116.19	2382.33	2729.83	3182.87
江西	153.06	261.65	359.14	471.26	601.48	715.53	812.98	964.83	1105.62	1288.59	1647.9
河南	176.81	459.32	638.64	829.46	1088.68	1306.66	1519.33	1810.2	2079.45	2448.84	3074.14
湖北	232.22	421.25	599.76	780.76	1045.41	1233.4	1417.6	1708.54	1967.53	2294.55	2790.32
湖南	206.56	399.26	559.72	739.53	997.04	1190.49	1367.08	1618.02	1825.32	2115.54	2525.64
西部地区	1312.55	2528.57	3608.68	4766.73	6228.9	7427.08	8589.93	10187.15	11616.67	13407.48	15576.39
内蒙古	7.33	54.72	125.45	211.21	329.01	416.55	525.41	658.4	842.15	1010.57	1177.36
广西	110.05	223.08	316.48	443.3	587.17	698.5	802.12	926.07	1033.67	1180.82	1375.79
重庆	335.76	575.24	795.66	1001.62	1214.18	1413.44	1582.97	1789.33	2003.05	2279.63	2682.76
四川	403.79	749.15	1036.93	1348.92	1749.82	2096.8	2405.49	2745.51	3096.07	3497.46	4020.27
贵州	113.02	231.19	316.32	404.2	516.89	616.02	712.75	874.53	969.93	1122.8	1276.69
云南	138.4	256.16	338.92	415.15	540.92	620.05	700.63	898.88	1015.53	1204.33	1487.24
西藏	0.2	0.83	1.46	2.42	3.32	4.96	5.86	7.38	8.38	8.97	10.6
陕西	106.98	205.4	312.51	453.49	634.33	754.27	857.72	1071.03	1235.49	1430.56	1608.11
甘肃	21.88	55.33	85.84	112.1	152.12	191.66	237.02	307.87	353.49	409.09	474.07
青海	5.64	17.38	26.33	34.93	47.66	60.75	70.83	84.33	104.64	147.84	158.84
宁夏	28.05	65.11	100.16	132.07	166.67	200.58	238.73	274.91	314.68	366.12	443.7
新疆	40.47	94.98	152.62	207.33	286.81	353.5	450.41	548.88	639.59	749.28	860.95

数据来源：国家统计局

2013年全国各地区月度累计住宅销售面积

单位：万平方米

	1–2月	1–3月	1–4月	1–5月	1–6月	1–7月	1–8月	1–9月	1–10月	1–11月	1–12月
总计	9493.67	18901.06	26834.20	35165.94	46089.66	54747.98	63406.53	75433.56	85721.22	98871.50	115722.69
东部地区	4837.45	9627.39	13737.03	17843.01	23171.67	27538.56	31794.00	37487.49	42356.94	48313.38	55667.45
北京	167.89	300.69	425.90	505.40	599.16	725.53	847.74	959.14	1044.17	1176.33	1363.67
天津	176.40	366 65	471.55	626.61	733.36	791.32	905.22	1081.14	1237.98	1367.52	1720.34
河北	191.14	594.30	926. 64	1272.17	1782.97	2268.57	2682.80	3249.35	3671.35	4197.60	5020.13
辽宁	227.51	894.93	1402.05	2019.37	3060.58	3850.34	4566.04	5703.02	6418.91	7281.51	8014.80
上海	234.26	394.33	574.43	705.62	952.70	1083.11	1255.45	1402.95	1637.91	1848.01	2015.81
江苏	1122.17	2094.41	2902.88	3636.19	4412.58	5215.27	5919.75	6731.09	7630.11	8800.79	10191.52
浙江	533.22	904.11	1252. 55	1577.65	1889.80	2196.03	2462.72	2851.62	3191.53	3588.10	4097.63
福建	559.41	939.39	1331.48	1655.10	1973.41	2242.10	2545.73	2881.84	3172.89	3524.45	3957.46
山东	553.70	1230.94	1806.22	2422.53	3376.81	4035.87	4731.76	5864.73	6649.73	7798.70	9300.29
广东	945.35	1652.96	2291.06	2987.29	3829.91	4507.93	516.55	5960.47	6816.76	7726.59	8830.95
海南	127.00	254.69	352.28	435.09	560.38	622.49	700.25	802.14	885.58	1003.78	1154.86
中部地区	2234.22	4541.51	6475.85	8610.80	11522.22	13701.49	15973.95	19258.96	22062.66	25857.99	31572.70
山西	47.14	129.51	231.78	353.48	496.40	623.66	747.98	904.94	1037.58	1242.29	1484.37
吉林	51.57	101.50	245.82	446.71	661.03	806.46	993.58	1210.02	1421.39	1727.16	1985.95
黑龙江	45.15	186.80	335.89	497.99	782.50	981.02	1277.57	1727.26	2065.50	2426.63	2944.23
安徽	671.92	1169.76	1534.52	1930.35	2442.90	2815.24	3186.74	3694.11	4159.82	4754.67	5573.53
江西	279.82	497.06	662.88	841.88	1049.07	1239.55	1402.21	1673.76	1903.53	2227.94	2846.04
河南	341.00	879.83	1260.16	1671.76	2209.79	2665.85	3113.08	3766.67	4379.39	5131.92	6561.41
湖北	421.59	754.69	1041.58	1335.70	1806.21	2115.91	2433.51	2912.56	3279.26	3883.80	4765.68
湖南	376.04	822.36	1163.23	1532.92	2074.30	2453.81	2819.28	3369.63	3816.20	4463.59	5411.48
西部地区	2422.00	4732.17	6621.32	8712.14	11395.77	13507.92	15638.57	18687.10	21301.62	24700.13	28482.54
内蒙古	13.82	108.97	234.86	393.73	626.06	796.41	997.57	1267.71	1631.78	1970.12	2263 65
广西	237.15	485.57	657.55	900.65	1207.86	1389.20	1582.61	1834.04	2060.92	2370.97	2765.15
重庆	537.52	975.83	1335.09	1676.19	2011.48	2306.98	2585.27	2946.36	3281.07	3762.84	4359.19
四川	669.82	1250.16	1693.70	2203.83	2855.95	3409.36	3925.91	4493.14	5035.60	5691.34	6505.32
贵州	243.88	504.60	666.70	847.50	1070.90	1281.66	1487.24	1840.16	2026.65	2323.69	2646.98
云南	324.04	535.37	703.10	857.69	1098.82	1242.42	1373.22	1738.47	1960.99	2352.10	2855.52
西藏	0.56	2.24	4.04	5.38	7.00	11.62	13.46	16.68	18.94	20.05	22.78
陕西	185.31	376.64	559.80	799.96	1102.23	1314.53	1492.98	1855.79	2143.54	2516.59	2831.22
甘肃	49.67	129.35	198.08	257.92	366.73	449.92	556.07	740.86	861.42	1003.33	1134.81
青海	12.23	37.72	56.94	80.61	114.97	144.51	160.64	190.57	239.75	341.83	369.70
宁夏	57.10	133.13	198.78	266.37	338.23	410.61	485.86	559.35	646.75	761.52	928.26
新疆	90.91	192.59	312.68	422.30	595.54	750.70	977.75	1203.97	1394.22	1585.75	1799.95

数据来源：国家统计局

2013 年全国各地区月度累计住宅销售金额

单位：亿元

	1-2 月	1-3 月	1-4 月	1-5 月	1-6 月	1-7 月	1-8 月	1-9 月	1-10 月	1-11 月	1-12 月
总计	6300.53	11994.87	16941.06	21971.30	28215.06	33379.56	38525.67	45437.00	51484.59	58689.35	67694.94
东部地区	4116.39	7731.25	10906.33	14017.92	17755.16	20954.06	24085.45	28277.56	31919.29	36065.26	41049.38
北京	340.35	587.52	763.53	921.09	1122.89	1353.37	1592.03	1809.77	1968.73	2151.47	2434.71
天津	155.10	317.86	412.38	535.33	622.93	673.95	774.78	940.36	1068.37	1171.95	1443.34
河北	93.03	277.40	429.23	580.25	796.04	1028.30	1220.94	1489.20	1695.58	1937.01	2329.12
辽宁	127.48	472.18	728.75	1042.04	1536.08	1910.87	2249.47	2812.83	3167.91	3568.45	3941.86
上海	379.49	665.79	951.51	1180.82	1516.23	1725.95	1969.59	2290.88	2670.71	3023.38	3264.03
江苏	736.63	1334.77	1876.92	2391.86	2951.93	3484.84	3983.24	4562.16	5179.86	5908.83	6777.70
浙江	595.75	997.35	1392.00	1761.51	2110.37	2461.19	2751.25	3200.54	3561.59	4005.03	4513.88
福建	456.29	783.04	1120.83	1399.12	1680.78	1927.41	2182.16	2460.65	2720.24	3028.65	3410.57
山东	281.85	604.12	886.27	1190.49	1607.87	1935.46	2266.88	2824.07	3212.76	3768.85	4461.07
广东	796.68	404.91	1968.05	2563.14	3263.79	3856.75	4442.29	5162.80	5886.00	6619.40	7476.10
海南	153.73	286.32	376.87	452.28	546.25	595.98	652.83	724.29	787.55	882.24	997.00
中部地区	1056.06	2080.36	2963.76	3903.60	5186.81	6172.81	7204.01	8602.60	9843.06	11439.23	13770.16
山西	23.38	57.92	99.61	148.63	207.98	259.75	313.60	375.49	431.90	522.78	625.14
吉林	20.38	50.39	112.65	199.52	292.58	357.05	441.43	534.67	624.31	738.59	839.73
黑龙江	24.49	89.31	165.06	231.54	374.12	470.22	605.93	759.07	923.90	1088.65	1305.90
安徽	329.21	563.49	739.46	931.80	1176.84	1353.10	1536.94	1781.63	2013.15	2284.34	2662.04
江西	135.15	233.77	320.28	406.87	515.63	612.44	695.75	825.78	948.75	1106.24	1396.06
河南	147.31	377.28	524.56	681.29	895.60	1074.05	1244.45	1481.72	1713.95	2012.66	2516.26
湖北	208.40	370.72	522.38	673.44	893.23	1050.61	1213.69	1454.52	1645.42	1904.56	2310.04
湖南	167.75	337.48	479.76	630.51	830.83	995.59	1152.22	1359.73	1541.68	1781.42	2114.97
西部地区	1128.08	2183.26	3070.98	4049.78	5273.68	6252.58	7236.21	8556.84	9722.24	11184.86	12875.40
内蒙古	5.95	44.15	89.78	156.67	246.84	313.99	398.57	506.34	637.62	759.51	874.45
广西	96.33	198.31	275.74	380.31	506.44	580.05	671.34	782.72	879.29	1001.46	1166.72
重庆	286.36	504.04	692.47	873.55	1048.90	1216.52	1366.73	1548.76	1733.73	1973.68	2283.57
四川	342.39	634.01	870.91	1133.04	1471.68	1762.77	2025.04	2308.32	2586.10	2905.97	3308.58
贵州	91.88	189.18	251.30	322.32	407.42	487.04	563.88	693.17	768.94	878.94	988.77
云南	123.67	225.20	294.01	352.10	455.01	517.02	582.26	733.72	822.41	969.81	1192.55
西藏	0.20	0.79	1.34	1.79	2.42	4.01	4.78	6.12	7.07	7.52	8.85
陕西	96.20	187.26	285.11	416.81	576.20	685.26	774.06	944.43	1084.16	1265.32	1413.20
甘肃	19.59	48.66	76.21	100.02	137.42	170.10	210.76	272.97	312.91	363.52	418.08
青海	4.88	15.88	24.08	32.34	44.56	56.76	63.80	76.26	95.59	137.17	146.29
宁夏	23.64	54.23	81.35	107.67	137.55	166.09	196.48	225.24	257.94	300.32	363.60
新疆	36.99	81.55	128.67	173.16	238.65	293.08	378.49	458.78	536.48	621.64	710.74

数据来源：国家统计局

2013 年全国各地区月度累计办公楼销售面积

单位：万平方米

	1–2 月	1–3 月	1–4 月	1–5 月	1–6 月	1–7 月	1–8 月	1–9 月	1–10 月	1–11 月	1–12 月
总计	251.28	461.35	653.91	868.10	1120.92	1339.92	1538.17	1819.06	2039. 53	2306.22	2883.35
东部地区	164.15	299.56	428.13	560.98	706.22	845.54	975.23	1155.27	1293.16	1446.04	1798.99
北京	29.94	60.23	88.38	114.94	136.28	164.15	185.64	219.81	243.20	270.22	317.93
天津	2.62	2.96	8.67	11.22	14.19	14 74	16.31	17.69	18.53	19.50	23.49
河北	2.57	20.82	23.25	30.46	38.39	41.83	45.58	53.61	57.38	59.88	78.00
辽宁	2.09	5.82	10.00	11.47	15.36	17.19	22.30	36.03	39.10	43.85	53.61
上海	17.76	32.96	46.89	60.43	71.14	78.67	100.07	109.04	132.65	142.97	161.22
江苏	23.70	41.38	54.92	75.27	95.31	113.15	127.44	146.85	165.66	184.47	286.81
浙江	30.32	40.80	55.52	72.12	92.57	113.74	127.72	138.57	153.52	177.67	218.29
福建	24.33	32.51	52.17	63.67	76.29	96.79	107.54	136.93	154.62	173.68	211.42
山东	12.38	23.13	33.36	1.31	64.93	76.46	85.18	104.88	122.58	142.38	189.29
广东	18.20	38.71	54.45	76.56	101.00	128.04	156.64	191.06	205.06	230.57	256.86
海南	0.25	0.25	0.53	0.54	0.77	0.78	0.81	0.81	0.86	0.86	2.08
中部地区	41.89	85.23	110.26	150.37	211.97	252.70	292.17	345.25	389.19	447.73	589.76
山西	0.07	1.81	2.22	2.29	2.79	3.53	3.88	6.30	6.81	7.45	589.76
吉林	0.50	0.50	0.60	6.85	9.79	10.78	10.94	11.35	12.07	14.72	15.30
黑龙江	0.94	7.29	9.24	9.79	13.21	13.56	15.27	15.62	16.07	16.69	21.25
安徽	7.95	15.83	21.44	29.23	38.44	46.74	54.92	65.99	72.90	80.55	24.84
江西	3.70	5.50	8.95	13.15	16.74	22.39	24.82	31.93	34.52	40.11	94.98
河南	12.85	31.53	41.91	50.33	67.99	83.43	96.48	103.84	113.72	142.57	56.46
湖北	3.31	8.57	9.28	13.25	21.44	27.05	37.34	52.92	72.94	79.35	205.44
湖南	12.58	14.19	16.62	25.48	41.59	45.22	48.52	57.31	60.16	66.30	92.76
西部地区	45.24	76.56	115.52	156.76	202.72	241.69	270.77	318.54	357.18	412.45	78.72
内蒙古	0.50	3.00	10.68	13.66	19.68	23.80	27.05	30.74	37.08	46.25	494.59
广西	1.07	1.40	2.07	11.58	15.90	27.59	28.86	29.91	30.65	31.15	53.31
重庆	10.80	14.24	16.64	19.76	29.98	32.00	36.91	41.20	46.02	51.21	32.06
四川	15.01	25.96	34.23	40.57	46.37	53.83	60.08	65.51	78.31	93.20	68.67
贵州	12.27	19.25	30.59	37.62	48.11	54.52	60.47	65.47	69.48	85.68	114.22
云南	1.37	3.16	4.68	11.94	14.03	15.09	16.30	33.75	39.74	43.82	100.02
西藏	—	0.05	0.18	0.38	0.51	0.51	0.63	0.72	0.77	0.77	51.33
陕西	2.76	5.83	9.70	11.67	17.13	19.16	22.81	31.09	32.64	35.53	0.77
甘肃	0.80	4.85	2.30	2.90	3.29	4.63	4.79	5.57	5.89	5.89	44.83
青海	0.05	0.05	0.06	0.06	0.31	0.40	0.44	0.57	0.57	0.67	5.90
宁夏	0.11	0.50	1.38	1.56	1.66	1.86	2.86	3.27	3.94	4.93	0.69
新疆	0.51	1.27	3.02	5.07	5.74	8.21	9.56	10.74	12.09	13.36	5.74

数据来源：国家统计局

2013 年全国各地区月度累计办公楼销售金额

单位：亿元

	1–2 月	1–3 月	1–4 月	1–5 月	1–6 月	1–7 月	1–8 月	1–9 月	1–10 月	1–11 月	1–12 月
总计	358.09	643.15	881.1	1185.8	1513.65	1806.4	2102.49	2474.23	2779.03	3124.55	3747.35
东部地区	267.69	476.83	661.1	893.16	1125.44	1335.11	1575.57	1849.86	2075.12	2315.42	2777.04
北京	64.12	124.63	178.37	244.96	305.17	367.34	425.7	504.08	558.78	626.95	744.78
天津	3.38	4.51	9.72	12.82	15.94	16.57	17.55	19.15	20.6	21.42	26.88
河北	1.72	17.06	18.9	25.12	32.34	34.92	37.58	44.22	47.18	48.88	60.72
辽宁	1.2	3.81	5.6	7.53	10.45	12.14	15.51	23.03	25.09	27.62	36.34
上海	39.63	65.67	94.27	124.48	152.99	172.11	229.5	247.97	303.08	331.37	380.85
江苏	19.87	44.08	56.27	72.77	89.61	107	119.49	134.97	150.8	170.8	218.46
浙江	50.91	66.97	90.24	113.02	150.01	172.82	192.3	209.81	226.16	252.35	303.78
福建	35.36	45.63	66.57	83.78	96.83	118.06	134.06	176.14	201.88	230.7	290.14
山东	15.03	23.18	31.3	40.85	59.16	68.86	79.83	94.23	108.59	427.47	176.13
广东	36.34	81.18	109.3	167.27	211.89	264.22	322.96	395.18	431.7	1.27	534.06
海南	0.13	0.13	0.58	0.58	1.06	1.07	1.09	1.09	1.27	59.65	4.88
中部地区	47.86	93.32	113.91	149.21	204.77	244.94	278.15	327.84	369.23	425.31	518.09
山西	0.13	0.91	1.55	1.63	2.13	2.55	2.91	4.62	5.07	5.42	14.64
吉林	0.33	0.34	0.38	3.94	5.65	6.06	6.14	6.61	7.01	8.97	13.78
黑龙江	0.94	7.26	8.39	8.74	11.25	11.56	12.96	13.15	13.37	13.59	17.61
安徽	6.35	12.79	16.95	22.13	29.33	35.49	41.61	48.46	53.96	59.65	69.11
江西	3.34	4. 82	7.14	13.47	17.54	23.89	26.27	31.76	34.34	38.39	51.28
河南	17.39	41.83	49.81	59.63	75.43	92.61	107.82	116.38	126.26	157.37	187.16
湖北	2.64	7.08	8.68	11.59	17.94	22.92	27.29	46.03	65.47	69.13	77.77
湖南	16.75	18.3	21.01	28.08	45.5	49.88	53.14	60.83	63.77	72.79	86.74
西部地区	42.54	72.99	106.09	143.43	183.45	226.34	248.77	296.53	334.68	383.82	452.23
内蒙古	0.29	2.72	9.07	11.36	15.49	18.01	19.86	22.79	26.76	33.29	40.42
广西	1.14	1.4	2.44	15.95	18.63	38.12	39.68	40.83	41.82	42.45	43.23
重庆	16.4	21.13	23.21	27.32	38.36	41.38	44.68	50.57	55.62	61.34	78.08
四川	10.4	22.49	30.17	35.23	40.67	47.37	53.13	57.19	74.93	92.22	111.75
贵州	9.66	14.71	23.13	28.53	37.03	42.3	46.86	50.52	53.51	64.13	73.15
云南	1.12	3.15	4.95	8.34	10.56	11.52	12.55	30.47	34.35	38.61	46.62
西藏	0.02	0.09	0.19	0.26	0.26	0.33	0.37	0.4	0.4	0.4	—
陕西	2.26	4.58	8.14	9.61	13.96	14.98	16.74	26.1	27.32	29.33	33.22
甘肃	0.67	1.47	1.78	2.18	2.55	3.62	3.74	4.72	5.03	5.03	5.03
青海	0.01	0.01	0.01	0.01	0.14	0.18	0.21	0.31	0.31	0.4	0.41
宁夏	0.07	0.27	0.78	0.92	1	1.16	1.78	2.11	3.02	3.92	4.57
新疆	0.52	1.05	2.32	3.8	4.79	7.44	9.21	10.54	11.62	12.71	15.35

数据来源：国家统计局

2013年全国各地区月度累计商业营业用房销售面积

单位：万平方米

	1–2月	1–3月	1–4月	1–5月	1–6月	1–7月	1–8月	1–9月	1–10月	1–11月	1–12月
总计	525 02	1122.97	1638.06	2232.28	3065.67	3635.66	4250.19	5112.50	5850.34	6920.53	8469.22
东部地区	279.62	574.52	826.73	1099.68	1513.90	1783.35	2065.37	2502.48	2850.96	3341.88	3997.75
北京	13.77	19.77	25.83	35.30	46.89	50.87	59.28	70.25	80.61	89.63	102.52
天津	9.41	13.15	17.33	19.68	21.79	24.06	26.18	30.23	33.75	38.00	51.60
河北	7.03	38.46	54.39	81.08	133.86	150.47	174.14	246.10	278.80	330.80	404.93
辽宁	17.07	86.54	118.61	168.74	285.64	357.29	439.14	561.14	642.89	754.87	859.00
上海	15.08	18.73	25.42	33.32	52.43	60.14	72.01	76.20	85.60	95.60	116.47
江苏	84.78	158.73	237.08	291.44	368.29	426.75	473.22	527.37	598.19	693.87	817.48
浙江	42.41	68.47	100.12	123.62	145.77	169.94	195.88	230.43	251.67	280.46	344.41
福建	26.14	44.26	63.85	81.99	99.29	118.89	134.59	162.02	185.02	206.04	242.53
山东	28.67	57.14	85.40	138.44	191.45	221.87	256.65	320.08	379.64	473.76	600.12
广东	33.75	64.81	92.97	119.39	161 08	193.58	222.15	261.03	294.84	353.48	4331.61
海南	1.51	4.46	5.73	6.67	7.43	9.50	12.13	17.64	19.94	25.36	25.08
中部地区	129.56	295.53	428.23	613.71	828.73	982.92	1162.28	1377.68	1563.73	1885.15	2396.84
山西	4.05	7.43	11.54	18.67	30.65	39.72	50.73	59.56	69.37	86.73	116.00
吉林	3.11	6.56	16.43	33.07	50.87	63.31	77.41	95.80	112.37	137.23	157.31
黑龙江	4.26	18.71	36.19	52.26	66.77	85.10	133.92	158.58	180.99	206.18	256.21
安徽	50.60	94.27	124.00	162.31	207.84	237.72	272.27	312.60	345.68	421.16	506.29
江西	13.25	21.82	30.88	64.00	76.01	87.54	96.71	111.93	128.00	150.77	214.03
河南	15.28	52.29	79.69	108.26	139.88	166.60	197.93	248.87	284.11	331.58	444.99
湖北	18.32	42.79	61.28	84.49	122.32	143.83	155.93	179.38	216.08	273.10	358.38
湖南	20.68	51.67	68.22	90.65	134.40	159.11	177.39	210.95	227.13	278.41	343.63
西部地区	115.84	252.92	383.17	518.89	723.04	869.39	1022.54	1232.36	1435.65	1693.50	1074.64
内蒙古	1.49	8.69	27.56	44.22	73.25	89.23	109.79	137.54	185.88	216.99	272.07
广西	10.24	24.00	30.65	37.83	48.29	56.46	67.61	74.70	80.96	107.90	135.09
重庆	21.63	38.13	52.23	69.01	89.04	114.72	128.10	139.30	152.01	180.73	244.04
四川	36.82	69.65	106.13	140.03	189.45	224.83	260.15	298.39	339.32	384.11	468.64
贵州	10.76	27.80	39.37	50.97	69.13	82.63	101.36	132.78	148.29	171.21	198.99
云南	14.40	28.28	39.69	56.08	87.25	103.44	121.18	155. 49	189.85	229.26	285.65
西藏	—	0.02	0.03	0.74	0.93	0.99	1.08	1.31	1.34	1.57	1.85
陕西	7.18	11.36	20.66	26.98	45.45	52.89	59.41	79.59	92.86	102.92	119.22
甘肃	2.12	7.82	11.01	14.58	18.27	23.65	30.12	37.61	45.78	54.51	63.72
青海	1.01	1.66	2.29	2.58	2.96	4.25	5.88	6.70	7.84	9.56	10.27
宁夏	6.20	15.01	24.10	34.72	42.89	49.96	58.77	66.73	73.81	86.14	102.66
新疆	3.97	20.48	29.38	41.16	56.10	66.35	79.11	102.20	117.69	148.59	172.44

数据来源：国家统计局

2013年全国各地区月度累计商业营业用房销售金额

单位：亿元

	1-2月	1-3月	1-4月	1-5月	1-6月	1-7月	1-8月	1-9月	1-10月	1-11月	1-12月
总计	599.82	1153.39	1705.92	2279.10	3072.02	3656.11	4271.08	5120.61	5822.56	6800.91	8280.48
东部地区	362.43	666.12	962.18	1269.88	1714.07	2018.93	2345.12	2809.47	3174.36	3659.16	4422.33
北京	22.62	40.25	63.16	90.18	119.80	130.19	149.14	179.09	210.53	237.04	270.71
天津	11.37	21.11	29.01	32.97	35.94	39.74	42.88	49.83	53.85	60.26	85.40
河北	7.21	32.35	45.52	63.35	99.34	115.05	134.29	192.51	219.68	250.37	311.39
辽宁	11.88	58.21	78.59	115.59	198.86	245.32	320.35	412.04	472.79	553.16	636.55
上海	37.60	45.74	57.76	74.10	104.10	120.71	134.88	144.18	164.27	185.93	224.71
江苏	85.70	162.52	244.34	301.38	381.86	441.63	493.57	550.14	617.43	705.76	851.47
浙江	58.85	92.51	132.68	164.19	198.22	240.24	283.40	333.40	361.27	396.21	481.18
福建	36.59	58.62	84.02	113.89	141.51	170.02	194.16	228.22	254.84	289.58	373.78
山东	36.98	58.53	88.02	126.63	170.89	196.21	223.33	275.34	325.25	395.48	482.11
广东	51.29	90.75	132.35	180.08	255.24	309.55	356.79	427.17	475.10	561.04	679.81
海南	2.36	5.52	6.74	7.51	8.30	10.25	12.34	17.56	19.35	24.32	25.21
中部地区	112.12	246.55	363.06	510.05	684.38	810.58	967.67	1151.47	1306.56	1566.02	1954.88
山西	3.24	6.27	10.44	15.29	23.87	29.71	36.82	42.09	49.32	59.83	80.91
吉林	1.29	3.68	10.23	21.65	34.63	43.85	53.81	65.57	77.00	92.83	111.18
黑龙江	3.88	19.61	31.90	127.00	54.86	66.41	111.33	128.32	143.22	159.62	196.89
安徽	41.76	81.86	107.62	140.36	176.66	200.36	231.26	268.33	295.08	363.19	420.27
江西	12.85	20.36	28.26	46.75	59.75	69.57	79.04	93.26	106.49	124.95	174.90
河南	11.40	37.88	59.36	80.41	106.74	126.95	151.84	192.15	217.97	253.33	334.53
湖北	17.92	37.13	61.94	86.97	117.52	140.69	155.17	181.66	221.21	279.93	354.73
湖南	19.77	39.77	53.31	1.31	110.35	133.03	148.41	180.08	196.28	232.35	281.48
西部地区	125.28	240.71	380.68	499.17	673.58	826.60	958.29	1159.66	1341.64	1575.74	1903.27
内蒙古	0.88	6.44	23.25	35.22	54.09	66.28	81.39	100.07	735.35	162.48	196.30
广西	10.97	20.30	34.02	41.26	52.89	69.47	79. 29	89.88	98.31	117.68	139.47
重庆	30.84	45.58	71.05	88.09	109.37	135.52	149.50	163.05	181.89	208.73	263.08
四川	42.26	79.10	116.43	154.12	206.22	249.14	285.07	331.64	378.13	430.95	514.30
贵州	10.95	26.33	40.24	51.16	69.53	82.82	97.81	125.39	140.88	170.59	204.10
云南	12.78	22.61	32.22	44.54	62.75	76.69	89.36	114.54	133.57	166.18	207.45
西藏	—	0.02	0.03	0.45	0.64	0.68	0.75	0.89	0.91	1.05	1.36
陕西	7.75	12.34	17.36	23.37	38.18	45.86	52.06	81.78	97.72	107.03	125.10
甘肃	1.57	4.98	7.49	9.36	11.41	17.03	21.19	27.78	32.94	37.61	46.49
青海	0.74	1.49	2.24	2.58	2.96	3.78	6.79	7.73	8.71	10.24	11.83
宁夏	4.11	10.08	16.71	21.95	26.35	31.13	37.84	44.62	49.98	57.71	70.62
新疆	2.42	11.44	19.65	27.07	39.19	48.20	57.23	72.29	83.25	105.49	123.17

数据来源：国家统计局

2013年全国住房用地供应计划

2013年第4号

为规范住房用地供应、合理引导市场预期、加强房地产市场土地供应调控，国土资源部按照国务院工作部署，组织全国31个省（区、市）及新疆生产建设兵团编制了2013年住房用地供应计划，现予公告：

据各地上报汇总，2013年全国住房用地计划供应15.08万公顷，是过去5年年均实际供应量（9.77万公顷）的1.5倍，其中“三类住房”用地计划占住房用地计划总量的79.4%，符合调控政策要求。

保障性安居工程用地计划供应4.15万公顷，能够充分满足2013年新开工630万套保障性安居工程用地应保尽保的要求。

商品住房用地计划供应10.92万公顷，占住房用地供应计划的72.4%，其中中小套普通商品住房用地计划供应7.82万公顷，占商品住房用地供应计划的71.6%。

70个大中城市住房用地计划供应5.03万公顷，是过去5年年均实际供应量（4.03万公顷）的1.2倍，“三类住房”用地计划占住房用地计划的79.1%。一线城市（北、上、广、深）计划同比增加2.8%。

为做好2013年住房供地计划实施工作，国土资源部要求各级国土资源主管部门采取有效措施，对今年“新开工630万套”保障性安居工程用地实现应保尽保。认真做好房地产市场形势分析，稳步推进商品住房用地供应，对房价较高、上涨较快的地区，适当增加并优先供应中小套型普通商品住房用地。7月，国土资源部将根据市场运行状况，组织各地调整住房用地供应计划并向社会公布。住房用地供应情况将及时向社会公开。

附件：2013年全国住房用地供应计划汇总表

2013年全国住房用地供应计划汇总表

单位：公顷

地区	供地总量			保障性安居工程用地									商品住房用地		保障性安居工程和中小套型商品房用地占比（%）
				保障性住房用地		各类棚户区改造用地				公共租赁房		限价商品房		中小套商品住房	
	合计	存量	增量	廉租房	经济适用房		廉租房	经济适用房	中小套商品住房	划拨	出让				
合计	150760.25	61486.50	89273.76	5710.05	7961.55	18075.87	1570.85	5482.33	10376.29	4769.74	1048.42	3977.48	109217.16	78210.53	79.4%
北京市	1650.00	840.00	810.00	0.00	135.00	445.00	0.00	0.00	445.00	0.00	155.00	65.00	850.00	370.00	70.9%
天津市	1785.00	670.00	1115.00	0.00	381.00	0.00	0.00	0.00	0.00	4.00	0.00	30.00	1370.00	959.00	77.0%
河北省	5134.55	2248.25	2886.30	156.08	119.65	554.77	28.12	24.87	488.14	183.85	95.29	249.54	3775.35	2587.75	76.9%
山西省	3284.27	1033.96	2250.31	175.84	277.31	679.04	73.64	228.13	351.45	233.03	4.70	53.90	1860.46	1102.32	76.9%
内蒙古	3594.48	1468.71	2125.76	77.83	120.35	514.67	19.01	142.49	332.58	52.81	23.08	96.12	2709.63	2079.87	82.5%
辽宁省	7406.61	4193.06	3213.54	51.07	72.51	443.02	12.13	189.72	241.18	40.69	1.16	39.88	6758.28	5133.73	78.1%
吉林省	4616.10	2402.46	2213.63	251.51	52.00	1753.26	78.31	563.32	1038.80	21.24	14.50	20.00	2503.59	1862.08	86.1%
黑龙江	4001.88	2443.04	1558.84	93.14	43.43	840.74	43.30	307.45	483.22	51.22	2.60	30.20	2940.56	2296.52	83.9%
上海市	1000.00	500.00	500.00	0.00	50.00	300.00	0.00	0.00	300.00	30.00	20.00	0.00	600.00	300.00	70.0%
江苏省	12015.86	5936.10	6079.75	99.04	869.48	910.02	102.25	456.94	350.83	138.17	92.50	900.72	9005.94	5854.61	73.8%
浙江省	7021.33	2262.81	4758.52	16.65	83.75	2368.88	0.00	800.24	1501.70	65.12	31.24	164.29	4291.39	2593.05	75.8%
安徽省	9104.29	3104.73	5999.56	294.33	1454.60	1424.70	60.08	424.18	865.91	379.29	60.47	266.60	5224.30	3183.70	77.6%
福建省	2101.43	982.48	1118.95	19.11	37.67	218.02	6.79	86.24	108.53	32.64	23.30	170.62	1600.06	1134.41	77.8%
江西省	4410.67	1663.85	2746.81	194.38	87.21	675.78	130.39	365.13	154.07	319.33	72.01	3.00	3058.96	2007.83	76.2%
山东省	11001.65	5509.14	5492.51	97.73	210.18	1193.87	20.48	168.16	971.28	91.07	59.13	145.08	9204.61	6733.38	77.5%
河南省	14919.71	3508.32	11411.40	441.85	596.42	523.46	13.68	41.39	423.70	400.27	106.79	267.89	12583.03	10270.38	84.5%
湖北省	7921.29	3513.48	4407.80	88.17	175.16	669.37	39.56	173.12	416.16	191.65	21.29	58.16	6717.48	4702.64	74.6%
湖南省	5188.46	1461.86	3726.60	104.03	15.85	486.79	50.83	73.92	370.08	319.32	21.69	2.80	4237.98	3077.13	77.6%
广东省	5270.06	3008.74	2261.32	33.23	265.19	45.54	12.40	6.93	26.21	62.51	8.76	49.24	4805.58	3539.07	76.0%
广　西	2346.45	1784.63	561.81	32.33	33.52	34.34	4.93	13.14	16.27	41.88	9.85	30.51	2164.01	1509.42	72.1%
海南省	1088.40	256.62	831.77	7.90	86.20	44.51	0.67	6.79	34.16	21.47	1.30	43.16	883.87	696.01	82.7%
重庆市	2720.25	667.00	2053.25	22.53	258.21	29.51	0.00	3.86	0.00	0.00	0.00	0.00	2410.00	2372.75	98.6%
四川省	6830.09	3590.27	3239.82	176.77	264.02	558.20	62.13	139.30	292.70	109.09	20.62	94.17	5607.22	4076.90	77.6%
贵州省	3771.46	1342.88	2428.59	187.10	1.37	570.38	79.00	178.90	303.78	425.36	0.00	0.42	2586.83	1790.98	78.9%
云南省	3879.54	1142.51	2737.03	152.78	9.72	155.33	67.50	25.01	58.32	268.22	139.66	18.50	3135.33	2066.97	72.5%
西　藏	605.67	390.96	214.71	103.75	23.84	73.68	39.50	24.06		87.24			317.16	277.43	93.4%
陕西省	4401.20	1153.32	3247.88	351.97	699.45	288.02	14.75	73.40	189.72	184.54	14.39	751.86	2110.96	1435.26	84.6%
甘肃省	2372.20	593.28	1778.92	84.66	163.85	186.74	52.66	65.66	57.91	432.70	11.24	124.41	1368.60	960.05	82.8%
青海省	1229.82	384.55	845.28	209.36	84.57	432.51	36.27	302.21	94.03	58.44	0.00	0.00	444.94	269.12	85.7%
宁　夏	1189.72	318.14	871.58	64.22	73.52	162.27	16.07	90.00	54.48	79.33	11.00	60.30	739.08	472.97	77.6%
新　疆	6542.22	2297.85	4244.36	669.33	1195.83	1398.04	474.81	493.49	356.60	402.27	26.85	241.13	2608.77	1927.69	89.6%
新疆兵团	2355.61	813.47	1542.14	1453.35	20.67	95.40	31.61	14.29	49.50	42.98	0.00	0.00	743.20	567.51	92.5%

2013 年全省房地产开发企业固定资产投资主要指标

单位：万元

指　　标	2012	2013
一、企业个数(个)	2221	2269
二、本年完成投资	10104513	13086275
按工程用途分		
住　宅	7356137	9588469
办公楼	227958	484284
商业营业用房	1392518	1825554
其　他	1127900	1187968
三、本年新增固定资产	4242793	5439709
四、本年购置土地面积(平方米)	7183623	8759043
五、本年实际到位资金小计	10336916	13771593
国内贷款	608744	657898
自寿资金	5507027	7583132
其他资金来源	4220892	5530563
六、房屋建筑面积(平方米)		
房屋施工面积	117142849	140400463
住　宅	92996204	107549465
本年新开工面积	41663385	36733362
住　宅		
房屋竣工面积	32711068	27233857
住　宅	17329943	22848204
七、商品房销售(平方米)	14356940	18479861
商品房销售面积		
住　宅	14978843	16428225
商品房销售额(万元)	13904422	14843733
住　宅	5798872	7282585
八、经营状况	5131950	6251438
资产总计		
营业收入	37384680	47700735
主营业务收入	4727911	5357170
营业利润	4606447	5333749
利润总额	61637	38632
九、从业人员平均人数(人)	50811	44211

数据来源：山西省统计局

1990 年 -2013 年全省房地产开发企业完成投资

单位：万元

年　份	本年完成投资	住　宅	办公楼	商业营业用房	其　他
1990	28486	24635	342	2108	1401
1991	32642	27132			5510
1992	51869	41963	1473	1451	6982
1993	129685	102732		2362	24591
1994	116512	87606	2964	6169	19773
1995	150866	101914	12353	13841	22758
1996	147893	107111	6442	7471	26869
1997	181736	151687	6258	6990	16801
1998	278653	199862	9774	21609	47408
1999	350458	270496	7771	30307	41884
2000	394556	272280	19201	48178	54897
2001	466464	288916	17639	67861	92048
2002	674331	369041	46104	88518	170668
2003	950740	473991	53641	211630	211478
2004	1449898	846989	110917	353485	138507
2005	1779937	1168931	107448	274199	229359
2006	2086231	1558224	83778	238224	206005
2007	2589251	1902509	51973	245495	389274
2008	3279807	2287311	81888	389808	520800
2009	4772748	3778904	106264	437877	449703
2010	5922376	4574340	125367	604588	618081
2011	7901982	6153199	172888	736434	839461
2012	10104513	7356137	227958	1392518	1127900
2013	13086275	9588469	484284	1825554	1187968

数据来源：山西省统计局

2013 年全省房地产开发企业施工、销售和待售情况

指　　标	合　计	住　宅	#90 平方米及以下住房	#144 平方米办公楼以上住房	# 别墅、高档公寓	办公楼	商业营业用房	其　他
房屋施工面积（平方米）	140400463	107549465	26653159	18387368	933719	3271129	16478129	13101740
# 本年新开工面积	36733362	27233857	6159620	3056996	204985	764671	4727956	4006878
房屋竣工面积（平方米）	22848204	18479861	6744334	2987774	90443	307505	2729776	1331062
# 不可销售面积	2798039	2127366	1887732	14872		33809	296509	340355
住宅竣工套数（套）		181251	92960	14075	456			
房屋竣工价值（万元）	4984611	4015974	1509566	628577	21976	71181	622214	275242
房屋出租面积（平方米）	12703	190	190			1330	11183	
商品房销售面积（平方米）	16428225	14843733	2868995	2992755	211070	152959	1160047	271486
现　房	6510153	5479102	1203438	908700	5582	84779	735915	210357
期　房	9918072	9364631	1665557	2084055	205488	68180	424132	61129
商品房销售额（万元）	7282585	6251438	1039652	1767673	213582	146378	809052	75717
现　房	2157462	1658769	354204	344077	4431	41656	398407	58630
期　房	5125123	4592669	685448	1423596	209151	104722	410645	17087
商品住宅销售套数（套）		129403	35053	16491	962			
现　房		49154	14979	5128	46			
期　房		80249	20074	11363	916			
待售面积（平方米）	10575232	7994666	1592654	2062055	65162	180258	1725987	674321
# 待售 1-3 年面积	4512653	3414798	967882	786112	31668	88740	769940	239175
待售 3 年以上面积	98829	42301		10029		6133	50395	

数据来源：山西省统计局

2013 年全省房地产开发企业投资完成情况

单位：万元

指　标	企业个数（个）	计划总投资	累计完成投资	本年完成投资	建筑工程	安装工程	设备工器具购置	其他费用	旧建筑物购置费	土地购置费	住　宅	90 平方米及以下住房	144 平方米以上住房	别墅、高档公寓	办公楼	商业营业用房	其　他	本年新增固定资产
总　计	2269	57892914	36694587	13086275	9799247	1323524	143612	1819892	66494	1079909	9588469	2902892	1935760	137297	484284	1825554	1187968	5439709
按登记注册类型																		
内　资	2254	56956168	35895385	12906750	9634543	1314834	142412	1814961	66494	1077374	9550179	2895185	1912565	126883	429305	1751160	1176106	5367072
国　有	73	2129870	1560174	782759	640813	100102	1839	40005		28475	610453	378586	9318		1030	118568	52708	578336
集　体	10	272213	242815	180933	126891	25260	988	27794		5850	156025	114489				13977	10931	153764
股份合作																		
国有联营																		
集体联营																		
国有与集体联营																		
其他联营																		
国有独资公司	31	1331408	808094	409616	343495	10404	3321	52396		5414	332190	99486	20738		19443	31204	26779	26076
其他有限责任公司	369	15072032	9518042	3054584	2181240	346173	31887	495284	16080	292339	2210951	431102	543831	85223	169783	374141	299709	1561005
股份有限公司	24	898855	714977	386438	345377	4250		36811	500	34059	351708	262791	16979		844	5461	28425	259779
私营独资	1	2405	2395	90	90						90	90						917
私营合伙																		
私营有限责任公司	1678	36103763	22425655	7927563	5869171	809392	102152	1146848	49714	700634	5772047	1573784	1270041	41174	237342	1196206	721968	2731177
私营股份有限公司	67	1120378	615633	161178	125906	18733	1825	14714		10403	114365	33857	50308	486	863	10484	35466	56018
其　他	1	25244	7600	3589	1560	520	400	1109	200	200	2350	1000	1350			1119	120	
港澳台投资	9	388749	254471	39413	26258	7024	1200	4931		2535	16714		16714	7414	50	20849	1800	50000
合资经营	5	14000	14902	14902	10267			4635		2535						14902		
合作经营																		
独　资	4	374749	239569	24511	15991	7024	1200	296			16714		16714	7414	50	5947	1800	50000
股份有限																		
其　他																		
外商投资	6	547997	544731	140112	138446	1666					21576	7707	6481	3000	54929	53545	10062	22637
合资经营	3	82879	71277	7848	6267	1581					7008	6932	76		66	759	15	22637
合作经营																		

指　标	企业个数（个）	计划总投资	累计完成投资	本年完成投资	建筑工程	安装工程	设备工器具购置	其他费用	旧建筑物购置费	土地购置费	住　宅	90平方米及以下住房	144平方米以上住房	别墅、高档公寓	办公楼	商业营业用房	其　他	本年新增固定资产
独　资	3	465118	473454	132264	132179	85					14568	775	6405	3000	54863	52786	10047	
股份有限																		
其　他																		
按控股情况分																		
国有控股	181	8672729	5366086	2052525	1539392	194731	9761	308641		150873	1510554	555280	111701		120497	219791	201683	910077
集体控股	49	1088636	959977	362848	270129	48700	1638	42381	500	9479	284801	130651	23363		8078	32320	37649	197750
私人控股	1920	42962240	26794472	9433097	6958334	993722	128444	1352597	62824	847069	6829309	1817606	1570307	42155	281542	1441775	880471	3870491
港澳台商控股	6	388749	254471	39413	26258	7024	1200	4931		2535	16714		16714	7414	50	20849	1800	50000
外商控股	5	524997	522094	139144	138079	1065					21448	7655	6405	3000	54863	52786	10047	
其　他	108	4255563	2797487	1059248	867055	78282	2569	111342	3170	69953	925643	391700	207270	84728	19254	58033	56318	411391

数据来源：山西省统计局

2013 全省房地产开发企业资金来源情况

单位：万元

指　　标	本年资金来源合计	上年末结余资金	本年资金来源小计					
				国内贷款	自筹资金	其他资金来源	#定金及预付款	个人按揭贷款
总　　计	16221188	2449595	13771593	657898	7583132	5530563	4170338	944219
按登记注册类型								
内　资	16019611	2447113	13572498	653848	7419091	5499559	4139402	944151
国　有	593805	56682	537123	4590	390910	141623	63137	1650
集　体	152021		152021		141516	10505	418	
股份合作								
国有联营								
集体联营								
国有与集体联营								
其他联营								
国有独资公司	464965	140187	324778	24716	271592	28470	26696	
其他有限责任公司	4214799	618418	3596381	138257	1731799	1726325	1344751	243527
股份有限公司	324269	27892	296377	31268	164341	100768	70437	
私营独资	100		100		100			
私营合伙								
私营有限责任公司	10024893	1553972	8470921	453617	4626614	3390690	2554412	681128
私营股份有限公司	240334	49962	190372	800	88394	101178	79551	17846
其　他	4425		4425	600	3825			
港澳台投资	40460	1180	39280		27803	11477	11409	68
合资经营	14707	36	14671		13805	866	798	68
合作经营								
独　资	25753	1144	24609		13998	10611	10611	
股份有限								
其　他								

指　　标	本年资金来源合计	上年末结余资金	本年资金来源小计	国内贷款	自筹资金	其他资金来源	#定金及预付款	个人按揭贷款
外商投资	161117	1302	159815	4050	136238	19527	19527	
合资经营	12432	1192	11240	300	4060	6880	6880	
合作经营								
独　资	148685	110	148575	3750	132178	12647	12647	
股份有限								
其　他								
按控股情况分								
国有控股	2375245	497141	1878104	75476	1032692	769936	561841	71073
集体控股	433100	41724	391376	5733	192596	193047	142484	39013
私人控股	11771776	1737862	10033914	537039	5411743	4085132	3093192	741409
港澳台商控股	40460	1180	39280		27803	11477	11409	68
外商控股	156628	1173	155455	3750	132178	19527	19527	
其　他	1443979	170515	1273464	35900	786120	451444	341885	92656

数据来源：山西省统计局

2013年全省房地产开发企业土地购置、开发和待售情况

单位：平房米

指　标	待开发土地面积	本年购置土地面积	本年土地成交价款（万元）	待售面积	#待售面积（一年至三年）	#待售面积（三年以上）
总　计	9889894	8759043	1444124	10575232	4512653	98829
按登记注册类型						
内　资	9889894	8758230	1443914	10495085	4463859	98829
国　有	21532	57753	15531	60898	23857	
集　体				39969		
股份合作						
国有联营						
集体联营						
国有与集体联营						
其他联营						
国有独资公司	125501	312459	99144	152290	2642	
其他有限责任公司	928308	2159972	424178	2912114	1680266	
股份有限公司	322715	120927	35999	458067		
私营独资	30127	46724	819			
私营合伙						
私营有限责任公司	8266217	5955696	849321	6665310	2748124	85421
私营股份有限公司	195494	82143	17062	206437	8970	13408
其　他		22556	1860			
港澳台投资				80147	48794	
合资经营				48794	48794	
合作经营						

指　标	待开发土地面积	本年购置土地面积	本年土地成交价款（万元）	待售面积	#待售面积（一年至三年）	#待售面积（三年以上）
独　资				31353		
股份有限						
其　他						
外商投资		813	210			
合资经营		813	210			
合作经营						
独　资						
股份有限						
其　他						
按控股情况分						
国有控股	672808	837339	244471	1257477	478287	
集体控股	7325	31373	3030	197090	38209	
私人控股	9031100	6901779	1011150	8683130	3724979	98829
港澳台商控股				80147	48794	
外商控股		813	210			
其　他	178661	987739	185263	357388	222384	

数据来源：山西省统计局

2013 年全省房地产开发企业施工和销售情况

单位：平方米

指　标	房屋施工面积	住　宅	#90 平方米及以下住房	#144 平方米办公楼以上住房	# 别墅、高档公寓	办公楼	商业营业用房	其　他
总计	140400463	107549465	26653159	18387368	933719	3271129	16478129	13101740
按登记注册类型								
内　资	138428323	106543514	26465936	17765019	594910	3062137	16027964	12794708
国　有	8387346	7028434	4706504	112081		9275	696445	653192
集　体	1070330	914182	488365	13978			60134	96014
股份合作								
国有联营								
集体联营								
国有与集体联营								
其他联营								
国有独资公司	2894866	2233680	689269	51172		157059	206558	297569
其他有限责任公司	32766220	25233427	4855032	4861594	323103	910370	3369133	3253290
股份有限公司	2629516	2305745	1292682	517473		3434	202863	117474
私营独资	16597	16597						
私营合伙								
私营有限责任公司	88350150	67066747	14077118	11356819	251827	1925175	11231568	8126660
私营股份有限公司	2180706	1634226	283246	815146	19980	56824	242147	247509
其　他	132592	110476	73720	36756			19116	3000
港澳台投资	695407	536041	52000	484041	286700	5000	95792	58574

指　标	房屋施工面积	住　宅	#90平方米及以下住房	#144平方米办公楼以上住房	#别墅、高档公寓	办公楼	商业营业用房	其　他
合资经营	35662						35662	
合作经营								
独　资	659745	536041	52000	484041	286700	5000	60130	58574
股份有限								
其　他								
外商投资	1276733	469910	135223	138308	52109	203992	354373	248458
合资经营	272090	161516	100831	8280		69638	22184	18752
合作经营								
独　资	1004643	308394	34392	130028	52109	134354	332189	229706
股份有限								
其　他								
按控股情况分								
国有控股	21536635	17267491	6987653	1649683		537060	1705701	2026383
集体控股	3073450	2589369	724620	249915		28187	136977	318917
私人控股	104715645	79123951	16811691	14157344	301754	2355713	13622113	9613868
港澳台商控股	695407	536041	52000	484041	286700	5000	95792	58574
外商控股	1097974	401725	98223	130028	52109	134354	332189	229706
其　他	9281352	7630888	1978972	1716357	293156	210815	585357	854292

数据来源：山西省统计局

2013年全省房地产开发企业施工和销售情况（续表）

单位：平方米

指　　标	本年新开工面积	住　宅	#90平方米及以下住房	#144平方米 办公楼 以上住房	#别墅、高档公寓	办公楼	商业营业用房	其　他
总计	36733362	27233857	6159620	3056996	204985	764671	4727956	4006878
按登记注册类型								
内　资	36521446	27213366	6146639	3049486	204985	697343	4603859	4006878
国　有	1702168	1030606	272399	3009			529427	142135
集　体	495485	353772	87938				55699	86014
股份合作								
国有联营								
集体联营								
国有与集体联营								
其他联营								
国有独资公司	1159549	1040225	463852	7000		18983	42047	58294
其他有限责任公司	7830244	5451568	940469	890553	173839	263322	979907	1135447
股份有限公司	436697	359652	57673	30152		2219	9897	64929
私营独资								
私营合伙								
私营有限责任公司	24265551	18659848	4174523	1981111	31146	411190	2874418	2320095
私营股份有限公司	544752	239695	99755	109691		1629	106464	196964
其　他	87000	78000	50030	27970			6000	3000
港澳台投资	35662						35662	
合资经营	35662						35662	
合作经营								

指　标	本年新开工面积	住　宅	#90平方米及以下住房	#144平方米办公楼以上住房	#别墅、高档公寓	办公楼	商业营业用房	其　他
独　资								
股份有限								
其　他								
外商投资	176254	20491	12981	7510		67328	88435	
合资经营	12981	12981	12981					
合作经营								
独　资	163273	7510		7510		67328	88435	
股份有限								
其　他								
按控股情况分								
国有控股	4596787	3134205	815522	161349		178975	711777	571830
集体控股	952950	723738	224858	43365		500	88879	139833
私人控股	28426483	21369671	4934699	2582106		437739	3551055	3068018
港澳台商控股	35662						35662	
外商控股	176254	20491	12981	7510		67328	88435	
其　他	2545226	1985752	171560	262666		80129	252148	227197

数据来源：山西省统计局

2013年全省房地产开发企业财务状况

单位：万元

指标	固定资产原价	固定资产累计折旧	本年折旧	资产总计	负债合计	所有者权益合计	实收资金	营业收入	主营业务收入	土地转让收入	商品房屋销售收入	房屋出租收入	其他收入	营业成本	主营业务成本	营业税金及附加	主营业务税金及附加	营业利润	利润总额	应交所得税	从业人员期末人数(人)
总计	1073315	294243	77963	47700735	41750265	5950469	5462319							4099531	4056412	498328	482448	38632	44211	139319	55391
按登记注册类型								5357170	5333749	8060	5161401	53399	110889								
内资	1063989	290227	77610	46952007	41170607	5781400	5350184							4061826	4018708	489463	473583	37552	43754	138247	54961
国有	29246	9660	1061	1203358	1162138	41220	94592	5293673	5270252	8060	5098385	53361	110445	39519	39338	4316	4080	-2568	-2448	373	2794
集体	3118	751	60	53384	48821	4564	5038	54446	53124	10	48373	2664	2077	1548	1480	86	86	96	162	3	340
股份合作								2356	2193		1438	16	739								
国有联营																					
集体联营																					
国有与集体联营																					
其他联营																					
国有独资公司	19590	2953	547	1475067	1234899	240168	173483							166396	165627	9888	9085	17824	17116	3857	932
其他有限责任公司	176835	53929	10564	12524028	10941451	1582577	1250012	198942	196919		145315	1946	49658	1188878	1184512	120754	116753	51128	48732	37140	11131
股份有限公司	6413	2331	629	920461	793756	126705	66457	1510721	1499225	3819	1466748	3289	25369	24930	18727	1955	1941	-9234	91	681	774
私营独资				1019	508	511	511	28525	28329	310	27431	145	444	30	30	30	30	10	10		16
私营合伙								100	100				100								
私营有限责任公司	789498	211046	62357	29512573	25941447	3571126	3563963							2532392	2500864	336918	326194	-42003	-42081	87830	37641
私营股份有限公司	36076	9451	2371	1250379	1036388	213992	195628	3333417	3325197	3921	3247133	44527	29616	107385	107380	15457	15355	22361	22234	8363	1325
其他	2 3	107	21	11738	11200	538	500	164333	164333		161116	775	2442	749	749	59	59	-61	-61		8
港澳台投资	5891	2942	166	311150	193730	117420	60714	832	832		832			16011	16011	3013	3013	-6883	-7370	-1377	199
合资经营	5020	2823	136	76898	50550	26348	26610	22479	22479		22104	31	345	598	598	1193	1193	-8869	-8870	-1855	100
合作经营								1274	1274		899	31	345								

指　标	固定资产原　价	固定资产累计折旧		资产总计	负债合计	所有者权益合计		营业收入						营业成本	主营业务成　本	营业税金及附加	主营业务税金及附加	营业利润	利润总额	应交所得税	从业人员期末人数（人）
			本年折旧				实收资金		主营业务收入	土地转让收入	商品房屋销售收入	房屋出租收入	其他收入								
独　资	871	119	30	234252	143180	91072	34104							15413	15413	1820	1820	1986	1500	479	99
股份有限								21205	21205		21205										
其　他																					
外商投资	3435	1075	188	437578	385928	51650	51422							21693	21693	5852	5852	7963	7828	2449	231
合资经营	3323	989	150	115010	116928	−1917	2107	41018	41018		40912	7	100	256	256	50	50	−2253	−2289		148
合作经营								571	571		464	7	100								
独　资	112	86	37	322568	269001	53567	49315							21437	21437	5802	5802	10217	10117	2449	83
股份有限								40447	40447		40447										
其　他																					
按控股情况分																					
国有控股	71093	18540	2534	6516747	5736626	780121	698026							630031	620672	55501	54176	28980	27651	15058	5938
集体控股	20800	5436	787	1035592	922035	113558	52169	772953	764500	320	700004	5029	59147	81555	80941	9479	9412	10805	10679	3518	1347
私人控股	909800	246621	70206	35529392	31160390	4369002	4170869	115066	113436		111072	1384	981	2978272	2945254	381590	368260	−29910	−22132	105117	44038
港澳台商控股	1735	569	79	281478	172638	108840	51104	3918394	3908822	3926	3814673	46198	44025	15970	15970	2952	2952	−6702	−7188	−1377	154
外商控股	3237	918	182	419734	372466	47268	50488	22104	22104		22104			21437	21437	5802	5802	8076	7976	2449	188
其　他	63650	22160	4175	3917791	3386110	531681	439663	40455	40455		40447	7		372266	372138	43004	41846	27383	27226	14553	3726

数据来源：山西省统计局

2013 年全省房地产开发企业房屋竣工面积

单位：平方米

指　　标	房屋竣工面积	住　宅	#90 平方米及以下住房	#144 平方米办公楼以上住房	# 别墅、高档公寓	办公楼	商业营业用房	其　他
总计	22848204	18479861	6744334	2987774	90443	307505	2729776	1331062
按登记注册类型								
内　资	22585756	18359676	6655334	2979494	90443	237867	2675903	1312310
国　有	3216754	2561064	2044477	59238		3508	529155	123027
集　体	386243	371808	341100				4435	10000
股份合作								
国有联营								
集体联营								
国有与集体联营								
其他联营								
国有独资公司	62078	17405	8236			4346	22499	17828
其他有限责任公司	5639564	4550387	1347675	1058827	27435	95185	656742	337250
股份有限公司	1222503	1082231	637011	391200			133125	7147
私营独资	3164	3164						
私营合伙								
私营有限责任公司	11796957	9551776	2259675	1313719	63008	131531	1307444	806206
私营股份有限公司	258493	221841	17160	156510		3297	22503	10852
其　他								
港澳台投资	83689	52000	52000				31689	
合资经营								
合作经营								

指　　标	房屋竣工面积	住　宅	#90平方米及以下住房	#144平方米办公楼以上住房	#别墅、高档公寓	办公楼	商业营业用房	其　他
独　资	83689	52000	52000				31689	
股份有限								
其　他								
外商投资	178759	68185	37000	8280		69638	22184	18752
合资经营	178759	68185	37000	8280		69638	22184	18752
合作经营								
独　资								
股份有限								
其　他								
按控股情况分								
国有控股	4678908	3806760	2625614	519163		7854	704455	159839
集体控股	620579	563040	341100	48228			8777	48762
私人控股	15861273	12669046	3006588	2070870	90443	228483	1901881	1061863
港澳台商控股	83689	52000	52000				31689	
外商控股								
其　他	1603755	1389015	719032	349513		71168	82974	60598

数据来源：山西省统计局

2013 年全省房地产开发企业房屋竣工价值

单位：万元

指　　标	房屋竣工价值	住　宅				办公楼	商业营业用房	其　他
			#90 平方米及以下住房	#144 平方米办公楼以上住房	# 别墅、高档公寓			
总　计	4984611	4015974	1509566	628577	21976	71181	622214	275242
按登记注册类型								
内　资	4946910	3997550	1498945	627477	21976	62530	613637	273193
国　有	566894	433179	322493	10235		772	107189	25754
集　体	153654	148445	140766				1073	4136
股份合作								
国有联营								
集体联营								
国有与集体联营								
其他联营								
国有独资公司	11561	2610	1235			652	5625	2674
其他有限责任公司	1393283	1129189	342458	285593	6809	23692	173249	67153
股份有限公司	259687	239719	201207	32026			18968	1000
私营独资	917	917						
私营合伙								
私营有限责任公司	2504896	1995518	487865	267381	15167	36590	301992	170796
私营股份有限公司	56018	47973	2921	32242		824	5541	1680
其　他								
港澳台投资	15064	9360	5704				5704	
合资经营								
合作经营								

指　　标	房屋竣工价值	住　宅	#90 平方米及以下住房	#144 平方米 办公楼 以上住房	# 别墅、高档公寓	办公楼	商业营业用房	其　他
独　资	15064	9360	5704				5704	
股份有限								
其　他								
外商投资	22637	9064	4917	1100		8651	2873	2049
合资经营	22637	9064	4917	1100		8651	2873	2049
合作经营								
独　资								
股份有限								
其　他								
按控股情况分								
国有控股	878178	706246	482968	61648		1424	137332	33176
集体控股	197640	184890	140766	6772			1724	11026
私人控股	3500758	2763318	662544	491977	21976	60838	458590	218012
港澳台商控股	15064	9360	5704				5704	
外商控股								
其　他	392971	352160	217584	68180		8919	18864	13028

数据来源：山西省统计局

2013 年全省房地产开发企业商品房销售面积

单位：平方米

指　　标	商品房销售面积	住　宅	#90 平方米及以下住房	#144 平方米以上住房	# 别墅、高档公寓	办公楼	商业营业用房	其　他
总　计	16428225	14843733	2868995	2992755	211070	152959	1160047	271486
按登记注册类型								
内　资	16287439	14736750	2831192	2963654	173547	152379	1126824	271486
国　有	542103	510930	234940	39595		1112	22397	7664
集　体	32014	23797	566				8217	
股份合作								
国有联营								
集体联营								
国有与集体联营								
其他联营								
国有独资公司	187481	187481	5004	68761				
其他有限责任公司	3948846	3497503	610081	730630	132664	43177	294541	113625
股份有限公司	193378	161699	52	46013			31679	
私营独资	5670	5670						
私营合伙								
私营有限责任公司	11177306	10164300	1941709	2017394	40883	108090	761638	143278
私营股份有限公司	200641	185370	38840	61261			8352	6919
其　他								
港澳台投资	75108	41885	20647	21238	21238		33223	
合资经营	1534						1534	
合作经营								

指　标	商品房销售面积	住　宅	#90 平方米及以下住房	#144 平方米办公楼以上住房	#别墅、高档公寓	办公楼	商业营业用房	其　他
独　资	73574	41885	20647	21238	21238		31689	
股份有限								
其　他								
外商投资	65678	65098	17156	7863	16285	580		
合资经营	13561	12981	12981			580		
合作经营								
独　资	52117	52117	4175	7863	16285			
股份有限								
其　他								
按控股情况分								
国有控股	1577695	1492892	337892	296937	2207	1464	58854	24485
集体控股	361677	338980	22715	76321			12074	10623
私人控股	13421772	12070466	2403835	2353346	42972	133102	991929	226275
港澳台商控股	75108	41885	20647	21238	21238		33223	
外商控股	65098	65098	17156	7863	16285			
其　他	926875	834412	66750	237050	128368	18393	63967	10103

数据来源：山西省统计局

2013 年全省房地产开发企业商品房销售额

单位：万元

指　标	商品房销售额	住　宅	#90 平方米及以下住房	#144 平方米以上住房	# 别墅、高档公寓	办公楼	商业营业用房	其　他
总　计	7282585	6251438	1039652	1767673	213582	146378	809052	75717
按登记注册类型								
内　资	7194731	6174030	1024939	1737063	170094	145914	799070	75717
国　有	158673	147145	61128	9795		323	9236	1969
集　体	20794	9056	83				11738	
股份合作								
国有联营								
集体联营								
国有与集体联营								
其他联营								
国有独资公司	82200	82200	1246	38541				
其他有限责任公司	1906424	1628238	239930	470511	146669	40816	202141	35229
股份有限公司	73013	53341	6	15883			19672	
私营独资	1644	1644						
私营合伙								
私营有限责任公司	4828360	4134833	708404	1124121	23425	104775	551017	37735
私营股份有限公司	123623	117573	14142	78212			5266	784
其　他								
港澳台投资	38455	28473	6194	22279	22279		9982	
合资经营	476						476	
合作经营								

指　　标	商品房销售额	住　宅	#90 平方米及以下住房	#144 平方米办公楼以上住房	# 别墅、高档公寓	办公楼	商业营业用房	其　他
独　资	37979	28473	6194	22279	22279		9506	
股份有限								
其　他								
外商投资	49399	48935	8519	8331	21209	464		
合资经营	7344	6880	6880			464		
合作经营								
独　资	42055	42055	1639	8331	21209			
股份有限								
其　他								
按控股情况分								
国有控股	663495	608953	122099	158684	3031	608	45035	8899
集体控股	174048	155448	13179	46626			13224	5376
私人控股	5718021	4873522	861305	1325720	24142	115455	670749	58295
港澳台商控股	38455	28473	6194	22279	22279		9982	
外商控股	48935	48935	8519	8331	21209			
其　他	639631	536107	28356	206033	142921	30315	70062	3147

数据来源：山西省统计局

2013年全省国有建设用地供应计划汇总表

单位：公顷

市	合计	商服用地	工矿仓储用地	住房用地			公共管理与服务用地	交通运输用地	水域及水利设施用地	特殊用地
				小计	保障性安居工程用地	商品住房用地				
太原市	2431.8265	67.5241	777.8243	334.2571	236.5775	97.6796	255.9606	953.5277	0.0000	42.7327
大同市	2693.0434	426.1811	581.7830	584.8928	319.5437	265.3491	300.6186	737.8733	47.6953	13.9993
阳泉市	256.1319	36.6376	69.2313	82.7997	22.8471	59.9526	55.2457	4.0000	0.0000	8.2176
长治市	1288.9579	181.4631	373.1753	324.9359	97.7709	227.1650	129.8361	276.9299	0.1314	2.4862
晋城市	1068.8907	115.9189	418.1933	255.7428	98.3207	157.4221	97.8784	177.7870	0.0000	3.3703
朔州市	2456.2420	233.7027	474.3245	456.0529	252.0407	204.0122	165.3466	1118.1623	4.6767	3.9763
晋中市	1656.5454	148.2924	427.9772	332.7533	123.7251	209.0283	206.2493	533.3524	0.4949	7.4259
运城市	1388.0629	131.7665	584.4309	264.3643	39.9869	224.3774	127.5728	253.0644	2.1200	24.7440
忻州市	3990.3021	283.3147	475.7970	418.1909	181.1467	237.0442	406.7062	2242.9643	139.7024	23.6266
临汾市	1021.3911	168.6139	475.8300	189.7904	45.0760	144.7144	145.1119	31.0489	7.8089	3.1871
吕梁市	956.0290	111.0678	449.7597	150.7636	54.1267	96.6369	143.0728	79.6390	6.9597	14.7664
小计	19207.4228	1904.4827	5108.3264	3394.5438	1471.1620	1923.3818	2033.5990	6408.3492	209.5893	148.5324

数据来源：山西省国土资源厅

2013全省各市房地产开发投资情况

单位：万元

市　名	本年完成投资	住宅	建筑工程	安装工程	设备工器具购置	其他费用
全　省	13086275	9588469	9799247	1323524	143612	1819892
太原市	4299194	3099689	3079187	485791	48171	686045
大同市	2650205	1927696	1885834	328639	28848	406884
阳泉市	723913	534713	605786	58071	1530	58526
长治市	942084	676527	797190	43427	26784	74683
晋城市	508188	390098	364475	43348	5674	94691
朔州市	901456	672474	729066	52248	8810	111332
晋中市	769336	539023	558325	89721	3645	117645
运城市	930300	713121	725214	83820	8742	112524
忻州市	381082	313351	330236	22106	1063	27677
临汾市	655801	484284	478103	77900	8387	91411
吕梁市	324716	237493	245831	38453	1958	38474

数据来源：山西省统计局

2013 全省各市房地产开发施工、竣工面积及价值

单位：平方米

市　名	房屋施工面积	住宅	房屋竣工面积	住宅	房屋竣工价值（万元）	住宅
全　省	140400463	107549465	22848204	18479861	4984611	4015974
太原市	42997601	33207844	2261692	1908677	510873	436505
大同市	21290594	16009990	6562114	5243448	1619701	1275331
阳泉市	8236291	6369507	1532598	1401705	360973	326197
长治市	11065754	8180685	2221363	1590873	478458	353510
晋城市	5798175	4279079	925812	692966	226088	164336
朔州市	8653384	6048956	1824231	1338689	353114	273451
晋中市	9915124	8020943	1302589	1094596	268518	219633
运城市	13629226	10811684	3161352	2628459	494276	411382
忻州市	5669449	4770710	1062417	916960	211155	178157
临汾市	7530548	5467377	988356	835073	253765	214602
吕梁市	5614317	4382690	1005680	828415	207690	162870

数据来源：山西省统计局

2013年全省各市房地产开发房屋销售面积

单位：平方米

市　名	商品房销售面积	住　宅	90平方米及以下住房	144平方米以上住房	别墅、高档公寓	办公楼	商业营业用房	其 他
全　省	16428225	14843733	2868995	2992755	211070	152959	1160047	271486
太原市	3976020	3749908	753267	1220391	171203	80021	143557	2534
大同市	1206110	982450	295561	146011		15550	167645	40465
阳泉市	852445	817167	110460	107453	2089	8400	17686	9192
长治市	1815506	1570352	414995	279571		21082	140359	83713
晋城市	866170	785696	120592	65205	3191		60685	19789
朔州市	1381784	1052931	461279	196817			277183	51670
晋中市	1269409	1209178	107039	201443	19392	16892	30585	12754
运城市	2294125	2082018	307754	228426	15195	4231	179813	28063
忻州市	607413	533146	39824	54826			63008	11259
临汾市	1358123	1304922	109556	276177		6783	46418	
吕梁市	801120	755965	148668	216435			33108	12047

数据来源：山西省统计局

2013年全省各市房地产开发房屋销售额

单位：万元

市　名	商品房销售额	住　宅	90平方米及以下住房	144平方米以上住房	别墅、高档公寓	办公楼	商业营业用房	其　他
全　省	7282585	6251438	1039652	1767673	213582	146378	809052	75717
太原市	2952083	2596177	385972	1067997	193498	110095	245069	742
大同市	558014	392334	118675	71635		6898	141883	16899
阳泉市	279959	254829	33886	41100	717	9516	12819	2795
长治市	647082	525603	136795	105949		10649	88144	22686
晋城市	383703	330816	57461	30515	3024		45265	7622
朔州市	405809	301728	125757	56048			96597	7484
晋中市	487088	457459	34112	87903	9585	4293	22972	2364
运城市	655526	554607	65381	78429	6758	644	94110	6165
忻州市	184640	155942	8950	18319			23054	5644
临汾市	476368	449323	32652	123397		4283	22762	
吕梁市	252313	232620	40011	86381			16377	3316

数据来源：山西省统计局

2013 年全省各市住房用地供应计划汇总表

单位：公顷

市	供地总量	保障性安居工程用地								商品住房用地		保障性安居工程和中小套型商品房用地占比(%)
		保障性住房用地		各类棚户区改造用地				公共租赁房	限价商品房		中小套商品住房	
		廉租房	经济适用房		廉租房	经济适用房	中小套商品住房					
太原市	334.2571	6.2285	3.3464	227.0026	0.0000	39.0432	174.0261	0.0000	0.0000	97.6796	19.6331	72.48%
大同市	584.8928	37.6469	9.5300	91.2900	73.2900	0.0000	15.0000	181.0768	0.0000	265.3491	106.9412	72.40%
阳泉市	82.7997	1.8505	9.9771	10.0000	0.0000	10.0000	0.0000	1.0195	0.0000	59.9526	59.9526	100.00%
长治市	313.6235	28.8976	40.6214	15.7070	0.3500	8.2000	7.1570	6.2492	6.2957	227.1650	145.9586	77.71%
晋城市	255.7428	0.2368	1.9010	32.6786	0.0000	32.6786	0.0000	29.4069	34.0974	157.4221	30.9497	50.55%
朔州市	456.0529	31.8068	35.9844	180.7459	0.0000	85.0572	95.6887	3.5036	0.0000	204.0122	105.4465	78.39%
晋中市	332.7533	5.2593	81.9604	29.5960	0.0000	15.7879	7.9100	6.9093	0.0000	209.0283	161.5569	83.96%
运城市	264.3643	4.1045	16.5036	15.0388	0.0000	11.4690	0.5800	2.6700	1.6700	224.3774	152.0679	71.52%
忻州市	418.1909	13.5175	68.5251	73.4180	0.0000	17.6333	55.7847	4.6913	20.9948	237.0442	175.8130	85.36%
临汾市	189.7904	12.9275	9.6008	21.5477	0.0000	3.3333	18.2144	1.0000	0.0000	144.7144	119.5876	86.76%
吕梁市	150.7636	33.3630	14.6378	4.9250	0.0000	4.9250	0.0000	1.2009	0.0000	96.6369	68.4577	81.31%
小计	3383.2314	175.8389	292.5880	701.9496	73.6400	228.1275	374.3609	237.7275	63.0579	1923.3818	1146.3647	76.60%

数据来源：山西省国土资源厅

山西省房地产业协会

Association of real estate industry in Shanxi Province

山西省房地产业协会
章　程

（山西省房地产业协会第三次会员代表大会部分修改，2011 年 10 月 19 日通过）

总　则

第一条 本协会的名称是山西省房地产业协会，简称山西房协；英文名称是 SHANXI REAL ESTATE ASSOCIATION，缩写为 SREA。

第二条 山西房协是由在本省区域内登记注册或者备案的从事房地产开发经营的企业和与房地产业相关的其他企事业单位、社会团体、科研院校及有关专业人士自愿参加组成的全省性行业组织，是依据法律规定，经山西省民政厅注册登记的具有法人资格的非营利性社会团体。

第三条 本协会的宗旨：以邓小平理论和“三个代表”重要思想为指导，深入贯彻落实科学发展观，遵守宪法、法律、法规和国家政策，遵守社会道德风尚，按照建立社会主义市场经济体制和构建社会主义和谐社会的要求，坚持以服务为宗旨，发挥政府和企业之间的桥梁纽带作用，开展调查研究，提出政策建议，反映企业诉求，维护企业合法权益，规范企业行为，加强行业自律和信用建设，协助政府加强行业管理，为推进企业改革，促进行业发展，加快城镇化进程，提高城乡人民居住水平，实现山西转型跨越发展，作出积极的贡献。

第四条 本协会接受业务主管单位山西省住房和城乡建设厅、社团登记管理机关山西省民政厅的业务指导和监督管理。

第五条 本协会设在山西省太原市。

第二章　业务范围

第六条 本协会的业务范围：

（一）研究探讨房地产业改革和发展的理论、方针、政策，提出行业发展的经济、技术政策和法规等建议；协助主管部门制定、实施行业发展规划和有关法规规章，推进行业管理，协调执行中出现的问题。

（二）组织制定行规行约，建立完善行业自律机制，推进行业诚信建设，规范行业行为，维护平等竞争的市场环境。

（三）向政府及相关部门反映行业企业的要求和意愿，维护会员合法权益；沟通会员与政府及其他组织的联系，协调会员与会员、会员与非会员的关系；为会员单位提供法律、政策、技术、管理和市场咨询服务；加强与房地产业链有关的组织及单位的合作，推进企业横向经济联合和技术进步，提高全行业的经济效益和社会效益。

（四）受主管部门委托，承担行业培训及行业有关评比表彰活动的相关工作；协助主管部门做好行业统计工作。

（五）组织开展国内外同行业经济、技术交流与合作，积极开展与国内外同行业社团的友好交往。

（六）利用会刊和网站宣传党和国家的有关方针政策、法律法规及主管部门制定的行业政策；收集国内外房地产政策法规和经济技术情报，了解房地产市场和行业发展态势，及时发布相关动态信息。

（七）加强协会自身建设，组织经验交流，提高协会工作质量和服务水平。

（八）承担主管部门委托办理的其他事项。

第三章　会　员

第七条 本协会会员分单位会员和个人会员。

（一）单位会员：在本省区域内从事房地产开发建设、经营管理、物业管理、市场交易、经纪中介、修建装饰等业务的企业（含省外入晋企业）及与房地产业相关的企事业单位、社会团体、科研院校，经批准可以成为本协会单位会员。单位会员一般应当具有独立的民事法人资格。

（二）个人会员：热心房地产事业并且具有一定理论基础或者实践经验的专家、学者、社会知名人士，经批准可以成为本协会个人会员。

第八条 申请加入本协会的会员，必须具备下列条件：

（一）拥护协会章程；

（二）有加入协会的意愿；

（三）能参加协会组织的活动。

第九条 会员入会程序：

（一）提交入会申请书；

（二）经协会理事会或者常务理事会讨论通过；

（三）由协会秘书处办理入会登记，并颁发会员证书。

第十条 会员享有下列权利：

（一）本协会的选举权、被选举权和表决权；

（二）有权要求本协会就企业和行业共同关心的问题开展调查研究，并向政府及有关部门提出政策性建议；

（三）参加本协会组织的各项活动，在经济技术咨询、业务培训中享受优惠待遇；

（四）优先取得本协会编印的资料和信息；

（五）对本协会的工作有监督、批评、建议权，有权经过必要程序要求罢免选举产生的领导成员；

（六）有参加和退出本协会的自由。

第十一条 会员必须履行下列义务：

（一）遵守协会章程，执行协会决议；

（二）维护协会的合法权益；

（三）积极参加协会活动，完成协会交办的任务；

（四）关心协会工作，及时向协会反映情况，提供有关资料；

（五）依照规定按时交纳会费。

第十二条 会员退会应当书面通知协会秘书处，并交回会员证。

会员不履行义务、不参加本协会活动或者无故连续两年不交纳会费，经告知仍不改正者，视为自动退会。

第十三条 会员如有严重违反本章程的行为，经劝告拒不改正者，经协会理事会或者常务理事会表决通过，予以除名。

第四章　组织机构和负责人产生、罢免

第十四条 本协会的最高权力机构是会员代表大会。会员代表大会的职权是：

（一）制定和修改协会章程；

（二）选举和罢免理事；

（三）听取并审议理事会的工作报告和财务报告；

（四）决定终止事宜；

（五）决定协会工作方针、主要任务和其他重大事宜。

第十五条 会员代表大会须有三分之二以上的会员代表出席方能召开，其决议须经到会会员代表半数以上表决通过方能生效。

第十六条 会员代表大会每届五年。因特殊情况需提前或者延期换届的，须由常务理事会表决通过，报业务主管单位审查并经社团登记管理机关批准同意。但延期换届最长不超过一年。

第十七条 理事会是会员代表大会的执行机构，在会员代表大会闭会期间领导本协会开展工作，对会员代表大会负责。

第十八条 理事会的职权是：

（一）执行会员代表大会的决议；

（二）选举和罢免会长、副会长、秘书长、常务理事；

（三）筹备召开会员代表大会；

（四）向会员代表大会报告工作和财务状况；

（五）决定会员的吸收或者除名；

（六）决定办事机构、分支机构、代表机构和实体机构的设立；

（七）决定副秘书长、各机构主要负责人的聘任；

（八）领导本会各机构开展工作；

（九）制定内部管理制度；

（十）决定其他重大事项。

第十九条 本协会理事会由会员代表大会选举产生，每届理事会任期五年。理事因机构、人事变动或其他原因不在原推荐单位工作时，其理事资格自动消失，缺额可由原推荐单位另行推荐，按程序予以调整。理事会须有三分之二以上理事出席方能召开，其决议须经到会理事三分之二以上表决方能生效。

第二十条 理事会每年至少召开一次会议，必要时经会长办公会议决定可以临时召开或者采用通讯形式召开。

第二十一条 本协会设立常务理事会。常务理事会由理事会选举产生，常务理事会人数不能超过理事会人数的三分之一。在理事会闭会期间行使本章程第十八条第一、三、五、六、七、八、九、十项的职权，对理事会负责。

常务理事会闭会期间，由会长办公会议负责处理有关重大事项。

第二十二条 常务理事会须有三分之二以上常务理事出席方能召开，其决议须经到会常务理事三分之二以上表决通过方能生效。

第二十三条 常务理事会每半年至少召开一次会议，必要时可以采用通讯形式召开。

第二十四条 秘书处是常务理事会的办事机构，由秘书长主持日常工作。

第二十五条 本协会根据工作需要设置若干专业委员会。专业委员会是协会联系会员单位的工作机构，不具备独立法人资格，其组成及任务如下：

（一）专业委员会由成员单位选举产生，由主任、副主任和若干委员组成。委员会确定一名副主任或者委员负责处理日常工作。

（二）专业委员会的主要任务是紧紧围绕协会的宗旨、业务范围和工作计划，针对本专业带有共性的问题开展活动，提出建议，推进工作。

（三）专业委员会应当根据协会章程制定工作条例，报协会常务理事会批准实施。专业委员会的工作计划及重大活动，须事先报常务理事会审定，由协会秘书处统一协调。

第二十六条 协会根据工作需要，可以聘请社会知名人士担任顾问或者名誉职务。

第二十七条 本协会会长、副会长、秘书长必须具备下列条件：

（一）坚持党的路线、方针、政策，政治素质好；

（二）热心协会工作，在本行业有较大影响；

（三）最高任职年龄一般不超过70周岁，秘书长为专职；

（四）身体健康，能坚持正常工作；

（五）未受过剥夺政治权利的刑事处罚；

（六）具有完全民事行为能力。

第二十八条 会长、副会长、秘书长如超过最高任职年龄，须经理事会表决通过，报业务主管单位审查，并经社团登记管理机关批准同意后，方可留任。

第二十九条 会长、副会长、秘书长每届任期五年。任期一般不超过两届。因特殊情况需要延长任期的，须经

会员代表大会三分之二以上代表表决通过，报业务主管单位审查，并经社团登记管理机关批准同意后，方可延任。

第三十条 会长为本协会法定代表人。

本协会法定代表人不兼任其他社会团体的法定代表人。

第三十一条 会长行使下列职权：

（一）召集和主持理事会、常务理事会及会长办公会议；

（二）检查会员代表大会、理事会、常务理事会决议的落实情况；

（三）代表本协会签署有关重要文件；

（四）处理协会章程实施中的重大事项。

副会长协助会长行使职权。

第三十二条 秘书长行使下列职权：

（一）主持秘书处日常工作，组织实施协会年度工作计划；

（二）协调办事机构、分支机构、代表机构、实体机构开展工作；

（三）提名副秘书长和各机构主要负责人，经会长办公会议同意后，提交理事会或者常务理事会决定；

（四）决定办事机构、分支机构、代表机构、实体机构专职工作人员的聘用；

（五）处理其他日常事务。

副秘书长协助秘书长行使职权。

第五章　资产管理、使用原则

第三十三条 本协会的经费来源：

（一）会员会费；

（二）在核准的业务范围内开展活动或者服务的收入；

（三）捐赠及赞助；

（四）政府资助；

（五）创办经济实体的收入；

（六）利息；

（七）其他合法收入。

第三十四条 本协会按照国家有关规定收取会员会费。会费标准须经会员代表大会通过后执行。

第三十五条 本协会经费必须用于本章程规定的业务范围和事业的发展，不得在会员中分配。

第三十六条 本协会按照国家有关财务规定，建立严格的财务管理制度，保证会计资料合法、真实、准确、完整。

第三十七条 本协会配备具有专业资格的会计人员。会计不得兼任出纳，会计人员必须进行会计核算，实行会计监督。会计人员调动工作或者离职时，必须与接管人员办清交接手续。

第三十八条 本协会的资产管理必须执行国家规定的财务管理制度，接受会员代表大会和财政部门的监督。资产来源属于国家拨款或者社会捐赠、资助的，必须接受审计机关的监督，并以适当方式向会员公布。任何单位、个人不得侵占、私分和挪用。

第三十九条 本协会换届或者更换法定代表人之前，必须接受社团登记管理机关和业务主管单位组织的财务审计。

第四十条 本协会专职工作人员的工资和保险、福利待遇，参照国家对事业单位的有关规定执行。

第六章　章程的修改程序

第四十一条 对本协会章程的修改，须经常务理事会表决通过后，报会员代表大会审议。

第四十二条 修改后的章程，须在会员代表大会通过后十五日内经业务主管单位审查同意，并经社团登记管理机关核准后生效。

第七章　终止程序及终止后的财产处理

第四十三条 本协会由于分立、合并或者其他原因需要注销时，由理事会或者常务理事会提出终止动议。协会终止动议须经会员代表大会表决通过，并报业务主管单位审查同意。

第四十四条 本协会终止前，须在业务主管单位及有关机关指导下成立清算组织，清理债权债务，处理善后事宜。清算期间，不开展清算以外的活动。

第四十五条 本协会经社团登记管理机关办理注销登记手续后即为终止。

第四十六条 本协会终止后的剩余财产，在业务主管单位和社团登记管理机关的监督下，按照国家有关规定，用于发展与本协会宗旨相关的事业。

第八章　附　则

第四十七条 本章程经 2011 年 10 月 19 日第三次会员代表大会表决通过。

第四十八条 本章程的解释权属本协会理事会。

第四十九条 本章程自社团登记管理机关核准之日起生效。

山西省房地产业协会
会员会籍管理办法

（2011年11月17日会长办公会议通过）

为了规范和加强山西省房地产业协会（以下简称本协会）对会员的统一管理，根据《山西省房地产业协会章程》，制定本办法。

一、本协会会员分为单位会员和个人会员。

（一）在山西省区域内从事房地产开发建设、经营管理、物业管理、市场交易、经济中介、修建装饰等业务的企业（含省外入晋企业）及与房地产业相关的企事业单位、社会团体、科研院校，经批准可以成为本协会单位会员。

（二）热心房地产事业并且具有一定的理论基础或者实践经验的专家、学者、社会知名人士，经批准可以成为本协会个人成员。

二、本协会各分支机构受协会委托所发展的会员，均为协会会员，会籍由协会统一管理。各分支机构可组织受协会委托所发展的会员开展各项业务活动。

三、新会员入会，由其单位或者个人提出申请，提交入会申请书，经协会理事会或者常务理事会讨论通过，由协会秘书处办理入会登记，并颁发会员证书。

四、会员退会应当书面通知协会秘书处，并交回会员证。

五、实行会员会籍统计报告制度。各分支机构应当将受协会委托发展的会员造册报协会秘书处。吸收新会员或者有会员退会等变动情况，应当于每年年底报协会秘书处备案。

六、会员必须履行会员义务，按规定及时交纳会费。会员不履行义务、不参加协会组织的活动或者无故连续两年不交纳会费，经告知仍不改正者，视为自动退会。

七、会员如有严重违反协会章程的行为，经劝告拒不改正者，经协会理事会或者常务理事会表决通过，予以除名。

八、本协会的会员证、理事证、常务理事证等有关证书，由协会统一制作和颁发。

九、本办法经2011年11月17日会长办公会议通过。

十、本办法由协会秘书处负责解释。

十一、本办法自印发之日起施行。

山西省房地产业协会 财务管理办法

（2011年11月17日会长办公会议通过）

第一章 总 则

第一条 为加强协会财务管理，健全财务制度，规范收支行为，严格财经纪律，保障协会工作的正常进行，根据《山西省社会团体财务管理暂行规定》、《山西省建设厅厅属社会团体管理暂行办法》、《山西省建设厅厅属社会团体财务管理暂行规定》和《山西省房地产业协会章程》，制定本办法。

第二条 本协会严格执行国家财政法规和《会计基础工作规范》，按照《民间非营利组织会计制度》进行会计核算。

第三条 本协会从事会计工作的人员必须取得会计从业资格证书，遵守国家法律、法规，严格执行有关财务、税务制度和政策规定。

第二章 收 入

第四条 本协会收入主要包括：

（一）会费收入；

（二）在业务范围内开展活动或者提供服务的收入；

（三）捐赠及赞助收入；

（四）政府补助收入；

（五）创办经济实体的收入；

（六）利息；

（七）其他合法收入。

第三章 支 出

第五条 本协会的收入必须用于协会章程规定的业务范围和协会的发展，必须遵守国家规定的财务制度和财经纪律，本着节约使用、收支平衡、留有余地、有利发展原则，结合年度工作计划编制预算，合理安排支出。

第六条 本协会支出主要包括业务活动成本、管理费用、筹资费用和其他费用。主要内容有：

（一）人员支出：指支付给专职工作人员和聘用人员的各类劳动报酬（包括基本工资、各项津贴、奖金等），为上述人员缴纳的各项社会保障费，按工资的一定比例提取的职工福利费、职工教育经费、职工工会经费等。

（二）日常公用支出：指耗用办公用品、专用材料和劳务的支出。包括办公费、专用材料支出、印刷费、劳务费、水电费、邮寄费、电话通讯费、取暖费、物业管理费、交通费、差旅费、维修费、租赁费、会议费、招待费等。

（三）设备购置支出：指按固定资产管理的资产购置，包括办公设备购置、车辆购置、图书购置、档案设备购置等；

（四）基本业务活动支出：指依照协会章程开展技术服务、业务咨询、人才培训、学术交流、宣传展览等基本活动的费用；

（五）资料支出：订购报刊、书籍、学术资料，编印发行经有关部门批准的会刊、通讯和专业技术刊物等；

（六）固定资产折旧和大修理支出：指固定资产发生的折旧和大修理支出；

（七）其他的合理开支。

以上各项支出，按业务性质分别计入业务活动成本及各项费用中。

第七条 本协会的各项支出执行国家财务规章制度规定的开支范围和开支标准，必须取得合法的原始凭证，并按规定程序审核后方可办理支出。

第八条 本协会的支出应当严格执行财务支出审批制度。

（一）已在预算中安排的支出，经会计对支出项目是否符合财会制度及有关规定、支出票据是否真实有效等进行合法性和真实性审查后，由秘书长审批。

（二）未在预算中安排的支出，经会计对支出项目是否符合财会制度及有关规定、支出票据是否真实有效等进行合法性和真实性审查后，单笔支出在5000元以下的由秘书长审批，5000元及以上的由会长或者会长委托审批。

第四章 资产管理

第九条 本协会的资产包括固定资产和其他物资材料。

（一）固定资产指一般设备单位价值在500元以上、专用设备单位价值在800元以上，使用期限超过1年的有形资产。包括一般设备、专用设备、交通工具、陈列品、图书和其他固定资产等。

（二）物资材料是指库存的物资材料以及达不到固定资产标准的工具、器具、低值易耗品等。

第十条 加强资产管理工作

（一）做好各项资产的日常管理工作，建立固定资产账簿、卡片台账，做到账账、账实相符、使用管理手续完善。对符合固定资产条件的购置性支出，要同时登记固定资产明细账和固定资产台账。接受捐赠的固定资产，应当按照有关凭据上标明的金额作为入账价值；没有提供凭据的，以同类资产的市场价格登记入账。

（二）原值在2万元及以上的资产购置，须事先向省住建厅计财处提出书面报告，经批准后方可购置。

（三）原值在1万元以上的资产处置，须经会长办公会议研究决定，并提交资产处置申请（写明申请处置原因、处置资产情况、处置形式等），填报资产处置审批表，报省住建厅计财处审核、分管厅领导批准后办理。对应当进行评估的资产，要按照规定进行资产评估，并将评估结果在会长办公会议上通报。对有偿转让的资产，由省住建厅组织进行竞购或者拍卖。对外借款在1万元以上的，须经会长办公会议集体研究决定，并与借款方签订借款合同。

第十一条 协会财务管理人员应当结合本协会具体情况，建立固定资产的明细台账，每年末进行一次核实清查。

第十二条 本协会的资产管理必须执行国家规定的财务管理制度，接受会员代表大会和财政部门的监督。资产来源属于国家拨款或者社会捐赠、资助的，必须接受审计机关的监督，并以适当方式向会员公布。任何单位和个人不得侵占、私分和挪用。

第五章 财务管理与监督

第十三条 本协会应当根据国家有关规定建立健全各项财务管理制度。

第十四条 本协会配备具有专业资格的会计人员。

（一）财务人员应当明确职责权限，必须做到账、钱分管。会计、出纳不得一人兼任，出纳不得兼管稽核、会计档案保管和收入、费用、债权债务账目的登记工作。非出纳人员不得经管现金、有价证券和票据（不含支票），银行印鉴、票据必须分别保管，领交票据应当有完整的记录登记。

会计人员负责进行收入、支出和结余以及往来款项的会计核算，向有关部门报送会计报表；登记总分类帐，收支往来明细分类和固定资产明细帐；审核支出事项的合法性及票据的真实性；每月列出财务收支清单报告会长和秘书长。

出纳人员负责现金支付（现金提取、保管）和日常报销业务；办理与银行的资金往来结算业务；登记现金日记帐和银行存款日记款；按规定向交费单位开具票据；负责现金日记帐与库存现金的核对和银行存款日记帐与银行存款数额的核对；保管有关印章。

（二）财务人员应当严格执行国家规定的会计制度，确保真实、完整地提供会计信息。财务人员调动工作或者离职时，要照《中华人民共和国会计法》规定的程序将本人所经管的财务工作全部移交给接替人员，没有办清交接手续的，不得调动或者离职。

第十五条 本协会设立、变更银行帐号和刻制财务专用章等事宜按照有关规定办理。本协会只设立一个基本户帐号，银行账号不得出租、出借和转让给其他单位或者个人使用。

第十六条 本协会依照有关规定办理税务登记，除会费收入外使用税务部门监制的票据，依法纳税。

第十七条 本协会应当严格执行财务预算管理，实行先收后支，合理支出。每年年底前应当编制下一年度财务预算报告，报理事会批准后实施。

第十八条 本协会必须按照国家有关会计制度的规定，定期编制财务报告，接受有关部门的检查和审计监督。年度财务报告经理事会审议，向会员代表大会报告。

第十九条 本协会的财务管理接受理事会和会员代表大会的监督。对违反国家有关财务制度的财务收支，财务人员有义务和有权拒绝执行，必要时应当向业务主管部门及有关部门如实反映。

第二十条 本协会每年必须按规定对期末财务状况进行审计并办理社团年检，年检报送资料先报省住建厅社团办。换届或者更换法定代表人之前，必须接受社会团体登记管理机关和业务主管单位组织的财务审计。

第二十一条 本协会自行终止、注销时，应当在业务主管部门及有关机关的监督指导下做好清理债权债务工作。本协会终止后的剩余财产，在业务主管单位和社团登记管理机关的监督下，按照国家有关规定用于发展与本协会宗旨相关的事业。

第六章 附 则

第二十二条 本办法未尽事宜执行《山西省社会团体财务管理暂行规定》和《山西省建设厅社会团体财务管理暂行规定》。

第二十三条 本办法经2011年11月17日协会会长办公会议通过。

第二十四条 本办法由协会秘书处负责解释。

第二十五条 本办法自印发之日起施行。

山西省房地产业协会
公文处理办法

（2011年11月17日会长办公会议通过）

为使协会公文处理工作制度化、规范化、科学化，提高公文处理效率和公文质量，参照上级机关公文处理办法，制定本办法。

一、公文办理

（一）公文办理包括发文和收文，发文包括拟稿、审批、签发、编号、办理和归档；收文包括签收、登记、审批、办理和归档。

（二）公文办理应当做到及时、准确、安全，规范；机要公文管理应当按照公文密级要求办理。

（三）协会秘书处是协会公文处理的管理机构，统一管理协会和各办事机构、分支机构、代表机构、实体机构的公文处理工作。

二、公文种类

协会的公文种类主要有：

（一）决定：适用于对重要事项或者重大行动作出安排部署。

（二）意见：适用于对重要问题提出见解和处理办法。

（三）通知：适用于传达上级机关指示，转发上级机关和不相隶属机关的公文，传达要求所属机构办理和需要会员周知或者执行的事项，任免人员。

（四）通报：适用于表彰先进，批评错误，传达重要精神或者情况。

（五）报告：适用于向上级机关汇报工作，反映情况，提出意见或者建议，答复上级机关的询问。

（六）请示：适用于向上级机关请求指示、批准。

（七）函：适用于与不相隶属机关单位商洽工作，询问和答复问题。

（八）会议纪要：适用于记载、传达会议情况和议定事项。

三、公文格式

（一）协会公文由协会发文标识、发文字号、标题、主送机关单位、正文、附件说明、成文日期、印章、主题词、抄报机关、抄送机关单位、附件等部分组成。

1、协会发文标识由协会全称加“文件”组成，特定公文只标识协会全称。

2、发文字号，包括协会代字、年份、顺序号。

3、标题应当准确简要地概括公文的主要内容，标明公文种类。

4、公文如有附件，应当注明附件顺序和名称。

5、公文除会议纪要外，应当加盖协会印章。

6、公文落款处不署协会名称，只标识成文时间，加盖协会印章；印章必须与正文同处一面。

7、成文时间以协会领导签发日期为准。

8、文件应当按照规定标注主题词。

（二）公文中各组成要素标识规则，参照《国家行政机关公文格式》执行。

（三）公文用纸一般采用国际标准A4(210mm×297mm)，左侧装订。

四、行文规则

（一）行文应当确有必要，注重效用。

（二）行文内容应当是本协会业务范围内的事项，不得越权行文。

（三）重要行文，应当同时抄报上级机关。

（四）请示应当一文一事，一般只写一个主送机关，需要同时送相关机关部门的，应当用抄送形式。

（五）报告不得夹带请示事项。

五、发文办理

（一）发文办理指以本协会名义制发公文的过程，包括草拟、审核、签发、编号、复核、缮印、用印、登记、分发等程序。

（二）草拟公文应当做到：

1、符合国家的法律、法规及其他有关规定。

2、情况确实，观点明确，表述准确，结构严谨，条理清楚，字词规范，标点正确，篇幅力求简短。

3、文种应当根据行文目的、协会的业务范围和与主送机关单位的行文关系确定。

4、人名、地名、数字、引文准确。引用公文应当先引标题，后引发文字号。引用外文应当注明中文含义。日期应当写明具体的年、月、日。

5、结构层次序数，第一层为“一、”，第二层为“(一)”，第三层为“1.”，第四层为“(1)”，第五层为①。

6、应当使用国家法定计量单位。

7、使用非规范化简称，应当先用全称并注明简称。使用国际组织外文名称或其缩写形式，应当在第一次出现时注明准确的中文译名。

8、公文中的数字，除成文日期、部分结构层次序数和在词、词组、惯用语、缩略语、具有修辞色彩语句中作为词素的数字必须使用汉字外，应当使用阿拉伯数字。

（三）协会公文由秘书处负责起草，起草时应当征求有关副会长意见；协会所属机构以协会名义印发的公文，由该机构负责起草，秘书处统一办理。

（四）公文送领导签发前，应当由秘书处进行审核。审核的重点是：是否确需要行文，行文方式是否妥当，是否符合行文规则和拟制公文的有关要求，公文格式是否符合本办法的规定等。

（五）以协会名义制发的上行文，由会长签发；下行文或者平行文，根据行文内容由会长、秘书长或者会长授权的其他负责人签发。

（六）公文正式印制前，秘书处应当进行复核。复核的重点是：审批、签发手续是否完备，附件材料是否齐全，格式是否统一、规范等。

六、收文办理

（一）收文办理指对收到公文的办理过程，包括签收、登记、审核、拟办、批办、承办、催办等程序。

（二）秘书处或者其他机构收到交办的公文后应当及时办理，不得延误、推诿。紧急公文应当按照时限要求办理，确有困难的应当及时予以说明。

（三）收到上级机关下发或者交办的公文，由秘书处提出拟办意见，送秘书长或者会长批示后办理。

（四）送领导批示或者交有关机构办理的公文，由秘书处负责催办。

七、公文归档

（一）公文办理完毕后，应当根据《中华人民共和国档案法》和其他有关规定，及时整理、立卷、归档。个人不得保存应当归档的公文。归档范围内的公文，应当根据其相互联系、特征和保存价值等整理立卷。归档范围内的公文应当确定保管期限，按照有关规定定期向档案部门移交。以协会名义制发的公文由秘书处将审批稿、正本（一式两份）和有关材料原件收集、整理、立卷、归档。

八、公文管理

（一）公文由秘书处专职人员统一收发、登记、审核、编号、用印、归档和销毁。

（二）不具备归档和存查价值的公文，经过鉴别并经秘书长批准，可以销毁。

（三）销毁秘密公文应当到指定场所由二人以上监销，保证不丢失、不漏销。其中，销毁绝密公文（含密码电报）应当进行登记。

（四）工作人员调离工作岗位时，应当将本人暂存、借用的公文按照有关规定移交、清退。

九、本办法自印发之日起施行。

山西省房地产业协会
印章管理规定

（2011年11月17日会长办公会议通过）

第一条 为加强协会印章管理，确保合理规范使用印章，制定本规定。

第二条 本规定所称性印章，是指协会及协会所属工作机构印章、协会法定代表人专用名章和财务专用章。

第三条 印章的刻制和启用统一由协会秘书处负责办理。

第四条 协会印章和协会法定代表人公务专用名章由协会秘书处管理，协会各工作机构印章由该机构负责人管理，协会财务专用章和协会法定代表人财务专用名章由协会财务人员管理。

第五条 所有印章均须指定专人保管，未经领导批准，不得委托非保管人员代管。

第六条 任何人不得擅自携带印章外出和在空白纸上加盖印章。因特殊情况确需携带印章外出或者在空白纸上加盖印章，须经领导批准。在空白纸上加盖印章，应当注明用途和有效期；空白介绍信要同时在存根上注明用途和有效期。

第七条 使用印章须履行审批手续。使用协会印章，除公文和介绍信外，均需进行登记，注明用印日期、用途、经手人、用印人和批准人。

第八条 本规定自印发之日起施行。

山西省房地产业协会
物业管理工作部工作条例

（山西省房地产业协会物业管理工作部第一次成员单位代表会议

2011年12月8日通过）

第一章　总　则

第一条 为了加强和规范山西省房地产业协会物业管理工作部的工作，根据《山西省房地产业协会章程》，制定本条例。

第二条 山西省房地产业协会物业管理工作部是山西省房地产业协会联系相关会员单位的专业性工作机构，不具备独立法人资格，在山西省房地产业协会的领导和业务主管部门的指导下开展工作。

第三条 山西省房地产业协会物业管理工作部办公地点设在山西省太原市建设北路85号。

第二章　业务范围

第四条 山西省房地产业协会物业管理工作部的业务范围：

（一）贯彻执行国家有关物业管理的法律法规和政策规定，组织开展行业调查研究，提出行业改革发展和法规政策等方面的建议；协助主管部门制定、实施行业发展规划和有关法规规章，推进行业管理，协调执行中出现的问题。

（二）组织制定行规行约，推进行业诚信建设，建立完善行业自律性管理约束机制，规范行业行为，树立行业良好形象，维护平等竞争的市场环境。

（三）向主管部门和相关部门反映成员单位的合理要求和意愿，维护成员单位的合法权益；加强与物业管理有关的组织及单位的合作，推动企业横向经济联合和技术进步，提高全行业的经济效益和社会效益；组织进行工作研讨和经验交流，为成员单位提供法律、政策、技术、管理和市场等咨询服务。

（四）受主管部门委托，承担行业培训及有关评比表彰活动的相关工作；协助主管部门做好行业统计工作。

（五）了解和掌握国内外行业发展动态，及时收集、发布行业信息。

（六）积极开展与省外同行业社团组织的友好交往，组织开展对外交流与合作。

（七）承担主管部门和协会委托办理的其他事项。

（八）根据需要开展有利于行业发展的其他活动。

第五条 本工作部的工作计划和重大活动须事先报协会常务理事会审定，由协会秘书处统一协调。

第三章　成员单位

第六条 在本省区域内从事物业管理及与物业管理相关的企事业单位、科研院校等，经批准可以成为本工作部成员单位。

第七条 本工作部成员单位均为山西省房地产业协会会员单位或者会员单位所属机构，享有协会会员相应的权利，并履行相应的义务。

第四章　组织机构

第八条 本工作部由成员单位代表会议选举产生，由主任、副主任和若干成员组成，任期与协会理事会同步。

第九条 热心物业管理业务并且具有一定理论基础或者实践经验的专家、学者、社会知名人士，经批准可以当选为本工作部成员。

第十条 工作部组成人员因机构、人事变动或者其他原因不在原推荐单位工作时，其成员资格自动消失，缺额可由原推荐单位另行推荐，按程序予以调整。

第十一条 工作部的领导机构是主任会议，由主任召集和主持，副主任和成员参加。主任会议须有三分之二以上成员出席方能召开，其决议须经到会成员三分之二以上表决通过方能生效。

第十二条 主任会议每半年至少召开一次，必要时可以采用通讯形式召开。

第十三条 成员会确定一名副主任负责处理日常工作。各成员单位确定一名联络员，负责与工作部的工作联系。

第五章　经费管理和使用

第十四条 本工作部的经费来源：

（一）成员单位交纳的协会会员会费；

（二）在核准的业务范围内开展活动或者服务的收入；

（三）捐赠及赞助；

（四）政府和协会资助；

（五）利息；

（六）其他合法收入。

第十五条 本工作部的经费由协会单独记账，统一管理。

第六章　附　则

第十六条 本条例经2011年12月8日第一次成员单位代表会议表决通过。

第十七条 本条例的解释权属本工作部。

第十八条 本条例自协会会长办公会议批准实施之日起生效。

山西省房地产业协会
物业管理工作部成员名单

主　任：齐聪文　太原市房产管理局物业处处长
副主任：闫燕青　省住房城乡建设厅房地产市场监管处副调研员
　　　　何建荣　太原市物业管理协会会长
　　　　裴桂兰　大同市房地产业与物业管理协会副秘书长
成　员：李　宏　阳泉市住建局房产科科长
　　　　屈瑞华　晋中市住建局房产科科长
　　　　樊志中　长治市住建局房产科科长
　　　　张振国　晋城市住建局房产科科长
　　　　张　平　临汾市住建局房产科科长
　　　　吴叶飞　运城市住建局房产科科长
　　　　贾云植　山西云馨物业管理有限责任公司董事长
　　　　纪木春　太原市物业管理协会副会长
　　　　　　　　太重北特机械制造有限公司总经理
　　　　韩建宏　山西信通联科工贸有限公司总经理
　　　　吕全新　太原锦宏物业管理有限公司总经理
　　　　田　宏　太原市美嘉乐物业管理有限公司总经理
　　　　李光通　太原达人物业管理有限公司总经理
　　　　邓永红　山西蓝泰物业管理有限公司总经理
　　　　杨士奇　太重北特机械制造有限公司董事长
　　　　周文选　大同市绿园物业管理有限责任公司总经理
　　　　王巍明　山西万家物业服务有限公司董事长
　　　　杜吉仁　晋中田森物业管理有限公司总经理
　　　　范志勤　永济电机安居物业管理有限责任公司董事长
　　　　孙全明　临汾市五洲物业管理有限公司总经理
　　　　李　艳　太原城市职业技术学院工商管理系主任
　　　　王　胜　山西建筑职业技术学院
　　　　陈海英　山西建筑职业技术学院

山西省房地产业协会
房地产交易与产权工作部工作条例

（山西省房地产业协会房地产交易与产权工作部第一次成员单位全体会议2011年12月20日通过）

第一章 总 则

第一条 为了加强和规范山西省房地产业协会房地产交易与产权工作部的工作，根据《山西省房地产业协会章程》，制定本条例。

第二条 山西省房地产业协会房地产交易与产权工作部是山西省房地产业协会联系相关会员单位的专业性工作机构，不具备独立法人资格，在山西省房地产业协会的领导和业务主管部门的指导下开展工作。

第三条 山西省房地产业协会房地产交易与产权工作部办公地点设在山西省太原市建设北路85号。

第二章 业务范围

第四条 山西省房地产业协会房地产交易与产权工作部的业务范围：

（一）贯彻执行国家有关房地产产权交易和房地产权属登记管理的法律法规和政策规定，组织开展调查研究，提出规范房地产交易秩序、加强房地产产权管理的意见和建议；协助主管部门制定实施房地产交易及产权管理的改革方案、工作规划和法规政策，协调执行中出现的问题。

（二）组织制定行规行约，建立和完善成员单位自律机制，规范成员单位管理行为，树立成员单位良好形象。

（三）向主管部门和相关部门反映成员单位的合理要求和意愿，维护成员单位的合法权益。

（四）组织进行工作研讨和经验交流，为成员单位提供法律、政策、技术、管理和市场咨询服务。

（五）受主管部门委托，承担本专业业务培训及有关评比表彰活动的相关工作。

（六）协助主管部门做好相关统计工作，及时发布省内外房地产交易和房地产权属登记管理工作的动态信息。

（七）积极开展与省外同类社团组织工作机构的友好交往，组织开展对外交流与合作。

（八）承担主管部门和协会委托办理的其他事项。

第五条 本工作部的工作计划和重大活动须事先报协会常务理事会审定，由协会秘书处统一协调。

第三章 成员单位

第六条 在本省区域内从事房地产产权交易和房地产权属登记管理业务的工作机构及与房地产交易和产权管理相关的企事业单位、科研院校等，经批准可以成为本工作部成员单位。

第七条 本工作部成员单位均为山西省房地产业协会会员单位或者会员单位所属机构，享有协会会员相应的权利，并履行相应的义务。

第四章 组织机构

第八条 本工作部由成员单位全体会议选举产生，由主任、副主任和若干成员组成，任期与协会理事会同步。

第九条 热心房地产交易和产权管理业务并且具有一定理论基础或者实践经验的专家、学者、社会知名人士，经批准可以当选为本工作部成员。

第十条 工作部组成人员因机构、人事变动或者其他原因不在原推荐单位工作时，其成员资格自动消失，缺额可由原推荐单位另行推荐，按程序予以调整。

第十一条 工作部的领导机构是主任会议，由主任召集和主持，副主任和成员参加。主任会议须有三分之二以上成员出席方能召开，其决议须经到会成员三分之二以上表决通过方能生效。

第十二条 主任会议每半年至少召开一次，必要时可以采用通讯形式召开。

第十三条 工作部确定一名副主任负责处理日常工作。各成员单位确定一名联络员，负责与工作部的工作联系。

第五章 经费管理和使用

第十四条 本工作部的经费来源：

（一）成员单位交纳的协会会员会费；

（二）在核准的业务范围内开展活动或者服务的收入；

（三）捐赠及赞助；

（四）政府和协会资助；

（五）利息；

（六）其他合法收入。

第十五条 本工作部的经费由协会单独记账，统一管理。

第六章 附 则

第十六条 本条例经2011年12月20日第一次成员单位全体会议表决通过。

第十七条 本条例的解释权属本工作部。

第十八条 本条例自协会会长办公会议批准实施之日起生效。

山西省房地产业协会
房地产交易与产权工作部成员名单

主　任： 田文林　山西省住房和城乡建设厅房地产市场监督处调研员

副主任： 樊东旭　吕梁市房管局副局长
张　峰　太原市房地产产权登记中心主任
牛焕德　太原市房地产交易所所长
王建军　晋中市房地产交易中心主任

成　员： 王　姝　阳泉市房地产交易中心主任
吕文珍　朔州市房地产产权登记中心主任
刘利猛　长治市房地产交易管理处处长
王彩萍　临汾市房屋登记中心主任
高净宇　侯马市房地产交易中心主任
高　潮　大同市房屋产权产籍管理中心主任
李昌春　朔州市房地产等级中心主任
赵　斌　长治市房地产产权处处长
张凤鸣　晋城市房地产交易管理处处长
徐　舰　运城市房地产登记中心主任
马　辉　永济市房地产交易中心主任

山西省房地产业协会
第三届理事会常务理事名单

（按姓氏笔画为序）

于世玮　山西建筑职业技术学院原院长
于丽萍　省住房和城乡厅村镇建设处处长
卫长义　中房集团山西天泰房地产开发有限公司董事长
马金生　山西金厦房地产开发有限公司董事长
马建生　晋中市住房保障和城乡建设管理局副局长
马培生　山西财经大学副校长
王　原　省建设工程安全监督管理总站站长
王士铎　山西建设投资集团董事长
王风英　省住房和城乡建设厅标准定额处副处长
王长安　山西新弘祺房地产开发有限公司董事长
王永生　山西省宏图永盛房地产开发有限公司董事长
王尧邦　朔州市住房保障和城乡建设管理局副局长
王明福　忻州市住房公积金管理中心主任
王建军　晋中市房地产交易中心主任
王政伟　晋中市房地产业协会会长
牛焕德　太原市房地产交易所所长
邓永红　山西蓝泰物业管理有限公司总经理
田凤杰　阳泉太行房地产开发有限公司总经理
田文林　省住房和城乡建设厅房地产市场监管处调研员
史红权　省重点工程建设办公室副主任
白武魁　辰兴房地产发展股份有限公司总经理
陈　敏　太原市房地产开发协会会长
边宝莲　省城镇规划建设发展中心主任
成　宏　山西建筑职业技术学院院长
毕兴锁　省建筑科学研究院院长
吕文珍　忻州市房地产交易登记中心主任
朱　强　省体育局体育设施建设管理中心主任
乔建峰　山西省第五建筑工程公司总经理
任金彪　山西东方紫光房地产开发有限公司董事长
任永平　山西国电置业有限公司董事长
刘　庆　太原庆民房地产开发有限责任公司董事长
刘文斌　省统计局固定资产投资处处长
刘玉坤　省住房和城乡建设厅原副巡视员
刘卯才　省建设工程保险与担保管理办公室主任
刘志军　吕梁市住房保障和城乡建设管理局副局长、吕梁市房产管理局局长
刘跃生　省住房和城乡建设厅稽查办公室主任
祁跃华　山西晋建房地产开发公司总经理
闫玉变　省住房和城乡建设厅住房公积金监管处处长

许立新　省城市建设档案馆馆长
阮　晶　山西飞云房地产开发有限公司董事长
孙全明　临汾市五洲物业管理有限公司总经理
远勤山　山西通达集团运城房地产开发有限责任公司董事长
杜　锐　山西四建集团有限公司董事长
杜　敏　临汾市住房保障和城乡建设管理局副局长
杜在兴　大同市睿和新城物业管理有限责任公司总经理
杜临学　省住房和城乡建设厅人事教育处处长
杜根文　太原北晨综合开发有限责任公司总经理
李　庆　省纪委原副厅级检查员
李　瑞　晋城市房地产业协会会长
李　霞　太原市华龙泰房地产开发有限公司副总经理
李光通　太原达人物业管理有限公司总经理
李志锋　山西翰思正道投资顾问有限公司董事长
李志成　山西晋业房地产开发公司 董事长
李延英　省住房和城乡建设厅计划财务处处长
李秀亭　长治市房地产业协会会长
李明德　朔州市房产管理局局长
李建明　山西龙昌房地产开发有限公司董事长
李春光　山西阳光集团开发有限公司董事长
李海龙　大同翔龙集团董事长
李督文　山西六建集团有限公司董事长
杨　设　大同市房产管理局局长
杨志家　太原城市职业技术学院院长
杨敬典　山西金地房地产开发建设集团有限公司总经理
刘仁旺　山西省第三建筑工程公司总经理
吴文祥　山西全顺房地产开发有限公司董事长
宋兵虎　山西省住房公积金协会秘书长
张　和　大同市房地产业和物业管理协会会长
张　峰　太原市房地产产权登记中心主任
张　海　省住房和城乡建设厅副巡视员
张学锋　省住房和城乡建设厅总工程师
张建民　山西铭基房地产开发有限公司董事长
张建民　山西合力房地产开发有限公司董事长
张剑英　阳泉市人民政府拆迁办公室主任
张培泉　省住房和城乡建设厅纪检监察室主任
张润生　大同凯德物业服务有限责任公司总经理
张萍梅　运城市住房保障和城乡建设管理局副局长

耿鹏鹏　山西省工业设备安装公司董事长
陈美善　晋中华晟房地产开发有限公司董事长
　　　　榆次区安居住宅合作社主任
陈新华　山西骅燕置业有限公司董事长
幸有文　大同煤矿集团宏建房地产开发有限责任公司董事长
苑俊生　山西华夏房地产开发有限公司董事长
林　经　山西太重兴业投资发展有限公司
　　　　山西兴业房地产公司董事长
相立军　太原富力城房地产开发有限公司董事长
周文选　大同市绿园物业管理有限责任公司总经理
周丽萍　运城御苑置业有限公司董事长
周尚文　山西建筑职业技术学院副院长
周晓涛　运城市房地产业协会会长
周喜文　忻州市房地产业协会会长
周翠芬　省住房和城乡建设厅建筑与勘察设计市场监管处处长
郑耀东　阳泉市住房保障和城乡建设管理局副局长
孟兆国　省城乡规划设计研究院院长
赵　梅　省住房和城乡建设厅宣传中心主任
赵　斌　山西八建集团有限公司董事长
赵富英　省房改办原副主任
赵新中　省广播电视局宣传处副处长
郝竹清　省住房和城乡建设厅综合处处长
郝增元　省住房和城乡建设厅原副巡视员
胡孟卿　省勘察设计研究院院长
要　鸣　山西汇远房地产开发公司总经理
段燕临　省住房和城乡建设厅信息中心
俞应华　山西丽华房地产开发有限公司总经理
宣为民　临汾市房地产业协会会长
姚少峰　省重点工程建设办公室主任
秦英广　山西广鑫房地产开发有限责任公司董事长
秦惠来　山西鑫梓房地产开发有限公司董事长
项连斌　省住房和城乡建设厅工程质量安全监管处处长
袁惠芬　省住房和城乡建设厅机关党委副书记
贾　滨　山西省建筑设计研究院院长
贾云植　山西云馨物业管理有限责任公司董事长
贾迎泽　省设计审核室主任
贾树彬　省重点工程建筑技术服务中心主任
顾朝晖　恒大地产集团太原有限公司董事长
徐　博　山西坤杰房地产开发有限公司董事长
高　潮　大同市房屋产权产籍管理中心主任
高玉武　大同煤矿集团鹏程物业管理有限责任公司总经理
郭　瑜　省住房和城乡建设厅工程建设标准定额站站长
郭玉增　吕梁市住宅合作社主任
郭永明　晋中市人民政府拆迁办公室主任
郭永钢　大同阳光嘉业房地产开发有限责任公司董事长
郭廷儒　省住房和城乡建设厅城乡规划处处长
郭志宏　太原市住房和城乡建设委员会房地产开发管理处处长
郭俊思　山西晋联房地产开发有限公司总经理
郭舒昌　太原晋东房地产开发有限公司总经理
崔明祥　山西佳泰物业管理有限公司总经理
崔学锋　太原市住房和城乡建设委员会副主任
崔晋宏　山西东泰房地产开发有限公司董事长
康建斌　太原市房产管理局副局长
梁昌春　太原化学工业集团房地产开发有限公司总经理
梁建民　省建设科技推广与建筑节能监管中心主任
梁晋武　山西万景源房地产开发有限公司董事长
梁晓军　省住房和城乡建设厅住房保障处处长
董成俊　忻州市住房保障和城乡建设管理局副局长
董建国　山西博雅都园房地产开发有限公司董事长
韩　岗　大同市房产管理局副局长
韩再川　山西建设投资集团总经理
韩丽明　阳泉丽玉房地产开发有限责任公司董事长
韩建宏　山西信通联科工贸有限公司总经理
程永平　省住房和城乡建设厅房地产市场监管处处长
温　刚　山西二建集团有限公司董事长
温贵云　省住房和城乡建设厅建设信息中心主任
裴小波　运城市金鑫房地产有限公司董事长
裴天德　晋城市住房保障和城乡建设管理局副局长
翟顺河　省住房和城乡建设厅总规划师
翟振新　省统计局局长
薛团明　省住房和城乡建设厅住房改革与发展处处长
澹台印玉　山西一建集团有限公司董事长

山西省房地产业协会
第三届理事会理事名单

（按姓氏笔画为序）

于广荣　吕梁创新房地产开发有限公司董事长
于世玮　山西建筑职业技术学院原院长
于志平　阳泉市城区房地产开发有限公司董事长
于丽萍　省住房和城乡建设厅村镇建设处处长
万福生　山西鼎胜房地产开发有限公司董事长
卫长义　中房集团山西天泰房地产开发有限公司董事长
卫忠平　太原市富佳房地产开发有限公司董事长
卫彩霞　长治市怡昌房地产开发有限公司总经理
卫慧明　中汇房地产开发有限公司总经理
马　薇　山西银丰房地产开发有限公司副总经理
马金生　山西金厦房地产开发有限公司董事长
马建生　晋中市住房保障和城乡建设管理局副局长
马贵成　大同市睿和兴业房地产开发有限责任公司董事长
马培生　山西财经大学副校长
马堂宽　山西鑫马房地产开发有限公司董事长
马敏儒　朔州市东方房地产有限责任公司总经理
王　秀　山西中元房地产开发有限公司总经理
王　实　吕梁市房地产登记中心主任
王　胜　山西建筑职业技术学院
王　姝　阳泉市房地产交易中心主任
王　原　省建设工程安全监督管理总站站长
王　毅　大同市鑫和物业管理有限责任公司董事长
王士铎　山西建设投资集团董事长
王小刚　山西科隆泰开发公司经理
王风英　省住房和城乡建设厅标准定额处副处长
王五宝　临汾市房屋拆迁管理办公室主任
王长安　山西新弘祺房地产开发有限公司董事长
王文荣　闻喜县民生房地产开发有限公司总经理
王玉芳　山西鸿辰房地产开发有限公司总经理
王玉梅　山西瀚达房地产开发有限公司董事长
王冬鸽　闻喜县红鑫房地产开发有限公司总经理
王永生　山西省宏图永盛房地产开发有限公司董事长
王扣英　太原市福泓地产开发有限公司董事长
王有德　晋中市住房保障和城乡建设管理局房产科科长
王存钧　阳泉市瑞丰房地产开发有限公司总经理
王尧邦　朔州市住房保障和城乡建设管理局副局长
王创全　长治市启越房地产开发有限公司董事长
王军海　朔州市海源房地产开发有限公司董事长
王志刚　垣曲县隆昌房地产开发有限公司总经理
王志强　太原青龙房地产开发有限公司总经理
王丽秀　运城市锦博渊房地产开发有限公司总经理
王连亮　汾阳市嘉业房地产开发有限公司董事长
王秀卿　山西建筑职业技术学院校企合作与培训部主任协会培训部主任
王良伟　忻州市华洋房地产开发有限公司总经理
王茂新　山西宇佳房地产开发有限公司总经理
王国庆　阳泉市恒大房地产开发有限公司总经理
王明福　忻州市住房公积金管理中心主任
王治宪　山西工程职业技术学院副院长
王学春　阳泉市豪门房地产开发有限公司董事长
王宝宝　吕梁市永宁集团房地产开发有限公司董事长
王建军　晋中市房地产交易中心主任
王建忠　大同市浩海地产置业有限责任公司董事长
王政伟　晋中市房地产业协会会长
王贵珍　朔州市溢源居房地产开发有限公司总经理
王前进　晋城市前胜房地产开发有限公司董事长
王爱唐　山西三晋建设开发公司董事长
王海法　山西瑞驰房地产开发有限公司董事长
王继龙　阳城县佳地房地产开发有限责任公司总经理
王彩萍　临汾市房产管理局房屋登记中心主任
王喜明　太原市鸿峰房地产建设有限公司董事长
王喜鸿　太原钢铁（集团）有限公司民用建设开发公司董事长
王敬耀　运城市运泰房地产开发有限公司总经理
王福喜　阳泉市福祥房地产开发有限公司董事长
王巍明　山西万佳物业服务有限公司总经理
支国梁　山西盛地房地产开发有限公司总经理
牛　俊　太原市迎泽区城市建设综合开发公司董事长
牛小姝　长治市仙龙房地产开发有限公司总经理
牛焕德　太原市房地产交易所所长
尹代伟　山西宝洁房地产开发有限公司总经理
邓永红　山西蓝泰物业管理有限公司总经理
厉以彭　太原市商业建设综合开发有限公司董事长
叶新荣　山西平朔房地产开发有限公司总经理
申新年　山西龙翼房地产开发有限公司董事长
田　刚　大同宝通房地产开发有限责任公司董事长
田　宏　太原市美嘉乐物业管理有限公司董事长
田　峰　《山西房地产》编辑部主任
田凤杰　阳泉太行房地产开发有限公司总经理

田文林　省住房和城乡建设厅房地产市场监管处调研员
田宝云　山西澳林百和房地产开发有限公司董事长
田晓红　山西帝景房地产开发公司董事长
史　松　朔州市同兴房地产开发有限公司董事长
史永峰　大同市御河房地产建设有限责任公司董事长
史百芳　临猗县锦达房地产开发有限公司董事长
史红权　省重点工程建设办公室副主任
史珏文　阳泉市阳光房地产开发有限公司董事长
冉翔天　山西力通房地产开发有限公司总经理
代会斌　阳泉市滨江房地产开发有限公司董事长
白世斌　和顺县建安房地产开发有限公司董事长
白武魁　辰兴房地产发展股份有限公司总经理
冯　旺　晋城市华威房地产开发有限公司总经理
冯文彬　朔州市三源房地产开发有限责任公司总经理
冯玉祥　太原市房地产开发协会会长
冯爱民　山西闻汇房地产开发有限公司董事长
司永胜　晋城市凤展房地产开发有限公司总经理
边宝莲　省城镇规划建设发展中心主任
邢丑锁　昔阳县新安房地产开发有限公司董事长
邢占勇　山西铁诚房地产开发有限公司董事长
戎占伟　朔州市恒力源房地产开发有限公司总经理
吉克峰　临汾吉宇房地产开发有限公司总经理
成　义　文水县环博房地产开发有限公司总经理
成　宏　山西建筑职业技术学院院长
成现敏　大同市浩达房地产开发有限责任公司总经理
成贵生　吕梁云栋房地产开发有限公司董事长
毕兴锁　省建筑科学研究院院长
光美华　太原市恒达世行房地产顾问有限公司董事长
吕文珍　忻州市房地产交易登记中心主任
吕全新　太原锦宏物业管理有限公司总经理
朱　强　省体育局体育设施建设管理中心主任
朱林生　运城市盛世广厦房地产开发有限公司董事长
朱海莲　晋中银海房地产开发有限公司董事长
乔建峰　山西省第五建筑工程有限公司总经理
乔福安　山西华强房地产开发有限公司董事长
任金彪　山西东方紫光房地产开发有限公司董事长
任永平　山西国电置业有限公司董事长
任建辉　临汾平阳房地产开发有限公司董事长
任崇文　山西金海洋房地产开发有限公司总经理
刘　冯　太原通达建设发展有限公司总经理
刘　庆　太原庆民房地产开发有限责任公司董事长
刘　瑜　山西鑫大华房地产开发有限公司总经理
刘千里　山西千里集团董事长
刘月朝　大同市梦园房地产开发有限责任公司总经理
刘义斌　省统计局固定资产投资处处长
刘玉坤　省住房和城乡建设厅原副巡视员
刘玉波　平陆欧达房地产开发有限公司董事长
刘卯才　省建设工程保险与担保管理办公室主任
刘同顺　山西同顺房地产开发有限公司董事长
刘先明　忻州市房产管理局开发科科长
刘会民　绛县飞龙房地产开发有限公司董事长
刘志军　吕梁市住房和城乡建设管理局副局长、
　　　　吕梁市房产管理局局长
刘利猛　长治市房地产交易管理处处长
刘忠山　怀仁县宏玉房地产开发有限责任公司董事长
刘忠森　山西天茂房地产开发有限公司总经理
刘彦斌　阳泉市天峰房地产开发有限公司董事长
刘跃生　省住房和城乡建设厅稽查办公室主任
刘银栋　北京中伦文德太原律师事务所主任
　　　　山西省房地产业协会法律事务部主任
刘增军　大同市铁建房地产开发有限责任公司董事长
齐安国　临汾市富安房地产开发有限公司董事长
齐惠卿　洪洞县连三房地产开发有限公司董事长
齐聪文　太原市房产管理局物业管理处处长
关生唐　原山西省第二建筑工程公司党委书记
米　杰　朔州市森杰房地产有限公司董事长
安东升　临汾新安宇房地产开发有限公司总经理
祁跃华　山西晋建房地产开发公司总经理
闫玉变　省住房和城乡建设厅住房公积金监管处处长
许立新　省住房和城乡建设厅城市建设档案馆馆长
许润平　大同市云安花园物业管理有限责任公司总经理
阮　晶　山西飞云房地产开发有限公司董事长
孙　凯　运城市世纪环球置业有限公司总经理
孙全明　临汾市五洲物业管理有限公司总经理
孙国强　山西财经大学管理科学与工程学院院长
孙群胜　运城市华荣房地产开发有限公司董事长
远勤山　山西通达集团运城房地产开发有限责任公司
　　　　董事长
杜　锐　山西四建集团有限公司董事长
杜　敏　临汾市住房保障和城乡建设管理局副局长
杜吉仁　晋中田森房地产开发有限公司总经理
　　　　晋中田森物业管理有限公司董事长
杜在兴　大同市睿和新城物业管理有限责任公司总经理
杜志华　朔州市住房保障和城乡建设管理局住房科科长
杜临学　省住房和城乡建设厅人事教育处处长
杜根文　太原北晨综合开发有限责任公司总经理
李　庆　省纪委原副厅级检查员
李　宏　阳泉市住房保障和城乡建设管理局原房产科
　　　　科长
李　强　山西新时代房地产开发集团有限公司董事长
李　瑞　晋城市房地产业协会会长
李　毅　太原市地天物业管理有限公司总经理
李　霞　太原市华龙泰房地产开发有限公司副总经理
李小飞　吕梁豫立房地产开发有限公司总经理
李天虎　山西海鑫海天房地产开发有限公司总经理
李云胜　晋城市新世达房地产开发有限公司总经理
李长春　朔州市房地产登记中心主任、房屋征收办公
　　　　室主任

李文利　太原市小店区综合开发公司总经理
李玉东　太原市房产经营公司房地产开发部总经理
李世杰　大同市万森房地产开发有限责任公司总经理
李在田　吕梁金泽房地产开发有限公司董事长
李光通　太原达人物业管理有限公司总经理
李延军　临汾市恒安房地产开发有限公司总经理
李延英　省住房和城乡建设厅计划财务处处长
李志成　山西晋业房地产开发有限公司董事长
李志锋　山西翰思正道投资顾问有限公司董事长
李丽清　阳泉市太行工贸房地产开发有限公司总经理
李秀亭　长治市房地产业协会会长
李述华　晋中市龙湖房地产开发有限公司总经理
李国希　阳泉市汇鑫房地产开发有限公司董事长
李昕宇　大同市华盛房地产开发有限责任公司董事长
李明德　朔州市房产管理局局长
李学锋　山西省忻州市综合开发公司书记
李建平　太原市基磊房地产开发有限公司董事长
李建民　运城市广厦房地产开发有限公司董事长
李建明　山西龙昌房地产开发有限公司董事长
李春光　山西阳光集团开发有限公司董事长
李树林　运城市泰森房地产开发有限公司董事长
李香莲　山西森宇房地产开发有限公司董事长
李保吏　山西太谷荣星房地产开发有限公司董事长
李保林　临汾市金洋州房地产开发有限公司总经理
李彦明　阳泉市元承建业房地产开发有限公司
李晋良　清徐县双赢房地产开发有限公司总经理
李海龙　大同翔龙集团董事长
李跃进　长治市乐源房地产开发有限公司总经理
李银顿　晋城市金建房地产开发有限公司总经理
李道渝　晋中市通宇房地产开发有限公司董事长
李湘蓝　长治市三宝房地产开发有限公司董事长
李督文　山西六建集团有限公司董事长
李锦淇　大同市宏洋房地产开发有限公司董事长
杨　设　大同市房产管理局局长
杨志家　太原城市职业技术学院院长
杨金明　山西金明房地产开发有限公司董事长
杨承萍　阳泉市五龙房地产开发有限公司董事长
杨贵明　山西伟厦房地产开发有限公司董事长
杨晋平　阳泉市房地产修建开发总公司总经理
杨敬典　山西金地房地产开发建设集团有限公司总经理
刘仁旺　山西省第三建筑工程公司总经理
连长顺　吕梁中天房地产开发有限公司董事长
肖　健　阳泉标准信合物业服务有限公司董事长
肖振卿　阳泉市诚远房地产开发有限公司总经理
吴　明　吕梁民生房地产开发有限公司董事长
吴仁贵　大同市房产管理局开发科科长
吴文祥　山西全顺房地产开发有限公司董事长
吴晓槟　山西长实房地产开发有限公司董事长
吴朝辉　山西津辉建筑实业有限公司董事长
何心齐　山西佳德置地房地产开发有限公司董事长
何裕华　运城市住房保障和城乡建设管理局房产科科员
汪荣贵　运城豪德贸易广场开发有限公司总经理
沈颂华　大同市华田房地产开发有限公司董事长
宋　斌　西安铁峰房地产开发公司集团有限公司临猗分公司项目经理
宋兵虎　山西省住房公积金协会秘书长
宋喜东　山西省陆延房地产开发有限公司总经理
张　宇　临汾市派德森房地产开发有限公司常务副总
张　军　晋城市摩天房地产集团有限公司副董事长
张　陆　大同市城市建设开发公司董事长
　　　　大同市城开物业管理有限责任公司董事长
张　和　大同市房地产业和物业管理协会会长
张　峰　太原市房地产产权登记中心主任
张　海　省住房和城乡建设厅副巡视员
张　琦　大同市深特集团房地产开发有限责任公司董事长
张　辉　吕梁市海盛房地产开发有限公司总经理
张小明　山西九思房地产开发有限公司董事长
张天年　长治市晋苑房地产开发有限公司总经理
张凤鸣　晋城市房地产交易管理处处长
张文辉　临汾市房产管理局局长
张文渊　山西光信实业有限公司董事长
张玉生　长治市华森房地产开发有限公司董事长
张玉柱　太原市云飞房地产开发有限公司总经理
张龙龙　临汾市新世纪房地产开发有限公司总经理
张扩忠　大同市泰瑞房地产开发有限责任公司董事长
张同林　闻喜县鑫河房地产开发有限公司董事长
张同虎　汾阳市城市建设综合开发公司总经理
张志栋　朔州市住房保障和城乡建设管理局住房科副科长
张松林　山西颐景房地产开发有限公司董事长
张学峰　省住房和城乡建设厅总工程师
张金泉　运城市房产管理局局长
张建民　山西铭基房地产开发有限公司董事长
张建民　山西合力房地产开发有限公司董事长
张建国　晋城市住房保障和城乡建设管理局房产科科长
张保才　山西省运城鑫源房地产开发有限公司总经理
张剑英　阳泉市人民政府拆迁办公室主任
张彦宏　晋城市太行太岳房地产开发有限公司总经理
张海松　长治市房地产业协会会长
张润生　大同市凯德物业服务有限责任公司总经理
张培龙　山西兰花集团房地产开发有限公司董事长
张培泉　省住房和城乡建设厅纪检监察室主任
张萍梅　运城市住房保障和城乡建设管理局副局长
梁晋武　山西万景源房地产开发有限公司董事长
张银喜　山西融田房地产开发有限公司董事长
张敬泉　运城市宇磊房地产开发有限公司董事长
张智荣　大同市益兴房地产开发有限责任公司董事长

张瑞钊　介休市鸿瑞房地产开发有限公司董事长
张德山　大同华健房地产开发有限责任公司董事长
陈　凯　运城市柄全房地产开发有限公司总经理
陈　鑫　太原市鸿峰物业管理有限公司总经理
耿鹏鹏　山西省工业设备安装公司董事长
陈江海　山西丽华物业管理有限公司总经理
陈克亮　侯马市阳光置业房地产开发有限公司总经理
陈宏新　运城市弘昊房地产开发有限公司董事长
陈建明　山西百祥房地产开发有限公司董事长
陈俏林　太原市汇都房地产开发有限公司董事长
陈美善　晋中华晟房地产开发有限公司董事长
　　　　榆次区安居住宅合作社主任
陈琼芳　山西恒实文化物业管理有限公司总经理
陈新华　山西骅燕置业有限公司董事长
武建军　介休市凌云房地产开发有限公司董事长
武德林　汾阳市中石房地产开发有限公司董事长
幸有文　大同煤矿集团宏建房地产开发有限责任公司董事长
苑俊生　山西华夏房地产开发有限公司董事长
范永平　吕梁市房屋征收办公室主任
范存俭　山西省侯马市新田房地产开发有限公司总经理
林　经　山西太重兴业投资发展有限公司
　　　　山西兴业房地产公司董事长
尚中明　阳泉鑫田房地产开发有限公司
岳建军　长治市房屋建筑公司总经理
金松尧　汾阳市伯乐置业有限公司总经理
瓮祥记　洪洞县范融房地产开发有限公司总经理
相立军　太原富力城房地产开发有限公司董事长
周小林　太原西山物业管理有限公司总经理
周文选　大同市绿园物业管理有限责任公司总经理
周江峰　晋城市中瑞房地产开发有限公司董事长
周丽萍　运城御苑置业有限公司董事长
周尚文　山西建筑职业技术学院副院长
周国全　太原市园林建设开发公司总经理
周晓涛　运城市房地产业协会会长
周恩有　侯马市华翔房地产开发有限公司董事长
周喜文　忻州市房地产业协会会长
周翠芬　省住房和城乡建设厅建筑与勘察设计市场监管处处长
庞晋川　晋城华港物业有限公司董事长
庞晓婕　寿阳县房地产开发有限公司总经理
郑平军　山西宏厦建筑工程有限公司董事长
郑耀东　阳泉市住房保障和城乡建设管理局副局长
孟双全　山西佰晟房地产开发公司董事长
孟玉金　山西古鑫房地产开发有限责任公司董事长
孟兆国　山西省城乡规划设计研究院院长
孟永萍　太原祥融物业管理有限公司副总经理
赵　军　山西天盛源房地产开发有限公司总经理
赵　珍　朔州市建筑总公司总经理
赵　梅　省住房和城乡建设厅宣传中心主任
赵　斌　山西八建集团有限公司董事长
赵子录　大同市万科隆物业管理有限责任公司总经理
赵文保　山西省太谷县城市建设开发有限公司总经理
赵玉亮　长治市玉华房地产开发有限公司总经理
赵岗飞　山西潞安房地产开发有限公司总经理
赵昆山　山西华吉地产开发有限公司董事长
赵金菊　山西锦佳房地产开发有限公司董事长
赵建民　大同市华宇中百商业置地有限责任公司董事长
赵莜静　山西天鸿基业房地产开发有限公司董事长
赵银修　长治市金德利房地产开发有限公司总经理
赵续泉　山西天泉建设开发有限公司董事长
赵富英　省房改办原副主任
郝立富　山西嘉瑞房地产开发有限公司董事长
郝竹清　省住房和城乡建设厅综合处处长
郝志军　省统计局固定资产投资处
郝建秀　山西恒晟房地产开发有限公司总经理
郝晋生　晋城市城区房地产开发总公司总经理
郝增元　省住房和城乡建设厅原副巡视员
荣兆东　交城县房地产开发公司董事长
胡孟卿　省勘察设计研究院院长
胡胜合　河津市建筑工程有限公司董事长
胡惠恒　山西惠恒房地产开发有限公司董事长
胡增祥　阳泉市危旧房屋集资改建处主任
柳二文　朔州市新世纪房地产开发有限公司总经理
剌亿飞　介休市飞达房地产开发有限公司总经理
要　鸣　山西汇远房地产开发公司总经理
段　富　阳泉市兴富华房地产开发有限公司董事长
段燕临　省住房和城乡建设厅信息中心
侯　荣　朔州市房地产综合开发公司总经理
侯文元　朔州市荣丰房地产开发有限公司总经理
侯国栋　山西省运城市房地产开发公司总经理
俞应华　山西丽华房地产开发有限公司总经理
昝宝石　大同市华岳房地产开发有限责任公司董事长
宣为民　临汾市房地产业协会会长
宣新民　临汾五洲城建开发有限公司总经理
姚　厚　大同市金利房地产开发有限责任公司董事长
姚　霞　运城市明珠房地产开发有限公司董事长
姚少峰　省重点工程建设办公室主任
姚发兴　阳泉市联丰房地产开发有限责任公司董事长
姚培林　阳泉金联置业建设有限责任公司董事长
秦英广　山西广鑫房地产开发有限责任公司董事长
秦惠来　山西鑫梓房地产开发有限公司董事长
项连斌　省住房和城乡建设厅工程质量安全监管处处长
袁金元　吕梁市住房保障和城乡建设管理局房产科科长
袁惠芬　省住房和城乡建设厅直机关党委副书记
耿玉杰　临汾亚太房地产开发有限公司项目总监
贾　滨　山西省建筑设计研究院院长
贾云植　山西云馨物业管理有限责任公司董事长

贾迎泽　省设计审核室主任
贾树彬　省重点工程建筑技术服务中心主任
顾　颜　大同市桐城物业管理有限责任公司总经理
顾朝晖　恒大地产集团太原有限公司董事长
徐　博　山西坤杰房地产开发有限公司董事长
徐印芳　长治市房屋产权产籍监理处处长
高　峰　晋中恒基房地产开发有限公司总经理
高　潮　大同市房屋产权产籍管理中心主任
高万才　大同市天力房地产开发有限责任公司董事长
高玉武　大同煤矿集团鹏程物业管理有限责任公司总经理
高生明　朔州市金第房地产开发有限公司执行董事
高如华　山西瑞生房地产开发有限公司总经理
高嘉伟　太原诚达物业管理有限公司总经理
郭　忠　大同市达胜房地产开发有限责任公司董事长
郭　涛　山西多力多房地产开发有限公司董事长
郭　瑜　省工程建设标准定额站站长
郭一进　晋城市兰煜房地产开发有限公司总经理
郭少春　大同市宇鑫房地产开发有限责任公司董事长
郭玉增　吕梁市住宅合作社主任
郭永明　晋中市人民政府拆迁办公室主任
郭永钢　大同阳光嘉业房地产开发有限责任公司董事长
郭有寿　山西省介休市绵山房地产开发有限公司董事长
郭廷儒　省住房和城乡建设厅城乡规划处处长
郭志宏　太原市住房和城乡建设委员会房地产开发管理处处长
郭志勇　山西同仁太房地产开发有限公司董事长
郭志强　孝义市三皇集团房地产开发有限公司董事长
郭尚文　山西智诚房地产开发有限公司董事长
郭荣春　忻州市房屋拆迁办公室主任
郭俊思　山西晋联房地产开发有限公司总经理
郭晓彤　长治市广利房地产开发有限公司董事长
郭继生　山西盛世房地产开发有限公司董事长
郭崇喜　山西省运城市开发建筑有限公司总经理
郭舒昌　太原晋东房地产开发有限公司总经理
唐光亮　晋中市太塑房地产开发有限公司董事长
黄　征　山西天和房地产开发公司董事长
黄玉林　临汾市住房保障和城乡建设局房产科科长
黄正才　山西榆缆集团房地产开发有限公司董事长
曹小会　晋城市万通房地产开发有限公司总经理
常　亮　运城市东星房地产开发有限公司总经理
常文明　山西盛祥房地产开发有限责任公司董事长
常鹏程　大同市永华置地有限责任公司董事长
崔明祥　山西佳泰物业管理有限公司总经理
崔学锋　太原市住房和城乡建设委员会副主任
崔晋宏　山西东泰房地产开发有限公司董事长
康小菲　大同市民航房地产开发有限责任公司董事长
康文平　侯马经济技术开发区仁和房地产开发有限公司办公室主任
康守武　太原市大复生房地产开发有限公司董事长
康建斌　太原市房产管理局副局长
阎云鹏　山西云基房地产开发有限公司董事长
阎忠宝　临汾宇宁房地产开发有限公司董事长
盖江涛　山西宇丰房地产开发有限公司总经理
渠成胜　祁县天源房地产开发有限公司董事长
梁昌春　太原化学工业集团房地产开发有限公司总经理
梁建民　山西省建设科技推广与建筑节能监管中心主任
梁晋武　山西万景源房地产开发有限公司董事长
梁晓军　省住房和城乡建设厅住房保障处处长
梁燕绒　阳泉远鑫房地产开发有限公司董事长
梁耀忠　祁县房地产开发总公司总经理
彭　飞　太原市新凯房地产开发公司总经理
董三满　晋城市博厚置业房地产开发有限公司董事长
董汇军　长治市房屋拆迁办公室主任
董成俊　忻州市住房保障和城乡建设管理局副局长
董其民　运城市房屋征收办公室主任
董建国　山西博雅都园房地产开发有限公司董事长
韩　岗　大同市房产管理局副局长
韩再川　山西建设投资集团总经理
韩丽明　阳泉丽玉房地产开发有限责任公司董事长
韩秀文　山西晋阳房地产开发有限公司董事长
韩建宏　山西信通联科工贸有限公司总经理
韩海瑞　山西三正房地产开发有限公司
程永平　省住房和城乡建设厅房地产市场监管处处长
程晨阳　孝义市城市住宅综合开发公司总经理
傅开云　山西源宏房地产开发有限公司总经理
焦玉海　大同市建正房地产有限责任公司董事长
温　刚　山西二建集团有限公司董事长
温双伟　山西佳境房地产开发有限公司董事长
温永生　山西中泰房地产开发有限公司董事长
温国辉　闻喜县龙海房地产开发有限公司总经理
温贵云　省住房和城乡建设厅建设信息中心主任
褚永和　榆次城市建设综合开发总公司总经理
靳光明　晋城市亿泰房地产开发有限公司董事长
靳晓刚　大同市房地建筑开发公司董事长
詹建兵　运城市广鑫房地产开发有限公司总经理
解文亮　大同市泰泽房地产开发有限责任公司董事长
裴小波　运城市金鑫房地产有限公司董事长
裴天德　晋城市住房保障和城乡建设管理局副局长
裴桂兰　大同市房产管理局物业科原科长
雒晓法　吕梁远安房地产开发有限公司总经理
翟建伟　山西桓裕房地产开发有限责任公司董事长
翟顺河　省住房和城乡建设厅总规划师
翟俊峰　晋城市峰景房地产开发有限公司董事长
翟振新　省统计局局长
樊志中　长治市住房保障和城乡建设管理局科长
樊新玲　晋城市房屋征收与补偿管理办公室主任
潘贞朱　孝义市蓝天房地产开发有限公司董事长

燕志勇　大同市广社房地产开发有限责任公司董事长
薛团明　省住房和城乡建设厅住房改革与发展处处长
霍万全　山西万全房地产开发有限公司总经理
霍文元　山西省阳泉市城市建设开发总公司董事长
澹台印玉　山西一建集团有限公司董事长
魏建利　大同市博兴房地产开发有限责任公司董事长
魏晓梅　阳泉市长顺物业管理有限公司董事长
魏植甫　大同市诚益达房地产开发有限责任公司董事长

山西省房地产业协会
会员名单

太原市

太原市住房和城乡建设委员会
太原市房产管理局
太原市房地产产权登记中心
太原市房地产交易所
太原市房地产业协会
太原市房地产开发协会
太原市中和房地产开发公司
山西二建集团有限公司
山西四建集团有限公司
山西省第五建筑工程公司
山西六建集团有限公司
山西八建集团有限公司
山西省工业设备安装公司
太原城市职业技术学院
山西骅燕置业有限公司
山西省陆延房地产开发有限公司
太原市北晨综合开发有限责任公司
山西省裕昌房地产开发有限公司
山西华龙泰房地产开发有限公司
太原市中保房地产开发有限公司
山西华吉地产开发有限公司
山西三晋建设开发公司
山西阳光集团开发有限公司
太原化学工业集团房地产开发有限公司
山西晋建房地产开发公司
山西东泰房地产开发有限公司
山西华夏房地产开发有限公司
山西晋联房地产开发有限公司
山西长实房地产开发有限公司
山西新弘祺房地产开发有限公司
山西光信实业有限公司
山西龙昌房地产开发有限公司
山西澳林百和房地产开发有限公司
山西丽华房地产开发有限公司
山西庆民房地产开发有限公司
山西鸿辰房地产开发有限公司
太原汇远房地产开发公司
山西万全房地产开发有限公司
山西佰晟房地产开发公司
山西宝洁房地产开发有限公司
山西鑫大华房地产开发有限公司
山西融田房地产开发有限公司
太原市汇都房地产开发有限公司
山西瑞驰房地产开发有限公司
山西东方紫光房地产开发有限公司
山西科隆泰开发公司
太原市新凯房地产开发公司
山西省太原市小店区综合开发公司
太原市房产经营公司房地产开发部
太原市基磊房地产开发有限公司
山西百祥房地产开发有限公司
山西铁诚房地产开发有限公司
山西兴业房地产公司
山西太重兴业投资发展有限公司
中汇房地产开发有限公司
山西银丰房地产开发有限公司
山西合力房地产开发有限公司
太原市大复生房地产开发有限公司
山西天鸿基业房地产开发有限公司
太原市园林建设开发公司
山西鼎胜房地产开发有限公司
山西晋阳房地产开发有限公司
太原市云飞房地产开发有限公司
山西闻汇房地产开发有限公司
山西瀚达房地产开发有限公司
山西金厦房地产开发有限公司
山西佳境房地产开发有限公司
太原市富佳房地产开发有限公司
山西恒晟房地产开发有限公司
山西天和房地产开发公司
山西帝景房地产开发公司
太原市福泓地产开发有限公司
山西瑞生房地产开发有限公司
山西同仁太房地产开发有限公司
太原通达建设发展有限公司
清徐县双赢房地产开发有限公司
太原市鸿峰房地产建设有限公司
山西天盛源房地产开发有限公司
太原市商业建设综合开发有限公司
山西力通房地产开发有限公司
太原青龙房地产开发有限公司
山西宇佳房地产开发有限公司
太原市迎泽区城市建设综合开发公司

山西智诚房地产开发有限公司
太原市解困住宅合作社
山西万景源房地产开发有限公司
山西大唐双喜房地产开发有限公司
山西鑫梓房地产开发有限公司
山西宏宇房地产开发有限公司
山西同利达房地产开发有限公司
太原市广厦房地产开发有限公司
山西鼎元伟业房地产开发有限公司
山西南畔房地产开发有限公司
太原市鑫盛通房地产开发有限公司
山西名雄房地产开发有限公司
山西百德兴房地产开发有限公司
山西古唐房地产开发股份有限公司
山西鑫隆房地产开发有限公司
山西九丰房地产开发有限公司
山西国欣房地产开发有限公司
山西鼎宇房地产开发有限公司
太原市港源房地产开发有限公司
山西陆达房地产开发有限公司
太原市煤炭气化恒通房地产开发公司
山西联大房地产开发有限公司
山西华雄房地产开发有限公司
山西金海房地产开发有限公司
山西博雅都园房地产开发有限公司
太原市锦胜博雅房地产开发有限公司
山西万隆房地产开发有限公司
山西恒昌房地产开发有限公司
山西晋能房地产开发有限公司
山西天坤房地产开发有限公司
山西经典房地产开发有限公司
山西尚城房地产开发有限公司
山西晋府综合开发公司
山西霄羽房地产开发公司
山西奥龙德房地产开发有限公司
山西康德顺房地产开发有限公司
山西志超伟业房地产开发有限公司
太原市万和房地产开发有限公司
山西巢歌房地产开发有限公司
太原市金地园房地产开发有限公司
山西威扬房地产开发公司
山西蓝港房地产开发有限公司
山西瑞通房地产开发有限公司
山西万泉房地产开发有限公司
山西百捷房地产开发有限公司
山西同发展房地产开发有限公司
山西康平锦夏房地产开发有限公司
太原康培房地产开发有限公司
太原浩翔房地产开发有限公司

山西顺伟实业有限公司
太原市松竹房地产开发有限公司
太原市富众房地产开发有限公司
太原市吉昌鑫房地产开发有限公司
山西智海房地产开发有限公司
山西海基房地产开发有限公司
山西同盛房地产有限公司
山西汾河房地产开发有限公司
山西金谷源房地产开发有限公司
山西金茂房地产开发有限公司
山西广恒房地产开发有限公司
山西盛银祥房地产开发有限公司
山西恒世达房地产开发有限公司
山西康辰房地产开发有限公司
山西昌泰房地产开发有限公司
山西中兴房地产开发有限公司
山西嘉德房地产开发有限公司
山西汽运集团华运房地产开发有限公司
山西和诚置业有限公司
山西九昌房地产开发有限公司
山西晋都房地产开发有限公司
山西丰田房地产开发有限公司
山西安善房地产开发有限公司
山西泛华房地产开发有限公司
山西龙迪房地产开发有限公司
山西兴龙房地产开发有限公司
太原市科森房地产开发有限公司
山西通富房地产开发有限公司
山西万业泓基房地产开发有限公司
山西盛田房地产开发有限公司
山西隆亨房地产开发有限公司
山西军安置业有限公司
山西恒昌泰房地产开发有限公司
山西丽日房地产开发有限公司
山西广源房地产开发有限公司
山西宏展房地产开发有限公司
山西荣昶房地产开发有限公司
山西福运达房地产开发有限公司
山西华龙综合开发有限公司
山西广鑫房地产开发有限公司
山西坤杰房地产开发有限公司
山西古鑫房地产开发有限责任公司
山西红润房地产开发有限公司
太原市不锈钢生态工业园房地产开发有限公司
山西国都世纪龙房地产开发有限公司
山西万力房地产开发有限公司
山西翔恒房地产开发有限公司
山西新锦房地产开发有限公司
山西路桥房地产开发有限公司

山西君泰房地产开发有限公司
山西维隆房地产开发有限公司
太原晋东房地产开发有限公司
山西国电置业有限公司
山西通润房地产开发有限公司
山西惠恒房地产开发有限公司
山西安金房地产开发有限公司
太原富力城开发有限公司
山西信通联科工贸有限公司
太原锦宏物业管理有限公司
太原祥融物业管理有限公司
太原诚达物业管理有限公司
山西丽华物业管理有限公司
太原市地天物业管理有限公司
山西恒实文化物业管理有限公司
太原达人物业管理有限公司
山西滨汾物业管理有限公司
太原市鸿峰物业管理有限公司
太原西山物业管理有限公司
太原市美嘉乐物业管理有限公司
山西佳泰物业管理有限公司
山西蓝泰物业管理有限公司
山西房地美房地产经纪有限公司
山西荟鑫房地产经纪有限公司
山西省投资集团房地产开发有限公司
山西慧光房地产开发有限公司
山西鸿福房地产开发有限公司
山西国瑞房地产有限公司
太原鼎盛房地产开发有限公司
山西和佳房地产开发有限公司
山西智伟基业房地产开发有限公司
山西鹏远房地产开发有限公司
山西美其家园房地产经纪有限公司
山西赛欧物业管理有限公司
山西建设投资集团
山西万厦建筑机械制造有限公司

大同市

大同市房产管理局
大同市房地产业和物业管理协会
大同市房屋产权产籍管理中心
大同市城市建设开发公司
大同翔龙集团房地产开发有限责任公司
大同市睿和兴业房地产开发有限责任公司
大同市浩海地产置业有限责任公司
大同市深特集团房地产开发有限责任公司
大同华健房地产开发有限责任公司
大同市永华置地有限责任公司
大同市博兴房地产开发有限责任公司
大同市御河房地产建设有限责任公司
大同市阳光嘉业房地产开发公司
大同市建正房地产有限责任公司
大同市房地建筑开发公司
大同市泰泽房地产开发有限责任公司
大同市浩达房地产开发有限责任公司
大同市华田房地产开发有限公司
大同市泰瑞房地产开发有限责任公司
大同市益兴房地产开发有限责任公司
大同市华岳房地产开发有限责任公司
大同市天力房地产开发有限责任公司
大同宝通房地产开发有限责任公司
大同市宇鑫房地产开发有限责任公司
大同市铁建房地产开发有限责任公司
大同市民航房地产开发有限责任公司
大同市华宇中百商业置地有限责任公司
大同市广社房地产开发有限责任公司
大同市华盛房地产开发有限责任公司
大同市梦园房地产开发有限责任公司
大同市金利房地产开发有限责任公司
大同市达胜房地产开发有限责任公司
大同市宏洋房地产开发有限公司
大同市诚益达房地产开发有限责任公司
大同市万森房地产开发有限责任公司
大同市瑞祥房地产开发有限责任公司
大同市新德房地产开发有限公司
大同市恒通房地产开发有限责任公司
大同市三鼎房地产开发有限责任公司
大同市众鑫房地产开发有限责任公司
大同市宏运达房地产开发有限公司
大同市伟通房地产开发有限责任公司
大同市当代房地产开发有限责任公司
大同市和平房地产开发公司
大同市鸿基房地产开发有限责任公司
大同市鑫建房地产开发有限责任公司
大同市锦鑫房地产开发有限责任公司
大同市御苑房地产开发有限责任公司
大同市嘉顺房地产开发有限责任公司
大同市宇明房地产开发有限责任公司
大同市万佳房地产开发有限责任公司
大同市新胜房地产开发有限责任公司
大同市金长城房地产开发有限责任公司
大同市大通房地产开发有限公司
大同市名威房地产开发有限责任公司
大同市奇志房地产开发有限公司
大同市永和世家房地产开发有限公司
大同市建信房地产开发有限公司
大同市浩达永久房地产开发有限公司
大同市胜达房地产开发有限责任公司

大同市经联房地产开发有限责任公司
大同市金厦房地产开发有限责任公司
大同市恒翔房地产开发有限责任公司
大同市新旺永久房地产开发有限责任公司
大同市华泰圣达房地产开发有限责任公司
大同市万城房地产开发有限责任公司
大同市金豪房地产开发有限责任公司
大同市御泉苑房地产开发有限公司
山西新神力伟业房地产开发有限公司
大同市奕城房地产开发有限责任公司
大同市博凡房地产开发有限责任公司
大同市博隆房地产开发有限责任公司
大同市江鸿房地产开发有限责任公司
大同市平城建设房地产开发有限公司
大同市万喜房地产开发有限公司
大同市明达房地产开发有限责任公司
大同市正茂房地产开发有限责任公司
大同市安家房地产开发有限责任公司
大同市贵龙房地产开发有限责任公司
大同市中大房地产开发有限公司
大同市开发区盛大房地产开发有限责任公司
大同市开源房地产开发有限责任公司
大同市天晨房地产开发有限责任公司
大同市鸿晟房地产开发有限公司
大同市仁和广厦房地产开发有限公司
大同市腾逸达房地产开发有限责任公司
大同市金牛房地产开发有限责任公司
山西云馨物业管理有限责任公司
大同煤矿集团鹏程物业管理有限责任公司
大同市城开物业管理有限责任公司
大同市机车工贸物业有限公司
大同市方园物业管理有限责任公司
大同市万科隆物业管理有限责任公司
大同市鑫和物业管理有限责任公司
大同市桐城物业管理有限责任公司
大同市睿和新城物业管理有限责任公司
大同市绿园物业管理有限责任公司
大同市云安花园物业管理有限责任公司
大同市凯德物业服务有限责任公司
大同市欣美房地产开发有限公司

阳泉市

阳泉市住房保障和城乡建设管理局
阳泉市房地产业协会
阳泉市人民政府拆迁办公室
阳泉市房地产交易中心
山西金地房地产开发建设集团有限公司
阳泉太行房地产开发有限公司
阳泉市天峰房地产开发有限公司
阳泉市危旧房屋集资改建处
阳泉市联丰房地产开发有限责任公司
山西省阳泉市城市建设开发总公司
阳泉鑫田房地产开发有限公司
阳泉市恒大房地产开发有限公司
阳泉市豪门房地产开发有限公司
阳泉远鑫房地产开发有限公司
山西佳德置地房地产开发有限公司
阳泉市兴富华房地产开发有限公司
阳泉市阳光房地产开发有限公司
山西嘉瑞房地产开发有限公司
阳泉市城区房地产开发有限公司
阳泉市福祥房地产开发有限公司
阳泉市瑞丰房地产开发有限公司
阳泉市汇鑫房地产开发有限公司
阳泉市房地产修建开发总公司
阳泉市诚远房地产开发有限公司
阳泉金联置业建设有限责任公司
阳泉市五龙房地产开发有限公司
阳泉市太行工贸房地产开发有限公司
山西森宇房地产开发有限公司
山西金明房地产开发有限公司
山西同顺房地产开发有限公司
山西天泉建设开发有限公司
山西宏厦建筑工程有限公司
阳泉市元承建业房地产开发有限公司
阳泉市滨江房地产开发有限公司
山西三正房地产开发有限公司
阳泉市华泰房地产开发有限公司
山西东升恒泰房地产开发有限公司
阳泉市宏业房地产有限责任公司
阳泉咸山雷房地产开发有限公司
阳泉市三洲房地产开发有限责任公司
山西邦原房地产开发有限公司
阳泉晋东海润房地产有限公司
山西金马四方房地产开发有限公司
平定县房地产开发公司
阳泉市聚鑫房地产开发有限公司
阳泉市大富房地产开发有限公司
阳泉市亿隆房地产开发有限公司
阳泉市中泰房地产开发有限公司
阳泉市天元房地产开发有限公司
阳泉市安远房地产开发有型公司
阳泉市义井城镇建设开发有限公司
阳泉市盂县凯通房地产开发有限公司
阳泉市惠丰房地产开发有限公司
阳泉市矿区房地产开发公司
阳泉市金振房地产开发有限公司
阳泉市德丰房地产开发有限公司

山西天正房地产开发有限责任公司
阳泉市商业房地产开发公司
阳泉市长顺房地产经营开发总公司
盂县天荣房地产开发有限公司
阳泉市腾飞房地产开发有限公司
阳泉市新天地房地产开发有限公司
阳泉市益昌房地产开发有限公司
阳泉融泰嘉业房地产开发有限公司
阳泉市盛大房地产开发有限公司
山西长富房地产开发有限公司
阳泉标准信合物业服务有限公司
阳泉市长顺物业管理有限公司
阳泉市方信物业管理有限公司

晋中市

晋中市住房保障和城乡建设管理局
晋中市人民政府拆迁办公室
晋中市房地产交易中心
晋中市房地产业协会
辰兴房地产发展股份有限公司
晋中田森房地产开发有限公司
晋中市通宇房地产开发有限公司
晋中华晟房地产开发有限公司
山西颐景房地产开发有限公司
山西太谷荣星房地产开发有限公司
晋中市太塑房地产开发有限公司
晋中市龙湖房地产开发有限公司
祁县房地产开发总公司
山西省太谷县城市建设开发有限公司
昔阳县新安房地产开发有限公司
介休市凌云房地产开发有限公司
介休市飞达房地产开发有限公司
山西省介休市绵山房地产开发有限公司
介休市鸿瑞房地产开发有限公司
山西绿都房地产开发有限公司
介休市城市建设开发总公司
介休市超华房地产开发有限公司
介休市中鑫房地产开发有限公司
榆次城市建设综合开发总公司
晋中银海房地产开发有限公司
祁县天源房地产开发有限公司
寿阳县房地产开发有限公司
和顺县建安房地产开发有限公司
山西桓裕房地产开发有限责任公司
山西华强房地产开发有限公司
山西榆缆集团房地产开发有限公司
榆次区安居住宅合作社
晋中恒基房地产开发有限公司
祁县桓裕房地产开发有限公司
山西恒基伟业房地产开发有限公司
祁县宏达房地产开发有限公司
祁县巨峰房地产开发有限公司
山西茂源房地产开发有限责任公司
晋中天星房地产发展有限公司
晋中市桐茵房地产开发有限公司
山西祥瑞房地产开发有限公司
山西乐辉房地产开发有限公司
山西和实房地产开发有限公司
山西省平遥峰岩房地产开发有限公司
山西清华金元房地产开发有限公司
山西振鹏投资开发有限公司
太谷县美宝房地产开发有限公司
山西省平遥县承志房地产开发有限公司
平遥光大房地产开发有限公司
山西平遥汇丰房地产开发有限公司
灵石县志嘉房地产开发有限责任公司
晋中市经济适用住房发展有限公司
灵石县东盛房地产开发有限责任公司
太谷县奥泰房地产开发有限公司
太谷广宇房地产开发有限公司
山西锦都房地产开发有限公司
灵石县中和置业房地产开发有限公司
灵石县中煤家园房地产开发有限公司
晋中田森物业管理有限公司
山西万佳物业服务有限公司
晋中市鸿源房地产估价事务所有限公司
晋中恒誉房地产评估有限公司

忻州市

忻州市住房保障和城乡建设管理局
忻州市房产管理局
忻州市房屋拆迁办公室
忻州市房地产交易登记中心
忻州市房地产业协会
忻州市住房公积金管理中心
忻州开来房地产开发有限公司
山西晋业房地产开发有限公司
忻州市华洋房地产开发有限公司
山西省忻州市综合开发公司
五台县友好房地产开发有限公司
定襄虹桥房地产开发有限公司
山西暖神鑫磊房地产开发有限公司
忻州市万家房地产开发有限公司
忻州市利民房地产开发有限公司
山西信发房地产开发有限公司
忻州市中发房地产开发有限公司

山西五洲房地产开发有限公司

朔州市

朔州市建设局
朔州市房地产管理局
朔州市房地产业协会
朔州市房屋征收办公室
朔州市房地产登记中心
山西龙翼房地产开发有限公司
朔州市新世纪房地产开发有限公司
朔州市房地产综合开发公司
山西新时代房地产开发集团有限公司
朔州市建筑总公司
朔州市荣丰房地产开发有限公司
山西平朔房地产开发有限公司
山西中元房地产开发有限公司
朔州市森杰房地产有限公司
朔州市东方房地产有限责任公司
山西中泰房地产开发有限公司
朔州市恒力源房地产开发有限公司
山西金海洋房地产开发有限公司
怀仁县宏玉房地产开发有限责任公司
朔州市海源房地产开发有限公司
朔州市同兴房地产开发有限公司
朔州市金第房地产开发有限公司
朔州市三源房地产开发有限责任公司
朔州市溢源居房地产开发有限公司
怀仁县广厦房地产开发公司
朔州市万鑫房地产开发有限公司
朔州市中宇房地产开发有限公司
朔州市金财房地产开发有限公司
朔州市鑫峰房地产开发有限公司
朔州市炜阁尔房地产开发有限公司
朔州市圆融房地产开发有限公司
朔州市三盛市政建筑有限责任公司
怀仁县国益房地产开发有限责任公司
朔州市日福隆房地产开发有限公司
朔州市和发房地产开发有限公司
朔州市华隆房地产开发有限公司
朔州市都市房地产开发有限责任公司
朔州市慧源房地产开发有限公司
朔州市天地福房地产开发有限公司
朔州市北方鹏伟房地产开发有限公司
朔州中仁房地产开发有限公司
朔州市荣达房地产开发有限责任公司
怀仁县天鹏房地产有限公司
怀仁县绿家园房地产开发有限公司
朔州市宏宇翔房地产开发有限公司
朔州市泽宇房地产开发有限公司
朔州市通宝房地产开发有限公司
朔州市兴达房地产开发有限公司
朔州市平鲁区平安房地产开发有限公司
朔州市煌家房地产开发有限公司
朔州玉百房地产有限责任公司
朔州市信泰房地产开发有限公司
山西春鑫房地产开发有限公司
山西鑫泽房地产开发有限公司
朔州神怡房地产开发有限公司
朔州市金海玉业房地产开发有限公司
朔州市辉煌房地产开发有限公司
怀仁县东海房地产开发有限公司
朔州市大明房地产开发有限公司

吕梁市

吕梁市建设局
吕梁市房地产管理局
吕梁市房屋征收办公室
吕梁市房地产交易中心
汾阳市嘉业房地产开发有限公司
汾阳市中石房地产开发有限公司
山西云栋房地产开发有限公司
吕梁金泽房地产开发有限公司
吕梁市住宅合作社
交城县房地产开发公司
汾阳市城市建设综合开发公司
吕梁离石区海盛房地产开发有限公司
文水县环博房地产开发有限公司
汾阳市伯乐置业有限公司
孝义市城市住宅综合开发公司
吕梁民生房地产开发有限公司
吕梁中天房地产开发有限公司
吕梁市远安房地产开发有限公司
吕梁市豫立房地产开发有限公司
吕梁市永宁集团房地产开发有限公司
吕梁创新房地产开发有限公司
孝义市蓝天房地产开发有限公司
孝义市三皇集团房地产开发有限公司
山西云基房地产开发有限公司
山西九思房地产开发有限公司
山西伟厦房地产开发有限公司
文水县大众房地产开发有限公司
吕梁市恒寓房地产开发有限公司
山西宏鑫源房地产开发有限公司
孝义市申利房地产开发有限公司
文水县全顺房地产开发有限公司
汾阳市新源房地产开发有限公司
孝义市东盛昌旺房地产开发有限公司
孝义市利民房地产开发有限公司

吕梁恒益房地产开发有限公司
吕梁市新平房地产开发有限公司
吕梁市华晨房地产开发有限公司
吕梁房地产开发公司
吕梁宜安房地产开发有限公司
吕梁市房地产综合开发有限公司
吕梁三佳房地产开发有限公司
吕梁市汇江房地产开发有限公司
吕梁欣帮房地产开发有限公司
吕梁市东山房地产开发有限公司
吕梁恒信房地产开发有限公司
孝义市三联房地产开发有限公司
山西晋鑫房地产开发有限公司
山西文峰房地产开发有限公司
中阳县房地产开发公司
兴县房地产开发有限公司
吕梁市金月房地产开发有限公司
吕梁呈瑞房地产开发有限公司
山西曙光房地产开发有限公司
山西弘建房地产开发有限公司
吕梁金域房地产开发有限公司
吕梁市欣杰房地产开发有限公司
吕梁恒升房地产开发有限公司
吕梁日昇房地产开发有限公司
山西万基房地产开发有限公司
吕梁市泰鑫房地产开发有限公司
吕梁金鼎房地产开发有限公司
吕梁华达房地产开发有限公司
山西九洲房地产开发有限公司
交城县鸿泰房地产开发有限公司
交城县隆鑫房地产开发有限公司
交城县久鑫房地产开发有限公司
文水县房地产开发有限公司
吕梁佳谕房地产开发有限公司
吕梁永盛房地产开发有限公司
山西雪恩集团房地产开发有限公司
孝义市居贤房地产开发有限公司
孝义市力达房地产开发有限公司
孝义市民泰房地产开发有限公司
孝义市乾峰房地产开发有限公司
孝义市金泉房地产开发有限公司
孝义市增泰房地产开发有限公司
山西众和富邦房地产开发有限公司
孝义市东兴房地产开发有限公司
孝义市金和房地产开发有限公司
孝义市涌莲房地产开发有限公司
山西荣明房地产开发有限公司
山西安乐房地产开发有限公司
山西世纪光华房地产开发有限公司
山西香江房地产开发有限公司
山西汇丰建业房地产开发有限公司
吕梁盛煜艺苑房地产开发有限公司
中阳县宁盛房地产开发有限公司
山西鸿博房地产开发有限公司
山西兴达房地产开发有限公司
山西鑫源通房地产开发有限公司
方山县商品房开发公司
岚县城市建设综合开发公司
吕梁益众房地产开发有限公司
山西安泽房地产开发有限公司
吕梁市欣邦房地产开发有限公司
吕梁华阳房地产开发有限公司
汾阳市仁和房地产开发有限公司
吕梁广厦源房地产开发有限公司
岚县瑞安房地产开发有限公司
孝义市亚飞房地产开发有限公司
孝义市远泰房地产开发有限公司
山西华明泰房地产开发开有限公司
吕梁市佳信房地产评估咨询有限公司

长治市

长治市住房保障和城乡建设管理局
长治市房屋拆迁办公室
长治市房地产交易管理处
长治市房屋产权产籍监理处
长治市房地产业协会
山西省宏图永盛房地产开发有限公司
山西省第三建筑工程公司
长治市乐源房地产开发有限公司
长治市房屋建筑公司
长治市金德利房地产开发有限公司
长治市启越房地产开发有限公司
长治市怡昌房地产开发有限公司
长治市广利房地产开发有限公司
长治市华森房地产开发有限公司
长治市三宝房地产开发有限公司
长治市仙龙房地产开发有限公司
长治市晋苑房地产开发有限公司
长治市玉华房地产开发有限公司
长治市杰昌房地产开发有限公司
长治市晋源房地产开发有限公司
长治市海德房地产开发有限公司
长治市沁县大地房地产开发有限公司
长治市卓盛房地产开发有限公司
长治市园中夏房地产开发有限公司
长治市康泰房地产开发有限公司
长治市泰舸房地产开发有限公司
长治市世纪景源房地产开发有限公司

长治市广茂房地产开发有限公司
长治市物华房地产开发有限公司
长治市鸿源泰房地产开发有限公司
长治市北华房地产开发有限公司
长治市先导房地产开发有限公司
山西世龙房地产开发有限公司
长治市万月峰房地产开发有限公司
长治市昌盛房地产开发有限公司
长治市方圆房地产开发有限公司
长治市进峰房地产开发有限公司
长治市福泰和房地产开发有限公司
长治市韩世伟业房地产开发有限公司
长治市宇立房地产开发有限公司
长治市容海房地产开发有限公司
长治市淮海房地产开发有限公司
长治市忠辰房地产开发有限公司
长治市紫恩房地产开发有限公司
长治市屯留县城镇建设房地产开发有限公司
山西启东房地产开发有限公司
长治市华青房地产开发有限公司
长治市锦绣房地产开发有限公司
长治市红阳房地产开发有限公司
长治市生华房地产开发有限公司
长治市锦汇房地产开发有限公司
长治市祥龙房地产开发有限公司
长治市久安房地产开发有限公司
长治市振华房地产开发有限公司
长治市海晋房地产开发有限公司
长治市震晋房地产开发有限公司
长治市华日泰房地产开发有限公司
长治市长远房地产开发有限公司
长治市路安鸿房地产开发有限公司
长治市常天佳地房地产开发有限公司
长治市久安房地产开发有限公司
长治市鑫兴房地产开发有限公司
长治市泰兴房地产开发有限公司
长治市紫光房地产开发有限公司
沁源县房地产开发有限公司
长治市安顺房地产开发有限公司
长治市金广厦房地产开发有限公司
山西潞安房地产开发有限公司

晋城市

晋城市住房保障和城乡建设管理局
晋城市房屋征收与补偿管理办公室
晋城市房地产交易管理处
晋城市房地产业协会
山西铭基房地产开发有限公司
山西兰花集团房地产开发有限
晋城市金建房地产开发有限公司
晋城市城区房地产开发总公司
阳城县佳地房地产开发有限责任公司
晋城市博厚置业房地产开发有限公司
山西盛祥房地产开发有限责任公司
山西盛世房地产开发有限公司
晋城市万通房地产开发有限公司
晋城市凤展房地产开发有限公司
晋城市峰景房地产开发有限公司
晋城市亿泰房地产开发有限公司
晋城市太行太岳房地产开发有限公司
晋城市中瑞房地产开发有限公司
晋城市新世达房地产开发有限公司
晋城市摩天房地产集团有限公司
晋城市前胜房地产开发有限公司
晋城市兰煜房地产开发有限公司
晋城市华威房地产开发有限公司
晋城市名人居房地产开发有限公司
山西晋浦发展股份有限公司
阳城县华丰房地产开发有限公司
阳城县宏鑫房地产开发有限公司
阳城县展鸿房地产开发有限公司
阳城县水村房地产开发有限公司
阳城县东昊房地产开发有限公司
阳城县丰泽房地产开发有限责任公司
阳城县天合润房地产开发有限公司
晋城市元昌房地产开发有限公司
晋城市合友房地产开发有限公司
晋城市兆祥房地产开发有限公司
晋城市隆一房地产开发有限公司
山西顺洋房地产开发有限公司
高平市人和房地产开发有限责任公司
高平市阳光房地产开发有限公司
高平市欣鑫房地产开发有限责任公司
高平市恒隆房地产开发有限公司
晋城市盈泰房地产开发有限公司
晋城市金地信房地产开发有限公司
晋城市华洋房地产开发有限公司
晋城市琛凯房地产开发有限公司
晋城市广发房地产开发有限公司
晋城市锐宏房地产开发有限公司
晋城市远东房地产开发有限公司
晋城市润宝房地产开发有限公司
晋城福盛泰房地产开发有限公司
晋城市亿冠房地产开发有限公司
山西达盛昌房地产开发有限公司
鹏龙房地产开发（晋城）有限公司
山西金塘房地产开发有限公司
泽州县鑫博大房地产开发有限公司

晋城市圣拓房地产开发有限公司
山西盛华房地产开发有限公司
晋城市峰花园房地产开发有限公司
晋城市鹏展房地产开发有限公司
晋城市天惟房地产开发有限公司
山西金恒房地产开发有限公司
晋城富景房地产开发有限公司
晋城市东祥房地产开发有限公司
晋城市星湖房地产开发有限公司
沁水县豪祥房地产开发有限公司
沁水县沁城工贸商住区房地产开发有限公司
沁水县房地产总公司
晋城市侯匠瑞麒房地产开发有限公司
晋城市阆苑房地产有限公司
晋城市金厦房地产开发有限公司
晋城市居泰房地产开发有限公司
晋城市鼎秀房地产开发有限公司
晋城市松青房地产开发有限公司
晋城市四方房地产开发有限公司
晋城豪德光彩贸易广场开发有限公司
晋城金建集团锦天房地产开发有限公司
泽州县源芳房地产开发有限公司
晋城市和来鑫房地产开发有限公司
晋城市银基房地产开发有限公司
晋城华港物业有限公司

临汾市

临汾市建设局
临汾市房产管理局
临汾市房屋拆迁管理办公室
临汾市房地产管理局房屋登记中心
临汾市房地产业协会
山西一建集团有限公司
临汾平阳房地产开发有限公司
侯马市华翔房地产开发有限公司
山西多力多房地产开发有限公司
临汾市恒安房地产开发有限公司
临汾五洲城建开发有限公司
侯马市阳光置业房地产开发有限公司
山西省侯马市新田房地产开发有限公司
侯马经济技术开发区仁和房地产开发有限公司
临汾市派德森房地产开发有限公司
临汾市新世纪房地产开发有限公司
山西源宏房地产开发有限公司
临汾吉宇房地产开发有限公司
洪洞县连三房地产开发有限公司
临汾市富安房地产开发有限公司
临汾新安宇房地产开发有限公司
临汾亚太房地产开发有限公司
临汾宇宁房地产开发有限公司
洪洞县范融房地产开发有限公司
临汾市金洋州房地产开发有限公司
侯马市勇杰房地产开发有限公司
临汾市紫东房地产开发有限公司
临汾市敏业房地产开发有限公司
同鑫城市建设项目管理有限公司
临汾京华房地产开发有限公司
临汾市海强房地产开发有限公司
侯马普天众恒房地产开发有限公司
曲沃县馥裕房地产开发有限公司
临汾永泰房地产开发有限公司
临汾同世达房地产开发有限公司
侯马经济技术开发区华隆万盛房地产开发有限公司
侯马市凯强房地产开发有限公司
侯马市三禾房地产开发有限责任公司
侯马市康城房地产开发有限公司
洪洞县恒昌房地产开发有限公司
山西庆丰房地产开发有限公司
山西旺龙房地产开发有限公司
临汾市尧都区创亿房地产开发有限公司
山西远洋房地产开发有限公司
山西利群房地产开发有限公司
曲沃县鑫晟房地产开发有限公司
临汾市金华房地产开发有限公司
临汾华融房地产开发有限公司
洪洞县弘淦房地产开发有限公司
临汾通力房地产开发有限公司
临汾博浩源房地产开发有限公司
侯马经济技术开发区中大房地产开发有限公司
洪洞县业成房地产开发有限公司
襄汾县龙和房地产开发有限责任公司
浮山县房地产开发公司
霍州煤电集团云厦房地产开发有限公司
侯马市昊星房地产开发有限公司
霍州市大地华城房地产开发有限公司
山西恒富煤化集团恒悦房地产开发有限公司
霍州市建筑安装有限公司
洪洞县晋亨荟严开发公司
临汾市尧隆房地产开发有限公司
临汾市岐东房地产开发有限公司
临汾市鸿安世纪房地产开发有限公司
临汾市日月升房地产开发有限公司
侯马市恒荣房地产开发有限公司
临汾市金海湾房地产开发有限公司
临汾市朝暾房地产开发有限公司
临汾广奇房地产开发有限公司
山西宏大宇房地产开发有限公司
山西康泰房地产开发有限公司

霍州市华怡房地产开发有限责任公司
山西宝泓房地产开发有限公司
霍州市天悦房地产开发有限责任公司
临汾博恒房地产开发有限公司
侯马市宏诚房地产开发有限公司
临汾康桥房地产开发有限公司
临汾市富海房地产开发有限公司
山西通涛房地产开发有限公司
山西信诺房地产开发有限公司
临汾市五洲物业管理有限公司
临汾市惠信房地产估价有限责任公司
临汾平阳房地产评估（事务所）有限公司

运城市

运城市住房保障和城乡建设管理局
运城市房产管理局
运城市房屋征收办公室
运城市房地产登记中心
运城市房地产业协会
中房集团山西天泰房地产开发有限公司
中房集团山西天泰房地产开发有限公司临猗分公司
运城市金鑫房地产有限公司
运城市御苑置业有限公司
山西海鑫海天房地产开发有限公司
运城市东星房地产开发有限公司
山西省运城市房地产开发公司
西安铁峰房地产开发公司集团有限公司临猗分公司
山西锦佳房地产开发有限公司
山西鑫马房地产开发有限公司
运城市运泰房地产开发有限公司
垣曲县隆昌房地产开发有限公司
山西省运城市开发建筑有限公司
运城市宇磊房地产开发有限公司
运城市泰森房地产开发有限公司
山西天茂房地产开发有限公司
运城市盛世广厦房地产开发有限公司
运城市广厦房地产开发有限公司
运城市世纪环球置业有限公司
运城市明珠房地产开发有限公司
运城市锦博渊房地产开发有限公司
山西盛地房地产开发有限公司
运城市广鑫房地产开发有限公司
运城豪德贸易广场开发有限公司
运城市华荣房地产开发有限公司
平陆欧达房地产开发有限公司
运城市柄全房地产开发有限公司
山西省运城鑫源房地产开发有限公司
闻喜县红鑫房地产开发有限公司
闻喜县民生房地产开发有限公司
闻喜县龙海房地产开发有限公司
闻喜县鑫河房地产开发有限公司
山西津辉建筑实业有限公司
河津市建筑工程有限公司
山西宇丰房地产开发有限公司
运城市弘昊房地产开发有限公司
临猗县锦达房地产开发有限公司
山西金博雅房地产开发有限公司
运城市通联房地产开发有限公司
垣曲县金龙房地产开发有限公司
山西乾得龙房地产开发有限公司
运城市美汇达房地产开发有限公司
运城市半岛房地产开发有限公司
运城市延鑫房地产开发有限公司
山西星河房地产开发有限公司
运城市高盟房地产开发有限公司
运城市建宇房地产开发有限公司
山西天兆房地产开发有限公司
运城市五兄弟房地产开发有限公司
运城市欣达房地产开发有限公司
运城市鑫鑫房地产开发有限公司
运城佳兆房产开发有限公司
山西强鑫房地产开发有限公司
绛县房地产开发公司
绛县瑞天房地产开发有限公司
绛县钰鑫房地产开发有限公司
河津市政房地产开发有限公司
河津市三联房地产开发有限公司
新绛县绛鑫房地产开发有限公司
闻喜县鸿光房地产开发有限公司
垣曲县鑫泰房地产开发有限公司
垣曲县五龙房地产开发有限公司
山西省平陆县鑫慧房地产开发有限公司
平陆县恒达房地产开发有限公司
山西卓里集团丰源房地产开发有限公司
芮城县金桥房地产开发有限公司
运城市建辉房地产开发有限公司
山西鑫涛房地产开发有限公司
山西飞达鑫房地产开发有限公司
山西省运城市隆港房地产开发有限公司
运城市恒佳苑房地产开发有限公司
临猗县伟达盛房地产开发有限公司
山西晟哲鑫房地产开发有限公司
运城市北海房地产开发有限公司
运城市瑞泽诚房地产开发有限公司
运城市润森房地产开发有限公司
永济市馨怡家房地产开发有限公司
山西南风惠嘉房地产有限公司
运城市桐浩房地产有限公司

嘉禾房地产开发有限公司
山西海容房地产开发有限公司
运城市华泰房地产开发有限公司
运城市盐湖区龙达伟业房地产开发有限公司
山西银海房地产开发有限公司
运城市天缘房地产开发有限公司
山西世捷房地产开发有限公司
山西省瑞安房地产开发有限公司
运城金运房地产开发有限公司
山西荣盛家园房地产开发有限公司
运城市鼎元房地产开发有限公司
运城富邦房地产开发有限公司
芮城县盛世华庭房地产开发有限公司
山西华曦房地产开发有限公司
运城市嘉逸房地产开发有限公司
运城市晟嘉房地产开发有限公司
运城市迎太房地产开发有限公司
运城市绿美房地产开发有限公司
临猗县华迪房地产开发有限公司
山西华晋新生活房地产开发有限公司
闻喜县闻海房地产开发有限公司
平陆春元祥房地产开发有限公司
山西众联房地产开发有限公司
平陆虞圣房地产开发有限公司
山西华曦房地产开发有限公司临猗分公司
山西中冶东晟房地产开发有限公司
运城市恋家房地产开发有限公司
运城经济开发区腾飞房地产开发有限公司
山西恒睿达房地产开发有限公司
运城市金恒房地产开发有限公司
运城深国投商用置业有限公司
运城市东方润达房地产开发有限公司
运城市鸿腾房地产开发有限公司
新绛县汇洋房地产开发有限公司
垣曲万盛房地产开发有限公司
垣曲县昌盛房地产开发有限公司
临猗县玮昊房地产开发有限公司
山西馨博园房地产开发有限公司
林州市凯业房地产开发有限公司临猗分公司
运城市金城房地产开发有限公司
山西金宝圣房地产开发有限公司
运城市云鼎房地产开发有限公司
运城市荣达房地产开发有限公司
运城市鑫宇房地产开发有限公司
运城市德润房地产开发有限公司
运城市旺鑫房地产开发有限公司
运城市三盟房地产开发有限公司
运城市恺鑫房地产开发有限公司
山西省运城市金磊阳光房地产开发有限公司
运城市祥瑞房地产开发有限公司
运城磐石房地产开发有限公司
运城市远航房地产开发有限公司
山西丰泽源房地产开发有限公司
运城市华都房地产开发有限公司
山西国范房发产开发有限公司
闻喜县八达房地产开发有限公司
平陆天盛房地产开发有限公司
山西宇华腾飞房地产开发有限公司
运城市盛之都房地产开发有限公司
绛县飞龙房地产开发有限公司
绛县民生物业管理有限公司
绛县瑞天物业管理有限公司
绛县晟华物业管理有限公司
绛县爱家物业管理有限公司
芮城县魏风房地产价格评估事务所
芮城县富民南路芮平房产信息服务中心

省住建厅机关

厅办公室
厅综合处
厅人事教育处
厅法规处
厅住房改革与发展处
厅住房保障处
厅城乡规划处
厅标准定额处
厅房地产市场监管处
厅建筑与勘察设计市场监管处
厅城市建设处
厅村镇建设处
厅工程质量安全监管处
厅建筑节能与科技处
厅住房公积金监管处
厅计划财务处
省重点工程建设办公室
厅直机关党委
厅纪检监察室

省住建厅直属机构

省城市建设档案馆
省设计审核室
省建设工程质量监督管理总站
省建筑安全监督站
省重点工程建筑技术服务中心
厅稽查办公室
省建设信息中心
厅宣传中心
省建设工程保险与担保管理办公室

省工程建设标准定额站
山西建筑职业技术学院
山西省城乡建设学校
山西省城乡规划设计研究院
山西省勘察设计研究院
省城镇规划建设发展中心
山西省建筑设计研究院
山西省建筑科学研究院

其他

中国中建设计集团有限公司山西分公司
太原我爱我家房屋置换有限公司
建设银行山西省分行住房金融与个人信贷部
中国民生银行地产金融事业部太原分部
中国民生银行股份有限公司太原分行
山西翰思正道投资顾问有限公司
山西圆通干混砂浆有限公司
太原市旭辉力华文化传媒有限公司
太原市恒达世行房地产顾问有限公司
山西金玛财务服务有限公司
山西亚龙盛景建材有限公司
山西亮龙涂料有限公司
山西锋卫律师事务所
太原市远大未来广告有限公司（腾讯网太原站）
山东华建铝业集团有限公司
山西克尔瑞房地产信息咨询有限公司
山西凝固力新型材料有限公司

附 录
Appendix

2013 年度全省住房城乡建设工作优秀、先进单位名单

行业主管部门

1、住房和城乡建设管理局（建委、管委）

优秀单位（3 个）
太原市住房和城乡建设委员会
晋城市住房保障和城乡建设管理局
运城市住房保障和城乡建设管理局
先进单位（10）
太原市城乡管理委员会
大同市住房和城乡建设委员会
大同市市政管理委员会
朔州市住房保障和城乡建设管理局
忻州市住房保障和城乡建设管理局
吕梁市住房保障和城乡建设管理局
晋中市住房保障和城乡建设管理局
阳泉市住房保障和城乡建设管理局
长治市住房保障和城乡建设管理局
临汾市住房保障和城乡建设管理局

2、房产管理局

优秀单位（2 个）
太原市房产管理局
大同市房产管理局
先进单位（5 个）
朔州市房地产管理局
忻州市房地产管理局
吕梁市房地产管理局
临汾市房地产管理局
运城市房地产管理局

3. 住房公积金管理中心

优秀单位（3 个）
太原市住房公积金管理中心
晋中市住房公积金管理中心
长治市住房公积金管理中心
先进单位（8 个）
大同市住房公积金管理中心
朔州市住房公积金管理中心
忻州市住房公积金管理中心
吕梁市住房公积金管理中心
阳泉市住房公积金管理中心
晋城市住房公积金管理中心
临汾市住房公积金管理中心
运城市住房公积金管理中心

"广厦奖"山西地区获奖项目

第一届（2007 年）

金色水岸·龙园　大同翔龙集团房地产开发有限责任公司

第二届（2008 年）

新世纪花园 太原市小店区综合开发公司

第三届（2009 年）

阳光地带住宅小区 山西阳光房地产开发有限公司

第四届（2010 年）

新兴国际文教城 辰兴房地产发展股份有限公司

第五届（2011 年—2012 年）

开莱国际社区 忻州开来房地产开发有限公司
龙湖·国际　晋中市龙湖房地产开发有限公司

山西省"信用示范企业"房地产开发企业获奖名单

一、山西省首届百家"信用示范企业"房地产开发企业获奖名单

1、山西智诚房地产开发有限公司
2、长治市宏图房地产开发有限公司
3、吕梁远安房地产开发有限公司

二、山西省第二届百家"信用示范企业"房地产开发企业获奖名单

1、山西智诚房地产开发有限公司
2、辰兴房地产发展股份有限公司
3、阳泉市金地房地产开发有限公司
4、长治市杰盛房地产开发有限公司
5、长治市宏图房地产开发有限公司
6、山西星河房地产开发有限公司
7、吕梁远安房地产开发有限公司
8、山西兰花（集团）房地产开发有限公司

三、山西省第三届"信用示范企业"房地产开发企业获奖名单

1、山西东龙逸居房地产开发有限公司
2、恒大地产集团太原有限公司
3、山西华龙泰房地产开发有限公司
4、太原我爱我家房地产经纪有限公司
5、山西万景源房地产开发有限公司
6、太原星河湾房地产开发有限公司
7、辰兴房地产发展股份有限公司
8、临汾平阳房地产开发有限公司

四、山西省第四届"信用示范企业"房地产开发企业获奖名单

1、山西华夏房地产开发有限公司
2、山西万景源房地产开发有限公司
3、山西智诚房地产开发有限公司
4、太原我爱我家房地产经纪有限公司
5、辰兴房地产发展股份有限公司
6、临汾恒安房地产开发有限公司
7、临汾平阳房地产开发有限公司
8、忻州国力房地产开发有限公司
9、山西晋业房地产开发有限公司

国家康居示范工程山西项目

太原市大唐·双喜城

项目名称：太原市大唐·双喜城
开发单位：山西大唐双喜置业有限公司
设计单位：海南京创国际建筑设计研究有限公司

“大唐·双喜城”项目位于太原市小店区建设南路以西，亲贤街以北，项目总占地面积约为10.5公顷，住宅面积约为340000平方米，总建筑面积约380000平方米，容积率3.75，绿化率35%以上。场地原为双喜轮胎厂厂区，地形平坦，场地东侧、南侧临主要交通干道，交通十分便利。主要开发建设内容包括高层住宅、商场、公寓、公建项目等。其中高层住宅、公寓采用短肢剪力墙结构，消防站、幼儿园采用框架结构，会所采用钢结构。

昌盛中国地产秉承开发城市高端住宅项目，打造区域地标性建筑的历史，在尊重与继承山西历史文化的基础上，结合现代科技手段及高品质的服务打造太原市首屈一指宜居社区。全面提升太原市房地产开发质量，推动区域地产市场的发展。大唐双喜城”发挥集团在规划、设计、开发、营销、服务等各方面优势，邀请香港许李严建筑事务所打造了总建筑面积约47万平方米，地上建筑面积约38万平米的高尚社区，并由澳大利亚贝尔高林担当景观设计，聘请世界知名物业管理公司进行物业管理，从各个方面全力打造“大唐双喜城”，重视新技术、新工艺、新材料、新产品的推广，增加住宅科技含量，严格执行节能建筑标准。

节地与室外环境

“大唐·双喜城”项目是以住宅为主，兼有商铺和小户型公寓的综合小区，共有20幢建筑物组成，总建筑面积约380000平方米，具体情况如下：

高层住宅共14幢，总建筑总面积约为270000平方米，均为框架剪力墙结构，其中层数分别为25层、28层、29层、33层四类。

商业建筑共6幢，总建筑面积为50000平方米，均为

框架结构，其中层数为3层的共3幢，层数为4层的共2幢，层数为8层的共1幢。

小区会所用房面积合计约为8000平方米，混合结构。

小区内设有一所幼儿园，砖混结构，共3层，总建筑面积约为2000平方米。

设备用房、地下车库，总建筑面积共计70000平方米，共1881个车位，框架剪力墙结构。

小区地上停车场面积约为7000平方米（不计入建筑面积），共有车位302个。

居住区绿化环境保障技术：

1、优质绿草坪及苗木技术。选用适合于太原气候的优质草坪、树种，科学管理。

2、透气透水性铺装材料和施工技术。

（1）选用优质石材，加强砖，用于人行便道、活动场地的铺装，有较好的透气、透水性能，有利于充分利用雨水资源，减弱雨水的地表经流，减轻城市排水压力，改善居住区生态环境。

（2）草坪隔栅技术：草坪隔栅呈网格，草种通过隔栅网下孔与土地连接，使草坪生长。可承载车辆通行。

居住区生活垃圾收运和处理技术：1、垃圾袋装分类收集技术。用不同颜色垃圾袋分装垃圾，上门收集服务。2、小型压缩式垃圾收集、转运站技术。小型固定式压缩站，服务范围内垃圾倒入后，由压缩装置压入配套垃圾箱，由拖车送处理场。特点是占地小、场地选择灵活，效率高。适用于小区垃圾收集、运输。

厨房烟气集中排放系统：

竖向系统1、排放系统由脱排油烟机、变压止逆阀、排烟气道、屋顶风帽四部分组成；2、有配套的定型配件及产品清单，确保小区无烟气污染。

将完全消除工业污染，因项目开发而进行的市政配套、道路、绿化、园林景观的改进，将大大改善周边环境。按照项目提出的实用性、舒适性、安全性、生态性的设计规

划要求，将为社会提供一个具有完善基础设施、优美人居环境的文明小区和明星楼盘。

采用的成套技术

1、推广运用加气砼切块，轻质隔墙板；

2、挤塑聚苯乙烯板材保温；

3、断桥铝合金中空玻璃窗的应用；

4、推广小区智能化技术，确保安全和物业管理的现代化；

5、推广应用变频供水、燃气锅炉供热水技术；

6、推广应用中水回用技术、垃圾处理技术；

7、太阳能的利用；

8、推广使用PB地板低温辐射采暖技术；

9、推广节能灯具的使用；

10、冷媒一拖多中央空调技术的使用；

11、推广应用泳池三集一体气源热泵节能技术。

规划设计严格遵照日照间距要求并保证绿化率不低于35%；节能设计依据：《公共建筑节能标准》DBJ04-241-2006、《民用建筑节能设计标准山西地区实施细则》DBJ04-216-2006、《采暖通风设计规范》JB50019-2003、《公共建筑节能设计标准》GB50189-2005，大量采用挤塑聚苯乙烯板材保温、断桥铝合金中空玻璃窗、变频设备等；节水方面采用中水回用技术、节水卫生设备；节材方面大量采用给水PPR、排水UPVC、加气混凝土砌块、GRC轻质隔板、冷媒铜管等新型材料；室内环境精装修房全部采用新型环保材料，确保无污染。运营管理采用智能化系统。

节能与能源利用

1、加气砼块自重轻，隔热保温性能好。便于施工，填充围护结构。

2、GRC轻质隔墙容重600kg/m3，自重轻、分隔灵活，施工方便，节约占地面积。适用于内墙非承重墙分隔。

3、挤塑聚苯乙烯板自重轻，保温隔热性能好，便于施工。用于短肢剪力墙结构的外墙保温层。

4、断桥铝中空玻璃门窗传热系数低，隔热性能好，隔音性能、气密性、水密性好，耐冲击，防火，用于本项目所有外立面门窗。

5、供暖采用低温辐射地板采暖，分户计量技术供水温度低，散热效果好，节能、舒适，节省室内空间，用于本项目所有室内采暖。

6、中央空调变频控制，变频控制流量，冷媒直接换热，节能效果明显。

7、利用太阳能路灯利用可再生能源，降低能耗。

8、优化型中高层住宅电梯成套技术。（1）适用于7—35层不同住宅类型的节能电梯，电梯配置与住宅建筑设计和施工统筹考虑；（2）载重量、轿厢尺寸、速度等参数符合不同住宅的交通计算及运行模式；（3）采用不着变频变速变压控制系统。

9、居住区水压水质保障技术（1）、水压保障技术。变频调速装置的水泵加压设备，保证用户水压稳定、合理、节能。（2）、水质保障技术。水质达到国家生活饮用水标准。设置封闭式水池，定期消毒，保证用户水压稳定、合理、节能。

10、在会所游泳馆制冷供热系统节能技术采用三集一体热泵节能，比常规制冷供热系统节能50%以上。该系统工作程序通过不断循环运行，以较低的能耗实现“除湿、池水加热、空调”三个系统的和谐平衡。

节水与水资源利用

1、小区全部采用节水型为生器具及水龙头

2、中水利用处理设备系统：模块式SBF系列污水处理，收集生活污水及经处理后满足城市杂用水标准，用于小区绿地喷洒、洗车、浇路、景观用水等。

室内环境质量：根据太原当地自然气候及人们日常生活习惯，户型设计南北通透、动静分离、布局合理；水、电、煤气、电视、电话、宽带、楼宇对讲各类设施全部到位；装修材料全部采用环保材料，确保室内空气质量。

运营管理：小区现代化管理成套技术（包括智能化计量收费、安全防范、设备智能监控、家庭现代通讯等技术）

1、智能化计量收费技术：（1）可将住户的水、电、燃气消耗数据自动采集并传送到管理部门的计算机中，免去入户抄表、收费等程序。适用于具有物业管理能力的住宅区或单体住宅楼。（2）可实现分户计量计费（采用IC卡等）。

2、安全防范系统技术：（1）区域周界防范系统；（2）可视楼宇单元安全门对讲或可视对讲。（3）可实现对住宅偷盗、火灾、有害气体泄漏的紧急呼叫报警。（4）可实现区域联网便于物业管理部门管理。（5）巡更保安系统。

3、设备集中监控与管理技术：采用计算机技术、通讯技术、自动化技术及集中监控技术，对住宅小区的关键设备及设施实现集中监控管理（对公共设施、供电、供水、供气、供暖、电梯及车库运行情况进行集中监控管理）

4、地下车库现代管理成套技术：地下车库无人管理，采用红外线控制，自动计费。

5、家庭现代通讯技术：1）利用小区信息中心实现小区内外信息互通，资源共享；通过家庭电脑联网可阅览各图书馆内的电子书籍和出版物；（2）用户在家中通过网络终端购买商品并自动结算；可与小区物业管理中心实现各项费用的自动结算

6、产业现代化集成管理系统（CIMS）：从住宅工程策划、设计、施工、性能认定及物业管理，进行科学优化，

达到合理利用资源，提高管理效率。

编后语：

“大唐・双喜城”项目以历史与现实的碰撞为精神核心，以山西独有居住文化为蓝本，以地块得天独厚的发展潜力为依托，以现代化科学技术为手段，展现山西丰厚的历史文明的同时张扬现代建筑的生态、环保、科技等优势，同时为业主提供世界品质的生活享受。

“大唐・双喜城”，根据太原市城市总体规划，与本地经济发展水平相协调，力争有所突破，充分考虑太原市民居住需求，为大家营建一个健康、舒适、节能、环保的生活空间，为推动太原市住宅建设水平的提高，带动太原市住宅产业现代化的发展起示范作用。

国家康居示范工程山西项目

太原丽泽花苑

项目名称：太原市丽泽花苑
开发单位：山西九昌房地产开发有限公司
投资单位：中化二建集团有限公司

“丽泽花苑”项目位于太原市滨河西路与南中环桥交汇处西南角，占地面积 43866 平方米，建筑面积 150000 平方米，总户数 976 户，容积率 3.50，绿化率 40%，停车位 1200 个，由 7 栋 32 层高层组成，是规划中的太原市新的政务中心——长风商务区的配套项目。

区位优势

交通圈、商业圈、文化圈、教育圈、生活圈、风景圈、医疗圈、商务圈八大中心圈，八达通八方。

地段：城西南，汾河岸，长风商务区南侧，城市准核心区域。

交通：汾河东西路、南中环街、晋祠路、龙城大街、长风西大街，网状交通，路路通达；规划地铁 4 号线、新建太原铁路南站、太原国际机场新航站，多样选择，出行顺畅。

景观：东倚汾河西岸、西望晋阳湖畔、坐拥两大水景公园，享受 360 度全景观水漾生活。

文化：长风商务区七大场馆（省科技馆、省图书馆、山西大剧院、山西体育中心、中国（太原）煤炭交易中心、太原美术馆、太原博物馆）围绕在侧，山西广电集团即将坐落为邻，多彩文化生活天天璀璨上演。

教育：西侧规划中幼儿园小学将陆续开放，山西省实验中学分校隔河相望，丽泽花苑将成为炙手可热的“学区房”。

医疗：汾河对岸龙城大街上的山西大医院，是山西省规模最大，医疗条件最先进的超大型医院。

购物：未来的长风商务区内，五星级酒店、餐饮娱乐、大型休闲购物中心必经鳞次栉比，全方位满足居民生活需求。

商务：行业翘楚名利沙场、企业大鳄风云际汇，长风商务区社保大厦、山西省考试中心、中化二建科技研发大厦等企业总部基地，感受世界财富脉搏蝴蝶振翅。

项目总体布局

丽泽花苑”项目按照《国家康居示范工程实施大纲》标准，以为业主带来舒适便捷的生活为目的，以最新的住宅科技应用为基础，打造中化二建房地产的“标杆”住宅项目。项目结合基地尺度及日照影响，整体平面布局采用单元板式高层，建筑物交错布局、舒展排列，形成围合空间和大面积的绿地，并以绿地为主线，联系各栋建筑物；在满足容积率的前提下，利用单体的前后错动形成优雅流畅的平面布局。沿街形成富有韵律感的建筑立面，充满活泼和流动感；建筑围合成边界自由的中心绿地，延伸至各幢建筑之间，使各块绿地得以流通，前后庭园可观可及，增强了空间的层次和延伸感。在中心绿地前设置广场水景，阳光草坡，形成景观序列的高潮，从而增强了小区的空间的戏剧性；公共空间引导和围合性强，空间态势更富有 " 人性化 "，充满亲切温馨之 " 家 " 的感觉。从庭院内部随视点转移逐步展开不同空间序列，使人心理上产生和谐中的一系列叹奇，形成一种舒畅高尚的总体印象。

建筑风格

丽泽花苑在建筑风格设计引导上，体现大气，古朴，内向，凝重，宏远。本方案致力于创造一个优雅自然的居住环境，建筑立面形式采用中国传统风格做法，提取城市的文化符号，结合大面开窗，并在上面一层采用退台的方法，虚实对比，层次丰富，在整体和谐的情况下加入传统的细部处理，凸现建筑雅致的一面。对于形式的设计是建筑师工作中最具艺术特质的部分，形式的成果主要通过视觉来感知。形式包含视觉所能感受的一切东西，除了空间的构成以外，还包括构成空间的表皮，就是常说的（立面）。简约的立面设计，不累赘、不繁琐，再次将少则多的论点，演绎的经典恒久，韵味深长。

建筑结构

在丽泽花苑项目施工中，地基处理方法采用了钢筋混凝土灌注桩（比预估的桩基承载能力可提高 20%）；有效桩长 40 米，全部支撑在持力层上。建筑物耐火等级为地上一级、地下一级，1#–7# 全部为一类高层建筑，建筑物抗震设防烈度为 8 度。

该项目整体结构采用现浇混凝土剪力墙结构，钢筋用每平米 80KG，车库为每平米 100KG，远远大于其它楼盘项目钢筋含量（一般地产项目 50KG-60KG/ 每平米），为业主提供了安全舒适的生活空间。地库施工时采用了多栋高层大面积连体施工技术，这样地下室和楼体紧密的连接在了一起，比普通施工方案整体性好，抗震性更强。

新技术的应用

小区建设在住宅产业化方面较全面集成了我国目前较先进的成套技术，从各个方面全面的提升小区住宅的综合品质，将使小区具有舒适、环保的住宅，完备、便民、美观适宜的配套设施。

（一）太阳能光电转化系统和太阳能热水系统，节能灯、电子延时和声控系统。

（二）外围护结构保温系统

窗户采用断桥铝单框 中空双层玻璃。

外墙外保温采用玻化微珠保温砂浆。

屋顶外保温采用矿棉板做保温层。

（三）小区智能化管理成套系统

设置闭路电视监控系统、可视对讲与防盗门禁系统、实现安防一卡通。

（四）建筑施工成套技术。泵送混凝土技术，冷轧带肋钢筋应用，电渣压力焊接技术，电动爬梯，轻型大钢模成套施工技术。

窗局部分解

每扇窗的后面必然隐藏着一种生活方式，主人的性情大致可通过窗子开启的方式、次数及窗帘停留的时间加以判断；卫生间格窗，在确保私密性的同时，可使空间变得明亮而更具人性化；落地窗创造出巨大的采光面，为厅内带来充足的自然光线；断桥铝合金窗户，保温性好、隔音性好、耐冲击、气密性好、水密性好、防火性好、防盗性好、免维护；飘窗更贴近自然，咫尺自我。同时，如此阔达的窗户不计入销售面积，可谓鱼与熊掌兼得；钢副框技术弥补门窗型材与墙体间的缝隙，利于防水；2、增强门窗水平与垂直方向的平整度；3、后装法利于门窗成品保护；Low-E 中空双面钢化玻璃。又称低辐射玻璃，是在玻璃表面镀上多层金属或其他化合物组成的膜系产品。使其与普通玻璃及传统的建筑用镀膜玻璃相比，具有优异的隔热效果和良好的透光性。

阳台

丽泽花苑带落地窗的阳台设计，创造出巨大的采光面，为厅内带来充足的自然光线。配合板式阳台的宽绰设计，形同阅兵高台；独特的 L 型转角设计，视野所能触及的汾河水景世界全由心情调遣。

局部之单元大堂

车库

车库入口采用仿古砖的材质及与天同色调的钢化玻璃。强调归家的仪式感，以体现社区阶层形象与气质。阳光穿过玻璃所创造出的斑斓，并结合结构主义的设计手法可唤起居者归家时的奇思异想。

采用的部分材料

散热器：整体压铸成型，无焊接，耗材少、自重轻、水容量小、散热快、散热面积大等，较之铸铁产品节能 50%，较之钢材料节能 30%，非常符合国家节能、环保、安全耐用的供热要求。

五金件：采用最优良的国标 304# 不锈钢（太钢、上海宝钢），优质 3#、5# 锌合金和 6063-T5 压铸专用铝合金原料，美国杜邦公司 PA66、聚甲醛、工程塑料等。

防盗、防火门：加厚门框 1.5MM 厚超过国家乙级防火门门框钢板要求 1.2MM，选用了防火门镜人性化设计。整门选用电镀锌板，加强防腐性、耐火性。防火板选用了全铺盖环保低碳的珍珠岩防火板。

采暖管：采暖管道在任何情况下不降级使用原料，该材料为供水、供暖设备提供了：耐高温性、良好的抗拉、压强度、高冲击强度、低蠕变性、高柔任性等特性。

防水：项目生间防水为 1.8 厚聚氨酯防水涂料，墙面增加 1.8 米高好涂壁防水层。其它地产一般不设此项防水。解决了卫生间漏水的隐患。

小结

百年建筑，质量为先。丽泽花苑从建筑设计、材料采购、质量安全到施工建设等各环节严格把控；该项目在建设上积极推广先进、成熟、适用的新技术、新工艺、新材料、新产品，实现标准化、工业化和装配化，住宅的功能与环境达到文明居住水准，在舒适性、安全性和耐火性方面达到国家商品住宅性能认定的一类 2A 级标准，并符合康居示范工程的建设要求，整个建设过程实现住宅建设全过程的计算化、信息化、集成化，提高决策水平和科技含量，缩短施工周期，提高劳动生产率，在本地区起到示范带头作用，推动住宅产业现代化进程。

国家康居示范工程山西项目

太原澳林·滨河花园

澳林·滨河花园是太原化学工业集团房地产开发有限公司依托太原市长风商务区精心打造的商品房项目。澳林滨河园项目道路交通发达四面环路，与新晋祠路相距约200米，新晋祠路以东为长风商务区，规划建设包括：24层——30层商品住宅楼9栋，托幼1所，西北向沿街为2层底商。规划建设用地107.24亩，规划净用地84亩，总建筑面积196000平方米，容积率3.5。项目采用超大景观设计理念，重点提升居住品质，满足为提高住房质量人群购买需求，是都市人紧张忙碌工作之余身心放松的良好境地。居民生活成本，同时壮大转型发展力量，拓宽“非化”产业经济道路。

项目亮点二、该项目应用世界先进的小区绿肺绿化理念，超大绿化面积规划，并适时配以景观水系，小区内呈现绿树掩映、鸟语花香，其乐融融的和谐景象。

项目亮点三、户型设计均聘请国家知名设计单位，结合北方住宅的基本特点，体现南北通透、气派实用、舒适大气、采光充分、私密性强，营造美好生活空间。

该项目积极采用新技术、新工艺、新设备、新材料，建筑墙体采用当地产煤矸石大孔砖，并结合外墙及门窗中空玻璃等节能产品可实现建筑节能65%的要求。

项目亮点一、水源热泵和中水回用技术，依托太化集团自身优势，做到洁净无污染供暖，中水回用系统将降低

项目亮点四、由于长风商务区的建成，将幅射带动周边的繁荣发展，市府南街，中环路的通衢，以及新晋祠路多座过街天桥的建设，势必带动该区域餐饮娱乐产业的兴起，在未来三年内必将出现平地起厦千万间，万家灯火夜阑珊的景象。

国家康居示范工程山西项目

太原大唐·四季花园

开发建设单位：山西大唐房地产开发有限公司
规划建筑设计单位：中国有色工程设计研究总院深圳分院

国家康居示范工程是以住宅小区为载体，以推进住宅产业现代化，提高住宅质量为总目标，通过示范小区引路，提高住宅建设总体水平，加速科技成果转化，实现住宅产业现代化。也是转变住宅产业发展方式，用最经济、最有效率的方式向市场提供有质量保证、性价比高的住宅，可以促进住宅产业和房地产市场健康可持续发展。所以在这一年里我们会陆续向大家展示山西优秀国家示范工程。通过对康居住宅示范工程成功经验的总结、推广，进一步提高山西康居示范工程小区的规划设计及建设水平，做到有所创新，有所突破，实现社会、环境、经济效益的统一。

该小区位于山西省太原市千峰南路以东、大王村以西、后王村以南、纺织街以北，规划总用地面积7.11公顷，规划净用地面积7.11公顷，住宅用地面积4.69公顷。建设规模为12万平方米，其中：住宅9.7万平方米，配套公建0.8平方米，办公商业区用房1.5平方米。容积率1.69，建筑密度25%，住宅建筑净密度18%，绿化率44.2%，在小区内规划配套12班小学一座。该项目计划投资约2.87亿元。

"大唐·四季花园"以西班牙式风格为主，在18栋造型独特的建筑包围中，花草树木与楼宇和谐交织。小区在规划设计上突出以下特点：

一、"大唐·四季花园"绿化率高达44.2%，是真正意义上的园林式小区。

二、"大唐·四季花园"建有三个地下车库，车位数为住户的50%，住户在停车后可乘电梯从车库直接入楼，方便而私密，是真正实行人车分流的住宅小区。

三、"大唐·四季花园"在智能化建设方面，推行IC卡管理。无论进入中央广场还是独立庭院、社区会所、单元门禁，都须凭IC卡，使小区管理实现三重安全防护保障。是真正实现"安全三保障、方便一卡通"的安全小区。同时，设置有周界防越报警、电视监控及电子巡更等保安系统。家居内设置煤气泄漏和紧急求助报警系统等。

四、根据《国家康居示范工程建设技术要点》、《国家康居示范工程成套技术量化评价指标》，结合当地实际情况，大唐四季花园采用了以下系列的住宅成套技术体系：

1、采用粉煤灰加气混凝土块及GRC隔墙做隔墙、隔断；

2、外墙外保温选用舒乐舍板或聚苯颗粒外墙砂浆保温；

3、建筑外窗全部选用塑钢中空玻璃窗；

4、小区采用模块式SBF系列污水处理中水回用技术，用于小区绿化、景观及洗车等。

5、小区有机垃圾处理采用HYW微生物有机垃圾处理技术，使小区有机垃圾降解率在95%以上。

6、小区B－1、B－2楼采用阳台式真空太阳能与电热水器结合技术，满足住户的生活用热水；

7、小区生活用水采用变频调速恒压供水技术；

8、小高层建筑选用永大日立全数字化电梯；

9、小区设置通讯网络机房，数据宽带网实现10兆到户，有线电视网可提供数字电视的播放。

国家康居示范工程山西项目

太原天赐康缘住宅小区

开发建设单位：太原恒广源房地产开发有限公司

康居示范工程通过对新材料、新技术以及先进适用成套技术的研发、生产和推广应用，不仅提高了住宅的使用功能质量、工程质量、环境质量，同时也推进了住宅产业的现代化。所以坚持走科技含量高、经济效益好、资源消耗低、环境污染少、人力资源优势得到充分发挥的新型工业化道路，是住宅建设先进生产力的发展方向。作为国家康居示范工程之一的天赐康缘住宅小区正是如此。“天赐康缘”是由太原市恒广源房地产开发有限公司精心打造的高品质生活社区，位于小店区汾东新区的中心位置，东邻富士康工业园区，西北方是高新技术开发区，东南方是太原经济开发区和教育园区（大学城），该小区占地面积约168亩，建筑面积28万平方米，40%的高绿化率，38–77米奢侈楼间距以及270度外飘窗。

一、总平面规划

天赐康缘住宅小区总用地面积为9.97公顷，代征城市道路用地为1.38公顷，代征城市绿化用地0.16公顷。居住区用地为8.43公顷。其中住宅用地面积为4.93公顷，公建用地面积为1.55公顷，道路广场用地面积为1.27公顷，公共绿化用地面积为0.68公顷。小区由16幢板式高层住宅、3幢点式高层住宅、2幢板式高层公寓以及配套公建四部分组成。

一期为东南区，布置有4栋高层住宅及部分临街商业与配套公建，全部已建成。

二期为东北区，布置4栋正在施工中。采用的建设技术主要有：采用纯剪力墙结构体系；外墙采用聚苯板外保温；屋面采用挤塑聚苯板保温；采用集中供热低温热水地板热辐射采暖系统；外窗均采用中空玻璃塑钢窗。一、二期中所有建筑面积大于120m^{2}的套型均采用了错层式设计。

三期为西区，布置有7栋住宅、2高层公寓及及部分临街商业与配套公建，采用的建设技术主要有：中水回用系统；雨水回用系统；管道直饮水系统；太阳能集中热水供应系统；住宅室内装修一次到位，直接入住，实现交钥匙工程。

建设总用地面积为9.97公顷，规划建筑面积约为30万平方米。

二、功能布局

根据太原市总体规划设计，小区沿康宁街、真武路及北侧东侧两条规划路布置了配套公建。布置了会所、商场以及为小区配套服务的超市、商铺等，充分体现沿街面的商业价值。它们既服务于小区，亦可服务于周边地区，在管理上可相对独立。另外在小区机动车入口处布置了幼儿园等公建，方便居民使用。

高层住宅围绕中央绿地呈向心式布局。在靠真武路一边布置高层住宅楼以屏蔽干道对小区的干扰，形成规划设计的整体感。小区形成四个组团式片区，板式楼长短不一，错落有致，打破了兵营式布局的单调呆板。

高层点板式住宅—弧心式布局

中央绿地周围弧心地布置了三栋点式高层住宅，为整个小区的核心，有效的连接了东西四个组团片区，使小区形成了一个有机的整体。

1、空间构成

小区整体呈由南向北逐渐增高，由中央绿地向外逐渐增高的态势，高层板楼通过退台形成高低错落，空间形态丰富多变。

各住宅楼间作为户外交往空间是半私密性的，人们置身于其中有归属感和安全感，为邻里的交往提供了方便，这些空间由于板式楼而呈带形。宅间空间与中央公共空间既相互独立，又相互渗透，缩放有效，形成对比。一系列形状不同、大小各异、高低有别的室外空间将整个小区串联在一起，流畅自然，浑然一体，从而达到了功能与形式的统一，满足居民由公共－半私密－私密的心理需求。

2、住宅设计

高层住宅均为单元式住宅，一梯两户，一梯三户，户型面积有90m^2、100m^2、120m^2、140m^{2}几种不等，其中90m^{2}为主力户型。住宅设计中始终强调“以人为本”的住宅设计理念，努力建构一个人性化的居住环境。

2.1 合理的房间尺度，合理的功能分区

根据人体尺度及功能要求，设置不同功能的空间尺度。比如：设计客厅时，均留有两面相对较长的实面墙，保证起居空间能容纳一个小型家庭影院；厨房设计考虑洗、切、

烧的顺序来安排设备，配置相应的案台，并留有冰箱位置；卫生间将洗浴、便溺、盥洗、洗衣功能加以组合分隔，并考虑洗衣机位置。

户内设计功能空间做到动静分离，洁污分离，公私分离，食寝分离，居寝分离等，通过恰当的空间划分使居住生活空间和生活行为适得其所，进而获得最佳的居住空间环境。

为提高居住品质，每种套型内均留有相当的储藏空间，在大套型内设有步入式更衣间。

2.2 重视朝向、采光及通风

户型设计保证每户主卧室及起居室都有一个向南的朝向，做到明厅、明卧、明厨，餐厅的设置也相对独立，靠近外墙，自然采光。户型设计皆考虑穿堂风路线短直，特别是南北起居厅与餐厅对穿的户型设计，通风流畅。厨房、卫生间采用变压式通风道将臭气和潮气排出室外。

2.3 设备管网的有效组织

所有厨房、卫生间均设集中管井，保证室内美观。结合住宅小区的发展趋势，在单元公共区内设置管井，每户均采用电表、水表、暖表三表出户系统，为小区物业管理提供了方便，为智能化小区创造了条件。

2.4 宜人的公共部位设计

公共部位的设计充分体现了人性化空间的特点。每栋楼的一层均设计了面积适当、空间形态完整的大堂空间，所有公共部分均采用无障碍设计，以满足残障人士及老年人的要求。

2.5 重视室内外空间的组织

如何将室外优美的环境渗透到室内来，在住宅设计中易被忽略。本方案设计中南向起居室及卧室等均采用大面积落地窗台、中空玻璃窗，南向阳台亦采用低栏板，这样室外美景尽收眼底，形成了内外交融的效果。端单元户型均特殊设计，面向中心广场做大面积落地玻璃窗，使人们拥有良好的视野和融入自然的感觉。所有住户均能做到户户有景，强调了环境的均好性。

2.6 立面设计

立面通过墙面的虚实对比，玻璃与实墙的材料质感对比，形成简洁流畅、力度感人的形象和丰富的立面效果，整个造型体现出技术浪漫主义风格，塑造出鲜明而真实的现代住宅特性。

立面设计中调动了一切元素作为建筑立面构成的一部分，也是本工程立面设计的一个基本原则，如将空调室外机搁板同阳台或凸窗进行组合设计，避免了立面的杂乱无章。

3、配套公建

为满足居民日常生活所需，保证小区于生活机能上的自给自足，设置了配套齐全的商业服务设施。

小区级主要公建在小区南部及西部，沿康宁街、真武路集中设置，布置了会所、商场以及为小区配套服务的超市、商铺等，充分体现沿街面的商业价值。它们既服务于小区，亦可服务于周边地区，在管理上可相对独立。会所中包括设置了居委会、物业管理等社区服务中心以及健身

房、室内游泳池等休闲活动场所。

小区配备了五班幼儿园，建筑面积约为1200平方米，分四层布置。其内部功能较为齐全，东侧设置各班及集中的儿童游戏场。

每个组团片区设有垃圾收集点及公厕。

小区内还配置了变电站、热交换站、水泵房、煤气调压站等配套设施。

4、道路系统

道路系统的设计以为人、货提供高效、安全和便捷的交通为主旨。机动车交通与步行生活活动，在平面上适当分离，形成便捷安全的人车分流交通系统。

小区内部的道路系统由三种类型的道路组成。小区主要道路呈环状布局，满足机动车、自行车和步行交通的要求，联系全区各住宅组群和城市道路，解决小区与城市交通的联系，路宽6米，两侧各有1米宽人行道。邻里道路满足各邻里单元内部小汽车通达的要求，其道路设计满足应急和消防车辆沿住宅环行的要求，道路宽度不小于4米。中央绿地间布置了绿化步行道，主要为步行和漫步缓跑等休闲健身活动服务，路宽2-3米结合沿路绿化种植设计和环境小品自由布局，地面铺装采用毛石或鹅卵石等自然材质。

5、停车设计

小区停车分为地上和地下两部分。在每两栋高层板式楼之间的绿地下面均设有集中停车库，完全实现就近停放。车库入口设在主要车行道两侧，避免机动车进入组团。地下停车库为机械升降水平横移式车库。地面上在主要干道旁边分散地设置地面停车位，以植草砖铺装辆。

6、绿化景观

小区景观设计摒弃了以往平板一块的做法，结合地形，引入立体绿化的新概念，并且引入“水体”这一景观元素，因为水是环境与生态活动中最重要的因素，是一切生命赖以生存的重要自然资源，设计中利用水体能够起到营造环境，渲染气氛，调节气温，活跃环境等作用。小区绿化体系由小区中心绿化、宅间绿化、沿街绿化、屋顶绿化等层次组成。设计努力使人们在日常生活的每时每刻都能感受到绿化，让绿化形成一个连续的系统。

中央绿地，以水景、喷泉互动，强化中心景观，构图形式自由、饱满又富有张力，颇具现代气质。庭院形态兼

顾高层住宅俯视的效果，创造了良好的心理、视觉环境。中央绿地以大片草地及低矮灌木为主，以保持较开阔的视野。宅间绿地设在地下车库屋顶上，与中央绿地自然分开，但又互相延伸，此处设置了儿童游戏场所、体育活动场地、邻里交往场所，加强了居住区的使用功能，提高了环境质量。

7、科技含量

在住宅产业现代化和科技含量上，于结构体系、围护体系、内隔断体系、管线综合布置体系、屋面体系、厨卫设备体系中体现新技术、新材料以及新的设计方法等。

三、各专业技术设计：

1、建筑专业

高层住宅为钢筋混凝土剪力墙结构，局部选用厚 Gm 板，在地下室与卫生间等较潮的部位填充墙体为厚空心砖。

会所、商场等公共建筑为钢筋混凝土框架剪力墙结构。

2、节能设计

积极贯彻国家节约能源的政策，实现节能50%的目标，小区内住宅及酒店均进行节能设计，满足小于0.30的要求。

2.1 高层住宅外墙为钢筋混凝土墙，采用外墙外保温技术，采用钢丝网架聚苯板现浇混凝土外墙外保温系统。

2.2 屋面保温层采用挤塑聚苯板，地下室顶板下粘贴挤塑聚苯板作为保温层。

2.3 在南北阳台栏板内侧粘贴厚挤塑聚苯板，在阳台首层出挑板下粘贴厚挤塑聚苯板以防止结露。

2.4 所有外门窗均选用塑钢门窗，中空玻璃，以满足节能要求。

3、防水设计

3.1 地下室防水

本工程地下防水等级为二级，根据规范要求，地下室外墙及底板均做全防水处理。地下室外墙和底板均为抗渗混凝土；高层住宅、幼儿园、小楼区在地下室底板下及外墙外粘贴 MEE 改性沥青防水卷材。酒店、写字楼在地下室底板下及外墙外粘贴厚三元乙丙防水卷材。

3.2 桩头防水

桩头防水选用水泥基渗透结晶防水涂料。

3.3 屋面防水

小区内高层住宅的屋面防水等级为Ⅱ级，设两道防水。

幼儿园等屋面防水等级为 III 级，设一道防水层。

3.4 厨卫成套技术

住宅中厨房卫生间均采用标准化设计，按照模数原则，优化参数，确定厨房卫生间定型设计。在厨房卫生间内均设有集中管道井用于安装上下水管，设有变压式通风道用于通风排烟。在厨房根据洗、切、烧的顺序合理安排了灶具等设备，留有足够的操作平台，予留了吊柜等储藏空间的位置。

4．消防及人防设计

中高层住宅均为 18 层以上，为一类建筑，耐火等级为一级，消防按GB50045-95《高层民用建筑设计防火规范》设计。每单元设一部防烟楼梯间和一部消防电梯，防火分区、防火间距、消防车道等的设计均符合要求。

设计中幼儿园等均为多层民用建筑，属二类建筑，耐火等级为二级，消防按GBJ16-87《建筑设计防火规范》设计。防火分区、防火间距、消防车道等的设计均满足要求。

高层住宅的地下二层均按六级人员掩蔽所设计，考虑平战结合，平时作为库房使用。

四、工程中采用的成套新技术

1、住宅结构体系

1.1 承重结构体系

部分层数为高层住宅采用短肢剪力墙结构。

部分层数为 18、20 层的高层住宅采用现浇钢筋砼剪力墙结构。

配套公建、商业采用大开间现浇钢筋砼框架结构。

1.2 围护结构体系

10 层以上高层住宅为钢筋混凝土剪力墙结构，填充墙体为加气混凝土砌块。在地下室与卫生间等较潮的部位填充墙体为厚空心砖。

配套公建、商业等公共建筑为钢筋砼框架结构，填充墙体为加气混凝土砌块。

加气混凝土砌块具有质量轻，保温效果好的特点。

1.3 隔断结构体系

轻质隔墙板具有轻质、隔音良好、适用多种饰面材料的特点，对于它的应用，满足了灵活分隔空间、方便施工的要求。在高层住宅中，部分墙体采用 GM 板，在配套公建及商业内大量使用了 GRC 轻质隔墙板。

2、厨卫体系

住宅中厨房卫生间均采用标准化设计，按照模数原则，优化参数，确定厨房卫生间定型设计。在厨房卫生间内均设有集中管道井用于安装上下水管，设有变压式通风道用于通风排烟。在厨房根据洗、切、烧的顺序合理安排了灶具等设备，留有足够的操作平台，予留了吊柜等储藏空间的位置。

2.1 推广使用节水器具

配水装置和卫生设备是水的最终端使用单元，它的节水性能的好坏，直接影响着建筑节水工作的成效，因而大力推广使用节水器具是实现建筑节水的重要手段和途径。在不同场所推广使用不同类型的节水器具

在选择节水器具时，除要考察其节水性能外，还要考虑价格因素和使用对象。

3、建筑节能

积极贯彻国家节约能源的政策，实现节能65%的目标，小区内住宅及会所等配套公建均进行节能设计，体型系数均小于规范的要求。

高层住宅外墙为钢筋混凝土墙，采用外墙外保温技术，采用钢丝网架聚苯板现浇混凝土外墙外保温系统，即将钢丝网架聚苯板置于剪力墙外模板的内侧，与剪力墙一次浇筑成型。

屋面保温层采用挤塑聚苯板，地下室顶板下粘贴挤塑

聚苯板作为保温层。

在南北阳台栏板内侧粘贴厚挤塑聚苯板，在阳台首层出挑板下粘贴厚挤塑聚苯板以防止结露。

所有外门窗均选用塑钢门窗，中空玻璃，以满足节能要求。

住宅暖通专业设计严格执行《民用建筑节能设计标准》。

4、住宅室内装修成套技术

厨房卫生间一次装修：

厨卫地面和墙面砖铺设完成，顶棚采用防水腻子，防止受潮脱落；通风道安装到位，管线封闭不外露。

住宅室内装修一次到位，直接入住，实现交钥匙工程：

除厨卫装修外，其他房间也按市场需求档次完成地面、墙面、顶棚、门套的安装工作，按住户采用菜单装修一次到位，直接入住，实现交钥匙工程。

专项技术开发、关键技术的突破。

5.1 采用智能住宅布线系统，户内设置家庭信息接入箱，一方面能够集中管理家庭服务各种功能的应用，一方面支持视频、语音、数据及监控等信号的传输，具有高带宽，高速率，高可靠性，兼容性，开放性，异域管理等特点，完全适应网络目前及将来的发展。

5.2 住宅小区采用智能化管理系统，本系统是基于计算机网络技术的楼宇网络

智能控制系统，它将家庭安全防范，燃气泄露，紧急救助，水电气三表自动抄表收费，远程控制家庭智能终端的布防，撤防及家用电器，物业管理及计算机网络集于一体，通过计算机网络线路构成整个住宅小区的集中管理控制系统，系统具有适用性广，功能齐全，直观性好，操作简便等特点。

小结：住宅产业化成套技术的广泛推广，对提高住宅的综合品质，缩短建设周期，降低建造成本，加速资金运转，加快投资回收，提高劳动生产率都起到了积极的促进作用；同时因为建设周期减少，成本的减低等使住宅产品更具有市场竞争力，也有利于营造一个公平、健康的市场竞争环境，使市场环境逐步走向更加规范化、法制化的轨道。

国家康居示范工程山西项目

太原文湃苑康居住宅小区

开发建设单位：山西庆民房地产开发有限公司

建设场地：本项目在并州南路以东，亲贤北街以南，太堡西街以北的位置上建设，工程位于山西省太原市小店区，隶属于太原市小店区管辖。

项目定位：该项目定位为国家康居示范工程，规划总用地面积为 4.22 公顷，约合 63.3 亩，规划净用地面积为 3.75 公顷，约合 56.25 亩，建设用地面规划容积率 4.57，规划总建筑面积为 196450 ㎡；地上建筑面积为 171390 ㎡、包括住宅建筑面积 161030 ㎡，商业建筑面积 5335 ㎡，配套设施幼儿园建筑面积 1140 ㎡、物业和社区服务建筑面积 3660 ㎡，换热站煤气调压站建筑面积 225 ㎡；地下建筑面积为 25060 ㎡，包括地下车库 18580 ㎡，主楼地下室 6480 ㎡。规划布局采用南北向住宅与东西向住宅相结合，通风好，朝向好，土地利用充分。区内道路采用外环方式，设西、南两个出入口与城市道路连接，出行便捷。机动车停车率达户均一个以上，且以地下停车为主，避免了机动车对居民居住安静、安全的干扰。

整个小区以住宅为主，拟建设 33 层高层 1 幢，32 层高层 2 幢，28 层高层 2 幢， 25 层高层 1 幢，其中 2 幢 32 层的高层中间为主入通道加以点缀的设计尤为别具氛格。商住楼裙房 2 层；地下 2 层，地下两层为停车场，设备用房，人防等。小区共有机动停车位 1485 辆，地上 377 辆，地下 1108 辆，非机动停车位 1520 辆；规划总户数为 1358 户，居住总人数 4074 人，绿地率占 38.2%，有利于营造较好的室外空间。

配套设施基本齐全。套型面积多样，类型丰富，适应

市场需求。套型平面良好，功能分区明确，做到动静及洁污合理分离，公共与私密互不干扰。各功能空间尺度基本合理，平面布局紧凑，家具布置稳定。厨房与餐厅之间联系紧密，冰箱位置基本合理。单体一律采用剪刀楼梯，在超过 18 层的条件下，有利于减少公摊面积。厨卫设置基本合理，操作流线清晰，设备管线集中。造型简洁、大方、明快，具有居住建筑特点。

主要采用的产业技术有：

采用框剪结构、煤矸石多孔空心砖砌筑体系技术。RFT 自控变储能墙体保温隔热、保温镀膜两层玻璃门窗及屋面聚苯保温隔热技术。污水源热泵供热制冷、地板辐射采暖、太阳能供热水（公建部分），以及太阳能光热技术。有机垃圾处理、雨水收集、污水处理和中水回用等技术。地下立体停车、智能化计量、门禁和周界防范信息通讯等小区现代管理技术。

该项目结合当地实际情况，积极推广先进、成熟的新材料、新技术、新设备、新工艺，采用当地生产的如煤矸石大孔砖、RFT 自控相变储能墙体保温材料、新型铝合金中空玻璃门窗，促进当地住宅建筑材料、部品的集约化、标准化生产，对提高住宅质量，引领住宅产业化发展起到了积极的作用。

国家康居示范工程山西项目

大同金色水岸·龙园

项目开发建设：大同翔龙（集团）房地产开发有限责任公司
规划建筑设计：同济大学建筑设计研究院
通过康居评审：2005 年 8 月

我国目前正处于城镇化快速发展阶段，全国城镇每年新增加人口近千万，住宅需求量很大所以住宅建设的品质和环境，直接影响居民的生活水平和城市的环境、风貌。康居示范工程正是满足城镇化健康发展和人们生活水平提高的需要。上期我们展示了太原大唐四季花园在规划设计上的突出特点，本期继续向大家展示山西优秀康居示范工程——大同金色水岸·龙园。

金色水岸·龙园项目位于大同市御河西岸，东邻御河，横穿 24 米宽滨河路，直入绿化面积达 90% 以上的大型生态景观园区，环境优良，空气清新；南邻东关商圈仅 300 米，居民购物便利；北接全城最宽 72 米花园大道；西靠市委与雁北行署隔路相望。11 路、22 路、25 路、26 路公交车方便居民出行。学校、宾馆、医院等近在咫尺。项目规划区位正处在大同市城市建设“东拓”后的中心。

项目规划强调小区整体功能与环境的协调，空间布局从整体上形成“一带多区”的结构特点。通过对中心景观带的塑造将北、中、南三个区有机的加以联系，南北两个区均为带底商住宅。

小区采用人车分流设计，环形的车行道路沿小区外围设置，在内部形成幽静的步行系统，消防及紧急运输可以使用，增加行人的安全，形成完善的步行体系。小区设置了地下车库，最大程度减少地面停车。

小区利用曲折的水系将园区景观充分整合统一，景观轴突破传统单一形式，形成多个视觉中心。利用微地形景观，堆坡造丘，结合乔木、灌木，形成龙形景观带，使社区景观更加丰富和具层次感。

除小区中心营造大尺度的景观外，在组团设计中营造亲切景观尺度，利用高差创造景观点，营造景观的层次感。大量的立体绿化应用，利用茂盛的植物把建筑物的环境软化。通过叠泉、喷水池等现代水景的营造，创造舒适的亲水空间。小区园林中设置户外康乐设施，如儿童憩戏区、缓跑径、健身区等。

小区北入口为主入口，丰富的商业气氛，塑造鲜明的入口形象。西入口正对小区的中心绿地，精致的园林设计引人入胜。

小区采用的新型成套技术有：

1、住宅结构体系。采用短肢剪力墙技术，提高了住宅使用面积，改变了传统结构体系带来的内部空间狭小，分隔不灵活的弊端。

2、建筑节能技术。门窗节能技术：采用 LG 塑钢平开门窗，以中空玻璃代替单层玻璃，中空玻璃不仅有优良的采光性能，同时具有隔热、隔音、防霜等优点。入户门使用保温、隔音、防盗多功能门，也将大大提高住宅的保温、隔热功能。外墙保温隔热技术：大同市目前基本上没有使用外墙保温隔热技术，本工程将采用聚苯乙烯板进行外墙外保温，以提高外墙隔热保温效果。屋面防水层下设聚苯乙烯板保温隔热技术，以提高顶层业主居住的舒适度。电梯已成为仅次于空调的“耗电大户”，小高层和多层住宅中将采用新型节能电梯技术，大大减少电梯的耗能。供水加压设备采用变频水泵代替目前普遍使用的普遍气压式加压装置，变频调速给水可以保证用户水压稳定、可靠、节能。在公共空间、楼梯间采用节能灯和电子延时、声控开关应用技术，可杜绝照明中的浪费现象。充分利用现有地形，采用车库、地下室等架空做法，房屋不与地面直接接触，改善了底层住户的热环境，同时也减少房间内的耗热量，达到节能的效果。

3、新设备使用。楼宇净水系统。卫生洁具应用技术，推广冲洗水量 6 升 / 次的便器，有效减少水资源的浪费。节水龙头应用技术，在公共部分及精装修房屋采用陶瓷芯片的节水型龙头，节水效果显著。

4、小区现代智能化管理技术。目前大同市较高档住

宅小区智能化管理也只做到了可视对讲，本小区智能化系统将包括可视对讲系统、区域周界红外线防范系统、电子巡更保安系统、设备集中控制技术、地下车库管理技术等。

5、**住宅精装修技术。**目前大同市进行住宅精装修的小区基本没有，推行精装修房是推动中国住宅产业化进程的重要内容之一，考虑到大同市目前的实际情况，本小区将选择20%的住宅作为样板进行精装修，以引导当地居民改变家庭装修的传统观念，其余住宅全部采用菜单装修，减少二次装修的破坏及污染。

6、**居住区环境及保障技术。**采用有机垃圾生物处理技术，就地消化处理每天产生的有机垃圾，卫生方便，无二次污染，大大减少垃圾清理量和搬运费用，有利于提高小区的环境质量。此项技术大同市目前尚未使用。采用中水处理回用技术，实现污废水的资源化，既可节省水资源，又可使污水无害化，起到保护环境、防治水污染的重要作用。处理后的水用于绿化、洗车、洒路等。

国家康居示范工程山西项目

大同水泉湾・龙园

在第二期的杂志上我们曾刊登国家康居示范工程山西项目金色水岸・龙园，本期展示的项目是"金色水岸・龙园"的升级版——水泉湾・龙园。该项目在社区配置上引进国外成熟的节能环保减排技术和产品，开发水泉湾龙园建筑豪宅，成就社区未来绿色环境和居民舒适方便快捷的生活。开发商以坚持不懈地实践品质地产的理想与追求，以一种承诺、一种态度、一种标准、一种文化，综合建筑、环境、配套、服务、资源等多方面优秀，全面提升城市居住品质、生活品味，为大同重树豪宅标准、品质标杆。2009 年 3 月以齐全的节能减排配套和超前的规划理念顺利通过国家康居住宅示范工程的方案评审，并被山西省城乡住房与建设厅指定为绿色建筑试点小区。

水泉湾・龙园西临大同第一条高标准景观大道 --- 御河西路，南通京大高速公路，北连得大高速，东接碧波荡漾的御河和生态园的万千美景，绿化面积 90% 以上的大型生态景观园区，国子学府，全程精英教育：西临大同一中，东临大同二中新校址，社区内设有高档的小学，幼儿园，不出社区就能入托。该建设项目占地面积为 174418 平方米，建筑面积为 54 万平方米。

项目在建筑结构体系、围护结构体系、厨卫、管网、智能化、可再生能源利用、环境保障、施工等方面采用产业化成套技术。在低碳减排方面，采用粉煤灰混凝土加气块作建筑外围护用材，采用了硬泡聚氨脂复合板外墙保温系统，断桥铝平开中空玻璃窗、顶层聚苯板屋面保温、双层保温防盗门，只为将来的家免去空调的开支，保持冬暖

夏凉、恒温效果；封闭式垃圾自动收集系统及有机垃圾处理系统，把环保减排与生活的方便融合；地源热泵系统、太阳能光伏电系统、雨水回收、中水回用节能环保措施将一一实现；双供热系统，将实现不分季节自由采暖；分户计量收费系统、低温地板辐射采暖系统，解决冬季采暖诸多弊病，实现低费用高舒适度的采暖效果；室内分室温控系统，自由选择，各取所需；节能拟将达到 65% 标准要求。小区绿化节水喷灌系统与景观水系节水新技术、节能节水环保细节到位；一卡通管理系统，更人性化、更方便。住宅工业化全装修一次到位等，对节水节材具有示范意义。

小区规划设计为组团院落式布局形式，结构紧凑，空间富有变化。住宅建筑采用高低塔配、长短板结合，达到朝向好，通风好的效果。区内道路采用内环的交通系统，三个机动车出入口与二个步行出入口与城市道路相连，布局合理，线形流畅，居民进出方便。机动车停车以地下停车为主，地面为辅，停车率达到 70% 以上，人车分流，全地下停车，保持社区安静祥和的居住环境。小区的景观建设采用中心绿地与组团绿地相结合的方式，使绿色环境分布均衡，景观空间丰富。小区公共服务设施布置合理配套齐全，为居民提供方便的服务。住宅套型面积利用率高，平面功能分区明确，设计中有入户过渡空间及适当的贮藏空间，户内交通联系顺畅，空间尺度合宜。起居室、卧室通风、采光、视野条件良好。餐厨布置紧密，建立有独立的就餐空间。建筑立面造型简洁，挺拔清秀。

该小区规划科学合理，功能齐全，空间利用充分，"四节一环保"产业化成套技术采用得当，项目的建设将为带动大同地区省地节能环保型住宅的发展起到主要的示范作用。

国家康居示范工程山西项目

大同御锦源

御锦源是由大同市博兴房地产开发有限公司开发，地处大同市御河西路以东，东邻皇城水系御河，与滨河生态园相伴；西边与大同一中新址相邻；南靠新建的南三环御河斜拉大桥，直通御东新区、大同二中、京大、大运高速；北与得大高速相通。项目周边有云冈建国宾馆、晨光国际大酒店等高档五星级酒店和商务中心，社区内部配套幼儿园、小学、高档会所等。占地378亩，规划建筑面积96万平方米，29幢地中海风情高层阳光板楼峻拔伟岸，10万平方米商业规划构筑新兴商圈，打造大同市大型、高品质宜居社区，成为城市中靓眼的一道风景。该项目在2010年被国家建设部评为“省地节能环保型住宅国家康居示范工程”。

项目概况

1、**项目定位**：大同东、御河畔，集居住、购物、休闲、商务于一体的尚品社区。

2、**项目规划**：集商业与住宅为一体，由高层住宅、底商、独立商街、公寓、会所等多种物业构成。

3、**项目规模**：占地370亩，规划建筑面积约96万平方米，共建29栋地中海风格高层板楼，总户数5395户，是大同市目前规模最大、品质最高的社区。其中住宅建筑面积60万平方米，商业建筑面积10万平方米，地下建筑面积21万平方米。写字楼30000平米，幼儿园2500平米，独立式车库18万平米，自行车车库8000平米。

4、**项目目标**：坚持以人为本理念，建设集居住、商业为一体，配套设施完善，居住舒适、功能齐全、高效快捷、生态环境优美的现代化大型、高品质宜居社区。其中投资上亿元营造地中海风情园林景观，绿化率高达40%，园林景观面积约为65%，在功能配置上从细节着手，为业主配套人性化、多元化功能设施；在园林景观设计中，以山水庭园、动静相织水景的造园手法体现自然山水之美，配植常绿植物及落叶植物营造四季景观，整体景观呈现出集“丰盛、灵动、幽雅”于一体的视觉盛宴……

5、**投资金额**：总投资约30亿元人民币。

6、**地理位置**：地处横贯南北交通的御河西路东面，北与水泉湾龙园相连，东邻御河，与滨河生态园相伴；西与大同一中新址对望；向北经御河大桥、向南经南环桥与御东新区相通；为京大、大运高速新入口必经之路；向北直上得大高速，地理位置四通八达，区位优势得天独厚。

7、**周边配套**：项目周边有御馨花都、国际丽都、柳航新村等大型成熟社区以及水泉湾龙园和凯德世家等新型社区，在城市东南已形成较密集的居住圈；同时周边还有云冈建国宾馆、晨光国际大酒店等高档酒店和商务中心，大同一中、九中、大同二中、城区十八小学等学校，已成为城市的发展中心。

国家康居示范工程山西项目

大同御馨花都

项目开发建设：大同市浩达房地产开发有限责任公司
规划建筑设计：北京东方华太建筑事务所
通过康居评审：2005 年 6 月

御馨花都位于大同市御河南路东侧，东、南邻规划路，北邻华岳路。水文地质状况良好，给水、排水、供电、道路、供热、煤气、通讯等市政基础设施一应俱全。基地的东侧是市政府投资 8.2 亿元建设的套型生态林景观园，园区东侧有改造一新的御河水系，绿化面积达 90%，是大同市不可多得的黄金水岸。

小区总用地 9.75 公顷，住宅建筑占地面积 5.11 公顷，公共建筑占地面积 1.11。

规划充分利用小区自然标高与周边城市道路标高之间 3 米的高差，建立一个完善的交通系统，形成小区的地上地下人车分流设计，进入小区的车辆迅速引入地下车库，地面上完整的步行系统连接社区绿化带、住户，增加行人的安全。尽量满足住户将车方便快捷地停在居所附近的需求，通过进入地下的电梯直接到达居所。地面环路主要用于消防及紧急运输，在确保区域通达的前提下，最大程度地减少机动车穿越住宅区。

中心绿地景观轴：利用中心景观绿轴将园区景观充分整合统一，形成良好的居住氛围和社区的归属感。景观轴突破传统单一形式，形成多个视觉中心。堆坡造丘，利用微地形景观作为景观平台及活动地点，使社区景观更加丰富和具有层次感。

绿化庭院：除了小区中心营造大尺寸的景观外，在组团设计中营造亲切的景观尺度。利用高差创造景观点，营造景观的层次感。大量立体绿化的应用，利用茂盛的植物把建筑物的环境软化。通过叠泉、喷泉池等现代水景的营造，创造舒适的青水空间。小区园林中设置户外康乐设施，如儿童憩戏区、缓跑区、健身区。

住宅设计通过创造具有代表性的建筑风格，充分考虑建筑本身的景观作用，使社区建成后具有较强的观赏性。强调整体风格的一致性与个性化的和谐统一。充分考虑居住者的个性及多元特征，通过产品形式的创新体现差异化。小区内多层、小高层、建筑形式决定了建筑风格的多样性，充分体现组团的不可复制性，产品形态的多样性。高低错落的建筑高度，充满动感的设计意向，更增加了小区的识别性。

小区采用的新型成套技术项目有：

1、住宅结构体系

大同市目前常用的结构体系多为混合结构，而本小区的小高层住宅中将使用短肢剪力墙技术，同传统的结构体系相比，室内无柱，并且可以做到无梁或少梁，改变了传统的凸柱给住户家具布置带来困难的不便，提高了住宅的使用面积，改变了传统结构体系带来的内部空间狭小，分隔不灵活的弊端。

2、建筑节能技术

（1）门窗节能技术：目前大同市建筑门窗中使用的为普通铝合金、塑钢单层玻璃门窗，其保温隔热性能较差。而本工程将以中空玻璃代替单层玻璃，中空玻璃不仅有优良的采光性能，同时具有隔热、防霜等特殊优点。同时入户门使用保温、隔音、防盗多功能门，也将大大提高住宅的保温、隔热功能。

（2）外墙保温隔热技术：大同市较少使用外墙保温隔热技术，此工程采用挤塑型聚苯乙烯板进行外墙外保温，以提高外墙隔热保温效果。

（3）屋面防水层下设聚苯乙烯板保温隔热技术，以提高顶层业主居住的舒适度。

（4）电梯已成为仅次于空调的耗电大户，小高层中将采用新型节能电梯技术，大大减少电梯的耗能。

（5）供水加压设备采用变频水泵代替目前普遍使用的普通气压式加压装置，变频调速给水可以保证用户水压稳定、可靠、节能。

（6）使用节能灯和电子延时、声控开关应用技术，节能灯是绿色照明的首选产品，它具有光效高、节能效果明显、寿命长、体积小、使用方便等优点，而且光线柔和，很适合于各种普通照明场所，可以直接取代白炽灯．在公共楼梯间、公共窨选用电子延时、声控开关，可杜绝照明中的浪费现象。

（7）充分利用现有地形，采用车库、地下室等架空做法，房屋不与地面直接接触，改善了底层住户的热环境，同时也减少了房间内的耗热量，达到节能的效果。

3、新材料和设备使用

（1）墙改材料的使用：本小区住宅中的围护体系使用了粉煤灰砌块、加气混凝土块，其具有轻质、隔音、隔热的功能，并能充分利用资源。

（2）节水型卫生洁具应用技术：在公共部分及精装修房屋采用节水型卫生器具，推广冲洗水量6升/次的便器，有效减少水资源的浪费。

（3）节水龙头应用技术：在公共部分及精装修房屋使用陶瓷芯片的节水型水龙头，国际标准是30万次开闭，并且封闭严密，反应灵敏，关闭速度只有老式水龙头的十分之一，节水效益显著。

4、小区现代智能化管理技术

本小区的智能化系统将包括可视对讲系统、区域周界红外线防范系统、电子巡更保安系统、设备集中控制技术、地下车库管理技术等。让业主拥有高效率、舒适、温馨、便利以及安全的居住环境。

5、住宅精装修技术

推行精装修房是推动中国住宅产业化进程的重要内容之一，考虑到大同市目前实际情况，本小区选择了20%的住宅作为样板进行精装修，其余住宅全部采用菜单式装修，尽可能减少二次装修的破坏及污染。

6、居住区环境及其保障技术

（1）使用低噪音变频调速装置的水泵加压设备，保证用户用水压力稳定、合理、节能。

（2）有机垃圾生物处理技术，使用有机废弃物系列化处理有机垃圾设备，可就地消化处理每天产生的有机垃圾，卫生方便，无二次污染，大大减少垃圾清理量和搬运费用，有利于小区环境质量的提高，此项技术大同市目前尚未使用。

（3）中水处理回用技术，利用中水系统，实现污、废水的资源化，既可节省水资源，又可使污水无害化，起到保护环境、防治水污染的重要作用。处理后的水用于绿化、洗车、洒路等。

国家康居示范工程山西项目

大同紫润芳庭

项 目 名 称：紫 润 芳 庭

项目建设单位：大同市恒翔房地产开发有限责任公司

项目概况

“紫润芳庭”位于大同市南环路北侧。东邻永泰南路，南邻南环路，西邻府南街延伸段，北邻向阳西街。15路、35路、201路等多路公交均可到达，方便出行。学校、宾馆、医院等近在咫尺。给水、排水、供电、供热、天燃气、通讯等功能齐全的市政基础设施配套工程已经全面建成。

小区东南侧有“北魏明堂公园”、“御河生态园”、“智家堡森林公园”等城市花园。生态园区郁郁葱葱，碧波荡漾，香花万点，树木繁茂，景色怡人与小区内集中绿化景观交相辉映，在这里，建筑与自然和谐统一，人与自然和谐统一，生活与风景水乳交融，人在其中，便享有一种纯生态的自然生活。

本项目总占地9. 32公顷，规划总建筑面积33. 12万平方米，其中：住宅16. 23万平方米，商业11. 8万平方米，配套公建5. 09万平方米；总投资为13. 26亿元。

规划设计

一、总体规划原则

站在时代的前沿，以超前的理念，规划一个符合国际文明居住标准，代表未来人居方式的前瞻性住宅小区。为御河沿线高尚住宅开发创造一个有代表性的生态居住模式，塑造夺目的区域形象。以完全开放的商业配套提升地价值，树立社区形象全面完善的家居生活配套，除为业主提供完善的生活配套外，还可以吸引城市人流，开拓不同的土地经营方式。

二、道路交通

充分利用小区自然标高与周边城市道路标高之间的高

差，建立一个完善的交通系统，形成小区的地上地下人车分流设计，进入小区的车辆迅速驶入地下车库，地面上完整的步行系统连接社区绿化带、住户，增加行人的安全。尽量满足住户将车方便快捷地停在居所附近的需求，通过进入地下的电梯直接到达居所。地面环路主要用于消防及紧急运输，在确保区域通达的前提下，最大程度地减少机动车穿越住宅区。

三、景观环境

环境是位户最重视的因素，通过大量自然景观及人造景观的引入，满足居者对亲近自然的需求。根据场所空间的不同，营造不同的景观空间和绿化形态。

中心绿地景观绿轴：利用中心景观绿轴将园区景观充分整合统一，形成良好的居住氛围和社区的归属感。景观轴突破传统单一形式，形成多个视觉中心。堆坡造丘，利用微地形景观作为景观平台及活动地点，使社区景观更加丰富和具有层次感。

绿化庭院：除了小区中心营造大尺寸的景观外，在组团设计中营造亲切的景观尺度。利用高差创造景观点，营造景观的层次感。大量立体绿化的应用，利用茂盛的植物把建筑物的环境软化。通过叠泉、喷泉池等现代水景的营造，创造舒适的青水空间。小区园林中设置户外康乐设施，如儿童憩戏区、缓跑径、健身区。

四、建筑单体设计

住宅设计通过创造具有代表性的建筑风格，充分考虑建筑本身的景观作用，使社区建成后具有较强的观赏性。强调整体风格的一致性与个性化的和谐统一。充分考虑居住者的个性及多元特征，通过产品形式的创新体现差异化。建筑形式决定了建筑风格的多样性，充分体现组团的不可复制性，产品形态的多样性。高低错落的建筑高度，充满动感的设计意向，使用降低能耗的技术和材料，符合生态标准。

小区采用的新型成套技术项目：

一、住宅结构体系

本小区住宅采用框架剪力墙结构体系技术，同传统的结构体系相比，室内无柱，并且可以作到无梁或少梁，改变了传统的凸柱给住户家具布置带来困难的不便，提高了住宅的使用面积；改变了传统结构体系带来的内部空间狭小，分隔不灵活的弊端。

二、建筑节能技术

小区采取了以下节能措施：

(1) 门窗节能技术：本工程门窗全部采用断桥铝平开门窗，具有隔热、隔音、防霜等特殊优点；同时入户门使用保温、防火、密闭、隔音、防盗多功能门，也将大大提高住住宅的保温、隔热功能。

(2) 外墙保温隔热技术：本工程所有外墙外保温采用燃烧性能等级为 A 级的 60mm，厚的岩棉板以提高外墙保温性能。

(3) 屋面防水层下设 10mm 挤塑聚苯板保温隔热技术，以提高顶层业主居住的舒适度。

(4) 电梯全部采用新型节能电梯技术，大大减少电梯的耗能。

(5) 供水加压设备采用变频水泵代替目前普遍使用的普通气压式加压装置，变频调速给水可以保证用户水压稳定、可靠、节能。

(6) 使用节能灯和电子延时、声控开关应用技术，节能灯是“绿色照明”的首选产品，它具有光效高、节能效果明显、寿命长、体积小、使用方便等优点，而且光线柔和，很适合于各种普通照明场所，可以直接取代白炽灯；在公共楼梯间、公共空间选用电子延时声控开关，可杜绝照明中的浪费现象。

(7) 充分利用现有地形，采用车库、地下室等架空做法，房屋不与地面直接接触，改善了底层住户的热环境，同时也减少了房间内的耗热量，达到节能的效果。

三、新设备使用

(1) 卫生洁具应用技术：在公共部分及精装修房屋采用节能型卫生洁具，推广冲洗水量 6 升 / 次的便器，有效减少水资源的浪费。

(2) 节水龙头应用技术：在公共部分及精装修房屋使用陶瓷芯片的节水型水龙头，国际标准是 30 万次开闭，并且封闭严密，反应灵敏，关闭速度只有老式水龙头的十分之一，节水效益显著。

四、小区现代智能化管理技术

本小区的智能化系统包括可视对讲系统、区域周界红外线防范系统、电子巡更保安系统、设备集中控制技术、地下车库管理技术等。让业主拥有高效率、舒适、温馨、便利以及安全的居住环境。

五、住宅精装修技术

目前大同市进行住宅精装修的小区基本没有，推行精装修房是推

动中国住宅产业化进程的重要内容之一，考虑到大同市目前的实际情况，本小区将选择 20% 的住宅作为样板进行精装修，以引导当地居民改变家庭装修的传统观念，其余住宅全部采用菜单装修，尽可能减少二次装修的破坏及污染。

六、居住区环境及保障技术

（1）使用低噪音带变频调速装置的水泵加压设备，保证用户用水压力稳定、合理、节能。

（2）有机垃圾生物处理技术，使用有机废弃物生化处理有机垃圾，能就地消化处理每天产生有机垃圾，卫生方便，无二次污染，大大减少垃圾清理量和搬运费用，有利于小区环境质量的提高。

（3）中水处理雨水回用技术，利用中水系统，实现污、废水的资源化，既可省水资源，又可使污水无害化，起到保护环境、防治水污染的重要作用。处理后的水用于绿化、洗车、洒路等。

工程中采用成套技术：

一、采用短肢剪力墙结构体系，室内无柱，并且可以作到无梁或少梁，克服了传统的凸柱给住户家具布置带来的不便，提高了住宅的使用面积；改变了传统结构体系带来的内部空间狭小，分隔不灵活的弊端，增加了住宅的安全性和舒适度。

二、建筑能耗在总能耗中所占的比重约 30% 至 40%，将小区建成节能建筑，不仅能够减少电力和常规能源的消耗从而保护了环境，而且能够充分提高生活的质量和舒适度。本小区将重点使用以下建筑节能相关产品及技术：如断桥铝中空玻璃平开窗、保温隔热防火分户门、外墙保温技术、屋面防水层下设保温隔热层技术、节能电梯技术、变频水泵相关技术的应用、节能灯、电子延时声控开关、节水型卫生洁具、陶瓷芯片等节水型龙头的应用等。

三、住宅管线成套技术的应用，该成套技术能够大大提高供水、供电的可靠程度，从而提高居民的生活质量，相关的产品及技术有：电器多回路配线技术、管道集中暗

设系统技术、给水管采用优质 PP–R 管材、排水管使用优质硬聚氯乙烯（PVC–U) 管等。

小区主要体现以下几点：

一、住宅小区的设计质量

采用先进的规范设计理念，突出强调设计的均好性、多样性和协调性，使规划更科学、合理，更符合人们的行为心理。在住宅设计中采用标准化设计思想，积极探索生态型、智能型等新型住宅形式。

二、住宅小区的环保质量

采用生态规划设计技术，应用现代化科技系统综合解决人类可持续发展问题。通过新型环保材料的利用，降低能耗，减轻污染，通过雨污分流，将生活污水集中收集、集中处理，将固体垃圾分类收集、集中处理，有效的防止污染，多层次立体绿化，起到美化环境、净化空气等的作用。通过提升住宅小区的整体环境质量，为人们创造更适宜的人居环境。

三、住宅小区的功能质量

通过大量使用短肢剪力墙结构，提高住宅的使用面积系数，创造出更灵活、更合理的居住空间，为住户提供多样化的选择；通过外墙外保温、中空玻璃平开窗、保温隔热防火分户门的运用，提高了住宅保温、隔热、防火、隔音等各项性能，保障了住宅的安全性和私密性；通过对厨卫标准化设计，使各类管线布置更加合理，采用地下停车为主的停车方术，合理组织小区内部的静态交通，有效地实现人车分流，为住户创造了宁静、安全、便捷的居住环境。

四、保证工程的施工质量

改革施工工艺，加强施工现场的全过程质量管理，实现劳动生产率的提高；使用新型墙体涂料，实现无裂缝、. 耐清洗的特性，充分保证了工程建设质量。

五、实现小区智能化物业管理

小区通过运用安全防范系统、设备自动监控系统、家庭现代通讯系统等先进的电子技术，实现小区物业管理智能化，为住户提供更安全、更便捷的服务。

六、倡导住宅装修一步到位

通过菜单式装修，为住户提供多样化的选择，以及推出部分全装修房，积极引导住宅装饰装修的新观念。

七、凸现地方特色

针对目前住宅小区趋同性严重的现象，在住区建设中将现代居住理念与地方文化特色结合一起，体现地方特色。

国家康居示范工程山西项目

大同恒安·中心城

项目名称：大同市保力御东区恒安·中心城
建设单位：大同市保力房地产开发有限责任公司
设计单位：中国建筑设计研究院

“恒安·中心城”位于大同市御东新区中心地段，北邻恒安街，东临太和路，西、南均临城市规划路。总建设用地 33.3 公顷，总建筑面积 95 万平方米：其中地上建筑面积 66 万平方米，地下建筑面积 29 万平方米，容积率 1.84，总居住户数 2378 户，停车位 6800 个，绿地率 35% 以上。社区内部配套完善，五星级酒店、甲级写字楼、五星级会所、星级幼儿园、御东十四校、欧陆风情商业街、托老所等配置齐全。社区周边交通便利，环境优越，北面紧临恒安街，与文瀛湖风景区、体育中心、大剧院、博物馆、美术馆一街之隔，西面紧临大同名校——大同二中、大同妇幼医院、110 指挥中心、华堂购物中心，东距大同机场 10 公里，大同第二火车站 5 公里，西距大同快速路御河东西路 1 公里。恒安·中心城项目于 2012 年 6 月被国家建设部评为“康居示范工程”。

规划定位——生态型住区：

生态型住区是通过调整人居环境生态系统内生态因子和生态关系，使小区成为具有自然生态和人类生态、自然环境和人工环境、物质文明和精神文明高度统一、可持续发展的理想城市住区。其空间结构合理、基础设施完善、生态建筑、智能建筑和生命建筑广泛应用，人工环境与自然环境融合。符合城市规划和区域规划，与区域和城市融洽，是生态城市的一部分，体系所在城市的风貌和特质。

在我国，随着可持续发展战略的不得推广与实践，维护合理的使用土地资源，建筑与环境和谐共生的生态型住区已经成为设计 必然趋势，本方案在设计过程中通过以下方面努力实现创建生态住区的目标：

（1）自然生态规划——努力提高绿地率（包括景区和水面），使人均公共绿地最大化，强调建筑基地渗水保水能力，尽量减少混凝土覆盖面积，采用自然排水系统，以利于雨水的渗透，使小区大部分裸露地具有透水性能。

（2）经济生态规划——在方案设计的始终努力做到资源的低消耗、环境的轻污染来取得经济的高速增长，应用绿色消费科技和绿色生产科技、逐步改变能源结构，尽可能应用水能、风能、生物能、太阳能等绿色可再生能源，住宅采用自然通风采光，减少了能源消耗。

（3）社会生态规划——为增强小区的归属感建造标志性建筑，设计富有魅力的公共开敞空间，同时在公共空间中设置配套齐全、布局合理的生态基础设施，便于各个年龄层次人群使用，满足多种需求。

通过以上方面的努力，本小区努力设计建造一种能使这种内外物质能源系统良性循环，无废、无污、能源实现一定程度自给的现代生态住区。

规划设计

（1）规划布局

根据当地的限高要求和区域地势条件，住区整体空间布局是中间低，外围高。建筑为南北朝向，布局较为规整严密。总体规划结构——两环、两轴：

两环：方案布置纵向景观轴与横向景观轴，贯通小区中部的生态水景将南北与东西紧密联系起来，把视线、景观、休闲活动联系在一起，把住区环境与建筑联系在一起，成为小区的精神核心。

用地规划包括住宅区和公建区。住宅区总共有五种户型，其中将较大户型布置在用地中心区域，其余户型围绕布置。从整体空间形态来看，根据地势条件及日照要求，沿街布置高层，用地中心区域为中高层。各组团通过公共景观绿化进行分隔，相对独立，自成一体，又与中心绿地、水系系统有机结合。高层住宅沿街布置充分展示小区形象，而布置中高层的中心区域，中心绿地和人造水景坐落其中，使得住区形成独具特色的室内外空间的多样性。规划用地内的公建有会所，幼儿园，小学校，办公楼，酒店，沿街商业等，全部沿街布置，既方便住户的使用，又使得小区成为一个相对独立、安全的整体。

（2）居住组团

住宅组团区采用了院落式的空间规划结构。院落围绕组团绿地布局，组团绿地通往空间序列清晰，既有可识别性强的特点，又有便于管理和居民使用的好处。形成活泼的天际线。组团通过院落式的空间布局，结合建筑造型和室外环境设计来表明其特征和区域界定，为居民创造特点鲜明的空间环境，并且考虑院落专用活动绿地。

规划布置中，满足“均好性”原则，让每栋住宅都坐落在恰到好处的地方，使每户的院子都享有独特的景观和特有的卖点。适当设置的中心水系，尽量做到景观的均好性，满足户户有良好的水景。在满足私密性的同时，提高其领域感。

(3) 道路系统与停车

采用人车分行道路系统，地下车库入口设置于住区入口附近，地上停车位均结合小区沿街商业布置。对内人行系统安全有效，通行流畅，道路流线及路面设计可以达到限制车行速度的要求。

人车分行系统为居民提供了安全、宁静的高品质室外活动空间，形成了良好的步行网络。体现了小区规划的人车矛盾中以步行者安全为出发点的规划方式。这种道路系统保证了中心区不被车行道穿越，取而代之的时连接各个住宅的步行道。区内道路分为三级：主路、小区支路、入户道路。本案规划将“步行住区“的理念应用到小区交通设计及空间组织之中，将土地利用和公共交通的使用密切联系，规划合理设置地下车库出入口位置，并适当控制社区内道路的宽度，着重强调生活性，例如步行、安全的邻里环境和便捷的可达性，为街区成员提供交流互动的场地，而不是主要作为交通通道。地面停车场面积控制到最小，停车主要采用地下集中停车，车从各街区入口处直接进入地下车库，避免汽车来回穿梭对居民造成干扰。

(4) 绿化系统

本小区设院落绿地、院落间半开放带状绿化系统——点性；

城市线性绿地；中心绿化带——线性

带状绿地内设置小区人口主题景观广场、喷泉、浅水、浮桥以及各种景观元素等，结合主轴步行道及漫游健康步道构成丰富而生动的景观效果。院落与住栋间绿地空间，为就近使用的专用空间，通过精心的景观及小品的设计，创造亲切宜人的生活氛围。

“恒安·中心城”项目以促进住宅产业化发展为目的，在建设过程中采用l了住房和城乡建设部推广、推荐的新技术、新材料和新产品，将国内外建筑部品体系中较为成熟的成套技术加以集成应用，提高小区建设和管理技术含量。“恒安·中心城”项目拟采用的部分高新技术如下所示：

(1) 小区智能化系统

小区智能化系统包括闭路电视监控系统、电子巡更系统、周界防越报警系统、门禁对讲系统、停车场管理系统、背景音乐系统、通讯及有线电视系统、智能卡IC系统、公共设备监控系统、停车场管理系统、家庭报警系统等组成，实现小区管理更科学、更人性化，使业主居住更安全、更舒适。

(2) 智能卡电梯管理系统

智能卡电梯管理系统包括计费功能、联网功能、远程呼梯功能、门禁电梯联动功能、一卡通功能、外呼控制功能、内呼楼控功能、消防联动功能、故障处理功能、时段控制功能等其他功能组成，具有限时限次、限层、密码功能。智能卡电梯管理系统可以使管理人员可对持卡人的使用时间和使用次数进行管理，便于物业收费；根据用户要求可分别控制每个楼层或多个楼层；管理人员可在巡察等特殊情况下直接输入密码使用电梯；用户也可以对IC卡设定密码，将卡遗忘或接待客人时使用；在持卡人将用户卡丢失后管理人员可对该卡进行注销；可以设置特殊楼层任意时间段解除控制或进入控制功能，全面实现小区的智能化管理，方便业主使用及物业管理。

(3) 标准设计技术体系

“恒安·中心城”小区全面推进标准化思想，尝试各类户型的标准单元优化设计以及主要建筑部品的系列化、产业化，以推进住宅设计标准化体系的建立。

(4) 厨卫一体化装修成套技术。

通过成套定型设备与设施，专业化设计施工，实现厨卫产品的标准化设计、系列化生产、工业化装配的产业化要求。

(5) 园区灯光采用LED照明技术。

LED作为一种新型的照明技术，具有耗电量小，发光效率高，显色性好，可靠性高，体积小重量轻，节能环保，使用寿命长等优点，LED无障碍工作50000小时。该技术的应用大大节约了能源，提高了能源利用率。

(6) 太阳能景观灯

太阳能灯是光电转换技术的一种应用产品，具有节能、环保、安全、无需布线、安装简便、自动控制、可根据需要随时变换插放位置等优点。太阳能灯具的主要类型有太阳能庭院灯、太阳能路灯、太阳能草坪灯、太阳能景观灯、太阳能信号灯。

结语

恒安·中心城规划以城市总体规划为依据，充分体现规划先行的理念，是城市整体规划设计的延续和有益的补充。建筑设计中，“以人为本”思想为指导，探索适应现代化居住生活需要、符合住宅产业化的住宅设计标准体系，尝试各类户型的标准单元优化设计，以及主要建筑部品的系列化、产业化。大力推广节能、环保型材料的运用，进行新产品的、新材料的开发研制工作，以实现可持续发展的目标；将住房和城乡建设部推广使用的成熟的建筑体系、部品体系中先进的成套新技术加以广泛应用，实现科技成果向现实生产力的转化；革新施工工艺，逐步形成住宅生产的工业化、施工装配化体系。该项目从规划设计到建设施工，再到物业管理，做到了体现中国住宅产业化的发展方向，显示当代住宅产业中的成果，把建筑体系、部品体系中先进的成套技术加以集成，应用于本项目中，把工业化住宅建造方式和现代化管理模式引入到示范工程中，推广先进、成熟的新材料、新设备、新工艺，解决住宅中的关键技术问题。

国家康居示范工程山西项目

大同凯德世家住宅社区

开发建设单位：大同市阳光嘉业房地产开发有限公司
规划建筑设计单位：北京中冶京诚工程技术有限公司京诚华宇建筑设计研究院

凯德世家项目位于素有大同“长安街”之称的迎宾街东首，东至御河西路，西临友谊北街，南至迎宾街，北依规划路，毗邻市政府和城区政府，上风上水，地理位置十分优越。项目周边配套成熟、完善，社区内有企业斥资4200万捐建的城区十八校，与大同重点中学一中、二中相邻；五大金融总部、大同市最负盛名、已建和在建的各类星级酒店、国际旅行社、商务广场贯通东西；享有完善的医疗配套，大同市三医院、筹建中的一医院、五医院等；占踞规划中的城市中心位置，四通八达，拥有完整的交通体系，沿迎宾街向东，驱车约30分钟即可直达大同市飞机场；以西步行约10分钟即可到达永泰南路商业圈；该项目以北，沿御河西路，步行约10分钟可直达大同市东关商业区。凯德世家项目规划于居住功能之外，兼具金融、教育、医疗、住宿、餐饮、购物、健身、休闲于一体，为业主的生活提供极大的便利。2010年4月“凯德世家”住宅产业技术和规划建筑设计方案经国家住宅和城乡建设部住宅产业化促进中心评审，获评“国家康居示范工程”。

一、总平面规划

1、主要技术指标

凯德世家总用地面积约为300多亩，总建筑面积近百万平方米是集合居住、人文教育、商务办公、金融服务、高端会所、休闲购物、餐饮旅游等多功能于体。该项目第一期工程已于2011年底交付使用，共有13栋高层住宅楼组成，总用地面积约9万多平方米，总建筑面积约40万

平方米，容积率2.6、绿化率47%。

2、平面布置

（1）、集中商业、学校、幼儿园集中设置于小区的东南角，方便小区居民和周边城市居民享用，住宅区域相对安静。

（2）、一期住宅楼间距较大，均满足规划和日照要求。

（3）、一期工程将在迎宾街设风情步行街入口，东侧为集中商业、物业管理用房和会所，西侧为社区的配套商业，建成后将形成繁华的景象，非常便于小区居民使用。进入该小区后，呈现在眼前的是2万多平方米的超大景观中心区，此区域设两座下沉广场，主要功能有：为社区居民提供比较集中的活动场所，可从室外直接进入地下车库；各设一处独立卫生间，便于户外活动的居民及施工人员使用；解决地下车库的采光通风要求。

3、沿用地周边布置2层商业，除满足居民的生活需求外，同时也起到了与市政路的屏障、间隔作用，减少了市政路上过往车辆对居住环境的影响。为避免社区过于封闭，结合道路布置，在商业街适当开口。

4、结合日照分析和户型要求，将楼层高度分别予以调整，避免了小区内部空间和城市天际线呆板。

二、道路交通组织

社区道路系统按分级道路系统设计，社区级道路宽6—7米，形成环路可将各个组团道路连接；组团级道路宽4米，可达各楼单元入口。中心绿地和各组团绿地内另有一套相对独立的步行道路系统，步行道以向中心绿化带的延伸为基本走向，同时沿路边形成独立步行休闲散步道，步行线贯穿各个景观中心，形成完善的休闲步行系统。

1、坚持人车分流原则，社区共设有8个双车道的地下车库出入口（含商业），均布置在社区出入口附近，居民用车全部引导进入地下车库，给社区居民营造一个安全、宁静的活动和生活空间。

2、社区共设11个出入口，其中迎宾街、友谊北街、规划路各有3各出口，御河西路设2个出口，为居民的出行提供方便。

3、社区级道路将凯德世家物业管理的住宅楼及幼儿园、学校分开，有利于物业管理。

三、住宅单体设计

1、户型设计

（1）、大开间、短进深，南北通透、通风良好、采光充分。

（2）、动静分区明确，交通路线简捷、顺畅，节约交通面积。

（3）、公共区域设计合理，得房率高。

（4）、每户设大落地窗阳光室，飘窗和半步阳台，采光景观效果好，开敞的半步阳台使用功能多

2、立面设计

简约的欧式风格，将古典主义的经典元素加以提炼后，结合平面功能加以表现，加之丰富的虚实对比，质朴的材质搭配，考究的比例尺寸，细腻的装饰点缀，柔和的色彩，构成了沉稳大气、庄重、典雅及高贵的立面风格

四、消防设计

1、总平面道路系统宽度均大于4米，并形成环路，满足消防规范要求。同时本小区设置室外消防栓和屋顶水箱及消防控制室，做到防患于未然。

2、住宅楼公共区域设室内消防栓，正压送风。楼梯间和前室设防火门，电梯为消防电梯，入户门均为防火门。

五、住宅结构体系

该项目按抗震烈度7.5度设防，住宅楼采用现浇钢筋砼长肢剪力墙体系，该体系与短肢剪力墙比较，室内无柱，极少有梁，室内规整，便于装修。

六、绿化景观

1、注重小区生态环境的设计，以绿地和景观小品相结合在社区中心位置创造出相对集中的大型社区绿化景观，形成具有鲜明特色的社区空间绿化景观核心，并结合绿地与地块设置水榭、藤架等建筑小品，成为居民日常生活中可观可游的精神生活中心。

2、各住宅片组团设置相对集中的组团绿化，与社区中心景观视觉联系、渗透，形成整体统一的大社区绿化景观带，同时也注重每个住宅组团小环境的绿化景观设计，充分体现公平性原则，使每一户居民可以便利的享受社区中心绿地景观的同时，也可以拥有舒适宜人的居住生活小环境。社区中心绿化与住宅组团中心绿化形成由上及下、有主有次、相互连接渗透、点线面结合的绿化景观体系。

3、中心景观体系、环状组团生态景观体系、点状景观绿化相结合，做到小区环境的均好性，使整个环境设计不仅体现园林设计的思想，而且自由空间设计也让人感觉到一切都是宛若天成。

七、该项目具体体现还有以下几方面：

该项目容积率设计为2.8。

户型设计坚持一梯两户的短板设计，平均进深13米左右、南北通透采光充沛。

3、交通组织按人车分流原则进行设计。机动车入口全部设在社区入口附近，给居民创造一个宁静、安全的居住环境。

4、规划设计中特别强调商业、会所、体育健身场地的设置。商业全部设于社区周边，为广大小区居民和城市居民的生活提供方便。

5、该项目设两处地下垃圾处理场，对社区内的日常生活垃圾进行分类收集，并将分类后的有机物通过高速发酵有机垃圾处理机进行处理，之后所产生的有机肥料将全部用于社区绿化施肥，不仅节省了垃圾的外运成本，还达到资源的循环利用，更保证了社区人居环境的清洁、优美。

国家康居示范工程山西项目

大同市太阳城

项目名称：大同市太阳城二期项目
建设单位：山西全顺房地产开发有限责任公司
设计单位：加拿大 · 大地国际建筑师事务所

项目概况

太阳城项目位于大同市城区东部，紧邻御河西路。南邻平城路，西起御华帝景，东紧邻御河生态园，南侧114亩规划五星级酒店，北侧万达集团即将入住，全力打造东小城商街。该项目总用地面积286.42亩，总建筑面积：约57万平方米，容积率3.0，净密度小于25%，绿地率40%，小区内景观面积近4万平米，其中中央景观带面积逾3万平米。

该项目距大同古城直线800米，南距迎宾大桥及迎宾大道800米。项目西侧与大同市古城区相聚800米，古城区内九龙壁、善化寺、凤临阁、上下华严寺等历史文化、旅游资源丰富。御河水上公园、生态园与“太阳城”一路之隔，南北总长5.5公里，东西宽500-800米，总面积为400公顷，“太阳城”紧邻生态园380亩天然绿植，“太阳城”项目所处方位南北平行分布，是大同市民工作之余、生活休闲的场所。

项目配套：

项目区位紧邻大同市稀缺景观资源，公园地产条件成熟，基础设施、交通、教育等各类资源得天独厚，生活、出行便利，周边10分钟生活圈内拥有大同市最大的图书馆，文化氛围浓郁。

基础设施：“太阳城 ”项目位于御河西路东侧，周边高档社区林立，项目位于新老城交接处，市政供水、供暖、天然气、电视、光纤等基础市政管网配套设施齐全，并且项目建设在即，已经达到七通一平状态。

交通资源：项目东侧，滨河路顺势蜿蜒，贯穿五座跨河大桥。项目西侧，御河西路贯穿大同南北。项目南侧，北都街贯通东西城区。项目北侧，万寿路东西横穿大同城区、新区。距离本项目约百米有公交“御河南路站”.，七条公交线路四通八达，连接城市各处。

学校配套：项目周边学校云集，“太阳城”与“市一中”名牌学校已经经过市政府批准为本项目学区，现阶段正在办理相关手续，占据大同稀缺教育资源。“太阳城”内配备有社区幼儿园，现阶段正在与国内一线双语幼教资源洽谈入住。

金融银行：项目西侧百米内，各大银行云集项目周边。便利的银行设施，温馨的银行服务，为您以后的日常生活与理财提供了极大的便利。

商业购物：本项目自身商业配套完善，“太阳城”规划有超市，北侧在建商业城市综合体。

项目周边现有完善的社区生活配备：超市、便利店、医疗等。项目距沃尔玛、华林商厦、大富翁等大型商、超仅有10分钟车程，日常与生活购物快捷方便。

餐饮娱乐：“太阳城”周边有建国饭店、雁北宾馆、豪生大酒店、晨光国际酒店等星级酒店，

项目优势：

项目紧邻御河生态园、三十万平米市民休闲广场、独享御河城市水系，学区优势（大同一中），地铁、快速公交路网系统，高层豪宅+景观洋房低密度社区，40%高绿化率、四万平米绿地，三万平米中心园林，项目人车完全分流，人行、车行入口分离设置，全地下双层停车库，1:1.5停车比例，停车库直接入户。东侧沿河配套风情滨水公园商业，入户层与地下车场双层挑空酒店式大堂，短板大面宽，小进深，全明户型设计，户型动静分区、洁污分离、干湿分区功能完备，星级物业管理体系（之平物业），多功能会所、双语幼儿园、室内泳池。

建筑风格

英伦风格——Art Deco，太阳城”以 Art Deco 立面风格为设计指导，形成了简介、现代的立面风格效果。项目户型设计全明采光、南北通透、动静合理、使用率高、动静分区、洁污分离、干湿分区功能较为完备。其中两居设计紧凑合理，无浪费面积，明厨、卫、起居室、卧室户型、南向全采光。三居设计封闭作为阳光房、开敞作为入户花园、南北双阳台，设计飘窗、双阳台 50% 赠送、功能完备。

建筑用材：

外窗选用断桥铝合金材料，安装双层中空高隔断玻璃；整体结构采用现浇框架剪力墙结构，外墙使用高级保温材料；双入户大堂采用星级酒店装修标准，电梯品牌采用国际一线。

项目小结：

“太阳城”项目规划产品多样，整体规划设计中，层层退台花园洋房产品，小区内中心景观面积逾 3 万平米，低密度、低容积率、高绿化率、现代的高档住宅小区。项目户型做到全明采光，75% 以上做到南北通透，95% 以上做到南北双阳台，储藏室、洗衣房等生活必备功能区齐全，整体户型使用率达 85% 左右，部分户型达 90% 左右。建筑材料采用国家康居示范工程推广材料、安防设施齐全，引入品牌物业为小区居民服务，小区内 S2 地块内规划有项目的高档幼儿园，各项功能设施齐全。

国家康居示范工程山西项目

大同市御河九号住宅项目

项目名称：御河九号
开发单位：大同市欣美房地产开发有限公司

“御河九号” 项目位于大同市城区南环桥与御河西路交叉。占地面积14.88公顷，规划总面积69.85万平方米，停车位 约4000个，容积率3.36，绿化率32%，东侧与御河生态园相邻，大同一中，家乐福、沃尔玛、王府井环绕，小区规划完善，小区商业、私人会所、幼儿园、便利店等生活配套齐全，一站式商业休闲配套。该项目兼具城市河岸自然要素和古城人文要素，从地段、品质、环境、人本、科技、安全等诸多方面，具有独到的优势和长处。2012通过住房和城乡建设部“国家康居示范工程”的评审。

“御河九号”以先进规划设计理念，严格按照国家康居示范工程的住宅设计标准化体系建设；对新材料、新技术及新产品的应用力度，强化住宅工程施工过程的科学化、规范化管理；完善小区基础配套设施、环境设施，提高居民生活居住质量和居住环境舒适度；建立良好物业管理体系与制度，实现小区管理服务的智能化，保证居住环境和居住生活质量的提高；小区新型成套技术项目采用住宅结构体系、建筑节能技术、小区现代智能管理技术、居住区环境及保障技术等；在景观设计方面，除小区中心营造大尺寸景观外，在组团设计中营造亲切景观尺度，利用高差创造景观点，营造最佳景观层次感；在建筑单体设计方面，强调整体风格的一致性与个性化的和谐统一，充分考虑居住者的个性及多元特征，通过产品形式的创新体现差异化。

“御河九号”建筑结构形式为剪刀墙结构，非承重填充墙为加气砼墙，120厚填充墙为焦渣砖。主楼外形为欧式Art Deco风格，60–190㎡多元户型，短进深、大开间、户户朝阳；小区景观求重园林文化，绿化树种季节分明，休闲娱乐与健体器件分布合理，整体布局高雅清新、舒适宜人。

运用U9系统可视对讲门禁、单元可视对讲门禁、单元电梯智能控制和门户可视对讲等设备的配置，创建保障小区住户居家安全、关怀及触手可及的人性化服务管理高端模式，让业主真正感受到安全、舒适和幸福感！

小区智能化建设采用的智能化系统管理和信息化系统服务，以其全新的理念可为社区居民提供个性需求和商业服务。

结语

欣美地产公司立足以“新呈理想、美筑生活”之志向和“以九鼎至信精造御河九号、凭一丝不苟创大同一流”之壮语，以超前理念、总体规划原则，将御河九号规划为一个符合国际文化居住标准、代表未来人居方式的前瞻性住宅小区，为御河沿线高尚住宅区开发创造一个代表性的生态居住模式，塑造夺目区域形象，以百年大计的意识去构筑时代的精品。御河九号也将成为大同房地产高品质开发的范本之一，其各方面条件符合代表中国房地产开发最高水平的国家康居示范工程的申报标准。

国家康居示范工程山西项目

忻州市开莱·国际社区

"忻州市开莱·国际社区"由忻州开来房地产开发有限公司开发建设，是忻州首席大型园林景观居住区，忻州首家国家康居示范工程，是集高档住宅区、园林景观区、教育文化区、配套商业区于一体的高档次城市居住社区。

"忻州市开莱·国际社区"四至范围为忻州市七一北路东、九源街南、五台山路西、公园街北，位于忻州北部新区主城区的核心地带，紧邻忻州市规模最大的城市花园，与云中河水系和顿村温泉旅游经济开发区遥相呼应，地理位置优越，周边环境优美、人文景观良好，是忻州北部新区的龙脉之地。

"忻州市开莱·国际社区"总占地面积为234908.44平方米，约合352.39亩，规划建筑总面积为558132.24平方米。"忻州市开莱国际社区"的建设用地分二期开发建设。

第一期建设用地占地172949.62平方米，约合259.45亩。规划建设B、C、E、F、G、J、中心广场七个住宅组团和学校区。

第二期建设用地地处整个项目东部，占地41665.94平方米，约合62.499亩。规划建设A、D两个组团及周边配套商业建筑区。

项目南北纵向、东西横向各有三条主干道，小区从南到北、从东到西，井字格划分，南面为：A、B、C组团、学校区。中部分布为：D、E和中心广场、F、G组团。北面为J组团，4栋24层临街高层建筑。B、C组团以多层建筑为主，采用砖混结构；A、D、E、F、G、J组团以小高层、高层住宅为主，采用框架剪力墙结构，防地震能力强，户型多样，便于装修。

社区沿九源街、五台山路，布置了两层沿街商用房，分别为商铺，医疗保健中心、文体活动中心、商业服务、金融邮电等，沿五台山路主入口处，设计了引入小区内部的步行商业街，为住户的生活提供了更便利的服务；社区的中心广场建设有26层的社区地标建筑和24层的景观观景建筑，两栋建筑建设宏伟，设计独特，尽显都市奢华风范；26层地标建筑底座设有多功的综合会所，为社区人们提供休闲、娱乐、交际的高品味场所；社区中央广场、社区组团和庭院间，安置运动健身器械、运动场地和背景音乐，在社区便可以边锻炼边享受优美的乐曲；社区在地下设置停车库，地下停车位；社区按照"乙级智能化住宅标准"建设，充分保证了安全保卫问题，社区内设有红外线报警系统、智能保安系统、门禁系统、社区内保安巡逻体系等充分保证了您的生活安全，解决了您的后顾之忧。

"忻州市开莱·国际社区"的一期工程（B、C、E、F、G住宅组团）包括22栋多层建筑，11栋小高层建筑、2栋18层建筑，一栋26层高层建筑、一栋24层高层建筑已全部完工。配套的文化教育区，建设了忻州市十三中，现已投入使用。住宅小区的园林绿化、道路铺装、管网铺设、消防设施、环保卫生清运站等配套工程也已完成建设。"开莱花园"的二期工程（A、D两个组团及周边配套商业建筑区）已取得建设用地手续，正在办理相关建设手续。

国家康居示范工程山西项目

忻州市民心家园

项目开发建设：忻州华悦房地产开发有限公司
规划建筑设计：山西国建工程设计有限公司
太原中晋建筑设计事务所

民心家园项目是忻州市委、市政府确定的保障性住房建设重点工程，也是该市创新模式，政府引资，采取由“山西省浙江商会垫资建设，政府回购”方式建设的第一个保障性住房综合项目。该项目位于忻府区解原乡解原村（城北街南、团结街北、芦芽山路东），经省发改委审批立项。

民心家园总用地面积 292 亩，总投资约 9 亿元，面积 38 万平方米、4988 套。其中，廉租住房建筑面积 8.7 万平方米、1782 套；公共租赁住房建筑面积 15 万平方米、2496 套；经济适用住房建筑面积 6.8 万平方米、710 套；配套商业及公共设施建筑面积 4.3 万平方米。该项目多层为砖混结构，高层为纯剪力墙结构，已于 2012 年 6 月 19 日通过了国家康居示范工程规划、设计以及住宅成套技术评审。

该项目计划于 2011 年 10 月开工建设，2014 年 12 月竣工交付使用，建设工期三年。

住宅结构体系

一、住宅结构体成套技术

1.1 短肢剪力墙结构。小区住宅利用剪力墙增加抗震优势，采用纯剪力墙结构达到无柱、无梁，增大了室内空间，保证了室内美观。

1.2 框架结构体系。小区利用框架结构，达到了分隔大空间的作用，适用于大空间内灵活的分隔，保证了商铺使用功能的要求。

1.3 多层砌体结构。小区采用楼层全现浇结构，设立圈梁构柱，结构整体性好，抗震性强，建设成本低。

二、围护结构体系成套技术（包括墙体、屋面、节能、保温、隔热等技术。

2.1 加气砼凝土块砌体。轻质、保温、隔热，砌体结构安全可靠与外室面材料连接可靠。

2.2 岩棉板外墙保温，外抹玻化微珠抗裂砂浆。 轻质、高效保温、隔热具有良好的防水、防冲刷性能。

2.3 屋顶挤塑聚苯板，保温、隔热、轻质。

2.4 管道保温。室外供暖管采用聚氨脂直埋供热管道技术，室内管道采用离心棉保温。

三、建筑节能成套技术（包括门窗节能、供热系统节能、分散式采暖、空调节能、利用太阳能等技术）。

3.1 中空镀膜双玻璃塑钢窗。该种玻璃又称低辐射玻璃，是在普通玻璃上镀上一层金属氧化物薄膜。用于制造中空型双层玻璃。该种玻璃能把 90 % 的远红外线反射在室内，节能效果很好。

3.2 保温、隔音、防盗封户门。具有三种功能特性，兼顾美观，形式多样。

3.3 地板辐射采暖。每户为一个系统管路以蛇形盘管为主，局部辅以蛇形排管和平行排管形式，每户设热量表。

3.4 供热热源采用城市集中供热。小区设置换热站，变频调速补水泵定压。

3.5 利用太阳能电池发电供路灯照明．将太阳能转化为电流，供路灯照明使用，使用清洁、便利。

四、节水节电技术

4.1 节能灯和电子延时，声控开关应用技术。采用节能型灯具，如荧光灯具、金属卤化物灯具，在公共楼梯间公共空间选用电子延时，声控开关，杜绝照明中的浪费。

4.2 节水型卫生洁具应用技术。采用节水型卫生器具，推广冲水量 6 升 / 次的便器。

4.3 采用分区段供水系统即六层以下全部为城市自来水供给。有效利用城市自来水资源，达到节电的效果。

五、住宅厨卫体系成套技术

5.1 厨房整体标准化技术。采用标准化设计，按照模数原则，优化参数，确定厨房定型设计；考虑厨房电器设备的配置和插座的位置

5.2 卫生间整体标准化技术。采用标准化系列设计，根据模数协调原则，优化参数系列，确定卫生间定型设计；设置变压式通风道，机械排风设计。

六、防烟排烟系统

楼、电梯前室排烟。采用分段分别设置机械加压送风系统；厨房烟气集中排放系统，排放系统由排油烟机、变压上逆阀、排烟气道、屋顶风帽等四部分组成，通风蓖防倒灌，构造简单，安装方便 ，利用空气动力学动静压转换原理，满足住宅排气量要求，达到二次油烟分离的要求。

七、住宅智能化技术。

7.1 安全防范系统技术。可视楼宇单元安全门对讲或可视对讲；可实现对住宅头道火灾、有害气体泄漏的紧急呼叫报警；巡更保安系统，可实现区域联网，便于物业管理部门管理；设备集中监控与管理技术，采用计算机技术、通讯技术、自动化技术及集中监控技术，对住宅小区的关键设备及设施实现集中监控管理（对公共设施、供电、供水、供气、供暖、电梯及车库存运行情况进行集中监控管理）；

7.2 地下车库现代管理成套技术。地下车库无人管理、采用磁卡、IC 卡或红外线控制，自动计费。

八、居住环境及其保障技术（包括水质保障、污水处理、垃圾处理等技术）

8.1 水质保障。水质为城市生活供水。

8.2 水压保障技术。生活给水采用分区供水系统，一至六层为低区由市政自来水直接供水，六层以上为高区，采用无负压供水，保证用户用水压力稳定合理。

8.3 居住区生活污水处理。雨、污水排放采用分流制系统，污、雨水分系统排出，生活废水和粪便废水，经化粪池处理后与项目区排水系统汇合排入市政污水管网，雨水排放：小区道路设雨水蓖和检查井，雨水管沿小区道路敷设、直接连接城市雨水管网。

8.4 垃圾中转站处理技术。小区内设置垃圾中转站，占地面积小，清洁、卫生，机械化程度高，不污染环境。

8.5 优质绿化草坪技术。选用适应地方气候特点优质草种、科学管理。

8.6 透气透水性铺装材料加施工技术。预制混凝土异型步道砖：用于人行道和居民活动场地铺装，有较好的透水性能，可使铺装场地土壤的水、气状况满足植物根系生长的需要，有利于充分利用雨水资源，减弱雨水的地表径流，减轻城市的排水压力，对改善居住区生态环境有积极意义。

九、防水技术

9.1 防水卷材成套技术。推广以高分子卷材为代表的防水材料。抗老化，延伸率高，扯断强度高，抗透水性强。

9.2 防水密封成套技术。推广非煤焦油类防水油膏，弹性好，密封性好，施工方便。

9.3 新型瓦材。应具有良好的防水构造，有利于固定安装，色彩多样，色泽稳定。

9.4 新型刚软性防水成套技术。施工方便，工序简单，抗变形加强，抗进水性强。

十、建筑消防成套技术

10.1 消防平面布置及防火疏散。建筑四周设消防通道;公共走道设应急照明，并设诱导疏散方向指示；高层住宅每单元设楼梯 1 部、电梯 2 部，并设置防火分区。

10.2 给排水防火设计。室内外设消火栓系统，并在室内辅以磷酸铵盐手提式灭火器。

10.3 采暖通风防火设计。不满足自然通风的消防楼梯间前室设正压送风系统；配电视设置机械通风系统；通风及排烟管采用镀锌钢板矩形风管，设置近控常闭多页送风口，多页送风口与正压送风机设连锁起动装置，正压送风机选用混流风机。

十一、其他类型住宅及无障碍设计

无障碍设计、楼门口设计坡道、栏杆室外人行道设盲道地砖。

国家康居示范工程山西项目

运城外滩首府

开发建设单位：山西省运城市大运房地产开发有限公司

规划建筑设计单位：上海华邦建筑设计有限公司
上海江南院建筑设计有限公司

项目概况：

“外滩首府”位于河东东街延长线以南，盐湖大道以北，韩信路以东。毗邻河东街行政文化中心，紧依运城中学、新城中学、运城学院等著名学府，周边体育馆、博物馆、科技馆环侍，坐拥5000亩禹都森林公园，俯揽波涛浩渺的八一水库，景观资源条件十分优越！项目占地面积202亩，总建筑面积约23万平方米，社区由16栋花园洋房、5栋高层、1栋办公楼和2栋商业楼组成，是按照城市总体规划开发建设的全新型高档住宅区。其中：花园洋房约9万平方米，高层住宅约11万平方米，办公楼及商铺约2万余平方米。容积率1.72，建筑密度22.61%，绿化率37.22%，在小区内规划配套8班幼儿园一座。

“外滩首府”花园洋房采用新古典主义建筑风格，高层住宅和写字楼采用ARTDECO建筑风格，在5栋高层和16栋花园洋房组合的建筑包围中，花草树木与楼宇和谐交织。项目采用60多项国内领先的建筑技术，打造运城首座科技名宅，是运城唯一的国家A级康居示范社区。小区在规划设计上突出以下特点：

一、“外滩首府”绿化率高达37.22%，是真正意义上的园林式小区。

二、“外滩首府”建有地面地下车库，车位数多达1346个，真正达到1：1，满足小区住户停车需求。

三、“外滩首府”在智能化建设方面，设置有周界防越报警、电视监控及电子巡更等保安系统。家居内设置煤气泄漏和紧急求助报警系统等。

四、根据《国家康居示范工程建设技术要点》、《国家康居示范工程成套技术量化评价指标》，结合当地实际情况，外滩首府采用了以下系列的住宅成套技术体系：

1、采用粉煤灰加气混凝土块及GRC隔墙做隔墙、隔断；

2、外墙外保温选用聚苯颗粒外墙砂浆保温；

3、建筑外窗全部选用断桥铝中空玻璃窗；

4、小区采用雨水回用技术，用于小区绿化、景观及洗车等。

5、小区有机垃圾处理采用HYW微生物有机垃圾处理技术，使小区有机垃圾降解率在95%以上。

6、小区B－1、B－2楼采用阳台式真空太阳能与电热水器结合技术，满足住户的生活用热水；

7、采用地热井热源、采暖及供热水技术，节约能耗、经济适用、采暖全部采用地板辐射、采暖管线敷设成套技术。

8、在公共楼梯间及公共空间选用电子延时、声光控开关，杜绝照明中的浪费现象。

9、采用管道井集中暗设系统技术、方便检修和后期改造。

10、采用电器多回路配线技术、综合布置、分井设置、管线集中隐蔽。

11、采用智能化计量收费技术，小区水、电、暖、燃气消耗数据自动采集并传送到物业管理计算机系统中，免去入户抄表、收费等程序。

12、地下车库实现无人管理，采用红外线控制技术自动计费。

13、采用可视楼房单元安全门对讲、可视系统和巡更保安系统，及小区视频监控系统。

国家康居示范工程山西项目

晋城市龙凤苑项目

项 目 名 称 ：晋城市龙凤苑项目
建 设 单 位 ：山西省晋城市住房保障和城乡建设管理局
规划设计单位：山西省建筑设计研究院（一期）
晋城市建筑设计院（二期）

晋城市龙凤苑位于晋城西南，东邻凤城路，南邻中原西街，西邻西外环路，北邻赵树理文学公园，总占地150亩，投资5亿元，规划总建筑面积24.5万平方米，共分两期建设。晋城市龙凤苑秉承以人为本、自然和谐的理念，遵循面积不大功能全、占地不多环境美、造价不高品质优的基本要求。该项目具有四大亮点：一是区位优势得天独厚。小区位于市区主干道凤城路西侧，紧靠赵树理公园，邻近泽州一中、凤西广场和妇幼保健院，环境优美、功能完善、交通便捷的区位优势十分明显。二是功能齐全配套完善。户型面积80平方米左右，二室二厅，一厨一卫一阳台一储藏室，供水、供热、供气、供电、通讯等配套设施建设一步到位，最大限度地满足住户的使用需要。三是节能环保舒适宜居。严格执行了50%的建筑节能标准，建筑高度18层，容积率2.5。住宅单元南北朝向，户户都有阳面家，区域绿地面积达到35%以上，区内绿化美观、休闲。四是人文关怀经济方便。充分考虑了人性化管理，水、暖、气、电分户控制。科学布局了社区服务，区内交通人车分流，幼儿园、停车位、商业网点、休闲健身等生活设施十分便捷。

一、规划设计

1、规划要点

1.1 规划结构

小区中心一级道路垂直于凤城路开设，贯穿东西，将居住小区分为南北两区，形成了小区结构的主轴线，并且与南北向林荫道、组团路共同将小区划分为四个不同组团，住宅以南北向布置为主、楼间距满足了住户对采光和通风的要求，商业网点、岗亭、物业中心合理安排于小区内，方便居民生活，有利安全防卫和物业管理。儿童活动场、健身器械，分布小区各有利位置，将不同功能、尺度、形态和类型的空间进行有机整合，丰富了从住户家门以外至住区大门之间的空间，形成通透、富于变化的建筑空间与时尚、健康的小区景观环境相辉映，为居住者提供了一个健康、休闲、便捷、安全的居住环境。

1.2 群体空间

考虑到北方气候条件及生活习惯，应充分适应住宅在城市中的肌理。周边以及用地内自然环境和景观，让小区内的住宅单位达到匀质、均好、共享。由于北方气候因素，住宅的肌理采用——南北向，根据各庭院的围合布置建筑。建筑和庭院、环行林荫道、中心景观互相穿插、渗透，使每个建筑单元至少拥有一个以上的景观面，多数南北朝向、南北通风，形成了亲切怡人、适宜尺度的庭院空间。

1.3 道路交通

整个小区交通模式分为机动车行系统、步行系统。小区设四个出入口，均位于凤城路。小区主入口设置于用地中部位置，车行次入口设于用地南部位置，另外两个步行出入口分别位于南北两区正中位置。小区车行系统由小区一级道路和环形二级道路交错形成，并与路边绿化停车位一起组成有机生态车行系统。步行区贯穿于区内各个功能区及组团，使区内每一个部分都紧密有序地串接在一起，形成步行系统。步行系统与车行系统分离，为住户创造一个安全、舒适的环境。考虑到生活习性及健康生活的需要，部分建筑设半地下自行车库，与周边花池、树木结合，这样我们将实现小区内无污染的休闲生活交通方式及健康的交通环境。

1.4 环境景观

小区一级道路设计为绿荫大道，形成绿色景观视线走廊，也是小区景观的主轴线，将小区主入口广场、中心会所、幼儿园、中心绿地及西侧防护林带串联起来，并且与小区二级道路环形林荫道、组团路共同将小区划分不同组团院落，形成“不围而合”的空间形态，各种景观互相穿插、渗透，使每个建筑单位至少拥有一个以上的景观面，达到均好性的要求。

良好的景观把人工与自然、技术与观赏、时尚与传统有机地结合起来，使人们在拥有住宅的同时又拥有一座公园或一片绿地，尽情享受阳光、空气、自然和人与建筑构成的和谐居住环境。营造亲切、舒适、优美的居住空间，配合各种有特色的户外活动设施，满足居民业余生活的各种需求，建设可持续发展的宜人居住环境，成为讲究环境与设计紧密配合，层次空间丰富的园林小区。

1.5 公共设施

小区设有完善的服务设施，包括4200平米14个班幼儿园、900平方米2层会所、商业服务网点等；满足了住户的多元生活需求。

2、规划设计思想及设计理念

2.1 突出人本思想

住宅在适用性、安全性和耐久性方面以人为本，充分满足人的行为模式和心理需求，建立居民的认同感及归属感，创造多功能的人性住宅。

2.2 强化精品设计

充分结合地形，发掘城市周边有利条件，优化居住环境，改善地区面貌，避免不利影响，为小区提供多样性、新颖性、独特性的分区环境。户型设计满足住户对居住的日照、通风、卫生等舒适性要求。

2.3 提升科技含量

采用新材料、新技术、新构造、新设备，倡导节能、舒适、安全，加大住宅产业化、模块化与智能化的设计力度。

2.4 注重环境质量

研究项目周边的环境，规划设计结合自然地势，优化环境，并结合考虑户型面积、密度和空间环境等因素。人工景观环境充分尊重自然环境，保持人工景观与它的连续性。

二、建筑设计

本项目包含住宅、底商住宅、幼儿园、会所等几类型的单体项目。建筑设计适应本地区气候特点和生活习惯，突出了均好性、多样性和协调性。

住宅建筑层高为3.0米。住宅单元结构形式采用剪力墙结构，填充墙采用加气混凝土砌块。抗震设防烈度为6度。住宅建筑耐火等级为地上二级，地下一级。

1、功能与空间。

住宅标准单元为一梯四户，局部为一梯五户，一梯六户，平面住宅中动静分区明确，私密空间无干扰，所有起居厅、餐厅分设，厨房与餐厅布置合理，并设有生活阳台、厨房内设了小型变压式风道，有效改善了厨房环境，主卧室采用外飘窗，开阔户内视野。

2、通风与采光

住宅标准单元全部南北向布置、超宽楼间距满足了住户对采光和通风的要求。

3、采暖

热源由小区换热站提供。住宅供暖方式为散热器采暖系统，供热管道：采暖干管采用镀锌钢管，户内埋地管道采用聚丁烯（PB）管道。

4、电气系统

电气系统干线设在电气竖井内，垂直敷设的电气干线均明敷在线槽内：每户设计量磁卡式电表一块，电表安装在楼梯间内，每户户内设置配电开关箱：公建部分与住宅部分单独设变配电系统。

5、给排水

生活给水主要用于厨房用水及卫生间盥洗。会所、幼儿园及住宅低区用水由市政水直供，住宅高区采用变频泵组加压供水，变频加压泵组设于室外综合水泵房内。生活污水经化粪池处理后排入市政污水管网，雨水经有组织收集后直接排入市政雨水管网。地下层废水经潜污泵提升后排入市政雨水管网。

三、成套技术应用

1、住宅结构体系：住宅建筑采用剪力墙结构。

2、加气混凝土砌块围护体系：外墙采用轻质加气混道凝土砌块围护结构。

3、外墙保温体系：墙体保温采用30厚的聚苯板外墙保温饰面系统。

4、烟道系统：采用变压式排气道。

5、建筑防水及饰面成套技术：

（1）采用新型防水材料施工技术：屋面采用高聚物改性沥青防水卷材，地下室采用SBS新型防水材料。

（2）砼结构自防水技术：结构层与防水层二者合一，抗渗等级P6。

（3）外墙涂料成套技术：采用丙烯酸超耐候外墙防水涂料。

（4）外墙石材成套技术：部分采用干挂花岗岩饰面材料。

6、住宅管网体系：

（1）电器多回路配线技术。

（2）管道集中暗设系统技术。

（3）新型管材应用：室内排水立管采用高温静音排水管。

（4）智能化综合布线系统。

7、节能成套技术：

（1）窗：采用塑钢推拉窗，双层中空玻璃。

（2）入户门：采用防火防盗门。

（3）供热采用分户控制系统，每户单独设有分水器及供热计量表。

（4）采用太阳能庭院灯。

8、小区现代化管理成套技术。

（1）小区内闭路电视监控系统。

（2）可视对讲与门控系统。

（3）消防综合监控系统。

（4）电梯报警系统。

9、居住区环境质量保障技术

（1）水压保障技术：采用变频调速供水设备，解决各建筑供水问题。

（2）水质保障技术：采用新型环保管材供水，防止供水输送进程的的二次污染。

10、施工过程成套技术：

（1）砼泵送技术：全部采用砼泵送技术。

（2）电渣压力焊粗直径钢筋连接技术：在施工过程中，广泛采用此技术，节约了钢材，保证了钢筋接头的施工质量。

（3）通缝补强抹灰技术：砌体与梁柱结合部位双面钉钢丝网，避免了抹灰层空鼓、裂缝。

工程采用的成套新技术

序号	类别	项目名称	技术特点及应用范围	应用覆盖率
1	住宅结构体系成套技术	（1）异型柱框架结构体系	·配合住宅各房间的布置，框架柱采用“L”“+”“T”等横截面形状。 ·消灭室内柱凸角，便于住户布置，用于小区的低层、多层建筑。	100 %
		（2）外围护墙复合结构体系	· 加气砼砌块节能新型墙体复合材料，集保温、隔热、隔音、抗震、环保、装饰于一体，取代普通粘土砖。	100 %
		（3）剪力墙结构体系	·利用剪力墙的抗震优势，采用现浇达到无梁或少梁的效果。 ·便于住宅中大开间灵活分隔	100 %
2	建筑节能成套技术	（1）新型节能防水保温隔热屋面技术	·质量轻、强度高、冷作业、施工方便 ·抗冻抗高温能力较强	100 %
		（2）外墙外保温隔热技术	·加气砼砌块节能新型墙体复合材料，集保温、隔热、隔音、环保、装饰于一体。形成外墙装饰、施工一体化。	100 %
		（3）节能塑钢门窗（双层中空玻璃）	·质量轻，气密性、水密性隔音效果好。 ·中空玻璃增强保温性能，导热系数小。 ·工业化大规模生产。 ·提高了防风沙、防水能力。	100 %
		（4）防火、隔音、防盗户门	·具有三种功能特性，坚固美观，形式多样。 ·便于工厂系列化生产。	100 %

序号	类别	项目名称	技术特点及应用范围	应用覆盖率
3	住宅厨卫成套技术	（1）厨房整体标准化技术	·采用标准化技术，按照模数协调原则，优化参数，确定厨房定型设计。 ·考虑厨房电器设备的配套和插座位置。	
		（2）卫生间整体标准化技术	·采用标准化系列设计，根据模数协调原则，优化参数系列，确定卫生间定型设计。 ·水平或竖向排风管道及机械排风设计。	
		（3）厨卫烟气集中排放系统	·排放系统由脱排油烟机、变压止逆阀、排烟气道、屋顶风帽四部分组成。 ·通风好、防倒灌、构造简单，安装方便。 ·有配套的定型配件及产品清单。 ·利用空气动力学动静互转换原理，满足住宅排气量 $2000M^3/N$，达到二次抽烟分离的要求。	100 %
4	住宅管线成套技术	（1）电器多回路配线技术	·综合布线，回路和插座设置满足电器增长要求，管线集中、隐蔽，为住户装修留有灵活性。 ·每户回路数大于 8 个。	100 %
		（2）管道集中隐蔽设置技术	·管道集中设置，隐蔽暗藏；设置管道夹墙或管道井，方便检查、管理和维修。 ·室内环境整齐美观。	100 %
		（3）新型管材	·耐锈蚀、易清洗、连接方便、使用期长。	100 %
序号	类别	项目名称	技术特点及应用范围	应用覆盖率
4	住宅管线成套技术	（4）空调室外机隐蔽安装技术	·空调室外机标准化设计，整齐划一，隐蔽安装。 ·外观装饰美观。	100 %
		（5）优化型高层住宅电梯成套技术	·电梯的配置与住宅建筑设计和施工方法统筹考虑。 ·载重量、轿厢尺寸、速度等参数符合不同住宅的交通计算及运行模式。 ·采用具有不同拖运方式和控制方式的系列产品。 ·安全可靠，故障率低，维护方便。 ·价格及运行费用适合当前经济水平适合高层使用。	100 %

5	小区智能化技术	（1）智能化计量收费系统	·三表出户，集中管理收费。	100 %
		（2）小区电话、电视、数据三线综合布线系统	·小区三线综合布线系统可实现住房与外界信息、咨询沟通的便捷与畅通	100 %
		（3）安全防范系统	·可视对讲系统 ·电梯紧急呼叫报警系统 ·小区安防监控系统 ·区域联防系统 ·巡更保安系统 ·停车场管理系统	100 %
6	小区环境质量及保障技术	（1）水压保障技术	·带变频调速装置的水泵加压设备，保证用户用水压力稳定、合理、节能	适用高层应用覆盖率100 %
		（2）生活垃圾袋装、分类	·垃圾分类收集、集中处理。	100 %
		（3）优质绿化草坪技术	·选用适应地方气候特点的优质草种、科学管理。	100 %
		（4）防噪音技术	·中空玻璃，气密性及隔音效果好。 ·加气混凝土砌块复合墙体体系，有效阻隔外来及室内相互噪音。	100 %
7	建筑防水成套技术	（1）平屋面防水技术	·4厚SRS高聚物改性沥青防水层。 ·40厚细面防水混泥土面层。	用于高层住宅屋面
		（2）厨房卫生间楼地面防渗漏技术	·凡有管道穿孔均预埋套管，要求套管高出地面30MM ·地面使用抗渗漏外加剂防水材料	100 %
		（3）人防、地下室等部位的防水技术	·抗渗漏混凝土技术、柔性防水技术	
		（4）外墙涂料成套技术	·外墙涂料向水性涂料和环保型溶剂涂料发展；涂膜厚度薄型向厚型发展，从单层向复层发展，以及向超耐久性和高弹性发展。 ·涂膜具有耐洗刷性、耐蚀性、耐水性、呼吸性及高盖力，并具有10年以上的寿命。	部分外墙

8	住宅施工成套技术	（1）电弧焊及竖向钢筋电渣压力焊焊接技术	·简化工艺、保证强度、节约钢材、减低成本，提高速度。	100 %
		（2）商品混凝土泵送技术	·高效、质量性能稳定、对环境影响小。 ·提高了工作效率，节约了人力。	100 %
		（3）施工现场技术	·充分利用原有地形，减少土方开挖量。 ·充分保护原有绿化与树木。	100 %
9	其他	（1）区内机动车道路及安全步行道路系统	·解决好区内道路人行和车行的关系，减少人车的相互干扰。区内设置安全步行道路，地面铺设导向步行防滑砖，满足残疾人需要。	100 %
		（2）无障碍通道	·人行道设置缘石坡道，高层住宅入口均设坡道，轮椅可经由门厅、电梯直达户门，满足肢残人需要。	100 %

四、成套技术应用说明

为确保工程项目符合国家康居示范工程的要求，在工程项目的各个施工节点，均尽可能的采用成套新技术项目，以提高住宅的品质。

1、住宅结构体系：

高层采用剪力墙结构体系，配合住宅各房间的布置，消灭室内柱凸角，便于住户布置。

2、加气砼砌块外围护结构体系

内外墙大量使用加气砼砌块外围护结构。技术特点：加气砼砌块节能新型墙体复合材料，集保温、隔热、隔音、抗震、环保、装饰于一体，取代普通粘土砖。

3、屋面保温体系

采用新型节能防水保温隔热屋面技术。技术特点是质量轻、强度高、冷作业、施工方便；抗冻抗高温能力较强。

4、烟道系统

排放系统由脱排油烟机、变压止逆阀、变压式烟气道、屋顶风帽四部分组成。其特点是通风好、防倒灌、构造简单，安装方便；有配套的定型配件 及产品清单；利用空气动力学动静互转换原理，满足住宅排气量2000M3/N，达到二次抽烟分离的要求。

5. 建筑防水及饰面成套技术：

（1）采用新型防水材料施工技术：屋面采用4厚SBS改性沥青防水卷材。地下室则采用抗渗漏混凝土技术、柔性防水技术。

（2）混凝土密封防水技术：聚氨酯弹性密封条，遇水膨胀，用于混凝土伸缩缝部位的处理。

（3）外墙涂料成套技术：外墙涂料具有耐洗刷性、耐蚀性、耐水性及高盖力。

（4）外墙干挂石材成套技术：商铺临街外墙采用干挂花岗岩饰面材料，具有耐腐蚀性、洗刷性、耐水性等特点

6. 住宅管网体系：

（1）电器多回路配线技术：综合布线，回路和插座设置满足电器增长要求，管线集中、隐蔽，为住户装修留有灵活性。

（2）管道集中隐蔽设置技术：管道集中设置，隐蔽暗藏；设置管道井，方便检查、管理和维修。

（3）新型管材应用：采用静音排水管，它具有耐锈蚀、易清洗、连接方便、使用期长的特点。

（4）小区电话、电视、数据三线综合布线系统：小区三线综合布线系统可实现住房与外界信息、咨询沟通的便捷与畅通。

7、节能成套技术：

（1）窗：采用节能塑钢窗，双层中空玻璃。技术特点：质量轻，气密性、水密性隔音效果好；中空玻璃增强保温性能，导热系数小；工业化大规模生产；提高了防风沙、防水能力。

（2）门：入户门采用防火、隔音、防盗户门，具有三种功能特性，坚固美观，形式多样。

（3）室内外节能灯、节能灯具和电子延时灯具综合技术：室内采用细管高效荧光灯。路灯采用高压钠灯，庭院灯采用太阳能发光灯。

8、小区现代化管理成套技术：

（1）可视对讲与门控技术，住宅小区安装访客对讲系统，由技术辅助人防，可有效地防止大部分的入室盗窃案件的发生。安装访客对讲系统能有效的威慑和预防事件的发生，提高了住宅小区技防装备与管理档次。因此访客对讲系统也是小区安防系统中重要的一环。对讲系统防止了不速之客的任意私闯，保护了业主的隐私权，提高了安全防范的系统。

（2）家庭现代通讯，布线与设施：小区采用了综合布线技术，每户设一个综合弱电布线箱，里面有语音电话分线装置，数据交换机、电视分配器等不同的模块。数据网络：采用光纤建立通达每户的小区 ADSL 宽带接入网络。

（3）闭路电视监控系统，闭路电视监控系统是采用先进的电子技术和计算机技术，对远端场景进行传感成像、信号传输、集中监视、图像记录以及联动控制的系统。住宅小区安装闭路电视监控系统，由技术辅助人防，实时记录小区个重要区域如公共道路、小区出入口、电梯等处的图像。值班人员可以在控制室内通过该系统全方位的掌握小区的动态。一旦遇到紧急状况，值班人员可以通过监控器进行有效的预防和追踪。这样就提高了小区的管理水平和安全系数。

9、居住区环境质量保障技术：

(1) 水压保障技术：采用变频调速泵组加压设备供水，解决高层建筑供水问题。

(2) 水质保障技术：采用新型环保管材供水，防止供水输送进程中的二次污染。

(3) 居住区绿化环境保护技术。

①小区整个被绿化、水面覆盖，三季有花，四季常绿，空气清新，湿度适宜，有效调节区划气侯。

②生活垃圾袋装、分类分装垃圾。

③优质绿化草坪技术：选用适应地方气候特点的优质草种、科学管理。

(4) 建筑防水及饰面成套技术：

①防水技术：采集 SBS、聚氨酯等新型防水材料，能大大延长建筑物的防水年限。

②外墙涂料：外墙涂料具有耐洗刷性、耐腐蚀性、耐水性及高遮盖力等特点。

③外墙干挂石材饰面材料，具有耐洗刷性、耐腐蚀性、耐水性等特点。

10、施工过程成套技术：

混凝土砌块技术

①高层住宅中采用的剪力墙结构体系，围护结构采用混凝土砌块复合墙体，隔断结构采用 GRC 隔墙板，施工方便快捷，可有效缩短工期 10%，提高劳动生产率约 3 倍。

②采用商品泵送混凝土技术，机械化程度高，减轻了劳动强度，节省了人力、物力，提高效率近 2 倍。

③复合组合模板技术，板块面积大，表面平整，拆装方面，大大减轻了工人的劳动强度，提高效率 80%。

④采用竖向钢筋电渣压力焊钢筋技术，节约钢筋用量，增加焊接强度，同时提高效率近 2 倍。

结语

"加快科技进步、鼓励技术创新、重视技术推广。积极开发和大力推广先进、成熟的新材料、新技术、新设备、新工艺，提高科技成果的转化率，以住宅建设的整体技术进步带动相关产业的发展"是住宅产业现代化发展的重要指导思想之一。晋城市龙凤苑以居住小区为载体，以推进住宅产业现代化为目标，用示范工程作引导，将提高晋城市住宅建设总体水平，并有效的促进晋城地区住宅产业化的发展，建立地方住宅建设与开发的新模式，改善人民群众的生活环境，提高人民群众的生活质量而且对改变城市环境面貌，优化投资环境推动区域经济发展，特别是在保障性住房建设中具有十分重要的意义。

山西鼎胜房地产开发有限公司

SHAN XI DING SHENG FANG DI CHAN KAI FA YOU XIAN GONG SI

董事长：万福生

山西鼎胜房地产开发有限公司组建于2005年，成立于2006年4月20日，法人代表万福生，注册资金贰仟万元，开发资质等级贰级，可经营房地产开发及销售、房屋中介服务、室内装璜等项目。

公司现有管理人员和在编人员大、中专以上学历68人，相关专业的初、中级职称学历88人，是一家新型高起点，标新立志拥有现代经营管理模式的房地产开发企业。

本公司于2007年自行开发了河南省林州市广场小区框架住宅楼18600m2，太原市古交腾飞路滨河小区5＃楼24层剪力墙住宅楼，建筑面积38801m2，2008年开发了河南省林州市奥林花苑小区，建筑面积84656m2，开发了林州宜嘉苑小区29659m2，2009年开发了东方苑小区39651 m2，以上项目均已竣工并交用户使用。2011年在山西祁县开发了鼎胜绿洲小区32100 m2，同时在林州市采桑购置了100亩商业用地建设万通工业园，在汤阴开发了“御景苑小区”，面积85000 m^2，现已基本竣工，2013年在汤阴购置了200余亩商业用地，建设万通高科技创业园，在林州购置了100亩土地计划开发建设20万平米住宅小区，以上项目正在施工阶段。

公司2009年度被林州市人民政府授予“先进单位”、“优秀开发企业”，2010年度被林州市人民政府授予“优秀建设企业”，同年获得“工商企业纳税贡献奖”，荣获林州市“名星楼盘工程”。2011年度荣获“宜居楼盘”，被安阳市住房和城乡建设局授予“文明工地”，2012年被林州市政府授予“纳税先进单位”。

山西鼎胜房地产开发有限公司正在迅速蓬勃发展，公司以诚信求发展，以质优价廉、热情服务占领市场。公司将加大力度在山西省太原市购买土地，或在太原市周边市、县购买土地，以最新的设计理念、完善的物业管理呈现出亮丽的生态苑小区，同时成立了物业公司，开拓市场，扩大就业，造福为民。

鼎胜人秉承“以人为本，开拓创新”的经营理念，以“成就企业，造就人才，有益社会，服务客户”的企业宗旨，以“改善居家条件，创造舒适和谐的生存环境，提升人们生活水平，为当地经济发展做贡献”的企业使命为房地产开发增砖添瓦，住户的愿望就是鼎胜的追求。

汤阴御景苑

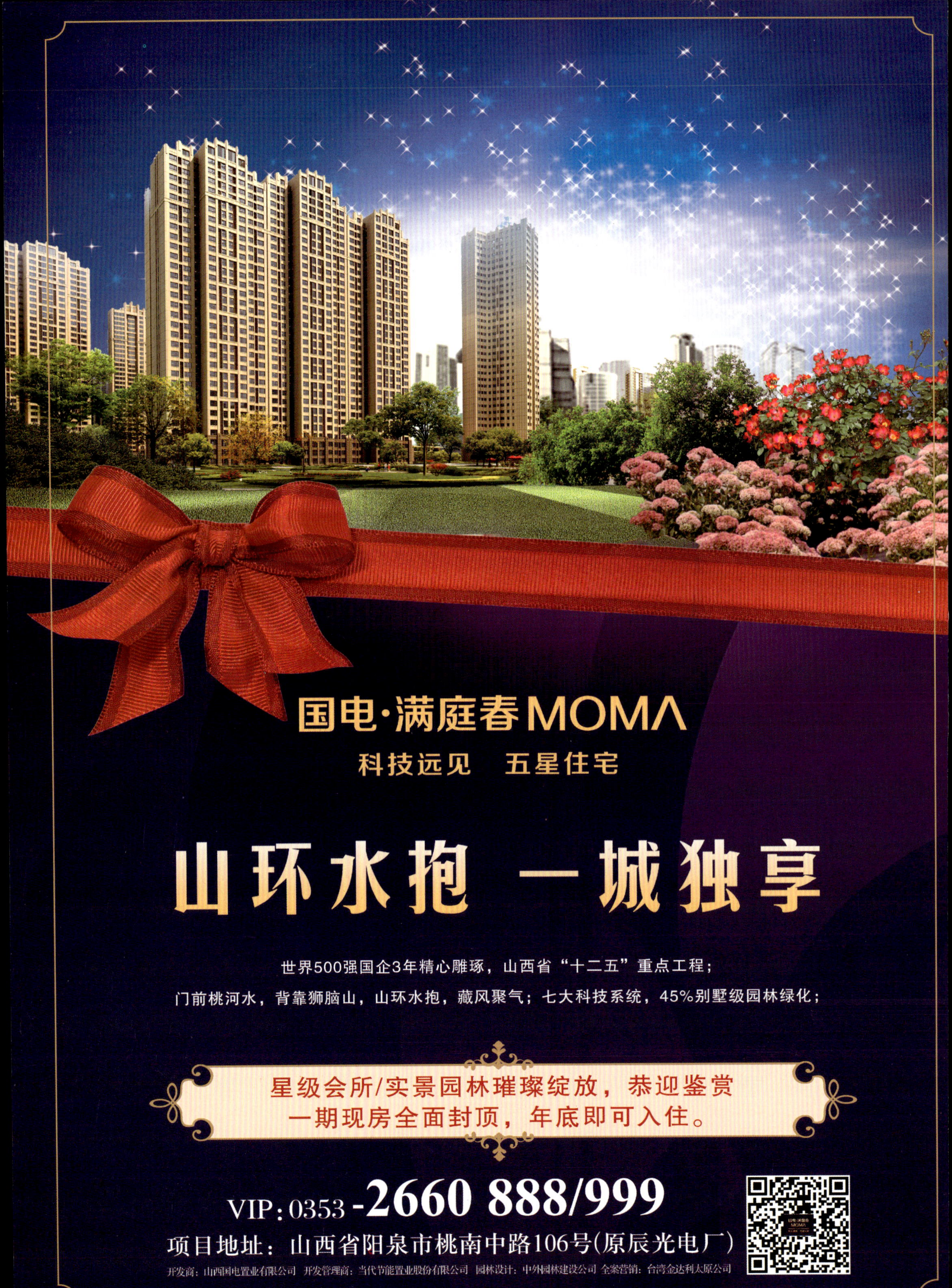
国电·满庭春MOMA
科技远见 五星住宅
山环水抱 一城独享
世界500强国企3年精心雕琢，山西省“十二五”重点工程；
门前桃河水，背靠狮脑山，山环水抱，藏风聚气；七大科技系统，45%别墅级园林绿化；
星级会所/实景园林璀璨绽放，恭迎鉴赏
一期现房全面封顶，年底即可入住。
VIP：0353-2660 888/999
项目地址：山西省阳泉市桃南中路106号(原辰光电厂)
开发商：山西国电置业有限公司 开发管理商：当代节能置业股份有限公司 园林设计：中外园林建设公司 全案营销：台湾金达利太原公司

山西宝洁房地产开发有限公司

总经理：尹代伟

山西宝洁房地产开发有限公司成立于2004年6月，是一家专业化、综合性的房地产开发企业。公司注册资本5000万元，拥有国家二级房地产开发资质，隶属于山西茂达集团。多年来，公司始终秉承“用心在人、专心造房”的企业理念，以文化为神，以项目为体，关注人、关注产品品质，逐步形成了“文化主题地产”的特色，努力践行着促进城市建设，改善人居环境，提高生活品质的使命。在历经十年的健康发展后，宝洁地产已经成为了具备一定开发能力和较强技术实力，拥有先进管理理念和成熟管理团队的专业房地产开发公司。

公司2005年—2007年开发并交付使用的龙湾国际项目，以“文化社区”享誉龙城太原，是北城地区高端的全智能化、园林化小区。该项目位于胜利桥东，以其独特的人性化设计，海滨风情的园林景观，以及优良的建筑品质受到广大业主和社会各届的好评。项目2005年被国家建设部评为“优秀品质楼盘”，2006年被国家建设部评为“中国人居文化典型楼盘”，被太原市房地局授予“第九届房展会最旺人气奖”，并荣获土木建筑学会授予的“第四届太行杯土木工程大奖”。

龙湾情怀项目是公司的又一倾心力作，规划建设有高层住宅、幼儿园以及为社区服务的商业用房，供业主休闲的娱乐场所等。该项目坐落于北河湾敦化南路，北起北沙河、南至迎春街、西接敦化南路、东临北沙河，距胜利街不到两公里，府东街不到三公里。随着胜利街道路改造工程的完成和中环路的建设通车，该项目突出的地缘优势和便利的交通环境已逐步显现。目前，龙湾情怀已完成一期开发并交付业主使用，项目二期已于2014年7月12日开盘。

龙湾写意项目是宝洁地产继龙湾国际、龙湾情怀之后，在城市“两河交汇、双园相依”的上风上水之绝佳位置倾力打造的又一高端文化住宅小区。该项目坐落于城市交通枢纽地带，具有得天独厚的区位优势，北依森林公园畅享3000亩原生态纯氧生活，西临百万平米湿地公园尽览汾河亮丽水景。项目北起北中环，南至胜利街，西侧为城市快速路滨河东路，东侧为城北重要交通路段大同路，多元的立体化交通网络把太原市东西

南北各方向重要交通线路串接起来，交通便利、畅达全城。龙湾写意整体规划借鉴了海外及国内沿海城市的先进理念，在两大公园的绿地掩映中呈“品”字形，是太原市北城区目前规划中唯一以自然生态为主，并融入新中式文化底蕴的，集商住、文化、教育、娱乐等多维物业形态为一体的地标式豪华住宅小区。项目倡导“文化滋养生活”的理念，融入了中西方“写意生活”的元素，在享受城市生活繁花似锦和便利快捷的同时，也能轻松领略“天然氧吧和城市绿肺”带来的自然健康。独一无二的区位优势和景观资源，必将造就龙湾写意成为北城区独树一帜的大型人文社区，这不仅将有效改善北城地区工业集中、住宅水平偏低、城市形象偏差的现状，还将对提升北城住宅整体水平起到积极作用。龙湾写意项目计划分三期开发，一、二期为人文住宅，三期为商业部分，包括酒店、写字楼、幼儿园、小学、太原市艺术博物馆等。目前，项目一期已动工，并于2014年6月21日盛装开盘。

到2014年，宝洁地产公司已经走过了十年，十年来，公司创建并培育了龙湾品牌，不仅获得了良好的经济效益，还赢得了较好的社会口碑。目前公司在建的龙湾写意和龙湾情怀两大项目是公司进一步提升品牌形象，扩大社会效应的新机遇，公司将依托项目不断创新、寻求突破，为开创公司发展的新局面努力奋斗，为茂达集团的第二次创业谱写新的篇章。

龙湾写意内庭效果图

龙湾写意内庭鸟瞰图

龙湾国际实景图

龙湾情怀园林图

山西省城乡建设学校

School of urban and rural construction in Shanxi Province

【学校管理】

被省教育厅评估认定为山西省首批中等职业教育管理五星级学校。被太原市公安局命名为省城“平安单位”。2013年9月全面推行岗位设置，实行了全员聘用制。落实了绩效工资，推行了绩效工资管理和绩效考核制度。

【党团建设】

学校顺利通过2013年省直“文明和谐单位标兵”检查验收。组织开展了教职工献血活动、登山活动、趣味运动会、技能竞赛等活动。校团委组织开展了2013迎新文艺汇演暨表彰大会，会上广大师生齐聚一堂，进一步激励了广大学生的学习积极性。

【师资队伍建设】

2013年，委派2名教师到企业实践，2名教师参加了国家级培训，1名教师到德国进行了为期两个月的培训，有50余人次的教师外出学习培训；学校与新疆五家渠职业技术学校签署了缔结友好学校协议，有1名教师参加了为期两年的援疆工作；2013年4月学校教师参加了中国建设教育协会、中等职业教育专业委员会举办的多媒体课件最终获得一等奖一个、二等奖一个、优秀奖二个。

【实训基地建设】

2013年，学校园林技术专业实训基地被批准为省级实训基地，学校的省级以上实训基地达到5个。对东校区实验实训室进行了整合和改造，新增建筑材料展示室，扩建了北校区实训车间，进一步提高了实验实训水平，为理实一体化教学改革奠定了基础。

【示范校工作】

示范学校建设以来，学校高度重视调研工作，4个重点建设专业共调研行业企业40余家，调研毕业生300余名，印发调查问卷500余份，对人才培养定位、人才培养规格标准课程体系开发等进行反复调研论证，形成调研报告20份总调研报告20份，总调研报告4份。

2013年，学校进入国家中等职业教育改革发展示范学校建设关键之年，制定新课标21个。开发《建筑工程计量计价实训指导》、《施工图识图百问百答》等8本校本教材开发优质核心课程7门；与武汉理工大学出版社、机械工业出版社出版国家规划教材10本；编制《园林绿化项目管理与实务》等行业培训校本教材6本。录制了10门课程的单元教学视频，制作了12门课的电子教案，建立了10套完整施工图纸资料库，制作了8门专业课程的教学课件。

经过全校上下的一起努力，认真准备，8月份顺利通过了全省示范校建设的中期验收。

【技能大赛】

学校连续4年成功承办了山西省职业院校技能大赛闭幕式和山西省中等职业学校建筑技术专业技能大赛，我校学生共获得省级技能大赛一等奖2个，二等奖4个，三等奖6个教师共获得省级技能大赛一等奖1个，三等奖2个。在山西省第五届中等职业学校“文明风采”竞赛活动中，获得省级一等奖7个，二等奖10个，三等奖14个，优秀奖17个。

此外，学校还代表山西省参加了全国职业院校技术技能展洽会，制作的“晋善晋美、晋职晋责”展位荣获三等奖。

【招生就业】

学校与山西建筑职业技术学院和山西旅游职业技术学院分别开展了建筑工程施工，工程造价专业的“三二分段”五年制培养。全年共招收中专生1214人，毕业生就业率达到98.5%以上，对口升学考试达线率达到91.2%。

【培训鉴定工作】

新开设了城市燃气行业培训，全年培训鉴定突破2.5万人，经济毛收入突破1000万元，企业对学校服务的满意率达95%。合作领域不断扩大，拓展了室内环境检测人员排版工、挖掘机等13个工种的培训业务。

晋中市通宇房地产开发有限公司

晋中市通宇房地产开发有限公司成立于1994年，是国家贰级资质的房地产开发企业，注册资金1.2亿元。公司成立至今，秉承“责任至上，诚信为本”的经营理念，着力构建标准化的质量体系，现已成为晋中业内最具竞争力的地产公司之一。

公司致力于不断提升产品品质。2013年立足晋中城区精品小区建设，相继在榆次区自主开发了“钰荣源”、“泰亨华庭”、“新佳苑”小区等；2014年公司进一步扩张发展，开发储备项目“东华世家”、高校园“科苑小区”、东外环“紫东小区”等一批规模化、多形态小区。

发展至今，通宇地产依靠优良扎实的质量，周到入微的服务，获得了良好的社会声誉；通过研发创新，打造精品，不断突破，赢得了业界的认可。公司相继获得了“突出贡献企业”、“纳税大户”、“新农村建设‘结对子’帮扶先进企业”、“守合同信用企业”等荣誉。与此同时，公司十分重视企业文化建设，从思路上探索创新，从科研中寻求突破，从管理上提升素质，从改革中实现发展，不断为企业发展激发新能量。

未来通宇地产将凭借长远的规划筹谋、优秀的管理能力、专业的市场运作和不断深化的品牌影响力，持续发展、成长壮大。同时，公司将自觉承担社会责任，积极参与城市建设，以务实塑造精品，以精品回馈社会，为百姓安居事业贡献自己的力量。

钰荣源

紫东小区

东华世家

泰亨华庭

山西骅燕置业有限公司

SHAN XI HUA YAN ZHI YE YOU XIAN GONG SI

董事长：陈新华

山西骅燕置业有限公司初始成立于2004年1月12日，公司性质为有限责任公司，注册资本金伍仟万元整，房地产开发资质为贰级。是省内房地产业较早创立的品牌之一，一直致力于开发中高端品质的具有市场代表性的房地产产品。 2007年4月9日设立山西普瑞物业有限公司， 注册资本壹佰万元整。 旗下设立多家项目开发分公司以及骅燕经纪、物业管理等公司，形成了涵盖项目开发、销售代理、物业管理的地产开发综合体。

公司实行现代化管理模式， 2005 年通过了ISO9000认证2008年实施现代化金蝶EAS房地产开发管理软件。公司设有工程技术部、计划财务部、工程预算部、综合管理部、合约管理部、物业公司，共六个部门。康馨苑小区项目部、山西国际金融中心项目部、寿阳御福苑项目部、长风项目部、亲贤项目部现有员工121人，中高级职称员工52人。其中，教授级高级工程师1人，高级工程师11人，国家注册咨询师2人，国家一级注册建筑师3人，国家一级注册结构师5人，国家注册设备工程师3人， 国家注册造价工程师4人， 国家一级注册建造师5人，其它为中级职称工程师，技术力量雄厚。

康馨苑

秉承骅燕公司“来源于社会、服务于社会”的宗旨，公司经营以“ 诚信为本、品质为先”为理念，营造中高端品质的具有市场代表性的地产产品。自2004年至今，骅燕•水头华苑、骅燕 •财大嘉园小区骅燕•依景湾小区、骅燕•康馨苑小区、山西国际金融中心等多个高品质项目相继开始投入市场，涵盖中高级住宅、商务公寓、写字楼、购物广场等多种业态，彰显骅燕公司地产市场多样、产品多元、高端精品的旗舰企业实力。

山西国际金融中心

水头华苑

寿阳御福苑

依景湾

山西阳光大地集团房地产开发有限公司

SHAN XI YANG GUANG DA DI JI TUAN FANG DI CHAN KAI FA YOU XIAN GONG SI

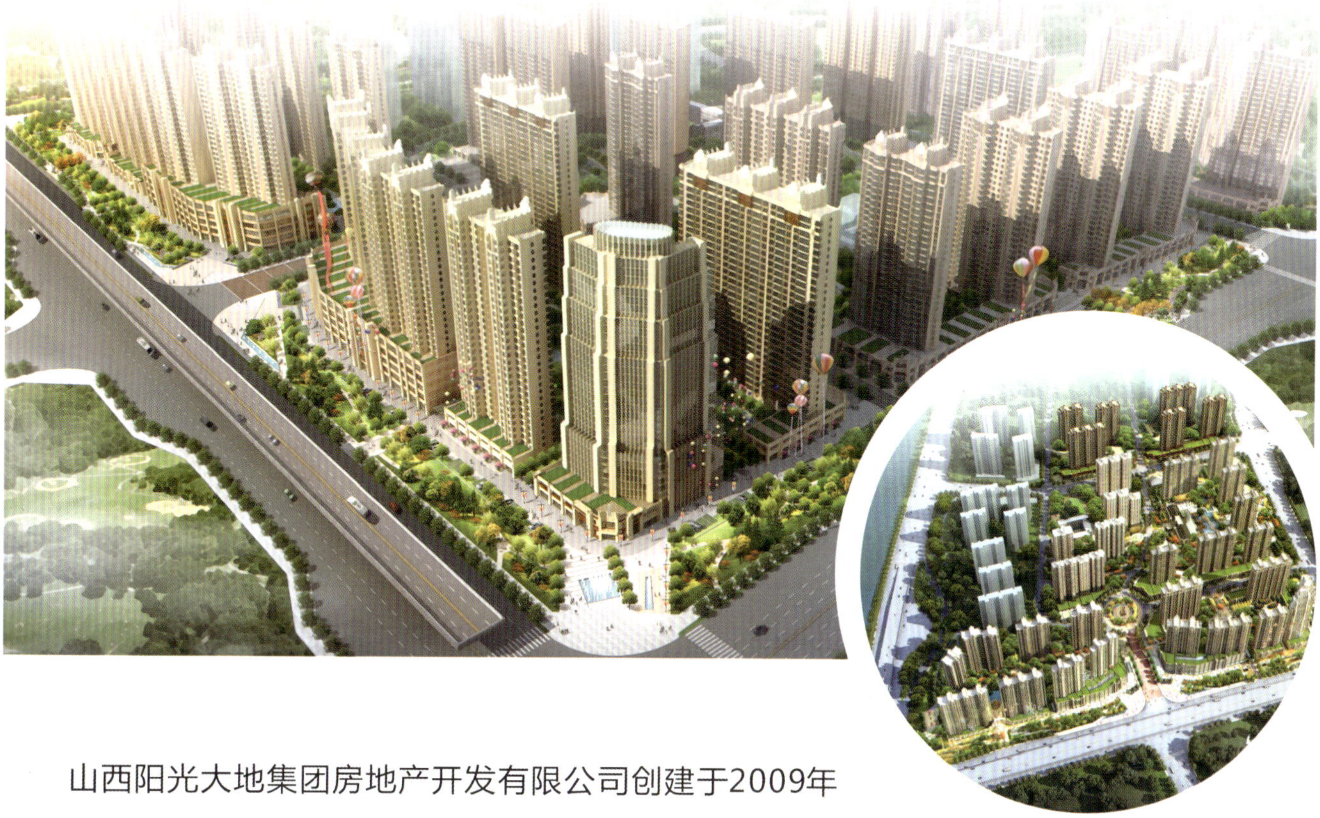

山西阳光大地集团房地产开发有限公司创建于2009年12月11日，系山西阳光大地集团的全资子公司。

‘阳光·汾河湾’是山西阳光大地集团房地产开发公司的开篇之作，打造“百年”精品建筑，是公司的坚定信念。

公司始终以推动山西城市化进程和改善山西人居环境为己任，学习国内一流房地产开发公司的先进管理方式，以标准化运营管理模式为保障，全面实施建筑工程精品产业战略，汇集国内外优秀建筑设计资源，特聘请众多知名专家对项目的规划、景观、建筑、结构及施工等问题进行反复的专业论证。历经三年的时间，倾心雕琢，目的就是要将最高品质的宜居项口献礼太原，将最好的住宇产品奉献三晋人民。山西阳光大地集团房地产开发有限公司为成为地产界规模一流、品牌一流、团队一流的企业而不懈努力。

建筑要负担起一座城市的历史使命，我们从规划开始、从理念开始，从每一步脚踏实地开始，我们用细节打造最好的房子。我们视这块土地为珍贵的宝石，必将用心雕琢，使其更加璀璨、夺目!通过不懈努力，阳光·汾河湾必将成为城市中著名的精品建筑!

太原市华龙泰房地产开发有限公司

诚信为本 用户至上
夯实基础 质量第一

太原市华龙泰房地产开发有限公司，创建于1997年，是山西省较早进行房地产开发的二级企业。2000年，根据企业规模不断扩张的形势，公司决心进行资源整合，同年8月，以华龙泰房地产开发为龙头等八个分公司以股份制形式共同组建成立了山西华龙泰集团股份有限公司。伴随着中国改革发展的步伐，历经十余年的艰苦创业，目前的华龙泰集团已经发展成为一个资金力量雄厚，专业人才云集，管理制度完善，以房地产业为龙头，集建筑、经贸、销售、物业管理为一体的集团公司。

多年来，华龙泰集团坚持“百姓买得起，更能住得起”的服务宗旨，发扬“开拓奋起、兼容并蓄、精益求精、惠泽众生”的企业精神，秉承“诚信为本、用户至上、夯实基础、质量第一”的经营理念，在不断的调整、改革、创新之中完善企业管理，革新专业技术，创立特色品牌，开发案例涉及商业综合体、高星级酒店、城市地标、办公楼宇、全系列住宅小区等，开发建设面积150余万平米，累计上缴各项利税1.8亿元。2009年开始，集团公司向外地拓展市场，先后在河北、海南、上海储备500余亩土地，为我国城市建设、人民安居乐业做出积极贡献，先后多次被省、市有关部门评为先进单位、文明单位、纳税大户，并且入选“太原市企业50强”、“山西省100强企业”。

在企业自身发展的同时，华龙泰集团不忘回报社会，勇挑社会责任，为促进省城经济发展推进和谐社会建设，公司先后合并了汾西汽配厂、太原市石棉厂、万柏林百货商场、双塔商城有限公司等四家国有企业，安置下岗职工600余人。2007年，公司捐资500万兴建的“华龙泰关爱教学楼”正式竣工交付使用。长期以来集团积极致力于扶贫济困、捐资助学、抗震救灾、市区道路建设等社会公益事业，累计公益捐款达5000多万元，被太原市政府授予“社会捐助先进单位”，被山西省扶贫基金会授予“社会扶贫状元”称号。

华龙泰中心

五指山玫瑰溪谷项目

双塔商城项目

西宫项目

山西智诚房地产开发有限公司

SHAN XI ZHI CHENG FANG DI CHAN KAI FA YOU XIAN GONG SI

对于一个专注于房地产开发建设的专业公司，开发资质的升级，不仅是公司发展壮大的表现，更意味着公司在未来的城市建设中，扮演越来越重要的角色。日前国家住房和城乡建设部正式批准授予山西智诚房地产开发有限公司全国房地产开发二级资质，这为公司即将构建的品牌战略发展奠定了坚实的基础。

智诚房地产从 **2000** 年创建至今，逐渐成为山西本土房地产开发领域的旗舰公司。纵观公司**14**年来项目发展的轨迹，从最初的下元公寓、智诚•天和园，到成为标杆典范的智诚•御水湾、国学建筑精粹的智诚•平阳府第，再到如今首家获证的城中村改造项目智诚•御河骏景，站在从品质到品牌升级的新起点，荣耀归来。从公司开发产品布局上看，从多层建筑到高层建筑，从小规模社区到城市综合体，从单一社区配套到智能化管理从普通住宅到高端别墅，智诚房地产在发展中不断完善体系、升级产品。

在公司转型跨越发展的历程中，历经理念升级，品质升级的蜕变，从服务到产品，都更趋于人性化、专业化、规模化。**2014** 年，智诚房地产又一品质力作——“智诚•御河骏景”即将盛大面世！本项目位于迎泽西大街与和平北路交叉路口南**50**米处，总建筑面积约**36**万平方米，将建设成以住宅为主，含商务酒店、配套商业、品质幼儿园等多项物业内容于一体的综合性住区。该项目将打造成为太原市万柏林区十大重点标杆项目，作为率先取得证件的太原城中村改造重点项目，也将掀开太原未来房地产整体的大趋向，开启“元中心，新下元”的城市繁华，健康人居的新篇章。

随着《下元村城中村改造安置用地控制规划方案》的推进实施，作为太原传统商业代表区域的下元商圈，正发生着日新月异的剧变，迎泽西大街西延，和平南路的扩宽，太原新客运西站投入使用，公交线路大幅提升顺畅的交通为区域提供了更多的便捷与活力；众多利好与契机下，下元已经成为了集高端商业、大型购物中心重要交通枢纽于一体的太原河西地区的新中心。

新下元的发展大势吸引了愿与城市共辉煌的地产大鳄，华润、中海、绿地等众多品牌巨擘地产纷纷进驻，一批优秀的建筑臻品将拔地而起。作为本土地产翘楚，走过数个中心的智诚房地产，以城市运营商的高度、前瞻的视野，于下元中心繁华处，筑造了浓荫之城、一座人们心中的理想之城，为新下元多种聚合价值之上的宜居新篇章，画上了浓墨重彩的一笔！

“创建社会宜居精品”一直都是智诚房地产的开发己任，公司一贯推崇建筑极致。“唯中心，皆尚品”——城市中心地段的智诚•御河骏景项目，以其独特的建筑设计、浪漫的园林景观、无可复制的中心地段、极高的项目附加值和升值潜力，必将成为新一代地产新秀。

阳泉远鑫房地产开发有限公司

以人为本·求实创新

勤奋拼搏·锐意进取·自强不息·实业报国

阳泉远鑫房地产开发有限公司位于阳泉经济技术开发区大连路37号远鑫大厦。这是一个朝气蓬勃的企业，就像展翅欲飞的雏鹰，在这个欣欣向荣的城市中展现自己独有的风景线。

公司于2001年2月成立，属有限责任公司，注册资金1000万元，企业资质叁级，现有职工32人，其中40%以上具有中级以上技术职称，80%具有大专以上学历，平均年龄35岁，是一家有规模，有实力，拥有较高信誉的房地产开发公司。

短短几年里，阳泉远鑫房地产开发有限公司本着“勤奋拼搏、锐意进取、自强不息、实业报国”的企业精神，本着“以人为本、求实创新”的企业宗旨，经公司全体工作人员的齐心协力、团结奋进截至2008年已开发房地产近300000平方米，2009年开发区建15100平方米的高层住宅和近7000平方米的高档智能写字楼，2013年在义井村开发建设23000平方米的地下车库和10万多平方米的百米高层住宅楼。

随着公司业务的不断扩展，品牌工程的建成，公司秉承执着、用心和创业精神，多年来实践着品质地产的理念与追求，以一种承诺、一种标准、一种文化为业主提供70年满意生活品质。今后也将本着信誉第一，质量第一的宗旨，创建精品工程，关注人文理念，树立远鑫形象，扎根阳泉、开拓全国，用实力造就行业领导者，真正成为打造品质生活得领跑者。

山西双明房地产开发有限公司

滨河果岭5#喜封金顶活动现场

山西双明房地产开发有限公司成立于1999年5月17日，是股份制有限责任公司，注册总资本叁亿多元，资产规模十亿元，年销售额平均八亿元，为国家一级开发资质，主要从事房地产开发和物业管理业务。公司下设行政管理中心、财务管理中心、工程管理中心、成本控制中心及市场营销中心五大部门，荟集本市房地产界各种专业技术人员200余人，其中资深高级人才100余人，中级职称80余人。公司项目涉及高屋住宅、花园洋房、高档别墅、大型商业等，成立至今已开发项目有旱西关街改造的桃园新居、五龙湾·阳光海岸、金融花园、逸景公寓、山水庭院一期和绿色宜居的滨河·果岭项目，将要上马的有杨家峪城中村改造项目，公司累计开发面积已达50余万平方米，客户3000多户，并多次成功组织团购，同我公司合作的单位包括山西省建设厅、太原市政府、工商银行山西省分行、晋商银行、山西省统计局、山西省建筑设计研究院、太原市邮政局等单位，取得了良好的客户口碑和社会效益。

公司一贯奉行“创新是基础、人才是核心、全力打造时代精品、携手共创事业蓝图”的经营理念、“为民造福”的宗旨及“追求完美”的创业精神，积极投身公益事业，取得了一系列令人瞩目的成果。“先进集体”、“企业文化建设先进单位”、“纳税大户先进单位”、“抗震救灾先进单位”“改革开放年，晋商发展潜力奖”、“山西慈善突出贡献单位（企业）奖”、“贡献突出优秀企业”，这些荣誉见证了如今辉煌的双明地产。此外，公司多年致力于房地产的开发与相关产业，形成了集房地产开发、物业服务、装修及小额融资贷款等系列一条龙服务，并逐步成长为太原本土最具影响力的地产企业之一。

滨河果岭效果图

滨河果岭鸟瞰图

山西万厦建筑机械制造有限公司

山西万厦阳光城·翡丽湾

山西万厦建筑机械制造有限公司隶属于建筑类机械制造企业，本企业是集产、科、研、销售、租赁、安拆为一体的综合型运营公司，其中设备租赁业务在山西省内占有较大的市场份额，自主知识产权专利6项，软著2项。公司自主研发了租赁管理软件系统；客户终端数据采集系统；租赁行业门户电商交互平台系统；2014年12月30公司将转型为股份制公司，开展新的公司运营模式，（组建成立互联网与物联网+终端客户与厂商智联+金融与入口控制），依托传统产业+第三代工业革命的3D打印技术+互联网工具，提升为线上线下一体型科技智能新型企业。

1：电商租赁平台于2013年12月11日正式上线；

2：公司自主研发了机械设备租赁运营管理系统（即机械设备租赁领域的专业OA系统），租赁管理软件于2014年6月1日正式投入使用，并获得软著权，目前正在本行业中进行推广阶段。此软件可大大提升租赁过程中各工种工作效率，精准评判工作成效，国内尚无类似系统，未来通过该系统，进行租赁行业样板化，标准化运营，为形成全国租赁业连锁奠定了基础，有效的管理系统可以规范公司不合理的运营结构，为租赁领域实现标准化系统运营提供可行性及操作性。

3：终端采集系统于2014年9月1日开始进入编程阶段，预计于2014年12月30日完成。数据采集终端系统，是目前国内欠缺的精准对接客户的软件系统，此软件的开发与运营，将解决终端用户的个性化需求，通过数据的统计与汇总，可以分析用户的不同精准需求，为企业调整和经营提供事实依据，实现按客户需求量身定做的服务。

4：2014公司自主研发的实用新型技术专利取得获批证书。

山西万厦建筑机械制造有限公司实现由一家传统的机械制造类企业转型为高科技互联网物联网构架的实体+电商的新型运营模式企业。

企业在2014年正式签约西南证券公司、瑞华会计师事务所、隆安律师事务所，启动股改及新三板上市流程。未来在新三板挂牌后，将依托挂牌上市优势及电商平台优势，将公司产品顺势推广至全国市场，整合租赁行业相关业态业务。

有鉴于此，公司在2015年至2017年三年时间完成掌上租赁门户平台的供、需、服、管等相关方面用户的线上、注册、交易、评定、服务等工作，初步测算该平台可达上亿家终端用户，上仟万家一线厂家商户，全国服务商10000家的容量。届时，供、需、服、管四方的交互频率将逐年增长。

另一方面，基于公司对行业趋势的把握及公司的长远发展规划，在完善现有建筑设备租赁的样板工程，以标准化的管理体系，进行行业的整合与兼并后。将公司传统的主营业务业态比重逐步降低，增大输出管理体系，转型为依托电商平台，叠加科研研发，实现无人操控技术在建筑设备上的应用；提供租赁行业软件管理系统；真正实现建筑设备互联网与物联网的交互。（通过无人操控系统+租赁标的物+立体化信息系统，形成物联网与互联网交互。）

公司因具备研发、生产、评估、服务的先天优势，在建筑设备租赁领域更具有专业性，为实现资源节约化，服务智能化提供长远的发展机遇，挖掘提升租赁类服务业态综合功能潜力较大。通过终端的采集系统+租赁过程的管理系统+电商的平台，打造出立体的信息化管理网络交互型企业。

施工现场

山西万厦承建项目

山西华吉房地产开发有限公司

华宇25年磨一剑 百花谷造就龙城商业新典范

太原华宇百花谷商业中心是华宇集团倾力打造的高端城市综合体，集购物、餐饮、娱乐、办公、会务、酒店、居住等功能于一体，是高度集约、相互作用、互为价值链的建筑群体。

太原华宇百花谷商业中心总建筑面积33万m^2。由地下三层、地上七层裙楼和四栋塔楼构成。地下2、3层为停车场，地下1层和裙楼为商业中心，塔楼自西向东分别为两栋27层的商务公寓、一座34层5A甲级写字楼和一栋26层的五星级酒店，总投30亿元，于2012年4月正式开工建设，预计2014年底全面封顶，2015年10月正式投入运营。

太原华宇百花谷商业中心地处太原市最具经济活力与发展潜力的小店区，位于学府街132号。西倚汾河，与未来的太原政治文化中心长风商务区隔河相望。东邻国家级高新技术开发区，南接华宇集团自主投资开发的高端成熟小区华宇绿洲别墅区。

商业中心内汇集众多国际名品形象店、主力店，让阅尽世界的龙城名仕名媛感受家门口的世界风景；冰场、影院、餐饮名店、时尚美食、香咖美酒，让您尽情体验至美生活。国际标准星级酒店，为惠顾龙城的世界宾客提供最舒畅的休憩和高标准的商旅生活，为项目周边各大场馆的国际会展、展览、新闻发布、首映、演艺、国际赛事等，众多全新的生活体验提供最自然、最从容的全方位保障。超5A甲级写字楼更是众多名企在龙城、三晋乃至华北区域风生水起的龙兴之地。

汇聚华宇集团25年商业发展精华，华宇百花谷新型城市综合体即将盛情绽放龙城汾河畔，她将不负众望，以一种改变太原未来的力量，缔造全新时代的城市中心，见证这座千年古都的华丽转身。

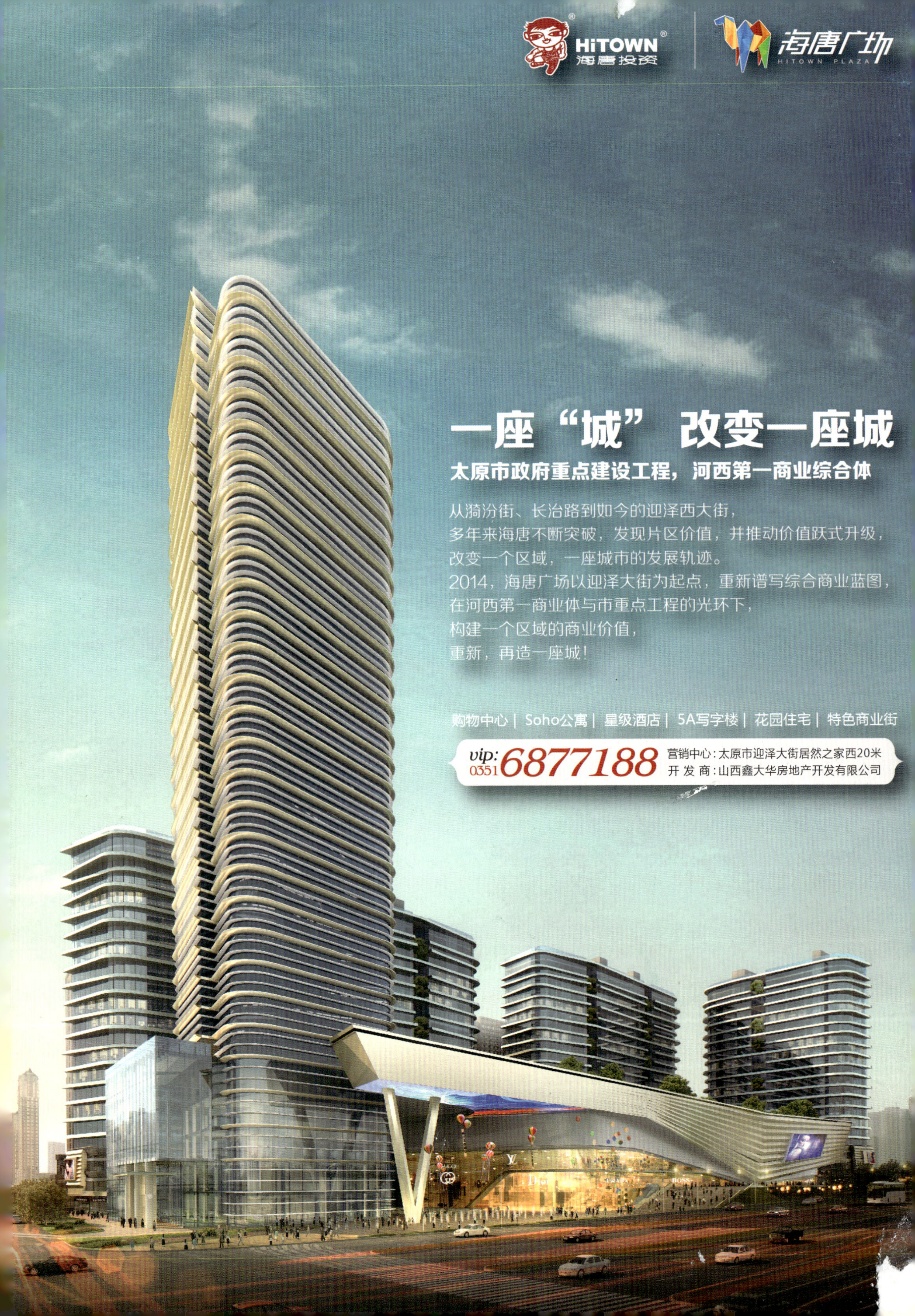

HiTOWN
海唐投资
海唐广场
HITOWN PLAZA
一座“城” 改变一座城
太原市政府重点建设工程，河西第一商业综合体
从漪汾街、长治路到如今的迎泽西大街，
多年来海唐不断突破，发现片区价值，并推动价值跃式升级，
改变一个区域，一座城市的发展轨迹。
2014，海唐广场以迎泽大街为起点，重新谱写综合商业蓝图，
在河西第一商业体与市重点工程的光环下，
构建一个区域的商业价值，
重新，再造一座城！
购物中心｜Soho公寓｜星级酒店｜5A写字楼｜花园住宅｜特色商业街
vip: 0351 6877188
营销中心：太原市迎泽大街居然之家西20米
开 发 商：山西鑫大华房地产开发有限公司

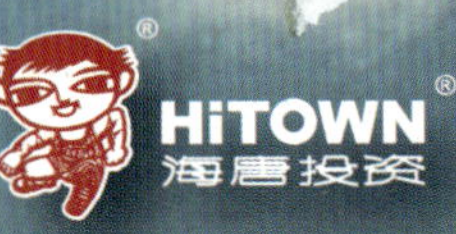

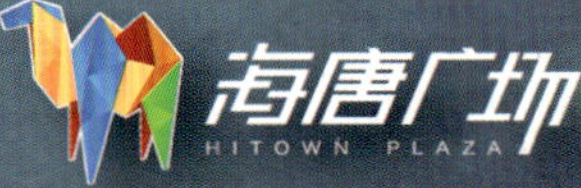

中正地产

中正即仁和 仁和即大道

山西中正房地产开发有限公司创建于2005年 5 月，注册资本2000万元，是一家追求卓越、专注品质和细节的专业地产公司。公司本部位于山西省太原市。现有员工300余人，在邢建民董事长的带领下不断完善企业管理体系 ，建立健全现代企业制度的管理模式 ，是一家业务涉及地产开发、商业运营和物业服务等领域 ，致力于多元化发展的企业。

中正地产以 “用心构筑幸福生活” 为企业使命，坚持 “诚信、双赢” 的经营理念和 “正心广德、奋发有为” 的企业精神，内强管理，外塑形象。经过8年的潜心发展，公司已经形成了集投资规划 、开发建设和物业服务为一体的全程运作能力高效的地产企业。为建设高品质的产品， 公司不断与国内顶尖知名产品研发团队合作， 先后在太原成功开发了 “中正花园一期” 、“中正银苑” 、“中正悦湾” 、“中正花园二期” 、 “中正乐居” 等商业住宅小区，公司产品代表了城市新锐消费时尚。 “中正花园二期” 、 “中正乐居” 项目， 分别被评为2011年 “最具投资价值楼盘” 和 “年度名盘奖” 。截至2013年，公司总完工面积达50万平米，累计实现销售达 20 亿元，为国家创税达2.1亿元。 为顺应公司快速成长的需要， 各子公司积极推进企业管理标准化，仁和物业2012年成功引入了ISO9000质量体系，仁和物业的管理模式和创新理念得到了同行的认可，2012年中正悦湾小区被山西省建设厅、市房地局评为 “2012年度省优小区” ，中正银苑被评为 “太原市优秀小区” 。

为进一步建立更专业、更卓越的服务体系，中正地产在房地产市场风云变幻中的今天，转变思路，开拓思维，率先提出了 “打造中正幸福生活圈” ，提升社区配套增值服务的理念，让广大客户不但能享受高品质的住宅，更能拥有高品质的服务。

多年来，中正在快速发展的同时坚持以企业公民的角色自觉承担社会责任，在花园项目开发过程中垫资5000余万元，积极帮助政府安置原太原市无线电专用设备厂下岗职工500余人， 在悦湾项目建设过程中安置职工1035人。另外公司积极在公益事业上奉献爱心，捐款捐物扶贫济困并长期资助吕梁地区21名贫困大学生，为他们能顺利完成学业提供学习费用，累计资助金额达26万元；并积极参与社会慈善活动，尤其是2008年5.12汶川大地震发生后，公司上下积极响应号召捐款捐物，总捐款额达20余万元，受到红十字总会等相关单位的广泛赞誉，充分体现了一个有社会责任的企业应有的气度。

中正认为，坚持专业服务，恪守价值底线，保持诚信本色是企业昌盛的根本，公司致力于通过规范、透明的企业文化和稳健、专注的发展模式，成为受员工、客户和社会尊重的企业。成立8年来中正地产赢得了客户、合作伙伴业内同行、政府的信任、尊重和赞誉。2007年，中正地产被太原市统计局评为“2006年度房地产年报评比先进单位” 2009年，被太原市总工会评为 “先进单位”，2012年，被评为 “山西省优秀企业” 。

凯德世家股份有限公司

凯德世家小区全景

凯德世家股份有限公司是以房地产开发为龙头，集生态农业、旅游观光、文化创意、商业运营、物业服务、工程建设、物流集散等于一体，多元化发展的综合性企业集团。企业注册资本1亿元，旗下设有十五家分子公司。

企业自创立以来，秉持“精致无痕”的核心理念，遵循“为城市创造价值”的企业使命，始终站在山西省城镇化进程的前沿，将文明、现代、先进的城市理想与各地区域环境有机地结合，通过企业开发体系、运营体系、文创体系、物流体系四大产业板块的系统性协作，充分发挥企业省域化发展的强大资源整合优势，为各地区提供城镇化发展中的定制型综合解决方案，现已逐步成为规模化、链条式的山西省新型城镇化方案解决专家。

2011年，企业确立了以“一核三群”省域化发展战略为基础，以晋北和晋东南为业务核心的城市带动城镇的发展方针。目前，企业已迅速在大同、浑源、阳高、应县、山阴、长治等地打开市场，以多地联动的操作思路将城镇化发展落在实处。围绕“文、智、生、旅”的开发主题，业已完成了以“凯德世家”为品牌的多个城市住宅综合体的开发建设，以“凯德世家广场”为品牌的多个商业综合体项目的开发运营。其中所开发的住宅综合体项目均已入列国家（住建部）康居示范工程，极大地改善了当地人居环境；商业综合体项目也成为当地商业地产范本与新的经济增长点。

企业深入研究现代商业理念、传承国内优秀开发思想，集合标准化商业运营环节，在奉行其所创造的产品超越客户期望价值，具备投资性的同时，努力保值并持续使其不断增值，已成为企业商业文化发展中最重要的组成部分。在全方位的业务拓展中，企业注重为员工创造实现自我价值的广阔平台，弘扬“凝聚、有恒、积极、创新”的企业精神，逐步培育出一支开拓意识强、专业程度高、执行能力优的综合素质管理团队，以人为本，企业步入稳步增长的发展轨道。

企业在发展同时不忘其社会属性，生长于斯，回馈于斯，将“社会、服务、投资”三大功能视为企业发展的成功路径，多年来，对于在建项目地区公益教育事业的捐赠和文化事业的付出不遗余力，成功塑造出一个享誉三晋的具有社会责任感的企业品牌，屡次荣获“大同市诚信企业”，并于2013年获得“山西省著名商标”。

在机遇与挑战并存的时代大背景下，凯德世家将继续按照既定战略实现集约型发展，以企业文化诠释企业向心力、以品牌效力提升企业公信力、以综合地产为城市创造新价值、以省域化发展回馈全社会。

凯德世家广场